# Handbuch Körpersoziologie 2

Robert Gugutzer · Gabriele Klein ·
Michael Meuser
(Hrsg.)

# Handbuch Körpersoziologie 2

## Forschungsfelder und methodische Zugänge

2., überarbeitete und erweiterte Auflage

*Hrsg.*
Robert Gugutzer
Goethe-Universität Frankfurt
Frankfurt am Main, Deutschland

Gabriele Klein
Universität Hamburg
Hamburg, Deutschland

Michael Meuser
Technische Universität Dortmund
Dortmund, Deutschland

ISBN 978-3-658-33297-6 ISBN 978-3-658-33298-3 (eBook)
https://doi.org/10.1007/978-3-658-33298-3

Die Deutsche Nationalbibliothek verzeichnet diese Publikation in der Deutschen Nationalbibliografie; detaillierte bibliografische Daten sind im Internet über http://dnb.d-nb.de abrufbar.



Planung/Lektorat: Cori Antonia Mackrodt
Springer VS ist ein Imprint der eingetragenen Gesellschaft Springer Fachmedien Wiesbaden GmbH und ist ein Teil von Springer Nature.
Die Anschrift der Gesellschaft ist: Abraham-Lincoln-Str. 46, 65189 Wiesbaden, Germany

# Vorwort zur zweiten Auflage

Wir freuen uns sehr, vier Jahre nach der Erstauflage des zweibändigen Handbuchs Körpersoziologie eine zweite Auflage präsentieren zu können. Daran zeigt sich zum einen, dass das Interesse an körpersoziologischen Themen und Forschungsperspektiven weiterhin stark ausgeprägt ist. Das Handbuch wird von vielen Leserinnen und Lesern als Überblickswerk und Orientierungshilfe in diesem dynamischen, sich beständig ausdifferenzierenden und an immer mehr Teildisziplinen der Soziologie anknüpfenden Forschungsfeld genutzt. Zum anderen bietet uns die Zweitauflage die Gelegenheit, zeitnah nach dem erstmaligen Erscheinen 2017 Leerstellen und blinde Flecken, die wir z. T. in der ersten Auflage nicht füllen konnten und die auch in manchen Rezensionen zu Recht angemahnt wurden, zu beseitigen. So sind in der nun vorliegenden Zweitauflage 24 Texte hinzugekommen, wodurch nicht allein der Umfang der beiden Bände erheblich erweitert, sondern vor allem der Status Quo körpersoziologischer Forschung aktualisiert wurde.

Neue Beiträge finden sich in allen vier Kapiteln des Handbuchs. Einige der neuen Texte waren bereits für die erste Auflage geplant, konnten aber aus unterschiedlichen Gründen nicht realisiert werden und werden nun nachgereicht, z. B. Militär, Politik und Disability Studies als Forschungsfelder oder Postcolonial Studies als eine weitere körpersoziologisch wichtige theoretische Perspektive. Zudem sind Beiträge hinzugekommen, die sich der anhaltend virulenten Auseinandersetzung mit der Körpersoziologie verdanken und bei der ersten Konzeption des Handbuchs als *körpersoziologischer* Forschungsbereich noch zu wenig diskutiert waren, z. B. die Grundbegriffe Atmosphäre oder Leben, die theoretischen Positionen des New Materialism und der Soma Studies oder die Forschungsfelder Ansteckung, Polizei und Recht.

Wenngleich sich das Themenspektrum durch die neuen Texte erheblich ausgeweitet und differenziert hat, beanspruchen wir auch mit der zweiten Auflage des Handbuchs nicht, das Feld der Körpersoziologie vollumfänglich abgedeckt zu haben. Allein die Dynamik, mit der sich dieses Feld beständig weiterentwickelt, steht dem entgegen. Wir sind jedoch überzeugt, dass das Handbuch in dem vorliegenden Bearbeitungsstand seinen beiden zentralen Zielsetzungen, wie sie bereits im Vorwort zur ersten Auflage formuliert worden waren, erfüllt: Es präsentiert einen umfassenden Überblick über das Feld der Körpersoziologie und vermittelt und veranschaulicht den grundlegenden gesellschaftlichen und damit auch soziologischen Stellenwert der Körper. Letzteres dokumentiert sich besonders in der deutlichen Ausweitung des Kapitels Forschungsfelder. Die Autorinnen und Autoren weisen hier mehrheitlich darauf hin, dass der Untersuchungsgegenstand Körper lange Zeit vernachlässigt wurde. Sie zeigen auf, welche Erkenntnisgewinne sich für das jeweilige Forschungsfeld durch eine körpersoziologische Perspektive ergeben. In diesem Sinne versteht sich auch die Zweitauflage des Handbuchs als Plädoyer für eine verkörperte Soziologie.

Wir freuen uns sehr, dass wir zahlreiche neue und fachlich ausgewiesene Autorinnen und Autoren für alle vier Kapitel des Handbuchs haben gewinnen können und einige Mitwirkende der ersten Auflage einen weiteren Text beigesteuert haben. Ihnen allen gilt unser herzlicher Dank für die kollegiale Zusammenarbeit. Dem Verlag Springer VS und dort insbesondere Cori Mackrodt danken wir für die stets hilfreiche Unterstützung und angenehme Kooperation, ohne die ein aufwändiges und anspruchsvolles Projekt, wie es ein zweibändiges Handbuch mit knapp 100 Beiträgen darstellt, nicht gelingen kann. Schließlich danken wir Michael Staack für seine erneut aufmerksame und unermüdliche organisatorische Betreuung des Projekts sowie Lukas Schwank für seine sehr nützliche redaktionelle Mitwirkung.

Frankfurt am Main<br>Hamburg<br>Dortmund<br>im Dezember 2020

Robert Gugutzer<br>Gabriele Klein<br>Michael Meuser

# Inhaltsverzeichnis

**Forschungsfelder**

# Herausgeber- und Autorenverzeichnis

## Über die Herausgeber

**Robert Gugutzer, Dr. phil.,** Professor für Sozialwissenschaften des Sports an der Johann Wolfgang Goethe-Universität Frankfurt/Main. Forschungsbereiche: Körper- und Sportsoziologie, Film- und Religionssoziologie, Neophänomenologische Soziologie.
www.uni-frankfurt.de/53066419/10_Gugutzer

**Gabriele Klein, Dr. rer. soc.,** Professorin für Soziologie von Bewegung, Sport und Tanz an der Universität Hamburg. Forschungsgebiete: Soziologie des Körpers, Kultursoziologie, Performance Theorie, Tanztheorie, Geschlechtersoziologie, Urban Studies.
https://www.bw.uni-hamburg.de/personen/klein-gabriele.html

**Michael Meuser, Dr. phil.,** Professor i. R. für Soziologie der Geschlechterverhältnisse an der Technischen Universität Dortmund. Forschungsbereiche: Soziologie der Geschlechterverhältnisse, Familiensoziologie, Wissenssoziologie, Soziologie des Körpers, Methoden qualitativer Sozialforschung.
https://sowi.tu-dortmund.de/fakultaet/prof-dr-michael-meuser/

## Autorenverzeichnis

**Anke Abraham, Dr. phil.,** (Deceased 2017) Professorin für Psychologie der Bewegung am Fachbereich Erziehungswissenschaften der Philipps-Universität Marburg. Forschungsbereiche: Soziologie des Körpers, Biographieforschung, Gender Studies, Körperpraxen in pädagogischen, künstlerisch-ästhetischen und therapeutischen Settings.

**Thomas Alkemeyer, Dr. phil.,** Professor für Soziologie und Sportsoziologie am Institut für Sportwissenschaft der Carl-von-Ossietzky Universität Oldenburg. Forschungsgebiete: Körpersoziologie, Sozialtheorien der Praxis, Praktiken der Subjektivierung und Cultural Studies. http://www.uni-oldenburg.de/thomas-alkemeyer/

**Maja Apelt, Dr. rer. pol.,** Professorin für Organisations- und Verwaltungssoziologie an der Universität Potsdam. Forschungsschwerpunkte: Organisations- und Verwaltungssoziologie, Militärsoziologie, Organisation und Geschlecht, Qualitative Sozialforschung.
https://www.uni-potsdam.de/de/ls-apelt/team/prof-dr-maja-apelt

**Jerome Barrick, M.A.,** externer Mitarbeiter an der Abteilung Sozialwissenschaften des Sports der Goethe-Universität Frankfurt a. M.; Forschungsschwerpunkte: Atmosphärentheorie, Neophänomenologische Soziologie, Sozialontologie, Wissenschaftstheorie und Forschungsmethodik.

**Thorsten Benkel, Dr. phil.,** Akademischer Rat für Soziologie an der Universität Passau. Forschungsbereiche: Wissenssoziologie, Mikrosoziologie, Thanatologie, Soziologie des Körpers, der Religion, des Rechts und der Sexualität.
https://www.phil.uni-passau.de/soziologie/benkel/

**Ulrich Bielefeld, Dr. phil. habil.,** war Mitarbeiter am Hamburger Institut für Sozialforschung und leitete dort den Arbeitsbereich ‚Nation und Gesellschaft'; er ist Privatdozent am Institut für Soziologie der TU Darmstadt. Forschungsbereiche: Politische Soziologie mit dem Schwerpunkt Nation, Gesellschaft und Kollektivität; Soziologie der Migration; Minderheiten und Gemeinschaftsbildung.

**Fritz Böhle, Dr. rer. pol., Prof. em.,** Leiter der Forschungseinheit für Sozioökonomie der Arbeits- und Berufswelt an der Universität Augsburg. Forschungstätigkeit am Institut für Sozialwissenschaftliche Forschung e. V. München.
https://www.uni-augsburg.de/de/fakultaet/philsoz/fakultat/soziookonomie/team/prof-dr-fritz-bohle/

**Ralf Bohnsack, Dr. rer soc., Dr. phil. habil.,** Professor em. für Qualitative Methoden in den Sozialwissenschaften an der Freien Universität Berlin. Forschungsbereiche: Dokumentarische Methode, Praxeologische Wissenssoziologie, Gesprächsanalyse, Bild, Video und Filminterpretation, Milieuanalyse, Professionsforschung.

**Tobias Boll, Dr. phil.,** Wissenschaftlicher Mitarbeiter am Institut für Soziologie der Johannes Gutenberg-Universität Mainz. Forschungsschwerpunkte: Soziologien des Körpers und der Sexualität, Humandifferenzierungsforschung (insb. Gender und Dis/Ability Studies), Ethnografische Methoden.
https://www.theorie.soziologie.uni-mainz.de/boll

**Gregor Bongaerts, Dr. phil.,** Professor für Allgemeine Soziologie und Soziologische Theorie an der Universität Duisburg-Essen. Forschungsbereiche: Soziologische Theorie, insbesondere Praxistheorie; Sozialphänomenologie, Differenzierungstheorie, Wissenssoziologie.
www.uni-due.de/soziologie/bongaerts.php

**Jochen Bonz, Dr. phil. habil.**, Professor für Kulturpädagogik – Ästhetik und Kommunikation an der Katholischen Hochschule NRW (KatHO), Abteilung Münster. Ethnografische Studien zur Popmusik und Fußball-Fankultur.
https://www.katho-nrw.de/muenster/studium-lehre/lehrende/hauptamtlich-lehrende/bonz-jochen-prof-dr-phil-habil/

**Hannelore Bublitz, Dr.**, Professorin für Soziologie und Sozialphilosophie an der Universität Paderborn. Forschungsschwerpunkte: Machtanalytisch gestützte Analysen von Bio-/Körper- und Geschlechterpolitik, Praktiken der Subjektivierung, Selbsttechnologien und Normalisierungsdynamiken in modernen (Kontroll- und Sicherheits-)Gesellschaften.
https://kw.uni-paderborn.de/fach-soziologie/personalseiten/personal-a-z/personen/39

**Marian Burchardt, Dr.**, Professor für Soziologie (Transregionalisierung) am Institut für Soziologie, Universität Leipzig, Forschungsbereiche: Global vergleichende Kultur- und Religionssoziologie, Raum, Materialität und urbane Ethnographie, Körper, Geschlecht und Sexualität, Theorien der Moderne, Qualitative und ethnographische Methoden der Sozialforschung
http://sozweb.sozphil.uni-leipzig.de/de/personen/prof-dr-marian-burchardt.html

**Günter Burkart, Dr.**, Professor für Kultursoziologie an der Leuphana Universität Lüneburg. Forschungsbereiche: Paar-, Geschlechter- und Familiensoziologie, Kultur und Technik. www.leuphana.de/universitaet/personen/guenter-burkart.html

**Nick Crossley, Ph.D.**, Professor für Soziologie an der Universität Manchester (UK). Forschungsgebiete: Musiksoziologie, Relationale Soziologie, Soziale Netzwerke, Embodiment. www.manchester.ac.uk/research/nicholas.crossley/

**Nina Degele, Dr. phil.**, Professorin für Soziologie und empirische Geschlechterforschung an der Universität Freiburg. Forschungsbereiche: Gender Gesellschaftstheorie, Sport und Körper (Fußball, Testosteron), qualitative Methoden.
www.soziologie.uni-freiburg.de/degele

**Bernd Dollinger, Dr. phil.**, Professor für Erziehungswissenschaft mit Schwerpunkt Sozialpädagogik an der Universität Siegen. Forschungsbereiche: Devianzforschung, Theorie und Geschichte der Sozialpädagogik, Kriminalpolitik, Professionalität.
www.bildung.uni-siegen.de/mitarbeiter/dollinger/?lang=d

**Stefanie Duttweiler, Dr. phil.**, Dozentin für Soziologie und Theorien der Sozialen Arbeit an der Berner Fachhochschule. Forschungsgebiete: Körpersoziologie, Geschlechterforschung, Soziologie der Interventionssysteme, Kultursoziologie.
https://www.bfh.ch/de/ueber-die-bfh/personen/2x4gpzcpvaoq/

**Paul Eisewicht, Dr. phil.**, wissenschaftlicher Mitarbeiter an der Fakultät 17 Sozialwissenschaften der Technischen Universität Dortmund. Forschungsschwerpunkte: Konsumsoziologie, Szeneforschung. https://www.researchgate.net/profile/Paul_Eisewicht

**Franz Erhard, Dr. phil.,** Wissenschaftlicher Mitarbeiter im Bereich Allgemeine Soziologie an der Universität Siegen. Forschungsbereiche: Soziologie der Armut, Soziologie der Gewalt, Politische Soziologie, Methoden qualitativer Sozialforschung.
www.uni-siegen.de/phil/sozialwissenschaften/soziologie/mitarbeiter/erhard_franz

**Joachim Fischer, Dr. phil. habil.,** Honorarprofessor für Soziologie an der Technischen Universität Dresden; 2011-2017 Präsident der Helmuth Plessner Gesellschaft. Forschungsbereiche: Soziologische Theorie, Kultursoziologie, Stadt- und Architektursoziologie, Philosophische Anthropologie.
www.fischerjoachim.org

**Christian Gärtner, Dr. rer. pol.,** Professor für Human Resource Management, Arbeitspsychologie und Digitalisierung der Arbeitswelt an der University of Applied Sciences München. Forschungsbereiche: soziologische und psychologische Grundlagen von Wissen und Fähigkeiten, Management-Tools in wissensintensiven Organisationen und Netzwerken.
https://www.bwl.hm.edu/p/christian_gaertner_.de.html

**Gunter Gebauer, Dr. phil.,** Professor em. für Philosophie an der Freien Universität Berlin, Fachbereich Philosophie und Geisteswissenschaft. Forschungsschwerpunkte: Historische Anthropologie, Sozial- und Sprachphilosophie, Geschichte und Soziologie des Körpers.
www.cultd.eu/gebauer/bib.htm.

**Hanna Katharina Göbel, Dr. rer. soc.,** wissenschaftliche Mitarbeiterin an der Universität Hamburg, Institut für Bewegungswissenschaft (Arbeitsbereich Kultur, Medien, Gesellschaft). Forschungsbereiche: Kultur- und Körpersoziologie, Soziologie der Dinge/Artefakte, Praxistheorie (sowie STS und ANT), Architektursoziologie und Urban Studies.
https://www.bw.uni-hamburg.de/personen/goebel-hanna-katharina.html

**Udo Göttlich, Dr. phil.** Professor für Allgemeine Medien- und Kommunikationswissenschaft am Fachbereich Kulturwissenschaften und Kommunikationswissenschaften der Zeppelin Universität Friedrichshafen. Forschungsgebiete: Medien-, Kommunikations- und Kultursoziologie sowie Cultural Studies.
www.zu.de/lehrstuehle/amk/index.php

**Monica van der Haagen-Wulff, Dr. (DCA),** Lehrkraft für besondere Aufgaben am Department Erziehungs- und Sozialwissenschaften/ Lehrstuhl für Erziehungs- und Kultursoziologie der Universität zu Köln. Forschungsgebiete: Cultural und Postcolonial Studies, kritische Rassismus- und Migrationsforschung, Affekt Theorie, Intersektionalität, Embodiment, Ficto-Critical Writing u. a.
https://www.hf.uni-koeln.de/34374

**Melanie Haller, Dr. phil.,** Lehrbeauftragte an der Universität Hamburg/Bewegungswissenschaft, HAW/Hamburg, AMD/Hamburg und der Universität Paderborn, Forschungsbereiche: Körper- und Bewegungssoziologie, Modetheorie, Gender Studies, Subjekttheorie, populäre Tanzkulturen (Tango Argentino, Salsa, Swing) und qualitative Methoden.

**Kornelia Hahn, Prof. Dr.,** Professur für Allgemeine Soziologie und Soziologische Theorie, Leiterin der Abteilung Soziologie und Kulturwissenschaft der Universität Salzburg/ Österreich. Forschungsschwerpunkte: Medienkommunikation, Digitalisierung, Privatheit und Öffentlichkeit, intime Beziehungen.

https://www.uni-salzburg.at/index.php?id=28492

**Jan Haut, Dr. phil.,** Wissenschaftlicher Mitarbeiter am Institut für Sportwissenschaften der Johann Wolfgang Goethe-Universität Frankfurt/Main. Forschungsschwerpunkte: Soziologische Theorien des Sports, Sozialgeschichte des Sports, Gesellschaftliche Funktionen des Leistungssports, Soziale Ungleichheiten im Sport.

https://www.uni-frankfurt.de/53170634/090_Haut

**Anna Henkel, Dr.,** Professorin für Soziologie mit Schwerpunkt Techniksoziologie und nachhaltige Entwicklung an der Universität Passau. Forschungsbereiche: Soziologische Sozial- und Gesellschaftstheorie sowie Soziologie der Materialität, der Nachhaltigkeit und der Digitalisierung.

http://www.phil.uni-passau.de/techniksoziologie/

**Stefan Hirschauer, Dr. rer. soc.,** Professor für Soziologische Theorie und Gender Studies an der Universität Mainz. Forschungsschwerpunkte: Praxistheorien, Qualitative Methoden, Soziologien des Wissens, des Körpers und der Geschlechterdifferenz.

https://www.theorie.soziologie.uni-mainz.de/universitaetsprofessor-dr-stefan-hirschauer/

**Dagmar Hoffmann, Dr. phil.,** Professorin für Medien und Kommunikation am Medienwissenschaftlichen Seminar der Universität Siegen. Forschungsschwerpunkte: Darstellung und Aneignung von Körperbildern, Mediensozialisation und Medienpraktiken im Social Web und in Fan Fiction Communities.

https://www.uni-siegen.de/phil/medienwissenschaft/personal/lehrende/hoffmann_dagmar/?lang=de

**Stefanie Husel, Dr.,** Wissenschaftliche Mitarbeiterin am Institut für Film-, Theater-, Medien- und Kulturwissenschaft, Fach Theaterwissenschaft, Johannes Gutenberg-Universität Mainz. Forschungsschwerpunkte: Theater-, Film und Medienwissenschaft als Praxisforschung, Spieltheorien & Kulturgeschichte des Spiels, Soziologische Praxistheorien, Postdramatisches Theater, Soziologie des Wissens.

https://theater.ftmk.uni-mainz.de/personen/dr-stefanie-husel/

**Katharina Inhetveen, Dr. phil.,** Professorin für Allgemeine Soziologie an der Universität Siegen. Forschungsbereiche: Soziologie der Gewalt, Soziologie der Flucht, Migration und Mobilität, Politische Soziologie, Methoden qualitativer Sozialforschung.
https://www.uni-siegen.de/phil/sozialwissenschaften/soziologie/mitarbeiter/inhetveen/

**Antje Kahl, Dr. phil.,** wissenschaftliche Mitarbeiterin im SFB 1171 „Affective Societies: Dynamiken des Zusammenlebens in bewegten Welten" an der Freien Universität Berlin. Forschungsbereiche: Wissenssoziologie, Thanatosoziologie, Religions- und Körpersoziologie, Affekt- und Emotionsforschung, Methoden qualitativer Sozialforschung.
https://www.sfb-affective-societies.de/forschung/projektnomadin/kahl/index.html

**Uta Karstein, Dr. phil.,** wiss. Mitarbeiterin am Institut für Kulturwissenschaften, Universität Leipzig. Forschungsbereiche: Religions- und Kultursoziologie, Architektur- und Kunstsoziologie, Differenzierungs- und Konfliktsoziologie.
https://www.sozphil.uni-leipzig.de/cm/kuwi/

**York Kautt, PD Dr.,** Koordinator für Kooperation und Wissenstransfer an der Justus-Liebig-Universität Gießen. Forschungsschwerpunkte: Sozialökologische Transformation; Visuelle Kommunikation; Kultur- und Mediensoziologie; Methoden qualitativer Sozialforschung.
https://www.yorkkautt.de

**Hubert Knoblauch, Dr.,** Professor für Allgemeine Soziologie an der Technischen Universität Berlin. Schwerpunkte: Sprache, Wissen, Kommunikation, Religion, Qualitative Methoden.
http://www.as.tu-berlin.de/v_menue/mitarbeiterinnen/prof_hubert_knoblauch/

**Dennis Krämer, Dr. phil.,** wissenschaftlicher Mitarbeiter am Institut für Medizinethik und Geschichte der Medizin der Ruhr-Universität Bochum und Leiter des interdisziplinären Forschungsprojekts ELISA.Forschungsinteressen: Variationen und Transgressionen von Geschlecht, Körper- und Sportsoziologie, Soziologie der Überwachung und Kontrolle.
https://www.ruhr-uni-bochum.de/malakow/mitarbeiter/kraemer/index.html.de

**Bojana Kunst, Dr. phil.,** Professorin am Institut für Angewandte Theaterwissenschaft an der Justus-Liebig-Universität Gießen. Forschungsbereiche: Philosophie des Körpers, Theorie von Choreographie und Dramaturgie, Politik und Choreographie.
https://www.inst.uni-giessen.de/theater/de/mitarbeiter_innen/prof-dr-bojana-kunst

**Tobias Lehmann,** Studium der Soziologie, studentische Hilfskraft am Lehrstuhl für Soziologie (Prof. Dr. Reiner Keller) der Universität Augsburg und im Rahmen des BMBF-geförderten Verbundprojekts ‚Kindeswohl als kollektives Orientierungsmuster?', Teilprojekt ‚Medikalisierung und Konzepte des Kindeswohls in institutionellen Kontexten'.

**Thomas Lemke, Dr. phil.,** Professor für Soziologie mit dem Schwerpunkt Biotechnologie, Natur und Gesellschaft an der Johann Wolfgang Goethe-Universität Frankfurt/Main, Forschungsbereiche: Wissenschafts- und Technikforschung, Biopolitik, soziologische Theorie, Gesellschaftstheorie.
https://www.fb03.uni-frankfurt.de/soziologie/tlemke

**Diana Lengersdorf, Dr.** Professorin für Geschlechtersoziologie an der Universität Bielefeld. Forschungsbereiche: Soziologie der Geschlechterverhältnisse, Arbeits- und Organisationssoziologie, Science und Technology Studies, Soziologie sozialer Praktiken.
https://ekvv.uni-bielefeld.de/pers_publ/publ/PersonDetail.jsp?personId=108138352

**Sven Lewandowski, Dr. phil.,** wissenschaftlicher Mitarbeiter an der Fakultät für Soziologie der Universität Bielefeld und Leiter des DFG-Projekts „Die Praxen der Amateurpornographie". Forschungsbereiche: Soziologie der Sexualität, Soziologische Theorie, Systemtheorie, Körpersoziologie.
https://www.SvenLewandowski.de

**Katharina Liebsch, Dr. phil. habil.,** Professorin für Soziologie unter besonderer Berücksichtigung der Mikrosoziologie an der Helmut Schmidt Universität/Universität der Bundeswehr Hamburg. Forschungsbereiche: Wissen und Normen, Private Lebensführung, Biopolitik sowie Methoden qualitativer Sozialforschung.
https://www.katharina-liebsch.de

**Gesa Lindemann, Dr. phil.,** Professorin für Sozialwissenschaftliche Theorie an der Carl-von-Ossietzky Universität Oldenburg. Forschungsbereiche: Sozialtheorie, Gesellschaftstheorie, Methodologie und qualitative Methoden, Techniksoziologie, Soziologie des Körpers, Reflexive Anthropologie, phänomenologische Soziologie.
https://www.uni-oldenburg.de/sozialwissenschaften/ast/personen/gesa-lindemann/

**Jens Loenhoff, Dr. phil.,** Professor für Kommunikationswissenschaft an der Universität Duisburg-Essen. Forschungsschwerpunkte: Kommunikations-, Handlungs- und Sozialtheorie, Soziologie des Körpers, Wissenssoziologie, Interkulturelle Kommunikation.
https://www.uni-due.de/kowi/loenhoff.shtml

**Alexandra Manzei-Gorsky, Dr. phil,** Professorin für Soziologie mit Schwerpunkt Gesundheitsforschung an der Philosophisch-Sozialwissenschaftlichen Fakultät der Universität Augsburg. Forschungsbereiche: Leib-, Körper- und Geschlechterforschung; Methodologie leiblicher Kommunikation; Wissenschafts- und Technikforschung in Medizin- und Gesundheitswesen; Bio- und Medizinethik aus soziologischer Perspektive; Methoden der qualitativen Sozialforschung.
https://www.uni-augsburg.de/de/fakultaet/philsoz/fakultat/gesundheitssoziologie/team/

**Philip A. Mellor, Ph.D.,** Professor für Religion und Sozialtheorie, Universität Leeds, UK. Forschungsgebiete: Religion in Sozial- und Kulturtheorie, Embodiment, Christliche Theologie und Soziologie, Durkheim Studies.
https://ahc.leeds.ac.uk/philosophy/staff/97/professor-philip-mellor

**Mona Motakef, Dr. phil.,** Professorin für Soziologie der Geschlechterverhältnisse an der Technischen Universität Dortmund. Forschungsbereiche: Soziologie der Geschlechterverhältnisse, Soziale Ungleichheit, Soziologie der Körper, Methoden qualitativer Sozialforschung.
https://ge.sowi.tu-dortmund.de/

**Michael R. Müller, Prof. Dr. rer. soc.,** Institut für Medienforschung der Technischen Universität Chemnitz, Senior Fellow am Kulturwissenschaftlichen Institut Essen, Forschungsbereiche: Wissens-, Kultur- und Mediensoziologie, Visuelle Soziologie, Körpersoziologie, Politische Soziologie, Methoden der qualitativen Sozialforschung.
https://www.tu-chemnitz.de/phil/imf/viskom/leitung.php

**Yvonne Niekrenz, Dr. rer. pol.,** Leiterin eines Projekts zur Demokratiebildung beim Landesfrauenrat Mecklenburg-Vorpommern e. V., Forschungsbereiche: Kultursoziologie, Soziologie des Körpers, Gegenwartsdiagnosen sozialer Beziehungen
https://landesfrauenrat-mv.de/themen-projekte/projekte/dialograum-schaffen-geschlechtergerechtigkeit-leben-vielfalt-gestalten

**Christoph Nienhaus, B.A.,** Wissenschaftliche Hilfskraft am Lehrstuhl für Kultursoziologie der Rheinischen Friedrich-Wilhelms-Universität Bonn. Student der Soziologie im Master an der Universität Bonn. Interessengebiete: Rechtssoziologie, Körpersoziologie, Figurationssoziologie.

**Günther Ortmann, Dr. rer. pol.,** Professor für Führung an der Universität Witten/Herdecke, bis 2010 Helmut-Schmidt-Universität Hamburg. Forschungsschwerpunkte: Organisation(stheorie), strategisches Management, Führung.

**Tanja Paulitz, Dr. rer. pol.,** Professorin für Kultur- und Wissenssoziologie an der TU Darmstadt. Forschungsschwerpunkte: Technik- und Ingenieursoziologie, Wissenschafts- und Hochschulforschung, Geschlechterforschung.
https://www.ifs.tu-darmstadt.de/institut_ifs/mitarbeitende_ifs/paulitz_ifs/index.de.jsp

**Claudia Peter, Dr. phil.,** Forschungsschwerpunkte: Soziologie der Krankheit und Krankheitserfahrungen, v. a. zu existentiellen Krankheitserfahrungen und Therapieentscheidungen als Grenzsituationen; Soziologie komplexer Schwangerschaften und Geburten: v. a. Feldforschung im Bereich Neonatologie/Perinatalmedizin; Empirisch ausgerichtete Wissens- und Kultursoziologie mit phänomenologischer Grundierung.

**Michaela Pfadenhauer, Dr. phil.,** Professorin für Soziologie an der Universität Wien. Forschungsbereiche: Wissenssoziologie, Sozialkonstruktivismus, Mediatisierung, Soziale Robotik, Professionssoziologie, Interpretative Sozialforschung.
https://www.soz.univie.ac.at/personen/mitarbeiterinnen-am-institut-fuer-soziologie/pfadenhauer-univ-prof-dipl-pol-univ-dr-michaela/michaela-pfadenhauer-publikationen-uni-wien/

**Sophia Prinz, Dr.**, wissenschaftliche Mitarbeiterin am Lehrstuhl für vergleichende Kultursoziologie der Europa-Universität Viadrina Frankfurt/Oder. Forschungsschwerpunkte: Praxistheorie, Poststrukturalismus und Phänomenologie, ästhetische Theorien, visuelle und materielle Kultur sowie Transkulturalität.
https://www.kuwi.europa-uni.de/de/lehrstuhl/vs/kulsoz/mitarbeiter/prinz/index.html

**Jürgen Raab, Dr. rer soc.**, Professor für Allgemeine Soziologie am Campus Landau der Universität Koblenz-Landau, Forschungsbereiche: Wissens- und Kultursoziologie, Visuelle Soziologie, Körpersoziologie, Politische Soziologie, Phänomenologie, Methoden der qualitativen Sozial- und Medienforschung.
https://www.uni-koblenz-landau.de/de/landau/fb6/sowi/soziologie/mitarbeiter/sozioprofs/raab/juergen-raab

**Werner Rammert, Dr., Prof. em.** für Techniksoziologie. Institut für Soziologie an der Technischen Universität Berlin. Pragmatistische Technik- und Sozialtheorie, Wissenschafts-, Technik- und Innovationsforschung, Mensch-Technik-Interaktion.
https://www.tuberlin.de/?id=73119

**Andreas Reckwitz, Dr. phil.**, Professor für Allgemeine Soziologie und Kultursoziologie an der Humboldt-Universität zu Berlin.
https://www.sowi.hu-berlin.de/de/lehrbereiche/allgemeine-soziologie/professur

**Julia Reuter, Dr. phil.**, Professorin für Erziehungs- und Kultursoziologie an der Universität zu Köln. Forschungsschwerpunkte: Allgemeine Kultur- und Migrationssoziologie, Körper- und Geschlechtersoziologie, wissenschaftlichen Karrieren.

**Matthias Riedel, Dr. phil.**, Professor für Soziologie an der Berner Fachhochschule, Departement Soziale Arbeit. Forschungsbereiche: Soziologie der Berührung und des Körpers; Soziologie von Alter und Generationenbeziehungen, Partnerschaft und Familie sowie Methoden empirischer Sozialforschung.
https://www.bfh.ch/de/ueber-die-bfh/personen/4txlsh2nbgrg/

**Hilmar Schäfer, Dr. phil.**, Gastprofessor für Allgemeine Soziologie und Kultursoziologie am Institut für Sozialwissenschaften der Humboldt-Universität zu Berlin. Forschungsbereiche: Kultursoziologie, Soziologische Theorie, Soziologie der Bewertung, Kulturelles Erbe, Digitale Praktiken.
https://hu.berlin/hilmar_schaefer

**Thomas Scheffer, Dr.**, Professor für Soziologie und Sozialpsychologie mit dem Schwerpunkt Interpretative Sozialforschung am Institut für Soziologie, Fachbereich Gesellschaftswissenschaften der Johann Wolfgang Goethe-Universität Frankfurt/Main. Forschungsbereiche: Politische Ethnographie, Fallstudien zur Diskursarbeit, dichte Vergleiche, kritische Ethnomethodologie.
https://www.fb03.uni-frankfurt.de/43944511/Prof__Dr__Thomas_Scheffer

**Larissa Schindler, Dr. phil.,** Professorin für „Methoden der Empirischen Sozialforschung“ an der Kulturwissenschaftlichen Fakultät der Universität Bayreuth. Forschungsschwerpunkte: Mobilität, Körper, Wissen, Praxistheorien, Empirische Method(ologi)en.
https://www.soziologie.uni-bayreuth.de/de/bereiche/empirische-sozialforschung/Larissa-Schindler/index.php

**Robert Schmidt, Dr. phil.,** Professor für Prozessorientierte Soziologie an der KU Eichstätt-Ingolstadt. Forschungsbereiche: Praxistheorien und Praxeologie, Kultursoziologie, Organizational Studies, soziologische Ethnografie und Qualitative Methoden.
https://www.ku.de/ggf/soziologie/prozessorientierte-soziologie/team/robert-schmidt

**Henning Schmidt-Semisch, Dr. phil.,** Professor am Fachbereich Human- und Gesundheitswissenschaften der Universität Bremen, Institut für Public Health und Pflegeforschung, Abt. Gesundheit und Gesellschaft. Forschungsbereiche: Soziologie der Gesundheit, sozialwissenschaftliche Sucht- und Drogenpolitikforschung, Gesundheit in Strafvollzug und Kriminalpolitik.
https://www.ipp.uni-bremen.de/mitglieder/henning-schmidt-semisch/

**Imke Schmincke, Dr. phil.,** Akademische Rätin am Institut für Soziologie der Ludwig-Maximilians-Universität München, Lehrstuhl Gender Studies und Soziologie. Forschungsgebiete: Feministische Theorie und andere kritische Gesellschaftstheorien, Geschlechtersoziologie, Körpersoziologie, Bewegungsforschung.
https://www.gender.soziologie.uni-muenchen.de/personen/wissenschaftlich_mitarbeiter/schmincke_imke/index.html

**Markus Schroer, Dr. phil.,** Professor für Allgemeine Soziologie an der Philipps-Universität Marburg. Forschungsbereiche: Soziologische Theorie, Geschichte der Soziologie, Kultursoziologie, Soziologie der Aufmerksamkeit und des Visuellen, Raum- und Körpersoziologie.

**Cornelius Schubert, Dr. phil.,** Associate Professor for Digitalized Innovation, University of Twente. Forschungsgebiete: Technik- und Medizinsoziologie, Innovationsforschung, qualitative Methoden.
https://people.utwente.nl/c.p.schubert

**Rainer Schützeichel, Dr. rer. soc.,** Professor für Soziologie an der Fakultät für Soziologie der Universität Bielefeld. Forschungsbereiche: Soziologische Theorie, Wirtschaftssoziologie, Wissens- und Religionssoziologie.
https://www.uni-bielefeld.de/soz/personen/schuetzeichel/

**Robert Seyfert, PD Dr.,** Akademischer Rat am Institut für Soziologie der Universität Duisburg-Essen. Forschungsschwerpunkte: Lebenssoziologie, Affektsoziologie, Soziologie algorithmischer Sozialität.
Seyfert.org

**Chris Shilling, Ph.D.,** Professor für Soziologie, Universität Kent, UK; Gastprofessor an der Universität Uppsala/ Schweden. Forschungsgebiete: Embodiment, Körperpädagogik, Sozialtheorie, Körperwissen.
https://www.kent.ac.uk/sspssr/staff/academic/s/shilling-chris.html

**Gabriele Sobiech, Dr. phil.,** Professorin für Sportsoziologie an der Pädagogischen Hochschule Freiburg. Forschungsbereiche: Soziologie des Körpers und des Sports; Geschlechterkonstruktionen in Sport und Gesellschaft; Heterogenität/Diversität in Ungleichverhältnissen; Körper, Bewegungs- und Raumaneignung.
https://www.ph-freiburg.de/soziologie/gabriele-sobiech.html

**Michael Staack, Dr. phil.,** Wissenschaftlicher Mitarbeiter an der Johann Wolfgang Goethe-Universität Frankfurt/Main, Abt. Sozialwissenschaften des Sports. Forschungsschwerpunkte: Körper, (Kampf-)Sport, Rhythmus, Qualitative Methoden.
https://www.uni-frankfurt.de/53066641/60_Staack

**Silke Steets, Dr. phil.,** Professorin für Soziologische Theorie an der Friedrich-Alexander-Universität Erlangen-Nürnberg. Forschungsbereiche: Soziologische Theorie, Wissenssoziologie, Stadt- und Raumsoziologie, Architektursoziologie, Religionssoziologie, Qualitative Methoden.
https://www.soziologie.phil.fau.de/team/steets/

**Moritz von Stetten, Dr. phil.,** wissenschaftlicher Mitarbeiter in der Abteilung Soziologie der Universität Bonn. Forschungsbereiche: Gesellschaftstheorie, Diskursanalyse, Medizin- und Gesundheitssoziologie, Kultursoziologie, politische Theorie und Soziologie.
https://www.politik-soziologie.uni-bonn.de/de/personal/prof.-dr.-clemens-albrecht/mitarbeiter/moritz-von-stetten-m.a

**Christian Steuerwald, Dr. phil.,** Wissenschaftlicher Mitarbeiter an der Fakultät für Soziologie der Universität Bielefeld. Arbeitsschwerpunkte: Theoretische Soziologie, Soziologie der Körper, Gesellschaftsvergleich, Sozialstrukturanalyse und Soziale Ungleichheit, Soziologie der Künste.
https://www.uni-bielefeld.de/soz/personen/steuerwald/

**Henrike Terhart, Dr. phil.,** Akademische Rätin an der Universität zu Köln, Department für Erziehungs- und Sozialwissenschaften. Forschungsschwerpunkte: Bildung in der Migrationsgesellschaft, Neu zuwanderte Schüler*innen und Lehrkräfte, qualitative Sozialforschung und Bildanalyse.
https://www.hf.uni-koeln.de/33195

**Ray Trautwein, M. A.,** Wissenschaftlicher Mitarbeiter im DFG-Projekt „Organisation und Recht – politische Interessengruppen und rechtliche Interventionen" am Lehrstuhl für Organisations- und Verwaltungssoziologie der Universität Potsdam. Forschungsschwerpunkte: (Trans)Gender Studies, Organisation und Diversität, Männlichkeitsforschung, Feministische Rechtsforschung.
https://www.uni-potsdam.de/de/ls-apelt/team/ray-trautwein-m-a

**Rene Tuma, Dr. phil.,** Wissenschaftlicher Mitarbeiter am Institut für Soziologie der Technischen Universität Berlin (Fachgebiet Allgemeine Soziologie, Prof. Knoblauch). Forschungsbereiche: Wissenssoziologie, Interpretative Methoden, Videoanalyse, Techniksoziologie.
https://www.tu-berlin.de/?id=74301

**Willy Viehöver, Dr. Ph.D.,** Senior Researcher am Lehrstuhl für Technik und Gesellschaft (SoTec) Human Technology Center (HumTec) der RWTH Aachen. Forschungsbereiche: Diskursforschung, Medizin- und Gesundheitssoziologie, Wissenschafts- und Technikforschung, Soziologie des Körpers, Wissenssoziologie.
https://www.sotec.rwth-aachen.de/cms/SOTEC/Der-Lehrstuhl/Team/Wissenschaftliche-Mitarbeiterinnen-und-M/~ryqz/Wilhelm-Viehoefer/

**Paula-Irene Villa, Dr.,** Professorin für Soziologie/Gender Studies an der Ludwig-Maximilians-Universität München. Forschungsschwerpunkte: Soziologische Theorie, Gender Studies, Biopolitik, Care, Populärkultur, Gender und Science.
https://www.gender.soziologie.uni-muenchen.de

**Anne Waldschmidt, Dr. rer. pol.,** Professorin für Soziologie und Politik der Rehabilitation, Disability Studies an der Humanwissenschaftlichen Fakultät der Universität zu Köln. Forschungsschwerpunkte: Wissenssoziologie, Körpersoziologie, politische Soziologie, Behindertenpolitik im europäischen Vergleich, Zeitgeschichte der Behinderung (Disability History), Intersektionalitätsforschung, Diskurs- und Dispositivanalyse.
https://www.hf.uni-koeln.de/30711

**Margit Weihrich, Dr. phil.,** wissenschaftliche Mitarbeiterin an der Forschungseinheit Sozioökonomie der Arbeits- und Berufswelt an der Universität Augsburg. Forschungsbereiche: Arbeitssoziologie, Dienstleistungssoziologie und interaktive Arbeit, Handlungstheorie und soziale Mechanismen, Soziologie alltäglicher Lebensführung, Methoden qualitativer Sozialforschung.
https://www.uni-augsburg.de/de/fakultaet/philsoz/fakultat/soziookonomie/team/weihrich/

**Lisa Wiedemann, Dr. phil.,** wissenschaftliche Mitarbeiterin an der Professur für Soziologie unter besonderer Berücksichtigung der Mikrosoziologie an der Helmut Schmidt Universität/Universität der Bundeswehr Hamburg. Forschungsschwerpunkte: Wissenschafts- und Technikforschung, Quantifizierung von Selbst und Körper, Digitalisierung und Gesundheit, Algorithmisierung und Technisierung von Sorgebeziehungen, Emotionen und Sinne und Wartungspraktiken.
https://www.hsu-hh.de/mikrosoz/dr-phil-lisa-wiedemann/

**Jessica Wilde, Dr. phil.,** Promotion an der Philipps-Universität Marburg. Forschungsschwerpunkte: Soziologische Theorien, Raum-, Stadt- und Architektursoziologie, Planungs- und Designtheorien, Stadtentwicklung, Wohnungspolitik.

**Herbert Willems, Dr. phil.,** Professor für Soziologie an der Universität Gießen. Forschungsbereiche: Soziologische Theorie, Qualitative Sozialforschung.
https://www.uni-giessen.de/fbz/fb03/institute/ifs/prof/mikro/teamalle/willems

**Martin Winter, M.A.,** Wissenschaftlicher Mitarbeiter an der TU Darmstadt, Institut für Soziologie, Arbeitsbereich Kultur- und Wissenssoziologie. Forschungsschwerpunkte: Ernährungssoziologie, Wissenschafts- und Technikforschung, Geschlechterforschung.
https://www.ifs.tu-darmstadt.de/institut_ifs/mitarbeitende_ifs/winter_ifs/index.de.jsp

**Christoph Wulf, Dr. phil.,** Professor für Anthropologie und Erziehung an der Freien Universität Berlin. Arbeitsschwerpunkte: Historisch-kulturelle Anthropologie, Pädagogische Anthropologie, ästhetische und interkulturelle Erziehung, Performativitäts- und Ritualforschung, Emotionsforschung, Mimesis- und Imaginationsforschung.
https://www.christophwulf.de/

**Julia Wustmann, M.A.,** wissenschaftliche Mitarbeiterin am Lehrstuhl für Allgemeine Soziologie an der Technischen Universität Dortmund. Forschungsbereiche: Geschlechtersoziologie, Wissenssoziologie, Soziologie des Körpers, Methodologie und Methoden der qualitativen Sozialforschung.
https://www.fk12.tu-dortmund.de/cms/ISO/de/home/personen/iso/Wustmann_Julia.html

**Bettina Wuttig, Dr. phil.,** Vertretungsprofessorin für Psychologie der Bewegung an der Philipps-Universität Marburg, Fachbereich Erziehungswissenschaften. Forschungsschwerpunkte: Geschlecht und Macht in therapeutischen Kontexten, Theorien der Verkörperung des Sozialen (Soma Studies), Kritischer Feministischer Materialismus, Postkoloniale Psychoanalyse, Mensch-Technik-Forschung im Kontext von sozialer Vulnerabilität, Intersektionalität als Analysekategorie im Sport.
https://www.uni-marburg.de/de/fb21/sportwissenschaft-motologie/personenseiten/bettina-wuttig

# Forschungsfelder

# Alter(n)

Matthias Riedel

In einer Zeit, in der in vielen westlichen Ländern von einer ‚Überalterung der Gesellschaft' im Zuge des ‚Demographischen Wandels' die Rede ist, nimmt – fast zwangsläufig – die Beschäftigung mit dem Thema ‚Alter' zu: sei es im wissenschaftlichen Diskurs, auf der politischen Bühne, in alltäglichen Gesprächen oder in zahlreichen (neu entstehenden) Angeboten, die sich speziell an ‚Best Agers' und ‚Master Consumers' der ‚Generation Gold' richten. Über diesen langfristigen Trend hinaus, hat die sog. Corona-Pandemie und die dadurch unvermittelt entstandene Frage, wie die infektiologisch besonders vulnerable Gruppe der Älteren am effizientesten zu schützen sei, das Thema Alter zusätzlich ins Bewusstsein gehoben. Und Bilder von im Lockdown ‚abgeschotteten Pflegeheimen' haben die brisante Frage der Verhältnismässigkeit bei Abwägung zwischen körperlicher und psycho-sozialer Gesundheit vor Augen geführt.

Trotz dieser fast schon Allgegenwart des Themas Alter scheint die Frage, was eigentlich unter ‚dem Alter' zu verstehen sei und welche Bezüge zwischen Alter und Körper bestehen nach wie vor begrifflich sehr unscharf zu bleiben (vgl. Thieme, 2007, S. 28 f.). Im Gegenteil: das interdisziplinäre Bemühen um eine Definition des ‚Alters' bringt immer neue Differenzierungen hervor, die die Vielschichtigkeit dieses Begriffes deutlich machen (vgl. Mahr, 2016).

M. Riedel (✉)
Bern, Schweiz
E-Mail: matthias.riedel@bfh.ch

 
R. Gugutzer et al. (Hrsg.), *Handbuch Körpersoziologie 2*,
https://doi.org/10.1007/978-3-658-33298-3_1

# 1 Begriffsbestimmungen zu Alter, Altern und ‚den Alten'

*Menschliches Altern* bezieht sich zunächst auf Veränderungen eines Individuums über die Zeit, mithin auf einen Veränderungsprozess, über dessen Charakteristika sowie dessen Gerichtetheit zwischen und innerhalb verschiedener Wissenschaftsdisziplinen unterschiedliche Konzepte und damit verbundene Begriffe Verwendung finden. Alltagssprachlich, aber auch wissenschaftlich, spielt das sog. *kalendarische* oder *chronologische Alter* eine herausgehobene Rolle. Es ergibt sich aus der Differenz zwischen Geburtsdatum und einem Referenzdatum, welches meist das zu einem gegebenen Zeitpunkt aktuelle Datum ist (vgl. Thieme, 2007, S. 33). Diese eindeutige Bestimmbarkeit, der klare stetige Verlauf, die eindeutige Gerichtetheit und die damit verbundene scheinbare Wertfreiheit machen das kalendarische Alter zu einer Bezugsgröße, die in nahezu allen wissenschaftlichen Disziplinen als Referenz herangezogen wird, um ‚das Alter' zu bemessen.

Eine weitere wichtige Rolle spielt das sog. *biologische Alter.* Aus Sicht der Biologie handelt es sich beim Altern um Veränderungen im Sinne einer Abnahme der Anpassungsfähigkeit eines Organismus und einer beständig abnehmenden Überlebenswahrscheinlichkeit, bewirkt durch normale physiologische Prozesse. Im Rahmen einer großangelegten neuseeländischen Panel-Studie (‚Dunedin-Studie', N = 1037; vgl. Belsky et al., 2015) wurden die Zusammenhänge zwischen kalendarischem und biologischem Alter untersucht. Bei den Probanden wurden zu drei Messzeitpunkten innerhalb von zwölf Jahren insgesamt 18 verschiedene Biomarker erhoben, wie z. B. Lungenfunktion, Leber- und Immunsystemwerte, die Länge der sog. Telomere, aber auch die Zahngesundheit oder der Body-Mass-Index. Dabei zeigte sich, dass zwar die Mehrzahl der Probanden tatsächlich innerhalb eines kalendarischen Jahres um ein biologisches Jahr alterte, dass aber dennoch eine Vielzahl sowohl nach oben als auch nach unten abwich. So ergab sich zum letzten Messzeitpunkt, im (kalendarischen) Alter von 38 Jahren, eine Normalverteilung um das biologische Alter von 38, jedoch mit einer beachtlichen Bandbreite von biologischen 28 bis 61 Jahren. Bestehen also bereits hinsichtlich des biologischen Alters große Abweichungen zum kalendarischen Alter, so gilt dies erst recht, wenn weitere zentrale Aspekte des menschlichen Daseins berücksichtigt werden. So haben aus sozialwissenschaftlicher Perspektive sowohl das kalendarische Alter (vielfach auch als *objektives Alter* bezeichnet) als auch das biologische Alter keine eindeutige Aussagekraft über das *subjektive Alter* (i. S. des selbst empfundenen Alters) oder die Fremdwahrnehmung des Alters durch Dritte. Diese sind wesentlich auch durch Gesellschaft und Kultur geprägt.

Unter *psychologischem* oder *psychischem Alter* wird die geistige Leistungsfähigkeit und das Alter des ‚personalen Systems' verstanden. Dabei werden aus psychologischer Sicht dem Verlust an Anpassungsfähigkeit und Leistungsfähigkeit auch Veränderungen im Sinne eines Wachstums gegenübergestellt: Erfahrungs- und Wissensbestände, die auch im Alter stabil bleiben, oder sogar zunehmen, finden hier ihre Betonung. Psychologische Ansätze akzentuieren darüber hinaus die Beeinflussbarkeit und mögliche Reversibilität von Abbauprozessen sowie deren Ausgleich durch andere Funktionen (Kompensation).

Mit dem Begriff *soziales Alter* wird schließlich der „Ort der Person im gesellschaftlich gegliederten Lebenslauf, d. h. Ihre Zugehörigkeit zu einer der gesellschaftlich abgegrenzten Altersphasen und Altersgruppen" (Kohli, 2013, S. 11) bezeichnet. Es geht hier also um das Ausmaß der Teilhabe am gesellschaftlichen Leben, das Erfüllen oder den Rückzug aus gesellschaftlichen Rollen und die Ausübung von gesellschaftlich geprägten Verhaltensmustern. Die „Soziologische Alternsforschung konzentriert sich [somit] auf die Beschreibung und Erklärung von Zusammenhängen zwischen sozialen Strukturen, der Stellung des Alterns innerhalb der Gesellschaft und individuellen Alternsprozessen." (Kruse & Wahl, 2010, S. 241).

Die Feststellung, dass Menschen bei allen Gemeinsamkeiten dennoch sehr unterschiedlich altern und daher auch innerhalb gleichaltriger Personen (gemessen am *kalendarischen Alter*) große Unterschiede bestehen, hat einige Autoren dazu bewogen, zudem zwischen *Alternsformen* zu unterscheiden: dem *normalen Altern* und dem *pathologischen Altern;* also letztlich die Unterscheidung von Altern und Krankheit (vgl. beispielsweise Martin & Kliegel, 2008). Während ersteres als durchschnittliche Altersnorm gefasst wird und Altern ohne chronische Erkrankungen bezeichnet, wird pathologisches Altern als Altern mit chronischen Erkrankungen wie z. B. Demenzen oder Herz-Kreislauferkrankungen verstanden. Aus medizinischer Sicht ist diese Unterscheidung von einiger Relevanz, hat sie doch direkte Auswirkungen auf die Auswahl und Legitimation von Interventionen. Dennoch bringt dieses Konzept einige Schwierigkeiten mit sich, die in der zwangsläufig nicht eindeutigen Abgrenzbarkeit von alternsbezogenen und pathologischen Veränderungen liegen. Darüber hinaus hat sich in den vergangenen Jahren auch die Rede vom *erfolgreichen Altern* etabliert. Während Alter traditionell mit dem Abschied aus einer Leistungsnorm verbunden schien, zeugt dieser Begriff von einer Entwicklung, die den Leistungsanspruch nun auch auf die Lebenszeit nach dem Ausscheiden aus dem Erwerbsleben ausdehnt. Dennoch ist auch die Idee eines erfolgreichen Alterns bislang wenig eindeutig definiert. In der Regel werden hierunter neben guter körperlicher Gesundheit und Langlebigkeit ebenso subjektives Wohlbefinden und Lebenszufriedenheit verstanden (vgl. Martin & Kliegel, 2008).

Eine Definition des Begriffes ‚Alter' wird weiterhin auch dadurch erschwert, dass Alter einerseits als Bezeichnung für eine Phase oder Gruppe jeglichen Alters verwandt wird (Jugendalter, Erwachsenenalter etc.), andererseits aber auch als Bezeichnung für das ‚höhere Alter' dient. Nach Baltes und Baltes (1992) bezeichnet der Begriff ‚Alter' sowohl die Gruppe der älteren Menschen, das ‚Ergebnis' des Altwerdens, aber auch das Alter im Sinne eines Lebensabschnittes und die Alten als einen Bestandteil einer Gesellschaft.

Betrachtet man *Alter als den Lebensabschnitt des höheren Alters* – welcher auch Gegenstand des vorliegenden Beitrags ist – so zeigt sich, dass die Frage nach dem Beginn dieses Abschnitts kaum zu beantworten ist. Üblicherweise wird der Übergang zwischen zwei Lebensaltern durch Statuspassagen markiert, wie beispielsweise den Übergang von Erwerbsarbeit in den Ruhestand. Jedoch „angesichts der hohen Variabilität beim Übertritt in den Ruhestand ist eine feste chronologische Altersangabe für den Beginn der Lebensphase ‚Alter' eigentlich gar nicht möglich" (Tesch-Römer & Wurm,

2009, S. 10). Dennoch hat sich in der Gerontologie, gerade auch vor dem Hintergrund der steigenden Lebenserwartung und dem heute stärker variierenden Eintritt in das Rentenalter, eine Einteilung etabliert, die von einem ‚dritten Lebensalter' ab 65 bis 85 Jahren (die sog. ‚jungen Alten') und einem ‚vierten Lebensalter' ab 85 Jahren (die sog. ‚Hochaltrigen') spricht.

Standen in der Altersforschung lange Zeit die Differenzierung von Altersbegriffen, gerade auch in Abgrenzung und Ergänzung vom dominierenden Maß des kalendarischen Alters, im Vordergrund, sind in den letzten Jahren vermehrt Ansätze entstanden, die die bisherigen Erkenntnisse zu integrieren versuchen. So formulierte beispielsweise Höpflinger (2009) in diesem Sinne zwölf „konzeptuelle Grundsätze und essentielle Elemente einer modernen Alternsforschung", die als ein „paradigmatisches Gerüst für eine gesamtheitliche und interdisziplinäre Analyse von Alternsprozessen in modernen Gesellschaften" (Höpflinger, 2009, S. 1) dienen sollen. Neben der inzwischen weitgehend etablierten Auffassung des Alterns als dynamischem Prozess, welcher biologisch und soziomedizinisch beeinflusst ist, bringt Höpflinger in seine Konzeptualisierung auch bisher noch weniger beachtete Aspekte ein. So sei Altern auch als ein lebenslanger und biographisch-lebensgeschichtlich verankerter, ökonomisch bestimmter, geschlechtsbezogen differenzierter, multi-dimensionaler und „multi-direktionaler plastischer Prozess mit Grenzen" zu sehen (vgl. Höpflinger, 2009).

## 2 Der Körper in der sozialwissenschaftlichen Altersforschung: Forschungsstand

Im Hinblick auf den Forschungsstand gilt nach wie vor, was Backes und Wolfinger bereits 2008 pointiert beschrieben haben: „In der deutschsprachigen Alter(n)sforschung bleibt der Körperaspekt bisher, von wenigen Ausnahmen einmal abgesehen […] eine thematische Randerscheinung" (2008, S. 153). So gibt es bislang keine deutschsprachige empirische (Alters-)Studie, die mit einem sozialwissenschaftlichen Fokus die Schnittstelle von Körper und Alter(n) ins Zentrum der Untersuchung stellt und für sich den Ruf eines ‚Klassikers' beanspruchen dürfte. In den großangelegten ‚klassischen' empirischen Längsschnitt-Altersstudien, so z. B. dem ‚Deutschen Alters-survey' (DEAS), der ‚Berliner Altersstudie' (BASE I und II) oder der europaweiten ‚Share-Studie' (Survey of Health, Ageing and Retirement in Europe) werden zwar einige körperbezogene Variablen (beispielsweise zu Gesundheit oder körperlichen Aktivitäten und Einschränkungen erhoben), somit sind in den Auswertungen Bezüge von Alter und Körper präsent, jedoch findet die Interpretation der Ergebnisse entlang anderer Leitkategorien oder anderer (sozialwissenschaftlicher) Teildisziplinen statt. Ein Schwerpunkt liegt hierbei z. B. auf den meist unter demographischen und sozio-ökonomischen Gesichtspunkten verhandelten Fragen von Pflege und Unterstützung (Pflegebedarf bei Aktivitäten des täglichen Lebens [ATL], körperliche und psychische Belastungen bei Angehörigenpflege etc.). Der Körper im Sinne des ‚Doing Age' scheint in der Empirie hingegen weiterhin abwesend zu sein.

Mit Blick auf den internationalen Forschungskontext beschreibt Katz (2010) eine analoge Situation: „While several [...] debates have addressed the absence of the body and process of embodiment in social research, the problem of the absent *ageing* body has not received the same attention and remains a lacuna in the field" (Katz, 2010, S. 358). Wenn der Körper innerhalb der Gerontologie (überhaupt) prominenter in den Blick genommen wird, so berichten Wahidin und Powell (2003) für die britische Alter(n)sforschung, dann nahezu ausschließlich im Hinblick auf den (in medizinischer Semantik) *kranken Körper*, während der *gesunde Körper* kaum Gegenstand der Forschung gewesen sei. „The body in its material form has been taken for granted, absent or forgotten in gerontological literature (Featherstone, 1995; Öberg, 1996), until the body begins to mechanically break down. Thus the role of the body in gerontology has for some time focused on the failing body and the political response to the ageing body but not how typifications of old bodies intertwined with masculinity, femininity, sexual orientation and race serves to regulate and define the spaces that elders use" (Wahidin & Powell, 2003).

Ein Erklärungsansatz für dieses Forschungsdefizit in Bezug auf den Körper könnte darin liegen, dass „die gegenüber der Geriatrie um Eigenständigkeit bemühte Soziale Gerontologie dem Diskurs um die ‚biologischen Grundbefindlichkeiten' (Schelsky) eher auszuweichen scheint". Denn es bestehe die Sorge, „dass eine Thematisierung des alternden und an Kräften nachlassenden Körpers nur all zu leicht die in der Gerontologie überwunden geglaubten Vorstellungen eines defizitären Alters neu beleben könnte" (Schroeter, 2012, S. 155 f.), gegen die die moderne Soziale Gerontologie mit ihren Leitbildern des ‚aktiven', ‚erfolgreichen' und ‚produktiven Alterns' ein konzeptionelles Gegengewicht schaffen wollte.

In den vergangenen rund fünfzehn Jahren zeigen sich nun – gerade im angelsächsischen Raum – zunehmend Impulse für einen „somatic turn" innerhalb der Sozialwissenschaften (z. B. Gründung einer "Ageing, Body and Society Study Group" in der "British Sociological Association") bzw. einem „cultural turn" innerhalb der Sozialgerontologie, durch den nicht zuletzt auch der alte(rnde) Körper in seiner sozialen Konstituierung stärker in den Blick genommen wird (vgl. Gilleard & Higgs, 2015; Wahidin & Powell, 2003). In diesem Kontext plädieren Gilleard und Higgs (2015) für die Notwendigkeit der Unterscheidung zwischen Altern als „corporeality" („treating the aging body as a social actant") und Altern als „embodiment" („treating the aging body as co-constructor of its own identity"). Darüber hinaus betonen sie die Bedeutung einer derart ausgerichteten Sozialgerontologie:

> „Only in the subdiscipline of *cultural gerontology* has there been an attempt to deal more directly with the embodiment of the new aging and its constant provocation with ‚the corporeal inevitability of aging [...] [as] [...] permanent reality' (Blaikie 107). Refusing to adjudicate between the natural, the normal, and the normative framing of aging's embodiment (Jones and Higgs), writers working within this cultural gerontology or aging studies framework have begun to draw upon other intellectual traditions, including critical race theory, disability theory, feminism, and queer theory to develop alternative understandings of the role of the body in shaping later life narratives and realizing later life performances (Calasanti; Conway-Turner, Oldman, Sandberg)" (Gilleard & Higgs, 2015).

Im deutschsprachigen Raum sind es bisher nur wenige zentrale Akteure der Alter(n) ssoziologie, Sozialen Gerontologie oder Körpersoziologie (prominent zu nennen sind hier Backes, Schroeter, Künemund, Abraham, Keller und Meuser), die sich eingehender um den Bezug von Alter und Körper bemüht haben und zumindest einige Eckpunkte für die zukünftige Forschung aufzeigen. So liefert z. B. Backes mit dem Verweis auf den Körper als „soziales Medium“ und „soziales Konstrukt“ zwei wichtige Ansatzpunkte zu einer körpersoziologisch fundierten „Kritischen Gerontologie“ in Abgrenzung zu „klassischen“ Körper-Alters-Diskursen, deren gängige Thesen (wie die Ageless-Self-These, die Mask-of-Ageing-These und die Double-Marginaly-These) sie als jeweils zu kurz greifend und als „Beschreibung des alltäglich Oberflächlichen“ kritisiert (vgl. Backes, 2008, S. 190). Zentraler Ausgangspunkt für eine „Kritische Gerontologie“ ist dabei der „Körper als Gegenstand soziologischer Analyse im klassischen Sinne, als Scharnier zwischen Struktur und Handeln, als Ausdruck, Folge und Bedingung gesellschaftlicher Verhältnisse wie individuellen Handelns. Körper ist demnach zu verstehen als grundlegende Folge und Bedingung sozialen Handelns über den gesamten Lebenslauf, was in jeder Lebenslage und Lebensphase in spezifischer Weise Ausdruck findet und somit auch gesellschaftliche Zuschreibungen, Handlungsbedingungen wie Sozialstruktur verdeutlicht“ (ebd., S. 192). Betont wird hierbei besonders die soziale Konstruktion von ‚Alternssemantiken‘ bis hin zum ‚Doing Age‘. Auch sei ‚Identitätserschaffung bzw. -erleben‘ ja keineswegs ein Vorgang, der mit der Adoleszenz abgeschlossen ist, sondern vielmehr ein Prozess, der lebenslang Gegenstand des Hinterfragens bleibt und gerade in den Übergängen zwischen Lebensphasen (beispielsweise mit dem Eintreten in die Hochaltrigkeit bzw. in die Phase altersbedingter Multimorbidität) unmittelbar auch die Leiberfahrung des (alternden) Körpers reflektiert.

Wie können nun all diese disparaten Definitionen und Ansätze als Basis für eine körpersoziologische Betrachtung des Alter(n)s fruchtbar gemacht werden? Eine Verbindung biologischer Aspekte mit soziologischen und psychologischen Aspekten des Alter(n)s, die deutlich macht, dass diese Dimensionen eine Einheit bilden, hat Gugutzer (2008) vorgenommen:

> „Unter den vielen Veränderungen, die das Alter(n) mit sich bringt, zählen die körperlichen sicherlich zu den entscheidendsten. Der menschliche Alterungsprozess geht unweigerlich einher mit körperlichen Veränderungen im Aussehen, der Beweglichkeit, Kraft, Leistungsfähigkeit, Sexualität und Gesundheit. Alter(n) ist ein fundamental körperlicher Prozess, an dessen Ende der physische Tod steht. Daran wird deutlich, dass der menschliche Körper ein Teil der Natur ist und nicht, wie sozial- und kulturwissenschaftliche Körpertheorien nahe zu legen scheinen, eine bloße soziale Konstruktion. Der Mensch ist beides: ein biologisches Wesen, das Naturgesetzten unterliegt, und ein soziales Wesen, das seine Natürlichkeit kulturell zu überformen weiß […]. Dass Menschen altern ist natürlich, wie sie es tun hingegen gesellschaftlich und kulturell geprägt“ (Gugutzer, 2008, S. 182).

## 3 Forschungsdesiderata und Aufgaben für zukünftige körpersoziologische Arbeiten

Dem ‚jugendlichen Alter' der (deutschsprachigen) Körpersoziologie entsprechend, finden sich zahlreiche, bisher nicht bearbeitete Vertiefungsbereiche für die körpersoziologische Arbeit im Forschungsfeld Alter(n). Nachfolgend werden drei vom Autor als besonders wichtig erachtete Forschungsdesiderata bzw. zukünftige Vertiefungsbereiche detaillierter dargestellt, ohne damit die Relevanz vieler weiterer Themen in Abrede stellen zu wollen.

### 3.1 Körperliches Alter(n) verändert den Weltzugang

Wie eingangs im Abriss zum Forschungsstand dargelegt, besteht bei den wenigen Alterswissenschaftlern, die sich bisher im deutschsprachigen Raum eingehender den Bezügen zwischen Körper und Alter(n) gewidmet haben, die Vermutung, die randständige Behandlung des Körpers in Alter(n)ssoziologie und Sozialer Gerontologie sei der Sorge geschuldet, dass „eine Thematisierung des alternden und an Kräften nachlassenden Körpers [...] womöglich die in der Gerontologie überwunden geglaubten Vorstellungen eines defizitären Alter(n)s neu belebt [hätte], was ein Schritt zurück in Richtung biologischer Determinismen bedeutet hätte" (Backes, 2008, S. 189).

Diese Sorge mag durchaus berechtigt sein. Und doch ist das Thema Alter(n) nicht adäquat zu erfassen, ohne den Körper mit einzubeziehen, da „der Alterungsprozess immer auch körperlich erfahren und das Alter auch über den Körper repräsentiert wird. Denn: ‚Wo auch immer ein Individuum sich befindet und wohin auch immer es geht, es muss seinen Körper dabeihaben' (Goffman, 2001, S. 151). Der Körper ist immer der Ansatzpunkt, an dem die Integration in die soziale Welt beginnt" (Schroeter, 2012, S. 155). Gerade hier liegt das besondere Potential der Körpersoziologie bzw. verkörperten Soziologie, da sie qua Selbstdefinition Themengegenstände vom Körper (auch dem des Forschenden selbst) ausgehend betrachten will und also auch beim Forschungsfeld Alter(n) die vielfältigen körperlichen Dimensionen prominenter in den Blick nehmen will. Hierbei wird eine der zentralen Herausforderung für die zukünftige körpersoziologische Betrachtung des Alters darin liegen, *wie* sie den Körper thematisieren kann, ohne auf das Feld biologischer Determinanten „hin zur längst überwunden geglaubten Defizit- und Abbauperspektive" (Backes & Wolfinger, 2008, S. 153) zu rutschen. Ein in den letzten Jahren insbesondere von Schroeter und Künemund einschlägig vertretener ‚Lösungsweg' liegt in der Betonung des sozialen Konstruktionscharakters von Welt und damit auch von (naturwissenschaftlichen Theorien zu) Körper und Alter:

> „Alter und Altern sind also keine rein natürlichen, quasi präkulturellen Erscheinungen. Das biologisch Vorgegebene und das gesellschaftlich Konstruierte lassen sich im Erkenntnisprozess nicht voneinander trennen. Auch biologisches, medizinisches, naturwissenschaftliches Wissen ist eine Konstruktion. [...] Auch die biologischen Theorieangebote zum Altern (u. a. Freie-Radikale-Theorie, Mutationstheorie, Autoimmun-Theorie) und die biologischen Erklärungen zu den organischen Veränderungen sind zunächst einmal Konstruktionen. Das Altern ist somit nicht einfach etwas natürlich Vorgegebenes. [...] Auch die Lebens- und Naturwissenschaften bilden die (Alters-)Wirklichkeit in Form von symbolischer Repräsentanz ab und arbeiten mit Begriffen und Symbolen als Bedeutungsträger" (Schroeter & Künemund, 2010, S. 396).

So sehr auch auf epistemologischer Ebene dem sozialen Konstruktionscharakter von Welt grundsätzlich zuzustimmen ist, so sehr birgt die Betonung dieses Aspektes auf forschungspraktischer Ebene die Gefahr in sich, dass körpersoziologische Arbeiten sich auf die symbolisch-diskursive Ebene beschränken und damit den Körper-Leib als ‚materiale Voraussetzung des Weltzugangs' aus dem Blick verlieren. *Denn:* Obgleich auch biologische oder medizinische Beschreibungen körperlicher Prozesse des Alter(n) s letzten Endes nur sozial konstruierte Theorien über den Körper sind, ebenso wie die individuelle Wahrnehmung älterer Menschen ‚von ihrer Alterswirklichkeit' sozial konstruiert ist, hängt der Weltzugang von Älteren doch auch von einigen basalen Körperphänomenen ab. Das heißt, wie man als älterer Mensch in der Welt steht, ist z. B. abhängig davon,

- ob und ggf. wie lange man (noch) stehen kann – im Sitzen sieht die Welt anders aus (wie beispielsweise Alltagsberichte von Querschnittsgelähmten eindrücklich zeigen),
- wie lange/wie weit man in welcher Haltung und Geschwindigkeit laufen kann,
- ob und ggf. welche sensorischen Einschränkungen man im visuellen, gustatorischen, olfaktorischen oder haptisch-taktilen Bereich hat.

Der vertiefte Einbezug von Kenntnissen zu typischen Veränderungen der sensorischen, motorischen oder kognitiven Fähigkeiten im Altersprozess ist vor diesem Hintergrund für eine körpersoziologische Arbeit im Themenfeld Alter unerlässlich. Im Sinne eines Forschungsdesiderates muss sich die körpersoziologische Beschäftigung mit dem Themenfeld Alter also – über sozialwissenschaftliche Diskurse hinaus – auch humanbiologisch, medizinisch und psychologisch informiert zeigen, um körperliche Aspekte nicht nur ‚abgehoben' auf diskursiv-symbolischer Ebene zu thematisieren. Denn zentrale soziologische Fragen, wie z. B. soziale Integration und Teilhabe, sind nicht losgelöst davon zu betrachten, ob bzw. in welchem Maße es beispielsweise Bewegungsradius, Augen, Ohren etc. auch Personen im sog. vierten Lebensalter ermöglichen, ‚leibhaftig' am zwischenmenschlichen Austausch teilzuhaben oder Buchstaben auf einem Handy-Display entziffern zu können. Partizipation oder Einsamkeit sind demgemäß nicht nur als sozial, sondern auch als „sinnlich bedingte Phänomene" aufzufassen, „der Leib ist unsere Verankerung in der Welt" (Merleau-Ponty, 1966, S. 174). Aus der Perspektive einer verkörperten Soziologie, die berücksichtigt, „dass auch die daran arbeitenden Soziologinnen und Soziologen leiblich-körperlich verfasste Wesen sind" (Gugutzer, 2004, S. 158), kommt zudem der Alters- und Generationsunterschied zwischen den ‚beforschten älteren Menschen' und den Forscher/innen hinzu. Die überwiegend deutlich jüngeren Forscher/innen betrachten das Alter(n) aus ihrer eigenen momentanen körperlichen Verfasstheit heraus. Kenntnisse zu typischen Veränderungen der sensorischen, motorischen oder kognitiven Fähigkeiten im Altersprozess können hier zu einer ‚verbesserten Perspektivenübernahme' dienen, um sich in den körperlich-leiblich-bedingten veränderten Weltzugang Älterer einfühlen zu können.

## 3.2 Körperliches Alter(n) verläuft nicht ‚klassenlos'

Dass körperliche Alterungsprozesse und altersbedingte gesundheitliche Risiken bis hin zur Lebenserwartung maßgeblich durch die soziale Position einer Person mitgeprägt werden (zentral sind hierbei Geschlecht, Bildung, beruflicher Status, Einkommen und Vermögen, Herkunft), darf heute als gesichertes Datum bezeichnet werden (vgl. Mergenthaler, 2018). „Für die Morbidität konnte beispielsweise gezeigt werden, dass Erwachsene aus niedrigen sozialen Schichten häufiger einen Herzinfarkt erleiden, häufiger unter psychischen Störungen leiden und eine geringere subjektive Einschätzung der eigenen Gesundheit angeben als Erwachsene aus höheren sozialen Schichten" (Tesch-Römer & Wurm, 2009, S. 17). Eindrücklich sind ebenso die Daten zur Mortalität und Lebenserwartung, denen zufolge in Deutschland wie in den meisten anderen europäischen Ländern ein niedrigerer sozioökonomischer Status mit einer deutlich geringeren Lebenserwartung bei schlechterer Gesundheit und einem höheren Mortalitätsrisiko einhergeht (vgl. Lampert & Kroll, 2014).

> „In Bezug auf den Vermittlungsmechanismus zwischen sozialer Lage und Gesundheit wird angenommen, dass Ressourcen (etwa Wissen, Macht, Geld, Prestige) in verschiedenen sozialen Schichten unterschiedlich verfügbar sind. Diese Unterschiede in der Verfügbarkeit von Ressourcen korrelieren nicht allein mit einem anderen Ausmaß gesundheitlicher Belastungen (z. B. sind Arbeitsplatz, Wohnung und Wohnumfeld von Personen aus niedrigen sozialen Schichten häufiger mit Belastungen verbunden als dies bei Personen aus höheren sozialen Schichten der Fall ist), sondern ebenso mit der Verfügbarkeit von personalen wie sozialen Bewältigungsressourcen. Neben diesen Differenzen in den Lebensverhältnissen sind aber auch Unterschiede im gesundheitsrelevanten Verhalten zu beachten: So zeigen Personen mit niedrigem sozialen Status beispielsweise im Hinblick auf Essgewohnheiten, Alkohol- und Nikotinkonsum sowie der Befolgung ärztlicher Empfehlungen häufiger ein weniger gesundheitszuträgliches Verhalten als Personen mit höherem sozialen Status" (Tesch-Römer & Wurm, 2009, S. 17).

Mit anderen Worten: Die soziale Lage wirkt sich sowohl auf Art und Umfang körperlicher Belastungsfaktoren wie auch auf das individuelle Körperhandeln aus. Die individuelle Körperbiographie (vgl. Gugutzer, 2008, S. 184) wird also durch die soziale

Lage (mit-)geprägt. Gerade im Alter, wenn Lebensweisen genug Zeit hatten, sich in den Körper einzuschreiben und die körpereigenen Reparatursysteme, z. B. der Haut, nachlassen, sind soziale Unterschiede zunehmend auch am Körper abzulesen. Nochmals verstärkt wird dieser Effekt des sozial ungleichen Alterns, da auch die personalen wie finanziellen ‚Bewältigungsressourcen des Alter(n)s' sozial ungleich verteilt sind. Viele ‚Präventions-, Verschönerungs- und Reparaturmaßnahmen' am alternden Körper – von Anti-Aging-Kuren über Wellnesswochenenden bis hin zu Zahnimplantaten – sind kostenintensiv und setzen zudem umfangreiches (Körper-)Wissen und Handlungskompetenzen voraus, um im komplexen *Marktfeld von Körper, Alter und Gesundheit* relevante Informationen beschaffen, Entscheidungen treffen und mit Fachpersonal kommunizieren zu können. „Wenn Alter und Gesundheit heute mehr denn je als kalkulierbare und potenziell minimierbare Risiken kommuniziert werden, denen es mit unternehmerischem Kalkül vorzubeugen gilt, dann werden die Einzelnen in die persönliche Pflicht und Verantwortung genommen" (Schroeter, 2014, S. 305). Diese zum Individuum verschobene Gesundheitsideologie trifft Personen aus niedrigeren sozialen Lagen in zweifacher Hinsicht: Nicht nur, dass sie aufgrund geringerer finanzieller wie personaler Bewältigungsressourcen weniger in ihren (alternden) Körper ‚investieren' können, sie sind zudem noch dem Vorwurf ausgesetzt, ihrer gesellschaftlichen Verpflichtung nicht nachzukommen und das Gesundheitssystem zu belasten.

Da sich körperliches Altern also bei weitem nicht ‚klassenlos', d. h. nicht unabhängig von der jeweiligen persönlichen sozialen Lage vollzieht, ist es für die zukünftige körpersoziologische Betrachtung des Alter(n)s notwendig, die Bezüge zur sozialen Ungleichheitsforschung zu vertiefen. Dies bietet zudem die Chance, die bisher vielfach eher mikrosoziologisch orientierte Körpersoziologie mit makrosoziologischen Perspektiven (die in der sozialen Ungleichheitsforschung dominant sind) stärker zu verschränken und auch Bezüge zu Makroökonomie und Public Health herzustellen.

## 3.3 Körperliches Alter(n) im Kontext von Biotechnologie und Ambient Assisted Living

Wunsch und Notwendigkeit, alternde Körper durch technische Artefakte zu unterstützen (ebenso wie durch Krankheit, Unfall, Krieg oder Behinderungen beeinträchtigte Körper), scheinen so alt wie die Menschheit zu sein, wenngleich sich die ‚Erfindung' des ersten Gehstockes oder Hörrohres wohl nie genau datieren lassen wird. Seit diesen ersten Artefakten wurden mit rasant zunehmender Entwicklungsgeschwindigkeit unzählige weitere Artefakte zum Ausgleich motorischer oder sensorischer Einschränkungen geschaffen: Rollatoren als Weiterentwicklung des Gehstocks und auch Hörgeräte zählen heute zu den traditionellen Hilfsmitteln. Während Kontaktlinsen oder klassiche Hörgeräte noch *am* Körper getragen werden, ist eine weitere Stufe die der ‚technischen Zurüstungen' *im* Körper wie z. B. Herzschrittmacher, ins Auge implantierte Kunstlinsen oder Innenohrprothesen (vgl. exemplarisch für diese Technikgeneration Meister, 2020 zum Thema

Hörakustik). Im Zuge immer komplexerer und vernetzter Systeme durch die enge Verzahnung von Lebens- und Ingenieurwissenschaften gehen die Entwicklungen inzwischen jedoch weit über das genannte hinaus, im Sinne einer Verschmelzung von Körper und Artefakten, z. B. im Bereich der Prothetik oder auf dem Feld des ‚Tissue Engineering' (hierbei werden dem Körper Gewebezellen entnommen, um daraus in vitro ‚Ersatzteile', wie z. B. eine neue Herzklappe, für die (Re-)Transplantation zu züchten). Für die körpersoziologische Forschung wirft diese Entwicklung weitreichende Fragen auf, insbesondere bezüglich der Wahrnehmung des eigenen Leibes und der eigenen Körperidentität (z. B. als Träger/in eines transplantierten ‚fremden Gesichtes' oder einer ‚fühlenden Handprothese').

Welche der zahlreichen (bio-)technologischen ‚Zurüstungen des Körpers' sich im Einzelnen, kurz- oder mittelfristig durchsetzen werden, bleibt abzuwarten. Festzuhalten ist, dass (altersbedingte) motorische, sensorische und kognitive Beeinträchtigungen, die das Level des individuellen Wohlbefindens bedingen oder ein selbstbestimmtes ‚normales Leben' (in den ‚eigenen vier Wänden') gefährden, in immer stärkerem Maße durch techno-soziale Verknüpfungen von Mensch und Maschine bzw. Körper und Artefakt ausgeglichen oder zumindest abgemildert werden können.

‚Ambient oder Active Assisted Living' (AAL), als breit diskutiertes und finanziell stark gefördertes Forschungsfeld (z. B. durch BMBF- und EU-Förderprogramme; vgl. Neureiter et al., 2018), kann als ein prototypisches Beispiel für moderne technologiebasierte Unterstützungssysteme gesehen und hier exemplarisch herausgegriffen werden: AAL umfasst einen großen Bereich häuslicher Assistenzsysteme, deren Zweck die Gestaltung einer intelligenten Umgebung zur Nutzerunterstützung ist, indem Kontroll- und Steuerungsleistungen übernommen werden. Die Assistenzsysteme sind oftmals personalisiert, d. h. anhand zuvor individuell definierter Parameter programmiert; die Datenerfassung geschieht zumeist über Sensorsysteme, die beispielsweise im Raum Umgebungsdaten erfassen oder körpernah Vitalfunktionen messen und analysieren. In Bezug auf ‚Ältere Menschen' als wichtiger AAL-Zielgruppe kann ein ‚intelligentes Haus' beispielsweise bei sturzgefährdeten oder dementiell beeinträchtigten Personen die Bewegung des Körpers im Raum registrieren und aufgrund dieser Information Elektrogeräte ausschalten, die Raumtemperatur regulieren oder auch ein Signal zu Nachbarn oder einer Zentrale schicken, falls die erwartete Bewegung zu spezifisch festgelegten Zeiten ausbleibt. Somit werden einerseits alltägliche Abläufe erleichtert, andererseits kann auf außergewöhnliche Umstände bis hin zu Notfällen zeitnah reagiert werden (Sicherheitsfunktion).

Ist im Falle dieser sog. ‚Smart Homes' die Einwirkung auf den Körper noch *mittelbar,* ist sie bei körpernahen tragbaren technischen (Hilfs-)Systemen (wearable devices) *unmittelbar* vorhanden. Tragbare Miniaturcomputer, die eine individuelle Beobachtung und Vermessung des eigenen Körpers und dessen Umwelt erlauben, wurden erst im Zuge neuerer technologischer Entwicklungen möglich und werden nun zunehmend für einen breiten Nutzerkreis weltweit zugänglich. Gemessen werden Schritte und Kalorien, Herzfrequenz und Blutdruck, Hauttemperatur und Schweißsekretion, Schlafrhythmus und

Gehirnaktivitäten – um nur einige der Anwendungen zu nennen. Bekanntheit erlangte diese Form der ‚Technologien des Selbst' im Sinne einer ‚Selbsterkenntnis durch Zählung' (‚self knowlegde through numbers') unter dem Ausdruck ‚Quantified Self'.

Neben einer Vielzahl von positiven, die Lebenszufriedenheit und -qualität steigernden Aspekten, treten jedoch sowohl bei technischen Unterstützungssystemen wie AAL als auch bei der technikbasierten ‚Selbstvermessung' problematische Aspekte zutage:

Erstens ist eine Reihe von juristischen Fragen bis dato ungeklärt. Dies betrifft die Standardisierung von (häuslichen) Assistenzsystemen und auch die Haftung im Falle eines möglichen Versagens der Systeme. Eine weitere rechtliche Problematik besteht auf dem Feld der informationellen Selbstbestimmung der Nutzer/innen, da immense Mengen sensibler (Körper-)Daten erhoben werden.

Zweitens kann aus dem Trend zu einer körperlichen (Selbst-)Vermessung auch ein gesellschaftlicher Druck hin zu einer (Selbst-)Regulierung und Optimierung des Körpers erwachsen (vgl. z. B. Duttweiler et al., 2016): Die Quantified Self Bewegung formiert sich nicht zufällig in der Zeit und aus dem Klima der Neoliberalisierung heraus, welches die Eigenverantwortung des Individuums für die eigene Leistungsfähigkeit, Gesundheit und Versorgung in den Vordergrund stellt (vgl. Abschn. 3.2 ‚Körperliches Alter(n) verläuft nicht klassenlos').

Zum Dritten ist davon auszugehen, dass die Nutzung bzw. Nicht-Nutzung von ‚körperunterstützenden Technologien' anhand individuell verfügbarer monetärer Mittel erfolgen wird, wobei hier zwei divergierende Zukunftsszenarien denkbar sind: Einerseits könnte sich die soeben erörterte Technisierung durch AAL insgesamt positiv konnotiert als *erstrebenswerter Lebensstil, den man sich jedoch leisten können muss,* durchsetzen. Andererseits könnte eine Umkehrung eintreten und pflegerische Dienste durch *menschliche Dienstleister* zum knappen und erstrebenswerten Luxusgut werden, *die man sich jedoch leisten können muss,* als Gegenentwurf zur immer allgegenwärtiger werdenden Technisierung. Damit manifestiert sich in beiden möglichen Szenarien jeweils soziale Ungleichheit – sei es auf der Stufe des ‚Techno-Sozialen' oder aber auf der Stufe des ‚Human-Sozialen'.

Abschließend bleibt festzuhalten: Das immens wachsende Potenzial im Bereich der ‚körper-vermessenden, -unterstützenden oder -ersetzenden (Bio-)Technologien' und die daraus resultierenden Formen der Überwachung und Regulierung körperlicher Funktionen, ermöglichen einerseits eine Steigerung körperlicher Resilienz und Leistungsfähigkeit, werfen andererseits aber bislang nicht gekannte ethische Fragen auf. Hier liegt ein zu vertiefendes, zentrales Forschungsfeld für die Sozialwissenschaften im Allgemeinen (ebenso wie die Lebens-, Geistes- und Rechtswissenschaften), aber insbesondere auch für die Körpersoziologie, um die kommenden Entwicklungen im interdisziplinären Verbund kritisch zu beleuchten, die gesamtgesellschaftlichen Implikationen zu hinterfragen und auf problematische Sachverhalte hinzuweisen (einen Einstieg ins Themenfeld Technik, Assistenzsysteme und Alter liefern Kolland et al., 2020 und Nitschke, 2020).

## Literatur

Backes, G. M. (2008). Von der (Un-)Freiheit körperlichen Alter(n)s in der modernen Gesellschaft und der Notwendigkeit einer kritisch-gerontologischen Perspektive auf den Körper. *Zeitschrift Für Gerontologie Und Geriatrie, 41*, 188–194.

Backes, G. M., & Wolfinger, M. (2008). Körper und Alter(n). *Zeitschrift Für Gerontologie Und Geriatrie, 41*, 153–155.

Baltes, P. B., & Baltes, M. M. (1992). Gerontologie: Begriff, Herausforderung und Brennpunkte. In P. B. Baltes & J. Mittelstraß (Hrsg.), *Zukunft des Alterns und gesellschaftliche Entwicklung* (S. 1–34). de Gruyter.

Belsky, D. W., Caspi, A., Houts, R., Cohena, H. J., Corcorane, D. L., Danese, A., Harrington, H. L., Israel, S., Levinei, M. E., Schaefer, J. D., Sugden, K., Williams, B., Yashin, A. I., Poulton, R., & Moffitt, T. E. (2015). Quantification of biological aging in young adults. *PNAS*. https://doi.org/10.1073/pnas.1506264112.

Duttweiler, St., Gugutzer, R., Passoth, J.-H. & Strübing, J. (2016) (Hrsg.). *Leben nach Zahlen. Self-Tracking als Optimierungsprojekt?* transcript.

Gilleard, C., & Higgs, P. (2015). Aging, Embodiment, and the Somatic Turn. *Age, Culture, Humanities. An Interdisziplinary Journal,* 2. http://ageculturehumanities.org/WP/aging-embodiment-and-the-somatic-turn/. Zugegriffen: 4. Juli 2021.

Gugutzer, R. (2004). *Soziologie des Körpers*. transcript.

Gugutzer, R. (2008). Alter(n) und die Identitätsrelevanz von Leib und Körper. *Zeitschrift Für Gerontologie Und Geriatrie, 41*, 182–187.

Höpflinger, F. (2009). Konzeptuelle Grundsätze und essentielle Elemente einer modernen Alternsforschung. http://www.hoepflinger.com/fhtop/fhalter1I.html. Zugegriffen: 4. Juli 2021.

Katz, S. (2010). Sociocultural Perspectives of Ageing Bodies. In D. Dannefer & C. Phillipson (Hrsg.), *The Sage Handbook of Social Gerontology* (S. 357–366). Sage.

Keller, R. & Meuser, M. (2017) (Hrsg.). *Alter(n) und vergängliche Körper.* Springer VS.

Kohli, M. (2013). Alter und Altern der Gesellschaft. In S. Mau & N. M. Schöneck (Hrsg.), *Handwörterbuch zur Gesellschaft Deutschlands* (3. Aufl., S. 11–24). Springer VS.

Kolland, F., Wanka, A. & Gallistl, V. (2020). Technik und Alter – Digitalisierung und die Ko-Konstitution von Alter(n) und Technologien. In K. R. Schroeter, C. Vogel & H. Künemund (Hrsg.), *Handbuch Soziologie des Alter(n)s* (S. 1–19). Springer.

Kruse, A., & Wahl, H.-W. (2010). *Zukunft Altern. Individuelle und gesellschaftliche Weichenstellungen*. Spektrum.

Lampert, T., & Kroll, L. E. (2014). *Soziale Unterschiede in der Mortalität und Lebenserwartung.* Robert Koch-Institut. http://www.rki.de/DE/Content/Gesundheitsmonitoring/Gesundheitsberichterstattung/GBEDownloadsK/2014_2_soziale_unterschiede.pdf?__blob=publicationFile. Zugegriffen: 4. Juli 2021.

Martin, M., & Kliegel, M. (2008). *Psychologische Grundlagen der Gerontologie* (2. Aufl.). Kohlhammer.

Mahr, Chr. (2016). *»Alter« und »Altern« – eine begriffliche Klärung mit Blick auf die gegenwärtige wissenschaftliche Debatte.* transcript.

Meister, H. (2020). Technik macht's möglich? Teilhaben an der Welt durch moderne Hörunterstützung im Alter. In Chr. Woopen, A. Janhsen, M. Mertz & A. Genske (Hrsg.), *Alternde Gesellschaft im Wandel. Zur Gestaltung einer Gesellschaft des langen Lebens* (S. 181–190). Springer.

Mergenthaler, A. (2018). Gesundheitliche Ungleichheiten in der zweiten Lebenshälfte. In K.R. Schroeter, C. Vogel & H. Künemund (Hrsg.), *Handbuch Soziologie des Alter(n)s* (S. 1–19). Springer.

Merleau-Ponty, M. (1966). *Phänomenologie der Wahrnehmung*. de Gruyter.
Neureiter, K., Krischkowsky, A. & Tscheligi, M. (2018). Active Assisted Living. In M. M. Schimke & G. Lepperdinger (Hrsg.), *Gesund altern* (S. 63–72). Springer VS.
Nitschke, M. (2020). *Beratung zu altersgerechten Assistenzsystemen. Eine lebensweltorientierte Konzeption für die Praxis*. Springer VS.
Schroeter, K. R. (2012). Altersbilder als Körperbilder: Doing Age by Bodyfication. In F. Berner, J. Rossow, & K.-P. Schwitzer (Hrsg.), *Individuelle und kulturelle Altersbilder. Expertisen zum Sechsten Altenbericht der Bundesregierung* (Bd. 1, S. 154–229). VS Verlag.
Schroeter, K. R. (2014). Verwirklichungen des Alterns. In A. Amann & F. Kolland (Hrsg.), *Das erzwungene Paradies des Alters? Weitere Fragen an eine Kritische Gerontologie* (2. Aufl., S. 283–318). Springer VS.
Schroeter, K. R., & Künemund, H. (2010). „Alter" als Soziale Konstruktion – Eine soziologische Einführung. In K. Aner & U. Karl (Hrsg.), *Handbuch Soziale Arbeit und Alter* (S. 393–401). VS Verlag.
Tesch-Römer, C., & Wurm, S. (2009). Theoretische Positionen zu Gesundheit und Alter. In K. Böhm, C. Tesch-Römer, & T. Ziese (Hrsg.), *Gesundheit und Krankheit im Alter* (S. 7–20). Robert Koch-Institut.
Thieme, F. (2007). *Alter(n) in der alternden Gesellschaft. Eine soziologische Einführung in die Wissenschaft vom Alter(n)*. VS Verlag.
Wahidin, A., & Powell, J. L. (2003). Reconfiguring old Bodies: From the Biomedical Model to a critical Epistemology. *Sincronia,* Summer, 2. http://sincronia.cucsh.udg.mx/wahidin03.html Zugegriffen: 4. Juli 2021.

# Ansteckung

Gabriele Klein und Katharina Liebsch

**Einleitung**

„Steck' mich bloß nicht an!" oder „Dein Lachen ist ansteckend" – diese beiden alltagssprachlichen Sätze markieren die Bandbreite des Begriffes der Ansteckung, dessen (körper-)soziologische Relevanz in diesem Text zur Diskussion steht. Ansteckung setzt Kontakte voraus, zu Menschen oder zu Tieren und Dingen. Ansteckung kann Sehnsucht und Verlangen befördern, bedeutet aber auch Gefahr und Bedrohung. Der Begriff ist positiv und negativ besetzt und hat in dieser Ambivalenz körperlich-physiologische, psychologische, soziale, moralische und symbolisch-metaphorische Dimensionen. ‚Etwas' Unsichtbareres oder Ungreifbares – sei es ein Virus oder ein Bakterium, ein Rausch oder ein Gefühl, eine Idee oder eine Überzeugung – ‚springt über', setzt sich in den Körpern, den Sinnen oder dem Verstand fest. Dieser Vorgang der Übertragung wird sozial und kulturell gedeutet, medial kommuniziert und politisch reguliert. Charakteristisch für das Ansteckungsgeschehen ist, dass es neue physische, psychische und soziale Zustände erzeugt, Zeitlichkeiten (vorher/nachher, Geschwindigkeit/Rhythmus) transformiert, über seine Bewegungsdynamiken neue (kollektive) Körper-Ordnungen schafft und Körperklassifikationen (Infizierte/Immune, Gefährder/Gefährdete, Affizierte/Distanzierte) neu gestaltet sowie die Emergenz von Affekten (Angst/Wut/Trauer, Lust/Begehren/Leidenschaft) bewirkt. Jedes Ansteckungsgeschehen folgt einer eigenen Logik und Bewegungsdynamik, die bisherige soziale Ordnungen und Lebensstile ins Wanken bringen können. Aufgrund seiner potenziellen Unkontrollierbarkeit provoziert Ansteckung Fragen nach (wissenschaftlichem) Wissen und dessen Kommunikation,

G. Klein (✉) · K. Liebsch
Hamburg, Deutschland
E-Mail: gabriele.klein@uni-hamburg.de

K. Liebsch
E-Mail: k.liebsch@hsu-hh.de

 
R. Gugutzer et al. (Hrsg.), *Handbuch Körpersoziologie 2*,
https://doi.org/10.1007/978-3-658-33298-3_2

nach politischen Entscheidungskompetenzen und individuellen Handlungsspielräumen, nach Ordnung und Kontrolle gesellschaftlicher Verhältnisse und initiiert so Aktivitäten in verschiedenen gesellschaftlichen Feldern, wie z. B. Problemanalyse und Wissensproduktion, neue Sicherheitsdispositive, soziale Protestformen oder neue Lebensformen und -entwürfe.

Der Text diskutiert die für körpersoziologisches Denken relevanten Ansätze, Dimensionen, Modi und Muster von Ansteckung. Dazu wird der Begriff aus soziologischer Sicht kategorial zu fassen versucht (1). Im zweiten Abschnitt werden wir die Begriffsvariationen von Ansteckung thematisieren (2), anschließend die Verbreitungswege und Modi von Ansteckung erläutern (3), um abschließend die soziale Produktivität der Ansteckung zu veranschaulichen und diese als figurativen und choreographischen Prozess zu konzeptualisieren (4). Ziel ist es, Ansteckung – auch jenseits seiner metaphorischen Nutzung – als einen zentralen körpersoziologischen Begriff auszuweisen und dessen Relevanz für eine vom Körper ausgehende soziale Praxis vorzustellen.

## 1 Der (körper-)soziologische Begriff der Ansteckung: Theoretische Perspektiven

In Goldminen wird ‚fieberhaft' gearbeitet, die Börse meldet rasante Kursschwankungen, ‚Besessene' vollziehen terroristische Akte, neue Hypes in der Medienkultur und Trends in Mode- und Popkultur brechen sich Bahn, ‚Viren' legen die Funktion virtueller Netzwerke und Computer basierter Kommunikation lahm – neben dem biologischen Sachverhalt der Infektion werden eine Vielzahl sozialer Prozesse der Verbreitung, Übertragung und Verbindung mit dem Begriff der Ansteckung assoziiert. Auch das Lachen, die Freude, die Lust oder das Weinen, die Wut, der Hass, können ansteckend sein. Ansteckung bezeichnet Prozesse der Begegnung, Berührung, Affizierung und der Transformation, die sowohl konkrete, materielle als auch immaterielle, symbolische Bedeutungen entfalten als auch von ökonomischen, politischen, kulturellen und medialen Kräften strukturiert und beeinflusst werden. Dementsprechend ist die Ansteckung durch eine soziale Dynamik charakterisiert, die in soziologischen und philosophischen Ansätzen verschieden gefasst wird: als charakteristischer Ausdruck weltumspannenden ökonomischen Austauschs (Hardt & Negri, 2002), als Entgrenzung von organischen, dinghaften und symbolischen Einheiten (Deleuze & Guattari, 1992) oder auch als informationstechnische Erweiterung von Kontakt und Kommunikation (Sampson, 2012).

Während die metaphorische Verwendung des Ansteckungsbegriffs zur Beschreibung der Dynamik gegenwärtiger Globalisierungs- und Netzwerk-Phänomene mittlerweile in wissenschaftlichen und populären Schriften sehr verbreitet ist und Eingang in Theoreme der Infizierung, Kontaminierung und Immunisierung gefunden hat (Derrida, 1995; Esposito, 2011), sind sozialtheoretische Ausarbeitungen zum Begriff der Ansteckung, ihren konkreten Mechanismen und sozialen Wirkungen seltener, insbesondere, wenn es um die Relevanz des Körpers im Ansteckungsgeschehen geht.

In vorliegenden sozialtheoretischen Ansätzen spielen Körper vor allem in drei Ansätzen eine wichtige Rolle: Gabriel Tarde begründet ein Verständnis von Ansteckung als ein durch Affektivität, d. h. Nachahmungsketten von Affizierung beschleunigter operativer Mechanismus der Herstellung von Ordnung (Tarde, 2008; Opitz, 2015); Elias Canetti denkt Ansteckung vom Begriff der Masse und des Massenkörpers her (Canetti, 1995) und Michel Foucault entwickelt ein machttheoretisches Verständnis von körperlicher Ansteckung (Foucault, 2004; Sarasin, 2005).

Der französische Kriminologe, Soziologe und Sozialpsychologe Gabriel Tarde interessiert sich am Ende des 19. Jahrhunderts weniger für die krisenhaften Züge der Ansteckung als Ausbreitungsmodus als für dessen Intensitäten, Verläufe und Muster von Verkettung. Er untersucht die Prozessualität der Übertragung und fragt, wie sich Ansteckung aufgrund ihrer Gebundenheit an materiale Faktoren, z. B. an Bevölkerungsdichte oder an die Beschaffenheit des Mediums der Ausbreitung, das korporal, visuell oder virtuell sein kann, je spezifisch entwickelt. Ansteckung, so seine Überlegung, vollzieht sich beschleunigt in Konstellationen hoher Dichte menschlicher Körper, z. B. in städtischen Massen. Sie sei zudem in ihrer qualitativen Ausgestaltung von der jeweiligen Anordnung und Konstellation physisch präsenter oder auch abwesender Körper bestimmt (Tarde, 2008, S. 40 f.). Für Tarde ist Ansteckung ein operativer Mechanismus, der Nachahmungsketten aufgrund von Affizierung – er spricht von „Magnetisierung" (ebd., S. 105) – zu initiieren vermag. Nachahmung und Ansteckung sind in seinem Denken Muster des sozialen Kontakts, die vor der Kommunikation mittels Sprache und Kognition liegen. Ihre Ausbreitung und Dynamik basieren auf Resonanz und Affizierung, also auf Aspekten des Körperlichen, die gleichermaßen Ausgangspunkt, Medium und gestaltendes Element des Ansteckungsgeschehens und seines Verlaufs sind und dessen Geschwindigkeit und Rhythmik, Beschleunigung oder Abschwächung bestimmen.

Tardes Begriff von Ansteckung kann als ein erster körpersoziologischer Ansatz gelesen werden, der den Prozess materieller Transformation als Zustandsänderung von affizierten Körpern beschreibt, der, wie z. B. bei der „Ansteckung der Mode" (ebd., S. 53), in räumlich instabilen Verbreitungsmustern in Erscheinung tritt. Daran anknüpfend schlägt Sven Opitz vor, Ansteckung nicht als einen Typus von Kontakt zwischen verschiedenen Materien bzw. Körpern zu verstehen, sondern vielmehr als einen „Modus der Ordnungsbildung" zu fassen, „der sich aufgrund seiner nicht-linearen, kaskadenhaften, kontaminierenden transformativen Dynamik an der Grenze zum Chaos vollzieht" (Opitz, 2015, S. 145) und der Veränderungen sowohl in der Materie selbst als auch im Übertragungsgeschehen zu initiieren vermag.

Einen zweiten Ansatz hat der Schriftsteller Elias Canetti vorgelegt. Er diskutiert in seiner 1960 erstmals veröffentlichen Schrift *Masse und Macht* das Phänomen der Ansteckung im Hinblick auf die affektiven und körperlichen Dimensionen des Massenkörpers. Anders als andere Massentheoretiker wie Gustave Le Bon oder Ortega y Gasset beschreibt er die Masse nicht nur als bedrohlich und gefährlich, sondern als janusköpfig: einerseits als ein inhumanes Ungeheuer, das einer despotischen Führerfigur bedarf und sämtliche zivilisatorischen Errungenschaften zu zerstören sucht. Andererseits zeichnet er ein positives Bild der Masse als einer Gemeinschaft von Gleichen, in welcher der Einzelne einer hierarchischen Ordnung von Befehl und Gehorsam zu entkommen vermag und zudem seinem Leiden an der Distanz zu seinen Mitmenschen Abhilfe verschaffen kann:

> „Es ist die Masse allein, in der der Mensch von dieser Berührungsfurcht erlöst werden kann. [...] Sobald man sich der Masse einmal überlassen hat, fürchtet man ihre Berührung nicht. In ihrem idealen Falle sind sich alle gleich. Keine Verschiedenheit zählt, nicht einmal die der Geschlechter. [...] Es geht dann alles plötzlich wie innerhalb eines Körpers vor sich. Vielleicht ist dies einer der Gründe, warum die Masse sich so dicht zusammenzuziehen sucht: Sie will die Berührungsfurcht der einzelnen so vollkommen wie nur möglich loswerden. Je heftiger die Menschen sich aneinanderpressen, um so sicherer fühlen sie, daß sie keine Angst voreinander haben" (Canetti, 1995, S. 14).

Wie Tarde geht auch Canetti von dem Phänomen der Dichte aus. Den Masse-Typus, bei dem die Eigenschaften der Dichte und Gleichheit von Anfang an zusammen kommen und über die rhythmischen Bewegungen der Körper weitergegeben werden, bezeichnet er als „rhythmische Masse". Für Canetti ist Dichte ansteckend, weil sie Berührungsfurcht abbaut, Gleichheit erzeugt und so hierarchische Strukturen verhindert:

> „Jeder stampft auf, und jeder tut es auf dieselbe Weise. Jeder schwenkt die Arme, jeder bewegt den Kopf. Die Gleichwertigkeit der Teilnehmer verzweigt sich in die Gleichwertigkeit ihrer Glieder. Was immer an einem Menschen beweglich ist, gewinnt sein Eigenleben, jedes Bein, jeder Arm lebt wie für sich allein. [...] Schließlich tanzt vor einem ein einziges Geschöpf, mit fünfzig Köpfen, hundert Beinen und hundert Armen ausgestattet, die alle auf genau dieselbe Weise oder in einer Absicht agieren. In ihrer höchsten Erregung fühlen sich die Menschen wirklich als eines, und nur die physische Erschöpfung schlägt sie nieder" (ebd., S. 34).

Canetti entwickelt mit der „rhythmischen Masse" ein Konzept, das den Kollektivkörper in den Mittelpunkt rückt und hierbei auch die positiven Aspekte hervorhebt: über körperliche Nähe und Dichte werden Hierarchien untergraben, und in dem gemeinsamen Rhythmus der Bewegung der Körper wird Gleichheit erfahrbar. Derartige Erfahrungen, wie sie Canetti für den Massenkörper beschrieben hat, lassen sich beispielsweise in Fußballstadien, bei Popkonzerten oder bei religiösen Zeremonien beobachten. Aber sie finden sich auch bei militärischen und faschistischen Aufmärschen.

Der dritte theoretische Ansatz eines vom Körper her gedachten Verständnisses von Ansteckung findet sich in den Arbeiten des Sozialhistorikers Michel Foucault. Philipp Sarasin hat gezeigt, dass sich eine „Spur der Infektion im Werk Michel Foucaults" (Sarasin, 2005) verfolgen lässt, in der Foucault in Auseinandersetzung mit den klassischen Infektionskrankheiten Lepra, Pest und Pocken verschiedene Formen von Ansteckung herausarbeitet und sie theoretisiert, indem er die metaphorische Nähe von Infektion und Unordnung je verschieden ausdeutet. Foucault spricht durchweg von Infektion und akzentuiert damit den physisch-materiellen Aspekt des Ansteckungsgeschehens. Indem er die Infektion als eine Erkrankung und eine körperliche Bedrohung mit möglicherweise tödlichem Ausgang bezeichnet, veranschaulicht er sein Verständnis von Körper als einem ‚Ort', an dem die Kämpfe um Wahrheit ausgetragen und Machtverhältnisse als „Gouvernementalität" (Foucault, 2004) real werden. Zugleich interpretiert Foucault die Infektionen Lepra, Pest und Pocken aber auch als Modelle, an denen unterschiedliche Formen der sich historisch ausdifferenzierenden „Bio-Macht" (ebd.) und deren jeweilige Mechanismen und Prinzipien zur Herstellung von sozialer und gesellschaftlicher Ordnung sichtbar werden. So deutet er Lepra und die Leprosorien, die in der frühen Neuzeit zu Armenhäusern und zu Asylen für Wahnsinnige wurden, als ein erstes Modell der Macht, die sortiert, isoliert und ausschließt. Davon unterscheidet er das Modell einer Disziplinar-Macht, die sich im 17. Jahrhundert angesichts der Angst vor der Pest herausbildet und die gesamte Bevölkerung einem System lückenloser Kontrolle unterwirft, die Organisation der Überwachung vorantreibt und eine Intensivierung von Macht bewirkt. Eine dritte Form des Regierens identifiziert Foucault am Beispiel des Umgangs mit den Pocken, die seit dem 18. Jahrhundert durch Behörden im Abgleich mit dem Gebot der Freiheit des Individuums so kontrolliert werden, dass die ökonomische Aktivität als zentrales Element für das Fortbestehen des Gesellschaftssystems so geringe Einschränkung wie möglich erfährt.

Foucaults Fassung des Ansteckungsbegriffs verdeutlicht die gesellschaftliche und politische Bedeutung einer Perspektive, die Körper und Macht zusammen denkt: Wenn sich Infektionen verdichten und gesellschaftlich als Endemie, Epidemie oder Pandemie in Erscheinung treten, werden zum Zwecke der Seuchenabwehr und Gesundheitssicherung historisch-politisch je verschiedene Strategien und Reaktionen auf das Ansteckungsgeschehen mobilisiert. Dabei sind die jeweiligen Formen der Intervention zum Zwecke des Erhalts der gesellschaftlichen Ordnung einerseits konstitutiv an biologisches Körper-Wissen gebunden (z. B. den molekularbiologischen Verlauf einer „Tröpfchen-Infektion" oder die Virenverbreitung durch „Aerosole"). Andererseits sind sie mit der kulturellen Organisation der medizinisch-naturwissenschaftlichen Konstruktionen der Ansteckungsursachen (z. B. verunreinigtes Wasser, unzureichender Schutz vor Mückenstichen oder mangelnde Hygiene) verknüpft.

Trotz ihrer unterschiedlichen Perspektiven auf Ansteckung ist allen drei Ansätzen gemein, dass das Verhältnis von Ordnung und Chaos sowie Macht und Kontrolle im Zentrum ihrer Begriffsarbeit steht. Während die Ansteckung bei Tarde als eine zwar unberechenbare, aber doch produktiv-dynamische Dynamik erscheint, welche die Übertragungseigenschaften unterschiedlicher Mittler ausnutzt, Turbulenzen erzeugt und sowohl Chaos als auch neue Strukturen mit sich bringt, verschiebt Foucault den Blick auf die staatlichen Maßnahmen, die in Folge dieser Dynamik initiiert werden. Er zeigt in genealogischer Perspektive die Bandbreite von Strategien, die als soziale Folge und politische Reaktion auf die Infektion und ihre tendenzielle Unkontrollierbarkeit initiiert werden. Foucault veranschaulicht, wie grundlegend der Begriff der Ansteckung mit dem Verlust von Ordnung und dem Ruf nach verbesserter Kontrolle assoziiert ist. Canetti wiederum versteht Ansteckung als ein energetisch, affektiv und körperlich wirkendes soziales Band, das innerhalb großer Menschenansammlungen Gemeinschaft und Kollektivität herzustellen vermag. Diese Perspektive auf Ansteckung findet sich überall dort, wo vom Berührt-Sein und Berührt-Werden die Rede ist, hier ähneln sich die Ansätze von Tarde und Canetti. Während Tarde die Nachahmung als zentrales Konzept des Ansteckungsgeschehens in den Vordergrund rückt, liegt das Besondere von Canettis Ansatz darin, dass er Ansteckung von der Anwesenheit einer großen Menge von Körpern her denkt, deren gemeinsamer Rhythmus sie zu einer bestimmten Gestalt von Masse werden lässt und spezifische sinn- und ordnungsstiftende Begegnungen provoziert.

Demgegenüber ist das alltagsweltliche Verständnis von Ansteckung überwiegend negativ konnotiert und wird eher als Gefahr der Kontamination und der Korruption angesehen. Es dominiert ein medizinisch-molekularbiologischer Begriff, der Ansteckung mit Krankheit, Entzündungsherd oder Seuche in Verbindung bringt und als Verbreitung von Viren oder Bakterien und der damit verbundenen physischen Schwächung versteht. Daran gekoppelt sind Vorstellungen von böswilliger Aktivität (z. B. der Viren bzw. deren vermeintliche Erzeuger) und schuldhafter Verbreitung (durch unvorsichtige Kranke oder schlechte Informationspolitik), die den Begriff moralisch aufladen, Verschwörungstheorien provozieren und ihn zu einem Gegenstand von Verantwortungs- und Sicherheitsdiskursen machen. Dies verdeutlicht, dass Ansteckung nicht ohne die mit ihr verbundenen sozialen Dynamiken und gesellschaftlichen Wirkungen, auch im Hinblick auf ihre jeweilige Art der Involvierung von Körpern, verstanden werden kann. Dazu werden im nächsten Schritt mit einem biologischen, medientechnologischen und kulturtheoretischen Verständnis drei häufig verwendete Begriffsvarianten von Ansteckung in den Blick genommen.

## 2 Begriffsvarianten der Ansteckung

Ein biologisch informiertes Verständnis von Ansteckung zeigt sich in der Medizin, Epidemiologie und im Gesundheitswesen. Ansteckung meint hier die Ausbreitung von Mikroorganismen, die biologische Körpergrenzen, aber auch geografische und geopolitische Grenzen überschreiten. Die Geschichte und Gegenwart von Infektionskrankheiten und Seuchen zeigen, dass Ansteckung in Endemien, Epidemien und Pandemien als wiederkehrendes Ereignis auftritt, das jeweils von den Handlungsmöglichkeiten und -spielräumen der Gesundheitssysteme unterschiedlich erfolgreich bewältigt werden kann. So sind weder Pest – eine Epidemie, die im Übergang vom Mittelalter zur Neuzeit ihre Hoch-Zeit hatte – noch Cholera – als *die* internationale Seuche zu Beginn der Industrialisierung – vollständig verschwunden. Sie konnten und können aber eingedämmt werden, weil ihre Verbreitungswege wie auch die Maßnahmen zu ihrer Bekämpfung bekannt sind. Mit der AIDS-Epidemie der 1980er Jahre verbreiten sich neue, bisher unbekannte Krankheitserreger, gegen die es viele Jahre keine Therapien gab und bis heute keinen Impfschutz gibt. Nachfolgende Pandemien, wie die SARS-Pandemie 2002, die sog. Schweinegrippe 2009 und die im Jahr 2014 aufgetretene Ebola-Epidemie konnten aufgrund internationaler Kooperationen relativ schnell lokal begrenzt werden oder sie erwiesen sich, wie im Fall der sog. Schweinegrippe, als weniger gefährlich als zunächst vermutet, auch aufgrund von bestehenden Immunitäten bei älteren Bevölkerungsgruppen. Das Auftreten des Covid 19-Virus (**Co**rona **Vi**rus **D**isease 2019) Ende 2019 fordert erneut das globale Bemühen heraus, Ansteckungskrankheiten zu kontrollieren. Ob und wie dies gelingen kann, hängt davon ab, ob die medizinische Forschung fundiertes Wissen über die Infektiosität, die Virulenz des Erregers, seine Widerstandsfähigkeit gegen äußere Einflüsse und die Wege seiner Übertragung bereitstellen kann (Fangerau & Labisch, 2020).

Zum zweiten werden in der digitalen Gesellschaft Medientechnologien als durch Ansteckung gefährdet angesehen; sie bedroht die Schutzmechanismen von digitalen Geräten und Netzwerken (Mayer & Weingart, 2004). In der Medien- und Informationstechnologie hat sich ein Begriff von Ansteckung etabliert, der eng an die Begrifflichkeit des Viralen gebunden ist und beispielsweise die als infektiös verstandene Ausbreitung von Computerviren bezeichnet. Ein medientechnologisches Infektionsgeschehen kann das digitale Netzwerk oder die globale digitale Kommunikation lahmlegen, aber auch den computergesteuerten globalen Reise- und Warenverkehr sowie nahezu alle Gesellschaftsbereiche.

Anders als biologische Viren sind Viren im Sinne eines die Software schädigenden Fremdkörpers relativ leicht produzierbar (z. B. „Scriptkiddies"). So bieten Webseiten Viren-Bausätze an, die nur geringe Fachkenntnis voraussetzen und derart gestaltet werden können, dass sie sich selbst verschlüsseln und von Generation zu Generation ihren eigenen Code verändern. Da sie in den technischen Systemen wenig oder gar keine Spuren hinterlassen, kann die virale Schad-Software nur schwer aufgespürt werden und sich epidemieartig verbreiten.

Zwar markiert die grammatische Differenzierung von ‚das Virus' (biologisch) und ‚der Virus' (technisch) noch die unterschiedlichen Kontexte des Begriffs (Schmundt, 2004). Die Analogie von Biologie und Informatik ist aber über ein abstrahiertes Verständnis von Reproduktion (des Lebens) untrennbar mit der Geschichte der Computer als selbstkopierende Rechenmaschinen verbunden: beide Wissenschaften gehen der Frage nach, wie ein Organismus/eine technische Einheit ein Abbild seiner/ihrer selbst erzeugen und sich fortpflanzen kann. Diese Verquickung von technischer Herstellung aktiver, selbsttätiger Artefakte und Maschinen mit der Begrifflichkeit des Lebens und der Lebendigkeit ist heute aufgrund des Erstarkens von Informationstechnologie, Kybernetik und Gentechnologie allgegenwärtig. Formeln und Algorithmen organisieren und steuern das Alltagsleben und prognostizieren Chancen und Risiken zukünftigen Lebens durch Datennetze von Botschaft, Information, Rückkopplung und Kontrolle. Dementsprechend gilt die sich über informationstechnologische Körper vollziehende Ansteckung als basale Aktions- und Gefährdungsform der Netzwerkgesellschaft. Viren bilden hier eine Brücke zwischen lebenden Organismen und unbelebter Materie. Sie besitzen keinen Zellkern und bestehen nur aus DNA, also aus reiner Information, und bieten sich als einfacher Modellorganismus für die Bezeichnung von technisch erzeugten Ansteckungsdynamiken an. Allerdings negiert diese Analogie von Biologie und Informatik den materiellen, den menschlichen Körper unmittelbar angreifenden Unterschied zwischen einem biologischen und einem informationellen Ausbreitungsgeschehen.

Ein drittes Feld der Ansteckungsdynamiken bilden sozial-ökologische und alltagskulturelle Kontexte; hier geht es um die Steigerung von Information und Kommunikation. Die rasante Verbreitung von Nachrichten, Protestnoten oder Bildern sowie die von Trends, Moden und Überzeugungen vollzieht sich medial – als Mund-zu-Mund-Propaganda, via Zeitung, Fernsehen oder Internet – und dabei ist die Medialität des Mediums, ihre Zeitlichkeit und Ausdehnung sowie das Zusammenspiel der verschiedenen Medien (z. B. hashtag gegenüber dem gesprochenen Wort) für die Dynamik und den Verlauf der Ansteckung zentral. Ebenso wie die Materialität des Ansteckungsmediums – ob als lebendige Körper, papierene Druckerzeugnisse oder algorithmisierte Apps – Reichweite und Tempo der Ausbreitung bestimmt, ist auch die Intensität und Qualität des Ansteckungsgeschehens davon abhängig, welche Folgen (wie z. B. Sanktionen oder Belobigungen, Versammlungen und Demonstrationen) die jeweiligen medialen Kommunikationsformen für diejenigen vorsehen, die an dem Ansteckungsgeschehen beteiligt sind: Wie das Beispiel hate speech zeigt, ist die inflationäre Verbreitung affektiv aufgeladener Kommunikation in anonymisierten chatrooms weniger sozial kontrolliert und durch moralisch-ethische Geltungsansprüche begrenzt, als es die Verbreitung derselben Äußerung unter physisch Anwesenden wäre. Ob und welche Trends sich mit welcher emotionalen Tönung ausbreiten und wie homogen oder bedeutungsplural sie in Erscheinung treten, wird im kulturellen Feld von Ansteckung diskursiv-medial reguliert sowie emotional und moralisch akzentuiert. In einer Art moralischer Infektion, in der Haltungen, Bewertungen und Verhalten übertragen werden, bringt der Begriff der Ansteckung zum einen „heterogene Terme" (Deleuze & Guattari, 1992, S. 330) miteinander in Beziehung, z. B. ein Mensch, ein Ereignis, ein Bild, ein Ding. Zum anderen macht eine soziologische Sicht auf Ansteckung die Bewegungsmuster des Infektiösen deutlich: nicht gerichtet und linear, sondern über dynamische Anschlüsse und qua ungerichtetes Übergreifen entstehen ständig neue, flexible und momentane Zusammenhänge und Komplexe, die sich nach dem Prinzip der Bande, des Schwarms choreografisch organisieren und Programmatiken und Verheißungen als einem energetischen und bewegungsdynamischen Zustand Ausdruck verleihen (vgl. Abschn. 4 in diesem Text).

## 3 Modi der Ansteckung

Mit den Begriffsvarianten ist ein Verbreitungs- und Reorganisationsprozess verbunden, der je unterschiedlich verläuft und organische, symbolische und affektive Modi von Ansteckung hervorbringt.

Der biologischen Erklärung von Ansteckung zufolge verbreiten sich Kleinstlebewesen, wie Protozoen, Bakterien oder Viren, indem sie sich an einen externen Körper, den sogenannten Wirt, andocken, um hier zu überleben und sich zu vermehren. Charakteristisch ist, dass die Mikroorganismen sich unbemerkt in den Wirtsorganismus einnisten, dessen Funktionssystem zu eigenen Überlebenszwecken umbauen und durch Mutationen flexibel auf die gegen sie gerichteten Maßnahmen reagieren. Mutationen und Genshifts können die Ansteckung und ihre Folgen abschwächen oder auch verstärken. Im Prozess der Verbreitung können auch Zwischenwirte wie Schnecken, Flöhe oder Mücken eine Rolle spielen, und ein Wechsel des Wirts bzw. Zwischenwirts oder auch die Eroberung neuer Lebensräume durch diesen tragen zur Verbreitung des Infektionsgeschehens bei (Fangerau & Labisch, 2020, S. 142). Dabei bilden Mikroben und tierische und menschliche Körper, die als materielle Träger der Ansteckung dienen, Ansteckungsgemeinschaften. Diese Vorgänge finden in der Biologie auch in solchen theoretischen Konzepten ihren Niederschlag, in denen die Vernetzung unterschiedlicher lebendiger Entitäten und nicht die Abgrenzung isolierter Organismen im Vordergrund steht. So wird beispielsweise in der biologischen Symbiose-Forschung (z. B. Margulis, 2008). ein Verständnis von Ansteckung ausgearbeitet, das Viren und Bakterien nicht nur als Krankheitserreger begreift, sondern vielmehr als Partner und Teil eines kompositorischen Ensembles eines jeden Organismus. Als problematisch gilt im Zuge dessen nicht die Anwesenheit von aggressiven und zerstörerischen Mikroben, sondern das Fehlen nützlicher Mikroben, die zu einer Störung symbiotischer Beziehungen führen (Yong, 2016, S. 111).

Die Vorstellung von Ansteckung als Eindringen und Verbreitung von Schädlichem hin zur Idee von Ansteckung als überlebenswichtige Begegnungsereignisse von Kollaboration und Kooperation unterschiedlich differenzierter Entitäten fordert das Verständnis von Ansteckung als krisenhaft heraus und verschiebt die Perspektive der Problemanalyse. Das symbiotische Verständnis von Ansteckung stellt heraus, dass gesellschaftliches Zusammenleben in mehrerer Hinsicht und auf unterschiedliche Art und Weise an die Kooperation mit ihren mikrobiellen Partnern gebunden ist und zugleich so tief greifend durch menschliche Aktivitäten und Eingriffe in mikrobielle Ökologien dominiert wird, dass damit eine Gefährdung aller Arten verbunden ist. Donna Haraway, prominenteste Vertreterin dieses Denkens, hat anknüpfend an die Biologin Lynn Margulis das Konzept der „Sympoiesis" formuliert. In Differenz zu vorherrschenden Sichtweisen in der Biologie oder der neoklassischen Ökonomie, die nur isolierte Entitäten (z. B. „selfish genes" und „homo oeconomicus") im Konkurrenzkampf miteinander identifizieren, strebt „Sympoiesis" an, die bisherige Trennung des Organischen, Sinnhaften und Technologischen zu durchkreuzen. Haraway versteht „Sympoiesis" als ein grundlegendes Merkmal eines Beziehungsgeflechts, als eine kollaborative Tätigkeit heterogener Entitäten in ökologischen Gefügen (Haraway, 2016, S. 58).

Ebenfalls Beziehungsgeflechte denkend hat auch die Epidemiologie eine Reihe von Theorien entwickelt, die zur Erklärung der Entstehung und Verbreitung von Ansteckung als Infektionskrankheit das Verhältnis von menschlichen und tierischen Körpern, ihren Genen und ihren sich verändernden Umweltbezügen betrachten. Dabei spielt das immer enger werdende Zusammenleben von Mensch und Tier eine wichtige Rolle für die Emergenz neuer Krankheiten. Die Art und Weise der Aufzucht von Tieren, die Expansion landwirtschaftlicher Produktion in tropischen und subtropischen Gebieten wie auch der Klimawandel befördern die Entstehung neuer Krankheitserreger, die sich im regionalen Verkehr verbreiten und durch internationalen Flug- und globalen Warenverkehr schnell und unkontrolliert in alle Kontinente transportiert werden. In einer weniger vernetzten Welt wären viele Infektionskrankheiten durch fehlende Übertragungsmöglichkeiten reduziert und Epidemien fielen in sich zusammen. Die anhaltende Präsenz von Pandemien ist deshalb eng gebunden an das Zeitalter der Globalisierung, die mit den von ihr geschaffenen Verkehrswegen, der Informationsverbreitung via Internet und der Allgegenwärtigkeit via Flugverkehr, multiple Infektionswege – virtuelle wie biologische – provoziert. Umgekehrt bieten sich Infektionskrankheiten als Symbol und Metapher für die unsichtbaren und ortlosen Gefahren der Globalisierung an, und jede Epidemie – sei es das Auftreten des Ebola-Virus oder der Vogelgrippe – vermag kollektive Befürchtungen vor grenzen- und schrankenloser Ausbreitung zu mobilisieren. In der Furcht, die Risiken der Globalisierung am eigenen Körper zu erfahren, erhält das Unbehagen an der Globalisierung eine kollektive Ausdrucksform. Die Krisenhaftigkeit der Globalisierung wird in sinnlich erfahrbare Körperängste transformiert (Biess, 2020, S. 38).

Eine zentrale Schubkraft der Ansteckung besteht in ihrer Verbindung mit Affekten, in der emotionalen Tönung und der affektiven Aufladung ausgewählter Ereignisse und Objekte. So kann prinzipiell alles, was unsichtbar oder unverfügbar ist und als unberechenbar gilt, mit Angst aufgeladen werden und als Gefühl der Unsicherheit und Bedrohung eine große Dynamik entfalten. Diese Affizierung kann als Überzeugung, Wahnvorstellung oder Verschwörungstheorie zu einem Motor der Verbreitung werden, sich zu aggressiven oder gewalttätigen Ausschreitungen steigern oder vom ursprünglichen Objekt oder Ereignis weitgehend entkoppeln. Wie die Beispiele der Fremdenangst oder die Angst vor einer überbordenden Sexualität zeigen, ist die Affizierung auch dann wirksam, wenn es kaum Fremde oder wenig sexuelle Begegnungen gibt. Michael Hardt und Antonio Negri sprechen deshalb von einer grassierenden Angst vor Infektionen ganz unterschiedlicher, sowohl medizinischer als auch ideologischer Herkunft als Kennzeichen spätmoderner Gesellschaften. Sie verstehen diese Angst als Nachwirkung europäischer Kolonialpolitik des 18. und 19. Jahrhunderts, als Fortsetzung der den europäischen Kolonialismus begleitenden Ambivalenz von Austausch einerseits und Ansteckungsgefahr andererseits, die das komplexe Spiel der Waren- und Menschenströme und hygienischen Schranken initiiert, das bis heute nicht zur Ruhe gekommen sei (Hardt & Negri, 2002). Ähnlich konstatiert auch Roberto Esposito (2011), dass die Angst vor der Ansteckung für gegenwärtige Gesellschaften konstitutiv sei. Bereits das Bild vom Staat als Körper enthalte die Gefahr der lebensbedrohlichen Kontamination und befestige die Vorstellung der Bedrohung des Eigenen durch das Fremde, welches in das Innerste eindringt und das Eigene entfremdet, transformiert und korrumpiert.

Neben der biologischen Ansteckung von Körpern können auch die Vorstellungskraft und Fantasien infiziert und infektiös werden. Dabei werden Ideen übertragen und kollektive Überzeugungen ausgebildet. Die Idee der emotionalen Ansteckung und der Übertragung von Verhalten und Überzeugungen ist schon in der frühen Soziologie von Emile Durkheim ausgearbeitet worden. Er stellt fest, dass sich in religiösen Gemeinschaften periodisch wiederkehrende Zustände kollektiver Verschmelzung beobachten lassen, denen eine besondere Erregung, eine Art „Elektrizität" vorausgeht (Durkheim, 1981, S. 571 ff.; Lucci, 2020, S. 362). Diese emotionale Ansteckung findet in und durch Objekte, z. B. Reliquien, statt, die mit sakraler Eigenschaft aufgeladen, quasi infiziert werden und als Infizierte infizieren. Diese Übertragung des Heiligen lässt sich auch bei Menschen beobachten. Sie beeinflusst die Psyche, das Verhalten und die Körper und lässt die Menschen als magisch Verstandenes tun, z. B. über Scherben gehen, Blutungen selbst initiieren oder Weissagungen treffen. Diese Eigenschaften können dann in rituellen Kontexten, in den Menschenmassen aufeinandertreffen, die Erfahrung eines Bewegt-Seins von gemeinsamen Gefühlen auslösen, die Durkheim „Efferveszenz" (ebd.) nennt.

Auch im Kontext der Kunst lässt sich Ansteckung – im Sinne einer Affizierung, eines interaktiv erzeugten Berührt-Werdens und Berührt-Seins – nachweisen. Gerade die Theaterforschung hebt seit dem ‚performative turn' der 1990er Jahre darauf ab, dass die Ko-Präsenz des Publikums während der Theater-Vorstellung eine Affizierung erst möglich mache (Schaub et al., 2005). Hier wird ein Begriffsverständnis grundgelegt, das anders als im Feld des Biologisch-Medizinisch-Epidemiologischen die Figur der Ansteckung positiv akzentuiert und sie als eine produktive, schöpferische Kraft versteht, die Bedeutungen zu bilden, Sinn zuzuschreiben und zu übertragen vermag. Ein solches Verständnis von Ansteckung als Ereignis der Verbreitung von Ideen, Informationen, Affekten, Gefühlen und Sensationen, die sich mit den Sprechenden und den äußeren Dingen verbinden, haben Anschlüsse an körpersoziologische Forschung. Es findet sich auch in philosophischen Ansätzen, beispielsweise bei Jacques Derrida, der in der „Theorie des Parasiten" das „contagium vivum" als einen wichtigen Mechanismus der Erkenntnisbildung begreift (Derrida, 1995) oder bei Michel Serres, der dem semantischen Aspekt des Sprechens ein Moment des Überschusses, der Erhitzung und Entzündung zuschreibt, für das er die Begrifflichkeit des Parasitär-Ansteckenden verwendet (Serres, 1980).

## 4 Soziale Choreografien der Ansteckung

Ansteckung, im Sinne einer ‚Entzündung' im physiologischen wie im kulturellen Sinne ist ein Forschungsfeld, das auf zwei wichtige Aspekte körpersoziologischen Denkens verweist: zum einen auf die Tatsache, dass Körper zwar singulär, aber als solche nur im Plural und in Relation zueinander, also interkorporal, zu denken sind. Zum anderen liefert das soziale Phänomen der Ansteckung einen Hinweis darauf, dass der ‚Körper' keine statische Kategorie ist, sondern immer in Bewegung gedacht werden muss. Ansteckung erfolgt über soziale Kontakte und körperliche Berührungen, die wiederum eng an Lebensstilmuster und Alltagsroutinen gekoppelt sind. Insofern lassen sich die sozialen Muster von Ansteckung nicht nur sinnverstehend über kulturelle und soziale Gesten der Nähe und Distanz erschließen, sondern auch praxistheoretisch über Bewegungsmuster und über die Praktiken und Ordnungen der Körperbewegungen in alltäglichen Vollzügen, z. B. das Abstandhalten beim Schlange-Stehen. Ob in globalen Netzwerken oder in alltäglichen Interaktionen – soziale Muster von Ansteckung sind über Ansteckungswege nachvollziehbar. Ansteckung hinterlässt (Bewegungs-)Spuren. Es sind Bewegungsmuster, in denen die Alltagsroutinen sichtbar werden. „Ansteckungsketten" sind mithilfe digitaler Medien nicht nur über das ‚Tracing' nachvollziehbar, das eine zeitlich versetzte Verfolgung über Aufzeichnungen bezeichnet, sondern auch über das ‚Tracking', das Spurbildung oder Nachführung meint. Aus digitalen Datensätzen können Bewegungsprofile erstellt werden, die Wege, Kontakte und Handlungen Einzelner nachvollziehbar, kontrollierbar und überwachbar machen. Diese Bewegungsprofile Einzelner fügen sich zusammen zu einer „Sozialen Choreografie" (Klein, 2019) der Ansteckung, bei der soziale Muster in und über Bewegungsordnungen sichtbar und Raummuster eines „Kollektivkörpers der Ansteckung" identifizierbar werden. So werden über die „Corona-App", und hier über die Verkettung der individuellen Bewegungsprofile, Muster der Nutzung des (urbanen) Raumes, der Häufigkeit und des Umfangs der Bewegungsströme, also Bewegungsfigurationen, sichtbar. Diese wirken wiederum auf die Gestaltung und Nutzung der Räume zurück, indem den Bewegungsmustern Stadt- und Raumplanungen zugrunde gelegt werden oder – im Ansteckungsgeschehen – Plätze identifiziert werden, die ‚gefährlich' sind und neu reguliert und kontrolliert werden müssen.

Der Begriff Choreografie meint Raumschrift und dies in einer doppelten Bedeutung: Einmal als ein Schreiben der Körper in den Raum hinein, deren Bewegungen und Bewegungsfiguren Spuren hinterlassen, die wiederum in Ko-Präsenz nur situativ greifbar oder sichtbar sind, weil sie aufscheinen und wieder verschwinden. Zum zweiten meint Choreografie als Raumschrift die Kunst des Aufzeichnens der Ordnung der Körper im Raum, was über viele Jahrhunderte durch Notationsschriften erfolgte und mittlerweile über digitale Partituren geschieht.

Der Begriff der Sozialen Choreografie, erstmals eingeführt von dem Literaturwissenschaftler Andrew Hewitt (2005), verbindet eine soziologische mit einer bewegungs- und tanzwissenschaftlichen Perspektive. Soziale Choreografie beschreibt Bewegungsordnungen sowohl auf der Makroebene der sozialen Strukturen (z. B. Muster internationaler Vernetzungen) als auch auf der Mikroebene der sozialen Situationen (z. B. durch die alltägliche Bewegungspraxis erzeugt). Das komplexe Verhältnis von Makro- und Mikrostrukturen zeigt sich in der Choreografie selbst, z. B. in den Beziehungen zwischen der materialisierten sozialen Ordnung (z. B. des öffentlichen Raumes), die als symbolische, repräsentative Ordnung in soziale Muster alltäglicher Körper- und Bewegungspraxis durch Vorschriften, Regeln, Ge- und Verbote eingeschrieben ist, und der Choreografie als emergente Ordnung, die von Menschen mit ihren Bewegungspraxen in diesen Räumen situativ und performativ erzeugt wird (z. B. in Zeiten der Kontaktsperre während der Corona-Pandemie).

Mit der Verbindung von Makro- und Mikroperspektiven schließt das Konzept der Sozialen Choreografie an das soziologische Konzept der Figuration an, das Norbert Elias (2006) einführte. Nach Elias ist eine Figuration durch „Interdependenzketten" von Akteur*innen gekennzeichnet. Ordnungen gehen einer Figuration nicht voraus, sondern werden in voneinander abhängigen Interaktionen erzeugt. Eine Figuration kann somit gleichzeitig sowohl als repräsentative wie als emergente soziale Ordnung verstanden werden, als eine Ordnung, die nicht statisch, sondern immer in Bewegung ist. Das Konzept der Sozialen Choreografie erweitert den Begriff der Figuration, indem es die choreografische Ordnung, verstanden als die Ordnung der Körper in Raum und Zeit, als zentralen Bestandteil für eine soziale Figuration ansieht und das Interdependenzgeflecht vor allem als eine Interdependenz von Körpern und ihren Bewegungen versteht. Es konzentriert sich auf die (Bewegungs-)Interaktionen und auf die Körperlichkeit von Figurationen und untersucht, wie sich Körper, Materialien und Objekte organisieren und sich interaktiv und interkorporal aufeinander beziehen. In Bezug auf die soziale Dynamik des Ansteckungsgeschehens (z. B. bei Pandemien) richtet sich dadurch der Blick auf die Bewegungsmuster (z. B. über Tracking-Apps), die netzwerkartigen Bewegungsprofile, auf die Knoten (‚Hotspots') des Netzwerkes (z. B. Versammlungen von Menschengruppen), auf die zentralen Akteur*innen, die zur Verbreitung beitragen (z. B. Tiere oder ‚Superspreader') sowie auf Körperteile, Dinge oder Objekte, die die Ansteckung beschleunigen (z. B. ungewaschene Hände, metallartige Gegenstände).

Soziale Figurationen der Ansteckung sind als Soziale Choreografien beschreibbar. Sie lassen sowohl die Praktiken als auch die strukturellen Konstellationen des Ansteckungsgeschehens sichtbar werden. Selbst dann, wenn die Ansteckungsmomente unsichtbar und die Agenten der Ansteckung (ein Virus oder ein Bakterium) ohne die technische Hilfe eines Labors nicht zu greifen sind, entstehen choreografische Formationen von Ansteckung, in denen sich die Muster sozialer Figurationen zeigen. Beispielsweise tritt in der Corona-Pandemie die soziale Dynamik des dem Ansteckungsgeschehen immanenten Verhältnisses von Sichtbarkeit-Unsichtbarkeit, Transparenz-Undurchschaubarkeit, Verfügbarkeit-Unverfügbarkeit als Choreografien von Bedrohungszenarien und politischen Kontrollformen in Erscheinung.

Soziale Muster der Ansteckung beruhen auf der Interkorporalität von Körpern und ihre Relationalität wird mit dem Konzept der Sozialen Choreografie erfasst. Sie sind räumlich und zeitlich gebunden, weil sie, obwohl im Ansteckungsmoment selbst unsichtbar, sich auf konkrete Interaktionen beziehen und setzen hierbei – als physische Ansteckungen – eine Ko-Präsenz der Akteur*innen voraus. Sie sind rhythmisch, insofern sie den Abläufen des Alltags und den Zyklen von Bewegungen folgen. Sie wirken beschleunigend oder entschleunigend auf soziale Gefüge, insofern sich Rhythmen, Intervalle und Intensitäten der Ansteckung verändern. In ihren choreografischen Anordnungen gestalten soziale Muster der Ansteckung etablierte soziale Regeln,

Normen, Werte und Gesetze und bringen neue hervor. Dies wurde in der AIDS-Epidemie beispielsweise in einem sich verändernden sexuellen Verhalten deutlich (Nutzung von Präservativen, eher monogames Verhalten) und zeigte sich in der Corona-Pandemie in dem Verlust von Begrüßungsgesten (z. B. Händeschütteln) und neuen Ge- und Verboten (Mund- und Nasenschutz, Versammlungsverbote und Reisebeschränkungen).

Die Sozialität der Ansteckung verweist somit nicht nur auf die Notwendigkeit einer körpersoziologischen Betrachtung, sondern auch auf die Erweiterung eines körpersoziologischen Denkens, das vor allem den einzelnen Körper in den Blick nimmt, auf dessen repräsentative und symbolische Funktionen abhebt und Körper als ‚Effekte' von Praktiken ansieht. Die Sozialität der Ansteckung hingegen benötigt ein körpersoziologisches Verständnis, das die Verflechtung von Materialität, Affektivität, Interaktivität der Körper und ihre Bewegungsdynamiken in den Mittelpunkt rückt.

## Literatur

Biess, F. (2020). Corona-Angst und die Geschichte der Bundesrepublik. *APuZ, 70*(35–37), 33–39.

Canetti, E. (1995). *Masse und Macht*. Fischer.

Deleuze, G., & Guattari, F. (1992). *Tausend Plateaus. Kapitalismus und Schizophrenie*. Merve.

Derrida, J. (1995). Die Signatur aushöhlen. Eine Theorie des Parasiten. In H. Pfeil & H.-P. Jäck (Hrsg.), *Eingriffe im Zeitalter der Medien. Übersetzt von Peter Krapp. (Reihe: Politiken des Anderen, Bd. 1)* (S. 20–41). Hanseatischer Fachverlag für Wirtschaft.

Durkheim, E. (1981). *Die elementaren Formen des religiösen Lebens*. Suhrkamp (Erstveröffentlichung 1925).

Elias, N. (2006). *Was ist Soziologie?* Suhrkamp.

Esposito, R. (2011). *Immunitas. The protection and Migation of Life*. Polity Press.

Fangerau, H., & Labisch, A. (2020). *Pest und Corona. Pandemien in Geschichte, Gegenwart und Zukunft*. Herder.

Foucault, M. (2004). *Geschichte der Gouvernementalität II: Die Geburt der Bio-Politik. Vorlesungen am Collège de France 1978–1979. Hg. von Michel Sennelart*. Suhrkamp.

Haraway, D. J. (2016). *Staying with the Trouble. Making Kin in the Chthulucene*. Duke University Press.

Hardt, M., & Negri, A. (2002): *Empire. Die neue Weltordnung*. Campus.

Hewitt, A. (2005). *Social Choreography. Ideology as Performance in Dance and Everyday Movement*. Duke University Press.

Klein, G. (2019). Zeitgenössische Choreografie. In G. Klein (Hrsg.), *Choreografischer Baukasten. Das Buch, 2. Aufl.* (S. 17–49). transcript.

Lucci, A. (2020). Ansteckung. Plädoyer für eine Ethik der Kontingenz. In M. Volkmer & K. Werner (Hrsg.), *Die Corona-GesellschaftAnalysen zur Lage und Perspektiven für die Zukunft* (S. 357–367). transcript.

Mayer, R., & Weingart, B. (Hrsg.). (2004). *VIRUS! Mutationen einer Metapher*. transcript.

Margulis, L. (2008). *Symbiotic planet. A new look at evolution*. Basic Books.

Opitz, S. (2015). Verbreitete (Un-)Ordnung: Ansteckung als soziologischer Grundbegriff. In U. Bröckling, C. Dries, M. Leanza, & T. Schlechtriemen (Hrsg.), *Das Andere der Ordnung. Theorien des Exzeptionellen* (S. 127–148). Velbrück.

Sampson, T. D. (2012). *Virality. Contagion theory in the age of networks*. University of Minnesota Press.

Sarasin, P. (2005). Ausdünstungen, Viren, Resistenzen. Die Spur der Infektion im Werk Michel Foucaults. *Österreichische Zeitschrift Für Geschichtswissenschaften, 16*(3), 88–108.

Schaub, M., Suthor, N., & Fischer-Lichte, E. (Hrsg.). (2005). *Ansteckung. Zur Körperlichkeit eines ästhetischen Prinzips*. Fink.

Schmund, H. (2004). Der Virus und das Virus. Vom programmierten Leben zum lebenden Programm. In R. Mayer & B. Weingart (Hrsg.), *Virus! Mutation einer Metapher* (S. 159–182). transcript.

Serres, M. (1981). *Der Parasit*. Suhrkamp (Erstveröffentlichung 1980).

Tarde, G. (2008). *Die sozialen Gesetze. Skizze einer Soziologie*. Metropolis (Erstveröffentlichung 1898).

Yong, E. (2016). *I contain multitudes: The microbes within us and a grander view of life*. Random House.

# Arbeit

Diana Lengersdorf

Der Begriff ‚Arbeit' hat in der Soziologie eine lange Tradition und ist in den soziologischen Debatten gleichermaßen sehr eng wie auch sehr weit gefasst. So lassen sich erwerbsförmige Arbeiten ebenso dazu zählen wie Haushaltstätigkeiten, die Pflege Angehöriger oder die Sorge um sich selbst. Insofern bleibt das Verhältnis von Arbeit und Körper in weiten Teilen unbestimmt, da die Bandbreite grundlegender Theorieprojekte ebenso wie relevanter empirischer Untersuchungen nahezu unüberschaubar ist. Dies eröffnet zugleich aber auch die Möglichkeit, dieses Verhältnis immer wieder neu auszuloten, um der Varianz sozialer Phänomene gerecht zu werden.

Für den folgenden Beitrag wird Arbeit zunächst auf Lohn- bzw. Erwerbsarbeit enggeführt, anknüpfend an die Tradierungen innerhalb der Arbeits- und Industriesoziologie. Nicht zuletzt aufgrund der Kritik innerhalb der Arbeits- und Industriesoziologie an der Debatte um die Krise der Arbeitsgesellschaft in den 1970/80er Jahren und Herausforderungen durch Erkenntnisse u. a. der Frauen- und Geschlechterforschung wird der enge Arbeitsbegriff zunehmend geöffnet. Mit der Weitung des Blickwinkels auf die vielfältigen Dimensionen von Arbeit wird es möglich, auch die körperliche Praxis des Arbeitens systematisch zu fokussieren. Der vorliegende Text setzt sich mit diesem erst jüngst in den soziologischen Fokus geratenen Verhältnis von Arbeit und Körper auseinander. Es werden Konturen dieser Relation herausgearbeitet, die in den Arbeiten der Autor_innen zumeist lediglich implizit angesprochen werden.

D. Lengersdorf (✉)
Bielefeld, Deutschland
E-Mail: diana.lengersdorf@uni-bielefeld.de



R. Gugutzer et al. (Hrsg.), *Handbuch Körpersoziologie 2*,
https://doi.org/10.1007/978-3-658-33298-3_3

# 1 Der soziologische Arbeitsbegriff

Zunächst kann festgehalten werden, dass Arbeit eine grundlegende menschliche Tätigkeit ist, ohne bereits eine spezifische Sinnhaftigkeit oder Gerichtetheit annehmen zu müssen: es ist „eine wesentliche Grundlage menschlicher Entwicklung" (Böhle, 2010, S. 151), eine „Aktivität" (Voß, 2010, S. 27) oder auch ein „zentrales Medium der Vergesellschaftung" (Aulenbacher et al., 2007, S. 18). Diese Minimaldefinitionen des Arbeitsbegriffs sind an etwas genuin Menschliches gebunden – sie sind, wie Fritz Böhle allgemein in Bezug auf den Arbeitsbegriff der Arbeits- und Industriesoziologie festhält (2010, S. 151), anthropologisch begründet. Für unsere weiteren Überlegungen ist dies nicht unerheblich, da die Frage, was als Mensch gefasst wird, was als genuin menschlich zu verstehen ist und welche Dimensionen des Menschen im Sozialen bedeutsam werden, zeitlich, räumlich und kontextabhängig je anders beantwortet werden kann. Das sehr weit gefasste Arbeitsverständnis ist in der arbeits- und industriesoziologischen Forschung dabei lange Zeit vor allem auf zwei Dimensionen zugespitzt worden: zum einen hinsichtlich der „Transformation der Fähigkeit zu arbeiten in tatsächliche Arbeit" (Minssen, 2006, S. 11) – wofür der Begriff ‚Arbeitskraft' steht –, zum anderen mit Blick auf den Vollzug der tatsächlichen Arbeit in einen separierbaren gesellschaftlichen Bereich, der Erwerbssphäre. Beide Dimensionen sind zentral, um gegenwärtige Debatten zum Wandel von Arbeit zu verstehen und vor allem, um die Verwicklungen zwischen Körper und Arbeit erfassen zu können.

## 1.1 Arbeitskraft

Der Begriff der Arbeitskraft lässt sich auch in seiner heutigen Rezeption nur vor dem Hintergrund Marxscher Konzeptionen verstehen. Karl Marx definiert Arbeitskraft als „den Inbegriff der physischen und geistigen Fähigkeiten, die in der Leiblichkeit, der lebendigen Persönlichkeit eines Menschen existieren und die er in Bewegung setzt, sooft er Gebrauchswerte irgendeiner Art produziert" (Marx, 2013, S. 181). Sobald ein nützlicher – (ge-)brauchbarer – Wert zu schaffen ist, wird der Leib in Bewegung gesetzt. Arbeitskraft, so Marx an anderer Stelle, „besitzt" ein Mensch „in seinem leiblichen Organismus" (ebd., S. 59). Es ist daher wenig verwunderlich, dass der Körper der Arbeitenden bei Marx häufiger Bezugspunkt ist, denn der Zugriff auf die Arbeitenden richtet sich auch auf die Ausbeutung des Körpers: So wird dem Arbeitenden die „gesunde Erhaltung des Körpers" verunmöglicht, der Körper wird abgerichtet, so dass er sich routinisiert in die Arbeitsabläufe einfügt, sich „automatisch" mit anderen Arbeitskörpern in ein „einseitiges Organ verwandelt", oder der Zugriff auf „Arbeiter ohne Muskelkraft oder von unreifer Körperentwicklung" – Marx bezieht sich hier auf Frauen und Kinder – durch einen gezielten Einsatz von Maschinen erweitert wird. Gerade Letzteres ist für Marx kritikwürdig, da es die „freie Arbeit im häuslichen Kreis (...) für die Familie selbst" (ebd., S. 416) zerstöre.

## 1.2 Sphärentrennung

Die hier von Marx angesprochene Zerstörung setzt voraus, dass der „häusliche Kreis" ein vor dem kapitalistischen Zugriff schützenswerter gesellschaftlicher Raum ist. Dies verweist auf ein Konzept, das in den 1970er Jahren maßgeblich durch die Frauen- und Geschlechterforschung in die Debatte um Arbeit eingebracht wurde: die Separierung von Lohnarbeit und Haushaltstätigkeit in getrennte gesellschaftliche Sphären (vgl. u. a. Beck-Gernsheim, 1976). Diese Trennung ist antagonistisch angelegt, d. h. als zwei sich gegenüberstehende, unvereinbare Pole, die verschiedene Verhältnisse und Bedeutungen um sich herum gruppieren. Beispiele sind: bezahlt vs. unbezahlt, tarifrechtlich geschützt vs. familiär ausgehandelt, außerhäusig vs. im Haus, versorgend vs. fürsorgend etc. Diese Bipolarität ist dabei eng gekoppelt an Geschlecht bzw. das System der Zweigeschlechtlichkeit und entfaltet gerade aufgrund der Verwobenheit ihre soziale Wirkmächtigkeit. Die familiäre Sphäre wird verbunden mit Weiblichkeit(en), während die Erwerbssphäre mit Männlichkeit(en) in Verbindung steht. So erst wird aus der fürsorgenden Person die liebevoll betreuende Mutter und aus der versorgenden Person der für die Familie arbeitende Vater. Zugleich entstehen hier Vorstellungen von „geistigen und physischen Fähigkeiten", wie Marx dies bezeichnet, die einem Geschlecht zugeschrieben werden, so z. B. die besondere Eignung von Frauen für die einfühlsame Pflege am Menschen und die besondere Eignung von Männern für risikoreiche Schwerstarbeit an Maschinen. Für unsere Thematik ist diese Trennung insofern bedeutungsvoll, als dass nicht nur entlang von Geschlecht und Tätigkeitsbereichen unterschieden wird, sondern Gesellschaft entlang dieser Differenz in eine sogenannte Produktions- und Reproduktionssphäre unterteilt wird, womit körperliche Implikationen verbunden sind: Während in der Produktionssphäre Arbeitskraft verausgabt wird, dient die Reproduktionssphäre der Erhaltung der Arbeitskraft, und dies richtet sich ganz im Marx'schen Sinne auch auf den Körper des Arbeitenden. In der familiären Sphäre erfährt der menschliche Körper in einem geschützten Rahmen die notwendige Erholung und Regeneration – hier werden im wörtlichen Sinne die Füße hochgelegt, wird gemeinsam gegessen, ausgleichend Sport betrieben und Urlaub gemacht.

Zusammenfassend lässt sich festhalten, dass in der soziologischen Tradierung des Arbeitsbegriffs ein Ideal des Menschen erkennbar wird, der im ‚vollen Besitz geistiger und körperlicher Fähigkeiten' ist, als ‚männlich' erlebt wird und in einer dauerhaften ‚heterosexuellen' Partnerschaft lebt. Dieser Mensch wird zugleich als ‚weiß' imaginiert, er steht in keinen (post-)kolonialen Ausbeutungsverhältnissen. Dies schließt bestimmte Körper ein, andere jedoch aus.

# 2 Wandel von Arbeit

Was je als Arbeit verstanden wird, welche Aktivitäten dazu zählen, welche Vergesellschaftungsformen und menschlichen Entwicklungen aus ihr hervorgehen, ist historisch variabel. Aktuell werden gravierende Veränderungen in der Soziologie diskutiert, die sich maßgeblich auf erwerbsförmige Arbeit beziehen. Wie Heiner Minssen formuliert: „Arbeit hat ihr Gesicht gewandelt; sie ist nicht mehr gleichzusetzen mit Industriearbeit oder gar körperlich schwerer Arbeit im Bergbau und in der Stahlindustrie" (Minssen, 2006, S. 17), vielmehr sei ein Wandel „von Schweiß zu Adrenalin" (ebd., S. 18) zu beobachten. Dieses an Körperbildern reiche Zitat verweist auf zwei zentrale Entwicklungen: Zum einen auf die Bedeutungszunahme des ‚Inneren' einer Person innerhalb der kapitalistischen Verwertungslogik – im Zitat angedeutet mit dem Wandel vom nach Außen tretenden Schweiß hin zu dem im Inneren des Körpers wirkenden Adrenalin –, zum anderen auf den Bedeutungsverlust des Industriesektors, der zugleich mit einem Wechsel der Produktionsregime – vom Fordismus zum Postfordismus – einhergeht. Neben einer Pluralisierung von Erwerbsarbeitsformen sind im Zuge dieses Wandels auch grundlegende Neuverhandlungen über die Sphärentrennung deutlich zu erkennen. Im Folgenden werden einige zentrale Entwicklungen skizziert.

- In Unternehmen findet ein Wandel der betrieblichen Koordinations- und Steuerungsmechanismen statt, die als *Internalisierung des Marktes* oder kurz als Vermarktlichung beschrieben werden und ihren Ausdruck in einer Zunahme der Bedeutung des Subjekts als Produktivfaktor finden. Hierbei treten subjektive Potenziale und Leistungen in den Vordergrund, die vom Individuum eigenverantwortlich gemäß den Betriebszielen in den Arbeitsprozess eingebracht werden müssen (u. a. Moldaschl & Voß, 2002). Der unternehmerische Zugriff auf die Arbeitskraft und deren Kontrolle wird so vom Vorgesetzten auf die Arbeitenden selbst verlagert. Diese Entwicklung ist von Ambivalenzen gekennzeichnet, da neben dem Zwang zur Selbst-Kontrolle, Selbst-Ökonomisierung sowie Selbst-Rationalisierung, die sich im Typus des „Arbeitskraftunternehmers" verdichten (Voß & Pongratz, 1998), gleichzeitig erweiterte Gestaltungsmöglichkeiten des Arbeitenden hinzutreten. Zugleich lässt sich grundlegend feststellen, dass in dieser Analyse implizit das Selbst als körperloses Selbst gedacht wird. Es geht vornehmlich um ein Vermarktlichungsimperativ, das die Haltung des Arbeitenden zur Arbeit und zu sich als Arbeitssubjekt erfasst. Unbeachtet bleibt weitestgehend, dass die Prozesse der Selbst-Ökonomisierung auch den Körper erfassen, wie sich dies u. a. bei Work-Out Aktivitäten von Managern beobachten lässt (Motakef & Lengersdorf, 2010) und zudem Märkte auch über die Vermarktung von Körperteilen entstehen, wie bei weiblichen Eizellen (siehe dazu auch Abschn. 3.2).
- Eine weitere Dimension des Wandels ist an den organisatorisch-relevanten Wissensformen festzumachen. Zusätzlich zu explizitem fachlichem Wissen und formal erworbenen Qualifikationen werden zunehmend *implizite Wissensformen* bedeutsam. Hierzu zählen unter anderem das Erfahrungswissen (vgl. u. a. Böhle, 2010), die richtige Selbst-Inszenierung (vgl. u. a. Reuter & Lengersdorf, 2013) wie auch das Wissen um die richtige Inszenierung von Wissen selbst, bei der auch neue Technologien eine zentrale Rolle spielen (vgl. Lengersdorf, 2011). In den Analysen wird vor allem ein praktisches Wissen bedeutsam, dass im Arbeitsalltag praktisch eingeübt wird und häufig inkorporiert ist.

- Erwerbstätigkeit ist auch eine zentrale Kategorie, um die eigene Biographie zu gestalten bzw. Planungen entlang des Lebenslaufs vorzunehmen, und zwar nach wie vor insbesondere für Männer. Insofern ist es bedeutungsvoll, dass neben der Normalerwerbsbiographie – einer ungebrochenen Erwerbstätigkeit – zunehmend Erwerbsverläufe treten, die durch *atypische Beschäftigungsverhältnisse und biographische Diskontinuitäten* gekennzeichnet sind. Zudem unterliegt die Erwerbsbiographie vermehrt einer aktiven Ausgestaltung. Analytisch aufschlussreich wäre hier, dass in den erwerbsbiographischen Selbstentwürfen auch der Körper eine Rolle spielen dürfte (zum Zusammenhang von Biographie und Körper siehe Abraham in diesem Band). Hierbei sind gegenwärtig zwei zentrale Dimensionen besonders beachtenswert: zum einen die Vorstellung eines Nachlassens körperlicher und geistiger Fähigkeiten im Verlaufe eines beruflichen Lebens und die damit verbundene Vorstellung eines ‚verdienten Lebensabends', die durch den Umbau des Rentensystems herausgefordert wird, sowie zum anderen berufsbiographische Diskontinuitäten aufgrund von gesundheitlichen Beeinträchtigungen.
- Der starke *Zustrom von Frauen* in die Erwerbsarbeit schafft Bedingungen, in denen Frauen und Männer kooperieren müssen, aber auch zu Konkurrent_innen um knapper werdende Arbeitsplätze werden können. In dieser zumeist auf der Ebene des Human Ressource Managements geführten Diskussion lässt sich eine gestiegene Nachfrage nach Eigenschaften feststellen, über die Frauen qua Geschlecht – und es ließe sich ergänzen: qua ‚Natur' – eher zu verfügen scheinen als Männer. Allerdings stellen Männer immer noch den Maßstab für den ‚normalen Beschäftigten' dar. Interessanterweise wird in den Diskussionen um sogenannte Softskills oder das Diversity Management der vergeschlechtlichte Körper als Ressource nicht thematisiert. Ob dies mit dem Versuch einhergeht, einer Re-Naturalisierung von Geschlecht entgegenzuwirken, kann nur vermutet werden.
- Die mit dem Fordismus einhergehende starke zeitliche Regulierung und örtliche Gebundenheit von Erwerbsarbeit verändert sich. Diese Entwicklung ist maßgeblich an den Einsatz von neuen *Informations- und Kommunikationstechnologien* gekoppelt. Zudem treten neben Arbeiten, die in der Erwerbssphäre erledigt werden, auch Arbeitstätigkeiten, die in der *Privatsphäre* ausgeführt werden. Das Verhältnis von Arbeit und Leben muss zunehmend aktiv gestaltet werden (u. a. Jürgens, 2009). Damit stellt sich die Frage einer körperlichen Regeneration der Arbeitskraft nochmal anders. Ob sich diese Regeneration eventuell zukünftig stärker innerhalb der Berufssphäre vollzieht, ist eine empirisch offene Frage. Es kann allerdings vermutet werden, dass die körperliche und psychische Gesundheit zunehmend auch als eine Unternehmensaufgabe innerhalb des Human Ressource Managements – im Sinne eines Gesundheitsmanagements – verstanden wird.
- Die Erosion von (sozialstaatlicher) Absicherung der Erwerbsarbeit geht mit Prozessen der *Prekarisierung* einher und fordert die Arbeitenden zu mehr Selbstsicherung und Selbstverantwortlichkeit heraus (vgl. Völker, 2011). Zugleich gefährdet diese Entwicklung die Position des Mannes als Hauptternährer. Dieses Modell ist im hohen

Maße an das Normalarbeitsverhältnis gekoppelt (u. a. Meuser, 2007). Prozesse der Prekarisierung sind dabei allerdings nicht allein auf Erwerbsarbeit bezogen, sondern erfassen das gesamte Lebensgefüge. In jüngster Zeit wird auch die körperliche Dimension dieser Entwicklung perspektiviert (vgl. Motakef, 2015).

## 3 Forschungsfelder

Die arbeitssoziologische Forschung lässt sich im Hinblick auf die darin vorfindliche Beschäftigung mit dem menschlichen Körper entlang der analytischen Grenzziehung zwischen *Arbeit mit und durch Körper* (Abschn. 3.1) sowie *Arbeit am und im Körper* (Abschn. 3.2) differenzieren. Im ersten Fall handelt es sich um Studien, in denen ein instrumentelles Körperverständnis im Mittelpunkt steht – der menschliche Körper bzw. bestimmte Teile des Körpers als Mittel zur Herstellung eines Arbeitsprodukts, eines Werts –, im zweiten Fall um Studien, in denen ein Verständnis vom Körper als veränderungsbedürftige Entität vorherrscht. Hier richtet sich das Arbeitshandeln auf den Körper, um ein (neu-)geordnetes, therapiertes oder optimiertes Körperprodukt zu erzielen – der Körper also als Ziel statt als Mittel einer Arbeitstätigkeit. Es bleibt darauf hinzuweisen, dass in den arbeitssoziologischen Untersuchungen zumeist der Fokus auf der Materialität des Körpers und seiner Performanz in den Untersuchungen liegt; die körperliche Erfahrung, die Leiblichkeit der Akteure (vgl. dazu Lindemann in Bd. 1) wird überwiegend nicht oder nur implizit thematisiert.

### 3.1 Arbeit mit und durch Körper

Der Mensch muss tätig werden, um überleben zu können. Die basale Produktion von Lebensmitteln, Kleidung und Werkzeugen erfolgt dabei immer unter Einsatz des Körpers und zumeist im Kollektiv, z. B. auf einem agrarischen Hof oder in einer nomadischen Gemeinschaft. Bedeutsam sind hierbei unter anderem die Verteilung der Arbeit und damit die Abstimmung von Körpern im Arbeitsprozess. Diese muss im wahrsten Sinne des Wortes ‚Hand-in-Hand' gehen, damit ein reibungsloser Produktionsablauf gewährleistet ist. Das arbeitssoziologische Interesse richtet sich jedoch weniger auf die agrarische Produktion, sondern zunächst auf die im Zuge der industriellen Revolution entstehende Industriearbeit, und hier insbesondere auf die von der natürlichen Arbeit ‚entfremdeten' Tätigkeiten, die an den fordistischen Fließbändern ihren Höhepunkt erreichten.

Diese Form *rationalisierter Arbeit* ist eng mit einer *Disziplinierung des Körpers* verbunden (vgl. dazu Sobiech in Bd. 1), die maßgeblich durch die Arbeiten des Ingenieurs Frederik W. Taylor beeinflusst wurde. Taylor legte dar, wie Arbeitsprozesse bis in die kleinsten Körperbewegungen zerlegt, zeitlich erfasst und analysiert werden sollten, um eine möglichst große betriebliche Effizienz zu erreichen. Damit schuf er zugleich die Grundlage einer Verwissenschaftlichung von organisatorischen Kontroll- und Steuerungsmechanismen sowie einer Trennung in durchführende-standardisierte körperliche Arbeit und planerische-qualifizierte geistige Arbeit. Das hier angedeutete Rationalisierungsdispositiv wird in der Literatur nach ihrem ‚Erfinder' als Taylorismus beschrieben. Im Zuge dieser Rationalisierungsprozesse fand zugleich eine ‚Entleiblichung' des einzelnen Arbeiters/der einzelnen Arbeiterin statt: körperliche Befindlichkeiten, Bedürfnisse und Äußerungen sind dem Arbeitsprozess unterzuordnen und der Arbeitskörper als einwandfreie Ressource gesund zu halten. In dem Sinne hat Henry Ford in seiner Massenproduktion nicht nur die besten Löhne gezahlt, sondern auch eine eigene Abteilung eingerichtet – das „Sociological Departement" –, das die hygienischen Verhältnisse am Arbeitskörper und in den Wohnungen der Arbeiterschaft kontrollierte. Zudem sollten die männlichen Arbeiter möglichst verheiratet sein oder zumindest nachweisen, dass sie Sauberkeitsstandards einhalten und in Nüchternheit leben. Joan Acker spricht von einem „bodiless worker" (Acker, 1990, S. 151), einer körperlosen Arbeiterschaft, die keine Sexualität und keine Emotionen hat. Auch Andreas Reckwitz (2006) hat in seiner Studie zur Genese dominanter Subjektformationen diese Entemotionalisierung betont, die sachlich-rationale und kollektivorientierte Persönlichkeiten hervorbringt bzw. hervorbringen soll. Für die fordistische Produktionslogik ist demnach nicht nur ein funktionierender Körper zentral, der innerhalb des koordinierten Gesamtkörpers der Produktion aufgeht (siehe auch Marx), sondern ein bis zur Steuerung von Gefühlsäußerungen und spürbarer Erfahrungen am Arbeitsplatz kontrollierter Körper. Insbesondere die sexuelle ‚Natur' der Arbeitenden gilt es aus den Arbeitsprozessen herauszuhalten und diese auf den sozialen Ort der Familie zu verweisen.

All die bisher beschriebenen Phänomene unterliegen nun gravierenden Veränderungen, wie im zweiten Abschnitt ausgeführt. Dies beginnt damit, dass die (idealisierte) Trennlinie zwischen gestaltender *Kopf-* und standardisierter *körperlicher Arbeit* nicht mehr aufrechterhalten werden kann. Zunächst erscheint die Trennung in ‚geistige' und ‚körperliche' Arbeit wenig zielführend, da auch ‚geistige' Arbeit immer ‚körperliche' Arbeit ist, wie Robert Schmidt (2012) eindrucksvoll anhand des Tätigkeitsfeldes Programmierung herausgearbeitet hat. So zeigen Programmierer_innen durch ihre Körperhaltung den Kolleg_innen an, woran sie gerade arbeiten, oder für Kolleg_innen wird durch den Rhythmus des Anschlags der Computer-Tastatur erkennbar, in welcher Arbeitsphase sich der Programmierer oder die Programmiererin gerade befindet. Zugleich wird im Zuge der Subjektivierung von Arbeit diese Grenzziehung generell weniger bedeutungsvoll, da sich der organisationale Zugriff auf den ganzen Menschen, die ganze Person bezieht.

Ebenso empirisch zweifelhaft wird die Trennung von *Erwerbsphäre und Familiensphäre.* Das Tätigkeitsfeld ‚Sorge' ist hierfür ein besonders erwähnenswertes Beispiel, vor allem wenn der Sorgebegriff nicht nur auf fürsorgliche und personenbezogene Arbeiten eng geführt wird, sondern auch Haushaltstätigkeiten, handwerkliche Tätigkeiten am Haus und im Garten sowie bürokratisch-organisatorische Tätigkeiten hinzugezogen werden. Diese Arbeiten lassen sich, obwohl sie in der Familiensphäre anfallen, nicht mehr klar von beruflicher Arbeit trennen, insbesondere dann nicht, wenn es zu einer Delegierung dieser bisher als familiär verstandenen Tätigkeiten an private oder institutionelle Dienstleister kommt. Teilweise gehen diese Angestellten nicht nur ihrer Erwerbsarbeit in der häuslichen Sphäre einer anderen Familie nach, sondern wohnen auch bei ihren Arbeitgeber_innen und teilen so ihre Privatsphäre mit diesen. Auf der anderen Seite erhalten Familienangehörige staatliche Ausgleichzahlungen für übernommene Pflegearbeiten im familiären Bereich. Auch wenn dies keine Lohnarbeit im engeren Sinne ist, wird hier dennoch eine monetäre Zahlung für familiäre pflegerische Arbeiten geleistet. Die Sorgearbeit ist auch insofern ein interessantes Feld, als hier wohlfahrtsstaatliche Regulierungen auf geschlechtliche Arbeitsteilung und auf Phänomene von erwerbsbedingter Migration treffen. Körper werden nicht nur im Sinne körperlicher Arbeit z. B. am zu betreuenden Menschen relevant, sondern auch „ethnisierte" und vergeschlechtlichte Körperbilder sowie Körperperformances werden in der Arbeitsbeziehung virulent – wenn beispielsweise angenommen wird, dass der muslimische Mann nicht von einer weiblichen Pflegerin gewaschen werden möchte oder dem polnischen Gärtner zugeschrieben wird, dass er besonders gut zu packen kann.

Des Weiteren kommt der Aspekt der *Berührung* bei personenbezogenen Dienstleistungsarbeiten in den Blick, wie beispielhaft Anna Buschmeyer (2013) in ihrer Studie zu männlichen Erziehern in Kindertagesstätten ausarbeitete. Die Frage, wie viel Berührung zwischen männlichem Erziehenden und Kind im Arbeitsalltag möglich ist, wird hier vor allem vor dem Hintergrund eines generellen Pädophilieverdachts entschieden und macht sich an unterschiedlichen Männlichkeitskonstruktionen fest. Die Bedeutung der Berührung ist auch in dem Arbeitsfeld Prostitution eng an Sexualität gebunden, da sich hier das unmittelbare Arbeitshandeln auf die Erzeugung sexueller Beziehungen und Erlebnisse richtet. Der Körper wird in der Prostitution in vielfacher Hinsicht relevant, nicht nur als funktionales Instrument der Befriedigung von nachgefragten Bedürfnissen, sondern auch als Anzeiger eines ‚echten', nicht gespielten Erlebnisses oder einer ‚sauberen' und angstfreien Erfahrung (vgl. Löw & Ruhne, 2011).

Schließlich lassen sich zahlreiche Arbeitsfelder ausmachen, die bisher sehr wenig Beachtung in der Diskussion um Arbeit fanden und besonders das Performative des Körpers in Zentrum rücken. Dazu zählen die künstlerisch-kreative Arbeit (z. B. Tanz), die politisch-aktivistische Arbeit (z. B. Femen) oder die spitzensportliche Arbeit (z. B. Fußball).

## 3.2 Arbeit am und im Körper

Neben einem Einsatz des Körpers im Arbeitshandeln als Mittel zum Zweck kann der Körper auch selbst als Produkt der Arbeit perspektiviert werden. Besonders naheliegend ist dies bei *therapeutischer Arbeit,* die zur Heilung oder Linderung von Beschwerden auf den Körper einwirkt oder in den Körper eindringt, wie z. B. therapeutische Pflege, Physiotherapie oder Medizin. Dazu lassen sich auch medizinische Eingriffe zur Veränderung der Körperformen oder Körpererscheinung zählen, wie schönheitschirurgische Eingriffe. Weniger irreversibel sind *kosmetisch-stylistische Arbeiten,* z. B. im Rahmen der Handwerksberufe Friseur_in oder Kosmetiker_in, die in das individuelle Schönheitshandeln hineinragen. In einem weiteren Sinne lassen sich dazu auch *biotechnologische Arbeiten* zählen, etwa die Genetik.

Die Arbeit am und im Körper kann auch explizit bzw. im engeren Sinne als eine *Arbeit am Selbst* verstanden werden. Diese Forschungsperspektive wird vor allem im Zuge der soziologischen Auseinandersetzung mit Subjektivierungsphänomenen von Arbeit und einer generellen Ökonomisierung des Sozialen bedeutsam. Die Ausweitung der kapitalistischen Verwertungslogik auf die ‚ganze Person' endet in dieser Perspektive nicht an den Werkstoren oder der Bürotür, sondern weitet sich auf alle Bereiche des Sozialen aus. Neben den bereits erwähnten Forschungen zur Subjektivierung von Arbeit und zum Arbeitskraftunternehmer, ist hier insbesondere auf Gouvernementalitätsstudien hinzuweisen, die maßgeblich auf Michel Foucault zurückgehen (vor allem Foucault, 2006 [1979]). Zentrale These ist, dass mit der Durchsetzung von Marktmaximen wie Effizienz, Mobilität und Selbstverantwortung Individuen dazu aufgerufen werden, ihr Leben nach Maßgabe des Unternehmerischen auszurichten. Dies richtet sich explizit auch an den Körper und reicht weiter als dies im Ideal des Arbeitskraftunternehmers oder in der Subjektivierungsthese angelegt ist. Es wird davon ausgegangen, dass ein neuer Imperativ hervorgebracht wird, der die Arbeit am Körper (vor allem hinsichtlich der individuellen Gesundheit) verlangt.

Im Anschluss an Foucaults Konzept der *Biopolitik* wird in postoperatistischen Ansätzen (u. a. Pieper et al., 2007) argumentiert, dass die Produkte der Arbeit zunehmend immateriell geworden seien. So wird z. B. zur Herstellung einer Kundenbeziehung die Erzeugung eines Wohlbefindens eingesetzt. Dieses Wohlbefinden wird durch die Arbeitende oder den Arbeitenden affektiv und körperlich hergestellt, u. a. durch Berührung oder durch ein moduliertes Sprechen. Anders als bei Marx wird nicht mehr die Arbeitskraft ausgebeutet, sondern das ganze Leben wird produktiv gemacht. Ebenfalls an das Konzept der Biopolitik anschließend zeigen Studien aus dem Forschungsumfeld der Bioökonomie, wie Körper in Wert gesetzt werden. So wird zum Beispiel verhandelt, ob Eizellspenden als Arbeit, spezifisch als regenerative Arbeit verstanden werden sollte. Im Unterschied zu Marx wird hier davon ausgegangen, dass die Arbeit nicht von der Person entfremdet wird, sondern der Körper von der Person.

## 4 Verfahren zur Erforschung von Körper und Arbeit

Um das Verhältnis von Körper und Arbeit soziologisch zu untersuchen, sind verschiedene Zugänge möglich. Zunächst sind *diskursanalytische* Verfahren zu nennen, die die Möglichkeiten des Denkens und Sprechens über den Zusammenhang von Arbeit und Körper(lichkeit) sowie die hierin eingelagerten Machtverhältnisse untersuchen, wie dies bereits anhand des Rationalisierungsdispositivs erörtert wurde. Des Weiteren weist die *Ethnomethodologie* eine Tradition bezüglich der Untersuchung des Nexus von Körper und Arbeit auf. Es sind die performativen Aspekte des Körpers, die durch die Untersuchung der Regelhaftigkeit von Interaktionsabläufen in den Blick kommen. Mit den von Harold Garfinkel etablierten *Studies of Work* und den in den Science & Technology Studies zu verortenden *Workplace Studies* seien an dieser Stelle zwei ethnomethodologische Forschungsperspektiven benannt, die einen großen Fundus an empirischen Arbeiten anzubieten haben. So kommt zum Beispiel die Arbeit in hochtechnisierten Kontrollzentren der Fluglotsen, in einem Kung-Fu-Studio oder auch auf dem Börsenparkett in den Fokus und damit u. a. die Abgestimmtheit von Körpern im jeweiligen Arbeitsprozess. Daran anknüpfend sind auch Studien der *Akteur-Netzwerk-Theorie* (ANT) gewinnbringend, auch wenn sich hier noch keine eigene Methodologie etabliert hat. Die ANT untersucht die enge Verflechtung von Menschen und Nicht-Menschen etwa bei der Arbeit in einem Verwaltungsgericht oder bei bretonischen Muschelfischern. Diese Perspektive eröffnet noch stärker die Möglichkeit die Frage zu stellen, was vom Körper für das je zu untersuchende Phänomen bedeutsam ist, da die ANT keine vorab fest umgrenzten Entitäten braucht. Auch *ethnographische* Verfahren eignen sich insbesondere zur Erforschung körperkultureller Phänomene der Arbeit. Hier wird der Blick auf die kollektiven Prozesse der Konstruktion des Arbeitsraumes eröffnet. So können Einblicke in konkrete Arbeitspraxen, routinisierte Arbeitstätigkeiten und ritualisierte Praktiken der Inszenierung von Arbeit gewonnen werden wie auch Inkorporierungen von Arbeitsverläufen und -strukturen rekonstruiert und Körperperformances beobachtet werden können.

## 5 Ausblick

Für körpersoziologische Untersuchungen zum Verhältnis von Arbeit und Körper eröffnen sich aktuell neue Forschungsfelder, in denen bis dato gültige Grenzziehungen – vor allem in der Arbeits- und Industriesoziologie – hinterfragt werden und zur Neuaushandlung ausstehen. Besonders hervorzuheben sind die Forschungsfelder Mobilität/ Wanderung, Roboter und Sinne.

Arbeitsbedingte Wanderungsbewegungen sind ein altes soziales Phänomen. Diese stellen sich vor dem Hintergrund von Transnationalisierungsprozessen allerdings noch einmal anders, da der Blick auf Pendelbewegungen gerichtet wird. In diesen Bewegungen zwischen verschiedenen Nationen bzw. Nationalstaaten, zwischen verschiedenen Arbeitgeber_innen und Tätigkeitsfeldern, zwischen Beruflichkeit und Familie entsteht erst das, was als Transnationalisierung zu fassen ist. Dabei werden nicht nur Symbole z. B. von Heimat in Bewegung gesetzt, sondern auch Körper. Diese können an einem Wohnsitz „ethnisiert" sein und an dem anderen privilegiert, oder sie können an dem einen Arbeitsplatz den erfolgreichen, disziplinierten Arbeitenden anzeigen und an dem anderen den ausgehungerten, hilfsbedürftigen Tätigen. Zugleich ist davon auszugehen, dass sich neben Körperbildern andauernde Wanderungen selbst in die Körper einschreiben, z. B. als spezifische körperliche Kompetenzen des Umgangs mit Jetlag, der Umstellung auf andere Speisen oder klimatische Bedingungen. Diese Perspektive ließe sich dann auch auf mobile Arbeitskräfte ausweiten, die nicht zwingend ihren Wohnsitz verlagern, sondern z. B. für ein Projekt temporär auf einem anderen Kontinent arbeiten oder auch für Arbeitende, die in transnationalen Organisationen tätig sind. Ob es sich dabei um einen Telekommunikationskonzern oder ein ‚Kinderwunschzentrum' handelt, ist zweitrangig.

Vor dem Hintergrund des demographischen Wandels wird die Frage nach *Robotern* erneut virulent. Während Roboter in der industriellen Produktion oder im Militär bereits einen festen Platz haben, geht es nun um personenbezogene Dienstleistungen. Mediale Erzeugnisse, wie die schwedische Serie „Äkta Människor" (2012, Schweden, in Deutschland: „Real Humans – Echte Menschen") setzen an dieser Zukunftsvision an, in der Roboter von der Altenpflege über Haushalt bis hin zur Gartenpflege alle Arbeiten im und am Haus übernehmen. Auffällig dabei ist, dass diese Roboter menschenähnlich imaginiert werden und sich auch in der nichtfiktionalen Roboterforschung die Vorstellung durchsetzt, dass Roboter, die mit Menschen zu tun haben, auch menschenähnlich sein sollten (z. B. der Pflegeroboter Ri-Man), was zuvorderst heißt, wie ein menschlicher Körper auszusehen.

Gerade die Frage nach dem genuin Menschlichen lenkt den Blick auf die *Sinne*. Hierzu lassen sich in aktuellen kulturtheoretischen Forschungen der Soziologie Untersuchungen finden, die z. B. das Sehen im Zusammenhang mit musealen oder künstlerischen Werken fokussieren. Weiter ließe sich aber auch fragen, welche Bedeutung den Sinnen z. B. in der diagnostischen Arbeit zukommt: die Ärztin ertastet die Geschwulst in der Brust, der Physiotherapeut sieht die Fehlstellung. Aber auch in der Betreuung von Angehörigen spielt z. B. das ‚richtige' Hören eines Schmerzweinens oder Quengelns bei Kleinkindern eine wesentliche Rolle. Dies ebenso im Bereich der Hausarbeit, wo die Erzeugung eines heimeligen Geruchs oder einer schmierfreien Fensterschreibe Kompetenzen voraussetzt, die an den Sinnen ansetzen.

## Literatur

Acker, J. (1990). Hierarchies, jobs, bodies. A theory of gendered organizations. *Gender & Society, 4*(2), 139–158.

Aulenbacher, B., Funder, M., Jacobsen, H., & Völker, S. (Hrsg.). (2007). *Arbeit und Geschlecht im Umbruch der modernen Gesellschaft: Forschung im Dialog*. VS.

Beck-Gernsheim, E. (1976). *Der geschlechtsspezifische Arbeitsmarkt. Zur Ideologie und Realität von Frauenberufen*. Aspekte-Verlag und Campus.

Böhle, F. (2010). Arbeit als Handeln. In F. Böhle, G. Voß, & G. W. Günter (Hrsg.), *Handbuch Arbeitssoziologie* (S. 151–176). VS-Verlag.

Buschmeyer, A. (2013). *Zwischen Vorbild und Verdacht. Wie Männer im Erzieherberuf Männlichkeit konstruieren*. Springer VS.

Foucault, M. (2006). *Die Geburt der Biopolitik. Geschichte der Gouvernementalität II*. Suhrkamp.

Jürgens, K. (2009). *Arbeits- und Lebenskraft. Reproduktion als eigensinnige Grenzziehung*. VS.

Lengersdorf, D. (2011). *Arbeitsalltag ordnen. Soziale Praktiken in einer Internetagentur*. VS-Springer.

Lengersdorf, D., & Motakef, M. (2010). Das praktische Wissen des unternehmerischen Selbst. Zwischen körperlicher Fertigkeit und praktizierter Männlichkeit. In A. Wetterer (Hrsg.), *Körper Wissen Geschlecht. Geschlechterwissen & soziale Praxis II* (S. 79–94). Ulrike Helmer.

Lengersdorf, D., & Reuter, J. (2013). Zur Verkörperung von Leistung als Verkörperung von geschlechtlicher (Un-)Gleichheit in der Wissensarbeit. In M. Endreß & O. Berli (Hrsg.), *Wissen und soziale Ungleichheit* (S. 201–220). Beltz Juventa.

Löw, M., & Ruhne, R. (2011). *Prostitution – Herstellungsweisen einer anderen Welt*. Suhrkamp.

Marx, K. (2013). *Das Kapital* (Bd. 1). Dietz-Verlag.

Meuser, M. (2007). *Herausforderungen. Männlichkeit im Wandel der Geschlechter-verhältnisse*. Rüdiger Köpp.

Minssen, H. (2006). *Arbeits- und Industriesoziologie: Eine Einführung*. Campus.

Moldaschl, M., & Voß, G. G. (Hrsg.). (2002). *Subjektivierung von Arbeit*. Hampp.

Motakef, M. (2015). *Prekarisierung*. Bielefeld: transcript.

Pieper, M., Atzert, T., Karakayali, S., & Tsianos, V. (2007). *Empire und die biopolitische Wende: Die internationale Diskussion im Anschluss an Hardt und Negri*. Campus.

Pongratz, H. J., & Voß, G. G. (1998). Der Arbeitskraftunternehmer. Eine neue Grundform der „Ware Arbeitskraft"? *Kölner Zeitschrift Für Soziologie Und Sozialpsychologie, 50*(1), 131–158.

Reckwitz, A. (2006). *Das hybride Subjekt. Eine Theorie der Subjektkulturen von der bürgerlichen Moderne zur Postmoderne*. Velbrück Wiss.

Schmidt, R. (2012). *Soziologie der Praktiken. Konzeptionelle Studien und empirische Analysen*. Suhrkamp.

Völker, S. (2011). Praktiken sozialer Reproduktion von prekär beschäftigten Männern. *WSI-Mitteilungen,* Schwerpunktheft Prekarisierung der Arbeit – Prekarisierung im Lebenszusammenhang 8/2011, 423–429.

Voß, G. G. (2010). Was ist Arbeit? Zum Problem eines allgemeinen Arbeitsbegriffs. In F. Böhle, G. Voß, & G. W. Günter (Hrsg.), *Handbuch Arbeitssoziologie* (S. 23–80). VS-Verlag.

# Artefakte

Hanna Katharina Göbel

## 1 Interobjektive Ordnungen der Praxis

Interaktionen werden klassischerweise als intersubjektive Beziehungen analysiert. In der Soziologie wurde dabei die materielle Welt, ähnlich wie der Körper, lange Zeit randständig behandelt. Erst seit den *material* und *body turns* in den Sozial- und Kulturwissenschaften in den letzten beiden Dekaden richtet sich die Aufmerksamkeit auf das Verhältnis von materieller Kultur und Körpern. Während die Anthropologie und die Kulturwissenschaften den Begriff der „materiellen Kultur" verwenden, lässt sich dieser im Sinne eines Oberbegriffs je nach sozialwissenschaftlichem Forschungsfeld und der Einbeziehung körperlicher Aktivitäten weiter auffächern: es geraten dann erkenntnisbezogene, wissenschaftliche und technische „Objekte", künstlich hergestellte „Artefakte" und „Architekturen" sowie „Dinge" des Gebrauchs in den Blick.

Insbesondere das Paradigma der sozialwissenschaftlichen Praxistheorien (Reckwitz, 2003) hat die „Praxis" als Träger der Interaktionen zwischen Körpern und der materiellen Kultur ins Zentrum gestellt. Praxistheorien sind der wesentliche Rahmengeber in der gegenwärtigen Debatte um „Interobjektivität" (Latour, 1996), in der die Interaktionen mit der Dingwelt berücksichtigt werden und der Begriff der Intersubjektivität um eine materielle Komponente erweitert wird. Zu den Vorläufern der Praxistheorien gehören die Ansätze des frühen Karl Marx, die Ethnomethodologie von Harold Garfinkel, die Rahmentheorie von Erving Goffman, die Performativitäts- und Subjektivitätstheorie von Judith Butler sowie der (Post-)Strukturalismus zur kulturellen Formation des Subjekts nach Michel Foucault, die Habitus- und Kapitaltheorie von Pierre Bourdieu sowie die Erkenntnisse der Science & Technology Studies

H. Göbel (✉)
Hamburg, Deutschland
E-Mail: hanna.goebel@uni-hamburg.de



R. Gugutzer et al. (Hrsg.), *Handbuch Körpersoziologie 2*,
https://doi.org/10.1007/978-3-658-33298-3_4

(STS) als auch der Akteur-Netzwerk-Theorie (ANT) nach Bruno Latour und andere. Praxistheorien zeichnen sich dadurch aus, dass sie weder rein induktiv von dem subjektiven Sinnverstehen oder einem einzelnen, rationalisierten Wirkungszusammenhang noch ausschließlich deduktiv von einer übergeordneten, statischen Struktur her soziale Ordnungen erklären. Sie erkennen Praktiken als theoretische Basiseinheit der gesellschaftlichen Stabilität und Reproduktion an und identifizieren diese als kollektiv und kulturell geteilte Schemata sowie über ein performatives, unbewusst und über implizites Wissen ausgeführtes Handeln. Praktiken sind an körperliche als auch an materielle Träger gebunden und nur über diese beobachtbar. Das heißt: jede Praktik, beispielsweise das Autofahren, gestaltet für ihre Ausführung ein spezifisches, körperlich-materielles Verhältnis. Körper etwa werden zu Auto-Fahrern, indem sie wissen, wie sie sich auf die technische Fabrikation der stählernen, räumlich umfassenden Gestalt einlassen können und ebenso in der Lage sind, sich auf die technischen Bedienelemente einzustellen. Gleichsam hat sich das Auto an der Körperlichkeit und dem Fahrvermögen des Fahrers auszurichten. Der Fahrersitz etwa muss das individuelle Körpergewicht, das sich in ihn drückt, aushalten können, genauso wie die computergesteuerte Technik darauf ausgerichtet sein muss, dass sie auf die mehr oder weniger ausgeprägten Fertigkeiten des Fahrers, die Schaltanlage des Autos zu bedienen, reagieren kann. Nur durch das Zusammenspiel von Körper und Technik kommt das Auto in Bewegung und es entsteht das „Autofahren" (Shove et al., 2007). Praktiken wie diese vermitteln sich überwiegend stumm und sind nicht ausschließlich über Erklärungen und Anweisungen abzurufen. Die Körper wie auch die Dinge der materiellen Welt sind in diesem Kontext nicht im alltagssprachlichen Verständnis in ihrer Ganzheit, über ihre Substanz, Essenz oder Reinheit sichtbar. Auch agieren Körper wie Dinge nicht als singuläre Objekte oder sind als Behälter zu fassen. Sie „sind" was sie „tun", werden für einzelne Praktiken „rekrutiert" und entstehen situativ als Ordnungen, die sich überlagern und teilweise widerstreitende Gemengelagen produzieren. Körper subjektivieren sich ausschließlich innerhalb dieser praktischen Gefüge, genauso wie die Artefakte, Objekte und Dinge – wie beispielsweise ein Auto – in diesen Zusammenschlüssen das soziale Agieren lernen und dadurch materiell geformt werden. Praxistheoretische Perspektiven unterscheiden sich somit von sozial-konstruktivistischen Ansätzen, insofern sie sich von einer textuellen Ebene und einer repräsentationalen oder semiotisch entzifferbaren Perspektive lösen und den Blick auf eine praktisch erzeugte Struktur richten, die es erlaubt das *doing body* und *doing things* zu analysieren und zu verfolgen, wie die Welt dadurch geordnet wird.

Gegenwärtig gibt es soziologische Forschungsfelder und Erkenntnisse der interdisziplinären *Material Culture Studies, Sense Studies, Digital Media Studies, Urban Studies, Disability Studies, Performance Studies* sowie *Animal Studies* aus angrenzenden Feldern und Disziplinen der Soziologie, die sozialtheoretische Perspektiven auf dieses Verhältnis stark machen und sich in diesem paradigmatischen, losen Ensemble der Praxistheorien sowie unterschiedlichen, diesen zugrundeliegenden oder erweiternden Denktraditionen verorten lassen (siehe dazu ausführlich Göbel & Prinz, 2015). Für einen Überblick werden im Folgenden die beiden wichtigsten begriffsgeschichtlichen

Paradigmen für eine körpertheoretische, interobjektive Position – die Phänomenologie und die Lebensphilosophie – eingeführt, um diese dann anhand von exemplarischen Studien mit zentralen, wegweisenden Erkenntnissen aus einzelnen Forschungsfeldern zu verknüpfen. Diese werden aus heuristischen Gründen hinsichtlich ihrer Schwerpunkte entweder mit einer körpertheoretischen oder einer objekt-, artefakt- bzw. dingtheoretischen Akzentuierung vorgestellt. In körpertheoretischer Perspektive sind dies Einblicke in die sozialwissenschaftliche Architektur-phänomenologie, die Medizinsoziologie, die medizinsoziologisch orientierte Geschlechterforschung und die Feministische Theorie, sowie die *Disability Studies*. Spezielles Augenmerk wird daran anschließend auf die „Objekte" der Wissenschafts- und Technikforschung, sowie die „Artefakte" und „Architekturen" der Studien aus der Kultur- und Kunstsoziologie gelegt, die spezifische Strategien der Subjektivierung des Körpers als auch der Konstitution der Gegenstände in sozialen Formationen aufzeigen. Das Themenfeld der sozialen Robotik wird abschließend exemplarisch als eine Zusammenführung von körpertheoretischer wie objekt- und artefakt-theoretischer Akzentuierungen diskutiert.

# 2 Körper durch Objekte, Artefakte und Dinge

## 2.1 Phänomenologie

Phänomenologische Grundlegungen zum Verhältnis von Körpern und Dingen stehen in der Tradition der französischen Phänomenologie von Maurice Merleau-Ponty und der deutschsprachigen Anthropologie von Hermann Schmitz. Maurice Merleau-Ponty interessiert sich in seinen Ausführungen zur *Phänomenologie der Wahrnehmung* (1966) in erster Linie für die perzeptiven Erfahrungsweisen des Subjekts. Wie Merleau-Ponty im Anschluss an Husserls Körperleib- und Heideggers Daseins-Begriff konstatiert, ist der sinnlich empfindende Leib bereits „in der Welt" *(êtreau-monde)* noch bevor das Bewusstsein zwischen den Dingen, Mitmenschen und Raumordnungen begrifflich zu unterscheiden lernt. Der empfindende Leib ist dementsprechend den materiellen Dingen und Artefakten zugewandt, reagiert in unterschiedlichen Situationen intuitiv auf sie, lässt sich von ihnen überraschen oder muss sich auf ihre Widerständigkeit einstellen, ohne dass das „Subjekt" explizit weiß, was es da eigentlich tut. Der Leib hat also gar keine Wahl, ob er sich mit den Dingen beschäftigen will oder nicht, denn er ist auf sie gerichtet und existiert *durch* sie, wird durch die Aneignung der Dinge subjektiviert. Dabei hängt die Art und Weise, wie der Leib wahrnimmt, von dem erworbenen Wissen, dem „Körperschema" ab, das er durch die permanente Auseinandersetzung mit den perzeptiven und praktischen Anforderungen erworben hat, die die soziale und materielle Welt an ihn stellt. Das leibliche Reaktionsvermögen wird über dieses rekursiv angelegte Schema organisiert und kann auch reflexiv von dem Subjekt in den Blick genommen werden.

Ein weiterer Ansatz der Leibphänomenologie orientiert sich an der „Neuen Phänomenologie" von Hermann Schmitz, der anders als Merleau-Ponty nicht den außer-weltlichen Bezug sondern das innerleibliche „Spüren“ und das leiblich-affektive Betroffensein zu dem Dreh- und Angelpunkt seiner Philosophie macht. Helmuth Plessner, einer der Begründer der philosophischen Anthropologie, hat ebenfalls betont, dass der Mensch aufgrund seines Leibseins unwillkürlichen affektiven Empfindungen ausgesetzt ist, die über die Dinge vermittelt werden. Gleichzeitig ist er jedoch – anders als alle anderen Lebewesen – dazu in der Lage, sich von seinen leiblichen Erfahrungen zu distanzieren, er *hat* mit anderen Worten einen Körper, den er zu einem gewissen Grad verstehen und steuern kann. Plessner bezeichnet dieses Zusammenspiel von Leibsein und Körperhaben auch als „exzentrische Positionalität“: Der Mensch setzt sich als Leib vorbewusst-intuitiv in Relation zu seiner angrenzenden Umwelt, ist aber insofern nicht vollends an diese Leibposition gebunden, als er sie gedanklich übersteigen kann.

Die neo-phänomenologischen Körpertheorien beziehen im Ausgang von Hermann Schmitz das leibliche Spüren in die Analyse von sozialen Interaktionen sowohl mit Menschen als auch mit nicht-menschlichen Entitäten und Phänomenen mit ein (Gugutzer, 2012). Mit dem Begriff des „Spürens“ ist eine Form der Selbsterfahrung des Leibes gemeint, die unmittelbar affiziert oder kulturell „betroffen“ macht – wie etwa das Spüren von Schmerz durch einen spitzen Gegenstand auf der Haut, Unwohlsein durch verdorbene Lebensmittel, die gegessen wurden oder auch Erleichterung nachdem enge Kleidung abgelegt werden konnte – und somit auf einer Ebene von Sozialität anzusiedeln ist, die jenseits oder unterhalb des bewussten Sinnverstehens liegt. In diesem Sinne „spürt“ etwa der Leib die spezifische Gestimmtheit einer sozialen Situation, fühlt sich in einer intersubjektiven Perspektive in einen anderen Leib ein, oder sensibilisiert sich in einer interobjektiven Perspektive für die Handhabe eines Gegenstands wodurch er zudem in der Lage ist, ein spezifisches, implizites Bewegungswissen abzurufen.

In solch einer phänomenologischen Perspektive wird insbesondere die materielle Kultur der „Dinge“ verhandelt. Dinge sind physisch greifbar, fest oder halbfest, stofflich und in der Regel alltäglich. Sie sind für den Leib spürbar, ohne dass sie näher bezeichnet werden. Dinge sind „zuhanden“ im Heideggerschen Sinn, das heißt, sie werden nicht hinterfragt wenn sie im Gebrauch sind und „vorhanden“, wenn der Leib durch sie irritiert oder gestört wird und sich neu an ihnen ausrichten muss. Andererseits werden die künstlich hergestellten Sachen oder Artefakte und deren Sachzwänge und -zweckhaftigkeiten, die diese dem Leib auferlegen, berücksichtigt. Darüber hinaus gibt es die sogenannten „Halb-Dinge“ nach Schmitz, die sich zwischen den Dingen und den bloßen Wahrnehmungsmöglichkeiten des Leibes stabilisieren wie etwa Melodien oder Gerüche. Diese sind den Leib ergreifende, „soziale Atmosphären“.

Die phänomenologische Tradition nach Merleau-Ponty wurde in der Soziologie bezüglich der fleischlichen und materiellen Betonung sozialer Existenzen und Subjektivierungen aufgegriffen (Dant, 2005), die in jüngster Zeit auch praxistheoretisch ausgebaut wurde (Prinz, 2014). Daneben gibt es in der Tradition von Hermann Schmitz spezifische Fortführungen und Weiterentwicklungen etwa in der sozialwissenschaftlichen Architekturphänomenologie, die veranschaulichen wie sich ein phänomenologisches Verhältnis von Körpern und Dingen gestaltet. Hier wurde vor allem der Begriff der Atmosphäre nach

Schmitz aufgegriffen und weiterentwickelt und an die bereits bestehende Architekturphänomenologie nach Merleau-Ponty angeschlossen (Borch, 2014). Philosophen wie Gernot Böhme, Architekturtheoretiker wie Mark Wigley oder auch Architekten wie Peter Zumthor oder Juhani Pallasmaa betonen, dass die Konstruktion eines Gebäudes immer auch die Gestaltung von Atmosphären beinhaltet. Erfahren wird nicht die Materialität, sondern sie wird über das Atmosphärische vermittelt. Dadurch entstehen „gestimmte" Räume. Die Atmosphären beziehen die materiellen Umgebungsqualitäten und den spürenden Leib aufeinander. Der Leib wird umhüllt und von den architektonischen Atmosphären ergriffen. Sie „ergießen" sich räumlich und nisten sich in einer nebulösen Verschränkung mit dem Leib ein. Neben den Atmosphären, die durch die Designpraxis von Architekten entstehen, werden auch die Atmosphären berücksichtigt, die durch Nutzungspraktiken von Gebäuden entstehen und somit nicht nur das angenehme Erleben von Architektur versuchen zu evozieren, sondern ebenso Gestank, Lärm, und Schmutz und andere sinnliche Gestimmtheiten des Gebäudes in den Blick nehmen.

Wie sich hier exemplarisch zeigt, entwickelt die phänomenologische Denktradition, so wie sie in den neo-phänomenologischen Körpertheorien aufgegriffen wird, einen Ansatz der Interobjektivität, der zwar die Emergenz der Dinge im Blick hat, den menschlichen *locus* jedoch nicht aus den Augen verliert. Es wird eine asymmetrische Ungleichmäßigkeit zugunsten der Analyse der Ordnungen des Körpers in Kauf genommen, um subjektivierende Effekte wie die Betroffenheit und Ergriffenheit des Leibes durch die Interaktion mit den Dingen und Architekturen sichtbar zu machen.

## 2.2 Lebensphilosophie und Neuer Vitalismus

Die vitalistische Perspektive steht demgegenüber in der lebensphilosophischen Tradition im Anschluss an Baruch de Spinoza, Henri Bergson, sowie Gilles Deleuze/Félix Guattari und mündet in dem *affective turn* sowie dem Neuen Vitalismus/Neuen Materialismus. Die analytische Aufmerksamkeit richtet sich hier auf das Problem des Lebens als dem „vitalen" und strukturgebenden Kern sozialer Prozesse, das nicht auf die Intentionalität einzelner Akteure setzt, sondern den *élan vital* (Bergson) als eine distribuierte Kraft versteht, die auf Körper wie Dinge gleichermaßen verteilt wird. Diese symmetrische Perspektive verabschiedet sich von einem anthropozentrischen Blick, der die Körper gegenüber den Dingen priorisiert. „Leben" und „Vitalität" werden deshalb weder rein biologistisch noch kulturalistisch oder soziologistisch in einem ausschließlichen Sinn verstanden.

In dieser Perspektive geht es vielmehr zunächst darum, die organische und holistische Ordnung des Körpers analytisch aufzubrechen. Eine der zentralen Referenzen hierzu ist die Arbeit von Deleuze/Guattari. In *Tausend Plateaus* (1992) konzipieren sie den „organlosen Körper" (oK) als Heuristik, um auf die Verkettung von biologisch gegebenen Organen und nicht-biologischen Dingwelten hinzuweisen. Sie hinterfragen damit die natürliche Ordnung und Reproduktion der Organe, den Organismus. Deleuze/Guattari öffnen dazu die organischen Körpergrenzen und konzipieren den organlosen Körper als ein flaches, gleichmäßiges „Plateau", auf dem sich die Organe – zum Beispiel der „Bauch", die „Augen", der „Mund" – verteilen. Sie koexistieren mit allen anderen Organismen, Dingen, Technik- und Artefaktwelten, die ebenfalls dort Zugang haben. Der Begriff der „Existenz" leitet sich hier nicht phänomenologisch her, sondern betont Modi des Existierens über das gemeinsame Werden von Körper und Dingwelt. Die Verkettungen und Zusammenschlüsse bilden die Ordnung dieser Existenz, über welche die biologischen Organe „vital" und dementsprechend sozial werden, so wie alle anderen beteiligten Dinge auch. Der organlose Körper ist ein *modus operandi,* der überindividuelle „Perzepte" und „Affekte" ausbildet. Die Organe lernen, von den Dingen, der Technik und anderen Organismen affiziert zu werden, und ein darauf abgestimmtes Repertoire des Wahrnehmens auszubilden. Dieses Lernen des Körpers basiert auf wechselnden, situativen Beziehungen des Affizierens und Praktizierens. Es folgt dem lebensphilosophischen Prinzip des stetigen „Anders-Werden".

Diese körpertheoretische Perspektive wurde vor allem in der medizinsoziologischen Ausrichtung der *Science & Technology Studies* (STS), in der Feministischen Theorie, sowie den *Disability Studies* in Bezug auf die modifizierte Herstellung der Differenzen von Körpern durch medizinische Eingriffe und der Einpassung von technischen Objekten als auch durch die Handhabung der Alltagsdinge aufgegriffen und weitergeführt.

Die medizinsoziologische Ausrichtung der STS hat die biologischen Vorannahmen und das bisherige vermeintliche Faktenwissen über die physiologischen Ordnungen des Körpers in den Sozialwissenschaften hinterfragt. In den Studien zur medizinischen Praxis im klinischen Alltag (Hirschauer, 1999; Mol, 2002) wurde das Augenmerk auf die enge Verzahnung der biologisch vorhandenen Organe mit den verschiedenen Artefakten, etwa fremden Organen und künstlichen Implantaten, Gelenken, Prothesen und die daran angeschlossenen technischen Geräte und medialen Apparaturen zur Kontrolle ihrer Funktionstüchtigkeit gelegt. Die daraus resultierenden Ordnungen wurden als „soziotechnische" Formungen des Körpers bezeichnet. Der Körper erscheint in dieser Definition nicht als ein geschlossener Organismus, dessen Funktionalität den technischen Objekten und Apparaturen gegenüber hierarchisch höher gestellt zu sein scheint. Auch bezieht sich die soziale Formung nicht auf einen konstruktiven Prozess, der dem technisch-medizinischen Eingriff folgt. Vielmehr werden der Körper und seine organische Ordnung situativ, das heißt *in* den Interaktionen mit der medizinischen Technik und den künstlichen Artefakten geformt. Dies hat weitreichende Konsequenzen für das damit einhergehende post-konstruktivistische Körperkonzept. Der Körper wird zu einem emergenten Phänomen der Praxis, das an seine spezifischen technischen Bedingungen und materiellen Kulturen geknüpft ist. Es werden vielfältige Versionen des Körpers in der Interaktion mit der Technik und der damit einhergehenden Ausbildung von situativ hervorgebrachten Kapazitäten des Wahrnehmens sichtbar. Der Körper wird ein „multiples Phänomen" (Mol, 2002), das in unterschiedliche Praktiken – etwa der medizinischen Konsultation zur Voruntersuchung mittels bildgestützter Apparaturen, unter Narkose auf dem OP-Tisch, oder als Patient im Krankenbett, der sich der routinemäßigen Visite des Ärzteteams unterzieht, eingebettet ist und sich unter dem Einfluss seiner technischen und artefaktgestützten Kultur immer wieder „anders" zeigt (Hirschauer, 1999). Er wurde auch als eine fortlaufende „Liste" (Mol, 2002) von Verknüpfungen mit seiner materiellen Umwelt in unterschiedlichen Räumen und Situationen eines Krankenhauses konzipiert. Seine Körpergrenzen konstituieren sich in diesen Definitionen anhand der Verbindungen zu technischen, medialen und räumlichen Kulturen, die sich unendlich ausdifferenzieren können. Somit wird zum Beispiel die binäre Differenz zwischen dem gesunden und kranken Körper unterlaufen und zu einem Phänomen gradueller Verschiebungen. „Gesundheit" und „Krankheit" entfalten sich als situative Versionierungen des Körpers und werden fortlaufend auf den Prüfstand der jeweiligen artefaktgestützten Umgebung gestellt.

In der Feministischen Theorielandschaft und den sich hieran anschließenden *Queer Studies* konnte weiterhin gezeigt werden, inwiefern die sozialen Strukturkategorien von Differenz wie etwa Alter, Geschlecht oder Ethnie durch ein solches Körperkonzept befragt und als theoretische Gegebenheiten herausgefordert werden. Die Dichotomien zwischen alt/jung, männlich/weiblich oder schwarz/weiß können in dieser Perspektive durch medizinische wie kosmetische Eingriffe sowie hormongestützte, medikalisierte Transformationen und Eingriffe in den Körper modifiziert werden. Es etablieren sich „sprunghafte Körper" (Grosz, 1994), die ihre soziale Legitimität durch die Fähigkeit erlangen, mit diesen strukturellen Differenzen auf ästhetischer Ebene zu spielen. Der Körper wird in dieser Perspektive ein ontologisch neu zu fassendes „transhumanes" Gebilde, dessen Ordnungen ein vorläufiges Produkt bestimmter distribuierter Kräfte, Konstellationen und Verbindungen sind und weniger eine einmalig abzugrenzende Entität.

In der Weiterführung dieser Ansätze zur zunehmenden biomedizinischen Technisierung werden Körper zudem als „posthumane", den strukturellen Differenzkategorien gänzlich entzogene, „entanglements" sichtbar (Barad, 2003). Während sich in den 1990er Jahren in der Feministischen Theorie im Kontext der Entwicklungen von medizinischen Bio-Technologien zunächst ein futuristisches Bild der „Cyborg", einem Körper zwischen biologischem Organismus und kybernetischem Schaltkreislauf etabliert hatte, der auf Donna Haraway zurückgeht, pointiert die neuere Diskussion zur digitalen Gesellschaft das „mutierende" biologische Leben – das kann durch die Allgegenwärtigkeit rechnergestützter Informationsverarbeitung oder etwa organisch reproduzierter Körper und anorganischer Teile in der Gentechnik, die auch die Grenzen des Animalischen unterlaufen, sein. Im Kontext dieser Diskussion wird vor allem der performative Charakter des komplexen Ineinandergreifens von Körpern und seiner materiellen Gefährten betont, der mitunter die kategoriale Differenz zwischen Mensch und Nicht-Mensch unterläuft und die Herstellung des Menschlichen ebenfalls zu einem Produkt von soziotechnischer Formung werden lässt. Auf die Entgrenzung des Menschlichen und die Praktiken der Subjektivierung technischer Artefakte werde ich anhand des Forschungsfeldes der sozialen Robotik zum Schluss noch einmal zurückkommen.

Die *Disability Studies* haben die Perspektiven zur dinglichen Unterwanderung der sozialstrukturellen Differenzen von Körpern ebenfalls verdeutlicht und ausgebaut (Schillmeier, 2010). In diesem Forschungsfeld geht es um dysfunktionale Körper, die von gängigen Normen abweichen und die Gegenstände des Alltags „anders" gebrauchen. In der täglichen Interaktion mit zum Beispiel medizinischen Prothesen und teilweise robotisierten Maschinen wie Blindenstöcken, Rollatoren, Hörgeräten und Cochlea-Implantaten, Arm- und Beinprothesen etc. erwerben diese Körper ein komplexes Wahrnehmungswissen der Gegenstände und Räumlichkeiten des Alltags, das mitunter das menschliche Erkenntnisvermögen auf diese technischen Komponenten des Körpers verlagert. Mit diesem analytischen Schwerpunkt eröffnen die *Disability Studies* eine konzeptuelle Perspektive auf Körperlichkeiten und deren soziotechnische Formung, die über die Forschung zu stigmatisierten, „behinderten" Körpern der Abweichung hinaus reicht. Der analytische Fokus im Kontext dieses Feldes hinterfragt ein modernes Körperkonzept, dem zufolge Technik die Dysfunktionalitäten von Wahrnehmung ausgleichen oder ersetzen und dadurch mitunter steigern können. Sie zeigt die Modifiziertheit körperlicher Wahrnehmung sowie das stetige „Anders-Werden" von Körpern in der Interaktion mit technischen Geräten und Alltagsgegenständen auf und verdeutlicht inwiefern sich die Unterscheidung zwischen funktionalen und dysfunktionalen Körpern zunehmend in eine Perspektive auf die praktisch hergestellte Differenz von Körperlichkeiten und deren praktisch erworbenes Vermögen *(ability)* im Umgang mit der materiellen Kultur entwickelt.

An der Schnittstelle der hier vorgestellten STS, der Feministischen Theorie sowie den *Disability Studies* hat sich im Anschluss an die gewonnenen Erkenntnisse zur Technisierung des Körpers der *affective turn* in den Sozialwissenschaften etablieren können (Clough, 2007). Die Theorie der Sinneswahrnehmung wurde hierzu in empirische Fragestellungen zur Gemütserregung von Körpern durch Technik und andere Dinge bzw. Räume und Architekturen überführt, um unter anderem im Anschluss an Deleuze/Guattari sowie der psychoanalytischen Theorie die überindividuelle Ausbildung von affektiven Ordnungen der Interaktion, sogenannten „Affektblöcken", sichtbar zu machen. Hier geht es darum aufzuzeigen, wie einzelne Organe des Körpers lernen, durch die materielle Kultur affiziert zu werden und dadurch ein Repertoire an Fertigkeiten und Modalitäten des Wahrnehmens auszubilden, das normativ wirksam wird (Latour, 2004). Die klassische Einteilung der fünf Sinne des Körpers wird dadurch auf den Prüfstand der Technik gestellt. Das Schmecken, Riechen, Sehen, Hören und Spüren ist gleichermaßen an körperliche Fertigkeiten wie an die materielle Kultur gebunden und offenbart sich nur innerhalb von diesen Gefügen. Dies verdeutlicht, inwiefern die Sozialität von Körpern an die Distribution von Handlungsmacht *(agency)* gekoppelt ist und sich einer individuellen, aneignungsbezogenen und auf den Leib fixierten Perspektive entzieht, wie sie phänomenologische Ansätze vertreten.

## 3 Objekte/Artefakte und Dinge durch Körper

Die *Science & Technology Studies* (STS) haben das symmetrische Paradigma auf die materielle Kultur maßgeblich vorbereitet. Seit den 1980er Jahren sind sie vor allem dafür bekannt, „objekt"-theoretische Positionen über unterschiedliche Forschungsfelder in

Natur-, bzw. Ingenieurswissenschaften oder wissenschaftsnahen Bereichen in die Sozialtheorie eingeführt zu haben.

Die *Science Studies* beschäftigen sich mit der Frage, wie Wissen in naturwissenschaftlichen Forschungslaboren und ähnlichen Kontexten konstruiert wird und hierbei an materiale Träger und Forscherkörper gebunden ist. Das Objekt, lat. objectum = Objectum, das dem Subjekt Entgegengeworfene, bezieht sich hierbei auf erkenntnisbezogene Vorgänge, durch welche die Natur zu einem Gegen-Stand wird oder sich ein Objekt im Rahmen einer Aktivität einem anderen Objekt und/oder einem Subjekt entgegenstellt. Naturwissenschaftliche Objekte sind nicht ausschließlich physisch greifbar wie die Dinge im unmittelbaren Gebrauch, sondern sie entstehen relational und dynamisch, indem sie sich über Zeit und Raum hinweg durch die fortlaufende Übersetzung auf unterschiedlichste materiale Träger (Reagenzgläser, Detektoren, Notizzettel, später auch Verschriftlichungen und Veröffentlichungen in Zeitschriften) entfalten. Jede Übersetzung produziert neue Variationen und weitere Entfaltungen des Objektes. Hierdurch werden materielle, teils widerstreitende „Inskriptionen" produziert, das sind erkenntnisbezogene Einschreibungen, Spuren und Ablagerungen in Dokumenten, Archiven oder Maschinen, die das Objekt Schritt für Schritt formen. Ein Objekt ist deshalb nur durch seine „Vielfaltigkeit" zu erfassen. Es kann dadurch abstrakt und konkret zugleich sein und ermöglicht unterschiedlichen Forschern immer wieder „andere" Interpretationen. „Epistemische Dinge", die im Anschluss an Hans-Jörg Rheinbergers Studien untersucht wurden, beziehen sich auf kreative Vorgänge der Übersetzung von materialen Zuständen, die noch nicht begrifflich und als Gegenstand erfasst sind. Sie bergen Überraschungen für den Forscher, sind im Fluss, tauchen zufällig auf und bahnen dadurch die Verläufe („Trajektorien") des Forschungsprozesses. Der Forscherkörper agiert in diesen Prozessen als ein „epistemologischer Garant für Wahrheit" (Knorr-Cetina, 2002, S. 143). Seine Sinnesorgane sind hierbei als Instrumente in den Prozess der Wissenserzeugung involviert. Der Körper ist ein stummer Bestandteil der Forschung, in der einzig das körperliche Gedächtnis der Forscherin oder des Forschers von entscheidender Bedeutung ist. Die verkörperte Informationsverarbeitung bleibt eine „Blackbox", solange das generierte Wissen nicht auf andere Forscherkörper im Labor übertragen werden muss. Diese „Blackbox" wird von Naturwissenschaftlern nicht weiter reflektiert. Eine körpertheoretische Position wurde deshalb bislang einzig in Bezug auf die Untersuchung der sozialwissenschaftlichen Praxis, in der die Reflexion des Körpers etwa in ethnographischen Praktiken von größerer Relevanz ist, weiter ausgearbeitet.

Ingenieurswissenschaftliche, technische Objekte werden aus techniksoziologischer Perspektive, die ebenfalls an die STS angelehnt sind, untersucht. Sie setzen bei den Störungen, Unfällen oder Zusammenbrüchen von technischen Objekten an, um das distribuierte, menschliche und nicht-menschliche Zusammenspiel zu verstehen, das sie stabil hält bzw. instabil werden lässt. In diesen Studien wurde die Entfaltung von Handlungsmacht technischer Objekte über „Aktionsprogramme", die durch die Inskriptionen bei der Entwicklung und Handhabung von technischen Objekten entstehen, sichtbar gemacht. Ingenieure und Designer sind damit beschäftigt, spezifische „Skripte" oder auch „Szenarios“ (Akrich, 1992) für die spätere Nutzung in die zu entwickelnde Technik einzuprogrammieren – sei es in ein Alltags- oder Haushaltsgegenstand wie Schlüssel oder Kaffeemaschinen, ein hard- und software-basiertes Gerät wie ein Computer, eine arbeitsbezogene Maschine wie ein Kopierer, oder auch infrastrukturelle Objekte, wie zum Beispiel Autos, Busse, Bahnen und Flugzeuge. Unter Rückgriff auf das Konzept der „Affordanz“ aus der Gestaltpsychologie von James J. Gibson wurde herausgearbeitet, inwiefern in jedes technische Objekt eine potentielle, unendliche Vielzahl an Aufforderungsangeboten eingeschrieben ist, die die Handlungen des Nutzers leiten. Der Ingenieur oder der Designer agiert als Experte zur Selektion dieser Angebote, sodass sich diese in eine Anzahl an spezifischen Nutzungsmöglichkeiten einschränkt und ein spezifisches Design entsteht. Jedoch impliziert diese Reduktion ein vorhersehbares Moment des Scheiterns, denn der Nutzer ist in der praktischen Handhabung auch immer fortlaufend mit der „De-Skription“ der von den Herstellern intendierten „Skripte“ beschäftigt. Er verändert die Gestalt und das Aktionsprogramm des Objektes je nach Handhabung und kultureller Begebenheit neu und erweitert somit auch wieder die Aufforderungsangebote. Das technische Objekt wird dadurch zu einem Gegenstand der fortlaufenden „Verschiebung“ des Verhältnisses von technischer Inskription und körperlich basierter Deskription der Technik durch den Nutzer. Das technische Objekt entpuppt sich als ein praxisbasiertes Zusammenspiel von widerstreitenden Wirkungskräften, die es immer wieder anders formen und auch ein wechselseitiges Scheitern implizieren. Nicht nur die Stabilisierung des Objekts ist in diesen dynamischen Prozess eingelagert, auch die Subjektivierung des „Nutzers“ findet hierdurch statt. In dieser techniksoziologischen Perspektive wird zwar dessen Expertise ins Zentrum der Analyse gestellt, da er für die Entwicklung und den Einsatz technischer Objekte von entscheidender Bedeutung ist. Der Nutzer ist allerdings ein „Aktant“ oder ein „Akteur“, der nicht explizit als ein „Körper“ berücksichtigt wird. Zwar gibt es interdisziplinäre Forschungsfelder, wie etwa das ingenieurswissenschaftlich geprägte *Universal Design,* das sich im Anschluss an die Erkenntnisse der *Disability Studies* mit dem barrierefreien Ausbau von Städten und ihren mobilitätsbezogenen Infrastrukturen auseinandersetzt und das praktisch erworbene Wissen des mobilen Körpers berücksichtigt. Jedoch sind die soziotechnischen Ansätze der techniksoziologischen Forschung weiterhin für die Vernachlässigung einer körpertheoretischen Perspektive bekannt.

Die kulturwissenschaftlich geprägten Forschungsfelder der Soziologie, die die Praxis der Herstellung von künstlichen „Artefakten“ und „Architekturen“ untersuchen, betonen wiederum die wahrnehmungsbezogenen, körperlichen Aktivitäten und bringen eine subjektzentriertere Perspektive ein. In den konsum- und design-orientierten Forschungsfeldern der Kultursoziologie als auch in der kunstsoziologischen Ausrichtung der ANT wurde der Begriff des „attachments“ (Gomart & Hennion, 1999) im Sinne einer den Artefakten anhängenden kulturellen Prägung durch Körper entwickelt. In Erweiterung der feld- und lebensstiltheoretischen Perspektiven nach Pierre Bourdieu und Howard S. Becker, die sich auf die klassenspezifische Institutionalisierung der Kunst konzentrieren, widmen sich diese Analysen der situativen Herstellung von Artefakten durch die Untersuchung des symmetrischen Verhältnisses von dem intuitiv wahrnehmenden Körper und den unterschiedlichen materiellen Aggregatszuständen und räumlichen Konfigurationen im Entstehungs- und Rezeptionsprozess – sei es in Bezug auf die Herstellung eines Kunstwerkes, das gerade im Studio oder im Atelier entsteht und noch der Bearbeitung harrt oder eines, das sich in einen Ausstellungs- oder Aufführungsraum einfügt und vom Publikum gehört, gesehen und erlebt wird. Das Artefakt, lateinisch arte = mit Geschick (Ablativ von: ars = Kunst, Geschick) und factum = das Gemachte, bezieht sich hier auf den Prozess der künstlichen Herstellung seiner Objekthaftigkeit. Es entstehen dadurch kulturelle Determinanten, die wechselseitig an die Körper und das entstehende Artefakt vermittelt werden. Die Vermittlung („mediation“) ist als eine fortlaufende Strukturierung des Verhältnisses von Aufforderungsangeboten seitens der Artefakte sowie der Ausbildung des Wahrnehmungsrepertoires und der Fertigkeiten des Körpers zu verstehen. Dadurch werden die Artefakte sozial.

Artefakten wohnen durch diese Vermittlungsprozesse unterschiedliche, potentielle Ästhetiken inne, die sich situativ entfalten können. „Musik“ ist beispielsweise mal als ein bloßes Geräusch, mal als ein Rauschen im Experimentieren mit technischen Geräten, dann wiederum ist eine Melodie zu hören; eine Installation im Ausstellungsraum ist im Aufbau mal ein bloßes Sammelsurium unterschiedlichster Dinge des Gebrauchs, dann wiederum als ein mit künstlerischen Mitteln gefertigter Gegenstand zu erleben. Ein Roman entfaltet auf einem *Tablet* gelesen andere ästhetische Qualitäten als in einer gedruckten Ausgabe. Auf der Bühne im Tanz, dem Theater oder der *Performance Art* sind Gegenstände mal nur dekoratives Beiwerk zu den sich bewegenden Körpern, mal wird eine mit ästhetischen Mitteln erzeugte Choreographie der Dinge vermittelt. In der Architektur agieren Gebäude mal als kompositorisch zusammengehaltene Artefakte des Designs. Sie agieren dann als Gefüge, die sich durch ihre ausladende Räumlichkeit und ihre spezifischen Affekte auszeichnen und die Bewegungen des Körpers lenken (Delitz, 2010). In anderen Kontexten sind Architekturen wiederum bloße Materialien, die ein Nebeneinander unterschiedlicher Ästhetiken zulassen und sich für atmosphärische Befragungen und soziale Neu-interpretationen öffnen (Göbel, 2015).

In diesen Ansätzen wird nicht nur die situative Entfaltung von Ästhetiken vorgeführt, sondern auch wie sich damit der „Geschmack“ und die affizierende „Leidenschaft“ für spezifische Artefakte innerhalb des Kunstsystems und in der Alltagskultur entwickelt (Hennion, 2007). Dies lässt sich vor allem über Praktiken von „Amateuren“ außerhalb der Kunst im Bereich des Designs und des Alltags verdeutlichen. Ob Weinverkostungen oder andere Rauscherlebnisse durch stoffliche, flüssige oder feste Drogen, Esskulturen oder der Konsum von populären Artefakten der Mode und des Designs konnte in Erweiterung der feld- und lebensstiltheoretischen Arbeiten gezeigt werden, inwiefern der Geschmack der Dinge ebenfalls *in* der wahrnehmungsbezogenen Praxis entwickelt wird. Damit wird im Anschluss an Bourdieus Untersuchungen der „feinen Unterschiede“ verdeutlicht, dass Geschmack nicht ausschließlich ein bereits vorstrukturierter Distinktionsvorgang der bürgerlichen Elite ist, sondern auch situativ entsteht und an die Strukturierung durch Artefakte gebunden ist.

## 4 Die interobjektive Entgrenzung des Menschlichen

Ein anschauliches Forschungsfeld, in dem der Körper und Prozesse der Subjektivierung gänzlich auf ein technisches Objekt verlagert werden, ist der Bereich der sozialen Robotik. Robotisierte Maschinen werden beispielsweise im Kontext von industriellen Herstellungsprozessen zur Assistenz und effizienteren Gestaltung der menschlichen Arbeitstätigkeiten am Fließband, als Konsumberater, der beim Kauf von Kleidung, Möbeln und anderen Gegenständen des Alltags zur Seite steht, oder im Bereich der medizinischen Gesundheit und Pflege zur Unterstützung von alten oder kranken Körpern eingesetzt. Die sensorischen Fertigkeiten des menschlichen Körpers, die zur Ausführung bestimmter Tätigkeiten nötig sind, werden hierbei in algorithmisierte, computergesteuerte Apparaturen übersetzt und gleichsam werden dadurch Anstrengungen erhoben, mittels dieser Technisierung Körper oder Teile der Menschengestalt zu imitieren und dem Roboter dessen erkenntnisbezogenes Vermögen, sich auf unterschiedliche Situationen einstellen zu können, beizubringen.

In diesem Forschungsfeld kommen Erkenntnisse der hier exemplarisch diskutierten Forschungsfelder und Paradigmen der Phänomenologie und der Lebensphilosophie zusammen. Techniksoziologische Perspektiven, die sich mit der Entwicklung von Robotern in Forschungslaboren als auch mit dem Einsatz dieser Maschinen im Alltag auseinandersetzen, haben die „Distribution" von Aufgaben zwischen Mensch und Roboter beobachtet und auf die wechselseitigen Aushandlungsprozesse, Störungen, kontingenten Situationen der sprachlichen Interaktion und komplexen Verläufe von Handlungsmacht hingewiesen (Alac, 2009). Wie posthumanistische Ansätze der Feministischen Theorie betont haben, steht die Forschung vor der Herausforderung, anhand der identifizierten Interaktionsmuster zu definieren, wo die Grenzen des Menschlichen zu bestimmen und inwiefern Prozesse der Subjektivierung auch auf die technische Welt auszuweiten sind (Suchman, 2011). Die algorithmisierte Programmierung der Roboter ermöglicht das individualisierte und rekursiv organisierte Lernen der Maschine, das von den Beziehungen zu seinen menschlichen Körpern abhängt und diese imitiert. Es wird hierbei einerseits deutlich, wie sich das Sinnesvermögen des Roboters durch die Interaktion mit Patienten, Arbeitern, Kunden etc. ausbildet. Im Anschluss an die Philosophische Anthropologie nach Helmuth Plessner wurde beobachtet, dass der Roboter somit in der Lage ist, sich in seiner Welt räumlich und zeitlich zu orientieren. So wie der menschliche Körper sich selbst-reflexiv zu positionieren weiß, wird das robotisierte Objekt zu einem „rekursiv kalkulierenden" Körper (Lindemann & Matsuzaki, 2014), der an räumliche wie zeitliche Orientierungen gebunden ist. Der Roboter entwickelt ein „humanoides" Eigenleben, mit dem Prozesse der Subjektivierung einhergehen, mittels derer er sich an seiner Umwelt ausrichtet. In einer postphänomenologischen Perspektive, die an Merleau-Ponty anschließt und die Phänomenologie in Bezug auf neue Technologien und medialisierte Verkörperungsprozesse erweitert, wird der menschliche Körper so angeleitet, sich auf die erworbenen „Intentionen" seines technischen Gegenübers einzustellen. Technische Objekte sind hier keine neutralen Instrumente, sondern haben „Moral" (Verbeek, 2011), die in Interaktionen erworben und vermittelt wird. Das sensorische Vermögen und die Interaktionsfähigkeit eines Roboters sind in zweifacher Hinsicht daran beteiligt, die ethischen Grenzen des Menschlichen neu auszuloten und sich als eine wichtige normative Einheit zu etablieren: einerseits weiß er die menschlichen Körper in Interaktionen zu verwickeln, durch welche er selbst beständig lernt, andererseits ist er in der Lage, die menschlichen Subjekte an seine soziale Wirksamkeit zu gewöhnen.

In diesem Subfeld des weiten Forschungsfeldes der Bio-Technologien wird die symmetrische Perspektive auf das Interaktionsverhältnis von Körpern und Artefakten/Dingen radikalisiert und zu einem ethischen Thema, das in einer soziologischen Perspektive in der Untersuchung der moralisierten Praktiken zur Entgrenzung und Aushandlung des „Menschlichen“ mündet. Die soziale Robotik bietet damit einige exemplarische Anknüpfungspunkte für die künftige Ausrichtung einer Soziologie, die das biotechnologisierte Zusammenspiel von Körpern und Artefakten/Dingen zum Thema hat.

## Literatur

Akrich, M. (1992). The de-scription of technical objects. In W. Bijker & J. Law (Hrsg.), *Shaping technology/building society: Studies in sociotechnical change* (S. 205–225). MIT Press.

Alac, M. (2009). Moving android. On social robots and body-in-interaction. *Social Studies of Science, 39*(4), 491–528.

Barad, K. (2003). Posthumanist performativity: Toward an understanding of how matter comes to matter. *Sings: Journal of Women in Culture and Society, 28*(3), 802–831.

Borch, C. (Hrsg.). (2014). *Architectural atmospheres: On the experience and politics of architecture*. Birkhäuser.

Clough, P. (Hrsg.). (2007). *The affective turn. Theorizing the social*. Duke University Press.

Dant, T. (2005). *Materiality and society*. Open University Press.

Delitz, H. (2010). *Gebaute Gesellschaft. Architektur als Medium des Sozialen*. Campus.

Göbel, H. K. (2015). *The re-use of urban ruins. Atmospheric inquiries of the city*. Routledge.

Göbel, H. K., & Prinz, S. (Hrsg.). (2015). *Die Sinnlichkeit des Sozialen. Wahrnehmung und materielle Kultur*. Transcript.

Gomart, E., & Hennion, A. (1999). A sociology of attachment: Music amateurs, drug users. In J. Law & J. Hassard (Hrsg.), *Actor network theory and after* (S. 220–248). Blackwell Publishers/The Sociological Review.

Gugutzer, R. (2012). *Verkörperungen des Sozialen. Neophänomenologische Grundlagen und soziologische Analyse*. Transcript.

Grosz, E. (1994). *Volatile bodies. Toward a corporeal feminism*. Indiana Univ. Press.

Hennion, A. (2007). Those things that hold us together: Taste and sociology. *Cultural Sociology, 1*(1), 97–114.

Hirschauer, S. (1999). *Die soziale Konstruktion der Transsexualität: Über die Medizin und den Geschlechtswechsel*. Suhrkamp.

Knorr-Cetina, K. (2002). *Wissenskulturen: Ein Vergleich naturwissenschaftlicher Wissensformen*. Suhrkamp.

Latour, B. (1996). On interobjectivity. *Mind, Culture, and Activity, 3*(4), 228–245.

Latour, B. (2004). How to talk about the body? The normative dimension of science studies. *Body & Society, 10*(2–3), 205–229.

Lindemann, G., & Matsuzaki, H. (2014). Constructing the robots position in time and space. *Science, Technology and Innovation Studies, 10*(1), 86–106.

Mol, A. (2002). *The body multiple: Ontology in medical practice*. Duke University Press.

Reckwitz, A. (2003). Grundelemente einer Theorie sozialer Praktiken. Eine sozial-theoretische Perspektive. *Zeitschrift Für Soziologie, 32*(4), 282–301.

Prinz, S. (2014). *Die Praxis des Sehens. Über das Zusammenspiel von Körpern, Artefakten und visueller Ordnung*. Transcript.

Schillmeier, M. (2010). *Rethinking disability. Bodies, senses and things*. Routledge.

Shove, E., Watson, M., Hand, M., & Ingram, J. (2007). *The design of everyday life*. Berg.

Suchman, L. (2011). Subject objects. *Feminist Theory, 12*(2), 119–145.

Verbeek, P.-P. (2011). *Moralizing technology. Understanding and designing the morality of things*. Chicago University Press.

# Biopolitik

Willy Viehöver und Tobias Lehmann

## 1 Einleitung

Der menschliche Körper sowie die Sorge um ihn und seine Gesundheit sind in den vergangenen Jahren zu einem Phänomen zentralen biopolitischen Interesses moderner Gesellschaften, ihrer gesundheitspolitischen Institutionen und Akteure, aber auch der diese beobachtenden und ihre Praktiken interpretierenden Sozialwissenschaften geworden (vgl. u. a. Conrad, 2007; Wehling et al., 2007). Folgt man Foucault und seinen Anhängern, sind der Körper und das Leben seit dem 18. Jahrhundert in unterschiedlicher und wechselnder Hinsicht zu einem zentralen Gegenstand sowohl wissenschaftlichen Wissens, politisch-administrativer Strategien als auch Objekt technischer Optimierung und Überwachung sowie zivilgesellschaftlichen Engagements geworden (vgl. Lemke, 2007, S. 147 ff.). Der Körper ist dabei erstens der *Ort,* an dem eine Vielzahl kontrovers diskutierter Wissenspolitiken, Körperpraktiken und -techniken in diagnostischer, therapeutischer, gestaltender, disziplinierender, erziehender und wissenschaftlich reflektierender Hinsicht ansetzen. Zugleich fungiert er zweitens, auf je spezifische Weise, als ein korpo-reales *Medium,* mittels dessen und durch den wir als verkörperte Subjekte kommunizieren, spüren und (mit Objekten und anderen Körpern) interagieren. Und drittens ist er zugleich immer auch eine *Quelle* von Sozialität und Personalität, so etwa bezüglich der körperbezogenen Konstitution und Konstruktion von kollektiven

W. Viehöver (✉)
RWTH Aachen, Deutschland
E-Mail: wilhelm.viehoever@humtec.rwth-aachen.de

T. Lehmann
TU Berlin, Berlin, Deutschland
E-Mail: t.lehmann@tu-berlin.de



R. Gugutzer et al. (Hrsg.), *Handbuch Körpersoziologie 2,*
https://doi.org/10.1007/978-3-658-33298-3_5

und individuellen (Krankheits-)Identitäten (vgl. Barker, 2002) bzw. Biosozialitäten (vgl. Rabinow, 2004; Wehling, 2011).

Insbesondere aber, und darum soll es im Folgenden gehen, ist der Körper in den vergangenen Jahrzehnten auf bislang nie dagewesene Weise in den Einzugsbereich des *medizinischen Feldes* und damit auch der mit ihm verbundenen spezifischen *Deutungsmacht* geraten. In der Folge hat sich die Wahrnehmung, Definition und (Re-) Konzeptualisierung des „normalen" Körpers und seiner Grenzen, auf den medizinische und gesundheitspolitische Praktiken wiederum gestaltend und (selbst-)disziplinierend zugreifen (sollen), grundlegend verändert (vgl. Rose, 2007). Die zunehmend parzellierende Wahrnehmung und Adressierung des menschlichen Körpers – der nicht mehr als *anatomische* oder *„reizbare Maschine"* (Sarasin, 2001), sondern als *informationelles Netzwerk* (Rose, 2007) oder *molekulare Software* (Lemke, 2007, S. 101) gesehen wird – auf molarer und molekularer Ebene ist dabei nur *ein* folgenreicher Effekt dieser Entwicklung (vgl. Rabinow, 2004; Rose, 2007). Zugleich muss bei dieser Diagnose festgehalten werden, dass medizinische Deutungsmuster und Praktiken (Stichwort: wunscherfüllende Medizin; Kettner, 2009) nicht nur immer tiefer in den Alltag moderner Gesellschaften und ihrer Körper eindringen, vielmehr befindet sich das Selbstverständnis der Medizin ebenso im Umbruch, wie sich die Grenzen des medizinischen Feldes aktuell verschieben. Viehöver und Wehling (2011) sprechen in diesem Zusammenhang von einer „Entgrenzung der Medizin" und diagnostizieren dabei Transformationsdynamiken, die, mit Blick auf den menschlichen Körper, weit über eine bloße Ausweitung medizinischer Deutungs- und Handlungsmacht auf bislang von medizinischen Konzepten, Diagnosen und Therapien eher unberührte Verhaltens-und Phänomenbereiche hinausweisen. Wehling et al. (2007) verweisen dabei auf vier Dynamiken der Entgrenzung: die Ausweitung der medizinischen Diagnostik, die Entzeitlichung von Krankheit, die Ausweitung von Therapie und die Optimierung der menschlichen Natur *(enhancement)*. Im Fokus des Medizinischen ist demzufolge nicht mehr nur, wie noch Talcott Parsons (1991 [1951]) annehmen konnte, der Körper des kranken Menschen, an den bestimmte Rollenerwartungen geknüpft werden, vielmehr setzen auf (medizinischem) Wissen basierende Praktiken auch an den Körpern gesunder Menschen (ästhetische Chirurgie) an, oder sie „entzeitlichen", im Rekurs auf biomedizinisches und genetisches Wissen, das Phänomen Krankheit (Stichwort: gesunde Kranke), indem nicht zuletzt das *Risiko* zu erkranken nie vollständig eliminiert werden kann (vgl. Lemke, 2000). Schließlich scheint seit Jahren sogar ein Bild des Körpers auf, demgemäß er als prinzipiell optimierungsfähig und entsprechend (bio-)technisch gestaltbar verstanden wird. Das nachfolgende kurze Überblickskapitel setzt sich das Ziel, schlaglichtartig auf einige zentrale Konzepte und Debatten hinzuweisen und dabei insbesondere die Art und Weise, in der der menschliche Körper dort eine Rolle spielt, in den Mittelpunkt zu stellen. Der Beitrag kann indessen angesichts gebotener Kürze weder den Anspruch auf Vollständigkeit erheben, noch will er Neues zur Diskussion stellen.

## 2 Forschungsstand: Biopolitik und (Bio-)Medikalisierung des Körpers

Der menschliche Körper steht seit Jahren auf differente Weise und in unterschiedlichem Grade im Blickpunkt der Medizinsoziologie, der medizinischen Anthropologie und Ethnologie, aber auch der Diskurs- und der Sozialgeschichte, die sich mit Phänomenen der *Medikalisierung* der Gesellschaft und der *biopolitischen Regierung* der verkörperten Individuen sowie gesellschaftlicher Populationen, etwa der Gruppe der an sogenannten „Seltenen Erkrankungen" Leidenden, befassen (vgl. Clarke et al., 2003; Conrad, 2007; Kury, 2012; Lemke, 2007; Rose, 2007; Sarasin, 2001; Wehling et al., 2015; Williams, 2006). Wenn man danach fragt, *wie* und *wo* der Körper in diesen Zusammenhängen thematisch wird, so lassen sich grob drei Zugänge unterscheiden, die die (aktuelle) Diskussion nachhaltig prägen.

*Erstens* hat, insbesondere im US-amerikanischen Raum, die These der *Medikalisierung* der Gesellschaft die Diskussion seit den 1960er Jahren geprägt, wobei zunächst einmal der Fokus auf medizinisch instruierten und legitimierten Mechanismen *sozialer Kontrolle* lag (vgl. Conrad, 1975, 2007; kritisch Timmermans & Haas, 2008). Betont wird der Körper hier wesentlich unter dem Blickwinkel der sozialen Konstruktion der Krankheit, wobei diesbezüglich sowohl Fragen der konkurrierenden Definitionen (z. B. ADHS; Schüchternheit vs. *anxiety disorder;* Depression vs. Burn-out), der Kämpfe um medizinische Deutungshoheit und deren politische Implikationen, als auch Fragen der individuellen und kollektiven Krankheitserfahrungen beleuchtet werden (vgl. Conrad & Barker, 2010). In jüngerer Zeit wird unter dem Stichwort der *Biomedikalisierung* die transformative Rolle der Lebenswissenschaften und der durch sie hervorgebrachten Wissensformen und Praktiken beleuchtet (vgl. Clarke et al., 2003). *Zweitens* setzt, stark geprägt durch die einschlägigen Schriften Michel Foucaults, spätestens seit den 1980er Jahren ein sozialwissenschaftlicher Diskurs über die Rolle der *Biopolitik* (vgl. Lemke, 2007; Rabinow, 2004; Rose, 2007) ein, wobei hier, insbesondere bedingt durch die Effekte des biomedizinischen Diskurses und darin erhobener Versprechen (etwa bezüglich der Gensequenzierung, neuer Generationen von Psychopharmaka oder in Bezug auf Xenotransplantation), ein veränderter medizinischer und gesundheitspolitischer Blick auf den Körper sich durchzusetzen scheint. Insbesondere unter dem Blickwinkel von je spezifischen Macht/ Wissens-Konstellationen wird u. a. der Frage nachgegangen, wie Diskurse und Praktiken sich in materiale (aber auch virtuelle) Körper „einschreiben" bzw. – auf der Basis von (biomedizinischen) Wissensordnungen – Populationen definieren und gegebenenfalls deren Lebensführung durch normierende und disziplinierende Praktiken und Techniken regieren (z. B. Seltene Erkrankungen, AIDS-Kranke, Adipöse). *Drittens,* jedoch nicht im Zentrum dieses Beitrags stehend, machen sich in jüngerer Zeit Positionen bemerkbar, die auf eine, aus ihrer Sicht, problematische Vernachlässigung der *Korpo-Realitäten* in den aktuellen Debatten um Biopolitik,

Medikalisierung und Medizinsoziologie hinweisen (vgl. Timmermans & Haas, 2008; Newton, 2003; Williams, 2006). Diese Zugänge betonen weniger die Definitionspraktiken, die Formung der Körper durch diskursive und nicht-diskursive Techniken und Dispositive; sie gehen vielmehr – zumeist aus phänomenologischer Perspektive – von der Physiologie und Anatomie des lebendigen Körpers *(lived body)*, vom Menschen als *verkörpertem* Handelnden sowie vom Interagieren der Körper (Interkorporealität) *in* und *mit* der Welt aus (Williams, 2006, S. 10 ff.; kritischer Newton, 2003). Dennoch, bei aller Betonung des Material-Körperlichen oder Korpo-Realen, wird auch hier angenommen, dass die „Biologie" des menschlichen Körpers eine sozial geformte und formbare ist (Williams, 2006, S. 10) und dass sich soziale Lagen, Arbeit und lebensstilbezogene Faktoren auf Körper, Krankheit und Gesundheit auswirken, wobei einige Gesellschaften dabei im Hinblick auf den Faktor Gesundheit der Bevölkerung „erfolgreicher" zu sein scheinen als andere (siehe Hall & Lamont, 2009). Betont werden hier jedoch zugleich der Körper und seine originäre Korpo-Realität als Bedingung und Quelle von Körper-, Krankheits- und Gesundheitserfahrungen.

Bevor die Rede von der *Medikalisierung* der Gesellschaft und anschließend der *Biopolitik* genauer erläutert wird, muss kurz angemerkt werden, dass sich, bezogen auf die medizinsoziologische Betrachtung des Körpers, seit den frühen Überlegungen bei Talcott Parsons (1991 [1951]) zur Rolle des Kranken und seines Körpers eine dreifache Unterscheidung durchgesetzt hat, deren Problematik erst in jüngeren Diskussionen sichtbar wird. Gemeint ist die im englischsprachigen Raum übliche Differenzierung von *illness, sickness* und *disease*. Dabei wird in der Regel mit *illness* auf jene (vermeintlich) subjektiven Körpererfahrungen und Gefühle des Unwohlseins, aber auch auf das diesbezügliche körper- und krankheitsbezogene Erfahrungswissen rekurriert, das Patienten oder Aktivisten von Patientengruppen thematisieren und mobilisieren (vgl. exemplarisch Barker, 2002; Brown, 2007; Wehling et al., 2015). Hier geht es nicht nur um Fragen des spezifischen Zugangs von verkörperten Personen zu „ihren" Körper- und Krankheitserfahrungen, sondern häufig auch um die Art und Weise, wie sich diese Erfahrungen auf Identitätsbildungsprozesse auswirken (Barker, 2002; siehe mit weiterführender Literatur auch Wehling, 2011). Die Kategorie *sickness* fokussiert hingegen auf die in einer Kultur kursierenden, mehr oder weniger akzeptierten und eingespielten Krankheits- und Gesundheitskonzepte. So diskutieren Wehling et al. (2007) das Problem der historisch und sozial kontingenten Grenzziehungen zwischen Krankheit und Gesundheit sowie Heilung und Verbesserung (siehe auch Viehöver & Wehling, 2011). Mithin richtet sich der Blick auf die Frage, was als kranker oder gesunder, normaler oder abnormaler, gewordener oder gemachter Körper gilt, aber auch auf die kulturell unterschiedlichen Antworten, die bezüglich der Frage des angemessenen Umgangs mit dem (chronisch) kranken bzw. gesunden Körper gegeben werden (vgl. etwa Friberg, 2009; Conrad & Barker, 2010). Demgegenüber bezieht sich der Terminus *disease* auf ein (vermeintlich) wissenschaftlich objektiviertes oder objektivierbares Wissen über den Körper und die körperbezogenen Bedingungen und Prozesse (und die diesbezüglichen Symptomatiken), die eine Krankheit bei Personen auslösen (können). Funktionalistisch argumentierende

Positionen, wie etwa jene von Christopher Boorse (1975), gehen davon aus, dass sich Krankheiten *(diseases)* ohne evaluative bzw. normative Größen im Rekurs auf körperfunktionale Normwerte *objektiv* bestimmen lassen. Dem zugrunde liegt letztlich ein physiologisch orientiertes Körpermodell, das mit der mikrobiologischen Revolution in der Schulmedizin dominant wird und das Konzept der „reizbaren Maschine" (Sarasin, 2001) verdrängt. Das physiologische Körpermodell ist inzwischen wiederum durch ein Körpermodell mit offeneren Grenzen bedrängt worden, das den Körper im Sinne eines informationellen Netzwerkes begreift und sich auf die genetische Konstitution des Individuums ebenso konzentriert wie auf dessen technische Refigurier- und Transformierbarkeit im Sinne eines Managements genetischer Risiken (Lemke, 2000; Rose, 2007). Der Fokus bei Boorse und verwandten Positionen liegt auf pathologischen Prozessen, die durch medizinisches Fachwissen idealiter eindeutig diagnostizierbar sind und gegebenenfalls einer Therapie, die auf eine Wiederherstellung der physiologischen Normalfunktionen ausgerichtet ist, zugänglich gemacht werden sollen. In der Regel läuft dabei die Vorstellung einer scharfen Grenzziehung zwischen gesund und krank mit, eine Vorstellung, die bereits bei Konzepten wie Bluthochdruck, Adipositas, aber auch bei psychischen Erkrankungen problematisch wird, um deren Anerkennung nicht selten in Definitionskämpfen gerungen werden muss (vgl. exemplarisch Kury, 2012; Friberg, 2009 sowie Brown, 2007 und Wehling et al., 2015 mit Bezug auf die Rolle von zivilgesellschaftlichen Akteuren in Prozessen der medizinischen Wissensproduktion).

Gerade in Kämpfen um die legitime (medizinische) Deutungshoheit zeigt sich, dass die zunächst Orientierungs- und Handlungssicherheit versprechende kategoriale Differenz von *Gesundheit* und *Krankheit* unter Berücksichtigung aktueller Medikalisierungstendenzen durchaus ebenso problematisch ist wie jene zwischen *Heilung* und *Verbesserung* (vgl. Viehöver & Wehling, 2011). Auch wenn Timmermans und Haas' (2008) Forderung nach einer *sociology of disease,* die das Wechselverhältnis von sozialem Leben und (pathologischen) biologisch-physiologischen Prozessen in den Mittelpunkt stellen möchte, durchaus beizupflichten wäre, dürfte es mit Blick auf das objektivistische Körpermodell von Christopher Boorse unmittelbar einsichtig sein, dass es sich bei der Adressierung des kranken Körpers um eine Verkürzung handelt, die insbesondere sichtbar geworden ist, seit (kritische) Medizin und Gesundheitspolitik nicht mehr nur danach fragen, was den Körper krank macht, sondern auch, was diesen gesund hält (Stichwort: Salutogenese). Zumindest muss bezweifelt werden, dass allein der *kranke* Körper operativer Wert der Medizin ist.

*Medikalisierung* (Conrad, 2007) und *Biopolitik* (Foucault, 1997; Lemke, 2007) sind aktuell die zwei zentralen soziologischen Konzepte, die mit Blick auf die Bedeutungszunahme des Medizinischen in modernen Gesellschaften sowie die Transformationen medizinischer Zugriffsmöglichkeiten auf das Leben die damit einhergehenden neuen Formen und Perspektiven der Adressierung des menschlichen Körpers diskutieren. Ihren Ausgang findet die Debatte bei Talcott Parsons' frühen medizinsoziologischen Überlegungen zum kranken Körper, worin er sich bereits gegen eine Reduktion von Krankheit auf rein biologische und physiologische Aspekte wehrte. Er betrachtete den Körper des kranken Menschen aus einer funktionalistischen, rollentheoretischen Perspektive, die das Kranksein im Prinzip als abweichendes Verhalten deutete, was jedoch bereits die Analyse chronischer Erkrankungen problematisch macht. In den 1960er Jahren bildete sich demgegenüber mit der Medikalisierungsthese eine kritische Perspektive aus, die den Fokus weniger auf die biologische Dimension *(disease)* als auf die sozialen Prozesse der Definition und die machtbezogenen Aspekte *sozialer Kontrolle* psychisch und physisch als krank definierter Personen setzte. Das Konzept der Medikalisierung bezeichnet einen Prozess, durch den ein bestimmtes, zuvor nicht als medizinisch begriffenes Problem oder Phänomen in den Bereich medizinischer Zuständigkeit einbezogen und dementsprechend in Termini von Krankheit, Störung, Auffälligkeit oder des Krankheitsrisikos definiert und damit als medizinisch behandelbar und gesundheitspolitisch adressierbar betrachtet wird (vgl. bspw. Conrad & Barker, 2010, S. 74; Conrad, 2007). So befasst sich etwa Conrad (1975) mit dem Prozess, in dem aus bestimmten, u. a. aufmerksamkeitsbezogenen Verhaltensauffälligkeiten (man denke an den Zappelphilipp aus dem berühmten Bilderbuch „Struwwelpeter"), ein durch medizinisches Wissen und Expertise gestütztes Bild einer neurobiologisch bedingten Störung wurde, das wiederum diagnostische und therapeutische Praktiken anleitet (vgl. auch Friberg (2009) für den Fall des sogenannten „Burnout"-Syndroms). Während Conrad und andere Autoren in den 1970er Jahren soziales Handeln beobachteten, das bislang als abweichendes Verhalten gedeutet wurde, aber dann in den Einzugsbereich professioneller medizinischer Definitionsverhältnisse gerät (vgl. Conrad, 1975), erfährt dieser Blickwinkel spätestens seit der Jahrtausendwende eine Erweiterung.

Medikalisierung stellt sich demnach als ein prinzipiell historisch kontingenter Prozess dar, d. h. auf Tendenzen der Medikalisierung können, wie bspw. im Fall der Homosexualität, Demedikalisierungs- und wiederum Remedikalisierungsprozesse folgen (vgl. Conrad, 2007). Gleichwohl kann man im Anschluss an Conrads (2007) erweiterte Medikalisierungsthese davon ausgehen, dass sich in modernen Gesellschaften, auf mehreren Ebenen (institutionell, organisatorisch, interaktionell), seit geraumer Zeit ein neuer, allerdings nicht linear zu denkender Medikalisierungsschub vollzieht, der in unterschiedliche Richtungen weist (Wehling et al., 2007). Dieser dringt nicht nur sehr viel weiter als bislang in alltägliche lebensweltliche Zusammenhänge, sondern angesichts der jüngsten „lebenswissenschaftlichen", gen- und biotechnologischen Entwicklungen (Stichwort: Biomedikalisierung) auch sehr viel tiefer in die Grundfesten der physiologischen und psychischen menschlichen „Natur" ein (vgl. Clarke et al., 2003; Wehling et al., 2015). Er wird zudem durch neue „Motoren" angetrieben, so etwa durch die Werbe- und Gesundheitsindustrie, durch Patientenorganisationen, Gesundheitspolitik und das Versicherungswesen sowie durch die Biowissenschaften (Conrad, 2007, S. 133–145). Infolgedessen eröffnen sich dem Menschen als verkörpertem Sozialwesen neue Optionen der Körpergestaltung und der technik-basierten Diagnostik und Therapie. Damit gehen einerseits veränderte Motivlagen und *Wünsche* einher, die Individuen oder Kollektive (z. B. Patientenorganisationen) an die Medizin richten können (Stichwort: wunscherfüllende Medizin). Andererseits werden von der Gesellschaft, den Individuen und dem

Gesundheitswesen wiederum veränderte *Ansprüche* an die Medizin herangetragen – bis hin zu Forderungen nach Beteiligung von Laien(experten) an der wissenschaftlichen und medizinischen Wissensproduktion (vgl. Viehöver & Wehling, 2011, S. 7 ff.; Wehling et al., 2015; Kettner, 2009). Während die „klassische" Medikalisierungstheorie sich als prinzipiell offen für unterschiedliche und konkurrierende Körperkonzepte erweist, geht die These der *Biomedikalisierung* der Gesellschaft (vgl. Clarke et al., 2003) von einem neuerlichen historischen Bruch mit den herkömmlichen Medikalisierungsprozessen aus, indem sie den Strukturwandel medizinischen Wissens durch die Lebenswissenschaften in den Vordergrund konzeptioneller Überlegungen stellt. Sie hat damit die Tendenz, sich auf biomedizinische Körperkonzepte und diesbezügliche Wissenspolitiken zu konzentrieren (vgl. auch Rose, 2007).

Auch im Forschungsfeld der *Biopolitik* wird der Umstand zum Gegenstand sozialwissenschaftlicher Überlegungen, dass das Leben durch biotechnologische Visionen und Innovationen in einem bislang nie dagewesenen Maß denk- und gestaltbar geworden ist. Das Konzept der Biopolitik ist aber insofern sehr viel heterogener (Lemke, 2007), als nicht nur Fragen von Gesundheit und Krankheit thematisiert werden, sondern neben dem instabilen Bedeutungsfeld „Leben" einerseits auch das der Politik andererseits. Denn auch der Begriff des Politischen hat, folgt man der von dem französischen Philosophen und Historiker Michel Foucault inspirierten Forschung zur Biopolitik, einen Gestaltwandel erfahren. Demzufolge bezeichnet Biopolitik ein historisch gewachsenes Regierungsprinzip, das sich durch die Regulierung und Administration des Lebens (bios) als solchem auszeichnet (im Gegensatz zum Souveränitätsprinzip). So hat Foucault seit dem 17. Jahrhundert ein zunehmendes Interesse der gesellschaftlichen Institutionen und Akteure an Prozessen und Phänomenen unterschiedlicher Konzepte des menschlichen Lebens beobachtet, das in der Tendenz darauf abzielte, Leben zum Objekt wissenschaftlichen Wissens und von Wissenstechniken zu machen, mit dem Effekt jedoch, dass dadurch zugleich von konkreten singulären Existenzen abstrahiert wird (siehe Lemke, 2007, S. 147). Leben wird damit nicht nur durch Messung „objektivierbar", sondern zugleich auch standardisierbar (z. B. Margen des *Body Mass Indexes,* Geburten- und Sterblichkeitsraten, Seuchenstatistiken). Eine Reihe von (wissenschaftlichen) Disziplinen, von der Biologie bis zu Demographie, Statistik und neuerdings den Lebenswissenschaften, stehen dabei als Agenten biopolitischen Regierens und Administrierens des Lebens und von Lebensprozessen zur Verfügung. Foucaults Konzept der Biopolitik zielt dabei nicht nur auf den *individuellen Körper,* der systematisch zum Objekt von biopolitischen Techniken geworden ist, sondern ebenso auf den *Gesellschaftskörper,* genauer auf gesellschaftliche Populationen, die wiederum durch biopolitische Wissensordnungen und -techniken erst definiert, klassifiziert und zum Gegenstand von Techniken des Regierens gemacht werden. Diese (nicht notwendigerweise intendierten) „Strategien" werden in der Foucaultschen Perspektive durch Diskurse, Praktiken und Dispositive konstituiert. Charakteristisch für die hier interessierende, von Foucault angeleitete Biopolitikforschung ist demnach a) der besondere Fokus auf *Wissen/Macht-Konstellationen,* b) die historischen *Transformationen* der Formen der Biopolitik sowie schließlich c) das wechselnde Arsenal der *Techniken der Regierung* des Lebens und der Körper. Biopolitik ist in erster Hinsicht immer eine Form wissensbasierter Machtausübung – in jüngerer Zeit wesentlich geprägt durch das von Natur-, Human- und Lebenswissenschaften produzierte Wissen (Clarke et al., 2003; Rose, 2007). Wo historische Transformationen benannt werden, beziehen sich diese auf Regime und Institutionen des Regierens von Leben, Körper und/oder spezifischen Populationen. Was die Techniken der Selbst- und Fremdführung anbetrifft, so generieren diese als die konkreten Modi des Regierens von Körpern und Leben, durch die im Rahmen von biopolitischen Regimen auf die individuellen, verkörperten Personen bzw. auf die Populationen und Kollektive eingewirkt wird, unterschiedliche *Subjektivierungsweisen* (Lemke, 2007, S. 149) und *Biosozialitäten* (vgl. Rabinow, 2004; Rose, 2007; Wehling, 2011). Im Zentrum der Analyse stehen also zumeist das jeweilige Wissen vom Leben, körperbezogenen Prozessen, Gesundheits- und Krankheitskonzepten (Salutogenese/Pathogenese), die damit verbundenen Praktiken, Strategien (Kampagnen gegen Rauchen, Übergewicht oder Magersucht) und Ziele (z. B. Erhöhung der Lebensqualität) sowie die von ihnen ausgehenden Machtwirkungen. Zugleich wandeln sich mit der Erweiterung des Wissens auch die jeweils biopolitischen Prozessen zugrundeliegenden und diese instruierenden Körperkonzepte, ausgehend von Descartes Maschinenkonzept über die Vorstellungen vom Körper als einer „reizbaren Maschine" (Sarasin, 2001) bis hin zu aktuellen molekularen und genetischen Körpermodellen (Rose, 2007).

Sowohl das Konzept der Medikalisierung als auch jenes der Biopolitik befassen sich mit den Lebens-, Körper- und Krankheits-/Gesundheitskonzepten zugrundeliegenden *Wissensordnungen* (bzw. Wahrheitsregimen) und den diesbezüglichen Definitionskämpfen (Stichwort: *contested illnesses;* Brown, 2007), wobei biopolitischen Konzepten eine konsequentere Berücksichtigung der Machtaspekte zugeschrieben wird und damit der Frage, wie sich Praktiken und Diskurse in den Körper „einschreiben" (Lemke, 2007, S. 150 f.). In beiden Ansätzen wird, wenn auch im Rekurs auf unterschiedliche Terminologien (*illness identities,* Subjektivierungsweisen, *biological citizenship;* vgl. Rabinow, 2004; Wehling, 2011), danach gefragt, wie verkörperte Subjekte entsprechende Wissensordnungen, Körper- und Krankheitskonzepte (aktiv) aufnehmen, thematisieren und sich gegebenenfalls kritisch dazu verhalten (vgl. Barker, 2002; Wehling et al., 2015). Insoweit Biopolitik einen Modus bezeichnet, der sich mit der Regierung des (biologischen) „Lebens" sowie individueller und kollektiver Körper befasst, ließen sich auch Prozesse der Medikalisierung unter den Begriff der Biopolitik subsumieren, da es hier ebenfalls um die Analyse des Zusammenspiels von medizinischem *Körperwissen* und Formen sozialer Kontrolle geht. Mit seinen diskurstheoretischen Prämissen zur gesellschaftlichen Wissensproduktion, Annahmen über politische Herrschaft und die Regulierung von Populationen sowie die damit zusammenhängenden Praktiken und Techniken der Fremd- und Selbstführung von verkörperten Individuen, geht das Konzept der Biopolitik jedoch über die Medikalisierungstheorie hinaus und bezeichnet insofern eine umfassendere Perspektive auf den menschlichen Körper und seine soziale Situiertheit (siehe außerdem zur Mehrdeutigkeit des Konzeptes Biopolitik, Lemke, 2007).

# 3 Studien

Nachfolgend werden – in Auswahl und Darstellung notwendigerweise höchst selektiv – drei exemplarische Studien zu Medikalisierung und Biopolitik mit besonderer Berücksichtigung der jeweiligen Thematisierung des Körpers vorgestellt. In zeitlicher Nähe zur Antipsychiatrie-Bewegung sowie zu Foucaults Arbeiten zur Entstehung des medizinischen Blicks entstanden, kann Peter Conrads Untersuchung zur Medikalisierung devianten Verhaltens bei Kindern als eine ‚klassische' soziologische Studie zur Medikalisierung in modernen Gesellschaften gelten (Conrad, 1975). Mit Blick auf die Ausweitung der Diagnose „ADHS" auf Erwachsene lassen sich außerdem sowohl die Dynamik medizinischer Krankheitsdefinitionen und ihrer Anwendung als auch die verschiedenartigen Triebkräfte der Medikalisierung psycho-physischer Prozesse verdeutlichen (vgl. Conrad, 2007). Während Philipp Sarasin (2001) einen beispielhaften Versuch unternimmt, menschliche Körperverhältnisse mit Blick auf den Hygienediskurs des 18. bis zum beginnenden 20. Jahrhundert zu historisieren, liefert Nikolas Rose (2007) mit seiner umfassenden Darstellung jüngerer Entwicklungen in Biomedizin, -technologie und -ökonomie einerseits eine Fortschreibung der Geschichte von Körperkonzepten und andererseits eine Gegenwartsdiagnose, die biopolitische Implikationen der Fremd- und Selbstführung in modernen Gesellschaften vor Augen führt.

**Peter Conrad: Die Diagnose ADHS bei Kindern und ihre Ausweitung auf Erwachsene**

In seinem Aufsatz „The Discovery of Hyperkinesis: Notes on the Medicalization of Deviant Behavior" beschreibt Conrad (1975) die in Abschn. 2 erwähnte Medikalisierung abweichenden Verhaltens von Kindern. Ein diffuses Bündel an situativ problematischen Verhaltensweisen (etwa in der Schule) wandelte sich innerhalb weniger Dekaden sukzessive zu einer weithin bekannten und anerkannten medizinischen Diagnose, heute bekannt als „ADHS". Sowohl die pharmazeutische Revolution der Psychiatrie als auch das verstärkte Interesse an kindlicher Psychologie auf der einen und der Aktivismus „moralischer Unternehmer" (H. S. Becker) – darunter die Pharmaindustrie selbst – auf der anderen Seite stellten die treibenden gesellschaftlichen Kräfte dieses Prozesses dar (organische Ursachen der unter „ADHS" befassten Verhaltensweisen sind nach wie vor umstritten). Hier bezeichnet die Medikalisierung kindlicher Verhaltensauffälligkeiten einen über medizinisch-diagnostisches Wissen (i. S. v. *disease*) vermittelten Aspekt sozialer Kontrolle. Der Körper des Kindes ist der Ort, an dem normierend und disziplinierend wirkende Maßnahmen (in erster Linie Medikation durch Methylphenidate) ansetzen, und die medizinische Definition des zu behandelnden Phänomens ist die Voraussetzung für die legitime therapeutische Intervention. Ursprung des Problems ist definitionsgemäß nicht länger das soziale Umfeld, sondern der kindliche Körper selbst.

Im Vergleich dazu besteht im Fall von „ADHS bei Erwachsenen" (Conrad, 2007, S. 46–69) ein entscheidender Unterschied darin, dass die (vermeintlich) Betroffenen selbst eine ausschlaggebende Rolle in der Ausweitung der diagnostischen Kategorie „ADHS", die bis in die 1990er Jahre hinein gemäß DSM *(Diagnostic and Statistical Manual of Mental Disorders)* in erster Linie auf Kinder angewandt wurde, auf die Population der Erwachsenen und damit ihre eigenen Körper spielten. Das *subjektive Krankheitsempfinden* (i. S. v. *illness*) im Wechselspiel mit diskursiv konstituiertem Wissen über den kranken Körper, wie es z. B. in Massenmedien (i. S. v. *sickness*) und dem DSM (i. S. v. *disease*) repräsentiert ist, ist hier von zentraler Bedeutung: So geht der Anstoß zur Diagnose in der Regel nicht, wie bei Kindern, vom sozialen Umfeld (Eltern und Lehrer) aus, sondern in der Mehrzahl der Fälle von den Erwachsenen selbst, die bereits ein Vorwissen über die Diagnose besitzen und auf dieser Grundlage vormals ungeordnete körperliche Empfindungen in Krankheitserfahrungen umdeuten. In dieser Hinsicht spielt Medikalisierung eine wichtige Rolle in der Formierung von Krankheitsidentitäten. Die Diagnose erlaubt, das körperliche Empfinden verstehbar und (durch Medikation) kontrollierbar zu machen. Probleme in Berufs- oder Beziehungsleben (Aufgaben nicht zu Ende führen, Schwierigkeiten in der Konfliktbewältigung o. ä.), die zuvor persönlichen Defiziten (z. B. Ungeduld, nicht zuhören können) zugeschrieben wurden, können (retrospektiv) in den Begriffen der Krankheitsdiagnose umdefiniert werden, was dann für die betreffenden Personen oftmals eine Entlastung von Schuld- und Verantwortungsgefühlen darstellt.

**Philipp Sarasin: „Reizbare Maschinen. Eine Geschichte des Körpers 1765–1914"**
Aus biopolitischer und diskurstheoretischer Perspektive legte Philipp Sarasin (2001) eine Studie vor, die dem Anliegen einer konsequenten Historisierung menschlicher Körpervorstellung und -verhältnisse nachkommt. Anhand eines Korpus deutscher, französischer und englischer Texte, insbesondere des 18. und 19. Jahrhunderts, die sich vor allem an bürgerliche Kreise richteten, untersucht er den Diskurs der „Hygieniker". Dieser adressierte in komplexer Weise und, begünstigt durch den im Zuge der Aufklärung aufkommenden Klassizismus, unter Bezugnahme auf antike medizinische Lehren die gesamte Lebensführung der verkörperten (bürgerlichen) Individuen. Dem als selbstverantwortlich konzipierten Subjekt kam mit dem Ziel eines langen, d. h. gesunden Lebens die Aufgabe zu, die vielfältigen Verhältnisse und Bedingungen, in denen der Körper situiert ist, zu regulieren. So gerieten „virtuell ‚alle' Umweltfaktoren als mögliche Ursachen von Gesundheit und Krankheit" (von der natürlichen Umwelt über Kleidung und Ernährung bis hin zu Sexualpraktiken und „Nervenhygiene") in den Blick (ebd., S. 17). Kennzeichnend für das im Hygienediskurs entworfene Körperkonzept, welches Sarasin als das der „reizbaren Maschinen" charakterisiert, ist, dass es nicht in erster Linie von der akademischen Wissensproduktion der aufkommenden Physiologie geprägt war, sondern von einem vitalistisch informierten populärwissenschaftlichen Diskurs, der den Körper als „Organmaschine" vorstellt, welche im Spannungsfeld von inneren und äußeren Reizen operiert, die zur Verwirklichung des gesunden Lebens

im Gleichgewicht gehalten werden müssen. Dabei, aus geschlechter- wie körpersoziologischer Perspektive interessant, galt der männliche Körper den Hygienikern als „Goldstandard“, wohingegen die Frau als „biologische Sonderform des Menschseins“ gewertet wurde (ebd., S. 27). Mit dem so konstituierten Wissen über den Körper (Homöostase-Prinzip, aber auch das *gendering* von Gehirn und Nerven) gingen konkrete Anweisungen zum richtigen Umgang mit ihm einher, was sich paradigmatisch anhand der „spermatischen Ökonomie“ aufzeigen lässt. So galt täglicher Sex einerseits als der Gesundheit förderlich, andererseits – jedoch nicht in christlich-moralisierenden oder psychoanalytischen Begriffen gedacht – erschien der sexuelle Exzess als *Kontrollverlust* des rationalen (männlichen) Gehirns gegenüber den (weiblichen) Nerven und „wegen des angenommenen engen Zusammenhangs von Sperma, Rückenmark, Gehirn und ‚Lebenskraft‘“ letztlich auch als eine *physische Gefahr* für den Körper (ebd., S. 452 f.). Die Körpervorstellung einer reizbaren Maschine, die der Hygienediskurs hervorgebracht hat, steht Sarasin zufolge beispielhaft für das körperliche Selbstverhältnis des in Entstehung begriffenen modernen (bürgerlichen) Subjekts. Dieser zunächst mit einer individualistischen Körpersemantik operierende und auf Eigenverantwortung setzende Diskurs erfährt mit dem Aufkommen kollektivistischer Vorstellungen von ‚Rassenhygiene‘ und ‚Volkskörper‘ Anfang des 20. Jahrhunderts aber einen fundamentalen Bruch.

**Nikolas Rose: „The politics of life itself. Biomedicine, Power, and Subjectivity in the Twenty-First Century“**

Ebenfalls aus Foucaultscher, biopolitischer Perspektive widmet sich Nikolas Rose (2007) den signifikanten Veränderungen, die im Ausgang des 20. und zu Beginn des 21. Jahrhunderts in den Bereichen Biomedizin, -technologie und -ökonomie statthaben. Ausgangspunkt ist die Feststellung eines „Schrittwechsels“ gegenwärtiger Biopolitiken in den fortgeschrittenen liberalen Demokratien des Westens (USA, Europa, Australien). Dieser basiere unter anderem auf der *qualitativen Zunahme von Überwachungs-, Manipulations- und Kontrollmöglichkeiten des menschlichen Körpers* (Genmanipulation, *Neuroenhancement,* Xenotransplantation etc.) und den damit einhergehenden Praktiken, die, so Rose, auf neue Weise „das Leben selbst“ zum Gegenstand machen. Im Mittelpunkt steht hierbei eine Veränderung des „Maßstabs“, an dem neue Technologien ansetzen: Während Sarasins reizbare *(Organ-)*Maschinen den Körper auf *molarer* Ebene (Haut, Muskeln, Gehirn, Nerven etc.) wahrnahmen, gerät gegenwärtig der Körper – mit Genomik und Neurowissenschaften respektive der zugehörigen Visualisierungstechniken – in zunehmendem Maß auf *molekularer* Ebene (Gene, Neurotransmitter, biochemischer Stoffwechsel) in den (medizinischen) Blick. Mit der Möglichkeit gezielter Intervention in isolierte biochemische Prozesse findet so eine Fragmentierung des Körpers statt, die zusehends die Konzeption eines integralen Gleichgewichts korporealer Zusammenhänge ergänzt, auch wenn sie diese nicht ganz zu ersetzen vermag. Mit diesem veränderten Blickwinkel, so Rose, gehe die Tendenz hin zur körperbezogenen Selbst- und Fremdthematisierung als, durch die Sprache der Biologie geprägte, „neurochemical selves“ (ebd., S. 187–223). Dies habe Auswirkungen nicht nur auf die biopolitische Regierung der Körper ‚von oben‘ (Ärzte, Regierungen, Bioökonomien), sondern bringt auch neue Formen der „biological citizenship“ (ebd., S. 131–154) hervor, die, sowohl individualisierend als auch kollektivierend, ‚von unten‘ wirken. Einerseits werden vom Einzelnen neue Technologien des Selbst verlangt, die den Umgang mit dem neu verfügbaren Wissen über die eigene Biologie regulieren und alltagstaugliche Praktiken etwa im Umgang mit chronischen Krankheiten sowie, auf die Zukunft gerichtet, genetisch bedingten Dispositionen und Erkrankungs*risiken* entwerfen („corporeal“ und „genetic responsibility“). Andererseits bringt das Wissen über geteilte genetische und andere biologische Dispositionen, entscheidend mit bedingt durch technologische Möglichkeiten der Vernetzung und des Informationsaustausches (Internet), Biosozialitäten hervor, die gemeinsame Problemdefinitionen, Patientenvereinigungen, Kampagnen zur Förderung bestimmter Forschungsvorhaben und den Austausch über krankheitsspezifische Umgangsweisen mit dem eigenen (Körper-)Schicksal erlauben.

## 4 Forschungsdesiderata

Wir können hier angesichts der gebotenen Kürze nur auf vier Forschungsdesiderata hinweisen. Zum Ersten wäre genauer zu klären, welche Körperbilder und -modelle die aktuellen multidirektionalen Prozesse der Medikalisierung und der zunehmenden Biopolitisierung immer weiterer Handlungs- und Lebensbereiche in unterschiedlichen Lebensphasen (Lebensbeginn, Altern, Lebensende) mit welchen Konsequenzen hervorbringen, prämieren und gegebenenfalls zum individuellen, institutionellen oder gesellschaftlichen Maßstab machen. Zweitens hat die Debatte über den *new materialism* und dessen Kritik an konstruktivistischen Konzepten, zu denen letztlich sowohl die biopolitischen als auch die medikalisierungstheoretischen Ansätze zu zählen sind, die Frage aufgeworfen, in welchem Wechselverhältnis Prozesse sozialer Konstruktion und die sogenannten Korpo-Realitäten stehen. Drittens ist der Frage genauer nachzugehen, wie und in welcher Weise der (bio-)medikalisierte Körper Bedingung der Möglichkeit von Sozialität ist. Zudem ist in diesem Zusammenhang Phänomenen der individuellen und kollektiven Krankheitsidentität und der *biological citizenship* größere Aufmerksamkeit zu schenken (vgl. Wehling, 2011). Viertens ist, zumal in Deutschland, die Frage der Beteiligung von Patientenorganisationen und *health social movements* an der gesellschaftlichen Wissensproduktion genauer in den Blick zu nehmen (vgl. Brown, 2007; Wehling et al., 2015). Gerade in diesbezüglichen Deutungskämpfen und auch den neuen Kooperationsformen *(citizens-science-alliances)* (Brown, 2007), die daraus hervorgehen, lässt sich zum einen die Brüchigkeit der Unterscheidung von *illness, sickness* und *disease* aufzeigen. Zum anderen kann man hier genauer nachzeichnen, wie und in welcher Weise der Körper in (Bio-)Medikalisierungsprozessen als *Ort, Medium* der Interaktion und *Quelle* von Sozialität und Personalität relevant wird.

## 5 Perspektiven

Aus unserer Sicht ergeben sich künftig neue Aufgabenbereiche in wenigstens drei Hinsichten, deren intensivere Erforschung aus körper- und medizinsoziologischen wie biopolitischen Gesichtspunkten lohnenswerte Perspektiven definieren könnten. Zum Ersten ist der Forderung von Timmermans und Haas (2008) genauer nachzugehen, die vehement eine *sociology of disease* fordern, die ihrer Sicht nach über eine *sociology of illness* hinausgehen muss. Die Aufgabe bestünde darin, die Materialität des Körpers sowie biologische und physiologische Prozesse ernster zu nehmen als bislang, ohne jedoch den latenten und manifesten Gefahren einer Scheinobjektivierung, der Verdinglichung von Korpo-Realitäten zu erliegen (siehe dazu Newton, 2003; Williams, 2006). Ein zweites hochinteressantes Forschungsfeld öffnet sich, wenn man den Blick auf die Rolle von *Big Data* im Feld der Biopolitiken und den sich darin aktuell vollziehenden Prozessen der Medikalisierung richtet. Der aktuelle Hype um *Big Data* verspricht nicht nur eine (vermeintlich) individualisierte Medizin und neue Perspektiven der körper- und lebensstilbezogenen Datensammlung, ihres Vergleichs und ihrer Verwaltung; angesichts der daraus hervorgehenden macht- und herrschaftsbezogenen Möglichkeiten müssen die bereits in den sechziger und siebziger Jahren aus medikalisierungstheoretischer Perspektive gestellten Fragen nach sozialer Kontrolle und Disziplinierung neu und weitergehend formuliert werden. Hinzu kommt, dass die Sammlung körperbezogener Daten auch ein virtuelles „Double" entstehen lässt, das dem verkörperten Individuum selbst und anderen als permanenter Vergleichsmaßstab verfügbar werden könnte. Eng damit zusammen hängt die Frage nach einer zunehmenden Technisierung des Körpers im Feld des Medizinischen und diesbezüglicher Biopolitiken. Wichtige Forschungshorizonte eröffnen sich in dieser Hinsicht einerseits mit Blick auf die zunehmende Bedeutung von Implantaten etwa bei der Behandlung von Parkinsonerkrankungen oder schweren Depressionen, die die Grenzen von biologischem und technischem Körper aufzulösen scheint, andererseits aber auch bezüglich der Versprechen, die mit Gesundheits-Apps und *wearable technologies* in Zusammenhang gebracht werden. In Bezug darauf ergeben sich nicht nur Möglichkeiten einer weitergehenden Medikalisierung der Gesellschaft, sondern auch Gefahren einer Pseudo-Verwissenschaftlichung des Alltags, lässt man die bereits erwähnten Implikationen einer Überwachung durch unterschiedliche gesellschaftliche Akteure (Krankenversicherungen, Gesundheits-Datenbanken usw.) an dieser Stelle einmal außer Acht. Drittens stellen sich neue Fragen im Zusammenhang mit der Bedeutungszunahme von Avataren und Robotern im medizinischen Feld. Diese gewinnen als „Helfer" (Robotik im Operationssaal) und als „Partner" (Pflegeroboter) an Stellenwert, woraus sich neue Fragen bezüglich der Interaktion zwischen Mensch und Maschine sowie des Mithandelns der Technik ergeben. Anhand dieser Forschungsdimensionen und Bereiche ließen sich unseres Erachtens nicht nur Erkenntnisse über aktuelle Medikalisierungsprozesse und ihre biopolitischen Implikationen erzielen, sondern auch Erkenntnisse für eine Körpersoziologie, die den Körper zu einem Kernkonzept der Soziologie machen möchte.

## Literatur


Barker, K. (2002). Self-help literature and the making of an illness identity: The case of Fibromyalgia Syndrome (FMS). *Social Problems, 49*, 279–300.

Boorse, C. (1975). On the distinction between disease and illness. *Philosophy & Public Affairs, 5*, 49–68.

Brown, P. (2007). *Toxic exposures: Contested illnesses and the environmental health movement*. Columbia University Press.

Clarke, A. E., Shim, J. K., Mamo, L., Fosket, J. R., & Fishman, J. R. (2003). Biomedicalization: Technoscientific Transformations of Health, Illness, and U. S. Biomedicine. *American Sociological Review, 68*, 161–194.

Conrad, P. (1975). The discovery of hyperkinesis: Notes on the medicalization of deviant behavior. *Social Problems, 23*, 12–21.

Conrad, P. (2007). *The medicalization of society: On the transformation of human conditions into treatable disorders*. The Johns Hopkins University Press.

Conrad, P., & Barker, K. K. (2010). The social construction of illness: Key insights and policy implications. *Journal of Health and Social Behavior, 51*, 67–79.

Foucault, M. (1997). The birth of biopolitics. In P. Rabinow (Hrsg.), *Michel Foucault. Ethics: Subjectivity and truth* (S. 73–79). The New Press.

Friberg, T. (2009). Burnout: From popular culture to psychiatric diagnosis in Sweden. *Culture, Medicine, and Psychiatry, 33*, 538–558.

Hall, P., & Lamont, M. (Hrsg.). (2009). *Successful societies. How institutions and culture affect health*. Cambridge University Press.

Kettner, M. (Hrsg.). (2009). *Wunscherfüllende Medizin. Ärztliche Behandlung im Dienst von Selbstverwirklichung und Lebensplanung*. Campus.

Kury, P. (2012). *Der überforderte Mensch. Eine Wissensgeschichte vom Stress zum Burnout*. Campus.

Lemke, T. (2000). Die Regierung der Risiken. Von der Eugenik zur genetischen Gouvernementalität. In U. Bröckling, S. Krasmann, & T. Lemke (Hrsg.), *Gouvernementalität der Gegenwart. Studien zur Ökonomisierung des Sozialen* (S. 227–264). Suhrkamp.

Lemke, T. (2007). *Biopolitik*. Junius.

Newton, T. (2003). Truly embodied sociology: Marrying the social and the biological? *The Sociological Review, 51*, 20–42.

Parsons, T. (1991). *The social system. With a new preface by Bryan S. Turner*. Routledge (Erstveröffentlichung 1951).

Rabinow, P. (2004). Artifizialität und Aufklärung. Von der Soziobiologie zur Biosozialität. In P. Rabinow (Hrsg.), *Anthropologie der Vernunft. Studien zu Wissenschaft und Lebensführung* (S. 129–152). Suhrkamp.

Rose, N. (2007). *The politics of life itself. Biomedicine, power, and subjectivity in the twenty-first century*. Princeton University Press.

Sarasin, P. (2001). *Reizbare Maschinen. Eine Geschichte des Körpers 1765–1914*. Suhrkamp.

Timmermans, S., & Haas, S. (2008). Towards a sociology of disease. *Sociology of Health & Illness, 30*, 659–676.

Viehöver, W., & Wehling, P. (Hrsg.). (2011). *Entgrenzung der Medizin. Von der Heilkunst zur Verbesserung des Menschen?* transcript.

Wehling, P. (2011). Biology, citizenship and the government of biomedicine: Exploring the concept of biological citizenship. In U. Bröckling, S. Krasmann, & T. Lemke (Hrsg.), *Governmentality – Current debates and future issues* (S. 225–246). Routledge.

Wehling, P., Viehöver, W., Keller, R., & Lau, C. (2007). Zwischen Biologisierung des Sozialen und neuer Biosozialität: Dynamiken der biopolitischen Grenzüberschreitung. *Berliner Journal Für Soziologie, 17*, 547–567.

Wehling, P., Viehöver, W., & Koenen, S. (Hrsg.). (2015). *The Public shaping of medical research: Patient associations, health movements and biomedicine*. Routledge.

Williams, S. J. (2006). Medical sociology and the biological body: Where are we now and where do we go from here? *Health (London), 10*, 5–30.

# Digitale und analoge Körper

Lisa Wiedemann

## 1 Einleitung

In der Musik und Fotografie wird zwischen digitalen oder analogen Techniken unterschieden: Schall- und Fotoplatten bilden die analogen Speichermedien, die mit Tönen oder Bildern beschrieben werden können. Das Analoge steht dabei häufig für das Haptische, „Echte" und „Reale", das Digitale für das Virtuelle, Verfremdete und Standardisierte. Im 21. Jahrhundert schließlich wurde diese Unterscheidung auch für die menschliche Körperlichkeit benutzt: Subjekte haben einen analogen physischen Körper, dem ein digitaler Körper gegenübersteht.

Auch der analoge menschliche Körper ist ein Speichermedium, in das sich im Laufe des Lebens Wissen, habituellen Gewohnheiten oder Erfahrungen einschreiben. In seiner biophysischen Bedingtheit hat der analoge Körper einerseits eine spezifische Gegenständlichkeit: er besteht aus Fleisch, Knochen, Blutbahnen, Hormonen oder Nervenzellen, in ihm laufen biochemische Prozesse ab und er ist Instrument von Bewegung. Andererseits ist er auch das zentrale Medium zur sinnlich-leiblichen Erfahrung der Umwelt und in der Lage affektiv berührt zu sein. Den analogen Körper zeichnet also aus, dass er sowohl sicht-, tast- als auch spürbar ist. Gleichzeitig werden die flüchtigen Bewegungen oder biophysischen Prozesse des analogen Körpers zunehmend in digitale Informationen übersetzt und dauerhaft auf digitalen Datenträgern gespeichert, sodass ein digital verdoppelter Körper entsteht.

Der Begriff digitaler Körper ist jedoch äußerst vage und kann auf viele Phänomene und Praktiken des digitalen Informationszeitalters verweisen. In Kunst und Medienwissenschaft bezieht sich das Sprechen von einem digitalen Körper seit den 1990er

L. Wiedemann (✉)
Hamburg, Deutschland
E-Mail: wiedemal@hsu-hh.de

 
R. Gugutzer et al. (Hrsg.), *Handbuch Körpersoziologie 2*,
https://doi.org/10.1007/978-3-658-33298-3_6

Jahren vor allem auf virtuelle Körper. In virtuellen Welten haben Körper keine raumzeitlichen Grenzen und können als Avatar oder Android zum Beispiel unbekannte Planeten bereisen oder im Mittelalter leben. Spielerische Anwendungen wie „Second Life" erlauben es der physischen und lokalen Bedingtheit des analogen Körpers zu entfliehen und andere digitale Körper in computergenerierten Umwelten zu „bewohnen". Ebenso ergänzen sogenannte Augmented Reality Brillen den Wahrnehmungsraum des Körpers mit virtuellen Elementen. Doch während es in einem 1993 im *The New Yorker* veröffentlichten und populär gewordenen Comic von Peter Steiner noch hieß: „On the Internet, nobody knows you're a dog" und digitale Räume die Hoffnung auf eine freie Identitätswahl erweckten, die rassistische, klassen- oder geschlechtsspezifische Unterschiede zu überwinden vermögen, kann heutzutage auch eine digitale Spiegelung von Selbst und Alltag beobachtet werden. Mittels Statusmeldungen auf Facebook, Instagram Bildern oder den „Shares" und „Likes" auf Twitter werden alltagsweltliche Aktivitäten, Intimitäten, Interessen und Gewohnheiten in den digitalen Raum übersetzt.

Es ließen sich unzählige weitere Beispiele anführen, um den Begriff des digitalen Körpers kenntlich zu machen. Wenn im Folgenden von digitalen Körpern die Rede ist, sind nicht Avatare, Social-Media-Profile oder virtuelle Animationen gemeint, sondern Körper, die in technisch-digitalen Verfahren in Information *übersetzt* werden. Ebenso wenig betont der Beitrag die Differenz zwischen digitalen und analogen Körpern. Er veranschaulicht vielmehr soziologische Forschungsperspektiven, welche die *Interaktivität,* das heißt die Wechselbeziehungen zwischen einem analogen und einem in Zeichen übersetzten digitalen Körper hervorheben. Anhand von drei Forschungsperspektiven (4) zeigt der Artikel, dass digitale und analoge Körper auf verschiedene Weise in einem wechselseitigen Durchdringungsverhältnis stehen. Zuvor wird aufgezeigt, dass insbesondere die zunehmende Verbreitung von sogenannten Self-Tracking-Technologien digitale Körper in das Blickfeld der Soziologie gerückt haben (2) und dass die Praxis, den physischen Körper vermittelt durch technische Geräte in Informationen zu übersetzen, ihre historischen Ausgangspunkte in der Medizin hat (3).

Self-Tracking bezeichnet das technisch vermittelte Aufzeichnen von physiologischen, psychischen oder lebensweltlichen Vorgängen sowie deren Übersetzung in numerisch-digitale Zeichen, die auf einem Endgerät präsent gemacht werden. In den 2010er Jahren verbreiteten sich zahlreiche Kleingeräte, die den Anspruch erheben, den analogen Körper digital zu überwachen, zu vermessen oder zu visualisieren. In das Smartphone verbaut, sind mikroelektronische Sensoren in der Lage, den Körper auf Schritt und Tritt zu verfolgen und Algorithmen übersetzen sein räumliches Bewegungsverhalten in digital-numerischen Kodifizierungen. Eng am Körper tragbare Geräte – sogenannte „Wearables" – wie beispielsweise das Fitnessarmband am Handgelenk, übersetzen Reize des analogen Körpers und seiner Umwelt in sichtbare Körperwerte wie etwa Sauerstoffqualität, Puls- oder Herzfrequenz. Zudem unterstützen unzählige „Digital Health"-Applikationen die Benutzer*innen dabei, Daten über den physischen Körper und sein Erleben zu erzeugen, die nicht so leicht von Sensoren zu erfassen sind: So können zum Beispiel auch Informationen über den Schlafrhythmus, Essens- und Getränkekonsum, Schmerzen,

Stimmungen, Menstruationszyklen oder mentale Konzentration durch manuelle Eingaben in einem unerschöpflichen Ausmaß als digitales Datum gespeichert werden.

Lucy Suchman und Ana Viseu (2010, S. 4) machen deutlich, dass „Wearables" auf der Idee eines Körpers basieren, der ständig informatorische Zeichen aussendet, die ohne technologisch-digitale Vermittlung unzugänglich sind. Entsprechend ist ein „constant informational body monitoring" (ebd., S. 22) zum Gebot gegenwärtiger Gesundheitspraktiken geworden. Die Frage, wie es um die körperliche Gesundheit und das subjektive Wohlsein steht, stellt sich zunehmend indem alltägliche Biowerte, Entscheidungen und körperlichen Gewohnheiten wachsam im Auge behalten werden. Von digitaler Software ausgeführte Translationen materialisieren dabei das komplexe Körpergeschehen unaufgefordert in graphische, visuelle und kompakte informatorische Einheiten. Ein solcher technisch-numerischer Blick auf den Körper ist nicht mehr „nur" das Hobby einer technisch versierten Community, wie etwa der Quantified-Self-Bewegung, deren Gründung im Jahr 2007 den Beginn einer Welle der Vermarktung von Self-Tracking-Technologien auslöste. Die Bewegung wurde von den amerikanischen Technikjournalisten Gary Wolf und Kevin Kelly in San Francisco gegründet und versammelt Personen, die sich unter dem Leitprinzip: „selfknowledge through numbers" über ihre Erfahrungen mit dem Self-Tracking austauschen.

Mittlerweile existiert eine breite Palette von tragbaren Fitness- und Gesundheitsgeräten oder Smartphone-Anwendungen, die es abseits medizinischer Räume erlauben, den analogen Körper als digitalen Datenkörper zu erblicken. Self-Tracking-Praktiken werden zunehmend auch in die öffentliche Gesundheitspolitik eingebunden und insbesondere im Feld der Medizin gesellschaftlich legitimiert, denn sie versprechen nicht zuletzt einen „technological fix" in der sogenannten Care-Krise, die sich zum Beispiel im Personalmangel in der Pflege und Versorgung oder in knappen ärztlichen Zeitbudgets zeigt. Dabei modellieren smarte Technologien und Biosensoren auch medizinische Verantwortungsketten und Patient*innenrollen.

## 2 Digitales Self-Tracking als körpersoziologisches Thema

Das Self-Tracking ist zu einem beliebten soziologischen und kulturanthropologischen Forschungsthema avanciert. Zahlreiche Arbeiten beleuchten es als Praxis oder zeigen auf, dass es im Fadenkreuz gesellschaftlicher Entwicklungen liegt. Für die Analyse wurden dabei differente theoretische Rahmungen gewählt, die von den Surveillance Studies, den Gouvernementality Studies, den Science and Technology Studies, der Phänomenologie bis hin zum Neuen Materialismus oder zum Posthumanismus reichen. Häufig wurde das Self-Tracking in seiner biopolitischen Zweckmäßigkeit sowie vor dem Hintergrund (spät-)moderner Rationalisierungs- und Optimierungsbestrebungen analysiert. Daneben wirft die digital vermittelte körperorientierte Selbstsorge aber auch weitreichende körpersoziologische Fragen auf, die hier auf fünf Aspekte konzentriert werden:

1. Es stellen sich Fragen nach der *Repräsentation des Körpers* sowohl in den Diskursen des Self-Trackings als auch im Design der Technologien. Die Soziologin Deborah Lupton (2016) zeigt, dass der Körper in den digitalen Anwendungen nicht nur als „computerised information system" (ebd., S. 94) repräsentiert wird, zugleich adressieren ihn die Technologien als „machine-like entity, with ‚inputs' and ‚outputs'" (ebd., S. 69). Das Sinnbild des „Zahlenkörpers" (Zillien et al., 2014) macht hingegen auf ein dem Self-Tracking innewohnendes objektivistisch-rationales Körperverständnis aufmerksam.
2. Daran anknüpfend fragen Soziolog*innen nach der *Dissoziation des komplexen Körpergeschehens* im Self-Tracking-Prozess, denn die digitalen Apparaturen fragmentieren den analogen Körper in seiner komplexen Ganzheitlichkeit und zergliedern ihn in digitale Betrachtungssequenzen. In dieser Reduzierung des Körpers auf formalisierte und standardisierte Informationen, lässt sich dann etwa eine leibliche „Entkörperlichung" oder „Verdinglichung" des Körpers diagnostizieren (vgl. u. a. Gugutzer, 2016; Zillien et al., 2014).
3. Ebenso steht zur Debatte, inwiefern das Self-Tracking als eine *Verkörperung sozialer Ideale und Normen* gelesen werden kann. So wird konstatiert, dass sich in der dauerhaften digitalen Konnektivität etwa die Normen einer Netzwerkgesellschaft verkörpern (vgl. Belliger & Krieger, 2015, S. 400). Zugleich sind historisch spezifische Ideale erstrebenswerter Subjektivität – wie etwa achtsam, fit oder gesund sein – in die Technologien inskribiert und können am individuellen Körper erprobt werden (vgl. Wiedemann, 2019, S. 57 ff.).
4. Darüber hinaus kann das *Bedeutsam-Werden der Daten in der verkörperten Praxis* des alltäglichen Self-Trackings analysiert werden. Im Vordergrund stehen dabei das Leben und der Umgang mit den Daten sowie das Fragen danach, wie Personen im körperlichen Vollzug und gemeinsam mit heterogenen anderen Akteur*innen Sinn aus ihren Daten machen (vgl. u. a. Lupton, 2018; Wiedemann, 2019).
5. Überdies werden die für die Ära der digitalen Körpervermessung spezifischen *Verstrickungen von Körpern und Technologien* erforscht. Immerhin konfiguriert die Kopplung des lebendigen Körpers mit informatisch-digitalen Systemen und Biosensoren auch neue Mensch-Technik-Schnittstellen. Dabei wird nicht nur die Fluidität des Körperlichen deutlich. Ebenso zeigt sich das konstitutive Ineinandergreifen von Körperwissen, Vermessungstechnik, Praktiken und körperlicher Wahrnehmungen (vgl. u. a. Kaziunas, 2018; Lupton, 2017; Wiedemann, 2019).

An diese Linien des körpersoziologischen Befragens von Self-Tracking-Praktiken anknüpfend, legt der Artikel die Aufmerksamkeit im Weiteren nicht auf die Trennung beider Körper-Realitäten sondern auf die Rückkopplungen, die sinnlich-affektiven Dialoge und die lebendigen Verflechtungen zwischen analogen und digitalen Körpern. In diesem Sinne schreibt Lupton über digitale Datenpraktiken: „These data are not inscribed on bodies: they work with and through bodies" (Lupton, 2018, S. 9).

## 3 Zur historischen Entwicklung digitaler Körper in der Medizintechnik

Mit der Verbreitung digitaler Technologien werden Informationen über den analogen Körper gespeichert wie nie zuvor, sowohl von Einzelpersonen als auch im Namen von Institutionen wie etwa staatlichen Behörden (vgl. Lupton, 2017, S. 200). Dabei können Patient*innenakten, Polizeiakten, Ausweise, Reisepässe, Mutterpässe und Versicherungsakten als historische Vorläufer der Verwaltung des Körpers gelten, deren Materialität zunehmend dem Digitalen weicht. Auch individuelle Selbstaufzeichnungen haben eine lange Geschichte, die vom dokumentierten Diäthalten römischer Kaiser der Antike (vgl. Zillien et al., 2014, S. 77) über die bürgerliche Praxis des Tagebuchschreibens bis hin zu Personenwaagen, Haushaltsbüchern oder Schmerztagebüchern für chronisch kranke Menschen reicht. Doch insbesondere die Medizin des 20. Jahrhunderts brachte zahlreiche technische Apparaturen hervor, die den physischen Körper in medizinische Klassifikationen, Bilder oder Kurven übersetzen, die in den medizinischen Deutungspraktiken wiederum für das körperliche Geschehen stehen. Aber was wird durch medizintechnische Verfahren überhaupt in digitale Zeichen übersetzt?

Wir haben einen Körper, der dinglich und Instrument unseres Handelns ist, eine bestimmte Lebenserwartung besitzt und dessen Organe arbeiten. Gleichzeitig erleben wir die Welt nicht nur durch organische Materie, sondern ebenso vermittelt durch Empfindungen, Atmosphären und Emotionen. Was alltäglich als Körper bezeichnet wird, meint sowohl raumzeitlich gebundene Materie als auch einen Raum des inneren Erlebens. Um zu verdeutlichen, dass der menschliche Körper immer einen solchen Doppelaspekt hat, wird in der Leibphänomenologie (Maurice Merleau-Ponty und Hermann Schmitz) und der philosophischen Anthropologie (Helmuth Plessner) zwischen einem Körper, den wir *haben* und einem Leib, der wir *sind,* unterschieden. Wobei das leiblich-sinnliche Spüren und affektive Berührt-Werden, den Mittelpunkt der subjektiven Selbsterfahrung bildet.[1] Während jedoch eng am oder im Tiefenraum des biologisch-physischen Körpers Maß genommen werden kann, ist der leibliche Umweltbezug vorsprachlich und nicht in quantitative Einheiten oder visuelle Zeichen übersetzbar (vgl. Mol & Law, 2004, S. 43). Nicht das leibliche Hier-und-Jetzt, sondern flüchtige und fragmentierte Informationen über den physischen Körper lassen sich in unerschöpflichem Ausmaß auf digitalen Speicherkarten verewigen. Der digitale Körper ist entsprechend immer ein von Apparaten oder Algorithmen in Informationen übersetzter

[1] Dabei ist die leibliche Erfahrung immer auch soziohistorisch eingebettet und vermittelt. Die Suche nach einem nicht aufzufindenden Mobiltelefon fährt beispielsweise sprichwörtlich durch Mark und Bein, denn wir leben in einer Zeit, in der smarte Geräte – vom Bankkonto zum E-Mail-Postfach – vielfach Zugänge verwalten und sensible Daten beinhalten.

Körper, der weder friert, weint noch Schmerz oder Hunger verspürt, sodass sich festhalten lässt: Nur der analoge menschliche Körper hat eine leibliche Dimension.

Kennzeichen der sich seit dem 20. Jahrhundert entfaltenden technowissenschaftlichen Medizin ist jedoch zugleich, dass der physische Körper zeitweilig in Information übersetzt wird, sodass ein zweiter digitaler „Datenkörper zur modernen Natur des Menschen geworden ist" (Borck, 2016, S. 121). Soll geklärt werden, ob der individuelle Körper im medizinischen Sinne gesund ist, wird eine Blutdruckmanschette angelegt oder vielleicht ein Blutbild angefertigt. Diese Selbstverständlichkeit basiert auf der historischen Etablierung einer medizinischen Wissensordnung, die den ärztlichen Blick in das Innere des Körpers wandern ließ. Bis zum Übergang ins 19. Jahrhundert war das am privaten Krankenbett stattfindende dialogische Gespräch zentral für die ärztliche Diagnose. Die Beschreibungen des leiblichen Spürens wurden dabei von den Ärzt*innen in Notiz- und Tagebüchern dokumentiert und die Krankheit erschien in ihrer sag- und sichtbaren Form als Oberflächenphänomen. Mit der „Geburt der Klinik" im 19. Jahrhundert, so zeichnete Michel Foucault (1993 [1973]) nach, entstand ein klinischer und technisch instrumentierter Blick auf das Organische, der Krankheit als Ausdruck tieferliegender organischer Prozesse identifizierte. Entsprechend wurden die Zeichen von Krankheit nicht mehr nur in subjektiven Beschreibungen gesucht, sondern auf freiliegenden Organen und zunehmend auf technisch erzeugten Bildern, Monitoren, in Zahlenkolonnen, Laborwerten, Kurven oder Tabellen (vgl. Wiedemann, 2019, S. 29). Die medizinische Behandlung verteilte sich auf Fachabteilungen, die sich jeweils verschiedenen Körperregionen widmeten und die Ganzheitlichkeit des Körpers zergliederten. Wie Marc Berg und Paul Harterink (2004) anhand der Geschichte medizinischer Aufzeichnungen seit dem frühen 20. Jahrhundert zeigen, wurden Patient*innenakten im Zuge dieser Ausdifferenzierung der medizinischen Wissensproduktion zu einem verbindendenden Glied in der Organisation klinischer Praktiken. Im Zuge seiner Verwissenschaftlichung in der Klinik wurde der Körper zunehmend zu einem Protokoll, das als Bild, Kurve oder Diagramm gespeichert, transportiert, weitergereicht oder dokumentiert werden konnte. Der digitale Körper hat hier seinen Ursprung.

Angefangen bei Röntgengeräten, über Elektrokardiographie, Mammographie, Ultraschall bis hin zur Magnetresonanztomographie, haben im letzten Jahrhundert neu aufkommende Spezialtechniken die medizinische Deutungspraxis immer mehr an numerisch, graphisch oder bildlich repräsentierte digitale Datenkörper gebunden, die mittels technischer Verfahren hergestellt werden. Abgeheftet oder zusehends digital gespeichert in Patient*innenakten, werden die Elemente des individuellen Datenkörpers vereinigt und stehen bereit, mit medizinischem Körperwissen und dem analogen Körper in Deckung gebracht zu werden (vgl. Borck, 2016, S. 122). Historisch spezifische technowissenschaftliche Repräsentationen des Körpers verändern aber nicht nur die ärztliche Semiotik sondern haben die Macht, das Verständnis und das Erfahren von Körpern zu verändern, indem neue Formen der Verkörperung, das heißt Arten und Weisen des Körperhabens und Leibseins produziert werden (vgl. Berg & Harterink, 2004, S. 14 ff.).

Medizinische Aufzeichnungssysteme erzeugen ein je spezifisches Körperwissen. Dass dieses Wissen die gelebte Erfahrung des Körpers vermittelt und rekonfiguriert, lässt sich gut im Kontext von Diabetes Typ 1 veranschaulichen. Während sich die Blutzuckerkontrolle lange Zeit vor allem in Laboren oder Arztpraxen abspielte, wurde die medizinische Produktion von Datenkörpern zunehmend in den Alltag der Patient*innen verlagert. Im Verlauf der 1960er Jahre wurden zunächst Verfahren zur Harnzuckerbestimmung gebräuchlich, bei denen die Resultate anhand einer Farbskala abzulesen waren, sodass Diabetes nicht mehr „nur" als Durstgefühl oder Harndrang spür-, sondern auch als Farbe sichtbar wurde. In den 1980er Jahren verbreiteten sich transportable Blutzuckergeräte, die den Stoffwechsel in Zahlen auf einem Display materialisierten. Seit den letzten zehn Jahren gelten vor allem Kurven und Alarmtöne als zentrale Wissenskategorien der digitalisierten Selbstkontrolle. Auf der Haut getragene Biosensoren zeichnen die Glukosewerte mittlerweile lückenlos auf und die Körperprozesse werden auf einem Überwachungsgerät kontinuierlich als Kurvenverlauf visualisiert. Indem sie einen Alarmton sendet, zeigt sich die Technik bei sich anbahnenden Unterzuckerungen oder anderweitigen Schwankungen als aufmerksame Assistenz. Gleichzeitig schreiben sich Alarmtöne und neue numerische Kodifizierungen in Form von Kurven oder Datenstatistiken in die Wissensform der Krankheit ein, erzeugen vom Körper getragene neue medizinische Alltagspraktiken und schaffen neue Kategorien, um die Krankheit sinnlich zu erleben. So steht mit der digitalen Dauerüberwachung nicht mehr eine gewisse Farbe oder nur ein bestimmtes Zahlenspektrum für „gute" Werte, sondern auch ein möglichst gerader Kurvenlauf, eine Nacht ohne Alarme oder die „Zeit im Zielbereich" (vgl. dazu Wiedemann, 2019, 13 f., 123 ff.).

## 3.1 Digitalisierte Körper-Technik-Konfigurationen

Das Beispiel Diabetes Typ 1, veranschaulicht zugleich eine zunehmende (Re) Konfiguration menschlicher Körper durch Medizintechnik, denn Biosensoren und Haut wachsen nicht nur hier immer mehr zusammen. Zunehmend gestaltet die Medizintechnik des 21. Jahrhunderts den analogen Körper um und bringt immer mehr Alltags-Cyborgs hervor, was neben Glukosesensoren etwa auch implantierbare Herzschrittmacher, Cochlea Implantate oder Neurostimulatoren zeigen. Bereits 1985 beschrieb Donna Haraway, dass „die moderne Medizin voller Cyborgs" ist, das heißt „Verkopplungen aus Organismus und Maschine, in denen beide als programmierbare Geräte erscheinen" (Haraway, 1995 [1985], S. 34). In dieser posthumanistischen Perspektivierung existiert kein körperlicher Naturzustand beziehungsweise keine ahistorische Essenz des Körperlichen. Vielmehr werden unsere Körper durch die Werkzeuge der Kommunikations- und Biotechnologien immer wieder auf neue Weise hergestellt (vgl. ebd., S. 51). Unterscheidungen zwischen dem Organischen und Technischen, zwischen Natur und Kultur, zwischen Subjekten und Objekten, sind mit den Entwicklungen des 20. Jahrhunderts „durchlässig" beziehungsweise „höchst zweideutig" (ebd., S. 37 f.) geworden. Die Figur der Cyborg spielt dabei nicht auf die transhumanistische Sehnsucht nach einem Leben ohne Ende an. Ebenso wenig soll sie als Produkt sozialer Konstruktionsprozesse aufdeckt werden. Cyborgs sind nach Haraway „unsere Ontologie" (ebd., S. 34) geworden und zeigen, was es bedeutet in „Welten der Hochtechnologie verkörpert zu sein" (ebd., S. 62). Deutlich wird, dass Körper und Informationstechnologien sich beständig miteinander entwickeln, sodass der Blick auf ihr gemeinsames Werden dazu einlädt, nicht auf Grenzlinien sitzen zu bleiben. M.a.W: die Grenze zwischen Körper und Technik verwischt in der Analyse zugunsten eines Blicks auf ihre untrennbare Verflechtung. Wie Lupton feststellt, entwickelt sich der Cyborgkörper mit der zunehmenden Etablierung von Self-Tracking-Technologien jedoch immer mehr zu einem digitalen Körper, dessen Datenoutput sowohl medizinischen, kommerziellen, verwaltungstechnischen, wissenschaftlichen oder persönlichen Wert hat (vgl. Lupton, 2017, S. 200). Ganz im Sinne Haraways wird weiterhin nicht die Polarität zwischen einem analogen und digitalen Körper betont, sondern vielmehr deren Durchlässigkeit und wechselseitiges Ineinandergreifen.

## 4 Die Interaktivität zwischen digitalen und analogen Körpern – Forschungsperspektiven

Digitale Datenkörper haben ihren historischen Ausgangspunkt in der modernen hochtechnologisch verflochtenen Medizin. Das epistemische Spiel des Zerlegens und in konkreten (Deutungs-)Praktiken wieder Neuzusammensetzens von Körpern findet hier seinen Ursprung. Jedoch wird es nicht mehr nur hinter den Mauern der Klinik ‚gespielt'. Patient*innen sind nun selbst sowohl für die alltägliche Generierung von digitalen Datenkörpern als auch deren Interpretation verantwortlich. Die Technologien der Digitalisierung von Körpern durch Selbstvermessung bieten einen neuen Spielboden, der zunehmend kabellos mobil ist und dessen Regeln partiell algorithmisch programmiert sind. Wie in der Gerätemedizin wird der analoge Körper in Self-Tracking-Praktiken als informationstechnologisches Problem adressiert und als digitaler Datenkörper repräsentiert. Wobei die technisch ermittelten Informationen auch hier keine bloßen Ableitungen körperlicher Prozess sind, sondern mit dem analogen Körper interagieren: Nicht die Trennung, sondern die Interaktivität, das heißt ihr wechselseitiges Aufeinander-Bezogen-Sein und In-Beziehung-Stehen macht digitale und analoge Körper zu einem spannenden Forschungsthema für die Soziologie. Denn nur die Bezugnahme auf oder die praktische Auseinandersetzung mit den in Geräten gespeicherten Daten lässt den digitalen Körper „lebendig" und im Sinne Bruno Latours zu einem sozialen Akteur werden, das heißt zu einem „Ding, das eine gegebene Situation verändert, indem es einen Unterschied macht" (Latour, 2010, S. 123). Mit Bezug auf einschlägige empirische Studien werden im Folgenden drei Forschungsperspektiven gekennzeichnet, die diese interaktive Beziehung von analogen und digitalen Körpern soziologisch erkunden.

## 4.1 Anschlussfähige Körperverdopplungen

Technik ist kein neutrales Werkzeug, keine unbeschriebene physische Materie, die schlichtweg mit elektrochemischen Zellen verknüpft ist. Vielmehr ist ihr stets ein multipler Aufforderungscharakter, ein soziotechnisches „Skript" (Akrich, 2006 [1992]) eingeschrieben. Einerseits müssen technische Geräte in einer bestimmten Weise benutzt werden. Andererseits sind ihrem Design und ihrer Funktionalität immer auch Vorstellungen von den Nutzenden, Zukunftsvisionen, Erwartungen, Moralitäten und symbolische Sollnutzungen eingeschrieben.

Der datengestützten Überwachung des Körpers mittels digitaler Informations- und Kommunikationstechnologien ist vor allem der Wille zur reflexiven Kontrolle und Bewertung eingeschrieben. Eine modulare Verdopplung des Körpers beziehungsweise die Übersetzung des Körpers in einen Informationsstrom kann als Charakteristikum einer modernen Überwachungs- und Kontrollgesellschaft verstanden werden. Entsprechend wurden digitale Körper im Kontext der Surveillance Studies von den Soziologen Kevin D. Haggerty und Richard V. Ericson (2000) als „data double" bezeichnet. Anknüpfend an das Werk des französischen Philosophen Gilles Deleuze sehen die Autoren den informationstechnologisch verdoppelten Körper als operatives Werkzeug eines modernen Überwachungsgefüges („surveillance assemblage"), das vor allem auf den menschlichen Körper gerichtet ist. Dieses Gefüge operiert, indem es den Körper aus seinem territorialen Zusammenhang herauslöst und ihn in eine Reihe von diskreten Strömen separiert. Diese Ströme werden wiederum zu gesonderten „data-doubles" zusammengefügt, die zum Zwecke seiner Analyse und als Ziel von Interventionen überprüft und gezielt eingesetzt werden können (vgl. ebd., S. 606). Der im Prozess entstandene dekorporalisierte hybride Körper oder: „‚data double' of pure virtuality" (ebd., S. 611) kann zum Beispiel herangezogen werden, um Gewohnheiten, Vorlieben oder Lebensstile zu rekonstruieren, die wiederum einem Individuum zugeordnet werden können (vgl. ebd.). Dieses Prinzip ist zum Beispiel Teil des Erfolgs der Firma *Google*. Die über Wochen, Monate und Jahre gesammelten Informationen zur Verweildauer auf Internetseiten oder das aufgezeichnete Klick- und Kaufverhalten dienen der Einteilung von Nutzer*innen in Konsum- und Interessengruppen. Die Datendoppel interagieren jedoch wieder rekursiv mit dem Sichtfeld des analogen Körpers, da die Suchergebnisse an das Erwartete angepasst werden oder den Interessen der jeweiligen Person prinzipiell anschlussfähige Werbung angezeigt wird. Die zunächst diffus verlaufenden Datenströme geraten folglich als reflexiv gemachte Fixierung indirekt an den individuellen Körper zurück.

Die Figur des „data doubles" wurde häufig zur Analyse der Dynamiken des digitalen Self-Trackings aufgegriffen (vgl. u. a. Lupton, 2014; Ruckenstein, 2014). Auch hier werden Körper und Selbst in verschiedene Arten von Datenströmen abstrahiert und zerlegt, was eine Fabrikation privater und persönlicher data doubles ermöglicht (vgl. Ruckenstein, 2014, S. 69). Die Teildatensätze liegen dabei nicht mehr nur auf Computern oder in Browsern, sondern sind ebenso auf Wearables oder Smartphone-Apps verteilt, die etwa den Schlafrhythmus, die täglichen Schritte oder somatische Körperdaten aufzeichnen. Verschiedene Anwendungen konfigurieren dabei ein distinktes sich ständig änderndes Datendoppel (vgl. Lupton, 2014, S. 82). Die digitalen Selbst- und Körperverfolgungstechniken können entsprechend als neuartige hochmobile Elemente in der Konfiguration eines algorithmisierten Gefüges der Selbstüberwachung betrachtet werden. Dabei besteht die Hoffnung, dass im Blick auf die verschiedenen Datensätze oder in der algorithmischen Analyse der Informationen wiederkehrende Muster erkenntlich werden, die wiederum in den Körper intervenieren, indem sie zum Beispiel helfen, das Verhalten in eine erwünschte Richtung zu lenken. Hinzukommend agieren spielerische Belohnungssysteme, Farben und Grenzlinien als richtungsbestimmende Reize der anvisierten Verhaltens- oder Gewohnheitsveränderung.

Der digitale Körper, der als data double durch Self-Tracking produziert wird, macht den analogen Körper jedoch auch potentiell anfälliger für einen regulierenden Blick von außen. Es entsteht ein gewaltiges externes Gedächtnis, das die menschliche Speicher- und Erinnerungsfähigkeit bei Weitem übersteigt und die digitalen Datenkörper können, abseits des fleischlichen Körpers, aus dem sie generiert wurden, ihre eigenen sozialen Dynamiken entwickeln (vgl. ebd.). Sie können zum Beispiel in Programme der Gesundheitsförderung eingebunden werden und sich in Boni oder Rabatten bei der Krankenversicherung valorisieren. Menschen können durch ihre Datendoppel entsprechend institutionell reflektiert und klassifiziert werden. Ebenso kann der digitale Körper aktiv in soziale Chancenverteilungen eingreifen, was einen weiteren indirekten Weg der Interaktion mit individuellen Körpern markiert. Denn Logiken der Metrisierung können zu neuen ungleichheitsproduzierenden Ordnungen des Sozialen führen (vgl. u. a. Mau, 2017). Wir leben in einer Gesellschaft, in der Scores, Likes und Listen zu neuen Bewertungsordnungen führen und die Verteilung von Lebenschancen beeinflussen können. Ein extremes Beispiel ist dabei das chinesische „Sozialkreditsystem“, das es Anwohner*innen der Stadt Rongcheng seit 2014 ermöglicht, digitale Punkte für ‚gutes‘ Verhalten zu sammeln. Wer nicht genügend Punkte auf dem Konto hat, kann dabei etwa von staatlichen Krediten oder Arbeitsgelegenheiten ausgeschlossen werden. Es droht die doppelte Exklusion derjenigen, die aus geographischen oder ökonomischen Gründen nicht gut mit digitalen Technologien versorgt sind und mit dem ‚fitten‘ Digitalkörper der anderen nicht mithalten können. Digitale Körper stehen also unablässig in Relation, sowohl zum eigenen analogen Körper als auch zu anderen digitalen Körpern.

## 4.2 Sinnlich-affektive Dialoge

An die moderne Medizin wurde vielfach die Kritik herangetragen, sie „reduziert die lebensweltliche Vielschichtigkeit subjektiver Krankheitserfahrung auf objektiv messbare, pathologische Parameter“ (Borck, 2016, S. 124), die das Kranksein entsinnlichen. Entsprechend wirft die soziologische und kulturanthropologische Erforschung des Self-Trackings wiederholt Fragen nach der Interferenz von eigenleiblichem Spüren und

Körperdaten auf. Häufig wird befürchtet, dass die kontinuierlich erzeugten Datendoppel das körperlich-sinnliche Fühlen überblenden. Beispielhaft sehen Nicole Zillien et al. (2014, S. 81) in der Selbstvermessung einen „maximalen Grad an Distanziertheit zum (eigenen) Körper", denn der „lebende Körper wird so zu einem Ding" beziehungsweise zu einem „naturwissenschaftliche[n] Gegenstand gemacht" (Gugutzer, 2016, S. 167).

Obgleich sich der leibliche Zugang zur Welt grundsätzlich einer Zählbarkeit entzieht, zeigen empirische Studien jedoch auch, dass die digitalen Daten als signifikante Dialogpartner*innen an den Körper zurückkehren und sinnliche wie affektive Reaktionen einleiten (vgl. Wiedemann, 2019, S. 246 ff.). So ist die Rede, von „personal sensing devices" (Nafus, 2014, S. 210) oder von einem „leiblichen Kommunikationspartner" (Gugutzer, 2016, S. 163). Zum einen hat das Self-Tracking immer eine physische Beschaffenheit, die direkt auf der Haut spürbar wird: beispielsweise, wenn das Fitnessarmband am Handgelenk vibriert (ebd.) oder wenn der Glukosesensor zur Diabetestherapie in die Haut gestochen wird oder sich entzündet hat (vgl. Kaziunas, 2018, S. 178). Auf oder unter der Haut, über Schmerz oder Kribbeln wird die Beziehung zwischen analogem und digitalem Körper folglich direkt spürbar. Zum anderen lässt sich Körperwahrnehmung als ein komplexer distribuierter Prozess verstehen, der sowohl auf Menschen als auch auf nicht-menschliche Akteur*innen und Klassifikationssysteme verteilt ist (vgl. u. a. Mol & Law, 2004). In einem Text mit dem Titel „How to talk about the body?" veranschaulicht Bruno Latour (2004), Mitbegründer der Akteur Netzwerk Theorie, anhand der Parfümindustrie in Frankreich, wie der Körper in einem Netzwerk aus heterogenen Entitäten (Menschen, Technologien, Artefakte, Klassifikationssysteme etc.) lernt affiziert zu werden: Indem er zum Beispiel lernt verschiedenste klassifizierte Duftnuancen zu riechen und zu unterscheiden. Latour beschreibt den Körper – ähnlich wie Haraway – als materiell transformierbare Entität, die sobald sie von mehr und mehr Elementen affiziert wird, auch mehr und mehr beschriftet wird (vgl. ebd., S. 206). Auch im Kontext des Self-Trackings ersetzt nicht einfach ein smartes Gerät die Sinne, sondern fügt sich in eine distribuierte Wahrnehmung ein, die durch Statistiken, Körper, Zahlen, Graphen und Daten etc. konstituiert wird. Es existiert entsprechend kein „natürliches" Körpergefühl, das technologisch überdeckt werden kann, weil die Sinnlichkeit des Körpers stets auf ein Netzwerk an nichtmenschlichen und menschlichen Akteur*innen verteilt und im Werden inbegriffen ist.

Aufgrund einer lebensnotwendigen Dringlichkeit zum Self-Tracking ist wiederum insbesondere Diabetes Typ 1 ein gutes Beispiel, um zu zeigen, wie die Körperwahrnehmung in ein komplexes soziotechnisches Dialogverhältnis gebracht wird. Auf den modernen Therapiepfaden müssen Patient*innen technisch vermittelt ihren Blutzucker im Blick halten und den Stoffwechsel durch Insulinsubstitutionen von außen regulieren. Dabei ist die Gefahr von Unterzuckerungen jeden Tag präsent, denn ab einer zu hohen Dosis kann das Hormon zu Ohnmacht führen oder gar tödlich sein. Wie Annemarie Mol und John Law (2004) in einem vielzitierten Aufsatz zeigen, werden Patient*innen dazu angehalten, mithilfe der Messdaten ihre innere Sensibilität („intro-sensing") für Unterzuckerungen zu trainieren, um sich anbahnende Gefahren rechtzeitig zu spüren.

Die subjektiven Empfindungen sollen von den Messergebnissen lernen. In den letzten zehn Jahren haben auf der Haut sitzende Biosensoren die Therapie jedoch gründlich verändert, smarte Geräte liefern nun rund um die Uhr Glukosewerte. Dabei werden Verlaufskurven zu einem Bestandteil des sinnlichen Erlebens der Krankheit, was beispielsweise an der Irritation sichtbar wird, die entsteht, wenn die Geräte nicht getragen werden können, etwa weil Sensoren nicht nachgeliefert wurden oder die Krankensicherung die dauerhafte Erstattung verwehrt (vgl. Wiedemann, 2019, S. 167). Die kontinuierliche Sichtbarkeit des Stoffwechsels – auf dem Smartphone oder der Fitnessuhr – kann dabei das Gespür für Unterzuckerung individuell und situativ verschieden beeinflussen, das heißt sowohl weiter „schulen" (ebd., S. 256) als auch desorientieren, sodass ein Gefühl „wie beim Autofahren mit Navi" entsteht (vgl. ebd., S. 263).

Entscheidend für diese Perspektive ist, dass die Körper-Technik-Konfigurationen immer auch spezifische Vulnerabilitäten, Spannungen und Normalitätserwartungen hervorbringen, die es nachzuzeichnen gilt. Insbesondere Studien im Kontext von chronischer Krankheit machen deutlich, dass die kontinuierliche Interaktion mit Daten mit einem hohen Maß an Emotionalität verbunden ist (Lomborg et al., 2020, S. 3; Wiedemann, 2019, S. 246 ff.). Mit den Daten werden immer auch neue Klassifikationen des Körperbezugs erzeugt, die wiederum mit dem Wohlsein der Klassifizierten interagieren: Denn Klassifikationen machen immer auch soziale oder medizinische Normalitätserwartungen körperlich-sinnlich erfahrbar. Aber auch im Kontext von selbstgewähltem Self-Tracking wird mit Blick auf die eigenen Datenaufzeichnungen ein breites Spektrum an Emotionen wach, das von Hoffnung, Enttäuschung, Freude, Frustration, Schuld, Angst, Enthusiasmus, Bestürzung bis hin zu Stolz reicht (vgl. Ruckenstein & Schüll, 2017, S. 267 f.). Analoge und digitale Körper interagieren folglich in zentraler Weise über Affekte und im Leben mit Daten werden neue affektive Beziehungen zum eigenen Körper und seinem Datendoppel gestrickt (vgl. Ruckenstein, 2014, S. 77).

## 4.3 Lebendige Beziehungsgeflechte

Das Phänomen des digitalen Self-Trackings, so eine dritte – an die vorherige anknüpfende –Perspektive, lässt sich nicht von den konkreten Vollzugspraktiken trennen, die es hervorbringen. Insofern interessieren sich Autor*innen, die ihre Forschung etwa in den Science and Technology Studies, der Akteur Netzwerk Theorie oder den Praxistheorien verorten, vor allem für die praktischen Erfahrungen des intimen Lebens mit Daten und Vermessungstechnologien (vgl. u. a. Kaziunas, 2018; Lupton, 2018). Die niederländische Philosophin und Medizinanthropologin Annemarie Mol (u. a. 2002) legt in ihren Arbeiten die Aufmerksamkeit auf das lebendige und technisch-materiell verwickelte Praktizieren von Krankheit. Dabei begreift sie Körper und Krankheit als multiple Realitäten, die in unterschiedlichen soziomateriellen Praktiken jeweils anders „enacted", das heißt hervorgebracht und getan werden. Wobei epistemische und medizintechnische Entwicklungen stets neue Versionen von Realität hervorbringen können.

Eine an Mol anschließende Blickstellung rückt das eigentliche Tun und die alltäglichen Mikroroutinen in den Fokus, die in einem soziomateriellen Beziehungsgeflecht vollzogen werden, das heißt eine Vielzahl an menschlichen und nicht-menschlichen Entitäten einschließen. Ziel der Analyse ist, dieses heterogene Beziehungsgeflecht, welches die situativen Dynamiken und Erfahrungen des Self-Trackings erst vermittelt, detailliert nachzuzeichnen. Wie es Elizabeth Kaziunas (2018, S. 86) formuliert, geht es darum, die „lived experience of turning materialities into digital representations" zu erforschen. Eingebunden in das Self-Tracking sind aber nicht nur analoge Körper und ihre Repräsentationen, sondern auch u. a. Aufforderungen der Technik, Arbeit, bio-medizinische Wissensordnungen, Biosensoren, Algorithmen, Zeit, soziale Beziehungen, Ökonomie, alltägliche Situationen, Affekte, Körperwissen, rechtliche Bestimmungen, Software, Energiezellen, Design oder Visualisierungen. Um diesem Denken in Relationen und der kollektiven Anteilnahme am Praktizieren terminologisch gerecht zu werden, werden dann zum Beispiel Konzepte wie „digital data assemblages" (Lupton, 2018), „Akteur-Netzwerk" (Belliger & Krieger, 2015) oder sozio-materiellen Konstellationen (Wiedemann, 2019) herangezogen.

In ihrer ethnographischen Studie zu den zunehmenden Verflechtungen alltäglicher Gesundheitspraktiken mit Informationstechnologien entwickelt Kaziunas (2018, S. 161) das Konzept „lived data", um die oftmals widersprüchlichen und multiplen Aspekte des Lebens mit, in und durch Daten analysierbar zu machen. Ihr zufolge seien Daten in der heutigen Zeit nicht mehr außerhalb der gelebten Erfahrung des Menschen zu denken und müssten folglich als ein „mode of being" (ebd., S. 203) verstanden werden. Daten seien zu einem integralen Bestandteil von Lebensweisen und Sinnstiftung geworden, die kollektiv produziert werden, in soziale Beziehungen reinspielen, die prägen, wie wir unsere Körper umsorgen (vgl. ebd., S. 161). Ähnlich spricht Lupton (2016, S. 42 ff., 2018, S. 5 f.) von „lively data", um zu zeigen, dass Daten in Praktiken bedeutsam gemacht, verwaltet und interpretiert werden müssen. Zwar können die digitalen Körper auch in ihrem Zustand der Materialisierung auf smarten Geräten eingefroren werden, doch lädt das Self-Tracking seinem Imperativ nach zur Deutung ein (vgl. ebd., 2018, S. 6).

Das interpretative In-Beziehung-Setzen von analogem und digitalem Körper ist jedoch nicht so einfach, wie es zunächst erscheinen mag (vgl. u. a. Nafus, 2014; Ruckenstein, 2014; Wiedemann, 2019). Während dem Generieren der Daten technisch kaum Grenzen gesetzt sind, können nachträgliche Umgangs- und Interpretationspraktiken zu einer Herausforderung werden. Aufgrund der gestalterischen Ästhetik von Self-Tracking-Software, die etwa Farben und Grenzlinien beinhaltet, erscheinen manche Daten in sich sinnhaft. Dennoch erweist sich die nachträgliche Auseinandersetzung komplexerer Körperdaten häufig als zeitaufwändig und die Interpretierbarkeit als herausfordernd, zum Beispiel, weil sich Kontextunsicherheiten ergeben: war es das späte Essen, der Alkohol, der Lautstärkepegel auf der Straße oder doch der Stress, der mich schlecht schlafen ließ? Die Interpretation macht zudem häufig zusätzliche Informationsarbeit (vgl. Kaziunas, 2018, S. 5) nötig, etwa wenn Internetforen oder medizinisches Wissen konsultiert werden müssen. „Far from producing certainty, sensor data often provokes a sense of vagueness that is worked on until it becomes either clarity or action, failure or indifference," schreibt Dawn Nafus (2014, S. 208). Die Daten lebendig und bedeutungsvoll zu machen, kann zur zeitintensiven Arbeit werden, die nicht immer mit Erkenntnis gekrönt ist, sodass die Daten als „stuck data", „dead data" oder „disloyal data" Speicherplätze belegen. Auch Lomborg et al. (vgl. 2020, S. 3) zeigen im Kontext von medizinisch-klinischem Self-Tracking von Menschen mit Herzkrankheiten, dass Daten keine Fakten sind, die bloß von Bildschirmen abzulesen sind. Mit der Figur „interpretation as luxury" machen sie deutlich, dass die Antwortfähigkeit der Daten häufig mit Unsicherheit verbunden ist, weil das in Beziehung setzen von Daten, Interpretation, situativen körperlichen Zuständen und kontextuellen Umständen sehr voraussetzungsreich ist. Die Fähigkeiten mehrdeutige Daten zu interpretieren sei nicht nur eine individuelle Herausforderung, sondern zugleich ein ethisches Dilemma in der datengestützten medizinischen Versorgung (vgl. ebd., S. 1, 11).

Der digitale Körper ist darüber hinaus nicht nur mit der Pflege und Interpretation von Daten verbunden. Ebenso müssen die Technologien umsorgt werden, indem sie aufgeladen, kalibriert, upgedatet oder gewartet werden. Damit erscheint das Interagieren von analogem und digitalem Körper als eine alltägliche Sorgepraxis, die darauf ausgerichtet ist, ein komplexes und sich häufig chaotisch zeigendes soziotechnisches Beziehungsgeflecht am Laufen zu halten. Die Interaktionsbeziehungen müssen mittels verschiedener Praktiken beständig wiederhergestellt werden und die Herausforderung der empirischen Analyse ist es, die „hidden work involved in lived data" (Kaziunas, 2018, S. 2014) herauszuarbeiten. Gleichsam kann der Blick auf die lebendige Erfahrung des Self-Trackings die Spannungen nachzeichnen, die im intimen Leben mit Daten entstehen. Immerhin finden die Datenpraktiken in der Raum-Zeit-Struktur des Alltags statt und können in Konflikt mit anderen Vorhaben, Wünschen oder Anforderungen geraten. Und auch Körper und Technik können sich als widerspenstige Größen zeigen, die nicht immer tun, was sie sollen.

## 5 Ausblick

Im letzten Jahrzehnt haben digitale Körper zusehends die Aufmerksamkeit der Soziologie erfahren. Insbesondere die Praxis des Self-Trackings hat ihr Forschungsinteresse geweckt und ein Forschungsfeld entstehen lassen, dass sich zwar noch im Aufbau befindet, aber erkennen lässt: die Auseinandersetzung mit digitalen Körpern kommt nicht um den analogen Körper herum. Das Digitale ist keine unkörperliche Bezugswelt, die vom leiblichen analogen Körper entrückt ist. Vielmehr interagieren digitale und analoge Körper, wie die soziologische und kultur- und sozialanthropologische Forschung zeigt, in unterschiedlicher Form miteinander. Zahlreiche soziotechnische Entwicklungen – von der Veralltäglichung des Smartphones bis hin zu einer weitreichenden Integration von Biosensoren in medizinische Infrastrukturen – führen dazu, dass analoge Körper umfänglich in digitale Daten übersetzt werden, die wiederum zusehends verändern, wie Körper erblickt, umsorgt oder institutionell adressiert werden.

Im 21. Jahrhundert investieren verschiedene Interessengruppen in Tracking-Technologien: die Medizin- oder Wellnessindustrie, Krankenversicherungen, Arbeitgeber*innen, Gesundheitsämter, Krankenhäuser und große Internetkonzerne. Vor dem Hintergrund der wachsenden Bedeutung von sich überwiegend auf unsere Körper richtenden Digitaltechnologien wird es zur soziologischen Daueraufgabe, die vielschichtigen Verkopplungen von Daten, Körpern und Technik sowie deren Folgen nachzuzeichnen. Dabei gilt es zu fragen, wer überhaupt die Mittel und die Möglichkeiten hat, den eigenen digitalen Datenkörper zu pflegen. Das Leben mit dem Datendoppel kann zeit- und arbeitsintensiv verlaufen und dabei in verschiedener Weise valorisiert werden. In diesem Zusammenhang machen Minna Ruckenstein und Natasha Dow Schüll (2017, S. 271) darauf aufmerksam, dass die Literatur zum Thema bisher vordergründig die digitalen Datenkörper von wohlhabenden, gebildeten und kosmopolitischen Personen in den Blick genommen hat. Für die körpersoziologische Perspektivierung bleibt entsprechend eine zentrale Forschungslücke, die in Zukunft gefüllt werden sollte.

## Literatur


Akrich, M. (2006). Die De-Skription technischer Objekte. In A. Belliger & D. J. Krieger (Hrsg.), *ANThology. Ein einführendes Handbuch zur Akteur-Netzwerk-Theorie* (S. 407–429). transcript (Erstveröffentlichung 1992).

Belliger, A., & Krieger, D. J. (2015). Die Selbstquantifizierung als Ritual virtualisierter Körperlichkeit. In R. Gugutzer & M. Staack (Hrsg.), *Körper und Ritual. Sozial- und kulturwissenschaftliche Zugänge und Analysen* (S. 389–404). Springer VS.

Berg, M., & Harterink, P. (2004). Embodying the Patient. Records and bodies in early 20th-century US medical practice. *Body & Society, 10*(2–3), 13–41.

Borck, C. (2016). *Medizinphilosophie. Zur Einführung*. Junius.

Foucault, M. (1993). *Die Geburt der Klinik. Eine Archäologie des ärztlichen Blicks*. Fischer (Erstveröffentlichung 1973).

Gugutzer, R. (2016). Self-Tracking als Objektivation des Zeitgeists. In S. Duttweiler, R. Gugutzer, J.-H. Passoth, & J. Strübing (Hrsg.), *Leben nach Zahlen. Self-Tracking als Optimierungsprojekt?* (S. 161–184). transcript.

Haggerty, K. D., & Ericson, R. V. (2000). The surveillant assemblage. *British Journal of Sociology, 51*(4), 605–622.

Haraway, D. (1997). Ein Manifest für Cyborgs. Feminismus im Streit mit den Technowissenschaften. In D. Haraway (Hrsg.), *Die Neuerfindung der Natur. Primaten, Cyborgs und Frauen* (S. 33–73). Campus (Erstveröffentlichung 1985).

Kaziunas, E. S. (2018). *Designing for lived health. Engaging the sociotechnical complexity of care work*. University of Michigan Press.

Latour, B. (2004). How to talk about the body? The normative dimensions of science studies. *Body & Society, 10*(2/3), 205–229.

Latour, B. (2010). *Eine neue Soziologie für eine neue Gesellschaft. Einführung in die Akteur-Netzwerk-Theorie*. Suhrkamp.

Lomborg, S., Langstrup, H., & Andersen, T. O. (2020). Interpretation as luxury: Heart patients living with data doubt, hope, and anxiety. *Big Data & Society, 7*(1), 1–13.

Lupton, D. (2014). Self-tracking cultures. Towards a sociology of personal informatics. In *Proceedings of the 26th Australian computer-human interaction conference on designing futures. The future of design* (S. 77–86).

Lupton, D. (2016). *The quantified self. A sociology of self-tracking*. Polity Press.

Lupton, D. (2017). Digital bodies. In M. Silk, D. Andrews, & H. Thorpe (Hrsg.), *Routledge handbook of physical cultural studies* (S. 200–208). Routledge.

Lupton, D. (2018). How do data come to matter? Living and becoming with personal data. *Big Data & Society, 5*(2), 1–11.

Mau, S. (2017). *Das metrische Wir. Über die Quantifizierung des Sozialen*. Suhrkamp.

Mol, A. (2002). *The body multiple: Ontology in medical practice*. Duke University Press.

Mol, A., & Law, J. (2004). Embodied action, enacted bodies. The example of Hypoglycamia. *Body & Society, 10*(2–3), 43–62.

Nafus, D. (2014). Stuck data, dead data, and disloyal data. The stops and starts in making numbers into social practices. *Distinktion. Journal of Social Theory, 15*(2), 208–222.

Ruckenstein, M. (2014). Visualized and interacted life. Personal analytics and engagement with data doubles. *Societies, 4*(1), 68–84.

Ruckenstein, M., & Schüll, N. D. (2017). The datafication of health. *Annual Review of Anthropology, 46*(1), 261–278.

Viseu, A., & Suchman, L. (2010). Wearable augmentations. Imaginaries of the informed body. In J. Edwards, P. Harvey, & P. Wade (Hrsg.), *Technologized images, technologized bodies* (S. 161–184). Berghahn Books.

Wiedemann, L. (2019). *Self-Tracking. Vermessungspraktiken im Kontext von Quantified Self und Diabetes*. Springer VS.

Zillien, N., Fröhlich, G., & Dötsch, M. (2014). Zahlenkörper. Digitale Selbstvermessung als Verdinglichung des Körpers. In K. Hahn & M. Stempfhuber (Hrsg.), *Präsenzen 2.0: Körperinszenierung in Medienkulturen* (S. 77–96). Springer VS.

# Disability Studies

Anne Waldschmidt

## 1 Einleitung

Geht es um die Differenzkategorie Behinderung, assoziiert der *common sense* fast zwangsläufig Körper, die merkwürdig geformt sind, sich auffällig bewegen oder seltsam aussehen. Ob blind, gehörlos oder bewegungseingeschränkt, kognitiv beeinträchtigt oder verhaltensauffällig: Mit gesundheitsrelevanten Beeinträchtigungen werden zumeist sinnlich wahrnehmbare, an den Körper geheftete Stigmata verbunden.

Vor diesem alltagsweltlichen Hintergrund würde es naheliegen, sich dann, wenn man sich wissenschaftlich mit Behinderung und Beeinträchtigung befasst, auf den menschlichen Körper zu fokussieren, um aus dieser Perspektive die Zusammenhänge zwischen verkörperten Auffälligkeiten, institutionell etablierten Unterstützungssystemen, sozialen Interaktionen, symbolischen Zuschreibungen und Marginalisierungsprozessen in den Blick zu nehmen. In traditionellen, an Therapie, Förderung und Intervention orientierten Diskursen wie der Heil- und Sonderpädagogik spielt jedoch der Körper als eine eigens zu analysierende Kategorie bislang kaum eine Rolle. Im Wesentlichen wird er hier als eine nicht weiter zu hinterfragende Tatsache vorausgesetzt. Zumeist wird davon ausgegangen, dass die quasi natürliche Verkörperung von Behinderung keiner Problematisierung bedarf; allenfalls das *coping* der betroffenen Individuen sowie die medizinisch-pädagogischen und sozialpolitischen Regulierungs- und Umgangsweisen werden der Untersuchung für wert befunden.

Dem Blick auf die soziologische Forschung zu und über Behinderung bietet sich ein ähnliches Bild. Dabei ist zunächst die fehlende fachliche Verortung der entsprechenden Arbeiten in Rechnung zu stellen. Nach wie vor ist das Forschungsfeld ohne eigene

A. Waldschmidt (✉)
Köln, Deutschland
E-Mail: anne.waldschmidt@uni-koeln.de



R. Gugutzer et al. (Hrsg.), *Handbuch Körpersoziologie 2*,
https://doi.org/10.1007/978-3-658-33298-3_7

Sektion in der Deutschen Gesellschaft für Soziologie (DGS) und in einem unklaren Bereich – zwischen Körpersoziologie, Medizin- und Gesundheitssoziologie, Soziologie des abweichenden Verhaltens, Soziologie sozialer Probleme und sozialer Kontrolle sowie Wohlfahrtsstaats- und Sozialpolitikforschung – angesiedelt. Diese Situation ist insofern erstaunlich, als es gleichzeitig eine eigene Bindestrich-Soziologie gibt, die sich mit den Lebenslagen behinderter Menschen befasst.

Seit Ende der 1960er Jahre etabliert, zumeist institutionell angesiedelt in heilpädagogischen und rehabilitationswissenschaftlichen Kontexten hat sich diese *Soziologie der Behinderten* bis in die jüngere Zeit hinein vornehmlich als ‚Hilfswissenschaft' verstanden und entweder die Interaktionen zwischen behinderten und nichtbehinderten Menschen untersucht oder anwendungsorientierte Versorgungsforschung betrieben. Erst in den letzten zwei Jahrzehnten gewinnt eine stärker an Grundlagenforschung interessierte *Soziologie der Behinderung* eigene Konturen. Dabei kommt eine körpersoziologische Perspektivierung noch wenig zur Anwendung, auch wenn entsprechende Ansprüche zuweilen artikuliert werden. Beispielsweise verspricht das Lehrbuch von Jörg Michael Kastl (2017) im Covertext, „erstmals konsequent vor einem körpersoziologischen Hintergrund eine Soziologie der Behinderung" zu entwickeln; jedoch wird der Buchinhalt dieser Ambition nicht gerecht.

Gleichzeitig gibt es Hinweise, dass insgesamt die Forschung zu Behinderung in Bewegung geraten ist. Wurde die Kategorie bis zum Ende des 20. Jahrhunderts vorzugsweise aus devianztheoretischer und problemsoziologischer Sicht betrachtet, ist sie mittlerweile zu einem Untersuchungsgegenstand der Diversitätssoziologie und Intersektionalitätsforschung avanciert, die auch in den Gender und Queer Studies Beachtung findet. Auch wenn hierzulande ein konsequenter *disability turn* (noch?) nicht ausgemacht werden kann, so haben doch vor allem die internationalen Disability Studies maßgeblich dazu beigetragen, Behinderung als vielschichtige Differenzkategorie neu zu denken.

Die Disability Studies sind eine interdisziplinäre Forschungsrichtung, die sich – inspiriert von der Behindertenbewegung – in den 1980er Jahren zunächst in den angelsächsischen Ländern entwickelt hat, mittlerweile weltweit betrieben wird und seit Beginn dieses Jahrhunderts auch im deutschsprachigen Raum etabliert ist (Lutz et al., 2003; Schneider & Waldschmidt, 2012; Waldschmidt, 2005; Waldschmidt & Schneider, 2007). Die sozial- und kulturwissenschaftlich orientierten Disability Studies benutzen Behinderung (disability) und Normalität bzw. Fähigkeit (ability) als analytische Kategorien, um Exklusions- und Inklusionsmechanismen und Phänomene sozialer Ungleichheit zu untersuchen. Dieser Beitrag schließt an die Disability Studies an und liefert aus dieser Perspektive einen Überblick über den körpersoziologischen Forschungsstand. Im Folgenden wird zunächst der Ansatz der Disability Studies vorgestellt; anschließend wirft der Aufsatz einen Blick auf Behinderung als körpersoziologisches Themenfeld. Des Weiteren wird Körper als Gegenstand der Disability Studies beleuchtet; dabei geht es um Theorieansätze und körpertheoretische Debatten. Außerdem werden relevante Forschungsthemen skizziert, bevor im Ausblick eine Bilanzierung des *state of the art* erfolgt.

## 2 Behinderung als verkörperte Differenz

Aus Sicht der Disability Studies markiert Behinderung (disability) vor allem eine Zuschreibung und eine gesellschaftlich marginalisierte Position. Ähnlich wie die klassische Trias *race – class – gender* begründet auch diese Differenzkategorie soziale Ungleichheit und legitimiert mit dem Verweis auf vermeintlich ‚natürliche' Schwächen, Defizite oder Störungen die Exklusion und Benachteiligung von Individuen und Gruppen in den unterschiedlichsten Bereichen von Gesellschaft.

Während der deutsche Begriff ‚Behinderung' im wortwörtlichen Sinne auf die Barrieren verweist, denen behinderte Menschen zumeist ausgesetzt sind, zeigt das englische Wort ‚disability' explizit die ‚Unfähigkeit' an, welche der entsprechend kategorisierten Personengruppe gemeinhin zugeschrieben wird. Indem im Folgenden nicht nur die englische Bezeichnung verwendet, sondern zusätzlich als eine Form bewusster Verfremdung der Schrägstrich eingesetzt, d. h. der Ausdruck ‚Dis/ability' benutzt wird, soll eine Grundannahme ausgedrückt werden, die für die Disability Studies zentral ist: Bei der Behinderung handelt es sich nicht um eine einfache biomedizinische oder psychologische Tatsache, sondern um ein spannungsreiches Wechselverhältnis zwischen Normalität und einem spezifischen Typus von Anderssein.

Um diese Grundannahme zu implizieren, werden im Deutschen auch die Varianten (Nicht-)Behinderung oder Nicht/Behinderung benutzt; diese bilden jedoch das Wechselverhältnis nur unzureichend ab. Im Unterschied zum deutschen Nicht/Behinderung hat das englische Sprachspiel Dis/ability den Vorzug, die hegemoniale Position des ‚Normalen' gleichsam *en passant* zum Vorschein zu bringen. Für dessen Verwendung spricht auch, dass die deutsche Sprache bei Behinderung keine Oberbezeichnung kennt, um jenseits des binären Codes behindert/nichtbehindert Dimensionen der Unterscheidung zum Ausdruck zu bringen, während es sich bei anderen Differenzkategorien wie Geschlecht, Ethnizität oder Sexualität um Begrifflichkeiten handelt, die jeweils unterschiedliche Ausprägungen bezeichnen (im Falle von ‚Geschlecht' z. B. ‚männlich/weiblich/divers').

Mit der Schreibweise Dis/ability wird angedeutet, dass Behinderung (disability) als alleiniger Begriff ohne konkreten Bezug zu den Vorstellungen von Normalität und ‚ability' in einer Gesellschaft keine Aussagekraft hat; umgekehrt gilt dies ebenso. ‚Disability' und ‚ability' sind somit immer nur gemeinsam und in ihrem wechselseitigen Verhältnis zu untersuchen. Das Beispiel Dis/ability führt vor Augen, dass es keine von Gesellschaft, Geschichte und Kultur unabhängige, ahistorische oder ‚natürliche' Körperwahrnehmung und -interpretation gibt.

In Diskursen, Verobjektivierungen und Institutionalisierungen gerinnt verkörperte Wirklichkeit zur ‚harten', den Einzelnen als Zwang auferlegten Tatsache. Am Körper ‚angeheftete' Differenzen können dazu führen, dass offizielle Kategorien wie beispielsweise der sozialrechtliche ‚Grad der Behinderung' (GdB) gebildet werden. Ob und wie das geschieht und welche Auswirkungen die Zuschreibung eines (Schwer-)Behindertenstatus für die Einzelnen hat, ist abhängig vom jeweiligen soziokulturellen Kontext und damit höchst unterschiedlich. Hierzulande, d. h. in einem westeuropäischen Wohlfahrtsstaat wie Deutschland, bewirkt das zugeschriebene Differenzmerkmal zumeist konkrete, korrigierende oder normalisierende Interventionen, wie etwa pharmazeutische und chirurgische Eingriffe, pädagogische Förderung oder die Einweisung in spezielle Werkstätten und Wohneinrichtungen.

Mit den benutzten Termini ‚verkörpert' und ‚an den Körper geheftet' lässt sich an die Bezeichnung verkörperte Differenz (embodied difference) anknüpfen, die in den Disability Studies gebräuchlich ist. Als Sammelbegriff umfasst verkörperte Differenz die vielfältigen körperlichen, mentalen und psychischen Auffälligkeiten, denen gemeinsam ist, dass sie immer nur mittels des Körpers ausgedrückt und wahrgenommen werden können. Verkörperte Differenz als Konzept ermöglicht es, Körperlichkeit als Bedeutungsträger, als Faktor in soziokulturellen Praktiken und als historische Erfahrung zu untersuchen, ohne verfrüht von Behinderung (disability) sprechen zu müssen.

Körperbehinderung im engeren Sinne, wie etwa Querschnittslähmung oder Muskeldystrophie als medizinisch diagnostizierte Beeinträchtigungen, ist somit nur ein Aspekt einer komplexen Landschaft von gesundheitsrelevanten Abweichungen und Beeinträchtigungen. Die Annahme der verkörperten Differenz gilt selbstverständlich auch bei sogenannter geistiger Behinderung, Lernbehinderung, emotional-sozialer Entwicklungsstörung, psychischer Behinderung oder neurologischer Erkrankung. Bereits der erste Sammelband der deutschsprachigen Disability Studies hob diesen Sachverhalt hervor: „Man muß sich [.] klarmachen, daß Behinderung oder Imperfektion stets von einem Körper her gedacht wird, auch wenn von ‚psychischer' oder ‚geistiger' Behinderung die Rede ist. Einzig an körperlichen Äußerungen, Körperformen, Bewegungen oder Lauten wird sie identifiziert." (Lutz et al., 2003, S. 14)

Mit der Perspektive der Disability Studies verschiebt sich somit der Analysefokus weg von der beeinträchtigungsspezifischen Ebene und hin zur Re- und Dekonstruktion der am Körper ansetzenden diskursiven und institutionellen Praktiken und der dahinterstehenden Werte, Normen und Deutungen. Entsprechend müsste eigentlich die Körpersoziologie die grundlegende Bezugsdisziplin der Disability Studies sein. Und umkehrt sollte Dis/ability in der körpersoziologischen Forschung einen hohen Stellenwert haben. In folgendem Abschnitt wird deshalb zunächst der Forschungsstand in der Körpersoziologie beleuchtet, bevor sich der Beitrag den körperbezogenen Debatten und Arbeiten in den Disability Studies zuwendet.

## 3 Dis/ability als Gegenstand der Körpersoziologie

Hierzulande widmete sich die Körpersoziologie zwar recht früh chronischen Krankheiten wie etwa AIDS oder Essstörungen; zumeist wurden dabei jedoch nur die physischen oder psychischen Traumata thematisiert, die zuvor nicht beeinträchtigte Personen durch eine Krankheit erfahren. Dagegen ziehen die Erfahrungen derjenigen mit angeborenen oder frühkindlich erworbenen Beeinträchtigungen, die schon immer oder recht früh als ‚anders' gelten, wenig soziologische Beachtung auf sich. Auch Themen wie Schmerz, Pflegebedürftigkeit, Inkontinenz etc. werden im körpersoziologischen Diskurs vergleichsweise selten thematisiert. Was das Interesse der allgemeinen Körpersoziologie an den gesundheitsrelevanten Körperdifferenzen betrifft, habe man es mit einer „situation of relative scientific neglect" zu tun, schätzte der britische Soziologe Bryan S. Turner (2001, S. 252) die internationale Lage zu Beginn der Jahrtausendwende ein. Ob fast zwanzig Jahre später Turners Charakterisierung des Forschungsstands für den deutschsprachigen Raum zutreffend ist, soll im Folgenden kurz beleuchtet werden.

Im Rückblick stellt man fest, dass bereits in den 1990er Jahren erste Arbeiten zu den ‚anderen', als deviant aufgefassten Körpern (z. B. Hagner, 1995) erscheinen; gewissermaßen *avant la lettre* entsteht ein akademisches Interesse an verkörperter Differenz. In den nuller Jahren beginnt sich das Diskursfeld zu konturieren. Zum einen publiziert Walburga Freitag (2005) eine wegweisende Arbeit, die in einer körpersoziologischen Perspektive Zusammenhänge zwischen medizinischem Diskurs und biographischen Erfahrungen von Menschen mit Conterganschädigungen erkundet. Zum anderen veröffentlicht Claudia F. Bruner (2005) eine biographisch-narrativ orientierte Studie, in der sie im Anschluss an die Disability Studies und eine kritische Lektüre von Talcott Parsons und Erving Goffman beleuchtet, welches Verhältnis Frauen mit Behinderungen zu ihrem Körper haben. Im gleichen Jahr veranstaltet die DGS-Sektion Körpersoziologie an der Universität Hamburg die Tagung „Marginalisierte Körper", aus der ein Beitrag (Waldschmidt, 2007) zum ‚behinderten Körper' hervorgeht, der die Körpertheorien von Goffman, Michel Foucault und der Disability Studies miteinander vergleicht.

Nach diesem *kickoff* kommt es zunächst nicht zu einer merklichen Vermehrung von Arbeiten. Zehn Jahre später zeigt allerdings die erste Auflage des Handbuchs Körpersoziologie (Gugutzer et al., 2017), dass mittlerweile das Interesse durchaus gestiegen ist. Die Handbuchaufsätze, die sich entweder auf die Disability Studies beziehen oder Behinderung als Beispiel berücksichtigen, nutzen die Körpertheorie Foucaults und den dekonstruktivistisch-feministischen Ansatz von Judith Butler ebenso wie die Leibphänomenologie von Maurice Merleau-Ponty und die Strukturierungstheorie von Anthony Giddens. Offensichtlich ist die hiesige Körpersoziologie gerade dabei, die als ‚behindert' klassifizierten Körper zu entdecken. Dabei begünstigen phänomenologische und poststrukturalistische Verortungen sowie die Nähe zu den Gender Studies und Queer Studies die Offenheit für Dis/ability als Untersuchungs- und Reflexionsgegenstand.

## 4 Körper als Gegenstand der Disability Studies

Schaut man sich nach körpersoziologisch relevanten Arbeiten in den Disability Studies um, so findet man auch hier das bekannte Bild: Einerseits ist der behinderte Körper im Diskurs allgegenwärtig, andererseits bildet die Körpertheorie zwar keine Leerstelle mehr, aber immer noch ein einzulösendes Desiderat der Disability Studies. Etwas verwunderlich ist dies schon, wenn man bedenkt, dass just zu dem Zeitpunkt, als sich die Disability Studies zu entfalten begannen, nämlich im Laufe der 1980er Jahre, so etwas wie ein *body turn* in den Sozial- und Kulturwissenschaften einsetzte.

Allerdings verhinderte zunächst das sogenannte soziale Modell von Behinderung (für einen Überblick Waldschmidt, 2005) und die mit ihm verbundene schematische Gegenüberstellung von (individuellem) Körper und Gesellschaft eine entsprechende Bezugnahme. Dem sozialen Modell zufolge ist Behinderung (disability) kein Ergebnis medizinischer Pathologie, sondern eine diskriminierte Randgruppenposition und das Produkt sozialer Ausschließungs- und Unterdrückungsmechanismen. Ursprünglich beruhte der Ansatz auf einer neo-marxistischen Argumentation, welche die Produktionsweise und Profitorientierung des Kapitalismus dafür verantwortlich machte, dass beeinträchtigte Menschen Unterdrückung und Ausgrenzung erfahren, da ihre Arbeitskraft als ökonomisch nicht (mehr) verwertbar gilt. Heute postuliert das soziale Modell vor allem, dass Behinderung aufgrund einer Vielzahl an gesellschaftlich bedingten Barrieren entsteht.

Grundlegend für das soziale Modell ist auch diese Annahme: Zwischen Behinderung (disability) und Beeinträchtigung (impairment) gibt es keine hinreichende Kausalbeziehung; bei Beeinträchtigung handelt es sich lediglich um eine klinisch relevante Auffälligkeit oder funktionale Einschränkung einer Person, die von Behinderungsprozessen klar zu trennen ist. Aus Sicht des sozialen Modells werden Menschen nicht wegen ihrer Beeinträchtigungen – somit nicht wegen ihres Körpers – zu ‚Behinderten', sondern als eine Folge des Gesellschaftssystems.

Neben diesem im engeren Sinne sozialwissenschaftlichen Ansatz hat sich in den Disability Studies zeitlich parallel ein anderes, nämlich kulturelles Modell von Behinderung entwickelt, das für körpertheoretische Fragestellungen offener ist (Waldschmidt, 2005; Schneider & Waldschmidt, 2012). Auf der Basis einer überwiegend poststrukturalistischen Orientierung wird in diesem Zusammenhang davon ausgegangen, dass auch klinisch feststellbare Beeinträchtigungen Konstruktionen, d. h. konkret Effekte diskursiver Praktiken sind. Die kulturwissenschaftlichen Disability Studies fokussieren auf das Verhältnis von symbolischen (Wissens-)Ordnungen und institutionellen Kategorisierungsprozessen sowie auf deren handlungswirksamen Folgen für die Lebensbedingungen der Beteiligten, d. h. der Menschen mit und ohne Behinderungen, ihre sozialen Bezüge und Selbstverhältnisse. Zugleich rückt mit dem kulturellen Modell das Pendant von Behinderung, die gemeinhin nicht hinterfragte Normalität im Sinne von ‚ability', in den Fokus.

Für die körpersoziologischen Disability Studies dürfte sich vor allem diese Perspektive als produktiv erweisen, da sich mit ihr der behinderte Körper in seinem Verhältnis zum normalen Körper untersuchen lässt. Auf der theoretischen Ebene stehen verschiedene Ansätze bereit, die mit Gewinn für entsprechende Fragestellungen und Forschungsdesigns genutzt werden können.

## 4.1 Theoretische Ansätze der körpersoziologischen Disability Studies

Die Studie ‚Stigma' von Goffman spielt in den Disability Studies insofern eine große Rolle, als hier behinderte Körper als ‚Rohmaterial' dienen, um allgemeine Interaktionsdynamiken zu verdeutlichen und eine Identitätstheorie zu entwickeln. Beeinträchtigte Körper führen nach Goffman zu einer ‚beschädigten Identität', da sie mit Erfahrungen von Ablehnung und Distanz verbunden sind. In der Auseinandersetzung mit Goffman haben die Disability Studies herausgearbeitet, dass die Bedeutung des behinderten Körpers in sozialen Interaktionen erst dann zu verstehen ist, wenn macht- und wissenssoziologische Aspekte mit berücksichtigt werden (Bruner, 2005; Waldschmidt, 2007).

Wie Goffman hat auch Foucault keine explizit die Differenzkategorie Behinderung thematisierende Körpertheorie entwickelt, gleichwohl liefert auch er den Disability Studies wichtige Anregungen. Mit Foucault den als behindert etikettierten Körper zu denken, heißt herauszuarbeiten, dass abgrenzbare und erkennbare, definierbare und somit verkörperte Differenzen erst dann entstehen, wenn sich entsprechende Wissensformen, Denk- und Deutungsmuster konstituieren. Anthropologie, Medizin, Psychologie, Psychiatrie, Heil- und Sonderpädagogik als Spezialdiskurse erzeugen Gegenstände wie ‚Körperbehinderung' oder ‚Lernbehinderung', indem sie von ihnen sprechen. Im Anschluss an Foucault kann Dis/ability als eine produktive Machtstruktur verstanden werden, die auf Diskursen beruht, auf operative Programme zurückgreift und Subjektivierungspraktiken hervorruft. Außerdem öffnet die Körpertheorie Foucaults den Blick für die „overevaluation" (Snyder & Mitchell, 2001, S. 374) des behinderten Körpers, die nicht nur symbolische, sondern auch ganz konkrete, materielle Folgen hat: niedriger sozioökonomischer Status, segregierte Beschulung, institutionelle Unterbringung, soziale Isolierung.

Weder mit Foucault noch mit Goffman kann allerdings der behinderte Körper in seiner Eigensinnigkeit betrachtet werden. Um die Bedeutung des Körpers für die individuelle Selbstwahrnehmung und den Weltbezug in den Blick nehmen zu können, greifen auch die Disability Studies auf die vor allem an Merleau-Ponty orientierte phänomenologische Körpertheorie zurück. In diesem Zusammenhang wird unter dem Begriff ‚embodiment' die Ebene körperlicher Erfahrung thematisiert; konkret geht es um den „wahrnehmenden und wahrnehmbaren, sehenden und sichtbaren, bewegenden und bewegungsempfindenden, spürenden und spürbaren Leib" (Gugutzer & Schneider, 2007, S. 44).

Um Körperpraktiken und Diskurse in Beziehung zu einander zu bringen, bietet sich darüber hinaus das Werk Pierre Bourdieus an (z. B. Edwards & Imrie, 2003). Ebenso wie Foucault geht auch Bourdieu von der Somatisierung der Herrschaftsverhältnisse aus. Symbolische Gewalt ist ihm zufolge körperlich verankert; sie ist eine Dimension des Körpers, weil sie *im* Körper wirkt. Während Foucault den Körper eher als passives Objekt denkt und Goffmans Stigmatheorie soziale Ungleichheit weitgehend ausblendet, fokussiert Bourdieu auf den Prozess der Inkorporierung seitens der handelnden Akteure, d. h. auf die mit dem klassenspezifischen Habitus notwendig verbundene Bildungs- und Formungsarbeit, die immer auch den Körper betrifft. Mit Bourdieu lässt sich der Körper als eigene Kapitalsorte fassen, und zugleich als Bedingung für die Akkumulation von ökonomischem, kulturellem, sozialem und symbolischem Kapital.

Mithilfe dieser allgemeinsoziologischen Ansätze, von denen hier nur die wichtigsten kurz skizziert sind, plädieren die Disability Studies für eine Erweiterung des analytischen Blicks. Als verkürzt gilt ihnen, Behinderung lediglich als abhängige Variable anzusehen, die in einer Kausalbeziehung aus Körperfunktionsstörungen resultiert. Vielmehr hat die Konstruktion ‚disability' die Funktion, die naturalisierte Interventionsebene ‚impairment' herzustellen – und sie gleichzeitig der Kritik zu entziehen, indem letztere nicht als soziale Praxis, sondern als vorgängig, naturgegeben gedacht wird. Die verkörperte Differenz wird, indem sie essentialisiert und ontologisiert wird, dem technisch-strategischen Zugriff geöffnet und zugleich als gesellschaftlicher Tatbestand verschleiert.

An dieser Stelle sei jedoch hervorgehoben: Wie andere Forschungsfelder haben auch die Disability Studies selbstverständlich nicht nur eine *grand theory,* vielmehr gibt es andauernde, höchst lebendige und kontroverse Debatten über das eigene wissenschaftliche Instrumentarium. Im Folgenden sollen einige körpersoziologisch relevante Beiträge kurz vorgestellt werden; wiederum wird dabei ein Anspruch auf Vollständigkeit nicht erhoben.

## 4.2 Körpertheoretische Debatten in den Disability Studies

In einem viel zitierten Aufsatz haben die beiden schottischen Sozialwissenschaftler Bill Hughes und Kevin Paterson bereits 1997 auf die Körpervergessenheit der Disability Studies aufmerksam gemacht: Während sich die begriffliche Trennung zwischen ‚impairment' und ‚disability' als nützlich für die Identitätspolitik der Behindertenbewegung erwiesen habe, sei nicht nachvollziehbar, warum das soziale Modell den behinderten Körper ohne weiteres der Medizin überlasse. Vielmehr müssten körperliche Erfahrungen als diskursiv konstruiert betrachtet werden. Foucaults Idee, den Körper als ein historisch kontingentes Produkt von Machtverhältnissen anzusehen, könne genutzt werden, um eine kritische Theorie des ‚embodiment' von Behinderung auszuarbeiten und ‚impairment' zu dekonstruieren. Die zentrale These der Autoren lautet: „Impairment is social and disability is embodied." (Hughes & Paterson, 1997, S. 336) Gleichzeitig kritisieren sie am diskurstheoretischen Körperkonzept, dass es dem Körper seine Handlungsfähigkeit nimmt und ihn als bloße Oberfläche betrachtet. Um die körperliche Erfahrung des individuellen In-der-Welt-Seins und des Empfindens von sich selbst erkunden zu können, wird vorgeschlagen, als weiteren Bezugspunkt die Phänomenologie Merleau-Pontys zu benutzen.

In einem Handbuchbeitrag geht der britische Soziologe Bryan S. Turner (2001) ähnlich vor. Er entwickelt eine Körpersoziologie, die zum einen unter dem Begriff

,embodiment' an die Phänomenologie anschließt und zum anderen mithilfe des Gouvernementalitätsansatzes berücksichtigt, dass Körper immer auch politisch reguliert werden. Insbesondere der behinderte Körper, hebt Turner hervor, sei ein Gegenstand professionellen Interesses und folglich Machtzugriffen ausgesetzt. Aus seiner Sicht liefern die Disability Studies der Körpertheorie die Anregung, den gesunden und leistungsfähigen Körper nicht vorauszusetzen, sondern von ,ontologischer Unsicherheit' als nicht aufhebbarer Aspekt der *conditio humana* auszugehen.

Für die Disability Studies ist die mit diesem Ansatz verbundene Ontologisierung von ,impairment' irritierend. Denn aus der anthropologischen Annahme von Verletzlichkeit und Gebrechlichkeit des Körpers als einer grundlegenden Universalie menschlicher Existenz wird allzu häufig abgeleitet, dass Behinderung umstandslos mit Schmerz, Leid und Pein gleichzusetzen sei. Auch der Umkehrschluss – ,Wir sind alle behindert' – erscheint aus Sicht der Disability Studies als zu verkürzt. Schließlich repräsentiert der behinderte Körper das entschiedene Gegenteil von schön, fit und leistungsfähig und damit den marginalisierten Körper *par excellence;* er legitimiert soziale Ausgrenzung und Diskriminierung und muss als ein Produkt von Macht und Wissen gedacht werden.

Mit Foucault weisen deshalb Sharon L. Snyder und David T. Mitchell, nordamerikanische Literatur- und Filmwissenschaftler, darauf hin, dass der behinderte Körper in der modernen Gesellschaft die Funktion hat, Anderssein zu repräsentieren. Die Konstruktion Dis/ability trage dazu bei, Menschsein zu definieren und Mitgliedschaften auszuhandeln: „If the able body proved a utopian fiction of abstract bodily norms, disabled bodies occupied the phantasmic recesses of the cultural imagery. The different body was more than a site for public scapegoating – cognitive and physical aberrancies acted as reminders of Others in our midst who challenged beliefs in a homogeneous bodily order" (Snyder & Mitchell, 2001, S. 377).

Als Kontrastfolie zu solchen, konstruktivistisch und poststrukturalistisch inspirierten Perspektiven versteht sich der Ansatz des amerikanischen Kulturwissenschaftlers Tobin Siebers (2001). Im Sinne eines kritischen Realismus plädiert er für eine Wende ,to the new realism of the body'. Er argumentiert, dass es notwendig sei, den Körper in seiner Kreatürlichkeit und als biologischen Organismus anzuerkennen, dessen Bedürfnisse und Notwendigkeiten letztlich nicht diskursiv aufgehoben werden könnten.

Im Anschluss an die Queer Studies und analog zu dem von Adrienne Rich und Judith Butler entwickelten Konzept der Heteronormativität hat Robert McRuer (2006), ebenfalls nordamerikanischer Literaturwissenschaftler, die Körpertheorie in den Disability Studies um den Begriff ,able-bodiedness' bereichert. Darunter versteht er die gesellschaftliche Verpflichtung, einen gesunden, leistungsfähigen und attraktiven Körper zu haben. Insbesondere in der kapitalistischen, neoliberalen Erwerbsarbeitsgesellschaft gelte die normative Vorgabe, nach einem gut funktionierenden Körper zu streben, um Anerkennung als produktiver Bürger zu erhalten. Die machtvolle Norm der Fähigkeit erzeuge den als defizitär wahrgenommenen Körper: „[...] being able-bodied means being capable of the normal physical exertions required in a particular system of labor. It is here as well that we can begin to understand the compulsory nature of able-bodiedness: in the emergent industrial capitalist system […]" (McRuer, 2006, S. 303).

Wiederum im Rückgriff auf phänomenologische Denkfiguren entwickelt Abby Wilkerson (2015) in ihrem Überblicksartikel ‚embodiment' als Schlüsselbegriff der Disability Studies; dabei bezieht sie sich überwiegend auf nordamerikanische, feministische Ansätze und die Queer Studies. Die angloamerikanischen Gender und Queer Studies greift auch Nirmala Erevelles (2016) auf; zusätzlich sieht sie das Assemblage-Konzept von Gilles Deleuze und Félix Guattari kritisch und argumentiert für eine Berücksichtigung historisch-materialistischer Positionen: „Rather than theorizing anatomy as natural/biological or as transgressively discursive, I argue instead for an analysis that situates anatomy and its posthumanist counterparts, assemblages, within the social relations of production and consumption of transnational capitalism. Specifically, I analyse disability […] as a historical materialist construct that supports both exploitative as well as productive notions of embodiment at the critical junctures of race, class, gender, and sexuality." Nicht nur der Intersektionalitätsansatz, sondern auch die (bio-)politische Ökonomie von Körpern, als auch die Zusammenhänge zwischen Dis/ability und Kolonialismus, Rassismus und Globalisierung müssen Erevelles zufolge in den Disability Studies stärker Beachtung finden.

Im Unterschied zur internationalen, vornehmlich englischsprachigen Debatte haben sich die deutschsprachigen Disability Studies noch kaum der Herausforderung körpertheoretischer Reflexion gestellt. Neben dem bereits erwähnten Aufsatz von Waldschmidt (2007) gibt es vor allem den grundlegenden Beitrag von Robert Gugutzer und Werner Schneider (2007). Vor dem Hintergrund wissenssoziologisch-diskurstheoretisch sowie leibphänomenologisch ausgerichteter Überlegungen präsentieren die Autoren einen Dimensionierungsvorschlag für den analytischen Blick auf den (nicht-)behinderten Körper. Erstens sei der Körper ein Effekt von Körperdiskursen: Das, was als ‚Wahrheit des Körpers' handlungswirksam werde, gründe in diskursiven Prozessen der Herstellung und Formierung von Körperlichkeit. Damit eng verbunden sei, zweitens, die konkrete Körperpraxis: Mittels körperlicher Routine, verkörperter Selbstdarstellung und körperlichen Agierens werde der Körper zum Produzenten des Sozialen. Drittens materialisiere sich im und durch den Körper eine im eigenen Leib spürbare, sinnlich wahrnehmbare Differenzerfahrung. Das Vorhaben einer an die Körpersoziologie anschließenden Forschung zu Dis/ability lässt sich entsprechend so pointieren:

> „Gemäß der Annahme eines wechselseitigen Durchdringungsverhältnisses von Körper und Gesellschaft, der zufolge der menschliche (der als behindert ebenso wie der als nicht-behindert wahrgenommene) Körper analytisch sowohl als Produkt als auch als Produzent von Gesellschaft zu fassen ist, gilt es, das jeweilige Zusammenspiel von Körperdiskursen, Körperpraxis und Körpererfahrung (als leibliche Erfahrung) in den Blick zu nehmen (Körper/Körperlichkeit, Leib)." (Schneider & Waldschmidt, 2012, S. 148)

## 4.3 Forschungsthemen der körpersoziologische Disability Studies

Was die behandelten Forschungsthemen und -felder betrifft, zeigt sich ein vielgestaltiges, nahezu unüberschaubares Spektrum, wobei es zusätzlich nicht leicht ist, die disziplinären Grenzen abzustecken. Da es den Rahmen dieses Beitrags sprengen würde, wenn einzelne Arbeiten berücksichtigt würden, geht es im Folgenden lediglich um eine kursorische Sichtung der Forschungslandschaft.

Von Interesse sowohl für die Disability History, als auch für die körpersoziologischen Disability Studies sind etwa die Praktiken der humangenetischen Beratung und vorgeburtlichen Diagnostik, die Geschichte und Gegenwart von Eugenik, die Debatten um Abtreibung und Schwangerschaft, Organtransplantation und Sterbehilfe; in diesen bioethischen und biopolitischen Diskursfeldern geht es immer auch um den als defizitär, leidend oder genetisch belastet wahrgenommenen, kurz, als ‚behindert' markierten Körper. Mit der Medizin- und Gesundheitssoziologie wie auch mit Wissenssoziologie und Familiensoziologie überschneiden sich weitere Themen wie Leben im Wachkoma, mit Hirnverletzung oder Down-Syndrom und den mit Beeinträchtigungen vielfach verbundenen Therapieerfahrungen, Praktiken der Pflege und persönlichen Assistenz.

Analysen der Bedeutung der Differenzkategorie in Sozialisationsdynamiken, etwa in der Kindheit oder Adoleszenz und im Alter(n), Studien zu Sexualität und Erfahrungen der sexualisierten Gewalt, Schönheit und Attraktivität verbinden die körpersoziologischen Disability Studies ebenfalls mit den entsprechenden Bindestrichsoziologien wie auch mit den Gender Studies und Queer Studies. Körperbezogene Benachteiligung und Ausgrenzung, ob aufgrund von Hautfarbe, Herkunft oder sichtbarer Beeinträchtigung, sind für die Körpersoziologie und Disability Studies ebenso von Belang wie für die Intersektionalitäts- und Diskriminierungsforschung. Die Untersuchungen zu Sport und Spiel, Tanz und Theater, Kunst und Ästhetik als körperorientierte Praktiken erhalten einen erweiterten Blickwinkel, wenn sie den Umgang mit und die Erfahrungen von behinderten Menschen als Sportlerinnen, Tanzende und Künstler thematisieren. Am Arbeitsplatz spielt der behinderte Körper als vermeintlich unfähiger oder wenig produktiver Körper ebenso eine Rolle wie in Organisationen und Institutionen, von denen Psychiatrien, Alten- und Pflegeheime oder Wohneinrichtungen, Werkstätten und Umschulungsmaßnahmen – nicht nur – für behinderte Menschen von besonderer Bedeutung sind. Kultur- und körpersoziologische Arbeiten zu den Praktiken des Sehens und Hörens, der Blindheit und Gehörlosigkeit oder der Fortbewegung – ob laufend, mit Krücken oder im Rollstuhl – und der Sprache – ob flüssig, stotternd oder in der Migration erworben – können von den Disability Studies profitieren. Biographische Erfahrungen etwa der Exklusion und Inklusion sind ebenso wie persönliche Interaktionen – beispielsweise das Anstarren – von Körperwahrnehmungen und Körpernormen geprägt. Auch der Stellenwert des Körpers als Zweck, Mittel und Ressource der sozialen Bewegung behinderter Menschen ist ein lohnender Untersuchungsgegenstand.

Während sicherlich Konsens darüber besteht, dass die genannten Themen allesamt für die Gesellschaftsanalyse von Bedeutung sind, geht es bei anderen Untersuchungsgegenständen um mit Dis/ability direkt und eng verbundene Fragestellungen; bei genauerem Hinsehen entpuppen sich jedoch auch diese als allgemein relevant. Zum Schluss seien zwei Beispiele kurz ausgeführt.

So sind etwa Geschichte und Nutzung von Prothesen (Schneider, 2005) in den Disability Studies ein bedeutendes Forschungsfeld. Untersucht wird beispielsweise die Veränderung von sozialen Interaktionen aufgrund von medizinisch-technischen Artefakten wie Prothesen und Hilfsmitteln. Vermehrt spielen Prothesen aber nicht nur im Alltag von Personen mit Amputationen eine Rolle, sondern auch im Leistungssport, wie beispielsweise den paralympischen und olympischen Wettkämpfen. Im Zeichen von Selbstoptimierung und Leistungssteigerung, Human Enhancement und Posthumanismus dienen Prothesen nicht mehr nur der Kompensation fehlender Gliedmaßen oder Sinne; vielmehr wird mittlerweile die (digitale) Prothetisierung auch für die gezielte Verbesserung körperlicher Fitness oder die Erweiterung von Fähigkeiten und Sinneswahrnehmungen eingesetzt: Der als ‚verkrüppelt' stigmatisierte Körper wird nun als *cyborg* zum Pionier und damit möglicherweise sogar zum *superhuman*.

Ein anderes Thema, dessen Entdeckung als vielschichtiger Untersuchungsgegenstand ein Verdienst der Disability Studies darstellt, sind die Freakshows des 19. und 20. Jahrhunderts (Stammberger, 2011). Die Zurschaustellung von ungewöhnlichen menschlichen Körpern zu Unterhaltungszwecken vor einem zahlenden Publikum auf Jahrmärkten, im Zirkus oder Zoo war nicht nur in den USA, sondern auch in Europa weit verbreitet. Die Untersuchung dieser kulturellen Praxis weist auf Überschneidungen mit der Kolonial- und Wissenschaftsgeschichte hin. Die Studien arbeiten außerdem heraus, dass die Präsentation des behinderten Körpers eine Subjektivierungspraxis darstellt: Indem das Groteske und Monströse die beim Publikum vorherrschenden Körperbilder und Selbstverständnisse irritiert, werden Affekte wie Angst und Horror hervorgerufen und eine Identitätsarbeit evoziert, die sich der eigenen Normalität vergewissert. Auch heute ist die Figur des Freaks weiter präsent; dies gilt insbesondere für den digitalen Raum, der neue Möglichkeiten für die Inszenierung und Rezeption des (behinderten) Körpers bereitstellt. Dabei geht es vermehrt nicht mehr nur um die Affirmation von Körpernormativität, sondern auch um die Lust an der Abweichung, dem Spiel mit dem Anderssein.

## 5 Ausblick

Auf der Suche nach relevanten Studien, die sich mit der Interdependenz von Dis/ability und Körper auseinandersetzen, trifft man auf ein Paradoxon: Einerseits ist der Körper omnipräsent; zumindest *implizit* taucht er immer dann auf, wenn von Behinderung die Rede ist. Andererseits ist der Körper seltsam abwesend; die *explizite* Thematisierung von Körper in Relation zu Behinderung kann man immer noch als Desideratum ausmachen. Zumindest für das letzte Jahrzehnt lässt sich eine verstärkte Aufmerksamkeit für den behinderten Körper als analytische Kategorie feststellen. Bei der Sichtung des Forschungsstands findet man eine große thematische Breite und Vielfalt. Auch die Theoriedebatte ist ermutigend; zuweilen wirkt sie jedoch noch etwas eklektizistisch. Bisher ist das Potential der Disability Studies für die Körpersoziologie noch nicht ausgeschöpft; umgekehrt gilt dies ebenso.

## Literatur

Bruner, C. F. (2005). *KörperSpuren. Zur Dekonstruktion von Körper und Behinderung in biografischen Erzählungen von Frauen*. transcript.

Edwards, C., & Imrie, R. (2003). Disability and bodies as bearers of value. *Sociology, 37*(2), 239–256.

Erevelles, N. (2016). "Becoming Disabled": Towards the political anatomy of the body. In M. Gill & C. J. Schlund-Vials (Hrsg.), *Disability, human rights and the limits of humanitarianism* (S. 219–233). Routledge.

Freitag, W. (2005). *Contergan. Eine genealogische Studie des Zusammenhangs wissenschaftlicher Diskurse und biographischer Erfahrungen*. Waxmann.

Gugutzer, R., & Schneider, W. (2007). Der „behinderte" Körper in den Disability Studies. Eine körpersoziologische Grundlegung. In A. Waldschmidt & W. Schneider (Hrsg.), *Disability Studies, Kultursoziologie und Soziologie der Behinderung. Erkundungen in einem neuen Forschungsfeld* (S. 31–53). transcript.

Gugutzer, R., Klein, G., & Meuser, M. (Hrsg.). (2017). *Handbuch Körpersoziologie* (2. Bd.). Springer VS.

Hagner, M. (Hrsg.). (1995). *Der falsche Körper. Beiträge zu einer Geschichte der Monstrositäten*. Wallstein.

Hughes, B., & Paterson, K. (1997). The social model of disability and the disappearing body: Towards a sociology of impairment. *Disability & Society, 12*(3), 325–340.

Kastl, J. M. (2017). *Einführung in die Soziologie der Behinderung* (2. Aufl.). Springer VS.

Lutz, P., Macho, T., Staupe, G., & Zirden, H. (Hrsg.). (2003). *Der (im-) perfekte Mensch. Metamorphosen von Normalität und Abweichung*. Böhlau.

McRuer, R. (2006). *Crip theory: Cultural signs of queerness & disability*. New York University Press.

Schneider, W. (2005). Der Prothesen-Körper als gesellschaftliches Grenzproblem. In M. Schroer (Hrsg.), *Soziologie des Körpers* (S. 371–397). Suhrkamp.

Schneider, W., & Waldschmidt, A. (2012). Disability Studies. (Nicht-) Behinderung anders denken. In S. Moebius (Hrsg.), *Kultur. Von den Cultural Studies bis zu den Visual Studies* (S. 128–150). Eine Einführung. transcript.

Siebers, T. (2001). Disability in theory: From social constructionism to the new realism of the body. *American Literary History, 13*(4), 737–754.

Snyder, S. L., & Mitchell, D. T. (2001). Re-engaging the body: Disability studies and the resistance to embodiment. *Public Culture, 13*(3), 367–389.

Stammberger, B. (2011). *Monster und Freaks. Eine Wissensgeschichte außergewöhnlicher Körper im 19. Jahrhundert*. transcript.

Turner, B. S. (2001). Disability and the sociology of the body. In G. L. Albrecht, K. D. Seelman, & M. Bury (Hrsg.), *Handbook of disability studies* (S. 252–266). Sage.

Waldschmidt, A. (2005). Disability Studies: Individuelles, soziales und / oder kulturelles Modell von Behinderung? *Psychologie & Gesellschaftskritik, 29*(1), 9–31.

Waldschmidt, A. (2007). Behinderte Körper: Stigmatheorie, Diskurstheorie und Disability Studies im Vergleich. In T. Junge & I. Schmincke (Hrsg.), *Marginalisierte Körper. Beiträge zur Soziologie und Geschichte des anderen Körpers* (S. 27–43). Unrast.

Waldschmidt, A. & Schneider, W. (Hrsg.). (2007). *Disability Studies, Kultursoziologie und Soziologie der Behinderung. Erkundungen in einem neuen Forschungsfeld.* transcript.

Wilkerson, A. (2015). Embodiment. In R. Adams, B. Reiss, & D. Serlin (Hrsg.), *Keywords for disability studies* (S. 67–70). New York University Press.

# Ernährung

Tanja Paulitz und Martin Winter

Essen und Ernährung sind an den Körper gebundene und auf den Körper zielende soziale Praktiken. Diese Spezifizität des Gegenstands hat zur Folge, dass eine soziologische Betrachtung von Ernährung nicht ohne eine Thematisierung des Körpers auskommt. Der Forschungsgegenstand des ernährten Körpers ist in der Soziologie zwar von Beginn an präsent, aber hat erst in den letzten Jahren vermehrte Aufmerksamkeit bekommen. Eine verstärkte Präsenz des Körpers innerhalb der Soziologie einerseits und starke Wandlungsprozesse der Ernährungskultur andererseits dürften hier die Gründe sein, dass das Thema innerhalb der Disziplin ‚an Fahrt aufnimmt'. Dass Ernährung aber erst jetzt vertieft zum Gegenstand sozialwissenschaftlicher Forschungen wird, muss insbesondere für eine körpersoziologische Auseinandersetzung mit dem Thema trotzdem verwundern. Denn einige für diesen Bereich pionierhafte Arbeiten entfalten ihre sozialtheoretischen Argumentationen zur körperlichen Dimension des Sozialen prominent rund um den Gegenstand ‚Körper und Ernährung'. Hervorzuheben sind hier die „Klassiker" Pierre Bourdieu (1987) und Norbert Elias (1978). Der soziologische Forschungsbereich ‚Körper und Ernährung' kann also einerseits auf eine lange Forschungstradition aufbauen, andererseits standen in der (Körper-)Soziologie bisher primär andere Gegenstände im Vordergrund. Daher gibt es bisher wenige umfangreiche Studien, die dezidiert in diesen Themenbereich einzuordnen sind. Viele Thematisierungen finden sich eher verstreut und in Form von Randbemerkungen.

Es ist anzunehmen, dass die zögerliche Auseinandersetzung mit Ernährung und Körpern nicht in der geringen Relevanz des Themas, sondern in den Eigenarten des

T. Paulitz (✉) · M. Winter
Institut für Soziologie, Technische Universität Darmstadt, Darmstadt, Deutschland
E-Mail: paulitz@ifs.tu-darmstadt.de

M. Winter
E-Mail: winter@ifs.tu-darmstadt.de



R. Gugutzer et al. (Hrsg.), *Handbuch Körpersoziologie 2*,
https://doi.org/10.1007/978-3-658-33298-3_8

Themenfeldes begründet liegt. Denn Essen bedeutet, dass dem Körper Lebensmittel zugeführt werden und von diesem im Stoffwechsel verarbeitet werden. Damit werden sowohl soziale als auch biologisch-physische Prozesse angesprochen. Vor allem der Metabolismus gilt dabei als Prozess, der sich menschlichen Eingriffen weitgehend entzieht. Daher wird das Verhältnis von Körper und Sozialem in der Ernährungsforschung oft auch als Gegensatz von Natur und Kultur adressiert. Nachdem die Ernährungsforschung weitgehend naturwissenschaftlich geprägt ist, haben sich sozial- und kulturwissenschaftliche Perspektiven (in Deutschland) zu Beginn im Verhältnis dazu positioniert. Eva Barlösius, eine der Pionierinnen der Soziologie des Essens in Deutschland, hat etwa gefordert, „das Kulturthema Essen gleichberechtigt neben das Naturthema Ernährung zu stellen." (Barlösius, 1993, S. 88) In der Art und Weise wie Barlösius (neben anderen) eine Grenze zwischen Natur und Kultur der Ernährung zieht, wird ersichtlich, warum auch in der Körpersoziologie der Gegenstand Ernährung trotz seines weitreichenden Potentials nur zögerlich behandelt wird. Es wird argumentiert, dass „[i]n den physischen Qualitäten der Ernährung (…) sich die Naturgebundenheit der Ernährung [repräsentiert]. Ihr Ort ist der Körper" (Barlösius, 2011, S. 45). Physisch-körperliche Prozesse werden so aus einer soziologischen Auseinandersetzung mit Ernährung systematisch ausgeschlossen, da diese qua Natur gegeben seien, wohingegen sich die Soziologie auf die Ebene der Strukturen, Bedeutungen und Sinnzuschreibungen beschränken müsse. Neuere Arbeiten, vor allem aus dem Bereich der Wissenschafts- und Technikforschung stellen dieses Verhältnis in Frage und fordern, nicht nur symbolische Repräsentationen des Körpers, sondern auch seine Materialität in die sozialwissenschaftliche Analyse aufzunehmen (Bauer et al., 2010; Mol, 2013; Paulitz & Winter, 2018).

Aber auch unter der Prämisse einer Trennung in Natur und Kultur muss dem Körper nicht zwangsläufig eine nachgeordnete Rolle in der sozialwissenschaftlichen Ernährungsforschung zugewiesen werden. Eine solche Perspektive hat der Anthropologe Claude Fischler (1988) beschrieben. Er benennt zunächst mit dem „omnivore's paradox" den Umstand, dass Menschen nur eine weit beschränktere Palette an Lebensmitteln tatsächlich konsumieren, als sie praktisch qua Physiologie essen könnten, dass Menschen unter den prinzipiell essbaren Stoffen also stets eine Auswahl treffen. Ausgehend davon argumentiert er, dass jedes inkorporierte Lebensmittel eine potentielle Bedrohung für den Körper darstelle. Aus diesem Grund, so Fischler, ist die Auswahl und Vermeidung der Lebensmittel auch immer mit Bedeutung aufgeladen und mit Identitäten verknüpft. Folgt man dieser Argumentation, so sind die symbolischen Gehalte von Ernährungspraxen und Lebensmitteln alle unentrinnbar auf den Körper verwiesen. Insgesamt kann darüber hinaus festgehalten werden, dass in der Anthropologie eine Vielzahl an Studien und Theorien zur Ernährung vorliegen, allerdings spielt hier der Körper zumeist eine weniger präsente Rolle.

Die soziologische Auseinandersetzung mit dem Zusammenhang von Ernährung und Körper lässt sich ausgehend von diesen einführenden Leitlinien in drei Kategorien einteilen, die im Folgenden näher beleuchtet und entlang zentraler Arbeiten vorgestellt werden. Im Bereich von Ernährung als *verkörperter* Praxis (1) geht es um den körperlichen Vollzug des Essens einerseits und die Rolle der sinnlichen und zu Präferenzen institutionalisierten Dimensionen des Geschmacks andererseits. Daran knüpft direkt (2) die Thematisierung von Ernährung als *verkörpernde* Praxis an. Hierunter fallen Analysen der materiellen Dimension, wie sich Ernährung in der Formung der Körper niederschlägt und wie darüber hinaus physische und somatische Dimensionen soziologisch betrachtet werden können. Weiterführend (3) werden dann Ernährungspraxen in Beziehung zu Körper- und Biopolitiken und Repräsentationen in Wissenschaft, Kultur und Politik gesetzt. Die betrachteten soziologischen Forschungen behandeln dabei oft das Thema Ernährung und Körper nicht nur innerhalb einer dieser Kategorien, sondern betonen gerade deren Interdependenz. Daher werden die Arbeiten einiger Autor*innen im Folgenden in mehreren Abschnitten dargestellt.

## 1 Ernährung als Verkörperte Praxis

Essen ist an den Körper gebunden und stellt als solches eine verkörperte Praxis dar. Es geht dabei um die körperliche (Ko-)Präsenz des oder der Essenden und die Art und Weise, wie die Speisen dem Körper zugeführt werden. Die volle Komplexität der Verzehrsituation wird aber erst deutlich, wenn über die physischen Bewegungsabläufe hinaus, affektive Dimensionen wie Hunger oder Völle und sinnliche Dimensionen wie Geschmack, Aussehen und Geruch mit einbezogen werden. Die „Mahlzeit" als institutionalisierte Verzehrsituation hat, wie Georg Simmel (1998) in der Gründungszeit der Soziologie argumentierte, zugleich differenzierenden und vergemeinschaftenden Charakter. Mit dem Körper als Distinktionsmedium in und durch Ernährungspraxen haben sich besonders prominent Elias und Bourdieu beschäftigt. Letzterer arbeitet sozialtheoretisch insbesondere die Frage des Geschmacks aus, indem er sinnliche Erfahrung in Beziehung zu sozialen Ungleichheitsstrukturen setzt. Hieran haben wiederum Ansätze aus dem Kontext der Akteur-Netzwerk-Theorie (ANT) starke Kritik geübt und Geschmack stärker auf der Mikroebene analysiert. Alle diese drei Zugänge zu Ernährung als verkörperter Praxis – Elias, Bourdieu und ANT – werden im Folgenden näher dargestellt.

Der distinktive Charakter des körperlichen Verhaltens und der Affektregulation beim Essen wird von *Norbert Elias* (1978, S. 110 ff.) in seiner kulturhistorischen Entwicklung als ein Gegenstand seiner „Theorie der Zivilisation" herausgearbeitet. Auf der Grundlage von Benimmhandbüchern aus der Zeit vom 13. bis zum 19. Jahrhundert beschreibt Elias, wie sich insgesamt das ‚Benehmen', vor allem aber der Umgang mit körperlichen Affekten und der Umgang mit Esswerkzeug (Besteck, aber auch Servietten) bei Tisch in einem langen Prozess hin zu dem entwickelt, was in westlichen Gesellschaften heute weitgehend selbstverständlich ist. Er zeigt, wie sich die normativen Vorgaben in die körperlichen Affekte einschreiben, was z. B. als abstoßend empfunden wird, indem die „Peinlichkeitsschwelle vorrückt" (Elias, 1978, S. 154). Damit ist gemeint, dass sich aristokratische Stände von niedrigeren sozialen Ständen durch ‚zivilisierteres' oder

‚kultivierteres' Verhalten beim Essen abgrenzten, wodurch diese Verhaltensweisen als erstrebenswert galten, sich in der gesamten Gesellschaft ausbreiteten und zunehmend die Affektstruktur prägten. Die Entwicklung vom gemeinsamen Essen mit der Hand aus einem gemeinsamen Topf zum immer ausdifferenzierterem Umgang mit Essbesteck, welches nur mit dem jeweiligen Individuum in Berührung kommt, wird so von Elias als Ergebnis gesellschaftlicher Distinktionsdynamiken über mehrere Jahrhunderte beschrieben. Die Wirkmächtigkeit der Distinktions- und Strahlkraft aristokratischer Verhaltens- und Affektmuster liegt für ihn in der Struktur der Gesellschaft begründet. Die uns heute gebräuchlichen Tischsitten und Esswerkzeuge seien, so seine These, weder als Ergebnis ‚natürlicher' Peinlichkeitsempfindungen gegenüber körperlichen Prozessen, noch als rationale Entscheidungen aufgrund von Hygiene- und Gesundheitsfaktoren zu erklären. Das körperliche Verhalten beim Essen wird mit affektiven Empfindung verbunden, die in einem langen und von Herrschaftsverhältnissen geprägten gesellschaftlichen Prozess geformt werden.

Wie der Körper durch Ernährungspraxen mit gesellschaftlichen Machtverhältnissen verwoben ist, hat *Pierre Bourdieu* (1987, S. 288 ff.) mit seiner in den 1960er und 70er Jahren in Frankreich durchgeführten Studie „Die feinen Unterschiede" für damalige Klassengesellschaften herausgearbeitet. Bourdieu entwickelt eine umfassende soziologische Betrachtung von Ernährung und Körper, in der er sowohl auf die hier zunächst im Fokus stehende Frage der verkörperten Praxis eingeht, diese aber auch – wie weiter unten dargestellt – mit der Frage der Verkörperung verknüpft. Mit dem Begriff „Körperschema" (Bourdieu, 1987, S. 307) fasst er die körperliche Praxis des Essens, körperliche Idealbilder und Verkörperungen in einem Begriff zusammen. Das „Körperschema" und damit die Körperhaltungen beim Essen sind für Bourdieu Teil des Habitus, der als ‚Scharnier' zwischen den konkreten verkörperten Praxen und gesellschaftlichen Strukturen vermittelt.

Bourdieu geht (ähnlich wie Elias im Kontext der ständischen Ordnung) auf Distinktionen zwischen sozialen Klassen ein, betrachtet aber auch die dazu querliegend konzipierte Ungleichheitskategorie Geschlecht. Im Zentrum steht für ihn der *Geschmack* für bestimmte Nahrungsmittel. Bourdieu fordert in der Einleitung zu den „feinen Unterschieden", dass ein „umfassendes Verständnis des kulturellen Konsums (…) erst dann gewährleistet ist, wenn (…) noch der raffinierteste Geschmack für erlesenste Objekte wieder mit dem elementaren Schmecken von Zunge und Gaumen verknüpft wird." (Bourdieu, 1987, S. 17) Man könnte also behaupten, dass Bourdieu und daran anknüpfende Lebensstilstudien ihren Ausgang in der Analyse der Prozesse des Essens nehmen. Bourdieu argumentiert, dass für die Auswahl bestimmter Lebensmittel eben auch die Weise, wie diese gegessen werden, ausschlaggebend ist. Fisch sei beispielsweise kein Lebensmittel für Männer unterer Klassen, da es „mit Zurückhaltung, maßvoll, in kleinen Happen, durch sachtes Kauen mit *Vordermund* und Zungenspitze (wegen der Gräten)" gegessen wird, was ganz im Gegensatz zum Essen „mit vollem Mund und mit kräftigem Biß, wie es den Männern ansteht" (Bourdieu, 1987, S. 308) zu betrachten ist. Essenspraxen differenzieren also qua Klasse und qua Geschlecht. Aufbauend auf Bourdieu hat Monika Setzwein (2004, S. 168 ff.) in ihrer umfassenden Studie entsprechend argumentiert, dass Essen ein Modus des *doing gender* sei. Was gegessen wird, in welcher Menge und vor allem auch mit welchem körperlichen Ausdruck sind Elemente der interaktiven Herstellung von und Differenzierung qua Geschlecht.

Geht es um den Geschmack, so abstrahiert Bourdieu (entgegen der oben dargestellten Forderung) von der sinnlichen Erfahrung und argumentiert eher dafür, dass ausdifferenzierte Präferenz*muster* für Speisen (aber auch andere kulturelle Güter) die jeweiligen Klassenfraktionen im Sinne sozialer Distinktion von anderen abgrenzen. Der Geschmack ist dabei nicht als eine im kognitiven Verständnis angelegte Bewertung zu verstehen. Vielmehr sind die Präferenzmuster als Schemata habituell inkorporiert und prägen dementsprechend auch die sinnlich-affektiven Dimensionen, also die Wahrnehmungsschemata. Der Geschmack vermittelt so als „Operator" zwischen den bei Bourdieu als homolog konzipierten Räumen der objektiven, materiellen Struktur, also der (ungleichen) Verteilung von ökonomischen und kulturellen Kapital, und der Lebensstile. Die Präferenzmuster differenziert Bourdieu grundlegend in den Geschmack der Notwendigkeit und einen Freizügigkeits- bzw. Luxusgeschmack, wobei sich letzterer eben durch die Distanz zu ersterem, also zur grundlegenden Versorgung mit Nahrung ‚auszeichnet', aber in den unterschiedlichen Klassenfraktionen unterschiedlich ausgestaltet wird. Dabei kritisiert er jedoch grundsätzlich die Auffassung, der „Geschmack der Notwendigkeit" lasse sich rein ökonomisch begründen. Vielmehr schmecke Angehörigen der Arbeiter*innenklasse – im körperlich-sinnlichen Sinne – genau das gut, „wozu sie ohnehin verdammt sind." (Bourdieu, 1987, S. 290)

Autor*innen aus dem Kontext der *Akteur-Netzwerk-Theorie* kritisieren an Bourdieu eben diese These, der Geschmack lasse sich so fundamental aus der Sozialstruktur ableiten. Vielmehr werden in diesen Ansätzen die Relationen auf der mikrosozialen Ebene hervorgehoben. Geneviève Teil und Antoine Hennion argumentieren entsprechend: „Taste is a way of building relationships, with things and with people; it is not simply a property of goods, nor is it a competence of people." (Teil & Hennion, 2004, S. 25) Der Geschmack entsteht also in der konkreten Beziehung zwischen den Essenden und dem, was gegessen wird. Er lässt sich aus dieser Perspektive also nicht als Eigenschaft in den Lebensmitteln, noch als Kompetenz (oder kulturelles Kapital) in den Handelnden verorten: Geschmack entsteht immer erst in der Praxis, und es geht hier um die mikrosozial zu beobachtenden Relationen. Mit diesem Ansatz und in den interdisziplinären *Science and Technology Studies* (STS) positioniert, analysiert Annemarie Mol (2011) die Rolle des Geschmacks (oder auch des *flavors*) in (naturwissenschaftlichen) Laboratorien und klinischen Settings. Sie zeigt, dass Geschmack – genauer: die körperliche Fähigkeit zu schmecken – in verschiedenen Kontexten etwas jeweils Anderes ist: Während z. B. die Wissenschaft dem Schmecken die Funktion zuschreibe, durch Ekel oder andere Reaktionen vor potentiell giftigen Stoffen zu warnen, diene Schmecken in klinischen Kontexten zu therapeutischen Zwecken, zum Beispiel um Erinnerungen zu wecken oder das Wohlbefinden zu stärken. In einer weiteren Arbeit, in der neben ethnografischer Feldarbeit auch Lebensmittelmarketing analysiert wird, verhandelt Mol (2009) Geschmack als körperliche und kognitive Kategorie. Sie argumentiert, dass die Fähigkeit zu schmecken nicht angeboren und ‚natürlich' sei. Sie zeigt dies daran, dass ethische Konsumentscheidungen für Kategorien wie ‚fair trade' zu einem sinnlichen Geschmack inkorporiert werden und ‚guten' Geschmack von Lebensmitteln auszeichnen können.

Die verkörperte Praxis des Essens und damit auch des Geschmacks ist demnach sowohl auf der Makro- als auch auf der Mikroebene soziologisch analysiert worden. Die hier dargestellten Arbeiten zum Geschmack deuten bereits an, dass diese an der Grenze zwischen einem körperlichen Verhalten einerseits und der Verkörperung als Ergebnis dieses Verhaltens andererseits angesiedelt sind. Die Frage wie etwas gegessen wird, was gegessen und wie der Körper darauf reagiert, führt direkt zum nächsten Thema, der Inkorporierung, also der körperlichen Verarbeitung des Essens.

## 2 Ernährung als Verkörpernde Praxis

Durch Ernährung wird der Körper auf bestimmte Weise geformt. Ernährungspraxen werden zu weiten Teilen der gesellschaftlichen Sphäre der Reproduktion zugerechnet und die damit verbundenen Tätigkeiten als nicht produktiv verstanden. Vielmehr diene Ernährung, dieser marxistischen Diktion folgend, der *Wieder*herstellung von Arbeitskraft. Zugleich bedeutet dies jedoch auch, dass der arbeitende Körper ein Produkt von Ernährungspraxen ist. Die soziologische Auseinandersetzung kann darauf aufbauend zeigen, dass durch eine sozial strukturierte Ernährungspraxis sozial differenzierte Körper entlang von Arbeitsteilungsmustern (qua Klasse und Geschlecht) erst hergestellt werden. Explizit herausgearbeitet ist diese These bei Bourdieu, sie knüpft unmittelbar an die obigen Ausführungen an. Die Geschmacksmuster schlagen sich – so seine These – in Form und Gestalt der Körper nieder: „Der Geschmack: als Natur gewordene, d. h. inkorporierte Kultur, Körper gewordene Klasse, trägt er bei zur Erstellung des ‚Klassenkörpers'; als inkorporiertes, jedwede Form der Inkorporation bestimmendes Klassifikationsprinzip wählt er aus und modifiziert er, was der Körper physiologisch wie psychologisch aufnimmt, verdaut und assimiliert" (Bourdieu, 1987, S. 307). Der Körper ist in sozial strukturierten Ernährungspraxen geformt und produziert. Bourdieu sieht davon den gesamten Körper betroffen, er schreibt: Am Körper gebe es „kein einziges bloß physisches Mal" (Bourdieu, 1987, S. 310) – und verdeutlicht damit die Reichweite dieser These. Das oben erwähnte „Körperschema" liegt für Bourdieu den Konsummustern der jeweiligen Lebensstile zugrunde, also auch die Vorstellungen vom richtigen Körper, der darüber unbewusst hergestellt wird. Der vermeintliche Verzicht auf eine deftige Mahlzeit im Freizügigkeitsgeschmack, ergibt Sinn in Bezug auf ein temporär nachgelagertes Ziel: den schlanken Körper. Askese und Selbstzensur erscheinen als distinktive Merkmale, mit denen bestimmte Körper erzeugt werden. Besonders in Bezug auf Geschlecht ist diese These weitreichend: Das vermeintliche ‚starke' und ‚schwache'

Geschlecht sind eine Folge dieses qua Geschlecht und Klasse differenzierten „Körperschemas"; Essenspraktiken formen Klassen- und Geschlechtskörper. Hier ist es wieder Monika Setzwein, die Bourdieu geschlechtersoziologisch weiterdenkt und vom „Körper gewordenen Geschlecht" (Setzwein, 2004, S. 226) spricht. Soziale Differenzierungskategorien formen Körper, sie sind verkörpernde soziale Praxis. Für eine Kategorie wie Geschlecht, deren vermeintliche Naturhaftigkeit häufig mit einem Verweis auf qua Natur unterschiedliche Körper begründet wird, ist diese Argumentation folgenreich.

Gegen die Art und Weise, wie bei Bourdieu und daran anknüpfenden Arbeiten Verkörperung angelegt wird, kann kritisch eingewendet werden, dass diese den Körper als passiv und durch soziale Strukturen nur geprägt konzipierten, wohingegen sie den aktiven, praxishervorbringenden oder -mitgestaltenden Charakter körperlicher Prozesse ausblendeten (vgl. Paulitz & Winter, 2018, S. 6). Annemarie Mol (2013) geht, in sozialtheoretisch gleicher Ausrichtung wie oben bereits zum Geschmack ausgeführt, der materiellen Existenz des Körpers und seinen Prozessen nach. Sie denkt den Körper als relational in Ernährungspraxen hervorgebracht. Ihre grundlegende These ist, dass Körper und andere (materielle und nicht materielle) Entitäten innerhalb bestimmter Praxen erst auf bestimmte Weise *enacted* werden. Die Folge davon ist, dass der Körper und dessen Prozesse auch zwischen den Praxen variieren und nicht als einförmig zu begreifen sind. Vielmehr, so Mol, seien Körper ontologisch *multipel:* Sie sind in unterschiedlichen Praxen unterschiedliche Dinge mit dementsprechend unterschiedlichen Eigenschaften. In einer ethnografischen Untersuchung in der Ernährungsberatung kann Mol (2013) zeigen, wie mit unterschiedlichen Praxen des Diäthaltens drei unterschiedliche „Versionen" und „Realitäten" des Körpers hervorgebracht werden: Eine erste baut auf biophysikalischem Wissen auf, das Essen als eine Art Brennstoff ansieht, der in Form von Kalorien quantifizierbar ist. Was dem Körper zugeführt wird und was der Körper ‚verbraucht' oder ‚verbrennt', kann so in einer Gleichung gegenübergestellt werden. Dieser Körper sei außerdem nicht selbst in der Lage, die Aufnahme durch Hunger angemessen zu regulieren, da Essen zugleich auch Vergnügen sei. Kalorienzählen sei die damit verbundene angemessene Handlungsstrategie. Eine zweite Variante teilt Essen in drei verschiedene Kategorien: ‚bevorzugt', ‚manchmal', ‚ausnahmsweise'. Dies bedeutet laut Mol auch, dass Essen von gesund bis gewünscht eingeteilt wird und direkt mit der Handlungsanweisung zusammenhängt, bevorzugt gesunde Nahrung zu essen und gewünschte Nahrung nur ausnahmsweise. Die dritte Variante baut auf der sog. „Ernährungspyramide" auf, wonach Ernährung mit bestimmten Abstufungen abwechslungsreich sein sollte und eine Mahlzeit aus verschieden Teilen auf bestimmte Weise zusammengesetzt sein sollte, um alle Nährstoffe (Vitamine, etc.) zu bekommen. Mol identifiziert hier einen Widerspruch zwischen der Forderung nach ausgewogener Ernährung und habituellen Essgewohnheiten. In diesen drei Realitäten sind für Mol die materiellen Existenzen unmittelbar mit Handlungsnormen zu von ihr als „Ontonormen" zusammengefassten Einheiten verknüpft. Was Körper demzufolge in ihrer materiellen Realität sind, hat unmittelbare Folgen für damit einhergehende Handlungsmöglichkeiten und -normen. Mol argumentiert, dass die von ihr beobachteten Praxen und Inszenierungen von Körpern in der Ernährungsberatung zwar auf naturwissenschaftlichem Ernährungswissen aufbauen, dieses Wissen aber nicht als unterschiedliche Repräsentationen der gleichen Realität zu betrachten sei: „Instead, each of them engages with (enacts, invokes the action of) its own reality.“ (Mol, 2013, S. 380) Lebensmittel und Körper seien in den verschiedenen Praxen „simply not the same thing“ (Mol, 2013, S. 380).

Innerhalb der *Science and Technology Studies* (STS) ist neben dem von Mol hier repräsentierten Zugang des *relational materialism* (bzw. der ANT) eine weitere Strömung in der Betrachtung körperlicher Materialitäten auszumachen. Dieser zweite Strang, der *new materialism,* steht nun weniger in der Tradition der Naturwissenschafts*kritik* wie Annemarie Mol und die *Akteur-Netzwerk-Theorie.* Vielmehr zeichnen sich die hierunter gefassten, mitunter sehr heterogenen Zugänge durch den Anspruch aus, die Grenze zwischen Natur- und Sozialwissenschaften zu überschreiten. Sie sind so, wenngleich die kontroverse Debatte hierzu noch läuft, durch einen (auch) affirmativen Bezug auf naturwissenschaftliche Arbeiten charakterisiert. Exemplarisch kann für diese Strömung der Ansatz von Jane Bennett gesehen werden, die mit ihrem Konzept der „thing power“ „a productive power intrinsic to foodstuff“ (Bennett, 2010, S. 49) benennt. Bennett arbeitet mit dem Beispiel der Omega-3-Fettsäuren, deren Einverleibung einen Einfluss auf psycho-physische Zustände von Menschen habe. Die Unterversorgung mit diesem Stoff könne so zum Beispiel in einem Gefängnis das Aggressionspotential der Insassen erhöhen. Menschen, körperliche Materialitäten und Lebensmittel bilden laut Bennett eine „Assemblage“, wobei allen involvierten materiellen Entitäten eine bestimmte Handlungsmacht und -kapazität zukommt. Lebensmittel und ihre Inhaltsstoffe, aber auch körperliche Entitäten haben so Einfluss auf menschliche Handlungen und weisen damit eine soziale Dimension auf.

Die damit verbundene Debatte (siehe z. B. Abrahamsson et al., 2015) kann als Impulsgebend für die Ernährungs- und Körpersoziologie betrachtet werden, da es hier ganz fundamental um die Verschiebung der Grenzen des Forschungsfeldes im Bereich körperlicher Materialitäten im Verhältnis zu den Naturwissenschaften geht. Im Anschluss an diese Debatte wird aus einer geschlechtersoziologischen Perspektive dafür argumentiert, die Produktion und Distribution von Lebensmitteln, Verkörperungsprozessen und Geschlecht als „Ko-Produktion“ oder „Ko-Materialisierung“ zu verstehen (Paulitz & Winter, 2018). Damit wird ein Bogen gespannt, der die körperlichen Materialisierungen mit der technischen Produktion von Lebensmitteln und gesellschaftlichen Diskursen verbindet. Im Folgenden geht es daher stärker um die Dimension biopolitischer, makrogesellschaftlicher Diskurse und Strukturen und die Frage, wie diese in einem Zusammenhang mit Körpern stehen.

## 3 Ernährung als Körperwissen, Technologie und Biopolitik

Ernährung ist eines der zentralen Mittel gesellschaftlicher Körperbearbeitung. Dementsprechend werden Menge und Zusammensetzung des Essens im Hinblick auf bestimmte Körperformungen, gewissermaßen ‚diätisch', sozial reguliert. Diese Körperbilder haben eine starke normierende Wirkung, sind sozial differenziert und haben, wie oben zu sehen war, nicht nur quantitative, sondern auch qualitative Bedeutung (Art des Essens, zugeschriebene Wirkungen). Die individuelle Arbeit am Körper, in der Ernährung als eine Art technologische Bearbeitung des Körpers, als spezifische Variante einer *‚Körpertechnologie'* (für andere Bearbeitungsweisen, vgl. Villa, 2008) fungiert, ist dabei in einem Zusammenhang zu naturwissenschaftlich legitimiertem und gesellschaftlich popularisiertem *Wissen* zu betrachten. Eva Barlösius (2011, S. 50 f.) unterscheidet drei Varianten des Ernährungswissens: Erstens die sogenannte „Diätetik", womit prä-moderne Ernährungslehren benannt werden, zweitens die naturwissenschaftliche Ernährungswissenschaft und drittens das „Reflexive Alltagswissen", in dem naturwissenschaftliches Wissen in das Wissen der Akteur*innen über ihr Essen und ihren Körper eingewoben ist. Das moderne Körperwissen der naturwissenschaftlichen Ernährungsforschung war laut Barlösius zunächst chemisch, anschließend physikalisch und dann medizinisch geprägt. Mit dieser historischen Entwicklung ging auch der Fokus weg von den Lebensmitteln und deren Zusammensetzung hin zum Körper, dessen Bedarf an Nährstoffen und Vitaminen und seinen metabolischen Prozessen. Wie wirkmächtig die Wissensbestände aus der Ernährungswissenschaft sind, zeigt beispielsweise das Verständnis des Körpers und seiner Muskeln analog zur Dampfmaschine, welches im 19. Jahrhundert entwickelt wurde (Barlösius, 2011, S. 58 f.). Es ist uns ausgehend von diesem Modell bis heute geläufig, wenn wir Kalorien ‚verbrennen'. Barlösius zeigt überdies auf, dass das ernährungswissenschaftliche Wissen zur politischen Regulierung der Versorgung der Bevölkerung genutzt wurde: Ausgehend vom Wissen, was ein durchschnittlicher Arbeiter zur (Re-)Produktuktion der körperlichen Kraft brauche, wurden von der Forschung Ende des 19. Jahrhunderts sogenannte „Kostsätze" aufgestellt. Der „Verbrauch" des Körpers wurde so zur einzigen Grundlage dessen erhoben, was Arbeiter*innen zum Leben brauchen. So folgte „aus der physiologischen Bestimmung des Nährstoffbedarfs, dass Hunger zu einem bloß subjektiven Gefühl erklärt wurde, das eine individuelle Befindlichkeit, aber keinen physiologischen Signalcharakter besitze, weshalb die Nahrungsforschung dafür nicht zuständig sei" (Barlösius, 2011, S. 60 f.). Ernährungswissenschaften spielten so eine große Rolle in der staatlichen Bearbeitung der Sozialen Frage im 19. Jahrhundert.

Mit der Etablierung der Naturwissenschaften als Garant für legitimes Ernährungswissen im 18. und 19. Jahrhundert kam auch eine Differenzierung qua Geschlecht auf. In einer Fachdiskursanalyse kann Ole Fischer (2015) am Beispiel des Lebensmittels Fleisch zeigen, wie sich zunächst das Wissen durchsetzt, dass das als schwer bekömmlich geltende Lebensmittel eher von Männerkörpern als von fragiler geltenden Frauenkörpern verdaut werden könne. Später wurde dann über den Eiweißgehalt argumentiert, Fleisch sei gut für den Muskelaufbau und sei daher ein ‚Männeressen': In der Ernährungswissenschaft im 19. Jahrhundert „setzte sich zunehmend die Vorstellung durch, dass es einen direkten Weg vom Fleischkonsum, über den Muskelaufbau zur männlich interpretierten Energie und Leistungsfähigkeit gibt." (Fischer, 2015, S. 52 f.) Die unterschiedliche Zuweisung von Speisen, die sich – wie Bourdieu es beschrieben hat – qua Geschmack einerseits und in der Gestalt der Körper andererseits inkorporiert, ist folglich eng mit dem Wissen der naturwissenschaftlichen Ernährungsforschung verwoben.

Gyorgy Scrinis (2013) hat die Form des Wissens, welches von den Ernährungswissenschaften geprägt wird, als „Nutritionismus" beschrieben. Damit wird vom Autor eine Engführung in der Forschung auf die Prozesse des Metabolismus und die in den Lebensmitteln enthaltenen Nährstoffe kritisiert. In weiterer Folge, so Scrinis, hat sich dieser „Nutritionismus" auch in die Subjekte eingeschrieben. Körperliche Bedürfnisse würden so in Bedürfnissen nach Nährstoffen geäußert: „The nutricentric subject has nutricentric needs, in the sense that they understand their bodily health in terms of particular nutrient requirements. These perceived nutrient requirements are usually based on mainstream dietary, guidelines and daily nutrient intake recommendations" (Scrinis, 2013, S. 241). Diese Bedürfnisse werden dann von Lebensmitteln gedeckt, die entsprechend als zum Beispiel ‚proteinreich' oder ‚reich an Vitamin C' beworben werden. Als weitere Verwissenschaftlichung des Umgangs mit dem Körper und der Ernährung wird das relativ neue Phänomen des ‚Diet-Tracking' beschrieben. Nicole Zillien, Gerrit Fröhlich und Daniel Kofahl beschreiben das Führen eines Ernährungstagebuchs mittels Smartphone-App zwischen „Selbstexpertisierung" und „digitaler Kontrolle" im Zuge einer „wissenschaftsbasierten Körpergestaltung" (Zillien et al., 2016, S. 136). Die Autor*innen nehmen an, dass sich die Subjekte „im Zuge der Selbstvermessung experimentell generiertes Wissen zum eigenen Körper, allgemeines ernährungswissenschaftliches Wissen, erfahrungsbasiertes Wissen (vom Körper) und Methodenwissen" (Zillien et al., 2016, S. 136) aneignen.

Die Verzahnung von Körper, Ernährungswissenschaften und politischen Regulationen hat Lotte Rose als *Biopolitik* im Sinne Michel Foucaults interpretiert. Die Rolle der Ernährungswissenschaft wird dabei hauptsächlich darin gesehen, einen als ‚normal' und ‚natürlich' geltenden Körper zu etablieren: „Es geht nicht nur darum, spezifische Grenzwerte für das Körpergewicht und einen spezifischen ernährungsbezogenen Wertekodex in den Individuen zu verankern, sondern auch dafür zu sorgen, dass diese Maßgaben als völlig normal, quasi-natürlich und unhintergehbar anerkannt werden: Anderes kann und darf überhaupt nicht mehr vorstellbar sein." (Rose, 2009, S. 285) Im Zuge der wissenschaftlichen Begründung von Ernährungspraxen und der damit verbundenen Gestaltung der Körper werden diese auch an den entsprechenden Ideal- und Normbildern ausgerichtet, wobei hier Kennwerte wie der „Body-Mass-Index" eine Quantifizierung und entsprechende Kontrolle ermöglichen. Der Bereich des ‚Normalen' in der Körperform ist (wie am Beispiel des BMI ersichtlich) in beide Richtungen begrenzt, und Körper, die außerhalb dieser Norm stehen, werden mit den Krankheitsbildern der „Anorexie", bzw. „Adipositas" medizinisch pathologisiert. In Bezug auf eine ‚Unterschreitung' der Norm wurde argumentiert, dass in der bewussten extremen Reduktion von Essen eine gewisse, die gesellschaftlichen Anforderungen unterlaufende ‚Übererfüllung' der Schlankheitsnorm der Körper als Widerstandsmedium eingesetzt wird (Gugutzer, 2005; Richardson & Cherry, 2011). Zugleich wird in eigenen webbasierten Foren das naturwissenschaftlich-medizinische Körperwissen in Frage gestellt und im Austausch das eigene Erfahrungswissen gestärkt (Richardson & Cherry, 2011). Zur Erforschung des gesellschaftlich als ‚zu hoch' stigmatisierten Körpergewichts, beziehungsweise des Dickseins, haben sich international die kritisch und interdisziplinär ausgerichteten *Fat Studies* etabliert (Rose & Schorb, 2017). In zum Teil enger Verbindung mit der *Fat Acceptance Bewegung* werden hier gesellschaftliche Körpernormen untersucht und in Beziehung zu anderen Achsen der Ungleichheit – etwa Klasse und Geschlecht – gestellt: So gelte ‚Übergewicht' als ein Diskriminierungsfaktor, der oft mit einer niedrigen Klassenposition assoziiert wird und Frauen besonders trifft, da hier die „Schlankheitsnorm" wirksamer sei als bei Männern (Rothblum, 2017). Auch hier wird die naturwissenschaftlich-medizinische Pathologisierung der Abweichung von der Norm als ‚Adipositas' zurückgewiesen und vielmehr der Standpunkt einer „Health at Every Size" vertreten (Rothblum, 2017).

## 4 Ausblick

Insgesamt zeigt sich, dass auf dem Themengebiet „Ernährung und Körper" einerseits wesentliche soziologische Pionierarbeiten vorliegen. Andererseits bieten verschiedene interdisziplinäre Bezüge – wie hier dargestellt in die Science and Technology Studies und die Fat Studies, aber auch die Gender Studies oder Cultural Studies – für die Soziologie spannende Bezüge an. Beide Stränge können für tiefergehende Forschungen sowohl zu fundamentalen Fragen sozialtheoretischer Natur als auch zur Bearbeitung aktueller Phänomene fruchtbar gemacht werden. Das weitreichende Potential des Gegenstands ‚Ernährung' ist damit für die Körpersoziologie erkennbar und noch lange nicht erschöpft.

Aufgabe und Ziel der weiteren körpersoziologisch ausgerichteten Ernährungsforschung wird zu einem großen Teil darin bestehen, das Feld weiter in seinem Verhältnis zur naturwissenschaftlichen Ernährungsforschung zu positionieren. Hierbei ist die Frage zentral, wie der Körper zum Gegenstand soziologischer Forschung gemacht werden kann. Das Feld ‚Ernährung und Körper' ist im gesellschaftlichen Diskurs durch eine sehr starke Orthodoxie naturwissenschaftlich-medizinischer Perspektiven geprägt. Eine Körpersoziologie der Ernährung muss sich hierzu verhalten und sich in diesem Terrain positionieren, sofern sie über den Tellerrand der Soziologie Gehör finden will. Hier sind grundlagentheoretische Arbeiten notwendig, die Brückenschläge in die Naturwissenschaften und den gesellschaftlichen Diskurs ermöglichen, ohne dabei hinter die Grundprinzipien soziologischer Reflexion zu fallen.

Während es weitgehend unumstritten ist, dass die jeweilige Ernährungspraxis die Körper formt und damit auf bestimmte Weise sozial herstellt, wurde bisher wenig dazu geforscht, welche Rolle der Körper in der Produktion von Lebensmitteln einnimmt. Wie fließen Vorstellungen vom guten und richtigen Körper in das Produktdesign und die Fertigung von Lebensmitteln ein? Im Bereich der aktuellen Phänomene, die eine stärkere körpersoziologische Bearbeitung erfahren sollten, ist einerseits die empirische Untersuchung der Rolle der zunehmenden Digitalisierung – oben unter dem Stichwort des Diet-Tracking dargestellt – für die alltägliche Ernährungspraxis und den Körperbezug der Subjekte zu nennen. Welche Veränderungen im Körperwissen und der Körperbeziehungen gibt es hier? Welches Wissen über Körper wird durch diese Tracking-Apps für die Unternehmen in Form von ‚Big Data' generiert und welche biopolitischen Folgen sind damit verbunden? Welche Rolle spielen hier die Ernährungswissenschaften? Andererseits bilden die aktuell zu beobachtenden „Ernährungstrends" wie Veganismus oder Paleo-Diät einen zweiten gegenwärtig bedeutsamen Phänomenbereich. Welche gesellschaftlichen Auswirkungen auf den Körper sind mit diesen Entwicklungen verbunden? Welche Verschiebungen in den Körpernormen können sich ausmachen lassen? Darüber hinaus stellt die weitere Erforschung der intersektionalen Überschneidung verschiedener Ungleichheitsachsen im Bereich Körper und Ernährung ein offenes Feld dar, wo insbesondere Bourdieus Zweiteilung des Geschmacks einer empirischen Überprüfung bedarf und in der das soziologische Konzept des Geschmacks empirisch und theoretisch wieder an die sinnlichen Erfahrungen der Subjekte zu koppeln wäre.

## Literatur

Abrahamsson, S., Bertoni, F., Mol, A., & Martín, R. I. (2015). Living with omega-3: New materialism and enduring concerns. *Environment and Planning D: Society and Space, 33*, 4–19.

Barlösius, E. (1993). Anthropologische Perspektiven einer Kultursoziologie des Essens und Trinkens. In A. Wierlacher, G. Neumann, & H. J. Teuteberg (Hrsg.), *Kulturthema Essen* (S. 85–101). Akademie.

Barlösius, E. (2011). *Soziologie des Essens. Eine sozial- und kulturwissenschaftliche Einführung in die Ernährungsforschung*. Juventa. (Erstveröffentlichung 1999).

Bauer, S., Bischof, C., Haufe, S. G., Beck, S., & Scholze-Irrlitz, L. (Hrsg.). (2010). *Essen in Europa. Kulturelle „Rückstände" in Nahrung und Körper.* transcript.

Bennett, J. (2010). *Vibrant matter: A political ecology of things*. Duke University Press.

Bourdieu, P. (1987). *Die feinen Unterschiede: Kritik der gesellschaftlichen Urteilskraft*. Suhrkamp.

Elias, N. (1978). *Über den Prozess der Zivilisation. Band 1. Soziogenetische und psychogenetische Untersuchungen. Wandlungen des Verhaltens in den weltlichen Oberschichten des Abendlandes*. Suhrkamp. (Erstveröffentlichung 1969).

Fischer, O. (2015). Männlichkeit und Fleischkonsum: Historische Annäherungen an eine gegenwärtige Gesundheitsthematik. *Medizinhistorisches Journal, 50*, 42–65.

Fischler, C. (1988). Food, self and identity. *Social Science Information/sur Les Sciences Sociales, 27*, 275–292.

Gugutzer, R. (2005). Der Körper als Identitätsmedium: Eßstörungen. In M. Schroer (Hrsg.), *Soziologie des Körpers* (S. 323–355). Suhrkamp.

Mol, A. (2009). Good taste: The embodied normativity of the consumer citizen. *Journal of Cultural Economy, 2*, 269–283.

Mol, A. (2011). Tasting food. In F. E. Mascia-Lees (Hrsg.), *A companion to the anthropology of the body and embodiment* (S. 467–480). Wiley-Blackwell.

Mol, A. (2013). Mind your plate! The ontonorms of Dutch dieting. *Social Studies of Science, 43*, 379–396.

Paulitz, T., & Winter, M. (2018). Ernährung und vergeschlechtlichte Körper: Eine theoretische Skizze zur Koproduktion von Geschlecht, Embodying und biofaktischen Nahrungsmitteln. *Open Gender Journal, 2*, 1–20.

Richardson, A., & Cherry, E. (2011). Anorexia as a choice. Constructing a new community of health and beauty through pro-ana websites. In C. Bobel & S. Kwan (Hrsg.), *Embodied resistance. Challenging the norms, breaking the rules* (S. 119–129). Vanderbilt University Press.

Rose, L. (2009). Gesundes Essen. Anmerkungen zu den Schwierigkeiten, einen Trieb gesellschaftlich zu regulieren. In L. Rose & B. Sturzenhecker (Hrsg.), *‚Erst kommt das Fressen...!‘* (S. 281–293). VS Verlag.

Rose, L., & Schorb, F. (Hrsg.). (2017). *Fat Studies in Deutschland: Hohes Körpergewicht zwischen Diskriminierung und Anerkennung.* Beltz Juventa.

Rothblum, E. D. (2017). Fat studies. In L. Rose & F. Schorb (Hrsg.), *Fat Studies in Deutschland: Hohes Körpergewicht zwischen Diskriminierung und Anerkennung* (S. 16–30). Beltz Juventa.

Scrinis, G. (2013). The nutricentric consumer. In A. Hayes-Conroy & J. Hayes-Conroy (Hrsg.), *Doing nutrition differently: Critical approaches to diet and dietary intervention* (S. 239–245). Taylor and Francis.

Setzwein, M. (2004). *Ernährung – Körper – Geschlecht: Zur sozialen Konstruktion von Geschlecht im kulinarischen Kontext.* VS Verlag.

Simmel, G. (1998). Soziologie der Mahlzeit. In G. Simmel (Hrsg.), *Soziologische Ästhetik* (S. 183–190). Philo. (Erstveröffentlichung 1910).

Teil, G., & Hennion, A. (2004). Discovering quality or performing taste? A sociology of the amateur. In M. Harvey, A. McMeekin, & A. Warde (Hrsg.), *Qualities of food* (S. 19–37). Manchester University Press.

Villa, P.-I. (2008). Einleitung. Wider die Rede vom Äußerlichen. In P.-I. Villa (Hrsg.), *Schön normal: Manipulationen am Körper als Technologien des Selbst* (S. 7–19). transcript.

Zillien, N., Fröhlich, G., & Kofahl, D. (2016). Ernährungsbezogene Selbstvermessung: von der Diätetik bis zum Diet-Tracking. In S. Duttweiler, R. Gugutzer, J.-H. Passoth, & J. Strübing (Hrsg.), *Leben nach Zahlen: Self-Tracking als Optimierungsprojekt?* (S. 123–140). transcript.

# Familie und Paarbeziehung

Günter Burkart

## 1 Familie ohne Körper – Somatische Gesellschaft ohne Familie?

Körperlichkeit und Leiblichkeit des Menschen – die als grundlegende Bedingung des Sozialen aufgefasst werden können – sollten in der Familiensoziologie eine gewisse Relevanz besitzen, denn die Familie gehört zu den elementaren Formen der Vergemeinschaftung und Vergesellschaftung. Die meisten Individuen wachsen (immer noch) in einer Familie auf, und hier werden die Grundlagen gelegt für Körperwahrnehmung und Körperbild, für die leiblich fundierte Identität, aber auch für soziale Praktiken wie Ernährungsgewohnheiten, sportliche Betätigung oder Körpergestaltung. Hier wird der Habitus geformt, differenziert nach Klassen, Geschlecht und Geschwisterrang. Inkorporiertes kulturelles Kapital wird in der Familie erworben – durch Sozialisation oder, wie Bourdieu sagt, durch „Familiarisierung", also durch ein Milieu, das eine elementare Vertrautheit erzeugt, gerade auch in Bezug auf Leiblichkeit (oft als „zweite Natur" bezeichnet). Das Milieu der Familie trägt wesentlich dazu bei, wie sich eine Person entwickelt: asketisch oder hedonistisch, an veganer Ernährung oder an Fastfood orientiert, wie sie ihre Selbstpräsentation in der Öffentlichkeit gestaltet, ob Tattoos zu den Standards von körperlicher Attraktivität gehören oder eher nicht, welche Rolle Techniken des *body enhancement* spielen. Auch der alltägliche Prozess des *doing family* besteht nicht in erster Linie in „Verhandlungen", Diskussionen, Informationsaustausch und Planung der Zeitkoordination der Familienmitglieder. Vielmehr geht es in der Alltagspraxis häufig um wechselseitige emotionale Stabilisierung, körperlich-seelische Regeneration, leibliche Interaktion und Intimität.

G. Burkart (✉)
Lüneburg, Deutschland
E-Mail: Gugutzer@sport.uni-frankfurt.de

 
R. Gugutzer et al. (Hrsg.), *Handbuch Körpersoziologie 2*,
https://doi.org/10.1007/978-3-658-33298-3_9

Betrachtet man nun allerdings die Forschungsliteratur zur Familie, so entsteht schnell der Eindruck, dass körpersoziologische Reflexionen und leibphänomenologische Einsichten hier kaum eine Rolle spielen. Das trifft vor allem für jenen Bereich zu, der seit einigen Jahrzehnten als soziologische Familienforschung im engeren Sinn gilt. Diese befasst sich vor allem mit demographischen Entwicklungen und dem Wandel von Lebensformen und wird dominiert von Varianten der Rational Choice-Theorie, sowie zunehmend von der quantifizierenden Analyse großer Datensätze. Das Bild sieht vielleicht etwas anders aus, wenn das Feld der Familie weiter gefasst wird. In diesem Artikel soll es daher nicht nur um die Familie im engeren Sinn gehen, sondern auch um die *Paarbeziehung*. Darüber hinaus wird der Blick nicht nur auf *Soziologie* der Familie beschränkt, angrenzende Disziplinen werden gegebenenfalls berücksichtigt. Schließlich gibt es vielfache Überschneidungen zu anderen Forschungsgebieten, die hier wenigstens ansatzweise berücksichtigt werden sollen.

Blickt man aus umgekehrter Perspektive auf das Verhältnis von Körper- und Familienforschung, ergibt sich eine vergleichbare Diagnose: Für die Körpersoziologie (und die Leibphänomenologie) scheint die Familie nur von mäßigem Interesse – sie ist vielleicht eine Selbstverständlichkeit im Hintergrund, die aber für die Konstituierung einer *somatic society* nicht besonders relevant erscheint. Man kann also konstatieren, dass in der konventionellen familiensoziologischen Forschung kaum ein Bezug zu körpertheoretischen oder leibphänomenologischen Fragen oder Ansätzen existiert; umgekehrt aber auch, dass sich körpersoziologische Arbeiten selten mit der Familie befassen. Während also die Familiensoziologie die starke Bedeutung der Körperlichkeit für die Familie ignoriert, vernachlässigt die Körpersoziologie die große Bedeutung des Aufwachsens in einer Familie für die Entwicklung von Leib- und Körpererfahrung, Körperbildern und leiblicher Identität. Dieser Befund soll im Folgenden genauer dargestellt werden. Deshalb wird zunächst kurz der Stand der Forschung rekapituliert, bezogen auf die Frage, ob und wie Körper und Leib in der Familienforschung thematisiert werden (2), dann in der umgekehrten Perspektive: ob und wie die Familie/das Paar in der Körpersoziologie thematisiert werden (3). Es folgt ein Abschnitt mit Erörterungen zu einigen speziellen Bereichen, in denen eine gemeinsame Schnittmenge zwischen Körper- und Familienforschung existiert: Gesundheit und Ernährung, Paarbildung und Attraktivität, soziale Ungleichheit (4). Schließlich wird im letzten Abschnitt versucht, die Konturen einer körpersoziologisch sensibilisierten Familientheorie zu skizzieren (5).

## 2 Körperlose Familienforschung

Die seit einigen Jahrzehnten gängigen Schwerpunkte von Lehr- oder Handbüchern der Familiensoziologie kreisen vorrangig um den demographischen Wandel und die entsprechenden Veränderungen der Lebensformen (Individualisierung, Pluralisierung). Typisch für die gegenwärtige Familienforschung sind deshalb Themen wie Wandel von

Familienformen, Instabilität von Ehe und Familie, Singularisierung (Zunahme der Einpersonenhaushalte und der Singles), alternative Lebensformen. Daneben ist auch der Geschlechtsrollenwandel ein wichtiger Schwerpunkt, deshalb werden Themen wie das Vereinbarkeitsproblem oder die häusliche Arbeitsteilung häufig untersucht. Körper oder Leib spielen bei all diesen Themen jedoch keine ernsthafte Rolle. So geht es etwa bei Geschlechterbeziehungen in der Familie selten um den vergeschlechtlichten Körper, sondern primär um Fragen von Gleichheit und Gerechtigkeit und geschlechtsspezifische Praktiken. Einige Themen, die sich für eine körpersoziologische Perspektive besonders eignen würden – zum Beispiel die Entkoppelung von biologischer und sozialer Elternschaft, die Reproduktionsmedizin, Sexualität, Geburt – werden in der Familiensoziologie nicht vorrangig thematisiert. Auch in angrenzenden Forschungsfeldern – Kindheit, Jugend, Sozialisation, Generationen, historische Familienforschung – sieht es kaum anders aus, die Körperlichkeit wird meist vernachlässigt.

Wiederholt wurde im Rahmen der Familiensoziologie versucht, die eingetretenen Verengungen auf Pluralisierung von Lebensformen und demographische Entwicklungen aufzubrechen. So gab es eine Reihe von Versuchen, das Themen-Spektrum zu erweitern, etwa um das Thema „Liebe" (Hahn & Burkart, 1998). „Liebe" sollte dabei nicht nur als „Semantik" oder Diskursphänomen betrachtet werden, sondern auch als „Praxis" im Sinne von Bourdieu. Es wurde auch vorgeschlagen, die Familiensoziologie zu einer Soziologie der Privatheit hin zu erweitern (Schneider, 2002). Damit ergäbe sich zwar eine größere Schnittmenge zur Körpersoziologie, etwa mit Themen wie Nacktheit, Scham, Intimität, Sexualität; andererseits entfernt sich das Thema Privatheit auch wieder vom Körper, wenn es dabei, wie in jüngerer Zeit häufiger, um „informationelle Privatheit" oder private Entscheidungsautonomie oder Schutz der persönlichen Privatsphäre geht. Lenz hat in mehreren Publikationen eine Erweiterung der Familiensoziologie auf das Gebiet „persönliche Beziehungen" vorgeschlagen. Doch auch hier spielen körpersoziologische Fragen nur eine geringe Rolle. Der Körper wird im Zusammenhang von Gewalt in Paarbeziehungen und Gewalt gegen Kinder, von sexuellem Missbrauch und von körperlicher Attraktivität aber zumindest thematisch (Lenz & Nestmann, 2009).

Einen ernsthaften Versuch, *Leib/Körper* systematisch als Forschungsfeld in die Familienforschung einzubringen, gab es bisher nicht. Immerhin gibt es aber einzelne ForscherInnen, die sich um das Thema kümmern. So insbesondere Jean-Claude Kaufmann, der bereits in einer seiner ersten Studien (*Schmutzige Wäsche,* 1994) von einer zumindest impliziten Körperdimension der Interaktionen in Paarbeziehungen ausging. Auch in anderen Studien Kaufmanns geht es immer wieder um die Bedeutung von inkorporierten Praktiken („Gesten") für Konstituierung und Stabilisierung von Beziehungen. „Die Vertrautheit der Alltagswelt basiert auf der vorreflexiven Selbstverständlichkeit der körperlichen Routinen" (Meuser, 2004b, S. 274), der Körper ist „mächtiger" als der rationale Verstand. Von der „Kraft der Gesten" ist die Rede, die zum Beispiel Frauen daran hindert, die Herrschaft über die Wäsche abzugeben. Die Realisierung von Gleichheitsidealen scheitert an der „Trägheit" des Körpers, soziale Ordnung ist deshalb Körperordnung. Der Austausch zwischen den Individuen, zwischen den Partnern in einer Paarbeziehung ist ein „Austausch der Gesten" und weniger das „Ergebnis expliziter Aushandlungen" (Meuser, 2004b, S. 275). Das gilt auch für die öffentliche Sphäre, etwa die Regelung der Männerblicke am Oben-Ohne-Strand. Jean-Claude Kaufmann gehört zu den wenigen Paar- und Familienforschern, deren Arbeiten einen Bezug zur Körpersoziologie herzustellen erlauben. Allerdings hat sich Kaufmann wenig bemüht, eine explizite Theorie oder auch nur begriffliche Schärfe zu entwickeln.

In einer Studie über Arbeitsteilung zwischen Mann und Frau in Paarbeziehungen (Koppetsch & Burkart, 1999) wurde die Arbeitsteilung im Haushalt zwischen den Geschlechtern zum Teil zurückgeführt auf körperliche Aspekte. Die latenten Traditionalismen der Arbeitsteilung gerade auch bei Paaren, die vom Gleichheitsdiskurs geprägt waren, ließen sich kaum anders erklären als unter Rückgriff auf *praktische* Regeln, also etwa Regeln der körperlichen Interaktion. Mit dem leibphänomenologischen Begriff der *Atmosphäre* versuchten wir, die Situation zu erfassen, dass für Paarbeziehungen eines bestimmten Milieus („familistisches Milieu") das emotional-leibliche Klima in der Familie stärker wirksam sein kann als sprachliche Übereinkünfte. Sowohl bei Kaufmann als auch bei Koppetsch/Burkart geht es um eine Diskrepanz zwischen diskursiven Idealen bzw. dem Gespräch („Aushandlung") zwischen den Partnern auf der einen Seite, und der (sprachlosen, vorreflexiven, leiblich fundierten) Praxis, die sich letztlich durchsetzt – oft gegen die Absichten auf der Ebene der Ideale.

## 3 „Familie" in der Körperforschung?

In umgekehrter Perspektive ist, wie eingangs erwähnt, der Befund ähnlich: Die Literatur zur Körpersoziologie befasst sich kaum mit der Familie oder mit Paarbeziehungen, obwohl doch zumindest unter dem Gesichtspunkt der Körpersozialisation und der Ausbildung einer leiblichen Identität (Gugutzer, 2002) oder der Inkorporation von Werten die Familie und das Kindheits- und Jugendalter wichtig wären. Typisch scheint zum Beispiel Gugutzer (2004), der vom Körper als Produkt der Gesellschaft spricht. Dabei ist auch vom „Sozialisationsprozess" die Rede, und es wird festgestellt, dass die Vergesellschaftung des individuellen Körpers „von der ersten Minute der Geburt an beginnt" (Gugutzer, 2004, S. 141). Doch die entsprechenden Prozesse und die Bedeutung der Familie dabei werden kaum diskutiert. Insgesamt bezieht sich die Thematisierung des Körpers in der Körpersoziologie häufig auf die öffentliche Sphäre, auf die Sichtbarkeit des individuellen Körpers, auf Nacktheit und Sexuierung in der Öffentlichkeit.

Neben grundlagentheoretischen Erörterungen zur gesellschaftlichen Bedeutung der Körperlichkeit ist das Feld der Körpersoziologie geprägt von speziellen Themen wie Ernährung, Gesundheit/Krankheit, Sport und Bewegung, Tanz, Schönheitspflege/Kosmetik, Kleidung, Tätowierung, Körper-Perfektionierung. Auch der Geschlechtskörper (gendered body) wird häufig thematisiert. Typischerweise werden diese Themen aber nicht auf Familie oder Paarbeziehungen bezogen.

Allerdings entspricht diese „Vernachlässigung" in gewisser Weise der realen historischen Entwicklung, die meist mit dem Stichwort „Funktionsverlust der Familie" belegt wird. Einige der Funktionen, die die vormoderne Familie (besser: das „ganze Haus", also die Hausgemeinschaft) ausübte, wurden im Lauf der Moderne zunehmend auf andere Funktionssysteme verlagert. Geburt, Krankheit und Tod finden immer häufiger außerhalb des Familienhaushalts statt, die Körperpräsentation verlagert sich in die öffentlichen Bereiche.

## 4 Schnittmengen zwischen Körpersoziologie und Familienforschung

Es gibt einige empirische Themen der Körpersoziologie, die sich gut mit der Familienforschung verknüpfen ließen, Forschungsfelder also, in denen sich jeweils eine gemeinsame Schnittmenge zwischen den beiden Subdisziplinen finden lässt. Solche Themen sind etwa Gesundheit/Krankheit, Essen/Ernährung, gesunde Lebensweise, Schönheitspraktiken, Bewegung (Sport, Tanz), aber auch Bewegungsarmut, wie sie in Wohlstandsgesellschaften immer häufiger auch für Kinder diagnostiziert wird.

Drei wichtige Schnittfelder von Familienforschung und Körpersoziologie seien hier herausgegriffen, an denen sich zeigen lässt, dass eine stärkere Verzahnung entsprechender Forschungsbemühungen fruchtbar sein könnte: Zum ersten der Bereich Gesundheit, speziell jener, der sich auf Ernährung im allgemeinen und auf eine gesunde Lebensweise bezieht (4.1), zum zweiten das eher familien- bzw. paarsoziologisches Thema der Paarbildung und Partnerwahl, das von körpersoziologischer Seite ergänzt werden könnte um allgemeine – nicht auf Paarbeziehungen beschränkte oder bezogene – Forschungen zu Schönheit, Attraktivität, Körperpräsentation und körperlicher Interaktion (4.2). Schließlich als drittes Thema körperbezogene Differenzen zwischen sozialen Milieus und Klassen, bei dem die Familie als Reproduktionsinstanz sozialer Ungleichheit erscheint, auch in Bezug auf körperliche Aspekte (4.3).

### 4.1 Essstörungen, Ernährung und Gesundheit

Relativ viel ist zu Essstörungen (eating disorders) geforscht worden, nicht nur in der Gesundheitswissenschaft, sondern auch im Feminismus und in der Psychoanalyse. Während die klassische Psychoanalyse in Bezug auf juvenile Magersucht *(anorexia nervosa)* von einem Mutter-Tochter-Konflikt bzw. einer Störung der frühen Mutter-Kind-Bindung ausging, betonte die feministische Forschung eher, dass Essstörungen ein Ausdruck patriarchaler Zwänge (weibliches Schlankheitsideal) sind. Doch nur gelegentlich wurde dabei die Rolle der Familie insgesamt thematisiert – im Unterschied zur *Systemischen Familientherapie,* die von der „Magersuchtfamilie" (Weber & Stierlin, 2001) bzw. von der anorektischen (oder auch anorexogenen) Familie spricht. Als klassisch sind in diesem Zusammenhang die Arbeiten von Mara Selvini Palazzoli zu betrachten (z. B. 1982, im ital. Original bereits 1963; vgl. auch Gugutzer, 2012, S. 164 ff.). Therapeutische Methoden zur Anorexia-Behandlung gehen von einem gestörten Körperbild, von gestörten Körpererfahrungen (Ekelgefühle beim Essen u. ä.) aus und ziehen deshalb den Körper in die Therapie mit ein, wenn auch oft nur in Form von therapeutischen Gesprächen über körperliches Erleben. In der Soziologie wurden familientherapeutische Ideen vor allem im Kontext der Objektiven Hermeneutik aufgegriffen. So wird etwa in einer Arbeit über „dicke Kinder" (Peter, 2006) der Familie eine wesentliche Bedeutung für die Genese von Dickleibigkeit zugeschrieben. Die Studie (auf der Grundlage von Fallrekonstruktionen) interpretiert juvenile Dickleibigkeit als „genuinen Leiblichkeitsentwurf " und führt diese adoleszente Entwicklungsstörung auf familiale Strukturen und Wirklichkeitskonstruktionen in der Familie zurück.

In konventioneller soziologischer Sicht kann die Familie als Vermittler kultureller Werte (zum Beispiel Schönheits- und Schlankheitsideale) betrachtet werden. Das heißt, ob sich solche Ideale bei Jugendlichen durchsetzen und ob sie zu Essstörungen (Anorexia, Bulimie) führen, hängt vom familialen Kontext ab. So kommt es beispielsweise eher zu Essstörungen, wenn Eltern die Ernährung der Kinder stark kontrollieren; wenn im Haushalt viel über Körpergewicht, Idealgewicht, Körperbild usw. diskutiert wird; oder wenn die Mütter selbst sehr auf ihr Gewicht achten, kritische Bemerkungen zur Figur der Tochter oder über anderer Leute Figur machen (Haworth-Hoeppner, 2000).

Das spezielle Thema der Essstörungen, das besonders geeignet ist für das Schnittfeld von Familien- und Körperforschung, lässt sich in zwei Richtungen erweitern und generalisieren: zum einen in Richtung Gesundheits-, zum zweiten in Richtung Ernährungsforschung. Auch hier gibt es natürlich eine gemeinsame Schnittmenge (gesundes Essen, gesunder Lebensstil, bezogen auf Ernährungsgewohnheiten) mit der Familie, allerdings können an dieser Stelle die allgemeineren Überlegungen und die umfangreiche Forschungsliteratur zu einer Soziologie der Gesundheit bzw. Krankheit und einer Soziologie der Ernährung nicht systematisch weiter verfolgt werden.

Schon für Turner (1996) hat das Thema Krankheit auch in theoretischer Hinsicht eine zentrale Bedeutung für die Körpersoziologie: In seiner Vierfeldermatrix der elementaren Zusammenhänge zwischen Körper und Gesellschaft gibt es auch vier exemplarische Krankheiten, darunter auch die Anorexia. In der sozialisationstheoretischen Literatur ist von einem „Wandel der somatischen Kultur" die Rede, der sich vor allem bei Kindern und Jugendlichen zeige und der zu Verunsicherungen führe: einerseits sei der Körper zunehmend als Medium der Selbstdarstellung angesehen, andererseits seien Anzeichen der Destabilisierung alltäglicher Körperlichkeit zu beobachten (zum Beispiel motorische Defizite). „Der skizzierte Wandel der somatischen Kultur hat zur Folge, dass Körper und Gesundheit immer mehr zum Gegenstand eigener Aktivität und der Aushandlung in sozialen Kontexten (z. B. der Familie) werden" (Sting, 2007, S. 484). Dabei wird auch der starke Einfluss der Familie auf die Entwicklung von Gesundheit und Gesundheitsbewusstsein betont (ebd., S. 484 ff.).

Die neueren Bemühungen um eine Soziologie des Essens und der Ernährung knüpfen zum Teil an ethnologische Forschungen zu Nahrungstabus und Essverboten an, setzen sich jedoch wenig mit der Rolle der Familie und der Sozialisation auseinander. Dabei könnte, im Anschluss an die ethnologischen und anthropologischen Ritualtheorien, dem *gemeinschaftlichen Essen in der Familie* eine wichtige Bedeutung zugeschrieben werden. Es geht dabei offenkundig weniger um „Ernährung" oder „Nahrungsaufnahme", sondern um einen Akt der Vergemeinschaftung. „Beim rituellen Mahl wird die Nahrung als solche einverleibt, andererseits bedeutet derselbe Akt auch die Einverleibung des Teilnehmenden in die Gemeinschaft (Kommunion)" (Falk, 1994, S. 104). Dabei geht es immer auch um das Teilen – sei es egalitär oder herrschaftlich. Wenig erforscht ist, ob ein Teil der aktuellen Probleme im Zusammenhang mit Gesundheit (Übergewicht, falsche Ernährung usw.) damit zusammenhängt, dass zum einen die Kinder und Jugendlichen immer häufiger außerhalb der Familie essen (Vergemeinschaftung in der peer-group, etwa in Fast-Food-Restaurants), zum anderen innerhalb der Familien das Ritual der gemeinsamen Mahlzeit an Bedeutung verloren hat und damit wohl auch die *praktische* (implizite, nonverbale) Erziehung zu einer gesunden Ernährungsweise. Das Thema Essen in der Familie bietet einige Anschlussmöglichkeiten für die Ritualtheorie. Es gibt jedoch kaum Studien, in denen der Ritualbegriff auf die Familie bezogen wird und Familienrituale (einschließlich Essritualen) ausführlich untersucht werden. In einer der wenigen Ausnahmen (Audehm, 2008) wird das gemeinsame Tischritual als „symbolische Inszenierung der Familie" hervorgehoben. Rituale werden als *symbolische Praxen* verstanden, „deren transzendierende und transformative Kraft auf körperlichen – verbalen und nonverbalen – Interaktionen beruht" (ebd., 2008, S. 10). Allerdings steht auch in dieser Studie der Körperbezug nicht im Zentrum. Das Ritual des Essens wird hier vor allem als pädagogische performative Praxis aufgefasst.

## 4.2 Paarbildung und Körperkapital

Für die Familien- und insbesondere für die Paarforschung gehört die Analyse von Paarbildung und „Partnerwahl" zu den basalen Themen. Allerdings gehen die sog. Partnerwahl-Theorien – die meist aus der Psychologie oder soziologischen Richtungen des Methodologischen Individualismus stammen – in der Regel davon aus, dass Paarbildung das Ergebnis einer aktiven Suche und bewussten Wahl ist, und dass eine Person, die auf der Suche nach einem Partner oder einer Partnerin ist, sich im Sinne einer Kosten-Nutzen-Analyse entscheidet, mit wem sie einen Beziehungsversuch starten will. Dabei spielt auch die körperliche Attraktivität eine wichtige Rolle. Doch diese Theorien tun gewöhnlich so, als gäbe es einen universellen Maßstab für Attraktivität (der letztlich als biologisch-genetisch fundiert betrachtet wird), und alle suchenden Individuen würden sich daran kognitiv orientieren, d. h. jeder oder jede würde zunächst versuchen, die schönste Frau oder den statushöchsten Mann zu gewinnen, weil das den größten Gewinn verspricht. Demgegenüber wäre aus körpersoziologischer Perspektive die Bedeutung des *inkorporierten Habitus* hervorzuheben, der für Bourdieu (1982) ein wesentliches Moment der Paarbildung darstellt. Bourdieu spricht von der „Wahlverwandtschaft des Habitus", und in Bezug auf die Bedeutung körperlicher Attraktivität auch vom physischen Kapitel oder Körperkapital (Bourdieu, 1982, S. 329). Dadurch wird deutlich, dass Schönheit oder Attraktivität klassenspezifisch variieren und vom Lebensstil abhängen (siehe dazu auch Koppetsch, 2000; Schmitz & Riebling, 2013) – vor allem aber wird deutlich, dass es keine „objektive" Attraktivität (oder gar eine Art biologisch fundierte Schönheit) gibt, die ganz unabhängig vom Klassenhabitus und von der Kapitalausstattung wäre – und damit vom Klassengeschmack. Körperliche Attraktivität ist, folgt man Bourdieu, integriert in einen Klassengeschmack – einen Geschmack, der sich gleichermaßen auf Kunst und Literatur wie auf Körpergeruch, Essgewohnheiten und Körperpflege bezieht und deshalb auch eine ähnliche körperliche Erscheinung mit hervorbringt.

Die „Körperblindheit" der Partnerwahlforschung wird in letzter Zeit noch verstärkt durch die neuen Möglichkeiten des *online-dating,* das inzwischen in einigen Studien untersucht wurde. Dabei geht es aber fast immer um die in der Internet-Kommunikation verwendeten verbalen und visuellen Darstellungsstrategien, jedoch nur selten um das, was an leiblicher Kommunikation bei der ersten Begegnung in der „realen Welt" passiert. Darüber etwas zu erfahren wäre aber wichtig, denn erst in leiblicher Interaktion entscheidet sich, was aus dem Beziehungsversuch wird. Kaufmann (2011, S. 35 ff.) diagnostiziert in dieser Hinsicht einen Realitätsschock.

## 4.3 Soziale Ungleichheiten

Es wurde bereits mehrfach angedeutet, dass sich ein Schnittfeld zwischen körpersoziologischen Forschungsfeldern (Gesundheit, Ernährung, Partnerwahl usw.) und Familie besonders dort ergibt, wo Bezüge zu sozialer Ungleichheit hergestellt werden. So hat zum Beispiel die Gesundheits- und Krankheitsforschung zahlreiche Belege für einen deutlichen Zusammenhang des Gesundheitszustandes von Individuen mit ihrer sozialen Lage zusammengetragen (Hurrelmann, 2013; Siegrist, 2007). Ähnliches gilt auch für Ernährungsgewohnheiten und für Beziehungen zwischen gesunder Lebensweise und körperlicher Attraktivität. Für alle diese Zusammenhänge sind Klassenhabitus und Kapitalausstattung von Bedeutung, und das unterstreicht noch einmal die Relevanz der Familie als Sozialisationsinstitution, in der die entsprechende Lebensweise erworben wird. In vielen Bereichen – Gesundheit, Ernährung, Sport, Körperpflege –, mit denen sich die Körpersoziologie befasst, geht es um Lebensstilfragen, Milieu-Unterschiede, letztlich also Klassenunterschiede. Die Familie gehört nach wie vor zu den wichtigsten Instanzen bei der Reproduktion sozialer Ungleichheit (Bourdieu, 1982). Und dies gilt nicht nur für Werte, Normen und Wissen, sondern auch für Habitus und inkorporiertes kulturelles Kapital, das die Akteure in sozialen Kämpfen um Einfluss und Macht genauso einsetzen können wie anderes Kapital (z. B. Geld oder Bildung).

Die Inkorporation von Kapital reproduziert und produziert soziale Ungleichheit. Der körperliche Habitus dient daher auch zur Symbolisierung von sozialer Ungleichheit (z. B. zwischen Klassen und Geschlechtern). Da der Körper als „natürlich“ erscheint, dient er zugleich zur Verschleierung des Sozialen durch Naturalisierung. Hier könnte eine körpersoziologisch informierte und an Ungleichheit interessierte Familienforschung wertvolle Erkenntnisse beisteuern.

## 5 Umrisse einer körpersensiblen Theorie der Familie

Welche Forschungsdesiderata gibt es in körpersoziologischer Hinsicht in der Familienforschung? Was könnten Aufgaben und Perspektiven für zukünftige körpersoziologische Forschungen im Feld der Familiensoziologie sein? Die bisherige Darstellung zeigt, wie die Frage nach den Forschungsdesiderata zu beantworten ist. Generell fehlt es der Familienforschung an der Thematisierung und erst recht an der systematischen Erforschung von Emotionen und Ritualen, Leiblichkeit und Körperlichkeit in der Familie. Das liegt auch daran, dass aktuelle Bemühungen um eine Theorie der Familie – sofern es diese gibt – stark kognitiv-rational oder makrosoziologisch dominiert sind. Wie könnte eine körpersoziologisch sensible Familientheorie aussehen? Es ist naheliegend, die Praxistheorie im Anschluss an Bourdieu auch für die Familie stark zu machen. Dafür gibt es bisher nur wenige Ansätze. Selbst in der Körpersoziologie war, so Michael Meuser (2004a), die Dimension der Praxis zunächst unterbelichtet, standen die Aspekte der kulturellen Formung des Körpers und des Körpers als Zeichenträger im Vordergrund. Für die Familiensoziologie gilt dies erst recht. Paarbeziehungen, Ehe und Familie wurden bisher oft so behandelt (besonders seit auf der einen Seite die Individualisierungsthese populär geworden war, auf der anderen Seite Rational-Choice-Ansätze in der konkreten Forschung dominant wurden), als seien es vor allem Aushandlungsprozesse kognitiver und diskursiver Art, die für die Funktionsweise von persönlichen Beziehungen entscheidend wären.

Aushandlungsprozesse haben tendenziell *kontraktuellen* Charakter, weil sie zu bestimmten Festlegungen und expliziten Vereinbarungen führen. Sie entsprechen einem Modell des rationalen Vertrags. Paarbeziehung und Familie als „vertragsförmige Institution“ zu bezeichnen impliziert, ihr Zustandekommen und ihre Aufrechterhaltung wesentlich darauf zurückzuführen, dass sich zwei autonome Individuen verständigen, wie sie ihr häusliches Zusammenleben gestalten wollen. Nun sind sich zwar viele Forscher einig, dass Aushandlungsprozesse im Modernisierungs- und Individualisierungsprozess zugenommen haben, und damit ist die (eheliche oder nichteheliche) Paarbeziehung immer stärker zu einer *vertragsförmigen Institution* geworden. Gleichwohl sind Zweifel an diesem rationalistischen Modell angebracht, zum Teil aus Gründen einer Mittelschicht-Verzerrung in der Forschung (die Situation von Doppelkarriere-Paaren, wo tatsächlich eine Verfolgung von Eigeninteressen von Mann und Frau stärker ist als in der klassischen Versorgungsfamilie, wird tendenziell zum

Normalmodell von Familie überhaupt gemacht – sodass wir häufig das Bild haben, dass Paarbeziehungen und Familien quasi vertragsförmige Institutionen sind, eine Verhandlungsarena, in der die Beteiligten ihre jeweiligen Individualinteressen verfolgen), aber auch aus grundsätzlichen Erwägungen. Paarbeziehungen und Familien sind Gemeinschaftsformen, die in vielerlei Hinsicht anders strukturiert sind und anders funktionieren (Burkart, 2014).

Das lässt sich zunächst gut veranschaulichen, wenn man vom Grundgedanken ausgeht, dass soziale Beziehungen Austauschbeziehungen sind. Im Rahmen des Methodologischen Individualismus bzw. der Rational-Choice-Theorie werden dann auch intime Beziehungen als Tauschprozesse zwischen Individuen betrachtet, die einer Art rationalem Geben und Nehmen entsprechen. Eine Alternative könnte sein, im Anschluss an das ethnologische *Gabentausch*-Modell eine Theorie familialer Praxis zu entwickeln, die stärker als die klassische Handlungstheorie auf die *Einheit der Vergemeinschaftung* ausgerichtet ist. Sie betrachtet soziale Beziehungen zwar auch als Austauschbeziehungen, betont jedoch im Gegensatz zum rationalen Modell des Tausches, wie es auch dem Vertragsmodell zugrunde liegt, nicht die unterschiedlichen Interessen rationaler Individuen, die – etwa durch Verhandlungen – ihre individuelle Kosten-Nutzen-Bilanz optimieren wollen, sondern begreift Austauschprozesse als symbolische Vergemeinschaftungsakte, bei denen der Tausch die sozialen Bindungen stärkt. Es geht um die Stiftung eines gemeinsamen Bandes – und nicht darum, eine gleichwertige Gegenleistung zu erhalten.

Eine modifizierte Version der Theorie des Gabentausches ist die *Theorie der Praxis,* wie sie vor allem von Bourdieu (1976, 1982) entwickelt worden ist. Sie ist besser als die klassische Handlungstheorie geeignet zur Erfassung von Vergemeinschaftungs-prozessen in Intimbeziehungen, also Paare und Familien. Die Theorie der Praxis ist eine Theorie des symbolischen Tausches, und sie betont die vorsprachlichen, nichtintentionalen und leiblichen Elemente von sozialen Beziehungen. Persönliche Beziehungen (Paare, Familien) als *Praxis* in diesem Sinn zu begreifen macht verständlich, dass es bei ihrer alltäglichen Reproduktion nicht so sehr auf sprachliche Reflexion oder rationale Argumentation ankommt, sondern auf leibliche Kommunikation. Nicht Vernunft und rationaler Diskurs stehen im Vordergrund, sondern nonverbale Elemente wie „Augensprache", Berührung, Gesten, kurz: die „Sprache des Körpers". Das Begehren und der Wunsch nach exklusiver Intimität, auch in den Eltern-Kind-Beziehungen, sind nicht kognitiv-rational, sondern in der körperlich-sinnlichen Erfahrung begründet, und werden in gemeinsamen Erlebnissen immer wieder stabilisiert, ebenso wie sich die grundlegende, „unbedingte" Solidarität („Treue") nicht auf eine quasi vertragliche Vereinbarung oder eine explizite moralische Regel zurückführen lässt, sondern durch leiblich-emotionale Erfahrungen motiviert ist. Die intime Beziehung kann so als eine besondere Erlebens- und Praxisform begriffen werden, die sich von kognitiv-rationalen und diskursiv vermittelten Kooperationspraktiken deutlich abhebt. Dazu gehört weiterhin, dass sich die Realität der Intimbeziehung zu einem wesentlichen Teil im „präsymbolischen", vorbewussten, ritualisierten Raum abspielt (Langer, 1969). Ritualisierte Praktiken in diesem Sinn sind „in Fleisch und Blut übergegangen" und wirken latent.

Die besonderen Geschehnisse der Praxis in Intimbeziehungen sind nicht das Resultat von individuellen Vorentscheidungen, gemeinsamen Planungen und Aushandlungsprozessen, sondern sie werden zum Beispiel in einem gemeinsamen Erlebnis zum Ausdruck gebracht, durch Kooperation, die keinem rationalen Plan entspricht, sondern eine gemeinsame Hervorbringung im Sinne „interaktiver Emergenz" darstellt. Es geht darum, eine gemeinsam geteilte *Situation* und eine *Atmosphäre* herzustellen – eine Art von Vereinbarung zu finden, die nicht auf kognitive Gehalte rekurriert, sondern auf subtile Abstimmungsprozesse, bei denen Gesten und Bewegungen, Emotionen und leibliche Interaktionen wesentliche Elemente darstellen.

Dass mit diesem Ansatz gewisse methodische Schwierigkeiten aufgeworfen werden, im Vergleich zur Surveyforschung, die beim kognitiv-rationalen Individuum ansetzt, ist nicht zu übersehen. Andererseits ist ebenso klar, dass persönliche Beziehungen für die herkömmliche empirische Sozialforschung, auch die qualitative, schwer zu erfassen sind. Sie verschwinden in empirischen Untersuchungen über Paarbeziehungen meist unter der diskursiven Oberfläche der Interviews mit Individuen (von Fragebögen ganz zu schweigen). Hier liegt eine große Herausforderung für die Methodologie der Familienforschung, für das Entwickeln neuer Methoden. Auch in der qualitativen Forschung steht häufig das isolierte Individuum mit seiner subjektiven Perspektive im Mittelpunkt, etwa beim biographischen Interview, und nicht die Beziehungsstruktur des Paares. Wie bereits erwähnt, haben wir in einer unserer Studien den phänomenologischen Begriff der *Atmosphäre* aufgegriffen und konnten damit die besondere Situation im so genannten *familistischen Milieu* gut beschreiben (Koppetsch & Burkart, 1999, S. 237 ff.). Eine familiale Atmosphäre in diesem Sinn lässt sich natürlich nicht mit einem Fragebogen erfassen, sondern nur mit Methoden der Feldforschung wie Beobachtung oder Interaktionsanalysen.

Die körpersoziologische Perspektive erlaubt noch einen ganz anderen Blick auf die Familie, zu dem es bisher kaum Ansätze gibt. In der Körpersoziologie, schreibt Gugutzer (2004, S. 142), gehe es nicht nur um den Körper von Individuen, sondern auch um kollektive Körper, Kleingruppen, ganze Bevölkerungen. Im Anschluss an Turner (1996) lässt sich der individuelle Körper (der Familienmitglieder) vom kollektiven Körper der Familie unterscheiden. So könnten Prozesse in den Blick geraten, bei denen die Praxis von Paarbeziehungen und Familien nicht nur als Praxis von Individuen erscheinen, sondern als etwas Kollektives, Überindividuelles, wie es am Beispiel der Magersuchtfamilie schon vielfach demonstriert wurde. So wäre es eben verkürzt, nur den individuellen Körper der magersüchtigen Tochter zu beachten. Es ist der Körper der Familie, der problematisch geworden ist. Wie weit diese metaphorische Verwendungsweise trägt, muss jedoch weiter ausgelotet werden.

Würde es eine organisierte körper-orientierte Familienforschung geben, könnte dies auch die Körpersoziologie „befruchten". Eine solche Forschung würde im Detail und in konkreten Entwicklungsschritten – analog zur Entwicklungspsychologie – zeigen, wie der sozial konstruierte Körper erzeugt und entwickelt wird, wie Körper-Sozialisation in der Familie sich in der Praxis vollzieht. So wie die Erkenntnistheorie aus der Sicht von Piaget den Fehler gemacht hat, am fertigen Individuum anzusetzen, um Erkenntnisprozesse zu analysieren (und Piaget hat demgegenüber in seiner *Genetischen Epistemologie* gezeigt, wie sich Denk- und Erkenntnisstrukturen beim Kind entwickeln), so hat auch die bisherige Körpersoziologie in gewisser Weise den Fehler gemacht, am „fertigen Körper" anzusetzen, der dann tanzt oder Sport betreibt oder sich schön macht. Der Körper ist aber eine Entwicklungsstruktur, deren Basis im Familienkörper gelegt wird.

## Literatur

Audehm, K. (2008). *Erziehung bei Tisch. Zur sozialen Magie eines Familienrituals.* transcript.

Bourdieu, P. (1976). *Theorie der Praxis.* Suhrkamp.

Bourdieu, P. (1982). *Die feinen Unterschiede. Kritik der gesellschaftlichen Urteilskraft.* Suhrkamp.

Burkart, G. (2014). Paarbeziehung und Familie als vertragsförmige Institutionen? In A. Steinbach, M. Henning, & O. A. Becker (Hrsg.), *Familie im Fokus der Wissenschaft* (S. 71–91). Springer VS.

Falk, P. (1994). Essen und Sprechen. Über die Geschichte der Mahlzeit. In A. Schuller & J. A. Kleber (Hrsg.), *Verschlemmte Welt. Essen und Trinken historisch-anthropologisch* (S. 103–131). Vandenhoeck & Ruprecht.

Gugutzer, R. (2002). *Leib, Körper und Identität. Eine phänomenologisch-soziologische Untersuchung zur personalen Identität.* Westdeutscher Verlag.

Gugutzer, R. (2004). *Soziologie des Körpers.* transcript.

Gugutzer, R. (2012). *Verkörperungen des Sozialen. Neophänomenologische Grundlagen und soziologische Analysen.* transcript.

Hahn, K., & Burkart, G. (Hrsg.). (1998). *Liebe am Ende des 20. Jahrhunderts. Studien zur Soziologie intimer Beziehungen.* Leske und Budrich.

Haworth-Hoeppner, S. (2000). The critical shapes of body image: The role of culture and family in the production of eating disorders. *Journal of Marriage and Family, 62*, 212–227.

Hurrelmann, K. (2013). *Gesundheits- und Medizinsoziologie.* Beltz Juventa.

Kaufmann, J.-C. (1994). *Schmutzige Wäsche. Zur ehelichen Konstruktion von Alltag.* UVK.

Kaufmann, J.-C. (1999). *Mit Leib und Seele. Theorie der Haushaltstätigkeit.* UVK.

Kaufmann, J.-C. (2011). *Sex@mour. Wie das Internet unser Liebesleben verändert.* UVK.

Koppetsch, C., & Burkart, G. (1999). *Die Illusion der Emanzipation. Geschlechtsnormen in Paarbeziehungen im Milieuvergleich.* UVK.

Langer, S. (1969). *Philosophie auf neuem Wege. Das Symbol im Denken, im Ritus und in der Kunst.* Fischer.

Lenz, K., & Nestmann, F. (Hrsg.). (2009). *Handbuch persönliche Beziehungen.* Juventa.

Meuser, M. (2004a). Zwischen „Leibvergessenheit" und „Körperboom". Die Soziologie und der Körper. *Sport und Gesellschaft, 1*, 197–218.

Meuser, M. (2004b). Jean-Claude Kaufmann – Der Alltag, die Familie und das Individuum. In S. Moebius & L. Peter (Hrsg.), *Französische Soziologie der Gegenwart* (S. 269–295). UVK.

Peter, C. (2006). *Dicke Kinder. Fallrekonstruktionen zum sozialen Sinn der juvenilen Dickleibigkeit.* Huber.

Schmitz, A., & Riebling, J. R. (2013). Gibt es „erotisches Kapital"? Anmerkungen zu körperbasierter Anziehungskraft und Paarformation bei Hakim und Bourdieu. *GENDER – Zeitschrift für Geschlecht, Kultur und Gesellschaft* (Sonderheft 2, Paare und Ungleichheit(en), hrsg. v. Alessandra Rusconi et al.) (S. 57–79). Budrich.

Selvini Palazzoli, M. (1982). *Magersucht. Von der Behandlung einzelner zur Familientherapie.* Klett-Cotta.

Siegrist, J. (2007). *Ungleiche Gesundheitschancen in modernen Gesellschaften*. Winter.

Sting, S. (2007). Gesundheit. In J. Ecarius (Hrsg.), *Handbuch Familie* (S. 480– 499). Springer VS.

Turner, B. S. (1996). *The body and society* (2. Aufl.). Sage.

Weber, G., & Stierlin, H. (Hrsg.). (2001). *In Liebe entzweit. Ein systemischer Ansatz zum Verständnis und zur Behandlung der Magersuchtfamilie*. Auer.

# Genetik

Thomas Lemke

Anfang des 20. Jahrhunderts führte der dänische Botaniker und Genetiker Wilhelm Johannsen eine wegweisende begriffliche Differenzierung ein. Vom „Genotyp", unter dem er die Gesamtheit der Erbanlagen eines Organismus verstand, unterschied er den „Phänotyp", der sich auf dessen beobachtbare Merkmale bezog. Im Zuge der wachsenden Bedeutung genetischen Wissens in Biologie und Medizin, insbesondere nach der Entdeckung der DNS-Struktur in den 1950er Jahren, wurde diese begriffliche Differenzierung zur Grundlage für ein neues Körperkonzept: die Vorstellung eines „genetischen Körpers" (Gudding, 1996). In dieser Perspektive gilt die DNS als „Bauanleitung" des Organismus oder als „Code" des Lebens, der die Entstehung und Entwicklung des Körpers steuert und dessen Merkmale und Eigenschaften bestimmt. Demnach liegt der Körper zweifach vor bzw. er spaltet sich auf in einen sinnlich erfahrbaren Körper auf der einen und einen unsichtbaren genetischen Körper auf der anderen Seite. Letzerer ist alleine der allein über labortechnische Mess- und Nachweisverfahren zugänglich und in informations- und kommunikationstechnischen Begriffen beschreibbar.

Im Gegensatz zur Vorstellung eines vergänglichen Körpers erhalten Gene in dieser Konzeption eine eigentümliche Persistenz, die die Lebensrhythmen und Leibbezogenheit der körperlichen Existenz transzendiert. Die leibliche Existenz lasse sich von einer „Essenz" des Lebens kategorial unterscheiden, die eine fundamentale Seinsebene darstellen und durch genetische Regulations- und Steuerungsformen gekennzeichnet sein soll. Aus einem unmittelbar gegebenen und durch Selbstorganisationsfähigkeit ausgewiesenen Körper wurde zunehmend ein passiver „Träger" oder ein bloßes Derivat

T. Lemke (✉)
Frankfurt am Main, Deutschland
E-Mail: lemke@em.uni-frankfurt.de



R. Gugutzer et al. (Hrsg.), *Handbuch Körpersoziologie 2*,
https://doi.org/10.1007/978-3-658-33298-3_10

der Gene. Diese erscheinen nicht mehr als integrale Bestandteile des Körpers, sondern umgekehrt wird der Körper zur Projektionsfläche und zum Vehikel eines genetischen Programms (Hallowell, 2000; Kollek, 2002, S. 111–115).

## 1 Die Etablierung des „genetischen Standpunkts" in der Medizin

Eine zentrale Rolle für die Entstehung des Begriffs des „genetischen Körpers" spielte die zunehmende Bedeutung der Genetik für die medizinische Forschung und die klinische Praxis. War die Genetik zunächst ein Fachgebiet, für das sich vor allem Botaniker_innen und Zoolog_innen interessierten, änderte sich dies in der zweiten Hälfte des 20. Jahrhunderts. Durch die eindrucksvollen technischen und wissenschaftlichen Erfolge der 1950er bis 1980er Jahre rückte die Genetik von einer vergleichsweise unbedeutenden und randständigen Disziplin in den Mittelpunkt der Biowissenschaften. Eine wichtige Voraussetzung dafür war die Entwicklung rekombinanter Techniken in den 1970er Jahren, die den Austausch genetischen Materials zwischen Chromosomen und über Speziesgrenzen hinweg ermöglichten. Dadurch wurde aus einer Disziplin, die vor allem der wissenschaftlichen Grundlagenforschung verpflichtet war, eine Anwendungspraxis von potenziell großer medizinischer Bedeutung (Rheinberger, 1996). Das wissenschaftliche Projekt zur Entschlüsselung des menschlichen Genoms, das in den 1990er Jahren begann und kurz nach der Jahrtausendwende abgeschlossen wurde, bekräftigte den Anspruch der Genetik, nicht nur für einzelne und sehr selten auftretende Leiden, sondern für die Genese und Manifestation von Krankheiten überhaupt zuständig zu sein.

In den vergangenen vier Jahrzehnten hat der „genetische Standpunkt" (Childs, 1977) das medizinische Wissen transformiert und neue diagnostische, präventive und therapeutische Optionen eröffnet. In dieser Perspektive erscheint Krankheit als ein „Fehler" oder „Defekt" im genetischen Make-up eines Individuums (Wilson, 2002). Die Vision einer „genetischen" oder einer „molekularen Medizin" beansprucht, eine neue und überzeugendere Taxonomie von Krankheiten bereit zu stellen, da bislang nur phänotypisch beschreibbare Krankheitszustände durch genotypische Variationen begriffen werden könnten (Ganten & Ruckpaul, 2001, S. 8). Das erklärte Ziel dieser Neuorientierung der Medizin ist es, ein alternatives ätiologisches Modell der Genese von Krankheiten zu etablieren, das diese nicht mehr nach ihrem klinischen Erscheinungsbild beurteilt, sondern sie auf ihre mutmaßlichen molekularen „Ursachen" zurückführt. Daran knüpft sich die Hoffnung, die genetisch begründete Taxonomie werde es ermöglichen, die vielfältigen Variationen dieser Krankheiten ebenso zu erklären wie die offensichtlichen Differenzen im Krankheitsbild, dem klinischen Verlauf und der Reaktion auf Pharmazeutika und Therapieformen.

Im Zuge der Etablierung der „genetischen Medizin" ist ein doppelter Entwicklungstrend zu beobachten, der zu einer Expansion und Transformation des Krankheitsbegriffs geführt hat. Zum einen lässt sich ein signifikanter Anstieg der Zahl von Krankheiten beobachten, die auf genetische Mechanismen zurückgeführt werden. Seit mehreren Jahrzehnten werden Krankheiten, von deren Erblichkeit ausgegangen wird, im sog. McKusick-Katalog (*Mendelian Inheritance in Man:* MIM) erfasst. Der MIM wird permanent auf den neuesten Forschungsstand gebracht und ist die entscheidende medizinische Datenbank, die Auskunft über die Anzahl erblicher Erkrankungen gibt. Die Zahl der im McKusick-Katalog verzeichneten Krankheitsbilder, für die genetische Ursachen bekannt sind, betrug im Jahr 1992 5000, stieg auf 10.000 Ende 1998, kletterte 2008 auf rund 18.000 Einträge und lag Anfang September 2014 bei über 22 000 Einträgen (3. September 2014: 22 480, vgl. http://www.omim.org/statistics/entry).

Zum anderen verwandelte sich im gleichen Zeitraum der Begriff der genetischen Krankheit in eine „Mammutkategorie" (Keller, 1995, S. 296), indem er auf Zustände und Normvariationen ausgedehnt wurde, die bislang nicht als „krank" angesehen wurden. Wenn Abweichungen vom „Normalgenom" die epistemologische Grundlage zur Bestimmung von Krankheiten liefern, geraten auch genetische Anlagen, Dispositionen, Risiken etc. in den medizinischen Blick, die sich (noch) nicht klinisch manifestiert haben. Damit ist das Modell einer Medizin skizziert, die sich von einer konkret beschreibbaren Leidenserfahrung oder einer empirisch feststellbaren Krankheitssymptomatik abzukoppeln vermag. Phänotypisch gesunde Menschen werden auf diese Weise zu „genetischen Risikopersonen" und potentiell Kranken; im gesunden Körper scheinen sich unbekannte Gefahrenpotenziale zu verbergen, die nur durch komplexe gentechnologische Nachweisverfahren sichtbar gemacht werden können.

Diese Ausdehnung und Neufassung des Krankheitsbegriffs im Rahmen einer genetischen Medizin und dessen Entkopplung von einem körperlichen oder psychischen Leiden entzieht allerdings dem immer wieder artikulierten Versprechen der genetischen Medizin als einer „individuellen" oder „personalisierten" Medizin die Grundlage. Entgegen der wiederholt formulierten Kritik an einer „Einheitsmedizin", die alle Patienten als therapeutische Durchschnittswesen behandele (Heier, 2002) und der medienwirksam propagierten Hoffnung auf „passgenaue" und nebenwirkungsarme Medikamente, die auf die genetischen Besonderheiten der Patient_in abgestimmt sind, rekurriert die „genetische Medizin" gerade nicht auf die Selbstdeutung und die Körperwahrnehmung der Betroffenen; vielmehr orientiert sie sich an einem vermeintlich objektiven Krankheitsbegriff, der allein auf messbare molekulare Prozesse abstellt (vgl. auch Kollek, 1999).

Die hier skizzierten Entwicklungstendenzen führen zu zwei zentralen Paradoxa. Erstens tritt die „genetische Medizin" mit dem Anspruch auf, Krankheiten früher und besser erkennen und damit eventuell vermeiden zu können. Um Menschen von den (zukünftigen) Leiden zu befreien, muss sie jedoch erst einmal alle zu Patient_innen machen – zu „asymptomatisch Kranken", die einer genetischen Überwachung und Aufklärung bedürfen (Shakespeare, 2003). Zweitens und damit zusammenhängend untergräbt diese Neuausrichtung der Medizin die Vorstellung einer genetischen Normalität (vgl. O'Sullivan et al., 1999). Zielen die Interventionsstrategien auf der einen Seite darauf, „nicht-normale" Dispositionen und Risiken aufzuspüren und zu diagnostizieren, sind auf der anderen Seite genetische Risiken „normal", insofern alle Menschen Dispositionen für unterschiedliche Krankheiten in sich tragen, es also kein „risikofreies" Genom gibt.

## 2 Merkmale des „genetischen Körpers"

Die feministische Wissenschaftsforschung hat darauf aufmerksam gemacht, dass die hierarchische Unterscheidung zwischen Geno- und Phänotyp sowie die vorherrschenden informationellen Repräsentationen des Gens zu einer Neuauflage des philosophischen Leib-Seele-Dualismus führt (Haraway, 1997; Keller, 1998). Das körperliche Substrat wird demnach von einem genetischen Programm gesteuert und reguliert, das ihm erst Form und Gestalt gibt. Wurden Gene in der ersten Hälfte des 20. Jahrhunderts – im Rahmen eines entwicklungsbiologischen Diskurses der Genaktivierung – als Teil eines umfassenderen zellulären Netzwerkes begriffen, hat sich in der zweiten Jahrhunderthälfte ein Diskurs der Genaktivität durchgesetzt, der Genen die Eigenschaft zuschreibt, die Proteinsynthese zu lenken und körperliche Prozesse zu programmieren. In dieser Perspektive ist es die genetische Information, welche die Entwicklung der Zelle kontrolliert. Dabei wird häufig der Zellkern, in dem sich die DNS befindet, als männlich dargestellt, während das Zytoplasma, also der gesamte, von der Plasmamembran umschlossene Zellinhalt außerhalb des Zellkerns, weiblich konnotiert ist. Da das männliche Sperma fast kein Zytoplasma enthält und daher als reiner Zellkern aufgefasst werden kann, erneuert der Glaube an die determinierende Macht der Gene das Primat der männlichen Vererbungskomponenten gegenüber den weiblichen. Die DNS mag Männern wie Frauen eigen sein, aber ihre tendenzielle Aufwertung gegenüber außer- und innerzellulären Prozessen privilegiert den „männlichen" Beitrag für die Reproduktion und Entwicklung von Organismen (Lemke, 2004).

Die Herausbildung eines „genetischen Körpers" geht aber nicht nur mit einer systematischen Vernachlässigung der „weiblichen" Komponenten bei Vererbungs- und Entwicklungsprozessen einher; sie zeichnet sich darüber hinaus durch eine Reihe von ungewöhnlichen Merkmalen und Besonderheiten aus. Zunächst einmal definiert dieses Körperkonzept einen zeitlichen Horizont, der sich von der Vergangenheit der Familiengeschichte über die gegenwärtig lebenden Menschen bis hin zu zukünftigen Generationen und Noch-Nicht-Geborenen erstreckt. Die „verkörperte Historizität" (Raspberry & Skinner, 2007, S. 373) genetischer Informationen erlaubt es, einen homogenen Zeitraum zu konzipieren, der die Suche nach vergangenen Krankheiten mit der Kalkulation aktueller Gesundheitsrisiken und dem möglichen Auftreten zukünftiger Erkrankungen verknüpft. Ermöglicht wird die Etablierung dieses generationenübergreifenden Kontinuums durch die Annahme einer Stabilität und Dauerhaftigkeit genetischer Informationen, die sich den biologischen Zyklen des Werdens und Vergehens entziehen und unabhängig von ihren körperlichen Erscheinungsformen existieren.

Aus dieser Verschränkung von informationeller Zeitlosigkeit und materieller Historizität resultieren einige Widersprüche und Eigentümlichkeiten des Gendiskurses. Finden sich auf der einen Seite Vorstellungen eines scheinbar unabwendbaren genetischen Schicksals, steht auf der anderen Seite die hoffnungsfrohe Zuversicht auf medizinische Heilung – oder zumindest auf die Möglichkeit frühzeitiger Diagnose und wirksamer Prävention. Deterministische Kausalitätsmodelle und opportunistische

Verbesserungswünsche, resignativer Fatalismus und optimistischer Pragmatismus gehen hier eine ungewöhnliche Synthese ein. Hinzu kommt, dass Gene zugleich als An-Zeichen für gegenwärtige Krankheiten und Vor-Zeichen für zukünftige Leiden gelesen werden; sie sind diagnostische Instrumente, aber auch zentrale Werkzeuge einer prädiktiven Medizin, die den Blick über konkrete Symptome hinaus auf zukünftige Gesundheitsrisiken richtet.

Der „genetische Körper" zeichnet sich jedoch nicht nur durch die Etablierung eines evolutionsgeschichtlich bestimmten Zeithorizonts aus, der generationale Zyklen systematisch überschreitet; er transzendiert auch die physischen Grenzen des individuellen Körpers. Eine Krankheit erhält in dem Moment, in dem sie als genetisch definiert wird, eine soziale Dimension, die das Individuum und seinen Körper übersteigt. Die Diagnose betrifft dann nicht nur das untersuchte Individuum selbst, sondern auch dessen leibliche Verwandte. Darüber hinaus ist sie folgenreich für Ehepartner_innen und Lebensgefährt_innen, ja sogar für nachfolgende Generationen. Im Fall einer Schwangerschaft ist zu entscheiden, ob das Risiko einer eventuellen Weitergabe „kranker" Gene in Kauf genommen, pränatale Diagnostik genutzt oder gar mit den Mitteln der Präimplantationsdiagnostik ein „risikofreies" Kind „selektiert" werden soll.

Der einzelne Körper bildet in dieser Perspektive nur eine Art Passagepunkt für die Gene, die das Individuum und dessen Endlichkeit überdauern, von einer Generation an die nächste weitergegeben und zum Gegenstand bevölkerungspolitischer Strategien werden können. Das Individuum ist zwar der erklärte Adressat der genetischen Medizin, aber genauer betrachtet stellt es nur ein Element innerhalb eines sozialen Kontinuums dar, das von der subzellulären Ebene bis hin zur Bevölkerung reicht (Koch, 1999, S. 191 f.).

Wenn nicht nur Individuen, sondern auch Zellen, Embryonen, Föten oder Familien und andere Kollektive als „krank" oder „behandlungsbedürftig" begriffen werden können, stehen zentrale Prinzipien ärztlichen Handelns wie die Vertraulichkeit medizinischer Informationen oder die ärztliche Schweigepflicht infrage. Es ergeben sich bislang unbekannte Handlungskonflikte und Interessenkollisionen. Wenn Föten für den Patient_innenstatus kandidieren, ist es fraglich, ob die schwangere Frau die primäre Entscheidungsträgerin ist. Ebenso taucht die Frage auf, wer wann über welche Gesundheitsrisiken informiert werden sollte: Ergeben sich aus genetischen Informationen über mögliche Gesundheitsgefahren Aufklärungspflichten der Patient_in gegenüber Familienangehörigen? Sollten diese von der Ärzt_in vor möglichen Gesundheitsrisiken gewarnt werden – eventuell auch gegen den Willen der Patient_in? (vgl. Koch, 1999, S. 193 f.)

## 3 Schicksal und Verantwortung

Im Lichte der technischen Innovationen und wissenschaftlichen Erfolge der Genetik in der zweiten Hälfte des 20. Jahrhunderts wurde auch das bislang starre Konzept genetischer Determination einer tief greifenden Revision unterzogen, die das Verhältnis von Anlage und Umwelt neu fasste. Seit den 1960er Jahren erscheint die „Erbmasse" zunehmend als offen gegenüber technischen Eingriffen und sozial gestaltbar. Der Bezug auf Gene bzw. molekulare Strukturen impliziert daher immer weniger Schicksalhaftigkeit und Unveränderlichkeit; im Gegenteil präsentiert sich die Genetik als ein privilegiertes Feld für soziale und medizinische Interventionen (Keller, 1995, 291 f.).

Von zentraler Bedeutung in diesem Zusammenhang ist der Begriff des genetischen Risikos. Die Diagnose von genetischen Ursachen für unerwünschte Charakteristika und die Identifizierung von Individuen mit genetischen Risiken sollen kein unabweisliches genetisches Schicksal feststellen, sondern im Gegenteil eine Reihe von Interventionen zur Risikovermeidung oder -minimierung initiieren. Diese umfassen so unterschiedliche Strategien wie die Einnahme von Arzneimitteln und Psychopharmaka oder die Kontrolle von Lebensstil, Gesundheitsverhalten, Partner_innenwahl und Fortpflanzungsentscheidungen. Die Diagnose genetischer Risiken geht daher mit neuen individuellen Entscheidungszwängen und moralischen Verpflichtungen einher.

Die Konturen einer solchen „genetischen Verantwortung" lassen sich bereits seit geraumer Zeit beobachten. Dieser Vorstellung zufolge soll es möglich sein, genetische Risiken wie andere Gesundheitsrisiken durch entsprechende Verhaltensänderungen und Entscheidungsprozesse zu kontrollieren.

Prinzipiell lassen sich drei Dimensionen genetischer Verantwortung unterscheiden (vgl. Kollek & Lemke, 2008, S. 223–287): die Reproduktionsverantwortung (Verhinderung der Weitergabe genetischer Risiken), die Informationsverantwortung (Kommunikation genetischer Risiken) und die Eigenverantwortung (Kontrolle genetischer Risiken). Im Mittelpunkt stand zunächst die *Reproduktionsverantwortung* – also die Sorge um gesunde Nachkommen und die Verhinderung der Weitergabe „kranker" Gene. Seit den 1970er Jahren ging es dabei vor allem um das Verhältnis der Eltern zu ihren (werdenden) Kindern und den Einsatz von pränatalen Tests zur Bestimmung genetischer Risiken. Die *Informationsverantwortung* bezieht sich demgegenüber auf die Verpflichtung, Familienangehörige über Gesundheitsrisiken aufzuklären. Im Zentrum steht hierbei nicht die Frage der möglichen Übertragung „kranker" Gene an die nächste Generation, sondern das Problem der unmittelbaren gesundheitlichen Effekte für die betroffenen Personen: Sollten Verwandte über genetische Risiken informiert werden, um – wenn möglich – Vorsorge- und Therapieoptionen wahrnehmen zu können? Wo dies nicht möglich ist, sollten sie um die genetischen Risiken wissen, um verantwortliche Entscheidungen hinsichtlich ihrer Familien- und Lebensplanung treffen zu können? Neben der Pflicht zur Warnung von Familienangehörigen werden auch zunehmend Informationspflichten gegenüber anonymen Dritten, etwa der Solidargemeinschaft, der Versichertengemeinschaft, zukünftigen Generationen etc. ins Feld geführt.

Ein weiteres Einsatzfeld genetischer Verantwortung betrifft das eigene Gesundheitsverhalten und die Pflichten gegenüber sich selbst. Nicht nur in Bezug auf Dritte, auf Nachkommen und Familienangehörige, sondern auch im Umgang mit den eigenen genetischen Risiken wird ein verantwortliches Verhalten, eine *Eigenverantwortung,* eingefordert. Genetische Verantwortung konkretisiert sich in diesem Fall als Nachfrage nach entsprechenden Untersuchungstechniken und Präventionsmöglichkeiten, um die Gesundheitsrisiken für den eigenen Körper zu minimieren. Erst die Kenntnis der individuellen genetischen Risiken erlaubt in dieser Perspektive eine verantwortliche Lebensführung. In dem Maße, in dem Krankheiten als genetisch verursacht begriffen werden, erfordert „mündiges" oder „risikokompetentes" Gesundheitsverhalten über die Kenntnis allgemeiner Risikofaktoren wie Rauchen, Alkohol und mangelnde Bewegung hinaus ein spezifisches Wissen um das eigene genetische Risikoprofil.

Diesen multidimensionalen Verantwortungsimperativ illustrieren die Ergebnisse einer inzwischen klassischen Studie von Nina Hallowell (1999, 2000). Die Autorin hat Interviews mit Frauen geführt, bei denen durch einen prädiktiven Test Mutationen in den sogenannten BRCA-Genen diagnostiziert wurden, die das Risiko für Brust- und Eierstockkrebs signifikant erhöhen. Die meisten Frauen fühlten sich aufgrund der genetischen Information zum Risikomanagement verpflichtet. Sie unterzogen sich weiteren medizinischen Interventionen und nahmen regelmäßig an Kontrolluntersuchungen teil. Obwohl sie all dies freiwillig taten, betrachteten sie es doch als eine zwingende Notwendigkeit. Die Möglichkeit, keine weiteren medizinischen Eingriffe vornehmen zu lassen, wurde von den betroffenen Frauen de facto ausgeschlossen. Zwei Ergebnisse der Studie sollen hier besonders hervorgehoben werden:

Erstens wird in den Interviews deutlich, dass die betroffenen Frauen nicht nur glaubten, für sich selbst und ihre eigenen Risiken verantwortlich zu sein; einer der wichtigsten Vorzüge des prädiktiven Tests wurde vielmehr in der Bereitstellung von Informationen gesehen, die für andere relevant sind. Diese Verantwortung, die sich den Frauen zufolge aus den genetischen Informationen ergibt, erstreckt sich zunächst auf die Familienmitglieder (Kinder, Schwestern, Nichten, Tanten und Mütter). Für viele der interviewten Frauen gab es jedoch nicht nur eine Verpflichtung gegenüber den Lebenden, sondern auch gegenüber den Toten, z. B. gegenüber der an Brustkrebs verstorbenen Mutter bzw. Schwester. Wiederum andere begriffen das Ergebnis des prädiktiven Tests auch als eine Verantwortung gegenüber zukünftigen Generationen. Sie sahen den Test weniger als eine private Angelegenheit, sondern wollten einen Beitrag für die Allgemeinheit leisten, indem sie genetisches Material für die Brustkrebs-Forschung bereitstellten. Auf diese Weise sollte die Krankheit besser begriffen werden, um schließlich Therapeutika entwickeln zu können (Hallowell, 1999, S. 105–112).

Zweitens zeigt das Interviewmaterial, dass viele der befragten Frauen ihre Angst über den diagnostizierten Risikostatus zu verringern suchten, indem sie ihre Körper einem Kontrollregime unterwarfen. Sie gingen zu Vorsorgeuntersuchungen und entwickelten einen Lebensstil, der das Krankheitsrisiko herabzusetzen versprach. Der Gentest bzw. das Testergebnis führte auf diese Weise zu einem Prozess der Selbstdistanzierung: Der eigene Körper wurde von den Frauen als etwas prinzipiell Fremdes und potenziell Gefährliches wahrgenommen, das systematisch überwacht werden muss (vgl. auch Duden, 2001). Auch wenn den Interviewten klar war, dass sie keine wirkliche Kontrolle über die Krankheit besaßen, betonten fast alle ihre individuelle Verantwortung für eine Risikoreduktion. Sie glaubten, ein Risiko zu verkörpern und hielten es für ihre Pflicht, ihr Leben auf diese Risikoinformation ein- bzw. umzustellen (Hallowell, 2000, S. 160–169).

## 4 Biosozialität und genetic citizenship

Die Bedeutung genetischer Informationen für moralische Problematisierungen und veränderte Körperwahrnehmungen und Selbstdeutungen greift der US-amerikanische Kulturanthropologe Paul Rabinow (2004) in einem vielbeachteten Aufsatz auf. Rabinow argumentiert, dass ausgehend vom Humangenomprojekt und den damit verbundenen biotechnologischen Innovationen eine postdisziplinäre Ordnung (ebd., 129) entstehe, die zu einer Neuartikulation traditioneller Körperkonzepte führe. Rabinow zufolge ist dieser Prozess nicht als eine Biologisierung des Sozialen, als Übersetzung sozialer Projekte in biologische Termini zu begreifen (etwa nach den bekannten Modellen der Soziobiologie oder des Sozialdarwinismus); vielmehr sei eine Neukonfigurierung gesellschaftlicher Verhältnisse mittels biologischer Kategorien zu beobachten, in der sich Natur und Kultur zunehmend verschränken und für die Rabinow den Begriff der „Biosozialität" prägt (ebd., S. 139).

Rabinow interessiert besonders, wie im Kontext des wachsenden Wissens um genetische Krankheiten und Krankheitsrisiken neue kollektive und individuelle Identitäten entstehen. Es sei zu erwarten, dass in dem Maße, in dem genetische Informationen verbreitet und popularisiert werden, Individuen sich selbst und andere in genetischen Termini beschreiben und biologisch-medizinisches Vokabular in die Alltagskommunikation einfließt. So wie sich bereits heute Menschen im Hinblick auf körperliche Eigenschaften wie ihren niedrigen Blutdruck oder einen erhöhten Cholesterinspiegel charakterisieren, dürften in Zukunft Selbstdeutungen existieren, in denen Subjekte sich hinsichtlich ihres erhöhten genetischen Risikos für diese oder jene Erkrankung, ihrer genetisch bedingten geringen Alkoholtoleranz oder einer erblichen Veranlagung zu Brustkrebs oder Depression beschreiben.

Aber Rabinows These der Biosozialität geht noch darüber hinaus. Die technischen Neuerungen und die wissenschaftlichen Klassifikationssysteme schaffen – so die Annahme – die materiale Voraussetzung für neue Vergemeinschaftungsformen, Repräsentationsmuster und Identitätspolitiken, wobei das Wissen um bestimmte körperliche Eigenschaften und genetische Charakteristika die Beziehung der Individuen zu sich selbst und zu anderen entscheidend bestimmt. Nach Rabinow sind Selbsthilfegruppen und Patient_innenorganisationen dabei nicht passive Objekte medizinischer Fürsorge oder wissenschaftlicher Forschungsinteressen; im Gegenteil bildet die Krankheitserfahrung den Ausgangspunkt für ein Feld vielfältiger sozialer Aktivitäten. Die in den Gruppen organisierten Kranken und deren Angehörige arbeiten eng mit spezialisierten medizinischen Expert_innen zusammen, sie sammeln Spenden, um eine auf ihre Bedürfnisse abgestimmte Forschung voranzutreiben und bauen Kommunikationsnetze auf, die von regelmäßigen Gruppentreffen zum gegenseitigen Erfahrungsaustausch, eigenen Publikationsorganen bis hin zu Informationsangeboten im Internet reichen (ebd., S. 143 f.; vgl. auch Rabinow, 2008; Gibbon & Novas, 2008; Lemke, 2013).

Die Verbreitung biowissenschaftlichen und medizinischen Wissens führt jedoch nicht nur zu neuen Formen von Vergemeinschaftung und kollektiver Identität, sondern auch zur Einforderung von Rechten aufgrund biologischer Besonderheiten und zu bislang unbekannten Formen eines politischen Aktivismus. Diese neuen Artikulations- und Repräsentationsformen werden im anglo-amerikanischen Raum unter Stichworten wie „biological" bzw. „genetic citizenship" (Rose & Novas, 2005 bzw. Heath et al., 2004) diskutiert. Im Mittelpunkt dieser Forschungsrichtung stehen verschiedene Arenen eines politischen Aktivismus auf der Grundlage biologischer Merkmale. Die einschlägigen Arbeiten nehmen etwa die Lobbyarbeit von Selbsthilfegruppen, Patient_innenorganisationen und Angehörigenverbänden in den Blick, um Resonanz für deren Interessen in einer breiteren Öffentlichkeit zu finden, oder sie fokussieren auf ihr Engagement gegen materielle oder ideelle Zugangsbeschränkungen zur Nutzung von medizinischen Technologien und genetischem Wissen. Gemeinsam ist den Forschungen zu „biological" oder „genetic citizenship" die Vorstellung eines systematischen Zusammenhangs zwischen biomedizinischer Wissensproduktion, Formen kollektiver Identität und politischen Artikulationsformen. Mit Patient_innenzusammenschlüssen, Selbsthilfegruppen und Angehörigenvereinigungen entstünden neue kollektive Subjekte, die die Grenzen zwischen Laien und Expert_innen, aktiven Forscher_innen und den passiven Nutznießer_innen technologischen Fortschritts verschieben.

## 5 Schluss: Vom genetischen zum epigenetischen Körper?

In den 2000er Jahren hat der Gendiskurs eine entscheidende Transformation erfahren, die auch die Konturen des „genetischen Körpers" verändern könnte (vgl. dazu Kollek & Lemke, 2008, S. 317–321). Bereits vor dem Ende des Humangenomprojekts haben die ursprünglich forschungsleitenden deterministischen Konzepte an wissenschaftlicher Plausibilität verloren. Die Ergebnisse der Genomforschung forderten das „zentrale Dogma" der molekularen Genetik heraus, das die einschlägige Forschung seit den Anfängen der Gentechnik zu Beginn der 1970er Jahre anleitete. Diesem Dogma zufolge trägt jedes Gen die Information für die Bildung eines Proteins. Schon seit längerer Zeit existierten Hinweise darauf, dass dieses einfache Genkonzept nicht aufrecht zu erhalten ist. Erstens wurde bereits früh klar, dass das, was zu Beginn der molekularen Genetik für ein Gen gehalten wurde, schon in sich selbst viel komplexer ist als ursprünglich angenommen (Falk, 1984). Zweitens zeigten Forschungen in den vergangenen Jahren, dass auch der nicht für Proteine kodierende Teil der DNS – die sogenannte „Schrott-DNS" – intensiv in die Regulation und Expression von Genen involviert ist. Drittens wurde deutlich, dass das Genom des Menschen weder so einzigartig – 98 % der Sequenz sind identisch mit dem von Schimpansen – noch so umfangreich ist, wie man ursprünglich angenommen hat: Statt der zunächst geschätzten 100 000 besitzt das menschliche Genom nur wenig mehr als 20 000 offene Lesesequenzen, die prinzipiell in Proteine übersetzt werden können (Lock, 2005).

Spätestens mit dem Abschluss des Humangenomprojekts war klar, dass Genotyp und Phänotyp nur in vergleichsweise wenigen Fällen in linearer, unidirektionaler

Weise miteinander verbunden sind. Der genetische Determinismus beruhte auf der Vorstellung, dass die biologische Bedeutung unmittelbar aus der genetischen Information folge. Mit dem zunehmenden wissenschaftlichen Wissen zeigt sich, dass die Komplexität der Regulierungsdynamik sich nicht auf ein „Übersetzungsproblem" zwischen Geno- und Phänotyp oder das Ausführen eines „Programms" beschränkt. In der Regel ist eine konkrete DNS-Sequenz nicht mit einem einzigen Merkmal oder einer spezifischen Funktion verknüpft, wie beispielsweise einer Prädisposition für Diabetes oder Herzerkrankungen (The Encode Project Consortium, 2012). Daher verschob sich das Forschungsinteresse von einzelnen Genen, DNS-Sequenzen oder Proteinen auf das funktionelle Zusammenspiel einer Vielzahl von Genen oder Proteinen und deren Abhängigkeit von Entwicklungs- und Alterungsprozessen sowie von Umwelteinflüssen. Die Forschungsarbeiten machten die Grenzen hierarchischer Vorstellungen genetischer Regulation deutlich und weckten das Interesse an der Konzeption komplexer Netzwerkmodelle.

Die wachsende Einsicht in die Vielschichtigkeit und Vielstimmigkeit biologischer Regulationsprozesse hat in den vergangenen Jahren neuen Teildisziplinen, wie etwa der Systembiologie und der Epigenetik, ungeheuren Auftrieb gegeben. Diese Forschungsrichtungen konzentrieren sich auf Prozesse, die ganze Zellen oder Organismen involvieren, sowie auf die Funktionen von Genen und Proteinen. In dieser Perspektivenerweiterung werden Lebensprozesse nicht mehr länger durch einen genetischen Bauplan „programmiert"; molekulare Prozesse sind keine determinierenden Vorgänge, sondern selbst integraler Bestandteil eines multikausalen Wirkungszusammenhangs, in dem andere Ebenen der biologischen Organisation sowie nichtbiologische Faktoren eine entscheidende Rolle spielen. Innerhalb dieses Komplexitätsparadigmas sind es weder die individuellen Gene noch die Genome, die für den biologischen Prozess verantwortlich sind; vielmehr zeigt der aktuelle Forschungsstand, dass genetische mit anderen biologischen Dimensionen so eng verknüpft sind, dass sie keine stabilen und überzeitlichen Eigenschaften aufweisen, sondern ihre Funktionen in hohem Maße von intra- und extrazellulären Kontexten abhängig sind. Die Stabilität der Genstruktur ist demnach nicht der Ausgangspunkt, sondern das Endprodukt eines vielstimmigen Prozesses der Zellregulation. Damit verschiebt sich die Perspektive von der Vorstellung einer statischen Einheit, der Autonomie und kausale Ursächlichkeit zugeschrieben wird, hin zu einem dynamischen Zusammenspiel von interdependenten Akteuren: von der Genaktivität zur Genaktivierung (Oyama, 2000; Neumann-Held & Rehmann-Sutter, 2006).

Trotz des durch die neuen Erkenntnisse in Systembiologie und Epigenetik eingeleiteten Paradigmenwechsels und der wachsenden Anerkennung genetischer und biologischer Komplexität ist nicht zu erwarten, dass das Konzept des „genetischen Körpers" in absehbarer Zeit grundlegend in Frage gestellt wird. Gegen ein solches Szenario sprechen mehrere Gründe. Erstens liegt der strategische Fokus der biomedizinischen Forschung weiterhin auf der genetischen Verursachung von Krankheiten, und der Einsatz prädiktiver Gentests ist ein weiter wachsendes Feld der Risikofaktorenmedizin. Zweitens tragen außerhalb des medizinischen Bereichs etablierte Akteurskonstellationen und eingespielte Nachfragestrukturen zur weiteren Konjunktur des „genetischen Körpers" bei. Zu nennen sind in diesem Zusammenhang etwa die vielfältigen Anwendungsbereiche identifikatorischer Gentests. Neben der forensischen bzw. kriminalistischen Nutzung („genetischer Fingerabdruck") werden diese auch von Asylbehörden, Familiengerichten und besorgten Vätern nachgefragt (Lynch et al., 2008; Heinemann & Lemke, 2013). Insgesamt dürfte zwar die Vorstellung eines „Gens für" eine bestimmte Krankheit oder ein konkretes Merkmal zunehmend durch die Suche und Definition von epigenetischen Mustern, postgenomischen Netzwerken oder spezifischen Expressionsprofilen ersetzt werden; dennoch ist nicht davon auszugehen, dass es zu einem nachhaltigen Bruch mit dem von Donna Haraway (2001) konstatierten „Genfetischismus" kommt. Zu erwarten ist eher, dass die Einsicht in die Komplexität biologischer Prozesse in der Forschung ebenso wie im Alltagswissen weiter wächst und dadurch der eindeutig bestimmbare, zeitlose, durch klare Grenzziehungen und Kausalitätsmodelle markierte „genetische Körper" zunehmend durch einen unscharfen, flexiblen und in Feedback-Systeme eingebetteten „epigenetischen Körper" ergänzt wird, dessen Genaktivität zusätzlich durch Ernährungsgewohnheiten, psychische Prozesse und Umwelteinflüsse kontextualisiert und moduliert wird (Lock, 2009).

## Literatur


Childs, B. (1977). Persistent echoes of the nature-nurture argument. *American Journal of Human Genetics, 29*, 1–13.

Duden, B. (2001). Mein Genom und ich – Fragen einer Historikerin des Körpers. *Das Argument, 43*(242), 634–639.

Falk, R. (1984). The gene in search of an identity. *Human Genetics, 68*(3), 195–204.

Ganten, D., & Ruckpaul, K. (2001). Molekulare Medizin. In A. M. Raem et al. (Hrsg.), *Gen-Medizin. Eine Bestandsaufnahme* (S. 3–19). Springer.

Gibbon, S., & Novas, C. (Hrsg.). (2008). *Biosocialities, genetics and the social sciences. Making biologies and identities*. Routledge.

Gudding, G. (1996). The phenotype/genotype distinction and the disappearance of the body. *Journal of the History of Ideas, 57*, 525–545.

Hallowell, N. (1999). Doing the right thing: Genetic risk and responsibility. In P. Conrad & J. Gabe (Hrsg.), *Sociological perspectives on the new genetics* (S. 97–120). Blackwell.

Hallowell, N. (2000). Reconstructing the body or reconstructing the woman? Problems of prophylactic mastectomy for hereditary breast cancer risk. In L. K. Potts (Hrsg.), *Ideologies of breast cancer. Feminist perspectives.* (S. 153–180). St. Martin's.

Haraway, D. (1997). *Modest witness@second millenium. FemaleMan meets oncomouse.* Routledge.

Haraway, D. (2001). Genfetischismus. *Das Argument, 43*(242), 601–614.

Heath, D., Rapp, R., & Taussig, K.-S. (2004). Genetic citizenship. In D. Nugent & J. Vincent (Hrsg.), *Companion to the handbook of political anthropology* (S. 152–167). Blackwell.

Heier, M. (2002). Vom Gen zur Therapie. *Capital, 3*, 80–82.

Heinemann, T., & Lemke, T. (2013). Suspect families: DNA kinship testing in German immigration policy. *Sociology, 47*(4), 810–826.

Keller, E. F. (1995). Erbanlage, Umwelt und das Genomprojekt. In D. J. Kevles & L. Hood (Hrsg.), *Der Supercode. Die genetische Karte des Menschen* (S. 284–303). Insel.

Keller, E. F. (1998). *Das Leben neu denken. Metaphern der Biologie im 20. Jahrhundert.* Verlag Antje Kunstmann.
Koch, L. (1999). Predictive genetic medicine – A new concept of disease. In E. Hildt & S. Graumann (Hrsg.), *Genetics in human reproduction* (S. 185–195). Ashgate.
Kollek, R. (1999). Was heißt schon gesund? Zur Transformation des Krankheitsbegriffes durch genetische Diagnostik. In T. Braun & M. Elstner (Hrsg.), *Gene und Gesellschaft* (S. 95–108). Deutsches Krebsforschungszentrum.
Kollek, R. (2002). Fragile Kodierung – Genetik und Körperverständnis. In E. Kuhlmann & R. Kollek (Hrsg.), *Konfigurationen des Menschen. Biowissenschaften als Arena der Geschlechterpolitik* (S. 109–120). Leske & Budrich.
Kollek, R., & Lemke, T. (2008). *Der medizinische Blick in die Zukunft. Gesellschaftliche Implikationen prädiktiver Gentests.* Campus.
Lemke, T. (2004). Die Gene der Frau. Humangenetik als Arena der Geschlechterpolitik. *Feministische Studien, 22*(1), 22–38.
Lemke, T. (2013). Von der Soziobiologie zur Biosozialität ? Anmerkungen zu einer Debatte in der Wissenschafts- und Technikforschung. In T. Lemke (Hrsg.), *Die Natur in der Soziologie. Gesellschaftliche Voraussetzungen und Folgen biotechnologischen Wissens* (S. 22–39). Campus.
Lock, M. (2005). Eclipse of the gene and the return of divination. *Current Anthropology, 46*(supplement), 47–60.
Lock, M. (2009). Demoting the genetic body. *Anthropologica, 51*(1), 159–172.
Lynch, M., Cole, S. A., McNally, R., & Jordan, K. (2008). *Truth machine: The contentious history of DNA fingerprinting.* University of Chicago Press.
Neumann-Held, E. M., & Rehmann-Sutter, C. (2006). *Genes in development. Re-reading the molecular paradigm.* Duke University Press.
O'Sullivan, G., Sharman, E., & Short, S. (1999). *Goodbye normal gene. Confronting the genetic revolution.* Pluto Press.
Oyama, S. (2000). *The ontology of information.* Duke University Press.
Rabinow, P. (2004). Artifizialität und Aufklärung. Von der Soziobiologie zur Biosozialität. In P. Rabinow (Hrsg.), *Anthropologie der Vernunft. Studien zu Wissenschaft und Lebensführung* (S. 129–152). Suhrkamp.
Rabinow, P. (2008). Afterword: Concept work. In S. Gibbon & C. Novas (Hrsg.), *Biosocialities, genetics and the social sciences: Making biologies and identities* (S. 188–192). Routledge.
Raspberry, K., & Skinner, D. (2007). Experiencing the genetic body: Parents' encounters with pediatric clinical genetics. *Medical Anthropology: Cross-Cultural Studies in Health and Illness, 26*(4), 355–391.
Rheinberger, H.-J. (1996). Jenseits von Natur und Kultur. Anmerkungen zur Medizin im Zeitalter der Molekularbiologie. In C. Borck (Hrsg.), *Anatomien medizinischen Wissens* (S. 287–306). Fischer.
Rose, N., & Novas, C. (2005). Biological citizenship. In A. Ong & S. J. Collier (Hrsg.), *Global assemblages. Technology, politics, and ethics as anthropological problems* (S. 439–463). Blackwell.
Shakespeare, T. (2003). Rights, risks and responsibilites. New genetics and disabled people. In S. J. Williams, L. Birke, & G. A. Bendelow (Hrsg.), *Debating biology. Sociological reflections on health, medicine and society* (S. 198–209). Routledge.
The ENCODE Project Consortium. (2012). An integrated encyclopedia of DNA elements in the human genome. *Nature, 489*(7414), 75–82.
Wilson, J. C. (2002). (Re)Writing the genetic body-text: Disability, textuality, and the human genome project. *Cultural Critique, 50*, 23–39.

# Geschlecht

Julia Reuter

Die Frage nach der Materialität des Geschlechts zählt mittlerweile zu den Grundfragen der Geschlechterforschung und bringt den Körper unweigerlich ins wissenschaftliche Gedankenspiel zu Fragen der Naturhaftigkeit und Leibhaftigkeit von Geschlechtsidentitäten und Geschlechterdifferenzen. Auch wenn der Körper aufgrund einer vorübergehenden Dominanz sprach- und kulturwissenschaftlicher Perspektiven zur Performativität von Geschlecht und der analytischen Trennung zwischen den „natürlichen" Grundlagen des Geschlechts (sex) und seinen kulturellen wie sozialen Überformungen (gender) in seiner sozialen Bedeutsamkeit in den Hintergrund gedrängt wurde, ist doch spätestens in der postfeministischen Geschlechterforschung die Trennung zwischen Körper und Geschlecht als exklusive Analysekategorien problematisch, wenn nicht sogar unmöglich geworden (vgl. exempl. Butler, 1997). Mehr noch: Hier nehmen die in der feministischen Wissenschaftstheorie bereits frühzeitig begonnene Deessentialisierung des Körpers und der Streit um die (Neu-)Erfindung der Natur noch einmal an Fahrt auf. Daran hat auch die parallel verlaufende Etablierung und Popularisierung einer Soziologie des Körpers ihren Anteil, die Anfang der 1990er Jahre endgültig ihren festen Platz in der institutionalisierten Soziologie erhalten und insbesondere die Fragen zur menschlichen Natur in den Diskussionsmittelpunkt gerückt hat.

Fragen zur Natur des Menschen und der Gesellschaft beantworteten bis dahin üblicherweise die Naturwissenschaften, und sie tun es selbstverständlich bis heute und häufig, ohne die Natur in Form biologischer oder anatomischer Tatsachen infrage zu stellen. Die Rede von der „Naturtatsache" Sex, „natürlichen Körpern" und „natürlichen Geschlechtsunterschieden" existiert also weiter. Und auch in den Kultur- und Sozialwissenschaften ist die Vorstellung eines Dualismus von Natur und Kultur längst

J. Reuter (✉)
Köln, Deutschland
E-Mail: j.reuter@uni-koeln.des



R. Gugutzer et al. (Hrsg.), *Handbuch Körpersoziologie 2*,
https://doi.org/10.1007/978-3-658-33298-3_11

nicht überall überwunden, sodass wir nach wie vor neben der etablierten Arbeitsteilung zwischen Naturwissenschaften und den Geistes-, Kultur- und Sozialwissenschaften auch innerhalb Letzterer organisatorische Binnendifferenzierungen vorfinden, die die Bedeutung des Körpers, überhaupt die Bedeutung der Stofflichkeit und Materialität von Geist, Identität und Gesellschaft bei der Frage ihrer sozialen Konstruktion vernachlässigen.

Sogar innerhalb der (deutschsprachigen) Soziologie wird zwischen Körpersoziologie und Geschlechterforschung zumindest auf der Ebene sektionaler Hauptforschungsgebiete unterschieden (vgl. www.soziologie.de), was jedoch nicht darüber hinwegtäuschen darf, dass die Frage nach der sozialen Konstruktion von Geschlecht nicht ohne den Körper beantwortet werden kann, wie auch umgekehrt der Zugang zum Körper ohne die Verdienste der Geschlechterforschung kaum denkbar wäre. Paula-Irene Villa (2006) spricht daher konsequent von Geschlechtskörpern als Analysekategorie, was bedeutet, die soziale Konstruktion des körperlichen Geschlechts zum Ausgangspunkt einer soziologischen Beschäftigung zu machen. Daran anschließend werden im Folgenden drei Felder soziologischer Reflexion des Körpers innerhalb der Geschlechterforschung anhand ausgewählter Forschungsarbeiten näher beleuchtet: (1) Alltagssoziologische Arbeiten zur Interaktion von Geschlechtskörpern, (2) Leibtheoretische Arbeiten zum Spüren von Geschlechtskörpern und (3) Postkoloniale Arbeiten zur (Rück)Eroberung von Geschlechtskörpern.

## 1 Die Verkörperung der Geschlechterungleichheit im Kontext alltäglichen Handelns

Eine der zentralen Denkbaustellen der Geschlechterforschung, die den Geschlechtskörper zum Forschungsgegenstand erhebt, stellt die mikrosoziologische Diskussion zum Zusammenhang zwischen Geschlechterdifferenz und Alltagshandeln dar. Zentrale Bezugsautoren dieser eher mikrosoziologischen Perspektivierung des Geschlechtskörpers sind Erving Goffman, und hier vor allem seine Studien zu „Interaktionsritualen" sowie zum „Arrangement der Geschlechter" (1994), als auch Harold Garfinkels ethnomethodologische Studien, insbesondere seine berühmte Studie über die Mann-Frau-Transsexuelle Agnes (1967). Neben der Frage nach den alltäglichen Praktiken der Herstellung von Zweigeschlechtlichkeit steht hier vor allem die praktische Verkörperung der gesellschaftlichen Geschlechterordnung im Vordergrund. Trotz der zum Teil sehr unterschiedlichen Fallbeispiele, die die Autoren für ihre Studien heranziehen, gehen beide davon aus, dass wir im Alltag permanent in Interaktionsrituale eingebunden sind, die einerseits die institutionelle Anordnung der Geschlechter in der Gesellschaft reflektieren, andererseits aber auch Schauplätze für körperliche Inszenierung von „weiblicher" oder „männlicher Natur" sind. Goffman und Garfinkel ging es um eine ausführliche empirische Rekonstruktion der „körperlichen Schauplätze" (Hirschauer, 1999, S. 39) und der interaktiven Arbeit der Geschlechtsdarstellung in Form von Situationsanalysen und kleiner Ethnographien von Alltagspraktiken – Praktiken des Hofierens und Flirtens, des Ornamentierens und Bekleidens, des sich Bewegens und Miteinandersprechens –, die sie für ihr Argument einer institutionellen Reflexivität und damit gesellschaftlichen Konstruktion von „natürlichen" Geschlechtszugehörigkeiten und -unterschieden nutzten, ebenso wie für die Sensibilisierung von kulturgebundenen Methoden der Geschlechtsstilisierung.

Knapp 20 Jahre später wurde die mikrosoziologische Perspektivierung von Geschlechtskörpern als interaktive Vollzugswirklichkeit von Candance West und Don H. Zimmerman unter dem Schlagwort des „doing gender" (West & Zimmerman, 1987) aufgenommen und fortgeführt. Bis heute steht Doing Gender für ein Forschungsprogramm, das in Anlehnung an Goffman und Garfinkel die Herstellung des Geschlechts auf der Ebene der alltäglichen Praktiken in unterschiedlichen sozialen Situationen beleuchtet. Der Körper gerät dabei sowohl als Darstellungsressource wie auch als Referenz der alltäglichen Darstellungspraxis in den Blick: Er kann, z. B. durch den bestimmten Einsatz der Stimme, des Haarschnitts, durch Muskelaufbau oder durch Accessoires wie Krawatte, Nagellack oder Lippenstift, einer bestimmten Inszenierung von Männlichkeit oder Weiblichkeit Gewicht verleihen; gleichzeitig ist es die alltägliche Sexuierung kultureller und symbolischer Objekte (wie Stimme, Haare, Kleidung usw.), die die Konstruktion des Körpers als Indiz für die Naturhaftigkeit von Geschlecht deutlich macht. Kritik und Erweiterung erfuhr das Konzept des Doing Gender vor allem durch Stefan Hirschauer (2001), der darauf hinwies, dass es graduelle Unterschiede in der Relevantsetzung von Geschlecht gibt, die von hyperritualisierten und -stilisierten Geschlechtsdarstellungen bis hin zu Praktiken der Desexuierung und Neutralisierung von Geschlecht reichen. Daneben dehnten West und Fenstermaker (1995) selbst die Idee des interaktiven Herstellungscharakters von Geschlechterungleichheiten unter dem Stichwort „Doing Difference" auf weitere (Ungleichheits-)Kategorien aus. So wird in den jüngeren Arbeiten zur Interaktion von Geschlechtskörpern, insbesondere in solchen, die sich einer „intersektionalen Geschlechterforschung" verschreiben (vgl. Winker & Degele, 2009), neben den kulturellen Variationen eines Praktizierens von Weiblichkeit und Männlichkeit auch ihre Verwebung mit anderen sozialen wie kulturellen Kategorien der Identitäts- und Grenzziehungsarbeit untersucht. Besonders präsent sind dabei in den letzten Jahren solche Studien, die auf die Verschränkung und Wechselwirkung von „doing gender" mit „doing ethnicity" im globalen Alltag von Migrationsgesellschaften hinweisen. Beliebtes Beispiel für die Verkörperung der ethnisierten Geschlechterungleichheit bilden nach wie vor private Haus- und Care-Arbeiten, die bereits in dem Ursprungstext von West und Zimmerman zentral waren. Dennoch ließe sich an der neuen Diskussion um die ungleiche Herstellung von Geschlechtskörpern kritisieren, dass jenseits der Bedeutung des Körpers als sichtbare politische Einschreibung von Ethnizität kaum körpertheoretische Interpretationen angeboten werden.

Eine der wenigen Arbeiten, die die Verkörperung sozialer Normen im Kontext von privaten Haushalts- und Carearbeiten nicht einfach theoretisch voraussetzen, sondern die konkreten körpergebundenen Praktiken von Paaren im Haushalt empirisch untersuchen, stammen vom französischen Alltagssoziologen Jean Claude Kaufmann. Auch wenn es ihm weniger um ein Praktizieren von Geschlecht unter Bedingungen von Migration und Globalisierung geht, gehören Kaufmanns Arbeiten (vgl. exemplarisch Kaufmann, 1999) zu den wenigen Studien, die das *doing gender* von Paaren in körpersoziologischer Hinsicht ernst nehmen. Seine Geschichten von und über französische Ehepaare(n) unterschiedlicher sozialer Milieus sind zuallererst Geschichten von Menschen, die mit „Leib und Seele" Haushaltstätigkeiten ausführen, die mit den Körpern im Haushalt und mit ihrem eigenen Körper handeln. Es sind Geschichten, in denen die Paare von Ärger, Müdigkeit, Schmerzen, Anstrengungen, Schamgefühlen und Erschöpfung berichten, von unangenehmen Gerüchen und von ekelerregenden Berührungen, aber auch vom körperlichem Vergnügen und einer tiefen Zufriedenheit, die die Haushaltstätigkeiten mit sich bringen. Damit ist immer auch der Körper in Form sinnlicher Empfindungen und körperlicher Gesten im Fokus. Dabei ist es Kaufmann wichtig darauf hinzuweisen, dass es zum einen gleichzeitig Freiheit und Kontrolle auch der kleinsten Geste gibt, zum anderen dass hinter jeder Geste eine Geschichte steckt, die es zu berücksichtigen gilt, was er u. a. durch explizite Verweise auf Norbert Elias' historische Studien zum Wandel von gesellschaftlicher Körperwahrnehmung und individueller Körpererfahrung akzentuiert. Kaufmanns Beitrag besteht weniger in der bloßen Entdeckung eines ungleichen Geschlechterwissens im Umgang mit Haushaltsdingen als vielmehr darin, die detailreiche praktische Verkörperung dieses Geschlechterwissens empirisch zu rekonstruieren.

Damit schließt er an Pierre Bourdieus Überlegungen zur Verkörperung von sozialer Ungleichheit an. Bourdieu hat vor allem in seinen Analysen zum Verhältnis von Sozialstruktur und Kulturkonsum in modernen Gegenwartsgesellschaften darauf hingewiesen, dass das Volumen und die Struktur des Kapitals, über das Personengruppen verfügen, auch Einfluss auf ihre Körperwahrnehmung und Körperpraktiken besitzt. Gleichzeitig hat er für die Inkorporierung allgegenwärtiger (geschlechtlicher) Dichotomien und ihre Reproduktion in der Praxis sensibilisiert (Bourdieu, 1997). Auch Kaufmann geht davon aus, dass soziale Strukturen – in diesem Fall ein patriarchalisches Geschlechterverhältnis und -wissen – inkorporiert werden. Der Körper ist für ihn ebenso wie für Bourdieu Speicher, Stabilisator wie Mittler der Geschlechterungleichheit. Körper und Dinge sind für ihn Orte des gesellschaftlichen Gedächtnisses, in denen Handlungsroutinen, Gewohnheiten und Alltagsgesten abgespeichert sind, jedoch eben nicht im Sinne eines statischen Stapelns abgelegter Waren in einem Lager. Denn im Gegensatz zu Bourdieu geht es Kaufmann in seiner mikrosoziologischen Ethnographie der Paarbeziehung auch darum, zu zeigen, dass die Reproduktion der Geschlechterungleichheit über den Körper (und andere Artefakte) zugleich stabilisiert wie *irritiert* wird. Schließlich fokussiert er nicht nur den störungsfreien, d. h. reibungslosen Ablauf des Normallaufes; er interessiert sich vielmehr für die vielen kleinen körperlichen *Verrücktheiten* in den scheinbar selbstverständlichen Automatismen des Alltags. Es sind kleine Dramen des Alltags, die sich zwischen den abstrakten Idealen von Gleichheit und Gleichberechtigung rationaler Individuen und der Kontingenz ihres ungleichen körperlichen Erlebens und Praktizierens abspielen: Das friedliche Bemühen um Einigkeit und Vertrautheit wird durch die

Unhintergehbarkeit und Eigenrhythmik des Körpers permanent gefährdet. Durch die Fokussierung auf die Zweideutigkeit der Gesten und das Spektrum an Gefühlsvariationen gelingt es Kaufmann, das Individuum nie als rationales (Vernunft-)Subjekt, sondern als träumerisches, irrationales, (liebevoll) chaotisches Individuum darzustellen, das Halt in den inkorporierten Gewohnheiten, Rhythmen und vertrauten Alltagsgegenständen sucht, aber nicht immer findet.

## 2 Sinnlichkeit und leibliches Empfinden von Männlichkeit und Weiblichkeit

Harold Garfinkels ethnomethodologische Studien haben nicht nur die mikrosoziologische Diskussion zur Verkörperung von Geschlechterdifferenzen und Geschlechterungleichheiten inspiriert, sondern auch die phänomenologische Diskussion zu Fragen der Sinnlichkeit und des leiblichen Empfindens von Geschlecht angestoßen. Auch hier war zunächst das Beispiel der Transsexualität ein wichtiger Katalysator der Diskussion, die über die mikrosoziologische Forschungsperspektive auf körperliche Inszenierungen von Geschlechtszugehörigkeit und -identität hinausgeht, indem sie affekt- und leibtheoretische Überlegungen miteinbezieht. Besonders hervorzuheben sind hier die Forschungsarbeiten von Gesa Lindemann, die Transsexualität in ihren Arbeiten immer wieder zum Ausgangspunkt nimmt, um über die leiblich-affektive Konstruktion des Geschlechts (vgl. Lindemann, 1993) nachzudenken. Zentrale Bezugstheorie stellt Helmuth Plessners Theorie der „exzentrischen Positionalität" und die darin behauptete Verschränkung von zuständlichem Leib und symbolischem Körper dar. Aber auch Pierre Bourdieus Habitustheorie, die die Bedeutung der passiven Leiberfahrung als Schnittstelle zwischen Individuum und sozialer Struktur und damit ihre Funktion für die Beständigkeit sozialer Ordnung betont, wird stellenweise für die Argumentation einer soziologischen Analyse von Leiberfahrungen im Kontext der Geschlechtersoziologie herangezogen (vgl. ebd., S. 31). Grundsätzlich geht es Lindemann um eine Erweiterung des geschlechtersoziologischen Blicks auf leiblichaffektive Phänomene, die ihrer Ansicht nach das Fundament für die Wirklichkeitserfahrung und damit auch für die kontinuierliche Hervorbringung der Strukturen sozialer Wirklichkeit, entsprechend auch für das kontinuierliche Aufrechterhalten der sozialen Konstruktion Geschlecht sind (vgl. ebd., S. 32 f.). Leiberfahrungen werden dabei in zweifacher Weise konzeptionalisiert: (1) Es handelt sich um ein eigenleibliches Spüren vom Körper als Ganzem und Körperpartien und -formen, das etwa durch das binäre gesellschaftliche Arrangement der Geschlechter in Mann und Frau (vor)strukturiert ist. Insofern sind die von Geburt an als geschlechtsspezifisch geltenden Körperformen, wie z. B. die Genitalien, in mehrfacher Hinsicht als kulturelle Ereignisse zu betrachten (ebd., S. 22). (2) Leiberfahrungen sind vor allem aber Körpererfahrungen, die die soziale Konstruktion von Geschlecht verobjektivieren. Denn der Körper wird aus Sicht der anderen zum sichtbaren Beweis („Indiz") für Geschlechtszugehörigkeit und -zuständigkeit bzw. er dient der Darstellung leibhaftiger Geschlechter;

er organisiert aber auch die eigenen leiblichen Erfahrungen im Sinne eines Geschlechterprogramms, die ein Leben in einem Geschlecht charakterisieren (ebd., S. 61). Transsexualismus ist für die Diskussion um die Verschränkung von Leib, Körper und Geschlecht aus soziologischer Perspektive nun deshalb so interessant, da es permanent die Widersprüche zwischen der körperlichen Ausstattung, ihrer Darstellung und ihrem Empfinden aufzeigt (vgl. hierzu auch Hirschauer, 1999). Transsexuelle erfahren Risse in der leiblichen Erfahrung: Sie spüren bspw. nichts im Penis, sie haben kein Gefühl in der Brust und werden doch aufgrund dieser Merkmale als Mann oder Frau wahrgenommen; sie erleben die monatliche Blutung als eine sich Bahn brechende „natürliche" Weiblichkeit, obwohl sie sich als Mann auf die Umwelt beziehen. Wenn man so will, haben Transsexuelle besondere Leiberfahrungen, sie erzählen uns „Geschichten unter der Haut", die die gesellschaftliche Verschränkung von Erleben, Körper und Geschlecht reflexiv machen.

Auch in anderen Kontexten, etwa im Bereich von Schwangerschaft oder auch von Krankheit, wurde die Frage nach der besonderen Leiberfahrung gestellt, gleichwohl es hier weniger um die Paradoxien im leiblichen wie körperlichen Erleben der Geschlechterwirklichkeit geht, als vielmehr um die Paradoxien der sinnlichen Wahrnehmung im Kontext einer modernen Biomedizin. Eine zentrale Autorin, die sich mit den „Geschichten unter der Haut" von Frauen beschäftigt, ist die Körperhistorikerin Barbara Duden (1987), deren Arbeiten auch in den Kanon der „Schlüsselwerke der Geschlechterforschung" aufgenommen wurden. Immer sind es die Leiberfahrungen, sinnliche Empfindungen, Körperwahrnehmungen und -beschreibungen von Frauen im Kontext von Menstruation, Schwangerschaft, Geburt oder Krankheit, die den Ausgangspunkt von Dudens literaturwissenschaftlich inspirierten Quellenanalysen bilden. Es sind Geschichten von Frauen, die als Patientinnen in den Fängen einer modernen Biomedizin und ihrer Narrative der Verhütung, Risiken, Vorsorge, Verdacht, Screening, Beratung, Krankheitsmanagement usw. verlernen, ihren Sinnen zu vertrauen. Duden nennt diesen Prozess die „Entkörperung" der Frauen, was eine Entfremdung der Frauen vom Körper bedeutet. Duden geht es also wie Lindemann um Beispiele einer befremdlichen Sinnlichkeit, die methodisch dazu genutzt werden, um über die Wirklichkeit des Körpers nachzudenken. Für beide sind leibliche Empfindungen und Sinneseindrücke konstitutiv für die soziale Konstruktion des Körpers, der Geschlechtszugehörigkeit wie auch für Gesundheit oder Krankheit. Beide sehen im gelebten Körper aus Fleisch und Blut aber nicht den Beweis für eine spezifische Geschlechtlichkeit, denn weder Lindemanns Rekonstruktion der Leiden und Selbsterkenntnisse Transsexueller noch Dudens Sammlung „authentischer Frauenklagen" markieren einen genuinen Ort des Mann- oder Frauseins. Für sie gibt es keine anatomischen Merkmale oder objektiven Orte des Frau- oder Mannseins, denn selbst das Leibesinnere, vermeintlich intime Emotionen und Empfindungen, stellen eine gesellschaftliche Konstruktion dar, bei der schulmedizinische Fachdiskurse eine besondere Rolle spielen. Stärker noch als Lindemann, die ihre Arbeiten in der Folge vor allem für die Infragestellung der soziologischen Theoretisierung des Sozialen und seiner leibtheoretischen Erweiterung nutzt (vgl. Lindemann, 2009), sind Dudens Arbeiten immer auch mit sehr konkreten körperpolitischen Fragen verknüpft: Welche (problematischen) Körper- und Krankheitserlebnisse evozieren die neuen medizinische Verfahren und Erkenntnisse? Was bedeutet es, wenn persönliche Geschichten im aktuellen Gesundheitsdiskurs keinen Raum haben? Was bedeutet frauengerechte Gesundheitsversorgung?

Mittlerweile sind nicht nur im internationalen Kontext einer gendersensiblen Public-Health-Forschung und „Gender Based Medicine", sondern auch im deutschsprachigen Kontext an der Schnittstelle von feministischer Wissenschaftssoziologie, Medizinsoziologie und Körper- und Geschlechterforschung eine Reihe von Arbeiten erschienen, die die Frage nach der Körper- und Leiberfahrung etwa im Kontext von Krankheit, Mutterschaft oder auch Schönheitschirurgie neu stellen. Neben einer eigenen Studie zum Körpererleben an Brustkrebs erkrankter Frauen (vgl. Reuter, 2011, insb. S. 105 ff.) sind insbesondere die praxistheoretischen Studien zur Soziologie der Geburt (vgl. Villa et al., 2011) und zu somatischen Selbsttechnologien (vgl. Villa, 2008) zu erwähnen. Besonders aufregend, wenngleich hierzulande noch wenig erforscht, ist die Körperarbeit im Kontext der ethnischen kosmetischen Chirurgie. Aufregend deshalb, weil es sich nach wie vor (zumindest hierzulande) um eine als dramatisch wahrgenommene Manipulation des Körpers handelt. Aber auch, weil es die Frage aufwirft, ob nicht jeder seine soziale, geschlechtliche oder auch ‚rassische' Zugehörigkeit und damit auch die damit einhergehende gesellschaftliche Position selbst wählen darf. Aufregend ist es aber nicht zuletzt für die Betroffenen selbst, denn das Phänomen birgt Geschichten von Frauen und Männern, die häufig jahrelang ihren Geschlechtskörper oder zumindest Teile von ihm als besonders abnorm, defizitär oder unterlegen spüren. Sie wünschen daher eine operative Veränderung ihres Geschlechtskörpers, um sich nicht nur als „richtige/r" oder „bessere/r" Frau bzw. Mann zu fühlen, sondern auch um Stigmatisierungs- und Ausgrenzungserfahrungen als „Oriental_in", als „Afroamerikaner_in", als „alt" oder „arm" zu entgehen. Das Beispiel der Körpererfahrungen und Verkörperungspraxen im Kontext der Ethnochirurgie wirft also mehr als die Frage nach der körperlichen Selbstoptimierung im Zeichen eines globalen (Schönheits-)Marktes auf. Chirurgische Veränderungen oder Beseitigungen von geschlechtlich wie ethnisch markierten Körpermerkmalen und anderen Spuren, die jeden Körper einzigartig machen, stellen in einem grundsätzlichen Sinne die Natur von Rasse/Ethnizität und Geschlecht, nicht zuletzt von Alter oder Klasse in Frage (vgl. Davis, 2008). Denn leibliche Empfindungen, Gefühle und sinnliche Erfahrungen gelten im Kontext kosmetischer (Ethno)Chirurgie als Legitimation für medizinische Behandlungen, z. B. chirurgische Eingriffe. Damit werden subjektive Empfindungen, also eher „weiche" Begründungen, zu den ausschlaggebenden, „harten" Fakten, die quasi als „authentisches Leiden", als „innere Wahrheit" betrachtet werden. Gleichzeitig sind Empfindungen und individuelle Körperformen etwas, an dem man arbeiten kann und angesichts technischer Machbarkeit und ökonomisch inspirierter Optimierungsgebote (vgl. Villa, 2008, S. 249 f.) auch arbeiten soll: Du darfst und kannst so aussehen, wie Du Dich fühlst, und Du darfst und kannst Dich fühlen, wie Du willst!

## 3 „Fremde Körper" im (post)kolonialen Kontext

Auch wenn in einzelnen Studien zur Ethnochirurgie die politische Dimension von Schönheitsidealen, wie etwa rassistische Ideologien Erwähnung finden, gibt es bislang wenige Arbeiten, die eine systematische Verknüpfung von Körpersoziologie, Geschlechtersoziologie und postkolonialen Theorien vornehmen. Dies mag mitunter daran liegen, dass Soziologie und postkoloniale Theorien bis heute noch keine etablierten Orte und Wege ihrer Begegnung gefunden haben, oder sich zumindest noch immer in der Phase des Aufbaus befinden (vgl. hierzu auch Reuter & Villa, 2009). Dabei ist der Körper im Postkolonialismus omnipräsent: Nicht nur die Frage nach der Wahrnehmung des Körpers des Anderen als Gegenstand wie Imagination eurozentrischer Phantasien, seine Unterwerfung wie Formung, sondern auch die Frage nach der Rolle der Körperlichkeit von Erkenntnis weißer Forscher_innen gehören zum Standardrepertoire postkolonialer Analysen. Zentrale Bezugsliteraturen sind hier etwa die Arbeiten von Gayatri Chakravorty Spivak zum Zusammenhang von Rassismus und Sexismus sowohl in westlicher Theoriebildung als auch im Hinblick auf die empirisch stattfindende Ausbeutung des weiblichen Körpers im globalen Kapitalismus (vgl. Spivak, 1988). Aber auch Frantz Fanon, einer der Vorläufer bzw. Gründungsfiguren der heuten Postkolonialen Theorien, hat in seinen Arbeiten vor allem auf die Bedeutung der *Einverleibung* rassistischer Strukturen im kolonialen Frankreich am Beispiel der schwarzen Bevölkerung hingewiesen und als Psychoanalytiker den Blick weg von Bewusstsein, Interaktion und Kommunikation auf die (unbewusste) Wahrnehmung, auf Gefühle und Körperhaltungen verschoben. Der Kulturwissenschaftler Jens Kastner ist einer der wenigen, der in den Analysen Fanons zu Prozessen der Verkörperlichung gesellschaftlicher Herrschaftsstrukturen Parallelen zu Pierre Bourdieus Habitustheorie aufzeigt und damit Fanons Arbeiten für körpersoziologische Rezeptionen furchtbar macht (vgl. Kastner, 2012, S. 92). Kastner zufolge zielen die Untersuchungen von Fanon darauf ab, einerseits eine Historisierung des vermeintlich biologischen Körpers vorzunehmen, andererseits die Wirksamkeit somatisierter Gewalt- und Herrschaftsausübung aufzuzeigen. Denn die koloniale Herrschaft ist eine Herrschaft, die in und durch die Körper der Beherrschten wirkt, deren Aggressivität „in den Muskeln" (Fanon, 1981, S. 43) sitzt. Koloniale Muster von Unterwerfung und Unterdrückung seien auch deshalb selbst nach dem (formalen) Ende des Kolonialismus so wirksam, weil sie eine psychische und physische Verankerung besitzen. So seien die Schwarzen von der Sprache bis zum Körperbewusstsein bis in die heutige Zeit hinein permanent einer kolonial geprägten Matrix ausgesetzt: Sie hätten gelernt, in einer rassistisch strukturierten Gesellschaft die kolonialen Blicke der Weißen, die das Schwarzzein als anders, als negativ, als unterlegen konnotieren, (unbewusst) als Standard zu akzeptieren (vgl. hierzu auch Kastner, 2012, S. 86 ff.). Im Gegensatz zur Négritude-Bewegung, die sich auf das „Wesen" des Schwarz-Seins als ursprünglichem Gefühl zur kollektiven Vergemeinschaftung wie politischen Mobilisierung beruft, lehnt Fanon die Vorstellung einer „Wesenhaftigkeit" des Schwarzseins ab. Seine psychologisch wie historisch argumentierenden Studien zeigen vielmehr auf, dass sich die gesellschaftliche Bedeutung von schwarzer Sinnlichkeit und Körperlichkeit im Laufe der Zeit zwar verändere – gleichwohl Fanon auch die Stabilität der kolonialen Standards betont –, aber keinesfalls nur als äußerlich auferlegte Normen und Zwänge von den Kolonisierten empfunden werde. Vielmehr hätten diese gelernt, sich entsprechend anzupassen, in dem sie sich selbst als die Anderen wahrnehmen und dieses Anderssein regelrecht verkörpern (vgl. ebd., S. 89).

Interdependenzen kolonialer Herrschaft mit Gender als Kategorisierung bzw. mit Sexismus als Machtverhältnis werden weder im Original noch in der Rezeption Fanons systematisch analysiert. Dies mag mitunter daran liegen, dass nach wie vor auch viele Ansätze sogenannter postkolonialer Theorie meinen, ohne kritische Gender-Perspektiven auskommen zu können. Demgegenüber ist innerhalb solcher Forschungen, die unter dem etwas diffusen Label „feministische postkoloniale Theorie" firmieren, nach wie vor eine Marginalisierung körpertheoretischer Perspektiven zu reklamieren. Wenn überhaupt, dann findet die Thematisierung von Körpern in der feministischen Kapitalismuskritik in Anlehnung an Spivak als auch in den vom Postkolonialismus inspirierten Arbeiten zur Lebensführung von Frauen im Kontext von Migration statt. Es sind vor allem qualitative Einzelstudien zur Alltagspraxis junger Migrantinnen, die abseits der öffentlichen (Groß-)Debatten rund um das Kopftuch und die Exotik oder Unterdrückung der anderen „Frau" auch die konkreten Akteure und ihre Verkörperung des Sozialen in den Blick nehmen. So wie etwa Sigrid Nökels Studie (2002) über lokale Mikropolitiken junger Musliminnen im deutschen Alltag, die neben persönlichen Einstellungen und Ethiken auch den Komplex der Körpersprache, die über die leibliche und ästhetische Selbstdarstellung erfolgt, in ihre Analysen miteinbezieht: Gebetstechniken, Ernährungstechniken, Kleidungstechniken, Techniken des (Un)Sichtbarmachens von bestimmten Identitätsmarkern, Körperhaltungen und -pflege, Raumverhalten oder auch Höflichkeitsrituale werden von ihr ganz im Goffmanschen Sinne minutiös als Medien der Inszenierung wie Steuerung eines souveränen, authentischen muslimischen weiblichen Selbst angezeigt. Insbesondere der Kleidung kommt dabei eine besondere Rolle zu, da z. B. das Kopftuch durch seinen besonderen Symbolcharakter bedingt durch seine öffentliche Hyperdiskursivierung den Frauen wenig Spielraum lässt, um eine eigene progressive Weiblichkeit jenseits gesellschaftlicher Geschlechterglaubensvorstellungen (z. B. von den Männern unterstellten, weil „unterdrückten" Frauen), etwa durch einen modischen Kleidungsstil plus Kopftuch, oder ein selbstsicheres, raumgreifendes Auftreten plus Kopftuch zu praktizieren. Nökel stellt damit dem Forschungsprogramm einer Analyse der gesellschaftlichen Darstellungsformen und -weisen von Migrantinnenkörper das Programm einer empirischen Rekonstruktion von subjektiven Körperkonzepten und intersubjektiven Körperpraktiken von Migrantinnen gegenüber. Schließlich müsse auch der Perspektive der Frauen auf ihren eigenen Körper in seiner sozialen Eingebundenheit Rechnung getragen werden.

Eine Arbeit, die neben den Zuschreibungsprozessen von Körpern in der Migration auch den konkreten Körperempfindungen und -inszenierungen betroffener Frauen Aufmerksamkeit schenkt, ist die Studie von Henrike Terhart (2014). Terhart nimmt hierzu zunächst eine systematische Zusammenschau klassischer Körpersoziologien und rassismuskritischer Arbeiten einer geschlechtersensiblen Migrationsforschung zur Konstruktion und Signifizierung von „Migrationsanderen" vor (vgl. ebd., S. 90 ff.), um den Körper der Migrantin als gesellschaftliche Imagination und Marker für natio-ethno-kulturelle Zugehörigkeitsvorstellungen hervorzuheben. Gleichzeitig zeigt sie durch eine eigene empirische Analyse von biographischen Körpererfahrungen und visuellen Körperinszenierungen junger als „Migrationsanderer" verorteter Frauen, wie körperbezogene Diskriminierungsformen in unterschiedlichen sozialen Alltagssituationen erlebt werden, wie sie sich unterscheiden, aber auch wie sie in den eigenen körperlichen Reaktionen gespiegelt oder auch gebrochen werden. Terhart führt den Körper der Migrantin somit in seiner doppelten Rolle vor: Als Projektionsfläche dominanter deutscher (Mehrheits-)Migrationsdiskurse, aber auch als Möglichkeitsraum, indem sie die Varianz in den Empfindungen und Körperinszenierungen der Frauen nachspürt. Letztere lassen eben auch Raum für Ambivalenz und Gestaltung, gleichwohl der Möglichkeit der Körperinszenierung, z. B. durch die familiale (Körper-)Sozialisation und gesellschaftliche Normen, Grenzen gesetzt sind. Über die detailreiche Darstellung von Methoden der textuellen wie visuellen Datenerhebung und -analyse anhand konkreter Fallbeispiele von weiblichen Körperinszenierungen hinaus versteht sie ihre Studie vor allem als Plädoyer für die wechselseitige Befremdung und Befruchtung von sozialwissenschaftlicher Körperdebatte und Migrationsforschung. Auch Terhart sieht letztlich für das Gelingen eines solchen Projekts vor allem in der intersektionalen wie postkolonialen Geschlechterforschung wichtige „Weichenstellungen".

So verwundert es nicht, dass eine der wenigen Überblicksstudien zu Lebenslagen und Lebenswelten von Migrantinnen, die explizit den Körper mitberücksichtigt, von zwei Forscherinnen geleitet und verfasst wurde, die auch in der deutschsprachigen Postkolonialismus-Debatte um Migration und Geschlecht rezipiert werden. Unter dem Stichwort „Körperlust" haben Yasemin Karakaşoğlu und Ursula Boos-Nünning in ihrer Studie zur Lebenssituation von Mädchen und jungen Frauen mit Migrationshintergrund in Deutschland bewusst die in anderen Umfragen marginalisierten Items zu körperbezogenen Selbstkonzepten, Körperpflege sowie Einstellungen zu Sexualität und Erfahrungen mit sexueller Aufklärung mitaufgenommen (vgl. Karakaşoğlu & Boos-Nünning, 2006, S. 272 ff.). Grundlage ihrer Umfrage unter Jugendlichen aus fünf Herkunftsgruppen ist ein sozialisatorisch vermitteltes geschlechtsspezifisches Körperkonzept, das sowohl die Unterscheidung von Männlichkeit und Weiblichkeit als kulturell erlernt voraussetzt als auch die körperlichen Darstellungs- und Umgangsformen von Männlichkeit und Weiblichkeit als kulturabhängig fasst. So werden die in den Daten aufgedeckten Einstellungsunterschiede zum Körper und zur Sexualität zwischen den Mädchen mit Migrationshintergrund auf die kulturelle und/oder religiöse Prägung der jeweiligen Gruppe zurückgeführt, gleichzeitig wird aber auch die Varianz an Einstellungsmustern innerhalb einer Gruppe aufgezeigt (vgl. ebd., S. 293 ff.). Nach wie vor bilden solche Studien jedoch eine Ausnahme und auch im konkreten Fall wirkt das

Thema Körper angesichts des Umfangs und der Anzahl weiterer Fragen- und Themenkomplexe der Studie weiterhin eher randständig (vgl. Terhart, 2014, S. 94). Nichtsdestotrotz gibt es Hinweise darauf, wie die Forderung einer empirischen Berücksichtigung „fremder Körper“ umgesetzt werden kann.

## 4 Ausblick: Verkörperte Standpunkte der Geschlechterforschung

Die Geschlechterforschung hat schon früh einen zentralen Beitrag zur Würdigung von Körper(lichkeit) als Gegenstand soziologischer Reflexion geleistet – als interaktive Leistung wie als gesellschaftsstrukturierende Größe (vgl. hierzu auch Winker & Degele, 2009, S. 49). Dies liegt vor allem auch darin begründet, dass sich die Geschlechterforschung als interdisziplinäres Projekt immer offen gegenüber solchen Forschungen gezeigt hat, die sich gerade nicht ausschließlich als *Geschlechter*forschung verstehen, sondern sich in irgendeiner Form dem Thema der Ungleichheit, der Komplementarität und der Differenz gewidmet haben. Das hat sie insbesondere auch für sozialwissenschaftliche Themengebiete und Bezugstheorien geöffnet. So ist die nach wie vor starke Präsenz an soziologischen Klassikern, wie bspw. Pierre Bourdieu, Erving Goffman oder Harold Garfinkel wenig überraschend. Diese haben immer wieder darauf hingewiesen, dass die Soziologie insbesondere als Wissenschaft sozialer Praktiken eben auch die *Verkörperung* der sozialen Praktiken im Hinblick auf die Erzeugung wie Verfestigung sozialer Ungleichheiten, Komplementaritäten und Differenzen in den Blick zu nehmen hat. Vor allem Geschlechterforscher_innen der zweiten und dritten Generation sind dieser Aufforderung gefolgt und haben den Körper nicht mehr nur als politische *Rahmung* ihrer Forschung gewählt, sondern ihn als ein zentrales *Problem* empirischer wie theoretischer Reflexion erkannt. Damit nahmen sie eine Verschiebung in der Wahrnehmung und Diskussion von Körper(lichkeit) vor. Denn während die frühe Geschlechterforschung als Frauenforschung den kapitalistisch-patriarchalisch unterworfenen Frauenkörper als Ausgangspunkt und politische Legitimation ihrer Arbeiten nahm, wollte die spätere Geschlechterforschung in epistemologischer Hinsicht mehr: Es ging nicht nur darum, den Frauenkörper aus der ideologischen Schlinge einer männlich dominierten Wissenschaft und Gesellschaft zu befreien und zurückzuerobern („mein Körper gehört mir“), sondern den Geschlechtskörper und Körperlichkeit insgesamt theoretisch wie empirisch zu befremden, den Geschlechtskörper zu entnaturalisieren, zu entdinglichen und ihn damit für subjekt-, sozial- wie gesellschaftstheoretische Reflexionen zugänglich zu machen. Eine solche Befremdung ermöglichte es aber auch, letztlich alles am Körper in Zweifel ziehen zu können: Nicht nur ‚oberflächliche‘, weil vermeintlich sichtbare Aspekte wie Hautfarbe, Geschlechtsmerkmale oder körperliche Vorzüge wie Schönheitsmakel, sondern auch die ‚unsichtbaren‘, tief unter der Haut wirkenden symbolischen (Wissens-)Ordnungen, die den Körper in seiner Ungleichheit, Komplementarität und Differenz so und nicht anders sichtbar machen. So ist in der postfeministischen Geschlechterforschung über körperliche Minimalgesten und leibliche Erfahrungen hinaus die empirische Dekonstruktion des genetischen, gonadalen, hormonellen wie morphologischen Geschlechtskörpers längst ‚in vollem Gange' (vgl. hierzu auch Villa, 2006, S. 72 f.).

Natürlich bleibt der Körper der Forscher_in von der dekonstruktivistischen Befremdung nicht unberührt. Auch wissenschaftliche Erkenntnisse *über* Körper sind letztlich Fabrikationen *von* Körpern – das hat die Geschlechterforschung schon früh erkannt. Wissenschaft sei, so lautet ein zentrales Argument, letztlich verkörperte Sozialität: Forscher_innen, auch Geschlechterforscher_innen, machen permanent als Akteure, die Geschlechtskörper sind und haben, körperliche Erfahrungen, die auch Einfluss auf die Art und Weise der Problematisierung von Phänomenen nehmen. Dies müssen nicht nur Erfahrungen im beruflichen Umfeld sein, etwa Benachteiligungserfahrungen als Frau oder Mann bei der Besetzung von Stellen, oder erlebte Unpässlichkeiten, erotische Sehnsüchte sowie körperliche Strapazen am Arbeitsplatz, die den Ablauf, die Fragestellung oder Ergebnisse der Forschungsarbeit und die eigene Performance als Forscher_in beeinflussen. Es können auch Berührungen mit körperlichen Erlebnissen im Freundes- und Bekanntenkreis sein, oder aber es sind Alltagserfahrungen und Kindheitserlebnisse, die bis in die wissenschaftliche Arbeit im (hohen) Alter nachwirken. Diesbezüglich ist ein Blick in das in der öffentlichen Wahrnehmung häufig als „Autobiographie" missverstandene kleine Büchlein „Ein soziologischer Selbstversuch" von Pierre Bourdieu (2002) besonders lohnenswert. Darin erzählt Bourdieu, wie ihn die Erfahrung körperlicher Gewalt aus seiner Internatszeit für die spätere Wahrnehmung seiner jugendlichen Gesprächspartner_innen in der Studie „Das Elend der Welt" sensibilisiert hat (vgl. Bourdieu, 2002, S. 109), wie ihn seine Streitlust, sein Hang, sich zu erregen, sein Tonfall, seine Stimme, seine Gebärden oder sein Gesichtsausdruck, die er auf die kulturellen Besonderheiten seiner Heimat zurückführt, nicht nur als Student, sondern auch später als Professor immer wieder zum Außenseiter unter Kollegen macht, ihn Gefühle der Scham, Angst und Verzweiflung (ver)spüren lässt, die schließlich auch auf seinen Vortragsstil, seine Inszenierung als Intellektueller Einfluss nehmen (vgl. ebd., S. 122 ff.). Hier wird schnell deutlich, dass wissenschaftliches Wissen durch seine Verkörperung immer ein situiertes, partielles und damit kontingentes Wissen ist und der Körper keinesfalls nur als eine ‚soziale Tatsache', sondern auch als Instrument wissenschaftlicher Erkenntnis ernst zu nehmen ist.

## Literatur

Bourdieu, P. (2002). *Ein soziologischer Selbstversuch*. Suhrkamp.

Bourdieu, P. (1997). Die männliche Herrschaft. In I. Dölling & B. Krais (Hrsg.), *Ein alltägliches Spiel. Geschlechterkonstruktionen in der sozialen Praxis* (S. 153–218). Suhrkamp.

Butler, J. (1997). *Körper von Gewicht. Die diskursiven Grenzen des Geschlechts*. Suhrkamp.

Davis, K. (2008). Surgical Passing – Das Unbehagen an Michael Jacksons Nase. In P.-I. Villa (Hrsg.), *Schön normal. Manipulationen am Körper als Technologien des Selbst* (S. 41–66). Transcript.

Duden, B. (1987). *Geschichte unter der Haut. Ein Eisenacher Arzt und seine Patientinnen um 1730.* Klett-Cotta.

Fanon, F. (1981). *Die Verdammten dieser Erde.* Suhrkamp.

Garfinkel, H. (1967). Agnes. In H. Garfinkel (Hrsg.), *Studies in Ethnomethodology.* Polity.

Goffman, E. (1994). *Interaktion und Geschlecht.* Campus.

Hirschauer S. (1999). *Die soziale Konstruktion der Transsexualität* (2. Aufl.). Suhrkamp.

Hirschauer, S. (2001). Das Vergessen des Geschlechts. Zur Praxeologie einer Kategorie sozialer Ordnung. *Kölner Zeitschrift für Soziologie und Sozialpsychologie.* Sonderheft, *41*, 208–235.

Karakaşoğlu, Y., & Boos-Nünning, U. (2006). *Viele Welten Leben. Zur Lebenssituation von Mädchen und jungen Frauen mit Migrationshintergrund.* Waxmann.

Kastner, J. (2012) Klassifizierende Blicke, manichäische Welt. Frantz Fanon: „Schwarze Haut, weiße Masken" und „Die Verdammten dieser Erde". In J. Reuter & A. Karentzos (Hrsg.), *Schlüsselwerke der Postcolonial Studies* (S. 85–96). Springer VS.

Kaufmann, J.-C. (1999). *Mit Leib und Seele. Theorie der Haushaltstätigkeit.* UVK.

Nökel, S. (2002). *Die Töchter der Gastarbeiter und der Islam. Zur Soziologie alltagsweltlicher Anerkennungspolitiken.* transcript.

Lindemann, G. (2009). *Das Soziale von seinen Grenzen her denken.* Velbrück.

Lindemann, G. (1993). *Das paradoxe Geschlecht. Transsexualität im Spannungsfeld von Körper, Leib und Gefühl.* Fischer.

Reuter, J. (2011). *Geschlecht und Körper. Studien zur Materialität und Inszenierung gesellschaftlicher Wirklichkeit.* transcript.

Reuter, J., & Villa, P. (Hrsg.). (2009). *Postkoloniale Soziologie. Empirische Befunde, theoretische Anschlüsse, politische Intervention.* transcript.

Spivak, G. C. (1988). „Can the Subaltern Speak?". In C. Nelson & L. Grossberg (Hrsg.), *Marxism and the Interpretation of Culture* (S. 271–313). Macmillan.

Terhart, H. (2014). *Körper und Migration. Eine Studie zur Körperinszenierungen junger Frauen in Text und Bild.* transcript.

Villa, P.-I. (2006). *Sexy Bodies. Eine Soziologische Reise durch den Geschlechtskörper.* (3. Aktual. Aufl.). VS Verlag.

Villa, P.-I. (Hrsg.). (2008). *Schön normal. Manipulationen am Körper als Technologien des Selbst.* Transcript.

Villa, P.-I., Möbius, S., & Thiessen, B. (Hrsg.). (2011). *Soziologie der Geburt. Diskurse, Praktiken und Perspektiven.* Campus.

Winker, G., & Degele, N. (2009) *Intersektionalität. Zur Analyse sozialer Ungleichheiten.* Transcript.

West, C., & Zimmerman, D. H. (1987). Doing gender. *Gender & Society, 1*(2), 125–151.

West, C., & Fenstermaker, S. (1995). Doing difference. *Gender & Society, 9*(1), 8–37.

# Gewalt

Katharina Inhetveen

## 1 Der Körper in der Gewaltsoziologie – Standpunkte und Dispute

Mit dem Begriff Gewalt körperliche Verletzung zu verbinden, liegt im Alltagsverständnis auf der Hand. Wer sich mit Gewalt befasst, scheint um den Körper nicht herumzukommen. Gleichwohl war und ist eine explizite Auseinandersetzung mit der Körperlichkeit des Menschen für die Gewaltsoziologie keine Selbstverständlichkeit. Auf unterschiedliche Weise klammerten auch etablierte Perspektiven der Gewaltforschung den Körper mehr oder weniger aus der Analyse aus (ebenso, wie Gewalt in der sich entwickelnden Körpersoziologie keine große Rolle spielte). Aber der Körper taucht hartnäckig immer wieder auf, und in einigen Debatten und Ansätzen der Gewaltsoziologie nimmt er inzwischen einen zentralen Platz ein.

Die Ausgangslage für diese Debatten war eine Soziologie, die sich der Gewalt im Rahmen ‚klassischer' ätiologischer Forschungen zu Devianz und sozialen Problemen widmete und sich bis in die 1990er Jahre zum „Mainstream" der Gewaltforschung entwickelte (zusammenfassend Nedelmann, 1997; Trotha, 1997, S. 16–20). Dieser arbeitet vor allem mit aggregierten Daten, in denen Gewalttaten mittels statistischer Verfahren mit erklärenden Variablen in Verbindung gebracht werden. Neben Surveydaten gehören Kriminalstatistiken zum wesentlichen Material. Über juristische Definitionen, die sich auf Gewalt als körperlich wirkenden Zwang konzentrieren, bestimmte Körperlichkeit stark den Gegenstandsbereich dieser Forschungen. Allerdings beinhaltet die auf standardisierten Daten beruhende Methodik, dass die berücksichtigten Gewalttaten bereits vor der analytischen Arbeit kategorisiert und damit zählbar gemacht

K. Inhetveen (✉)
Siegen, Deutschland
E-Mail: inhetveen@soziologie.uni-siegen.de



R. Gugutzer et al. (Hrsg.), *Handbuch Körpersoziologie 2*,
https://doi.org/10.1007/978-3-658-33298-3_12

werden. Damit bleibt die konkrete Körperlichkeit der untersuchten Phänomene für die soziologische Betrachtung unsichtbar. Das Gewalthandeln selbst, mit dem Körper im definitorischen Zentrum, erscheint nur als *black box* in der Argumentation.

Ohne dass zu diesem Zeitpunkt der Körper in der Gewaltforschung bereits ausführlich thematisiert worden wäre, drehte sich eine erste kritische Debatte um seine definitorische Relevanz. Ende der 1960er Jahre entwickelte Johan Galtung sein Konzept der „strukturellen Gewalt" (Galtung, 1975), das sich auch gegen den Körperbezug der ätiologischen Gewaltforschung richtete. Galtung erweitert den Gewaltbegriff um Phänomene, bei denen kein körperlicher Zugriff benennbarer Akteure auf Gewaltopfer mehr beobachtbar ist. Gewalt ist damit nicht länger nur direkte körperliche Interaktion, sondern liegt immer dann vor, „wenn Menschen so beeinflußt werden, daß ihre aktuelle somatische und geistige Verwirklichung geringer ist als ihre potentielle Verwirklichung" (Galtung, 1975, S. 9). Damit umfasst Galtungs Gewaltbegriff auch Gewalt ohne Akteure und ohne spezifisch fassbare Handlungen, was Galtung (1975, S. 12) als „strukturelle" oder „indirekte Gewalt" bezeichnet. Mit dem Konzept struktureller Gewalt ist auch beabsichtigt, unter dem normativ aufgeladenen Begriff der Gewalt das anzuprangern, was in der Soziologie gemeinhin als soziale Ungleichheit verhandelt wird. Das Konzept der strukturellen Gewalt – und in ihrer Anlage ähnliche wie der Bourdieusche Begriff der symbolischen Gewalt oder der Baumansche der kulturellen Gewalt – ist bis heute international und gerade in sozialen Bewegungen einflussreich, spielt aber in den wissenschaftlichen Zusammenhängen, die sich dezidiert als ‚Gewaltsoziologie' verstehen, eher eine Nebenrolle. Dort wird der Begriff der strukturellen Gewalt meist als normativ und vor allem als zu unscharf und damit analytisch unbrauchbar kritisiert.

Ohne Namen zu nennen oder an hitzigen Debatten teilzunehmen, distanziert sich auch Heinrich Popitz mit seinem einflussreichen Beitrag zur Gewaltsoziologie explizit vom Konzept der strukturellen Gewalt. Er stellt den Körper ins Zentrum seiner Gewaltdefinition: „Gewalt meint eine Machtaktion, die zur absichtlichen körperlichen Verletzung anderer führt" (Popitz, 1992, S. 48). Mit dieser Begriffsfassung betrachtet Popitz Gewalt stets in einem macht- und herrschaftssoziologischen Zusammenhang. Sie ist für ihn eine Form der Aktionsmacht, die er auf die anthropologische Grundausstattung des Menschen zurückführt und damit wesentlich auf seine Körperlichkeit. Der menschliche Körper ist verletzungsoffen und verletzungsmächtig (Popitz, 1992, S. 24 f., 43 f.). Für das Zufügen wie das Erleiden von Gewalt ist der Körper anthropologische Bedingung – und als solche ist der Körper eine nur begrenzt (re)konstruierbare Gegebenheit. Menschen können ihren Körper nicht verlassen (Popitz, 1992, S. 45) und weder seine Verletzlichkeit noch seine Gewaltfähigkeit aufheben. Zugleich verletzt Gewalt nicht nur den Körper, sondern damit immer auch die Person, das Selbst. Gewalt ist also bei Popitz immer körperlich, aber nie etwas allein Körperliches. Gewalt erscheint als unausweichliches, grundsätzliches und universelles Problem sozialer Ordnung – das Popitz ordnungstheoretisch (und nicht, wie in hohem Grad der „Mainstream" der Gewaltforschung, ordnungspolitisch) behandelt.

Popitz knüpft mit seinen soziologischen Überlegungen zum Körper insbesondere an die Philosophische Anthropologie und hier vor allem an Arnold Gehlen an, aber auch an naturwissenschaftliche Beiträge, etwa von Konrad Lorenz. Popitz' Sicht auf den menschlichen Körper als anthropologische Gegebenheit führt ihn aber keineswegs zu deterministischen Erklärungen von Gewalt, im Gegenteil: Die körperlichen Charakteristika des Menschen, insbesondere seine „relative Instinktentbundenheit" (Popitz, 1992, S. 48), machen im Zusammenspiel mit seiner entgrenzten Vorstellungskraft und seiner technischen Intelligenz Gewalt soziologisch erklärungsbedürftig, denn: „Der Mensch muß nie, kann aber immer gewaltsam handeln" (Popitz, 1992, S. 50). Der Körper ist die Basis für die Gewaltfähigkeit und die Gewaltoffenheit des Menschen, aber er kann konkretes Gewalthandeln nicht erklären.

Mit dieser Position steht Popitz im Gegensatz zu soziobiologischen Ansätzen, die Gewaltphänomene auf die genetische Ausstattung des menschlichen Körpers zurückführen. So erklärt der Biologe Bernhard Verbeek (2004) Krieg und Völkermord durch in der Evolution bewährte Genprogramme des Menschen, die die Unterscheidung zwischen Ingroup und Outgroup stützen. Selbst die Lernprozesse, in denen diese Unterscheidung entwickelt wird, sind nach Verbeek biologisch-evolutionär verankert. Soziologische Erklärungen konkreter Gewaltphänomene können aus dieser darwinistisch-deterministischen Perspektive letztlich nur an der Oberfläche kratzen; der evolvierte Körper wird zur soziobiologischen Determinante von Gewalt. Diese Forschungsrichtung ist allerdings kaum verbunden mit fachsoziologischen Debatten. Dort werden soziobiologische Ansätze zwar ab und zu angesprochen, aber fast ausnahmslos mit dem Gestus der Abgrenzung (z. B. Elwert, 2004).

Angesichts dessen, dass der Körper in der etablierten, standardisierenden und ursachenorientierten Gewaltsoziologie keine besondere Aufmerksamkeit erfuhr und in Forschungen zu ‚struktureller' Gewalt als Definitionskriterium des Gegenstands ganz ausschied, entwickelte sich in den 1990er Jahren eine intensivere Diskussion über die Stellung des Körpers in der Gewaltforschung. „Innovateure" (Nedelmann, 1997, S. 60) der Gewaltsoziologie forderten, den Fokus statt auf Ursachen, Folgen und Präventionschancen nun auf die Gewalt selbst, auf Gewaltinteraktionen und nicht zuletzt auf den Körper als Zentrum von Gewalthandeln zu legen (Nedelmann, 1997, S. 62 f.; Trotha, 1997, S. 26–28). Gefordert wird eine mikroskopisch-detaillierte Untersuchung des körperlichen Geschehens bei Gewaltphänomenen. Was im „Mainstream" unbesehen unter Kategorien von Gewalttaten subsumiert wird, soll nun im Zentrum der Analyse stehen: der Körper, insbesondere der verletzte Körper und der Schmerz des Opfers. Das Interesse gilt dabei nicht den Ursachen solcher Körperverletzungen, auch nicht, im Sinne eines verstehenden Ansatzes, ihren Deutungen durch die Beteiligten. Vielmehr soll genaueste Beobachtung des körperlichen Geschehens eine analytische Annäherung an Gewaltphänomene in ihrer Eigendynamik ermöglichen. Gewalt und Schmerz sollen also als Gegenstände eigener Art erforscht werden, während die Exploration von Deutungskontexten ebenso wie Ursachenforschung abgelehnt werden. Wolfgang Sofsky, einer der zentralen Protagonisten der neueren Gewaltsoziologie, argumentiert entsprechend: „Um die Not der Gewalt überhaupt in den Blick zu bekommen, sind daher alle kulturellen Überformungen einzuklammern. Was sich dann offenbart, ist die pure Oppression und Nutzlosigkeit des Schmerzes" (Sofsky, 1996, S. 69). Der Körper wird in dieser Forschungsrichtung als anthropologische Gegebenheit betrachtet, die gegen kulturelle Deutungsprozesse im Kern resistent ist. Implizit gestützt wird diese Sichtweise durch die weitgehende Beschränkung der Beiträge auf extreme Gewalt. Im extremen Schmerz wird der Mensch nach Sofsky (1996, S. 74) zur Kreatur und verliert, so die Weiterführung Trutz von Trothas (1997, S. 28 f.), sehenden Auges seine exzentrische Positionalität. Damit wird das Opfer von (extremer) Gewalt auf seine Leiblichkeit zurückgeworfen, und mit ihm die Gewaltanalyse auf eine hoch fokussierte Beschreibung des leib-körperlichen Geschehens.

Die Diskussion der 1990er Jahre schien die Gewaltsoziologie in ein Lager althergebrachter, ‚körperignoranter' ätiologischer Forschung und eines innovativer, ‚körperfixierter' dichter Gewaltbeschreibung zu polarisieren. Tatsächlich war und ist gewaltsoziologische Forschung ein heterogenes und nur lose verkoppeltes Feld, in dem durchaus weitere, weniger scharf diskutierte Perspektiven verfolgt werden, die den Körper analytisch einbeziehen. So gibt es Ansätze einer interpretativen, qualitativ vorgehenden Gewaltforschung, die die mit Gewaltphänomenen verbundenen Sinngebungsprozesse in den Mittelpunkt stellen. Während ein Großteil sich dabei für Gewaltmotive und insbesondere Motivverschiebungen interessiert (zusammenfassend Nedelmann, 1997, S. 78 f.), nehmen in jüngerer Zeit Forschungen zu, die körperbezogene Deutungen in den Mittelpunkt der Gewaltanalyse stellen und sich so mit einem konstruktivistischen Körperkonzept den Verläufen konkreter Gewaltphänomene annähern. Einige exemplarische Forschungen dieser Ausrichtung werden im folgenden Punkt angesprochen.

## 2 Dimensionen der Körperlichkeit in der Gewaltsoziologie

Entsprechend der unsteten und heterogenen Thematisierung des Körpers in der Gewaltsoziologie werden sehr verschiedene Aspekte menschlicher Körperlichkeit analytisch einbezogen. Sie lassen sich als unterschiedliche Dimensionen von Körperlichkeit fassen, die in Gewaltphänomenen aus je spezifischen Perspektiven in den Blick gelangen. Ohne damit Vollständigkeit zu beanspruchen, werden im Folgenden sechs Dimensionen als zentral angesprochen: körperlicher Schmerz (2.1), der Körper als Ziel von Strafen (2.2), die geschlechtliche Konnotation körperlicher Gewalt (2.3), der Körper als Kapital und auszubildendes Gewaltinstrument (2.4), die körperliche Sensation von Gewalt (2.5) sowie die kulturell-symbolische Ebene von Körperlichkeit in ihrer Relevanz für Gewaltphänomene (2.6).

## 2.1 Körperlicher Schmerz in Gewaltinteraktionen

Gewalt geht über die Verletzung des Körpers hinaus und betrifft den Menschen als soziales Subjekt. Ein wesentliches Scharnier zwischen dem anatomischen Vorgang der Verletzung einerseits und dem Verletzten als einem sinndeutenden, emotional empfindenden und sein Handeln entscheidenden Menschen andererseits bildet der körperliche Schmerz. Die Effekte des Schmerzes können mit dem Gewalthandeln intendiert sein oder nicht. Wenn Gewalt als Machtmittel eingesetzt wird, kann der Körper des Machtunterlegenen entweder quasi mechanisch manipuliert, zum Beispiel verstümmelt, aus dem Weg geräumt oder getötet werden (wobei für die Täter der Schmerz des Opfers irrelevant sein mag), oder aber es findet eine gezielte Übersetzung statt: Über den Schmerz körperlicher Verletzung wird Zugang zum Willen, zum Wissen, zu den Emotionen des Verletzten gesucht – etwa durch Folter bei Verhören, durch den Rohrstock in der Erziehung, durch Schläge zwischen Rivalen.

Wenngleich körperlicher Schmerz ein unbestritten relevanter Aspekt von Gewalt ist, sind ihm relativ wenige gezielte Analysen gewidmet. Das bis heute wohl international meistzitierte, aber durchaus auch kritisch aufgenommene Werk zum Thema Schmerz wurde zuerst 1985 von der Literaturwissenschaftlerin Elaine Scarry veröffentlich: „The Body in Pain“ (Scarry, 1987). Zentral ist für sie, dass körperlicher Schmerz nicht ausdrückbar ist, sich der sprachlichen Darstellung entzieht – und als akuter Schmerz die Sprache zerstört (Scarry, 1987, S. 3–11, 54–56). Die Unausdrückbarkeit hat politische Konsequenzen, denen Scarry zunächst im Bereich der Dekonstruktion von Welt nachgeht, konkret an den Phänomenen Folter und Krieg. Diesem „unmaking“ durch Schmerz stellt sie im zweiten Teil des Buches das „making“ der Welt gegenüber, indem sie kreatives Imaginieren als Reaktion auf die Unausdrückbarkeit und die ihr zugrundeliegende Objektlosigkeit von (allerdings mehr und mehr metaphorisch verstandenem) Schmerz herleitet (Scarry, 1987, S. 61–185). Für die Gewaltsoziologie ist der erste Teil einschlägiger, insbesondere der Abschnitt über Folter. Hier untersucht Scarry das Verhältnis von Schmerz und Sprache und seine Implikationen in der konkreten Gewaltinteraktion. Folter besteht nach Scarry (1987, S. 28 f., 35 f.) aus zwei Grundelementen, dem Zufügen von Schmerz als körperlicher Handlung und der Befragung als verbaler Handlung. Die Befragung besteht aus der Frage (gemeinhin missverstanden als Motiv) und der Antwort (missverstanden als Verrat). Daraus ergibt sich in der Foltersituation ein vierfacher Gegensatz: „The pain is hugely present to the prisoner and absent to the torturer; the question is, within the political fiction, hugely significant to the torturer and insignificant to the prisoner; for the prisoner, the body and its pain are overwhelmingly present and voice, world, and self are absent; for the torturer, voice, world, and self are overwhelmingly present and the body and pain are absent“ (Scarry, 1987, S. 46). Im Schmerz konstituiert sich die Distanz zwischen Folterer und Gefolterten, in der Befragung wird sie sprachlich objektiviert (Scarry, 1987, S. 46), wobei die Sprache des Folterers geradezu zur Waffe wird, während die Sprache der Gefolterten bis zum bloßen Schrei hin zerstört wird. In einem für die Funktion der Folter wesentlichen Schritt wird nach Scarry (1987, S. 51, 56–59) schließlich die imminente Realität des Schmerzes umgewandelt in einen Realitätsbeweis der Macht der Folterer und des Regimes, das sie entsendet. Instruktiv sind Scarrys (1987, S. 47 f.) Überlegungen zu den Akteuren der Schmerzerzeugung: Diese sind nicht nur extern (als Folterer und deren Waffen), vielmehr machen bestimmte Foltertechniken den Körper der Gefolterten selbst zum aktiven Produzenten des eigenen Schmerzes. Diesen Zusammenhang hat die CIA zur Folterstrategie gewendet, was in Verhörleitfäden expliziert wird, die erst nach der Entstehung von Scarrys Buch öffentlich zugänglich wurden. Gewaltsoziologisch ist diese Frage der Fremd- oder Eigenproduktion von Schmerz hoch relevant, wenn die Akteurskonstellationen der Gewaltinteraktion aus Sicht der Beteiligten zu rekonstruieren sind.

Insgesamt entwickelt Scarry ihre anthropologischen Vorannahmen nicht explizit und ist in der Herleitung ihrer Befunde aus dem (diffusen und stark literarischen) Materialkorpus erwartungsgemäß nicht an den Kriterien empirischer Sozialforschung orientiert. Gleichwohl bieten ihre Überlegungen Ansatzpunkte für die Gewaltsoziologie. Der im Schmerz aufgelöste Weltbezug, die Unausdrückbarkeit und die Objektlosigkeit von Schmerz sind Aspekte von Scarrys Analyse, die insbesondere von den Innovateuren der Gewaltforschung rezipiert wurden (z. B. Sofsky, 1996, S. 67, 79, 93–96). Der Befund des durch Schmerz erzeugten Weltverlustes als Verleiblichung und Vereinsamung wird an anderer Stelle dagegen von der Philosophischen Anthropologie her entwickelt (Trotha, 1997, S. 28–31) – ein theoretischer Bezug, der sich bei Scarry nicht findet.

Während Scarry in der deutschsprachigen Debatte herangezogen wird, um die These der Sinnlosigkeit von Schmerz zu stützen (u. a. Sofsky, 1996, S. 79), versäumt sie über weite Strecken zu explizieren, dass eigentlich extremer Schmerz im Besonderen gemeint ist. Obwohl viele Formulierungen ganz allgemein von Schmerz sprechen, wird die Existenz mehr oder weniger erträglichen Schmerzes bei Gewaltphänomenen ausgeklammert – so sagt uns Scarry kaum etwas über differenzierten Schmerz (dagegen Foucault, 1994, S. 46), willkommenen Schmerz (exemplarisch in SM-Praktiken) oder kommunikativem Schmerz (der beim Training von Gewaltpraktiken, etwa im Kampfsport, eine wesentliche Rolle spielt). Angesichts dieser Leerstellen müssen auch nach der Lektüre von Scarry und Sofsky die sinnhaften Aspekte von Schmerz durch Gewalt in der Diskussion bleiben.

## 2.2 Körper als Ziel von Strafe

Die Thematik der Verletzungsoffenheit und des Schmerzes verweist auf eine weitere Dimension der Körperlichkeit von Gewalt: den Körper als Ansatzpunkt von Strafen. Herrschaftsordnungen fußen letztlich auf der Androhung von Gewalt bei Abweichungen von den herrschaftlich gesetzten Normen und Befehlen, bis hin zur tödlichen Gewalt – ein Zusammenhang, den Weber bekanntlich für den Staat hervorgehoben hat, der aber auch allgemeiner für soziale Ordnungen gilt (Popitz, 1992, S. 47, 54–57, 90 f.). Normierte Macht über Menschen impliziert die Möglichkeit gewaltsamer Sanktionen, weil die Machtunterlegenen eben verkörperte Wesen sind.

Die universelle Bedeutung der gewaltsamen Strafe für Machtordnungen wendet Michel Foucault (1994) in seinem klassischen Beitrag „Überwachen und Strafen" in eine historische Entwicklung. Er zeichnet nach, wie sich um den Übergang vom achtzehnten zum neunzehnten Jahrhundert der strafende Zugriff auf den Körper von einem im engen Sinne gewalttätigen zu einem disziplinierenden und kontrollierenden verändert – eine These, die er später im Zusammenhang mit dem Übergang von souveräner Macht zu Bio-Macht weiter ausgearbeitet hat. Nach Foucault zielt der Souverän mit Körperstrafen, die vor allem das Herrschaftsverhältnis wiederherstellen sollen (Foucault, 1994, S. 64 f.), auf das „physische Leiden", den „Schmerz des Körpers selbst" (Foucault, 1994, S. 18 f.). Die „peinliche Strafe" oder „Marter" hat also den „Körper als Hauptzielscheibe der strafenden Repression" (Foucault, 1994, S. 15), und dabei wird auf den Körper höchst detailliert und systematisch zugegriffen. Das Gewalthandeln der Marter und insbesondere der Folter (Foucault, 1994, S. 53–57) ist also keineswegs improvisiert, sondern in Art und Ausmaß der Verletzung so genau reglementiert, dass ihm offensichtlich differenziertes Körperwissen zugrunde liegt. Auf diesem Wissen basiert auch die „quantifizierende *Kunst* des Schmerzes" (Foucault, 1994, S. 46; Hervorheb. KI) bei der Marter. Diese ist über die „differenzierte Produktion von Schmerzen" hinaus „ein um die Brandmarkung der Opfer und die Kundgebung der strafenden Macht herum organisiertes Ritual" (Foucault, 1994, S. 47). Auch indem die Gemarterten gebrandmarkt werden und ihre Schreie wie ihre noch nach dem Tod malträtierten und ausgestellten Leichen der Verkündung des Triumphes der Justiz dienen, bleibt die Marter auf den Körper zentriert. Mit dem Wandel hin zu einem disziplinierenden und einkerkernden Straf-Stil verschiebt sich der Zielpunkt der Strafe weg vom Körper und hin zu etwas jenseits des Körpers, in den Worten zeitgenössischer Theoretiker zur „Seele" (Foucault, 1994, S. 25 f.). Zwar bleibt Strafen weiterhin auf die disziplinierende Unterwerfung des Körpers bezogen, so im Gefängnis, dessen Genese als Institution Foucault in diesem Werk untersucht. Allerdings erfolgt der Zugriff auf den Körper dann nicht mehr primär durch Gewalt im engen Sinn: Bis Mitte des neunzehnten Jahrhunderts „ist der gemarterte, zerstückelte, verstümmelte, an Gesicht oder Schulter gebrandmarkte, lebendig oder tot ausgestellte, zum Spektakel dargebotene Körper verschwunden" (Foucault, 1994, S. 15), und zwar „endgültig" (Foucault, 1994, S. 23). Soweit die Gewaltsoziologie von einem engen, körperbezogenen Gewaltbegriff ausgeht, ist damit der erste Teil von Foucaults Werk aufschlussreicher für sie – im Gegensatz zur Körpersoziologie insgesamt. Dabei muss die Gewaltsoziologie Foucaults historischen Befund in seiner Eindeutigkeit – als bruchartige und vor allem eindeutig gerichtete Entwicklung – nicht notwendig übernehmen. Tatsächlich gehört die Behauptung eines derart harten Umbruchs im Körperbezug des Strafsystems (wie der Herrschaft insgesamt) zu den Kritikpunkten, die gegen das Werk vorgebracht wurden (zusammenfassend Spierenburg, 2013, S. 78–85; Trotha, 1997, S. 27 auch zu Elias' Zivilisationsthese). In vielen Fällen heutiger staatlicher und parastaatlicher Gewalt bleibt es durchaus aussichtsreich, empirisch zu prüfen, wie fruchtbar sich die dort wirksamen Zusammenhänge von Gewalt und Körper anhand von Foucaults Aussagen über grausame Strafen und Folter analysieren lassen.

### 2.3 Körper als geschlechtliche Konstruktion von Verletzungsmacht und -offenheit

Neben einzelnen anderen Autoren (wie Erving Goffman) hat vor allem die feministische Theorie und Geschlechterforschung frühzeitig betont, dass – um bei der Popitzschen Terminologie zu bleiben – Verletzungsoffenheit und Verletzungsfähigkeit Menschen je nach Geschlecht unterschiedlich zugeschrieben werden. In enger Verzahnung mit den politischen Themen der Frauenbewegung hat die feministische Theorie ab den 1970er Jahren einen besonderen Fokus auf den Körper gelegt und die mit ihm verbundenen Praktiken in einen Analysezusammenhang von Macht und Herrschaft gestellt. Kampagnen und theoretische Diskurse befassten sich auch mit Gewalt, zentral waren (neben anderen Körperthemen wie Abtreibung oder Schönheitsideale) insbesondere sexualisierte und „häusliche" Gewalt. Dabei werden die nicht nur zugeschriebene, sondern alltäglich in Praxis umgesetzte größere Verletzungsoffenheit von Frauen und größere Verletzungsfähigkeit von Männern dekonstruiert. Sie werden statt auf ‚natürliche' Unterschiede auf (patriarchale) Machtverhältnisse zurückgeführt, auf einen „political context of sexed embodiment in which male aggression and female vulnerability are cultural corporeal paradigms" (McCaughey, 1997, S. xv). Allerdings konzipiert feministische Theoriebildung das Verhältnis von Körper, Geschlecht und Gewalt nicht widerspruchsfrei. Einige Diskursstränge reproduzieren etwa beim Thema Vergewaltigung die Zuschreibung von Gewaltfähigkeit an Männer, was ihnen den Vorwurf des Biologismus und der Festschreibung eines ‚Opferstatus' von Frauen einbrachte. Andere Theorieansätze, etwa der von Judith Butler, wurden dahin gehend kritisiert, dass durch ihre weitgehende diskursive Immaterialisierung des Körperlichen gerade Gewaltphänomene kaum noch analytisch fassbar sind. Martha McCaughey zeichnet in ihrer Studie „Real Knockouts" (1997) die (vor allem US-amerikanische) feministische Diskussion zu Körper und Gewalt ausführlich historisch nach; darüber hinaus führt sie sie mit einer empirischen Studie auch theoretisch weiter. Auf der Grundlage teilnehmender Beobachtung, Interviews und Dokumentenanalysen untersucht sie Selbstverteidigung für Frauen als Gegendiskurs zur *rape culture* und geht Prozessen nach, wie durch körperliche Praktiken des Selbstverteidigungstrainings der weibliche Körper umkonstruiert, ‚rescripted' wird. So ermöglicht Selbstverteidigung auf Ebene der gespürten Leib-Körperlichkeit – „the way it feels to inhabit a female body" (McCaughey, 1997, S. 2) – wie auf der Ebene gesellschaftlicher Diskurse Veränderungen: „emotional, corporeal, cultural, and political transformations" (McCaughey, 1997, S. 2, xi). Die durch Praxis veränderte Körperlichkeit wird zur Grundlage für die Veränderung der Geschlechterverhältnisse insgesamt. Indem sie sich kritisch mit der verbreiteten feministischen

Ablehnung von Gewalt auseinandersetzt und Elizabeth Grosz' *corporeal feminism* weiterführt, entwickelt McCaughey (1997, S. 200–205) das Konzept des „physical feminism". Es beinhaltet wesentlich, weibliche Gewaltfähigkeit gezielt zu fördern, und zwar durchaus durch Körperdisziplin (des Trainings) – die wie Gewalt eine erhebliche Skepsis des foucaultbelesenen akademischen Feminismus auf sich zieht (McCaughey, 1997, S. 162–165). Zugleich birgt Selbstverteidigung nach McCaughey (1997, S. 179 f.) auch Konsequenzen für die Konstruktion des Männerkörpers, indem sie die (auch im Feminismus dominante) Auffassung infrage stellt, dass alle Männer physisch zur Vergewaltigung fähig sind, und in ihren Praktiken auf die damit explizit gemachte männliche Verletzungsoffenheit abzielt. Indem die Untersuchung ihre feministisch-politischen Überlegungen auf der Grundlage empirischer Befunde und theoretischer Analyse entwickelt, ist sie auch jenseits feministischer Praxis für die sozialwissenschaftliche Gewaltforschung aufschlussreich.

In jüngerer Zeit und im Zusammenhang mit der Debatte um Intersektionalität berücksichtigt die feministische Geschlechterforschung auch beim Thema Gewalt zunehmend rassistische Zuschreibungen von Verletzungsmächtigkeit und -offenheit, von Gewaltaffinität und Opferstatus (s. a. McCaughey, 1997, u. a. S. 22–25, 151 f.). Stärker mit allgemeinsoziologischem als mit politischem Interesse verfolgen in jüngerer Zeit auch Beiträge zur Männerforschung, welche Implikationen die kulturell zugeschriebene männliche Verletzungsfähigkeit für Fragen sozialer Ordnungsbildung hat.

## 2.4 Körper als Kapital: Zur Ausbildung von Gewaltfähigkeit

Der Fall von Selbstverteidigungskursen macht bereits klar: Die anthropologisch basierte Gewaltfähigkeit des menschlichen Körpers lässt sich gezielt weiter ausbilden, mit Training – das über die Inkorporierung von Wissen und die Ausbildung anatomischer Stärken (wie Kraft, Beweglichkeit, Schnelligkeit, Zielsicherheit) die Potentiale zu körperlichem Gewalthandeln steigert – und entsprechender Körperdisziplin. Für diese Prozesse haben sich unter anderem Forschungen zur professionalisierten Gewaltausübung staatlicher oder parastaatlicher Organe interessiert, etwa zur Ausbildung von Soldaten und Polizisten. Dabei zeigt sich, dass zur Professionalisierung der Gewaltfähigkeit nicht nur gehört, das Zufügen von Gewalt zu trainieren. Wie Untersuchungen etwa zur Obristendiktatur in Griechenland belegen, bildet bei der Ausbildung zuverlässig einsetzbarer Gewaltfähigkeit auch die Gewalterfahrung der angehenden Folterer selbst einen integralen Bestandteil (Haritos-Fatouros, 1991). Inkorporiertes Gewaltwissen scheint insbesondere dann systematisch einsetzbar, wenn körperlich erfahrene Verletzungsoffenheit ebenso wie Verletzungsmächtigkeit in es eingehen. Professionalisiertes Gewaltwissen geht keineswegs in einer einseitigen Täterperspektive, die auf trainierter Tätererfahrung beruht, auf.

Ähnlich gilt das für den Kampfsport. In seiner Studie zum Boxen zeigt Loïc Wacquant (1995, 2003), dass Boxer keineswegs nur die Verletzungsfähigkeit des eigenen Körpers schulen. Vielmehr wird dieser mit immenser Disziplin als verletzungsoffener, empfindlicher und anspruchsvoller Kapitalträger umsorgt. Hier wird deutlich, dass Professionalisierung von Gewalt immer beide Seiten des menschlichen Gewaltverhältnisses beinhaltet, Verletzungsoffenheit und Verletzungsfähigkeit, und beides durch disziplinierte Akkumulation von Fähigkeiten und Wissen kalkulierbar zu machen versucht. Im Kampf wird nicht einfach Gewalt gegen den Gegner maximiert, sondern die „Steuerung des Maßes der Gewalt im Ring ist integraler Bestandteil des allgemeinen Instrumentariums zum Schutz des Körpers" (Wacquant, 2003, S. 148). Besonders deutlich wird die gezielte Berücksichtigung von Verletzungsfähigkeit *und* Verletzungsoffenheit beim Training der Selbstverteidigung (McCaughey, 1997).

Wesentlicher Träger des Wissens und der Fähigkeiten, die beim Training der Gewaltfähigkeit erworben werden, ist der Körper. Entsprechend ist in der ‚Didaktik' des Boxens der Körper des Trainers zentrales Vermittlungsinstrument (Wacquant, 2003, S. 103–105). In der Kampfkunst wird oft betont, sie lasse sich nicht ‚aus Büchern lernen', und mit Bezug auf Bourdieu konstatiert Wacquant (2003, S. 63) für das Boxen, dessen Training wolle durch körperliche „Praxis, das heißt durch *direkte Einverleibung,* die Beherrschung der grundlegenden körperlichen, emotionalen, visuellen und mentalen Abläufe vermitteln". Wie für Gewalterfahrungen im Alltag gilt auch für professionalisierte Gewalt, dass sie „keine rein körperliche Übung" (Wacquant, 2003, S. 95, s. a. 101) ist; auf Basis des Körpertrainings werden auch die genannten emotionalen und mentalen Abläufe integriert. Körperliches Üben bietet, wie auch im japanischen Budo betont wird (Levine, 2004), einen Zugang zur Entwicklung auch des Geistes, des Selbst, des ganzen Menschen. An Erwerb und Einsatz von Körperkapital zur Gewaltausübung lässt sich also zeigen, dass eine Gewaltsoziologie, die den Körper in das Zentrum ihres Gegenstandes stellt, keineswegs eine auf physische Vorgänge reduzierte Perspektive einnehmen muss. Auch in ihren professionalisierten Formen ist Gewalt zwar auf den Körper fokussiert, geht aber nicht im Körperlichen auf.

## 2.5 Körperliche Sensation des Gewalthandelns – Gewalt als Faszinosum

Wenn Menschen ihre körperliche Gewaltfähigkeit trainieren und professionalisieren, sei es als Boxer, Soldat oder Straßenkämpfer, geht es meist nicht nur um Pflichtgefühl und Broterwerb. Wer sich für den Soldatenberuf entscheidet oder Zeit, Energie und Disziplin in Kampftraining investiert, ist in der Regel getrieben von einer Faszination durch Gewalt und dem Wunsch nach eigener Gewaltmächtigkeit. Gewalt erscheint als Faszinosum.

Während der oft ordnungspolitisch orientierte „Mainstream" der Gewaltforschung ebenso wie gesellschaftskritische Ansätze (etwa der der „strukturellen Gewalt") den Gewaltbegriff von vornherein negativ konnotieren, wird seit den 1990er Jahren verstärkt die Ambivalenz der Gewalt diskutiert, also nicht nur ihre er- und abschreckenden, sondern auch ihre faszinierenden und anziehenden Facetten (Nedelmann, 1997, S. 69 f.). Gewalt kann, wie es Jan Philipp Reemtsma in seinem Abschiedsvortrag als Direktor des Hamburger Instituts für Sozialforschung – einer Hochburg der Gewaltforschung – gefasst hat, „attraktive Lebensform" sein.

Wie einige der angesprochenen Forschungen zeigen, ist die Faszination der Gewalt nicht zuletzt eine körperliche Sensation. Gewalt als physisches Handeln, als spürendes Erleben eigener Verletzungsmächtigkeit, kann Menschen ein leibliches Hochgefühl bis hin zu ekstatisch-rauschhaften Erfahrungen bieten. Darauf weisen nicht nur kritische feministische Analysen männlicher Gewaltaffinität hin, sondern auch ‚dichtere' Beschreibungen des Erlernens und Praktizierens von Gewalt. McCaughey (1997, S. 155; Hervorh. i. Orig.) spricht so von der *„pleasurable nature of combat"*, die wesentlich in einem Körpergefühl und weniger in einem intellektuellen Genuss besteht. In diesem Sinne äußert sich etwa die Teilnehmerin eines Selbstverteidigungskurses über einen Übungskampf: „It felt great to kick the shit out of a six-foot twoinch guy" (McCaughey, 1997, S. 119). Im Gewalthandeln liegt eine leibliche Sensation der Machterfahrung. Der Gewalttäter weiß nicht nur um seine Macht, er spürt sie. Umgekehrt spürt das Opfer seine Machtunterlegenheit körperlich, was Gewalt auch aus seiner Perspektive von anderen Machtformen absetzt, allerdings nicht auf faszinierende Weise.

Für Gewalttätige wirkt Gewalthandeln über den Machtaspekt hinaus auch durch die Intensität der körperlichen Erfahrung faszinierend. Die intensive Macht- und Körpererfahrung der Gewalt kann als individuelle Erfahrung gesucht werden, wie sie beim Boxen dominant ist (Wacquant, 2003, S. 22), oder aber – als wiederum eigene Faszination – in Formen der körperbasierten Vergemeinschaftung. Dazu finden sich vor allem Untersuchungen in den Bereichen Jugendgewalt und Männlichkeitsforschung. Einerseits kann dabei kollektive Gewalt gegen Außenstehende zu positiv bewerteten Vergemeinschaftungseffekten führen (Inhetveen, 2004, S. 54–59), was unter anderem für Hooligans oder im Fall von Kriegsvergewaltigungen gezeigt wurde. Andererseits kann es im Binnengeschehen einer Gruppe etwa durch „violent dancing" zu einer eigenleiblich gespürten Integration der Subkultur kommen – in der musikgetragenen geselligen Gewalt entsteht in „massenhafter Verschmelzung von Leibern" ein gemeinsamer „Quasi-Leib" (Schmitz, zit. n. Inhetveen, 2004, S. 53), was von den Beteiligten ausdrücklich genossen und als ein Kern der eigenen Subkultur gesehenen wird (Inhetveen, 2004). So ist es neben körperlich intensiven Machterfahrungen nicht zuletzt die im wörtlichen Sinn spürbare soziale Produktivität von Gewalt, die sie nicht nur abschreckend, sondern auch attraktiv, ja faszinierend macht.

## 2.6 Körper, Symbole und Rituale: Kulturanalysen von Gewalt

Während vor allem die soziologische Anthropologie und die neuere Gewaltsoziologie der ‚Innovateure' universelle Charakteristika menschlicher Gewaltinteraktionen betonen, lassen sich im weltweiten und historischen Vergleich sehr unterschiedliche Muster in der Art ausgeübter Gewalt feststellen. Hier setzen kulturanalytische Perspektiven an, die symbolischen und rituellen Bedeutungen des Körpers als kulturspezifischen Repräsentation nachgehen und damit konkrete – meist kollektive – Gewaltphänomene zu verstehen suchen. Den Ausgangspunkt dieser Vorgehensweise formuliert Arjun Appadurai: „the violence inflicted on the human body in ethnic contexts is never entirely random or lacking in cultural form. (…) even the worst acts of degradation (…) have macabre forms of cultural design and violent predictability“ (Appadurai, 1998, S. 229). Um Gewaltphänomene zu verstehen, gilt es, die Deutungen der Körper, die Gewalt erleiden und ausüben, nachzuvollziehen. Körperdeutungen sind in dieser Perspektive – Mary Douglas (2003) folgend – eng verbunden mit den Deutungen des Sozialen und der Welt. Gewaltphänomene hängen mit Kosmologien zusammen, in deren Kontext sie stattfinden und die sich in spezifischen Formen gewaltsamer Körperbehandlung manifestieren oder, so Appadurai (1998), sichergestellt werden sollen.

Empirische Forschungen, die Gewalt mit Blick auf die implizierte, kosmologisch eingebettete Körpersymbolik untersuchen, kommen insbesondere aus der Ethnologie, die sich im Zusammenhang mit Ritualen (darunter auch gewalthaften Passageriten) oder in der Medizinethnologie mit Körperdeutungen befasst. Eine exemplarische Studie in diesem Bereich hat Christopher Taylor (1999) vorgelegt. Im zweiten Teil seines Buches „Sacrifice as Terror“ unterzieht er die Gewalt während des Genozids in Ruanda einer symbolischen Analyse, die auf Erkenntnissen zu Körpervorstellungen in Ruanda aus eigenen medizinethnologischen und ritualanalytischen Studien basiert. Taylor (1999, S. 105) hat dabei als Ziel: „to make these forms of violence comprehensible in terms of the local symbolism“. Er geht davon aus, dass Gesellschaften ihre Normen in die Körper einschreiben – nicht nur durch rituelle, sondern auch durch extreme politische Gewalt wie die des Völkermordes von 1994. Sie ist von den gleichen kulturellen Mustern geprägt wie alltägliche Körperpraktiken zur Pflege von Gesundheit und Integrität. Für Ruanda bestimmt Taylor als eine zentrale Metapher den Gegensatz zwischen (ordnungsgemäßem) Fließen einerseits und (pathologischen) Blockaden beziehungsweise ungeordnetem, exzessivem Fließen andererseits (Taylor, 1999, S. 111–126). Diese Vorstellungen, als symbolische Muster, beziehen sich nicht nur auf die physiologische, sondern auch auf die soziale und die kosmologische Ordnung. Taylor geht ihnen in den vorherrschenden Gewaltformen des ruandischen Völkermords nach, die gekennzeichnet sind durch eine „preoccupation with the movement of persons and substances and with the canals, arteries, and conduits along which persons and substances flow: rivers, roadways, pathways, and even the conduits of the human body such as the reproductive and digestive systems“ (Taylor, 1999, S. 128). Die Kontrolle des Fließens wird zu einem Fokus der Gewalt. Dies gilt etwa für das von den Hutu-Extremisten propagierte ‚Zurückschicken‘ getöteter Tutsi in ihr angebliches Herkunftsland Äthiopien, in dessen Zuge unzählige Leichen in die Flüsse nach Norden geworfen wurden: „Rwanda's rivers became part of the genocide by acting as the body politic's organs of elimination, in a sense ‚excreting‘ its hated internal other“ (Taylor, 1999, S. 130). Dies gilt auch für die besondere Bedeutung von Straßensperren, nach Taylor die zentralen Tötungsorte während des Genozids, oder das häufige Zerstören der Achillessehnen von Opfern – es liegt Macht darin, den Fluss, die Mobilität von Menschen blockieren zu können (Taylor, 1999, S. 135). In anderen typischen Gewaltpraktiken des Völkermordes – etwa dem Pfählen von Anus oder Vagina bis hin zu Mund oder Nacken – tritt der Körper der Opfer als Kanal, als Leitungssystem hervor, und gerade als solcher wird er zerstört, weil die Tutsi selbst als Blockaden für die kosmische Einheit der Nation betrachtet wurden (Taylor, 1999, S. 140). In seiner Arbeit stellt Taylor die Fruchtbarkeit einer Analyse von allgemeiner kultureller Körpersymbolik unter Beweis, wenn es gilt, die Spezifika konkreter Gewaltpraktiken zu untersuchen, oder, in Taylors (1999, S. 31) Worten, „to decipher the cultural hierogolyphics of torture and violation".

## 3 Aufgaben körpersoziologischer Gewaltforschung: Desiderata und Perspektiven

Zur Fundierung der Gewaltsoziologie in der soziologischen Anthropologie liegen bereits detaillierte Überlegungen vor, auf deren Basis der Körper bei der Gewaltanalyse berücksichtigt werden kann. Die Beiträge konzentrieren sich auf universelle Eigenheiten der menschlichen Körperlichkeit. Ein erstes Desiderat der soziologischen Gewaltforschung bleibt es derzeit, die Leib-Körperlichkeit des Menschen als kulturell variables Element von Gewalt in vergleichender Perspektive zu untersuchen. Dass Kultur Körpererfahrungen und -deutungen prägt, ist in der Körpersoziologie unbestritten, hat sich jedoch wenig in einer vergleichenden Gewaltsoziologie niedergeschlagen. Dabei ließen sich durchaus vorhandene sozialwissenschaftliche Ansätze, die kulturvergleichend vorgehen, ohne Kultur als Container zu verstehen, und kulturelle Interferenzen, Transfers und Modifikationen berücksichtigen, für eine verstehende Soziologie der Gewalt nutzen. Ein vielversprechender Vergleich erstreckt sich bis hin zur Ebene der Kosmologien, die die Wirklichkeit der menschlichen Physis in unterschiedlicher Weise rahmen können, wie klassisch Mary Douglas (2003) und rezenter Philippe Descola (2011) gezeigt haben. Die Implikationen solcher Unterschiede sind bisher nur sehr vereinzelt (z. B. Levine, 2004) zum Thema von Gewaltsoziologie gemacht worden.

Eine kultursoziologische Annäherung an Gewalt beinhaltet als ein zweites Desiderat, den Zusammenhang von Gewaltphänomenen und Körperwissen systematischer zu untersuchen. Ansätze hierzu liegen bisher bei Studien zu professionalisierter Gewalt, vom Kampfsport bis zur Ausbildung von Folterern, vor. Dieser Blickwinkel wäre zu erweitern, etwa hin zu religionssoziologischen Aspekten des Körperwissens, einschließlich magischer Vorstellungen, die in der Ethnologie als „Hexerei" ein althergebrachter Forschungsgegenstand sind und die in ihrer starken Körperbezogenheit auch zu Gewaltphänomenen in enger Verbindung stehen (Stewart & Strathern, 2002, S. 90–107).

Die Ambivalenz der Gewalt ist zwar seit den 1990er Jahren in der gewaltsoziologischen Diskussion, aber bislang fast ausschließlich mit Blick auf soziale Situationen der Mikroebene untersucht worden. Als ein drittes Desiderat ergibt sich damit, auch bei der Analyse großformatiger Gewaltpolitiken deren Körperpraktiken stärker zu berücksichtigen, und zwar auch in der politisch-gesellschaftlichen Bedeutung der Faszination von Gewalt. Nicht nur die Strategien des IS führen uns vor Augen, wie relevant neben dem Schrecken auch die Faszination durch verschiedene Varianten des Tötens und Quälens, durch den gerüchteweise kolportierten oder medial inszenierten gewalttätigen Umgang mit den Körpern der Gegner und der eigenen Leute, in den Machtdynamiken auf gesellschaftlicher Ebene ist.

Schließlich eine Bemerkung zur Methodik. Auch in der Gewaltsoziologie gewinnt die Diskussion um den Körper der Forschenden Einfluss, gerade im Bereich der Ethnographie (z. B. McCaughey, 1997, S. 212–232; Wacquant, 2003). Dabei steht der Forscherkörper als vielsinniges Erkenntnisinstrument im Vordergrund, kaum aber seine Verletzungsoffenheit. Erst einzelne Berichte gibt es zu gewalttätigen, insbesondere sexualisierten Übergriffen gegen Forscher*innen während der ethnographischen Arbeit. Die derzeit eher halböffentlich und vorsichtig geführten Diskussionen dazu zeigen, dass solche Gewalterfahrungen bei weitem nicht so selten sind, wie sie in der Methodenliteratur angesprochen werden. Gerade die Gewaltsoziologie wäre aufgerufen, sich an einer Diskussion über die methodischen und inhaltlichen ebenso wie die forschungsethischen und beruflichen Konsequenzen der Verletzungsoffenheit auch der Forscher*innenkörper zu beteiligen.

Insgesamt kann es in der Gewaltsoziologie nicht darum gehen, ihre große und auch fruchtbare Vielfalt zu begrenzen, um sie auf eine dominante Perspektive zurechtzustutzen. Angesichts stark auf die deutschsprachige Soziologie begrenzter Debatten sollte es der hiesigen Gewaltsoziologie allerdings zugutekommen, sich verstärkt auch über Fächer- und Landesgrenzen hinweg auszutauschen und zu vernetzen.

## Literatur

Appadurai, A. (1998). Dead certainty. Ethnic violence in the era of globalization. *Public Culture, 10*, 225–247.

Descola, P. (2011). *Jenseits von Natur und Kultur*. Suhrkamp.

Douglas, M. (2003). *Natural symbols. Explorations in cosmology*. Routledge.

Elwert, G. (2004). Biologische und sozialanthropologische Ansätze in der Konkurrenz der Perspektiven. In W. Heitmeyer & H.-G. Soeffner (Hrsg.), *Gewalt. Entwicklungen, Strukturen, Analyseprobleme* (S. 436–472). Suhrkamp.

Foucault, M. (1994). *Überwachen und Strafen. Die Geburt des Gefängnisses*. Suhrkamp.

Galtung, J. (1975). *Strukturelle Gewalt. Beiträge zur Friedens- und Konfliktforschung*. Rowohlt.

Haritos-Fatouros, M. (1991). Die Ausbildung des Folterers. Trainingsprogramme der Obristendiktatur in Griechenland. In J. P. Reemtsma (Hrsg.), *Folter. Zur Analyse eines Herrschaftsmittels* (S. 73–90). Junius.

Inhetveen, K. (2004). Gewalt, Körper und Vergemeinschaftung in Subkulturen. In C. Liell & A. Pettenkofer (Hrsg.), *Kultivierungen von Gewalt. Beiträge zur Soziologie von Gewalt und Ordnung* (S. 43–62). Ergon.

Levine, D. N. (2004). Social conflict, aggression, and the body in Euro-American and Asian social thought. *International Journal of Group Tension, 24*, 205–217.
McCaughey, M. (1997). *Real knockouts. The physical feminism of women's self-defense.* New York University Press.
Nedelmann, B. (1997). Gewaltsoziologie am Scheideweg. Die Auseinandersetzungen in der gegenwärtigen und Wege der künftigen Gewaltforschung. In T. von Trotha (Hrsg.), *Soziologie der Gewalt. Kölner Zeitschrift für Soziologie und Sozialpsychologie, Sh. 37* (S. 59–85). Westdeutscher Verlag.
Popitz, H. (1992). *Phänomene der Macht* (2., stark erw. Aufl.). Mohr.
Scarry, E. (1987). *The body in pain. The making and unmaking of the World.* Oxford University Press.
Sofsky, W. (1996). *Traktat über die Gewalt.* Fischer.
Spierenburg, P. (2013). *Violence and punishment. Civilizing the body through time.* Polity.
Stewart, P. J., & Strathern, A. (2002). *Violence. Theory and ethnography.* Continuum.
Taylor, C. C. (1999). *Sacrifice as Terror. The Rwandan Genocide of 1994.* Berg.
Trotha, T. von (1997). Zur Soziologie der Gewalt. In T. von Trotha (Hrsg.), *Soziologie der Gewalt. Kölner Zeitschrift für Soziologie und Sozialpsychologie, Sh. 37* (S. 9–56). Westdeutscher Verlag.
Verbeek, B. (2004). *Die Wurzeln der Kriege. Zur Evolution ethnischer und religiöser Konflikte.* Hirzel.
Wacquant, L. J. D. (1995). Pugs at work: Bodily capital and bodily labour among professional boxers. *Body & Society, 1*, 65–93.
Wacquant, L. (2003). *Leben für den Ring. Boxen im amerikanischen Ghetto.* UVK.

# Konsum

Paul Eisewicht

## 1 Sozialtheoretische und gesellschaftsdiagnostische Rahmung des Verhältnisses von Körper und Konsum

*Sozialtheoretische Rahmung: Leibliche Erfahrung und körperliches Tun*
Jedwede Konsumhandlung des Menschen ist an seinen Körper gebunden – durch leibliche Empfindungen moderiert, auf dessen Wahrnehmung hin ausgerichtet und durch diese bedingt (vgl. Paterson, 2006/2018, Kap. 4). Der Ausgang des Konsumierens aus soziologischer Perspektive ist die Wahrnehmung eines irgendwie gearteten Bedürfnisses, welches sich als „Unlustgefühl mit dem Streben, es zu beseitigen" (Kraus, 1894, S. 10) fassen lässt. In der wirtschaftswissenschaftlichen Fassung ist Konsum dagegen lediglich die Verwendung des Einkommens zur Entnahme von Gütern aus dem Markt mit dem Zweck des Verbrauchs (vgl. Hellmann, 2010, S. 179 ff.). Von sozialpsychologischen Perspektiven unterscheidet sich ein soziologisches Verständnis durch die soziale Formierung dieser Bedürfnisse und der damit verbundenen Konsumhandlungen, wie durch die symbolische Bedeutung des Konsums für Andere.

Leibliche Erfahrungen eines Bedürfnisses oder Wunsches stehen am Beginn eines jeden Konsumprozess (zum Konsumprozess vgl. Wiswede, 2000, S. 24). Dies betrifft nicht nur konkrete Vorstellungen, klare Absichten und eindeutige Relevanzen, sondern auch die vage Imagination von Konsum, das Tagträumen über den Besitz bestimmter Produkte und vorentworfene leibliche Erfahrungen des Konsums, die dann im Handlungsvollzug eingeholt werden soll. Und leibliche Erfahrungen, v. a. sinnliche Wahrnehmungen, begleiten diesen Vollzug – vom Spüren der kühlen klimaanlagengeregelten Luft auf unserer Haut beim Betreten einer Mall im Sommer, dem Ertragen oder der

P. Eisewicht (✉)
Dortmund, Deutschland
E-Mail: paul.eisewicht@tu-dortmund.de



R. Gugutzer et al. (Hrsg.), *Handbuch Körpersoziologie 2*,
https://doi.org/10.1007/978-3-658-33298-3_13

Flucht vor einer unangenehm empfundenen Stimme eines Verkäufers, über das Zappeln der Beine und angespannte Warten vor dem Bildschirm beim Ablauf einer Online-Auktion, bis hin zum Glücksgefühl, der Befriedigung und dem Spaß, wenn Konsum gelingt, wenn das gesuchte Produkt gefunden, das Bedürfnis gestillt ist oder wenn Anerkennung Anderer den Besitz, den Ge- und Verbrauch begleitet (oder im Gegenzug, wenn man sich schämt, beschämt und diskreditiert wird für bestimmte Konsumpraktiken oder den Besitz von Produkten).

Zudem sind Konsumhandlungen, mit dem Zweck der Bedürfnisbefriedigung qua Erwerb und Gebrauch von Konsumgütern die von Anderen bereitgestellt werden, nicht nur von leiblichen Empfindungen, sondern auch vom körperlichen Tun – verschiedenen notwendigen Handlungen des Konsumierens begleitet. Von der Wahrnehmung eines Bedürfnisses, dem Einholen von Informationen und Beratung, über den Kauf und Transport, den Gebrauch, die Wartung und Verwahrung, bis zur Entsorgung des Mülls: Konsum ist eine verkörperte, situierte Praktik durch und durch. Dies betrifft auch digitale Räume, die wir körperlich nie betreten, die aber Körperpraktiken erfordern: z. B. die Positionierung und Ausrichtung gegenüber einem Bildschirm, die Bedienung von Eingabegeräten oder aber Kopfbewegungen bei VR-Brillen. Informationen werden eingeholt und erinnert, Freunde um Rat gefragt, Tests in Zeitungen und auf Onlineportalen recherchiert; Verkaufsorte müssen betreten werden, Produkte werden gezeigt, an Ihnen wird gerochen, sie werden betastet, getestet und kritisch beäugt. Digitale Warenkörbe müssen zusammengeklickt, Einkaufswagen befüllt und zur Kasse gefahren werden, Geld muss transferiert (und sei es mit dem Wischen über ein Display) und Waren nach Hause gebracht oder in Empfang genommen werden. Produkte müssen ausgepackt, aufgebaut, hingestellt, angelegt, verpackt, verwahrt, gelagert und entsorgt werden. Dazu gehört aber im Sinne Max Webers Konzeption sozialen Handelns auch dessen Unterlassen und Dulden. Dies betrifft das körperliche Nichtstun, z. B. das Stillhalten des Kopfes beim Frisiert-Werden oder das Warten während Service-Personal Produkte aus dem Lager holt, in Warteschleifen der Telefonhotline oder auf eine Versandbestätigung oder Reklamationsannahme per E-Mail. Es betrifft aber auch den generellen Konsumverzicht, die Einschränkung und das bewusste (Nicht-)Konsumieren (als minimalistischer Konsum bzw. Anti-Consumption). All diese körperlichen Praktiken oder das Unterlassen und das leibliche Erleben dabei (das Warten, die Frustration, das Glück und die Gleichgültigkeit) prägen maßgeblich das, was Konsum kennzeichnet. Umso erstaunlicher ist es, dass in der Konsumsoziologie das Konsumieren als körperliche Praktik und als leibliche Erfahrung weitestgehend abseits der zentralen Forschungsstränge läuft, die stärker auf die symbolische Funktion des Konsums abzielen.

*Gesellschaftsdiagnostische Rahmung: Körper als konsumistische Projekte moderner Lebensführung*

Insofern der Körper als eine „hybride Einheit" (Knoblauch, 2012, S. 109 in Verweis auf Plessner und Douglas) verstanden werden kann, in den gesellschaftliches Wissen eingeschrieben und der durch soziale Prozesse geformt ist, so sind Körper immer auch als Kulturkörper, als von Gesellschaft fortwährend (re)produzierte Körper aufzufassen. Gesellschaftlich zeichnet sich die Moderne dabei durch eine Erzählung der rationalen Steigerung der Beherrschbarkeit von Welt aus. Dies betrifft folgerichtig dann auch die in der Moderne kontrollierte Gestaltung und zunehmende Gestaltbarkeit *von* Körpern – gerade in Rückgriff auf den Konsum körperbezogener Dienstleistungen und Produkte (vgl. Bendelow & Williams, 1998, S. 68). Es betrifft aber auch die rationalisierte Gestaltung von Gütern und Konsumräumen *für* Konsumentenkörper, z. B. durch den Einsatz von Inszenierungstechniken, indem Licht, Ton, Haptik, Duft etc. kontrolliert und zu möglichst absatzförderlichen Zwecken eingesetzt werden. Zygmunt Bauman argumentiert hier für die auch von anderen proklamierte zweite – von ihm als ‚flüssig' konzeptualisierte – Moderne wie folgt:

> „Die treibenden Kräfte der Gestaltung und Überwachung der permanenten Produktion gesellschaftlich anerkannter oder gesellschaftlich geduldeter Körper haben sich unter den Bedingungen der flüssigen Moderne vom Staatskörper zum Markt verlagert." (Bauman, 2012, S. 196 f.)

In ihrer kulturellen Verfasstheit sind moderne Gesellschaften folglich (auch) Konsumgesellschaften (vgl. Schrage, 2009), insofern Konsum zunehmend mehr als Arbeit zum zentralen Ankerpunkt sozialer Identitäten und Zugehörigkeiten wird (vgl. Wustmann / Pfadenhauer zum Lebensstil in diesem Band). Wo – zugespitzt formuliert – in der ersten Moderne primär Arbeit den Körper formt, z. B. der sonnengegerbte, muskulöse Arbeiterkörper infolge schwerer körperlicher Tätigkeit im Freien, bieten nun Sonnenbank und Fitnessstudio die Möglichkeit, den Körper des Computerarbeiters aus dem Büro entsprechend ansprechend zu gestalten. So ist es folgerichtig, dass Konsum maßgeblich unsere Körper formt, dass er konsumistische Möglichkeiten der Körpergestaltung bereitstellt, dass über Konsum aber auch Wissen über Körper und deren Bewertung vermittelt wird, an dem sich diese Möglichkeiten der Körpergestaltung ausrichten. Als Kulturkörper sind Körper auch – und nicht zu geringem Maße – Konsumkörper. Wobei der Konsum dabei im kulturellen Kreislauf (als *circuit of culture* in den Cultural Studies; vgl. Göttlich in diesem Band) in ein wechselseitiges System aus Repräsentation, Identität, Produktion und Regulierung eingebunden ist. Dieser gesellschaftsdiagnostische Wechsel von Arbeitskörpern, deren Formung instrumentellen Zwecken vorrangig körperlicher Arbeit folgt, hin zu Konsumkörpern, die für sich selbst zum Zweck werden, verändert somit auch unser Verhältnis zum Körper und die Rolle (körperbezogenen) Konsums. Dies v. a. durch die Ausweitung sozialer Kontrolle über den Körper und – vormals privater – Körperpraktiken über das Einholen dieser Praktiken in Konsumpraktiken und konsumorientierte Körperdiskurse (vgl. Corrigan, 1997, S. 153 f.).

Dieses veränderte Verhältnis erwächst nicht nur gesteigerten Gestaltungsmöglichkeiten, sondern auch einem Angebot an Konsumgütern ‚im Überfluss' (vgl. Galbraith, 1958; vgl. das von Peter Gross entwickelte Konzept der ‚Multioptionalität') und der zunehmenden Erosion gesellschaftlich geteilter und traditional abgesicherter Orientierungen, welche eine Pluralisierung an Sinnangeboten mit sich führt (vgl.

Beck, 1986, S. 121–160). In der Folge wird das eigene positiv bewertete *Erlebnis* (bei Featherstone, 1982 als *pleasure*) zur zentralen Orientierung, auch und gerade beim Konsum. Angenehme, aufregende, freudige, lustvolle Erfahrung wird damit auch zentraler Marker für angestrebten Privatkonsum in einer auf positive Erlebnisse ausgerichteten Wirtschaft (als „Experience Economy" Pine & Gilmore, 1999). Dergestalt ist der Körper in einer solchen Erlebnisgesellschaft bzw. -wirtschaft doppelt adressiert: als Konsumentinnen- und Konsumentenkörper einerseits, welcher beim Prozess des Konsumierens körperlich-leiblich angesprochen wird, indem notwendige Praktiken bequem und angenehm, aufregend und sinnlich ansprechend gestaltet werden und ein ‚Shoppingerlebnis' inszeniert wird; als konkreter Ort des Konsums andererseits, an welchem Dienstleistungen vollbracht und dem Produkte zugeführt oder diese an ihm angebracht werden.

## 2 Körperbezogener Konsum – eine Heuristik

Gegenüber einer weiten Begrifflichkeit des Verhältnisses von Konsum und Körper (als einer verkörperten Konsumpraktik *und* einem konsumgesellschaftlich geformten Körper) soll es folgend um körperbezogenen Konsum im engeren Sinne gehen. Darunter fallen solch verschiedene Konsumphänomene wie Ernährung (Essen gehen, Kochen, Diäten etc.), Medizin (Arzneimittel, wie auch operative Eingriffe), illegalisierte Substanzen (Drogen, Doping usw.), Prostitution, Sport und Fitness, Bekleidung, Mode und Schmuck, wie auch Kosmetik und Körperpflege oder Körpermodifikationen (wie Tätowierungen, Body Modifications u. ä.), um deren systematische Differenzierung es im Folgenden gehen soll. Grundlegend für diese, wie alle, Konsumphänomene ist dabei, dass Menschen erwarten oder keine andere Möglichkeit sehen als dass ihr subjektiv wahrgenommenes Bedürfnis bzw. ihr Wunsch durch den Erwerb von Konsumgütern hinreichend befriedigt wird. Etwas weiter differenziert ist der Konsumanteil dabei verschieden verteilt, je nach Form des Konsums. Er kann gering ausgeprägt sein, beim Kochen und Zubereiten von selbstangebauten Nahrungsmitteln, was aber typischerweise auch den Erwerb von Samen, Garten- und Kochwerkzeug etc. voraussetzt. Oder er kann hoch ausgeprägt sein, also Produkte und Dienstleistungen umfassen, wenn wir bspw. mit dem Taxi in ein Restaurant fahren, wo Köche Speisen zubereiten, die uns vom Service-Personal gebracht werden, bevor wir im Hotel übernachten. Konsum ist dabei in jeder Ausprägung als ein vielschichtiger, sozial moderierter Lösungsversuch subjektiv erfahrener Handlungsprobleme zu verstehen, z. B. gut auszusehen, gesund zu sein oder anerkannt zu werden, indem man von anderen produzierte und bereitgestellte Güter erwirbt. Wobei diese Lösungsversuche auch scheitern können und dann Folgeprobleme nach sich ziehen, wenn Produkte fehlerhaft sind oder Erwartungen enttäuscht werden (vgl. Eisewicht, 2015). Körperbezogener Konsum lässt sich in einem ordnenden Zugriff nach der Art des Konsumguts, der zentralen Motivlage, dem Bezug zum Körper und nach der konsumtiven Transformation des Körpers differenzieren.

*Konsumgut: Produkt und Dienstleistung*

Konsumgüter können grundlegend unterteilt werden in Konsumprodukte, also Dinge, die wir von anderen erwerben und die wir gebrauchen, und (im Körperbezug zumeist sog. direkte personenbezogene) Dienstleistungen, also Arbeit, die durch andere Menschen an uns oder für uns geleistet wird. Von Personen oder Organisationen hergestellte und angebotene Produkte werden dem Körper zugeführt, aufgetragen, appliziert, angelegt und befestigt und dabei über kurz oder lang verbraucht (ein Hustenbonbon ist typischerweise schneller verbraucht bzw. nicht mehr gebrauchsfähig als eine Lederjacke). Diese Produkte können dabei von sachbezogenen Dienstleistungen, wie einem Lieferservice, wie auch personenbezogenen Dienstleistungen, etwa einer persönlichen Beratung vor oder Wartungs- und Reparaturservices nach dem Kauf begleitet sein. Dienstleistungen sind gegenüber Produkten flüchtiger, insofern bei ihnen Produktion und Konsumption typischerweise zusammenfallen (uno-actu-Prinzip) und dabei die Mitarbeit des Kunden bzw. der Kundin erforderlich ist (vgl. Weihrich & Dunkel, 2003). Diese Mitarbeit besteht nicht nur darin, dass die Art der Dienstleistungserbringung spezifiziert bzw. während der Erbringung der Dienstleistung durch die dienstleistungsnehmende Person überprüft und ggf. neu verhandelt werden muss. Dies meint z. B., welche Frisur man wünscht, wie stark massiert werden darf, aber auch, ob man während des Frisierens entscheidet, doch noch mehr Haarlänge abzuschneiden. Diese Mitarbeit besteht ferner darin, dass die Körper koordiniert werden müssen (vgl. ebd., S. 765). Dass man z. B. den Kopf neigt, wenn die frisierende Person hinter den Ohren oder im Nacken schneidet, man sich in eine andere Position für die Anwendung bestimmter Massagetechniken begibt oder die Schneiderin oder der Schneider darum bittet, gerade zu stehen, damit Maß genommen werden kann. Dienstleistungen sind dergestalt eine Ko-Produktion von Dienstleistungsgebenden und Dienstleistungsnehmenden. Daher können auch die Leistungen je nach Gestaltung der Kooperationsbeziehung sehr unterschiedlich ausfallen. In direkten personenbezogenen Dienstleistungen ist gerade eigenes Körperwissen und die Mitarbeit mit dem Körper der dienstleistungsnehmenden Person in Abstimmungen mit der oder den dienstleistenden Person(en) erforderlich. Dies betrifft aber nicht nur direkte körperbezogene Dienstleistungen wie Frisieren, Massieren, Kosmetik, Sexarbeit usw. (als *body work* vgl. Gimlin, 2007), sondern auch indirekt personenbezogene Dienstleistungen, wie z. B. die Bedienung in einem Restaurant. Die Differenz zwischen selbst konsumiertem Produkt und von anderen Menschen erbrachter Dienstleistung schlägt sich in verschiedenen Körperbezügen und Ansprüchen an den Konsum nieder und lässt sich zum Beispiel im Vergleich des „Sich schön machen“ (Degele, 2005) und dem „Andere schön machen“ (Liebold, 2020) verfolgen. Sich schön machen beinhaltet, Pflegeprodukte entsprechend der eigenen Bedürfnisse und des eigenen Informationsstandes auszuwählen, aber auch den eigenen Körper entsprechend einzuschätzen, zu kennen und zu bearbeiten. Es erfordert bestimmte Kompetenzen (vgl. zum kompetenten Konsumieren Eisewicht, 2015), nicht nur darin, erfolgreich und zufriedenstellend einzukaufen, sondern auch diese Produkte adäquat anzuwenden. Die Eigenverantwortlichkeit in Auswahl,

Kauf, Gebrauch, Verwahrung und Entsorgung wird in der Dienstleistung an die Dienstleistungsgebenden abgetreten. Dies setzt dann wiederum Vertrauen in die Kompetenzen der dienstleistungsgebenden Person und seitens dieser Vertrauensarbeit voraus. Dieses Vertrauen kann entweder nur soweit reichen, dass die Kompetenzen der dienstleistungsgebenden Person als hinreichend eingeschätzt werden, um die erforderliche, sonst selbst zu leistende Arbeit zur Entlastung und aus Bequemlichkeit auszulagern. Die Erwartung kann aber auch dahin gehen, dass die Dienstleistung die Kompetenzen der Kundin bzw. des Kunden übertreffen, dass die dienstleistungsgebende Person z. B. die Nägel besser feilen kann, dass diese schneller und passendere Kleidung heraussuchen kann oder dass diese bzw. das Personalensemble ein besseres Essen zubereitet als man selbst. Auch wenn Konsum scheitert, stellen sich hier unterschiedliche Folgeprobleme hinsichtlich der Aushandlung dessen, wer wie verantwortlich gemacht werden kann und welche Reparaturleistungen möglich sind (z. B. ob man Wünsche und Bedürfnisse vor dem Frisieren explizit genug formuliert hat).

*Konsummotiv: Bedürfnis und Wunsch*
Konsumsoziologisch relevant ist der Ausgang des Konsumprozesses bei der Bedürfniswahrnehmung. Hieraus lässt sich eine weitere Differenzierung körperbezogenen Konsums ableiten, nämlich danach, ob vorrangig die Beseitigung eines Unlustgefühls (als Defizitbedürfnis oder *need*) oder das Verfolgen eines Begehrens oder Wunsches (als Wachstumsbedürfnis oder *want*) anleitend ist (vgl. Maslow, 1955; in kritischer Zusammenschau vgl. Eisewicht, 2015, S. 15 ff.). Kai-Uwe Hellmann (2010, S. 179 f.) markiert darin den Unterschied zwischen einem Konsum erster und zweiter Ordnung. Der Konsum erster Ordnung ist gekennzeichnet durch physiologische Bedürfnisse, die eine Notwendigkeit für den Menschen darstellen. Konsum zweiter Ordnung als an sekundären Bedürfnissen orientiert reicht dagegen über die Notwendigkeit hinaus und ist „nach oben hin nahezu unbegrenzt und auf ständige Selbstüberbietung angelegt" (ebd.). Während also Defizitbedürfnisse zu dem Zeitpunkt, zu dem das Bedürfnis gestillt ist, befriedigt sind und damit nicht zu weiterem Konsum motivieren, sind Wachstumsbedürfnisse (wie soziale Anerkennung, Freiheit, Selbstverwirklichung etc.) unstillbar und aufgrund der Individualität der Konsumentinnen auch variierender als Defizitbedürfnisse. Als Bedürfnis im Sinne der Beseitigung eines Unlustgefühls sind folglich vor allem Defizitbedürfnisse zu verstehen. Bei Wachstumsbedürfnissen stellt sich vor allem aus soziologischer Perspektive die Frage, inwiefern es sich um Bedürfnisse oder vielmehr um „hochstilisierte Wünsche und Begehren" (ebd., S. 189) handelt. Diese Differenz zwischen einem ‚eigentlichen' Bedarfskonsum und physiologischen Grundnutzen einerseits und einem zunehmenden symbolischen, also demonstrativen (vgl. Veblen, 1899), an sekundären Bedürfnissen und psychologischen Zusatznutzen ausgerichteten Konsum andererseits, hat in der früheren konsumsoziologischen Forschung zunächst zu mehr oder weniger kritischen Diagnosen – durch Autoren wie Thorstein Veblen, David Riesman, Herbert Marcuse, sowie Max Horkheimer und Theodor W. Adorno – geführt. Fasst man Bedürfnisse als Sinnzuschreibung zum inneren Erleben (mitunter

als Wünsche, Begehren, Nutzen), dann erfolgt diese Zuschreibung reflexiv und kulturell vermittelt. Welche Bedürfnisse verfolgt, wie diese befriedigt werden und welche Sinngehalte zugeschrieben, gedeutet und intersubjektiv geltend werden, sind dabei Fragestellungen, die dezidiert auf die soziale Qualität von Konsum und die sozio-historische Prägung von Bedürfnissen abzielen. Dabei wird deutlich, dass ein Konsum erster Ordnung, ein Bedürfnis oder Grundnutzen sich nicht strikt von einem Konsum zweiter Ordnung, einem Wunsch oder Zusatznutzen trennen lässt und beide Bedürfnisformen miteinander verflochten sind (vgl. Baecker, 2006, S. 93 f.).

Für die Körpersoziologie gewendet, bzw. auf körperbezogenen Konsum übertragen, orientiert sich dieser folglich an Motiven der Defizitwahrnehmung einerseits und der Übersteigerung andererseits und oftmals in einer hybriden Motivlage. Genauer bezieht sich die Defizitwahrnehmung typischerweise auf körperliche Defizite, z. B. das Verspüren von Hunger, ein Gefühl des Krankseins oder die Wahrnehmung von Schmerzen, eine Selbstwahrnehmung oder Fremdzuschreibung als körperlich unfit oder dickleibig, die dann konsumtiv dadurch bearbeitet werden kann, Essen zu gehen, Medizin zu nehmen, eine Mitgliedschaft im Fitnessstudio abzuschließen oder ein Fahrrad zu kaufen. Es sind also körperbezogene Unlustgefühle, die dann konsumtiv beseitigt werden. Ebenso beziehen sich Wünsche auf körperliche Optimierungen: nicht nur satt zu sein, sondern zu schlemmen, nicht nur nicht-mehr-dick, sondern fit und trainiert zu sein, nicht nur gesund zu sein, sondern körperlich und kognitiv leistungsfähiger und schöner. Diese konsumsoziologische Differenz trifft sich vergleichbar auch in medizinsoziologischen Diskursen, wenn Medikamente und Eingriffe zwischen therapeutischem Zugriff – einer Wiederherstellung von Gesundheit, bzw. eines ‚normalen' Körpers; also der Bearbeitung eines veranschlagten Defizits – und optimierender Verbesserung bzw. Enhancement – also einer Steigerung körperlicher, kognitiver Fähigkeiten oder der Herstellung von Schönheit durch chirurgische Eingriffe; also der Wunscherfüllung und Übersteigerung des Gegebenen – diskutiert werden (zur Differenz vgl. Juengst, 2009).

Die Wahrnehmung von Defiziten oder körperbezogener Wunschvorstellungen ist dabei – wie erwähnt – kulturell vermittelt. Das heißt, Körperbilder normaler und devianter, angestrebter und zu vermeidender, schöner und stigmatisierter, erfolgreicher und scheiternder Körper sind uns typischerweise irgendwie vermittelt, in einer Konsumgesellschaft nicht selten über Konsumgüter und deren mediale Bewerbung (vgl. Corrigan, 1997, S. 157), weshalb sich ein breiter Forschungsstand zum Verhältnis von Körperwahrnehmung und Körperdarstellungen in den Medien und der Werbung findet, wobei ein besonderes Augenmerk hier auf der Inszenierung von Geschlecht liegt (vgl. Goffman, 1976; Mills et al., 2017). Körper werden in der Werbung einerseits defizitär dargestellt, wobei dieses Defizit konsumtiv behoben werden kann. So typischerweise das Versprechen, die Probleme verdreckter Wäsche, unreiner Haut, diverser Schmerzen etc. zu beheben, bzw. Defizitbedürfnisse zu stillen. Ferner werden Körper als konsumtiv verbesserungsfähig und als Weg zur Selbstverwirklichung inszeniert, wobei diese Übersteigerung ebenfalls durch diverse Konsumgüter bewerkstelligt werden kann: Wäsche die ‚nicht nur sauber sondern rein' ist, eine sinnlich betörende, begehrenswerte Erscheinung dank Parfum, ein selbstsicheres Auftreten dank Mentholkaugummi, gute Laune dank sicher sitzender Slipeinlage oder das Herz der begehrten Person, das mit einem Schokoriegel gewonnen wird (kurzum auf Wachstumsbedürfnisse ausgerichtete Werbung). Die Leistungen des Konsumgutes, entsprechend veranschlagte Bedürfnisse und Wünsche adäquat zu erfüllen, werden dabei häufig über diverse Experten moderiert, die in der Werbung eingesetzt werden (vgl. Corrigan, 1997, S. 154). Zahnärztinnen, Schokoladenmeister, Influencer und andere Varianten der Figur des Experten sind – und diese Differenz zwischen Expertise und Alltagswissen ist kennzeichnend für eine arbeitsteilig organisierte und darin Wissensbestände disparat verteilende Moderne – relevante Vermittler zwischen gesellschaftlichen Wissen und individueller (Konsum-)Orientierung und dienen daher auch in der Werbung und darüber hinaus als Quellen notwendigen Orientierungswissens und legitimierter Konsumpraktiken.

*Körperbezug: Erfahrung und Darstellung*
In den Produkten und Dienstleistungen und den damit verfolgten Bedürfnissen und Begehren spiegelt sich dabei ein doppelter Körperbezug, welcher die dritte Unterscheidungsebene markiert. Denn dieser Körperbezug kann unterschieden werden in Konsumerfahrungen *durch* den Körper und Konsumdarstellungen *am* Körper (vgl. als Differenz zwischen *experience of pleasure* und *display of pleasure* Featherstone, 1982; als *internal* und *external body* Turner, 2008, S. 40). Hier findet sich die Differenz zwischen Leib sein und Körper haben (zu Plessner vgl. Lindemann in diesem Band), insofern Konsum auf leibliche Erfahrungen oder auf Körperdarstellungen abzielt (und beides wenn auch idealtypisch getrennt, doch stets miteinander verschränkt ist).

Konsum durch den Körper bzw. konsumistisch vermittelte leibliche Erfahrungen zielen auf das Beseitigen von leiblichen Unlustgefühlen und das positive Erleben ab. Sie beziehen sich daher auf ein inneres Erleben. Das Beseitigen von Unlustgefühlen kann z. B. das Stillen von Durst und Hunger betreffen oder Substanzen um wach zu werden bzw. zu bleiben oder einschlafen zu können, vom Kaffee am Morgen oder dem Abendtee hin zu Medikamenten und illegalisierten Substanzen. Mit Blick auf das positive Erleben kann es sich dabei um Genussmittel, um wahrnehmungsverändernde Substanzen, um körperliche Aktivitäten, wie Spiel und Sport (vgl. Alkemeyer sowie Gugutzer in diesem Band) oder auch sexuelle Dienstleistungen handeln. Essen, Medikamente, Drogen, Sport und Sexdienstleistungen sind Themenbereiche die sich dem leiblich ausgerichteten Konsum zuordnen lassen, d. h., bei dem die Konsumerfahrung als Stillen eines Bedürfnisses oder Erfüllen eines Begehrens maßgeblich durch die Erfahrung durch den leiblichen Körper bedingt ist. Biologische körperliche Prozesse (Toleranzen *für* und Unverträglichkeiten *von* stofflichen Bestandteilen des Produktes, biochemische Zustände oder muskuläre Belastbarkeiten usw.) sind hier maßgeblich für das Erlebnis – auch wenn sie in der Zusammenschau des subjektiven Erlebens und der Erfahrung sozial überformt sind und sich davon nicht trennen lassen. Sie ‚drücken' sich jedoch stärker dem Bewusstsein beim Gelingen, wie auch beim Scheitern, auf – z. B., wenn Essen verdorben ist oder körperliche Ermüdungserscheinungen das Handeln erschweren und wir uns durch Erbrechen oder körperliches Zusammenbrechen den Folgen dieser körperlich-biologischen Prozesse nicht mehr entziehen können.

Auf der anderen Seite kann davon die Körperdarstellung differenziert werden (als „display of pleasure" Featherstone, 1982 oder als „body appearance work" Gimlin, 2007, S. 355). Hier steht weniger die leibliche Erfahrung im Vordergrund, als der Einsatz des Körpers im sozialen Raum zur Identitätsdarstellung und Distinktion bzw. als Ressource für soziale Anerkennung. Leibliches Wohlbefinden und eine angestrebte Körperdarstellung können dabei durchaus auseinanderfallen, wenn z. B. zu enge Schuhe, kratzige Pullover getragen oder schmerzhafte, unangenehme Pflegepraktiken genutzt werden, die jedoch von Anderen von außen in Betrachtung und Bewertung des Körpers und seiner Erscheinung soziale Anerkennung finden. In der Literatur wird dies oft mit gesellschaftlichen Ansprüchen verknüpft, dass in der Moderne in zunehmender Eigenverantwortlichkeit auch die eigene Erscheinung kontrolliert werden müsse (als „marketed self" Asekegaard et al., 2002, S. 795). Die Orientierung an der leiblichen Erfahrung und der öffentlichen Körperdarstellung können aber auch zusammenfallen. Mike Featherstone (1982) veranschaulicht dies am Trinken im Pub, wobei das leibliche Wohlempfinden (bis hin zum alkoholinduzierten Rausch) mit dem Sehen und Gesehen werden im Lokal zusammenfällt. In der zunehmenden Transformation ‚intimer' Lokale zu größeren und auf Sichtbarkeit ausgelegten Örtlichkeiten wird hier eine zunehmende Betonung der Körperdarstellung veranschlagt (vgl. auch Corrigan, 1997, S. 156 ff.). Deutlich wird dies, wenn man z. B. traditionelle Wiener Kaffeehäuser, die von außen kaum einsehbar sind, mit heutigen Kaffeeläden mit meist großer Glasfront vergleicht. Peter Corrigan (1997, S. 143 f.) sieht dieses Sichtbarmachen füreinander in der Konsumgesellschaft auch in der Gestaltung von Großstädten, in der Anlage großer Plätze und breiter Boulevards und der dazu korrespondierenden Sozialfigur des Flaneurs.

Diese Entwicklung korrespondiert mit konsumsoziologischen Diagnosen des Wandels von einem innengeleiteten Handeln zu einem außengeleiteten – also an der Zustimmung und Ablehnung Anderer – (Konsum-)Handeln (vgl. Riesman, 1950) und der damit gesteigerten Bedeutung der Körperdarstellung. Das konsumistische Paradebeispiel hierfür findet sich in der hohen gesellschaftlichen Bedeutung als modisch bewerteter Bekleidung (vgl. Entwistle, 2000), auch – oder gerade weil – hier die leibliche Erfahrung des Tragens von Kleidung, z. B. gut sitzender Schnitte oder hautschmeichelnder Stoffe, in der Literatur unterbelichtet bleibt. Körper sind in der modernen Gesellschaft selten unbekleidet. Der sozial akzeptable Körper ist der – typischerweise in Konsumprodukte – gekleidete Körper. Dies auch dort, wo viel nackte Haut gezeigt wird, wie bspw. in Bademoden am Strand oder in erotischer Unterwäsche im Schlafzimmer. Auch kann die Bekleidung dazu dienen, unvorteilhaft empfundene Körperstellen zu kaschieren oder einen attraktiven, fitten, begehrenswerten Körper zu präsentieren. Körperdarstellungen qua Konsum müssen aber nicht auf die visuelle Wahrnehmung begrenzt sein, sondern umfassen alle Sinne, z. B. Düfte für eine olfaktorisch ansprechende Präsenz oder Handcremes für eine haptisch angenehme Berührung.

*Körpertransformation: Disziplin und Transgression*
In der Nutzung von Dienstleistungen und Produkten zum Stillen von Bedürfnissen und der Erfüllung von Wünschen über die Ausrichtung an einer subjektiven Körpererfahrung oder einer Körperdarstellung im sozialen Raum werden Körper dabei durch den Konsum auch verändert und transformiert. Im Zentrum der konsum- und körpersoziologischen Verhandlungen steht dabei häufig eine Transformation durch Körperdisziplinierung (vgl. Corrigan, 1997; Turner, 2008; zumeist in Verweis auf Michel Foucault). Das heißt, Konsumprodukte und Dienstleistungen unterwerfen den Körper einer Kontrolle, infolge dessen dieser gleichsam in seine sozialen Schranken verwiesen und dadurch zu einem sozial akzeptablen Körper wird. In der Anpassung des Körpers an äußere Umstände bzw. durch Konsumobjekte werden Körper erwartbar bzw. typisiert adressierbar in dem, wie sie erscheinen und was sie tun können (vgl. Bendelow & Williams, 1998, S. 63), z. B. durch die Konstruktion von Konfektionsgrößen in der Bekleidung, in die Körper dann einsortiert und an denen Körper ausgerichtet werden. Dies meint nicht nur eine körperliche Kontrolle der eigenen Erscheinung und des Verhaltens, sondern auch ein Zurückhalten und Zivilisieren leiblich wahrgenommener Leidenschaften und Begehren. Ernährungsdiäten, Sportaktivitäten, Körperhygiene und -pflege zählen hierunter, da sie den Körper entsprechend gesellschaftlicher und individueller Vorstellungen regulieren und hier Defizite, also den fetten, dreckigen, stinkenden Körper, in einen sozialen ‚Normalzustand' bringen oder Wachstumsbedürfnisse, wie den fitten, attraktiven, schönen Körper, erreichbar machen. Dabei kann es sich um Disziplinierungen handeln, die ein leibliches Wohlbefinden adressieren, wie solche, die eine entsprechend gelungene Körperdarstellung und -performanz ermöglichen. Und sie können eigenverantwortlich unter Rückgriff auf Produkte, wie Ernährungsratgeberliteratur oder Fitnessgeräte, oder aber in Inanspruchnahme entsprechender Dienstleistungen, etwa Fitnesstrainer oder Diätassistentinnen, erfolgen.

Auf der anderen Seite steht weniger eine den Körper zurückhaltende, disziplinierende, einschränkende Transformation, als vielmehr eine – seltener thematisierte – den Körper entfesselnde, diesen überschreitende und leiblich-körperlich exzessive Transformation (als Differenz zwischen *discipline* und *transgression* bzw. *bodily restraint* und *excess* Patterson, 2006, S. 109 ff.; vgl. Corrigan, 1997, S. 156). Hier wird – typischerweise in freizeitlichen Räumen einer Außeralltäglichkeit – Kontrolle verringert, z. B. im Rahmen eines Festes oder Events. Das heißt, auch im Fallenlassen von Kontrolle, dem Verfolgen eigenen Begehrens und dem körperlichen Ausleben bewegen sich Körper typischerweise in sozial ‚abgesteckten', kontrollierten Rahmen, in denen diese Überschreitungen verantwortet werden. So ist z. B. das Essen mit Fingern von einer gemeinsamen Platte ein Regress von zivilisatorischen Disziplinierungen des Essens mit Besteck von einem je eigenen Teller, ohne dass dadurch zentrale Normen einer Tischkultur aufgegeben (nur eben zeitweise eingeklammert und suspendiert) werden. Typischerweise fallen hierunter Formen übermäßigen Konsums, z. B. von Rauschmitteln, Essen, Trinken, Sex u. ä., aber auch Konsumpraktiken jenseits jeder Notwendigkeit, z. B. des Hortens, des Luxus und eines veranschlagten ‚Kaufrausches'. In der Überkreuzung der Dimensionen kann diese Transgression nicht nur die Verfolgung von Wünschen, sondern auch das Stillen eines individuellen Defizitbedürfnisses meinen, z. B. bei zwanghaftem Horten von Konsumgütern aufgrund der Vermeidung eines als unangenehm empfundenen Entsorgens von Gütern. Dabei geht es aber nicht nur um leibliche Erfahrungen dieser Überschreitung sozial normierter und körperlich notwendiger Dosierungen bis an und über die Grenzen körperlicher Erträglichkeit, sondern auch um die Darstellung des Exzesses als Form sozialer Statusanzeige eines distinktiven Sich-Leisten-Könnens. Konsumistische Übertreibungen markieren demzufolge immer auch soziale Orientierungen und Grenzen.

In der Zusammenschau verschiedener konsum- und körpersoziologischer Arbeiten lassen sich so vier Dimensionen miteinander verwobener und ineinander verschränkter, d. h. fluider Unterscheidungen körperbezogenen Konsums rekonstruieren, welche die Vielfalt des Feldes ordnen (vgl. Abb. 1). Dabei sollte deutlich geworden sein, dass die Unterscheidungen je unterschiedliche Adressierungen und Verhandlungen von Körpern und Körperlichkeit mit sich führen.

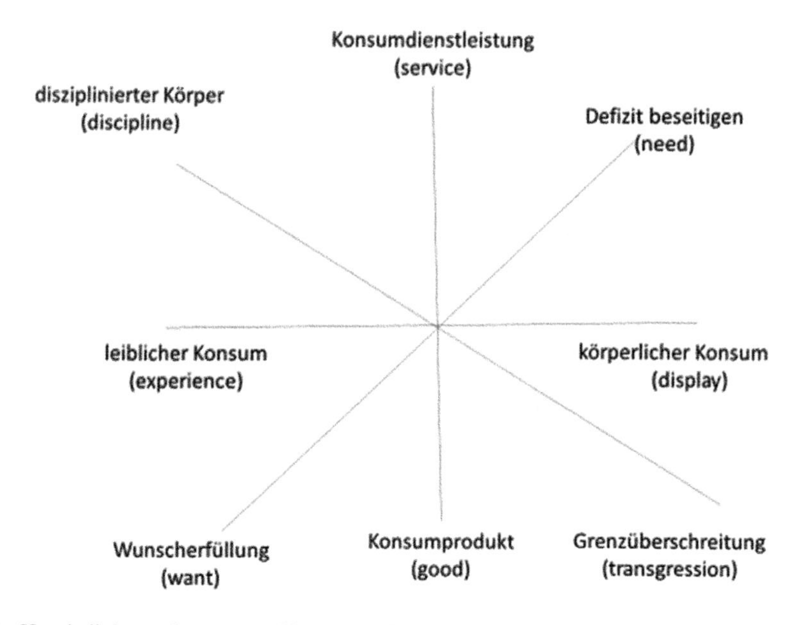


**Abb. 1** Heuristik körperbezogenen Konsums. (Eigene Darstellung)

## 3 Das Potential Körperbezogenen Konsums

Die nähere Betrachtung körperbezogenen Konsums ist für die Körper-, wie auch die Konsumsoziologie, durchaus lohnenswert, da sich in der Schnittmenge ein Erkenntnispotential verbirgt, das in beide Richtungen noch unausgeschöpft ist. Das zeigt sich bereits daran, dass in jeweiligen konsum- und körpersoziologischen Einführungen auf den jeweils anderen Aspekt äußerst selten verwiesen wird (vgl. aber die hervorgehobenen Angaben im Literaturverzeichnis). So ist in der Körpersoziologie – soweit so eine Verallgemeinerung überhaupt tragfähig ist, zumindest aber im Überblick einschlägiger Werke und Einführungen – der Aspekt, dass Körper und Körperbezüge maßgeblich konsumistisch vermittelt sind, eher randständig. Dies meint, wie eingangs dargestellt, nicht einfach nur, dass Dinge und Dienstleistungen erworben werden, sondern auch dass die Bewertung von Dingen und Körperpraktiken und die generellen und speziellen Körperorientierungen in konsumistische Weltverhältnisse (moderiert durch Lebensstile, posttraditionale Zugehörigkeiten etc.) eingebettet sind. Und dieser konsumistische Weltbezug meint nicht nur den bloßen Kaufakt als Erwerb von Gütern, sondern auch die Formierung von Bedürfnissen in Selbstreflektion und in Beobachtung der äußeren Welt durch Medien, Werbung usw., das Einholen von Informationen und dergleichen.

Im Gegenzug liegt in der Konsumsoziologie ein Schwerpunkt auf der symbolischen Funktion des Konsums als Marker von Identität bzw. Anzeige eines sozialen Status. Gerade hinsichtlich der Verhandlung sozialer Milieu- und Klassenzugehörigkeiten qua Konsum wäre es lohnend zu diskutieren, ob Körperpraktiken des Konsumierens nicht an Bedeutung zunehmen, wenn, wie vieler Orts veranschlagt wird, in einer massenproduzierenden und damit massenkonsumierenden Gesellschaft viele Güter ihren klaren distinktiven Wert und ihren Zweck der symbolischen Statusanzeige mittels des bloßen Besitzes verlieren (vgl. Jarness, 2015). Wenn also statt des Besitzes dessen distinktiver und darin distinktionskompetenter Gebrauch in den Fokus rückt, dann müsste sich eine entsprechend sensible Konsumsoziologie stärker körpersoziologischen Fragen des Konsums widmen. Körpersoziologisch (und hier v. a. im weiteren Sinne phänomenologisch; vgl. Crossley in diesem Band) informiert zeigt sich darin, wie in allen Phasen des Konsums Körperpraktiken und leibliche Erfahrungen maßgeblich prägend, aber in der Konsumsoziologie weitestgehend noch ausgeblendet sind.

## Literatur

Askegaard, S., Gertsen, M. C., & Langer, R. (2002). The body consumed. *Psychology & Marketing, 19*(10), 793–812.

Baecker, D. (2006). *Wirtschaftssoziologie*. Transcript.

Bauman, Z. (2012). Politischer Körper und Staatskörper in der flüssig-modernen Konsumentengesellschaft. In M. Schröer (Hrsg.), *Soziologie des Körpers* (S. 189–214). Suhrkamp.

Beck, U. (1986). *Risikogesellschaft*. Suhrkamp.

Bendelow, G. A., & Williams, S. J. (1998). Chapter 4 the body in 'high' modernity and consumer culture. In G. A. Bendelow & S. J. Williams (Hrsg.), *The lived body*. Routledge.

Corrigan, P. (1997). Chapter 10 the body. In P. Corrigan (Hrsg.), *The sociology of consumption*. Sage.

Degele, N. (2005). *Sich schön machen*. Springer VS.

Eisewicht, P. (2015). *Die Kunst des Reklamierens*. Springer VS.

Entwistle, J. (2000). *The fashioned body*. Polity.

Featherstone, M. (1982). The body in consumer culture. *Theory, Culture, and Society, 1*, 18–33.

Galbraith, J. K. (1958). *The affluent society*. Houghton Mifflin.

Gimlin, D. (2007). What is body work? A review of the literature. *Sociology Compass, 1*(1), 353–370.

Goffman, E. (1976). *Gender advertisements*. The Society for the Anthropology of Visual Communication.

Hellmann, K.-U. (2010). Konsumsoziologie. In G. Kneer & M. Schroer (Hrsg.), *Handbuch Spezielle Soziologien* (S. 179–195). Springer VS.

Jarness, V. (2015). Modes of consumption. *Poetics, 53*, 65–79.

Juengst, E. T. (2009). Was bedeutet Enhancement? In B. Schöne-Seifert & D. Talbot (Hrsg.), *Enhancement. Die ethische Debatte* (S. 25–46). mentis.

Knoblauch, H. (2012). Kulturkörper. In M. Schröer (Hrsg.), *Soziologie des Körpers* (S. 92–113). Suhrkamp.

Kraus, O. (1894). *Das Bedürfnis. Ein Beitrag zur beschreibenden Psychologie*. Verlag von Wilhelm Friedrich.

Liebold, R. (2020). Andere schön machen – Arbeit am Körper als Dienstleistung und Erwerbsarbeit. DFG-Projekt 2016–2020. https://gepris.dfg.de/gepris/projekt/322152234. Zugegriffen: 24.06.2021.

Maslow, A. H. (1955). Deficiency motivation and growth motivation. In J. R. Marshall (Hrsg.), *Nebraska symposium on motivation* (S. 1–30). Lincoln.

Mills, J. S., Shannon, A., & Hogue, J. (2017). Beauty, body image, and the media. In M. P. Levine (Hrsg.), *Perception of beauty* (S. 145–157). IntechOpen.

Paterson, M. (2006/2018). Chapter 4 bodyshopping. In M. Paterson (Hrsg.), *Consumption and everyday life*. Routledge.

Pine, B. J., & Gilmore, J. H. (1999). *The experience economy*. Harvard Business Review Press.

Riesman, D. (1950). *The lonely crowd*. Yale University Press.

Schrage, D. (2009). *Die Verfügbarkeit der Dinge*. Campus.

Turner, B. S. (2008). *The body and society*. Sage.

Veblen, T. (1899). *Theory of the leisure class*. Macmillan.

Weihrich, M., & Dunkel, W. (2003). Abstimmungsprobleme in Dienstleistungsbeziehungen. *Kölner Zeitschrift Für Soziologie Und Sozialpsychologie, 55*(4), 758–781.

Wiswede, G. (2000). Konsumsoziologie – eine vergessene Disziplin. In D. Rosenkranz & N. F. Schneider (Hrsg.), *Konsum* (S. 23–72). Leske + Budrich.

# Kunst

Gabriele Klein

Tanz, Theater, Body-Art, Aktionskunst oder Performance Kunst – es gibt eine Anzahl von Kunstgenres, in denen die Verbindung zum Körper des Akteurs eindeutig ist: Der Körper bewegt sich, er tut etwas, er spielt, performt, tanzt, wird ausgestellt. Weniger eindeutig aber ebenso körpersoziologisch interessant ist es, wenn Körperorgane im Mittelpunkt stehen wie die Stimme des Sängers oder die Hand des Malers oder wenn es um Verkörperungen geht wie die Körperlichkeit der Skulptur oder die Materialität der Schrift und eines Gemäldes oder auch wenn technische Medien Körper in Szene setzen wie die Fotografie oder der Film. ‚Körper' taucht also in den Künsten in vielfältiger Weise auf und kann mit unterschiedlichen Konzepten wie Verkörperung, Embodiment, Verleiblichung/Inkorporierung, Materialisierung oder Medialisierung gefasst werden.

Was macht Kunst für die Soziologie und insbesondere für die Körpersoziologie interessant? Und: Wie ist in der Kunstsoziologie ‚Körper' thematisiert? Diesen Fragen geht der vorliegende Text nach. Das erste Kapitel liefert einen Überblick über die Themenfelder der Kunstsoziologie. Dann werden, der historischen Genese folgend, skizzenhaft Ansätze einer Soziologie der Kunst vorgestellt und auf ihre körpersoziologischen Anknüpfungspunkte hin befragt. Das dritte Kapitel ändert die Blickrichtung, indem es Themenfelder versammelt, die zeigen, dass und wie körpersoziologische Zugänge mit aktuellen kunstsoziologischen Forschungsfeldern verbunden sind.

G. Klein (✉)
Hamburg, Deutschland
E-Mail: gabriele.klein@uni-hamburg.de



R. Gugutzer et al. (Hrsg.), *Handbuch Körpersoziologie 2*,
https://doi.org/10.1007/978-3-658-33298-3_14

## 1 Themenfelder der Kunstsoziologie

Der Begriff Kunst bezieht sich seit der Aufklärung vor allem auf die Ausdrucksformen der „Schönen Künste", zu denen die Bildende Kunst mit den klassischen Gattungen Malerei und Grafik, Bildhauerei und Architektur gehören, die Musik mit den Sparten Komposition und Interpretation in Vokal- und Instrumentalmusik, die Literatur mit den Gattungen Epik, Dramatik, Lyrik und Essayistik sowie die Darstellende Kunst mit den Hauptsparten Oper, Theater und Tanz. Mit den technischen Medien treten zu Beginn der ästhetischen Moderne um die Wende zum 20. Jahrhundert Fotografie sowie Film und Hörfunk, seit Mitte des 20. Jahrhunderts das Fernsehen und seit den 1980ern das Internet hinzu. Seit den 1960er Jahren lösen sich die klassische Einteilung in Kunstgattungen durch intermediale Genres wie Installationskunst, Performancekunst oder Medienkunst und Design sowie die strikten Grenzen zwischen Kunst und Alltag (durch eine Ästhetisierung und Theatralisierung des Alltäglichen einerseits und eine Öffnung des Kunstraums andererseits), zwischen hoher Kunst und Populärkultur (z. B. in Graffiti, Mode, Musik) auf. Die noch in den 1960er Jahren avantgardistische Forderung einer Verbindung von Kunst und Leben, die einerseits neue, den Körper in den Mittelpunkt stellende Kunstgenres (Body- und Performance Art) hervorbringen und andererseits eine Ästhetisierung des Alltags provozieren, wird in den 1990er Jahren zur sozialen Leitmetapher und mit ihr Kreativität zum Dispositiv einer neoliberalen Gesellschaft (Reckwitz, 2012).

Anders als dieser weite, alle Kunstgattungen und -genres umfassende Begriff der Kunst nahelegt, konzentrieren sich kunstsoziologische Theorieansätze vor allem auf Bildende Kunst, Literatur und Musik. Nahezu alle Soziologen der „ersten Stunde" haben den hohen gesellschaftlichen Stellenwert der Kunst anerkannt und sie zum Thema ihrer Gesellschaftsanalysen gemacht. Dieser Status in der soziologischen Theorie ist der Kunst im Laufe des 20. Jahrhunderts abhanden gekommen. Heute wird Kunstsoziologie vor allem im deutschsprachigen Raum, in dem sie eine viel geringere Rolle spielt als beispielsweise in Frankreich oder in den angelsächsischen Ländern, allenfalls als eine ‚Bindestrichsoziologie' angesehen. Sie ist – wie in der Deutschen Gesellschaft für Soziologie – nicht als eigene Sektion institutionell verankert, sondern hat sich hier als ein Arbeitskreis „Soziologie der Künste" innerhalb der Sektion Kultursoziologie etabliert.

Die kunstsoziologischen Ansätze basieren auf einer jahrhundertealten Tradition, die weit bis in die Antike reicht. Sie haben durch die Aufklärung in der Moderne eine neue Farbe bekommen, indem die gesellschaftliche Funktion der Kunst neu bestimmt wurde: Während die einen (z. B. Gellert, Sulzer) der Kunst eine ethisch-sittliche Funktion zusprechen, begreifen andere die Kunst, in Anlehnung an die englische und französische Aufklärung, als „Ort sinnlicher Erkenntnis" (Baumgarten), als „sinnlichen Ausdruck des historisch gewordenen Lebens der Völker" (Goethe), als „Bild des Lebens" (Goethe), als „Wissen in Form des Sinnlichen" (Hegel) oder als „Privileg bevorzugter Geister" (Herder). Mit der durch Kant motivierten Lesart von Ästhetik als Theorie der Kunst, aber auch und vor allem als Theorie sinnlicher Wahrnehmung (Baumgarten) sind die Fundamente einer soziologischen Betrachtung der Kunst gelegt, die vor allem in einer Auseinandersetzung mit der gesellschaftlichen Funktion und sozialen Rolle der Kunst münden. Seit den 1980er Jahren weitet sich die ästhetische Debatte in den Sozialwissenschaften – aber auch in den neu begründeten Kulturwissenschaften – auf die mit der „Postmoderne" einhergehenden Phänomene einer Ästhetisierung der Alltagswelt aus.

Die Schwerpunktthemen, mit denen sich eine Soziologie der Kunst befasst, sind vor allem:

- Das Verhältnis von Kunst und Gesellschaft,
- Der soziale, kulturelle, ökonomische und politische Kontext der Kunst,
- Kunst als gesellschaftliches Feld, als Institution oder als System,
- Die Produktion, Distribution, Rezeption und Interpretation eines Kunstwerkes,
- Der soziale Status des Künstlers/der Künstlerin,
- Der Kunstmarkt.

Diese Themenschwerpunkte werden im Folgenden an ausgewählten Theorieansätzen, die in historischer Abfolge dargestellt sind, veranschaulicht. Es wird sichtbar werden, dass körpersoziologische Aspekte in der kunstsoziologischen Diskussion zwar über die Frage des Sinnlichen und der Wahrnehmung (Göbel & Prinz, 2015) eine Rolle spielen, aber erst explizit werden, nachdem in den 1960er Jahren die Kunst selbst einen „body turn" (Gugutzer, 2006) erfährt.

## 2 Kunstsoziologische Ansätze

Ende der 1970er Jahre veröffentlicht Alphons Silbermann (1909–2000) die Anthologie „Klassiker der Kunstsoziologie" (Silbermann, 1979). Hier klassifiziert er Pierre-Joseph Proudhon (1809–1865), Hippolyte Taine (1828–1893) und Jean-Marie Guyau (1854–1888) als die ersten Kunstsoziologen, deren Texte dann auch in den 1980er Jahren in der gleichnamigen Reihe wieder aufgelegt werden. Angelehnt an die im 19. Jahrhundert wichtig gewordene „Kunstkritik", wie sie u. a. Charles Baudelaire betrieb, behaupten diese Autoren – interessanterweise und paradoxal zu der L'art pour l'art, die die damalige Kunstwelt bestimmt – eine starke Beziehung zwischen Kunst und Gesellschaft. Sie bestimmen das Verhältnis normativ, indem sie der Kunst bestimmte Aufgaben und Funktionen in der Gesellschaft zuweisen: Guyau beschreibt entsprechend Kunst als ein „Phänomen der „Soziabilität" und als einen „sozialen Wert an sich" (Guyau, 1987, S. 192); Proudhon weist der Kunst die Aufgabe „der *physischen* und moralischen Vervollkommnung unserer Gattung" zu (Proudhon, 1988, S. 98; Hervorhebung durch GK), während Taine darauf aufmerksam macht, dass „das Milieu" die Art des Kunstwerkes bestimme (Taine, 1987, S. 56).

**Anfänge der Soziologie: Kunstsoziologie und Gesellschaftsanalyse**

Auch die „Urväter" der Soziologie beschäftigen sich mit Kunst, wenn auch nicht in erster Linie. Für Auguste Comte (1798–1857), der den Begriff ‚Soziologie' einführt, hat Kunst positive Auswirkung auf die Gesellschaft und gesellschaftliche Entwicklung. Ähnlich wie Karl Marx (1818–1883) und Friedrich Engels (1820–1895) sieht auch er alltägliche Tätigkeiten als Grundlage künstlerischer Tätigkeiten an – und damit sind die Fundamente für eine Körpertheorie der Kunst gelegt. Marx und Engels, deren vereinzelte kunsttheoretische Texte in der Aufsatzsammlung „Über Kunst und Literatur" zusammengefasst sind, machen zuvor darauf aufmerksam, dass diese praktischen Tätigkeiten – wie essen, schlafen, arbeiten – nicht nur körperliche Tätigkeiten sind und die materielle Basis der Kunstproduktion darstellen, sondern auch grundlegend die Beziehung zwischen Klassenverhältnissen und Überbau, Arbeit und Kunst bestimmen. Sie haben damit den Weg für Themen bereitet, die bis heute in kunsttheoretischen und kunstsoziologischen Ansätzen eine zentrale Rolle spielen: Die Beziehung von Produktionsverhältnissen und Kunstproduktion sowie ihre klassenspezifische Perzeption, die Marktförmigkeit des Kunstmarktes und der Warencharakter der Kunst.

Auf letzteren Aspekt setzt Thorsten Veblen (1857–1929), wenn er in seiner Studie „Theorie der feinen Leute" (1899) den bewusst eingesetzten „Geltungskonsum" der oberen Schichten thematisiert, zu dem auch der Kunstkonsum zählt. Damit positioniert er sich in Opposition zu Marx und Engels (und später Bourdieu), die davon ausgehen, dass Klassenverhältnisse durch u. A. Kunstkonsum und den entsprechenden, als „natürlich" etikettierten Geschmack, der (bei Bourdieu) als klassenspezifischer ästhetischer Ausdruck inkorporierter gesellschaftlicher Verhältnisse angesehen wird, verschleiert werden.

Als sich mit Émile Durkheim (1858–1917) die Soziologie an den Universitäten etabliert, wird Kunst zu einem „fait social". Damit ist auch der Weg bereitet, Kunst als soziologischen Forschungsgegenstand zu begreifen und eine „Soziologie der Kunst" zu etablieren. Während sich Durkheim nicht explizit mit Kunst beschäftigt, entwickelt sein ‚Gegenspieler' Gabriel Tarde, bzw. Gabriel de Tarde (1843–1904), dessen Schriften durch den Einfluss der Durkheim-Schule verdrängt und erst wieder durch Gilles Deleuze und Félix Guattari sowie Bruno Latour wiederentdeckt werden, eine Soziologie der Nachahmung (Tarde, 2003). Diese Schrift, 1890 erstmals publiziert, thematisiert psychologisch motivierte Wechselbeziehungen zwischen Individuen. Tarde versteht unter Nachahmen nicht einen bewussten Vorgang oder das Imitieren eines Vorbildes, sondern die Vervielfältigung des Lebens. Was ist, kopiert sich, verdoppelt, vervielfacht sich. Nachahmungen verlaufen Tarde zufolge gemeinhin von einem Inneren zu einem Äußeren, d. h. zuerst ändern sich innere Einstellungen der Nachahmenden, erst später wandeln sich auch ihre Äußerungen in Riten, Moden und Werken. Damit entwickelt Tarde eine Theorie der vorrationalen, leidenschaftlichen, affektiven sozialen Energien bzw. Kräfte. Er betont die kollektiven und pluralistischen Aspekte eines jeden gesellschaftlichen Zusammenhangs, der für ihn vor allem auf Nachahmung und Wiederholung beruht, also auch die Kunst. Neben den überindividuell-energetischen Dimensionen seiner Soziologie sind auch seine Ausführungen über die „ästhetischen Menschenmengen" (foules esthétiques) aufschlussreich für eine Körpersoziologie. Diese entstehen dann, wenn künstlerische Werke diskutiert werden. Tarde charakterisiert sie als intolerant, willkürlich und dem subjektiven Geschmack unterworfen.

Max Weber (1864–1920) wiederum wendet sich musiksoziologischen Überlegungen zu, indem er die Frage der historischen Genese der Musik, insbesondere der Tonsysteme, mit dem Prozess der gesellschaftlichen Rationalisierung in Verbindung zu bringen versucht (Weber, 1921). Weber arbeitet heraus (was später von Howard Becker weitergeführt wird), dass Kunstproduktion auf einem Ensemble von Praktiken beruht, das durch verschiedene Akteure (z. B. Komponisten, Instrumentenbauer, Musiker) eingebracht wird – und thematisiert damit auch implizit die körperlich-handwerklichen Aspekte des Kunstschaffens. Das grundlegende Webersche Postulat der Wertfreiheit hat zudem Auswirkungen auf die Soziologie der Kunst, indem diese nicht mehr nur normativ als Mittel zur Verbesserung der Gesellschaft angesehen wird.

Georg Simmels (1858–1918) Einfluss auf die Kunstsoziologie ist besonders nachhaltig. Er hat wesentlich das Verhältnis von Sinnlichem und Sozialem thematisiert und steht für eine „Soziologische Ästhetik", die er an verschiedenen Künsten (Malerei, Musik, Architektur, Literatur) entwickelt. Simmel unterläuft die bisher geltende Vorstellung eines kausalen oder deterministischen Wechselverhältnisses von Kunst und Gesellschaft, indem er aufzeigt, wie sich Kunst und Leben, Sinnliches und Soziales auf vielfältige Weise durchdringen. Sein soziologischer Ansatz ist grundlegend „ästhetisch", d. h. sinnlich und sinnenhaft und damit auch körperlich bestimmt. Simmel legt nicht nur die Grundlagen für eine zeitdiagnostische Soziologie, sondern auch für eine Verflechtung von ästhetischem Denken und Gesellschaftsanalyse, wie sie bis heute z. B. von Michael Maffesoli oder Michael de Certeau fortgeführt wird.

**Kunstsoziologische Positionen nach 1945**

Nach den Erfahrungen vor allem des Zweiten Weltkrieges und dem damit verbundenen Verlust einer naiven Fortschrittsgläubigkeit und eines Zukunftsoptimismus wird die Kunst auch im soziologischen Denken neu positioniert. Sie wird zum Fluchtpunkt, zur Heterotopie, zum Ort des Widerstandes und der Authentizität.

Die normative Vorstellung einer Verbesserung des gesellschaftlichen Lebens durch Kunst und damit die Frage, wie Kunst in die Gesellschaft optimal einwirken könnte, geht auch in die Konzepte der Kritischen Theorie der Frankfurter Schule ein. Sie buchstabieren – vor allem am Beispiel der Literatur und der Musik, aber auch des neuen Mediums des Films – die marxistische These aus, dass Kunstproduktion von den materiellen Lebensverhältnissen abhängt und durch sie bedingt sei.

Ein entscheidender Text, auch für die Kunst- und Mediensoziologie, stammt bereits von 1936: Walter Benjamins (1892–1940) Aufsatz „Das Kunstwerk im Zeitalter seiner technischen Reproduzierbarkeit". Entgegen anderen Positionen der Kritischen Theorie definiert er den Stellenwert der Massenkunst positiv, indem er, am Beispiel des Films, den demokratisierenden Effekt der Massenkunst herausstellt, während der durch massenmediale Reproduktionstechniken hervorgerufene Verlust der Aura eines „echten" Werkes dieses von seinem kultisch-religiösen Charakter entbindet und politisch werden lässt. Der Politisierung durch Massenkunst setzt er eine Ästhetisierung der Politik, für ihn ein Merkmal des Faschismus, entgegen. Damit bereitet Benjamin einerseits den Weg für eine Neuorientierung kunsttheoretischer Positionen in Bezug auf „Neue Medien". Zudem weist er darauf hin, dass die Theatralität des Politischen im Wesentlichen auf Prozessen der Verkörperung beruht.

Genau gegensätzlich zu seinem Mentor Benjamin argumentiert Theodor W. Adorno (1903–1969), wenn er von Zerstreuung und Massenbetrug durch Massenkunst spricht. Diese These war bereits in den 1947 im Zeichen von Faschismus, Krieg und amerikanischen Exil entstandenen „Kulturindustrie-Thesen" (Horkheimer & Adorno, 1947) angelegt. Hier kehren Horkheimer und Adorno ein zentrales Argument bisheriger Kulturtheorie um: Kultur ist demnach nicht an den körperlich-affektiven Bedürfnissen der Massen ausgerichtet. Vielmehr manipuliert die Kultur das Massenbedürfnis und provoziert über das Muster der Zerstreuung Passivität, Kritik- und Widerstandslosigkeit. In diese „Generalthese" eingebunden ist auch die These des generellen Verlusts des Leiblichen zugunsten des Körperlichen.

Mit „Kulturindustrie" führen Horkheimer und Adorno nachhaltig eine Denkfigur in die kunstsoziologische Debatte ein, die besagt, dass Kultur und Kunst den Produktionsmustern der Industrie (im Fordismus die Serialität) folgt, Kunst und Kultur also marktförmig ausgerichtet sind. In seinen späteren musiksoziologischen Arbeiten zeigt Adorno, dass Kunstsoziologie sich nicht nur auf das Verhältnis von Kunst und Gesellschaft konzentrieren muss, sondern eine Analyse der Kunstwerke selbst das Verhältnis von Kunst und Gesellschaft herauszuarbeiten vermag, weil sich in dem Kunstwerk dieses Verhältnis zeige, m. a. W.: In die Ästhetik des Kunstwerkes selbst, in seine Materialität und symbolische Form, ist das Soziale eingeschrieben.

Adorno setzt auf die „autonome Kunst", der er jegliche soziale Funktion abspricht und die er gegen die Unterhaltungskunst, zu der er auch den Jazz zählt, positioniertanders als Herbert Marcuse (1898–1978), der gerade in der Autonomie der Kunst deren politische Relevanz erkennen und ästhetische Praktiken einer Lebenskunst als Fundament und Motor für eine politische Praxis anerkennen will, oder auch anders als der Literatursoziologe Leo Löwenthal (1900–1993), der ebenfalls die moralisierende Generalverurteilung der Massenkunst ablehnt.

Im Unterschied zur Kritischen Theorie entwickeln sich weitere kunstsoziologische Positionen: so Georg Lukács (1885–1971), der am Beispiel der Literatur die marxistische Lesart als eine Widerspiegelungstheorie versteht, insofern er aufzeigt, wie in der Literatur die gesellschaftlichen Verhältnisse dargestellt werden. Alphons Silbermann wiederum, der – anders als Adorno – für eine empirische Kunstsoziologie plädiert, will den Forschungsschwerpunkt nicht auf das Werk, sondern auf den sozialen Prozess legen, durch den „das Kunstwerk in Bewegung gesetzt wird" (Silbermann, 1967, S. 166). Arnold Gehlen (1904–1976) positioniert sich in einer Zwischenposition, indem er einerseits – ausgeführt am Beispiel der Malerei – die Notwendigkeit einer Kunstwerkanalyse sieht, da sich auch seiner Ansicht nach in ihm die jeweiligen Weltbilder zeigen und manifestieren. Allerdings weist er – im Gegensatz zu der Kritischen Theorie, die Kunstwerken eine kritische Funktion zuschreiben – der Kunst eine entlastende Aufgabe zu. Kunst wirkt für ihn deshalb entlastend, weil sie sozial stabilisierend sei, da sie Freiheit ermöglicht, die gesellschaftliche Institutionen sonst nicht bieten können.

Die kunstsoziologische Position von Norbert Elias (1897–1990) schließlich ist getragen von einem figurations- und prozesssoziologischen Ansatz: Am Beispiel Mozart zeigt er auf, wie Psychogenese und Soziogenese zusammenwirken, also wie gesellschaftliche Verflechtungszusammenhänge den Wandel der Figur von der unter höfischer Patronage stehenden Handwerkerkunst zur freien „Künstlerkunst" bedingen, in einer Zeit, in der das gesellschaftliche Gefüge – und damit in Elias' Sinne auch der Affekthaushalt und die „Psychostruktur" – Letzteres noch nicht erlaubt. Mit seiner „Mozart-Studie" veranschaulicht Elias, wie ein kunstsoziologischer Entwurf am Beispiel einer Künstlerbiografie entworfen werden kann. Auch verdeutlicht er, wie sehr die Figur des „freien Künstlers" eine historische und damit wandelbare Figur ist.

**Kunstsoziologie als Teilsoziologie seit den 1970er Jahren**

Einen auf dem marxistischen Grundtheorem basierenden Ansatz liefert Pierre Bourdieu (1930–2002), dessen Studien zu Fotografie und zu Haute Couture aus den 1960er Jahren dem damals dominanten Ansatz der Kritischen Theorie entgegenstanden, indem sie das zum Thema machten, was nicht als Hochkultur galt, also durch sie „verschleiert" wurde. In seinen Studien zum Kunstkonsum am Beispiel der Museumsbesucher*innen oder und zur Genese eines künstlerischen Feldes anhand der Literatur veranschaulicht Bourdieu seine grundlegende, in „Die feinen Unterscheide" niedergelegte These, dass der Kunst-Geschmack nicht etwas „Angeborenes" oder „Natürliches", sondern erlernt und habitualisiert und damit inkorporiert sei. Kunst wirkt auf besondere Weise distinktiv, wenn sie sich, im Sinne Kants, als das „Rein-Ästhetische" präsentiert. Über Kunst, sog. Kunstverstand, Kunstgenuss und Kunstgeschmack, werde, so seine These, vor allem Distinktion betrieben. Die „Liebe zur Kunst" ist damit vor allem eine Liebe der Oberschicht zur Re-Etablierung ihres gesellschaftlichen Status. Mit dieser Feststellung kann Bourdieu nicht nur die enge Verbindung von Klassenzugehörigkeit, sozialer Stellung und Kunstgeschmack bzw. Kunstkonsum aufzeigen, sondern auch auf die inkorporierten Muster von Kunstwahrnehmung aufmerksam machen.

Einen mikrosoziologischen, auf den qualitativen Verfahren der Chicago School beruhenden kunstsoziologischen Ansatz vertritt Howard Becker (geb. 1928), dessen Studien zu Musik, bildender Kunst, Literatur, Theater und Fotografie die Handlungsebene fokussieren. Am Beispiel von Berufsmusikern, die vor allem auf den – wenig angesehenen – Tanzveranstaltungen spielen, untersucht er deren Zusammenwirken, ihre Organisation und Arbeitsteilung in einer Band. Damit „entmythologisiert" er nicht nur den Bereich der Kunst, indem er ihn wie ein Arbeitsfeld unter vielen beschreibt. Er zeigt inhaltlich auch die Spannung zwischen Kunst und Kommerz auf, in dem sich die Künstler*innen seit der Moderne befinden. In seinem Buch „Art Worlds" (der Titel geht auf den Kunstphilosophen Arthur C. Danto zurück), beschreibt Becker vor allem die – seiner Ansicht nach auf Kooperation und Konventionen, d. h. auf Übereinkünften, die nicht jeweils neu ausgehandelt werden müssen – beruhenden Muster kollektiven – und damit körperlichen – Handelns bei der Kunstproduktion und die Rolle der nicht-künstlerischen Akteur*innen im Kunstfeld. Diese scheinen zwar nicht unbedingt für die Herstellung eines Kunstwerks nötig, aber deren Wirken verändern dennoch das Kunstwerk und gestalten es mit. Konventionen, die sich als körperliche Dispositionen beschreiben lassen, womit eine Anknüpfung an körpersoziologische Überlegungen möglich ist, haben nach Beckers Ansicht einen praktischen Grund. Sie bilden zudem die Grundlage dafür, dass ein Kunstwerk als emotional erlebt werden kann, da Konventionen Erwartungen wecken, mit denen dann wiederum der Künstler oder die Künstlerin spielen kann. Veränderungen von Kunst gibt es aber nach Becker nicht durch ein einzelnes Kunstwerk oder einzelne Künstler*innen, sondern nur durch eine grundlegende organisatorische und institutionelle Veränderung der „Art Worlds", d. h. ihrer Produktions-, Distributions- und Rezeptionsbedingungen (also auch des Publikums). Allerdings versteht Becker diese Veränderung nicht als einen einmaligen Vorgang, sondern als einen permanenten Prozess, der auf kollektivem Handeln beruht, zumal auch das Kunstwerk selbst nicht als ein Endprodukt, sondern als ein permanenter in sich verwobener Prozess von Konzeption, Produktion, Präsentation, Distribution und Rezeption gedacht wird. Das Kunstwerk, so hat Becker gezeigt, ist also stets als ein vorläufiges Resultat von kollektivem Handeln zu verstehen.

Aus systemtheoretischer Perspektive hat sich vor allem Niklas Luhmann (1927–1998) in „Die Kunst der Gesellschaft" (1995) prominent – und bereits seit Mitte der 1970er Jahre in einigen Aufsätzen – mit kunstsoziologischen Fragen beschäftigt und die Kunst als ein eigenständiges Subsystem der Gesellschaft vorgestellt. Zwar ist Luhmanns systemtheoretischer Ansatz insgesamt nur bedingt an körpersoziologische Positionen anschlussfähig (vgl. Bette, 2005). Er soll hier aber vorgestellt werden, weil das systemtheoretische Denken in der Soziologie des Theaters von Dirk Baecker aufgenommen und im Hinblick auf körpersoziologische Aspekte konkretisiert wird. Wie andere Subsysteme auch, ist, so Luhmann, Kunst im Laufe funktionaler Ausdifferenzierung zu einem eigenen Subsystem geworden, das Autonomie beansprucht. Eine entscheidende historische Etappe zur Autonomie der Kunst stellt für Luhmann die Romantik dar. Seitdem seien die Kennzeichen des Teilsystems Kunst: Autonomie, Selbstreferentialität, Selbstbeobachtung und Selbstbeschreibung.

Autonom ist dieses Subsystem, weil es eigene Entscheidungsträger und institutionelle Entscheidungskompetenzen hat, Ein- und Abgrenzungsprozesse zur Umwelt sowie Selektionsprozesse, so. z. B. zur Handwerkskunst oder zu Gebrauchsgegenständen autonom vollzieht, zugleich aber mit anderen Subsystemen strukturell gekoppelt ist.

Luhmann versteht Kunstwerke als Kommunikation, dies in einem doppelten Sinn: sie sind Kommunikation, setzen aber auch Kommunikation in Gang. Kommunikation meint dabei den Dreischritt von Information (Signifikat), Mitteilung (Signifikant) und Verstehen, also einen komplexen, mit Übersetzungsproblemen behafteten Vorgang, der das Problem der „doppelten Kontingenz" provoziert. Das Prozesshafte des

Systems Kunst erfolgt nun dadurch, dass das Kunstwerk Kommunikation ist und zugleich Kommunikation provoziert, m. a. W.: Das Kunstsystem muss Kommunikation in Gang halten, d. h. immer neue Kunstwerke hervorbringen, um sich zu erhalten. Kommunikation scheitert dann, wenn etwas nicht als Kunstwerk kommuniziert wird, wie manche Kunst-Performances im öffentlichen Raum als Demonstration oder politische Aktion angesehen werden. Individuen (Künstler*innen wie Kunstrezipient*innen) spielen in Luhmanns Theorie ebenso wenig eine Rolle wie die körperliche Aspekte des Kunstschaffens oder körperlich-sinnliche Aspekte der Kunstwahrnehmung.

Luhmanns Kunsttheorie fokussiert nicht die Akteur*innen, nicht die Wahrnehmungen, nicht die ästhetische Qualität der Kunstwerke, sondern allein die systemimmanente Codierung des Kunstsystems (schön/hässlich; stimmig/unstimmig), die Letzteres stabil erhält. Dazu zählen auch Stilbezogenheiten und damit auch Stilabweichungen von Kunstwerken, weil allein sie ermöglichen, den Stil selbst, auf den sich die Abweichung bezieht, zu stärken – und damit das Kunstsystem. Hieraus entsteht auch der „Innovationsdruck" des Kunstsystems und die damit verbundene Beschleunigung der Innovation, auf die das Kunstsystem antwortet, indem es erneut Kunstwerke hervorbringt, die diese Entwicklung wiederum in Kunstwerken selbst reflektieren. Über ihre „Fiktionalität" also, d. h. darüber, dass sie verschiedene Realitäten aufzeigen kann, macht Kunst die Realität erkennbar – nicht als einen „fait social", sondern als ein Problem der Kontingenz: d. h. die Wirklichkeit ist so möglich, wie sie ist, aber sie wäre auch anders möglich. Es ist demnach das Moment der (Selbst-)Reflexivität, das dem modernen Kunstsystem eigen ist.

Diese Argumentationsfigur nimmt Dirk Baecker auf, wenn er die Frage nach der Funktion des Theaters stellt (Baecker, 2013) und dafür plädiert, diese nicht auf eine moralische, politische oder pädagogische Funktion zu reduzieren, sondern nach dem Legitimationsmodus des Theaters selbst zu fragen. Seine Antwort ist: Das Theater legitimiert sich allein dadurch, dass es Kunst ist – und dies muss immer neu behauptet und bestätigt werden, es kann also nicht als selbstverständlich vorausgesetzt werden. Baecker sieht das Besondere des Theaters als „System" darin, dass es – wie kein anderes System, ob Parlament, Universität, Stadion – zur Beobachtung zweiter Ordnung herausfordert und zugleich die Beobachtung zweiter Ordnung vorführt. Die Darsteller*innen agieren körperlich und verkörpern zugleich Rollen oder Charaktere, während das Publikum beobachtet, wie die Darsteller*innen dabei Dramatisches, Intrigantes oder Komödiantes aus der gegenseitigen Beobachtung entwickeln und körperlich erzeugen, deren Inszenierung sie aber auch zugleich repräsentieren und vorführen. Wenn also (Selbst-)Reflexivität das Kennzeichen des Systems Kunst in der Moderne ist, lässt sich demnach das Theater als der Ort beschreiben, an dem eine Reflexion gesellschaftlicher Körperverhältnisse aufgeführt, vorgeführt, dargestellt und inszeniert wird.

Mit einem systemtheoretischen Ansatz verwandt, aber in scharfer Abgrenzung zu einer „kritischen Soziologie" stehen die kunstsoziologischen Thesen im Anschluss an die Akteur-Netzwerk-Theorie (ANT). Ausgehend von der Überlegung, dass Kunstwerke nicht über das Soziale, das es selbst zu erklären gilt, erklärt werden können, schreibt

Bruno Latour (geb. 1947), der auch kuratorisch tätig ist: „Von der kritischen Soziologie ist kein anderer Bereich neben der Religion derart plattgewalzt worden wie die Kunstsoziologie. Jede Skulptur, jedes Gemälde [...] sind bis zur Nichtigkeit durch die sozialen Faktoren erklärt worden, die sich ‚hinter ihnen verbergen'" (Latour, 2007, S. 406). Über eine „Soziologie der Assoziationen" will die ANT den Ausweg aus der Binarität von Sozialem und Ästhetischem schaffen, was Latour u. A. zusammen mit Antoine Hennion am Beispiel der Musik ausführt. Das Kunstwerk ist aus dieser Sicht als ein Mediator zu verstehen, es ist also in der Lage, die zu transportierenden Inhalte zu verändern, es bringt sich selbst ins Spiel, es ist immer „In-Aktion". Dieser Ansatz lenkt den Blick auf die Körperlichkeit und Materialität des Kunstwerkes, aber auch auf die materiellen und körperlichen Prozesse, die die Produktion und Rezeption des Kunstwerkes bedingen.

Ein weiterer wichtiger Ansatz kunstsoziologischer Theorie stammt aus dem Feld der cultural studies. Hier ist zum einen der „production of culture"-Ansatz erwähnenswert, der aus dem US-amerikanischen Kontext stammt und mit dem Namen Richard A. Petersen (1932–2010) verbunden ist. Beruhend auf empirischen Fallstudien z. B. über die Etablierung populärer Musikstile wird hier danach gefragt, wie Kunst von wem gemacht wird und nicht, was sie ist oder bedeutet. Anders aber als Howard Becker betont dieser Ansatz nicht das kollektive Handeln der Akteure, sondern beruht auf institutionellen und organisationstheoretischen Fragen, wenn es darum geht, wie kulturelle Symbole durch die Systeme Formen erhalten, in denen sie geschaffen, distribuiert und rezipiert werden. Die Frage allerdings, die im „production of culture"-Ansatz wenig berücksichtigt wird, ist, was das spezifisch Ästhetische der Kunstwerke ausmacht. Vielmehr werden sie so behandelt wie Autos oder Schuhe (vgl. Alexander, 2003, S. 80).

Während der „production of culture"-Ansatz aber vor allem eine mikrosoziologische Perspektive anvisiert, beschäftigen sich weitere Ansätze, die aus den cultural studies hervorgehen, mit dem Verhältnis von Massenproduktion und Aneignung – und machen damit die lebensweltlich relevanten Bedürfnisse der Rezipienten stark. Entgegen der Kritischen Theorie unterstellen sie nicht eine grundlegende Manipulation durch kulturindustrielle Produktion, sondern fragen, etwa am Beispiel der Popmusik oder des Tanzes, nach den gesellschaftlichen Bedingungen und lebensstilspezifischen Modi der Aneignung (Fiske, 1989). Vor allem die Analysen zu Stilbildungen in der Popmusik einerseits (Hebdige, 1979) und die Analyse der Dancefloor Culture andererseits (Klein, 1999; Klein & Friedrich, 2003) haben gezeigt, dass in der Popkultur der Körper, d. h. die Aufführungs- und Inszenierungspraktiken des Körpers im Mittelpunkt steht.

Anders als die cultural studies, die dem Ästhetischen eine fundamentale Rolle bei der Konstitution des Sozialen zuschreiben, reflektiert die Debatte um eine „Ästhetisierung der Lebenswelt" (Honneth, 1992) die zunehmende Bedeutung des Ästhetischen im Alltag. Die These besagt, dass in den entwickelten, reichen Ländern des Westens die Menschen sich auf ihren Alltag nicht mehr zweckorientiert, sondern ästhetisch beziehen, dass sie dementsprechend ihre Lebensvollzüge in unterschiedlichen Formen stilisieren und sich wechselseitig auch an Stilmerkmalen wahrnehmen, erkennen und sozial zuordnen. Während die einen darin eine Gefährdung der Kultur und einen Verlust des Ethischen zugunsten des Ästhetischen befürchten und die nötige Distanz zwischen Kunst und Alltag bedroht sehen (Bubner, 1989), interpretieren die Anderen den Einbruch des Ästhetischen in die Lebenswelt als eine Chance zur Freisetzung von individueller Kreativität und Spontaneität, wie sie die Konzepte der Postmoderne in Aussicht stellen (Schulze, 1992; Welsch, 1991).

Diese Debatte mündet bereits Ende der 1990er Jahre in den Diskurs um die Frage, wie neoliberale Postulate Kreativitätspostulate erzwingen und wie die Künstlerkritik der 1960er Jahre durch die Ideologie des „neuen Kapitalismus" (Boltanski & Chiapello, 1999) vereinnahmt wird, indem diese die ehemaligen Eigenschaften des künstlerischen Feldes wie Autonomie, Spontaneität, Mobilität, Disponibilität, Kreativität, multiple Kompetenz und die Fähigkeit, Netzwerke zu bilden, zu erfolgsversprechenden Leitmetaphern erklärt.

Mit den „creative industries" hat sich zu Beginn des 21. Jahrhunderts gezeigt, dass das monolithische Konzept der „Kulturindustrie", das dem Modell des Fordismus angelehnt war, für postindustrielle Produktionsweisen nicht mehr haltbar ist. Kulturindustrien sind heute in der Weise zu begreifen, dass sie nicht, wie Horkheimer und Adorno es formulierten, fordistische Produktionsweisen nachahmen (im Sinne einer großen einheitlichen ‚totalen' Unterhaltungsindustrie), sondern postfordistische Produktionsweisen vorwegnehmen, wie es sich z. B. in Ich-AGs und Selbstunternehmertum zeigt. Mit ihnen ist Kreativität zum allgemeinen Lebensstilmuster, zum Grundprinzip von Arbeit und zum basalen Element von Subjektivierung geworden.

Dies hat umgekehrt Auswirkungen auf die Kunst: Der freischaffende – und das heißt im postfordistischen Denken auch der unternehmerische Künstler – wird zum Modell. Damit wird die Kunstproduktion selbst postfordistischen Mustern des Messens, Dokumentierens und Rasterns unterworfen: Künstlerranking, akademische Abschlüsse für Künstler*innen, künstlerische Forschung, Einwerbezahlen von Kunstinstitutionen oder Kunstvermittlungsprojekte, durchgeführt von Künstler*innen, werden zum Bestandteil der gesellschaftlichen Legitimierung von Kunst und Künstler*innendasein. Das Feld der Kunst verliert damit seine Autonomie, indem es sich, systemtheoretisch betrachtet, zunehmend über Codierungen anderer Felder (der Wissenschaft, der Wirtschaft) legitimiert.

## 3 Themenfelder für eine Verbindung: Körpersoziologie und Soziologie der Kunst

Wie Kunst gemacht wird, welches ihre Wege, Prozesse, Praktiken und Formen sind, ist eine genuin soziologische Fragestellung. Insofern ist seit den 1960er Jahren durch die Entwicklung der Kunst selbst eine Brücke zu soziologischen Fragestellungen geschlagen. Prozess statt Werk, Performanz statt Repräsentation, Aktion statt Darstellung – dies sind die Bewegungsrichtungen, die die Gegenwartskunst auch in den klassischen Kunstgattungen genommen hat. Die Krise der Repräsentation hat performative Kunstformate gestärkt, die Verbindung von Kunst und Leben hat neue Formen der Kunst hervorgebracht und neue Orte jenseits der Orte bürgerlicher Kunstrepräsentation (Museen, Oper, Theater) etabliert und zugleich damit Letzteren einen Innovationsschub verordnet. Neue Kunstgenres wie die Medienkunst und Performancekunst sind aus diesen Entwicklungen hervorgegangen.

Mit dem tendenziellen Auflösen der Grenzen zwischen den einzelnen Künsten und Kunstgattungen, aber auch mit dem Verlust der strikten Grenzen zwischen Kunst und Alltag lässt sich eine Trennung zwischen Kunstsoziologie und anderen soziologischen Teildisziplinen wie Kultursoziologie, Wissenssoziologie, Mediensoziologie, Material Studies nicht mehr aufrecht erhalten. ‚Kunst' ist vielmehr in den Mittelpunkt aktueller interdisziplinärer Forschungsfelder und -verbünde gerückt. Eine Brücke zwischen Kunstsoziologie und anderen Disziplinen wie der Kunstgeschichte und Philosophie, der Theater- und Tanzwissenschaft, der Literatur- und Medienwissenschaft zu schlagen, ist von daher ratsam.

Mit der Fokussierung der Künste auf den künstlerischen Prozess und die Materialität und Medialität der Kunstproduktion ist zudem die Kunstforschung aufgefordert, die künstlerischen Produktionsprozesse in den Blick zu nehmen. Damit kommen vor allem soziologische Fragen und sozialwissenschaftliche Forschungsverfahren wieder ins Spiel, wenn es einerseits darum geht, die kollektiven Arbeitsprozesse mit ihren Aushandlungs-, Entscheidungs- und Auswahlverfahren zu untersuchen, andererseits dies empirisch über ethnografische Verfahren erfolgt.

Nicht zuletzt fordert auch der Wandel des gesellschaftlichen Feldes der Kunst in einer postfordistischen und neoliberalen Gesellschaft dazu auf, Kunst einen höheren Stellenwert als in den letzten Jahrzehnten in Gesellschaftsanalysen zukommen zu lassen. Welchen Beitrag kann hier eine Körpersoziologie liefern?

Kunst ist ein körperliches Feld – das zeigen unmissverständlich die performativen Künste wie Theater, Tanz, Performance Kunst, Body Art, die Musik und das Musiktheater. Die körperlichen Praktiken von Künstlern – wie z. B. die Bewegung der Hände beim Klavierspiel, das Halten des Saxophons, die Atemtechnik des Sängers, der Schauspielerin oder des Tänzers, das tägliche Training von Schauspieler*innen, Sänger*innen und Tänzer*innen auf der Basis von Körpertechniken wie Alexander-Technik, BMC, Yoga etc., – sind ebenso wie die körperlichen Aufführungs- und Inszenierungspraktiken in den einzelnen Kunstgenres wichtige, aber bislang vernachlässigte Felder körpersoziologischer Forschung. Aber auch die körperlichen Praktiken des Rezipierens von Kunst, z. B. das Stehen und Schlendern in Kunstausstellungen, das stundenlange Stillsitzen in dunklen Theaterräumen, das Musikhören im Liegen auf der heimischen Couch oder in der S-Bahn mit Kopfhörern, das Affiziert-Werden durch Kunstwerke, das Betroffen-Sein sind neben den mittlerweile – nach Bourdieu – als klassisch anzusehenden Forschungen über den milieu- oder klassenspezifischen Geschmack wichtige körpersoziologische Forschungsthemen.

Aber körpersoziologische Ansätze können auch an Themen anknüpfen, die in den bisherigen kunstsoziologischen Konzepten angelegt, aber nicht körpersoziologisch ausgearbeitet sind, z. B. das Verhältnis von Kunst und Leben: Was bedeutet die Verbindung von Kunst und Leben für körperliche und ästhetische Praktiken in Kunst und Alltag? Wie lassen sich die körperlichen Aspekte eines Konzeptes der Lebenskunst beschreiben? Welche Konsequenzen hat die Ästhetisierung des Alltags für eine Ästhetisierung der Körper zum „Kunstwerk"?

Die Körpersoziologie könnte auch einen weitreichenden Beitrag leisten zu einer Verbindung von Sinnlichem, Körperlichen und Sozialen sowie einer Verbindung von Ästhetischem und Politischen, wie sie von der Politischen Philosophie ausgearbeitet wurden (z. B. von Nancy, Rancière, Agamben) und hierbei an frühere soziologische Positionen (z. B. Simmel) anknüpfen.

Aber auch der „performative", der „practice" und der „material" turn in der Kunst wie im kunsttheoretischen Diskurs haben notwendige Brücken zu bislang vernachlässigten körpersoziologischen Themen in der Kunstsoziologie provoziert. Daran anschlussfähig sind weitere Themenfelder, so z. B.: Die Inkorporierung von Mustern der ästhetischen Wahrnehmung, die Körperlichkeit des Kunst-Geschmacks, die Körperlichkeit des Kunstschaffens, der soziale Status des Künstler-Körpers, der Publikums-Körper oder die Körperlichkeit der künstlerischen Artefakte sind zu Beginn des 21. Jahrhunderts zentrale körpersoziologische Themen, die sowohl an die zeitgenössische Kunst wie an den zeitgenössischen Kunstdiskurs anknüpfen und diesen bereichern können.

## Literatur

Alexander, V. (2003). *Sociology of the arts: Exploring fine and popular forms*. Wiley-Blackwell.

Baecker, D. (2013). *Wozu Theater? (Recherchen)*. Theater der Zeit.

Bette, K.-H. (2005). *Körperspuren. Zur Semantik und Paradoxie moderner Körperlichkeit* (2. überarbeitete Aufl.). transcript.

Boltanski, L., & Chiapello, È. (1999). *Der neue Geist des Kapitalismus*. UVK.

Bubner, R. (1989). Ästhetisierung der Lebenswelt. In R. Bubner (Hrsg.), *Ästhetische Erfahrung* (S. 143–155). Suhrkamp.

De Tarde, G. (2003). *Die Gesetze der Nachahmung*. Suhrkamp.

Fiske, J. (1989/2010). *Reading the popular* (2. Aufl.). Routledge.

Göbel, H. K., & Prinz, S. (2015). *Die Sinnlichkeit des Sozialen: Wahrnehmung und materielle Kultur (Sozialtheorie)*. transcript.

Gugutzer, R. (Hrsg.) (2006). *Body Turn: Perspektiven der Soziologie des Körpers und des Sports*. Transcript.

Guyau, J. M. (1987). *Die Kunst als soziologisches Phänomen*. Spiess.

Hebdige, D. (1979). *Subculture: The meaning of style*. Routledge.

Honneth, A. (1992). Soziologie. Eine Kolumne. Ästhetisierung der Lebenswelt. *Merkur, 519*, 522–527.

Horkheimer, M., & Adorno, T. W. (1947/2003). *Dialektik der Aufklärung. Philosophische Fragmente*. Fischer.

Klein, G. (1999). Wo die Körper bleiben. Thesen zur Popkultur. In K. Dietrich & W. Teichler (Hrsg.), *Die Zukunft des Körpers* (S. 101–122). Jesteburg.

Klein, G., & Friedrich, M. (2003/2011). *Is this real ? Die Kultur des HipHop* (4. Aufl.). Suhrkamp.

Latour, B. (2007). *Eine neue Soziologie für eine neue Gesellschaft.* Suhrkamp.

Proudhon, P.-J. (1865/1988). *Von den Grundlagen und der sozialen Bestimmung der Kunst.* Spiess.

Reckwitz, A. (2012). *Die Erfindung der Kreativität: Zum Prozess gesellschaftlicher Ästhetisierung.* Suhrkamp.

Schulze, G. (1992). *Die Erlebnisgesellschaft. Kultursoziologie der Gegenwart.* Campus.

Silbermann, A. (1967). Kunst. In R. König (Hrsg.), *Soziologie* (S. 164–174). Fischer Lexikon.

Silbermann, A. (1979). *Klassiker der Kunstsoziologie.* Beck.

Taine, H. (1895/1987). *Philosophie der Kunst.* Spiess.

Veblen, T. B. (1899/1997). *Theorie der feinen Leute. Eine ökonomische Untersuchung der Institutionen* (5. Aufl.). Fischer Wissenschaft.

Weber, M. (1921). *Schriften zur Musiksoziologie. Die rationalen und soziologischen Grundlagen der Musik.* Drei-Masken Verlag.

Welsch, W. (1991). Subjektsein heute. Überlegungen zur Transformation des Subjekts. *Deutsche Zeitschrift für Philosophie,* 39(4), 347–365.

# Lebenslauf und Biographie

Anke Abraham

## 1 „Verkörperungen des Sozialen" im Horizont von Lebenslauf und Biographie

Mit der Frage nach „Verkörperungen des Sozialen" (Gugutzer, 2012) wird ein soziologisches Programm angesprochen, das den Körper bzw. die leiblich-sinnliche und emotionale Verfasstheit des Menschen als *Fundament* sozialen Handelns und sozialer Strukturbildung auf allen Ebenen der Sozialwelt (Subjekt, Interaktion, Institution, System, Wissen etc.) systematisch einführen und in seinen Konsequenzen mitdenken will (zur Forderung eines solchen Programms vgl. Gugutzer, 2012, S. 7 ff.; sowie Abraham, 2002, Abschn. 1.3; Wacquant, 2001, S. 269 ff.). Unter dieser Perspektive ist für die in diesem Beitrag zur Diskussion stehenden Themenfelder *Lebenslauf* und *Biographie* zu fragen: In welcher Weise zeigen sich im Horizont von Lebenslauf und Biographie körperliche bzw. leibliche Prozesse und in welchen Hinsichten verweisen sie auf Soziales und auf Inkorporierungen von Sozialem?

Bevor diesen Fragen systematisch nachgegangen wird, scheint es sinnvoll, zunächst die *sozialwissenschaftlichen Konzepte* ‚Lebenslauf' und ‚Biographie' genauer unter die Lupe zu nehmen.

A. Abraham (✉)
Marburg, Deutschland
E-Mail: Gugutzer@sport.uni-frankfurt.de



R. Gugutzer et al. (Hrsg.), *Handbuch Körpersoziologie 2*,
https://doi.org/10.1007/978-3-658-33298-3_15

## 2 ‚Lebenslauf' und ‚Biographie' als sozialwissenschaftliche Konstrukte

Grundlegende Annahmen einer an *Lebenslauf* und *Biographie* orientierten sozialwissenschaftlichen Forschung können mithilfe der Unterscheidung zwischen Lebenslaufperspektive, Lebenslaufforschung und Biographieforschung entfaltet werden.

Die *Lebenslaufperspektive* trägt dem Umstand Rechnung, dass das Leben des Einzelnen sozial entlang spezifischer und sich wandelnder Vorstellungen, Muster und Regeln zeitlich sequenziert wird. Sie fragt nach den Bedingungen und Formen des Wandels dieser Muster, nach ihren Funktionen für den sozialen Zusammenhalt und die Entwicklung des Einzelnen und nach dem Zusammenspiel von (institutionalisiertem) ‚Lebenslauf' und (individueller) ‚Biographie'. Für die Lebenslaufperspektive betont Voges (1987) die Bezugnahme auf das *Lebensalter* als grundlegendes und historisch wie kulturell übergreifendes Regulations- und Ordnungsmuster: „Die Differenzierung der Gesellschaftsmitglieder nach dem Lebensalter diente stets dazu, im Prozess der Vergesellschaftung Zäsuren zu schaffen, altersspezifische Handlungsmuster bereitzustellen, Identitätsstabilität bei Statuspassagen zu gewährleisten und auch der Gesellschaft eine relativ eindeutige Setzung von Verhaltenserwartungen zu ermöglichen" (Voges, 1987, S. 9).

Am Beispiel „Lebensalter" zeigt sich eine gewichtige und wirkmächtige Verschränkung von biologisch bedingten Prozessen (des Wachsens, Reifens, Alterns etc.) mit sozialen Deutungen, Statuszuweisungen und Aufgaben, die sowohl für den Einzelnen wie für die Gesellschaft hohe Bedeutung erlangen, weil und indem sie unterschiedliche Möglichkeiten der Entfaltung, des Wandels oder der Stagnation eröffnen oder verschließen können: Was wird mir biographisch *schon* oder *noch* zugemutet? Was darf ich *noch nicht* oder *nicht mehr,* auch wenn ich es wollte oder könnte? Wie geht die Gesellschaft mit neu entstehenden oder sich abschwächenden Bedürfnissen in bestimmten Kohorten um? Welche Weichen werden im Verhältnis der Generationen zueinander gestellt? Welche altersspezifischen Selbstbilder und biographischen Entwürfe werden (differenziert nach Geschlecht, Ethnie, Milieu etc.) sozial honoriert, setzen sich durch oder werden sogar verpflichtend? Und: Welche Auswirkungen hat dies auf der körperlichen bzw. leiblichen Ebene – etwa in Form von körperbezogenen Selbstgestaltungen, im Hinblick auf Gesundheit und Krankheit, im Rahmen der Organisation von Arbeit und Freizeit oder hinsichtlich Fragen des sexuellen Lebens und Erlebens, der Zeugung, Schwangerschaft und Geburt?

Die *Lebenslaufforschung* ist daran interessiert, unterschiedliche Kohorten im Durchgang durch soziale Positionen, Statuspassagen oder Karrieren sowie in ihrem lebenszeitlichen Gesamtverlauf zu erfassen, um daraus Schlüsse zur Bewertung von Prozessen sozialer Ungleichheit und sozialen Wandels ziehen zu können. Sie arbeitet zumeist mit großen Grundgesamtheiten und statistisch messenden Verfahren (vgl. etwa Sackmann & Wingens, 2001; Voges, 1987).

Die *Biographieforschung* wendet sich mit überwiegend hermeneutisch interpretativen Mitteln dem sozialen Konstrukt ‚Biographie' zu und untersucht es als ein sozialweltliches Orientierungsmuster, ein Regelsystem oder eine Institution. In diesem Sinne fragt sie nach der Genese, Verbreitung, Aufrechterhaltung und Variation dieses Musters im Rahmen unterschiedlicher gesellschaftlicher Konstellationen und sie untersucht das komplizierte Wechselspiel zwischen individueller biographischer Erfahrung, Erinnerung, Entwicklung und Selbstreflexion einerseits und gesellschaftlicher Rahmung und Bedingtheit dieser Erfahrungen, Erinnerungen, Entwicklungen und Reflexionen andererseits (grundlegend dazu Fischer & Kohli, 1987; Fischer-Rosenthal & Rosenthal, 1997).

Mitunter wird zwischen ‚Lebenslauf' und ‚Biographie' in der Weise unterschieden, dass mit dem *Lebenslauf* der objektivierbare Verlauf des Lebens (im Sinne einer Außenperspektive) angesprochen wird, mit *Biographie* jedoch der selbstreflexive Blick auf das eigene Leben (im Sinne einer Binnensicht) gemeint ist oder der reflexive Blick auf das Leben eines anderen, wobei die gedankliche Aufbereitung dieses Lebens als kommunikativer Akt und entlang sozial bereit gestellter Darstellungsfolien und Deutungsmuster untersucht wird (siehe dazu auch Fuchs-Heinritz, 2005).

## 3 „Verortungen" des Körpers in einer biographischen Perspektive

Im Rahmen einer phänomenologisch orientierten und handlungstheoretisch wie wissenssoziologisch ausgerichteten Biographieforschung haben Wolfram Fischer und Martin Kohli (1987), Peter Alheit und Erika M. Hoerning (1989) sowie Wolfram Fischer-Rosenthal (1999) wertvolle Hinweise zur Bedeutung des Körpers im biographischen Kontext geliefert. Zentrale Überlegungen seien hier vorgestellt:

Das Konstrukt ‚Biographie' verweist auf fundamentale Dimensionen der Sozialität – auf Erfahrung, Handeln, Wissen vor dem Hintergrund einer bereits vorstrukturierten Alltagswelt – und ist gekennzeichnet durch seine Horizonthaftigkeit, was meint, dass individuelle Erfahrungen, Handlungen und Deutungen durch die bereits vorausgelegte Alltagswelt sowohl *ermöglicht* als auch *begrenzt* werden und auf das Individuum sowohl *determinierend* wirken wie auch von ihm *überstiegen* (verändert, neu gestaltet, neu gedeutet) werden können. Mit dem Rekurs auf Erfahrungen und Handlungen wird auch die körperliche bzw. leibliche Ebene mit angesprochen: Erfahrungen und Handlungen sind raumzeitlich strukturiert und an einen empfindenden (passiv-rezeptiven) und agierenden (aktiv-verändernden) Leib gebunden – ohne Körper bzw. ohne Leib sind Bewegungen, Wahrnehmungen, Reflexionen, Deutungen und Handlungen nicht möglich.

Menschen sind der sie umgebenden Lebenswelt stets körperlich bzw. leiblich ausgesetzt: Sie stehen täglich vor Fragen der körperbezogenen Existenzbewältigung (im Sinne der Erfüllung körperbezogener Bedürfnisse, Notwendigkeiten und Wünsche), sie bewegen sich auf die Welt zu und in die Welt hinein, sie stoßen auf Aufgaben, Herausforderungen, Widerstände, sie gewahren und empfinden diese Widerstände, sie machen auf dieser leiblichen Grundlage Pläne und sie suchen nach einer Realisierung dieser Pläne in konkreten lebensweltlichen Bezügen. Biographien können in diesem Sinne als leiblich gebundene Aufschichtungen von Handlungs- und Erfahrungsepisoden gedacht werden (zur Aufschichtung von Erfahrungen vgl. Alheit & Hoerning, 1989, bes. S. 8 ff., S. 123 ff. bzw. 148 ff.).

Fischer und Kohli (1987) machen darauf aufmerksam, dass der Körper (bzw. der Leib) Erfahrungen und Handlungen ebenso ermöglicht wie begrenzt und dass das Körperliche damit für soziologische Fragestellungen *eigentlich* eine Schlüsselfunktion innehaben sollte – sie stellen aber zugleich treffend und bedauernd fest: „Die theoretische Ausarbeitung von ‚Leiblichkeit' oder die Kritik des ‚Körpers' als sozialer Kategorie steht in der Soziologie noch weitgehend aus" (Fischer & Kohli, 1987, S. 28). Ganz in diesem Sinne sucht man auch in dem Werk „Biographisches Wissen. Beiträge zu einer Theorie lebensgeschichtlicher Erfahrung" (Alheit & Hoerning, 1989) vergeblich nach einer *expliziten* Benennung und Entfaltung der *körperlichen* bzw. *leiblichen* Dimensionen der biographischen Erfahrung – der dort eingesetzte Erfahrungsbegriff bleibt eigentümlich ‚körperlos' und ‚leibfern', Körperspuren lassen sich mehr erahnen als dass sie ausbuchstabiert und expliziert würden.

Auch wenn der Zusammenhang zwischen Biographie und Leiblichkeit inzwischen deutlicher ausgearbeitet wurde – wegweisend für den deutschsprachigen Raum ist der von Peter Alheit et al. (1999) herausgegebene Sammelband „Biographie und Leib" – so lohnt ein (erneuter) Blick in soziologische Klassiker, um dem Leiblichen in der Biographie und dem Biographischen des Leibes näher zu kommen. Aussichtsreich sind hierzu die Überlegungen von Alfred Schütz sowie von Peter L. Berger und Thomas Luckmann – wie in Abschn. 4. gezeigt wird (ausführlich dazu Abraham, 2002).

Für den angelsächsischen Raum lässt sich feststellen, dass es zwar ausgewiesene Traditionen im Bereich der soziologischen Thematisierung des Körpers gibt (etwa durch Turner und Shilling) und eine rege aktuelle Körperthematisierung (wie das Publikationsorgan „Body & Society" beweist), aber auch hier ist der Zusammenhang von *Biographie* – Körperlichkeit – Gesellschaft bisher nicht systematisch behandelt worden – allenfalls finden sich Beiträge zu biographisch benachbarten Feldern wie „Autoethnography", „Self " oder „Identity".

## 4 Der Leib als fundierender Ort des Ich, der Intersubjektivität und des Sinns (Schütz)

Alfred Schütz hat in einem frühen Manuskript „Die Theorie des Lebensformen des Ich und ihrer Sinnstruktur" (Schütz, 1981, zuerst 1925), den Versuch unternommen, das handlungstheoretische Konzept Max Webers leiblich zu fundieren und dabei zugleich die transzendentale Bewusstseinsphilosophie Edmund Husserls zu ‚erden' – dieser *sinnliche* Ausdruck sei an dieser Stelle gestattet, um zu verdeutlichen, dass Schütz eine Verankerung der Bewusstseinsphilosophie in der mundanen Welt und im unmittelbaren Erleben des Ich vermisst hat. Am handlungstheoretischen Ansatz Webers kritisiert Schütz, dass Weber das Problem der *Sinnkonstruktion* und das Problem der *Intersubjektivität* nicht hinreichend geklärt hat; an philosophischen und erkenntnistheoretischen Konzeptionen seiner Zeit moniert Schütz, dass nicht hinreichend nach den *konstitutiven Voraussetzungen* der Sinngeltung logischer Strukturen gefragt wird. Er erachtet es als einen massiven Fehler, das äußerst komplexe Gebilde der ‚Logik' – etwa im Sinne einer ‚Struktur des reinen Denkens' oder im Sinne der Reduktion der Sinn- und Intersubjektivitätsfrage auf die ‚logische Diskursivität von Sätzen' – als die einfachste Ebene und als quasi ‚natürliches' Werkzeug des Verstehens anzusehen. Eine solche Sicht hintergeht in seinen Augen die Quelle oder den fundierenden Grund, aus dem Erkenntnis, intersubjektives Handeln und Verstehen erwächst.

Mit Rückgriff auf Erkenntnisse der Lebensphilosophie verfolgt Schütz daher das Anliegen, „zu den Quellen der Sinnsetzung (…) hinabzusteigen und den Sinnsetzungsprozess in allen seinen Phasen zu durchleuchten" (Schütz, 1981, S. 25) – und diese Quelle liegt für ihn im unmittelbaren *Erleben* des Einzelnen und in den konstitutiven Gegebenheiten der *leiblichen Existenz* des Menschen.

Schütz entwirft in diesem Sinne in Anlehnung an Henri Bergson eine Stufung von Bewusstseinsschichten, die er „Lebensformen" nennt und in deren Verbindung das einheitliche Ich aufgehoben. Die Stufen bilden ein Kontinuum zwischen dem Pol der „reinen Dauer" – den man auch als das Sein, oder als das (leiblich verfasste) Hingegebensein an Raum und Zeit oder das Leben bezeichnen kann – und dem Pol des „begrifflich denkenden Ich". Die Annahme eines Kontinuums impliziert, dass Übergänge und Durchstiege von einer Stufe zu nächsten möglich bzw. sogar nötig sind (was durch Formen der *Symbolisierung* im Sinne der Abgrenzung, Hervorhebung und Fixierung von Erlebnissen aus dem kontinuierlichen Erlebnisstrom gelingt), und dass auf jeder höheren Stufe die niederen Stufen präsent sind, wenn auch in abgeschatteter Weise. Mit anderen Worten: Gedächtnis und Erinnerung, Handeln, Interaktion, Sprechen und Denken bauen aufeinander auf und rekurrieren stets auf die Lebensform der „reinen Dauer des Ich" bzw. auf die (leiblich gegebene) Verortung des Ich in Raum und Zeit und das Hingegebensein an den Strom der Ereignisse im je aktuellen Daseinsfluss. Schütz betont damit, dass das *Erleben* vor dem *Erkennen* liegt und dass das Erkennen nur durch das Erleben motiviert und deduzierbar gemacht werden kann.

Auf der Stufe der reinen Dauer des Ich wird der Leib von Schütz wie folgt eingeführt: als – mehr oder weniger deutliches und bewusstes – *Qualitätsbild* des Leibes sowie als im Raum *Ausgedehntes,* das (mithilfe des „somatischen Lebensgefühls" und der Sinnestätigkeit) die Wahrnehmung von Grenzen und Differenzen erlaubt. Um Grenzen wahrnehmen zu können, muss das (handelnde) Ich sich jedoch bewegen, es muss die Dinge des Außen in seine Aktionssphäre hineinholen, es muss „zu den Dingen hin" handeln – dies ist die Voraussetzung dafür, dass „aus der undimensionierten Mannigfaltigkeit der Qualitäten" eine „Diskontinuität des homogenen, von Quantitäten erfüllten Raumes" werden kann (Schütz, 1981, S. 164) bzw. dass das Ich etwas als ‚etwas' (als ein Ding, ein Anderes, ein Gegenüber) erkennen kann. Der Leib ist hier also zentraler *Vermittler* des in der reinen Dauer verhafteten Ich zur Außenwelt und er ist weiter *Träger* und *Werkzeug* des handelnden Ich, wobei das handelnde Ich in seinem Bewusstsein durch das „somatische Lebensgefühl" (physiologische Prozesse, Sinnestätigkeiten, Stimmungen) bestimmt wird.

Auch in dem Werk „Der sinnhafte Aufbau der sozialen Welt" (Schütz, 1993, zuerst 1935) räumt Schütz dem Leib eine prominente Stellung ein: Der Leib ist und bleibt konstitutives Moment des Seins und des Erlebens und ist zentrales Medium im Prozess des Fremdverstehens. Der Leib bildet in seiner je aktuellen Verfasstheit die Basis, von der aus ein *Ereignis* zu einem („wohlumgrenzten" und „sinnhaften") *Erlebnis* wird. Dies beinhaltet, dass der Leib ein spezifisches ‚So' des Moments herstellt, von dem aus ein Ereignis in den Blick gefasst und damit zum Erlebnis wird, denn die je aktuellen leiblichen, sinnlichen und gefühlsbezogenen Zustände geben dem jeweiligen ‚So' ihre Farbe und moderieren oder bestimmen darüber, *was* und *wie* etwas in diesem Moment in den Blick fällt und zu einem mit Sinn behafteten Erlebnis wird.

Diese Hinweise sind im Hinblick auf die Frage nach der Aufschichtung von Erfahrungen im biographischen Kontext ausgesprochen gewinnbringend, denn sie können dazu beitragen, dass das Erfahrungsverständnis in der Biographieforschung (aber bei weitem nicht nur dort), das stark auf mentale Denkvorgänge und Wissensbestände abhebt bzw. das die leiblichen Dimensionen und Verweisungen von Erfahrungen nicht systematisch rekonstruiert, erweitert wird um eine Analyse der fundierenden Dimensionen leiblich bedingter und leiblich konstituierter Erlebnisse, Erfahrungen und Erkenntnisse.

## 5 Der „Organismus" in der Theorie der Wissenssoziologie (Berger/Luckmann)

Peter L. Berger und Thomas Luckmann räumen dem Körper (bzw. dem „Organismus") in ihrer Theorie der Wissenssoziologie (Berger & Luckmann, 1996, zuerst 1966) ebenfalls systematisch einen Platz ein und beziehen sich dabei sowohl auf Alfred Schütz als auch auf Vertreter der Philosophischen Anthropologie, insbesondere auf Helmuth Plessner, Arnold Gehlen und Adolf Portmann. Für eine „verkörperte Soziologie" resp. für die Erschließung zentraler Dimensionen der „Verkörperung des Sozialen" sind vor allem die folgenden Akzente von Bedeutung:

1. Die „Wirklichkeit der Alltagswelt" ist um das „‚Hier' meines Körpers und das ‚Jetzt' meiner Gegenwart herum angeordnet" und dies ist der Punkt, „von dem aus ich die Welt wahrnehme"; „die Zone der Alltagswelt, die meiner direkten körperlichen Handhabung erreichbar ist", ist mir am nächsten, sie ist für mich von unmittelbar pragmatischem Interesse und in ihr vollziehen sich die grundlegenden Prozesse der unmittelbaren Lebensvollzüge (Berger & Luckmann, 1996, S. 25).

2. Aufgrund seiner ‚Frühgeburt' (Portmann) und seiner ‚Instinktarmut' (Gehlen) ist der Mensch auf die versorgende und schützende Nähe anderer Menschen (nicht nur in den ersten Lebensjahren) zwingend angewiesen (a. a. O., S. 49 ff.). Dies führt zu der entwicklungspsychologisch hoch bedeutsamen Tatsache, dass die leibliche Nähe und Präsenz anderer Menschen von immenser Bedeutung für die Entwicklung des Selbst ist, da erst durch die interaktive und unmittelbare soziale Nähe der Aufbau von Erfahrung und Wissen ermöglicht und strukturiert werden kann.
3. Entsprechend nachhaltig wird auf die Bedeutung der Intersubjektivität und die Gestaltung von Interaktionen in „Vis-à-vis-Situationen" aufmerksam gemacht: „Die fundamentale Erfahrung des Anderen ist die von Angesicht zu Angesicht. (…) Jede andere Interaktionsform ist von ihr abgeleitet. Als Vis-à-vis habe ich den Anderen in lebendiger Gegenwart, an der er und ich teilhaben, vor mir." (a. a. O., S. 31) Eine gemeinsam geteilte Welt, in der ein Verstehen möglich wird, kann nur entstehen und gestaltet werden, wenn die Chance zu unmittelbar leiblicher Begegnung gegeben ist.
4. Die ‚Ungerichtetheit' der Triebe und Instinkte erzeugt die Möglichkeit, aber auch die Notwendigkeit von „Externalisierungen" im Sinne der Schaffung kultureller Objektivationen (materielle und immaterielle Güter), die dem Menschen Orientierung, Abstimmung des Handelns und emotionalen Halt verschaffen (vgl. a. a. O., bes. S. 54 ff.).
5. „Organismus" (oder „biologisches Substrat") und Gesellschaft stehen in einem *dialektischen Verhältnis,* das folgende Formen annehmen kann: a) der Organismus hat und artikuliert Bedürfnisse, die von der Gesellschaft aufgenommen und befriedigt oder aber auch eingeengt, kontrolliert, unterdrückt oder zurückgewiesen werden können; die Art des Umgangs mit diesen Bedürfnissen prägt im Zuge der Sozialisation und biographischen Entwicklung das Selbstbild und die Identität des Einzelnen auf je spezifische Weise; b) der Organismus setzt gesellschaftlichem Handeln Grenzen (bestimmte Dinge lassen sich aufgrund der menschlichen Physiologie nicht realisieren und vielleicht noch nicht einmal denken); c) der Organismus wird in seinen Möglichkeiten durch gesellschaftliches Handeln begrenzt (etwa wenn bestimmte Potenziale des Körpers nicht erkannt, nicht genutzt, nicht gefördert oder an ihrer Entfaltung gehindert werden); der Organismus kann aber auch technologisch entgrenzt werden, indem Hilfsmittel erfunden werden, die seine Fähigkeiten und Vermögen ausdehnen oder steigern; d) der Organismus kann sich gegen gesellschaftliche Zumutungen und Zurichtungen wehren, er kann „Widerstand" erzeugen und sich verweigern – etwa wenn ihm ein unphysiologischer Rhythmus des Wachens und Schlafens oder des Essens aufgezwungen wird oder wenn er sich in seiner Existenz bedroht sieht (a. a. O., S. 194).

Peter L. Berger und Thomas Luckmann haben mit der Hervorhebung der dialektischen Verschränkung von „Organismus" und „Gesellschaft" und dem gleichzeitigen Verweis auf die damit verbundenen Konsequenzen für die Entwicklung des Selbst und der Identität, die im Rahmen einer gemeinsam konstruierten und geteilten Alltagswelt angebahnt und realisiert wird, einen Theorierahmen bereit gestellt, der für die Rekonstruktion und das Verstehen biographischer Verläufe *in ihrer Körperlichkeit bzw. Leiblichkeit* genutzt werden kann.

## 6 Körperlichkeit, Habitus und Biographie (Bourdieu)

Die fundierende Funktion des Körpers bzw. des Leibes im Rahmen individueller Sozialisations- und Bildungsprozesse ist auch von Pierre Bourdieu immer wieder herausgearbeitet worden. Auch wenn sich Bourdieu nicht explizit mit einer *biographischen Perspektive* befasst hat, so sind seine Arbeiten doch geprägt von dem – auch biographisch grundlegenden – Gedanken, dass Menschen über eine zeitliche Dauer in sozial konstituierte *Prozesse* eingewoben sind und, situiert in einem je spezifischen sozialen Raum, eine „Sozialisation" erfahren und eine „Geschichte" entwickeln.

Eine Schlüsselstellung nimmt im Werk Bourdieus der „Habitus" ein, der als ein Knotenpunkt in der Verschränkung von Körper bzw. Leib, Subjekt (einschließlich seiner Geschichte) und Gesellschaft aufgefasst werden kann. Bourdieu (2001) betont in diesem Zusammenhang: „Als Körper und biologisches Individuum bin ich ebenso wie die Dinge an einem Ort situiert: Ich nehme einen Platz im physischen und sozialen Raum ein." (a. a. O., S. 168) Weiter stellt Bourdieu fest, dass dieser Körper „als Prinzip der Individuation funktioniert (insofern er in Raum und Zeit lokalisiert, trennt, isoliert usw.)" und „ein (…) Prinzip der Vergesellschaftung darstellt" (a. a. O., S. 171 f.). Besonders beachtenswert ist, dass Bourdieu diesen Körper als einen „realen Akteur" konzipiert und den Körper dabei „*als* (Herv. d. V.) Habitus mit seiner eigenen Geschichte und den von ihm verkörperten Eigenschaften" (a. a. O.) denkt. Mit der Gleichsetzung von „Körper", „Ich" (der Körper, der *ich* als biologisches Individuum *bin*) und „Habitus" und der Verschmelzung von Körper-Ich-Habitus mit einer im gesellschaftlichen Raum erworbenen Geschichte, die durch den Habitus leiblich präsentiert bzw. verkörpert wird, macht Bourdieu deutlich, dass die persönliche Entwicklung des Ich (resp. seine Sozialisation, Bildung, biographische Prägung) nur über eine solche, sich in einem je spezifisch ausgestatteten sozialen Raum in den Körper (als Habitus) einschreibende Geschichte zu verstehen ist.

Bourdieu erläutert die Wirkmächtigkeit des Körpers bzw. der leiblichen Ebene für den Prozess der Entwicklung des Menschen wie folgt: „Da er (der Körper; d. V.) die (biologische) Eigenschaft hat, der Welt gegenüber offen, also ihr ausgesetzt zu sein und somit von ihr formbar, durch die materiellen und kulturellen Lebensbedingungen, in die er von Anfang an gestellt ist, modellierbar, unterliegt er einem Sozialisierungsprozess, aus dem die Individuation selbst erst hervorgeht, wobei die Singularität des ‚Ich' sich in den gesellschaftlichen Beziehungen und durch sie herausbildet" (a. a. O., S. 172).

Mit Verweis auf eine empirische Studie von Loïc Wacquant (2001), einem Schüler Bourdieus, kann deutlich gemacht werden, wie eine Soziologie gestaltet sein müsste, die die hier entfalteten theoretischen Grundlagen nutzt und sich aufmacht, die Genese sozialer Strukturen, sozialen Handelns und individueller Entwicklung – einschließlich seiner biographischen Dimensionen – aus den Quellen des Körpers bzw. der Leiblichkeit heraus zu erschließen und zu verstehen. Der Bezug auf Wacquant bietet sich nicht nur deshalb an, weil Wacquant seine Forschungsstudie „als eine Art soziologischer Bildungsroman" bezeichnet – in der Biographieforschung wird der *Bildungsroman* als zentrale moderne Form des sich selbst und seines Entwicklungsweges bewusst werdenden bürgerlichen Individuums gehandelt –, sondern weil er mit seiner Studie auch das eingangs skizzierte und für das Handbuch leitende Anliegen voranbringen will: Die Soziologie muss berücksichtigen, „dass der soziale Akteur in erster Linie ein Wesen aus Fleisch, Blut und Nerven ist und über Sinn (in der doppelten Bedeutung von sinnlich und sinngebend) verfügt"; entsprechend muss die Soziologie „darauf hinarbeiten, dass diese leibliche Dimension der Existenz (…) wieder hergestellt und greifbar wird" (Wacquant, 2001, S. 269). Wacquant tut dies, indem er eine Beobachtungs- und Analysetechnik einsetzt, bei der er „seinen Organismus und die ihm innewohnende Sensibilität und Intelligenz in das Epizentrum der symbolischen und materiellen Kräfte" stellt, „die er untersuchen will" – in diesem Fall in die Kräfte der Welt des Boxens und eines Box-Camps in einem US-amerikanischen Ghetto, in die er (als in Frankreich aufgewachsener und sozialisierten junger, weißer Mann) über eine andauernde und harte „Initiation" aufgenommen wird. Damit löst er in vorbildlicher Weise ein, was in der soziologischen Forschung bisher ebenfalls nicht systematisch theoretisch reflektiert und forschungspraktisch eingesetzt wurde: dass der Forscher oder die Forscherin die sinnliche und leiblich-affektive Resonanzfähigkeit des eigenen Körpers ausbildet und den eigenen Körper als Erkenntnisquelle nutzt (vgl. dazu Abraham, 2002; Kap. 6; Gugutzer, 2012 sowie in diesem Handbuch).

## 7 Desiderata

Bei der Betrachtung der Forschungsfelder *Lebenslauf- und Biographieforschung* sowie der *Körpersoziologie* fällt auf, dass sich eine doppelte Leerstelle auftut:

Die Lebenslauf- und Biographieforschung hat den Körper und die leibliche Dimension noch nicht systematisch (genug) aufgenommen. So fehlt: a) die Ausarbeitung eines im Leiblichen situierten Erfahrungsbegriffs (siehe Abschn. 3.), b) wird der Körper in biographischen Analysen selten *explizit* zum Gegenstand gemacht, c) wird häufig die Chance vertan, biographische Entwicklungen und Weichenstellungen im Lebensverlauf im Kontext körperlicher Mitgiften, Erfahrungen und Haltungen dem Körper gegenüber zu befragen sowie d) biographisch erworbene Selbstverständnisse in ihren körperbezogenen Dimensionen (wie körperbezogenen Widerfahrnissen und Erfahrungen) zu untersuchen.

Umgekehrt verhält sich die Körpersoziologie weitgehend abstinent gegenüber einer an Lebenslauf und Biographie orientierten Perspektive. Zahlreiche empirische Studien im Feld der Körpersoziologie nehmen einen zeitlich punktuellen Blickwinkel ein und leisten – mit durchaus großem Erkenntnisgewinn – subtile Mikroanalysen von Interaktionssequenzen oder Szenen. Dabei kann jedoch nicht in den Blick kommen, dass leibliche Erscheinungen und Ausdrucksweisen stets eine *Geschichte* haben und dass sie vor dem Hintergrund aufgeschichteter biographischer Widerfahrnisse, Erlebnisse und Erfahrungen vom erlebenden Subjekt in subjektiv bedeutsamer Weise erlebt und gedeutet werden sowie vom Beobachter nur vor dem Hintergrund dieser Geschichte tatsächlich verstanden werden können. Im Rahmen der Rekonstruktion von Geschlecht hat Bettina Dausien (1999) in ähnlicher Weise Kritik an einem zeitlich eng gestellten und die biographische Genese sowie die biographische Selbstauslegung übergehenden Blick geübt (a. a. O., S. 180 ff.).

## 8 Forschungsperspektiven

Die oben angeführten Theoriestücke *(Schütz, Berger/Luckmann, Bourdieu)* haben deutlich gemacht, dass der leiblich-affektiv verfasste Mensch von Anfang an in seiner Leiblichkeit einer sozialen Umwelt ausgesetzt ist, der gegenüber er – mit allen Chancen und Risiken – „offen" ist *(Bourdieu),* die er braucht, die auf ihn einwirkt und auf die er einwirken kann. Biographische Rekonstruktionen, die diese leibliche Verfasstheit ernst nehmen, hätten also ontogenetisch ‚sehr früh' anzusetzen und alle Körperspuren einzusammeln, derer sie ‚leibhaftig' werden können. Die nachfolgend aufgeführten Beispiele körper- und leibbezogener biographischer Analysen können zeigen, wie und mit welchem Gewinn biographische Rekonstruktionen geleistet werden können, die ontogenetisch ‚früh' ansetzen und die die fundierende Bedeutung der Leiblichkeit für die Gestaltung des Ich und des Lebensweges aufgreifen.

(1) Anke Delow (2000) untersucht nach dem ‚Fall der Mauer' die Biographien von Leistungssportlern, die in der DDR sozialisiert wurden und fragt, wie sie den Übergang in eine Moderne erleben und bewältigen, die sie den Chancen und Zumutungen eines Systemwechsels aussetzt. Sie arbeitet dabei unterschiedliche Muster heraus, die sie systematisch aus den geführten biographischen Interviews entwickelt. Hier interessiert vor allem ein Muster, das Delow explizit mit der Körperlichkeit verknüpft (wobei auch in den anderen Mustern – implizit bleibende, aber dennoch wirkmächtige – körperliche und leibliche Dimensionen stecken).

„René" – dessen Fall zur Folie für das Muster „Leistungssport als *Lebensperspektive* und körperbezogene Kompensationen" gemacht wird – hat als Kleinkind schwere Misshandlungen in der Familie erlitten und, aus Gründen des seelischen Selbstschutzes, ein ablehnendes Verhältnis zu seinem Körper entwickelt. Das zeigt sich vor allem darin, dass er sich gegenüber körperlichen Entbehrungen, Schmerzen und Verletzungen unempfindlich macht. Im Sport erlebt er seinen Körper dann auf eine andere Weise: Er kann über ihn verfügen, er ist nicht mehr ohnmächtig, sondern kann über den Körper Erfolgs- und Lustgefühle selbst erzeugen und gestalten. Dabei kommt es der positiven Neubesetzung des Körpers als Erfolgsgarant entgegen, dass René durch die Abspaltung des Körpers vom Ich zum Ertragen von fast unmenschlicher Anstrengung, Qual und Schmerz in der Lage ist und damit gegenüber der Konkurrenz Vorteile hat. Die vom System Leistungssport verlangte Härte gegen sich selbst und eine entsprechende Instrumentalisierung des Körpers – die einer Abspaltung des Körpers vom Ich gleichkommt und eine Nähe zum verletzlichen und empfindungsfähigen leiblichen Ich verhindert – wirken im Falle Renés so intensiv und biographisch überdauernd, weil sie als Abwehr tiefer innerer Erschütterung und als Kompensation sehr früh erlittenen leiblich-affektiven Leids fungieren.

Delow bemerkt zu diesen Zusammenhängen:

> „Aufgrund der starken affektiven Gestaltung der frühen Identitätsbildung muss dem Körper gerade in der frühen Kindheit eine besondere Bedeutung zugesprochen werden. Beziehungsrealitäten, die bis in die körperliche Integrität des Kindes eingreifen, erzeugen oftmals rigide kompensatorische Reaktionen. Erfüllen sich die ‚Hoffnungen' auf eine andere, weniger schmerzhafte Besetzung des Körpers im Sport (…), so ist die Wahrscheinlichkeit groß, dass die Identität sich symbiotisch mit dem Sport verbindet und in der Folge kaum alternative Lebenswelten zum Zuge kommen" (Delow, 2000, S. 248).

(2) Peter Alheit (1999) macht ein gewinnbringendes Angebot, wenn er mit Rekurs auf *Maurice Merleau-Ponty* einerseits und *George Herbert Mead* andererseits feststellt: „In gewisser Weise ist der biographische Bezug auf das Selbst mit einer Art ‚Leibverlust' verbunden" (Alheit, 1999, S. 224). Angesprochen ist damit der Zusammenhang, dass die reflexive Zuwendung des unmittelbar dahinlebenden Ich (resp. des ‚I' im Sinne Meads, das Merleau-Ponty in etwa analog als ‚moi naturel' bezeichnet und mit dem Leiberleben verknüpft) auf die eigene Person und ihre biographische Situation (nach Mead das sozial hervorgebrachte ‚Me') sowohl die Person als auch den Körper notwendigerweise zu einem *Gegenstand des Habens* macht – und wegführt von dem unmittelbar gelebten Sein. Alheit folgert nun aber nicht, dass der Leib damit verloren oder unzugänglich ist, sondern er bemerkt: „Der ‚Leib, der ich bin' braucht für den biographischen Identitätsbildungsprozess womöglich doch den ‚Körper, den ich habe'. (…) Das kontingente *I,* das an den Leib gebunden ist, scheint auf das biographische *Me* angewiesen zu sein, um als Erfahrung ins Bewusstsein zu treten" (a. a. O., S. 225).

Über die Analyse einer biographischen Erzählung (der lebensgeschichtlichen Erzählung von Anna B., die im Rahmen eines Projekts zur Erforschung von Jugendarbeitslosigkeit erhoben wurde) macht Alheit deutlich, wie in den auf den Körper und Körperliches verweisenden Äußerungen der Protagonistin die leibliche Ebene repräsentiert und greifbar wird. Alheit führt die Lebensgeschichte als eine „Identitätssuche" vor und hält sie nicht nur aufgrund des (ungewöhnlich) dichten narrativen Materials zur Körper-Leib-Thematik für beachtenswert, sondern vor allem aufgrund des „qualitativen Sprungs" vom „Körper-Haben" zum „Leib-Sein" (a. a. O., S. 226), was er im Zuge der Analyse auch übersetzt mit „Bei-sich-Sein" (a. a. O., S. 239, 241).

Grundtenor der Analyse ist, dass die Protagonistin über eine hohe Körperreflexivität verfügt. Körperbezogene Momente von spezifischen *Zurichtungen* werden intensiv wahrgenommen – etwa der latente Wunsch der Familie, sie hätte ein Junge sein sollen, die Verordnung von Brille und Zahnspange, früher Alkohol- und Tabakkonsum, gefährliche Ausflüge ins Moor oder eine intensive Phase des Sich-unsichtbar-Machens durch sackartige Kleidung, lange Haare und lebensbedrohliches Hungern – und diese Zurichtungen werden in ein vom eigenen Ich *distanziertes* Verhältnis gesetzt.

Alheit arbeitet die jeweiligen biographischen Besetzungen und Bedeutungen dieser unterschiedlichen Körperthematiken subtil heraus, was hier nicht nachgezeichnet werden kann. Als zentrale Dynamik wird herausgestellt: Die (selbst)kritische und mitunter zynische Distanzierung von den sie umgebenden Körperereignissen und Zurichtungen, die das Gefühl wachhält, (noch) *nicht bei sich* zu sein, eröffnet der Protagonistin die Möglichkeit, dem ‚eigentlichen leiblichen Ich' näher zu kommen. Der Durchbruch zu diesem Ich gelingt, auch wenn sich damit neue Hürden auftun, als sie mit 16 Jahren schwanger wird und erstmals sehr klar und selbstsicher gegenüber dem (verbietenden und kontrollierenden) Vater und der (sie schützen wollenden) Öffentlichkeit ein eigenes Anliegen vertritt: das Kind behalten und austragen zu wollen.

(3) Hans-Dieter König (1999) führt am Beispiel der Rekonstruktion einer Studentenbiographie einen interdisziplinären Forschungszugang vor, indem er eine soziologische (lebenslauf- und sozialisationstheoretische) Analyse mit einem psychoanalytischen Zugang verbindet. Für das Fallverstehen setzt König das Konzept der sozialstrukturellen Analyse von „Verlaufskurven" *(Schütze)* sowie das Habitus-Konzept *(Bourdieu)* ein, das um eine tiefenhermeneutische Sicht *(Lorenzer)* auf den Fall ergänzt wird. König arbeitet mit diesem doppelten Zugang heraus, wie die biographischen Wahlen und das subjektive Erleben des Protagonisten – „Marcus" – von den sozialstrukturellen Gegebenheiten abhängen, in die Marcus hineinsozialisiert wurde (hier: dem Aufwachsen in einem kleinbürgerlichen Milieu und den Schwierigkeiten, die sich mit dem sozialen Aufstieg in ein statushöheres und habituell anders verfasstes akademisches Umfeld ergeben), und in welcher Weise frühe Beziehungserfahrungen (in Kombination mit dem Milieuwechsel) den Gefühlshaushalt von Marcus geprägt haben (hier: latente Aggressionen, die zum Teil masochistisch gegen sich selbst gerichtet werden, die aber im Rahmen einer Filmdiskussion zur Sprache gebracht werden können).

Aufhänger der Analyse ist, dass sich Marcus in einer Filmdiskussion höchst erschrocken zeigt, dass ihn das Körpergehabe des Neonazis Althans (in dem Bonengel-Film „Beruf Neonazi") so angeregt und fasziniert habe und dass er an sich selbst gespürt habe, wie diese Körperstärke auf ihn übergehe, dieses „Zackige", und wie er ein neues Körpergefühl – „lockerer, männlicher und auch aggressiver" – entwickelt habe. Eine weitere Alltags-Szene, die durch den Film angestoßen wird, reflektiert Marcus: Seine Verachtung gegenüber einer Gruppe von Obdachlosen, die in ihrer schamlosen „Ungepflegtheit", „Zerrissenheit" und „Elendigkeit" (mit offenen, blutigen Wunden, roter Haut und vollgepinkelt) aggressive Impulse in ihm auslösen (er möchte den Obdachlosen „ins Fleisch gehen").

König arbeitet heraus, wie die Identifikation mit Althans und der Hass auf die Obdachlosen mit eigenen frühen und im Laufe der beruflichen Entwicklung auftauchenden leiblichen und affektiven Erfahrungen von Marcus verbunden ist: An die „unheimlichen“ und „harten“ Hände der Mutter ist das Versagen von liebevoller und zarter Zuwendung geknüpft, an Badeszenen mit der Mutter eine Verletzung der körperlichen Integrität von Marcus und ein Übersehen seiner Sexualität; die eruptiven Wutausbrüche des Vaters, seine vorgespielte Autorität in der Polizei-Uniform und seine eigentliche Kindlichkeit stellen für Marcus kein geeignetes Männlichkeitsmodell dar; das Leiden an den unvertrauten Habitusformen im akademischen Milieu fängt Marcus durch Rückgriffe auf vertrautere Lebensvollzüge auf – so als Krankenpfleger in einer Pflegeeinrichtung, in der er mit Blut und Kot konfrontiert wird (über die damit verbundenen psychischen Belastungen aber nicht sprechen kann) und in der er durch eine Hautallergie selber offene und blutende Hände bekommt. Die damit verbundenen „peitschenden Schmerzen“, die den seelischen Schmerz über nicht erhaltene liebevolle Zuwendungen in der Kindheit überdecken, erträgt er. Offensichtlich schafft das Ansehen des Films für Marcus ein Ventil, sich der latenten Aggressionen, die er bisher auf sich selbst gerichtet hat, bewusst zu werden. Im Gegensatz zu radikalen Jugendlichen und Neonazis gelingt es ihm jedoch, die Aggressionen nicht über körperliche Gewalt auszuagieren, sondern emotional und reflexiv zu bearbeiten.

Zur Abrundung des Beitrags soll auf einige neuere Entwicklungen und Möglichkeiten in der Erforschung von Körperlichkeit und Biographie aufmerksam gemacht werden, die, wie die eben genannten Forschungsbeispiele, Lust machen können, sich verstärkt mit einer biographischen Perspektive im Rahmen einer Soziologie des Körpers auseinanderzusetzen:

1. Im Rahmen der Biographieforschung wird unter dem Begriff „Biographizität“ der Fokus stark gemacht, dass Identität nicht als ein starres Gebilde aufzufassen ist, sondern als eine fragile und prozessierende Kategorie und dass analog dazu Biographien (notwendiger Weise und mitunter schmerzhaft) Brüche und Verwerfungen enthalten, die es nicht zu ‚heilen‘, sondern auszuhalten und als Entwicklungschance oder Transformationspotenzial anzusehen gilt (vgl. Alheit, 2010). Eine solche Perspektive ist geeignet, die ebenfalls fragile und in stetem Wandel befindliche Körperlichkeit bewusst in die Frage nach Identitätsbildungs*prozessen* und biographischen Verläufen einzubinden und zu aktuellen gesellschaftlichen Entwicklungen im Körperumgang (die biologisch bedingte und körperbezogene Wandlungsprozesse ebenso still stellen wie dynamisieren können) ins Verhältnis zu setzen.
2. Aussichtsreiche Chancen der Erforschung des Zusammenhangs von Körperlichkeit, Biographie und Sozialität liegen in der Verschränkung von Biographieforschung und Ethnographie, da hier neben der sprachlichen Reflexion auch das soziale Feld und der körperliche Habitus systematisch in den Blick kommen und das sprachlich artikulierte Selbstverstehen mit dem beobachtbaren Verhalten im Feld trianguliert werden kann (vgl. dazu etwa Dausien & Kelle, 2009).

3. Inspirierend ist die Studie von Henrike Terhart (2014), die biographische Interviews mit Migrantinnen mit fotographischen Selbstporträts kombiniert und aus der Verschränkung von Text und Bild bzw. von sprachlichen und gestischen Körperinszenierungen erschließt, welche Bedeutung dem Körper (junger Migrantinnen) als Schauplatz der Verhandlung sozialer Zugehörigkeit zukommt.
4. Von besonderem heuristischen Wert ist schließlich die an die Analysen von Michel Foucault angelehnte Unterscheidung zwischen diskursiven und lokalen Wissensformen, wie sie etwa Andreas Hanses (2010) im Rahmen der Erforschung von Krankenkarrieren fruchtbar macht: Lokale Wissensformen zeichnen sich dadurch aus, dass sie an das leibliche Erleben gebunden sind, subjektiv und spontan gebildet werden und durch ihre subjektiv-leibliche Verankerung als ein Gegenwissen und eine Gegenmacht zu Herrschaftsdiskursen eingesetzt werden können. Hanses arbeitet heraus, wie sich im Einzelfall lokales Wissen gegenüber diskursivem Wissen durchsetzen kann, wie dieses Wissen biographisch generiert wurde und welche entscheidenden Wirkungen es im und für den biographischen Verlauf entfalten kann.

## Literatur


Abraham, A. (2002). *Der Körper im biographischen Kontext. Ein wissenssoziologischer Beitrag*. WDV.

Alheit, P. (1999). Reading Body Stories. Zur „leibhaftigen“ Konstruktion der Biographie. In P. Alheit (Hrsg.), *Biographie und Leib* (S. 223–244). Psychosozial Verlag.

Alheit, P. (2010). Identität oder „Biographizität“? Beiträge der neueren sozial- und erziehungswissenschaftlichen Biographieforschung zu einem Konzept der Identitätsentwicklung. In B. Griese (Hrsg.), *Subjekt – Identität – Person? Reflexionen zur Biographieforschung* (S. 219–250). VS Verlag.

Alheit, P., & Hoerning, E. (Hrsg.). (1989). *Biographisches Wissen, Beiträge zu einer Theorie lebensgeschichtlicher Erfahrung*. Campus.

Alheit, P., et al. (Hrsg.). (1999). *Biographie und Leib*. Psychosozial Verlag.

Berger, L. P., & Luckmann, T. (1996). *Die gesellschaftliche Konstruktion der Wirklichkeit. Eine Theorie der Wissenssoziologie*. Fischer.

Bourdieu, P. (2001). *Meditationen. Zur Kritik der scholastischen Vernunft*. Suhrkamp.

Dausien, B., et al. (1999). Geschlechterkonstruktionen und Körpergeschichten. Überlegungen zur Rekonstruktion leiblicher Aspekte des „doing gender“ in biographischen Erzählungen. In A. Peter (Hrsg.), *Biographie und Leib* (S. 177–200). Psychosozial Verlag.

Dausien, B., & Kelle, H. (2009). Biographie und kulturelle Praxis. Methodologische Überlegungen zur Verknüpfung von Ethnographie und Biographieforschung. In B. Völter (Hrsg.), *Biographieforschung im Diskurs* (S. 189–212). VS Verlag.

Delow, A. (2000). *Leistungssport und Biographie. DDR-Leistungssportler der letzten Generation und ihr schwieriger Weg in die Moderne*. LIT Verlag.

Fischer, W., & Kohli, M. (1987). Biographieforschung. In W. Voges (Hrsg.), *Methoden der Biographie- und Lebenslaufforschung* (S. 25–50). Leske + Budrich.

Fischer-Rosenthal, W., et al. (1999). Biographie und Leiblichkeit. Zur biographischen Arbeit und Artikulation des Körpers. In P. Alheit (Hrsg.), *Biographie und Leib* (S. 15–43). Psychosozial Verlag.

Fischer-Rosenthal, W., & Rosenthal, G. (1997). Warum Biographieanalyse und wie man sie macht. *Zeitschrift Für Sozialisationsforschung Und Erziehungssoziologie, 17*(4), 405–427.

Fuchs-Heinritz. (2005). *Biographische Forschung*. VS Verlag.

Gugutzer, R. (2012). *Verkörperungen des Sozialen. Neophänomenologische Grundlagen und soziologische Analysen*. transcript.

Hanses, A. (2010). Biographisches Wissen: Heuristische Optionen im Spannungsfeld diskursiver und lokaler Wissensarten. In B. Griese (Hrsg.), *Subjekt – Identität – Person? Reflexionen zur Biographieforschung* (S. 251–270). VS Verlag.

König, H.-D., et al. (1999). Fasziniert vom Körper eines Neonazis. Soziologische und psychoanalytische Rekonstruktion einer Studentenbiographie. In P. Alheit (Hrsg.), *Biographie und Leib* (S. 264–286). Psychosozial Verlag.

Kohli, M. (1985). Die Institutionalisierung des Lebenslaufs. Historische Befunde und theoretische Argumente. *Kölner Zeitschrift Für Soziologie Und Sozialpsychologie, 37*(1), 1–29.

Sackmann, R., & Wingens, M. (Hrsg.). (2001). *Strukturen des Lebenslaufs. Übergang – Sequenz – Verlauf*. Juventa.

Schütz, A. (1981). *Theorie der Lebensformen. Herausgegeben und eingeleitet von Ilja Srubar*. Suhrkamp.

Schütz, A. (1993). *Der sinnhafte Aufbau der sozialen Welt. Eine Einleitung in die verstehende Soziologie*. Suhrkamp.

Terhart, H. (2014). *Körper und Migration. Eine Studie zu Körperinszenierungen junger Frauen in Text und Bild*. transcript.

Voges, W. (1987). *Methoden der Biographie- und Lebenslaufforschung*. Leske + Budrich.

Wacquant, L. (2001). *Leben für den Ring. Boxen im Ghetto*. UVK.

# Lebensstil

Julia Wustmann und Michaela Pfadenhauer

Der Begriff „Stil“ in Verbindung mit Aspekten der Lebensgestaltung begegnet uns häufig im alltäglichen Sprachgebrauch. So sprechen wir von einem klassischen Business-Kleidungsstil, wenn sich unsere Kollegin für den farblich dezenten Hosenanzug als Büro-Outfit entscheidet. Oder aber wir sprechen von einem rasanten Fahrstil, wenn wir beschreiben wollen, dass unser bester Freund Straßenschilder und Ampeln eher als Fahrempfehlungen denn als Verkehrsregeln interpretiert.

Doch handelt es sich bei einem spezifischen Kleidungsstil oder einem markanten Fahrstil auch um einen Lebensstil? Die Lebensstilforschung würde diese Frage wohl eher verneinen. Aber was ist dann ein Lebensstil?

## 1 Was sind Lebensstile?

Die Lebensstilforschung ist durch Uneinigkeit im Verständnis des eigenen Leitbegriffs charakterisiert. Nichtsdestotrotz lassen sich Definitionen ausfindig machen, die hinsichtlich der konstitutiven Merkmale des Lebensstilbegriffs konsensfähig sind. So definieren Gunnar Otte und Jörg Rössel (2011) im Rekurs auf Peter H. Hartmann (1999) einen Lebensstil als „[...] ein Muster verschiedener Verhaltensweisen, die eine gewisse formale Ähnlichkeit und biographische Stabilität aufweisen, Ausdruck zugrunde

J. Wustmann (✉)
Dortmund, Deutschland
E-Mail: julia.wustmann@tu-dortmund.de

M. Pfadenhauer
Wien, Österreich
E-Mail: michaela.pfadenhauer@univie.ac.at



R. Gugutzer et al. (Hrsg.), *Handbuch Körpersoziologie 2*,
https://doi.org/10.1007/978-3-658-33298-3_16

liegender Orientierungen sind und von anderen Personen identifiziert werden können“ (Otte & Rössel, 2011, S. 13).

Bezogen auf die eingangs gegebenen Beispiele markiert die Definition zunächst grundlegend, dass mit Lebensstilen nicht einzelne Handlungen wie die des Ankleidens oder des Fahrens, sondern kohärente Muster von Verhaltensweisen gemeint sind. Darüber hinaus hält die Definition fest, dass mit einem Lebensstil nicht auf eine einmalige Handlung abgehoben wird, sondern der zeitlichen Dimension und damit einhergehend einer gewissen Form von Stabilität eine entscheidende Bedeutung beizumessen ist.

Diese Kriterien allein reichen jedoch nicht hin, um von einem Lebensstil sprechen zu können. Vielmehr spielt der Aspekt der formalen Ähnlichkeit eine zentrale Rolle, was bedeutet, dass die unter einem Lebensstil subsumierten Verhaltensweisen – deutlicher als andere Verhaltensweisen – in einem Zusammenhang gesehen werden können (vgl. Otte & Rössel, 2011, S. 13). So nehmen wir es beispielsweise als stimmiger wahr, wenn eine Person, die mit Vorliebe die Werke von Fjodor Dostojewski liest, sich eher für den Besuch einer Opernaufführung als für den Besuch einer Computerspielmesse begeistert. Die Lektüre von Dostojewski und der Besuch der Oper können insofern als formal ähnliche und dergestalt zusammengehörende Verhaltensweisen angesehen werden, als sie beide dem zugerechnet werden können, was in der westlichen Gesellschaft als Hochkultur gilt. Daran wird deutlich, dass das Kriterium der formalen Ähnlichkeit eine Zuschreibung entlang übergeordneter Kategorien ist, die nicht mit Stimmigkeit bzw. Kohärenz aus subjektiver Perspektive gleichzusetzen ist.

Der eingangs genannten Definition gemäß sind Lebensstile des Weiteren die Ausdrucksgestalt tieferliegender Orientierungen. Die somit bestehende Expressivität von Lebensstilen ist ein weiteres konstitutives Moment, das umfasst, dass in einem Lebensstil etwas zum Ausdruck kommt bzw. gebracht wird, was selber nicht sichtbar ist. So kann beispielsweise mit der Entscheidung, seine Möhren im fair-trade-ausgerichteten Bio-Laden statt in der nächsten Aldi-Filiale zu kaufen, mehr als nur die Präferenz für Karotten zum Vorschein gebracht werden. Bei dieser Entscheidung können bestimmte politische oder ethische Einstellungen bezüglich gerechten Handels und/ oder nachhaltiger Ökologie eine Rolle spielen, die die Wahl des Lebensmittelmarkts motivieren bzw. die durch diese Wahl demonstriert werden können.

An diesem Beispiel wird ersichtlich, dass mit dem Merkmal der Expressivität ein weiteres Charakteristikum von Lebensstilen eng verknüpft ist: die Identifizierbarkeit von Lebensstilen. Gemeint ist damit, dass Lebensstile aufgrund ihres expressiven Charakters in Interaktionssituationen nach außen, d. h. für andere Akteur/e/innen sichtbar und damit auch klassifizierbar werden (vgl. Otte, 2013, S. 538; Otte & Rössel, 2011, S. 13). Methodisch leiten Lebensstilforscher/innen daraus und aus dem Spezifikum der formalen Ähnlichkeit die Annahme ab, dass bereits das Erkennen weniger Teilaspekte ausreicht, um auf den gesamten Lebensstil schlussfolgern zu können.

Ein noch höherer Grad an begrifflicher Trennschärfe ergibt sich aus der Kontrastierung des Lebensstilbegriffs mit anderen Begrifflichkeiten. Der innerhalb der

Lebensstilforschung gängige Begriff der Lebensführung geht in seiner Verwendung und Bedeutung grundlegend auf Max Weber zurück. Webers weist in seiner Abhandlung über die „protestantische Ethik“ als eine der Grundlagen des modernen Kapitalismus auf die fundamentale Rolle religiöser Werte hin, welche ihrerseits Akteur/e/innen dazu anleiten, eine rationale Lebensführung anzustreben (vgl. Weber, 1985, 1921; 22]). Im Anschluss daran schlagen Otte und Rössel (2011) im Kontext der aktuellen Lebensstilforschung vor, Lebensführung als „Terminus für *übergreifende* Zusammenhänge zentraler Wertorientierungen und Lebensstilmuster“ zu verwenden (ebd., S. 15; Hervorhebung im Original). Damit markieren sie einen deutlichen Unterschied zum Lebensstilbegriff, bei dessen Bestimmung die Dimension der Werte und Einstellungen von der der Handlung und Verhaltensweisen analytisch getrennt wird. Hartmann (2011) akzentuiert die Bedeutung dieser Unterscheidung im Hinblick auf das konkrete Forschungsvorgehen, indem er aufzeigt, dass der Fokus bei der Erforschung von Lebensführungen auf Interessen und Werten liegt („Alltagsethik“), wohingegen sich der Schwerpunkt bei der Erforschung von Lebensstilen auf „sinnlich Wahrnehmbares“ („Alltagsästhetik“) verlagert (ebd., S. 63).

Eine weitere, der Trennschärfe der Definition dienende Abgrenzung kann schließlich in Bezug auf die im Kontext von Lebensstil häufig verwendeten Klassen- und Schichtbegriffe vorgenommen werden. Wie Stefan Hradil und Annette Spellerberg (2011) diesbezüglich festhalten, beziehen sich Klassen- und Schichtkonzepte in ihrer Begriffsgrundlegung in erster Linie auf die Verfügbarkeit bestimmter Ressourcen (bspw. das Einkommen von Akteur/inn/en), während im Kontrast dazu der Lebensstilbegriff auf deren zielgeleitete und präferenzorientierte Verwendung ausgerichtet ist (in diesem Sinne etwa die Ausgabe des Einkommens für den Erwerb einer Schallplatte der Lieblings-Punk-Band) (vgl. ebd., S. 52).

## 2 Was bewirken Lebensstile?

„Lebensstil“ ist jedoch nicht nur eine Beobachterkategorie. Lebensstile haben vielmehr auch Auswirkungen auf bzw. Funktionen für Akteur/e/innen. Bezogen auf Wirkungen von Lebensstilen konstatieren Otte und Rössel (2011, S. 26) zum einen „*intertemporale* Lebensstilkonsequenzen“, die sich z. B. besonders deutlich bei Verhaltensweisen eines Lebensstils zeigen, welche die Gesundheit tangieren (vgl. Otte & Rössel, 2011). So kann ein gesundheitsorientierter Lebensstil, der sich bspw. in einer veganen Ernährungsweise und/oder wöchentlichen Sportaktivitäten äußert, durchaus weit in die Zukunft reichende Konsequenzen für das Risiko zeitigen, an einer Herzverfettung zu erkranken. Als „*interpersonelle* Lebensstilwirkungen“ (ebd., S. 26; Hervorhebung im Original) beschreiben sie zum anderen das, was man gängigerweise unter dem Sprichwort „gleich und gleich gesellt sich gern“ versteht, nämlich dass sich Akteur/e/innen mit einem gewissen Lebensstil in der Partnerschafts- und Freundschaftswahl in überdurchschnittlichem Maße für Personen entscheiden, die einen ähnlichen Lebensstil an den Tag legen.

Hinsichtlich der Funktion von Lebensstilen für Akteur/e/innen akzentuieren Otte und Rössel (2011) Lebensstile als „umfassende Verhaltenssyndrome" (ebd., S. 27). Demnach besitzen die den Lebensstilen zugrunde liegenden Orientierungen eine so hohe Prägekraft, dass jede neue Verhaltensoption hinsichtlich ihrer Kongruenz zur Grundorientierung beurteilt wird. Demnach ist nicht davon auszugehen, dass die in ihrer Grundorientierung kapitalismuskritische Freundin dem Vorschlag zustimmt, gemeinsam einen Shoppingausflug zu einem Textildiscounter zu unternehmen. Vielmehr wäre – rein unter Lebensstilgesichtspunkten – damit zu rechnen, dass sie sich dieser Unternehmung verweigert und – im Fall einer konstruktiven Grundhaltung – einen zu ihrer Grundorientierung passenden Gegenvorschlag unterbreitet.

Zum Aspekt der Funktion von Lebensstilen ist schließlich auch die sich hierdurch eröffnende Möglichkeit der Distinktion zu zählen sowie – im Umkehrschluss – die dadurch möglich werdende Signalisierung von Zugehörigkeit (vgl. Eisewicht et al., 2012). Daraus resultiert als funktionaler Aspekt, dass Lebensstile zu einer Komplexitätsreduktion im Alltag beitragen, da sich auf ihrer Basis im Sinne der Routinisierung einfacher und schneller Handlungsentscheidungen treffen lassen (vgl. Hradil & Spellerberg, 2011, S. 53; Otte, 2013, S. 547 f.).

## 3 Wie entstehen Lebensstile?

Trifft man bereits bei der Aushandlung dessen, was ein Lebensstil ist, auf Uneinigkeit, so verstärkt sich diese nochmals hinsichtlich der Frage, wie und aus welchen Umständen heraus Lebensstile entstehen. Dies liegt grundlegend darin begründet, dass Bestimmungen von Begriffen wie den des Lebensstils untrennbar mit Vorstellungen über dessen Entstehungszusammenhang verknüpft sind, wenn sie nicht ohnehin daraus hervorgehen. Innerhalb der vorwiegend theoretisch geführten Debatte zeichnen sich gegenwärtig zwei Perspektiven ab: einerseits die der Individualisierungstheorie, andererseits die der Sozialstrukturtheorie. Vertreter/innen der ersten Perspektive beziehen sich im Hinblick auf das Individualisierungstheorem vor allem auf die Arbeiten von Ulrich Beck. Bekanntlich konstatiert Beck (1986) einen Bruch innerhalb der Moderne, die deren Herauslösung aus den Umrissen der klassischen Industriegesellschaft und Entwicklung hin zur industriellen Risikogesellschaft zur Folge hat. Aus der insbesondere nach dem zweiten Weltkrieg zu verzeichnenden Zunahme von Mobilität, Konsum, Einkommen, Bildung, sozialer Sicherheit etc. resultiert demnach ein Wandel der Sozialstrukturen, während sich die Ungleichheitsstrukturen nicht wesentlich verändert haben. Aus der Erweiterung der materiellen und zeitlichen Optionen der individuellen Entfaltung resultiert nach Beck die Individualisierung von Lebenslagen und Lebensweisen.

Individualisierung wiederum beinhaltet Beck zufolge drei Dimensionen. Mit der von ihm so genannten „Freisetzungsdimension" beschreibt er, dass Individuen aus den gegebenen Sozialformen und -beziehungen herausgelöst werden. Mit der „Entzauberungsdimension" schildert er den Verlust von traditionellen Eindeutigkeiten bezüglich des Handelns oder etwa der Wertvorstellungen. Schließlich bezeichnet er mit der „Kontroll- und Reintegrationsdimension“ eine neue Form der sozialen Einbindung von Individuen, die sich in erster Linie über gesellschaftliche Institutionen vollzieht (vgl. Beck, 1986, S. 206). Aus dieser Situation resultiert Beck zufolge, dass die an ein Individuum gestellten Anforderungen zunehmen bzw. sich bereits gravierend erhöht haben, da kein konstantes soziales Gefüge mehr existiert, in welches Akteur/e/innen verlässlich eingebettet sind. Vor diesem Hintergrund sind Akteur/e/innen gezwungen, die Lebensgestaltung und -organisation selbst zu bewerkstelligen (vgl. ebd.).

Im Hinblick auf Lebensstile lässt sich diese Theorie dahin gehend interpretieren, dass die Zunahme von Mobilität, Bildung, Einkommen usw. im Grunde eine Zunahme verfügbarer Ressourcen bedeutet, die Akteur/inn/en individuell eine größere Handlungsfähigkeit ermöglicht. Im Zuge der damit einhergehenden Herauslösung aus familiären, religiösen, gemeinschaftlichen und anderen Zusammenhängen wird die Möglichkeit allerdings zum Zwang: Nicht nur können Akteur/e/innen nun ihr eigenes Leben immer individueller gestalten, aufgrund der verloren gegangenen Sicherheiten müssen sie dies auch tun, wodurch auch die Option des Scheiterns rasant an Bedeutung gewinnt. Um nun irgendeine Art der existenziellen Sicherheit wiederzuerlangen, schließen sich Akteur/e/inne mit anderen Akteur/inn/en zusammen, die ähnliche Wertvorstellungen und Verhaltensweisen, also Lebensstile, aufweisen. Allerdings sind diese neuen Formen der Vergemeinschaftung durch das Merkmal der Flüchtigkeit gekennzeichnet, was bedeutet, dass der Ein- und Austritt schneller erfolgt als dies bei älteren Formen von Gemeinschaft der Fall ist (vgl. Hitzler et al., 2008).

Konstitutiv für die an diese theoretische Perspektive anschließende Vorstellung von Lebensstilen ist die These der „subjektiven Stilisierung“ (Hitzler, 1994, S. 79). Die Genese eines Stils ergibt sich demnach „aus der *Absicht* (und der Möglichkeit), etwas (sozusagen ‚material Gegebenes‘) ästhetisch, d. h. nach Kriterien des ‚Gefallens‘, zu gestalten, zu strukturieren“ (ebd., S. 80; Hervorhebung im Original). Im Umkehrschluss werden Lebensstile nicht als Akteur/e/innen determinierende, sich aus der sozialstrukturellen Positionierung ergebende Schicksale verstanden, „weil sich damit per se keine Gestaltungsabsicht verknüpft. Erst wenn das, was *ist,* weil es (warum auch immer) sein *muß* [sic!], überhöht wird zu etwas, was (auch) sein soll, entsteht ‚Stil‘“ (ebd., S. 80; Hervorhebung im Original). Lebensstile werden dieser Lesart zufolge zu einem Resultat von Individualisierungsprozessen (vgl. exemplarisch Hitzler & Pfadenhauer, 2006).

Genau an diesem Punkt nun würden Vertreter/innen der zweiten Perspektive Einspruch anmelden. Sie insistieren trotz der zu beobachtenden Individualisierungsphänomene auf die nach wie vor bestehenden sozialen Ungleichheiten und darauf, dass die sozialstrukturelle Position von Akteur/inn/en nach wie vor Einfluss auf deren Lebensstile hat. Theoretisch rückgebunden wird diese Perspektive an die Schriften Pierre Bourdieus, die der neueren Lebensstilforschung zentrale Impulse gegeben haben. Dabei wird vor allem auf dessen Studie über „Die feinen Unterschiede“ (1982) rekurriert, in der Bourdieu die bis dato vorherrschenden klassentheoretischen Vorstellungen um weitere analytische Dimensionen, wie zum Beispiel die der Distinktion oder des Geschmacks erweitert. Mittels einer Korrespondenzanalyse rekonstruiert Bourdieu die Verstrickungen von Merkmalen der Sozialstruktur (wie bspw. dem Bildungsgrad) mit Ausprägungen von Lebensstilen. Diese Verstrickungen werden graphisch über verschiedene Achsen innerhalb des „sozialen Raums" dargestellt (vgl. Bourdieu, 1982).

Das theoretische Gerüst zur Erklärung dieser Ergebnisse, auf das sich die Vertreter/innen der zweiten Perspektive stützen, bildet die Habitustheorie mit dem darin verankerten Konzept der Kapitalarten. Demnach existieren grundlegend drei verschiedene Kapitalsorten (ökonomisches, kulturelles, soziales Kapital), die ungleich verteilt sind und je nach Ausmaß sowie nach Zusammensetzung über die Zugehörigkeit einer Person zu einer Klasse(nfraktion) entscheiden. Im Zuge der Sozialisation innerhalb einer bestimmten Klasse(nfraktion) entwickelt sich gemäß den darin jeweils geltenden Lebensbedingungen eine spezifische Habitusformation. Diese zeitigt im Weiteren Konsequenzen für das konkrete praktische Handeln von Personen, insoweit im Habitus klassenspezifische Denk-, Wahrnehmungs- und Bewertungsschemata verankert sind, die sich dann wiederum über konkrete Verhaltensweisen und in diesem Sinne in Gestalt unterschiedlicher Lebensstile äußern (vgl. Bourdieu, 1982).

Während die erste, vorzugsweise auf Beck rekurrierende Perspektive bei der Frage nach der Entstehung von Lebensstilen also auf die Folgen der Individualisierung fokussiert und dabei den bewussten Akt des Stilisierens hervorhebt, schreibt die zweite, vorzugsweise auf Bourdieu rekurrierende Perspektive den materiellen Gegebenheiten der Lebenslage von Akteur/inn/en eine dominantere Rolle zu, selbst wenn der empirische Fokus letztendlich auf deren Verwendung gelegt wird. Bei Streitfragen dieser Art ist es ratsam, einen schlichtenden Mediator hinzuzuziehen, wofür sich in diesem Falle die Empirie anbieten würde. Wie Hradil und Spellerberg (2011) in einem Überblick zusammenfassen, liefert die Empirie jedoch keine eindeutigen, die Richtigkeit lediglich einer der beiden Perspektiven bestätigenden Ergebnisse (vgl. ebd., S. 61). Diesen Umstand klären Hradil und Spellerberg dahin gehend auf, dass die beiden Erklärungsansätze in gewisser Weise im Zusammenhang miteinander stehen. Denn die „individuelleren Wertehaltungen sind in der Regel begleitet von günstigeren Lagen im sozialen Höher und Tiefer. Lebensstilen kommt die Funktion zu, individualisierten Menschen im schnellen sozialen Wandel Orientierungen und Gemeinsamkeiten zu bieten. Lebensstile haben jedoch immer auch die Funktion, soziale Hierarchien symbolisch zu repräsentieren und so zu stärken" (ebd., S. 61).

## 4 Was verbindet Lebensstile mit Körpern?

Für die im Rahmen dieses Handbuchs zentrale Frage nach der körperlichen Dimension von Lebensstilen kann nun die bereits kurz angerissene Habitustheorie von Pierre Bourdieu fruchtbar gemacht werden. Denn diese hebt keineswegs nur auf das Verhältnis von (materiellen) Strukturen und Lebensstilen ab. Vielmehr wird darin gerade auch dem

Körper eine zentrale Bedeutung beigemessen. So ist der Körper Bourdieu (1982, S. 307) zufolge die „unwiderlegbarste Objektivierung des Klassengeschmacks“. Das bedeutet, dass der Körper das sichtbarste Zeichen des Klassengeschmacks und damit auch der Zugehörigkeit zu einer Klasse ist. Der Körper *ist* jedoch nicht schon immer Aushängeschild der Klassenzugehörigkeit, er *wird* vielmehr über einen bereits mit der Geburt einsetzenden Prozess klassenspezifisch geformt. Der Geschmack einer Klasse kann bspw. darüber entscheiden, ob bestimmte Nahrungsmittel strikt abgelehnt oder aber als Delikatesse begehrt werden. Doch Geschmack, genauer der Geschmacksinn, bezieht sich nicht allein auf kulinarische Aspekte, sondern geht darüber hinaus: „In der Tat erweist sich über kulinarische Vorlieben [...] und natürlich auch über den Gebrauch des Körpers im Arbeitsprozess wie in der Freizeit die klassenspezifische Verteilung der körperlichen Eigenschaften“ (Bourdieu, 1982, S. 307.). Der durch die Klassenzugehörigkeit geprägte Geschmack, also das, was gefällt, betrifft demnach auch lebensstilrelevante Bereiche wie den der Freizeit.

Geschmack ist nach Bourdieu die somatische Dimension des Habitus, welcher seinerseits das verbindende Moment zwischen klassenspezifischen Lebensbedingungen (ökonomischer, kultureller, sozialer Art) und konkreten Verhaltensweisen bildet (Bourdieu, 1982, S. 277–286). Bourdieu spricht diesbezüglich vom Habitus als „nicht nur strukturierende, die Praxis wie deren Wahrnehmung organisierende Struktur, sondern auch strukturierte Struktur“ (ebd., S. 279). Das Verständnis von Habitus als „strukturierte Struktur“ bezieht sich darauf, dass der Habitus als Ergebnis der jeweiligen klassenspezifischen und damit materiellen Bedingungen anzusehen ist. Auf Basis dieser Bedingungen entwickeln sich über-/individuelle Dispositionen, die als „strukturierende Struktur“ die konkreten Praxisformen bedingen (vgl. ebd.). Wie PaulaIrene Villa (2008) zusammenfassend konstatiert, ist die Habitustheorie durch eine „Gleichzeitigkeit von Reproduktion und Produktion im Rahmen von Vergesellschaftung“ charakterisiert und wird so zu einem „soziologischen Gewinn“ für die Auseinandersetzung mit dem Körper (ebd., S. 206). Zusammenfassend kann festgehalten werden, dass die Habitustheorie – wie an der Ausführung zum Geschmackssinn verdeutlicht werden sollte – nicht rein kognitiv, sondern auch somatisch konzeptualisiert ist. So verläuft einerseits die Inkorporierung maßgeblich über den Körper und wird andererseits im wahrsten Sinne des Wortes über den Körper durch situationsangemessene Verhaltensweisen ausgelebt. Diese sich gegenseitig bedingende Trias aus (Klassen-)Habitus, (klassenspezifischen) Lebensstilen und Körper(-praktiken) verdeutlichte Bourdieu in „Die feinen Unterschiede“ an allerhand Beispielen, wie etwa Essens- und Trinkverhalten, Kleidungsweisen oder ausgeübten Sportaktivitäten (vgl. Bourdieu, 1982, S. 288–354).

Während Bourdieu mit seinem Habitusbegriff die sozialstrukturellen Aspekte menschlichen Handelns betont, betonen Berger und Luckmann (1969) mit ‚Habitualisierung‘ die „subjektive Genese des Habitus“ (Knoblauch, 2003, S. 188). ‚Habitus‘ in diesem Verstande eines Handlungsstils akzentuiert den Sachverhalt, dass jemand gewohnt ist bzw. sich daran gewöhnt und eingewöhnt hat, etwas auf eine bestimmte Weise zu tun. Dementsprechend bildet sich ein Habitus durch die

Routinisierung von Handlungen heraus. Ein solches wissenssoziologisch fundiertes Verständnis von Habitus verbleibt weder im Objektivismus noch im Subjektivismus, sondern bindet die Sozialität des Habitus an die bei Bourdieu vernachlässigte Dimension des Subjektiven bzw. des Bewusstseins zurück. Denn Habitualisierung basiert zum einen auf Typisierung von Handlungen und Handelnden und setzt zudem die Bewusstseinsfähigkeit voraus, auf polythetisch zusammengesetzte Handlungen monothetisch zuzugreifen. Zum anderen ist sie die Vorstufe für Institutionalisierung, bei der durch Wiederholung ausgebildete interaktive Handlungsmuster zu einem typischen, mehrere Handelnde verpflichtenden Handlungsablauf werden, indem sie in der Form von Wissen an andere weitergegeben werden. ‚Stil' ist somit die Äußerungsform einer verinnerlichten und inkorporierten Ordnung, die allerdings einerseits von Handelnden erzeugt wird und andererseits von Handelnden keineswegs nur nachahmend vollzogen, sondern kontrastiert und letztlich verändert werden kann (vgl. Pfadenhauer, 2009).

## 5 Wie kann man Lebensstile körpersoziologisch erforschen?

Für eine Klärung der Frage, wie sich das Forschungsfeld der Körpersoziologie darstellt und welche Möglichkeiten der Erforschung von Lebensstilen sich innerhalb dessen eröffnen, soll der in Tab. 1 und 2 dargestellte Strukturierungsvorschlag von Robert Gugutzer (2006) als Orientierung dienen. Darin werden entlang der Kriterien der Fragestellung, des Erkenntnisinteresses und der theoretischen Perspektive folgende zwei

**Tab. 1** „Körper als Produkt von Gesellschaft"

| Analytische Dimension der Soziologie des Körpers | Körperformung | Körperdiskurs | Körperumwelt | **Körperrepräsentation** | Leiberfahrung |
|---|---|---|---|---|---|
| Fragestellungen | **Wie wirkt Gesellschaft auf den Körper ein?** | Wie wird der Körper diskursiv hervorgebracht? | Wie wird der Körper kommuniziert? | **Was symbolisiert der Körper?** | Wie wird der Körper gespürt? |
| Forschungsthemen | **Der Körper als Objekt von Strukturen, Institutionen, Technologien** | Der Körper als Objekt von Wissensformen, Deutungsmustern | Der Körper als Thema von subsystemischen Kommunikationen | **Der Körper als Träger von Zeichen, Zuschreibungen** | Der Körper als Ort von Leiberfahrungen |

(Quelle: Gugutzer, 2006, S. 17; Hervorhebungen durch J. W./M. P.)

**Tab. 2** „Körper als Produzent von Gesellschaft“

| Analytische Dimensionen der Soziologie des Körpers | **Körperpraxis** | | |
|---|---|---|---|
| | **Körperroutinen** | **Körper-inszenierungen** | Körpereigensinn |
| Fragestellungen | **Wie handelt der Körper gewohnheitsmäßig?** | **Wie wird der Körper präsentiert?** | Wie handelt der Körper vorreflexiv? |
| Forschungsthemen | **Der Körper als Medium für Routine- und Gewohnheits-handlungen** | **Der Körper als Medium für Selbst-darstellung, Per-formativität** | Der Körper als Subjekt von eigen-sinnigem Handeln |

(Quelle: Gugutzer, 2006, S. 20; Hervorhebungen durch J.W./M. P.)

Kategorien differenziert, innerhalb derer sich insgesamt acht analytische Dimensionen identifizieren lassen: Während sich unter die Kategorie *„Körper als Produkt von Gesellschaft“* vor allem jene Forschungsarbeiten fassen lassen, die sich damit beschäftigen, wie Körper als gesellschaftlich konstruierte Phänomene zu begreifen sind, sind unter der Kategorie *„Körper als Produzent von Gesellschaft“* jene Ansätze versammelt, mit der die körperliche Konstruiertheit von sozialer Ordnung und Gesellschaft untersucht wird (vgl. ebd., S. 13; Hervorhebung im Original). Auch wenn Gugutzer explizit betont, dass es sich bei diesem Strukturierungsvorschlag um eine rein analytische Einteilung handelt, gibt dieser doch auch Aufschluss darüber, innerhalb welcher analytischen Dimensionen körpersoziologischer Arbeiten Lebensstil eine Rolle spielen kann.

Eine erste innerhalb der Kategorie „Körper als Produkt von Gesellschaft“ interessierende Dimension ist die der Körperformung, welche bei Forschungsarbeiten im Spektrum der Körpersoziologie weiterhin den am häufigsten gewählten Forschungsfokus darstellt. Zentral ist dabei die Frage, in welcher Weise Gesellschaft Körper beeinflusst und auf diese einwirkt. Dementsprechend dominiert hier ein Verständnis von Körpern als von strukturellen Settings, institutionellen Arrangements und letztlich auch von Technologien beeinflussten, ja determinierten Objekten. In diesem Sinne wird in dieser Perspektive auch der Analyse von „Ungleichheits- und Machtstrukturen“ besondere Aufmerksamkeit zuteil (vgl. Gugutzer, 2006, S. 14).

Im Hinblick auf die vorangehenden Ausführungen zu Bourdieus Habitustheorie tritt in dieser Sicht der Habitus als strukturierte Struktur und die damit einhergehende klassenspezifische Formung des Körpers in den Mittelpunkt. Genau an dieser Stelle eröffnet sich bei dieser Perspektive ein erster Schnittpunkt zur Lebensstilforschung, da diese – in ihrer sozialstrukturanalytischen Tradition – ebenfalls auf die Erforschung sozialer Ungleichheitsstrukturen abzielt, damit also prinzipiell einen starken Akzent auf Strukturen setzt. Zudem besteht insofern eine Verbindung, als die Annahme der Wirkmächtigkeit von Sozialstrukturen und Ressourcen ebenfalls einem Großteil der Arbeiten innerhalb der Lebensstilforschung zugrunde liegt.

Die zweite im Kontext der Lebensstilthematik aufschlussreiche Dimension ist die der Körperrepräsentation. In dieser Perspektive richtet sich der Forschungsfokus weg von der „Vergesellschaftung des Körpers“ auf die „Verkörperung der Gesellschaft“ (Gugutzer, 2006, S. 15). Dies bildet gleichsam die andere Seite der Strukturierungs-Medaille, weil der Körper hier nicht allein als ein durch Strukturen beeinflusstes Objekt verstanden wird, sondern vielmehr auch als ein diese Strukturen symbolisierender Repräsentant. Forschungsleitend ist hier die Frage, was, d. h. welche Strukturen Köper auf welche Weise symbolisieren. Der Körper fungiert in diesem Verständnis als „nicht-intendierter Träger von Zeichen und Zuschreibungen, die auf soziale Herkunft, auf soziale Zugehörigkeit und Machtverhältnisse verweisen“ (vgl. ebd., S. 15).

Im Verstande der Bourdieuschen Habitustheorie hebt diese Perspektive im weitesten Sinne auf das ab, was den Habitus als strukturierende Struktur kennzeichnet. An diesem Punkt eröffnet sich eine weitere Schnittstelle zur Lebensstilforschung, da Lebensstile in diesem Sinne als eine konkrete Form der praxisstrukturierenden Struktur verstanden werden können. Da Lebensstile den oben genannten Definitionskriterien entsprechend durch einen expressiven Charakter gekennzeichnet sind, lassen sich diese identifizieren, d. h. sie sind auch für den/die Forscher/in erkennbar und damit auch erforschbar. Durch die Charakterisierung von Lebensstilen als kohärente Muster alltäglicher Verhaltensweisen ist darüber hinaus das potenzielle Forschungsfeld abgesteckt: die Alltagspraxis von Individuen.

In Bezug auf die Frage des Stellenwerts von Lebensstilen innerhalb der Körpersoziologie ist jedoch einschränkend zu konstatieren, dass die körperliche Dimension in dieser Perspektive zwar als konstitutives Moment mitgedacht wird, aber nicht zwangsläufig miterforscht wird. Ein großer Teil der Forschungslandschaft zu Lebensstilen besteht aus Studien, die Bourdieu zwar als theoretischen Ausgangspunkt der Untersuchung wählen, Körper und körperliche Praxen aber nicht in den Mittelpunkt der Analyse stellen. Es werden vielmehr vor allem einzelne Lebensstil-Aspekte wie Musikgeschmack (Otte, 2008), Wohnstandortwahl (Rössel & Hoelscher, 2012), Konsumverhalten (Lüdtke, 2000) oder Gesundheitsverhalten (Abel et al., 2004) analysiert. Der Körper wird darin bestenfalls theoretisch als eine konstitutive Komponente erkannt, die in ihrer Bedeutung aber nicht weiter expliziert wird. Empirisch wird in den meisten Lebensstilforschungen der Fokus auf Zeichen und Zuschreibungen gelegt, während der Träger dieser Zeichen übersehen wird.

Um jedoch Körper (und im Anschluss daran körperliche Praxen) nicht nur als konstitutive Komponenten zu denken, sondern diese als zentrale Elemente des Lebensstils zu erforschen, muss die theoretische Fundierung der ersten Kategorie auf den Prüfstand gestellt werden. Mit der deutlichen Orientierung an Bourdieus Habitustheorie geht durchaus auch Kritik an diesem Konzept einher. Wie Ulle Jäger (2004) diesbezüglich festhält, bleibt neben der dem Körper zugeschriebenen objektivierenden „Speicherfunktion“ auch die Frage nach der „Beschaffenheit des Speichers“ unbeantwortet (ebd., S. 192). Dies führt zur übergeordneten Kritik, dass Bourdieu, vor allem bedingt durch seine Konzeption der Einverleibung, einer grundlegend deterministischen Lesart des

Körpers erliegt, auf den lediglich eingewirkt wird. Villa (2008) konstatiert diesbezüglich: „Die *Re*produktion sozialer Ordnung kann anhand der Analyse von Einverleibungsprozessen mit Bourdieu eingefangen werden, die der (performativen) Produktion weniger" (ebd., S. 206; Hervorhebung im Original).

Erst innerhalb der zweiten von Gugutzer benannten Kategorie des „Körpers als Produzent von Gesellschaft" eröffnet sich ein Potenzial zur Untersuchung explizit körperlicher Praxen (eines Lebensstils).

Mit diesem Perspektivwechsel richtet sich das Forschungsinteresse auf die Fragestellung, wie Körper und körperliche Praktiken Gesellschaft und soziale Ordnung produzieren, stabilisieren und transformieren (vgl. Gugutzer, 2006). Bezogen auf die Lebensstil-Thematik werden der Strukturierung nach zwei Dimensionen der Kategorie der Körperpraxis relevant, die innerhalb der Tab. 2 fett hervorgehoben wurden. Beide Dimensionen sind durch das Verständnis vom Körper als „*Medium* für soziales Handeln" charakterisiert (ebd., S. 17; Hervorhebung im Original). Dass bedeutet, dass der Körper insofern grundsätzlich den Status eines Mediums innehat, als er Grundvoraussetzung jeglicher Art sozialen Handelns ist und folglich jede Handlung immer auch eine somatische Komponente umfasst. Im Zuge ihres immer schon somatischen sozialen Handelns konstruieren Akteur/e/innen ihre jeweiligen sozialen Wirklichkeiten (vgl. ebd.). Im Weiteren sind diesbezüglich Routinehandlungen, genauer Körperroutinen, ein bestimmendes Moment in der Herstellung sozialer Ordnung und sozialer Wirklichkeit. Im Rekurs auf Arbeiten aus der ethnomethodologische Geschlechtersoziologie sowie grundlegend interaktionistisch ausgerichtete Arbeiten zeigt Gugutzer den Stellenwert des Körpers als Mittel zur Interaktion auf, welches es einzusetzen gilt (vgl. Gugutzer, 2006).

Aber auch dann, wenn das Erkenntnisinteresse der Frage gilt, auf welche Weise Körper präsentiert und inszeniert werden, ist der Interaktionsaspekt zentral. Hiermit wird der Forschungsfokus auf Praktiken der bewussten körperlichen Bearbeitung gelegt, dessen Zielsetzung in der Erreichung einer bestimmten Darstellung des eigenen Selbst liegt. „Das Augenmerk liegt dabei zentral auf der Konstruktion sozialer Wirklichkeit im Vollzug körperlicher Praktiken" (Gugutzer, 2006, S. 19). Was diese Fragerichtung von der nach der Körperrepräsentation unterscheidet, ist die Intentionalität des Handelns – der Körper wird von dem/der Akteur/in bewusst in sozialen Interaktionen eingesetzt.

Mit diesen beiden letztgenannten Kategorien eröffnet sich für die Lebensstilforschung ein empirischer Zugang, der insbesondere dem individualisierungstheoretischen Zuschnitt der Lebensstil-Thematik entspricht. Denn in einer sich auf Interaktion und Intentionalität rückbeziehenden Forschungsperspektive wird das Merkmal der Stilisierung, genauer: der Akt der Stilisierung einer Lebensäußerung begründbar und erforschbar, da dergestalt die Gestaltungsabsicht ins Zentrum der Aufmerksamkeit gerückt wird. Die methodologisch in der Regel noch deutlich strukturtheoretisch ausgerichtete Lebensstilforschung kann demnach um eine handlungstheoretische bzw. phänomenologisch ausgerichtete Forschungsperspektive ergänzt werden. Einen empirischen Ansatz, der in diese Richtung geht, hat zum einen Gunnar Otte (2007) mit der Analyse körperbasierter Inszenierung von Jugendlichen in Clubs und Diskotheken vorgelegt, die den Schwerpunkt auf Aspekte der sozialen und kulturellen Ungleichheit legt. Zum anderen weist die ethnographische Studie von Loïc Wacquant (2003) in diese Richtung, da diese am Gegenstand des Berufsboxens im amerikanischen Ghetto den Versuch unternimmt, das Habitus-Konzept von Bourdieu methodologisch anzuwenden und weiterzuentwickeln. Ohne dass sich Wacquant selber in dieser Tradition verortet, erweist sich hieran die Fruchtbarkeit einer lebensweltanalytischen Ethnographie zur Erforschung eines als Stilisierung des Subjekts verstandenen Lebensstils, in der die existentielle Teilnahme als Surplus-Verfahren zur Rekonstruktion der subjektiven Perspektive angesehen wird (vgl. Pfadenhauer & Grenz, 2014).

Dieser Vorschlag einer theoretischen, methodischen wie auch epistemologischen Erweiterung der bisherigen Forschungsperspektive versteht sich letztlich auch als Plädoyer, dem für weite Teile der Soziologie bestimmenden Subjekt-Objekt- und Handlungs-Struktur-Dualismus entgegenzuwirken. Dies in dem Sinne, dass die Zusammenführung der Erträge beider Perspektiven zu einer umfassenderen Ansicht der reziproken Bedingtheit beider Schwerpunkte beitragen würde.

## Literatur


Abel, T., Buddeberg, C., & Duetz, M. (2004). Gesundheitsrelevante Lebensstile. In C. Buddeberg (Hrsg.), *Psychosoziale Medizin* (3. Aufl., S. 297–306). Springer.

Beck, U. (1986). *Risikogesellschaft. Auf dem Weg in eine andere Moderne*. Suhrkamp.

Berger, P. L., & Luckmann, T. (1969). *Die gesellschaftliche Konstruktion von Wirklichkeit*. Fischer.

Bourdieu, P. (1982). *Die feinen Unterschiede. Kritik der gesellschaftlichen Urteilskraft*. Suhrkamp.

Eisewicht, P., Grenz, T., & Pfadenhauer, M. (Hrsg.). (2012). *Techniken der Zugehörigkeit*. KIT Scientific Publishing.

Gugutzer, R. (2006). Der body turn in der Soziologie. Eine programmatische Einführung. In R. Gugutzer (Hrsg.), *body turn. Perspektiven der Soziologie des Körpers und des Sports* (S. 9–53). transcript.

Hartmann, P. H. (1999). *Lebensstilforschung. Darstellung, Kritik und Weiterentwicklung*. Leske + Budrich.

Hartmann, P. H. (2011). Methodische und methodologische Probleme der Lebensstilforschung. In J. Rössel & G. Otte (Hrsg.), *Lebensstilforschung*. Sonderheft 51/2011 der Kölner Zeitschrift für Soziologie und Sozialpsychologie (S. 62–85). VS Verlag.

Hitzler, R. (1994). Sinnbasteln. In I. Mörth & G. Fröhlich (Hrsg.), *Das symbolische Kapital der Lebensstile* (S. 75–92). Campus.

Hitzler, R., & Pfadenhauer, M. (2006). Raver & Styler. Über urbane Inszenierungen. In M. Faßler & C. Terkowsky (Hrsg.), *Urban Fictions. Die Zukünfte des Städtischen* (S. 119–132). Fink.

Hitzler, R., Honer, A., & Pfadenhauer, M. (2008). Zur Einleitung „Ärgerliche" Gesellungsgebilde? In R. Hitzler, A. Honer, & M. Pfadenhauer (Hrsg.), *Posttraditionale Gemeinschaften* (S. 9–31). VS Verlag.

Hradil, S., & Spellerberg, A. (2011). Lebensstile und soziale Ungleichheit. *Gesellschaft – Wirtschaft – Politik (GWP), 1*, 51–62.

Jäger, U. (2004). *Der Körper, der Leib und die Soziologie. Entwurf einer Theorie der Inkorporation*. Ulrike Helmer Verlag.

Knoblauch, H. (2003). Habitus und Habitualisierung. Zur Komplementarität von Bourdieu mit dem Sozialkonstruktivismus. In B. Rehbein, G. Saalmann, & H. Schwengel (Hrsg.), *Pierre Bourdieus Theorie des Sozialen* (S. 187–201). UVK-Verlag.

Lüdtke, H. (2000). Konsum und Lebensstile. In D. Rosenkranz & N. F. Schneider (Hrsg.), *Konsum* (S. 117–132). Leske + Budrich.

Otte, G. (2007). Körperkapital und Partnersuche in Clubs und Diskotheken. Eine ungleichheitstheoretische Perspektive. *Diskurs Kindheits- Und Jugendforschung, 2*, 169–186.

Otte, G. (2008). Lebensstil und Musikgeschmack. In G. Gensch, E. M. Stöckler, & P. Tschmuck (Hrsg.), *Musikrezeption, Musikdistribution und Musikproduktion. Der Wandel des Wertschöpfungsnetzwerks in der Musikwirtschaft* (S. 25–56). Gabler.

Otte, G. (2013). Lebensstile. In S. Mau & N. M. Schöneck (Hrsg.), *Handwörterbuch zur Gesellschaft Deutschlands* (Bd. 1, 3. Aufl., S. 538–551). VS Verlag.

Otte, G., & Rössel, J. (2011). Einführung Lebensstile in der Soziologie. In J. Rössel & G. Otte (Hrsg.), *Lebensstilforschung Sonderheft 51/2011 der Kölner Zeitschrift für Soziologie und Sozialpsychologie* (S. 7–34). VS Verlag.

Pfadenhauer, M. (2009). Professioneller Stil und Kompetenz. Einleitende Überlegungen im Rekurs auf Bourdieus Habitus-Konzept. In M. Pfadenhauer & T. Scheffer (Hrsg.), *Profession, Habitus und Wandel* (S. 7–19). Lang.

Pfadenhauer, M., & Grenz, T. (2014). Uncovering the essence. The why and how of supplementing observation with participation in phenomenology-based ethnography. *Journal for Contemporary Ethnography* (im Druck).

Rössel, J., & Hoelscher, M. (2012). Lebensstile und Wohnstandortwahl. *Kölner Zeitschrift Für Soziologie Und Sozialpsychologie, 64*(2), 303–327.

Villa, P. (2008). Körper. In H. Soziologie (Hrsg.), *Bauer, Nina, Korte Hermann, Löw, Martina & Schroer, Markus* (S. 201–217). VS Verlag.

Wacquant, L. (2003). *Leben für den Ring: Boxen im Amerikanischen Ghetto*. UVK-Verlag.

Weber, M. (1985). *Wirtschaft und Gesellschaft. Grundriss der verstehenden Soziologie* (5. Aufl.). Tübingen: Mohr (Erstveröffentlichung 1921/22).

# Medien

Dagmar Hoffmann

Der Körper gilt als Kommunikationsmittel, als Ausdrucks- und Erkenntnismedium, als Artefakt und nicht zuletzt als Projektion. Er ist Wahrnehmungsapparat, Gedächtnis und Speicher, Träger von Informationen, System und vieles mehr. Als Forschungsobjekt ist er für viele Wissenschaftsdisziplinen von Interesse und entsprechend breit und ausdifferenziert sind die Perspektiven, Konzeptionen, Klassifikationen und Diskurse sowie Körperverständnisse. Die omnipräsente Thematisierung, Visualisierung und in jüngster Zeit auch Technologisierung des Körpers, die *in* und *über* verschiedene Medien (Genres, Formate, Anwendungen eingeschlossen) erfolgt, spiegelt sich auch in der Forschung wider. Der folgende Beitrag bemüht sich um einen übergeordneten Blick auf die verschiedenen Zugänge und Forschungsfelder, die den Konnex „Körper und Medien" bearbeiten. Die Leitfragen lauten: In welchem Verhältnis stehen Körper und Medien zueinander? Welche Bedeutung kommt welchen Medien beim körperbezogenen Handeln zu, wie determinieren Leib und Körper das mediale Handeln und wird ein medialer Habitus ausgebildet und praktiziert? Welche Funktionen übernehmen Medien in Bezug auf die Herstellung des (Körper-)Selbst? Und vice versa: Auf welche Medien greifen Menschen zurück und wie eignen sie sich diese an, um sich beispielsweise ihrer Körperlichkeit zu vergewissern, sie zu demonstrieren und zu inszenieren oder auch z. B. anderen körperlich nah zu sein? Nicht zuletzt stellt sich die Frage: Wie verändern sich in mediatisierten Gesellschaften Wahrnehmungs- und Kommunikationsprozesse, die an Leib und Körper gebunden sind? Inwieweit kann von einer medialen respektive mediatisierten Subjektivierung ausgegangen werden?

Zunächst werden die wesentlichen Bezugsdimensionen der Medien dargestellt, um zu verdeutlichen, welche Eigenschaften der Medien für welche wissenschaftlichen

D. Hoffmann (✉)
Siegen, Deutschland
E-Mail: hoffmann@medienwissenschaft.uni-siegen.de



R. Gugutzer et al. (Hrsg.), *Handbuch Körpersoziologie 2*,
https://doi.org/10.1007/978-3-658-33298-3_17

Betrachtungen eine Rolle spielen. Im Weiteren wird auf die Bedeutung und Funktionen der Medien in der Lebenswelt moderner Individuen eingegangen, wobei diese anhand ausgewählter soziologischer Zugänge expliziert werden und dabei zugleich aufzeigt wird, welche Potenziale und Defizite die jeweiligen Ansätze haben, wenn es um ein fundiertes Verständnis von Verkörperungen mit und mittels Medien sowie in medialen Kontexten geht. Anschließend werden einige Überlegungen zu modernen Subjektivierungsprozessen angestellt, die sich durch fundamentale gesellschaftliche Transformationen wandeln, wobei Mediatisierung elementarer Bestandteil dieser Prozesse ist. Zum Schluss gilt es die wesentlichen Desiderata zu systematisieren.

## 1 Bezugsdimensionen

Die begriffliche Konturierung, was im Einzelnen ein Medium ist und was dieses auszeichnet, ist schwierig. Sie bleibt disparat und vielgestaltig. Mit einem *weiten* Medienbegriff wird davon ausgegangen, dass jede Kommunikation und Interaktion eine mediale Komponente hat, die sich bereits über Sprache, Geste und Mimik vermittelt. Ein *enger* Medienbegriff fokussiert auf die technische Komponente der Geräte, die dazu dienen, etwas oder sich zu vermitteln. Sprache und sinnliche Wahrnehmung werden oftmals als primäre, technische Medien als sekundäre Medien bezeichnet. Vorrangig beschäftigte man sich in der Frühphase der Soziologie mit zwischenmenschlicher und weniger mit technisch-vermittelter Kommunikation. Medien wurde erst ab den 1960er Jahren verstärkt Beachtung geschenkt, als man erkannte, dass sie als technische Mittel konkrete Interaktionen zwischen Personen substituieren und ausschließen, dass sie das gesellschaftliche Bewusstsein mitbestimmen und Dispositive aufgreifen und widerspiegeln (vgl. u. a. Ziemann, 2012). Während in der Frühen Neuzeit und der Moderne Medien als gedruckte Erzeugnisse hauptsächlich zum Austausch von Informationen und zur sozialen Kommunikation dienten, führte die zunehmende Technisierung und Digitalisierung im 20. und 21. Jahrhundert zu multimodalen Nutzungs- und Anwendungsweisen. Heute steht dem Menschen ein breites Spektrum an bildlichen, schriftlichen, auditiven und audiovisuellen Massen- und Kommunikationsmedien zur Verfügung, um sich zu informieren, zu orientieren, zu unterhalten und um sich Wissen anzueignen und anderen zu vermitteln. Massenmedien wie Hörfunk und Fernsehen konvergieren und finden sich in hybridisierter Form in anderen vernetzten Medien wieder, die mobil genutzt werden können. Ein Smartphone ist multifunktional verwendbar z. B. als Zeitung, als Fotoapparat, als Radio, zugleich dient es der Kommunikation mit der Familie, mit Freunden und auch Fremden.

Medien(r)evolution und sozialer Wandel bedingen einander. So kann die Gesellschaftsentwicklung nicht ohne dem Medienwandel erklärt werden, ebenso wie der soziale Wandel nicht von Medienentwicklungen entkoppelt betrachtet werden sollte. Soziologisch ist grundsätzlich von Interesse, wie medialer und sozialer Wandel zusammenspielen und/oder auch sich gegebenenfalls behindern. Es gilt herauszufinden, inwieweit sich durch Mediatisierungsprozesse das Zusammenleben von Menschen konfiguriert, verändert oder mitunter neu justiert. Dabei wird die Medienkommunikation als soziales Handeln verstanden, das nicht losgelöst von der sozialen Einbettung der Individuen in Gruppen respektive in die Gesellschaft betrachtet werden kann. Die Tätigkeit „Fernsehen" hat sich beispielsweise individualisiert, weil Familienhaushalte heute in der Regel über mehr als ein Gerät bzw. einen Zugang zum Fernsehprogramm verfügen; da Programme zunehmend individuell zusammengestellt werden und der Wechsel zwischen dem regulären Programm konventioneller Sender und Streamingdiensten und/oder Videokanälen bei jungen Menschen immer üblicher wird. Medien wie Briefe und Postkarten haben weiterhin ihre Bedeutung (Riepl'sches Gesetz), werden bisweilen aber durch E-Mails sowie das digitale Posting von Bildern und Kurztexten über Instant Messenger Systeme und/oder soziale Netzwerke wie *Facebook* ersetzt.

Soziologische Perspektiven auf Medien sind mehrheitlich funktionalistisch ausgerichtet. Medien sowie das Medienhandeln, d. h. die Interaktion mittels Medien sowie die Zuwendung zu und Auseinandersetzung mit Medieninhalten und ihrer Ästhetik können dazu beitragen, dass sich Individuen über die Werte und Normen der Gesellschaft, in der sie leben, informieren und austauschen. Medien übernehmen orientierende Funktionen, geben in vielfältiger Hinsicht Auskunft über die Erwartungen der generalisierten Anderen, über die sich die Individuen wiederum selbst beobachten und ihre eigenen Inszenierungsstrategien überprüfen. Der Umgang mit Medien beschränkt sich jedoch nicht nur auf Prozesse des Informationsmanagements und der Wissensaneignung, sondern besteht ebenso in leiblichen Erfahrungen. Körper und Medien gehen intentional eine Verbindung ein. Medien, Medienakteure und Medieninhalte werden sinnlich wahrgenommen, man verhält sich zu ihnen ‚leibhaftig'. Folgt man McLuhan (1964) so erweitern Medien zugleich die Sinne und Handlungsmöglichkeiten, stellen sie Bedingungen für Wahrnehmung, Kommunikation und Sozialität dar. Neue Erfindungen und Erweiterungen von Medientechnologien sowie Mediatisierungsschübe wirken in die gesellschaftliche Praxis hinein (vgl. Krotz, 2010) und fordern Individuen immer wieder heraus, auch ihr physisches Verhältnis zu Medien neu zu bestimmen.

Wir befinden uns – da ist man sich weitestgehend einig – in einer Zeit eines bedeutungsvollen Medienumbruchs, der häufig als „digitale Revolution" bezeichnet wird. Prozesse und Begriffe wie Digitalisierung und Mediatisierung deuten die Revision herkömmlicher Medienbezeichnungen, Medienmetaphern und Medienverständnisse an. Eine Betrachtung von Einzelmedien wird immer problematischer, ebenso die zugehörigen funktionalistischen Zuschreibungen, die u. a. lauten: Medien sind Kanal, sie sind ein Fenster zur Welt; sie sind Instrumente, Werkzeuge und Apparate der Wirklichkeitserzeugung, können als Spiegel gesellschaftlicher Ereignisse und Verhältnisse betrachtet werden. Sie sind zudem Filter, Wegweiser, können als Forum und als Plattform für die Präsentation von vielfältigen Inhalten betrachtet werden. Sie sind Ausweitung oder Selbstamputation des Körpers und seiner Sinnestätigkeit (vgl. im Überblick Ziemann, 2012). Was sie im Einzelnen für die Individuen moderner Gesellschaften sind und bedeuten, in welcher Abhängigkeit man sich mit ihnen befindet oder wie entbehrlich sie sind, wird nicht nur situativ autonom entschieden, sondern in sozialen Situationen immer wieder ausgehandelt. Bestimmte Medienpraktiken bewähren und verfestigen sich, andere verflüchtigen sich, werden aufgegeben oder einfach sein gelassen.

Zu bedenken gilt, dass Menschen im Laufe ihrer Sozialisation mit einer Vielzahl von (Einzel-)Medien und ihren Weiterentwicklungen konfrontiert werden, von denen aber nur bestimmte (dauerhaft) domestiziert und immer nur partiell angeeignet werden (vgl. u. a. Silverstone, 2006). Man denke etwa an das Kofferradio, den Walkman, den MP3-Player und den Radiowecker, die es zwar nach wie vor gibt und die noch verwendet werden, aber von ihren Funktionsweisen doch allesamt mehr oder minder vom Smartphone abgelöst wurden. Medien*ensembles* und Medien*rahmen* verändern sich diachron und synchron (vgl. Höflich, 2003), was verallgemeinernde Diagnosen zu ihrem Nutzen und sozialen Gebrauch erschwert. Eine funktionalistische Fokussierung impliziert eine schwerpunktmäßige Betrachtung von Medienpraktiken und nimmt den Mediennutzer in den Blick. Dessen mediale Zuwendungs- und Aneignungsweisen verweisen auf kulturelle Alltagspraktiken, die die Lebensführung in einer modernen Gesellschaft überhaupt nur ermöglichen. Immer irreführender wird allerdings in einer Netzwerkgesellschaft der immer noch häufig gebrauchte Begriff des Rezipienten, denn längst werden nicht nur Botschaften medial empfangen, sondern auch eigenständig produziert, modifiziert, bearbeitet und distribuiert. Schon längst sind die Nutzer der Netzwerkmedien keine Flaneure mehr, sondern wissen sie die multifunktionalen Angebote des Netzes – Portale, Foren, Blogs, Dienste, Archive, Apps u. a. – durchaus gezielt für ihre Belange zunehmend kreativ zu nutzen (vgl. u. a. Hartmann, 2004). Gleichwohl sind wahrscheinlich für die Mehrheit der Nutzer die Möglichkeiten und Potenziale, die über die Netzwerkmedien gegeben sind, nicht überschaubar und zudem unergründlich. Das Internet stellt einen überdimensionierten, nicht mess- und fassbaren Kumulus von Daten und Informationen dar, der nicht zu überblicken ist. Digitale Netzwerkmedien ermöglichen und erfordern neue Erfahrungsweisen und Denkgewohnheiten, sie induzieren andersartige Vorstellungen und Gefühle von Raum und Zeit, von Kommunikation und Interaktion, von (Ko-)Präsenz, von Glaubwürdigkeit und Authentizität.

Es sollen hier fünf Bezugsdimensionen von Medien der Gegenwartsgesellschaft herausgestellt werden, die mit Blick auf Untersuchungen von Leib- und Körpererfahrungen sowie von Verkörperungen bedeutsam scheinen. Intendiert wird eine differenzierte Betrachtung von Medien, medialen Infrastrukturen und Umgebungen sowie praktizierten Nutzungs- und Aneignungsweisen.

**Materialität** Medien haben grundsätzlich einen dinglichen Charakter, auch dort wo sie flüchtig und ungreifbar scheinen wie ‚das' Internet. Sie sind Objekte, Geräte und Infrastrukturen, in denen und mit denen Kulturtechniken wie Sprechen, Lesen, Schreiben, Visualisieren, Rechnen, Hören ausgeführt werden. Ihre Bedienung setzt körperlich habitualisiertes Können voraus. Als Geräte, Bildschirme, Displays usw. haben sie ein Design und eine Form, die ästhetisch ansprechen soll. Die materiellen Eigenschaften technischer Medien stehen wiederum in Beziehung zu Körpertechniken, ohne die

Medien an sich belanglos wären. Die Kulturtechnik des Schreibens kann nur mit Stift oder beispielsweise Tastatur vollzogen werden. Diese Schreibwerkzeuge sind technische Hervorbringungen des Menschen, die sich als kulturelle Praktiken in bestimmten Umwelten ausgebildet und auch bewährt haben. Zugleich sind sie aber veränderbar und werden neuen Gegebenheiten und Strukturen angepasst, zu denen sich jeweils der Körper physisch sowie auch reflexiv in Beziehung setzt (vgl. Mauss, 1989). Materialitäten der Medien sind sichtbar und lassen sich bei Berührung (wie etwa dem Touchscreen) spüren, sie sind aber – denkt man etwa an die Infrastrukturen des Internet – auch unsichtbar, können erst bei dem Gedanken an die zugehörigen Rechenzentren, Überseekabel, Satelliten und Chips etc. ins Bewusstsein gebracht werden. Die Materialität digitaler Medien erschließt sich also nicht unmittelbar, allerdings wird sie als soziotechnischer Sachverhalt interessant, wenn man in die künstlichen Umgebungen „mit einem künstlichen Körper“ (Thiedecke, 2004, S. 129) eintaucht und agiert.

**Immaterialität** Nicht direkt erfahrbar und wahrnehmbar sind die Dienste der Medien, die Anwendungen und auch medialen Infrastrukturen im ‚Hintergrund‘, die Kommunikation und Interaktion erst ermöglichen, konfigurieren und bisweilen moderieren. Insbesondere die digitalen Medien verfügen über Operationen und generieren Prozesse, die sich mitunter der sinnlichen Wahrnehmung entziehen. Gleichwohl beanspruchen diese Prozesse eine textuelle und/oder bildliche Geltung, schreiben sie sich in die wahrnehmbaren Resultate ein. Man denke etwa an die Algorithmen, die Suchmaschinen anwenden, und die Ergebnisse, die sie hervorbringen. Sinnlich wahrgenommen wird das finale Bild oder der angebotene Text, nicht die sich vollziehende (mehr oder minder störanfällige) Rechenprozedur. Sie wird für die meisten Menschen vermutlich nur als abstrakte Operation erlebt, die lediglich ins Bewusstsein rückt, wenn sie nicht zufriedenstellend funktioniert.

**Synthetik** Digitale Technologien ermöglichen Kommunikation und Interaktion, ohne dass sich die Akteure körperlich begegnen (müssen) und zeitgleich füreinander da sind. Viele Alltagspraktiken haben sich in den virtuellen Raum verlagert wie etwa „banking, travel booking, shopping“ oder auch das Studieren und der Austausch mit anderen („meetings“). Kommunikation erfolgt in On- und Offline-Sphären, und damit verändern sich auch die Interaktionsordnungen sowie die Raum-Zeit-Relationen. Körper verschmelzen mit Bildschirmen, die wiederum mit anderen Bildschirmmedien agieren, die von Menschen gesteuert werden und diese bzw. ihre Handlungen abbilden. Kommunikation erfolgt in synthetischen Situationen mittels skopischer Medien. Räumliche und temporale Strukturen sozialer Situationen werden mit Hilfe der synthetischen Elemente dieser skopischen Medien neu arrangiert (vgl. Knorr Cetina, 2009, siehe auch Einspänner-Pflock & Reichmann, 2014).

**Reziprozität** Weder allein Medien noch Technologien determinieren den Menschen, seinen Leib und Körper, sondern Menschen setzen sich kognitiv, emotional und konativ zu den technischen Medien in Beziehung, sie wirken intentional und unintendiert auf sie ein, eignen sie sich an, indem sie sie benutzen, ihre Inhalte decodieren, reflektieren und verändern, reproduzieren oder kritisieren und verwerfen. Es besteht ein Zusammenhang zwischen der konstruktiven Leistung moderner Kommunikationsmedien, die Menschen entwickelt, produziert und gestaltet haben, und den (De-)Konstruktionen ihrer Nutzer (vgl. Keppler, 2013). Mediale und soziale Praktiken bedingen sich gegenseitig und werden stets körpergebunden vollzogen (vgl. Faßler, 2013). Die Art und Weise, wie man körperlich an medialen Praktiken partizipiert und diese ausführt, bestimmt die Dynamik und die Ordnung des Sozialen.

**Imagination** Mediale Praktiken erfolgen zumeist routiniert und selbstverständlich. Insofern kann davon ausgegangen werden, dass sie stets imaginiert werden. Dieser Aspekt wird bislang kaum wissenschaftlich beleuchtet, aber es ist sicherlich kein Zufall, dass es in der Alltagssprache immer wieder intertextuelle Bezüge in Form von Aussprüchen, Dialogen, Bildern und Szenen aus populären Formaten gibt. Das Idiom „Ich glaube, ich bin im falschen Film“ verweist auf einen dramaturgischen Fehler allerdings bezogen auf das reale Leben. Es ist weder abwegig noch pathologisch, dass Medien im Vollzug von Handlungen mitgedacht werden in dem Sinne, dass man das Geschehnis nachher in das Tagebuch (oder Blog) schreiben, in den sozialen Netzwerken posten oder in einem Telefonat berichten möchte. Medien können insofern sowohl in ihrer materiellen aber auch immateriellen Form Handlungen mitbestimmen, indem sie Sekundärerfahrungen transferieren, die als Handlungswissen angeeignet werden und situativ abrufbar sind oder gar unbewusst kultiviert werden. Man denke z. B. an die erste Gerichtsverhandlung oder erste Beerdigung, die man erlebt. Diesem Ereignis sind vermutlich schon diverse fiktionale Episoden vorausgegangen, die man rezipiert hat, und bei denen man mit Ereignisorten, Zeremonien und Ritualen, Settings vertraut gemacht wurde. Von diesen Rezeptionen ist man dann in situ nicht unbeeinflusst („Ist ja (fast) wie im Fernsehen“). In einer mediatisierten Gesellschaft scheint ein Denken und Handeln nicht unabhängig von Medien(erfahrungen) möglich zu werden. In der Konsequenz heißt das auch, dass Körperpraktiken und Körpererfahrungen nicht losgelöst von subjektiven emotionalen und kognitiven Auseinandersetzungen mit Medien, Medieninhalten und Medienakteuren erfolgen. Obgleich wohl jeweils die Vehemenz und Gewichtung sozialer und medialer Prägekräfte über die Wirkmächtigkeit entscheiden (vgl. Hoffmann, 2012).

## 2 Perspektiven auf die Bedeutung und Funktionen von Medien

Das Aufgaben- und Bedeutungsspektrum moderner Medien(technologien) ist breit und aufgrund vielfältiger Neuentwicklungen und Innovationen unübersichtlich. Ein Fokus auf Leib und Körper wäre dabei kein aussichtsreicher Filter, denn sowohl Leib als auch Körper sind bei jeglicher Medienzuwendung ein fixer Bestandteil, eine Konstante, ohne die weder Kommunikation noch Interaktion stattfinden könnte. Als Agens lassen sich Leib und Körper darauf ein, sind mitunter selbst initiativ und gefordert, wenn es um die Organisation und Moderation des Alltags durch und mit Medien geht. Schreib-, Lese-, Seh- und Hörpraktiken sind leibgebunden und bedürfen eines anderen, sie haben ein notwendiges Gegenüber. Als Rezipient ist man Adressat von visuellen, textuellen, auditiven oder audio-visuellen Botschaften, als Kommunikator adressiert man Mitteilungen, in welcher Form auch immer, an andere oder mitunter auch (nur) an sich selbst. Im Umgang mit Medien werden dem modernen Individuum Freiheitsgrade gelassen, gleichwohl unterliegt die Zuwendung und Nutzung auch Zwängen und werden – so Faßler (2013, S. 202) – dauernd Anpassungsleistungen aufgrund generalisierter medientechnischer Anwesenheits-, Beteiligungs- und Entwicklungsversprechen notwendig. Körper disziplinieren sich bisweilen, lassen sich von technischen Medien konditionieren. Mediale Praktiken entwickeln (Eigen-)Dynamiken, schaffen mitunter Abhängigkeiten; bei erhöhter Nutzungsintensität können sie ab einem bestimmten Zeitpunkt, wenn z. B. das Stresslimit durch Dauernutzung und ‚information overload' erreicht ist, physische und psychische Grenzen aufzeigen. Insofern ist das Individuum zum Zweck der Selbstsorge und der Selbsterhaltung aufgefordert, seine alltäglichen Praktiken mit Medien von Zeit zu Zeit zu hinterfragen, zu reflektieren und gegebenenfalls zu modifizieren.

Mediensoziologische Gegenwartsanalysen widmen sich nunmehr verstärkt dem Zusammenspiel von ontologischem und digitalem Selbst (z. B. Keppler, 2013), attribuieren den vernetzten Menschen als „digitales Subjekt" (z. B. Carstensen et al., 2013), fragen nach der Bedeutung von Praktiken und der Interaktion mit technischen Artefakten für die Ausbildung des Selbst. Immer wieder wird man mit der Frage von Baym (2010, S. 3), die darin einen wesentlichen Forschungsauftrag formuliert, konfrontiert: „What is a self if it's not in a body?". Entsprechend werden neue Formen der Selbst- und Fremdwahrnehmung, Entkörperlichungen und Verkörperungen angenommen und bisweilen auch in medienethnografischen Studien identifiziert. Noch unscharfe Überlegungen existieren in Bezug auf ein „mediales Selbst" (Faßler, 2013), in dem Körper und technische Medien sich nicht mehr gegenüberstehen, sondern gewissermaßen eine Synthese darstellen. Trans- und posthumanistische Vorstellungen werden nicht zuletzt mit Rückgriff auf die Figur des Cyborgs kritisch diskutiert.

Versucht man die jeweiligen Perspektiven auf ‚mediale Körperphänomene' zu extrahieren, so lassen sich folgende nicht immer trennscharfe Sichtweisen erkennen:

**(Sozial-)Phänomenologische Zugänge** Der Körper wird als leibliche Basis allen Erkennens betrachtet, als ein Grundelement, das sinnliche Wahrnehmung und die Herstellung von Personalität und Subjektivität ermöglicht. Phänomenologische Ansätze sind darauf ausgerichtet, vor jeglicher theoretischer Reflektion die von den Menschen geschaffenen Strukturen und Typisierungen der Lebenswelt, in denen Medien eine zentrale Variable des Handlungsfeldes sind, möglichst unvoreingenommen zu erfassen und zu beschreiben. Man interessiert sich für die Rekonstruktion der Sinn-deutungs- und Sinnsetzungsvorgänge, die Menschen in ihrem alltäglichen Leben vornehmen und die sie intersubjektiv wiederholt und erneut aushandeln (vgl. z. B. Luckmann, 2003). Jedoch ist die konsequente Berücksichtigung von Leib und Körper des Beobachters als auch des zu Beobachtenden und dazugehöriger medialer Erfahrungen in diesen (Re-)Konstruktionsprozessen noch nicht obligatorisch. Allerdings ist davon auszugehen, dass Menschen nicht selten in ihrem Medienhandeln ihren Leib herausfordern wollen, indem sie sich etwa mit besonderen Ästhetiken (beispielsweise in Bezug auf Gewalt, Ekel, Sexualität) oder auch Dramaturgien (z. B. unvorhersehbare Abläufe, Spannungsmomente, Ereignisse) und Narrationen (z. B. Moralverhandlungen, Unrecht) konfrontieren.

**Symbolisch- interaktionistische Zugänge** Hier fungiert der Körper als Zeichen- und Bedeutungsträger sowie als Agens sozialer Verständigung. Goffmans mikrosoziologischen Studien zu den vielfältigen Inszenierungs- und Austauschpraktiken auf Hinter- und Vorderbühnen sowie spezieller Rahmen werden auf synthetische Situationen, wie wir sie über die digitalen Medientechnologien vorfinden, übertragen. Die Bühnenfunktion der Medien wird hier betont. Gefragt wird danach, wie sich das Individuum zu welchem Zweck wie wem gegenüber darstellt mit welchem Effekt (vgl. u. a. Einspänner-Pflock & Reichmann, 2014). Geradezu universalistisch einsetzbar und beliebig transformativ scheinen Goffmans Paradigmen über die Abläufe sozialer Kommunikation, über Interaktionsordnungen, Regelhaftigkeiten, Rahmennotwendigkeiten und Rollenverhalten zu sein. Was im Wesentlichen für face-to-face-Begegnungen gilt, wird auch für die Online-Kommunikation relevant, obgleich sich diese in ihren Handlungsvollzügen als zunächst ‚entkörperlicht' darstellt. Der „virtuelle Raum" wird häufig als Sphäre der Dematerialisierung angesehen, in der eine entkörperlichte Kommunikation stattfindet. Diese Annahme konnte in diversen Studien aber nicht bestätigt werden, denn die Akteure wollen sich stets im Netz verkörpern, wobei auf Körperzeichen referiert wird und man um die visuelle Repräsentation in vielfältigen Formen (Bildern, Avataren etc.) bemüht ist (vgl. Misoch, 2011). Es werden „digitale Stellvertreter" (ebd.) kreiert, die die Anwesenheit des Akteurs im Netz ‚suggerieren' respektive simulieren. Bereits im Konzept der „connected presence" wird von Licoppe (2004) veranschaulicht, wie über die interpersonale Kommunikation mittels Mobiltelefon soziale Beziehungen gestaltet und Präsenz erzeugt werden, sodass geografische Distanzen überwunden werden und das beruhigende Gefühl entsteht, der andere ist geistig und körperlich ganz nah.

**Handlungstheoretische Zugänge** Es werden in der Regel verschiedene Theorieansätze subsumiert (u. a. Symbolischer Interaktionismus, Verstehende Soziologie, Phänomenologie), wobei man sich immer auf die Analyse des sinnorientierten, zielgerichteten Handelns des Menschen in Bezug auf Medien konzentriert. Das Individuum setzt sich aktiv mit Medien, als Teil seiner sozialen Umwelt, auseinander und eignet sich diese an. Man fokussiert in den Betrachtungen häufig auf die kognitiven Prozesse des Decodierens von Botschaften oder auch die Übernahme und Adaption von angebotenen Symboliken und Verhaltensweisen von Medienakteuren. Die kulturelle Formung der Körper ist in der Gegenwartsgesellschaft rückgebunden an Medien (u. a. Musik, Filme, TV-Formate etc.), die Körperentwürfe offerieren, wobei das Individuum selbst aktiv entscheidet, ob es diese anerkennt. Medien sind in die Interaktionsrahmen des Alltags als Moment wechselseitiger Orientierung integriert und ermöglichen bei regelmäßiger Zuwendung die Herstellung parasozialer Beziehungen (vgl. z. B. Vorderer, 1996). Suggeriert wird unter anderem eine körperliche Nähe zu Medienakteuren, die man nach einer gewissen Zeit gut zu kennen meint.

Das Individuum ist bei der Medienrezeption zur Rollenübernahme aufgefordert. Es muss als Handelnder wie in anderen Kommunikationsprozessen auch, die Situation, sein Gegenüber (Objekt) und dessen Handlungen sowie seine eigenen Handlungen mit Bedeutung und Sinn versehen. In zahlreichen – vor allem in der Tradition der Cultural Studies sowie anderen ethnografisch oder konversationsanalytisch angelegten – Studien (exemplarisch Holly et al., 2001) konnte eindrücklich gezeigt werden, inwieweit in Alltagsgesprächen Medientexte vergegenwärtigt, re- und dekonstruiert, temporär imitiert, reinszeniert, also eigensinnig und kreativ auch im Hinblick auf die Ausbildung eines Körperselbst angeeignet werden sowie in Rezeptionsgemeinschaften die eigene Erfahrungswelt mit der Medienwelt verknüpft wird (vgl. Thomas, 2008). Insbesondere in den Celebrities Studies geht es häufig um die Verkörperungen der Stars und die Aneignung mediatisierter Geschlechtlichkeit, Schönheit, Sexyness, Professionalität etc. (vgl. z. B. Seifert, 2010).

**Praxeologische Zugänge** Das Interesse besteht in der Genese und Sichtbarwerdung der Körperpraktiken und der Bedingungsfaktoren, die diese in welcher Art und Weise auch immer hervorbringen. Praktiken sind nicht nur Resultat von Diskursen, Aushandlungs- und Wissensaneignungsprozessen, sie sind abhängig von den Dispositionen der sozialen Akteure und den sozialen Strukturen, in denen sich die Akteure sozialisieren. Nach Bourdieu bewegt sich der Mensch in verschiedenen Feldern, in denen seine Wahrnehmung, sein Denken und Handeln zum Ausdruck kommt. Seine Ausdrucksformen hängen von seinen individuell verfügbaren ökonomischen, kulturellen und sozialen Kapitalressourcen ab. Medien werden bei Bourdieu (1982) als objektiviertes kulturelles Kapital verstanden, das materiell erworben wird bzw. man erwerben kann, dessen Erwerb aber nicht unbedingt mit der kulturellen Fähigkeit zum Genuss einhergeht. Die Ausbildung einer Genussfähigkeit ist auf ein inkorporiertes kulturelles Kapital angewiesen. Medienpräferenzen und Mediennutzungsweisen offerieren soziokulturelle Zugehörigkeit und Distinktion. In der praxeologischen Mediensozialisationsforschung (vgl. Paus-Hasebrink & Kulterer, 2014; Swertz et al., 2014) bemüht man sich darum, das Habituskonzept von Bourdieu – zum Teil unter Einbeziehung systemtheoretisch-konstruktivistischer Überlegungen – weiterzuentwickeln und für empirische Untersuchungen des praktischen Gebrauchs von Medien fruchtbar zu machen. Es wird davon ausgegangen, dass sich in den auf die Medien gerichteten Dispositionen, Wertzuschreibungen, Klassifikationsschemata und Abgrenzungen der Habitus wiederspiegelt. Zwischen Dispositionen, einschließlich ihrer sozialstrukturellen Genese, und Ausdruck ist zu differenzieren. „Der Habitus ist in den bewussten oder unbewussten Relationen des

Subjekts zu immateriellen Zeichen und materiellen Zeichenträgern [folglich den Medien, Einf. d. A.] zu verorten, die machtförmig angeeignet werden können" (Swertz et al., 2014, S. 6). Sozialisatorisch bedeutsam sind vor allem die in Kindheit und Adoleszenz ausgebildeten Gewohnheiten im Umgang mit Medien und auch die komplementäre Nutzbarmachung (weiterer) vorhandener Kapitalien, um seine soziale Lage zu verbessern (vgl. Paus-Hasebrink & Kulterer, 2014, S. 40). Betont wird, dass dieser Vorgang komplex ist und von vielen Faktoren abhängt wie etwa der formalen Bildung, dem Geschlecht und der damit verbundenen Körperlichkeit des Einzelnen. Habitus ist nicht nur eine Haltung des Körpers, sondern immer auch des Geistes (vgl. ebd.), wenngleich das konkrete Zusammenspiel dieser beiden Komponenten noch ungeklärt ist.

**Kultivierungsanalytische Zugänge** Ergänzend zu den obigen Ansätzen soll noch auf ein theoretisches Konzept eingegangen werden, in dem Körperbilder und Körperentwürfe in den Medien und der Körper sowie die Körperzufriedenheit und das Körperselbstkonzept des Rezipienten hauptsächlicher Gegenstand der Betrachtung ist. Betrachtet man die Gegenwartsdebatten um Körperlichkeit und Medien, so sind Hypothesen, die von Kultivierungseffekten ausgehen, vorherrschend (vgl. im Überblick Blake, 2014). Vorrangig wird davon ausgegangen, dass insbesondere Heranwachsende sozial-kognitive Vergleiche mit Medienakteuren vornehmen, die wiederum nachhaltigen Einfluss auf das eigene Körpererleben und Körperbewusstsein haben. Bestimmte Rezeptionsästhetiken bringen besondere Wirkungen und Perzeptionsformen hervor, lassen sich in entsprechenden Einstellungen und Verhaltensweisen ablesen. Diese Zugänge korrespondieren nicht mit handlungstheoretischen, da sie mediendeterministisch ausgerichtet sind und die oben beschriebene Komplexität von Medienaneignungsprozessen der Individuen, die in einer kulturell hochgradig ausdifferenzierten Gesellschaft leben und deren alltägliche Sinnwelten nicht minder diversifiziert sind, häufig vernachlässigen. Untersuchungsanlass stellen der zu beobachtende Schönheits-, Schlankheits- und Fitnesskult (zuweilen wird auch von Boom oder Wahn gesprochen) dar oder Gefühle von Körperunzufriedenheit. Medien geben demzufolge die Wirklichkeitskonstruktionen, die maßgeblich an der Genese eines Bewusstseins im Hinblick auf eine gesellschaftlich respektive individuell akzeptierte oder anzustrebende Körperlichkeit beteiligt sind, vor und Individuen ordnen sich diesen mehrheitlich unter, orientieren sich nur daran, d. h. sind bestrebt, medienvermittelten Körperidealen (wie etwa in Modelshows, Boulevardmagazinen, Reportagen präsentiert) nachzueifern. Medien wird eine überaus große Wirkmächtigkeit attestiert, d. h. ein normativer Einfluss auf das Körperselbst und auf Körperpraktiken zugestanden. Die Kritik an der Kultivierungsperspektive besteht darin, dass ignoriert wird, dass Menschen mit einem Konglomerat verschiedenster sozialer und kultureller Prägekräfte konfrontiert werden, dem sie sich in unterschiedlichster Weise temporär oder langfristig, freiwillig oder zwangsläufig, mit hohem oder niedrigen Involvement aussetzen und in dem letztlich Phänomene wie Körperpraktiken immer nur vor der Folie gesellschaftlicher Entwicklungen interpretiert und gedeutet werden können (vgl. Hoffmann, 2012).

## 3 Reflexionen und mediale Subjektivierung

Die Prämisse einer kultivierenden Funktion der Medien verdeutlicht, dass „die Arbeit am Körper-Ich“ (Thomas, 2008) offenbar einen großen Stellenwert in der modernen Gesellschaft hat (einen größeren als früher), aber auch nicht losgelöst von gesellschaftlichen Prozessen, Anrufungen und dem Bemühen um Selbstbildung sowie den Bestrebungen des Subjekts nach Selbstermächtigung betrachtet werden sollte. Wie Menschen ihr Selbst ausbilden, gestalten und modellieren, hat nicht nur etwas mit gesellschaftlichen Zurichtungen, medial vermittelten Imperativen zu tun, sondern mit der Bereitschaft, sich selbst formen lassen zu wollen. Vorgeschlagen wird hier von Bröckling (2007), Thomas (2008) und auch Stehling (2015) mit Verweis auf Foucault und sein Konzept der Gouvernementalität stärker als bisher die Praktiken der Fremd- und Selbstführung in den Blick zu nehmen, das immanente Wissen um Körperlichkeit und nicht zuletzt die Rationalitäten, die ausschlaggebend für bestimmte Verhaltensweisen inklusive sozialer *Zu-* und *Unter*ordnungen sind. Es gilt zu beobachten und zu erklären, was Menschen tun und wie sie es tun, wie ihr Handeln organisiert ist und wie sie auf das Handeln anderer reagieren und wie überhaupt das Handeln (strategisch) modifiziert wird nicht nur situativ, sondern auch im Kontext gesellschaftlicher Entwicklungen, Anforderungen und Erwartungen (vgl. Bröckling, 2007, S. 33).

Es gilt ferner herauszufinden, wie sich Menschen zu den Affordanzen der Medien verhalten, die bei neuen Technologien häufig komplex, variabel und bisweilen, wie oben ausgeführt, häufig eher versteckt sind. Zillien (2008) veranschaulicht, inwieweit sich das Affordanzkonzept zur Analyse des wechselseitigen Bedingungs- und Ermöglichungsverhältnisses von technischen Gegebenheiten und sich einspielenden Nutzungspraktiken einsetzen lässt. Es ist davon auszugehen, dass Menschen sich nicht von Techniken und all ihren Nutzungsvarianten determinieren lassen, geschweige denn diese umfänglich und grundsätzlich im Sinne des Gestalters auch zu nutzen wissen (als Beispiel wird das Smartphone angeführt, dessen Repertoire an vorhandenen Anwendungen und Funktionen von nur wenigen Menschen voll ausgeschöpft wird), sondern dass sie sich der Technik nur insoweit bemächtigen, wie es sie im Hinblick auf ihre Selbstbildung weiterbringt und nicht etwa einschränkt. Gleichwohl verläuft hier vieles im Bereich des trial and error, sind Individuen nicht immer auf die Folgen vorbereitet und können sie die Konsequenzen ihres Medienhandelns nicht immer hinreichend abschätzen. Die Sperrung und Eliminierung von Kommentaren oder Nacktbildern sowie Shitstorms in den sozialen Netzwerken sind nur einige Beispiele, die auf die Kommunikationsdynamiken und Restriktionen unbedacht oder unbedarft entsandter Kommunikate verweisen sollen.

Im Zusammenhang mit der Subjektivierung im Kontext digitaler Medien geht es nicht zuletzt darum, Praktiken der Unterwerfung und der Befreiung, der Autonomie und Heteronomie aufzuspüren (vgl. Carstensen et al., 2013), die eng miteinander verzahnt zu sein und sich in einem dynamischen Verhältnis zu befinden scheinen. Insbesondere die digitalen Medientechnologien und ihre Anwendungen verheißen Emanzipation auch des

Körperlichen, zugleich machen sie aber den Körper gefügig, zeigen ihm seine Grenzen in den vernetzten Sphären auf, muss er lernen sich in ihnen so zu artikulieren, dass er sich keinen Schaden zufügt.

## 4 Desiderata

Bislang werden im Konnex „Körper und Medien" vor allem die Mediennutzer, ihre Bedürfnisse, Entwicklungs- und Wahrnehmungsfähigkeiten, Kompetenzen, Gewohnheiten und ihre Reflexionsfähigkeit in den Blick genommen. Eine soziologische Analyse von Verkörperungen in medialen Kontexten, über und mit Medien wird bislang noch nicht konsequent mit den von Körpersoziologen zu recht reklamierten Ansprüchen umgesetzt. Analysen sozialisationsbedingter Gegebenheiten sowie makrosoziologischer Strukturen sowie historische Entwicklungen wären hier von großem Interesse, denn nur diese können Hinweise zur mediatisierten Subjektivierung und der in dem Kontext relevanten Funktionen des Körpers liefern. Soziale Arrangements werden vermutlich immer stärker von modernen Medien(technologien) (mit) bestimmt werden. Diese geben den Individuen vielfältige Impulse für die eigene Lebensführung – nicht zuletzt in Bezug auf die Gesundheit, die Fitness, die Attraktivität, das ‚gelingende Altern' sowie allgemein die Überforderungen oder Unterforderungen im Erwerbs- und Privatleben. Sie zeigen aber auch die Grenzen des körperlichen Leistungs-, Denk- und Wahrnehmungsvermögen auf. Waren es früher vor allem TV-und Print-Formate so werden nunmehr über die Nutzung von Apps und Diensten soziale Vergleiche in Bezug auf Körperlichkeiten, Geschlechterordnungen, sportliche Aktivitäten etc. vorgenommen. Bestimmte Medienzuwendungsweisen führen bei den Nutzern zu körperlichen Selbstvergewisserungen oder auch zu Unsicherheiten sowie Orientierungslosigkeit durch ‚information overload'. Insbesondere die affektiven und emotionalen Dynamiken, die bei der und über die Medienkommunikation freigesetzt werden, sind bislang kulturwissenschaftlich und soziologisch wenig oder nur am Rande untersucht worden. Es ist davon auszugehen, dass Emotionalität und Affektivität für das soziale Zusammenleben sowie hinsichtlich der vielfältigen Anforderungen mobiler, vernetzter und mediatisierter Welten des 21. Jahrhunderts von besonders großer Relevanz sind und weiter sein werden.

## Literatur


Baym, N. K. (2010). *Personal connections in the digital age*. Polity.

Blake, C. (2014). *Wie mediale Körperdarstellungen die Körperzufriedenheit beeinflussen: Eine theoretische Rekonstruktion der Wirkungsursachen*. VS.

Bourdieu, P. (1982). *Die feinen Unterschiede: Kritik der gesellschaftlichen Urteilskraft*. Suhrkamp.

Bröckling, U. (2007). *Das unternehmerische Selbst. Soziologie der Subjektivierungsform*. Suhrkamp.

Carstensen, T., Schachtner, C., Schelhowe, H., & Beer, R. (Hrsg.). (2013). *Digitale Subjekte. Praktiken der Subjektivierung im Medienumbruch der Gegenwart*. transcript.

Einspänner-Pflock, J., & Reichmann, W. (2014). „Digitale Sozialität" und die „synthetische Situation" – Konzeptionen mediatisierter Interaktion. In F. Krotz, C. Despotovic, & M.-M. Kruse (Hrsg.), *Die Mediatisierung sozialer Welten: Synergien empirischer Forschung* (S. 53–72). Springer/VS.

Faßler, M. (2013). Das mediale Selbst. Eine phylogenetische Annäherung. In L. Engell, F. Hartmann, & C. Voss (Hrsg.), *Körper des Denkens. Neue Positionen der Medienphilosophie* (S. 189–211). Wilhelm Fink.

Hartmann, M. (2004). *Technologies and Utopias: The cyberflaneur and the experience of ‚being online'*. Reinhard.

Hoffmann, D. (2012). Die relative Wirkmächtigkeit der Bilder. Ein Plädoyer für eine phänomenologische Betrachtung von Bildaneignungsprozessen. In S. Geise & K. Lobinger (Hrsg.), *Bilder – Kulturen – Identitäten* (S. 207–223). Herbert von Halem.

Höflich, J. R. (2003). *Mensch, Computer und Kommunikation: Theoretische Verortungen und empirische Befunde*. Lang.

Holly, W., Püschel, U., & Bergmann, J. (Hrsg.). (2001). *Der sprechende Zuschauer. Wie wir uns Fernsehen kommunikativ aneignen*. VS.

Keppler, A. (2013). Reichweiten alltäglicher Gespräche. Über den kommunikativen Gebrauch alter und neuer Medien. In A. Bellebaum & R. Hettlage (Hrsg.), *Unser Alltag ist voll von Gesellschaft. Sozialwissenschaftliche Beiträge* (S. 85–104). Springer VS.

Knorr Cetina, K. (2009). The synthetic situation: Interactionism for a global world. *Symbolic Interaction, 32*(1), 61–87.

Krotz, F. (2010). Leben in mediatisierten Gesellschaften. Kommunikation als anthropologische Konstante und ihre Ausdifferenzierung heute. In M. Pietraß & R. Funiok (Hrsg.), *Mensch und Medien. Philosophische und sozialwissenschaftliche Perspektiven* (S. 91–113). Springer VS.

Licoppe, C. (2004). Connected' presence. The emergence of a new repertoire for managing social relationships in a changing communication technoscape. *Environment and Planning D: Society and Space, 22*(1), 135–156.

Luckmann, T. (2003). Von der alltäglichen Erfahrung zum sozialwissenschaftlichem Datum. In I. Srubar & S. Vaitkus (Hrsg.), *Phänomenologie und soziale Wirklichkeit. Entwicklungen und Arbeitsweisen* (S. 13–26). Leske + Budrich.

Mauss, M. (1934). Die Techniken des Körpers. In M. Mauss (Hrsg.), *Soziologie und Anthropologie,* (Bd. 2, S. 197–220). Fischer (Erstveröffentlichung 1989).

McLuhan, M. (1964). *Understanding media: The extension of man*. McGraw Hill.

Misoch, S. (2011). Körper-Haben und Leib-Sein in virtuellen Räumen. In M. R. Müller, H.-G. Soeffner, & A. Sonnenmoser (Hrsg.), *Körper Haben. Die symbolische Formung der Person* (S. 107–120). Velbrück.

Paus-Hasebrink, I., & Kulterer, J. (2014). *Praxeologische Mediensozialisationsforschung. Langzeitstudie zu sozial benachteiligten Heranwachsenden*. Nomos.

Seifert, A. (2010). *Das Model(l) Heidi Klum. Celebrities als kulturelles Phänomen*. UVK.

Silverstone, R. (2006). Domesticating domestication. Reflections on the life of a concept. In T. Berker, M. Hartmann, Y. Punie, & K. J. Ward (Hrsg.), *Domestication of media and technology* (S. 229–248). Open University Press.

Stehling, M. (2015). *Die Aneignung von Fernsehformaten im transkulturellen Vergleich: Eine Studie am Beispiel des Topmodel-Formats*. Springer VS.

Swertz, C., Kern, G., & Kovacova, E. (2014). Der mediale Habitus in der frühen Kindheit. *MedienPädagogik. Zeitschrift Für Theorie Und Praxis Der Medienbildung, 22*, 1–28.

Thiedecke, U. (2004). Cyberspace: Die Matrix der Erwartungen. In U. Thiedecke (Hrsg.), *Soziologie des Cyberspace. Medien, Strukturen und Semantiken* (S. 121–143). VS.

Thomas, T. (2008). Körperpraktiken und Selbsttechnologien in einer Medienkultur: Zur gesellschaftstheoretischen Fundierung aktueller Fernsehanalyse. In T. Thomas (Hrsg.), *Medienkultur und soziales Handeln* (S. 219–233). VS.

Vorderer, P. (Hrsg.). (1996). *Fernsehen als „Beziehungskiste": Parasoziale Beziehungen und Interaktionen mit TV-Personen.* Westdeutscher Verlag.

Ziemann, A. (2012). *Soziologie der Medien* (2. überarb. u. erw. Aufl.). transcript.

Zillien, N. (2008). Die (Wieder-)Entdeckung der Medien. Das Affordanzkonzept in der Mediensoziologie. *Sociologia Internationalis, 46*(2), 161–181.

# Medizin

Claudia Peter

## 1 Vorbemerkung

Sich als soziologisch Forschende dem Feld der Medizin zu nähern, ist prinzipiell auf zweierlei Art möglich: als bloße Fremde, die eine reine Fremdperspektive einnimmt, oder als Fremde und Vertraute zugleich. Im zweiten Falle kennt man sich auch innerhalb der Medizin aus, entweder weil man über medizinisches Fachwissen und/oder über eigene Krankheitserfahrungen verfügt. Vorteil der zweiten Perspektivierung ist, dass man die genannten Wissensressourcen – feldinternes Fachwissen und Krankheitserfahrungen – für die Generierung soziologischen Wissens nutzen kann.

Die Autorin des vorliegenden Beitrags rechnet sich der zweiten Position zu. Ihr sind die innerhalb der Medizin etablierten Körperkonzepte bekannt, die sowohl den theoretischen Überlegungen der Mediziner unterlegt sind als auch deren praktisches Handeln fundieren. Der Beitrag geht von diesem feldinternen Körperverständnis aus und baut die körpersoziologische Konzeptualisierung darauf auf.

## 2 Die Körperkonzepte der Medizin als Thema der Körpersoziologie

Der kranke Körper ist die materielle ‚Grundlage' medizinischen Handelns. Diese ‚Grundlage' wurde im medizinischen Nachdenken über Ursachen und Verläufe von Krankheiten und die Möglichkeiten von Heilungsprozessen historisch immer wieder

C. Peter (✉)
Frankfurt am Main, Deutschland
E-Mail: c.peter@soz.uni-frankfurt.de



R. Gugutzer et al. (Hrsg.), *Handbuch Körpersoziologie 2*,
https://doi.org/10.1007/978-3-658-33298-3_18

neu konzipiert: die Medizin hat über die Jahrhunderte etliche Körperkonzepte hervorgebracht.

Diese Konzepte reagierten jeweils auf zeitgenössische Themen und Überzeugungen: von der Annahme von Körpersäften oder einer großen Ordnung, die alles verbindet, einer grundsätzlichen Interdependenz von ‚Umwelt' und Körper (Lamarckismus) und vieles mehr wurde über die Jahrhunderte viel erdacht und diskutiert. Die philosophischen oder theologischen Topoi hatten lange Zeit großen Einfluss auf die medizinischen Theorien, bis ab der Frühen Neuzeit die entstehenden Naturwissenschaften mehr und mehr Impulse für ein anderes Körperverständnis lieferten.

Medizinische Körperkonzepte sind oft doppelt angelegt: sie erklären allgemein, wie der Körper funktioniert und sie erklären, was im Fall der Krankheit anders im Körper abläuft. Beide Ebenen verweisen aufeinander: Wenn Krankheit als Störung gedacht wird, muss man wissen, was wie gestört ist. Historische Körperkonzepte und zeitgenössische Pathogenitätstheorien verweisen aufeinander.

Die Pathogenitätstheorien verfeinern sich immer mehr, heutzutage sind sie über die genetische Struktur hinaus zur molekularen Ebene vorgedrungen. Der Schlüssel zum Verständnis des kranken Körpers liegt zwar einerseits in seinem Inneren, dezentriert in seinen ‚Bausteinen', die sich im *Turn-over*, dem ständigen Auf- und Abbau des Körpers, als höchst anfällig erweisen. Andererseits erweist sich die Krankheitsgenese mehr denn je als multifaktorielles Geschehen von nichtreduzibler Komplexität.

Die moderne Medizin interessiert sich über die Erklärung der körperlichen Vorgänge im kranken Körper hinaus zweitens auch für besondere Körperzustände (wie Halluzination, Delirium, Hirntod, Wachkoma, Schwangerschaft u. v. m.) und drittens für besondere körperliche Phänomene (wie Dickleibigkeit, Intersexualität u. a.), bei denen fraglich ist, ob sie pathologisch oder nur besonders, also nichtpathologisch abweichend, sind.

Diese Dreiteilung lässt sich auch in soziologischen Studien so wiederfinden, die im Bereich der Medizin durchgeführt wurden. In diesem Beitrag werden von diesen soziologischen Studien nur die vorgestellt, die körpersoziologisch relevantes Wissen erarbeitet haben. Aus Platzgründen kann hier nicht der organisatorischen Prozedierung des Patienten (körpers) in Kliniken und der ‚Fabrikation' technologisch basierter Erkenntnisse über den Patientenkörper nachgegangen werden (siehe dazu die entsprechenden Beiträge im Handbuch). Es kann auch nicht auf Studien zum Körper des Mediziners und dessen speziell geschulte Leibkörperlichkeit als Voraussetzung für eine erfolgreiche ärztliche Tätigkeit eingegangen werden.

**(a) Körperlichkeit unter der Bedingung von Krankheit**

Ein schier unbegrenztes Einsatzfeld medizinischer Behandlungskunst besteht in der Behandlung von akuten und chronischen Krankheiten. Initiiert wurde diese Forschungstradition von Anselm Strauss. Aufgrund des Pioniercharakters von Strauss' Arbeit und dessen allgemeinsoziologischer Relevanz wird nun seine Arbeit exemplarisch vorgestellt, denn er war der Erste, der Medizinern bei der Arbeit mit den Patienten zusah und der sich für die Krankheitserfahrungen der Patienten interessierte. Er forschte und schrieb mit einer doppelten Perspektive: aus seiner Felderfahrung heraus und aus persönlicher Erfahrung, denn er selbst war chronisch herzkrank. Schwerpunktmäßig hat Anselm Strauss zur Bewältigung chronischer Krankheit geforscht. Parallel zu den einzelnen Studien entwickelte er eine neue qualitative Methodik, die *Grounded Theory,* und eine allgemeine Handlungstheorie (Strauss, 1993), womit die Relevanz des Gegenstandbereichs für eine allgemeine soziologische Theoriebildung exemplarisch deutlich wird.

Seine Theorie zur Verarbeitung von schweren Krankheitserfahrungen (Corbin & Strauss, 1993) interessiert hier als körpersoziologisch relevante Arbeit. Ausgangspunkt der Studie war die Zunahme an Krankheiten mit chronischem Verlauf bei Erwachsenen in der damaligen Zeit: die Patienten der Studie hatten Diabetes Typ I oder II, einen Herzinfarkt, einen Schlaganfall, Multiple Sklerose, andere Krankheiten oder invalidisierende Unfälle. Die Geschehnisse begannen mit einem plötzlichen Krankheits- oder Unfallereignis und verliefen dann chronisch, sodass eine Neuanpassung für die Betroffenen, deren Familie und die Alltagsorganisation für den Rest des Lebens nötig war. Strauss' Thema dieser Studie war die Verkettung von biografischer Zeitlichkeit und eigener Körperlichkeit, wenn man dauerhaft krank ist.

Nach Corbin und Strauss (1993) vollzieht sich die Anpassung auf drei Ebenen:

1. bezüglich der biografischen ‚Arbeit' hin zu einem neuen Selbstverständnis, welches die Akzeptanz als dauerhaft kranker Mensch mitumfasst,
2. mit der Suche nach einem gelingenden Krankheitsmanagement und
3. durch die Neuorganisation des familialen Alltags.

Für alle drei Ebenen ist die Dimension des (kranken) Körpers zentral, da (chronische) Krankheit bedeutet, dass man die Erfahrung des körperlichen Versagens macht:

- als „Unfähigkeit des Körpers, bestimmte Tätigkeiten auszuführen";
- aufgrund der „veränderte(n) äußeren Erscheinung des Körpers" und
- aufgrund der durch die Krankheit „veränderten (...) Funktionen des Körpers" (ebd., S. 41).

Corbin und Strauss (1993) thematisieren dabei früh und in der Soziologie singulär die existentiellen Dimensionen des Krankseins: „Wenn sich eine Krankheit behindernd auf den Körper auswirkt, ist man in seinen existentiellen Fundamenten erschüttert." (ebd., S. 44)

Dabei arbeiten sie anhand der Fälle heraus, dass Identität, die eigene Lebenszeit und die Körperlichkeit eng zusammenwirken. Wer man ist, wird „im Laufe der biografischen Zeit direkt oder indirekt über den Körper" (ebd., S. 44) vermittelt – dieses Zusammenwirken der drei Dimensionen fassen sie im Begriff des „biografischen Körperschemas" (ebd., S. 44). So stellen sie die Bedeutung der Vermittlungsfunktion des Körpers für die eigene Selbstwerdung heraus, denn durch den Körper nimmt der Mensch die Welt wahr und ist Teil von ihr und kann mittels ihm mit ihr kommunizieren (ebd., S. 45 f.).

Wird nun die Handlungsfähigkeit durch die körperlich behindernde Krankheit eingeschränkt, so wirken diese Erfahrungen auf das Selbst und dessen biografische Körperkonzeption zurück. Denn wesentliche Erfahrung vieler Kranker ist, dass aufgrund der veränderten Körperlichkeit – in der Handlungsfähigkeit, im Aussehen oder in der Funktionalität – nun Handlungen und sozialer Austausch scheitern: von dem Fremdsein des eigenen Körpers direkt nach dem Krankheitsereignis über das allmähliche Wahrnehmen der veränderten Funktionalität bis hin zu einem neu zu erlangenden Körperverständnis ist der Körper nicht mehr der zuverlässige Akteur wie bisher und neue Handlungsroutinen müssen erst erprobt werden. Als wie gravierend körperliche Einschränkungen und bleibende Behinderungen angesehen werden, hängt nach den Autoren auch davon ab, welche Bedeutung die verlorengegangene Körperfunktion für den Kranken hat: „Ein Pianist mit Arthritis (…) ist in seiner Arbeit stärker behindert als ein Schriftsteller mit Herzkrankheit“ (ebd., S. 56). Sie machen deutlich, dass es hier Grenzen gibt: Sind auf allen drei Ebenen – im Selbstsein, in der eigenen Lebenszeit und der eigenen Körperlichkeit – die Beschädigungen zu groß, dann ist die Kontinuität und Sinnhaftigkeit der eigenen Biografie infrage gestellt. (ebd., S. 52).

Durch die biografietheoretische Perspektive, dadurch dass Krankheiten im Verlauf betrachtet werden, gelingt dieser Studie etwas, was vielen körpertheoretischen Arbeiten bisher nicht gelingt: herauszuarbeiten, dass und wie biografische Zeit und eigene Körperlichkeit verschränkt sind. Hier wird dies am Fall chronisch kranker Patienten gezeigt, deren biografisches Zeitempfinden mit der dauerhaft verletzten oder geschädigten Körperlichkeit verkettet ist, oder noch einmal andersherum formuliert: deren Körperlichkeit eine zeitliche Dimension aufweist, die diskontinuierlich erlebt wird. Diese Thematik, die Veränderung des Körpers im Laufe des Lebens, wird auch in dem sehr lesenswerten Roman von Daniel Pennac „Der Körpers meines Lebens“ (2014) dargestellt, in dem viele Krankheitsereignisse und z. T. kuriose Körperirritationen beschrieben werden.

In der Gesundheits- und Sozialforschung sind seitdem unzählige Arbeiten entstanden, die dem Duktus der Straussschen Theoreme folgen, indem sie für bestimmte Krankheiten und deren Behandlung *Verlaufskurven* herausgearbeitet haben. Aber anders als bei Strauss sind die körperlichen Veränderungen selbst in vielen dieser Arbeiten nicht explizit zum Thema gemacht worden. Solche Arbeiten sind immer noch singulär. Uta Gerhardt (1999) hat sie für Herzkrankheiten und jüngst Johannes Hätscher (2015) für neurologische Erkrankungen beschrieben.

**(b) Besondere Körperzustände**

Die Medizin ist nicht nur für die Heilung oder Milderung von Krankheiten zuständig, sondern auch für verletzte Körper und für in vielfältiger Weise anders geartete, manchmal rätselhafte Körperzustände. Zu denken sind an solche besonderen Körperzustände wie Halluzinationen, Hirntod (Lindemann, 2002), Wachkoma (Hitzler, 2016), Locked-in-Syndrom, Schwangerschaft (Hirschauer et al., 2014), Blindheit, Gehörlosigkeit (Höhne, 2005), Körper mit Fehlbildungen (Palacio, 2013; Peter & Feith, 2020), Zustand nach Amputation, nach Transplantation (Kalitzkus, 2003a, b; Wagner, 2013), nach Implantation (Hätscher, 2015) und vieles mehr.

Im Folgenden werden die besonderen Körperzustände, die in der medizinischen Bestimmungsmacht stehen, systematisiert, um sie einer körpersoziologischen Thematisierung zugänglich zu machen.

**Dimension I: Irreversible versus reversible Veränderung**

Es ist zu unterscheiden, ob der medizinische Eingriff bzw. die therapeutische Modulation den besonderen Körperzustand selbst bleibend verändert, d. h. ob die medizinische Maßnahme den Körper(zustand) dauerhaft in einen unumkehrbar anderen Zustand überführt, oder ob mit Aussetzen der medizinischen Maßnahme die Ausgangssituation wieder eintritt. Bei Maßnahmen wie der Amputation, der Transplantation bzw. operativen Korrektur einer Fehlbildung ist offensichtlich, dass der anfängliche besondere Körperzustand bleibend verändert wird. Wird dagegen das THS-Implantat im Gehirn ausgeschaltet, dann kehren die Symptome wieder zurück. Diese Varianten unterscheiden sich also je nach (Nicht-)Invasivität und (nicht-)bleibenden Charakter des Eingriffs.

Bei der Beurteilung des Wachkomas oder der Schwangerschaft ist die Einschätzung etwas diffiziler. Hier wird die Veränderung nicht durch einen medizinischen Eingriff selbst, sondern durch körperinterne Heilungs- oder Reifungsprozesse evoziert. Das Wachkoma kann reversibel sein, d. h. es ist ein Aufwachen aus diesem Zustand möglich, der aber nicht direkt medizinisch erzwungen werden kann. Der Zustand nach einer Schwangerschaft ist nicht gleich mit dem vor einer Schwangerschaft, da – medizinisch gesehen – irreversible Veränderungen auf anatomischer, physiologischer, hormoneller u. a. Ebene stattgefunden haben. Dagegen erscheint die Frau von außen betrachtet wieder als (körperliche) Einheit für sich, während die Schwangerschaft eine ‚Einheit in Zweiheit‘ ist.

Es gibt also Beurteilungen von Körperzuständen, die – mit alltagsweltlichem Körperverständnis betrachtet – zu anderen Ergebnissen über die (Nicht-)Veränderung kommen als die medizinische Beurteilung. Neben einer nur bedingt sensitiven alltagsweltlichen Kompetenz, diese Veränderungen zu bemerken, kann festgehalten werden, dass die Quellen der Veränderung entweder direkt im medizinischen Eingriff oder in den körperinternen Heilungs- und Reifungsprozessen liegen. Bei letzterem liegt die ‚Agency‘ gewissermaßen im Körper selbst, auf die auch medizinisch kaum zugegriffen werden kann, sie bleibt (noch) unbeeinflussbar. Wie sich im Rahmen medizinischer Behandlungen diese alltagsweltlichen und medizinischen Wissensbestände ‚übersetzen‘ lassen, ob sie für die andere Seite anschlussfähig werden oder nicht, wie und ob sich durch Rezeption medizinischen Wissens die eigene Körperwahrnehmung verändert, das sind soziologische Fragestellungen.

**Dimension II: Andauernd versus temporär begrenzt**
Eine zweite Dimension, die unterschieden werden kann, ist die Dauer: Sind die besonderen Körperzustände zeitlich begrenzt oder dauern sie bis auf Weiteres, mit unbekannter Eigenzeit, an. So stehen neben den andauernden Zuständen wie dem nach Amputation, Transplantation oder Korrektur einer Fehlbildung auch Zustände wie die der Schwangerschaft, die einem festen biologischen Reifungszyklus von 9 Monaten (beim Menschen) folgen. Ein besonderer Körperzustand wie Gehörlosigkeit kann z. B. durch eine Cochlea-Implantation beendet werden. Allerdings ist die Zeit der anschließenden erfolgreichen Anpassung, d. h. der Veränderung der Leibstruktur (Höhne, 2005), ungewiss. Auch das Wachkoma unterliegt einem ‚selbstläufigen' Heilungsprozess der verletzten Hirnstrukturen und wird ‚von selbst' beendet, d. h. das Ende kann nicht im Gegensatz zum narkoseinduzierten Koma medizinisch herbeigeführt werden.

Wir sehen bei den beiden letztgenannten Beispielen, dass wir noch nicht in allen Fällen über ausreichendes Wissen hinsichtlich der internen Vorgänge im selbstheilenden bzw. sich anpassenden Leib-Körper verfügen. Können wir Heilungsprozesse wie im Hirn zwar nicht erzwingen, so können wir sie medizinisch wenigstens erklären; wir verfügen über theoretisches Wissen. Ein vergleichbares Wissen, wodurch eine Leibstruktur flexibel und anpassungsfähig wird, haben wir dagegen noch nicht. Wann also Cochlea-Implantationen erfolgreich sind und mit dem neu erworbenen Hörsinn sich die leibliche Wahrnehmungsweise insgesamt neu einrichtet und wann dies scheitert, können wir bisher nicht vorhersagen oder therapeutisch beeinflussen. Entsprechende leibtheoretische Ansätze sind erst skizzenhaft vorhanden (Höhne, 2005, S. 91 ff., 102 ff.).

Bezieht man beide Dimensionen aufeinander, kommt man zu folgender Abbildung (Tab. 1). Hinsichtlich der Dimension Veränderung wurden vier Untergruppen unterschieden, die entweder direkt medizinisch ‚hergestellt' sind oder aber – indirekt – deren Folgen darstellen: Invasivität, interne ‚selbständige' Vorgänge, Veränderung der Leibstruktur, personelle ‚Transformation' (Kalitzkus, 2003b, S. 203). Im Falle des Wachkomas erfolgt zwar die Heilung durch den Körper, der verletzte Körper wird aber durch intensivmedizinische Maßnahmen am Leben gehalten. Die medizinischen Maßnahmen stützen also indirekt die internen Vorgänge der möglichen Heilung.

Mit dieser Art der Schematisierung wird deutlich, dass man die Implantation eines Cochlea-Implantates an verschiedenen Stellen einordnen kann. Zu unterscheiden sind zunächst die Operationsarten, da es eine invasive – ohne Erhalt des Innenohrs – gibt, und eine nichtinvasive mit Erhalt des Innenohrs. Kommt es nach Implantation zu keinen Veränderungen auf der leibkörperlichen Ebene, zu keiner Neustrukturierung der Leibstruktur (Höhne, 2005), dann bleibt der Körperzustand der Gehörlosigkeit bestehen: Der Hörsinn wird nicht ins Leibschema ‚integriert'. Kommt es dagegen zu Veränderungen, dann ändert sich der Körperzustand bleibend: Man wird hörend. Wir haben hier ein Beispiel, das für eine körpersoziologische Erforschung dieses Phänomens, der erfolgreichen Transformation in eine hörende Person, leibtheoretische Überlegungen miteinbeziehen müsste.

**Tab. 1** Gegenüberstellung von Körperzuständen, unterschieden nach den Dimensionen Zeit und (Ir-)Reversibilität der Veränderung

| | Zeit | Andauernd | Temporär |
|---|---|---|---|
| Veränderung des Körpers (reversibel oder irreversibel) | | | |
| Ja | Invasiv | Fehlbildungen<br>Amputationen<br>Transplantation | Einsetzen des Cochlea-Implantats (**ohne** Erhalt des Innenohrs) |
| | Interne ‚selbstständige' Vorgänge | Wachkoma<br>Hirntod | Wachkoma<br>Schwangerschaft |
| | Veränderung der Leibstruktur | | Erfolgreiche Adaption des Hörens mit Cochlea-Implantat (bei beiden OP-Arten möglich) |
| | Personelle ‚Transformation' | Transplantation (wenn neues Organ eigenes Körpergefühl verändert und man mit der Zeit ‚eins' wird) | |
| Nein | | Blindheit | Tiefe Hirnstimulation (Wirkung nur bei Stimulation); keine invasive Operation<br>Cochlea-Implantat (**mit** Erhalt des Innenohrs) |

**Dimension III: Keine herkömmlichen Begegnungsformen**

Die besonderen Körperzustände sind nicht ausschließlich, aber vorwiegend durch Begegnungsformen gekennzeichnet, die sich von den alltagsweltlich tradierten *face-to-face*-Formen unterscheiden. Es können vier idealtypische Untergruppen unterschieden werden. Hierzu wird auf einen Begriff von Goffman (1979) zurückgegriffen, der das *face* als ‚Display' bezeichnet hat, mit dem kommunikativ dem Gegenüber Feedback gegeben wird (vgl. auch Hirschauer et al., 2014, S. 165; schon bei Schütz, 2011): anzeichenhaft mimisch und/oder zeichenhaft sprachlich.

**Keine Kommunikation mehr** ***(No face but life):***

Beim Wachkoma werden zwar Lebenszeichen der betroffenen Person ausgemacht, deren kommunikativer Gehalt ist aber für die rezipierende Person unklar. Beim Hirntod ist keine Kommunikation mehr möglich, man sucht aber trotzdem nach Lebenszeichen als „expressiver Enthemmung" des Lebens (Lindemann, 2002, S. 235). Beide Körperzustände sind wiederum vom Locked-in-Syndrom zu unterscheiden, bei dem der Betroffene zwar zur Kommunikation fähig ist, er aber in diesem Körperzustand die Mittel zur körperlichen Expression verloren hat. Diese aufgezählten Körperzustände unterscheiden sich also darin, ob aufgrund oder trotz vorhandener Lebendigkeit noch Kommunikationserwartungen aufrechterhalten werden können. Bezüglich Lebenszeichen, Kommunikationsfähigkeit und körperlicher Artikulation können hier je verschiedene Konstellationen unterschieden werden.

**Intrakorporale Kommunikation *(Intraface):***
In dieser zweiten Form ähneln sich Schwangerschaft und Transplantation, da das Ungeborene und das neue Organ als „intime Fremde" (Kalitzkus, 2003a; Hirschauer et al., 2014, S. 165) eine Mischung aus Präsenz und Abwesenheit verkörpern. Die Begegnung, das Fühlen als responsiver Akt, geht ins Körperinnere: intraface ist das nach innen gerichtete ‚display'. Sowohl dem schwangeren Bauch als auch der Körperregion mit dem neuen Organ wird ein Eigenleben zugestanden. Während das Ungeborene von der Schwangeren zu einer eigenständigen Einheit, zu einem Anderen, erhoben wird, geht es für die Transplantierten darum, sich mit dem neuen Organ ‚anzufreunden' und mit ihm über die Zeit zu ‚verwachsen', es also zum Eigenen werden zu lassen. Das „inwändige Andere" (Hirschauer et al., 2014, S. 94) und das Fremde, das zum Eigenen wird, sind zwei verschiedene Möglichkeiten, *den Körper im Körper* zu identifizieren und zu adressieren.

**Befremdende Körperselbstwahrnehmungen *(Face but strange body):***
Eine dritte Gruppe bilden Körperselbstwahrnehmungen nach Amputation, Korrektur von Fehlbildungen und im Zustand unter Tiefer Hirnstimulation. Bei diesen Körperzuständen kommt es zu *neuartigen* Körperselbstwahrnehmungen, die für die Betroffenen exklusiv sind und damit kaum an das alltagsweltlich vorhandene (Körper-)Wissen der Anderen anschlussfähig sind. Die Basis gemeinsam geteilten Körperwissens wird verlassen. Aus der Literatur gut bekannt ist das Phantomglied-Erleben von Personen mit Amputationen (Merleau-Ponty, 1966, S. 100 ff.; Waldenfels, 2000, S. 22 ff.).

Dagegen bisher kaum erforscht ist, wie sich Patienten unter TH-Stimulation fühlen und ihren Körper neu wahrnehmen. Die Patienten sind zwar von den stark belastenden Symptomen wie Tremor u. a. befreit, werden aber nach der Implantation möglicherweise von Nebenwirkungen überrascht, die nicht vorhersehbar sind und von Fall zu Fall variieren (Dubiel, 2008). Diese Nebenwirkungen wie etwa Sprachstörungen, manisches Verhalten, Angststörungen, erhöhte Risikobereitschaft, Aggressivität, selektive Aufmerksamkeit u. v. m. erscheinen völlig kontingent, von persönlichen Präferenzen losgelöst, ohne Bezug zur bisherigen Biografie zu sein und werden deshalb von den Patienten als *befremdend* erlebt.

Angeborene Fehlbildungen werden unmittelbar nach der Geburt operativ korrigiert, sodass es keinen Vorher/Nachher-Vergleich für die Betroffenen gibt. Stattdessen wachsen die Kinder in ihre Form der Körperlichkeit hinein und bilden ihre eigene Art des Körpererlebens und -erfahrens aus. Hier besteht das Begegnungsproblem nicht mit sich, sondern mit den Anderen. Die Anderen, auch die engsten Bezugspersonen, verfügen über keinerlei Körperwissen, wie diese Körper anders funktionieren. Dass diese Kinder andere Bewegungsmuster, Atmungsmuster usw. einüben, kann zwar mit aufmerksamen Blick entdeckt werden, wie es sich anfühlt, kann aber nur sehr begrenzt aus der Alter-Ego-Perspektive erfasst werden (Peter, 2021).

Bei all diesen ‚befremdenden' Körperzuständen stellt sich hinsichtlich der Möglichkeit, sich zu begegnen und auszutauschen, die Frage, ob bei nicht geteiltem Körperwissen zwischen Ego und Alter Egos eine geteilte Leiblichkeit als gemeinsame Erfahrung erhalten bleibt und ob auf diese als Kommunikationsressource zurückgegriffen werden kann.

**Rein sinnesbasierte und kinästhetische Begegnungen *(No face but sense):***
Die letzte Untergruppe zeichnet sich dadurch aus, dass die Kommunikation vor allem über die Sinne und nicht über die Sprache vermittelt ist bzw. die Sinne mit besonderer Virtuosität eingesetzt werden. So verfügen Blinde zwar nicht über den Sehsinn und zeigen damit kein Display-Anzeigen im Sinne Goffmans, dafür kommunizieren sie umso mehr und umso feiner mit dem Hör- und Tastsinn, die in besonderer Feinheit geschult sind (Saerberg, 2006). Gehörlose Personen wiederum sind im besonderen Maße auf eine visuelle Ausrichtung und dyadische Fokussierung während der Kommunikation angewiesen, bei der man fortwährend im Blick- und im Nahkontakt bleibt, bemerken dabei aber Feinheiten, die normal sehenden Personen entgehen. So können sie ‚Lippenlesen' und bemerken in den Mikroexpressionen des Gesichts eines Redners, ob er lügt (Höhne, 2005, S. 95 f.). Schwangere nehmen ihr Ungeborenes auch – ergänzend zu den obigen Ausführungen – auch über die Nahsinne und nicht über die sonst präferierten Fernsinne sowie kinästhetisch wahr (Hirschauer et al., 2014, S. 153 ff.).

**Dimension IV: Begegnungen – fragil oder robust, inkludierend oder exkludierend**
Die Begegnungsformen können sich als stetig oder störanfällig sowie exkludierend oder inkludierend erweisen. Nimmt eine Schwangere im fortgeschrittenen Zustand der Schwangerschaft keine Kindsbewegungen (mehr) wahr, kann sie unruhig werden und diese ‚Funkstille' nicht nur als ausbleibende Kommunikation, sondern als gefährdetes Leben ansehen. Sind diese Kommunikationen also fragil im Sinne von störanfällig, sind die anderen Begegnungsformen zwar besonders, für sich gesehen aber robust, wie Begegnungen mit blinden oder gehörlosen Personen oder Menschen mit Amputationen oder mit korrigierten Fehlbildungen.

Gehörlose Menschen praktizieren untereinander andere Kommunikationsformen als hörenden Menschen gegenüber. Die werdende Mutter hat aufgrund der kinästhetischen Basis andere Möglichkeiten der Kontaktaufnahme zum Ungeborenen als der werdende Vater. Kinder mit vergleichbaren Handikaps, wie z. B. Kinder mit der sog. Glasknochenkrankheit, können sich untereinander anders über ihre Körpererlebnisse austauschen als mit ihren (gesunden) Eltern. Diese Beispiele verweisen auf den jeweils *exkludierenden* oder inkludierenden Charakter des eigenen Körperwissens und -spürens aufgrund des besonderen Körperzustandes.

### (c) Besondere Körperphänomene als Leiden

Unter diesem Punkt sind Körperphänomene vereint, die mit einem individuellen *Leiden* verbunden sind, das auch gesellschaftlich relevant wird, und die deshalb in die Zuständigkeit der Medizin delegiert werden. Ohne im engeren Sinne und unzweifelhaft als Krankheiten zu gelten, kann bei den einzelnen Körperentwicklungen noch umstritten sein, inwieweit ihnen überhaupt pathologische Vorgänge zugrunde liegen könnten. Gemeint sind solche Phänomene wie altersbedingte degenerative Prozesse wie Demenz, das Chronic Fatigue Syndrom (CFS), die Entwicklung einer massiven Dickleibigkeit (Adipositas), Intersexualität und vieles mehr. Sind dies Phänomene, die entweder von Geburt an vorliegen, wie die Intersexualität, oder die sich erst im Laufe des Lebens entwickeln, wie die Dickleibigkeit, das CF-Syndrom oder die Demenz, so stellt dagegen das Phänomen der Transsexualität (Hirschauer, 1993) eines dar, das medizinisch herbeigeführt wird. Bei letzterem liegt auch ein Leiden der Patient*innen – und zwar an einer falschen Geschlechtszugehörigkeit – vor.

Für die benannten Phänomene muss konstatiert werden, dass das medizinische Wissen hinsichtlich ihrer Genese noch lückenhaft ist, nicht immer pathologische Erklärungen vorliegen und deshalb Diagnostik und Therapeutik stark hypothetisch, experimentell und vorläufig ausgerichtet sind. Während die Deskription der Symptomatik zumeist gelingt, gilt das für die bisherigen Interventionsversuche nur zum Teil. Entweder sind sie bisher kaum erfolgreich, wie bei der Demenz, oder sie waren unethisch, wie die langjährige Praxis der vorschnell durchgeführten geschlechtsvereindeutigenden Operationen an intersexuellen Kindern, oder sie waren fragwürdig, weil zu sozialdisziplinierend angesetzt, wie bei den Therapien adipöser Patienten. Deutlich wird damit die Diskrepanz zwischen einem soliden medizinischen Wissensbestand und einem akzeptablen professionellen Umgang bei gleichzeitig vorhandener gesellschaftlicher Problematisierung dieses Körperphänomens.

**Der historische Index medikalisierter Leiden**
Im Gegensatz zu den Körperphänomenen unter (a) und (b) agiert die Medizin hier im mehrfachen Sinne an Grenzen: an Wissensgrenzen, Machbarkeitsgrenzen und Grenzen der gesellschaftlichen Toleranz. Alle hier zusammengetragenen Phänomene weisen einen historischen Index auf, einen Umschlagspunkt, ab wann sie gesellschaftlich als ‚Problem' definiert und an die Medizin delegiert wurden.

- Jahrhundertelang war die Dickleibigkeit unproblematisch, sie war ein Zeichen für Reichtum, bei Männern ein Statussymbol und bei Frauen war diese Fülle sexy. Seit den 1990er Jahren wurden die Korpulenten zur globalen ‚Epidemie' erklärt und ihr Verhalten wurde problematisiert.
- Merkmale beider Geschlechter zu tragen, galt lange Zeit als exotisch und wurde in der antiken Mythologie in einer eigenen Gestalt symbolisiert. Mit der Erfindung der Zweigeschlechtlichkeit im 19. Jahrhundert wurden derartige geschlechtliche Uneindeutigkeiten problematisch und führten im 20. Jahrhundert zur zwanghaften Einstellung, die betroffenen intersexuellen Kinder mit chirurgischen Mitteln zu vereindeutigen – mit verheerenden Folgen für die Betroffenen und großem Vertrauensverlust gegenüber der Medizin.
- Demenz könnte als normale Alterserscheinung hochbetagter Menschen angesehen werden. Ist der voranschreitende Verlust der eigenen Identität schon keine sozial

attraktive Eigenschaft, so wird aufgrund der Fremd- und Selbstgefährdung diese Personengruppe nicht nur zu einer vulnerablen erklärt, sondern auch zu einer, die unter Aufsicht gestellt werden muss. Das Problem wird zum Versorgungsproblem erklärt und in den geriatrischen bzw. neurologischen Zuständigkeitsbereich delegiert.

- Einen anderen Geschlechtskörper als den angeborenen annehmen zu wollen, also transsexuell zu sein, ist inzwischen anerkannt und gilt als Indikationsstellung für eine mögliche Behandlung: als Leiden anerkannt, aber nicht als Krankheit definiert, kann heute nach einem umfangreichen Procedere und unter Zuständigkeit dafür spezialisierter Mediziner der Prozess der körperlichen Anpassung beschritten werden. Nicht i. e. S. als Heilung, aber als medizinische Herstellung, d. h. als medizinische Machbarkeit verstanden, ist dieses Phänomen ein Beispiel einer weitreichend vollzogenen Medikalisierung.

**Medikalisierung als Delegation von sozial Problematischem an die Medizin**
Medikalisierung bedeutet – nach Peter Conrad –, dass ein Phänomen zu einem medizinischen Etwas gemacht wird. Uneindeutige Phänomene – als sowohl sozial wie auch biologisch-natürlich bedingte – werden in den Zuständigkeitsbereich der Medizin importiert, um auf medizinischem Wege ‚behandelt' zu werden, wenn prinzipiell auch alternative Umgangsweisen zur Verfügung gestanden hätten (vgl. Peter & Neubert, 2016, S. 282). Mit Medikalisierung meinen wir eine historische Schwelle, in der ein Phänomen gesellschaftlich problematisch wird, oft als solches nicht mehr geduldet wird und als Reaktion darauf Deutungen entstehen, wie man das Problem medizinisch prozedieren könnte und es damit in eine ‚behandelbare' Entität verwandelt. Für das Überschreiten dieser Schwelle müssen nicht immer Mediziner die treibenden Akteure sein – es gibt viele historische Beispiele, in denen es soziale Bewegungen oder die Patienten selbst waren –, und es müssen nicht immer schon solide Therapieansätze mit medizinischer Evidenz vorliegen, das CFS ist dafür ein Beispiel.

Ob eine solche Medikalisierung erlaubt wird und ob dadurch eine gesellschaftliche Befriedung, eine soziale Akzeptanz der so hergestellten Körperformationen eintritt, sagt mindestens so viel über die gegenwärtig herrschenden gesellschaftlichen Körperkonzepte aus wie über das aktuelle medizinische Vermögen, sie ‚behandelbar' zu machen. Die Aufforderung zu medizinischer Machbarkeit kann also auch als Spiegel gesellschaftlicher Körperwünsche angesehen werden. Für die Mediziner*innen entsteht die Situation, medizinisch noch nicht gut verstandene Phänomene trotzdem zu behandeln. Sie werden damit zu praktischen Körperexperten, die mit mehr oder weniger geeigneten Mitteln den Körper ihrer Patienten ‚bearbeiten'. Oft wird erst aus der historischen Distanz heraus gut ersichtlich, auf welche Weise die damals angewandten Mittel und die damit verfolgten Körperideale sozial konstruiert waren. In aktuell umkämpften Zonen sich seines eigenen Standpunktes inklusive der eigenen Wert- und Körpervorstellungen klar zu werden, ist dagegen um ein Vielfaches schwieriger, auch für Sozialwissenschaftler*innen.

Es bietet sich an, derartige aktuell umstrittene ‚grenzwertige' Körperphänomene mit dem Medikalisierungsansatz nach Peter Conrad zu analysieren. Welche Akteure agieren dabei mit welchem Körperverständnis? Und auf welche Weise spielen diese zusammen oder gegeneinander? Dabei ist es sinnvoll, diese *studies of medicalization* nicht als Momentannahme anzusetzen, sondern längere Zeiträume zu untersuchen, in denen über die Mediziner und Patienten hinaus weitere involvierte Interessengruppen einbezogen werden (vgl. Peter & Neubert, 2016), um die (Nicht-)Persistenz der jeweils präferierten Körperkonzepte besser zu erfassen.

## 3 Forschungsdesiderata

Vor dem Hintergrund der hier vorgelegten Systematik zeigen sich folgende körpersoziologische Forschungsdesiderata im Feld der Medizin:

1. Subjektive Körperwahrnehmungen:
   Empirische Arbeiten zu Krankheits- *und* Körperphänomenen sind bisher nicht zahlreich – im Vergleich zu etlichen technik- und organisationssoziologischen Studien zur Klinik und zur Prozedierung des Patientenkörpers in der Klinik. In jüngerer Zeit hat sich eher die (internationale) Anthropologie als die Soziologie den hier diskutierten Fragestellungen zugewandt. Die anthropologischen Arbeiten zeichnen sich i. d. R. durch eine hohe Beschreibungsdichte aus, in der oft die subjektiven Wahrnehmungen der Patienten im Mittelpunkt stehen, während solche Arbeiten in der Soziologie noch singulär sind (Gerhardt, 1999; Hätscher, 2015; Hirschauer et al., 2014; Peter, 2006; Saerberg, 2006; Corbin & Strauss, 1993).
2. Seltene Krankheiten ohne Trajekte:
   Trajekte sind nach Strauss Verlaufskurven, die entwerfen, welchen Verlauf eine Krankheit und damit auch die körperliche Verfassung des Patienten nimmt. Ein inhaltliches Desiderat liegt bei Krankheiten, die selten sind, sodass ärztlicherseits kaum Prognosen gestellt werden können und bezüglich der soziologischen Theoretisierung ohne Trajekte gearbeitet werden muss.
   Wurden hinsichtlich der bisherigen Vernachlässigung dieser seltenen Krankheiten *(rare diseases)* durch Forschungsförderung und Forschung & Entwicklung in der Wirtschaft inzwischen politische Anreize geschaffen, so steht eine thematische Sensibilisierung seitens der Sozialwissenschaften noch weitgehend aus. Dabei könnten mit solchen Studien, in denen derart betroffene Patienten länger begleitet werden, wichtigen sozialtheoretischen Fragestellungen nachgegangen werden: Fragen nach dem Verhältnis von Außeralltäglichkeit und Alltäglichkeit, nach pathischem Widerfahren und aktivem Handeln, nach der Art und Weise der Erfahrungsbildung unter besonderen Bedingungen u.v.m.
3. Die konzeptuelle Unterscheidung von Leiblichkeit und Körperlichkeit:
   Ein weiteres Desiderat betrifft die Differenzierung zwischen Körperlichkeit und Leiblichkeit. Gehen verschiedene leibphänomenologische Ansätze von einer Ver-

schränkung beider Ebenen aus, so ist all diesen Ansätzen gemeinsam, diese Ebenen nicht zu nivellieren. Diese Differenzierungsfähigkeit fehlt den allermeisten soziologischen Studien mit körpersoziologischer Fragestellung, außer Lindemann (2002) und Peter (2006), deren Studien gerade daraus ihren Gewinn ziehen. Auch einer so verdienstvollen Studie wie der von Hirschauer und Mitarbeiter*innen (2014) mangelt es hierin an begrifflicher Schärfe und Unterscheidungsfähigkeit. Zukünftig körpersoziologisch relevante Arbeiten unter Kenntnis leibphänomenologischen Denkens durchzuführen, verspricht eine nochmals viel höhere Komplexität der Theoriebildung zu erreichen bzw. bestimmte Phänomene überhaupt erst zu verstehen (vgl. die Ausführungen oben zur erfolgreichen Cochlea-Implantation).

4. Die Beteiligung der Sinne:
   Damit eng im Zusammenhang steht, die Beteiligung der Sinne bei den hier vorgestellten körperlichen Vorgängen und Zuständen stärker herauszuarbeiten. Arbeiten wie die von Höhne (2005) und Saerberg (2006) haben hier einen Anfang gemacht. Dazu ist freilich zum einen eine Offenheit für affekttheoretische Ansätze erforderlich und zum anderen für neuere methodologische Diskussionen, die dafür plädieren, die Sensibilität und Vulnerabilität der forschenden wie beforschten Personen zu erfassen und einzubeziehen.
5. Körperirritationen:
   Eine der anspruchsvollsten Thematiken sind Körperirritationen, d. h., das temporäre oder zunehmende Fremdwerden des eigenen Körpers bei voranschreitenden Krankheitsprozessen – anspruchsvoll im Sinne der (a) Forschungsethik, weil es hier um existentielle Erfahrungen der Betroffenen (Feith et al., 2020) geht, und (b) methodisch, weil dieses Fremdwerden nur aus der Perspektive eines Alter Egos erforscht werden kann, das diese Erfahrung nicht nur nicht macht, sondern das diese Entzugserfahrungen auch antizipatorisch nicht mehr vollständig einholen kann.
   Nach Bernhard Waldenfels zeichnet sich Fremdheit durch die *Erfahrung eines Entzugs,* eines Abhandenkommens aus, bei dem man zwar das Wie des Sich-Entziehens spürt, aber das Was des Sich-Entziehens nicht mehr inhaltlich bestimmen kann. Patienten unter TH-Stimulation, Patienten in sog. austherapierten Situationen und schwerstkranke Personen machen solche befremdenden Erfahrungen. Will man die Betroffenen mit diesen bisher nicht gut verstandenen Erfahrungen nicht alleine lassen und damit einer anhaltenden Marginalisierung Vorschub leisten, haben wir zukünftig zwei methodische Möglichkeiten, dies empirisch anzugehen: entweder aus der Zeugenperspektive, d. h., der des mitbetroffenen Alter Ego, dessen *Mit*betroffenheit zu analysieren ist, oder aus der Eigenperspektive, indem auf Selbstzeugnisse zurückgegriffen wird, in denen die *direkt* Betroffenen versuchen, diese Erfahrungen sprachlich zu fassen. Ich möchte auf derartige Selbstzeugnisse aufmerksam machen, die uns zu solchen Krankheitsphänomenen bereits vorliegen:

- Helmut Dubiel, selbst Soziologe, beschreibt, wie seine Parkinsonerkrankung diagnostiziert wird, wie er sich zur THS entschließt und wie es sich damit lebt.

- Wolfgang Herrndorf, Schriftsteller, schreibt, wie ihm die Diagnose eines Glioblastoms mit sehr begrenzter Lebenszeit gestellt wird und wie er in dieser verbleibenden Zeit unter den Bedingungen einer Krebstherapie lebt und seine Romane währenddessen erarbeitet.
- Raquel J. Palacio beschreibt (halbfiktiv) aus mehreren Perspektiven (Ego, Eltern, Geschwister, Freunde) das Aufwachsen eines Jungen, der am Treacher-Collins-Syndrom leidet, das sich durch zahlreiche Fehlbildungen im Gesicht äußert. Sukzessive werden diese Fehlbildungen operativ korrigiert, sodass dem Jungen ab dem 10. Lebensjahr ein Schulbesuch möglich wird.
- David Wagner, Schriftsteller, leidet seit der Kindheit an einer Autoimmunerkrankung der Leber. Er beschreibt die Zeit kurz vor der Lebertransplantation und die erste Zeit danach.
- Jean-Luc Nancy, Philosoph, schreibt von seinem Leben mit einem fremden Herz, nach einer Herztransplantation.

## Literatur


Corbin, J. M., & Strauss, A. L. (1993). *Weiterleben lernen. Chronisch Kranke in der Familie*. Piper Verlag.

Dubiel, H. (2008). *Tief im Hirn. Mein Leben mit Parkinson*. Goldmann.

Feith, D., Peter, C., Rehbock, T., & Tiesmeyer, K. (2020). Grenzsituationen. Qualitative Forschung zu existentiellen Krankheitserfahrungen und Therapieentscheidungen. In Netzwerk Qualitative Gesundheitsforschung (Hrsg.), *Perspektiven qualitativer Gesundheitsforschung* (S. 216–269). Beltz Juventa.

Gerhardt, U. (1999). *Herz und Handlungsrationalität. Biographische Verläufe nach koronarer Bypass-Operation zwischen Beruf und Berentung*. Suhrkamp.

Goffman, E. (1979). *Gender advertisements*. Macmillan.

Hätscher, J. (2015). *Geregelte Außeralltäglichkeit. Deutungs- und Handlungsprobleme von Patienten mit Morbus Parkinson und ihren Partnern bei der Therapie durch Tiefe Hirnstimulation*. Velbrück Wissenschaft.

Herrndorf, W. (2013). *Arbeit und Struktur*. Rowohlt.

Hirschauer, S. (1993). *Die soziale Konstruktion der Transsexualität*. Suhrkamp.

Hirschauer, S., Heimerl, B., Hoffmann, A., & Hofmann, P. (2014). *Soziologie der Schwangerschaft. Explorationen pränataler Sozialität*. Lucius & Lucius.

Hitzler, R. (2016). Videogestützte Langzeitbeobachtungen eines im Wachkoma lebenden Menschen. In R. Hitzler & P. Eisewicht (Hrsg.), *Lebensweltanalytische Ethnografie* (S. 71–97). Beltz Juventa.

Höhne, A. (2005). *Eine Welt der Stille. Untersuchungen zur Erfahrungswelt Gehörloser als Ausgangspunkt für eine phänomenologisch-orientierte Gehörlosenpädagogik*. Fink Verlag.

Kalitzkus, V. (2003a). Intime Fremde. Organspende und Organtransplantation im Spannungsfeld von Körper und Leib. *Berliner Blätter, 29*, 43–51.

Kalitzkus, V. (2003b). *Leben durch den Tod. Die zwei Seiten der Organtransplantation. Eine medizinethnologische Studie*. Campus.

Lindemann, G. (2002). *Die Grenzen des Sozialen. Zur sozio-technischen Konstruktion von Leben und Tod in der Intensivstation*. Fink Verlag.

Merleau-Ponty, M. (1966). *Phänomenologie der Wahrnehmung*. De Gruyter.

Nancy, J.-L. (2000). *Der Eindringling. Das fremde Herz*. Merve Verlag.

Palacio, R. J. (2013). *Wunder*. Hanser.

Pennac, D. (2014). *Der Körper meines Lebens*. Verlag Kiepenheuer & Witsch.

Peter, C. (2006). *Dicke Kinder. Fallrekonstruktionen zum sozialen Sinn der juvenilen Dickleibigkeit*. Huber.

Peter, C. (2021, i. E.). Verstehen und Verständigung in der Grundsituation nichtgeteilter Körperlichkeit. In R. Keller & M. Meuser (Hrsg.), *Die Körper der Anderen*. VS Springer Verlag.

Peter, C., & Feith, D. (2020). Familie und komplexe Schwangerschaften: Totgeborene und Kinder mit Fehlbildungen. In J. Ecarius & A. Schierbaum (Hrsg.), *Handbuch Familie*. VS Springer Verlag.

Peter, C., & Neubert, C. (2016). Medikalisierung sozialer Prozesse. In K. Hurrelmann & M. Richter (Hrsg.), *Soziologie der Gesundheit und Krankheit* (S. 273–285). VS Springer Verlag.

Saerberg, S. (2006). *„Geradeaus ist immer einfach geradeaus". Eine lebensweltliche Ethnographie blinder Raumorientierung*. UVK.

Schütz, A. (2011). Der Heimkehrer. In Schütz, A. (Hrsg.), *Relevanz und Handeln 2.: Gesellschaftliches Wissen und politisches Handeln (Werkausgabe) (Bd. VI. 2*, S. 96). UVK.

Strauss, A. L. (1993). *Continual permutations of action*. Aldine de Gruyter Verlag.

Wagner, D. (2013). *Leben*. Rowohlt.

Waldenfels, B. (2000). *Das leibliche Selbst. Vorlesungen zur Phänomenologie des Leibes*. Suhrkamp.

# Migration

Henrike Terhart

Im Feld der sozialwissenschaftlichen Migrationsforschung sind insgesamt nur wenige Arbeiten zu finden, die den Körper in den Mittelpunkt stellen. Die Frage danach, was Körper und Migration miteinander zu tun haben, verweist zunächst auf das gängige Verständnis von Migration als temporäre oder dauerhafte – körperliche – Verlagerung des Lebensmittelpunkts von Menschen (über nationalstaatliche Grenzen hinweg). Da Menschen nicht die gleichen Möglichkeiten haben, mobil zu werden bzw. sesshaft bleiben zu können, ist Migration abhängig von nationalstaatlichen oder supranationalen (Migrations-)politiken und den daran gekoppelten Mobilitätsrechten, -verboten und -zwängen. Migrationsforschung befasst sich mit sozialen Transformationsprozessen, die mit menschlicher Mobilität einhergehen und untersucht die Bedingungen für die Entscheidung zur Migration ebenso wie die Erfahrungen durch, den Umgang mit und die Folgen von Migration auf individueller, institutioneller und gesellschaftlicher Ebene in Herkunfts- und/oder Einwanderungskontexten. Im Folgenden wird der Gewinn einer körpertheoretischen Perspektive für die Migrationsforschung unter Berücksichtigung damit einhergehender Herausforderungen vorgestellt.

Werden die Bedingungen, Begleiterscheinungen und Folgen von menschlicher Mobilität sozialwissenschaftlich untersucht, so rückt die Frage nach sozialer Zugehörigkeit in den Fokus. Auf formaler Ebene werden zwei (kombinierbare) Grundprinzipien nationalstaatlicher Zugehörigkeit unterschieden, die auf je eigene Weise mit dem Körper verbunden sind: Nationalstaaten, die das Prinzip des Aufenthaltsortes anwenden, vergeben die Staatsangehörigkeit an Personen, die auf dem Territorium des Land geboren wurden (ius soli). Das Prinzip der Staatsangehörigkeit nach Abstammung bestimmt die Nationalität demgegenüber durch die Staatsangehörigkeit der Eltern bzw. eines Eltern-

H. Terhart (✉)
Köln, Deutschland
E-Mail: henrike.terhart@uni-koeln.de



R. Gugutzer et al. (Hrsg.), *Handbuch Körpersoziologie 2*,
https://doi.org/10.1007/978-3-658-33298-3_19

teils, die an das Kind unabhängig vom Geburtsort weitergegeben wird (ius sanguinis). Im Kontext von Migration ist neben der Bestimmung rechtlicher Zugehörigkeit die informelle Verhandlung von Zugehörigkeit im Alltag von zentraler Bedeutung, und stellt zumeist den Gegenstand sozialwissenschaftlicher Migrationsforschung dar. Dabei rücken insbesondere die körperliche Erscheinung und körperliche Praktiken vor dem Hintergrund national-kulturell markierter Normalitätserwartungen und (Selbst-)Ethnisierungen im Alltag in den Blick und es wird die Frage bearbeitet, wer als zugehörig angesehen, oder zu den Anderen gezählt wird. Körper erhalten den Status sichtbarer und damit vermeintlich eindeutiger Marker für die Unterscheidung in „Wir und die Anderen" und nehmen damit Einfluss auf ungleich verteilte Chancen für gesellschaftliche Teilhabe. Damit schließt der vorliegende Beitrag zum Verhältnis von Migration und Körper direkt an die Beiträge zu → Postcolonial Studies und → sozialer Ungleichheit an.

Im Folgenden wird zunächst eine Perspektive für körpertheoretische Analysen zu Migration entwickelt, die die Sozialität des Körpers in den Mittelpunkt rückt und sich damit dezidiert gegen ein essentialistisches Verständnis von Körper(n) richtet (Abschn. 1), um im Anschluss daran einen Überblick über sozialwissenschaftliche Studien zu geben, in denen das Thema Körper im Kontext von Migration untersucht wird (Abschn. 2). Der Beitrag schließt mit der Benennung spezifischer methodologisch-methodischer Herausforderungen und Forschungsdesiderata (Abschn. 3).

## 1 Körper und Sozialität im Kontext von Migration

In der Migrationsforschung finden sich einerseits wenige explizit körpertheoretische Arbeiten; ebenso wie andererseits in der Körpersoziologie das Thema Migration vergleichsweise selten aufgegriffen wird. Anzunehmen ist, dass die Zurückhaltung gegenüber der Verbindung beider Themen auf die Sorge zurückzuführen ist, über den Körper naturalisierende Zugehörigkeitsordnungen im Kontext von Migration zu reproduzieren und damit anschlussfähig für alltägliches rassifizierendes Wissen und rassistische Argumentationen zu sein. Sozialwissenschaftliche Forschung hat aufgezeigt, dass Körper als Legitimationsgrundlage für die Herstellung von Differenz und Ausgrenzung herangezogen werden, etwa indem dichotomen körperliche Zuschreibungen von sauber vs. schmutzig, schön vs. hässlich, arbeitsam vs. faul, gesund vs. krank usw. Anwendung finden (vgl. grundlegend zu Bedeutung sozialen Kategorien als „Klassifikationsgitter" für Körper Douglas, 1974). Im Kontext von Migration bilden entsprechende Gegenüberstellungen Begründungen für die Herstellung von abwertender Andersartigkeit und der Aufwertung des Eigenen (siehe zu entsprechenden Forschungsergebnissen Abschn. 2 dieses Beitrags). Körper werden darin zu vermeintlich vorsozialen Beweisstücken, um soziale Inklusion und Exklusion zu rechtfertigen.

Eine Forschung zu Migration aus körpersoziologischer Perspektive muss daher eine Bestimmung des Verhältnisses von Körper und Sozialität vornehmen wobei Sozialität „sowohl Prozesse der Sinn- und Bedeutungszuweisung als auch Relationen zwischen

Akteuren und deren Verfestigung in Form von Institutionen und Makro-Strukturen“ (Schnabel, 2010, S. 209) umfasst. Die Sozialität des Körperlichen eröffnet den Blick auf die Unabgeschlossenheit des Körpers gegenüber dem Sozialen und bestimmt damit die Position des Körpers zwischen Natur und Kultur. Für diese Position gilt, dass „keine systematische, für alle Zeiten und Kulturen festlegbare Grenze die Natur unseres Körpers von seiner kulturellen Kodierung oder Formung trennt“ (Sarasin, 2001, S. 12). In dieser einseitig nicht auflösbaren Bedingtheit repräsentiert der Körper die soziale Ordnung in beeindruckender Weise, und dies gilt auch für die Verhandlung von Migration in direkter Interaktion und auf Ebene abstrakter gesellschaftlicher Strukturen (Terhart, 2014, S. 67–109).

Wenn Menschen sich direkt oder vermittelt durch gesellschaftliche Strukturen gegenübertreten, bestehen Unterschiede darin, welche Handlungen für wen angemessen erscheinen oder aber sozial sanktioniert werden. Die damit angesprochene relational bestehende Positionierung des_der Einzelnen ist im „soziale[n] Raum durch die gegenseitige Exklusion oder Distinktion der ihn konstituierenden Positionen definiert“ (Bourdieu, 2001, S. 172). Sozial bedeutsame Differenzsetzungen wie etwa die Frage nach einem sogenannten Migrationshintergrund rücken damit in den Blick. Für das Verständnis dieser sozialen Distinktionsprozesse ist Bourdieus Habituskonzept in der Migrationsforschung von zentraler Bedeutung. Die sozial verankerte menschliche Existenz zeigt sich darin im Prozess der Herausbildung und Aufrechterhaltung des Habitus, wobei der Körper den eigentlichen Durchgangspunkt des Habitus bildet. Als sozialer Mechanismus verstanden, werden gesellschaftliche Ungleichheiten durch den Habitus reproduziert und festgeschrieben, aber auch bearbeitet. Die mit dem Habituskonzept vorgenommene gegenseitige Bezugnahme von Körper und gesellschaftlichen Strukturen verdeutlicht, dass die direkte körperliche Interaktion immer schon an soziale Erfahrungen oder Vorstellungen anknüpft und sich somit nie unvoreingenommen vollzieht. Die Bedeutung des Körperlichen versucht Bourdieu in seinen Arbeiten in Ergänzung zum Begriff des Habitus durch die „körperlichen Hexis“ (Bourdieu, 1987a, S. 311, 739) zu fassen. Mit der Unterteilung zwischen Habitus als verinnerlichter und Hexis als äußerer körperlicher Dimension von sozial erlerntem und weitergetragenem Wissen und Handeln wird die Hexis verstanden als „ständige unauslösliche Gedächtnisstütze, in der sich auf sichtbare und fühlbare Weise all die möglichen Gedanken und Handlungen, all die praktischen Möglichkeiten und Unmöglichkeiten eingeschrieben finden, die einen Habitus definieren“ (Bourdieu, 1997, S. 187).

Die Hexis erscheint damit als Übergang zwischen Habitus und Feld, eine Perspektive, die sich in konsequenter Weiterführung in Bourdieus praxeologischen Überlegungen zur Auflösung der Trennung zwischen Subjekt und Objekt findet. Im Sinne einer körperlichen Erkenntnis (Bourdieu, 1987b) unternimmt er, ausgehend von der Frage wie sich Handelnde im praktischen Austausch an ihr Umfeld anpassen und dieses verändern, den Versuch der Aufhebung einer Unterteilung von „Ding und Bewusstsein“ (Bourdieu, 2001, S. 175). Körperliche Erkenntnis erscheint als eine „Logik der Praxis“ (Bourdieu, 1987b, S. 147–179), die über die bewusste rationale Vorstellung von Erkenntnis (als kognitivem Wissen) hinausgeht und vielmehr den Prozess der Hervorbringung im jeweiligen Feld fokussiert. Indem der Körper keine durch das Bewusstsein beherrschte Materie bildet, sondern eine mit dem Bewusstsein verwobene Grundlage menschlichen Handelns und Interagierens, fundiert Bourdieu die körperliche Existenz im Sozialen.

Als soziale Inszenierungspraxen verstanden, führen Menschen sich ihre Körper gegenseitig vor und konstituieren auf diese Weise den sozialen Raum mit. Möchte man etwas über den Menschen erfahren, so muss man demnach laut Goffman ihren gegenseitigen Selbstpräsentationen Beachtung schenken (Goffman, 1959/2008, S. 230 f.). Eingelagert in machtvolle Strukturen werden Inszenierungen des Körperlichen zu Distinktionsmitteln und Repräsentationen sozialer Differenz, mit denen sich der_die Einzelne leiblich und damit spürend in ein Verhältnis zur Welt setzt. Die durch und mit dem Körper vorgenommene Zuschreibungen einerseits und Entäußerungen sozialer Erfahrungen andererseits werden zur Grundlage gesellschaftlicher Positionierung.

Im Forschungsfeld Migration schließt ein solches Verständnis von Körper und Sozialität an Fragen nach Zugehörigkeit und Nichtzugehörigkeit an. Gerahmt durch die formale nationalstaatliche Zugehörigkeit sind normative Vorstellungen von vermeintlich normalen und davon abweichenden Körpern eingebunden in die „Imagination des [P]rototypischen" (Mecheril, 2003, S. 157) als Vorstellung einer auf (äußerer) Ähnlichkeit beruhenden Gesellschaft. Gekoppelt an Migration wird die im wiederholten Beschreiben von Gemeinsamkeiten vollzogene (Selbst-)Zuweisung ethnischer Zugehörigkeit relevant. Ethnizität ist nach Weber als ein „subjektive[r] Glauben an eine Abstammungsgemeinsamkeit" (Weber, 2005, S. 307) zu verstehen. Die darin zum Ausdruck kommende Vorstellung einer „Ähnlichkeit des äußeren Habitus oder der Sitten" (ebd.) ist als ein die „Vergemeinschaftung erleichterndes Moment" (ebd.) körperlich fundiert. Damit werden nicht nur die körperliche Erscheinung, sondern auch körperliche Praktiken in ihrer Sichtbarkeit und materiellen Präsenz zu einem Argument für die „Konstruktion von Ursprünglichkeit" (Cornell & Hartmann, 1998, S. 84) kontrastiv (re-)produzierter ethnischer Zugehörigkeitsvorstellungen. Annahmen äußerlicher Ähnlichkeiten und geteilter Körperpraktiken bilden konkrete, scheinbar nicht hinterfragbare Argumente für Vorstellungen gemeinsamer Abstammung. „Die dem natio-ethno-kulturellen Erkennen zugrunde liegende symbolische Ordnung kann als *physiognomischer Code* bezeichnet werden" (Mecheril, 2004, S. 52). Dieser Code verweist nach Mecheril auf die „selbstverständliche Auslegung etwa geschmacklicher Anzeichen, präferierter Werte oder körperlicher Merkmale als Mitgliedschaftssignale" (ebd.). Von „Imaginationen, Mythen und Rassismen" (ebd.) durchzogen, bilden die an den Körper geknüpften Vorstellungen für die gesellschaftliche Verhandlung von Migration einen zentralen Bezugspunkt.

Nach einer von Meuser vorgeschlagenen Systematik für eine analytische Unterscheidung körpersoziologische Forschung kann zwischen drei Perspektiven unterschieden werden: dem Forschungsinteresse an der kulturellen Formung des Körpers (1), dem Körper als Zeichenträger (2) und dem Körper als *agens* (3) (Meuser, 2004, S. 206–211). Bezogen auf die Forschung zu Körper im Kontext von Migration liegt der

Schwerpunkt nach einer Einschätzung der Autorin bisher auf der Rekonstruktion von Körper als distinktiver Zeichenträger für die Entscheidung von (Nicht-)Zugehörigkeit. Die Perspektiven auf die kulturelle Formung und den Körper als *agens,* und damit auch in seiner leiblich-spürenden Verfasstheit, wird demgegenüber in sozialwissenschaftlichen Analysen zu Migration kaum aufgegriffen. Auseinandersetzungen mit der leiblichen Dimension von Migration – als Mobilitätserfahrung selbst und bezogen auf mit der Migration einhergehende Zuschreibungen – stehen weitgehend noch aus.

## 2 Körpersoziologische Untersuchungen zu Migration: Zur Herstellung des Anderen Körpers

Wird der Körper als sozialer Bedeutungsträger im Kontext von Migration untersucht, so wird zumeist auf Prozesse des *Othering* (Said, 1978) Bezug genommen. Im Zusammenhang mit Migration zeigt sich ein Muster der an Körperlichem festgemachten Abwertung der Anderen, das mit einer gleichzeitigen Aufwertung des jeweils Eigenen einhergeht. In einer Studie von Berg (2007) zur europäischen Einwanderung in die USA wird deutlich, wie Migration Einfluss auf die Herstellung von Körper(n) nimmt. Anhand von Dokumentenanalysen rekonstruiert Berg, wie die um 1900 verstärkt in die USA einreisenden sogenannten *New Immigrants* aus Süd- und Osteuropa Marginalisierungen und Anfeindungen ausgesetzt waren, die maßgeblich durch die Stigmatisierung ihrer Körper begründet wurden. Unter Rückgriff auf den damaligen anerkannten wissenschaftlichen Rassismus sowie populären medialen Diskurs zeigt Berg auf, wie männlichen Migranten aus Italien nicht nur als „dunkel" und „klein" abgewertet, sondern zudem als „ „dreckig" und damit „krankheitsbringende[n] Einwanderer" (ebd., S. 87) klassifiziert wurden. Parallel zu dieser abwertenden Berichterstattung finden sich jedoch auch Quellen, die den migrantischen Körper als kraftvollen und belastbaren, produktiven Körper konstruieren, der nicht nur für das Fortkommen der Nation, sondern insbesondere auch im Rahmen bestehender Klassenverhältnisse als Arbeitskörper bedeutsam ist. Berg zeigt auf, wie beide Formen der Konstruktion des migrantischen Körpers als Kontrastfolien für den Entwurf des sauberen und gesunden, zugleich aber auch verweichlichten *weißen* Körpers US-amerikanischer Mittelschichtsangehöriger genutzt wurden. Diese im Kontext von Migration hervorgerufenen Gegenüberstellungen erscheinen insbesondere vor dem Hintergrund aufschlussreich, dass die Imagination des US-amerikanischen *weißen Prototyps* auf einer zuvor stattfindenden europäischen Auswanderung durch Migrant_innen aus Nordwesteuropa basiert. Die Gegenüberstellung zwischen den zu unterschiedlichen Zeiten migrierten Auswander_innengruppen aus Europa zeigt nach Berg, wie über den Körper die Darstellung von Zugehörigkeit der bereits Etablierten durch die Ankunft neuer Migrant_innen möglich wird. Deutlich wird darin der Mechanismus, anhand konstruierter Verschiedenheiten der Körper bestehende machtvolle Unterscheidungen zu sichern und Privilegien durch eine Naturalisierung unhinterfragbar zu machen. Dass zugeschriebene soziale Positionen im Kontext von

Migration u. a. durch die als per se riskant eingeordneten Körper der Anderen begründet werden, zeigt ferner eine Ethnografie von Schmincke (2009) zu einem marginalisierten städtischen Platz in Hamburg. Für das durch Migration gekennzeichnete Stadtquartier rekonstruiert sie anhand der Aussagen der befragter Stadtteilbewohner_innen, dass die Hautfarbe ‚Schwarz' an problematisch eingestuften Orten als ein „Körperzeichen" fungiert, das als direkter Verweis auf das Handeln mit Drogen fungiert. Schmincke zeigt auf, dass „Körper nicht einfach auffällig [sind], weil sie bestimmte Merkmale aufweisen, sondern umgekehrt: die Wahrnehmung von Körpermerkmalen verweist auf ein dieser [Wahrnehmung, H.T.] ‚vorgelagertes' Schema" (Schmincke, 2009, S. 214).

Die damit angesprochene Logik des *Otherings* durch die Markierung von Körper(n) im Kontext von Migration kann sich zum einen als biologistisch argumentierender Rassismus zur Unterscheidung und Hierarchisierung von Körpern zeigen. Entsprechend eines sozialen Verständnisses von Körper stellen damit einhergehende Rassifizierungen nach Wollrad (2010) einen „Prozess kognitiver Abrichtung" dar, „in dessen Verlauf Zeichen auf Körper übertragen" werden (ebd., S. 145). Dabei wird nicht nur das äußerlich sichtbare „Zeichen Hautfarbe" als Begründung für Rassifizierungen herangezogen, sondern auch (damit verknüpfte) Vorstellungen einer Verschiedenheit nicht sichtbarer Merkmale wie Blut und Gene, die als Argumente für die Ideologie einer vermeintlichen weißen Vorherrschaft *(white supremacy)* dienen. Zum anderen zeigt sich die soziale Relevanz von Körper(n) im Kontext von Migrationsdiskursen auch in Form eines „Rassismus ohne Rassen" (Balibar, 1992). Diese Praxis der Unterscheidung und Hierarchisierung von Menschen basiert auf der Vorstellung einer Unvereinbarkeit kultureller Differenzen und Mehrfachzugehörigkeiten, die sich u. a. in der öffentlichen Verhandlung von kulturell-religiösen Bekleidungspraktiken zeigt. Dabei stellt das Kopftuch das am mit Abstand meistthematisierte Kleidungsstück für Frauen dar und bildet einen Kristallisationspunkt der Migrationsdebatte in Deutschland wie auch in vielen europäischen Ländern. In der sogenannten ‚Kopftuchdebatte' werden Frauen zu „symbolischen Trägern der Gemeinschaftsidentität und -ehre" (ebd., S. 78) gemacht. Der darin zum Tragen kommende Mechanismus der nationalstaatlich organisierten Moderne, gesellschaftliche Themen anhand des weiblichen Körpers zu verhandeln und zu manifestieren (Yuval-Davis, 2001), wird in dieser Debatte zum Kopftuch aktiviert. Am Kopftuch wird nicht viel weniger verhandelt als die Rolle des Islam in Deutschland und anderen Ländern und damit das Verhältnis von Staat und Religion, Vorstellungen über weibliche Selbstbestimmung und die Gestaltung von Geschlechterverhältnissen und die Erziehung von Kindern sowie die staatlichen Möglichkeiten des Einflusses auf diese Bereiche. In einer Untersuchung von Fotografien, die in Beiträgen zu Migration in überregionalen Tageszeitungen erschienen sind, zeigt Koch (2009), dass das Kopftuch und seine Trägerin in den Medienbeiträgen als universelles visuelles Symbol für die Berichterstattung zu Migration herangezogen werden, und in einer ent-individualisierten und exotisierenden Weise bildlich dargestellt werden (ebd., S. 71 f.). Bezogen auf das Thema Kopftuch steht der bekleidete Körper als Objekt im Vordergrund und wird weiterhin nur vereinzelt um die Akteur_innenperspektive der Frauen ergänzt, die ein Kopftuch tragen.

Die Akteur_innenperspektive wird aufgegriffen in einer aktuellen Forschung zu Ernährungs- und Bewegungsgewohnheiten sowie dem Umgang mit Gewichtsnormen im Kontext von Migration in einer Studie von Oleschuk und Vallianatos (2019) aus Kanada. Auf Basis von Einzel- und Fokusgruppeninterviews mit 36 nach Kanada migrierten muslimischen Frauen aus arabischen Ländern zeigen die Autor_innen auf, dass die Praktiken der Ernährung und Bewegung von strukturellen Ungleichheiten durchzogen sind, zu denen sich die interviewten Frauen in Beziehung setzen. Referenzpunkt der sprachlichen Auseinandersetzungen der beteiligten Frauen mit ihrem Körper bildet der idealisierte Körper *weißer* Frauen, dem die Interviewpartnerinnen im nordamerikanischen Kontext in der Werbung oder medialen Darstellungen begegnen (ebd., S. 588). Mit Latours Konzept des *body talk* (2004) wird das Sprechen der Frauen über Körper dabei als symbolische Grenzziehungen verstanden. Mit dem Konzept der symbolischen Grenze (Lamont, 2000) gehen Oleschuk und Vallianatos davon aus, dass Menschen ihre Zugehörigkeit zu bestimmten Gruppen zum Ausdruck bringen wollen, indem sie sich von anderen Gruppen unterscheiden. Symbolische Grenzziehungen stellen soziale Ordnungsprozesse dar, die von strukturellen Bedingungen geprägt sind, wobei insbesondere das Konstrukt der Ethnizität auf symbolischen Grenzziehungen beruht. Im Sprechen über ihre Körper setzen sich die Interviewpartnerinnen als arabische Frauen in Kanada in ein Verhältnis zu arabischen Frauen in arabischen Ländern einerseits sowie kanadischen *weißen* Frauen andererseits.

In der Analyse zeigen Oleschuk und Vallianatos (2019, S. 591), dass die vorgenommenen symbolischen Grenzziehungen der migrierten arabischen Frauen in Kanada gegenüber arabischen Frauen in arabischen Ländern auf der eigenen Gewichtszunahme nach der Migration beruht, die durch fehlende Bewegung im Zusammenhang mit Unsicherheiten durch weniger soziale Kontakte, Marginalisierungserfahrungen sowie ökonomisch bedingt veränderte Ernährungsgewohnheiten hervorgerufen wurde. Die von den interviewten arabischen kanadischen Frauen vorgenommenen symbolischen Grenzziehung gegenüber *weißen* kanadischen Frauen im Alltag wiederum führen zu der Einschätzung, dass diese entweder zu dünn oder übergewichtig seien. Im Verhältnis zu der eigenen Gewichtszunahme nach der Migration führen diese von den Interviewpartnerinnen vorgenommenen symbolischen Grenzziehungen zu einer moralisch aufgeladenen vergeschlechtlichten Abgrenzung im Sinne der Aufwertung der eigenen Position. Denn übergewichtige kanadische *weiße* Frauen symbolisieren in der vorgenommenen Gegenüberstellung einen als negativ bewerteten Mangel an Selbstpflege und -kontrolle, wohingegen zu dünne Körper *weißer* Frauen auf ein Zuviel an Aufmerksamkeit für den eigenen Körper hinweisen, was wiederum als übertrieben Selbstbezogenheit und eine unzureichende Übernahme von Versorgungsaufgaben für die Familie gedeutet wird (ebd., S. 605–608). Die Autorinnen der Studie argumentieren, dass insbesondere solche moralischen Grenzen der Abwertung von (imaginierten) Körperpraktiken weißer kanadischer Frauen für die marginalisierte Gruppe der migrierten arabischen Kanadierinnen die Funktion haben, trotz eines geringeren wirtschaftlichen oder anerkannten kulturellen Kapitals, selbstwertstützende Grenzziehungen vornehmen zu können (Lamont, 2000). Die in den Einzel- und Gruppeninterviews zum Ausdruck kommenden Vorstellungen vergeschlechtlichter Schönheit und die kulturell aufgeladene Selbstverortung im Spektrum möglicher Körperpraktiken und damit einhergehender symbolischen Grenzziehungen werden von den Autorinnen als Ausdruck sich überschneidender ethnisierender, klassifizierender und vergeschlechtlichter Ungleichheiten (ebd., S. 589) interpretiert. Im Sprechen über ihre Körper fungieren diese als der Ort, an denen die migrantischen Frauen die gesellschaftspolitische Aushandlung von Migration nicht nur erleben, sondern auch bearbeiten können.

In einer Studie zu Körperinszenierungen von Frauen mit zumeist eigenen Migrationserfahrungen in Deutschland (Terhart, 2014) wurde auf Basis von biographischen Interviews und fotografischer Selbstporträts mit zwölf Frauen im jungen Erwachsenenalter ein Modell von Körperlichkeit als Möglichkeitsraum entwickelt. Wird Körperlichkeit als Wahrnehmung, Umgang und Präsentation des eigenen Körpers verstanden, so ist sie im Kontext von Migration mitbestimmt durch die Verschränkung der (elterlichen) Erfahrung des Lebens in verschiedenen Gesellschaften einerseits sowie als zugeschriebene Zugehörigkeit zur Gruppe der Anderen in Deutschland andererseits. Auf Grundlage der in Form von Text und Bild einbezogenen Körperinszenierungen der beteiligten Frauen konnte das Modell eines Möglichkeitsraums von Körperlichkeit im Kontext von Migration entlang von drei Dimensionen strukturiert werden: Der Thematisierung und Relevanzsetzung (a), des (hierarchischen) Vergleichs (b) sowie der Ausdehnung (c) nationaler, kultureller und/oder ethnisierender bzw. rassifizierender Markierungen der eigenen Körperlichkeit zwischen Selbst- und Fremdzuschreibungen (ebd., S. 394–408). Auffällig sind die darin zum Ausdruck kommenden Vergleiche kultureller Normen des Körperlichen zwischen dem Herkunftsland (der Eltern) und Deutschland. Die darin eröffneten mitunter stereotypen Unterscheidungen führen allerdings bei keiner der Frauen zu eindeutig kulturell markierten körperlichen Selbstverortungen. Es wird vielmehr deutlich, dass die von den Frauen in den Interviews aufgerufenen kulturell markierten Differenzierungen explizit oder indirekt infrage gestellt werden.

Die in der Triangulation der Analyse der biographischen Interviews und der fotografischen Selbstporträts zum Ausdruck kommenden Überschneidungen, Abgrenzungen und Ergänzungen bezogen auf die eigene Körperlichkeit zeigen auf, dass die Migration (der Eltern) nicht nur die Möglichkeit bietet, sich kulturell zu verorten, sondern sich eindeutigen Zuordnungen im Zugleich von Verschiedenem zu entziehen. Wird die Wahrnehmung, der Umgang und die Präsentation des eigenen Körpers als Möglichkeitsraum verstanden, erscheint Körperlichkeit als etwas, das im Rahmen der Aushandlungen sozialer (symbolischer) Bedeutungen verschiedene, jedoch keinesfalls unbegrenzte Optionen eröffnet. Die zum Ausdruck kommende Offenheit ist nicht beliebig und wird in unterschiedlicher Weise durch Migration – als Erfahrung und Zuschreibung – mitbestimmt. Die in der Studie sichtbare Vielfalt der sprachlichen und gestisch-mimischen Körperinszenierungen der beteiligten Frauen macht deutlich, dass Körperlichkeit im Kontext von Migration nicht nur als etwas erscheint, auf das die Frauen in (selbst-) ethnisierender Weise zurückgeworfen werden; die eigene Körperlichkeit eröffnet auch

Raum für Ambivalenz und Gestaltung. Gleichwohl spielen vergeschlechtlichte Körpernormen, allen voran ein schlanker Körper, eine zentrale Rolle. Die im Zusammenhang mit der Migration aufgerufenen kulturell markierten Bezüge werden daher aktiv genutzt, um mit bestehenden Erwartungen an den eigenen Körper umzugehen und Körpernormen nicht als universell zu begreifen, sondern im Fall einer dadurch entstehenden Belastung als kulturspezifisch abzuweisen. Die am Körperlichen verhandelte Frage nach Zugehörigkeit zeigt, dass Erfahrungen der Abweichung von einer vermeintlichen Normalbiografie auch körperlich verhandelt werden. Erfahrungen einer am eigenen Körper festgemachten Ausgrenzung sowie das körperliche Ausagieren von durch die (Flucht-) Migration bestehenden Belastungserfahrungen werden sichtbar.

## 3 Methodologische Überlegungen und Desiderata

Für eine körpertheoretische Forschung wurde der Vorschlag gemacht, dem Risiko einer Essentialisierung von körperlicher Erscheinung und Körperpraktiken im Kontext von Migration mit einer Fundierung des Körperlichen in der Sozialität menschlicher Existenz unter einer Ungleichheitsperspektive zu begegnen. Auch wenn bisher noch nicht von einem eigenständigen Forschungsfeld zu Körper und Migration gesprochen werden kann, zeigen die vorgestellten Studien das Potenzial auf, das in einer körpertheoretischen Fundierung von Migrationsforschung besteht. Dabei eint die in Abschn. 2 vorgestellten Studien zu Migration und Körper Die Rekonstruktion der Herstellung, Aufrechterhaltung und Infragestellung von Körper(n) entlang nationaler, kultureller und/oder ethnischer bzw. rassifizierender Ordnungsversuche. Anhand der Studie von Berg (2007) wird deutlich, dass Forschung zu Körper und Migration eine genuine Rassismusforschung sein kann, indem Forschungsfragen primär unter Rückgriff auf rassismustheoretische Grundlagen bearbeitet und der Schwerpunkt auf die Herstellung des bzw. der rassifizierten Körper(s) gelegt wird. Entsprechende Forschungsarbeiten liegen im Schnittfeld von Rassismusforschung und dem Themenkomplex Körper und Migration. Dennoch geht das körpertheoretische Forschungsfeld Migration nicht vollständig in einer Forschung zu Rassismus auf, ebenso wie nicht alle Forschung zu Rassismus körpertheoretisch fundiert wird. Neben Studien zu Körper, die Rassismus im Kontext von Migration zum Gegenstand der Analyse machen, sind Arbeiten zu Körperarbeit und Körpernormen sowie der Sorgearbeit um den eigenen Körper und das körperliche Wohlbefinden im Kontext von Migration zu nennen, die gleichwohl zumeist rassismustheoretisch informiert sind und Fragen sozialer Ungleichheiten aufgreifen. Neben Forschung, die anhand von Dokumenten den Fokus auf gesellschaftliche Prozesse und soziale Praktiken des *Otherings* von Körpern legt (Koch, 2009; Berg, 2007), wurde Forschung vorgestellt, die sich aus körpertheoretischer Perspektive mit dem Erleben, dem Umgang und der Bearbeitung von Migrationserfahrungen und damit einhergehenden (rassifizierenden) Zuschreibungen befasst (Oleschuk & Vallianatos, 2019; Terhart, 2014).

Mit den aufgezeigten Ansätzen einer theoretischen Sensibilisierung für eine Forschung zu Körper und Migration stellt sich die Frage, wie diese für eine empirische Forschung aufgegriffen werden kann. Quantitative wie qualitative Sozialforschung ist in gleichem Maße gefordert – je nach Forschungsinteresse an der sozialen Werdung von Körpern, an ihrem Zeichencharakter oder an Körperhandeln und leiblichen Erfahren (Meuser, 2004) –, am Körper festgemachte Dualismen im Zusammenhang mit Migration nicht zu reproduzieren. Es stellt sich insbesondere in einer Migrationsforschung zum Thema Körper die Frage, wie es gelingen kann, einen Zugang zu dem für das Verständnis von Migrationsprozessen relevanten Thema Körper zu eröffnen, ohne rassifizierende Sprache und ‚ver-andernde' Blicke zu wiederholen und weiterzutragen (Terhart, 2014, S. 139–160, 2015). Wie können also im Zusammenhang mit Migration stehende soziale Unterscheidungen und mögliche Abwertungen zum Thema gemacht und somit kritisierbar werden, ohne sie zu reproduzieren und auf diese Weise zu verfestigen? Wird Wissenschaft als soziale Praxis verstanden, so sensibilisiert diese Haltung nicht nur für die Bedeutung der jeweiligen Sprecher_innenposition im Forschungsbündnis, sondern hat in einer Forschung zu Migration die Aufgabe, einerseits nationale, kulturelle und/oder ethnische (Selbst-)Beschreibungen von Forschungsteilnehmenden ernst zu nehmen und diese andererseits von einer sozialwissenschaftlichen Beschreibung dieser Beschreibungspraxis zu unterscheiden.

Trotz bestehender forschungspraktischer Herausforderungen zeigen bestehende Studien das Potenzial auf, das durch eine körpertheoretische Fundierung von Forschung zu Migration besteht. Ein besonderer Gewinn würde in diesem Zusammenhang die weiterhin nicht hinreichend untersuchte Rekonstruktion des körperlich-leiblichen Erlebens von Migration als Erfahrung und Zuschreibung darstellen. Welche empirischen Zugänge gerade in der qualitativen Sozialforschung bestehen, spürende Leiblichkeit zu untersuchen, ist bisher noch nicht hinreichend ausgelotet worden. Als anschlussfähig hierfür ist einerseits eine ethnographische Forschung, die sich selbst konsequent als körperlich-leiblicher Akt versteht (insbesondere Wacquant, 2003; → Beitrag zu Leib und Körper als Erkenntnissubjekte in diesem Band). Zudem kann die Affekttheorie (Ahmed, 2004) nebst der Entwicklung entsprechender empirischer Forschungszugänge Impulse für die Frage setzen, wie leibliches Empfinden in empirischen Daten intersubjektiv dargestellt und rekonstruiert werden kann. Es wird weiterhin eine Aufgabe sein, empirische Zugänge zu entwickeln, die der Rekonstruktion spürender Leiblichkeit in stärkerem Maße gerecht werden. Auseinandersetzungen mit Erfahrungen von sozialer Exklusion und Abwertung im Zusammenhang mit Migration werden mit den Mitteln der Literatur oder der bildenden Künste durchaus anschaulich aufgegriffen und zugänglich gemacht. Eine entsprechende Weiterentwicklung von Forschungszugängen wird in der qualitativen Sozialforschung erprobt und kann im Rahmen weiterer Forschung zu Körper und Migration Ansatzpunkte bieten.

## Literatur

Ahmed, S. (2004). Collective feelings: Or, the impressions left by others. *Theory, Culture & Society, 21*(2), 25–42.

Balibar, E. (1992). Gibt es einen „Neo-Rassismus“? In E. Balibar & I. Wallerstein (Hrsg.), *Rasse, Klasse, Nation: Ambivalente Identitäten* (S. 23–38). Argument-Verlag.

Berg, J.-R. (2007). Dunkel, klein, krank, dreckig – „New Immigrants“ und die Produktion „anderer Körper“ im US_amerikanischen Diskurs um 1900. In T. Junge & I. Schmincke (Hrsg.), *Marginalisierte Körper. Beiträge zur Soziologie und Geschichte des anderen Körpers* (S. 79–96). Unrast Verlag.

Bourdieu, P. (1987a). *Die feinen Unterschiede. Kritik einer gesellschaftlichen Urteilskraft.* Suhrkamp.

Bourdieu, P. (1987b). *Sozialer Sinn. Kritik der theoretischen Vernunft.* Suhrkamp.

Bourdieu, P. (1997). Die männliche Herrschaft. In I. Dölling & B. Krasis (Hrsg.), *Ein alltägliches Spiel. Geschlechterkonstruktionen in der sozialen Praxis* (S. 153–217). Suhrkamp.

Bourdieu, P. (2001). *Mediationen. Zur Kritik der scholastischen Vernunft.* Suhrkamp.

Cornell, S. E., & Hartmann, D. (1998). *Ethnicity and Race: Making identities in a changing world.* Pine Forge Press.

Douglas, M. (1974). *Ritual, Tabu und Körpersymbolik. Studien in Industriegesellschaft und Stammeskultur.* Fischer.

Goffman, E. (2008). *Wir alle spielen Theater. Die Selbstdarstellung im Alltag* (6. Aufl.). Pieper Verlag (Erstveröffentlichung 1959).

Koch, A. (2009). Visuelle Stereotype im öffentlichen Zuwanderungsdiskurs? Pressefotos von Migranten in deutschen Tageszeitungen. In T. Petersen & C. Schwender (Hrsg.), *Visuelle Stereotype* (S. 58–78). Halem.

Lamont, M. (2000). *The dignity of working men. Morality and the boundaries of race, class, and immigration.* Harvard University Press.

Latour, B. (2004). How to talk about the body? The normative dimension of science studies. *Body and Society, 10*(2–3), 205–229.

Mecheril, P. (2003). *Prekäre Verhältnisse. Über natio-ethno-kulturelle (Mehrfach-)Zugehörigkeit.* Waxmann.

Mecheril, P. (2004). *Einführung in die Migrationspädagogik.* Beltz.

Meuser, M. (2004). Zwischen „Leibvergessenheit“ und „Körperboom“. Die Soziologie und der Körper. *Sport und Gesellschaft, 1*(3), 197–218.

Oleschuk, M., & Vallianatos, H. (2019). Body talk and boundary work among Arab Canadian immigrant women. *Qualitative Sociology, 42*(4), 587–614.

Said, E. W. (1978). *Orientalism.* Pantheon Books.

Sarasin, P. (2001). *Reizbare Maschinen. Eine Geschichte des Körpers 1765–1914.* Suhrkamp.

Schmincke, I. (2009). *Gefährliche Körper an gefährlichen Orten. Eine Studie zum Verhältnis von Körper, Raum und Marginalisierung.* transcript.

Schnabel, A. (2010). Geschlechterarrangements in der Sozialität – Sozialität in den Geschlechterarrangements: Theoretische Konzeptionalisierungen eines Spannungsverhältnisses. In G. Albert, R. Greshoff & R. Schützeichel (Hrsg.), *Dimensionen und Konzeptionen von Sozialität* (S. 209–238). VS Verlag.

Terhart, H. (2014). *Körper und Migration. Eine Studie zu Körperinszenierungen junger Frauen in Text und Bild.* transcript.

Terhart, H. (2015). Über Körper sprechen – Qualitative Migrationsforschung mit Texten und Bildern. In A. Schnitzer & R. Mörgen (Hrsg.), *Mehrsprachigkeit und (Un-)Gesagtes: Sprache als soziale Praxis in der Migrationsgesellschaft* (S. 67–84). Juventa Verlag.

Wacquant, L. J. D. (2003). *Leben für den Ring. Boxen im amerikanischen Ghetto*. UVK Verlagsgesellschaft.
Weber, M. (2005). *Wirtschaft und Gesellschaft. Grundriss der verstehenden Soziologie*. Zweitausendeins (Erstveröffentlichung 1921–22).
Wollrad, E. (2010). Getilgtes Wissen, überschriebene Spuren. Weiße Subjektivierung und antirassistische Bildungsarbeit. In A. Broden & P. Mecheril (Hrsg.), *Rassismus bildet. Bildungswissenschaftliche Beiträge zur Normalisierung und Subjektivierung in der Migrationsgesellschaft* (S. 141–162). transcript.
Yuval-Davis, N. (2001). *Geschlecht und Nation*. Verlag die brotsuppe.

# Militär

Maja Apelt und Ray Trautwein

Betrachten wir das Militär aus einer körpersoziologischen Perspektive, kann dies vor dem Hintergrund der historisch gewachsenen engen Verknüpfung von Militär und Männlichkeit nur unter der systematischen Berücksichtigung der Kategorie Geschlecht erfolgen. Das Militär ist in einem Maße vergeschlechtlicht wie kaum ein anderes (Berufs-)Feld. Dabei betrifft das Verhältnis von Militär und Körper in erster Linie den männlichen Körper.

Das moderne Militär entsteht in Europa im 16. bis 18. Jahrhundert, als die Soldaten (sic!) im Stehenden Heer kaserniert, uniformiert und an den Waffen ausgebildet und gedrillt werden. Die aufkommende Wehrpflicht ermöglicht es darüber hinaus, die eine (männliche) Hälfte der Bevölkerung zu erfassen und so auch genügend Personal für diese wenig beliebte Organisation zu bekommen. Die andere Hälfte der Gesellschaft soll durch diese Männer beschützt werden. Damit ändert sich das männliche Körperverständnis. Das Bild vom männlichen Körper und die Vorstellungen von Männlichkeit sind fortan geprägt durch das Militär. Systematisch wird eingeübt, auf Befehl und innerhalb der arbeitsteiligen Organisation Gewalt einzusetzen. Die damit einhergehende körperliche Ertüchtigung, vor allem aber die Disziplinierung soll in „Fleisch und Blut" übergehen. Erst in den letzten Jahrzehnten – und mit der in vielen Ländern relativierten, ausgesetzten oder abgeschafften Wehrpflicht, der Zulassung von Frauen zum bewaffneten Dienst und mit veränderten Männlichkeitsvorstellungen insbesondere in einigen städtischen Milieus – beginnt der hier skizzierte enge Zusammenhang von Militär und Männlichkeit sich zu lockern.

M. Apelt (✉) · R. Trautwein
Potsdam, Deutschland
E-Mail: maja.apelt@uni-potsdam.de

R. Trautwein
E-Mail: trautwein@uni-potsdam.de



R. Gugutzer et al. (Hrsg.), *Handbuch Körpersoziologie 2*,
https://doi.org/10.1007/978-3-658-33298-3_20

Ziel des vorliegenden Beitrages ist es, hiervon ausgehend aufzuzeigen, wie der (männliche) Körper durch das Militär geformt wird und welche Implikationen damit einhergehen: Dabei wird im *ersten Schritt* auf die Grundmechanismen der militärischen Grundausbildung und die Rolle des Drills eingegangen. Im *zweiten Schritt* geht es um die besondere Bedeutung des Sports für die militärische Ausbildung. Im *dritten Schritt* wird gefragt, wie wörtlich die Rede vom Militär als Körperschaft mit dem dazugehörigen Korpsgeist genommen werden kann. Im *vierten Abschnitt* stehen die Konsequenzen der Verletzbarkeit des Körpers für das Militär, die Gesellschaft und die Soldat*innen im Fokus. Im *fünften und letzten Abschnitt* rücken die Geschlechterverhältnisse in den Blick – vor allem hinsichtlich der Frage, welche Konsequenzen die Verknüpfung von Militär und Männlichkeit für Soldatinnen hat.

## 1 Die militärische Formung und Einhegung des Körpers

Das generelle Ziel der militärischen Ausbildung ist, Soldaten und später auch Soldatinnen dafür auszubilden, Gewalt gegenüber anderen Personen einzusetzen, zugleich aber selbst auch Gewalt auszuhalten. Dies erfolgt über drei miteinander verbundene Prozesse: zum einen die Schaffung einer weitestgehend bedingungslosen Disziplin und Unterordnung, zum zweiten die Erzeugung entsprechender individueller physischer Leistungsfähigkeit und zum dritten die Produktion eines kampfbereiten Gesamtkörpers. Wie diese drei Ziele (Disziplinierung sowie Körperformung und -ertüchtigung) zusammenhängen, lässt sich aus unterschiedlichen Perspektiven fassen, von denen hier zwei kurz vorgestellt werden: zuerst die politische Ökonomie des Körpers von Michel Foucault mit der Frage, wie sich die Mechanismen der politischen Herrschaft geändert haben und wie Herrschaft über den Körper zur Selbstbeherrschung wird; dann die Theorie der totalen Institution, mit der Goffman aufzeigt, wie die Identität des Einzelnen gebrochen wird, indem in totalen Institutionen die Grenzen von Arbeit, Freizeit und Schlafen aufgehoben werden und die Insassen der Macht des Personals vollkommen ausgeliefert sind.

Bei Foucault ist neben der räumlichen Trennung der Kaserne von der Gesellschaft und der Zuweisung von jeweils spezifischen Plätzen und Positionen zentral, dass der Körper gezwungen wird, bestimmte Tätigkeiten zu genau festgelegten Zeiten, in bestimmten Rhythmen und Wiederholungszyklen auszuführen. Diese Tätigkeiten werden in kleinste Elemente zerlegt; die Haltung des Körpers, der Glieder, der Gelenke wird festgelegt. Jede Bewegung wird in der Reihenfolge festgeschrieben und ihr wird eine Zeit zugeordnet. Die Zeit durchdringt den Körper und kontrolliert ihn. Dadurch können Gesten und Bewegungen genau eingesetzt werden. Die Instrumente (Waffen) werden systematisch mit den Körpern zusammengeschaltet:

> „Die Waffe nach vorn! Die erste Zeit hebt man das Gewehr mit der rechten Hand, nähert es dem Körper an, und hält es senkrecht gegenüber dem rechten Knie; das Ende des Laufes

> ist in Augenhöhe; man fasst das Gewehr mit der linken Hand; der Arm ist in der Höhe des Koppels straff an den Körper angelegt. Die zweite Zeit führt man das Gewehr mit der linken Hand vor den Körper." (Foucault, 1994 [1975], S. 196)

Der Körper wird so instrumentell kodiert, die Fähigkeit, die Waffe auch bei Nacht und gleichsam im Schlaf – also ohne nachzudenken – einzusetzen, wird in den Körper eingeschrieben. Der Körper wird zur Maschine, aus „dem formlosen Teig, aus einem untauglichen Körper, [wird] die Maschine, derer man bedarf" (ebd., S. 173). Die Disziplinierung stellt „unterworfene und geübte Körper, fügsame und gelehrige Körper [her]. Verkettet werden eine gesteigerte Tauglichkeit und eine vertiefte Unterwerfung" (ebd., S. 177; Springmann, 2019, S. 37).

Auch Goffmans Theorie der totalen Institution lässt sich auf den Körper im Militär beziehen: Die totale Institution greift in die Identität ein, indem sie die Individuen physisch vom zivilen Leben abtrennt und ihnen die Identitätsausrüstung (z. B. Kleidung, Frisur, individuelle Hand- oder Körperbewegungen) nimmt. Zudem werden die Rekruten in einen Zustand dauerhafter Kritisier- und Sanktionierbarkeit – einer Normenfalle (Treiber, 1973) – gebracht, weil sie nicht richtig sprechen, nicht richtig gekleidet sind oder nicht richtig marschieren. Um dem zu entkommen und sich einen Rest an Eigenständigkeit zu erhalten, versuchen die Insassen sich minimale Freiräume zu schaffen, z. B. mit einem etwas anderen Haarschnitt, einer etwas anders getragenen oder besonders verwaschenen Uniform (Goffman, 1973; ausführlicher dazu: Apelt, 2021). Der Zweck der totalen Institution ist, die Soldaten in ihrem innersten Wesen zu verunsichern, sie dadurch gefügig zu machen und so dazu zu bringen, dass sie neue Handlungsmuster, Normen und Werte internalisieren.

Diese Strukturen wurden bereits mit der Begründung des stehenden Heeres etabliert. Der Drill war darauf ausgelegt, die einzelnen Individuen bedingungslos in den Kampfverband einzuordnen, so dass die Soldaten „ohne selbst aggressiv gestimmt zu sein, ohne Bereitschaft, das Leben im Gefecht riskieren zu wollen, auf das Schlachtfeld geführt werden [konnten] und ihnen konnte befohlen werden, dass ihre Körper die einstudierten Bewegungen ausführten" (Warburg, 2008, S. 162). Der Körper sollte wie eine Maschine funktionieren und zugleich zum Teil des Truppenverbandes, also Teil einer größeren Maschine werden.

Paradigmatisch war dafür die Lineartaktik, in der die Soldaten in drei bzw. vier Reihen aufgestellt waren: Die Reihen gaben jeweils in geschlossener Formation gleichzeitig Feuer ab und gingen im Gleichschritt vorwärts. Dadurch wurden möglichst viele Gewehre zeitgleich zum Einsatz gebracht und das Desertieren der zum Dienst gezwungenen Soldaten verhindert, denn aus diesen Reihen, in denen die Soldaten Schulter an Schulter (im Schulterschluss) standen, konnte man kaum ausbrechen. Von den Flügeln her wurde gedrückt, um die Lücken, die durch gefallene Soldaten entstanden sind, zu schließen. Jedoch führt dieselbe Technik, die Gehorsam erzwingen sollte, zugleich zu hohen Verlusten unter den Soldaten, da diese eng beieinanderstanden und relativ unbeweglich waren (vgl. Bröckling, 1997, S. 66 ff.). Die Lineartaktik illustriert (im Extrem), dass Soldaten Körperschemata unbewusst vollziehen. Sie wurden durch die Militärorganisationen als Objekte, austauschbare Teile einer größeren Maschinerie betrachtet. Für die Soldaten bedeutete dies jedoch, dass sie unter schwierigsten Bedingungen kämpfen und gleichzeitig ihr Überleben sichern mussten. Denn das Leben des Soldaten ist an dessen Leib gebunden, für ihn ist dieser nicht austauschbar.

Die starre Linientaktik, die sich im Siebenjährigen Krieg als erfolgreich erwies, wurde mit den waffentechnologischen Veränderungen des 19. Jahrhunderts (Hinterlader und verbesserte Artilleriegeschütze und den Reformen in der Ausbildung durch lockere Schützenschwärme) abgelöst (in Preußen 1888). Sie und auch die späteren taktischen Änderungen erforderten mehr kreative Eigenleistungen der Individuen, denn auch die Ausführung der Routinen kann auf dem Schlachtfeld immer wieder Neues und Unvorhergesehenes hervorbringen (vgl. Warburg, 2008, S. 163). Trotzdem wurde und wird – so vom Hagen (2012, S. 253) – auch in späteren Jahrzehnten nicht gänzlich darauf verzichtet, dass Befehl und Gehorsam verinnerlicht werden:

> „Der Drill geschieht in zwei aufeinanderfolgenden Stadien. Im ersten Stadium wird beschrieben, dass der lernende Untergebene auf ein bestimmtes Kommando eine genau beschriebene Bewegungsfolge auszuführen hat, wenn er sich nicht scharfen Sanktionen aussetzen will: der Vorgesetzte gibt das Kommando und korrigiert die Rekruten in der Weise, dass er jede Abweichung von der vorgeschriebenen Bewegungsfolge als ‚Fehler' beschreibt; […] der Drill dieses Kommandos wird so oft wiederholt, bis das Kommando ‚sitzt', d.h. bis sich der Rekrut entlastet hat, die Verbindung zwischen diesem Zeichen und dieser Reaktion bewusst herzustellen. Im zweiten Stadium werden verschiedene, einzeln ‚eingedrillte' Bewegungsfolgen hintereinander und abwechselnd vollzogen, indem der Vorgesetzte nacheinander verschiedene Kommandos gibt." (von Heiseler, 1966, S. 117)

In der Gegenwart haben sich die Bedingungen weiter verändert: Mit dem Übergang von der Wehrpflicht- zur Freiwilligenarmee sind die Streitkräfte stärker von den Interessen und der Motivation der Freiwilligen abhängig. Die Auslandseinsätze erfordern zunehmend die Fähigkeit, auch eigenständig Entscheidungen treffen zu können und die Technik ist teilweise so anspruchsvoll, dass man sie nicht in die Hände schikanierter und unwilliger Soldaten legen will (vgl. Bröckling, 1997, S. 318). Fraglich ist auch, inwieweit das Militär heute noch als *totale Institution* angesehen werden kann. In der Grundausbildung werden Soldat*innen nur noch einige Tage vom zivilen Leben abgetrennt, danach können sie im Regelbetrieb nach Dienstschluss nach Hause fahren. In Übungen, auf Schiffen, im Auslandseinsatz und bei entlegenen Standorten aber werden die Soldat*innen weiterhin in eine der totalen Institution annähernde Situation gebracht. Auch leben sie, z. B. in der US-Armee, häufig gemeinsam mit ihren Familien auf Militärbasen.

## 2 Militär, Körper und Sport

Springmann (2019, S. 38 f.) weist darauf hin, dass „militärischer Drill und Leibesübungen […] seit dem 19. Jahrhundert zunehmend als produktiv für die Erziehung vor allem männlicher Jugendlicher und von Männern begriffen" wurde. Diese damals vollzogene Verbindung von Militär und Sport lässt sich bis in die Gegenwart nachvollziehen. So etwa propagierten die Turnvereine in der zweiten Hälfte des 19. Jahrhunderts ein Männlichkeitsideal, das sich an Wehrhaftigkeit, Sittlichkeit, Ordnung und Disziplin orientierte (vgl. ebd., S. 45). Körperbildung wurde damit auch als Programm zur Beendigung der französischen Besatzung verstanden. Die mangelnden körperlichen Voraussetzungen der preußischen Soldaten galten (neben der fehlenden Motivation) als eines der größten Defizite zur Durchsetzung von Scharnhorsts preußischer Heeresreform. Die körperliche Leistungsfähigkeit aller Männer sollte gesteigert werden, damit „jeder Soldat den körperlichen Strapazen eines Krieges gewachsen war" (Thoß & Langenfeld, 2010, S. 290). So etwa beschreibt GutsMuths – Springmann (2019, S. 42) zufolge – in seiner „Gymnastik für die Jugend" von 1804 „‚Kriegsübungen ohne Gewehr', ‚Geradeausmarschiren', ‚Quickmarsch' und ‚Kriegsübungen mit Gewehr'". Turnen und Sport wurden zu einem wichtigen Element der Militärreform und der inneren Nationsbildung (Thoß & Langenfeld, 2010).

Die Wehrpflicht wurde folgerichtig mit einer Musterung verbunden, die die jungen Männer in „Tauglichkeitsgrade" einordnete. Dass aber in den deutschen Staaten Ende des 19. Jahrhunderts um die Hälfte aller Wehrpflichtigen als für den Wehrdienst untauglich galten, führte dazu, in den Schulen – also auch den Volksschulen – Turnen einzuführen. Zusätzlich wurde mit Unterstützung des Kriegsministeriums der Jungdeutschlandbund (JDB) gegründet, der „dem Heer und der Marine tüchtige, an Körper, Geist und Charakter wohl vorbereitete Rekruten […] liefern wollte" (Thoß & Langenfeld, 2010, S. 294). Während des Ersten Weltkriegs wurden Reichswettkämpfe im Wehrturnen, Kriegssportfeste mit leichtathletischen Disziplinen und Fußball sowie Heeressportmeisterschaften durchgeführt. Ferner wurden Sportschulen als leistungssportliche Trainingszentren für das Heer und die Marine eingerichtet. Die NS-Propaganda verknüpfte später das Bild eines guten Soldaten mit dem eines guten Sportlers. In der DDR wurde die paramilitärische Gesellschaft für Sport und Technik (GST) gegründet und die Soldaten erhielten in der Nationalen Volksarmee (NVA) eine *militärische Körperertüchtigung*. In der Bundesrepublik wurde das sportliche Training zwar von der militärischen Ausbildung getrennt, Zeit- und Berufssoldaten allerdings sind verpflichtet, das Sportabzeichen des Deutschen Olympischen Sportbundes (DOSB) abzulegen (vgl. Thoß & Langenfeld, 2010, S. 294 ff.). Zusätzlich müssen alle Grundwehrdienstleistenden vor und nach der allgemeinen Grundausbildung sowie die Zeit- und Berufssoldat*innen einmal jährlich einen Basis-Fitness-Test absolvieren. Dieser ist Bestandteil des Auswahlverfahrens und geht in die Bewertung der Offiziere ein. Der Test umfasst aktuell einen Pendellauf, Sit-ups, einen Standweitsprung, Liegestütze, den Cooper-Test und einen Ergometer-Test. Dies ändert sich aber immer wieder auch aufgrund der veränderten (teilweise sinkenden) Leistungsfähigkeit der Bewerber*innen.

## 3 Körperschaft und Korpsgeist

Die militärische Ausbildung, der Drill und die räumliche Trennung der Kasernen vom zivilen Privatleben sind darauf ausgerichtet, die Soldat*innen zusammenzuschweißen und einen Gesamtkörper herzustellen. Im Friedensbetrieb kann dies durchaus an Bedeutung verlieren, die formale Organisation – der ‚kalte Zustand' – dominiert, in der Gefechtsübung aber, im Einsatz oder im Krieg dominiert die vergemeinschaftende, totale Institution, der ‚heiße Zustand'.

An Bedeutung gewinnt die Kameradschaft. Die militärische Gemeinschaft soll dabei auch körperlich eingeübt und erlebt werden: im Feld bei einer Übung gemeinsam und sich gegenseitig unterstützend einen körperlich belastenden Marsch zu bestehen, ein Feldlager gemeinsam einzurichten oder eine Gefechtsübung zu absolvieren. Dies soll helfen, körperliche Anstrengungen, Angst und Schmerz besser auszuhalten, weil sich die Kamerad*innen gegenseitig motivieren und schützen und die Bereitschaft erzeugen, einen Auftrag auch dann zu erfüllen, wenn der Sinn nicht mehr nachvollziehbar ist, um die Kamerad*innen nicht im Stich zu lassen (Biehl, 2009). Darüber hinaus kann die Kameradschaft auch vor der Schikane der Vorgesetzten schützen.

Es zeigen sich aber immer wieder auch die Auswüchse der Kameradschaft, der sog. Korpsgeist, d. h., die Gruppe, das Team, die Organisation schottet sich nach außen ab und entwickelt eigene Normen und Regeln. Dies schafft einen Raum, in dem Gewalt und Schikanen – auch gegenüber den eigenen Kamerad*innen – möglich werden. Ein Beispiel für solche Schikanen war die EK-Bewegung (EK = Entlassungskandidat) in der NVA. Zu den grausamen Spielen, die ältere Wehrdienstleistende mit den jüngeren spielten, gehörte etwa die *Musikbox,* bei der ein Soldat in einen Spind eingeschlossen wurde und dieser, wenn eine Münze in einen Lüftungsschlitz geworfen wurde, ein Lied zu singen hatte. Der *Staubsauger* wiederum konnte zur Anwendung kommen, wenn ein Soldat die Stube nicht ordentlich genug gereinigt hatte, wobei dieses Urteil keineswegs objektiv sein musste. Ihm wurde eine Gasmaske mit Schlauch und ohne Filter aufgesetzt. Dann wurde der Schlauch zugehalten; geriet der Soldat in Atemnot, wurde beim Öffnen des Schlauchs ein voller Aschenbecher oder eine Kehrschaufel darunter gehalten. Auch in der Bundeswehr und in anderen Armeen wurden immer wieder schikanöse Aufnahme- oder Beförderungsrituale und Missbrauchsfälle bekannt. So etwa 2016 in Pfullendorf, wo sich Rekruten vor den Kamerad*innen nackt ausziehen mussten, wobei sie von ihren Ausbildern gefilmt wurden: Fotografiert wurde auch, wie Ausbilder den Rekrut*innen Tamponagen einführten.

Die genannten Schikanen deuten auf außerordentliche Disziplinierungsmaßnahmen hin, die die Soldat*innen am eigenen Leib erfahren. Durch das inszenierte Überschreiten und Verletzen von Körpergrenzen werden die Rekrut*innen gepeinigt, in den Körper gewaltvoll eingetrichtert wird aber auch der militärtypische Korpsgeist. Charakteristisch für diese Schikanen ist dabei, dass Personen, die nicht männlich oder heterosexuell sind oder eine andere Hautfarbe oder Herkunft haben als die Mehrheit, besonders gefährdet sind, Opfer von informellen Ausschlüssen, Mobbing oder körperlichen Schikanen zu werden. Wie groß das Dunkelfeld an unbekannten körperlichen und seelischen Schikanen und Missbrauchsfällen dabei ist, bleibt unklar.

## 4 Die Verletzlichkeit des soldatischen Körpers

Soldat*innen sollen bereit sein, andere Personen zu töten, deren Existenzgrundlagen zu zerstören und dabei den eigenen Körper, das eigene Leben bewusst zu gefährden. Keine andere Organisation, kein anderer Beruf stellt eine solche Anforderung an seine Mitglieder. Selbst bei der Polizei oder auch der Feuerwehr gilt dies nicht im gleichen Umfang, wenn man bedenkt, dass die Zahl der Todesopfer in kriegerischen Auseinandersetzungen sehr viel höher ist als z. B. bei polizeilichen Einsätzen.

Durch Verletzungen, Schmerzen, Hunger und Durst aber verliert ein Mensch das instrumentelle Verständnis zu seinem Körper, er wird auf das Erfahren seines Leibes zurückgeworfen. Das Ziel militärischer Ausbildung ist es, dies zu verhindern. Soldat*innen sollen sich gegen den Ansturm ihrer Gefühle wappnen können. Durch Drill und Körpertraining sollen die Soldat*innen bereits in der Ausbildung Erfahrungen im Umgang mit ihren Emotionen und Affekten machen, um sie in Kampfsituationen kontrollieren zu können. Die Belastungsgrenzen sollen verschoben und die Soldat*innen befähigt werden, in unsicheren Situationen auf inkorporierte Handlungsroutinen zurückzugreifen (vgl. Warburg, 2008, S. 167).

Wie gut das gelingt, ist allerdings mindestens umstritten und auch davon abhängig, mit welchen Belastungen die Soldat*innen in welcher Dauer und welchem Umfang umgehen müssen. So kam es im Ersten Weltkrieg massenweise zu psychosomatischen Störungen, insbesondere zum sogenannten Kriegszittern. Dies waren Reaktionen auf die Unsicherheit und Angst der Soldaten, in den Schützengräben erschossen, verschüttet oder durch Giftgas getötet zu werden. Dieser Dauerbedrohung waren die Soldaten nahezu hilflos ausgesetzt. Die Kameradschaft bot zumeist den einzigen Halt, aber auch dabei bestand die Gefahr, dass die engsten Kameraden krank, verwundet oder abkommandiert wurden. Die Folge waren körperliche Erschöpfung, Apathie, übermäßiger Alkohol- und Nikotinkonsum, aber auch die Zunahme von brutalen Zusammenstößen. Das zeigte, „dass das ‚Menschenmaterial' nicht unbegrenzt belastbar war" (Bröckling, 1997, S. 207).

Der Erste Weltkrieg stellte auch bezogen auf die Masse an Verletzungen eine Zäsur in der Militärgeschichte dar: einerseits weil die technischen Möglichkeiten der Zerstörung und Verletzung ein zuvor nie dagewesenes Maß erreichten, andererseits aufgrund des medizinischen Fortschritts, der den Tod vieler Kriegsverletzter verhinderte. Nach Kienitz (2008, S. 444) gab es als Folge dieses Krieges allein in Deutschland rund 2,7 Mio. Kriegsinvaliden mit massiven Formen körperlicher Zerstörung und Entstellung. Die Politik versuchte die Kriegsinvaliden zunächst als in ihrem heldenhaften Überlebenswillen vorbildhaft darzustellen. Später aber wurde ein „abschreckendes Zerr-

und Negativbild des arbeitsscheuen, sozial randständigen Kriegsopfers" entworfen, der die Nachkriegsgesellschaft nicht mehr an ihre Schuld und das Versagen erinnern sollte. Kriegsinvaliden wurden in dieser Zeit zudem als volkswirtschaftliche Bedrohung für Gesellschaft und Staat wahrgenommen, weshalb versucht wurde, sie zur Arbeit zu zwingen (ebd., S. 134 ff.).

Die Kriegsinvaliden dienten aber auch als Demonstrationsobjekte des technischen und sozialen Fortschritts, „die Zahl der angemeldeten Patente für künstliche Arme und Beine, Fortbewegungsmittel und Körperersatzstoffe zur Herstellung von künstlichen Nasen und Gesichtsprothesen ging" – so Kienitz (2008, S. 200 f.) – „ins Uferlose, bricht Anfang der 20er Jahre dann aber abrupt ab, als das Projekt ‚Körperrekonstruktion' als nationale Aufgabe für abgeschlossen galt". Für die Bedürfnisse und Belange der zumeist traumatisierten Kriegsversehrten interessierte man sich indes wenig oder gar nicht. Waren sie im Gesicht verletzt, sollte die Gesellschaft vor deren Anblick geschützt werden. Und noch schwieriger schien die Lage derjenigen Männer zu sein, denen Hoden oder Penis verletzt oder weggerissen wurden. Sie galten als die „bedauernswertesten unter den am Leben gebliebenen Kriegsopfern" (ebd., S. 272).

Das heißt, für Militär, Politik und Gesellschaft stellt es ein Problem dar, wie damit umzugehen ist, dass Soldat*innen nicht nur verletzen und töten, sondern auch verletzt und getötet werden. Mit öffentlichen Zeremonien, feierlichen Gelöbnissen, Militärparaden, den Ehrenbekundungen gegenüber ‚gefallenen' Soldat*innen und den Ehrendenkmälern bezeugen die Streitkräfte ihren Anspruch auf eine besondere Ehrerbietung der Gesellschaft gegenüber den eigenen Opfern. Zugleich sollen diese Traditionen, Symbole und Rituale das individuelle Erleben von Schmerz, Verwundung und Tod überformen. Dem zerstörerischen Handeln soll so ein Sinn gegeben werden.

Um Opfer unter den eigenen Soldat*innen zu vermeiden, wurden in jüngerer Vergangenheit aber auch die militärischen Strategien verändert. Die asymmetrische Kriegsführung, der Krieg aus der Luft, das Outsourcing gefährlicher Aufträge an private Subunternehmer*innen und der zunehmende, aber völkerrechtlich umstrittene Einsatz von Drohnen lassen sich – neben politischen, sozialen und ökonomischen Überlegungen – so auch als Versuche verstehen, das Leben und die Gesundheit der Soldat*innen zu schonen. Seinen vorläufigen Endpunkt findet dies in den Drohnen- oder Cyberangriffen: Hier wird der Kampf vermeintlich zum Computerspiel, der eigene Körper hört auf, gefährdet zu sein, wenn man selbst „nur" eine Drohne bedient. Genau dies aber wird von der auf den körperlichen Einsatz ausgerichteten Militärkultur nicht gewürdigt, wie gerade Soldat*innen an den Computern erfahren müssen (Heins & Warburg, 2004).

## 5 Körper, Militär und Geschlechterverhältnis

Auch wenn das Militär als Männerdomäne gilt, waren Frauen immer in unterschiedlichsten Positionen an den Kriegen beteiligt: als Befehlshaberinnen, als Tross- und Schanzweiber, Marketenderinnen, als Prostituierte oder als Kämpferinnen in Männerkleidern, später auch als Unterstützerinnen an der „Heimatfront" und als Soldatinnen (Enloe, 1988; Hagemann, 2002). Ihre Position in den Armeen aber war immer problematisch, sie hatten häufig keinen legalen Status, wurden nicht selten von der Bevölkerung verachtet und immer wieder Opfer von Übergriffen der eigenen Kameraden.

Mit der Durchsetzung der Wehrpflicht wurde die symbolische Einheit von Militär und Männlichkeit zementiert. Die militärische Grundausbildung formte fortan den männlichen Körper. Der Soldat wurde zum Sinnbild des männlichen Körpers, verbunden mit Eigenschaften, die seitdem generell als männlich gelten. Damit einher ging eine männliche Militärkultur, die Weiblichkeit mit Schwäche, Angst, Unfähigkeit und Versagen gleichsetzt (Apelt & Dittmer, 2007). Die Gesellschaft wird zweigeteilt: den waffenfähigen Männern als Kämpfer und Beschützer stehen nichtwaffenfähige Frauen, Kinder und Männer als Opfer und Schutzobjekte gegenüber. Diese Dualität der Geschlechter aber macht Frauen zum bevorzugten Angriffsziel der gegnerischen Truppen. Über den (häufig sexuellen) Angriff auf die Frauen wird gezeigt, dass die Männer der Gegenseite unfähig sind, ihre eigenen Frauen zu schützen (ausführlicher Apelt, 2019).

Auch für die Soldatinnen ist dieser Dualismus problematisch, sie werden zur Bedrohung militärischer Männlichkeit. In Reaktion darauf wird ihr Handlungsspielraum eingeschränkt, sie werden vorzugsweise als „helpmates to men" eingesetzt (Ben-Ari & Levy-Schreiber, 2000, S. 172). Sprachliche Abwertungen, Mobbing und sexuelle Übergriffe auf den Körper waren und sind dann Mittel der Soldaten, die eigenen Kameradinnen zu bekämpfen und ihnen den Subjektstatus abzusprechen (Sjoberg, 2014). Legitimiert wird der ausgrenzende Umgang mit Soldatinnen regelmäßig mit zwei Argumenten: einerseits würde Frauen die körperliche Eignung für den Soldat*innenberuf fehlen, andererseits könne die Kameradschaft Frauen nicht einbeziehen, da Männer einen Beschützerinstinkt hätten, der den gemeinsamen Kampf und die Kameradschaft von Frauen und Männern verhindere.

Körperkraft, körperliche Fitness und Ausdauer gelten als Grundvoraussetzungen zur Ausübung des Soldat*innenberufs. Frauen wird dabei zugeschrieben, dass sie – biologisch determiniert – eine geringere Körperkraft besäßen und dies auch – anders als bei Männern – durch verstärktes Training nicht zu ändern wäre (van Creveld, 2001). Seifert (2004) setzt dem mit Verweis auf eine Studie aus dem American Journal of Preventive Medicine entgegen, dass Frauen ihre Fitness im Zuge der Grundausbildung zweimal so schnell wie die Männer steigern würden. Die Unfallhäufigkeit von Männern und Frauen korreliere ebenfalls eher mit dem Fitness-Status als mit dem Geschlecht. Diese Auseinandersetzung berührt aber nicht die Frage, ob diese Leistungstests den funktionalen

Anforderungen bewaffneter Konflikte oder eher kulturellen Traditionen und gesellschaftlichen Entwicklungen folgen. So haben der allgemeine Gesundheitszustand und die durchschnittliche Fitness von Jugendlichen das Niveau der Anforderungen immer wieder beeinflusst.

Argumentiert wurde und wird auch, dass Frauen den Zusammenhalt in einer Truppe stören würden. Je homogener eine Einheit wäre, desto stärker wäre die Kohäsion. Minderheiten, wie Frauen, schwule und/oder – historisch in den US-Streitkräften – schwarze Soldaten müssten also ausgeschlossen oder separiert werden. Begründet wurde dies mit dem Bezug auf die klassischen Studien von Edward Shils und Morris Janowitz (1948), die argumentieren, dass die hohe Kampfmotivation der deutschen Soldaten im Zweiten Weltkrieg aus der Homogenität der Wehrmachtseinheiten resultierte. Dass Frauen die Kampfgemeinschaft störten, wird auch in der Bundeswehr argumentiert. Als Begründung wird nicht selten darauf verwiesen, dass in den Anfängen der israelischen Armee Männer und Frauen noch zusammen gekämpft hatten, die Soldaten aber, nachdem einige Soldatinnen in Gefahr gerieten, nur noch ihrem vermeintlichen Beschützerinstinkt entsprechend reagiert und ihren Auftrag vergessen hätten. Deshalb wären Frauen danach aus den Kampfeinheiten entfernt worden. Die physische Anwesenheit von Frauen wird demnach „als Störfaktor in der männlich strukturierten Organisation wahrgenommen" (Steube, 2018), da diese Schutzbedürftigkeit bedeute und die Mission gefährde. Empirisch gibt es dafür aber keinen Beleg. Vielmehr stellt der Tod eines ‚buddies' generell *das* am stärksten belastende ‚Worst-Case-Szenario' im militärischen Einsatz dar. D. h., nicht der weibliche Körper, sondern die emotionale und körperliche Nähe zum Opfer – egal welchen Geschlechts – kann zu Kampfstressreaktionen führen.

Den beiden skizzierten Argumentationslogiken folgend wird der weibliche Körper im Verhältnis zum männlichen entweder abgewertet oder überhöht, um ihn aus dem Militär auszuschließen. Dabei werden an die Stelle funktionaler Erfordernisse männliche Normen gesetzt, die wiederum mit Vorurteilen gegenüber den Geschlechtern verknüpft werden (Carreiras & Kümmel, 2008). Dies bestärkt das Bild des soldatischen Körpers als eines männlichen. „Frauen im Militär können [also] nicht ohne weiteres mit diesem Körper verschmelzen" (Steube, 2018). Obwohl auch für die Streitkräfte inzwischen Antidiskriminierungsgesetze gelten, bleiben Soldatinnen doch eher „Fremdkörper" im Militär (Dittmer, 2009, S. 43). Der Körper wird zuerst und vor allem als vergeschlechtlichter Körper betrachtet und nur aus der Perspektive der Geschlechterdifferenz und der Zweigeschlechtlichkeit wahrgenommen.

Dies gilt auch für den transgeschlechtlichen Körper, der im Verhältnis zum (unbenannten) cisgeschlechtlichen als abweichend konstruiert wird. Der Körper von transgeschlechtlichen Personen wird in Organisationen, die symbolisch derart eng mit dem männlichen Körper verknüpft sind, als per se ‚falsch' angesehen. Dass er vor allem in bestimmten Stadien einer Geschlechtsangleichung bzw. Transition nicht den normativen Setzungen des Militärs an Gesundheit und Fitness entspricht, dient in einigen Streitkräften der Begründung seines Ausschlusses. Die körperliche Anwesenheit wird als Gefahr für die rigide zweigeschlechtliche Grundordnung des Militärs wahrgenommen (vgl. Witten, 2007, S. 4). Aber auch dort, wo transgeschlechtliche Personen formal zugelassen sind, werden transgeschlechtliche Soldat*innen als Fremdkörper erlebt und informell diskriminiert, obwohl zahlreiche institutionelle Einrichtungen zur Verhinderung und Ahndung von Diskriminierung etabliert wurden. Genauso wie Frauen widersprechen sie dem männlich geprägten Bild des Soldaten und provozieren so die männliche und körperbetonte Organisationskultur.

## 6 Schluss

Militärische Organisationen sind bürokratische und stark formalisierte Organisationen. Werden sie aber darauf reduziert, lässt sich das Handeln in der Organisation kaum verstehen. Die Formung des soldatischen Körpers, die Herstellung von Gemeinschaft über das körperliche Erleben, über Rituale und Zeremonien sind für diese Institution konstitutiv. Ziel dieser Manipulationen ist es, die Mitglieder der Organisation bereit und fähig für etwas zu machen, das außerhalb dieser Organisation ein Tabu darstellt, das Leben und die Gesundheit anderer Menschen zu bedrohen und zu zerstören und dabei bereit zu sein, auch die Unversehrtheit des eigenen Körpers, die eigene Gesundheit und das eigene Leben, zu gefährden.

## Literatur

Apelt, M. (2021). Militärische Sozialisation. In N. Leonhard & I.-J. Werkner (Hrsg.), *Militärsoziologie. Eine Einführung* (3. überarbeitete Aufl.). VS Verlag (im Erscheinen).

Apelt, M. (2019). Der kämpfende Mann und die friedfertige Frau und ihre Folgen. In B. Kortendiek, B. Riegraf, & K. Sabisch (Hrsg.), *Handbuch interdisziplinäre Geschlechterforschung* (S. 891–900). Springer Fachmedien.

Apelt, M., & Dittmer, C. (2007). „Under pressure" – Militärische Männlichkeiten im Zeichen neuer Kriege und veränderter Geschlechterverhältnisse. In M. Bereswill, M. Meuser, & S. Scholz (Hrsg.), *Dimensionen der Kategorie Geschlecht. Der Fall Männlichkeit* (S. 68–83). Westfälisches Dampfboot.

Ben-Ari, E., & Levy-Schreiber, E. (2000). Body-building, character-building and nation- building: Gender and military service in Israel. In J. Fraenkel (Hrsg.), *Jews and gender. The challenge to hierarchy. Studies in contemporary jewry* (S. 171–190). Oxford University Press.

Biehl, H. (2009). Kampfmoral und Kohäsion als Forschungsgegenstand, militärische Praxis und Organisationsideologie. In M. Apelt (Hrsg.), *Forschungsthema: Militär Militärische Organisationen im Spannungsfeld von Krieg, Gesellschaft und soldatischen Subjekten* (S. 139–162). VS Verlag.

Bröckling, U. (1997). *Disziplin. Soziologie und Geschichte militärischer Gehorsamsproduktion.* Fink.

Carreiras, H., & Kümmel, G. (2008). Off limits: The cults of the body and social homogeneity as discursive weapons targeting gender integration in the military. In H. Carreiras & G. Kümmel (Hrsg.), *Women in the military and in armed conflict* (S. 29–47). VS Verlag.

Dittmer, C. (2009). *Gender Trouble in der Bundeswehr. Eine Studie zu Identitätskonstruktionen und Geschlechterordnungen unter besonderer Berücksichtigung von Auslandseinsätzen*. transcript.

Enloe, C. (1988). *Does Khaki Become You? The Militarization of Women's Lives*. Pandora Press; Harper/Collins.

Foucault, M. (1994). *Überwachen und Strafen. Die Geburt des Gefängnisses*. Suhrkamp (Erstveröffentlichung 1975).

Goffman, E. (1973). *Asyle. Über die soziale Situation psychiatrischer Patienten und anderer Insassen*. Suhrkamp (Erstveröffentlichung 1961).

Hagemann, K. (2002). Heimat – Front. Militär, Gewalt und Geschlechterverhältnisse im Zeitalter der Weltkriege. In K. Hagemann & S. Schüler-Springorum (Hrsg.), *Heimat-Front: Militär und Geschlechterverhältnisse im Zeitalter der Weltkriege* (S. 13–52). Campus.

Heins, V., & Warburg, J. (2004). *Kampf der Zivilisten: Militär und Gesellschaft im Wandel*. transcript.

Kienitz, S. (2008). *Beschädigte Helden. Kriegsinvalidität und Körperbilder 1914–1923*. Schöningh.

Seifert, R. (2004). Gender und Militär. *MarineForum Zeitschrift Für Maritime Fragen, 6*, 8–11.

Shils, E. A., & Janowitz, M. (1948). Cohesion and disintegration in the wehrmacht in world war II. *Public Opinion Quarterly, 12*, 280–315.

Springmann, V. (2019). *Gunst und Gewalt. Sport in nationalsozialistischen Konzentrationslagern*. Metropol Verlag.

Sjoberg, L. (2014). Female combatants, feminism and just war. In M. Evans, C. Hemmings, M. Henry, H. Johnstone, S. Madhok, & A. Plomien (Hrsg.), *Sage handbook of feminist theory* (S. 535–549). Sage.

Steube, S. (2018). Militär und Männlichkeit. Die Funktion militärischer Männlichkeitsmythen. Wissenschaft & Frieden 2018–3: Gender im Visier. https://wissenschaft-und-frieden.de/seite.php?artikelID=2296. Zugegriffen: 12. Nov. 2020.

Thoß, H., & Langenfeld, H. (2010). Militär und Sport. In M. Krüger & H. Langenfeld (Hrsg.), *Handbuch Sportgeschichte* (S. 290–299). Hoffmann Verlag.

Treiber, H. (1973). *Wie man Soldaten macht. Sozialisation in »kasernierter Gesellschaft«*. Bertelsmann.

van Creveld, M. (2001). *Frauen und Krieg*. Gerling-Akademie.

vom Hagen, U. (2012). *Homo militaris. Perspektiven einer kritischen Militärsoziologie*. transcript.

von Heiseler, J. (1966). Militär und Technik. Arbeitssoziologische Studien zum Einfluß der Technisierung auf die Sozialstruktur des modernen Militärs. In G. Picht (Hrsg.), *Studien zur politischen und gesellschaftlichen Situation der Bundeswehr* (S. 66–158). Eckart.

Warburg, J. (2008). *Das Militär und seine Subjekte. Zur Soziologie des Krieges*. transcript.

Witten, T. M. (2007). *Gender identity and the military – Transgender, Transsexual, and Intersex-identified Individuals in the U.S. Armed Forces*. A report commissioned by the Michael D. Palm Center. University of California, Santa Barbara. http://www.palmcenter.org/wp-content/uploads/2007/05/TransMilitary2007.pdf. Zugegriffen: 9. Dez. 2020.

# Organisation und Institution

Christian Gärtner und Günther Ortmann

Man muss nicht gleich auf sogenannte totale Institutionen – besser: Organisationen – wie Gefängnisse, Armeen, Psychiatrien und Klöster oder auf Organhandel und Transplantationsskandale zu sprechen kommen, wenn man namhaft machen möchte, dass Körper und Organisation in enger Beziehung stehen. Aber es hilft, um klar zu machen, dass das Themenfeld mehr beinhaltet als betriebliches Gesundheitsmanagement, *Neuroenhancement* oder Schönheitschirurgie. Es geht nicht nur um die Umgestaltung und Disziplinierung, also die Re*organisation* des Körpers. Es geht auch um die Frage, welche Rolle Körper bei der Konstitution und Re-Produktion bzw. dem Wandel von Organisationen spielen: Ohne die Körperlichkeit eines Gefangenen könnten Zellen und Gitter eines Gefängnisses nicht ihren Dienst tun und die Insassen am Flüchten hindern, womit sich ein für die Organisation ‚Gefängnis' konstitutiver Zweck verflüchtigt hätte. Und ohne die leibliche Ergriffenheit der Mönche und ausgebrannten Manager bei der Ausübung klösterlicher Praktiken bliebe der Kloster-Werbeslogan ‚Wellness für die Seele' in der Lebenswelt der Akteure substanzlos.

Trotz dieser offensichtlichen Bezüge offenbart eine Analyse einschlägiger Sammelwerke und Artikel in führenden Zeitschriften zur Organisationsforschung einerseits und zur Soziologie des Körpers andererseits eine weitgehende wechselseitige Ignoranz (für eine frühe Ausnahme siehe Hassard et al., 2000). In der Organisationsliteratur dominieren Konzepte, die geistige oder diskursive Konstruktionen bezeichnen; allen voran Schemata, Kommunikationen, Entscheidungen, Regeln, Verträge und

C. Gärtner (✉)
München, Deutschland
E-Mail: christian.gaertner@hm.edu

G. Ortmann
Hamburg, Deutschland
E-Mail: ortmann@hsu-hh.de

 
R. Gugutzer et al. (Hrsg.), *Handbuch Körpersoziologie 2*,
https://doi.org/10.1007/978-3-658-33298-3_21

Institutionen (Dale, 2001; Gärtner, 2007). In der Soziologie des Körpers wiederum treten Organisationen kaum auf, höchstens als Orte der Vermittlung gesellschaftlicher Erwartungen (das verrät auch der Name eines der zentralen Veröffentlichungsorgane, der Zeitschrift *Body & Society,* bei der eine Suche nach „organization", „organisation", „work" und „workplace" in den Schlüsselwörtern insgesamt fünf Treffer seit 1995, dem Gründungsjahr, liefert). Strukturalistische Zugänge fokussieren, wie der moderne Akteur durch gesellschaftliche Denk-, Norm- und Wertsysteme sozialisiert wird, während handlungsorientierte Ansätze im Körper des Akteurs ein Kommunikations- und Interaktionsmittel bzw. Symbol sehen (Gugutzer, 2004). Zwar wird anerkannt, dass die Formung *in* Organisationen erfolgt (z. B. Armee, Fitness-Center, Kloster), jedoch wird ausgeblendet, wie der Körper *durch* Organisationen und Organisieren geformt wird. Mehr noch: unberücksichtigt bleibt, wie Organisationen und Organisieren durch Körper konstituiert, stabilisiert oder verändert werden.

Dass sich die Körper- und Organisationsforscher gegenseitig weitgehend ignorieren, heißt allerdings nicht, dass nicht implizite Annahmen über das jeweils ausgeschlossene Konzept existierten. Auch gibt es Grenzgänger, die das Verhältnis von Körper und Organisation in unterschiedlicher Hinsicht ausgedeutet haben. Ihnen gilt unser Interesse, d. h. wir möchten anhand unseres Feldes – der Organisationsforschung – zeigen, wo und wie der Körper thematisiert wird. Zur Sondierung des Feldes entwickeln wir zunächst Vorarbeiten zu verschiedenen Modi des Körpers in der organisationsrelevanten Literatur weiter (Gärtner, 2013; Gärtner & Ortmann, 2016). und sichten einschlägige Forschungsergebnisse. Das Kapitel schließt mit Perspektiven für die künftige Forschung.

## 1 Modi des Körpers in der Organisationsliteratur

**Der irrelevante Körper**

Das in der modernen Organisationsliteratur dominante Verständnis vom Körper folgt der Computer-Metapher und einem Cartesianischen Dualismus: Informationen sind Repräsentationen der Um- und Mitwelt und ihre mentale Verarbeitung *(Software)* ist losgelöst vom physischen Trägersystem *(Hardware).* Weil die Hardware, so die unausgesprochene Prämisse, die Informationsverarbeitungsprozesse nicht verformt, interessiert sie nicht. Im Forschungsinteresse stehen die kognitiven Prozesse der Mitarbeiter, Manager und Kunden, weil ihre mentalen Leistungen ausschlaggebend dafür sind, was gewusst und gelernt oder wie entschieden und agiert wird. Der Körper bildet keine eigenständige Analyseeinheit, ist vielmehr eine *black box;* thematisiert wird seine Irrelevanz, weil selbst die Reize, die über die Sinnesorgane aufgenommen und weitergegeben werden, noch in sinnhafte Stimuli *(cues)* verwandelt werden müssen.

Paradigmatisch für ein solches Verständnis ist die von Simon und March ausgearbeitete Organisationstheorie. Auf Basis von Simons kognitions- und informationsorientierten Vorarbeiten propagiert sie, dass „the human organism can be regarded as a complex information-processing system" (March & Simon, 1993, S. 28). In ähnlicher

Weise steht für Vertreter des *Sensemaking*-Ansatzes, fest, dass zwar Kognitionen – z. B. die Wahrnehmung von *cues* – in neurobiologischen Prozessen realisiert sind, diese Körperlichkeit aber keine Rolle im Sinnstiftungsprozess spielt. Diese cartesianische Trennung führt letztlich dazu, körperliche, unbewusste und emotionale Anteile an rationalem, intelligentem, angemessenem organisationalen Handeln entweder zu negieren oder Emotion und Intuition in das Reich des Körpers zu verbannen, sodass Logik und Ratio im Reich des Geistes bleiben. Im Gegensatz dazu holen die folgenden Ansätze das Ausgeschlossene wieder mit hinein.

**Der produzierende Körper**

Auch wenn die im Folgenden dargestellten Ansätze durchaus unterschiedliche metatheoretische Wurzeln haben, fassen wir sie hier unter dem Aspekt zusammen, dass die Körperlichkeit der Akteure als produktives Element im Arbeitsalltag aufgefasst wird. Der Körper erscheint als (neuro-)biologische Ressource, und die Ansätze variieren in der Antwort auf die Frage, inwieweit die Nutzung gesteuert werden kann und inwieweit dies vom Akteur oder von außen geschieht. Damit adressieren die Ansätze das sogenannte Transformationsproblem: Da das Arbeitsvermögen als Potenzial an den Körper der Arbeitenden gebunden und nicht anders als über körpergebundene Verausgabung zu haben ist, entsteht das Problem, dass nach Abschluss des Arbeitsvertrages das Arbeitsvermögen tagtäglich neu in Arbeit transformiert werden muss. Die Lösungen klassischer Organisationstheorien zielen auf Arbeitsplatzgestaltung, Vorgesetztenverhalten, Anreize, Regeln oder Organisationskultur. Aber es gibt auch Studien, die auf die Körperlichkeit der Mitarbeiter abstellen.

Ein zentrales Forschungsfeld ist die Untersuchung der Wirkung biochemischer oder genetischer Unterschiede auf soziales Verhalten. Zahlreiche Untersuchungen erforschen beispielsweise den Zusammenhang zwischen dem Testosteron- und Dopamin-Level und wie er sich auf Offenheit, Neugierde, intrinsische Motivation oder Risikoverhalten auswirkt, was insbesondere für die Entrepreneurforschung von Interesse ist (White et al., 2006). In ähnlicher Weise wurden die Relationen der Körper der Organisationsmitglieder vermessen (Muskelkraft, Schönheit, Wohlgeformtheit, Körpergröße) und auf ihren Einfluss hinsichtlich unterschiedlicher Dimensionen des Erfolges am Arbeitsplatz hin untersucht. So zeigt sich, dass die Körpergröße positiv mit Wertschätzung, Durchsetzungsfähigkeit und Gehalt verbunden ist (Judge & Cable, 2004). Zu diesen vergleichsweise einfachen Messverfahren sind in den letzten Jahren die technologisch deutlich aufwendigeren Methoden der Erforschung des neuronalen Teils des Körpers hinzugetreten: Das menschliche Gehirn wird zur eigentlichen Quelle menschlichen Denkens, Fühlens und Handelns. Unter dem Label *organizational neuroscience* werden Bilddarstellungen gegeben, die das Verhalten der Organisationsmitglieder – hier vor allem: Bewerten, Entscheiden, Vertrauen – als deutlich stärker von unbewussten, affektiven und wertebeladenen Faktoren beeinflusst sehen, als es in den Modellen der klassischen ökonomischen und auch soziologischen Organisationsforschung berücksichtigt ist (Becker et al., 2011).

Unter die Implikationen aus diesen Studien gesellt sich immer auch die Frage nach der Beeinflussbarkeit. Das Ausmaß an Eingriffen, die Unternehmen, aber auch der ‚Arbeitskraftunternehmer' selbst ausüben, variiert: die von BP an 14.000 Mitarbeiter verschenkten Fitnessarmbänder sollen ebenso wie die Schrittzähler bei Telefónica Deutschland und die landauf-landab tätigen Ernährungsberater für Kantinenbetreiber zur Verbesserung der Gesundheit der Belegschaft beitragen – damit der Lösung des Transformationsproblems neben motivationalen nicht auch noch gesundheitliche Barrieren im Wege stehen. Außerhalb der Arbeitszeit trimmen die Mitarbeiter ihren Körper selbst: mit Atemtechniken, Meditation, Fitness-Programmen (im Studio und auf dem Mobiltelefon), *Body Building* und *Wellness-* oder *Beauty*-Produkten bis hin zu Schönheitschirurgie und Pillenschlucken zur Verbesserung der kognitiven Leistungsfähigkeit *(neuroenhancement).* Dies alles erfolgt im Sinne der Optimierung der Ressource Körper für den Arbeitsalltag, und oft lässt sich kein dezidierter Fremdzwang ausmachen. Die Sorge um den Körper ist eher ein fremdinduzierter Selbstzwang und die Arbeit am Körper immer auch Signalproduktion, mit der man etwas mitteilt und sich abhebt, mithin Identitätsregulation betreibt. Fitness-Studios bzw. Gillette verkaufen nicht nur Bauch-Beine-Po-Trainings bzw. Rasierapparate, sondern – via *signalling* – auch: Vitalität und Perfektion der Konsumenten und nicht zuletzt ein Produktionsmittel für deren Signalproduktion. Sie (ge-)brauchen die Ressource Körper – das knackige Gesäß bzw. das glattrasierte Gesicht –, um ihrerseits Qualitäten wie Fitness, Sauberkeit, Solidität, Vitalität und Perfektion zu signalisieren – unausdrücklich, womöglich im Modus des Impliziten, und mit erheblicher performativer Wirkmacht. Die Kunden, die ja gleichzeitig oft auch Mitglieder profitorientierter Organisationen sind, befinden sich dabei in einem Positionsrennen um Status und Prestige: es geht darum, den Körper als Ressource zu nutzen, um etwas zu produzieren (Arbeitsleistung, Aussehen, Status, Eindruck, etc.), um sich von den Anderen abzuheben – sei es im Dienste der Karriere, sei es im Dienste eines demonstrativen Konsums, oder sei es ‚nur' zur Selbstdarstellung und zum *impression management.*

Während oben beschriebene Ansätze weitgehend auf die Idee beschränkt bleiben, dass Organisationsmitglieder einen Körper *haben,* betonen phänomenologisch und praxeologisch ausgerichtete Studien das Körper-*Sein,* also die leiblich-sinnliche Verfasstheit jeglichen Handlungsvollzugs. Zentral für diese Konzeption ist ein leiblich gebundenes, sensomotorisches Können wie es Michael Polanyi vor Augen hat: „Unser Körper ist das grundlegende Instrument, über das wir sämtliche intellektuellen oder praktischen Kenntnisse von der äußeren Welt gewinnen" (Polanyi, 1985, S. 23). So, wie der Blinde seinen Stock in eine Art Verlängerung seines Körpers verwandelt, so ist der Körper eine Basis des Verständnisses von Maschinen, Computern, Theorien, Zahlen und ganzen Zahlenwerken und schließlich auch Handlungsketten und -systemen (Gärtner, 2007). Das beginnt mit den sensomotorischen Fähigkeiten des Fahrradfahrers bis hin zu jenen des Arztes, dem das theoretisch-abstrakte Wissen nicht ausreicht, um ein Röntgenbild lesen zu *können.* Strati (2007) hat diese Idee für differenzierte Analysen der leiblichen Wahrnehmungs- und Handlungsvermögen von Mitarbeitern einer Sägemühle, einer Dachdeckerfirma und eines Sekretariats genutzt. Studien aus diesem Umfeld kommen immer wieder zu dem Schluss, dass sich die körperlich-leibliche Könnerschaft nicht restlos in Worte fassen lässt: es lässt sich nicht restlos auf Begriffe bringen, *wie es ist,* wenn man nach einer Holzplanke greift, ohne sich an der Säge zu verletzen, oder wie man mit Dachpappe auf dem Rücken auf einem Dachbalken balanciert, ohne zu stürzen. Ähnliche körperliche Vermögen der ‚Wissenden/Könnenden' hatte Polanyi vor Augen, als er eine im Handlungsvollzug wirkende *tacit dimension* postulierte. Die Unmöglichkeit, diese Könnerschaft in Begriffe zu übersetzen – schon, weil man manchmal gar nicht weiß, *wofür* die Worte fehlen –, führt dazu, dass die Postulate einschlägiger Gestaltungsmöglichkeiten vorsichtiger als in den eingangs dieses Abschnitts thematisierten Ansätzen ausfallen. Nur über Einübung, die aufgrund des ständigen Wiederholens einen langen Atem erfordert, wird aus dem Novizen ein Experte (Dreyfus & Dreyfus, 2005). Versuche hingegen, diese implizite Dimension zu kodifizieren und über formale Managementstrukturen einer Nutzung zuzuführen, die sowohl körperunabhängig als auch dauerhaft ist, scheitern oft. Eindrucksvoll zeigen dies Kamoche und Maguire (2010) am Beispiel von „pit sense", einer Fähigkeit von Tunnelarbeitern, Gefahrensituationen zu erspüren, die mit Bauchgefühl nur ungenügend beschrieben ist, weil einerseits die Sensomotorik (z. B. Gas riechen können), und andererseits die materielle Beschaffenheit der Umwelt mitendscheidend dafür sind, was als *pit sense* im jeweiligen Kontext gilt (z. B. unterschiedliche Risse und Formen der Staubentwicklung erkennen, um harmlose von jenen unterscheiden zu können, die Steinschlag an- und bedeuten).

Die eben skizzierten Ansätze unterfüttern die Idee des Leibes in Abgrenzung zur bloßen (neuro-)biologischen Körpermasse, indem sie auf sensomotorische Vermögen aufmerksam machen, ohne die kompetentes Arbeitshandeln selten zu haben ist. Insofern auch die affektiv-emotionale Komponente betont wird, stehen die Studien in der Tradition von Hochschilds (1983) Emotionsarbeitern, die in der Interaktion mit dem Kunden Gefühle vorspielen, unterdrücken oder sogar wahrhaft erleben müssen, um die Dienstleistung gelingen zu lassen. Der empfindsame, spürende, fühlende Leib ist eine Ressource, die nicht nur Flugbegleiter, sondern auch Unternehmensberater oder Service-Techniker und Facharbeiter zur Produktion ihrer Arbeitsleistung einsetzen. In diesen unsicheren und unplanbaren Arbeitskontexten sind Kompetenzen gefragt, die den erfahrenden und erfahrenen Leib voraussetzen und nutzen (Böhle, 2004). Gerade in *face-to-face*-Situationen und *in situ*-Abstimmungen, wie sie in Projekt- oder Teambasierten Organisationsformen an der Tagesordnung sind, bleibt das wichtig, was die Organisationsmitglieder mit ihrem Körper tun und lassen können (z. B. verständnisvoll nicken oder ungeduldig mit den Fingern trommeln, einschüchternd aufbrausen und sich aufbauen oder aufmunternd zulächeln). Schließlich findet auch die Signalproduktion in Inter-Aktion statt. Da ist der volle Körpereinsatz ganz besonders gefragt, weil Signale falsch sein können, wir aber im Maße der Steigerung *berechneter* Signalproduktion umso mehr nach Verlässlichkeit lechzen – und uns besonders gern auf solche Signale verlassen, die intendiert nicht produziert werden können (oder von denen wir das jedenfalls glauben). Körpersignale – z. B. das Lächeln von Flugbegleiterinnen, Beratern oder sonstigen kundenorientierten Dienstleistern – sind zum Teil von dieser Art, und wir stützen uns deshalb so gern auf sie und unser dazu gehöriges implizites Wissen, das zum Teil allerdings nur gefühltes Wissen ist. Genau deshalb bleibt *face-to-face-*Kommunikation so wichtig und so schwer steuerbar.

Noch einen Schritt weiter gehen Arbeiten, die in den sensomotorisch-affektiven Erfahrungen einen kritischen Faktor für die Entwicklung abstrakten Denkens sehen. Basis dieser Studien sind Erkenntnisse über die metaphorische Struktur unserer Sprache und des Verstehens von Konzepten und Schlussfolgerungen (Johnson & Lakoff, 2002): als Kinder begreifen wir wortwörtlich, dass ‚gut oben ist' (z. B. mehr Spielzeug türmt sich zu einem Berg, die liebende Mutter beugt sich von oben herab), und übertragen das auf andere Gegenstandsbereiche (z. B. ‚erfolgreiche Mitarbeiter schaffen es bis nach oben'). Im Laufe des Erwachsenwerdens übertragen wir primäre Metaphern und kombinieren sie zu immer abstrakteren Konzepten, so dass sich beispielsweise die Benachteiligung von Frauen und ethnischen Minderheiten bei Beförderungsrunden mit der Metapher der *glass ceiling* gut verstehen lässt (Cornelissen & Kafouros, 2008): Die gläserne Decke hindert die Betroffenen, nach den ‚guten' Stellen ‚oben' zu greifen, nur dass sie zusätzlich unsichtbar ist – und was wir nicht sehen können, hat es schwerer, als Wissen akzeptiert zu werden. Anders herum formuliert: die Existenz der *glass ceiling* kann leichter bezweifelt werden, und Manager können es unterlassen etwas dagegen zu unternehmen. Solche und andere Metaphern sind in den Köpfen der Organisationsmitglieder verankert und werden zur Begründung von Handlungen herangezogen. Ein anderes ist es, diese dann zu ändern oder neue handlungsleitende Metaphern – wortwörtlich – zu begreifen und einzuüben (Jacobs & Heracleous, 2006).

**Der produzierte Körper**

Akzeptiert man die Einsicht Bourdieus, dass ein verkörperter Habitus immer strukturierend wirkt und *strukturiert ist,* so lässt sich bei all den produzierend wirkenden Facetten des Körpers nach den Faktoren fragen, die ihn strukturieren, kontrollieren, disziplinieren, normieren. In der Organisationsliteratur wird diese Frage weniger systematisch als vielmehr kursorisch in Bezug auf einige disziplinierende Praktiken behandelt. Dabei liegt es auf der Linie der Logik moderner Organisationen, ihren Mitgliedern die Zurichtung und den Einsatz ihrer Körper weitgehend selbst zu überlassen, weil Selbstzwang kostengünstiger ist und situativ effektiver eingesetzt werden kann als Fremdzwang und direkte Kontrolle. Auf letzteres verzichten Organisationen aber nie ganz, sondern steuern die Produktion erwünschter Körper durch die üblichen Instrumente: Selektion, Qualifikation, Training, Foucaults Dreiklang „Strafen, Prüfen und Belohnen", der sich in vielfältigen, formalen und informellen Bewertungs- und Bewährungsproben zeigt (z. B. *Assessment Center,* Mitarbeitergespräche, *Management by objectives,* Leistungsturniere, *communities of practice;* Townley, 1993). Von der Organisation aus gesehen, sind die Körper ihrer Mitglieder eher *mitlaufendes Resultat* dieser Praktiken und weiterer Techniken zur Beherrschung des Körpers. Dass beispielsweise *Body Building* – im weitesten Sinne – mit der Signalproduktion und in

Positionierungskämpfen mitläuft und einschlägig routinierte Körper als Produkt hervorbringt, haben wir schon erwähnt. Fluchtpunkt all dieser Anstrengungen ist es, den mangelhaften und hinfälligen Körper zu verbessern, zu perfektionieren und im Idealfall unsterblich zu machen.

Auffällig sind daran die geballten Anstrengungen organisierten „body buildings" in Fitness-Studios, Schönheitsfarmen, Wellness-Einrichtungen, Krankenhäusern, Pflegeheimen, in der plastischen Chirurgie, aber auch immer mehr *in* profitorientierten Unternehmen (BP, Telefónica, u. v. a.) und *über* profitorientierte Unternehmen wie Nike, Adidas oder Apple, die mit Armbändern, Apps und allzeit verfügbarer Information und Bewertung über soziale Netzwerke eine Kombination aus Sog und Druck zur Selbstoptimierung geschaffen haben, die zum Milliardengeschäft taugt. All dies verfällt keineswegs von vornherein der Kritik. Es droht allerdings aus dem Ruder zu laufen, wenn mehrere Faktoren ineinandergreifen: wenn es in die Mühlen organisationaler, ökonomisch forcierter Rekursivität und medialer Verstärkung gerät, in der isolierte Zwecke die Mittel heiligen *und* die Mittel – etwa professioneller Schönheitschirurgie – ihrerseits die Zwecke unantastbar machen *und* in Überbietungsrennen treiben, die ihrerseits Wasser auf jene Mühlen sind; wenn eine Zweck-Mittel-Verkehrung der Art Platz greift, dass die Organisationsimperative – insbesondere Entpersonalisierung und Optimierung – die ursprünglichen Zwecke dominieren; wenn schließlich, nicht zuletzt *via organisierter* medialer Verstärkung, weite Bereiche der Gesellschaft davon erfasst werden. Dann wird Organisation, neben und in wechselseitigem Steigerungsverhältnis zur Technik, zu einem entscheidenden Movens der Antiquiertheit des Menschen.

Es sei hier, so wichtig es ist, nur exemplarisch erwähnt, dass es einen Unterschied macht, wenn dasjenige Handeln, das den Körper zum produzierten Objekt macht, *organisiertes* Handeln ist, also Handeln, das mit den ungleich gewaltigeren Ressourcen von Organisationen ausgestattet und das den selektiven Zwecken, Imperativen und Funktionserfordernissen von Organisationen unterworfen ist. Die Automobilbranche sorgt für die Bewegung unserer Körper, die Tourismusbranche für (körperliche) Erholung, die Pharmabranche für Gesundheit, die Unterhaltungsindustrie für Entspannung, Fitness-Center für Fitness, Organhandel und -transplantation für Ersatzteile, und die Energiewirtschaft für Licht, Wärme und dafür, dass wir nur noch Knöpfe drücken müssen. Unseren Hunger stillen die industrialisierte Landwirtschaft, die Nahrungsmittelindustrie und Restaurants, zunehmend, zumal in Fastfood- und Restaurantketten mit *convenience*-Produkten, unseren Durst die Wasserwirtschaft, zunehmend private Unternehmen, und die Getränkeindustrie. Zum mehr oder weniger wehrlosen Opfer organisierten Handelns wird der produzierte Körper dort, wo Organisationen – ganz besonders: Unternehmen – ihre Externalisierungsmacht in puncto Umwelteffekte ausspielen. Überweidung, Artensterben und Klimawandel betreffen oft zuerst die Körper der Tiere, bevor sie, entlang der Nahrungskette, die der Menschen erreichen. Schließlich sind wir alle Objekte oder Opfer dessen, was man heute unter dem Stichwort Biopolitik zusammenfasst.

Die Erforschung solch umfassender Disziplinierung bedarf der Mehrebenenanalyse, weil über die Analyseeinheit ‚Organisation' hinaus interorganisationale Netzwerke und gesellschaftliche Institutionen betrachtet werden müssen. So ließe sich beispielsweise fragen, wie sich der jeweilige gesellschaftliche Zeitgeist in organisationstheoretischen Paradigmen (z. B. Taylorismus, Humanisierung der Arbeit, Kontingenzansatz, Konstruktivismus oder Systemtheorien) und dann wiederum in Managementinstrumenten und den organisationalen Kontrollpraktiken über die Körper der Mitglieder niederschlägt. Angebracht wäre hier Foucaults Argumentation, dass die Verteilung von Körpern über Raum und Zeit sowie über Beobachtungskaskaden hinweg Wege zur Kontrolle des Verhaltensspielraums oder sogar der Deutungs- und Denkschemata sind. Allerdings sind uns relativ wenige Untersuchungen bekannt, die sich dieser Denkfigur durchgängig bedienen oder Mehrebenenanalysen wären. Einerseits gibt es eine Reihe von Studien, die die disziplinierenden Auswirkungen der Büroarchitektur oder der physischen Ausgestaltung und zeitlichen Taktung von Produktionsstätten untersuchen (Dale, 2005). Dies alles zwar im Gestus der Kritik hinsichtlich der beliebigen Unterordnung der Körper unter die Erfordernisse arbeitsteilig funktionierender, Gewinn- und Dividende-orientierter Unternehmen, allerdings ohne systematischen Rekurs auf gesellschaftliche Institutionen. Andererseits zeigen Arbeiten aus dem Umfeld des (Neo-) Institutionalismus, wie und welche gesellschaftsweiten Normen und Vorstellungen ‚guten Managements' sich aus dem jeweiligen Zeitgeist (z. B. Humanisierung der Arbeit) in die Logik von Organisationen einprägen und sich in Managementpraktiken manifestieren (z. B. fixe statt variable Vergütung; Eisenhardt 1989). Allerdings haben diese Studien keinen Blick für die körperliche Dimension.

Zuletzt sei noch angemerkt, dass es nicht nur foucauldianisch-marxistisch geprägte Kritiker unter den Organisationswissenschaftlern gibt, die den produzierten Körper erforschen. Seit Ende der 1990er hat sich eine Bewegung formiert, die ein „Positives Management" zu etablieren versucht. Themen sind beispielsweise die Forcierung positiver Dispositionen, um die organisationale Leistungsfähigkeit zu steigern (Luthans, 2002), oder die Auswirkungen positiver Beziehungen am Arbeitsplatz auf das Herz-Kreislauf- und das Immunsystem (Heaphy & Dutton, 2008). Im ersten Fall geht die Wirkungsrichtung vom Körper auf die Beziehungen und das Handeln in Organisationen, im zweiten Fall sind die Reaktionen des biochemischen Systems eine Folge der organisationalen Verhältnisse. Beide Male werden jedoch Formen des Managens und Organisierens – anders formuliert: Disziplinierungsmethoden – beschrieben, die positive körperliche Erfahrungen in Organisationen verbreiten sollen.

## 2 Fazit

Bevor wir ein inhaltliches Fazit ziehen, sei angemerkt, dass sich die meisten Organisationsforscher methodisch auf die Untersuchung von Verbalisierungen und Kodifizierungen statt auf beobachtende und ethnografische Verfahren verlassen. Die

Datensammlung erfolgt also eher über Interviews, Fragebögen und Dokumente statt über teilnehmende Beobachtungen, Autoethnographie oder Videoaufnahmen. Dass distanzierte Methoden weder dem (Leib-)Körper der Forschungsobjekte noch dem des Forschers gerecht werden, liegt wohl auf der Hand.

**Die Relevanz von Modi des Organisierens für Körper**

Organisation ist von großer Bewandtnis für den Körper in jedem der oben beschriebenen Modi. *Erstens* dadurch, dass die Modi unter die Herrschaft selektiver, spezialisierter Zwecke, *zweitens* dadurch, dass sie unter den Einfluss von Rentabilitäts-, Überbietungs- oder doch Effizienzerfordernissen gebracht werden, Erfordernisse etwa der Objektivierung/Entpersonalisierung, der gleichförmigen Wiederholung und Standardisierung sowie des Überlebens der Organisation – Zweck-Mittel-Verkehrung nicht ausgeschlossen. *Drittens* dadurch, dass sie informellen Regeln und organisationsspezifischen Kulturen unterworfen werden, *viertens* dadurch, dass Organisationen – im Rahmen der damit gesteckten Grenzen – mit ihren ungleich größeren Ressourcen ganz andere Kontingenzen eröffnen und schließen als individuelle Akteure es vermöchten, und dies nicht zuletzt *fünftens* durch ihren Einfluss auf gesellschaftsweit etablierte Institutionen. *Schließlich* dadurch, dass auch organisiertes Handeln nicht-intendierte, und nun besonders gravierende nicht-intendierte Konsequenzen hat, die alle diese Modi betreffen können.

**Die Relevanz von Modi der Körper für Organisation**

Wenn auch die oben angeführten Studien zu unterschiedlichen Modi des Körpers die Bewandtnis der Körperlichkeit von Akteuren in Organisationen belegen, so lässt sich doch fragen, wie relevant Körper für Organisationen, insbesondere *die Konstitution von* Organisationen, sind. Dass das Thema eine nahezu leere Schnittmenge zwischen Organisations- und Körpersoziologie bezeichnet, könnte zwar im Wissenschaftsbetrieb, der nach Innovation lechzt, eine gute Nachricht sein: Hier ist ein neuer Claim – stecken wir ihn ab und melden unsere Ansprüche auf Tagungen und in Journalen an! Vielleicht ist es aber auch eine schlechte Nachricht. Es könnte auch der Sache geschuldet sein und indizieren, dass Körper für moderne Organisationen keine nennenswerte Rolle spielen. Zumindest dafür spricht einiges, das wir hier der Kürze halber, ohne auf medientheoretische Argumente, Alphabetisierung und Virtualisierung Bezug zu nehmen, ganz handfest mit Léroi-Gourhans Stichwort „Regression der Hand" zusammenziehen – mit Arbeitsteilung, Maschinisierung, Automatisierung und Informatisierung als den bekannten Stationen. Nur halbwegs satirisch hat Léroi-Gourhan (1980, S. 167) das Bild einer zahnlosen Menschheit an die Wand gemalt, „die in liegender Stellung lebte, und das, was ihr vom vorderen Glied geblieben ist, dazu benützte, auf Knöpfe zu drücken". Vom *click* als der typischen Handbewegung der *digital natives* konnte dieser Autor noch gar nichts wissen. Aus grauer Vorzeit scheint Frederick W. Taylors Roheisenverlader Schmidt mit seinem kräftigen Körper in unserer verblassenden Erinnerung auf. Wenn der Taylorismus der Maschinisierung und Automatisierung den Boden bereitet hat, dann auch seiner allmählichen Selbsterübrigung: zumindest in der westlichen Hemisphäre kam es zu einer Marginalisierung wenn nicht des Körpers, so doch körperlicher Arbeit. Heute drückt der Mensch nurmehr Knöpfe, wenn schon nicht zahnlos und im Liegen, so doch mit schlechten Zähnen und im Sitzen.

Dagegen ließe sich zunächst die erwähnte Relevanz der Körperlichkeit für die *face-to-face*-Kommunikation und Koordination in Stellung bringen. In Zeiten, da der taylorisierte Körper sei es problemlos vorausgesetzt werden kann, sei es entbehrlich oder gar kontraproduktiv geworden ist; da der zwingende Blick des Meisters und die physische Architektur der Disziplin abgelöst ist durch die Architektur von IT-Systemen; in Zeiten, da bei der Erbringung mancher Dienstleistungen voller Körpereinsatz gefragt ist; in Zeiten schließlich der Projekt-, der Team- und der Netzwerk-organisation werden körperliche Fähigkeiten wichtiger, die der Abstimmung und Koordination von Aktivitäten *in situ* und *face to face* förderlich sind. Da geht es um Kommunikation, das Geben und Nehmen von ‚Signalen'. Das alles ließe sich unter Rekurs auf Bernhard Waldenfels' Phänomenologie der Responsivität noch erheblich vertiefen, u. a. mit Blick auf die Reziprozität des Gebens und Nehmens von Antworten, das nicht auf schiere Nutzenerwägungen gegründet sein *kann.* Auch die Fähigkeit, Vertrauens- und Glaubwürdigkeit *auszustrahlen,* zählt zum nicht direkt Organisierbaren und bedarf einer dafür günstigen Organisations*kultur,* die aber ihrerseits nicht herbeigeregelt werden kann.

Es ließe sich auch einwenden, dass zwar die körperliche Arbeit in den Hintergrund tritt, dass sich aber nach Foucault genau in der zur Gewohnheit gewordenen, alltäglichen Formierung und Normalisierung der Körper jene Disziplinarmacht zeigt, die er auch schon für das 19. Jahrhundert postuliert hat. Was aber, wenn die grundlegende historische Arbeit der Zivilisation, der Disziplinierung und der Geometrisierung, jedenfalls im Westen, im Wesentlichen getan wäre und uns Heutigen da nur noch ein paar marginale Verfeinerungen als Studienobjekt blieben? Dann geschieht, was wir seit Ende der 1990er Jahre beobachten: Zwar findet der Körper vermehrt Eingang in die Management- und Organisationsforschung, was insbesondere der breiten Akzeptanz praxistheoretischer Ansätze zu verdanken ist, jedoch überwiegend als eine Forschung *über* Körper in Organisationen. Wir wissen wenig über die Konstitution und Re-Produktion von Organisation (im Sinne eines reflexiven Strukturierens von Handlungsströmen) durch die Körperlichkeit von Akteuren. So bleibt ausgeschlossen, dass und wie Organisationen die Körperlichkeit der Akteure nicht nur formen, sondern auf sie angewiesen sind und durch sie reproduziert werden. Ergebnisse dieser Art würden in ihrer Relevanz nur noch übertroffen von darauf aufsetzenden, vergleichenden Analysen, die die Unterschiede in der Logik des Organisierens (zwischen Organisationen) auf unterschiedliche Modi des Körpers zurückführen können (Michel, 2011). Darin würde sich das Verhältnis zwischen Körper und Organisation/Institution als rekursive Re-Produktionsbeziehung behandeln lassen. Es ginge dann um die Auswirkung organisationaler Praktiken und gesellschaftlicher Institutionen auf die Körper und umgekehrt um die Frage, wie Körper als formender Bestandteil der Logik organisationaler und gesellschaftlicher Praxis gedacht und analysiert werden können (Gärtner & Ortmann, 2016; s.a. Harding et al., 2021).

## Literatur

Becker, W. J., Cropanzano, R., & Sanfey, A. G. (2011). Organizational neuroscience: Taking organizational theory inside the neural black box. *Journal of Management, 37*(4), 933–961.
Böhle, F. (2004). Die Bewältigung des Unplanbaren als neue Herausforderung in der Arbeitswelt. In F. Böhle, S. Pfeiffer, & N. Sevsay-Tegethoff (Hrsg.), *Die Bewältigung des Unplanbaren* (S. 12–54). VS Verlag.
Cornelissen, J. P., & Kafouros, M. (2008). The emergent organization: Primary and complex metaphors in theorizing about organizations. *Organization Studies, 29*(7), 957–978.
Dale, K. (2001). *Anatomising embodiment and organisation theory*. Palgrave.
Dale, K. (2005). Building a social materiality: Spatial and embodied politics in organizational control. *Organization, 12*(5), 649–678.
Dreyfus, H. L., & Dreyfus, S. E. (2005). Expertise in real world contexts. *Organization Studies, 26*(5), 779–792.
Eisenhardt, K. M. (1988). Agency- and institutional-theory explanations: The case of retail sales compensation. *Academy of Management Journal, 31*(3), 488–511.
Gärtner, C. (2007). *Innovationsmanagement als soziale Praxis. Grundlagentheoretische Vorarbeiten zu einer Organisationstheorie des Neuen*. Hampp.
Gärtner, C. (2013). Cognition, knowing and learning in the flesh: Six views on embodied knowing in organization studies. *Scandinavian Journal of Management, 29*(4), 338–352.
Gärtner, C., & Ortmann, G. (2016). Recursiveness: Relations between bodies, metaphors, organizations and institutions. In P. Walgenbach & E. Weik (Hrsg.), *Institutions Inc.* (S. 94–123). Palgrave Macmillan.
Gugutzer, R. (2004). *Soziologie des Körpers*. transcript.
Harding, N., Gilmore, S., & Ford, J. (2021). Matter That Embodies: Agentive Flesh and Working Bodies/Selves. *Organization Studies*, 0170840621993235.
Hassard, J., Holiday, R., & Willmott, H. (Hrsg.). (2000). *Body and organization*. Sage.
Heaphy, E. D., & Dutton, J. E. (2008). Positive social interactions and the human body at work. *Academy of Management Review, 33*(1), 137–162.
Hochschild, A. R. (1983). *The managed heart: Commercialization of human feeling*. University of California Press.
Kamoche, K., & Maguir, K. (2010). Pit sense: Appropriation of practice-based knowledge in a UK coalmine. *Human Relations, 64*(5), 725–744.
Jacobs, C. D., & Heracleous, L. T. (2006). Constructing shared understanding: The role of embodied metaphors in organization development. *The Journal of Applied Behavioral Science, 42*(2), 207–226.
Johnson, M. L., & Lakoff, G. (2002). Why cognitive linguistics requires embodied realism. *Cognitive Linguistics, 13*(3), 245–263.
Judge, T. A., & Cable, D. M. (2004). The effect of physical height on workplace success and income: Preliminary test of a theoretical model. *Journal of Applied Psychology, 89*(3), 428.
Leroi-Gourhan, A. (1980). *Hand und Wort: Die Evolution von Sprache, Technik und Kunst*. Suhrkamp.
Luthans, F. (2002). Positive organizational behavior: Developing and managing psychological strengths. *Academy of Management Executive, 16*(1), 57–72.

March, J. G., & Simon, H. A. (1993). *Organizations* (2. Aufl.). Wiley (Erstveröffentlichung 1958).
Michel, A. (2011). Transcending socialization A nine-year ethnography of the body's role in organizational control and knowledge workers' transformation. *Administrative Science Quarterly, 56*(3), 325–368.
Polanyi, M. (1985). *Implizites Wissen*. Suhrkamp.
Strati, A. (2007). Sensible knowledge and practice-based learning. *Management Learning, 38*(1), 61–77.
Townley, B. (1993). Foucault, power/knowledge, and its relevance to human resource management. *Academy of Management Review, 18*(3), 518–545.
White, R. E., Thornhill, S., & Hampson, E. (2006). Entrepreneurs and evolutionary biology: The relationship between testosterone and new venture creation. *Organizational Behavior and Human Decision Processes, 100*(1), 21–34.

# Politik und das Politische

Ulrich Bielefeld und Gabriele Klein

In allen Gesellschaften war und ist der Körper Medium, Instrument, Agent, Angriffsfläche, Opfer oder Waffe der Politik und des Politischen. Auch in modernen Gesellschaften bewegen sich Körper – als individuelle und als kollektive Körper – im Spannungsfeld zwischen der Politik und dem Politischen. Unter Politik wird hierbei gemeinhin das soziale Funktionssystem (z. B. Staat, Regierung, Parteien) verstanden und nach der politischen Legitimität seiner Organisationsformen gefragt. Das Politische hingegen ist ein Begriff, der weiter gefasst ist und die politischen Dimensionen des Sozialen adressiert. Es ist eine Unterscheidung, die über den Begriff der politischen Differenz erst Ende des 20. Jahrhunderts vor allem in der französischen Philosophie als la politique (die Politik) und le politique (das Politische) durch Autoren wie Paul Ricœur, Jean-Luc Nancy, Philippe Lacoue-Labarthe, Claude Lefort, Alain Badiou, Etienne Balibar, Jean Baurillard und Jacques Rancière stark gemacht wurde. Demnach hebt sich das Politische von der ‚bloßen Politik' ab. Es wird, vor allem unter einer sozialkritischen Sicht, entweder als Norm der Politik oder als Intervention, Unterbrechung, Kritik der Politik verstanden.

In der politischen Philosophie sind vor allem der Staatsrechtler Carl Schmitt und in seiner Tradition die Politikwissenschaftler*innen Ernesto Laclau und Chantal Mouffe sowie die Philosophin Hannah Arendt diejenigen, die zwischen Politik und Politischem unterscheiden. Carl Schmitt entwickelt mit der Differenz zwischen der Politik und dem Politischen ein antagonistisches Begriffspaar, das das politische Feld mit einem Freund-Feind-Schema als Raum der Macht und des absoluten Konflikts fasst. Ernesto Laclau und

U. Bielefeld (✉)
Breitbrunn, Deutschland
E-Mail: ubielefeld@icloud.com

G. Klein
Hamburg, Deutschland
E-Mail: gabriele.klein@uni-hamburg.de



R. Gugutzer et al. (Hrsg.), *Handbuch Körpersoziologie 2*,
https://doi.org/10.1007/978-3-658-33298-3_22

Chantal Mouffe führen seinen Gedanken mit dem Begriff des Agonismus weiter, indem sie grundsätzlich hegemoniale Verhältnisse zwischen der Politik und dem Politischen annehmen. Nicht mehr das Verschwinden, d. h. das Ausagieren der absoluten Differenz bis zur Vernichtung der Gegner*innen, sondern der Versuch der Durchsetzung der eigenen Ansprüche forciert die Dynamik des Verhältnisses. Hannah Arendt hingegen will aus der Politik das Politische herausschälen und hebt die Autonomie des Politischen gegenüber anderen sozialen Feldern hervor. Im Unterschied zu Mouffe, die das Politische als Dissens und als „Ort von Macht, Konflikt und Antagonismus" (Mouffe, 2007, S. 16) sieht, definiert Arendt das Politische als einen auf Konsens ausgerichteten kommunikativen Raum des Miteinanderhandelns. An diese Positionen anknüpfend wird das Politische in diesem Text als ein Raum verstanden, in dem Kämpfe stattfinden, Macht ausgeübt und Gegner*innenschaften ausgehandelt werden, aber auch als einen Ort der Aushandlung, der Deliberation und schließlich der durchgesetzten Anerkennung (Arendt, 2003).

Die Unterscheidung zwischen Politik und Politischem spielt bei der Frage, welche Relevanz dem Körper im Feld der Politik *und* in der Praxis des Politischen zukommt, eine große Rolle. Ob in ordnungspolitischen Vorgaben der Politik, im Einsatz der Körper für politische Interessen und Machtspiele, in Formen struktureller politischer Gewalt oder in Formationen des Protests, des Widerstands der Emanzipations- und Befreiungsbewegungen – Körper sind, als individuelle oder kollektive Körper, genuine Bestandteile der Politik und des Politischen.

Dieser Tatsache hat die politische Soziologie bislang – abgesehen von empirischen Einzelforschungen zu Formen des Protests, der Gewalt – kaum Rechnung getragen. Insofern ordnet und reflektiert dieser Beitrag nicht primär bisherige soziologische Forschungsergebnisse, sondern lässt diese an den entsprechenden Stellen einfließen. Der Beitrag skizziert entlang der Achse ‚Individualkörper – Kollektivkörper' einerseits und der von ‚Politik – Politisches' andererseits Überlegungen zur Relevanz körpersoziologischen Denkens für eine politische Soziologie.

Der erste Abschnitt beschäftigt sich mit Individualkörpern im Verhältnis zum Feld der Politik und zu Praktiken des Politischen. Der zweite Abschnitt reflektiert den Begriff des Kollektivkörpers am Beispiel des Körpers des Volkes und der Nation. Der dritte und vierte Abschnitt konkretisieren diese Überlegungen, indem hier – am Beispiel des Politiker*innenkörpers und der Protestbewegungen – Phänomenbereiche der Politik und des Politischen von Individual- und Kollektivkörper beschrieben werden.

## 1 Individualkörper im Verhältnis von Politik und Politischem

Die phänomenologische Tatsache, dass die Existenz von Lebewesen leiblich ist, sowie die soziologische Erkenntnis, dass die Sozialität des Menschen körperlich fundiert ist, stehen in einer inhärenten Beziehung zum Feld der Politik und zur Praxis des Politischen, zu gesellschaftlichen Ordnungsvorstellungen, Macht, Herrschaft und Gewalt. Dies zeigt sich, wie im Folgenden gezeigt werden soll, in unterschiedlicher

Weise am Individual- und Kollektivkörper: So wurde die Verletzbarkeit des individuellen Körpers zum Ausgangspunkt einer Machtanalyse (Popitz, 1992). Der eigene Körper und der Körper des Anderen können jederzeit angegriffen oder verletzt werden. Die Materialität des Körpers einer und eines Jeden beinhaltet die Möglichkeit des absichtsvoll zugefügten Schmerzes. Das Ich verletzt eine Andere/einen Anderen, um etwas zu erreichen (z. B. Gehorsam), aber auch um sich zu wehren. Die Erinnerung an den (früher) ausgeführten Angriff hält die Bedrohung präsent. Während es das Prinzip des Terrors ist, zu jeder Zeit aus dem Hinterhalt zuschlagen zu können, Körper zu verletzen, ihnen Gewalt anzutun oder zu töten, um die eigene Macht zu erhalten, zu sichern und zu erlangen oder auch um die Angst zu schüren, dass auch die nicht institutionalisierte Gewalt immer möglich ist, ist die institutionalisierte Gewalt eine fortwährend präsente Grundlage der Gemeinschaft, des Sozialen.

Dem verletzbaren, schutzlosen Körper steht der Körper des Genießens gegenüber, der schöne, dem Ästhetischen zugeneigte, der gesunde, kraftvolle Körper des Verlangens, der Nähe zum Anderen, der interagierende und kommunizierende Körper. Auch dieser ist ein politischer Körper, insofern Strukturen des Begehrens und der Lust sozial und kulturell und von Macht durchzogen sind. Soziologisch über den Körper nachzudenken, bedeutet daher einerseits, sowohl die Politik wie auch das Politische als ubiquitäre Tatsachen der Macht und Herrschaft zu beachten und andererseits die unterschiedlichen konkreten politischen Praktiken am, mit, durch und über den Körper zu erfassen. Denn der Körper ist Objekt, aber immer auch Subjekt sowohl der Politik wie auch des Politischen. In den Feldern der Politik und den Praktiken des Politischen können der einzelne Körper, der Körper des Anderen, die kollektiven Körper als vorgestellte und erfahrende Körper unterschieden werden. Die Körper werden eingeordnet, kategorisiert und klassifiziert. Die Körper, Körpervorstellungen und -erfahrungen sind bei der Herstellung der politischen Ordnung und der Praktiken oft an prominenter Stelle beteiligt – als begehrte und begehrende, als verletzte und verletzende. An der Kulturgeschichte der Sklavenhaltergesellschaft zeigt dies Iris Därmann (2020).

Politische Ordnungsvorstellungen realisieren sich über die Körper. Es sind hegemoniale Ordnungen, die über Strukturkategorien des Sozialen wie Geschlecht, Ethnie, Hautfarbe und Alter die Körper im politischen Raum positionieren. Hier lässt sich der Körper – im Zusammenspiel von Individual- und Kollektivkörper – mindestens dreifach bestimmen: Aus dem Zusammenhang von Eigenem, dem Anderen/den Anderen und dem Kollektiven ergibt sich das, was z. B. Frantz Fanon in Anlehnung an die psychoanalytische Begrifflichkeit „Körperschema" nennt: Das eigene Körperempfinden steht immer in Beziehung zu der Erfahrung des eigenen Körpers unter dem Blick des Anderen. Was dies aus einem rassistischen Blick bedeutet, beschreibt Fanon: „Schau den Neger da! … Mama, ein Neger! …" – „Still! Er wird böse werden … Achten Sie nicht darauf, Monsieur, er weiß nicht, dass Sie genauso zivilisiert sind wie wir …" (Fanon, 2013, S. 97). Das Körperschema wird in diesem Beispiel zum Rassenschema oder umgekehrt: das Rassenschema wird als Körperschema konkret. In und über die Materialität des Körpers wird es zu einem unterschiedenen, sich unterscheidenden und im Prozess der im Beispiel alltäglichen, aber auch der wissenschaftlichen oder politischen Unterscheidungen bewerteten Kollektiv. So ist man nicht ein bestimmter Körper – ein Frauen- oder Männerkörper, ein schwarzer oder weißer Körper beispielsweise, sondern wird dazu in einem wie immer schmerzhaftem und von Macht und Herrschaft geprägten Prozess gemacht. Es ist ein Vorgang, den Maurice Merleau-Ponty (1966/2011) als Verleiblichung und Pierre Bourdieu als Inkorporierung beschrieben hat. Aber der Körper wird nicht nur gemacht, sondern das Ich übernimmt auch die Fremdzuschreibungen in einem durchaus als positiv zu beschreibendem Akt der Aneignung. Diese Praktiken des Politischen im Prozess der Fremd- und Selbstzuschreibungen beschreibt Fanon als ent/kolonialisierend: „Schau nur, er ist schön, dieser Neger…“ heißt es bei Fanon. „Der schöne Neger scheißt auf Sie, Madame!“ (Fanon, 2013, S. 98). Man ist nicht, wer man ist – biologisch oder kulturell, sondern man ist, was man wird, zu dem man gemacht wird und hierzu muss der Einzelne und das Kollektiv sich verhalten: identifizierend, mit zurückhaltendem Abstand oder auch ablehnend.

Die Praktiken des Politischen werden exemplarisch im Konzept der Zugehörigkeit und in den Praktiken der Zuschreibungen, Aneignungen und Übernahmen beobachtbar. So bezieht sich etwa Jean Améry, der ehemalige Widerstandskämpfer gegen die Nationalsozialisten in Belgien, der zum kritischen Beobachter der frühen Bundesrepublik wurde, konzeptuell auf Jean-Paul Sartre und Frantz Fanon, aber ebenso auf seine gelebte Erfahrung, auf das, was geschehen und ihm geschehen ist (Bielefeld & Weiss, 2014). Es sind die Nationalsozialisten, die ihm, dem katholisch aufgewachsenen österreichischem Sohn eines Juden und einer Katholikin, das „Jude-Sein“ aufprägen, körperlich einritzen. Eingeritzt, eingeprägt, kann er nun sein, der er nicht ist (zur Nummerntätowierung in Auschwitz, s. Därmann, 2020, S. 263–287). Der grundlegende identitätspolitische Essenzialismus wird, so zeigt es auch Kwame Appiah (2018) und so wird es hier im Extremfall deutlich, als gebrochen sichtbar. In dieser immer schon brüchigen Form überträgt er sich auf die kulturelle Konstruktion. Und damit erweist sich das Konstruierte als langlebig, dauerhaft, ja als anhaftend, als etwas, das man nicht ablegen kann. Es ist dauerhaft, es haftet an, weil es konstruiert ist – und es ist ambivalent, veränderbar, weil es immer schon gebrochen ist. „Was waren, auf ihre einfachste wechselseitige Form reduziert, Blooms Gedanken über Stephens Gedanken über Bloom und Blooms Gedanken über Stephens Gedanken über Blooms Gedanken über Stephen? Er dachte, er dächte, er wäre Jude, wohingegen er wusste, dass er wusste, dass er wusste, dass er's nicht war“ (Joyce, 2006, S. 838). Es waren und sind schließlich die behaupteten, vor- und dargestellten sowie erfahrenen Zugehörigkeiten zu den Kollektiven des Glaubens, der Nation, der Rasse, der Klasse und der Kultur, in denen die Praktiken des Politischen sichtbar werden und in konkrete Politiken übersetzt werden, so etwa beim „racial profiling“.

Marcel Mauss hat den Begriff der Körpertechniken in die soziologische und kulturwissenschaftliche Debatte eingeführt. Er beschreibt körperliche Gewohnheiten und Gangarten und auch die Widerstände der Körper, die mit Hilfe von Körpertechniken überwunden werden, so das Erlernen des militärischen Marschierens und die Schwierigkeiten, dieses zu verbessern. Pierre Bourdieu knüpft u. a. hieran an, wenn er betont, dass der Mensch seinen Körper mittels Körperhaltung, Körperbewegung, und damit des Fühlens und Denkens einsetzt. Die individuelle Körpertechnik verweist auf kollektive Körperschemata. Zudem gibt es die vielen Körper als Gruppe oder Menge, die, wie es Theoretiker von Gustave Le Bon, über Siegmund Freud bis zu Elias Canetti beschrieben haben, zu einer Masse verschmelzen, in der sich die Wahrnehmung des einzelnen Körpers auflöst. Diese Verschmelzung zu einem vielgliederigen Leib wird entweder als befreiende Erlösung vom Ich, vom eigenen Körper verstanden oder als dessen Gegenteil, als bedrohlicher Untergang erlebt und beschrieben, als (Selbst-)Aufgabe und Auslöschung des Ich.

Dem Konzept des individuellen Körpers steht somit der Körper als kollektiver Körper gegenüber. Es ist ein Körper, der als Vorstellung und Erfahrung seine politische Wirksamkeit entfaltet. In den Praktiken des Politischen werden die beiden Körper immer wieder neu miteinander verbunden. Hier zeigt sich, dass Individualisierung und Kollektivierung zwei grundlegende, moderne Gesellschaften prägende und strukturierende Prozesse und damit *das* Grundthema der Soziologie sind. Der Individualist Max Weber wird in diesem Zusammenhang pathetisch. „Es ist der Ernst des Todes, den eventuell für die Gemeinschaftsinteressen zu bestehen, dem Einzelnen hier zugemutet wird" (Weber, 1972, S. 515). Der Kollektivist Émile Durkheim hingegen entdeckt die integrative Kraft des Individuums im Kultus des Ich (culte du moi), wenn er feststellt: Als Einzelner garantiert man die Integration des Ganzen, und der Einzelne entdeckt in sich, in seinem Inneren, oder an sich, an seinem Äußeren, dass er zum Kollektiv gehört (Durkheim, 1977).

Man kann es auch anders formulieren: Die Freisetzung des Einzelnen und die Kollektivierung des Politischen hängen zusammen. In modernen Gesellschaften sind die Einzelnen nicht mehr als Mitglieder einer Gruppe qua Geburt mächtig (adelige Herrscher) oder ohnmächtig (Untertanen), sondern als Einzelne für ihr Tun verantwortlich. Sie sind als Einzelne Mitglieder eines Kollektivs – und haben als solche das Recht auf Zugehörigkeit. So erhielten die für die Nation sterbenden Soldaten einen Namen und wenn möglich ein eigenes Grab, ein Kreuz oder wenigstens eine Inschrift. Im Tod für das Kollektiv konnte der seinen Körper in den Kampf werfende und sich opfernde Einzelne unsterblich werden. Im Übergang vom Untertanen zum Subjekt wird der Einzelne bedeutsam, er erhält einen Namen und eine Zugehörigkeit. Diese personalen und kollektiven Selbst- und Fremdzuschreibungen materialisieren sich am Körper: Er repräsentiert und symbolisiert diese Zugehörigkeiten, er praktiziert und aktualisiert sie.

## 2 Das Politische der kollektiven Körper und die Politik des Kollektivkörpers

Macht es Sinn, von einem Kollektiv-Körper oder mehreren kollektiven Körpern zu reden? Wie lässt sich das Verhältnis der realen kollektiven Körper in den Praktiken des Politischen zum imaginären Kollektivkörper der Politik kennzeichnen? Diese Fragen werden in diesem Abschnitt am Beispiel des Körpers des Volkes und der Nation diskutiert. Hier wird deutlich, dass der als real behauptete Kollektivkörper immer mit dem Problem des Essentialismus konfrontiert ist.

Der Körper des Königs ist in der europäischen Tradition Symbol der Einheit und der Kontinuität. Er repräsentiert das Ganze, er umfasst, wenn nicht buchstäblich, dann doch bildlich – etwa im Frontispiz des Leviathan – die Einzelnen und die Untertanen. Mit der Moderne verändern sich nicht nur die Formen der Produktion, sondern auch der Administration und der Repräsentation grundlegend. Erste Regeln der repräsentativen Demokratie etwa werden im 18. Jahrhundert ausgearbeitet, das Konzept des Volkes wird im Begriff des Staates institutionalisiert und der Nation politisiert, das Volk wird zum Ausgangspunkt und zum Träger der Macht. Ein Verständnis der Herrschaft des Volkes wird benötigt.

In den Konzeptionen des Volkes, mit einer Theorie der Demokratie und schließlich in der Bestimmung und den Auseinandersetzungen über die Form der Repräsentation etabliert sich im 19. Jahrhundert ein neuer Begriff des Kollektivkörpers: der Volkskörper. Die Konzeption des Volkes gründet auf der grundlegenden Unterscheidung zwischen Ihnen und Wir. Diese ersetzt die Grundunterscheidung traditionaler Gesellschaften zwischen oben und unten durch eine ebenso einfache Differenz, ohne die alte hierarchische Unterscheidung aufzulösen. Aber nun ist nicht mehr von vornherein klar, wo oben und unten ist, denn das nicht unterschiedene Volk (also alle ihm Zugehörigen), wird zum Träger und Ausgangspunkt der Macht. Dann ist es nicht mehr ein individueller Körper (der des Königs), der zum vorgestellten integrierenden Körper der Gesellschaft wird und unter dessen Schutz sich alle versammeln. In modernen Gesellschaften ist es der vorgestellte kollektive Körper, der aus den Einzelnen, den Besonderen gebildet wird. Daher stimmt das klassische, von Max Weber gezeichnete Bild von Vergemeinschaftung (Nation und Haushalt) einerseits und Vergesellschaftung (Staat und Industrie; Recht und Betrieb) andererseits nicht. Das Kollektiv bildet hier keine Gruppe im Sinne einer traditionalen Gemeinschaft, sondern konstituiert sich – in der klassischen Moderne als zumindest homogen behauptete Masse – selbst über einen vorgestellten Körper (z. B. der Nation). Die von Max Weber analysierte formale Rationalisierung als Kennzeichnung der klassischen Moderne, die sich in der Organisation von versachlichtem Betrieb und verrechtlichtem Staat idealtypisch wiederfindet, geht zusammen mit dem Übergang von Standesrechten zu subjektiven Rechten. Die Einzelnen formen sich u. a. in Fabriken zu einer neuen Klasse (die keine Gruppe mehr ist) und werden als Staatsbürger*innen Zugehörige zu einem politischen Kollektiv. Es ist ein Kollektiv, das auf dem Konzept des Nationalstaates beruht.

Der vorgestellte Kollektivkörper ist immer schon politisch, auch dann, wenn er, wie bei Johann Gottfried Herder, als organisch behauptet wird. Anders formuliert: selbst das organische Volk konstituiert sich politisch. Schon für Herder war der Staat eine „organische Erscheinung des Volkes". Beschrieb der alte Begriff des Bürgers als Bourgeois die Zugehörigkeit zu einer sozialökonomisch bestimmten und politisch wirksamen Gruppe, wurde der Bürger als Staatsbürger, prinzipiell also: jeder Bürger, ganz abgesehen von seinem Habitus, nicht nur Träger von Rechten und Pflichten, sondern Teil des Körpers der Nation.

Drei Hauptformen der Herrschaft des Volkes lassen sich unterscheiden: In der ersten Form, einem organischen Begriff des Volkes, werden Konzeption, Legitimation und Repräsentation unmittelbar und als natürlich vorgegeben kurzgeschlossen. Der Einzelne wird als Vertreter des Ganzen betrachtet, jeder Zugehörige ist eine Inkarnation eines als vorgegeben, kulturell oder historisch verwurzelt gedachten Volkes, er verkörpert es. Das Volk herrscht, wenn ein anerkannter Vertreter per Wahl, Akklamation oder durch einen unmittelbaren, spontaneistischen Ausdruck des Volkswillens die Stelle der Macht besetzt. Die Einzelnen sind Teil eines abgegrenzten Ganzen, das sich staatlich in Körperschaften gliedert, sozial in Gruppen aufteilt und sich symbolisch unter einer Flagge vereint. Die politische Konzeption orientiert sich an der Bewahrung des Vorgegebenen.

Eine zweite Form, die beispielsweise bei Johann Gottlieb Fichte in den Reden an die deutsche Nation (1808/2013) deutlich wird, unterscheidet sich hiervon vor allem dadurch, dass die Bewahrung des Vorgegebenen durch dessen Wiederherstellung ersetzt wird. Davon gibt es zwei Varianten: Eine liegt in einem kulturellen, sprachlich orientierten Konzept des politischen Kollektivs vor, d. h. das ursprünglich einheitliche Volk muss durch Schulung und Erziehung erneut vereint werden, das Volk soll sich verstehen lernen (Sprache) und wehrhaft sein. Schule und Heer sind die wichtigen staatlichen Körperschaften. Jeder kann zu diesem Volkskörper dazugehören, wenn er die Sprache lernt und sich an der Grenzziehung und Wiederherstellung des Vorherigen beteiligt. Eine zweite Variante setzt zwar auch auf Wiederherstellung, nun aber ist es weder die Befreiung von einem äußeren Feind oder die Wiederherstellung einer verlorenen Sprache, sondern der Volkskörper selbst, der wiederhergestellt werden soll. Der kollektive Körper wird nicht organisch oder kulturell vorgestellt, sondern biologisch-rassistisch. Es gilt dann, den imaginierten bevorstehenden Untergang der eigenen Rasse zu verhindern und den Volkskörper in seiner (R)Einheit wiederherzustellen. Ein möglicher Feind wird dabei ins Innere verlegt, unsichtbar und kaum auszumachen, er muss gesucht, gekennzeichnet, bekämpft und ausgemerzt, ausgelöscht werden. Volksgesundheit wird zur Volksreinheit, die Wiederherstellung der Reinheit setzt die Vernichtung eines Bazillus voraus, der historisch, rassisch und ideologisch immer schon konkret war: das internationale Judentum. Wissenschaftliche (Rassenkonzept), verschwörungstheoretisch-antisemitische (Weisen Zion) und politische (Führer und Elite als Retter des Volkskörpers) Vorstellungen werden im nationalsozialistischen Staat realisiert. Das Volk realisiert sich in der Auflösung der Nation in der kurzen Herrschaft des Reiches, verkörpert im Führer. Wenn das Volk im notwendigen Kampf um seine Wiederherstellung scheitern sollte, ist es dem verdienten Untergang geweiht.

Die dritte Form ist eine spätmoderne. Sie ist weder Bewahrung noch Wiederherstellung, sondern alleinig an der Herstellung selbst orientiert. Sie knüpft nicht an Geschichte, Kultur oder Rasse unmittelbar an, sondern, wenn sie es tut, dann in einer reflexiven, sich selbst bewussten Form. Sie kann nicht auf Einheit setzen, weder auf eine zu bewahrende noch auf eine wiederherzustellende, sondern sie muss diese Einheit beständig herstellen. In diesem nicht endenden Prozess der Herstellung erfährt sie ihre spezifische Form der Existenz als immer noch zu realisierende Möglichkeit. Die

Bindungen müssen immer wieder hergestellt werden ebenso wie die Individuen ihre Einzigartigkeit immer wieder beweisen müssen. Die individuellen Körper können nicht mehr scheinbar bruchlos zu einem mythischen oder auch als real behaupteten Kollektivkörper zusammengesetzt werden, denn selbst die individuellen Körper sind nicht mehr als gegeben konzipiert. Auch sie werden gestaltet, die Muskeln ausdifferenziert, die Haut tätowiert und die Gesundheit der Eigenverantwortung übergeben. Aber die Einzelnen sind nicht allein. Es entstehen neue Formen politischer Kollektive innerhalb und entlang nationaler Grenzen, aber auch über diese hinausgehend. Keine kann mehr eine als gegeben vorausgesetzte oder zu realisierende kulturelle oder natürliche höhere Form für sich in Anspruch nehmen.

Die drei Hauptformen der Herrschaft des Volkes sind mit unterschiedlichen Praktiken des Politischen verbunden. Im Falle der Bewahrung wird vor allem auf Geschichte, Tradition, Glaube und Institution gesetzt (Blut und Boden, Kirche und Heer), im Falle der Wiederherstellung ist die Inszenierung des Identitären von besonderer Bedeutung. Immer wieder muss etwa in theatral aufgeladenen Ritualisierungen die Identität von Volk und Führer gefeiert werden. Hierbei bestimmt die Ästhetisierung der Politik (Benjamin) die Struktur der Politik mehr und mehr, die, etwa in zunehmenden, groß inszenierten Staatsbegräbnissen oder einer triumphalen Architektur, Opferbereitschaft, Siegeswillen und -gewissheit herstellen sollen. Im Extrem werden Führer und Volk bruchlos gleichgesetzt, Kollektivkörper und Führer werden eins. Im Führer verkörpert sich das Volk, das somit ohne jegliche Repräsentation verschwindet. Der Führer steht nicht nur für das Recht, er setzt, er ist das Recht, ebenso wie er Grundlage und Zukunft des Volkes ist, das schon vor jeder Niederlage untergegangen ist. Wenn sich Konzeption, Legitimation und Repräsentation überlagern, wird der konstitutive Bruch zwischen Realität und Vorstellung verdeckt. Dieser Bruch, der dem jeder Identität und damit jedem Kollektiv inhärentem Essentialismus geschuldet ist, kann nur unter großen gesellschaftlichen und individuellen Kosten verdeckt werden, ohne je zu verschwinden. Es ist eine politische Aufgabe einer kritischen Aufklärung, diesen sichtbar zu machen.

Nach 1945 bleibt die Herrschaft des Volkes in beiden deutschen Staaten notwendig, wenn auch ganz unterschiedlich undefiniert. In der Bundesrepublik wird eine unmittelbare Verkörperung des Politischen schon in der Verfassung aufgehoben. Das Volk ist Ausgangspunkt, allgemeine Voraussetzung, um Recht setzen zu können. Aber es bleibt unbestimmt, allgemein und abstrakt. Auch die Verkörperung des Ganzen in der partikularen Klassendemokratie als Volksdemokratie scheitert notwendig. Die politische und politisch-ästhetische Arbeit an der Verdeckung des Bruchs gelingt nicht. Weder ein real behaupteter Volkskörper noch ein als Ganzes behaupteter volkseigener Körper können politisch Anspruch auf Allgemeinheit erheben.

Die Praxis des Politischen selbst kann nicht mehr unmittelbar sein, ihre Identität ist immer vermittelt. Bewahrung und Wiederherstellung selbst sind gebrochen, die Erinnerung an den Holocaust ist mehr und mehr globalisiert, der Staat nicht mehr die Verwirklichung des Ganzen, sondern die Aufforderung zur bestmöglichen Verwaltung sowie Abbildung und Beteiligung der unterschiedlichen Gruppen und Interessen. Kein

Souverän mehr, außer der Anrufung des undefinierten Volkes in der Verfassung; keine hegemoniale Ästhetisierung des Politischen mehr auf der Ebene des Politischen.

Die Praktiken des Politischen als Herstellung haben sich verlagert. Keine unmittelbaren Verkörperungen mehr, die nicht sofort bestritten werden. Nur wenige glauben, trotz aller Erfolge identitärer Gruppen, denen, die behaupten, das Volk zu sein. Die Inkorporierungen finden auf anderen Ebenen statt, auf denen der Rasse als ‚race', als Hautfarbe, als people of colour; auf der Ebene des Geschlechts als sozialem und kulturellem Geschlecht. Hier treffen Herstellung und Erfahrung unmittelbar aufeinander, hier lässt sich erfahren, dass Farbe nicht gleich Farbe ist, dass man an einem Ort ‚weiß', an einem anderen aber nach einer Reise ‚schwarz' sein kann und dass es gilt, einen verbindlichen kollektiven Zusammenhang zu schaffen, der eine Praxis des Politischen enthält, die den Bruch erhält. Besser: die in ihrer Praxis die Erhaltung des Bruchs zum Ziel hat, die ihn immer mit verdeutlicht. Die Kämpfe um die Artikulierungen des Politischen und d. h. um dessen Inkorporierungen bleiben im Zentrum politischer und gesellschaftlicher Auseinandersetzungen. In ihnen geht es um die Aufrechterhaltung des Bruchs und um die Herstellung der Solidarität. Schließlich verschiebt sich auch das Problem einer Essenzialisierung: Selbst, wenn das Volk als Volkskörper nicht mehr das bestimmende Ganze ist, muss dennoch das Verhältnis des Einzelnen zum Sozialen und Politischen thematisiert werden.

Wie verlaufen heute politische Vergemeinschaftungsprozesse? Wo setzen Praktiken der Essenzialisierung an? Wird der Politiker*innenkörper als politischer Körper essenzialisiert?

## 3 Der Politiker*innen-Körper: Repräsentation und Performanz

Politik wird nicht nur gemacht, sie muss auch dargestellt werden. Durchführung und Aufführung sind im Feld der Politik nicht erst in modernen Gesellschaften mit der Durchsetzung medialer Öffentlichkeiten eng verbunden. Aber im Unterschied zu Herrschern vormoderner Gesellschaften, die auch Aufführungspraktiken zur Ausübung von Macht nutzten, wird in modernen Gesellschaften über Aufführungen das politische Handeln in und über verschiedene mediale Öffentlichkeiten verhandelt und legitimiert. Pragmatik und Ästhetik, verstanden als die Repräsentation von politischen Inhalten und deren körperlich-sinnenhafte Gestaltung, lassen sich somit als zwei ineinander wirkende Aspekte einer „praxisorientierten Darstellungskunst des Politikers" beschreiben (vgl. Soeffner, 1998, S. 229). Diese „Pragmatische Ästhetik" (ebd. S. 209) gilt demnach als eine Art strategischen Handelns, das die Glaubwürdigkeit des Politikers/der Politikerin als eine politisch handlungsfähige Person erst hervorbringt und zugleich dessen/deren Position im Feld der Politik bestätigt. Die soziale Legitimation des Handelns von Politiker*innen benötigt eine sinnliche Erfahrbarkeit und materielle Gestalt. Und diese erfolgt über Verkörperungen.

Die Bedeutung des Körpers für die Darstellung von Politik ist bereits an verschiedenen Beispielen um- und beschrieben worden (z. B. Klein, 2005; Meyer et al., 2000). Demnach rückt mit der Personalisierung der Politik der Körper in den Mittelpunkt der medialen Aufmerksamkeit. Der Körper gilt seitdem nicht nur als wesentlicher Bestandteil des Politikerbildes, sondern auch als sinnenhafter Transformator und Legitimator politischer Handlungskonzepte und -praktiken. So erfolgt die Wahrnehmung politischer Ereignisse über die Glaubwürdigkeit des Politiker-Körpers: Die Schwere des Ereignisses demonstriert sich in der Ernsthaftigkeit des Auftritts, in der Körper-Haltung, der Gestik und Mimik. Bereits 1513 regte Niccolò Machiavelli an, dass der Fürst darauf zu achten habe, dass er den Seinen als milde und treu, aufrichtig und fromm erscheine. Das Set der Tugenden hat sich inzwischen etwas verändert, aber dennoch nicht die Strategie. Und so hätten auch die US-Präsidenten George W. Bush und Donald Trump auf Machiavellis Rat hören sollen: Bush misslang der Versuch, bei seinem ersten Fernsehauftritt nach dem Anschlag vom 11.9.2001 die Unermesslichkeit des Ereignisses glaubhaft in Szene zu setzen. Seine Ansprache in einer ‚elementary school' war deshalb so verheerend, weil ihm der performative Akt nicht gelang, seine Betroffenheit, Entschlossenheit und Tugendhaftigkeit über Gestik, Mimik und Haltung glaubwürdig in Szene zu setzen. Ebenso war der Fernsehauftritt Trumps 2020 vor der 200 Jahre alten St. Johns-Kirche, deren Kindergarten bei einer Eskalation der Proteste der Black Lives Matter-Bewegung zuvor ausgebrannt war, umstritten. Trump stellte sich mit einer Bibel in der Hand vor das Gebäude, hatte dazu mit einem brutalen Polizeieinsatz den Lafayette Park vor dem Weißen Haus in Washington räumen lassen. In beiden Fällen unterstützte der theatrale Rahmen das Scheitern des performativen Aktes – und mit ihm die mimetische Annäherung des realen Körpers an den imaginierten Körper der Macht. Aber: Beide Beispiele zeigen auch, dass der Glaube an die Authentizität des Handelns nicht allein von der körperlichen Inszenierung abhängt, sondern dass auch die Theatralität der Bildproduktion zu einer gelungenen Performanz beiträgt. Dies konnte man bei dem Auftritt Barack Obamas beobachten, als er bei der Trauerfeier für die neun Opfer eines rassistischen Gewaltaktes in Charleston 2015 das Lied „Amazing Grace" anstimmte, mittlerweile eines der bekanntesten Kirchenlieder der Welt, das zwar von einem in den Sklavenhandel verstrickten Euro-Amerikaner stammt, aber in der afro-amerikanischen Spiritual- und Gospelszene übernommen wurde und zum Protestsong gegen Sklaverei sowie zur Hymne von Menschenrechtsaktivisten avancierte (zu Obamas politischem Körper: Haltern, 2009).

An den Körper des Politikers/der Politikerin werden paradoxe Anforderungen gestellt. Als Materialisierung des Habitus versinnbildlicht der Körper die moralisch-ethischen Geltungsansprüche des politischen Feldes wie Durchsetzungsfähigkeit, kommunikative Kompetenz, Aufrichtigkeit – und dies unabhängig von der Geschlechtszugehörigkeit und damit anders als bei den ästhetischen Geltungsansprüchen, die für den Politikerinnenkörper nach wie vor stärkere ästhetisch-normative Setzungen vorsehen als für Männer. Als Bild wiederum dient der Körper zugleich der Inszenierung dieser Geltungsansprüche. Am Politiker*innen-Körper, so suggerieren Bildmedien, wird Wahrheit und Lüge erkennbar. Und hier können ethisch-moralische und ästhetische Geltungsansprüche in Konflikt geraten: So musste der maßgeschneiderte Brioni-Anzug des sozialdemokratischen Bundeskanzlers Gerhard Schröder als Indiz dafür herhalten, dass dieser sein politisches Handeln nicht mehr an sozialdemokratischen Prinzipien ausrichtet. Und Angela Merkels zitternde Körper bei öffentlichen Auftritten galt als Beleg dafür, dass sie ihren Aufgaben, die sie zuvor als „Wir schaffen das!" behauptet hatte, nicht mehr gewachsen sei. Die sog. Zitter-Anfälle sind verschwunden, seitdem ihre Machtposition nicht mehr hinterfragt wird. Oder vielleicht ist es auch umgekehrt: Die Machtposition wird nicht mehr hinterfragt, seitdem die Anfälle verschwunden sind.

Der Körper der Politiker*innen, medial dargeboten als Ausdruck des authentischen Politiker-Selbst, erscheint als Garant für die Glaubwürdigkeit der Person und ihrer Politik. Jede Geste und Mimik gerät dabei unter Politikverdacht. Aber: Der Glaube an die Authentizität des Politiker*innen-Körpers erfolgt nicht über Ko-Präsenz und die mit ihr gegebenen Wahrnehmungsbedingungen, sondern für den Großteil der Bevölkerung medial vermittelt. Politiker*innen treten zwar ‚live' auf, immer aber sind sie von Kameras umgeben, die ständig körperliche Gestik, Mimik, Haltungen und Bewegungen im Bild festhalten.

Wenn die Wahrhaftigkeit des Körpers medientechnologisch hergestellt wird, ist es das Bild, über das Authentizität beglaubigt wird. Aber das Bild täuscht. Medientechnologien laden den Körper des Politikers/der Politikerin symbolisch auf, indem Kameraführungen, -einstellungen oder Schnitttechniken nach eindeutigen Zeichen, interpretierbaren Indizien und verwertbaren Daten nicht nur suchen, sondern diese gekonnt herbeiführen und ‚in Szene setzen', d. h. theatral rahmen – und diese als ‚echt' darbieten. Diese Medienpraxis ist an den „Duellen" im US-amerikanischen Präsidentschaftswahlkampf gut zu beobachten. Hier fungiert das Fernsehen als Produzent von Bild-Körpern, d. h. es transformiert den realen Körper des Politikers zum Bildentwurf eines Politikertypus. Der medientechnologisch hergestellte Bild-Körper aktualisiert die kulturelle Kodierung des Politiker*innen-Körpers (z. B. entscheidungsfreudiger, durchsetzungsfähiger, standhafter Körper), indem er diese kulturellen Codes als authentisches Zitat des Politiker-Selbst in Szene setzt und dieses Zitat als Beleg für dessen Glaubwürdigkeit nutzt. Nicht zufällig benutzte schon Gerhard Schröder die Körpermetaphorik einer ‚Politik der ruhigen Hand'. Das Reflexivwerden der Beobachtungsverhältnisse provoziert somit eine Normativität körperlicher Haltungen, Gestik und Mimik, die sich an den Bildentwurf eines Politikertypus anlehnen und dies ist deshalb so wichtig, weil der Körper als Materialisierung des Authentischen glaubhaft in Szene gesetzt werden muss.

Mit der technischen Veränderbarkeit medialer Bilder ist das Authentizitätsversprechen des Körper-Bildes problematischer geworden, denn mit der Verwischung von Sein und Schein wurde auch das Körper-Bild (verstanden als mediale Abbildung des Körpers) zum Bild-Körper transformiert. Im Unterschied zu Körper-Bildern fungieren Bild-Körper nicht mehr primär als Repräsentanten des ‚realen' Körpers und damit als Garant des ‚Echten'. Vielmehr ist der Bild-Körper selbst eine Strategie der Verkörperung politischer Wirklichkeit. Die Produzent*innen von Bild-Körpern, Politiker*innen wie Medienmacher*innen, nutzen den Körper des Politikers/der Politikerin nicht als Materialisierung eines authentischen Sinns, sondern zunehmend als Agens der Generierung eines Bildes, einer *Illusio* (Bourdieu, 2010) von politischer Wirklichkeit.

## 4 Der Körper als politischer Agent: Bewegungen des Protests

Seit Ende der 1980er Jahre etablieren sich, ermöglicht durch mediale Kommunikationsnetze (Internet, Email, Social Media), Protestbewegungen, die neue Formate öffentlichen Protests erproben: Karnevalsartige Umzüge mit Verkleidungen und Sambabands, Straßentheater, Performances und (Trecker-)Paraden, Besetzungen von Häusern, Straßenkreuzungen, Bauplätzen oder Bahngleisen, (Sitz)Blockaden, Sit-Ins, Flashmobs, Anketten und Abseilen von Brücken, waghalsiges Aufhängen von Plakaten, Campen in Zeltstädten, Strippen oder Freezen beispielsweise liefern spektakuläre Medienbilder und sorgen für ein Anwachsen und eine rasante internationale Verbreitung des Protests. Die Medialität der Protestbewegungen steht dabei immer im Einklang mit der Inszenierung körperlich-theatraler Formen des Protests. Die Aktionen konzentrieren sich zugleich auf ästhetische Praktiken, das heißt auf das Spiel mit Zeichen, Bedeutungen, Entstellungen, Verfremdungen, Zitaten, also auf künstlerische Techniken und Verfahren, die die zeitgenössische, experimentelle Theater- und Performancekunst auszeichnen. Es sind ästhetische Praktiken, die aus linken Alternativszenen und künstlerischen Aktionen erwachsen sind, mittlerweile aber im Zuge von „Metapolitik" von rechtsnationalen Bewegungen aufgenommen, ästhetisch modifiziert und politisch umgedeutet wurden. „Metapolitik" ist ein Begriff, der ursprünglich von dem marxistischen Philosophen Antonio Gramsci geprägt wurde, um eine hegemoniale Politik auch vor dem Regierungsantritt zu behaupten. Zunächst machte sich die französische „nouvelle droite" – und später auch rechtsnationale Bewegungen anderer Länder – diesen zunutze. Heute versammeln sich unter diesem Begriff ‚Kulturrevolutionen von rechts'.

Während Politik und Ästhetik vor allem in den faschistischen Bewegungen und Diktaturen des 20. Jahrhunderts eine Allianz eingingen, wie es bereits Walter Benjamin eindrücklich beschrieben hat, bekommt die Ästhetisierung des Politischen in den jüngeren politischen Bewegungen einen neuen Stellenwert. Zwar hatte in der deutschen Studentenbewegung etwa die Kommune I um Fritz Teufel und Rainer Langhans theatrale und körperliche Strategien eingesetzt, um das Feld der Politik zu irritieren, aber dies deutete man – auch andere Teile der Studentenbewegung – eher despektierlich als Spaßguerilla. In den heutigen Figurationen des Protests, ob es sich um artivistische Projekte, rechtsnationale Bewegungen oder Anti-Corona-Demonstrationen handelt, zeigt sich, dass die Ästhetisierung des Protests nicht zu dessen Entpolitisierung führt. Vielmehr wirken Ästhetisches und Politisches zusammen, und zwar im Sinne einer gleichzeitigen und ineinander greifenden Bewegung einer Ästhetisierung des Politischen und einer Politisierung des Ästhetischen, d. h. politischer Protest wird zunehmend ästhetisch aufgeladen: Durch die Wahl bestimmter Locations, Kostüme, Schminke, Masken, durch szenische Mittel, Körpereinsatz oder neue choreografische Formen – und genau hiermit operieren auch heutige rechtsnationale und identitäre Bewegungen, wenn sie im Zuge von Metapolitiken ästhetische Umdeutungen linker Symbole und demokratischer Codes vornehmen und diese medial aufbereiten. Hier zeigt sich die Doppelbödigkeit des engen Verhältnisses von Ästhetischem und Politischem.

In den heutigen Protestbewegungen ist das Wort Bewegung durch die körperlichen, szenischen und choreografischen Aktionen nicht nur metaphorisch, sondern wörtlich zu nehmen; eine Tatsache, der in Theorien der sozialen Bewegung bislang wenig Rechnung getragen wurde. Selbst die aufschlussreichen soziologischen Arbeiten, die die Körperlichkeit des Protests in den Blick nehmen (Pabst, 2014), konzentrieren sich auf den Körpereinsatz beim Protest. Sie verstehen also den Körper als Mittel zum Zweck, als Waffe. Aber: Körperpräsenz ist nicht nur Mittel oder Voraussetzung, sondern in diesen Protestformen das Ziel des Protests selbst. Zudem geht es hier nicht nur um *den Körper* im Singular, sondern um die Interaktivität der Körper, ihre Interkorporalität und Kollektivität.

Der Körper ist demnach nicht nur Mittel oder Medium in den Praktiken des Politischen, so den Formen des Protests, insofern als er dessen Träger von Zeichen und Symbolen ist oder, wie bei Selbstmordattentätern, aufs Spiel gesetzt wird. Vielmehr wird in der choreografischen Organisation der Körper, also in der Materialität der sozialen Figuration, der Protest erst performativ hervorgebracht, indem die Körper den öffentlichen Raum besetzen und dessen Ordnungen unterlaufen. So zeigen sich, anstelle in Reihen oder Blöcken organisierter Demonstrationen, Proteste immer mehr in flüchtigen, ungeordneten, spontanen und unangemeldeten Bewegungsordnungen und Bewegungsbildern. Entsprechend ähneln Bewegungsbilder von Protesten heute eher Schwarmanordnungen anstelle von Massenornamenten oder geometrischen Ordnungen. Das ‚Dis-Placement, die ‚Dé-Position' der Körper, die auf den Straßen liegen, sich anketten und wegtragen lassen, demonstriert die Verletzbarkeit des privaten und intimen Körpers und ist von daher an sich schon ein Protest gegen die Öffentlichkeit als Raum der Macht. Aber es sind nicht nur die Praktiken einzelner Körper, sondern vor allem der Kollektivkörper, die in Konflikt geraten, die boykottieren. Und gerade diese Protestpraktiken der Kollektivkörper sind durch eine Verzahnung von Ästhetischem und Politischem gekennzeichnet.

Öffentlicher Protest heute revolutioniert nicht, sondern interveniert. Demonstrationen oder Flashmobs sind soziale Choreografien von Kollektivkörpern, die in ihren ästhetischen Praktiken, weniger in ihren inhaltlichen Forderungen, die choreografische Ordnung des öffentlichen Raumes verändern, stören und unterlaufen können. Die Choreografie dieser neuen Protestkulturen ist nicht fixiert, wie dies noch bei den aus der Arbeiter- und Gewerkschaftsbewegung hervorgegangenen Blockkultur der Fall war, die einerseits in ihrer Formation dem militärischen Konzept der Aufmärsche folgte und andererseits in Bezug auf Ordnung sich dem Bürgertum andiente. Die neuen flüchtigen Choreografien folgen nicht einem Skript, sondern lassen sich, in der Sprache zeitgenössischer Choreografie formuliert, als regelgeleitete und strukturierte Improvisationen verstehen. In den Protestbewegungen zeigt sich ein zeitgenössisches Choreografieverständnis, welches Choreografie nicht als eine festgeschriebene Ordnung, sondern als einen situativ hervorgebrachten Prozess, an dem alle Beteiligten partizipieren, begreifen will.

Aus der Sicht zeitgenössischer Choreografie kann der heutige choreografierte Protest als eine Echtzeitt-Komposition verstanden werden. Durch die Unvorhersehbarkeit der sich in Echtzeit entwickelnden Choreografie des politischen Protests kommt den situativen Entscheidungen der Akteur*innen und ihrer Fähigkeit, in einer politisch brisanten Situation unter Zeitdruck kreativ zu handeln und zugleich die Anderen in der Bewegung wahrzunehmen und mit ihnen – zugleich analog und digital – zu interagieren, eine zentrale Bedeutung zu. Eine Ambivalenz dieser Protestbewegungen liegt darin, dass die kreativen Praktiken der Protestbewegungen nicht nur als Widerstand, sondern auch als Teil des postfordistischen Regimes der Kreativität (Reckwitz, 2012) gelesen werden können.

Ästhetisierung bezeichnet eine tiefgreifende Veränderung nicht nur des Ethischen, sondern auch des Politischen. Unter Ästhetischem wird dabei gemeinhin vielerlei gefasst: Genuss, Geschmack, Ironie, Distanz, Inszenierung, Schein, Erregtheit, das Affektive, das Schöne, das Individuelle. Ästhetisierung führt demnach in der Politik zu einer Herrschaft des Scheins, bei der Politikmachen zu einer spektakulären Inszenierung, Inhalte zu Bildern, politisches Handeln zur Performance, politisches Selbstverständnis zur Pose, Protest zum Spektakel und soziale Verbindlichkeiten zu ästhetischen Relationen werden. So wurde Ästhetisierung seit den 1960ern vielfach diffamiert, indem beispielsweise Ästhetisierungskritiker von „Anästhetisierung" (Welsch, 1996) sprachen oder Modernisierungskritiker – von Walter Benjamin bis Rüdiger Bubner – in Ästhetisierungen den Verlust des Politischen befürchteten. Die Gefahr des Ästhetischen wird also, in den kritischen Positionen der Soziologie wie Philosophie, in den desintegrativen Wirkungen gesehen, die das Ästhetische für das politische Gemeinwesen haben kann.

Dass das Ästhetische nicht eine das Politische entstellende Transformation bedeuten muss, sondern ein notwendiger Bestandteil demokratischer Politik ist, darauf hat der französische Philosoph Jacques Rancière aufmerksam gemacht. Er versteht Politisches und Ästhetisches als zwei Formen der „Aufteilung des Sinnlichen". Dabei fasst Rancière das Politische normativ und fokussiert auf einen Aspekt: Politische Tätigkeit ist jene Tätigkeit, die „einen Körper von seinem natürlichen oder dem ihm als natürlich zugeteilten Ort entfernt, das sichtbar macht, was nicht hätte gesehen werden sollen, und das als Rede verständlich macht, was nur als Lärm gelten dürfte" (Rancière, 2006, S. 9). Angelehnt an dieses Verständnis ist das Ästhetische in politische Praxen und soziale Figurationen eingeschrieben – und zwar deshalb, weil diese Praxen und Figurationen selbst mit ihren Normen, Regeln und Gewohnheiten bereits die sinnliche Wahrnehmung steuern, indem sie Menschen sozial verorten und ihnen soziale und politische Handlungsspielräume zuordnen und auf diese Weise soziale Wahrnehmung regeln. Genau hier liegen auch die politischen Dimensionen des Körperlich-Sinnlichen (Aisthetischen), also die Dimensionen dessen, was André Lepecki (2008) „kinästhetische Politik" nennt. Es ist ein Politikbegriff, der Körperliches und Politisches miteinander verwebt: Politisches Handeln ist demnach als eine sinnliche Praxis des Sichtbar-Machens und Verschiebens kultureller und sozialer Codes zu verstehen – und zwar in der Weise, dass diese Codes Dissens erzeugen zu vorherrschenden Mustern der Politik. Hier wird eine zweite Ambivalenz sichtbar: die politische Potentialität des Dis-Placement, der Dé-Position, die von Gruppierungen jeglicher politischen Couleur in Anspruch genommen werden kann. Denn es steht nicht nur zur Debatte, wie das in Protestbewegungen zum Ausdruck kommende partizipative Demokratieverständnis (Habermas, 1996; Pateman, 1970) unter den politischen und sozialen Bedingungen globalisierter, postfordistischer und neoliberaler Gesellschaften und ihrer politischen Systeme bewertet werden kann. Ästhetische Mehrdeutigkeit und performative Offenheit des öffentlichen Protests veranschaulichen auch, dass diese Protestkulturen in der Auseinandersetzung mit Formen politischer Repräsentation Demokratie als eine Form begreifen, die „im Kommen bleibt" (Derrida, 2002), die immer wieder neu entwickelt werden muss und weder in einer konkreten Form von Repräsentation letztgültig realisiert werden kann (Agamben, 2003; Nancy, 2016; Rancière, 2011) noch in den Kollektiven, die z. B. in Protesten als real existent wahrgenommen und behauptet werden.

Folgt man Rancière, zeigt sich die Verflechtung von Ästhetischem und Politischem in Protestbewegungen dort, wo sie Normen und Konventionen transformieren, nämlich jene verkörperlichten, auf der Ebene der Mikrophysik der Macht operierenden Ordnungen, die immer auch distinktiv sind und ein- und ausschließen. Die Politik des Ästhetischen demonstriert sich darin, dass die Protestbewegungen mit Blockaden und Unterbrechungen eine kritische Differenz zur „kinetischen Realität der Moderne" (Sloterdijk, 1989, S. 25) herstellen, also zu jenem Verständnis, das die Moderne als ein ständiges Fließen und Strömen (von Kapital, Menschen und Daten) versteht. Diese kritische Distanz zur kinetischen Realität der Moderne erfolgt auch über eine kritische Theorie und Praxis des Geschlechts, der Körper (und Körperkonzepte), der Klassen und der postkolonialen Politik.

Da Politisches in den um Aufmerksamkeit buhlenden medialen Öffentlichkeiten immer auf einer Bühne inszeniert werden muss, um sichtbar zu werden, das Ästhetisch-Theatrale also nicht außerhalb des Politischen steht, fällt die Öffentlichkeit des Protestereignisses immer mit ihrer Repräsentation zusammen. Die Wirkmächtigkeit des Protests liegt in ihrer Dramaturgie, die durch Multiplizität, Diskontinuität und plötzliche Erosionen dramatischer Intensität gekennzeichnet ist. Wenn Dramaturgie das ist, was heute dem Protest seine Wirksamkeit verleiht – selbst wenn es sich um eine dramaturgisch gelungene mediale Inszenierung handelt – dann kommt das widerständige Potential weniger aus dem Politischen denn aus dem Theatralen und dem Choreografischen. Denn jene die „polizeiliche Ordnung" (Rancière) störende Dimension, das Dis-Placement, zeigt sich auch in alternativen Bewegungsbildern und -ordnungen und deren Dynamiken, die durch Wechsel von Richtungen, Fokus, Dynamik und Tempo gekennzeichnet sind. Hier wird die widerständige Bewegung der realen, situativen kollektiven Körper des Protests gegen den repräsentativen, imaginären Kollektivkörper der Politik sichtbar. Die Verlagerung der Auseinandersetzungen um die Definition des Politischen nach ‚Unten', etwa in kleine Gruppen selbsternannter Volksmitglieder oder in das digitale Netz der Wütenden und Lärmenden, die sich als ‚das Volk' verstehen und die schließlich im August 2020 im Zuge der ‚Corona-Demonstrationen' die Erstürmung des Reichstages für den Videoclip inszenieren, um diesen dann ins Netz zu stellen, zeigt vor allem, dass kein Weg an der Repräsentation vorbeigeht. Das Politische, wenn es als Fiktion und Behauptung ‚des Ganzen' verstanden wird, scheitert an der Politik.

## Literatur

Agamben, G. (2003). *Die kommende Gemeinschaft* (Übers. von Andreas Hiepko). Merve.
Appiah, K. (2018). *Identitäten. Die Fiktionen der Zugehörigkeit*. Hanser.
Arendt, H. (2003). *Was ist Politik?* Piper.
Bielefeld, U., & Weiss, Y. (Hrsg.). (2014). *Jean Améry. „...als Gelegenheitsgast, ohne jedes Engagement"*. Fink.
Bourdieu, P. (2010). *Die feinen Unterschiede. Kritik der gesellschaftlichen Urteilskraft*. Suhrkamp.
Därmann, I. (2020). *Undienlichkeit. Gewaltgeschichte und politische Philosophie*. Matthes & Seitz.
Derrida, J. (2002). *Politik der Freundschaft*. Suhrkamp.
Durkheim, É. (1977). *Über soziale Arbeitsteilung. Studie über die Organisation höherer Gesellschaften*. Suhrkamp.
Fanon, F. (2013). *Schwarze Haut, weiße Masken*. Turia + Kant.
Fichte, J. G. (2013). *Reden an die Deutsche Nation*. Severus (Erstveröffentlichung 1808).
Habermas, J. (1996). *Die Einbeziehung des Anderen. Studien zur politischen Theorie*. Suhrkamp.
Haltern, U. (2009). *Obamas politischer Körper*. Berlin University Press.
Joyce, J. (2006). *Ulysses*. Suhrkamp.
Klein, G. (2005). Körper und Theatralität. In E. Fischer-Lichte, C. Horn, S. Umathum, & M. Warstat (Hrsg.), *Diskurse des Theatralen* (S. 35–48). Francke.
Lepecki, A. (2008). *Option Tanz. Performance und die Politik der Bewegung*. Theater der Zeit.
Meyer, T., Ontrup, R., & Schicha, C. (Hrsg.). (2000). *Die Inszenierung des Politischen*. Westdeutscher Verlag.
Merleau-Ponty, M. (2011). *Phänomenologie der Wahrnehmung*. De Gruyter (Erstveröffentlichung 1966).
Mouffe, C. (2007). *Über das Politische. Wider die kosmopolitische Illusion*. Suhrkamp.
Nancy, J.-L. (2016). *Singulär plural sein*. Diaphanes.
Pabst, A. (2014). *Denken durch den Körper. Zum reflexiven Umgang mit Verletzlichkeit und Verletzungsmacht in linkspolitischem Aktivismus*. Dissertation, Universität Trier.
Pateman, C. (1970). *Participation and democratic theory*. Cambridge University Press.
Popitz, H. (1992). *Phänomene der Macht*. Mohr.
Rancière, J. (2006). *Die Aufteilung des Sinnlichen. Die Politik der Kunst und ihre Paradoxien*. b_books.
Rancière, J. (2011). *Der Hass der Demokratie*. August.
Reckwitz, A. (2012). *Die Erfindung der Kreativität. Zum Prozess gesellschaftlicher Ästhetisierung*. Suhrkamp.
Sloterdijk, P. (1989). *Eurotaoismus. Zur Kritik der politischen Kinetik*. Suhrkamp.
Soeffner, H.-G. (1998). Erzwungene Ästhetik. Repräsentation, Zeremoniell und Ritual in der Politik. In H. Willems & M. Jurga (Hrsg.), *Inszenierungsgesellschaft* (S. 215–234). Westdeutscher Verlag.
Weber, M. (1972). *Wirtschaft und Gesellschaft*. Uni-Print.
Welsch, W. (1996). *Grenzgänge der Ästhetik*. Reclam.

# Polizei

Michael Staack und Franz Erhard

Der polizeiliche Körper ist seit Langem Gegenstand soziologischer Forschungen. So bezog bereits die Stadtsoziologie der Chicagoer Schule die physische Präsenz der Polizei in ihre Untersuchungen mit ein. Heute nehmen vor allem sozialwissenschaftliche Forschungszweige innerhalb der Polizeiwissenschaft polizeiliche Körper analytisch mit in den Blick. Insbesondere sind hier seit den späten 1960er Jahren die angloamerikanischen *police studies* zu nennen (Manning, 2005), die situativ-praktische und damit auch körperliche Aspekte der Polizeiarbeit untersuchen, sowie spezifische Teile der deutschen Polizeisoziologie. Diese bauen einerseits auf den *police studies* auf, entwickeln sie aber zudem auch in eigener Weise weiter (z. B. Behr, 2008).

Im Rahmen dieser analytischen (Mit-)Berücksichtigungen des Körpers in der sozialwissenschaftlichen Polizeiwissenschaft erfolgen jedoch nur wenige Rückgriffe auf körpersoziologische Theorien und Diskussionen (und vice versa finden die soziologischen Forschungsergebnisse aus der Polizeiwissenschaft keinen Eingang in körpersoziologische Diskurse). Vorliegender Beitrag kann daher keine bereits vorhandenen Systematiken körpersoziologischen Denkens und Arbeitens in der Polizeiwissenschaft nachzeichnen. Stattdessen präpariert er in der vorhandenen Literatur angelegte, bisher aber nicht explizierte Zusammenhänge heraus. Er identifiziert und systematisiert körpersoziologische Themenschwerpunkte in verschiedenen polizeisoziologischen Forschungsrichtungen sowie Querverbindungen zwischen diesen Schwerpunkten, die von den Forschenden selbst nicht expliziert oder gar körpersoziologisch systematisiert wurden.

M. Staack (✉)
Frankfurt am Main, Deutschland
E-Mail: staack@sport.uni-frankfurt.de

F. Erhard
Siegen, Deutschland
E-Mail: franz.erhard@uni-siegen.de



R. Gugutzer et al. (Hrsg.), *Handbuch Körpersoziologie 2*,
https://doi.org/10.1007/978-3-658-33298-3_23

Der Text fokussiert dabei auf solche körpersoziologische Themenschwerpunkte in der Polizeiwissenschaft, in denen *polizeispezifische* Körper und Körperlichkeiten verhandelt werden. So sind Polizistinnen-Körper zwar immer auch beispielsweise Bürokörper, also Körper, die alltäglich in Büros an Schreibtischen vor Computern arbeiten, sich in bürokratische Hierarchien eingliedern und mit dem daraus resultierenden Stress umgehen müssen – und dies wird in der Polizeiwissenschaft auch u. a. hinsichtlich gesundheitlicher Auswirkungen thematisiert. Aber da alltägliches Arbeiten an Schreibtischen sowie die damit einhergehenden gesundheitlich-körperlichen Risiken keine polizeilichen Spezifika darstellen, liegt dieser Phänomenbereich nicht im Fokus dieses Beitrags.

Die Forschungsarbeiten, denen wir uns somit zuwenden, weisen neben dem thematischen Bezug auf polizeispezifische Körper noch weitere Gemeinsamkeiten auf. Am auffälligsten ist, dass die meisten von ihnen sich dem Thema der polizeilichen Körperlichkeit aus einer methodologisch situationistischen Perspektive nähern und dabei zumeist situiertes polizeiliches Vollzughandeln im öffentlichen Raum untersuchen. Sie befragen Situationen polizeilichen Vollzughandelns daraufhin, welche Relevanz in ihnen jeweils den Körpern der Beteiligten zukommt, also den Körpern der Polizisten und der mit ihnen Interagierenden. Dabei untersuchen sie polizeiliche Körper insbesondere als öffentliche Repräsentanzen staatlicher Exekutive, die als solche das Gewaltmonopol für sich beanspruchen.

Diese wesentliche Beobachtung aufgreifend, beginnt der Beitrag mit einer Rekapitulation der Art und Weise, wie die eher praxisnahen *police studies* solch situiertes *policing* besonders in den Mittelpunkt der Analyse rücken. Dabei wird der Körper insbesondere in zweifacher Hinsicht relevant. Erstens fungiert er in mehrerlei Dimensionen als kommunikatives *display* (Teil 1) und zweitens als spezifisches Vollzugsmedium von habitualisiertem Wissen (Teil 2). Diesen zwei soziologisch relevanten Eigenschaften des Körpers ist gemein, dass sie prinzipiell in allen Situationen polizeilichen Handelns soziale Wirksamkeit entfalten. Das bedeutet umgekehrt, dass man mit ihrer Analyse viele Situationen polizeilichen Handelns soziologisch sehr weit aufschlüsseln kann.

Darauffolgend skizziert der Beitrag mit Gewalt (Teil 3) und Geschlecht (Teil 4) zwei weitere Themen, die innerhalb der Polizeisoziologie zentral sind und bei deren Beforschung der Körper ebenfalls analytisch besonders berücksichtigt wird. Die beiden Themen unterscheiden sich jedoch in spezifischer Hinsicht von den vorigen, insofern sie in der Polizeisoziologie eher als Spezialthemen verhandelt werden. Gewalt und Geschlecht, so die Annahme, beeinflussen zwar in spezifischer Weise viele polizeiliche Interaktionssituationen. So stehe Gewaltausübung der Polizei in allen Interaktionen als letzte Option immer zur Verfügung, und dies mache sich nicht nur bemerkbar, wenn Gewalt zur Anwendung kommt, sondern beeinflusse latent die meisten Interaktionssituationen. Ganz ähnlich beeinflusse auch Geschlecht zumindest latent die meisten polizeilichen Interaktionen mit Bürgerinnen. Jedoch reiche die Analyse der Gewalt- oder Geschlechtsdimension polizeilicher Interaktionen eben nur in seltenen Spezialfällen aus, um diese Interaktionen in ihrer grundsätzlichen Sozio-Logik zu begreifen.

# 1 Situative Körperlichkeiten und Körper als kommunikative *displays*

Die *police studies* verstehen und analysieren Polizeiarbeit als ein vor allem praktisches Geschehen „on the ground" (Manning, 2010, S. 190). Das bedeutet, sie sehen einen wesentlichen Teil polizeilichen Berufsalltags in der Vor-Ort-Interaktion mit Bürgern. Diese Vor-Ort-Interaktion kann unterschiedlichste Formen haben. Die *police studies* fokussieren dennoch primär auf Situationen der potenziell konfliktiven Interaktion mit Personen, die Polizistinnen als (potenzielle) Täterinnen, Delinquenten und Verdächtige wahrnehmen.

## 1.1 Situative Dramaturgien

Bei ihren Analysen gehen die *police studies* von der Annahme aus, dass die Polizei für die Absicherung der „öffentlichen Sicherheit" verantwortlich ist. Da sich diese Absicherung überaus heterogen darstellen kann, müssen sich Polizeibeamte auf ein großes Spektrum an Interaktionssituationen einstellen – in denen Körper und Körperlichkeit jeweils auf verschiedene Weise eine Rolle spielen: So werden Polizeibeamte z. B. zu Einbrüchen, Überfällen und Geiselnahmen gerufen, begleiten Demonstrationszüge und Fußballfans verschiedener Couleur, gehen in Form von Razzien gegen Drogenkriminalität vor und sollen wohnungslose Personen von Bahnhofseingängen entfernen.

Die sich aus diesen verschiedenen Aufgaben ergebenden Interaktionen analysieren die *police studies* häufig in Anlehnung an Goffman daraufhin, welcher Art von Dramaturgie sie folgen, wie die Interagierenden diese Dramaturgie situativ handelnd weiter ausgestalten und auch daraufhin, wie die Körper der Interagierenden dabei als kommunikative *displays* fungieren (Manning, 1997, 2010). Grundlegend für diese Analyseperspektive ist die (empirisch begründete) Annahme, dass die Polizei Situationen bereits dadurch auf Rechtsbrüche hin problematisiert, dass sie in ihnen physisch in Erscheinung tritt. Allein die von den Situationsbeteiligten wahrgenommene körperliche Präsenz der Polizei führt mit anderen Worten dazu, dass eine öffentliche ‚Vorderbühne' entsteht, auf der die Frage nach der Gesetzeskonformität der Handlungen der Situationsbeteiligten im Raum steht.

Die so konstituierten Situationen analysieren die *police studies* weiterführend dann z. B. daraufhin, wie situativ Zuschreibungen von Täterinnen- und Opferrollen erfolgen, wie hierdurch interaktiv konstruierte Situationsdefinitionen samt ihrer Rollenzuschreibungen sich stabilisieren und eigendynamisch weiterentwickeln oder wie solche interaktiv konstruierten Situationsdefinitionen auch gezielt verändert werden können. Ein Großteil der Studien geht dabei ethnographisch vor (vgl. Manning, 1977 oder Behr, 2008 für „klassische" Studien). Allerdings erforschen auch einige Interviewstudien diese interaktiven Situationsdefinitionskonstruktionen und Rollenzuschreibungen. Sie fragen z. B., mit welchen Vorstellungen vom jeweiligen Gegenüber nicht nur Polizisten, sondern auch Polizistinnen angreifende Bürger in jeweilige Interaktionssituationen hineingehen und wie sich diese Vorstellungen und wechselseitigen Zuschreibungen dann interaktiv aneinander stabilisieren und hochschaukeln können (Steffes-enn, 2012). Wenn es in der Folge zu handfesten Konflikten kommt, ist der Körper dann nicht mehr nur in Form eines *displays* situatives Hauptkommunikationsmittel, sondern auch als konkreter ‚Sender' bzw. ‚Empfänger' von physischer Gewalt.

## 1.2 Reflexive Nutzung von Körpern als kommunikative *displays*

Zu großen Teilen findet das Fungieren der polizeilichen Körper als kommunikative *displays* auf eine Weise statt, die nicht beständig unter bewusster Prüfung durch den Körperinhaber steht. So zeigt eine vorwärts gehende Polizistin z. B. erstens durch den nach vorne gerichteten Blick die ganze Zeit die eigene Bewegungs- wie auch Aufmerksamkeitsrichtung an, ohne dass die Körperinhaberin für ebendiese kommunikative Anzeigeleistung beständig eine bewusste Anstrengung unternehmen muss. Zweitens zeigt der Polizistenkörper u. a. durch die Regelmäßigkeit seiner Schritte an, dass er von einem Inhaber kontrolliert wird – und auch dies erfolgt im Normalfall ohne die Notwendigkeit einer bewussten kommunikativen Anstrengung des Körperinhabers. Drittens zeigt der Fortbewegungsmodus des Gehens gegenüber z. B. dem des Laufens oder Kriechens an, dass der Polizistenkörper sich gerade nicht in einer Verfolgungs- oder Kampfsituation bzw. -tätigkeit befindet.

Dass das Fungieren der polizeilichen Körper als kommunikative *displays* nicht beständig unter bewusster Prüfung durch den Körperinhaber erfolgt, bedeutet jedoch nicht, dass die Performanz des polizei-körperlichen *displaying* nicht in spezifischen Hinsichten auch reflexiv werden kann und dass insbesondere so ein Reflexivwerden nicht dann zudem auch dazu führen kann, dass polizei-körperliches *displaying* strategisch eingesetzt wird. Ein besonders plastisches Beispiel hierfür ist das oben beschriebene Blickverhalten: Wenngleich Polizisten auch nicht ständig bewusst reflektieren, was ihre Blicke sagen, so tun sie dies in spezifischen Situationen sehr wohl (Behr, 2008; Sytschjow, 2016). Beispielsweise ist es Teil polizeilichen Wissens, dass ein längeres Anblicken von Personen in der Öffentlichkeit durch Polizeibeamte von den angeblickten Personen gemeinhin als prüfend wahrgenommen wird, und dass es daher maßvoll und zielgerichtet eingesetzt werden sollte. Auf diesem reflexiven Wissen über den *display*-Charakter des Blickes basieren dann weiterhin komplexere Strategien des Blickeinsatzes wie z. B. das dezidierte Nichtzurückblicken zu einer Person(engruppe), von der man sich entfernt, nachdem man sie gerade kontrolliert hat: Damit zeigt man erstens demonstrativ an, dass die Kontrolle nun abgeschlossen wurde, weil man als Polizistin dies so festlegt, und zweitens, dass man weiß, dass die Kontrolle erschöpfend abgeschlossen wurde und man daher beim weiteren Zurückblicken keine weiteren Informationen mehr sammeln könnte.

Insgesamt umfasst dieses teilweise unbewusste und teilweise bewusst reflektierte Fungieren des Polizeikörpers als *display* weit mehr als Blicke – es erstreckt sich über die gesamte polizeiliche Mimik und Gestik. Insbesondere gehört dazu das Aussenden von zum Teil subtilen Körperbotschaften. Dessen Reflexion erfolgt sowohl in der polizeilichen Ausbildung wie auch individuell und basierend auf eigenen Einsatz- und Arbeits-Erfahrungen. Die zentrale Idee ist dabei, dass das gezielte Einsetzen dieser Körperbotschaften es ermöglicht, bei Interaktionspartnern spezifische Eindrücke zu erwecken. Beispielsweise sollen Dominanzgesten wie aufrechtes Stehen, das Vermeiden von Ausweichbewegungen, das Schwingen des Schlagstocks oder der Griff an den Holster in Konfliktsituationen Signale senden, die das Entstehen körperlicher Bedrohungslagen für die Polizei repressiv unterbinden. Das Berücksichtigen von Territorien des Selbst des Gegenübers, Höflichkeit ausstrahlendes *facework* sowie das Vermeiden von Hektik in den eigenen Bewegungen hingegen zielen darauf ab, konziliant und damit freundlich deeskalierend zu wirken (Sytschjow, 2016).

Zusätzlich zu dem bisher primär besprochenen reflexiven Wissen über den *display*-Charakter ihrer Körper, über das einzelne Polizistinnen individuell verfügen und das sie sich auch primär individuell aneignen, besteht in der Polizei auch ein institutionalisiertes reflexives Wissen über Polizeikörper und ihr Fungieren als kommunikative *displays*. Dies artikuliert sich beispielsweise darin, dass Polizisten in vielerlei Hinsicht darin eingeschränkt sind, welches körperliche Erscheinungsbild sie abgeben, um ihre Rolle als Vertreterinnen des Staates im Sinne der Institution Polizei auszufüllen. Ein Teil dessen ist, dass Körpermodifikationen wie Tätowierungen oder Piercings Polizistinnen nur eingeschränkt erlaubt sind, und dass die Entscheidung darüber, welche Körpermodifikationen wo wann gestattet sind, wesentlich von der antizipierten Wahrnehmung dieser Körpermodifikationen durch die Bürger abhängt (Eberz et al., 2019).

Ein anderer Teil dessen ist die polizeiliche Uniform: Wie diese zu tragen ist, ist qua Tragevorschrift geregelt, und die ist ebenfalls vor dem Hintergrund einer antizipierten Wahrnehmung der entsprechend gekleideten Polizei durch die Bürgerinnen bzw. einer antizipierten Steuerung ebendieser Wahrnehmung formuliert. Damit wird die Uniform zu einem Ausweis dafür, dass „hier keine Privatperson, sondern ein staatlich legitimierter Hoheitsträger handelt" (Aden, 2010, S. 348) – womit sie für die Bürger, denen die uniformierte Person begegnet, deren Handlungen erwartbar(er) macht und also Interaktionskontingenz reduziert.

Die Polizeiuniform, genau genommen ein Kleidungsstück, ist dabei zwar nur in sekundärer Hinsicht ein Element des Polizistinnenkörpers. Als solches aber hat sie in verschiedenen Hinsichten eine hohe *display*-Wirkung. Ganz grundsätzlich bestimmt sie, was vom nackten Polizistenkörper sichtbar und was unsichtbar ist (inklusive etwaiger Tätowierungen). Darüber hinaus zeigt sich ihre *display*-Wirkung z. B. auch darin, dass Polizistinnen in Deutschland und einigen anderen Ländern in Uniform kostenlos Bahn fahren dürfen, weil davon ausgegangen wird, dass dies das subjektive Sicherheitsgefühl der anderen Reisenden erhöht. Aber auch Polizistinnen selbst reflektieren den *display*-

Charakter ihrer Uniform und nutzen ihn strategisch. So können sie mitunter daraus, wie Bürgerinnen (z. B. mit kurzem intensiven Starren, gefolgt von besonders beiläufigem Wegblicken) darauf reagieren, dass durch die Uniform deutlich als Polizisten identifizierbare Personen die Szene betreten, erste Schlüsse daraus ziehen, wer möglicherweise delinquentes Verhalten oder delinquente Absichten zu verbergen hat und daher besonders im Auge behalten werden sollte (Manning, 1997).

## 2 Habitualisiertes Wissen: Körper als Handlungsmedien und Bezugsobjekte polizeilicher Arbeit

In den Forschungen der *police studies* wird der Körper, insbesondere bei Untersuchungen von Situationen und den sich in ihnen entwickelnden Interaktionen, noch auf eine weitere Weise analytisch berücksichtigt: Zusätzlich dazu, dass sie den Körper als ein kommunikatives *display* analysieren, analysieren die *police studies* ihn als einen spezifischen Wissensspeicher, insofern der Körper der Ort ist, in dem sich habitualisiertes Wissen ablagert. Der Körper fungiert hier also als Vollzugsmedium von habitualisiertem Wissen. Die analytische Perspektive der *police studies* betrachtet folglich (mit dem Körper als *display*) nicht nur das Wissen ‚am Körper', sondern mit dem Körper als Wissensspeicher auch spezifisches Wissen ‚des Körpers'. Konkret bedeutet dies, dass die *police studies* in ihren Analysen insbesondere die soziale Situationen prägende Rolle von spezifischen Sets „of routines intended to produce a degree of certainty in managing fundamentally problematic yet recurrent situations" (Manning, 2010, S. 190) untersuchen, die Polizistinnen in jeweilige Situationen mit einbringen. Der Körper spielt dabei insofern eine Rolle, als er die Entität ist, in die routinisierte Handgriffe und Wahrnehmungsmuster wie auch komplexere Routinen des Typisierens und Bearbeitens spezifischer Problemlagen habituell eingeschrieben sind. Polizeilich verkörperte Handlungsskripte und -routinen leiten somit das Geschehen innerhalb der situativen Dramaturgien an und strukturieren damit Situationen vor.

Dieses routinisierte Handlungswissen ist für einen körpersoziologischen Blick auf Polizei nicht nur insofern von besonderem Interesse, als dass es selbst oft verkörpertes Wissen der Polizisten ist, welches diese über wiederholtes Üben in der Polizeiaus- und Weiterbildung wie auch über wiederholtes Anwenden in der Praxis habitualisiert haben. Vielmehr ist es noch in zwei weiteren Hinsichten körperbezogen: Erstens kommt es oft in Situationen zum Einsatz, in denen mit der kinetischen Kraft des eigenen Körpers oder seinem Potenzial, Raum zu besetzen, steuernd in Situationen eingewirkt wird – wofür die Polizistinnen (im Optimalfall) selbst Steuerungskompetenz über den eigenen Körper erworben haben. Zweitens ist dieses verkörperte Wissen häufig darauf ausgerichtet, polizeilich auf die Körper anderer Situationsbeteiligter einzuwirken, und zwar insbesondere in Situationen, in denen die Interaktion die verbale Ebene verlässt und das situativ aufgeworfene, polizeiliche Handlungsproblem körperlich wird (Keysers et al., 2019, S. 179).

## 2.1 Eigene Körper als steuerndes Element in Situationen

Wie Polizeibeamte ihre eigenen Körper als steuerndes Element in Situationen einfließen lassen, basiert häufig auf körperlichen polizeilichen Handlungsroutinen. Typische Beispiele hierfür sind das Blockieren von Wegen und Abschirmen von Orten mit dem eigenen Körper oder das Fixieren von verdächtigen Einzelpersonen durch Schutzpolizeistreifen sowie die koordinierten Überwältigungs-Aktionen der Beweissicherungs- und Festnahmeeinheits-Teams etwa auf Demonstrationen. Im ersten Fall erfolgt durch den Einsatz des eigenen polizeilichen Körpers ein spezifisches Kontrollieren von Raum, im zweiten Fall ein Kontrollieren von Personen.

Durch diesen Einsatz des eigenen Körpers werden die Polizistinnen in den jeweiligen Situationen immer auch selbst körperlich angreifbar. Hierauf reagiert die professionalisierende Ausbildung von polizeilichen Körpern. Diese dient einerseits dazu, die Körper der Polizisten zu schützen bzw. das Risiko ihrer Verletzung kalkulier- und kontrollierbar zu machen. Andererseits macht sie die Polizeikörper aber auch zu spezifisch professionell kontrollierten Körpern und das körperliche Wissen von Polizisten zu einem reflexiven körperlichen Wissen (Aden, 2010, S. 351). Ausbildung und Training von Polizistinnen zielen so darauf ab, sie in spezifischer Weise zu Expertinnen der professionellen Beherrschung des eigenen Körpers zu machen und also darauf, einen funktional kontrollierten Körper herzustellen.

Zentraler Teil von polizeilichen Ausbildungen und Trainings ist dabei einerseits die Kontrolle von eigenkörperlichen Reaktionen wie situativem Stress, Angst und Konfrontationsanspannungen, also *handlungsblockierenden* eigenkörperlichen Reaktionen, andererseits etwa von durch Provokationen ausgelösten Aggressionen und somit von eher (unerwünschte) *Handlungen motivierenden* eigenkörperlichen Reaktionen (Collins, 2008, S. 399–409). Das heißt, die Beamten trainieren und reflektieren ihre körperlichen Selbstverhältnisse auf eine Weise, die darauf zielt, in ihrem beruflichen Alltag Spontanreaktionen unwahrscheinlicher zu machen. Das ermöglicht der Polizei im Idealfall eine aktive Gestaltung der hergestellten Interaktionssituation derart, dass diese unter ihrer Kontrolle sind und durch sie kontrolliert in ihrem weiteren Fortgang gestaltet werden.

## 2.2 Zugriff auf Körper der anderen

Habitualisiertes Wissen und Handlungsroutinen von Polizisten sind noch in einer zweiten entscheidenden Hinsicht fundamental körperlich. Und zwar adressieren diese polizeilichen Handlungsroutinen häufig die *Körper der anderen* bzw. wirken auf oder in diese ein: In Polizeiarbeit *on the ground* fließt immer auch der Körper derjenigen mit ein, an bzw. gegen die sich polizeiliches Handeln richtet.

Wie erwähnt machen Ausbildung und Training die Polizistinnen zu Experten der Beherrschung des eigenen Körpers. Ergänzt werden muss nun, dass sie auch zu

Expertinnen des Zugriffs auf andere Körper werden. Der analytische Zugang der *police studies* zu diesem Phänomenbereich lässt sich in drei Dimensionen ausdifferenzieren.

Erstens entwickeln Polizistinnen einen spezifisch professionellen (oder je nach Einschätzung auch professionell deformierten) *Blick auf das Äußere der Körper* der anderen. Dies beinhaltet vor allem Täterprojektionen und die Zuschreibungen eines bestimmten kriminellen Potenzials, die im Rahmen des sogenannten *profiling* an bestimmte typische Körpermerkmale gebunden werden. Während alters- oder geschlechtsdifferenzierendes *profiling* kaum polizeiwissenschaftlich erforscht oder außerhalb der Wissenschaft thematisiert wird, ist das auch in journalistischen Diskursen viel diskutierte sogenannte *racial profiling* polizeiwissenschaftlich stark beforscht. Bei diesem wird besonders die Hautfarbe einer Person als Informationsgrundlage für vermutete Delinquenz herangezogen und als Basis für einen polizeilichen Anfangsverdacht genommen. Dabei sind es vor allem die „Schwarzen Körper" (Gruhlich, 2019, S. 44), denen eine besondere körperliche Überlegenheit und gerade deshalb auch Gefährlichkeit unterstellt wird (Behr, 2019). Personen mit dunklerer Haut geraten deshalb öfter in alltägliche Routinekontrollen der Polizei (Open Society Institute, 2009), und zumindest in den USA ist die Haftrate unter dieser Personengruppe deutlich am höchsten.

Zweitens entwickeln Polizisten einen spezifisch professionellen *Umgang mit der Manipulation der Körper* der anderen. Beispiele hierfür sind Schmerzgriffe wie das Verdrehen des Arms auf den Rücken, das Einschränken der Bewegungsfreiheit durch Handschellen und Kabelbinder, aber auch der auf das Testen von Koordinationsfähigkeit abzielende Finger-Nase-Test bei Alkoholkontrollen. Hierbei handelt es sich um polizeiliche Praktiken, die direkt den Körper der jeweiligen Interaktionspartner adressieren und aus einer Machtposition heraus entweder durch verbale Aufforderung oder direkt durch physische Einwirkung manipulieren.

Drittens schließlich entwickeln Polizistinnen nicht nur spezifische Umgangsweisen des Zugriffs auf, sondern auch *des Eingriffs in* die Körper der anderen. Dies ist durchaus wörtlich zu verstehen. So schreibt Behr (2002 S. 50) in Bezug auf die Durchsuchungsroutinen von vermuteten Drogenkurieren durch Polizeibeamte: „Keine Körperöffnung bleibt ihnen verborgen. Der polizeiliche Durchdringungswunsch ist buchstäblich grenzenlos". Diese körperlichen Eingriffe sind dabei stark machtsymbolisch aufgeladen. Hier ist also der staatliche Zugriff auf die körperliche Integrität der vermuteten Delinquentin annähernd total, insofern er weder vor Körper- noch vor Schamgrenzen haltmacht.

## 3 Polizei und Gewalt

Indem die Polizei als „Organisation mit Gewaltauftrag" (Reemtsma, 2004, S. 354) legitimiert ist, das staatlich-hoheitliche Gewaltmonopol zur Anwendung zu bringen sowie dessen Bestehen abzusichern, gerät sie regelmäßig in gewalttätige Interaktionen bzw. initiiert diese selbst. Dies wird von der Polizeisoziologie, die Gewalt als einen zum Polizeiberuf gehörigen und dennoch im Polizeialltag nicht normalen Modus des Handelns bzw. Kommunizierens betrachtet, in verschiedenen Dimensionen reflektiert. Vor allem fokussiert sie darauf zu eruieren, welche Rolle körperliche Gewalt in der konkreten Polizeiarbeit und im öffentlichen Bild von der Polizei einnimmt (und inwiefern die beiden miteinander korrespondieren), wie es in Polizeiarbeit zu körperlicher Gewalt kommt und welche Wirkungen ebendiese körperliche Gewalt kurz- und längerfristig auf die Beteiligten hat, insbesondere wenn gewaltverstärkende ‚Körpererweiterungen' hinzukommen wie Schlagstöcke, materialverstärkte Handschuhe, Stahlkappenschuhe oder gar Schusswaffen.

So fragt ein Zweig polizeisoziologischer Forschung im Anschluss u. a. an Collins (2008) nach den situativen Bedingungen von Gewaltinteraktionen mit polizeilicher Beteiligung. Idealtypisch lassen sich in dieser Forschungsrichtung psychologische (z. B. Lorei, 2012) von mikrosoziologischen (z. B. Staack, 2015) Erklärungsansätzen unterscheiden, wobei beide Ansätze auf körperliche Dimensionen von Gewaltinteraktionen fokussieren. Zentrale Fragen sind dann, wie in Konfliktsituationen Konfrontationsanspannung zwischen Konfliktparteien (seien es Bürger untereinander mit der Polizei als eingreifendem Dritten oder zwischen Bürgerinnen und Polizei) entsteht und dadurch die Situation emotional auflädt, tatsächliche Gewalt aber zunächst hemmt. Daran schließen Fragen an, wann und wie solche Konfrontationsanspannung von einer Konfliktpartei überwunden oder umgangen wird und also Gewalthandeln stattfindet, und wann dies wie kontrolliert oder unkontrolliert-eigendynamisch geschieht.

Die zentrale Erkenntnis dieser Forschungen, dass auch ausgebildete Polizisten von der situativen Eigendynamik einer Gewaltinteraktion erfasst werden können, ist dabei nicht zuletzt auch in der Polizeiausbildung reflexiv verankert: Während diese zwar darauf abzielt, Polizisten auf das Ausüben körperlicher Gewalt vorzubereiten, bleibt sie darin doch stets ambivalent. Denn sie soll Polizistinnen zwar gewaltkompetent machen – aber eben nicht gewaltaffin. Polizisten sollen m.a.W. die Anwendung erlernter Gewaltkompetenzen habituell als ihre letzte, nicht als ihre erste Handlungsoption wahrnehmen.

Die spezifische Relevanz dessen diskutiert ein anderer Zweig polizeisoziologischer Forschung. Er untersucht die öffentliche Wahrnehmung der Polizei bzw. polizeilichen Gewalthandelns (z. B. Frevel und Behr, 2015). Diese Forschung stellt einerseits fest, dass die Vorstellung von der Polizei als ‚Freund und Helfer' (und eben nicht als Gewaltmonopolist), die auch durch polizeiliche Imagekampagnen mitetabliert wurde, zu einer erhöhten öffentlichen Sensibilität für von der Polizei ausgehende körperliche Gewalt führt. Gleichzeitig ermöglichte andererseits die alltägliche Etablierung technischer Neuentwicklungen wie Handykameras eine veränderte öffentliche Wahrnehmung des gewalttätigen Polizistenkörpers. Handybesitzerinnen werden so in die Lage versetzt, Foto- und Videoaufnahmen von Gewaltgeschehnissen im öffentlichen Raum anzufertigen und über das Internet zu teilen.

Dieses technisierte (Mit-)Teilen von Gewaltgeschehnissen über soziale und Massenmedien hat den Grad der Beobachtung von Gewaltinteraktionen mit polizeilicher Beteiligung erhöht und damit den öffentlichen Blick auf gewalttätige Polizeikörper gleichzeitig geschärft und diversifiziert. Einerseits wird polizeiliches Gewalthandeln auch der Mehrheitsgesellschaft, die dieses sonst nicht am eigenen Leib kennt, aus erster (Handy haltender) Hand zugänglich. Andererseits wird der Polizei nicht nur Entscheidungsgewalt darüber abgenommen, wann welches Geschehen an die Öffentlichkeit kommt. Vielmehr macht es ihr zudem die nachträgliche Definitionshoheit darüber streitig, was genau in den Situationen passierte, in denen Gewalt zwischen Bürgern und Polizei stattfand. Denn die erhöhte Anzahl der Perspektiven, aus denen ein körperliches Gewaltgeschehen dokumentiert wird, erhöht die Anzahl der Perspektiven, aus denen sich dieses Geschehen bewerten lässt.

Diese Perspektivendiversifizierung hat aber noch einen weiteren entscheidenden Effekt. Sie macht grundsätzliche Zurechnungsprobleme sichtbarer, die vorher aus dem Blick geraten konnten: Die Problematik einer klaren Differenzierung in Handlungen und Handlungseffekte, insbesondere in hektischen und unübersichtlichen körperlichen Gewaltinteraktionen, und die daraus abgeleitete Verantwortungs-Attribution für z. B. Gewaltgeschehnisse und Verletzungen, wird nun durch die verschiedenen Perspektiven, aus denen Kameras auf eine Interaktion gerichtet werden, für alle Beobachterinnen besonders augenfällig – nicht zuletzt auch für die Polizistinnen selbst. Dies macht die Beantwortung der Frage der Handlungsträgerschaft in polizeilicher körperlicher (Gewalt-)Arbeit noch einmal schwieriger, im Extremfall wirft sie gar die Frage auf: „Habe ‚ich' geschossen?" (Heim, 2008).

## 4 Polizei und Geschlecht

Wie in vielen wissenschaftlichen Diskursen haben sich auch in der Polizeiwissenschaft geschlechtersoziologische Forschungsfragen etabliert. Eine zentrale Annahme ist dabei, dass das polizeiliche Selbstverständnis historisch stark von einer spezifischen „Krieger-Männlichkeit" (Behr, 2008, S. 92) geprägt war und im Kern bis heute ist. Polizisten knüpfen ihre Berufsrolle demnach immer noch eng einerseits an eine maskulin imaginierte körperliche Dominanzfähigkeit, die nötig sei, um den anvertrauten Schutz der Bürger gewährleisten zu können. Andererseits gehört zu diesem maskulinen Polizistenideal insbesondere auch die Bereitschaft, im Einsatz nötigenfalls den eigenen Körper zu riskieren.

Bei dieser polizeispezifischen Krieger-Männlichkeit handelt es sich um ein stilisiertes Ideal. Als solches Ideal jedoch bildet sie einen zentralen soziokulturellen Referenzpunkt für das die „Cop Culture" (Behr, 2008) konstituierende Sinnsystem. Sie prägt dadurch entscheidend mit, wie sich der Außenkontakt mit Bürgern gestaltet, aber auch, wie die Polizei intern sozial organisiert ist.

Der polizeiliche Außenkontakt mit Bürgern ist in zweierlei Hinsicht durch die spezifischen Polizei-Männlichkeits-Vorstellungen beeinflusst. Erstens prägt o.g. Selbstverständnis die Vorstellung mit, wie man sich gegenüber der gesellschaftlichen Öffentlichkeit als polizeilicher Körper zu erkennen geben sollte. So wird bei aller situativer Konzilianz angestrebt, im Auftreten stets eine prinzipielle physische Überlegenheit darzustellen. Denn ein nicht ‚krieger-männlich‘ auftretender Polizist habe (wie auch eine Polizistin) aus Sicht der Beamten sonst gegenüber Bürgern schnell ein Autoritätsdefizit.

Zweitens imaginieren Polizisten auch die Personen, mit denen sie in potenziell konflikthafte Interaktion eintreten, zu großen Teilen als männlich und potenziell kriegerisch (was oft auch mit dem Selbstbild jener Personen korrespondiert). Dieses stereotype Fremdbild kann dann in Kombination mit dem stereotypen Selbstbild Interaktionsverläufe wirkmächtig mit vorstrukturieren, insbesondere, wenn Polizist und Bürger sich im tatsächlichen face-to-face-Kontakt auf den ersten Blick wechselseitig als ‚krieger-männlich‘ erkennen. Dies kann sowohl den Effekt haben, dass man sich ‚unter Männern‘ schnell einig wird, was in einer Situation der Sachverhalt ist und wie sich die Situation daher sinnvoll ohne größeren Gesichtsverlust und somit ohne größeren Konflikt auflösen lässt. Es kann aber ebenso gut den gegenteiligen Verlauf nehmen. Denn das interaktive Verstricken in handfest-körperliche Konflikte zwischen Polizei und Bürgern basiert ebenfalls oft auf dem wechselseitigen (An-)Erkennen als potenziell kriegerische Männer: Man reagiert auf eine wahrgenommene Ehrverletzung in einer Weise, die wiederum das dies als Affront erlebende Gegenüber in Zugzwang bringt, die eigene Ehre zu verteidigen, was dann wieder als Affront gewertet werden kann etc. Was die Interagierenden als gegeneinander gerichtetes Handeln erleben, ist soziologisch dann vor allem eine fein aufeinander abgestimmte, kooperativ-interaktive Performance eines durch beide Seiten gut eingeübten maskulinen Konfliktskripts.

Diese vergeschlechtlichten Interaktionszusammenhänge werden nicht nur in der Polizeisoziologie, sondern oft auch in der Polizei selbst reflektiert. Gemischtgeschlechtlich komponierte Schutzpolizei-Teams nutzen dies dann nicht nur, um z. B. körperliche Durchsuchungen jeweils gleichgeschlechtlich durchzuführen und dadurch u. a. Akzeptanzprobleme zu mindern. Vielmehr entwickeln sie auch geschlechtliche Rollen- und also Arbeitsteilungen, die sich einerseits an der körperlich-habituellen Geschlechtsperformanz des Gegenübers orientieren und andererseits daran, wie die Gegenüber jeweils auf männliche und weibliche Polizeibeamte unterschiedlich reagieren.

Diese reflektierte strategische Nutzung ist jedoch nicht die einzige Weise, wie an Körper gebundene Geschlechtervorstellungen innerhalb der Institution Polizei auftreten. Prägender für den Alltag der meisten Polizistinnen und Polizisten ist eher der Umstand, dass die hegemoniale Krieger-Männlichkeit auch innerhalb der Polizei starken Einfluss auf das Sozialleben der Institution hat. Hier fungiert sie vor allem als ein Distinktionsmittel, anhand dessen Statusunterschiede innerhalb der Polizei konturiert und teilweise auch legitimiert werden (Dick und Cassell 2004). Männliche Polizisten sind dabei insofern zunächst bevorteilt, als ihnen eine höhere polizeiliche Eignung unterstellt wird, insofern sie körperlich als durchsetzungsstärker betrachtet und damit dem Krieger-Männlichkeits-Ideal entsprechend wahrgenommen werden – büßen dafür andersherum aber umso leichter an Status ein, wenn sie diesem Bild nicht gerecht werden.

Für Frauen in der Polizei entsteht dadurch eine grundlegende Herausforderung, in Training und im Einsatz körperliche Dominanzfähigkeit unter Beweis zu stellen, um nicht auf die besonders ihnen zugeschriebenen sozialen Kompetenzen reduziert zu werden oder gar die Eignung für den Dienst ‚draußen' abgesprochen zu bekommen (Müller et al., 2002, S. 37). Diese Herausforderung wiederum besteht vor dem Hintergrund der erschwerten Bedingung, dass der weibliche Körper auch in der Polizei oftmals nicht nur als spezifisch fragil betrachtet, sondern zudem auch in besonderer Weise sexualisiert wird (Albrecht, 1993). In den Fällen, wo dies nicht an entsprechender Stelle reflektiert wird, ergibt sich für Frauen daher eine doppelte Schwierigkeit, ausschließlich eine professionelle Rolle einzunehmen und auch als solche professionelle Rolleninhaberin wahrgenommen zu werden.

## 5 Ausblick

Auch wenn dies nur selten analytisch elaboriert oder gar an körpersoziologische Theorien und Diskussionen rückgebunden geschieht, spielt der Körper in der Polizeiwissenschaft oft eine bedeutende Rolle. Primär gerät er in Analysen situierter polizeilicher Praktiken in den Blick. Hier gehen vor allem die *police studies* davon aus, dass die situative physische Präsenz von Polizistinnen dazu führt, dass alle Anwesenden sich hinsichtlich der Legalität ihres Handelns latent wechselseitig unter Beobachtung stellen. Das sozialfigurative Potenzial des Körpers konkretisiert sich dann weiter z. B. darin, wie er Dramaturgien stützend als kommunikatives *display* oder als Speicher und Vollzugsmedium für habitualisiertes Wissen fungiert.

In den polizeiwissenschaftlichen Forschungsfeldern Gewalt und Geschlecht ist der Körper noch einmal auf ganz andere Weise von Relevanz. Bei der Erforschung von *doing violence* und *doing gender* in der Polizei sind Analysen von Körpern als kommunikative *displays* etc. zwar ebenfalls zentral. Zusätzlich zu diesen methodologisch situationistischen werden aber noch weitere Analyse-Perspektiven in Anschlag gebracht. Insbesondere werden mit bild- und videoanalytischen Ansätzen die Konstruktionen öffentlicher Wahrnehmungen von Polizeigewalt untersucht und mit interview- und diskursanalytischen Ansätzen die Geschlechtervorstellungen, die innerhalb der Polizei wirksam sind.

Insgesamt lässt sich vor diesem Hintergrund feststellen, dass die Polizeiwissenschaft sehr anschlussfähig für körpersoziologische Perspektiven ist. Gleichzeitig sind viele Forschungsfragen offen, insbesondere, da die Polizeiwissenschaft nicht immer an den aktuellen Stand körpersoziologischer Forschung anschließt. So bauen, um nur ein Beispiel zu nennen, Forschungen zu Polizei und Gewalt häufig eher auf psychologischen als auf mikrosoziologischen Konzepten von Interaktion auf. Und das in diesen Forschungen oft zentrale analytische Konzept der Konfrontationsanspannung würde deutlich von einer leibsoziologischen Reflexion und Erweiterung profitieren.

Schließlich bietet die Polizei noch einige interessante Forschungsfelder, die in diesem Artikel nicht besprochen wurden, weil sie an den Grenzen körpersoziologischen Interesses liegen. So hat die Kriminalpolizei es z. B. bei der Verbrechensaufklärung ebenfalls mit spezifischen körperlichen Phänomenen zu tun. Anders als die Schutzpolizei aber, die üblicherweise mit vollständigen, lebenden Körpern interagiert, hat es die Kriminalpolizei auch mit toten Körpern zu tun sowie mit einzelnen Teilen von Körpern (z. B. Blut), die als Beweismittel fungieren, oder auch mit nichtkörperlichen Spuren, die aber Rückschlüsse auf Körper geben (z. B. Fingerabdrücke). All diese Aspekte werden dann in einen institutionellen Prozess eingebunden, in dem sie als materielle Artefakte Objekte interpretativer Analyse werden: Körper(teile) bzw. Körperspuren werden auf dem Weg vom Tatort ins Labor zunächst in einem ersten Schritt durch ihre lokale Dekontextualisierung transformiert und dann in einem zweiten Schritt, wenn sie digitalisiert und also Ergebnisse von Blut-, Fingerabdruck- oder DNA-Analysen in digitale Daten auf Computern übersetzt werden. Solche Transformationsprozesse körpersoziologisch zu begleiten, könnte sowohl der Polizei- wie auch der Körpersoziologie neue Perspektiven auf sich und die je eigenen Forschungsgegenstände eröffnen.

## Literatur

Aden, H. (2010). Die Kennzeichnung Von Polizeibediensteten. *Die Polizei, 101*(12), 347–352.

Albrecht, C. (1993). Sexualobjekt Kollegin. *Deutsche Polizei, 42*(4), 4.

Behr, R. (2002). Lebenswelt Polizei: Ein ethnografischer Zugang zur Berufsidentität von Polizeibeamten. *Forum Qualitative Sozialforschung, 3*(1).

Behr, R. (2008). *Cop Culture – Der Alltag des Gewaltmonopols: Männlichkeit, Handlungsmuster und Kultur in der Polizei.* VS Verlag.

Behr, R. (2019). Verdacht und Vorurteil: Die polizeiliche Konstruktion der „gefährlichen Fremden". In C. Howe & L. Ostermeier (Hrsg.), *Polizei und Gesellschaft: Transdisziplinäre Perspektiven zu Methoden, Theorie und Empirie reflexiver Polizeiforschung* (S. 17–45). Springer VS.

Collins, R. (2008). *Violence: A micro-sociological theory.* Princeton University Press.

Dick, P., & Cassell, C. (2004). The position of policewomen: A discourse analytic study. *Work, Employment and Society, 18*(1), 51–72. https://doi.org/10.1177/0950017004040762

Eberz, S., Thielgen, M. M., Weis, A., Telser, C., & Schäfer, R. (2019). Das Modell der Risikosensitiven Liberalisierung (MRL). *Polizei & Wissenschaft, 2*, 18–41.

Frevel, B., & Behr, R. (Hrsg.). (2015). *Empirische Polizeiforschung XVII: Die kritisierte Polizei.* Verlag für Polizeiwissenschaft.

Gruhlich, J. (2019). Schwarze Männlichkeiten Zur Problematisierung der Problematisierung. In D. Negnal (Hrsg.), *Die Problematisierung sozialer Gruppen in Staat und Gesellschaft* (S. 43–62). Springer VS.

Heim, C. (2008). Habe „ich" geschossen? Überlegungen zum nicht beabsichtigten Schusswaffengebrauch durch Polizeibeamte. In F. Bockrath (Hrsg.), *Körperliche Erkenntnis: Formen reflexiver Erfahrung* (S. 117–134). Transcript.

Keysers, V., Meißner, J., Reichertz, Jo., & Spiekermann, N. (2019). Die Einlassanlage von Fußballstadien als Stahl gewordener Imperativ: Situative und übersituative Praktiken des Problematisierens beim Fußball. In D. Negnal (Hrsg.), *Die Problematisierung sozialer Gruppen in Staat und Gesellschaft* (S. 167–191). Springer VS.

Lorei, C. (2012). Das sogenannte Jagdfieber als Erklärungsansatz für Polizeigewalt. In T. Ohlemacher & J.-T. Werner (Hrsg.), *Empirische Polizeiforschung: Bd. 14. Empirische Polizei-*

*forschung XIV: Polizei und Gewalt: Interdisziplinäre Analysen zu Gewalt gegen und durch Polizeibeamte* (S. 129–142). Verlag für Polizeiwissenschaft.
Manning, P. K. (1997). *Police work: The social organization of policing*. MIT Press.
Manning, P. K. (2005). The study of policing. *Police Quarterly, 8*(1), 23–43.
Manning, P. K. (2010). *Democratic policing in a changing world*. Paradigm Publishers.
Müller, U., Müller-Franke, W., Pfeil, P., & Wilz, S. (2002). Polizei und gender. *IFF Info, 19*(24), 24–42.
Open Society Institute. (2009). *Profiling minorities: A study of stop-and-search practices in Paris*. Open Society Institute.
Reemtsma, J. P. (2004). Gewalt: Monopol, delegation, partizipation. In W. Heitmeyer (Hrsg.), *Gewalt: Entwicklungen, Strukturen* (S. 346–360). Analyseprobleme.
Staack, M. (2015). Überlegungen zum Nutzen von Randall Collins' Theorie der Dynamik der Gewalt für die Reflexion polizeilichen Einsatzhandelns. In C. Stark (Hrsg.), *Soziologie und Polizei: Zur soziologischen Beschäftigung mit und für die Polizei* (S. 125–150). Books on Demand.
Steffes-enn, R. (2012). *Polizisten im Visier: Eine kriminologische Untersuchung zur Gewalt gegen Polizeibeamte aus Tätersicht*. Verlag für Polizeiwissenschaft.
Sytschjow, G. (2016). *„Was der Körper sagt": Nonverbale Kommunikation von Schutzpolizistinnen und Schutzpolizisten im Einsatz*. Verlag für Polizeiwissenschaft.

# Popkultur

Jochen Bonz

Im Anschluss an einen Vortrag über Rollenmodelle in der Popmusikkultur des Metal meldete sich ein Student mit der Meinung zu Wort, ihm habe der Vortrag nicht zuletzt deshalb sehr gut gefallen, weil hier Körperlichkeit nicht problematisiert, sondern einfach vorausgesetzt worden sei. Er konstatierte damit die universelle Körperlichkeit des Sozialen, deren Untermauerung von der vorliegenden Publikation angestrebt wird. Zugleich brachte er damit jedoch auch das zum Ausdruck, was für die Popkultur gerade keine Gültigkeit besitzt – das selbstverständliche Gegebensein eines Körpers. Wenn ein solches sozial-kulturell geprägtes, habituelles Dasein des Körpers in der Popkulturforschung überhaupt thematisiert wird, so erscheint die Körperlichkeit nicht als ‚normal', sondern es haftet ihr etwas Bizarres an. So etwa wenn Paul Willis in seiner kanonischen Ethnografie einer Gruppe englischer Hippies deren Körperlichkeit als ‚leblos' und ‚schwerfällig' qualifiziert (vgl. Willis, 1981, S. 130); Eigenschaften, in welchen Willis das die Hippiekultur durchziehende, ‚homologe' Charakteristikum ausgedrückt sieht, die ‚ontologische Unsicherheit' (vgl. ebd., S. 114): „The bad coordinations spoke of a kind of stance before existence, an unspoken understanding of the nature of ‚reality' and one's own position in the dialectic of determinateness and freedom" (Willis, 2014, S. 129). Ein anderes Beispiel für eine Darstellung von Körperlichkeit, die das selbstverständliche Gegebensein nicht zu zeigen vermag, ohne zugleich das Seltsame, Absonderliche hervorzuheben, ist Dick Hebdiges Beschreibung des Styles der Punks. ‚Style' gebraucht Hebdige als Begriff zur Bezeichnung einer subkulturellen symbolischen Ordnung, die auch er durch Homologie gekennzeichnet sieht. Im Fall des Style der Punks besteht das homologe Moment im Bruch. In dieser Hinsicht schreibt er über den Umgang der Punks mit Make-Up: „Contrary to the advice of every woman's magazine, make-up for both

J. Bonz (✉)
Münster, Deutschland
E-Mail: j.bonz@katho-nrw.de



R. Gugutzer et al. (Hrsg.), *Handbuch Körpersoziologie 2*,
https://doi.org/10.1007/978-3-658-33298-3_24

boys and girls was worn to be seen. Faces became abstract portraits: sharply observed and meticulously executed studies in alienation" (Hebdige, 1997, S. 107).

In diesen Beispielen klingt durch, was in der Mehrzahl sozialwissenschaftlicher Studien, die Körperlichkeit an Popkulturphänomenen adressieren, einmal mehr, einmal weniger ausdrücklich im Fokus steht: Anstatt zu versuchen, Körper in ihrem sozial-kulturell geprägten Dasein zu begreifen, beschreiben sie vielmehr ein Werden des Subjekts, das sich am Körper festmacht. Bevor ich im Weiteren drei Formen eines solchen Werdens ausführlich anhand prominenter Studien aus dem Feld der Popkulturforschung beschreibe, einleitend zwei kurze Beispiele für das, was von mir in diesem Zusammenhang mit ‚Werden' gemeint ist.[1] 1) Einen kulturtheoretischen Ertrag ihrer ethnografischen Auseinandersetzung mit der Heidelberg-Mannheimer HipHop-Szene in den späten 90er Jahren bildet Stefanie Menraths Schlussfolgerung, ein ‚Habitus der Innovation' sei hier wirksam. „Im HipHop wird der einzelne Künstler als Innovationspunkt aufgefasst. Die als Körperwissen in dem Umfeld eines ‚Habitus der Innovation' erlernten skills befähigen den Künstler, eine individuelle Interpretation schon bestehender Techniken zu geben." (Menrath, 2001, S. 75) Bereits in der Art des Bezugs auf Bourdieus Habitusbegriff artikuliert sich hier der Aspekt des Werdens. Bezeichnet Bourdieu mit dem Habitus doch eine Seinsweise, die aus einer milieuspezifischen Prägung resultiert und maßgeblich die Wahrnehmungskategorien, den Geschmack und die Handlungsmotivationen dieses Milieus reproduziert und auf diese Weise ein Subjekt einer relativ stabilen Ontologie hervorbringt. Im Gegensatz hierzu zeigt Menrath mit der Verwendung des Habitusbegriffs zwar auch eine überindividuelle Gültigkeit von Kategorien, Geschmack, Motivationen etc. an, aber diese findet die Person erstens nicht im Milieu der Eltern, sondern in der Subkultur, und, was entscheidender ist, diese schaffen zweitens gerade keine im wesentlichen stabile Ontologie, sondern sie sind am Wandel orientiert. Der ‚intelligible'[2], oder vielleicht passender: respektable Körper ist hier einer, der sich über das bekannte Maß hinaus bewegt, also in einen tendenziell unabgeschlossenen Prozess der Veranderung eingetreten ist. 2) Garry Robsons Studie über Fans des Südostlondoner Fußballclubs FC Millwall kulminiert in seiner Beschreibung des ‚Millwall Roars', einem im Stadion während des Spielgeschehens auftretenden Phänomen, das wesentlich in oft minutenlangem Gebrüll der quasi ins unendliche gedehnten Silbe ‚Miiiiiiiill' besteht.

> „Being effectively wordless, and lacking any decisive harmonic resolution, this merging of the resonating individual voice with sustained collective performance produces an atmosphere of extraordinary intensity, a kind of sonic field in which time stands still and being itself hangs, static and unelaborated in the air. As the roar of one singers dies another

---

[1]Die Bezeichnung ‚Werden' verwende ich hier unspezifisch, um eine Dynamik anzuzeigen. Freilich bildet aber die terminologische Verwendung bei Gilles Deleuze und Félix Guattari (1997) den Hintergrund dieser Begriffswahl.

[2]Vgl. Judith Butler 1993.

> begins, crashing into and rolling over one another against sustained aural backdrop of thousands of open throats and resonating chests." (Robson, 2004, S. 183)

Robson begreift das Südostlondoner Millwall-Fantum als „a celebration of intensely male working-class values" (ebd., S. 3) und als einen Habitus im Sinne Bourdieus. Wenn er nun über den Roar schreibt, „[t]he roar brings the collective and its world alive" (ebd., S. 183), so lässt sich darin die kulturelle Funktion der Re-Identifikation erkennen: In seiner körperlichen Spürbarkeit nimmt der Roar das Subjekt ein; er verandert es, indem er die Wirksamkeit einer im Subjekt angelegten Identifikation wachruft und verstärkt.[3]

Exemplarisch wird bei Menrath und Robson erkennbar, dass der Körper in der Popkulturforschung als ein Medium von Veränderung im Bereich der Subjektivität aufgefasst wird. Er wird in einer Funktion beschrieben, die darin besteht, als Transportmittel für Identifikationsbewegungen zu fungieren.[4] Drei solcher Dynamiken des Werdens werden von mir im Folgenden dargestellt. Die erste Identifikationsbewegung führt das Subjekt ausgehend von der Langeweile zur Faszination für ein Bild vom begehrenswerten Körper. Die zweite führt von der mimetischen Aneignung von Körperbildern, -codes, -bewegungen zur Identifikation in der Dimension der symbolischen Ordnung. Hier zeichnet sich ein quasi klassischer Sozialisationsprozess unter popkulturellen Bedingungen ab.[5] Als eine dritte Form des Werdens fasse ich die in der Popkulturforschung häufig anzutreffenden Beschreibungen der Überschreitung gesellschaftlicher Konventionen, die einem Abstreifen habitualisierter Körperlichkeit gleichkommt. Während an dieser Dynamik meist das Subversionspotential des Pop festgemacht wird, möchte ich mit der Verankerung, die eine Identifikation im wiederholten und massiven leiblichen Erleben erfährt, auch auf eine alternative Interpretationsmöglichkeit hinweisen. Den Kontext dieser Interpretation einer quasi entgrenzten Körperlichkeit bildet die spätmoderne Identitätsarbeit.

---

[3]Die hier präsentierte Überlegung ist angelehnt an Althussers (1973) Vorstellung von ‚Anrufung'. Der wichtige Unterschied besteht darin, dass die Anrufung über das Auftreten des großen, das Gesetz verkörpernden Anderen funktioniert. Sie ereignet sich damit wesentlich in der Dimension der symbolischen Ordnung. Der Roar, dagegen, verstärkt eine in der symbolischen Ordnung bereits angelegte Identifikation, indem der Körper in seiner schieren Leiblichkeit ergriffen wird. Mit den Lacan'schen Termini formuliert: Die Identifikation im Symbolischen erfährt im Realen eine Verstärkung (vgl. Bonz, 2014a).

[4]Um noch ein weiteres Beispiel wenigstens zu erwähnen: In seiner Studie zum Berliner ‚Proll-Stil' spielt auch bei Moritz Ege der Aspekt des Werdens eine zentrale Rolle, die er unter der Bezeichnung ‚Selbst-Figurierung' fasst (vgl. Ege, 2014).

[5]Die Bewegung entspricht damit – nicht im Einzelnen, aber grundsätzlich – derjenigen Identifikationsdynamik, die Lacan in seinen frühen Seminaren in den 1950er Jahren als Psychogenese beschreibt: Von der imaginären Identifikation mit dem kleinen anderen im Spiegelstadium über die Dialektik des Begehrens im Kastrationskomplex zur Identifikation mit dem Signifikanten des Namens des Vaters als großem Anderen im Symbolischen (vgl. etwa Lacan, 2006, Kap. X und XI).

## 1 Faszination durch das Bild des Andersseins

Es bedarf keinerlei empirischen Aufwandes um wahrzunehmen, dass die Popkultur eine Kultur der Bilder ist. Man denke nur an einige ikonischen Darstellungen aus der Popmusikgeschichte wie John Lennon und Yoko Ono zusammen im Bett, Jimi Hendrix in Woodstock, Patti Smith' androgyne Erscheinung auf dem Cover ihres Debütalbums *Horses,* das Portrait Elisabeth II. mit einem von einer Sicherheitsnadel verschlossenen Mund auf dem Cover der Sex Pistols-Single *God Save the Queen,* an Fotografien Madonnas, Michael Jacksons, Kurt Cobains. Aber auch die Relevanz der Titelbilder von Zeitschriften, der Musicvideoclips, diverser Internet-Fotoseiten verdeutlicht den hohen Stellenwert, der Bildern im Pop zukommt.

Der Omnipräsenz der Bilder entspricht eine Wirkmächtigkeit, die als Pop-spezifisch zu bezeichnen übertrieben wäre, da sie in der Spätmoderne ein allgemein weit verbreitetes Phänomen darstellt, die aber sehr wohl in der Popkultur mit besonderer Deutlichkeit hervortritt und deshalb am Pop thematisierbar und der Erforschung zugänglich wird: Das Eingenommen-Werden des Subjekts durch das Bild. Diederichsen formuliert es in folgender Weise, wenn er über die „schier unendliche Vielfalt" der Bilder im Pop schreibt, dieser korrespondiere eine Rezeptionshaltung, die diese in dreierlei Weise gebrauche: „[S]o will ich sein. Den/die will ich haben. Da will ich hin." (Diederichsen, 2007, S. 331).

Eingebracht in die kulturwissenschaftliche Diskussion und stark gemacht wurde die Thematik der Wirkmächtigkeit der Bilder im Pop durch Angela McRobbies Untersuchung der „teeny-bopper culture" (McRobbie und Garber, 1991, S. 12) in den 70er Jahren, die sie maßgeblich über die Abbildungen von Stars beschreibt, mit denen sich die adoleszenten Mädchen umgeben.[6] Aus McRobbies Sicht wird auf diese Weise die Auseinandersetzung mit dem anderen Geschlecht in einer Weise erst möglich, wie sie in der sozialen Realität der britischen Arbeiterschicht aus einer Reihe von Gründen unvorstellbar wäre. Sie erläutert:

> „Young pre-teen girls have access to less freedom than their brothers. Because they are deemed to be more at risk on the streets from attack, assault, or even abduction, parents tend to be more protective of their daughters than of their sons [...]. Teeny-bopper culture takes these restrictions into account. Participation is not reliant on being able to spend time outside the home on the streets. Instead teeny-bopper styles can quite easily be accommodated into school-time or leisure-time spent in the home" (ebd., S. 13).

McRobbie betont, dass tatsächliche sexuelle Erfahrungen vermieden werden wollen, während sexuelle Phantasien gesucht würden. „Sexual experience is something most girls of all social classes want to hold off for some time in the future. They know,

[6] Bei den folgenden Ausführungen zu McRobbie, Blümner und Burchill handelt es sich um die überarbeitete Fassung eines bereits publizierten Textes, vgl. Bonz, 2014b.

however, that going out with boys invariably carries the possibility of being expected to kiss, or ‚pet'. The fantasy boys of pop make no such demands" (ebd.). Anstatt bedrohliche Anforderungen zu stellen, stellen sich die ‚fantasy boys' vielmehr aus und laden damit zur eingehenden Betrachtung und zu Tagträumereien ein:

> „The pictures which adorn bedroom walls invite these girls to look, and even stare at length, at male images (many of which emphasise the whole masculine physique, especially the crotch). These pin-ups offer one of the few opportunities to stare at boys and to get to know what they look like. While boys can quite legitimately look at girls on the street and in school, it is not acceptable for girls to do the same back. [...] The kind of fantasies which girls construct around these figures play the same kind of role as ordinary daydreams" (ebd.).

Die Distanz, die zwischen Bild und Betrachterin besteht, scheint hier ein Begehren dadurch zu ermöglichen, dass sie diesem im Vorstellungsvermögen des Subjekts einen Raum gibt. Auf diese Weise schafft die Kultur der teeny-bopper Platz für eine Nähe in der Fantasie. Zwar mit Bezug auf ein anderes Objekt, aber im selben Modus des Wahrnehmens, argumentiert die Musikjournalistin Heike Blümner, wenn sie ihr jugendliches Fansein in folgender Weise beschreibt.

> „Mit 15 Jahren liebte ich Sade. Und zwar so unschuldig und aufrichtig, wie es nur 15jährige Mädchen können, deren instinktives Bedürfnis nach einer glitzernden Welt täglich durch den Anblick kleinstädtischer Fußgängerzonen beleidigt wird, die von männlichen Pubertätsmonstern, Leib-und-Seele-Hausfrauen mit Einkaufskörben und beigen Rentnern überbevölkert sind. Sade durfte glänzen, ihre Strahlen kitzelten meine unterfütterte Phantasie" (Blümner, 2001, S. 55).

Die Art der Nähe, die in der Faszination durch das Bild zu entstehen vermag, wird hier spezifiziert: Sie besteht in diesem Fall darin, dass das faszinierende Bild nicht einfach irgend etwas zeigt, sondern einen phantastischen Entwurf des Selbst enthält. Julie Burchill führt diesen Aspekt in ihrer Autobiografie weiter aus in einer Reflexion ihrer Faszination für die Fotografie, die Patti Smith auf dem Albumcover von *Horses* zeigt:

> „Ich sehe ihr Bild vor mir, wie sie an eine Wand gelehnt dasteht, die Jacke über die Schulter geworfen. Für jene unter uns, die 1976 dieses Schwarzweißfoto sahen, besitzt es den gleichen immerwährenden Symbolwert wie Marilyn über dem U-Bahn-Schacht oder das ausgelassene englische Team von 1966. Es war ein Beweis für die Vollkommenheit" (Burchill, 1999, S. 136).

Das Bild bringt eine Vollkommenheit zum Ausdruck, die „nicht etwas Totes, Vergangenes, das man in einem Kasten aufbewahrt, sondern eine beinahe gewöhnliche, alltägliche Vollkommenheit" (ebd.) sei. „Ich empfinde die Vollkommenheit nicht wie andere Menschen, die sie mit Ehrfurcht, Selbsthass und Distanz betrachten; für mich ist sie ein Fest, das jeder von uns besuchen kann, wenn er nur den richtigen Moment auswählt" (ebd.).

Zusammengenommen zeichnet sich in diesen Ausführungen ab, dass es sich bei der popkulturellen Faszination für das Bild um ein kulturelles Muster handelt, einen spezifischen Modus der Wahrnehmung von Selbst und äußerer Realität. Mit dem als vollkommen idealisierten Körperbild, das für immer unerreichbar strahlt, das einnimmt und dessen Wahrnehmung als Selbstentwurf flankiert ist von der Abgrenzungen gegenüber anderen Körperbildern (‚beige Rentner' etc.), die nur als Negativfolie fungieren und eine Entwertung erfahren, ja, deren Funktion für das Selbst darin besteht, überhaupt nicht als Selbstentwurf in Frage zu kommen, weist dieser Modus die wesentlichen Kennzeichen des ‚Imaginären' auf, die Lacan (1996) prominent in seinem Vortrag über das Spiegelstadium ausgeführt hat. Zwei Konsequenzen, die der Modus des Imaginären im Lacan'schen Sinne für das Subjekt, dessen Wirklichkeitswahrnehmung sich in diesem Modus bewegt, mit sich bringt, sind hervorzuheben: a) Es findet ein Eingenommenwerden in der narzisstischen Orientierung an einem bestimmten Ideal statt, das nicht ohne Weiteres aufzubrechen ist. b) Das Imaginäre ist ein Medium des Vergleichs, in dem es um alles oder nichts geht: Die Gefangennahme im Bild führt deshalb in Rivalitätsbeziehungen, die darum kreisen, wer dem Bild am nächsten kommt, und die von Aggressivität geprägt sind. Es herrscht in ihm das Begehren, den Rivalen zu vernichten.

Während die Thematisierung der allgemeinen Bildlichkeit in der Popkulturforschung weit verbreitet ist, sind die mit der Identifikation im Modus des Imaginären einhergehenden Konsequenzen bislang kaum untersucht (vgl. Waltz, 2001). Mit ihrer Zusammenführung von Identifikationskraft und Aggression bildet die imaginäre Identifikation auch ein gesellschaftspolitisch relevantes Desiderat für allgemein sozialwissenschaftliche und insbesondere körpersoziologische Forschungen.

## 2 Mimesis: ‚Anähnelung' an Körpercodes und die habituelle Identifikation

Unter 1) habe ich das Eingenommen-Werden durch das Bild von einem idealen Körper beschrieben. Die zweite Identifikationsbewegung, die ich vorstellen möchte, ist scheinbar sehr nahe an der ersten gelagert, aber sie funktioniert in sich doch ganz anders. Sie wird mit der Bezeichnung ‚Mimesis' gefasst und es geht bei ihr um eine Aneignung von Vorstellungen vom Selbst, die in der gesellschaftlichen Realität das Subjekt umgegeben und eine spezifische kulturelle Codierung aufweisen. In einer von Gabriele Klein und Malte Friedrich unternommenen Studie über HipHop erscheint sie im Zusammenhang mit der Frage, wie global kursierende Ästhetiken lokal rezipiert werden, in der folgenden Weise: „Globale Bilder des HipHop können ihre Wirksamkeit nur dann entfalten, wenn die Bilder von den Konsument/innen mimetisch nachvollzogen, in einem performativen Akt der Neukonstruktion verkörpert und auf diese Weise lebensweltlich neu gerahmt werden" (Klein und Friedrich, 2003, S. 133). In Anlehnung an Bourdieu, Gebauer und Wulf skizzieren sie eine Theorie der ‚mimetischen Identifikation' (vgl. ebd., S. 195–198), in deren Mittelpunkt die „Verleiblichung der kontextimmanenten Spielregeln durch

Anähnelung" (ebd., S. 195) steht. Die Identifikationsbewegung besteht in der „Nachahmung, Darstellung und Konstruktion" (ebd.) und beinhaltet, „sich in die Wirklichkeit einzufühlen, sie nachzuvollziehen und sie sinnlich-sinnvoll darzustellen" (ebd., S. 196). „Mit dem Begriff der mimetischen Identifikation wird der Prozess der Aneignung als ein leiblicher Vorgang beschreibbar, der nicht ‚passiert', sondern vollzogen wird. [...] In der Nachahmung von Körpercodes, Bewegungstechniken und Styles entsteht [...] etwas Neues, weil das Bild mit der eigenen Sozial- und Körperwelt verknüpft wird" (ebd., S. 197).

Das in diesem Vorgang neu Entstehende, wird von Klein und Friedrich nicht ausdrücklich genannt, wenn sie schreiben: „[I]n der mimetischen Identifikation wird nicht auf der Ebene des Körpers eine vorgegebene Wirklichkeit nachgeahmt, es wird eine neue Wirklichkeit hergestellt" (ebd.). Aber verstanden werden kann die Entstehung einer ‚neuen Wirklichkeit' in diesem Zusammenhang nur als Veranderung eines Subjekts. Diesem stellt sich die Wirklichkeit anders dar, nachdem es selbst in der mimetischen Identifikation ein anderes geworden ist. Eine Identifikationsbewegung findet statt, die sich am Körper festmacht: In der performativen körperlichen Aneignung des Bildes werden sowohl das Bild als auch das Subjekt in Bewegung versetzt. Es erstaunt nicht, dass Klein und Friedrich diese Überlegung in der Beschäftigung mit HipHop entwickeln als einer auch in körperlicher Hinsicht enorm dynamischen, ja, denkt man an Breakdance und die Moves, wie sie in Rap-Videoclips zur Aufführung kommen, zweifellos artistischen Popkultur.

Was eröffnet sich? Zieht man Ann Kaplans (1993) vielbeachtete Interpretation des Phänomens Madonna als Beispiel heran, so besteht die Eröffnung zunächst in einer Verdopplung: In den Inszenierungen des Popstars selbst artikulieren sich ‚Anähnelungen', deren leiblicher Charakter insofern ausgestellt ist als es sich bei den Bildern respektive Codes, mit denen Madonna spielt, um als die ausgesprochen mit Körperlichkeit konnotierten der geschlechtlichen Differenz, der Androgynität und sexueller Praktiken handelt. Madonna erscheint damit grundsätzlich in einer analogen Position zum Pop-Fan, der die Identifikation mit dem Körperbild sucht. Nach Kaplan, die hier eine virtuose Anwendung der Überlegungen Judith Butlers zur gesellschaftlichen Konstruktion von Körper/Geschlecht/Subjekt auf ein popkulturelles Phänomen bewerkstelligt, eröffnen Madonnas mimetischen Inszenierungen im engeren Sinne eine Reihe von Subversionsmöglichkeiten an herrschenden Vorstellungen von Körper, Geschlecht, Subjekt. Zum einen würde Madonna für junge Frauen ein fortschrittliches Rollenmodell anbieten, „refusing the passive patriarchal feminine, unmasking it, and replacing it with strong and autonomous female images" (Kaplan, 1993, S. 160). Darüber hinaus würde Madonna patriarchale Fantasien reproduzieren und zwar auf eine Weise, die diese als dem Zweck der Täuschung dienende Inszenierung überführe. Die dritte und radikalste Form der Subversion geht für Kaplan schließlich damit einher, dass Madonna „usefully adopts one mask after another to expose the fact that there is no ‚essential' self and therefore no essential feminine but only cultural constructions" (ebd.). Sie betreibe ein Spiel mit der herrschenden symbolischen Ordnung, eine Politik auf der Ebene des Signifikanten.

Eine weniger spektakuläre, dafür aber auf eine interessante qualitative Methodik gestützte Verwendung des Mimesis-Konzeptes präsentiert die australische Kulturwissenschaftlerin Gerry Bloustien (2004) in ihrer Studie *Girl Making.* Ich stelle die Studie an dieser Stelle etwas ausführlicher vor, weil sie im deutschsprachigen Raum bislang kaum zur Kenntnis genommen wird.[7] Die mehrjährige, in den 1990er Jahren realisierte Studie befasst sich mit Identifikationsprozessen einer Reihe von Mädchen respektive jungen Frauen in Adelaide. Bloustien gebraucht die Bezeichnung ‚serious play' zur Charakterisierung eines wesentlichen Momentes dieser Prozesse „to indicate attempts to work with perceived or internalized structural constraints, which are used ‚to designate the objectively oriented lines of action which social agents continually construct in and through practice'" (Bloustien 2003, S. 12 f.), wie sie, Bourdieu zitierend, formuliert. Ernsthaftes Spielen sei demnach „a way of simultaneously investigating, constituting and representing what kind of self is deemed appropriate, what kind is possible and, by implication, what kind is totally unthinkable" (ebd., S. 71). Im ‚serious play' gehe es um mimetische Identifikationen, in denen das Anderssein ausprobiert werde – „trying [otherness] on for size"(ebd., S. 51), wie sie mit Taussig formuliert. Auf diese Weise – indem sich das Subjekt ins Ungekannte entäußert – werde es ihm möglich, ein ungekanntes Selbst zu spüren; das bislang Unaussprechliche zu sprechen (vgl. ebd., S. 117).

Für ihre Studie entwickelte Bloustien einen speziellen ethnografischen Forschungsansatz. Dieser bestand zum einen darin, über mehrere Jahre hinweg wiederholt viel Zeit mit einzelnen Mädchen und Gruppen von Mädchen zu verbringen und sie in ihrem Alltag im Sinne einer ethnografischen teilnehmenden Beobachtung zu begleiten. Zum anderen stattete sie die Mädchen mit Filmkameras aus und ermutigte sie, sich selbst in ihren Tätigkeiten zu dokumentieren und auch Überzeugungen und Wünsche in Szene zu setzen. Das Filmmaterial bildete die Grundlage für ausführliche Interviews.

Eindrücklich legt Bloustien die Funktionsweise des ernsthaften identifikatorischen Spiels der Mimesis am Beispiel des Popmusikhörens dar. Mit Simon Frith geht Bloustien davon aus, dass sich den Rezipient_innen in der Popmusik ein Raum für Fantasien eröffne, der durch Idealvorstellungen geprägt ist – vom Selbst sowie umfassender von der sozialen Wirklichkeit. (Vgl. ebd., S. 217 ff.) Diese würden von der Musik aber nicht, wie etwa von einem Text, als Vorstellungen evoziert, sondern seien in der Musik ‚lebendig' (vgl. ebd., S. 222). Die jenseits des Alltagslebens der Jugendlichen angesiedelten idealen Werte, Orte und Gemeinschaften stellten sich ihnen beim Musikhören deshalb als eine „intensely personal bodily experience" (ebd., S. 222) dar. „Music is powerful because it brings together both the experience of the intensely and personal with the external, cultural and collective." (Ebd., S. 223).

[7]Eine Ausnahme bildet meine andernorts publizierte Zusammenfassung der Studie, die ich im Folgenden in leicht variierter Form reproduziere (vgl. Bonz, 2013).

Die mimetische Identifikation bringt eine Dynamik mit sich, die das Subjekt auch aus dem Bereich des ernsten Spielens hinaus führen kann. „Sometimes the exploration of the self became too threatening [...]. It evolved, then [...] into mimetic excess. This was either expressed by adoption of an extreme parodic or ironic stance or emerged as ‚dark play' where no humour was possible" (ebd., S. 71). Das dunkle Spielen tritt in Bloustiens Studie in drastischer Form zum Beispiel im Drogenkonsum eines Mädchens zutage, der zum Tod führt. Der mimetische Exzess kann aber auch einfach den Anschein der Übertreibung besitzen. In der dichten Beschreibung einer Situation, die darin besteht, dass eine Gruppe von Mädchen in einem Kaufhaus intensiv Kleidung anprobiert und sich in ihrem Tun filmt, thematisiert Bloustien das Umschlagen eines ernsthaften ins exzessive Spiel (vgl. ebd., S. 86 ff.). Die Anprobe erfolgt mit Bewilligung der Kaufhausleitung, die den Mädchen die Kleidung gewissermaßen zur Verfügung stellt und einen Umkleidekabinentrakt für sie reserviert. Zu Bloustiens Verwunderung stürzen sich die Mädchen ins Anprobieren und warten gar nicht erst auf die Installation der mitgebrachten Kamera. „It seemed as though they were not dressing up for the camera but rather for themselves" (ebd., S. 86). Die Anprobe ist von einer intensiven Ernsthaftigkeit geprägt. „They divided into the changing rooms and then reemerged wearing the dresses, looking at themselves critically in the mirror and asking of the others, usually quite seriously, ‚What do you think?'" (ebd., S. 87). Mit einer zweiten Auswahl an Kleidern wandelt sich die Atmosphäre. „The girls now demonstrated an interesting contrast in their play with the clothes themselves – trying them on, swirling in front of the mirrors and making derogatory comments about the garments. There were screams of laughter as they came out of the changing rooms (even when such a reaction was unwarranted in my eyes)" (ebd.). Die Stimmung ist jetzt überdreht, das ernsthafte Spiel hat sich in Parodie verwandelt. Bloustien beschreibt, wie die Kleider nun stark als Bedeutungsträger in ihrem semantischen Gehalt wahrgenommen werden. So fällt den Anderen angesichts eines Kleides ein, was der Trägerin jetzt noch fehle, sei eine Zigarette; woraufhin diese in eine stilisierte Raucherpose fällt und beginnt, in einem übertriebenen Laufsteg-Stil zu gehen. Ein anderes Mädchen, das ein hautenges schwarzes Kleid anprobiert, wird dazu aufgefordert, mit dem Po zu wackeln. Die irritierte Forscherin spricht die Mädchen später auf den Stimmungswandel an und erfährt, dass es für die Mädchen undenkbar wäre, die im zweiten Teil anprobierten Kleider im Alltag zu tragen. Zugleich habe gerade diese Unwirklichkeit der Kleider dem Anprobieren seinen Reiz gegeben und Spaß gemacht. Die mit den Kleidern verbundene „alternative expression of femininity through clothes and style" (ebd., S. 89) ist angesichts der Selbstwahrnehmungen in den Spiegeln und mittels der Beurteilungen durch die Anderen schließlich zu viel gewesen. Die Anprobe endet in der Zurückweisung des Ungekannten.

Wiederholt weist Bloustien auch auf die Grenzen des Spielbaren hin. Abgesteckt sind diese nach Bloustiens Beobachtung durch die jeweiligen Herkunftsmilieus; in deren Werte- und Wahrnehmungshorizont bewegt sich das utopische Spielen. Bloustien verdeutlich dies etwa am Beispiel der Einrichtungen der Jugendzimmer der Mädchen: „For each girl, I argue that the ‚individual' selves reflected in their choice of decor in their rooms, reinforced familial values rather than challenged them“ (ebd., S. 147). Besonders eindrücklich werden die Grenzen der mimetischen Identifikationsmöglichkeiten des Spielens jedoch in Bloustiens Analyse der soziokulturellen Verhältnisse verschiedener Schulen, welche die Mädchen besuchen. Diese sind sämtlich durch ein relational hierarchisch strukturiertes Cliquenwesen gekennzeichnet, an dessen Spitze jeweils die Clique der ‚coolen' Mitschüler_innen steht. Bloustien erkennt eine Homologie zwischen der jeweiligen Schule und den Merkmalen, durch die die coole Gruppe gekennzeichnet ist. So gilt beispielsweise eine Schule als besonders exklusiv und leistungsorientiert. „Concern about public image, uniforms and overtly disciplined behaviour, academic results, awards and formal prizes was a vital part of the overt structure and the circulated discourse within the school." (Ebd., 195) Die Gruppe der Coolen entspricht mehr als alle anderen Cliquen den von der Schule artikulierten Werten. Im Gegensatz hierzu war Coolness unter den Schülerinnen eines feministischen Mädchengymnasiums, „founded on feminist principles with the aim of empowering girls“ (ebd., S. 203), anders definiert. „For the individuals in this school, to be cool meant to be not simply nontraditional but actively ‚antitraditional' in terms of codes of femininity; that is, to be unsophisticated, although greatly interested in and aware of the opposite sex: to talk freely and openly about sex and sexual encounters; to be scathing about what they perceived as usual female preoccupations with fashion and weight. It would seem [...] that the Cool Group had absorbed and were reproducing the same value system and ideals of their parents“ (ebd., S. 204). Bloustien spricht von einem „continuous link between youth behaviour, styles, and values and their parent cultures“ (ebd., S. 211). Die mimetische Identifikationsbewegung führt in diesem Fall dorthin, wo sie ihren Ausgang nahm, zum Habitus der Eltern, in den Wirkungsbereich einer symbolischen Ordnung, die vom Herkunftsmilieu bestimmt ist. Die Grenzen der mimetischen Identifikationsbewegung liegen in dem Rahmen, die die im Subjekt bereits wirksame habituelle Identifikation steckt. Bloustien beschreibt hier eine Form der Sozialisation unter den Bedingungen spätmoderner westlicher Gesellschaften. Hieran anschließende Studien wären unbedingt wünschenswert.

## 3 Jouissance

„Everyone seems agreed, the music's lovers and loathers alike, that rock and roll means sex“, schreibt Simon Frith (1998) in *Performing Rites* und artikuliert damit *den Mythos* der Popmusik schlechthin. Gegen dessen rassistische Aufladung argumentierend, zitiert er kulturpessimistische musikwissenschaftliche Ausführungen aus den 1950er Jahren, die einen unmittelbaren Zusammenhang zwischen dem Hören von Rock'n'Roll und „orgies of sex and violence“ (Frith 1998, S. 129) herstellen. Prominent figuriert in den von Frith angeführten Argumenten die große Relevanz, die der Aspekt des Rhythmus im Rock besitzt. Für Frith handelt es sich bei der Gleichsetzung von Rhythmus und Sex zwar um „European high cultural ideology“ (ebd., S. 141), aber freilich streitet er die von afrikanischen Musikformen übernommene Akzentuierung des Rhythmus und die mit ihm einhergehende Körperlichkeit auch nicht völlig ab. „The body, that is to say, is engaged with this music in a way that it is not engaged with in European music, but in musical rather than sexual terms.“ (Ebd.) Es handelt sich hierbei um den Einbezug der Rezipienten in das Musikereignis und den hiermit einhergehenden partizipativen Aspekt rhythmusbetonter Musik (vgl. ebd., S. 142).

Die vergleichsweise unmittelbare Adressierung des Körpers durch Rhythmus bzw. die materiale Qualität der Musik (‚materiality of sound‘), die mit dem Aspekt des Rhythmus korrespondiert, wird von Jeremy Gilbert und Ewan Pearson (1999) in ihrer Studie *Discographies – Dance Music, Culture and the Politics of Sound* als „corporeality of musical experience“ (Gilbert und Pearson, 1999, S. 44) gefasst und in dieser Weise begründet: „[S]ound waves vibrate slowly enough to resonate throughout the body“ (ebd., S. 46). Besonders zum Tragen komme dies in der bassbetonten elektronischen Dance Music der Gegenwart. „[I]t is precisely the bass end of the frequency spectrum – comprising of the slowest vibrating sound waves – that provides listeners and dancers with the most *material*, most directly *corporeal*, types of experience. It is the bass and sub-bass which are felt at least as much as they are heard“ (ebd., Hervorhebung im Original).

Gilbert und Pearson beschreiben den Effekt der ausgesprochen am Körper ansetzenden Klangerfahrung als eine Öffnung im Wirklichkeitserleben des Subjektes, die sie poststrukturalistisch als Herauslösung des Subjekts aus dem Wirkungsbereich einer symbolischen Ordnung begreifen. Mit der Herauslösung geht für sie ein Nachlassen der Artikulations- und Bindungskraft der Sprache einher, insbesondere ein Nachlassen der Bindungskraft der Gender-Subjektpositionen ‚Mann‘ und ‚Frau‘ und überhaupt der Bindungskraft von Subjektpositionen, von denen aus sich für die Menschen die Wirklichkeit ordnet. An deren Stelle tritt ein Zustand der Unordnung, undifferenzierter Fülle, den sie hier mit dem von Lacan geprägten und in der Folge von Poststrukturalist_innen wie Julia Kristeva und Roland Barthes verwendeten Begriff *jouissance* bezeichnen:

> „[D]ance music should be seen as tending to induce an ecstatic experience of *jouissance* which is – if only partially and temporarily – an escape from gender itself, a return to a moment when there was no ‚I‘ and especially no ‚I'm male‘ or ‚I'm female‘. We might say, in fact that this is precisely how the central experience of ‚rave‘ works; it offers us ecstasy by liberating us from the demands of the symbolic order, the demand to be male or female, the demand to speak and understand, the demand to be anything at all“ (ebd., S. 67, Hervorhebung im Original).

„Jouissance“, so Gilbert und Pearson, sei dabei nicht als ein Regressionseffekt misszuverstehen, sondern es handele sich um „[the] interruption and displacement of particular discursive terms. We might say that *jouissance* is what is experienced at the moment when the discourses shaping our identity are interrupted and displaced such that that identity is challenged, opened up to the possibility of change, to the noise at the borders of its articulation" (ebd., S. 105).[8]

Eine vergleichbare Öffnung im Wirklichkeitserleben des Subjekts beschreibt Konstantin Butz an dem „moment of pure presence" (Butz, 2012, S. 225), den er als Zentrum der Kultur des kalifornischen Skateboardfahrens der 80er Jahre ausmacht. Als gesellschaftliche Rahmung skizziert Butz den Diskurs des suburban California, der ein „peaceful and secure life" (ebd., S. 50) mit materialistischer Konsumorientierung, Konformismus, reaktionärem Individualismus, architektonischer Gleichförmigkeit, landschaftlicher Fragmentierung und nicht zuletzt neoliberaler ökonomischer Verunsicherung und sozialer Dysfunktionalität amalgamiert. Gegen diesen Hintergrund einer „doomed ideal middle-class utopia" (ebd., S. 83) und motiviert von der Langeweile, welche diese zusammen mit einem diffusen Unbehagen erzeugt, bildet sich die kalifornische Skateboarder-Kultur mit ihren lokalen Szenen, Orten, Helden sowie eigenen Medien und dem Hardcore Punk als Soundtrack heraus, die wiederum codierte Bilder vom Dasein repräsentieren und den Diskurs des suburban California in gebrochener Weise reproduzieren. Nur die Bewegung des Körpers selbst, entlang der Fliehkräfte von Geschwindigkeit und Schwerkraft, das Gleiten über den Beton, das Eintauchen in die ‚Halfpipe' trockengelegter Swimmingpools, das Fliegen, das Fallen und Aufschlagen und die hieraus resultierenden Verletzungen führen das Subjekt mit dem Mittel der körperlichen Erfahrung aus dem Wirkungsbereich der Diskursivität heraus – „skating as such, i. e. the physical movement of the body, seems to provide the possibility to surpass the medial representation and with it the contradictions of an environment it actually seeks to resist" (ebd., S. 227).

Butz interessiert, wie die „modes of discursive representation" (ebd., S. 268) mit den „moments of corporeal presence" (ebd.) in Beziehung stehen. „They influence and affect each other." (Ebd.) Hiermit verbindet sich seine Überlegung, dass die Brüche mit der Konvention mit den ephemeren Momenten auch die Möglichkeit hervorbringen, „to create something new, different, and unprecedented" (ebd., S. 269).

Gabriele Klein formuliert in ihrer Techno-Studie *Electronic Vibration* ähnliche Schlussfolgerungen: „Für die Raver ist tanzen die Lust am Erleben der körperlichen Physis [...] Und so ist beim Tanzen allein schon die Erfahrung des Körpers das wesentliche Ereignis. Beim Techno ist es zudem die Lust an der Überwindung der eigenen Grenzen, das Vergnügen an der Überschreitung der Selbstkontrollen und Körpernormierungen. Der Objektcharakter des Körpers (...) löst sich im Tanz auf " (Klein, 1999, S. 186). Adressiert wird der Körper als ‚Leib': „das innere, unmittelbare und kinästhetische Empfinden" (ebd., S. 270). An den massiven Körpererfahrungen betont sie nicht das Moment des subversiven Aktes, sie interpretiert diese „körperliche[n]

[8]Die hier entfaltete poststrukturalistische Subversionslogik findet sich auch bereits in Wolfgang Scherers Patti Smith-Buch, vgl. Scherer, 1983.

Aktivitäten als Möglichkeiten der Selbstvergewisserung" (ebd., S. 298). Andere Studien im Bereich der elektronischen Dance Music argumentieren vergleichbar, indem sie nachzuzeichnen versuchen, wie sich dort eine Welt kollektiver Gegenstände und Werte von der Erfahrung des Selbst in seiner schieren Körperlichkeit her aufbaut (vgl. Bonz 2014a, Rhensius, 2012; Schwanhäußer, 2010; Wittinger, 1998). Aber diese Abkehr von der Verknüpfung popkultureller Phänomene mit Subversionswünschen und die Hinwendung zu einer Auffassung dieser Phänomene unter dem Gesichtspunkt einer Identitätsarbeit, die in dem Bereich der subjektiven Wirklichkeitswahrnehmung angesiedelt ist, die Lacan als ‚das Reale' bezeichnet, steht noch ganz am Anfang. Weitere Forschungen sind hier unabdingbar.

## 4 Desiderata

Die Aufgaben zukünftiger körpersoziologischer Forschungsvorhaben im Bereich der Popkultur sind potentiell sehr umfassend. In der vorausgegangenen Thematisierung der drei Identifikationsbewegungen, durch die ich die Darstellung von Körperlichkeit in vorliegenden Studien gekennzeichnet sehe, habe ich die Desiderata bereits angesprochen und fasse sie hier abschließend noch einmal zusammen.

Zu 1), dem körperlichen Bild-Werden. Sowohl die große Relevanz, welchen Bildern in der Popkultur zukommt, wie auch deren Attraktivität als Identifikationsangebote sind unbestritten. Ein Desiderat stellt jedoch die Frage nach den subjektivierenden Effekten dieser Attraktivität dar. Vor dem Hintergrund psychoanalytischer Ansätze erscheint das popkulturelle Bild-Werden als eine ausgeprägte Form des Narzissmus. Dieser bzw. die Konsequenzen des imaginären Modus der Identifikation ließen sich an popkulturellen Phänomenen sowohl in historischer Perspektive als auch gegenwartsbezogen eingehend untersuchen.

Zu 2), den mimetischen Identifikationen. Phänomene der Aneignung und Resignifizierung bilden ein Grundmotiv der Kultur der Spätmoderne und treten entsprechend in unendlich vielfältiger Form auf. Dies zu beschrieben scheint mir eine Hauptaufgabe kulturwissenschaftlicher Gegenwartsforschung darzustellen. Ein wirkliches Desiderat stellt allerdings die Untersuchung von Erscheinungsformen und Ausprägungen des mimetischen Spielraums in seiner Qualität dar, d. h. in den Möglichkeiten, sich auszuprobieren, wie in seinen Grenzen.

Zu 3), der jouissance. Eindrückliche Erfahrungen schierer Körperlichkeit unter Subversionsgesichtspunkten zu begreifen, scheint mir angesichts des hohen Stellenwertes, den solche Erfahrungen in den unterschiedlichsten Ausprägungen – vom Workout bis zum Burnout – in der spätmodernen Kultur besitzen, nicht angemessen. Dagegen erscheint es mir enorm vielversprechend, sie unter dem Gesichtspunkt zu untersuchen, dass gerade sie es sein könnten, von denen aus in der Popkultur im engeren Sinne, der

Populärkultur im weiteren Sinne oder auch in ganz anderen gesellschaftlichen Bereichen von einzelnen Personen oder auch ganzen Subkulturen ein Werden angelegt wird. Dass die spätmoderne Identitätsarbeit maßgeblich in der körperlichen Selbstvergewisserung ihr Fundament findet, erscheint mir als Forschungsthematik von ungeheuren Ausmaßen und höchster Relevanz.

## Literatur

Althusser, L. (1973). Ideologie und ideologische Staatsapparate. In L. Althusser (Hrsg.), *Ideologie und ideologische Staatsapparate. Aufsätze zur marxistischen Theorie* (S. 108–153). VSA .

Bonz, J. (2013). Anproben des Selbst Konzeptualisierungen popkultureller Erfahrungsräume des Utopischen im ‚mimetic turn'. In: rock'n'popmuseum, T. Mania, S. Eismann, C. Jacke, M. Bloss & S. Binas-Preisendörfer (Hrsg.), *ShePOP. Frauen Macht. Musik!* (S. 73–86). Telos Verlag.

Bonz, J. (2014a). Acid House als Grenze des praxeologischen Kulturverständnisses. Zum Realismus der sensuellen Ethnographie. In: L. Maria Arantes & E. Rieger (Hrsg.), *Ethnographien der Sinne. Wahrnehmung und Methode in empirisch-kulturwissenschaftlichen Forschungen* (S. 233–250). Transcript.

Bonz, J. (2014b). Zeichen, Bilder, Atmosphären. Die Popularkultur als quasi-universelles Medium spätmoderner Wirklichkeitsartikulationen. In U. Breitenborn, T. Düllo, & S. Birke (Hrsg.), *Gravitationsfeld Pop* (S. 173–189). Transcript .

Bloustien, G. (2004). *Girl making. A cross-cultural ethnography on the processes of growing up female*. Berghahn Books.

Butler, J. (1993). Leibliche Einschreibungen, performative Subversionen. In J. Butler (Hrsg.), *Das Unbehagen der Geschlechter* (S. 190–208). Suhrkamp.

Burchill, J. (1999). *Verdammt – Ich hatte recht. Eine Autobiographie*. Rowohlt.

Butz, K. (2012). *Grinding California. Culture and Corporeality in American Skate Punk*. Transcript.

Deleuze, G. & Guattari, F. (1997). *Tausend Plateaus Kapitalismus und Schizophrenie*. Merve.

Diederichsen, D. (2007). Allein mit der Gesellschaft. Was kommuniziert Pop-Musik ? In C. Huck & C. Zorn (Hrsg.), *Das Populäre der Gesellschaft. Systemtheorie und Populärkultur* (S. 322–334). VS Verlag.

Ege, M. (2014). *Ein Proll mit Klasse' Mode. Popkultur und soziale Ungleichheiten unter jungen Männern in Berlin*. Campus.

Frith, S. (1996). *Performing rites. On the value of popular music*. Harvard University Press.

Gilbert, J., & Pearson, E. (1999). *Discographies. Dance music, culture and the politics of sound*. Routledge.

Hebdige, D. (1997). *Subculture. The meaning of style*. Routledge.

Kaplan, E. A. (1993). Madonna politics. Perversion, repression, or subversion? Or Mask/s and/as Master-y. In C. Schwichtenberg (Hrsg.), *The Madonna connection. Representational politics, subcultural identities, and cultural theory* (S. 149–165). Westview Press.

Klein, G. (1999). *Electronic Vibration. Pop Kultur Theorie*. Rogner & Bernhard.

Klein, G., & Friedrich, M. (2003). *Is this real ? Die Kultur des HipHop*. Suhrkamp.

Lacan, J. (1996). Das Spiegelstadium als Bildner der Ichfunktion. In J. Lacan (Hrsg.), *Schriften 1* (S. 61–70). Quadriga.

Lacan, J. (2006). *Die Bildungen des Unbewußten. Das Seminar von Jacques Lacan Buch V, 1957–1958*. Turia+Kant.

McRobbie, A., & Garber, J. (1991). Girls and subcultures. In A. McRobbie (Hrsg.), *Feminism and youth culture. From ‚Jackie' to ‚Just Seventeen'* (S. 1–15). Unwin Hyman.

Menrath, S. (2001). *Represent What… Performativität von Identitäten im HipHop*. Argument.

Rhensius, P. (2012). *Dubstep. Ethnographische Studie einer innovativen Musikszene in London, Magisterarbeit am Institut für Soziologie und am Institut für Musikwissenschaften an der Justus Liebig-Universität Gießen* (unveröffentlicht).

Robson, G. (2004). *‚No One Likes Us, We Don't Care'. The Myth and Reality of Millwall Fandom*. Berg.

Scherer, W. (1983). *Babbelogik Sound und die Auslöschung der buchstäblichen Ordnung*. Stroemfeld/Roter Stern.

Schwanhäußer, A. (2010). *Kosmonauten des Underground. Ethnografie einer Berliner Szene*. Campus.

Waltz, M. (2001). Zwei Topographien des Begehrens Pop/Techno mit Lacan. In J. Bonz (Hrsg.), *Sound signatures* (S. 214–231). Suhrkamp.

Willis, P. (1981). *‚Profane Culture'. Rocker, Hippies: Subversive Stile der Jugendkultur*. Syndikat.

Willis, P. (2014). *Profane culture*. Princeton University Press.

Wittinger, D. (1998). Raver im Wunderland. Techno-Parties als neue Rituale. In: Projektgruppe ‚Tanzen' am Ludwig-Uhland-Institut (Hrsg.), *Tanzlust. Empirische Untersuchungen zu Formen alltäglichen Tanzvergnügens* (S. 169–175). Tübinger Vereinigung für Volkskunde.

# Pornografie

Tobias Boll

Es scheint auf den ersten Blick auf entsprechendes Bildmaterial naheliegend, dass Pornografie ein Gegenstand ist, für den die Körpersoziologie eine besondere Zuständigkeit behauptet: Pornografische Bilder stellen Körper wie kaum ein anderes Bild- oder Filmgenre dar und aus; sie zeigen sie in einem hohen Grad der Entblößung, Nähe, Dauer und Explizitheit, der die Grenzen des Genres bestimmt. Pornografie ist damit, gleich wie vulgär und trivial der Gegenstand erscheinen mag, soziologisch als eine prominente Form der medialen gesellschaftlichen Thematisierung des Körpers von Interesse: sie ist ein (heute meist bild-)mediales Genre, das Körper nicht nur zum Gegenstand hat, sondern das mit seinen erotischen Körperinszenierungen darüber hinaus auch einen Effekt auf die Körper derjenigen hat und haben will, die die expliziten Bilder rezipieren. In der Pornografie selbst, aber auch in gesellschaftlichen Debatten über sie reflektieren Gesellschaften ihr Wissen und ihre Normalitätsvorstellungen über Körper und Sexualität – eine Art „Selbstbeschreibung der Sexualität der Gesellschaft" (Lewandowski, 2012, S. 15), die auch und vor allem eine Reflexion über den sexuellen Körper ist.

Mit dieser Beziehung zwischen Körperlichkeit, Sexualität und Gesellschaft ist Pornografie ein Gegenstand, der körpersoziologische Aufmerksamkeit verdient. Die wissenschaftliche Beschäftigung mit Pornografie findet heute indes vor allem im interdisziplinären Forschungsgebiet der *Porn(ography) Studies* statt, in dem v. a. Forschende aus Film- bzw. Medienwissenschaft und Sexualwissenschaft aktiv sind. In der Soziologie, auch in der Soziologie der Sexualität, ist die Beschäftigung mit Pornografie bislang eher ein Nischenthema. Gerade der Körper spielt in der soziologischen Beschäftigung mit Pornografie bislang eine eher nachgeordnete Rolle. Gleichwohl:

T. Boll (✉)
Mainz, Deutschland
E-Mail: Tobias.Boll@uni-mainz.de



R. Gugutzer et al. (Hrsg.), *Handbuch Körpersoziologie 2*,
https://doi.org/10.1007/978-3-658-33298-3_25

Pornografie eröffnet zahlreiche mögliche körpersoziologische Fragestellungen; die Körpersoziologie kann überdies an andere fachdisziplinäre Zugänge anschließen.

Dieser Beitrag versucht, körpersoziologische Beiträge und Anschlussmöglichkeiten an Zugänge der Pornografieforschung aufzuzeigen und genuine Fragestellungen der Körpersoziologie in Bezug auf Pornografie zu präsentieren. Soziologisch ist es dafür sinnvoll, den Blick nicht nur auf die expliziten Bilder und deren Inhalt zu begrenzen, sondern Pornografie als ein Praxis- und Diskursfeld zu betrachten, das sich auch um die Bilder herum ereignet. Körper sind so betrachtet sowohl als Motive pornografischer Bilder von Interesse, als auch in ihrer praktischen Involvierung in die Produktion und Rezeption solcher Bilder, als Partizipanden vor der Kamera oder dem Bildschirm. An diesen verschiedenen Schauplätzen, in ihren Bilddiskursen und in den sie ausmachenden Praktiken, bringt die Pornografie zugleich ihre ‚eigenen', spezifischen Körper hervor. Über die mediale Verbreitung pornografischer Körper- und Sexualitätsbilder werden Pornografiekonsument:innen überdies mit einem pornografischen Körperwissen konfrontiert, zu dem sie sich und ihre eigene Körperlichkeit ins Verhältnis setzen können.

Die Struktur dieses Beitrags orientiert sich an den verschiedenen Verhältnissen, in denen Körper in diesem Diskurs- und Praxisfeld zu Pornografie stehen können. Abschn. 1 thematisiert Körper als Gegenstand und Motiv pornografischer Bilddiskurse. Abschn. 2 widmet sich Körpern als Partizipanden pornografischer Praktiken, vor der Kamera (bei der Produktion) und dem Bildschirm (bei der Rezeption). Als ein weiteres Verhältnis von Körpern und Pornografie betrachtet Abschn. 3 Körper im Verhältnis zu dem Körperwissen, das in pornografischen Inhalten verbreitet wird. Abschn. 4 schließlich fragt nach den Methoden und Forschungsdesideraten einer körpersoziologischen Pornografieforschung.

## 1 Körper als Gegenstand und Motiv der Pornografie

Für die körpersoziologische Beschäftigung mit Pornografie fallen wohl zuerst die Körper ins Auge, die Motiv pornografischer Bilder und Filme sind. Bei pornografischen Körperinszenierungen handelt es sich in modernen Mediengesellschaften vor allem um technisch erzeugte Bilder, in aller Regel um digitale Fotografien und Filme bzw. Videoclips. Körper wurden und werden auch Gegenstand von anderen visuellen Darstellungsformen (etwa Karrikaturen) oder beschreibenden Darstellungen in Erzählungen, also von Pornografie als der wörtlichen ‚Hurenschrift' (von griech. *pornográphos* ‚von Huren schreibend'). Gleichwohl kann gerade die digitale, fotografische Darstellung von Körpern als charakteristisch für zeitgenössische Pornografie gelten. Bildliche Darstellungen von nackten Körpern gab es lange vor der Erfindung der Fotografie, jedoch beförderte historisch auch die Lust an immer neuen Weisen, den Körper sexualisiert abzubilden, die Entwicklung neuer Bildtechnologien. Mit der Etablierung der Sofortbildkamera (in den 1950er Jahren) und von „Home Videos" (in den 1970er Jahren) sowie spätestens seit der flächendeckenden Verbreitung von digitalen Kameratechnologien in Laptops und Smartphones sind pornografische Körperbilder allgegenwärtig geworden.

Der Körper, wie er in pornografischen Inszenierungen zur Anschauung gebracht wird, scheint in seiner Nacktheit, seinem restlosen Ausgestelltsein und seiner minutiösen Musterung vollends auf sich selbst reduziert, ein ‚bloßer' Körper. Dabei trägt er allerdings, wie der französische Soziologe Patrick Baudry festhält, ein „vêtement illusoire de la nudité vraie" (Baudry, 1998, S. 80 ff.) – er ist eingehüllt in sinnhafte Konstruktionen von (u. a.) Nacktheit, Sexualität oder Geschlecht. Für die körpersoziologische Forschung können pornografische Körperinszenierungen also aufschlussreich sein: in der spezifischen Art ihrer Inszenierung werden die Körper zu Displays kultureller Körperkonzepte und Annahmen über Körperlichkeit sowie deren historischem Wandel.

Studien zu pornografischen Körperdarstellungen thematisieren zum einen die Selektion der Körper in pornografischen Inszenierungen und fragen, welche Körper überhaupt Motiv pornografischer Bilder werden. Zum anderen werden die spezifische Inszenierung der Körper und in pornografischen Körperrepräsentationen liegende kulturelle Konstruktionen untersucht. In Bezug auf die Selektivität der Körper in der Pornografie wird häufig der Hang zur Inszenierung eines ästhetisch standardisierten und hypersexualisierten Körpers der pornografischen Ikonografie konstatiert und kritisiert. Er wird für die gegenwärtige Mainstream-Pornografie als schlank bis muskulös, fit, glatt, haarlos und mit überdurchschnittlich ausgeprägten Geschlechtsmerkmalen ausgestattet beschrieben. Mit ‚Mainstream' wird dabei meist jene Pornografie bezeichnet, die vor allem an ein heterosexuell-männliches Publikum gerichtet ist und in der eine vor allem auf Penetration fokussierte und um eine heteronormative Verteilung von Geschlechterrollen organisierte Sexualität gezeigt wird. Dieses stereotype Körperbild in der Fremdbeschreibung der Pornografie kann indes selbst als Stereotyp gelten. Der pornografische Standard- bzw. Idealkörper variiert historisch mit gesellschaftlichen Trends (etwa der Intimrasur oder der sonstigen Körpergestaltung), die er spiegelt oder befördert. Zugleich repräsentieren die in der Pornografie abgebildeten Körpertypen eine gesellschaftliche Ordnung der Körper (etwa nach der Attraktivität körperlicher Merkmale oder Eigenschaften oder ihrer sexuellen Fertigkeiten). Das skizzierte Körperbild wird in der Auseinandersetzung mit Pornografie entsprechend häufig kritisiert: Zu unnatürlich, zu groß, zu unrealistisch und zu einförmig seien die hier abgebildeten und inszenierten dauerpotenten Hochleistungskörper. Gesellschaftliche Körperbilder werden also nicht nur in den Abbildungen der Pornografie, sondern auch in deren diskursiven Rahmungen und in gesellschaftlichen Auseinandersetzungen um sie ausgehandelt. Hier stehen mit verschiedenen Erwartungen an normale, akzeptable oder wünschenswerte Körper und ihre Fähigkeiten auch gesellschaftliche Vorstellungen von körperbezogenen Humankategorien wie Geschlecht zur Debatte.

Gerade die Darstellung von Geschlechtskörpern wird als zentrales Merkmal pornografischer Körperinszenierungen thematisiert. Darstellerinnen und Darsteller werden auf eine spezifische, auf körperliche Merkmale konzentrierte Weise als Exemplare von

Frauen- und Männerkörpern inszeniert, die nicht nur ein sexuelles Skript, sondern den Geschlechterunterschied zur Anschauung bringen und verkörpern sollen. Wenig überraschend kommt eine prominente Rolle dabei den Genitalien zu, insofern sie als körperliche Geschlechtsinsignien schlechthin gelten. So wird etwa untersucht, wie Genitalien inszeniert und interpretiert werden und welche Bedeutung ihnen bei der Produktion und Rezeption von Pornografie zukommt bzw. mit welchen Bedeutungen sie ausgestattet werden. Sie werden z. B. in Aushandlungen von Männlichkeit relevant gemacht. Männliche Körper werden etwa von Studioangestellten bei Castingentscheidungen auf ihre Passung mit gängigen Verständnissen körperbezogener hegemonialer Männlichkeit hin beurteilt (Burke, 2016). Aber auch Konsumenten evaluieren Darsteller daraufhin, ob sie beispielsweise über einen „porn penis" (Brennan, 2019) verfügen, also einer Genrekonvention in Bezug auf Optik, Form und Größe des Penis entsprechen.

Stereotyp sind jedoch v. a. die sexuellen Skripte, in denen die durchaus vielfältigen Körper der Pornografie gezeigt werden. Dies gilt in erster Linie in Bezug auf Geschlechterrollen und die verschiedenen Geschlechtskörpern zukommenden Positionen und Rollen (wesentlich Penetrierend*er*/Penetrierte, aber auch dominant/devot); aber auch in Bezug auf körperbezogene Aspekte, die in professioneller Pornografie gar nicht oder kaum zu sehen sind: unwillkürliche Entäußerungen wie Lachen, Vaginismus oder erektile Dysfunktion o. ä. Inszenierungen von Geschlecht sind dabei häufig gekreuzt mit der Inszenierung anderer körperbezogener Humankategorien. So kommen z. B. häufig ethnische Stereotype zum Einsatz, wenn etwa hispanische Frauen als besonders lüstern, asiatische Frauen als devot und schwarze Männer als sexuell aggressiv inszeniert werden. Pornografische Inszenierungen (re-)produzieren insofern gesellschaftliche Körperbilder über die Selektion, Inszenierung und interaktive Rahmung konkreter Körper.

Jenseits stereotyper und idealtypischer Körperdarstellungen zeichnet sich das Bild- und Körperangebot der Pornografie tatsächlich durch eine kaum zu überblickende Vielfalt von Körpertypen und -varianten aus, die vor allem in jüngster Vergangenheit zunimmt und eine allgemeine körperbezogene Diversifizierung bzw. deren zunehmende gesellschaftliche Thematisierung und Valorisierung spiegelt. Variationen von Körperform, -fülle, -behaarung, Hautfarbe und Alter, aber auch die Grade von z. B. sexueller ‚Kapazität' etc. werden dabei gerade in ihrer Eigenart inszeniert und als Vorliebe oder Fetisch vermarktet (oder aber, wie in der feministischen *post porn*-Bewegung bewusst und im Sinn einer kritischen Auseinandersetzung mit den Geschlechterstereotypen und Körperidealen der Pornografie als Kontraste zu den üblicherweise in der Mainstream-Pornografie zu sehenden Körpern integriert). Sie werden zu Sparten und Kategorien, in denen etwa Nutzer:innen von pornografischen Onlineangeboten ihr sexuelles Begehren verorten sollen, mit denen sie sich aber auch identifizieren können. Körpersoziologisch anschlussfähige Arbeiten beschäftigen sich in diesem Zusammenhang u. a. mit der Repräsentation von Körpern und sexuellen Verhaltensweisen, die abseits eines angenommenen Mainstreams verortet werden. In jüngster Zeit stehen vor allem ‚queere' Körper im Fokus der Aufmerksamkeit. Ihnen wird einerseits ein subversives

Potenzial zugeschrieben, die stereotypen Körperbilder gängiger, hetero- wie homosexueller Pornografie zu irritieren und so Annahmen von Gender und Körperlichkeit sowie hegemonialer Geschlechterrollen zu ‚queeren'. Andererseits wird ihre Inklusion in pornografischer Repräsentation als gender- und sexualpolitischer Fortschritt bewertet. Trans*-Körper werden Gegenstand von Aushandlungen des Zusammenhangs von Körper und Geschlecht, wenn etwa die Bedeutung von körperlichen (genitalen) Strukturen als Zeichen für Männlichkeit diskutiert wird (Edelman, 2015). Ähnlich werden behinderte Körper durch ihre spezifische Inszenierung, etwa durch die Hereinnahme oder Betonung von Prothesen oder technischen Hilfsmitteln mehr oder weniger zu sexuellen Körpern gemacht (Waxman-Fiduccia, 1999).

Vor dem Hintergrund der historischen Entwicklung pornografischer Bildtechnologien, der Technisierung und Digitalisierung der Pornografie, ist neben den ästhetischen Konventionen der Inszenierung von Körpern in der Pornografie auch die Frage der Mediatisierung von Körpern von körpersoziologischer Relevanz. Pornografische Inszenierungen bilden die Körper der Protagonist:innen vor der Linse nicht einfach ab, sie machen sie als bestimmte Körper und auf eine bestimmte Weise erkennbar. Gleich dem Benjamin'schen Kunstwerk bleibt der Körper von seiner technischen Reproduktion nicht unberührt, sondern wird durch die pornografische Inszenierung auch als ein bestimmter Körper *produziert.* So wird durch genretypische Inszenierungstechniken wie die Zentralperspektive oder die Reihung von extremen Nahaufnahmen etwa eine spezifisch pornografische Anatomie präsentiert (die z. B. selten über einen Ellbogen verfügt), ebenso werden die abgebildeten Körper mit einer pornotypischen Physiologie ‚versehen'.

Aufschlussreich ist hier die Studie „Hard Core" (1989) der amerikanischen Filmwissenschaftlerin Linda Williams, die heute zu den klassischen Texten der von der Autorin mitbegründeten *Porn Studies* zählt. Williams zeigt, wie die genretypische Inszenierung des Körpers in der Pornografie einen Mythos des natürlichen Sexes und sexueller Lust sowie der Geschlechterdifferenz illustriert und plausibilisiert. Dessen scheinbare visuelle Evidenz entsteht aber, so Williams, durch eine spezifische Inszenierung, etwa des Geschlechtskörpers: Männliche Lust werde vor allem als visuelles Ereignis zur Schau gestellt, deren Kulmination die extrakorporale Ejakulation auf den Körper der Partnerin darstellt; der (vermeintlichen) Evidenzkraft des *Cumshots* als Beweis männlicher Lust eifere das weibliche Stöhnen in der Pornografie nach. Beide filmischen Inszenierungsweisen dienen der Demonstration einer den Körpern innewohnenden Sexualität. In der Art, wie Körper in einem Moment inszeniert werden, in dem sie gemeinhin als besonders authentisch gelten (dem Orgasmus), kommen also Geschlechtervorstellungen zum Tragen, die an den dargestellten Körpern visualisiert werden. Pornografische Körperinszenierungen arbeiten damit zugleich an der Vorstellung verschiedener geschlechtsspezifischer Sexualitäten mit. Obgleich Williams' Studie originär in der Filmwissenschaft verortet ist, ist sie mit ihrer Thematisierung des Zusammenwirkens von Macht und Geschlecht auch (körper-)soziologisch instruktiv.

## 2 Körper als Partizipanden und Produzenten pornografischer Praxis

Die Körper der Pornografie finden sich nicht nur auf den expliziten Bildern, als deren Motiv. Damit diese entstehen können, müssen sich Körper zunächst vor einer Kamera einfinden und für sie und mit ihr interagieren, als Material und Produzenten pornografischer (Bewegt-)Bilder. Pornografie ist hier vor allem eine sozio-materielle Praxis, deren spezifische Körper als Partizipanden sich nicht nur vor der Kamera, sondern auch andernorts, vor dem Bildschirm einfinden und die entstandenen Bilder konsumieren und dabei an und mit sich sexuell aktiv werden. Gegenwärtig geraten in der Pornografieforschung vor allem die sexuellen *Praktiken* in den Fokus, in die Körper in pornografischen Darstellungen involviert sind. Die tatsächliche körperliche *Praxis* pornografischer Sexualität wird bislang noch weniger untersucht.

In der professionellen Pornoindustrie werden die Körper von Darsteller:innen zum einen als Schauobjekte, zum anderen als ‚Arbeitsgerät' relevant. Ihr Aussehen, ihre Beschaffenheit und körperlichen Möglichkeiten und Fertigkeiten entscheiden über ihre ‚Verwendung' in pornografischen Skripten. Insofern die Beteiligung an pornografischen Produktionen Sexarbeit ist, sind die Körper, die sich an den Sets der professionellen Pornoindustrie einfinden, ihrerseits *professionelle Körper,* die auf eine spezifische Weise diszipliniert sind: Ihr Ziel und ihre Kompetenz ist es, sexuelle Erregung zu unterdrücken bzw. zu regulieren, um sie für ein Publikum darstellen und darüber bei diesem anregen oder auslösen zu können (Lewandowski, 2012, S. 281 f.). Identitätsmanagement und die Regulierung körperlichen Erlebens, Affektsteuerung und das Management emotionalen Ausdrucks fallen hier in eins, etwa wenn die Differenz zwischen gespielter und privat erlebter sexueller Lust auch gegenüber dem eigenen Darstellerselbst als Publikum markiert wird (ebd.). Erst vor dem Hintergrund der so disziplinierten Körperlichkeit wird die Inszenierung von Unwillkürlichkeit, etwa sexueller Ekstase, möglich.

Pornografische Sexualität bringt Körper an Grenzen. Das Angebot an sexuellen Spielarten und die Körperkombinatorik auf dem pornografischen Markt scheinen endlos. In der Forschung werden Körper in diesem Zusammenhang in ihrer Integrität und unter dem Vorzeichen von Risiko, Sicherheit und Gesundheit thematisch. In der schwulen Pornografie sind sexuelle Praktiken wie *Bareback* (ungeschützter Analverkehr) oder *Breeding* (die Ejakulation dabei) Gegenstand kontroverser Debatten um gesundheitliche Risiken. Ein anderer Aspekt ist der Zusammenhang von Körper und Integrität der Person. So werden Praktiken bzw. Genres wie *Upskirting* oder *Revenge Porn* als Formen nichtkonsensueller Pornografie mit Verletzungen der Person problematisiert. Den Extremfall stellen hier Inszenierungen von Vergewaltigungen dar.

Die konkreten körperlichen und (auch, aber nicht nur) sexuellen Praktiken der Herstellung pornografischer Sexualität sind als empirischer Gegenstand bislang kaum untersucht. Einblick in die Ereignisse vor der Kamera erhalten zu Pornografie Forschende, wie die meisten Zuschauenden, bislang fast ausschließlich über den Weg der medialen Dokumentation und Verbreitung. Die in pornografischen Bildern und Filmen zu sehenden Körper und körperlichen Praktiken sind gleichwohl nicht nur das Ergebnis von Arbeit am Körper und mit dem Körper, sondern auch von dramaturgischen Entscheidungen und filmtechnischen Optimierungen in der Nachbearbeitung. Eine körpersoziologisch interessante Frage ist, wie die konkrete körperliche Vollzugspraxis am Set, vor, aber auch hinter der Kamera aussieht: Wie ‚geht' es, ein pornografischer Körper zu sein und wie werden Körper als pornografische Schauobjekte hervorgebracht? Was für eine Art von professionalisierter Körperlichkeit und Sexarbeit findet hier statt? Hier ist ein körpersoziologisches Forschungsfeld zu erschließen, das pornografische Körperpraktiken nicht nur unter dem Aspekt der Sexualität betrachtet, sondern auch als Form von Arbeit und professionalisierter Körperpraxis. Neben den Praktiken der Produktion von pornografischen Körperinszenierungen ist aus körpersoziologischer Sicht auch die Rezeptionsseite von Interesse. In der Pornografieforschung wurde sie bislang v. a. unter dem Vorzeichen der Suche nach Wirkungsverhältnissen auf sexuelle Einstellungen oder die Körperzufriedenheit von Konsument:innen untersucht (s. Abschn. 3); Pornografiekonsum kann aber auch als eine Praktik für sich verstanden werden. Sie ist insofern v. a. eine körperliche Vollzugspraktik, weil Pornografiekonsum meist mit Masturbation einhergeht und in diesem Sinne als eine eigene Form von (Auto-)Sexualität verstanden werden kann (oder zumindest als Teil einer solchen). Als solche bzw. aus einer solchen Perspektive ist sie bislang noch kaum Gegenstand körpersoziologischer Forschung. Die Frage, wie Konsument:innen mit Pornografie auch körperlich und praktisch umgehen, in welche Beziehung sie zur eigenen Körperlichkeit und zu körperlichen Beziehungen gesetzt wird und wie, ist bislang noch weitgehend unbeantwortet.

Mit der Entwicklung des Internets als Hauptverbreitungsweg für pornografisches Material hat sich nicht nur deren Zugänglichkeit und Reichweite gesteigert; das Internet und Webtechnologien als Medien der Verbreitung von Pornografie wurden zusehends auch zu Medien ihrer Produktion. Damit veränderte sich auch das Verhältnis von Pornografie Produzierenden und Konsumierenden. Letztere wurden im Rahmen des Web 2.0 zunehmend selbst zu Produzierenden und schließlich zu Darsteller:innen und damit zu Motiven amateurpornografischer Angebote, in denen sie sich und ihre Körper pornografisch in Szene setzen und im Internet veröffentlichen. So entstanden neue Formen techno-sozialer Praktiken und ein neues Repertoire (auto-)erotischer Praxis, die neue Forschungsfelder für körpersoziologische Untersuchungen bieten.

Die Grenzen zwischen digitaler Amateurpornografie und technisierter bzw. medienvermittelter sexueller Interaktion werden hier fließend – dasselbe gilt für die Körper der Beteiligten, die intime Verhältnisse nicht nur mit den anderen Personen ‚hinter' dem Bildschirm, sondern auch mit den digitalen Bildtechnologien eingehen, mit denen sie den eigenen Körper zum Schauobjekt machen und mittels derer sie die Körper ihrer medial appräsentierten Gegenüber betrachten. Körpersoziologische Arbeiten zum Verhältnis von Körper und Medien in cybersexueller Interaktion bzw. zur autopornografischen Selbstveröffentlichung im Internet beschäftigen sich mit diesen Verhältnissen von materiellem und symbolischem Körper, Medien und Subjektivierung; dies auch entgegen der gängigen Annahme einer Entkörperung sexueller Interaktion im ‚virtuellen' Raum des Internets.

So zeigt u. a. Waskul (2003), wie der materielle Körper in textbasierten cybersexuellen Interaktionen in Zeichen übersetzt und als Repräsentationskörper nach Belieben formbar wird. Chatinteraktionen beim Cybersex bieten gesteigerte Möglichkeiten eines Spiels mit der Selbstinszenierung („self-game") – dies vor allem, weil der fleischliche Körper transzendiert und der virtuelle Körper beliebig geformt werden könnten („body-play"): „fixed bodily features become self-selected variables" (Waskul, 2003, S. 81). Dekker (2012) unterstreicht in seiner durch Butler und Foucault informierten Analyse von Online-Sex-Praktiken, dass diese symbolischen Körperinszenierungen in eine Suche nach körperlicher Authentizität (etwa im Rahmen von Geschlechterkonstruktionen) eingebunden und darüber mit dem materiellen Körper vor dem Bildschirm verbunden sind. Neben textbasiertem ist vor allem videobasierter Cybersex körpersoziologisch instruktiv, insofern die dazugehörigen Praktiken Fragen nach dem Verhältnis der Körper im Bild und vor der Kamera sowie die empirische Rekonstruktion dieser Mediatisierung von Körpern ermöglichen. Teilnehmer:innen dieser Praxis veröffentlichen ihren eigenen nackten Körper über Webcams live für andere zur Ansicht im Internet. Sie geben damit Einblicke in als intim geltende Körperregionen und Lebensbereiche. Waskul (2004, S. 35 ff.) nutzt den Fall, um aus symbolisch-interaktionistischer Perspektive nach dem Verhältnis von Körper, Selbst und Gesellschaft zu fragen. Die nackte Sichtbarkeit im Bild lasse die Grenzen von Körper und Selbst in eins fallen und mache die Teilnehmer insofern zu „naked selves", die sich simultan als betrachtende und betrachtete Körper in der Cybersex-Situation wiederfinden und sich so analog zur Mead'schen Vorstellung von Phasen des Selbst als Körperselbste erleben.

Die Körperkonstruktionen beim videobasierten Cybersex sind, so zeigt Dekker (2012), auch mit Raumkonstruktionen verschränkt. Auf Basis von Interviews mit Teilnehmerinnen cybersexueller Interaktionen wird gezeigt, wie die Beteiligten ihr doppeltes Platziert-Sein vor und auf/hinter dem Bildschirm für sich stimmig machen und zu welchen Formen von Verkörperung es dabei kommt. Im Rahmen dieser Praktiken interagieren Körper nicht nur über Medien vermittelt mit anderen, räumlich Abwesenden; sie werden dabei und dafür auch selbst mediatisiert (Boll, 2019). Dabei stehen sie in vielfältigen Verhältnissen zu Körperbildern, zu deren Trägermedien sie im Verlauf der Teilnahme an der Praxis werden: Sie werden zu pornografischen ‚Körpern zur Ansicht', die u. a. Geschlecht als körperliche Tatsache oder geschlechtsbezogene Archetypen inszenieren. Im Rahmen dieser Praktiken werden Körper zu Bildern und Schauobjekten, die begutachtet und bewertet werden. Sie werden im Hinblick auf ihre Attraktivität und *Sexyness* sowie die Beschaffenheit ihrer Körperteile betrachtet, eingeordnet und bewertet. Damit entsteht wiederum ein neues Praxisfeld, das für Studien an der Schnittstelle von Körpersoziologie und einer Soziologie der Bewertung von Interesse sein kann. Schließlich entstehen neue Öffentlichkeiten und Geltungsräume für moderne Subjekte als Körper sowie Räume der körperbezogenen Vergemeinschaftung. Als Kehrseite der Inszenierung und Verkörperung pornografischer Körperideale erlauben es Praktiken der erotischen bildmedialen Veröffentlichung des eigenen Körpers im Sinne eines „mediated exhibitionism" (Jones, 2010) Nutzer:innen auch, gängige Körperideale herauszufordern.

## 3 Körper als Objekte pornografischen Körperwissens

Neben ihrer Thematisierung als Motive, Produzenten und Konsumenten von Pornografie rücken Körper in der einschlägigen Forschung auch bezüglich möglicher Wirkungen von Pornografie auf den Körper in den Fokus. Im Rahmen einer immer wieder postulierten ‚Sexualisierung‘ oder ‚Pornografisierung‘ der gesellschaftlichen Öffentlichkeit (Attwood, 2002, S. 98 ff.) werden Körper als Objekte analysiert, die durch das in pornografischen Bildern vermittelte Körperwissen affiziert werden. So fragen zahlreiche Studien nach (bzw. starten mit der Annahme von) Auswirkungen der Konfrontation mit den Körperbildern der Pornografie aus Konsument:innen: mögliche negative Effekte auf die körperbezogene Selbstwahrnehmung und das Körperbild (vor allem von Frauen und Jugendlichen), bis hin zur Motivation zu chirurgischen Körpermodifikationen wie etwa der Labioplastik, einer kosmetischen Angleichung der Vulva an ein pornografisches Ideal.

Eine entsprechende Wirkungsbeziehung zwischen Bildern und Körpern wird etwa angenommen, wenn pornografische Körperbilder als körperbezogene Zerrbilder problematisiert werden, die dazu führen könnten, dass Konsument:innen den eigenen Körper im Abgleich als minderwertig wahrnehmen. Auch in diesem Zusammenhang wird der Körper gerade als Geschlechtskörper relevant. So gebe die Pornografie etwa ein stereotypes, hypertrophes Frauenbild vor, das neben überdurchschnittlichen oder stark ästhetisierten Körperteilen (etwa sehr großen oder stark vergrößerten Brüsten) auch Haarlosigkeit als erstrebenswert inszeniere und neue ästhetische Standards, etwa für das Aussehen der Vulva, diktiere. Daneben werde gerade der weibliche Körper als endlos belastbar inszeniert, wenn er etwa in gängigen pornografischen Szenen wie der gleichzeitigen vaginalen und analen Penetration oder durch tief in den Rachen gehende orale Penetration an seine Grenzen gebracht oder mit Körperflüssigkeiten verunreinigt wird und dies maschinengleich erduldet – *„la femme machine“* (Lewandowski, 2012, S. 284 ff.).

Wenngleich der männliche Körper in der kommerziell produzierten, heterosexuellen Mainstream-Pornografie häufig in den Hintergrund tritt (bzw. bis auf den Penis außerhalb des Bildausschnitts verbleibt), werden Wirkungen pornografischer Körperbilder auf Männer ebenfalls thematisiert, v. a. in der schwulen Pornografie (einen Überblick bieten Poole und Milligan 2018). Der männliche Körper in der schwulen Pornografie ist bevorzugt ein wohlproportionierter, athletischer und glatter Körper. Auch Männer beobachten ihre Körper im Abgleich mit den Körpern pornografischer Inszenierungen. Eine schier endlose Zahl an Studien, oft mit quantitativen Forschungsdesigns, untersucht Auswirkungen des Pornografiekonsums auf die (Un-)Zufriedenheit mit dem eigenen Körper – insbesondere dem Bauch und der Penisgröße (ebd., S. 1192). Pornografische Spartenangebote machen neben dem generischen pornografischen Männerkörper gleichwohl auch mitunter als deviant (unattraktiv) geltende, etwa: behaarte, hochgewichtige, ..., Männerkörper zum Motiv und erlauben darüber, die eigene Körperlichkeit umzuwerten (vgl. Boll, 2019, S. 220 ff.). Gerade für sexuelle Minderheiten wird jedoch auch die Funktion von Internetpornografie betont, Vorbilder zur Ausbildung einer ‚sexuellen Identität‘, sexueller Praxis und entsprechendes Körperwissen anzubieten. So wird etwa festgestellt, dass erst die anonyme Verfügbarkeit schwuler Pornografie es vielen schwulen Männern historisch erlaubt habe (und noch erlaube), bisher nicht gekannte Arten, sexuell zu interagieren zu erleben und entsprechend in der Auseinandersetzung mit pornografierter Sexualität eine ‚sexuelle Identität' auszubilden (Poole und Milligan, 2018).

Neben der Wirkung von pornografischen Körperbildern auf Konsument:innen werden Einflüsse auf den Umgang mit dem eigenen und anderen Körpern im Rahmen sexueller Interaktion thematisiert. Im Fokus stehen dabei sexualitätsbezogene Einstellungen und Präferenzen sowie die Bereitschaft zu bestimmten sexuellen Praktiken. In diesem Zusammenhang wird Pornografie in der Regel als soziales Problem behandelt (Schetsche und Lautmann, 2012). *Eine* frühe und klassische Problematisierung findet sich in der feministischen Pornokritik der 1980er Jahre, vertreten von Autorinnen wie Andrea Dworkin oder Catherine MacKinnon. Sie kritisierte Pornografie als frauenverachtend und zog eine direkte Verbindung zwischen von Männern ausgeübter körperlicher Gewalt gegen Frauen und deren Legitimierung oder gar Verursachung durch Pornografie (vgl. Ott, 1998).

Vor allem Jugendliche stehen in den Debatten um unerwünschte Wirkungen von Pornografie im Fokus. Eine forschungsleitende Annahme vieler Studien ist, eine Wirkung der Bilder auf das Körperwissen und die sexualitätsbezogenen Einstellungen von Jugendlichen anzunehmen. Sie würden mit Körperbildern konfrontiert, die unrealistisch seien und zu Komplexen führen könnten sowie einer Darstellung von Sexualität ausgesetzt, die für alltägliche Körper nicht zu erreichen sei und schließlich abgestumpft, verroht und womöglich zu moralisch inakzeptablem Sexualverhalten animiert. Während die empirischen Befunde zu diesen Fragen uneinheitlich sind (einen Überblick bieten Peter und Valkenburg, 2016) und jenseits der Wertfrage nach der positiven oder negativen Beurteilung etwaiger Einflüsse ist körpersoziologisch der grundlegende Umstand interessant, dass Pornografie für Jugendliche als Wissensquelle dient und z. B. als Medium der sexualitätsbezogenen Selbstaufklärung genutzt wird, auch in Bezug auf den Körper. Jugendliche erlangen mittels Pornografiekonsum Körperwissen über Sexualorgane, sexuelle Praktiken und sexuelle Interaktionsrollen. Für körpersoziologische Forschung interessant wäre hier die Frage nach der konkreten Aneignung und auch körperlich-leiblichen Auseinandersetzung mit diesem Wissen.

## 4 Methodische Strategien einer körpersoziologischen Pornografieforschung

Die wissenschaftliche Forschung zu Pornografie hat es seit ihren Anfängen mit immer neuen Formen von Pornografie und damit einhergehend mit einem wenig scharf umrissenen Gegenstand zu tun. Dies hängt neben dem Medienwandel und der Entstehung neuer pornografischer Sparten auch mit dem sich verändernden Status von Pornografie im Verhältnis zu anderen Kulturprodukten (etwa der Werbe- oder Popmusikindustrie) und anderen Formen der Repräsentation von Sexualität (etwa in Kunst und

Film) zusammen sowie mit der sich wandelnden politischen Regulierung von Pornografie und Sexualität (Attwood, 2002).

Entsprechend hat sich der Fokus der empirischen Pornografieforschung in den letzten vierzig Jahren gewandelt. In ihren Anfängen war sie vor allem eine Wirkungsforschung, die im Zuge der feministischen Pornografiekritik v. a. der 1980er Jahre nach negativen Auswirkungen von Pornografie suchte (ebd.). Später wurde die Pornografieforschung zu einer strenger empirischen Forschung, die sich vor allem in film- und medienwissenschaftlichen Analysen mit dem konkreten Material und, in geringerem Umfang, mit dessen Gebrauch auseinandersetzte – eine Konfrontation, die die vorhergehende Forschung meist vermieden hatte. Welchen Beitrag kann eine genuin körpersoziologische Pornografieforschung leisten? Welche Forschungsthemen und -lücken tun sich, auch für zukünftige Forschung, auf?

Reichhaltige Forschungsmöglichkeiten bieten an pornografischen Materialien ansetzende Untersuchungen, die etwa diskursanalytisch nach impliziten Körperidealen, Körperwissen oder dem Verhältnis von Körper und Sexualität in verschiedenen Formen von Pornografie fragen. Wie erwähnt, diversifizieren sich der pornografische Markt und das entsprechende Angebot an Bildern und Zugangswegen in jüngster Zeit rasant. Die heterosexuelle Mainstream-Pornografie ist nur mehr eine unter vielen, teils auch neuen Sparten, in denen v. a. Körper jenseits des Mainstreams prominent inszeniert werden. Gerade im kaum überschaubaren pornografischen Angebot des Internets entstehen immer neue Kategorien, etwa in Bezug auf Geschlechtskörper (Trans*-Pornografie) oder hinsichtlich gängiger ästhetischer Körperideale der Pornografie. Körpersoziologisch verspricht Pornografie als ein Fall der Wechselwirkung von diskursiven Körperthematisierungen und alltäglich-praktischer Verkörperung, v. a. des Geschlechts- bzw. sexuellen Körpers, auch weiterhin aufschlussreich zu sein, insbesondere vor dem Hintergrund gegenwärtiger sexual-, körper- und identitätspolitischer Veränderungen wie etwa der zunehmenden Sichtbarkeit von geschlechtlichen und sexuellen Identitäten jenseits der heterosexuell-binären Logik.

Daneben sind die Körper und ihre Praktiken *vor* den Medien der Pornografie (vor den Kameras und den Bildschirmen bzw. anderen Verbreitungsmedien) ein noch weitgehend zu erschließender Forschungsgegenstand. Jenseits der heute meist digitalen Bilderflut liegt eine materielle, körperliche Praxis der Pornografie bzw. eine Reihe konkreter Praktiken, die die beteiligten Körper auf unterschiedliche Weise involvieren und dabei wiederum praxisspezifische und feldspezifische Körper hervorbringen. Die forschungspraktische Herausforderung liegt im Zugang zu diesen Praktiken; die komplementäre Chance wiederum darin, dass zu pornografischen Praktiken konstitutiv dazugehört, dass sie selbst Medien einsetzen und sich über diese veröffentlichen, also für Beobachtung zugänglich machen. Pornografische Videos, wie sie etwa im derzeit nach wie vor an Popularität gewinnenden ‚Amateur'-Genre als privat produzierte Clips zu Tausenden auf Online-Plattformen hochgeladen werden, zeigen nicht nur nackte Haut, sondern auch, *wie* sie gezeigt wird. Sie erlauben Einblicke in mehr oder weniger private (auto-)sexuelle (Inter-)Aktivität, aber auch in die Praktiken ihrer Veröffentlichung: den Umgang der

Körper mit sich und einander, aber auch den Umgang der Körper mit Medientechnologien – Pornografie und pornografische Praxis. Was es hier zu sehen gibt bzw. was hier zu sehen gegeben wird bedarf selbstredend einer kritischen rahmenanalytischen Betrachtung. Gleichwohl erlauben die neueren erotischen Nutzungsweisen digitaler Medien eine empirische Pornografieforschung in einem neuen Sinne.

Eine entsprechend orientierte empirische Forschung kann sich den zur untersuchten Praxis gehörenden Mediengebrauch für die eigenen Forschungszwecke in verschiedener Weise zunutze machen. So können die Medien als ein Kanal genutzt werden, der einen Einblick in die situierte Praxis vor Ort erlaubt. Im an der Universität Bielefeld laufenden DFG-Projekt „Die Praxen der Amateurpornographie" (2018-) werden solche von Amateur:innen hergestellten und online hochgeladenen Sexvideos in Bezug auf sexuelle und mediale Praktiken analysiert und ihre Produzent:innen interviewt. Neben innovativen Beiträgen zur soziologischen Sexualforschung sind hier auch körpersoziologisch neue Einblicke in das sich ausweitende Feld pornografischer Alltagspraktiken zu erwarten.

Eine andere Art, körperliche Praktiken der Pornografie vor die soziologische ‚Linse' zu bekommen, ist, selbst vor die Linse zu treten: die eigene aktive Teilnahme an pornografischen Praktiken. Im Rahmen einer Studie zu Praktiken der „Autopornografie" (Boll, 2019) habe ich selbst aktiv an einer als „Camming" bezeichneten erotischen Medienpraktik teilgenommen und die Praxis (und mich selbst) dabei in ethnografischer Einstellung teilnehmend beobachtet. Mit der eigenen Teilnahme an Praktiken der körperlichen Selbstveröffentlichung wurden so nicht nur Medientechnologien, sondern auch der (Forscher-)Körper selbst als Forschungsinstrument eingesetzt. Dies ermöglicht nicht nur die Beobachtung der Praxis aus erster Hand – also nicht nur auf, sondern auch vor dem Bildschirm. Durch eine Kombination der selbstbezüglichen untersuchten Praxis mit einem reflexiven, auto-ethnografischen Forschungsdesign konnte auch die Erlebensdimension autopornografischer Praxis zum Gegenstand gemacht werden. Körpersoziologisch konnte so der Aspekt mediatisierter Körperlichkeit, der Pornografie ganz grundsätzlich ausmacht, als soziale Praxis analysiert werden.

## 5 Zusammenfassung

Pornografie bietet für die Körpersoziologie als Gegenstand und als Feld zahlreiche Forschungsmöglichkeiten, von denen einige noch zu erschließen sind. Mit den sich verschiebenden Grenzen des Pornografischen und der weitergehenden Mediatisierung des Sexuellen in fortgeschrittenen Medienkulturen werden sich auch künftig neue Forschungsfelder und Fragestellungen für die Körpersoziologie auftun, die die körpersoziologische Forschung auch in methodischer Hinsicht herausfordern werden.

## Literatur


Attwood, F. (2002). Reading porn: The paradigm shift in pornography research. *Sexualities, 5*, 91–105.

Baudry, P. (1998). La mise en scène pornographique du corps: Le corps Entre Émotion Et Rationalité. *Recherches Sociologiques, 29*, 79–86.

Boll, T. (2019). *Autopornografie. Eine Autoethnografie mediatisierter Körper*. De Gruyter.

Brennan, J. (2019). Porn penis, malformed penis. *Porn Studies, 6*, 316–331.

Burke, N. B. (2016). Hegemonic masculinity at work in the gay adult film industry. *Sexualities, 19*, 587–607.

Dekker, A. (2012). *Online-Sex. Körperliche Subjektivierungsformen in virtuellen Räumen*. Transcript.

Edelman, E. A. (2015). The cum shot: Trans men and visual economies of ejaculation. *Porn Studies, 2*, 150–160.

Fiduccia, W., & Faye, B. (1999). Sexual imagery of physically disabled women: Erotic? Perverse? Sexist? *Sexuality and Disability, 17*, 277–282.

Jones, M. T. (2010). Mediated exhibitionism: The naked body in performance and virtual space. *Sexuality & Culture, 14*, 253–269.

Lewandowski, S. (2012). *Die Pornographie der Gesellschaft. Beobachtungen eines populärkulturellen Phänomens*. Transcript.

Ott, C. (1998). *Die Spur der Lüste. Sexualität Geschlecht und Macht*. Leske und Budrich.

Peter, J., & Valkenburg, P. (2016). Adolescents and pornography: A review of 20 years of research. *The Journal of Sex Research, 53*, 509–531.

Poole, J., & Milligan, R. (2018). Nettersexuality: The impact of internet pornography on gay male sexual expression and identity. *Sexuality & Culture, 22*, 1189–1204.

Schetsche, M., & Lautmann, R. (2012). Pornographie. In G. Albrecht & A. Groenemeyer (Hrsg.), *Handbuch soziale Probleme* (S. 886–903). VS Verlag.

Waskul, D. (2003). *Self-Games and Body-Play: Personhood in online chat and cybersex*. Peter Lang.

Waskul, D. (Hrsg.). (2004). *net.seXXX. Readings on Sex, Pornography, and the Internet*. Peter Lang.

Williams, L. (1989). *Hard core. Power, pleasure, and the "Frenzy of the Visible"*. University of California Press.

# Psychiatrie

Moritz von Stetten

Die moderne Psychiatrie entsteht Anfang des 19. Jahrhunderts mit dem Versprechen, die körperlichen Ursachen psychischen Leidens mit medizinischen Methoden aufdecken und behandeln zu können. Bis heute bleibt dieses Versprechen in weiten Teilen uneingelöst. Trotz vieler Fortschritte und Erkenntnisse gibt es für keine psychiatrische Krankheit medizinische Nachweise und Untersuchungsmethoden, die genauso evident und eindeutig sind wie jene für Knochenbrüche oder Viruserkrankungen. Es gibt keinen organischen Ort, an dem eine psychische Erkrankung lokalisiert oder nachgewiesen werden kann.

Daher wird bis heute innerhalb der psychiatrischen Forschung heftig darüber gestritten, welche Ursachen es für psychisches und psychosomatisches Leiden gibt, und welche Maßnahmen zur richtigen Diagnose und Behandlung ergriffen werden sollen. Außerdem stellt sie sich immer wieder die Frage, ob die Psychiatrie ihren Anspruch als genuin medizinische Fachdisziplin aufrechterhalten sollte – oder ob sie sich anderen Perspektiven stärker öffnet.

Diese unübersichtliche Gemengelage bietet viele Möglichkeiten für eine körpersoziologische Beschäftigung mit dem Feld der Psychiatrie. Die Körpersoziologie interessiert sich für die körperbezogenen Wissensbestände, Bilder und Praktiken, die im Kontext psychiatrischer Forschung und Behandlung entwickelt und angewendet werden. Sie versucht zu verstehen, welches Bild die Psychiatrie vom menschlichen Körper hat und wie sie diesen in Katalogen benennt, in Institutionen ordnet und im Alltag behandelt. Außerdem wirft sie einen Blick auf diejenigen Körperpraktiken, die sich bei Betroffenen innerhalb der professionalisierten Psychiatrie zeigen, sobald sie als kranke, abweichende, disziplinierte oder als widerständige, schreiende, tobende Körper erscheinen. Gleiches

M. von Stetten (✉)
Bonn, Deutschland
E-Mail: mstetten@uni-bonn.de



R. Gugutzer et al. (Hrsg.), *Handbuch Körpersoziologie 2*,
https://doi.org/10.1007/978-3-658-33298-3_26

gilt für die Professionellen selbst, die Körpertechniken des Zuhörens, Beobachtens, Berührens oder Distanzierens entwickeln, um die Diagnose und Behandlung psychischen Leidens zu gestalten. In Einführungen zur Soziologie der Psychiatrie kommen diese körpersoziologische Ansätze bisher jedoch noch gar nicht zur Sprache (Avison et al., 2007; Bargfrede & Dimmek, 2002; Bruce & Raue, 2013; Kilian 2012).

Folgende provisorische Liste soll einen ersten Eindruck von möglichen Gegenständen und theoretischen Ansätzen geben, die an eine körpersoziologische Perspektive anschließen:

- Aus einer historisch angelegten Betrachtung lässt sich der diskursive Wandel von Körperverständnissen und Körperbildern innerhalb der einzelnen Strömungen der Psychiatrie nachzeichnen.
- Zudem lässt sich mit einer diskurstheoretischen Linse ein Vergleich verschiedener Wissensbestände zum psychiatrisch relevanten Körper anstellen.
- Mit Rückgriff auf eine Theorie sozialer Praktiken lassen sich psychiatrische Körpertechniken des Diagnostizierens, Behandelns und Therapierens analysieren.
- Pragmatistische und interaktionstheoretische Ansätze ermöglichen einen Blick auf die Aushandlung und Konflikthaftigkeit von Körperbewegungen, Körperverständnissen und Körperidentitäten.
- Die Bedeutung von subjektiver Erfahrung und leiblichem Spüren, beispielsweise bei der Übertragung von subjektiven Erfahrungsberichten in standardisierte Krankheitstypologien, ist das Thema einer (leib)phänomenologischen Betrachtung.

Im Folgenden wird zunächst in einem kurzen historischen Rückblick auf das schwierige Verhältnis von Psychiatrie und Soziologie eingegangen (1). Das anschließende Kapitel beschäftigt sich näher mit Foucaults Überlegungen zur Verschränkung von Macht, Körperlichkeit und Psychiatrie (2). Anschließend wird auf einige Studien hingewiesen, die sich mit dem historischen Wandel des Körperwissens (3) und mit den Körpertechniken in psychiatrischen Anstalten beschäftigt haben (4). Abschließend folgt ein kurzer Ausblick zu zukünftigen Forschungsfeldern (5).

## 1 Das schwierige Verhältnis von Psychiatrie und Soziologie

Das Verhältnis zwischen Soziologie und Psychiatrie war von Beginn an ein spannungsreiches. Seit rund 100 Jahren wird darüber gestritten, wie beide Fachdisziplinen sich zueinander positionieren. Für die Soziologie stellte sich die Frage, ob sie sich als Teildisziplin von Medizin und Psychiatrie versteht, oder ob sie als Soziologie *der* Psychiatrie fungiert. Gleichzeitig hat die Psychiatrie immer wieder auf soziologische Methoden zurückgegriffen, um diese in die eigene Forschung zu integrieren. In diesem Abschnitt soll in aller Kürze das Verhältnis von Psychiatrie und Soziologie rekonstruiert werden.

Der kurze historische Abriss erleichtert das Verständnis für die spezifische Perspektive der Körpersoziologie.

Die moderne Psychiatrie ist eine klinische Wissenschaft, die mit der Gründung von eigenständigen psychiatrischen Anstalten Anfang des 19. Jahrhunderts einhergeht. Nachdem die Hoffnung auf eine medizinische Erhellung psychischen Leidens im Laufe des 19. Jahrhunderts immer deutlicher enttäuscht wird, suchen die psychiatrischen Anstalten, Forschungsinstitutionen und Lehrbetriebe nach neuen Wegen. In epidemiologischen Studien rücken daher Anfang des 20. Jahrhunderts Ansätze in den Fokus, die in Zusammenarbeit mit soziologischen Forscher*innen die soziale und kulturelle Umgebung als zentralen Faktor zur Erklärung und Behandlung psychischer Erkrankungen deuten (vgl. als Übersicht: Finzen, 1999; Kilian, 2012). Nach dem Ersten Weltkrieg kommt es zu einer ersten fruchtbaren Zusammenarbeit zwischen psychiatrischer und soziologischer Forschung, vor allem in der US-amerikanischen Chicago School (bspw. Dunham & Faris, 1939). Statistische Analysen, ethnografische Erkundungen und psychiatrische Untersuchungen werden in zahlreichen Studien kombiniert, um den Zusammenhang von psychischen Erkrankungen, sozioökonomischen Strukturen, Familienverhältnissen, Anstaltsorganisationen und Professionalisierungsdynamiken zu beleuchten.

Bei frühen Soziolog*innen wie Émile Durkheim, Georg Simmel oder Max Weber findet sich jedoch noch keine direkte Auseinandersetzung mit dem Feld der Psychiatrie. Im Hinblick auf Max Weber überrascht das besonders, da Weber selbst mit einer Neurasthenie diagnostiziert wurde und in Heidelberg Kontakt mit der dortigen psychiatrischen Forschung im Umfeld von Emil Kraepelin und Karl Jaspers hatte. Bei späteren Soziolog*innen wie Talcott Parsons, Robert Merton und Norbert Elias finden sich vorwiegend Ideen zur einer produktiven Arbeitsteilung zwischen Soziologie und Psychologie, jedoch nur Randbemerkungen zum Feld der Psychiatrie (bspw. Elias, 2006).

Die stärkste Entfremdung zwischen Psychiatrie und Soziologie fällt in die 1960er Jahre. Das Aufkommen der antipsychiatrischen Bewegung führt zu einem Wandel der soziologischen Perspektive auf die Psychiatrie. Obwohl deren bekannteste Protagonisten wie Ronald Laing, David Cooper und Franco Basaglia selbst als Psychiater arbeiten, wird die Soziologie seit den 1960er Jahren eng mit der Antipsychiatrie-Bewegung in Verbindung gebracht. Asmus Finzen spricht vom „Goffman-Scheff-Rosenhan-Trauma", das die Psychiatrie nun zu verarbeiten hat (Finzen, 1999, S. 63). Erving Goffman hat mit seiner ethnografischen Forschung in einer psychiatrischen Klinik von ca. 7000 Insassen auf die schlechten Zustände von Massenanstalten hingewiesen (Goffman, 1972). Seitdem sind Kliniken in dieser Größenordnung geschlossen worden. Thomas Scheff ist bekannt für seinen etikettierungstheoretischen Ansatz, der Geisteskrankheiten vor allem als Produkte einer sozialen Umgebung und Umwelt betrachtet (Scheff, 1973). David Rosenhan hat mit einer – mittlerweile jedoch als gefälscht geltenden – Studie für Aufsehen gesorgt, in der kerngesunde Personen in eine psychiatrische Einrichtung eingeschleust wurden, um die Willkür der dortigen Diagnose- und Behandlungsmethoden zu entlarven (Rosenhan, 1973). Im gleichen Atemzug werden meistens noch Michel Foucaults „Wahnsinn und Gesellschaft“ und Klaus Dörners „Bürger und Irre“ genannt (Dörner, 1969; Foucault, 1973). Beide Monografien beschäftigen sich kritisch mit der historischen Rolle der Psychiatrie und dem angeschlossenen Anstaltswesen.

Von nun an wird die Soziologie in psychiatrischen Kreisen vor allem als wissenschaftliche Verbündete der Antipsychiatrie-Bewegung wahrgenommen. Gleichzeitig bekommt die biologisch-medizinische Psychiatrie durch die Entwicklung der Psychopharmaka Rückenwind und übernimmt die Vorherrschaft in der psychiatrischen Forschung. In der Folge entsteht ein tiefes Misstrauen zwischen Psychiatrie und Soziologie, das die zaghaften Annäherungen der jüngsten Vergangenheit in den Hintergrund rücken lässt. Diese Situation hat sich heute zwar etwas entspannt, jedoch nur zögerlich zu einer soziologischen Beschäftigung mit der Psychiatrie oder gar einer Zusammenarbeit geführt (Bargfrede & Dimmek, 2002; Finzen, 1999). Gleichzeitig finden sich Rehabilitierungsversuche antipsychiatrischer Perspektiven, die die kritische Distanz der Soziologie gegenüber der Psychiatrie betonen (Dellwing & Harbusch, 2013).

Vor diesem Hintergrund ist auch die Körpersoziologie mit dem Vorurteil konfrontiert, ausschließlich eine radikale oder kritische Position zu vertreten, die mit dem Ziel der Abschaffung der Psychiatrie einhergeht. Das daraus folgende Dilemma besteht darin, dass die Körpersoziologie gleichzeitig davon abhängig ist, ein vertrauensvolles Verhältnis zu psychiatrischen Einrichtungen aufzubauen, um so durch ethnografische Studien, Interviews und sensible Quellen wie Krankenakten und -berichte wertvolle Einblicke aus erster Hand zu erlangen. Eine körpersoziologische Beschäftigung mit dem Forschungsfeld der Psychiatrie muss eine Gratwanderung meistern, die auch andere soziologische Forschungsfelder kennen – vor allem die Medizinsoziologie. Für das Feld der Psychiatrie muss jedoch zudem eine schwierige Vorgeschichte berücksichtigt werden, die das Verhältnis zur Soziologie bis heute prägt.

## 2 Die Verschränkung von Macht und Körper in der Psychiatrie

Einer der wichtigsten Autoren für eine körpersoziologische Beschäftigung mit der Psychiatrie ist Michel Foucault. In seiner 1961 erschienen Dissertation „Wahnsinn und Gesellschaft“ beschäftigt er sich mit der Begriffsgeschichte und Erfahrung des Wahnsinns als Kehrseite des Zeitalters der Aufklärung und der französischen Klassik. Die Psychiatrie kommt dabei nur am Rande zur Sprache, hat aber dennoch eine wichtige Funktion inne. Sie fungiert als „Monolog der Vernunft *über* den Wahnsinn“, und trägt damit entscheidend zum Verschwinden des Wahnsinns als genuine Erfahrung des menschlichen Daseins bei (Foucault, 1973, S. 8). Die Psychiatrie ist eine der Institutionen, die im Namen der Aufklärung zu einem Verstummen der Sprache des Wahnsinns, zur Verdammung als bloß negatives Phänomen beigetragen haben. Die

„positive Psychiatrie", der „psychiatrische Positivismus" ermöglicht im Anschluss an Tuke und Pinel unter dem Deckmantel von Vernunft, Aufklärung, Befreiung und Philanthropie eine massenhafte Einsperrung, Ausgrenzung und Isolation von Wahnsinnigen als Patient*innen (Foucault, 1973, S. 406, S. 441 f., S. 480, S. 502 f.).

Im Anschluss an „Wahnsinn und Gesellschaft" nimmt Foucault immer wieder auf das Feld der Psychiatrie Bezug. Eine direkte Weiterführung findet sich in den beiden zwischen November 1973 und Februar 1974 sowie von Januar bis März 1975 am Collège de France gehaltenen Vorlesungen mit dem Titel „Die Macht der Psychiatrie" (Foucault, 2005) und „Die Anormalen" (Foucault, 2003). Vor allem in „Die Macht der Psychiatrie" rücken die Dispositive der Macht in den Fokus, die das Feld der Psychiatrie in Form von genauso repressiven wie produktiven diskursiven Praktiken durchziehen. Von nun an erscheint die Psychiatrie also nicht mehr nur als negative Kehrseite von Klassik und Aufklärung, sondern als produktiver Faktor in der medizinischen Wissensgenerierung.

Foucault verknüpft die Entstehung der Psychiatrie als Institution, Wissenschaft und Behandlungsmethode mit der Suche nach einem Korrelat für die pathologische Anatomie. Die Anatomie ermöglicht es der Medizin ab dem frühen 19. Jahrhundert, viele Krankheiten durch die Öffnung und Untersuchung des Körpers auf konkrete körperliche Ursachen zurückzuführen. Auf solche Prüfungen und Tests kann die Psychiatrie nicht zurückgreifen, auch wenn sie seit ihren Anfängen davon träumt, dass sie das eines Tages können wird. Foucault deutet nun das Aufkommen psychiatrischer Verfahren als Ersatz für den fehlenden anatomischen Beweis. Dazu zählt er spezifische Befragungstechniken, das experimentelle Einsetzen von Drogen sowie die Anwendung von Magnetismus und Hypnose (Foucault, 2005, S. 392 ff.). In diesen psychiatrischen Machtpraktiken spielt der Körper eine zentrale Rolle. Verschiedene Dimensionen von Körperlichkeit lassen sich dabei unterscheiden.

Ein erstes Verständnis von Körperlichkeit verdichtet sich im Bild eines auf die gesamte Anstalt ausgedehnten Körpers des Psychiaters. Foucault will verdeutlichen, dass sich der Körper des Psychiaters – und hier muss auf das Binnen-I zugunsten der männlichen Medizinerfigur verzichtet werden – auf materielle, spürbare Art und Weise auf die gesamte Institution der psychiatrischen Anstalt erstreckt. Die Macht des Psychiaters übernimmt die Gänge, Räume, Einrichtung und Menschen der Anstalt „als sei jeder Teil der Anstalt ein Teil seines eigenen Körpers, beherrscht von seinen eigenen Nerven" (Foucault, 2005, S. 261). Die Anstalt lebt von der physischen Dauerpräsenz des Psychiaters, der zu jeder Zeit erscheinen kann, um über den weiteren Verlauf einer Behandlung zu entscheiden. Auch im Moment seiner Abwesenheit bleibt der Psychiater mit den Patient*innen in direktem Kontakt, indem er weiterhin weisungsbefugt über alle anderen Mitarbeitenden der Anstalt ist.

Ein zweites Körperverständnis bezieht sich auf die Rolle der Familie. Noch bevor Sigmund Freud die Konstellation der klassisch bürgerlichen Familie als zentrale Figur des psychoanalytischen Denkens etabliert, entdeckt die Psychiatrie aus Foucaults Sicht die besondere Rolle der Familie für den eigenen Behandlungskontext. Die systematische Befragung der Familie ersetzt dabei die anatomische Untersuchung des Körpers: „Der kranke Körper, der nach dem Wahnsinn befragt wird, dieser kranke Körper, den man fühlt, den man berührt, den man abklopft und abhört und an dem man die Zeichen der Krankheit zu finden versucht, dieser Körper ist in Wirklichkeit der Körper der ganzen Familie; oder vielmehr der Körper, der durch die Familie und die Vererbung in der Familie gebildet wird." (Foucault, 2005, S. 394) Die psychiatrischen Interviews dienen dabei einer Vertiefung dieses Zusammenhangs von krankem Körper und Familie. Einzelne Szenen aus der Kindheit und dem Zusammenleben werden als Indizien für die Hintergründe und Ursachen einer Krankheit gewertet. Die Familie erscheint hier als Ausweitung des Symptombestandes einer erkrankten Person. Sie ist Zeuge der körperlichen Befindlichkeit der betroffenen Person.

Dem auf die Anstalt ausgedehnten Körper der Psychiater*in steht der „unterworfene Körper des Irren" gegenüber (Foucault, 2005, S. 271). Dies markiert die dritte zentrale Dimension von Körperlichkeit in Foucaults Vorlesungen zur Psychiatrie. Die Relation zwischen dem institutionell ausgedehnten Körper der Psychiater*in und dem unterworfenen Körper der Patient*in bezeichnet Foucault als „Mikrophysik der psychiatrischen Macht" (Foucault, 2005, S. 272). Der Körper des*der Kranken ist durchzogen von einer „Art von institutioneller Körperlichkeit", die ihre Stabilität über eine spezifisch psychiatrische Machtkonstellation erlangt (Foucault, 2005, S. 402). Foucault versteht das Aufkommen der psychiatrischen Anstalt als den Versuch, den Körper der Patient*in seiner sozialen Umgebung zu entreißen, um ihn dem Regime der Psychiatrie unterwerfen zu können. Innerhalb der klaren Grenzen der Anstalt – so die Hoffnung der psychiatrischen Macht – kann der Körper wie in einer Laborsituation präzise untersucht, klassifiziert und therapiert werden. Der unterworfene Körper wird so zu einem isolierten Körper, der der psychiatrischen Macht schutzlos ausgeliefert ist.

Foucault betont, dass die frühe Psychiatrie den Patient*innen ein Tauschverhältnis aufzwingt, um die körperlichen Ursachen dokumentieren zu können. Die Patient*in zeigt in der direkten Interaktion mit der Psychiater*in Symptome wie Zittern, Aufregung, Wut, Aggressivität oder Angst, dafür übernimmt letztere*r zukünftig die Verantwortung für diese Symptome und erlöst damit erstere*n von ihrem*seinem Leiden und ihrer*seiner Schuld. Noch stärker zeigt sich diese Vorgehensweise aus einer neurologischen Perspektive. Foucault beschreibt den neurologischen Imperativ der Psychiatrie folgendermaßen: „Gehorche meinen Befehlen, aber schweige, und dein Körper wird für dich antworten, indem er Reaktionen zeigt, die ich allein, weil ich Arzt bin, deuten und in Begriffen der Wahrheit analysieren kann." (Foucault, 2005, S. 442)

Den Fluchtpunkt dieser Unterwerfung, Disziplinierung, Isolierung und Kontrolle des Körpers sieht Foucault in einem „sexuellen Körper", dessen Begehren, Leidenschaften und Irrungen als enthüllte Symptomatik der psychiatrischen Behandlung dienen (Foucault, 2005, S. 468). Hier knüpft Foucault an seine Überlegungen zur Geschichte der Sexualität an. Der sexualisierte Körper begehrt und wünscht, gleichzeitig ist er Ausdruck einer neuen gesellschaftlichen Konstellation, in der soziale Kontrolle und Disziplin mithilfe körperlichen Verlangens ausgeübt wird.

Der sexuelle Körper ist das zentrale Merkmal der Figur des*der Hysteriker*In. Foucault bezieht sich hier insbesondere auf die Forschungen des Psychiaters Jean-Martin Charcot (1825–1893), der für die Forcierung des Krankheitsbildes der Hysterie bekannt geworden ist. Die sexualisierte Expressivität der Patient*innen sei, so Foucault, nicht Symptom einer organisch bedingten Krankheit, sondern der „Siegesschrei der Hysterikerin", die gegen die Machtstrukturen der psychiatrischen Anstalt rebelliert (Foucault, 2005, S. 467). In diesem Sinn seien die Hysterie-Patient*innen des 19. Jahrhunderts die „wahren Aktivisten der Antipsychiatrie" (Foucault, 2005, S. 366).

Foucault wurde für diese historische Vorverlagerung und kategorische Ausweitung des Begriffs der Antipsychiatrie von verschiedenen Seiten kritisiert. Aus der Perspektive der Psychiatrie ist und bleibt der*die Hysteriker*in das Ergebnis einer Suche nach körperlichen Symptomen, die zum Nachweis einer psychischen Erkrankung dienen. Für Foucault ist ein hysterisches Verhalten dagegen ein expressiver Akt, der aus der Hilflosigkeit einer Retraumatisierung innerhalb der Zwänge des Anstaltswesens entsteht.

## 3 Der historische Wandel des psychiatrischen Körperwissens

Innerhalb verschiedener geistes- und sozialwissenschaftlicher Disziplinen finden sich Auseinandersetzungen mit dem Wandel des psychiatrischen Körperwissens. Es geht dabei zwar kaum um explizit körpersoziologische Studien mit entsprechender theoretischer Rahmung, dennoch trägt diese Forschung zu einer körpersoziologischen Perspektivierung mit reichhaltigen Materialstudien bei.

Einige Studien knüpfen lose an Foucaults Thesen zum Aufkommen der Psychiatrie an. Das gilt beispielsweise für das Buch „Die Erfindung der Hysterie" des französischen Kunsthistorikers Georges Didi-Huberman (Didi-Huberman, 1997). Didi-Huberman beschäftigt sich darin vorrangig mit der „Iconographie Photographique" der berühmten französischen Psychiatrie „la Salpêtrière". Diese Fotosammlung enthält mehrere tausend Bilder von Patient*innen mit Hysterie-Diagnose. Die meisten von ihnen wurden unter der Leitung des Psychiaters Jean-Martin Charcot in Auftrag gegeben und zur Dokumentation genutzt. Didi-Hubermans Hysterie-Studie verweist nicht nur auf die besondere Bedeutung der Fotografie für das Krankheitsbild der Hysterie im 19. Jahrhundert. Sie impliziert auch eine These zur Verbundenheit von Macht, Wissen und Körperlichkeit innerhalb der psychiatrischen Wissensproduktion. Die Fotografie fungiert hier als „museale Instanz des kranken Körpers", auf die die Psychiatrie angewiesen ist, um die medizinische Evidenz ihrer Forschung, Diagnostik und Behandlungen herausstellen zu können (Didi-Huberman, 1997, S. 40).

Didi-Huberman erkennt in den Fotos die „Paradoxien der Evidenz des hysterischen Körpers" (Didi-Huberman, 1997, S. 131). Die Schärfe der Bilder konnte nur durch lange Belichtungszeiten und geduldiges Posieren zustandekommen, sie ist das Ergebnis einer Übereinkunft zwischen Psychiater*innen und Patient*innen. Es handelt sich bei den Fotografien um Zeugnisse einer machtvollen Inszenierung, die der Isolation und Enthüllung von körperlichen Symptomen dienen. Charcot nutzte diese Symptomschau schließlich als Nachweis für die Hysterie als eigenständiges psychiatrisches Krankheitsbild. Die Fotografien erfüllen die psychiatrischen Sehnsüchte nach der Sichtbarkeit des wahren hysterischen Körpers, der sich vom realen Alltagskörper abhebt. Einzelne Gesten, mimische Ausdrücke und andere äußere Erscheinungen werden zu Medien einer psychiatrischen Machtdemonstration.

Der Psychiater und Historiker Joel Braslow liefert eine Übersicht über die Entwicklung der körperorientierten therapeutischen Praktiken der Psychiatrie in der ersten Hälfte des 20. Jahrhunderts (Braslow, 1997). Dabei rekonstruiert er sowohl die Perspektive der behandelnden Psychiater*innen als auch die der behandelten Patient*innen, um den Zusammenhang von Therapieangeboten, Wahrnehmungsmustern und Beziehungsverhältnissen angemessen darstellen zu können. Den Körper versteht er dabei – ganz im Sinne Foucaults – als zentralen Orientierungspunkt der psychiatrischen Disziplinierungstechniken, als Fokus von „therapeutic discipline". Die direkte Behandlung des Körpers mit Elektroschocks, kalten und heißen Wasserbädern (Hydrotherapie) oder weibliche Beschneidung (Klitoridektomie) ermöglichte die Kontrolle der „irascible, resistive, incorrigible, destructive, disruptive, or violent patients" (Braslow, 1997, S. 9). Mit Braslow lässt sich verstehen, wie der unbegrenzte Glaube an den Körper „as a source of disease and a site of cure" zur Verbreitung von grausamen Behandlungsmethoden wie der Lobotomie geführt hat (Braslow, 1997, S. 12).

Die Soziolog*innen Linda Blum und Nena Stracuzzi zeigen anhand einer Auswertung von medialen Darstellungen in populären Zeitschriften mit großen Auflagen, wie der Prozac-Boom seit Ende der 1980er Jahre – Prozac ist der angloamerikanische Handelsname des Antidepressivums Fluoxetin – den massenmedialen Diskurs und das damit verbundene psychiatrische Körperwissen in den USA verändert hat (Blum & Stracuzzi, 2004). Auf den ersten Blick habe die massenhafte Verbreitung von Prozac, so Blum und Stracuzzi, eine geschlechtsneutrale Darstellung von Depressionen ermöglicht. Hinter der vermeintlichen Genderneutralität finden sich jedoch nuancierte Vorstellungen von „neurochemical imbalances", die mit hormonellen Schwankungen aufgrund von Essstörungen oder postnatalen Depressionen in Verbindung gebracht werden (Blum & Stracuzzi, 2004, S. 282). Hier zeige sich eine geschlechterspezifische Zuordnung psychiatrischer Diagnosen, die den weiblichen Körper in psychiatrische Kategorien einordnet, wohingegen der männliche Körper dabei oftmals unerwähnt bleibt.

Eine besondere historische Bedeutung haben die psychiatrischen Klassifikationssysteme, die seit Anfang des 20. Jahrhunderts erstellt werden und zunehmenden Einfluss auf Diagnose- und Behandlungspraktiken haben. Die bekanntesten und einflussreichsten Klassifikationskataloge sind einerseits das „Diagnostic and Statistical Manual of Mental Disorders" (DSM), das seit 1952 von der „American Psychiatric Association" (APA) erarbeitet wird, andererseits die „International Statistical Classification of Diseases and Related Health Problems" (ICD), die die Weltgesundheitsorganisation (WHO) ebenfalls seit den 1950er Jahren herausgibt. Es ist umstritten, ob die Klassifikationssysteme überhaupt klare Kriterien und Merkmale für psychiatrische Kategorien wie „Störung", „Erkrankung" oder „Krankheit" anbieten, oder ob diese nicht historisch-politischen Umständen und Interessen geschuldet sind. Oftmals dienen diese nur als Sammelbezeichnungen für eine lose Anzahl von Symptomen und Verhaltensweisen, ohne eindeutig definiert und beschrieben werden zu können. Dabei spielt die These der Somatisierung psychiatrischen Wissens eine entscheidende Rolle. Unter Somatisierung lässt sich ein wissensbezogenes Deutungsschema verstehen, bei dem körperliche Symptome auf körperliche Ursachen zurückgeführt werden, obwohl letztere nicht auf einer medizinischen Grundlage identifiziert werden können. Sie stellt einen Sonderfall der Medikalisierungsthese von Peter Conrad dar, die seit den 1970er Jahren diskutiert wird. Unter Medikalisierung versteht Conrad nichtmedizinische Probleme, die als medizinische Probleme definiert und behandelt werden (Conrad, 2007). Aktuell betrifft das beispielsweise die Frage, wie zwischen Traurigkeit und Depressionen oder zwischen Energieüberschüssen und Hyperaktivität unterschieden werden kann.

Auch Studien im Bereich der transkulturellen Psychiatrie greifen die Somatisierungsthese auf. Spätestens seit Emil Kraepelins Untersuchungen auf der Insel Java (1903/1904) beschäftigt sich die psychiatrische Forschung mit transkulturellen Unterschieden von Krankheitsbildern. Es hat sich dabei gezeigt, dass Krankheitsbilder und deren Symptome kulturell und regional variieren. Joan und Arthur Kleinman haben in jahrzehntelanger Forschung in China herausgearbeitet, dass Depressionen dort vor allem mit körperlichen Symptomen in Verbindung gebracht werden (Kleinman, 1982; Lee et al., 2007). Herzrasen, Kopf-, Gelenk- oder Magenschmerzen würden viel häufiger genannt als Schuldgefühle, Gewissenskonflikte oder Grübelei. Kleinman versteht Somatisierung – aus einer phänomenologischen Perspektive, die sich von Conrads Theorie sozialer Abweichung unterscheidet – als ein Interpretations-, Erfahrungs- und Handlungsmuster, das sich beim Umgang mit Stress, Abweichung und Stigmatisierung in einem bestimmten sozialen und kulturellen Kontext herausbildet. Vor allem die Verbindung von phänomenologischen Methoden und kulturhistorischer Kontextualisierung bietet in diesen Studien einen spannenden Ansatz für eine körpersoziologische Auseinandersetzung mit psychiatrischen Diagnosen.

Innerhalb der psychiatrischen Forschung wird bis heute heftig darüber gestritten, inwiefern das Gehirn, die Gene, das Nervensystem, die Darmflora oder andere körperliche Faktoren zum Verständnis bestimmter Krankheitsbilder näher untersucht werden sollten. Die biomedizinisch und neurologisch ausgerichtete Psychiatrie beharrt auf der grundsätzlichen Möglichkeit, in Zukunft die eindeutigen Ursachen psychischen Leidens entdecken und behandeln zu können. Bildgebende Verfahren und neurologische Ansätze haben der biomedizinisch ausgerichteten Psychiatrie in dieser Hinsicht neuen Rückenwind verschafft – auch wenn sich die bisherigen Ergebnisse als uneingelöste Versprechen erweisen. Joseph Dumits ethnografische Studie zur diagnostischen Funktion bildgebender Verfahren mit der theoretischen Linse der Science and Technology Studies (STS) bietet hier erste Ansätze eines körpersoziologischen Umgangs mit diesen neuen psychiatrischen Wissensbeständen (Dumit, 2004). Die offene Frage bleibt, welche neuen psychiatrischen Wissensformen entstehen, wenn die großen Hoffnungen im Hinblick auf neue Technologien innerhalb der medizinisch-biologischen Psychiatrie weiterhin unerfüllt bleiben. Grundsätzlich lässt sich die Geschichte der medizinischen Psychiatrie auch als wiederkehrender Versuch der Überwindung der Somatisierungsthese verstehen, bei dem mit Hilfe technologisch innovativer psychiatrischer Verfahren die medizinischen Grundlagen psychiatrischer Erkrankungen geklärt werden sollen.

## 4 Psychiatrische Körpertechniken und Anstaltsleben

Das historische Aufkommen psychiatrischer Kliniken und Stationen ist ein wesentliches Merkmal der modernen Psychiatrie. Ende des 18. Jahrhunderts entstehen in Europa erstmals eigenständige Pflege- und Heilanstalten, die zur Unterbringung psychiatrischer Patient*innen eingerichtet werden. Seit Mitte des 20. Jahrhunderts werden diese stationären Angebote zunehmend durch ambulante Einrichtungen und Tageskliniken ergänzt. Foucault interpretiert die enge Verbindung von Anstaltswesen und Psychiatrie als hohen Bedarf an Kontrolle und Disziplinierung, der mit dem Aufkommen der Psychiatrie als autonomem Wissensfeld einhergeht. Foucault beschreibt dabei diejenigen Körperbilder und sozialen Praktiken, die durch die „Mikrophysik der psychiatrischen Macht" überhaupt erst hervorgebracht werden (Foucault, 2005, S. 272). Er interpretiert die psychiatrischen Beschreibungen von kranken Körpern im 19. Jahrhundert als Strategie der Wissensproduktion, um die Psychiatrie als autonome, machtvolle Wissenschaft zu etablieren. Die Patient*innen und ihre Körper müssen isoliert, unterworfen und kontrolliert werden, um das psychiatrische Wissen angemessen ordnen und organisieren zu können. Die Praktiken der Insassen werden von Foucault daher als widerständige, rebellierende Handlungen gedeutet, die sich gegen das psychiatrische Machtdispositiv innerhalb der geschlossenen Mauern der Anstalten auflehnen.

Es finden sich jedoch auch körpersoziologische Ansätze, die das Innenleben psychiatrischer Kliniken untersuchen, ohne den Fokus vorrangig auf die Dimensionen der Macht, Disziplin und Kontrolle zu legen. Diese knüpfen lose an die pragmatistisch orientierten Studien von Erving Goffman und Harold Garfinkel an (Garfinkel, 1967; Goffman 1972). Goffman beschreibt in seiner ethnografischen Studie zur psychiatrischen Abteilung des St. Elizabeths Hospital in Washington D.C. den Alltag der Patient*innen, deren Verhältnis zum Personal, untereinander und in verschiedenen sozialen Situationen. Garfinkel beschreibt die Lebenssituation einer intersexuellen Person, die in der psychiatrischen Behandlung den Wunsch äußert, nur noch die körperlichen Merkmale einer Frau haben zu wollen. Garfinkel bezeichnet Agnes' Versuche der normalen Alltagsbewältigung als „passing" – ganz ähnlich zum Konzept der „coping"-Strategien bei Goffman – das mit verschiedenen Techniken der Verschleierung, Manipulation und Verdrängung von körperlichen Merkmalen einhergeht.

Zwei Monografien bieten hier Beobachtungen an, die an Goffman und Garfinkel anschließen (Klausner, 2015; Landsteiner, 2017). Beide verstehen die Praktiken und

Interaktionen in der psychiatrischen Pflege und Behandlung als grundsätzlich krisenhafte Situationen, in die alle Beteiligten involviert sind. Dementsprechend sind auch Professionelle wie Pfleger*innen, Therapeut*innen und Psychiater*innen Teil eines Prozesses, der einer Bearbeitung dieser Krisen dient. Die beiden Monografien stellen dabei noch expliziter als Goffman und Garfinkel die körpersoziologisch relevanten Dimensionen ihrer ethnografischen Beobachtungen und Interviews heraus. Vor allem Goffmans Beschreibungen bleiben oftmals auf äußere Zugriffe, Verletzungen und Entblößungen der Körper der Insassen beschränkt. Der Körper bleibt ein von außen beobachteter Gegenstand. Die subjektiven Erfahrungen, leiblichen Erlebnisformen und Körpertechniken der beteiligten Personen spielen nur eine Nebenrolle oder fließen in die Interpretation sozialer Rollenkonstellationen, Interaktionsmodi und Handlungsschemata ein.

In Ihrer Monografie zur einer psychiatrischen Station in einem Berliner Bezirkskrankenhaus beschäftigt sich Martina Klausner in einem Kapitel näher mit einigen körpersoziologischen Aspekten (Klausner, 2015, S. 181–246). Ihre Überlegungen bewegen sich in einer sozial- und kulturanthropologischen Rahmung, die mit einem Seitenblick auf STS und praxistheoretischen Ansätzen nach der Herstellung von Legitimität sozialer Praktiken fragt. Das psychiatrische Wissen innerhalb der Klinik wird dabei als „Ergebnis komplexer Aushandlungs- und Interpretationsprozesse" verstanden (Klausner, 2015, S. 13).

Die Besonderheit des Körpers innerhalb der Psychiatrie sieht Klausner in der Ungewissheit von Körperwissen und Körpererleben. Dementsprechend findet zwischen allen beteiligten Personen – Patient*innen, Pfleger*innen, Therapeut*innen – ein ständiger Aushandlungsprozess statt, um diese Ungewissheit zu überwinden. Die sozialen Praktiken, die zur Stabilisierung dieses Körperwissens notwendig sind, nennt Klausner „Körperwidmungen" (Klausner 2015, S. 183). Körperwidmungen sind kooperative Praktiken, die die gemeinsame Arbeit an der Wahrnehmung und Interpretation des Körpers ermöglichen. Der Begriff umfasst dabei eine offene Liste von Formen des Beachtens, Kümmerns und Behandelns, die im psychiatrischen Kontext besonders deutlich sichtbar werden.

Darunter fallen das gemeinsame Aushandeln von Medikationen, die Balance von Wirkungen und Nebenwirkungen, die Interpretation von Mimik, Gestik und körperlicher Erscheinung sowie – im Notfall – Formen von Fixierung und Zwangsmedikation. Klausner beobachtet in Aufnahmegesprächen, Visiten, Besprechungen und Nachsorgetreffen ein ständiges Ringen um das sichere Wissen über das Erleben, Erfühlen und Erscheinen des Körpers der Patient*innen. Immer wieder muss dabei beispielsweise neu überprüft werden, ob ein bestimmtes Körpererleben Krankheitssymptom, normales Empfinden oder Nebenwirkung eines Medikaments ist. Die sogenannten „Kurvenvisiten" umfassen dabei querbeet alle Daten und Informationen, die zur Einschätzung des Körpererlebens eines*einer Patient*In zur Verfügung stehen: Laborwerte, Gespräche, der kurze Eindruck auf dem Flur.

Dabei beobachtet Klausner einen fließenden Übergang zwischen ausgehandelten, gemeinsamen Kooperationen einerseits und macht- und zwangsdominierten Entscheidungen andererseits (Klausner, 2015, S. 243). Ein Beispiel verdeutlicht die widersprüchlich anmutenden Beobachtungen, die Klausners Perspektive damit ermöglichen. Manche Patient*innen empfinden eine akute Krisensituation als derart schwierig zu ertragen, dass sie bestimmte Formen des Zwangs geradezu einfordern, um aus der Anspannung befreit zu werden. So sei es vorgekommen, dass Patient*innen einen möglichen Fixierungsbedarf sogar „rechtzeitig anmeldeten", um den Pflegedienst vorzuwarnen (Klausner, 2015, S. 242). Die Unruhe, das Kribbeln, die Anspannung und Aggressionen steigen hoch, der*die Patient*in erlebt sich dabei und sucht nach dem Austausch mit dem Pflegeteam. Klausner beschreibt solche Situationen als Kooperationen und Aushandlungen, obwohl sie auf den ersten Blick eher im Sinne von Foucaults Disziplinierungsnarrativ beschrieben werden müssten. Klausners Ansatz ermöglicht so eine körpersoziologische Perspektive auf die gemeinsame Aushandlung von körperlichem Erleben im psychiatrischen Kontext.

Eine ähnliche Perspektive nimmt die ethnografische Studie von Lisa Landsteiner ein (Landsteiner, 2017). Anhand von Expert*inneninterviews, Gruppendiskussionen und Bildanalysen erarbeitet sie darin den Bedeutungskomplex des Sitzens und Platz-Einnehmens für die Psychiatrie als Aufenthaltsort. Weder die formalen Zugangsbedingungen noch die eher medizinischen Diagnosegespräche identifiziert Landsteiner als eigentlichen Beginn einer psychiatrischen Behandlung. Es gehe vielmehr um eine „Geste der Präsenz: das Betreten des Gebäudes, das Schütteln der Hände und das Einander-gegenüber-Platz-Nehmen", die die eigentliche psychiatrische Situation initiiert (Landsteiner, 2017, S. 132). Der darin enthaltene „raumzeitliche Widerfahrnischarakter" sei zwar keine Besonderheit von psychiatrischer Alltagspraxis, bekommt dort aber eine besondere Bedeutung (Landsteiner, 2017, S. 132). Gerade weil Patient*innen einen Klinikaufenthalt eingehen, der der Auseinandersetzung mit einer akuten Krisensituation dient, wird die Schutz- und Anlehnfunktion von scheinbar selbstverständlichen materiellen Umgebungen sichtbar. Stehen, Sitzen und andere raumzeitliche Anordnungspraktiken sind demnach Körpertechniken, deren Bedeutung weit über eine alltägliche Selbstverständlichkeit hinausreicht. Sie stehen als Symbol für eine alltägliche Sicherheit, die alle Beteiligten – Patient*innen, Pfleger*innen, Therapeut*innen – suchen und benötigen, um gemeinsam am Erfolg einer Behandlung arbeiten zu können.

Die Formulierung des „Platz-Nehmens" bekommt damit mindestens eine doppelte Bedeutung. Sie verweist auf die Praxis des Setzens, die mit einer bestimmten Körperhaltung, einem Möbelstück und dessen materiellen Umgebung einhergeht. Gleichzeitig geht es um einen Ort, an dem man sich angenommen und aufgehoben fühlen kann. Hier steht eine raumzeitliche Verortung leiblicher Art im Vordergrund, die nicht auf den rein materiellen Akt reduziert werden kann. Das Sitzen ist nicht nur eine Körper-, sondern auch eine Lebenshaltung, eine Positionierung zur Art und Weise, wie ein Leben geführt wird. Auch wenn Landsteiner hier nur kurz auf Plessner verweist, lässt sich die soziale Praxis des Setzens als prekäre Grenzziehung interpretieren, die mit Hilfe von dessen Konzept der „exzentrischen Positionalität" näher beschrieben werden kann: Menschen in psychischen Krisensituationen müssen in besonderem Maße über das eigene leibliche Empfinden und die Positionierung ihres Körpers in Raum und Zeit reflektieren.

## 5 Kleiner Ausblick

Die körpersoziologische Auseinandersetzung mit dem Feld der Psychiatrie steckt noch in den Kinderschuhen. Es gibt zahlreiche Möglichkeiten, wie die aufgezeigten Perspektiven in Zukunft noch vertieft werden können. Das betrifft die körpersoziologische Begleitung des technologischen Wandels in der psychiatrischen Forschung. Bildgebende Verfahren wie Magnetresonanztomographie (MRT) oder Positronenemissionstomographie (PET) dominieren große Teile der psychiatrischen Forschung und werfen einige Fragen auf, die die Körpersoziologie näher betrachten kann. Die aufbereiteten Bilder zu Strukturen und Prozessen im Gehirn müssen in konkrete Diagnosen und Therapieszenarien übersetzt werden, die Annahmen über den menschlichen Körper sowie über den Zusammenhang von leiblichem Erleben und Hirnscans voraussetzen. Hier könnte mithilfe ethnografischer und diskursanalytischer Studien nachvollzogen werden, welche Kooperationen und Konflikte innerhalb der Forschung sowie zwischen Psychiater*innen und Patient*innen auftreten. Weiter könnten (leib)phänomenologische Ansätze eine theoretisch reflektierte Analyse der subjektiven Eindrücke, Erfahrungen und Erzählungen sowohl von Patient*innen und Betroffenen als auch von Angehörigen und Professionellen erarbeiten. Im Anschluss an die Studien von Joan und Arthur Kleinman sowie deren Mitarbeiter*innen könnten kulturelle Unterschiede sowie strukturelle Bedingtheiten von leiblich-körperlichen Empfindungen näher beleuchtet werden. Darüber hinaus fehlt es an historischen Studien, die die alltäglichen Körperpraktiken in psychiatrischen Einrichtungen näher betrachten, um einen Vergleich mit den genannten Studien anzustellen. Über die alltägliche Situierung und Reproduktion von Körperwissen und Körpertechniken lassen sich die Funktion und der Wandel des Zusammenhangs von Körperlichkeit und psychiatrischer Wissensproduktion besser verstehen. Schließlich muss der große Einfluss des psychiatrischen Wissens jenseits der spezifisch psychiatrischen Einrichtungen beachtet werden. Auch Psycholog*innen, Sozialarbeiter*innen und Erzieher*innen verwenden mittlerweile die psychiatrischen Klassifikationskataloge DSM und ICD und binden deren Einordnungen in den eigenen Berufsalltag ein. Das hat Folgen für den Umgang mit den beteiligten Personen sowie den zugrunde gelegten Körperverständnissen. Die Körpersoziologie kann hier dazu beitragen, die körperlichen Dimensionen einer Ausweitung psychiatrischer Praktiken und Wissensbestände jenseits der räumlich klar strukturierten Grenzen psychiatrischer Stationen und Kliniken nachzuverfolgen.

## Literatur

Avison, W. R., Fazio, E. M., & Pearlin, L. I. (2007). Sociology, Psychiatry, and the production of knowledge about mental illness and its treatment. In W. R. Avison, J. D. McLeod, & B. A. Pescosolido (Hrsg.), *Mental health, social mirror* (S. 33–53). Springer.

Bargfrede, H., & Dimmek, B. (2002). Psychiatrie und Soziologie: Funkstille oder jetzt erst recht! *Sozialwissenschaften Und Berufspraxis, 25*(1/2), 161–170.

Blum, L. M., & Stracuzzi, N. F. (2004). Gender in the prozac nation: Popular discourse and productive femininity. *Gender and Society, 18*(3), 269–286.
Braslow, J. (1997). *Mental ills and bodily cures: Psychiatric treatment in the first half of the twentieth century*. University of California Press.
Bruce, M. L., & Raue, P. J. (2013). Mental illness as psychiatric disorder. In C. S. Aneshensel, A. Bierman, & J. C. Phelan (Hrsg.), *Handbook of the sociology of mental health* (S. 41–59). Springer.
Conrad, P. (2007). *The medicalization of society. On the transformation of human conditions into treatable disorders*. Johns Hopkins University Press.
Dellwing, M., & Harbusch, M. (Hrsg.). (2013). *Krankheitskonstruktionen und Krankheitstreiberei. Die Renaissance der soziologischen Psychiatriekritik*. Springer VS.
Didi-Huberman, G. (1997). *Erfindung der Hysterie. Die photographische Klinik von Jean-Martin Charcot*. Fink.
Dörner, K. (1969). *Bürger und Irre: zur Sozialgeschichte und Wissenschaftssoziologie der Psychiatrie*. Fischer.
Dumit, J. (2004). *Picturing personhood: Brain scans and biomedical identity*. Princeton University Press.
Dunham, H. W., & Faris, R. E. L. (1939). *Mental disorders in urban areas*. University of Chicago.
Elias, N. (2006). Soziologie und Psychiatrie. In N. Elias (Hrsg.), *Gesammelte Schriften. Aufsätze und andere Schriften. 1* (S. 287–330). Suhrkamp.
Finzen, A. (1999). Psychiatrie und Soziologie. . *Spektrum Der Psychiatrie, 28*(3), 62–79.
Foucault, M. (1973). *Wahnsinn und Gesellschaft. Eine Geschichte des Wahns im Zeitalter der Vernunft*. Suhrkamp.
Foucault, M. (2003). *Die Anormalen: Vorlesungen am Collège de France (1974–1975)*. Suhrkamp.
Foucault, M. (2005). *Die Macht der Psychiatrie. Vorlesungen am Collège de France (1973–1974)*. Suhrkamp.
Garfinkel, H. (1967). Passing and the managed achievement of sex status in an „Intersexed" person Part 1. In H. Garfinkel (Hrsg.), *Studies in ethnomethodology. Englewood cliffs* (S. 116–185). Prentice-Hall Inc.
Goffman, E. (1972). *Asyle: über die soziale Situation psychiatrischer Patienten und anderer Insassen*. Suhrkamp.
Kilian, R. (2012). Psychische Krankheit als soziales Problem. In G. Albrecht & A. Groenemeyer (Hrsg.), *Handbuch soziale Probleme* (S. 924–957). VS Verlag .
Klausner, M. (2015). *Choreografien psychiatrischer Praxis. Eine ethnografische Studie zum Alltag in der Psychiatrie*. transcript.
Kleinman, A. (1982). Neurasthenia and depression: A study of somatization and culture in China. *Culture, Medicine and Psychiatry, 6*(2), 117–190.
Landsteiner, L. (2017). *Platz nehmen. Zur Psychologie des Sitzens am Ort der Psychiatrie*. transcript.
Lee, D. T. S., Kleinman, J., & Kleinman, A. (2007). Rethinking depression: An ethnographic study of the experiences of depression among chinese. *Harvard Review of Psychiatry, 15*(1), 1–8.
Rosenhan, D. (1973). On being sane in insane places. *Science, 179*(4070), 250–258.
Scheff, T. J. (1973). *Das Etikett ‚ Geisteskrankheit': soziale Interaktion und psychische Störung*. Fischer.

# Recht

Thorsten Benkel und Christoph Nienhaus

*Der Reisende hatte verschiedenes fragen wollen, fragte aber im Anblick des Mannes nur: „Kennt er sein Urteil?" „Nein", sagte der Offizier und wollte gleich in seinen Erklärungen fortfahren, aber der Reisende unterbrach ihn: „Er kennt sein eigenes Urteil nicht?" „Nein", sagte der Offizier wieder, stockte dann einen Augenblick, als verlange er vom Reisenden eine nähere Begründung seiner Frage, und sagte dann: „Es wäre nutzlos, es ihm zu verkünden. Er erfährt es ja auf seinem Leib."*
*(Franz Kafka, In der Strafkolonie)*

**Einleitung**

Das Recht begreift Pierre Bourdieu, ebenso wie beispielsweise die Kunst oder die Wissenschaft, bekanntlich als ein „Feld", als einen Teilbereich der Gesellschaft also, der als ein „Kampfplatz" (Bourdieu, 2019, S. 37) spezifischen Regeln unterliegt und in einem transformatorischen Austausch mit der Gesamtgesellschaft steht. Das Feld des Rechts ist, wie einige weitere gesellschaftliche Teilbereiche, von der Situation geprägt, dass es einerseits durch soziale Prozeduren in Gang gehalten wird, die ihrerseits von Menschen initiiert, fortgeführt, unterbunden, angehalten oder beendet werden. Andererseits spielt im Recht die Tatsache, dass seine immanenten Mechanismen immer wieder neu ‚erzeugt' werden, kaum eine Rolle; vielmehr wird im Recht agiert, als sei das Recht

T. Benkel (✉)
Passau, Deutschland
E-Mail: thorsten.benkel@uni-passau.de

C. Nienhaus
Bonn, Deutschland
E-Mail: ch.nienhaus@uni-bonn.de



R. Gugutzer et al. (Hrsg.), *Handbuch Körpersoziologie 2*,
https://doi.org/10.1007/978-3-658-33298-3_27

eine geradezu naturgegebene Instanz von unumstößlicher Gegenwart und Wirkmacht. Genauer betrachtet, wird hierbei nicht nur die Verwurzelung aller rechtlichen Vorgänge im menschlichen Handeln weitgehend ausgeblendet, sondern auch – und erst recht – die körperliche Basis dieses Handelns. Der Körper im Recht ist eine paradoxe Erscheinung, weil er eigentlich nur relevant wird, um im Hinblick auf körperliche Problemanfälligkeit verhandelt zu werden. Er kann 1) als ‚Beweisstück' zeigen, dass eine Person an ihrem und zugleich durch ihren Körper zum Opfer fahrlässiger oder vorsätzlicher Verletzungen oder gar einer Tötung geworden ist. Er kann 2) schon durch bloße (Über-) Präsenz oder gerade durch Nicht-Präsenz rechtserheblich problematisch werden, er kann 3) Identitätsverweise hinterlassen, die zur fremdsubjektiven Rekonstruktion vergangener Handlungsverläufe führen und er kann 4) als Ort und Zentrum der sinnlichen Wahrnehmung und des Gedächtnisses in ‚Wahrheitsdiskursen' hinsichtlich seiner Aussagekraft thematisiert werden. Das aber betrifft stets den Körper, der konkret in den Blickwinkel der Feldprozeduren des Rechts gerückt wird. Daneben steht die Armada der menschlichen Körper (und übrigens auch der tierischen, ja sogar der symbolischen Körper – siehe etwa Gebietskörperschaften), die zwar in ihren Rechten, Freiheiten und auch Einschränkungen potenziell ‚verrechtlicht' sind (naheliegend: über die Menschenrechte oder das Grundgesetz), faktisch aber nicht ‚im Recht' auftauchen.

Niklas Luhmann, der Jurist unter den prominenten Soziologen, hat aus der Not der juristischen Körperferne eine Tugend gemacht. In Luhmanns System ist die ‚Umwelt' des Rechts das, was potenziell im Rechtssystem justiziabel sein/werden könnte. Dies trifft folglich auf alle oben genannten Körper zu, zum Teil auch auf die ungeborenen, ja sogar auf die toten Körper. Bei Luhmann ist der Mensch ohnehin nur Rechtsumwelt: Im Inneren des Systems walten nämlich keine Personen und erst recht nicht deren Körper, sondern sinnhaft-kommunikative Operationen, und dies völlig unabhängig von der Frage, wessen (von der gesellschaftlichen Bedeutung her ohnehin weitgehend austauschbarer) Körper direkt oder mittelbar von diesen operativen Vorgängen betroffen ist. Zum Gegenstand des Rechts werden Menschen und ihre Körper nur insofern, als sie in Form der systemrelevanten Informationen bzw. Irritationen kommunikativ verarbeitet werden. Dies geschieht, indem ihr ‚Fall' – und damit durchaus auch „körperliche Realitäten" (Luhmann, 1993, S. 55) – über Rechtskommunikationen aus der beobachteten Umwelt des Rechts (also der Sphäre all dessen, was potenziell justiziabel ist) heraus- und in die Prozeduren des Rechtssystems hineintransferiert wird. Für Luhmann ist der Umstand, dass auch hinter den Systemoperationen Menschen mit Körpern stehen, eine empirische Trivialität: Diese Menschen/Körper sind problemlos ersetzbar und müssen es sogar sein, um den autopoietischen, d. h. aus sich selbst heraus gewährleisteten Erhalt des Rechtssystems zu garantieren. Das ist in der Systemtheorie (nicht nur) des Rechts – des am intensivsten von Luhmann betrachteten gesellschaftlichen Teilsystems – vorausgesetzt.

Sozialtheoretische Befunde zum Recht kommen, wie dieses Beispiel demonstriert, gut ohne den Körper aus bzw. reduzieren ihn auf eine Selbsterhaltungsvariable, die so obligatorisch ist, dass sie keiner weiteren Würdigung bedarf. In der juristischen Fachausbildung sieht es diesbezüglich nicht besser aus. In theoretischer Hinsicht wird dem Körper zumeist eine rein funktionale Betrachtungsweise zuteil, indem rückbezogen auf das entsprechende Rechtssubjekt ein bestimmtes (Individual-)Rechtsgut konstruiert wird, welches sodann vor ‚Verletzungen' geschützt wird (wie etwa körperliche Unversehrtheit, Leben, sexuelle Selbstbestimmung oder persönliche Freiheit). Letztlich ist es allerdings der Körper des Rechtssubjekts, welcher in den einschlägigen Definitionen der juristischen Dogmatik als sogenanntes *Tatobjekt* unter anderem „misshandelt" oder „in der Gesundheit geschädigt" werden kann (§ 223 StGB), in den „eingedrungen" wird (§ 177 StGB), der sich als Leib in „Gefahr" befindet (§ 34 StGB) oder der seine „Fortpflanzungsfähigkeit" verliert (§ 226 StGB). Juristisch-dogmatisch wird im Rahmen der §§ 211 und 212 StGB unterschieden zwischen dem durch die Strafrechtsnormen geschützten, ideellen Rechtsgut des Lebens und dem konkreten empirischen Handlungsobjekt des körperlichen Menschen, der bei erfolgreicher Vollendung der Tat nicht mehr lebt. Auch hier gelangt der Körper also über seine Anfälligkeit, seine von Anderen ausgenutzte Schwäche, seine Verletzbarkeit, manchmal auch über seine Kommodifizierung in den Diskurs, sodann ist er aber bereits wieder realitätsfern ein Bestandteil des juristischen Textes und damit vom Fleisch und Blut lebendiger Leiber weit entfernt. In praktischer Hinsicht kommt allenfalls noch die Betrachtung des toten Körpers im rechtsmedizinischen Rahmen infrage, nicht weit davon entfernt liegt die Alkoholprobe, die körpertheoretisch betrachtet fast schon Eventcharakter aufweist, sowie vergleichbare Intoxikationsprüfungen an der Schnittstelle von Recht, Polizeiarbeit und Medizin. Abseits dessen fristet der Körper ein verschwiegenes Dasein. Nichts versinnbildlicht das Schicksal des Körpers im Recht so anschaulich wie die Robe der prozessbeteiligten ‚Organe'(!) der Rechtspflege im Gerichtsverfahren. Eine intransparente Umhüllung verhindert nahezu vollständig, dass sich die Körper in ihren Eigenheiten einander zeigen oder gar klassifiziert werden. Was zählt, ist das Wort, nicht sein physiologischer Erzeugungsmechanismus.

Ein genauerer Blick offenbart jedoch, dass der Körper im Recht mehr als der physiologische Motor eines vergeistigten, irgendwie sozialen und dann doch wieder abstrakten Geschehens ist. Vielmehr ist der Körper dem Recht hintergründig so sehr eingeschrieben, wie er vordergründig – aus letztlich nachvollziehbaren Motiven (er spielt, wie gesagt, im Vollzug des Rechts keine greifbare Rolle) – systematisch übersehen wird.

**Staatliches Gewaltmonopol und körperliche Rechtssubjekte**

Das Recht, schreibt Norbert Elias (1982, S. 466 f.), funktioniert nicht ohne einen Rückhalt in physischer Gewalt (ähnlich Bourdieu, 2019, S. 37; Weber, 1980, S. 17). Auch moderne Gesellschaften benötigen insofern die für viele vermeintlich ‚primitive', weil dysfunktional anmutenden Facette der Gewalt(anwendung), um Rechtsansprüche bzw. Ordnungsanliegen effektiv durchsetzen zu können. Die Vermeidung der Gewalt gilt als zivilisatorisches Ideal; die Pointe von Elias' Festlegung liegt aber gerade darin, dass diese Vermeidung deshalb funktioniert, weil sie von der Androhung dessen lebt, was sie auszuschalten vorgibt (vgl. Elias, 1989, S. 227 ff.). Historisch lassen sich die feinen Unterschiede zwischen der Beschwichtigung der Gewaltanwendung nach innen und der

Rhetorik der Gewaltanwendung nach außen gut nachzeichnen. Die Staatenentwicklung im Laufe der Jahrhunderte ist eng an die Zentralisierung des Gewaltmonopols gekoppelt (vgl. Elias, 1982, S. 142 ff. sowie Weber, 1980, S. 29).

So sehr also die Bevölkerung vor gewalttätigen Übergriffen institutionell geschützt werden soll, so sehr ist sie institutionell mit der Anwendung dieser Gewalt bedroht. Die Umsetzung des Gewaltmonopols liegt bekanntlich bei der Polizei, deren diesbezügliche Einsatzfähigkeit medial leicht recherchiert werden kann – es genügt die Google-Suche nach Fan-Ausschreitungen bei Fußballspielen, nach aus dem Ruder gelaufenen politischen Demonstrationen oder nach sogenannten ‚finalen Rettungsschüssen'. Für Max Weber kommt im Rahmen der rechtsstaatlichen Kompetenzverteilung die Position der Polizei – geschichtlich betrachtet ursprünglich eine Verwaltungsbehörde – qua ihrer legitimierten Gewaltaktivitäten sogar der „Stellvertretung Gottes auf Erden" gleich (Weber, 1980, S. 561). Folglich sind also innerhalb eines definierten Hoheitsgebiets die Körper der Bevölkerung potenziell stets von Gewalt bedroht, die anhand von (üblicherweise juristischen) Kriterien spürbar wird, welche für die ‚Körperbesitzer' bisweilen nicht immer nachvollziehbar sind. Gewaltanwendung oder auch nur die Einschränkung der Bewegungsfreiheit sind Beeinträchtigungen, bei denen ex ante eine konkrete oder abstrakte Gefährdungslage vorgelegen haben soll, welche im Nachgang (ex post) manchmal fragwürdig wird. Diese Fragwürdigkeit ist genealogisch begründet: Pierre Bourdieu (2001, S. 119) hat darauf hingewiesen, dass am historischen „Ursprung des Gesetzes" eine „willkürliche Entscheidung" steht, die nur funktioniert, weil sie wesensgemäß „Gewalt ohne Rechtfertigung" anwendet. Es gibt schließlich keine Instanz, die dem Recht zeitlich vorangeht und ihm diktiert, wie es seine immanente Rechtmäßigkeit zu konfigurieren habe.

Der Anblick jedweder Gewaltanwendung wirkt auf Unbeteiligte erschreckend, denn die Maßnahme macht die prekäre Lage des Körpers in doppelter Hinsicht evident: Menschen und ihre Körper können gegen massive bzw. Waffengewalt nicht vollständig geschützt werden, ganz gleich, ob nun eine rechtlich legitimierte Gewalt oder ein illegitimer Angriff vorliegt (vgl. Durkheim, 1999, S. 159; Elias, 1989, S. 227). Der Körper bewegt sich immerzu relativ ungesichert, wenn er in sozialen Situationen aktiv ist. Als schützende Rahmung bieten sich in modernen Rechtsstaaten keine konkrete Abwehrmittel an (wie eine Bewaffnung, so diese denn überhaupt nützt), sondern vielmehr die abstrakten Schutzschilde des Rechtssystems. Dieses verspricht, in der Theorie, sowohl die Verhütung (und mithin ‚Wiedergutmachung') ungerechtfertigter staatlich-institutioneller Gewalteingriffe, wie auch die Prävention bzw. Ahndung der Gewaltanwendung Dritter, sofern diese nicht ebenfalls auf Rechtfertigungsgründe verweisen können (wie etwa Notwehr oder Nothilfe). In seiner Rolle als ‚Opferhülle' steht der Körper im Recht auf einer Position zwischen konkreter (subjektiver) Situation und hypothetischer (generalisierter) Möglichkeit. Er kommt damit dem Charakter des Rechts und der Rechtswissenschaft nur bedingt entgegen; nach Luhmanns Überzeugung (1993, S. 127) müsse das Recht nämlich stets unpersönlich, ja geradezu positivistisch sein (wobei er den Begriff der

„Positivierung" vorzieht). Einen Körperpositivismus aber gibt es nicht – spätestens dann nicht, wenn der Schmerzensschrei sich nicht mehr unterdrücken lässt.

Die Verknüpfung von Recht und Gewalt lässt sich historisch-genealogisch besonders deutlich am Straf(prozess)recht nachvollziehen, wie Michel Foucault in *Die Wahrheit und die juristischen Formen* aufzeigt. Nach Foucault firmierte es in der Antike und bei den alten Germanen vorrangig als „rituelle Form des Krieges" (Foucault, 2003, S. 56), bis sich durch die Monopolisierung der Waffengewalt im Feudalstaat dieser gleichsam zum Wächter über die Rechtsstreitigkeiten der Individuen aufschwang. Die historisch gesehen relativ junge Trennung von Exekutive und Judikative (vgl. ebd., S. 63 ff.) ist auf den zweiten Blick also kein Ausschluss, sondern vielmehr eine ausdifferenzierte und gleichzeitig beziehungsstiftende Kopplung, welche bei aller effektiven Errungenschaft nicht darüber hinweg täuschen kann, dass sich Rechtsansprüche im Zweifel durchsetzen lassen müssen und eine Strafe, die nicht in Geld zu begleichen ist, immer (auch) den Körper trifft. Elias (1989, S. 228) spricht diesbezüglich vom „Janushaupt" des Gewaltmonopols und des Staates.

In Franz Kafkas zu Beginn des Ersten Weltkrieges entstandener Erzählung *In der Strafkolonie,* die im Deportationskontext spielt, ist die auf den Körper gerichtete Bestrafung eindrucksvoll als buchstäbliche, maschinell betriebene *Einschreibung* des übertretenen Gesetzes in den Körper der Delinquenten symbolisiert worden. Die besondere Pointe bei Kafka liegt in der Inschrift, die einer der Protagonisten am Ende auf seinem zu Tode malträtierten Körper trägt: ‚Sei gerecht!' Aus geschichtlicher Sicht changiert die fiktional zugespitzte körperliche Marter tatsächlich aber zwischen zwei Funktionen: Neben der (nicht notwendigerweise tödlichen) Bestrafung wurde sie auch zur sogenannten Wahrheitsfindung eingesetzt. Dass beide Funktionen nicht immer klar voneinander getrennt wurden und sich zudem jenseits offensichtlicher moralischer Beanstandungen auch in ihrer Funktionalität anzweifeln lassen, zeigt sich unmittelbar bei einer Vergegenwärtigung des Dilemmas desjenigen, der sich dem Unglück ausgesetzt sieht, zum Angriffspunkt dieser Praktiken zu werden. Weder Geständnis noch Leugnung können helfen, den mit der Marter bzw. Folter verbundenen ‚Prozess' zu gewinnen. Ein Geständnis, auch ein falsches, vermag die körperlichen Schmerzen und Schäden nicht rückgängig zu machen und die darauffolgende Sanktion wird, wie am historischen Beispiel der Hexenprozesse ersichtlich ist, in den meisten Fällen keine Besserung versprechen. Hinzu kommt, dass – einer eigenwilligen Beweisarithmetik folgend –, zu bestimmten Zeiten, etwa im 18. Jahrhundert, bereits ein unvollständiger Schuldbeweis, eigentlich also ein Nichtbeweis, zu einer (körperlichen) Sanktion führen konnte (vgl. Foucault, 2001, S. 50, ders. 2017). Zugrunde liegt eine zeitgenössische Prämisse: „Man wird nicht ungestraft verdächtigt." (Foucault, 2007, S. 21) Wenn auch heute, nach Jahrhunderten der Ausdifferenzierung juristischer Prozeduren, in demokratischen Rechtsstaaten keine unmittelbar körperlichen Beweisfindungsprozeduren mehr mit einem bloßen Verdacht einhergehen, so kann sich gleichwohl bereits eine Verdächtigung noch immer zu einem quasi-körperlichen Merkmal verhärten und stigmatisierende Effekte evozieren.

**Gewaltvolle Beweisführung und Sanktionierung am Körper**
Insgesamt ist die Wendung des Rechts gegen den Körper des Subjekts, vermittelt über den sprichwörtlichen ‚Arm des Gesetzes', eine jahrtausendealte Kulturtechnologie. Trotz der (heute) offenkundigen Mängel an der Methode wurde und wird beispielsweise die Folter durch (para-)juristische Funktionäre in vielen Ländern noch immer dazu eingesetzt, um durch/am/mit/gegen den Körper Menschen Geständnisse abzupressen, auf die eine Bestrafung erst noch folgen soll. Die Annahme, dass der Körper als Schlüssel für ein verstecktes Geheimnis, sogar als Wahrheitsindikator fungieren kann, zeigt sich an der Folter besonders eindrucksvoll. Marterstrategien sind nahezu para-soziologisch konzipiert, sind sie doch der Versuch, der Grundproblematik einer jeden Kommunikation, der Unmöglichkeit der Einsicht in die fremde Psyche, gewaltsam Herr zu werden – und sei es durch die Aufrufung des Funktionsmittels Gewalt und der vermeintlich ‚objektiven' Ergebnisanzeige durch die ‚Körpersprache'. Als modernes, psycho-somatisches und zugleich technisiertes Äquivalent kann der sogenannte Lügendetektor gelten.

Die Bestrafung eines überführten Täter(körper)s durch ein Schreckensschauspiel, d. h. durch öffentliche Marterstrafe, ist ähnlich wie die zu bestrafenden Delikte einem zeitlichen Wandel unterworfen. Diese Entwicklung hat innerhalb der gesellschaftstheoretischen Konzepte von Michel Foucault und Norbert Elias Symbol- und Indikationscharakter für Veränderungen der diskursiven bzw. figurativen Form von Machttechniken über und durch die Körper der Subjekte (vgl. Benkel und Nienhaus, 2020). Im Übergang vom 18. ins 19. Jahrhundert erfolgte allmählich eine Abkehr von der fein orchestrierten Strafprozedur hin zu einer gänzlichen Unsichtbarmachung der Strafe in der Institution des Gefängnisses (Foucault, 2001, S. 295). Die Grundlage für diesen Wandel bildet für Foucault eine Veränderung des diskursiven Verhältnisses des Staates zu seinen Bürgern insgesamt (vgl. Foucault, 2003: 82 ff.). Anstelle der ‚Rache des Souveräns' tritt die Verteidigung der Gesellschaft. Durch „seine Dressur, die Steigerung seiner Fähigkeiten, die Ausnutzung seiner Kräfte " (Foucault, 2014, S. 134 f.) umgibt und durchdringt den Körper eine ‚Macht des Lebens'. Allumfassende, panoptische Überwachung wiederum sorgt für die Kontrolle, Mehrung und Besserung des Lebens (vgl. Foucault, 2003, S. 102). Im Übergang vom einstigen massentauglichen Spektakel der Bestrafung, das seine Vorbilder in den römischen Zirkusspielen findet, hin zu einer quasi „körperlosen Realität" (Foucault, 2001, S. 26), manifestiert sich eine Funktions- und Zielverschiebung innerhalb des Strafsystems. Es kommt also zum Paradoxon eines nahezu „‚körperlosen' Gefängnisregime[s]" (Gehring, 2004, S. 85), das doch zugleich am Körper ansetzt.

Nicht nur im Gefängnis, sondern auch in Institutionen wie der Klinik, der Schule oder der psychiatrischen Anstalt wird das Instrument der Überwachung verwendet, um eine verbessernde Formung des Körpers zu erzielen, die mit einer messbaren Nützlichkeitssteigerung einhergeht (vgl. Foucault, 2003, S. 117, ders. 2001, S. 176 ff.). Alltagsassoziationen, welche in der Gefängnisstrafe eine rein zeitliche Bestrafung sehen, die ihre Schwere durch die natürliche Begrenztheit der Lebenszeit erhält, blenden aus, dass das Gefängnis auf Basis insbesondere körperlicher Einschränkungen und spezieller Erfordernisse die Funktion ausübt, Delinquente zu ändern, aber auch zu kontrollieren. Mit der soziologisch wie empirisch problematischen Idee der ‚Re-Sozialisierung' hat dies wenig zu tun. Auch Goffman (1977, S. 11, 17) betont, dass totale Institutionen vorrangig darauf abzielen, ihre Insassen einem zeitökonomisch nutzbar zu machenden Regime zu unterwerfen, das aber nicht ihnen dient, sondern der Erfüllung fremder Vorgaben.

Ein weiteres Beispiel für die Beweisfunktion, oder wenn man so will: für die Strafpolitik des Körpers im Recht, liefert Hans Peter Duerr; Um das 15. Jahrhundert herum wurde der Nachweis über die Impotenz des Gatten in der Ehe in Gerichtsverhandlungen mithilfe des scheinbar eindeutigen Tests der hier und jetzt erfolgenden Erektions- oder Ejakulationsfähigkeit erbracht. Zu diesem Zweck wurde vom Gericht eine Prostituierte bestellt (Duerr, 1988, S. 324 ff.). Derlei kurios anmutende Geschehnisse finden ihr neuzeitliches Korrelat *ex negativo* in Gestalt des zwingend blutbedeckten Leintuchs nach der Hochzeitsnacht; hier ist der fehlende Makel (die nicht erfolgte ‚Verwundung' des unbedingt noch intakten Hymens) das körperliche Anzeichen für die Strafwürdigkeit der Delinquentin, mindestens aber für soziale Ächtung (Scholz, 2014). Allerdings galt noch bis 1998 der alte § 1300 des BGB, welcher einer verlobten Frau für den vorehelichen Geschlechtsverkehr im Falle der Trennung vor der Ehe eine finanzielle Entschädigung zusprach. Gemeinsam ist den genannten Beispielen, dass der Körper des Subjekts gegen das Subjekt selbst gewendet wird – nicht, wie bei einer Erkrankung, aufgrund schwer steuerbarer und ungewollter Impulse, sondern im Zuge der gezielten Durchsetzung normativer Ansprüche anhand einer Allianz von Rechts- bzw. Zwangsmitteln und der sie legitimierenden Verfahrensakte (vgl. Foucault, 2003, S. 59). In dieser Allianz fungiert der Körper als ein unwillkürlicher Komplize.

Zwar nicht gewaltsam, aber doch körperlicher Natur ist die Beweisführung über Spuren bzw. Sichtbarkeiten, die vom (potenziellen) Täterkörper am Ort einer Straftat oder anderswo hinterlassen werden, welche zur Identitätsfeststellung dienen können und zu diesem Zweck gesichert werden müssen. Körperliche Merkmale, denen Einzigartigkeit zugeschrieben wird (Fingerabdrücke, aber auch Narben, Tätowierungen u. dgl.) sind hierbei gewissermaßen der objektivierende Beweis einer ordnungsgefährdenden bzw. grenzüberschreitenden Handlung. Diskurse über Phantombilder, Zeugenbeobachtungen, Gesichtserkennungssoftware usw. legen nahe, dass der Körper im Recht eine belastende Variable sein kann. Den Gegenbeweis liefert (noch) die Unmöglichkeit des körperlosen Delikts: Maschinen, die sich bereichern, betrügen, töten usw. gelten immerzu als artifizielle Erfüllungsgeräte eines Menschen, sie sind also nur mittelbar das ‚corpus delicti'. Das historische Beispiel der Gerichtsprozesse gegen Tiere, die im Spätmittelalter und der Frühen Neuzeit aufblühten, verdeutlicht, dass es mitunter lediglich *einen Körper* braucht, um Schuld zuzuweisen und eine Sanktion zu verüben.

**Die Handlungsautonomie des Rechtskörpers**

In der Sprache des Rechts tauchen Körper, ebenso wie in der Soziologiegeschichte, gelegentlich in metaphorischer Einkleidung auf. Dem Staatsorganismus (etwa in Hegels Rechtsphilosophie) bzw. dem ‚Gesellschaftskörper' – einer vor allem im ausgehenden 19. Jahrhundert beliebten Umschreibung – stehen im juristischen Diskurs zum

Beispiel ‚Gebietskörperschaften' gegenüber, aber auch der ‚Arm' bzw. das ‚Auge' des Gesetzes. Ursprünglich sind die verschiedenartigen Bedeutungsstränge vermutlich näher beieinander gelegen. Auf die diesbezüglich enge Verzahnung des bildersprachlichen mit dem leibhaftigen Körper deutet das Bild von den „zwei Körpern des Königs" (Kantorowicz, 1994). Gemeint ist im Wesentlichen die Parallelität der physischen Präsenz von Herrschaftspersonen und der überindividuellen, insofern aber auch überphysischen Realität ihres Amtes. Wenn der König stirbt, verfällt sein sterblicher Körper. Der Verfallsprozess betrifft nun aber nicht mehr die Herrscherperson, denn mit dem Tod geht das Amt auf einen Nachfolger oder eine Nachfolgerin über – dessen/deren Körper von da an das Trägermedium dieses Amtes ist. Der zweite Körper des Königs ist also eine übertragbare, adaptierbare und zuweisbare (Herrschafts-)Qualität, die das Problem der Sterblichkeit von Menschen und ihren ‚ersten' Körpern überdauert. Entscheidend sind institutionalisierte Erbfolgeregularien, die rechtsverbindlich festlegen, welcher Körper als nächstes gemeinsam mit dem immateriellen Herrschaftskörper zur dichotomen Einheit verschmilzt. Aus Webers herrschaftssoziologischen Überlegungen zum Charisma (1980, S. 654 ff.) ist bekannt, dass die normativen Leitlinien für diese Tradierung teilweise auch erst nachträglich verrechtlicht werden.

Dem gegenüber steht der Körper, der Handlungsinteressen umsetzt, im Sinne strafrechtlicher Bestimmungen nicht bloß für die Artikulation (das meint: Beobachtbarkeit) eines dementsprechenden Willens, sondern für dessen Verwirklichung. Das heißt also: Grundsätzlich ist strafwürdig, was der Körper tut oder gerade nicht tut – nicht das, was der Gedanke zuvor imaginiert oder beabsichtigt. Im Deliktsaufbau des deutschen Strafrechts wird im Grundfall der vorsätzlichen Begehungsdelikte stets eine Tathandlung hinsichtlich eines objektiven Tatbestands geprüft, welche im subjektiven Tatbestand an ein kognitives Element gekoppelt wird. Die in der Soziologie bei Alfred Schütz (1991, S. 50) diskutierte Unterscheidung von actio und actum taucht hier unter leicht veränderten Vorzeichen auf. Die nachträgliche juristische Bewertungslogik stellt dabei stets eine sinnhafte Rekonstruktion *ex post* dar. Neben anderen Regeln und Problemen der juristisch-dogmatischen Beweisbarkeit, z. B. sogenannter ‚Beweisverbote', unterliegen solche Rekonstruktionen auch den faktischen Limitationen semantisch-sprachlicher Ausdrückbarkeit, körperlich-sinnlicher Erkennbarkeit und erinnernder Gedächtnisverzerrungen. Ohnehin kann eine unterstellte Außenwirkung (eben über den handelnden Körper) nur in Bezug auf eine bestimmte Sinndeutungsstruktur als *eine bestimmte* Handlung verstanden werden. Sie erscheint, aus anderer Perspektive, als eine andere.

Aufschlussreich im Hinblick auf die Verbindung von körperlichem Agieren und kognitiver ‚Beherrschbarkeit' des eigenen Leib-Körpers sind Affekthandlungen, welche unter Umständen vor dem Hintergrund verminderter Schuldfähigkeit vollzogen werden (gemäß § 21 StGB), oder auch begonnene bzw. versuchte Tatausführungen. Beim Versuch rückt die starke Betonung des voluntativen Elements die Grenzen der (Zurechnung von) Strafbarkeit in einen Bereich, der, vom Körper aus betrachtet, vor allem durch seine Potentialität definiert wird – oder, wenn man so will, durch seine Unabgeschlossenheit. Daneben können Aspekte wie die Fahrlässigkeit oder der Bereich der sogenannten abstrakten Gefährdungsdelikte eine besondere Form einer gewissermaßen strafbewährten Körperlosigkeit implizieren. Entscheidend bei all diesen Konstellationen ist für die rechtliche Beurteilung, dass es im Kontext strafbarer Handlungen für den oder die Handelnde(n) keine Rechtfertigungs-, Entschuldigungs- oder andere Gründe gibt, die Anlass zu der Annahme geben, dass zwischen körperlichem Tun und einer eben doch getrennt zu denkenden Absicht (oder gar keiner vernünftig greifbaren Motivation) eine Kluft besteht.

Neben der klassisch strafrechtlichen Frage nach der Handlung des Täterkörpers stehen im System des Rechts verwandte Konzepte, etwa das der legitimen Verfügungsgewalt über den eigenen Körper. Als auf Dauer gestellter Mechanismus der Erwartungsabsicherung regelt das Recht, wie Akteure mit ihrem Körper (nicht) verfahren dürfen. Gesetzestexte können insofern als negativ ausbuchstabierte Verhaltensvorgaben gelten, nach deren Wortlaut ‚freie' Handlungen nachträglich bestraft werden (vgl. Benkel, 2014). Daraus folgt, dass das Recht verbieten und rückwirkend sanktionieren, aber nur in den seltensten Fällen proaktiv verhindern kann, was Menschen tun. Der Körper ist insofern also gewiss kein ‚Staatsbesitz', dessen autonome Verfügungsgewalt letzten Endes bei einer überpersönlichen Instanz zu suchen wäre. Die autonome ‚Handhabung' des eigenen Körpers impliziert ein nicht geringeres Maß an Autonomie im Umgang mit den Körpern der anderen; darauf reagiert das Recht fast immer verspätet. Es muss, im Lichte seiner Anschlussversuche an das (körperliche) Handeln potenziell sanktionswürdiger Akteure, als ein auf das Re-Agieren reduzierter Systemzusammenhang verstanden werden. Die Freiheit, zu handeln, wie man selbst es bestimmt (oder Sachzwänge, Einbildungen, Wahn, Erpressungen, Krankheiten, Zu- oder Unfälle usw.), kann vom Recht nicht ausgehöhlt werden. Visionäre Vorstellungen, in denen der Rechtapparat diesen Einflussfaktoren zuvorkommt, gibt es zahlreich; aber sie beschreiben für gewöhnlich nicht eine mögliche Ausgestaltung des Rechts, sondern skizzieren rechtsferne, ja Unrechtsregime.

Unbenommen bleibt dabei jedoch die normative Kraft des Rechts, der Handlungsautonomie sanktionsbewährte Schranken zu setzen und somit nicht nur ernsthaft zu drohen, sondern auch normalisierend zu typisieren und stigmatisieren. Diese (Ein-)Ordnungsfunktion tritt insbesondere dort zutage, wo der Körper (immer noch) als scheinbar objektive Manifestation von vergeschlechtlichten Rollenerwartungen und Hierarchisierungen fungiert, welche in der Folge ihrer rechtlichen Zementierung den Blick auf ihre normative Einschränkungswirkung hinter Neutralitätsbeteuerungen verbergen (vgl. Lucke, 1996). Foucault betont, dass das Recht als ein Instrument der Regelungsfunktion in Bezug auf den Körper zu verstehen sei; die dabei aufgewendete Bio-Macht findet in Aspekten der Fortpflanzung, der Sterblichkeit und Gesundheit ihren Ausdruck. Aktuelle Debatten etwa um Organtransplantation oder Sterbehilfe sind demnach nur die offensichtlichen Leuchtfeuer normierter Körper- und Lebensbereiche.

Dass sich die normativ-juristische Sphäre oftmals nicht trennscharf von Moraldiskursen abgrenzen lässt, wird häufig am Körper evident – dann nämlich, wenn rechtliche bzw. als rechtmäßig verstandene Positionen auf radikale Autonomieansprüche treffen. Der Akteur, der seinen Körper freiwillig in illegitimer Weise verletzt (also nicht durch Teerablagerung in der Lunge, sondern etwa durch das absichtliche Aufritzen der Haut), bekäme mitunter zu spüren, dass es mit dem Hinweis, hier werde die Parole ‚Mein Körper gehört mir' ernst genommen, nicht getan ist, wenn eine gutachterliche Konstruktion der Wirklichkeit, juristisch flankiert, von anderen Prämissen als dem (relativen) Recht am eigenen Körper ausgeht. Und auch dort, wo wechselseitig eine einvernehmliche Körperverletzung stattfindet, wie zum Beispiel bei Hooligantreffen in der sogenannten ‚Dritten Halbzeit', lässt sich – paternalistisch – eine Sittenwidrigkeit feststellen. Gewiss zeigen Gegenbeispiele wie die (zumindest in Zentraleuropa) vom Rechtssystem heute offenbar unbeanstandeten BDSM-Praktiken, dass zwischen privater Lebens- und somit auch Körpergestaltung und einem ‚öffentlichen' Ordnungsinteresse durchaus stringent unterschieden werden kann. Schon aufgrund ihrer unhintergehbaren Präsenz sind Körper und ihre Praxen dennoch immerzu potenziell im Fokus institutioneller Nachforschungen.

**Aufgaben und Perspektiven einer Körpersoziologie des Rechts**
Es ist gewinnbringender (und realistischer), die Möglichkeiten und Chancen einer Körpersoziologie des Rechts zu imaginieren, als die einer Rechtssoziologie des Körpers. Es scheint, als seien die expliziten Würdigungen des ‚per se' verstandenen, also nicht lediglich mittelbar relevanten, auf Nebenfunktionen reduzierten oder allein in basaler, ja banaler Form repräsentierten Körpers im juristischen Zusammenhang wenig vertreten. Die rechts*wissenschaftliche* Debatte, ihrer Natur nach theoretischer orientiert, hält hier und da mehr Impulse bereit, dennoch ist der Diskurs überschaubar. Schon Weber (1980, S. 389) betont, dass das „Rechtssubjekt" im Recht de facto ein Objekt ist. Dass sogar Erörterungen, die ausdrücklich den „anthropologischen Grundlagen" des Rechts gewidmet sind, um den Körper herumkommen, ist symptomatisch (vgl. Höffe, 1990, S. 127 ff.). Am ehesten wird das Verhältnis von Körper und Recht dort tangiert, wo die rechtliche Perspektive von vornherein als kulturelle, soziale, philosophische oder anderen Disziplinen unterworfene ‚Sub-Sichtweise' apostrophiert ist (vgl. Schwarte und Wulf, 2003).

Eine vielversprechende Perspektive bietet die bereits bei Bryan Turner entworfene Idee des Körpers als Garant, Vehikel und Resonanzkörper ordnungserhaltender und -stiftender Maßnahmen (Turner, 2008). In dieser strukturalistischen Betrachtung wird die Regulierung des Körpers zum Ausgangspunkt einer theoretischen Reflexion sozialer Ordnungsmechanismen. Über die Passgenauigkeit makrosoziologisch orientierter Entwürfe zur Verhältnisbestimmung zwischen Körper und Gesellschaft (und sukzessive Körper und Recht) lässt sich streiten. Unstrittig sollte aber sein, dass normative Interessen und auch politische Steuerungsanliegen die Körper von Subjekten mehr als nur mittelbar (be-)treffen. Relevante Diskurse berühren eine Vielzahl an Themen (bzw. könnten sie berühren). Dazu zählen Diskurse über die Kennzeichnungspflicht von vermeintlich ungesunden Nahrungsmitteln (‚Lebensmittel-Ampel' u. dgl.) oder über die Interventionsbereitschaft bei Selbstgefährdungsverhalten (wie dem erwähnten ‚Ritzen'), was parallel läuft zur gesellschaftlich verbreiteten Toleranz gegenüber vergleichbaren Handlungen (wie dem gleichfalls körperschädigenden Rauchen). Ein weiteres Thema sind die statistisch betrachtet meistens abstrakten und selten konkreten gesundheitlichen Gefahren so genannten ‚ungeschützten' Geschlechtsverkehrs; mittlerweile gibt es in Deutschland zumindest im Prostitutionskontext eine Kondompflicht (vgl. Benkel, 2016). Außerdem relevant könnte die Prophylaxe vor Gefährdungen unter Pandemie-Bedingungen sein, die auch dann betrieben werden muss, wenn wissenschaftliche Befunde noch unvollständig sind, und die – die Jahre 2020/21 zeigen es – über ‚social distancing' dem Körper Gefährdungen austreibt, indem ihm Abstand, Verhüllung und öffentliche Unsichtbarkeit verordnet werden. Und schließlich gibt es noch die nicht tot zu kriegende Frage nach der Zulässigkeit von Suizidbeihilfe, die zwar, weil Selbsttötungen straffrei sind, prima facie erlaubt wirken mögen, es tatsächlich aber nicht ohne Weiteres sind.

Normative Ansprüche werden häufig unter politischen Vorzeichen betrachtet, d. h. im Hinblick auf damit verbundene Steuerungsanliegen. Das Recht ist dem gegenüber eine Art Zuspitzung von (Gesellschafts-)Steuerung, die aktiv wird, wenn nach der Logik des Rechts normative Ansprüche eine institutionelle und übersubjektive Geltungskraft entfalten müssen. Die genannten Beispiele legen nahe, dass subjektive Körper sich permanent mit solchen übersubjektiven Interessen reiben (können), wobei die daraus entstammenden juristischen Gefechte nur selten größeren Bekanntheitsgrad erreichen. Gesellschaftliche Veränderungen im Umgang mit dem Körper, übrigens dem menschlichen wie dem tierischen, bergen stets das Potenzial der Justiziabilität.

Körper sind nicht einfach passive ‚Trägermedien' eines Bewusstseins, sondern aktiv Gesellschaft gestaltende Leiber. Idealistische Vorstellungen von ‚körperlosen' Regulationsmechanismen, von denen das Recht in seiner aufdringlichen Körperdistanzfassade geprägt ist, bauen darauf auf, dass mit dem weggewünschten Körper zugleich eine Distanz gegenüber jedweder Parteilichkeit, jeder subjektiven Einstellungen, jeder individuellen Disposition geschaffen wird. Es lässt sich mithilfe einer soziologischen Perspektive jedoch gut demonstrieren, dass Körperabstinenz als verkappte Subjektabstinenz nur an der kommunikativen Oberfläche juristischer Prozeduren erfolgreich ist.

## Literatur


Benkel, T. (2014). Die Ordnung des Rechts – zwischen Erwartung und Enttäuschung. *Zeitschrift für Rechtssoziologie, 34*, 33–50.

Benkel, T. (2016). Unmoralische Freiheiten? Prostitutionsgesetzgebung zwischen Reputationswandel und Interventionspolitik. *Kriminologisches Journal, Beiheft, 11*, 150–168.

Benkel, T., & Nienhaus, C. (2020). Rechtsgenese und Zivilisationsprozess. Eine sozialtheoretische Betrachtung. *Archiv für Rechts- und Sozialphilosophie, 106*, 406–426.

Bourdieu, P. (2001). *Meditationen. Zur Kritik der scholastischen Vernunft.* Suhrkamp.

Bourdieu, P. (2019). Die Kraft des Rechts. Elemente einer Soziologie des juridischen Feldes. In A. Kretschmann (Hrsg.), *Das Rechtsdenken Pierre Bourdieus* (S. 35–76). Velbrück.

Duerr, H. P. (1988). *Der Mythos vom Zivilisationsprozess, Bd. 1: Nacktheit und Scham.* Suhrkamp.

Durkheim, E. (1999). *Physik der Sitten und des Rechts. Vorlesungen zur Soziologie der Moral.* Suhrkamp.

Elias, N. (1982). *Über den Prozeß der Zivilisation. Soziogenetische und psychogenetische Untersuchungen, Bd. 2: Wandlungen der Gesellschaft. Entwurf zu einer Theorie der Zivilisation.* Suhrkamp.

Elias, N. (1989). *Studien über die Deutschen. Machtkämpfe und Habitusentwicklung im 19. und 20. Jahrhundert.* Suhrkamp.

Foucault, M. (2001). *Überwachen und Strafen. Die Geburt des Gefängnisses.* Suhrkamp.

Foucault, M. (2003). *Die Wahrheit und die juristischen Formen.* Suhrkamp.

Foucault, M. (2007). *Die Anormalen.* Suhrkamp.

Foucault, M. (2014). *Sexualität und Wahrheit, Bd. 1: Der Wille zum Wissen.* Suhrkamp.

Foucault, M. (2017). *Theorien und Institutionen der Strafe.* Suhrkamp.

Gehring, P. (2004). *Foucault. Die Philosophie im Archiv.* Campus.

Goffman, E. (1977). *Asyle. Über die soziale Situation psychiatrischer Patienten und anderer Insassen.* Suhrkamp.

Höffe, O. (1990). *Kategorische Rechtsprinzipien. Ein Kontrapunkt der Moderne.* Suhrkamp.

Kantorowicz, E. (1994). *Die zwei Körper des Königs. Eine Studie zur politischen Theologie des Mittelalters.* Dtv.

Lucke, D. (1996). Soziologie, Recht, Geschlecht. Bemerkungen über ein schwieriges Verhältnis. *Soziale Probleme, 7*, 27–42.

Luhmann, N. (1993). *Das Recht der Gesellschaft.* Suhrkamp.

Scholz, N. (2014). Der Zwang zur Jungfräulichkeit und seine Auswirkungen auf Entwicklung und Rechte von Mädchen und Frauen. In N. Scholz (Hrsg.), *Gewalt im Namen der Ehre* (S. 69–85). Passagen.

Schütz, A. (1991). *Der sinnhafte Aufbau der sozialen Welt.* Suhrkamp.

Schwarte, L., & Wulf, C. (Hrsg.). (2003). *Körper und Recht. Anthropologische Dimensionen der Rechtsphilosophie.* Fink.

Turner, B. S. (2008). *The body and society. Explorations in social theory.* Sage.

Weber, M. (1980). *Wirtschaft und Gesellschaft. Grundriß der Verstehenden Soziologie.* Mohr Siebeck.

# Religion

Uta Karstein und Marian Burchardt

Ungeachtet seiner berühmt gewordenen Weigerung, den Begriff der Religion zu definieren, eröffnete Max Weber seine Religionssoziologie mit der Feststellung: „Religiös oder magisch motiviertes Handeln [sei], in seinem urwüchsigen Bestande, *diesseitig* ausgerichtet. ‚Auf daß es dir wohl gehe und du lange lebest auf Erden', sollen die religiös oder magisch gebotenen Handlungen vollzogen werden" (Weber, [1922] 1972, S. 318). Weber entwickelte damit zumindest implizit eine zentrale Verbindungslinie zwischen Religion und Körper über die Thematisierung von Lebensführung, Gesundheit, Leben und Tod. Als physische Träger des Lebens nehmen Körper in den Beobachtungen, Ideen und Praktiken aller religiösen Traditionen einen wichtigen Stellenwert ein. Die rituelle Begleitung der Momente der Geburt und des Sterbens, die Beginn und Ende des physischen Lebens markieren, wie auch zeremonielle Umgangsformen mit dem Tod in Bestattungsriten sind für die frühesten gesellschaftlichen Formationen belegt und gehören zum Kernbestand menschlicher Kultur überhaupt. Die Orientierung auf Wohlergehen und „langes Leben" verweist darauf, dass es nicht nur um Formen seelischer Gesundheit geht, sondern auch um die körperliche Seite individueller Existenz. Viele religiöse Traditionen halten dementsprechend Heilungspraktiken und medizinische Vorstellungswelten parat, mithilfe derer die Fragilität und Sterblichkeit des Körpers unter Rückgriff auf erfahrungsgesättigtes Beobachtungswissen einerseits, Unterstützung durch Götter, Ahnengeister und charismatisch oder spirituell begabte Virtuosen andererseits, thematisiert und bearbeitet wird.

U. Karstein (✉) · M. Burchardt
Leipzig, Deutschland
E-Mail: karstein@uni-leipzig.de

M. Burchardt
E-Mail: marian.burchardt@uni-leipzig.de



R. Gugutzer et al. (Hrsg.), *Handbuch Körpersoziologie 2*,
https://doi.org/10.1007/978-3-658-33298-3_28

Angesichts der großen Bedeutung des Körpers für Religion überrascht die relative Randständigkeit des Körperthemas vor allem in der deutschsprachigen Religionssoziologie. Bisherige Schwerpunktthemen der Religionssoziologie wie Säkularisierung und Säkularismus wie auch religiöse Revitalisierung und Pluralisierung kamen weitgehend ohne die Thematisierung der körperlichen Aspekte der in den Blick genommenen Wandlungsprozesse aus. Befördert wurde dies nicht zuletzt durch die Prominenz theoretischer Zugriffe, die – beispielsweise im Falle der Systemtheorie – die soziologische Aufmerksamkeit eher auf Sinn und Kommunikation lenkten als auf die leiblich-körperlichen Facetten von Religion. Die Diskussion körperlicher Praktiken wie Pilgern, Meditationen oder Fasten und damit verbundener leiblicher Erfahrungen fand eher in den Feldern von Ethnologie, Volkskunde und Religionswissenschaften statt, wobei sogar gesellschaftlich aktuelle Themen allenfalls punktuell Aufmerksamkeit zu erregen vermochten, wie etwa die Beschneidungsdebatte im Jahre 2013. Meredith McGuires bereits vor 25 Jahren formulierter Aufruf zu einer körperzentrierten Religionsforschung hatte letztlich wenig Resonanz (McGuire, 1990).

Veränderungen im Feld der (deutschsprachigen) Religionssoziologie sind allerdings dort zu verzeichnen, wo sich im Zuge der Neuen Religiösen Bewegungen Formen von Religiosität bzw. Spiritualität entwickelt haben, die den Körper als Mittel zur Erlangung individuellen Heils positiv adressieren (Yoga, Zen-Meditation) und dabei die Grenzen zu Fragen der Heilung im medizinischen Sinne überschreiten. Darüber hinaus beginnt sich hierzulande eine Rezeption der sogenannten *material religion studies* abzuzeichnen, in deren Folge auch der Körper als Medium religiöser Praxis und Erfahrung stärker in den Fokus rückt.

## 1 Thematisierung des Körpers bei Klassikern der Religionssoziologie

(a) Religion war ein zentrales Thema für alle frühen Soziologen, insbesondere für *Max Weber* und Emile Durkheim. Weber stellte die Erforschung der materiellen Grundlagen und ethischen Orientierungen der Weltreligionen in den Mittelpunkt seiner Theorie der Moderne und der Entstehung des westlichen Kapitalismus. Auch wenn Weber kaum über Ansätze zu einer religionssoziologischen Theorie des Körpers hinausgekommen ist, erwiesen sich seine Überlegungen und Diagnosen zu *Disziplinierung* und *Rationalisierung* doch als enorm produktiv. Dabei lassen sich Webers Forschungen prinzipiell mit Hilfe der analytischen Differenzierung von „Körpersein“ und „Körperhaben“ (vgl. dazu grundlegend Plessner, 1975), also über ontologische und instrumentelle Körperbezüge verstehen.

Die Perspektive des Körperseins eröffnet sich zum Beispiel bei der Beschäftigung mit religiösem Virtuosentum. Hierunter fallen die körperlichen Zustände und religiösen Praktiken aller charismatisch oder spirituell besonders „Begabten“, etwa Schamanen, Hexen, Wahrsager, Propheten und Zauberer. In vielen religiösen Kulturen wird der Körper des Virtuosen durch Tanz, ekstatische Bewegung, Gesänge und rituelle Rhythmik in einen besonderen Modus gebracht. Erst dieser besondere Modus erlaubt es, mit Ahnengeistern oder Gott in Kontakt zu treten, bestimmte religiöse Wahrheiten zu ergründen, Schuldige und Sünder zu benennen, die Zukunft zu sehen oder positive Energien in das Leben der Menschen zu speisen. Häufig wird der Körper der Virtuosen durch die Einnahme von berauschenden Säften oder Substanzen weiter manipuliert, um so bestimmte religiöse Ziele zu erreichen. Das exklusive und für Laien schwer ergründbare Charisma der Virtuosen besteht unter anderem darin, dass es eben „verkörpert", d. h. untrennbar mit dem Körper des religiösen Spezialisten verbunden ist und damit weder umstandslos weitergegeben noch über rationale Methoden unterrichtet und vermittelt werden kann. Das bedeutet auch, dass die besonderen Zustände des Körpers nicht frei verfügbar sind: Sie gründen im „Virtuosen-Sein" und in der Wohlgestimmtheit der Gottheit oder sonstigen transzendenten Macht, die auf ihre eigene Weise auf den Körper der Virtuosen zugreifen.

Je weniger in bestimmten Epochen oder Kulturen Charisma und außeralltägliche Begabung in primordialen Begriffen bestimmten Personen zugeschrieben werden, sondern als prinzipiell erreichbar verallgemeinert werden, desto wichtiger wird aus typologischer Perspektive das Motiv des Körperhabens und die Idee der Umsetzung bestimmter transzendenter sozialer Visionen oder Utopien über die Instrumentalisierung körperbezogener Fähigkeiten und Praktiken. Webers Arbeiten zum mittelalterlichen Klosterleben stellen hier die Schnittstelle zwischen Charisma und Institution dar und markieren den genealogischen Übergang von Ritual zu Disziplin. Parallel zu Sigmund Freud analysierte Weber Ideologien und Praktiken der Askese als historisch bedeutsame Ausdrucksformen von ideellen Interessen. So sah er in der *innerweltlichen Askese* der methodischen Lebensführung eine entscheidende Quelle gesellschaftlicher Rationalisierung und eine historische Weichenstellung auf dem Weg in bestimmte Varianten des modernen Kapitalismus, bei der es im Wesentlichen um die „Vernichtung der Unbefangenheit des triebhaften Lebensgenusses" gegangen sei (Weber, [1920] 1988, S. 117). *Außerweltliche Formen der Askese,* wie die volle Hinwendung des Eremiten zur Erlösung durch Gebet und andere religiöse Vollzüge und Verhaltensregime, sah er hingegen als weniger kapitalismusförderlich an. Wichtig ist, dass jedwede Form der Askese Rationalisierungsleistungen des Körpers freisetzt und befördert. Regime der Askese sind somit einerseits Urszenen der Disziplinargesellschaft; da es bei der Disziplinierung der Körper aber sowohl um die Kanalisierung, Ordnung und Sublimierung von Lebens- und Körperenergien wie auch um die Kultivierung und Erweiterung von Bedürfnissen geht, sind sie ebenso Urszenen der Konsumgesellschaft. Während Weber betonte, dass die Institutionen Kloster und Militär die hauptsächlichen Quellen moderner Disziplin seien, sind seine Überlegungen zu den kulturgeschichtlich bedeutenden Disziplinierungsleistungen des Protestantismus weltweit bis in die Gegenwart hinein am einflussreichsten geworden. Seine These war, dass der Glaube der puritanischen Protestanten an ewige göttliche Vorbestimmung eine methodische Systematisierung und Rationalisierung der

Lebensführung auslöste, die mit ihrer Leib- und Affektfeindlichkeit für die Entstehung des modernen Kapitalismus eine besonders günstige Bedingung darstellten (Weber, 1988, S. 133, 183, 235). Nachfolgende Soziologinnen und Soziologen (Gorski, 2003) fanden hier wichtige Anknüpfungspunkte für Forschungen zu Disziplinierung und Unterwerfung von Körpern in modernen Verhaltensregimes.

(b) Ähnlich wie Weber, wenn auch aus einer stärker nietzscheanisch orientierten Perspektive, analysierte *Michel Foucault* (1982) die Zusammenhänge von Religion und Körper in ihrer Bedeutung für die Entstehung der modernen Disziplinarinstitutionen. Foucaults Zugang zum Thema Religion verläuft dabei primär über die Geständnistechnologien, deren Verhältnis zu religiösen Heilszielen (Erlösung, Unsterblichkeit) und deren Rolle als praktischem Scharnier zwischen verschiedenen Subjektivierungsformen: Im Geständnis, so Foucault, konstituieren sich Subjekte gleichzeitig als Gegenstände von Machttechniken, von Wissen und von Selbsttechniken. Innerhalb dieser Techniken erscheint das Geständnis als Bedingung und Resultat der für die westliche Kultur typischen Verknüpfung von Wahrheit und Subjektivität. Foucault zeichnet dabei verschiedene historische Linien – von den Beichttechniken der griechischen Antike zu jenen des frühen und dann mittelalterlichen Christentums sowie von den Inquisitionsgerichten über die Entwicklung von Ermittlungs- und Vernehmungsmethoden bis hin zur Entstehung der Psychoanalyse als moderner Geständnis-Wissenschaft.
Im Rahmen seiner Machtanalyse thematisierte Foucault das Verhältnis von Religion und Körper wiederum unter Bezug auf Gesundheit. Mit dem Begriff der *Pastoralmacht* kennzeichnet Foucault (1982, S. 782) hier einen Machttypus, dem es um die Führung von Individuen zur Erlösung in der jenseitigen Welt geht. Die in der Gegenwart massiv gestiegene Sorge um Gesundheit und Wohlergehen interpretiert er als Verschiebung der Ziele der Pastoralmacht von der Erlösung im Jenseits hin zu einer Erlösung im Diesseits. Wie auch andere Religionssoziologen beschreibt Foucault diesen Wandel in funktionalen Begriffen als Niedergang kirchlicher Institutionen und gleichzeitigen Aufstieg neuer ideologischer Apparate, etwa der Psychotechniken und Selbstführungstechnologien, mittels derer der Körper zum Vehikel für Glück und Erlösung wird. Pascal Eitler (2007, S. 5) hat diesen Wandel mit Blick auf die New Age Bewegung diskursanalytisch als eine „Somatisierung des Religiösen" charakterisiert: Dem Ziel einer immer umfassenderen Selbstverwirklichung, Selbstheilung und Selbstkontrolle habe man dort vor allem mit spirituellen Körperpraktiken aus Fernost näher zu kommen versucht.

(c) *Emile Durkheim* stellte ähnlich wie Weber die Religionssoziologie in den Mittelpunkt seiner Theorie der Gesellschaft. Anders aber als Weber verfolgte Durkheim dabei einen primär anthropologisch-ethnographischen Zugang und beschäftigte sich vorwiegend mit den vermeintlich einfacheren nichteuropäischen Kulturen der australischen und amerikanischen Ureinwohnerinnen. An ihnen wollte er die elementaren Bausteine von Religion identifizieren. Seine religionssoziologischen Analysen bergen eine ganze Reihe an Implikationen der materialen und körperbezogenen Seite des Religiösen in sich

(Durkheim, [1912] 1994). Als besonders anschlussfähig erwies sich in der Durkheim-Rezeption die These, dass nicht der Glaube an spirituelle Wesen das Entscheidende an Religion sei, sondern die Trennung zwischen *sakralen* und *profanen* Bereichen des Lebens (ebd., S. 67). Breit rezipiert wurden zudem sein Konzept der *kollektiven Efferveszenz* und seine ritualtheoretischen Überlegungen.

So zeigte der Durkheim-Schüler Robert Hertz, dass die Dichotomie von sakralprofan auch auf den Körper bezogen wird. In verschiedenen Kulturen korrespondiere sie mit der Unterscheidung von Rechts- und Linkshändigkeit, was dazu führe, dass bestimmte religiöse Praktiken nur mit rechts ausgeführt würden, die linke Hand hingegen oft das Profane – und das heißt wiederum: das Schmutzige, Böse, Schlechte – repräsentiere, so Hertz. Auch Mary Douglas (1988) knüpfte an Durkheim an. Ihr zufolge sind in vielen Kulturen Reinheitsvorstellungen und -praktiken mit der sakralprofan-Unterscheidung verbunden und dienen auf diese Weise der Stabilisierung sozialer Hierarchien – beispielsweise zwischen den Geschlechtern.
An Durkheims Ausführungen zur religiösen Bedeutung von Kollektivritualen und den darüber ermöglichten außeralltäglichen Erfahrungen kollektiver Efferveszenz („Aufwallungen") knüpften Soziologinnen (Shilling & Mellor, 1997) wie Religionswissenschaftler (Schüler, 2012) an und verdeutlichten die konstitutive Bedeutung, die dabei dem Körper zukommt. Nicht nur ist der Körper in religiösen Ritualen auf spezifische Weise in Aktion (Bewegung, Gesang etc.) und mit gruppen- bzw. kulturspezifischen Insignien (Bemalung, Kleidung etc.) ausgestattet; die dabei gemachten rauschhaften Erfahrungen sind überhaupt nur als verkörperte denkbar: Die in Interaktionsritualen freigesetzte *emotionale Energie* (Randall Collins) wird sinnlich wahrgenommen und erlebt. Sie geht damit gewissermaßen ‚durch den Körper hindurch' und wird zu einem Teil des Körpergedächtnisses. Dabei stellt die Kompetenz zu körperlichem Synchronhandeln eine grundlegende somatische Disposition (Schüler, 2012, S. 84) dar, die Phänomene kollektiver Efferveszenz – d. h. die unmittelbare körperlich-leibliche Teilhabe an einem kollektivsymbolischen Ganzen – erst ermöglicht. Durkheim sah darin die elementare Basis von Sozialität, da die Erfahrung, während eines Kollektivrituals von einer elementaren Kraft in Besitz genommen geworden zu sein, von den Subjekten externalisiert und objektiviert wird – beispielsweise in Form eines Totems oder eines Gottes (Durkheim, 1994, S. 561, 565).

(d) *Pierre Bourdieu* ist durch sein Habituskonzept, das das Kernstück seiner Theorie der sozialen Praxis ausmacht, körper- wie religionssoziologisch einflussreich geworden. Als ein „System dauerhafter und übertragbarer Dispositionen", die als „Erzeugungs- und Ordnungsgrundlage für Praktiken und Vorstellungen" (Bourdieu, 1987, S. 98) fungieren, stellt der *Habitus* für Bourdieu das „einverleibte, zur Natur gewordene" (ebd., S. 105) Soziale dar. Gesellschaft werde im Rahmen von Sozialisationsprozessen nicht nur in Form von Wahrnehmungs- und Bewertungsschemata internalisiert, sie schreibe sich auch in den Körper ein, forme Haltung, Geschmack, Aussehen und Fertigkeiten („Hexis") – und zwar auf eine klassenspezifische Art und Weise, so Bourdieu. Der Körper ist dabei nicht nur Träger, sondern auch Produzent von Zeichen und somit an der Erzeugung und (Re-)Produktion des Sozialen mittels (klassenspezifischer) Praktiken elementar beteiligt. Seine Formung erhält der verkörperte Habitus und mit ihm die soziale Praxis jedoch nicht nur durch die soziale Lage eines Akteurs, sondern ebenso durch die sozialen Felder, in denen sich dieser bewegt. Folgerichtig geht Bourdieu auch von der Existenz eines spezifisch *religiösen Habitus* aus. Dabei sei der Einfluss auf die Praxis und Weltsicht der Laien letztlich das allen religiösen Experten gemeinsame Interesse und der Kampf um diesen Einfluss der dynamische Motor des religiösen Feldes.

Während Bourdieu sich vor allem für die Machtbeziehungen im religiösen Feld interessierte, haben sich Rezipienten seiner Arbeiten stärker mit den körperlichen Aspekten religiöser Praxis beschäftigt (Csordas, 1990; Mellor & Shilling, 2010). So konstatieren Philip Mellor und Chris Shilling (ebd., S. 32 f.) in kritischem Anschluss an das Habitus-Konzept, dass jeder Religion eine charakteristische *Körperpädagogik* innewohne, die den Habitus der Gläubigen forme. Das meint nicht nur grundlegende symbolische Bezüge (bspw. der leidende Körper Christi am Kreuz), sondern die je unterschiedlichen körperlichen Aspekte beim Vollzug einer Religion. Über diese (ritualisierten) Vollzüge werden religionsspezifische Erfahrungen stimuliert und strukturiert, die wiederum eigene – und von anderen Religionen unterscheidbare – Gefühle und geistige Haltungen hervorrufen.
In den 1990er Jahren diagnostizierte Bourdieu einen Gestaltwandel des religiösen Feldes, das sich durch den Eintritt „neuer Geistlicher" (Bourdieu, 1992, S. 231) wie Psychoanalytiker, Yogalehrer, Heilpraktiker, Sexologen usw. zu einem erweiterten Feld der Heilung von Körper und Seele transformiere. Charakteristisch hierfür seien konkurrierende Definitionen von Gesundheit, Heilung und der Kur von Leib und Seele. Bei dieser Transformation spielen Anbieter spiritueller Körperpraktiken wie Yoga, Meditation, Shiatsu, Thai Chi etc. eine besondere Rolle, da sie es vor allem sind, die mit ihrem Anspruch auf Ganzheitlichkeit die bisher institutionalisierten Grenzen zu den Feldern der Medizin und des Sports unterwandern (vgl. dazu Karstein & Benthaus-Apel, 2012).

(e) *Thomas Luckmann* ist in der deutschsprachigen religionssoziologischen Debatte vor allem durch sein Buch „Die unsichtbare Religion" (Originalausgabe auf Englisch, 1967, dt. 1991) einflussreich geworden. Luckmann entwickelte darin einen funktionalen Religionsbegriff, der die religiöse Qualität des Transzendierens der biologischen Natur durch den menschlichen Organismus betont (1991, S. 86). Religion im engeren Sinne habe die Aufgabe, den Umgang mit diesen Transzendenzerfahrungen zu vergesellschaften, wobei sich die Weltreligionen in der Regel vor allem auf die großen Transzendenzen konzentriert hätten. Mit Blick auf die Moderne vertritt Luckmann die These, dass sich nur die Sozialstruktur säkularisiert habe, nicht jedoch die Menschen. Religion sei individualisiert und privatisiert worden, habe aber nicht an personaler Bedeutung verloren. Daran anschließend hat Robert Gugutzer den Körperkult als eine Spielart dieser *individualisierten Sozialform des Religiösen* bestimmt, der Sinn stifte und Identitätssicherung ermögliche (Gugutzer, 2012, S. 286). Er symbolisiere gewissermaßen in Reinform, dass „Religion zu einer Privatsache und das Selbst zum zentralen Gegenstand religiöser Sinnbildungen geworden ist" (ebd. S. 292 f.). Charakteristisch für den Körperkult sei, dass er tendenziell auf kleine Transzendenzen fokussiere, etwa die Erfahrung der eigenen leiblichen Begrenztheit. Gugutzer unterscheidet insgesamt vier Typen des Körperkults: Ästhetik, Diätetik, Askese und Ekstase (ebd.), wobei vor allem die letzten beiden auch auf höhere Transzendenzniveaus zielen.

## 2 Körpersoziologische Perspektiven auf Religion – empirische Befunde

Bei der nun folgenden Darstellung empirischer Befunde orientieren wir uns an einer analytischen Differenzierung von Gabriele Klein (2010), der zufolge der Körper soziologisch a) als Instrument und Produkt sozialer Praktiken, b) als Agent und Repräsentant sozialer Ordnungen, c) als Medium der Selbstpositionierung und sozialen Zuordnung sowie d) als Argument für soziale In- und Exklusion thematisch werden kann. Quer dazu liegt die körpersoziologisch wichtige Unterscheidung von Körperhaben und Körpersein. Sie lässt sich auch in der Religionsforschung wiederfinden, nämlich je nachdem, ob der Körper als geprägt und geformt und damit in erste Linie auf irgendeine Art und Weise religiös oder spirituell sozialisiert und vergesellschaftet aufgefasst wird (Körperhaben), oder ‚als er selbst', mit all seinen Befähigungen und Widerständigkeiten, als am sozialen Geschehen beteiligt und dieses selbst formend und gestaltend konzeptualisiert wird (Körpersein).

**(a) Der Körper als Instrument und Produkt religiöser, Praktiken, Rituale und Normierungen**

In allen religiösen Traditionen ist der Körper ein Instrument und Mittel zur Durchführung religiöser Praktiken und Rituale, beispielsweise beim Beten oder Pilgern. Darüber hinaus wird der Körper oft bewusst manipuliert, um bestimmte Zustände zu provozieren, von denen man sich eine besondere magische, spirituelle oder religiöse Qualität erhofft, so zum Beispiel beim Fasten, Meditieren, mittels religiöser Tänze oder der Einnahme bewusstseinserweiternder Substanzen (Schamanismus). Zudem werden viele religiöse Praktiken wie die christliche Taufe oder die Krankensalbung am Körper vollzogen. Daneben gibt es Praktiken wie Exorzismus und charismatische Heilungsprozeduren, bei denen dem Körper die Rolle eines Authentizitätsgaranten zukommt, insofern an körperlichen Reaktionen abgelesen werden könne, ob die Teufelsaustreibung oder Heilung bei den Betroffenen ‚tatsächlich' erfolgt sei (Csordas, 1990).

Darüber hinaus ist der Körper in vielen religiösen Traditionen Gegenstand von vergeschlechtlichten Normierungen und Regulierungen. Dies zeigt sich an den je besonderen religiösen Regeln für weibliche und männliche Körper, die zum Beispiel das Verhalten von Frauen während der Schwangerschaft regeln oder den Zutritt für Frauen während der Menstruation zu religiösen Kultstätten einschränken oder untersagen wie auch an geschlechtsspezifischen Kleidervorschriften. Es zeigt sich ebenso an der spirituell herausgehobenen Stellung von geschlechtlichen Grenzgängerinnen wie Transvestiten in Indien und Thailand oder an den historisch bekannten Formen der „heiligen" Tempelprostitution.

Daran wird erkennbar, dass in der religiösen Beschäftigung mit dem Körper Geschlecht und Sexualität aufs Engste miteinander verbunden sind (Burchardt, 2011). So ist die Regulierung des weiblichen Körpers nicht nur eine der Verwendung seiner Arbeitskraft und reproduktiven Fähigkeit, sondern in erster Linie eine Regulierung seiner Sexualität. Insbesondere im Christentum verbinden sich mit der weiblichen Sexualität Ängste vor Chaos, Verschwendung und Transgression. Weibliche Körperlichkeit erscheint hier als verführerisch, gefährlich und wurde deshalb in der Geschichte wiederholt Gegenstand umfassender religiöser Normierungen. Im europäischen Mittelalter steigerte sich die Furcht vor den sexuellen Potenzen des Körpers massiv und wurde in eine allgemeine Vorstellung von der Schwäche des „Fleisches" und der Verdorbenheit und Sündhaftigkeit der körperlichen Existenz generalisiert.

Stärkster Ausdruck der religiösen Vorstellung vom zu unterwerfenden Körper sind alle Arten von Selbstkasteiungen und Flagellationen, welche die Verletzungsoffenheit des Körpers nutzen, um am Maßstab des Herausschiebens der Schmerzgrenze den Willen und die Fähigkeit der Unterwerfung unter den Willen Gottes abzulesen. Spiegelbildlich zur Lustfeindlichkeit, die nicht nur die katholischen Klöster, sondern – wie von Foucault (1983) detailliert erforscht – generell die Welt des viktorianischen England beherrschte, verhält sich die später von evangelikalen Bewegungen propagierte Idee des Körpers als „Tempel des Heiligen Geistes" (Burchardt, 2015). Die Reinheit des Körpers ermöglicht hier die Erlösung der Seele (während Foucault umgekehrt von der Seele als Gefängnis des Körpers sprach). Besondere sexuelle Regeln gelten auch für religiöse Virtuosen, vor allem sexuelle Enthaltsamkeit für katholische Priester sowie Mönche und Nonnen in christlichen und buddhistischen Traditionen. Komplexe sexuelle Regeln sind bereits für das Klosterleben und die philosophischen Schulen im antiken Griechenland überliefert (etwa die Praxis der Knabenliebe).

Dabei sind besonders bei Nonnen, Mönchen und anderen religiösen Virtuosen sexuelle Regeln nur Teil einer viel umfassenderen Regulierung von körperbezogenen Praktiken, die allesamt darauf abzielen, einen herausgehobenen Status der Heiligkeit zu erlangen – oder diesem gerecht zu werden – und somit verschiedenste Arten von Heilsgütern zu erlangen. Dies zeigt sich an komplexen diätetischen Regeln etwa im Buddhismus, Christentum und Judentum. In anderen Religionen wiederum, wie im Hinduismus, sind Speiseregeln Teil von Reinheitsvorschriften, mit deren Hilfe eine Überschreitung der Kastengrenzen verhindert werden soll, die als „Verunreinigung" (siehe auch Douglas, 1988) wahrgenommen und interpretiert wird.

In den bisher skizzierten religiösen Praktiken steht der Körper als Gegenstand von Kontrolle und Unterwerfung im Mittelpunkt. Umgekehrt war der Körper aber immer auch als Ort der Befreiung von Bedeutung. Wir haben solche Möglichkeiten weiter oben mit Blick auf das Klosterleben angesprochen. Mittlerweile spielen religiös begründete Formen der Körperlichkeit aber auch für breite Bevölkerungsschichten eine wichtige Rolle. Mit dem Aufstieg von Selbstverwirklichung und Selbsterfahrung als Kernpunkten postmaterialistischer Werteorientierung ging in westlichen Gesellschaften seit den 1970er Jahren auch eine Neubewertung von körperlicher *Erfahrung* einher, die häufig als Teil neuer spiritueller Sensibilisierungen und Offenheit für Momente des sich Treibenlassens, des Durchströmtseins von Energie und des ‚Fließens' in alltagsweltlichen Kontexten thematisch wird (vgl. Knoblauch, 2005). Der Körper ist in diesem Zusammenhang mehr als nur ein Instrument zur Erlangung körperlichen und seelischen Wohlbefindens, sondern rückt als sinnstiftende Instanz selbst ins Zentrum der Aufmerksamkeit. Insofern kann hier von einer Sakralisierung des Körpers gesprochen werden (vgl. Gugutzer, 2012).

Die sinnlichen Aspekte religiöser Erfahrung sind auch in sozialanthropologischen Studien herausgearbeitet worden. Viele Studien zum Pfingstchristentum widmen sich der Rolle von Körpern und der visuellen Vermittlung und Wahrnehmung körperlicher Ekstase in kollektiven religiösen Praktiken. So hat Birgit Meyer (2010) den Zusammenhang zwischen religiöser Ästhetik und sinnlichen Formen in westafrikanischen Pfingstbewegungen herausgearbeitet und den Begriff des „Sinnesregimes" vorgeschlagen.

**(b) Der Körper als Agent und Repräsentant religiöser Ordnungen**

Religiöse soziale Ordnungen und Hierarchien werden immer auch über die Inszenierung und Präparierung des Körpers mittels Kleidung, Frisur und Körperhaltung (re-)produziert. So sind die verschiedenen Ränge und Ämter in christlichen Kirchen mit bestimmten liturgischen Gewändern und Accessoires verbunden. Auch schreiben entsprechende Rituale wie die Eucharistie bestimmte Körperhaltungen und -bewegungen vor, die einer auserwählten Gruppe von religiösen Experten vorbehalten sind. Schamanen und Heiler tragen am Körper festgemachte Attribute, um ihre sozial herausgehobene Rolle sichtbar zu symbolisieren. Mönche werden zuallererst über ihre Bekleidung (und oft auch Frisur) wahrgenommen. Diese wirkt nach außen hin abgrenzend, nach innen vereinheitlichend und stabilisiert so die kollektive religiöse Identität. Wie auch in anderen Institutionen artikuliert religiöse Uniformierung das besondere, durch Ämter vermittelte Repräsentationsverhältnis religiöser Spezialisten zu religiösen Machtapparaten.

Die Verkörperung religiöser Ordnungen geschieht des Weiteren über Raumordnungen, etwa Sitzordnungen in Kirchen und Tempeln. Bauten konstituieren über die Regelung von Körperhaltungen, Wahrnehmungen und Praktiken gläubige Subjekte mit. Sie rahmen die Kultivierung des Glaubens, weisen einen Platz im religiös-sozialen Gefüge zu und machen Vorgaben für angemessenes religiöses Verhalten.

In den Weltreligionen finden sich auch viele Beispiele dafür, wie durch Rituale und Feste bestehende soziale Hierarchien phasenweise außer Kraft gesetzt werden, beispielsweise beim indischen Frühlingsfest Holi, wo die Körper der Teilnehmenden mithilfe eingefärbten Wassers auch optisch ‚gleichgemacht' werden. Die räumliche Anordnung von Körpern in rituellen oder zeremoniellen Kontexten folgt damit zwei entgegengesetzten Logiken: Erstens der Logik von Ordnung und Disziplin, wo analog zu Praktiken des militärischen Drills und militärischer Paraden die Unterwerfung des individuellen Körpers Mittel zur Ordnungserzeugung im Kollektivverband ist; zweitens der Logik der anarchischen, nach dem Zufallsprinzip entstehenden amorphen Masse, wo gerade über die Abwesenheit von Ordnung Transzendenz mittels kollektiver Efferveszenzerfahrungen ermöglicht wird. Anhand solcher Überlegungen können letztlich auch zeitgenössische Musikevents wie Raves über Transzendenz und Efferveszenz konzeptualisiert werden.

**(c) Der Körper als Medium religiöser Selbstpositionierung und Zuordnung**
Der Körper ist nicht nur Repräsentant sozialer Ordnung, sondern er wird auch gezielt als Medium der Selbstpositionierung und sozialen Zuordnung eingesetzt. Zu fragen ist damit einerseits, inwieweit religiöse körpergebundene Statuszuweisungen für allgemeinere gesellschaftliche Kategorisierungsprozesse relevant werden, und andererseits, wie Zuordnungen innerhalb des religiösen Feldes über Körper vermittelt sind. Entscheidend ist dabei, ob Religion und soziale Positionierung als individuell wählbar oder grundsätzlich zugewiesen und als relational oder kategorial verstanden werden. So gelten Stammesreligionen als obligatorisch und nicht wählbar, wobei rituelle Markierungen wie Tätowierungen oder andere Formen körperlichen Dekors gleichermaßen die Zugehörigkeit zu Stammesgruppen, Kohorten und religiösen Gruppen zum Ausdruck bringen. Religiöses Virtuosentum ist hier ebenfalls am Körper ablesbar, etwa an Besessenheitskulten und Ekstaseerfahrungen.

Diese Dynamiken veränderten sich grundlegend mit dem Aufkommen universalistischer Erlösungsreligionen wie Buddhismus, Christentum und Islam. Diese schwächten die Hierarchien zwischen Virtuosen und Laien ab, generalisierten die Erlösungsmöglichkeit und damit auch die Pflicht zu religiöser Anstrengung. Damit wurden innerhalb der religiösen Praktiken Steigerungsdynamiken freigesetzt, die in immer neuen Frömmigkeitsbewegungen Ausdruck fanden. Auch die Selbstpositionierungen im Feld der Frömmigkeitskulte laufen dabei häufig über körperorientierte Praktiken, so zum Beispiel bei charismatisch-pfingstlerischen Gemeinden, wo vor allem mittels körperlicher Reaktionen angezeigt wird, dass die Beteiligten an Heilung oder Teufelsaustreibung innerlich teilhaben. Thomas Csordas (1990, S. 15) interpretiert solche typischen somatischen Manifestationen wie Brüllen, Schreien, Erbrechen, Glossolalie und unwillkürliche Zuckungen als „embodied process[es] of self-objectivication[s]“. Ein anderes Beispiel ist die Idee vom „keuschen Körper“ und dessen Verhüllung. Dass im Zusammenhang mit dem Körper als Medium von Positionierung und Zuordnung Sichtbarkeit prinzipiell einer der zentralen Aspekte ist, wurde in Europa unlängst in den Diskussionen um die islamische Vollverschleierung (Burka, Niqab) deutlich. Während in religiösen Begründungsfiguren das Verbergen weiblicher Reize bzw. allgemein die *Unsichtbarkeit* der Frau gegenüber den Blicken nichtverwandter Männer im öffentlichen Raum im Zentrum steht, bewirkt die Praxis der Vollverschleierung im westlichen Kontext genau das Gegenteil, nämlich absolute Sichtbarkeit. Es entsteht eine paradoxe Hypervisibilisierung.

Auch unter religiösen Virtuosen spielt die körperbezogene Selbstpositionierung seit jeher eine wichtige Rolle. So verliehen beispielsweise die Franziskanermönche ihrem kritisch gegen die Kirche gerichteten Armutsideal mit ihrer betont schlichten Kleidung Ausdruck. Darüber hinaus gibt es Laiengruppen, die sich verpflichtet fühlen, ihr

Virtuosentum besonders unter Beweis zu stellen. Gut beobachten lässt sich dies bei Konvertiten und ihrem gegenüber alteingesessenen Gemeindemitgliedern oft gesteigerten Bedürfnis nach Zuschaustellung ihres biographischen Wandels.

**(d) Der Körper als Argument für religiöse und soziale In- und Exklusion**

Viele religiöse Gemeinschaften vollziehen die symbolische Inklusion ihrer Mitglieder durch Körpermarkierungen. Im Judentum symbolisiert die Beschneidung der neugeborenen Jungen den Bund Gottes mit Abraham und ist für die Anerkennung als vollwertiges Mitglied der Gemeinschaft verpflichtend. Die öffentlichen Debatten der letzten Jahre zeigen jedoch, dass solche Praktiken nicht nur religiöse Inklusion vollziehen, sondern gleichermaßen das Verhältnis zu Staat und (oft mehrheitlich säkularer) Gesellschaft berühren. Ging es bei der Beschneidungsdebatte um das Verhältnis von religiösem Gebot und dem Recht auf körperliche Unversehrtheit Minderjähriger, so werden in der Kontroverse um Kopftuch, Niqab und Burka Fragen religiöser Neutralität öffentlicher Institutionen, religiöser Selbstbestimmung sowie des Geschlechterverhältnisses verhandelt. In der Konsequenz führt zum Beispiel das Tragen einer Burka in Frankreich zur Exklusion aus dem öffentlichen Raum, in Deutschland sind damit Einschränkungen bei der Berufswahl verbunden.

Kopftuchstreitigkeiten sind mittlerweile geradezu klassische Beispiele für Konflikte um am Körper getragene religiöse Insignien und dienen als Argument für zum Teil weitreichende In- und Exklusionen. Dabei geht es einerseits um die Frage, in welchen Bereichen öffentlicher Institutionen das Tragen des muslimischen Schleiers legitim ist, und ob es sich um ein Zeichen religiöser Zugehörigkeit oder aber um eine religiöse Praxis handelt. Andererseits werden Fragen nach subjektiven Motiven der Verschleierung und von Entscheidungsprozessen diskutiert, wie auch gefragt wird, welche Machtbeziehungen – zwischen den Geschlechtern, der Mehrheitsgesellschaft und religiösen Minderheiten sowie innerhalb religiöser Minderheiten – dabei zutage treten. Deutlich wurde innerhalb dieser Debatte, dass durch die diskursiven Praktiken aller daran Teilnehmenden der weibliche Körper zum zentralen Austragungsort von Verhandlungen um die gesellschaftliche Moderne und zur Projektionsfläche politischer Ansprüche wurde. Solche Ansprüche betreffen im weitesten Sinne die Frage, inwieweit Religion und Moderne miteinander vereinbar sind. Im engeren Sinne wird hier verhandelt, wie die Präsenz sichtbarer religiöser Symbole von Minderheiten gegenüber hegemonialen Leitkulturideologien verteidigt werden und gleichzeitig mit den Normen individueller Freiheit und staatlicher Neutralität vereinbart werden können. Aus einer körpertheoretischen Perspektive zeigen sich an diesen Auseinandersetzungen auf besonders prägnante Weise Kämpfe um die Definition von legitimer Weiblichkeit und deren Verknüpfung mit der Verhüllung und Enthüllung des Gesichts als desjenigen Körperteils, an welchem der moderne Staat Individualität registriert und Personen identifiziert (wie die Praxis des Passbildes zeigt).

## 3 Ausblick

„What if people – the subjects of our research and theorizing – had material bodies?" Diese simple, aber folgenreiche Frage, die Meredith McGiure (1990) der sozialwissenschaftlichen Religionsforschung ins Stammbuch schrieb, ist auch heute noch offen. Während das Embodiment-Paradigma im angelsächsischen Raum schon deutliche Spuren hinterlassen hat, ist in der hiesigen Religionssoziologie und -ethnologie davon noch wenig zu spüren.

Die Verkörperung von Religion ernst zu nehmen bedeutete, den Körper nicht mehr länger lediglich als ein Objekt zu verstehen, das man in Bezug auf Religion und Kultur untersuchen könne, sondern als ein kulturelles Subjekt, als „existenzielle Basis von Kultur", so Thomas Csordas (1990, S. 5). Auf diese Weise käme in den Blick, dass Schlüsselideen, Konzepte und Symbole einer Religion nur über den ‚Umweg' von Körperpraktiken individuelle und gesellschaftliche Relevanz erlangen. Erst diese Praktiken eröffnen nämlich Möglichkeiten der konkreten Erfahrung und führen so zu einer nachhaltigen Transformation in Richtung einer spezifischen religiösen Identität (Mellor & Shilling, 2010). Zu fragen wäre hier also unter anderem, welchen Ritualen und Mechanismen bei der Schaffung eines spezifischen religiösen Habitus ein zentraler Stellenwert zukommt, welche Differenzen sich hier religionsvergleichend zeigen und welchen Emotionen dabei besondere ‚authentische' Qualitäten zugesprochen werden.

Ein im Zuge der Globalisierung zunehmend relevanter werdendes Forschungsfeld sind zudem die – oft nur ausschnitthaft erfolgenden – Importe spiritueller oder religiöser Körperpraktiken und ihre Wechselwirkungen mit den Körperpädagogiken angestammter Religionsgemeinschaften. Auch die Erscheinungsweisen und Folgen der Sakralisierung des Körpers in säkularen Kontexten der späten Moderne (Gugutzer, 2012) sind erst in Ansätzen erforscht. Notwendig wäre zudem eine verstärkte religionssoziologische Beschäftigung mit den neueren Entwicklungen an der Schnittstelle von Religion und Medizin und damit verbundenen Kontroversen um die Definition von Gesundheit und Krankheit sowie Heil und Heilung, die nicht zuletzt durch den Erfolg des esoterischen Heilungsmarktes provoziert werden.

## Literatur

Bourdieu, P. (1979). *Entwurf einer Theorie der Praxis.* Suhrkamp.

Bourdieu, P. (1987). *Sozialer Sinn. Kritik der theoretischen Vernunft.* Suhrkamp.

Bourdieu, P. (1992). Die Auflösung des Religiösen. In P. Bourdieu (Hrsg.), *Rede und Antwort* (S. 231–237). Suhrkamp.

Burchardt, M. (2011). Missionaries and social workers: Visions of sexuality in religious discourse. In T. Hjelm (Hrsg.), *Religion and social problems* (S. 142–156). Routledge.

Burchardt, M. (2015). *Faith in the time of AIDS: Religion, Biopolitics and Modernity in South Africa.* Palgrave.

Csordas, T. J. (1990). Embodiment as a paradigm for anthropology. *Ethos. Journal of the Society for Psychological Anthropology., 18*, 5–47.

Douglas, M. (1988). *Reinheit und Gefährdung*. Suhrkamp.

Durkheim, E. (1994). *Die elementaren Formen des religiösen Lebens*. Suhrkamp. (Erstveröffentlichung 1912).

Eitler, P. (2007). Körper - Kosmos - Kybernetik. Transformationen der Religion im „New Age" (Westdeutschland 1970-1990). In: Zeithistorische Forschungen/Studies in Contemporary History, Online-Ausgabe, 4 (1+2) URL: http://www.zeithistorische-forschungen.de/16126041-Eitler-2-2007.

Eitler, P. (2010). „Alternative" Religion. Subjektivierungspraktiken und Politisierungsstrategien im „New Age" (Westdeutschland 1970–1990). In S. Reichardt & D. Siegfried (Hrsg.), *Das Alternative Milieu. Antibürgerlicher Lebensstil und linke Politik in der Bundesrepublik Deutschland und Europa 1968–1983* (S. 335–352). Wallstein Verlag.

Foucault, M. (1983). *Sexualität und Wahrheit, Bd. 1: Der Wille zum Wissen*. Suhrkamp.

Foucault, M. (1982). The subject and power. *Critical Inquiry, 8*, 777–795.

Gorski, P. S. (2003). *The disciplinary revolution: Calvinism and the rise of the state in early modern Europe*. University of Chicago Press.

Gugutzer, R. (2012). Die Sakralisierung des Profanen. Der Körperkult als individualisierte Sozialform des Religiösen. In R. Gugutzer & M. Böttcher (Hrsg.), *Körper, Sport und Religion. Zur Soziologie religiöser Verkörperungen* (S. 285–310). VS-Verlag.

Klein, G. (2010). Soziologie des Körpers. In G. Kneer & M. Schroer (Hrsg.), *Handbuch spezielle Soziologien* (S. 457–474). VS-Verlag.

Karstein, U., & Benthaus-Apel, F. (2012). Asien als Alternative oder Kompensation ? Spirituelle Körperpraktiken und ihr transformatives Potential (nicht nur) für das religiöse Feld. In R. Gugutzer & M. Böttcher (Hrsg.), *Körper, Sport und Religion. Zur Soziologie religiöser Verkörperungen* (S. 311–340). VS-Verlag.

Knoblauch, H. (2005). Einleitung: Soziologie der Spiritualität. *Zeitschrift Für Religionswissenschaft, 13*, 123–131.

Luckmann, T. (1991). *Die unsichtbare Religion*. Suhrkamp. (Erstveröffentlichung 1967).

McGuire, M. B. (1990). Religion and the body. Rematerializing the human body in the social sciences of religion. *Journal for the Scientific Study of Religion, 29*, 283–296.

Mellor, P. A., & Shilling, C. (2010). Body pedagogics and the religious habitus: A new direction for the sociological study of religion. *Religion, 40*, 27–38.

Meyer, B. (2010). Aesthetics of persuasion: Global Christianity and Pentecostalism's sensational forms. *South Atlantic Quarterly, 109*, 741–763.

Plessner, H. (1975). *Die Stufen des Organischen und der Mensch Einleitung in die philosophische Anthropologie*. de Gruyter. (Erstveröffentlichung 1928).

Schüler, S. (2012). Synchronized Ritual Behavior: Religion, Cognition and the Dynamics of Embodiment. In D. Cave & R. S. Norris (Hrsg.), *Religion and the body. Modern science and the construction of religious meaning* (S. 81–105). Brill.

Shilling, C., & Mellor, P. A. (1997). *Re-forming the body. Religion, community modernity*. Sage.

Weber, M. (1972). *Wirtschaft und Gesellschaft Grundriß einer verstehenden Soziologie*. Mohr. (Erstveröffentlichung 1922).

Weber, M. (1988). *Gesammelte Aufsätze zur Religionssoziologie I*. Mohr. (Erstveröffentlichung 1920).

# Schwangerschaft und Geburt

Yvonne Niekrenz

Schwangerschaft ist eine mit vielfältigen körperlichen und leiblichen Veränderungen einhergehende Phase des Umbruchs und Bestandteil zahlreicher weiblicher Lebensläufe. Von der Befruchtung der Eizelle bis zur Geburt dauert sie durchschnittlich 266 Tage. Meist wird die Schwangerschaft (Gravidität) in Wochen angegeben, wobei man vom ersten Tag der letzten Menstruation ausgeht. Dann dauert die Schwangerschaft 40 Wochen (durchschnittlich 280 Tage). Der Begriff Schwangerschaft wird ausschließlich beim Menschen verwendet, während man bei anderen Säugetieren von Trächtigkeit spricht. Das heranreifende Kind wird ab der neunten Entwicklungswoche, also wenn die inneren Organe ausgebildet sind, als Fötus (oder Fetus) bezeichnet, davor als Embryo. Die Schwangerschaft ist ein Leib-Körper-biografisches Schlüsselerlebnis, das – im Falle der Erstgeburt – eine Frau ohne Kind zu einer Frau mit Kind macht. Schwangerschaft kann daher als leiblich-körperlich vermittelte Statuspassage verstanden werden. Ähnlich wie die Pubertät markiert sie über den Körper und seine Veränderungen einen Statuswechsel. Der Übergang zur Mutterschaft wird mehr und mehr von medizinisch, psychologisch, pädagogisch, politisch oder soziologisch motivierten Diskursen überformt. Insbesondere in vom demografischen Wandel ergriffenen Gesellschaften scheint die Schwangerschaft um so mehr an Brisanz zu gewinnen, je seltener sie statistisch vorkommt.

Als anthropologische Konstante sind Schwangerschaft und Geburt Forschungsfelder, die für die Körpersoziologie eine Fülle an ergiebigen Forschungsfragen nahelegen und durch zahlreiche Schnittmengen mit angrenzenden (Teil-)Disziplinen lohnenswerte interdisziplinäre Zugänge bieten.

Y. Niekrenz (✉)
Rostock, Deutschland
E-Mail: niekrenz@landesfrauenrat-mv.de



R. Gugutzer et al. (Hrsg.), *Handbuch Körpersoziologie 2*,
https://doi.org/10.1007/978-3-658-33298-3_29

## 1 Forschungsstand: Schwangerschaft und Geburt als Forschungsfeld

Aus soziologischer Sicht ist nicht die Schwangerschaft ein relevantes Forschungsthema, sondern die *festgestellte* Schwangerschaft. Erst mit diesem Wissen kann sie als Statuspassage verkörpert, also körperlich-leiblich vermittelt werden. Dem Entdecken einer Schwangerschaft gehen leibliche Zeichen voraus: ein Ziehen in der Brust oder im Unterleib, Müdigkeit oder Unwohlsein und das „verdächtigste" Anzeichen, nämlich das Ausbleiben der Menstruation. Diese leiblichen Signale sind aber interpretationsbedürftig und können auch fehlgedeutet werden. Bleibt die Monatsblutung aus, gerät nicht nur die Regelmäßigkeit des Zyklus durcheinander, sondern auch die Alltagsroutinen werden irritiert. Mit Schwangerschaftstests aus der Drogerie oder der Apotheke stehen Methoden der Selbstdiagnose zur Verfügung, durch die Frauen Sicherheit über die Situation erlangen können (vgl. Mercer, 1995, S. 39). Allerdings vertreiben diese Tests nicht alle Unsicherheiten. Erst durch die Bestätigung von ärztlicher Seite bekommt die Schwangerschaft in der Regel Evidenz. Wird eine Schwangerschaft entdeckt, gerät das „Denken-wie-üblich" (Alfred Schütz) zunächst in eine Krise. Der Fluss der Gewohnheiten des alltäglichen Lebens wird unterbrochen, denn die Person steht – zumindest vorübergehend – in Distanz zu den Idealisierungen des „Und-so-weiter" und des „Ich-kann-immer-wieder" ihres bisherigen Alltags. Die Idealisierungen der Kontinuität („und-so-weiter") und der Wiederholbarkeit („ich-kann-immer-wieder") sind zunächst einmal infrage gestellt, bis die betroffene Person eine Neuordnung ihrer Routinen vornehmen konnte.

Weil das Körpergefühl und das Körperwissen der Betroffenen oft nicht hinlänglich sind, bedarf es einer professionellen Instanz, die eine eindeutige Diagnose stellt. Daher folgt der Besuch bei der Gynäkologin oder dem Gynäkologen meist auf einen positiven häuslichen Schnelltest. Schwangerschaft und Geburt sind ein biopolitisches Feld, das von der Frauen- und Geschlechterforschung immer wieder thematisiert worden ist. So diagnostiziert etwa Barbara Duden (1991) mit einem kulturhistorischen Blick auf Schwangerschaft eine mit der Modernisierung zunehmende Entfremdung der Frau von ihrem eigenen Leib. Wissenschaftliche Erklärungen und medizinische Diagnosen deuten leibliche Vorgänge und dominieren mehr und mehr den Diskurs über Leib und Körper. Das leibliche Spüren und Wissen trete in den Hintergrund und werde überlagert oder verdrängt von medizinischer Diagnose. Das gelte nicht nur für die Schwangerschaft. Duden geht der Frage nach, wie seit dem 18. Jahrhundert die wissenschaftliche Tatsache ‚Frau' so hergestellt und popularisiert wurde, dass sie Frauen an sich selbst erleben (vgl. Duden, 1991, S. 18). So macht sie beispielsweise deutlich, wie Visualisierungstechniken das Erleben der Schwangerschaft und die Konzeption des Fötus als nun „öffentlicher Fötus" (ebd., S. 65–71) verändert haben. Mit der Diagnose durch den Facharzt oder die Fachärztin beginnt eine regelmäßige ärztliche Vorsorge, die die Schwangerschaft unter medizinische Überwachung stellt und die im Mutterpass rhythmisiert ist. Die Untersuchungen und das Expertenwissen sind für die Patientinnen gleichermaßen beruhigend und beunruhigend, denn pränataldiagnostische Untersuchungen erzeugen auch Risiken. Mit den diagnostischen Möglichkeiten sollen mögliche Normabweichungen vor der Geburt festgestellt werden, was etwa auch zum unspezifischen und routinisierten Einsatz von Ultraschall führt. Die möglichen Anomalien werden als Risiken entworfen, denen die Schwangere mit regelmäßigen Kontrollen begegnen könne.

Die Frauen sind einem „Vorsorgeappell" ausgesetzt, der als Ausweg aus dem Risiko konstruiert wird, wie Elisabeth Beck-Gernsheim nachzeichnet (1996). Beck-Gernsheim zeigt am Beispiel der Pränataldiagnostik, wie genetische Risiken öffentlichkeitswirksam inszeniert werden, und zeigt die Bedingungen auf, die zur wachsenden Nachfrage nach Pränataldiagnostik führen. Dabei warnt die Autorin vor den oft unausgesprochenen Konsequenzen, die diagnostische Möglichkeiten haben. Denn im Falle von festgestellten bzw. für wahrscheinlich gehaltenen Normabweichungen gibt es meist keine Therapiemöglichkeiten. Die Frau steht dann vor der Entscheidung für oder gegen einen späten Schwangerschaftsabbruch. Schwangerschaft gerät so zu einem technisch-apparativen Projekt, wie Eva Schindele (1995) – vor den Konsequenzen von Pränataldiagnostik warnend – formuliert. In diesem medizinischen System rückt der Körper der Frau zugunsten einer Orientierung am Ungeborenen in den Hintergrund.

Mit der Frage, wie vorgeburtliche Gendiagnostik soziale Kontrolle nach sich zieht und die Familienplanung sowie das Verständnis von Gesundheit beeinflusst, beschäftigt sich Elizabeth Ettore (2009). Diese Technologien seien machtvolle Mechanismen, die Normalitätsverständnisse von Familie und Gesundheit regulieren sowie Frauen in „‚good' and ‚bad' reproducers" einteilen (ebd., S. 461). Die Medikalisierung von Schwangerschaft wird von zahlreichen Studien kritisch diskutiert (z. B. Duden, 1991; Kolip, 2000; Schindele, 1995). Der Begriff beschreibt die Tatsache, dass Körperprozesse medizinisch betreut werden, obwohl kein Behandlungsbedarf besteht. Bereits mit der Pubertät geraten Frauenkörper unter regelmäßige medizinische Überwachung. Umbruchsphasen wie Schwangerschaft, aber auch Pubertät und Wechseljahre sind hierzulande fast selbstverständlich medikalisiert und unterliegen damit, wie Petra Kolip (2000) feststellt, der Normierung, Pathologisierung und Regulierung. Sie werden also im Hinblick auf Normwerte beurteilt; Abweichungen davon werden als behandlungsbedürftig definiert und der Korrektur bzw. Regulierung unterzogen (ebd., S. 18–20). Die Frauen sind aber in ihrem Bedürfnis nach Bestätigung von Normalität und Sicherheit, aber auch nach Abgabe von Verantwortung selbst Akteurinnen in diesem komplexen Prozess. Medikalisierung verläuft also nicht nur „top-down" entlang medizinischer Deutungsprozesse, sondern wird auch eingefordert, um Sicherheit zu erlangen oder mitunter aus einem Wunsch nach Übergangsritualen heraus (vgl. Mozygemba, 2011, S. 85).

Die Diagnose „Schwangerschaft" geht oft mit Verunsicherungen einher, die nicht nur mit dem Risikodiskurs um die „Normalität" des Nachwuchses oder anstehenden Rollerwartungen zu tun haben können. Auch die erwarteten leiblichen und körperlichen Zeichen der Schwangerschaft bedeuten „andere Umstände". Die Frauen sind in einen Zustand der Erwartung massiver körperlicher Veränderungen versetzt. Das deutlichste (zukünftige) Symptom ist der wachsende Bauch, der die Schwangerschaft am anschaulichsten belegt. Schwangerschaft bedeutet für die Frau eine Übergangsphase – sie wird Mutter. In dieser Übergangsphase wird die Mutterrolle „einverleibt". Kati Mozygemba (2011) zeigt auf der Grundlage einer qualitativen Interviewstudie, wie sich in dieser Phase Körperwissen und Leiberleben verschränken und wie Frauen den Statusübergang und das Mutter-Werden erleben. Dabei arbeitet sie heraus, dass die Frauen „vor der Geburt Mutter werden" (ebd., S. 143). Die Vergegenständlichung der Schwangerschaft (Körperwissen) verschränkt sich mit dem Spüren der Schwangerschaft (Leiberleben). Damit konkretisiert sich für die Frauen ihr Schwanger-Sein und das eigene Mutter-Werden (vgl. ebd., S. 144). Der Statusübergang führt zu einer Konkretisierung der Rollenübernahme, die sich zum Beispiel in Verhaltensänderungen zeigt. Die Studie kann deutlich machen, dass dieses Konkret-Werden vor allem bei erwünschten Schwangerschaften erfolgt, wogegen die Rollenvorstellung abstrakt bleibt, wenn sich die Frau gegen das Mutter-Werden wehrt. Der Umgang mit dem schwangeren Körper orientiert sich am Wohl des ungeborenen Kindes. Auch hier greift die „Verantwortungsrhetorik" (Beck-Gernsheim, 1996, S. 289) eines naturwissenschaftlichen Risikodiskurses. Verantwortungsübernahme drückt sich in einem gesundheitsorientierten Umgang mit dem eigenen Körper aus. Dies betrifft Ernährungsgebote und -verbote, Bewegung, Umgang mit Stress, Verzicht auf Alkohol und Nikotin usw. „Für- und Vorsorge wird zur überspannenden Leitinstanz einer Schwangerschaftsmentalität" (Hornuff, 2014, S. 23). Der schwangere Körper wird vom nichtschwangeren Körper unterschieden, wobei der schwangere Körper eines besonderen Umgangs bedarf, um Risiken zu vermeiden. Dies führt zu der Frage nach dem „richtigen" und „falschen" Verhalten, aber auch zu Bewertungen von körperlicher Attraktivität (vgl. Maier, 2000). Zwar sind schwangere Körper zum Teil von Schönheitsidealen entlastet, dennoch gilt es, als unattraktiv bewertete Schwangerschaftsstreifen zu vermeiden und die Gewichtszunahme nach der Geburt so schnell wie möglich wieder zu regulieren (vgl. Mozygemba, 2011, S. 167).

Neben der Unterscheidung von schwangeren und nicht-schwangeren Körpern fällt die Trennung des Körpers der Frau vom Körper des ungeborenen Kindes auf. Nicht zuletzt aufgrund von Visualisierungstechniken wird der Fötus als Kind mit eigenem Körper im eigenen Körper figuriert. Das routinemäßige Sichtbarmachen des Ungeborenen mittels Ultraschall trägt dazu bei, dass der Fötus nicht mehr als „Leibesfrucht", sondern als eigenständiges Leben verstanden wird (vgl. Hampe, 1997, S. 342). Aus dem schwangeren Körper werden zwei verkörperte, autonome Subjekte (vgl. Sänger, 2010, S. 46). Ultraschalluntersuchungen haben neue kulturelle Muster des Sehens zur Folge: Viele Frauen schreiben den Ultraschallbildern die Bedeutung einer Personenfotografie zu und nutzen sie, um das Ungeborene kennenzulernen und familiär zu vergemeinschaften, so die These der Studie von Eva Sänger (vgl. ebd., S. 54). Deren Ergebnisse zeigen aber auch, dass die Frauen Ultraschallbilder und -untersuchungen als technische Mittel der Kontrolle und Absicherung vor bzw. Begrenzung von Schwangerschaftsrisiken sehen – verbunden mit ambivalenten Gefühlen aufgrund des Dilemmas begrenzter Therapiemöglichkeiten bei Anomalien. Auch die ethnografische Studie von Birgit Heimerl (2013), die Ultraschallsprechstunden als ‚soziale Situation' im Sinne Erving

Goffmans betrachtet, zeigt, wie der Blick auf das ‚Kind' eingeübt wird. Heimerl geht es um die Praktiken der Bildherstellung, in die beteiligte Körper, technische Apparaturen und Personen involviert sind. Auf der Grundlage von ethnografischen Beobachtungen und mit einem praxeologischen Konzept von Sozialität wird die soziale Situation des Ultraschalls rekonstruiert. Dabei zeigt sich, dass auch hier die Visualisierung auf dem Display als ‚Kind' gedeutet wird. Aber erst durch Erklärungen der Professionellen werden Ungeborene ‚ins Bild gesetzt' und der Körper des ‚Kindes' zwischen dem mit dem Schallkopf bearbeiteten Bauch und dem Bildschirm konstituiert. So „wird für den Laienblick *seh*bar, was das technische Display *sicht*bar macht" (Heimerl, 2013, S. 331, Herv. i. O.). Ultraschallbilder tragen also wesentlich zur Vergegenständlichung des Kindes und der Schwangerschaft bei. Sie sind diagnostisches Mittel und führen zugleich die Veränderungen im Körper vor Augen. Insbesondere zu Beginn der Schwangerschaft kommt dem Ultraschall für deren Vergegenständlichung eine hohe Bedeutung zu, da in dieser Zeit körperlich-leibliche Zeichen die Schwangerschaft noch nicht evident genug belegen.

Dies ändert sich mit dem eigenleiblichen Spüren der ersten Kindsbewegungen, deren Beginn um die 20. Schwangerschaftswoche herum als typisch angesehen wird. Hinzu kommen von außen sichtbare Veränderungen am Körper. Der Schwangerschaftsbauch als Symbol für die Schwangerschaft wird zur „eigenkörperlichen Vergegenständlichungshilfe" (Mozygemba, 2011, S. 195). Mit der deutlichen Sichtbarkeit des Schwangerschaftsbauchs verändert sich die Bedeutung externer Vergegenständlichungshilfen, wie z. B. medizinische Untersuchungen und Ultraschall. Die zunehmende Körperfülle wird von den Frauen im Spiegel, auf Fotos oder auch über die Notwendigkeit weiter geschnittener (Umstands-)Kleidung beobachtet. Der Bauch ist Bedeutungsträger und symbolisiert das Wachsen, die fortschreitende Schwangerschaft und die Entwicklung des Kindes. Im letzten Schwangerschaftsdrittel dominiert der Bauch in seiner Größe und seinem Gewicht die Schwangerschaft, weil er zu Anpassungen nötigt, z. B. hinsichtlich Beweglichkeit, Leistungsfähigkeit oder Schlafposition. Für die Vergegenständlichung des Kindes hat der Bauch nun eine entscheidende Bedeutung, weil sich Kindsbewegungen nicht nur eigenleiblich spüren lassen, sondern weil sie mitunter auch von außen und für Andere sicht- und fühlbar sind. Der Bauch wird zunehmend zur Hülle, die das Kind umschließt. Die Trennung des Körpers der Frau vom Körper des Kindes tritt noch deutlicher hervor.

Die körpersoziologischen Untersuchungen zum Forschungsfeld Schwangerschaft fokussieren auch das soziale Umfeld der schwangeren Frau. Es ist bedeutsam für die Zuschreibung der Schwangerenrolle. Der schwangere Körper wirkt auf die Interaktion mit Anderen ein und konkretisiert auch im Umfeld die Statuspassage. Die Sichtbarkeit des schwangeren Bauchs sorgt für Reaktionen aus dem sozialen Umfeld. Er rückt – im wahrsten Sinne ‚zunehmend' – ins Zentrum der Aufmerksamkeit. So kann immer weniger die Frau selbst entscheiden, wen sie über ihre Schwangerschaft informiert, sondern der Bauch symbolisiert diese. Die Anteilnahme und das Interesse an der Entwicklung des Kindes wachsen, sodass die Lebenssituation der Frauen öffentlich thematisiert werden kann, auch von außenstehenden Personen. Dies kann ebenso als Grenzüberschreitung gesehen werden wie die Berührung des Bauches (durch Fremde), um zum ‚Kind' Kontakt aufzunehmen. Die Teilnahme anderer an der Schwangerschaft wird teilweise als Ausdruck sozialer Kontrolle empfunden, wenn das Handeln der Schwangeren bewertet oder um Ratschläge angereichert wird. Oft wird diese soziale Kontrolle der Mutter oder auch Schwiegermutter zugeschrieben. Hier deutet sich dann ein Konfliktfeld an, das mit der Ablösung des (nun schwangeren) Kindes von der Mutter (und nun werdenden Großmutter) zu tun hat, denn die Tochter wird (insbesondere mit der Erstgeburt) autonom und gründet ihre eigene Familie. Vom Umfeld kommentiert werden etwa die Ernährung, Körperpflege oder sportliche Betätigung – nicht selten unter Rückgriff auf die „Verantwortungsrhetorik", die den Fötus in den Fokus rückt und die Frau lediglich als nährende Umgebung für den werdenden Menschen deutet. Die Mechanismen sozialer Kontrolle sind bei Schwangeren besonders wirksam, weil sie „in anderen Umständen" Unsicherheiten, Ängste und Sorgen erleben, die sich auf medizinische Aspekte des Verlaufs der Schwangerschaft und der Entwicklung des Kindes beziehen, aber auch soziale Aspekte haben, z. B. im Hinblick auf die zukünftige Mutterrolle und die damit verbundenen sozialen Erwartungen und Rollenanforderungen.

Die „Geburt der Väter" (Wulf, 2008) ist ein Teilprozess von Schwangerschaft, der ebenfalls körpersoziologisch relevant ist. Die werdenden Väter antizipieren eine grundlegende Transformation ihres Lebens, wie die Interviewstudie von Christoph Wulf (2008) zeigt. Die Veränderungen vollziehen sich vor allem in der Vorstellungswelt der zukünftigen Väter und in Praktiken des Zusammenlebens, mit denen sie auf das veränderte körperliche Befinden der Frauen reagieren (vgl. ebd., S. 61). Als unmittelbar Beteiligte haben sie im Falle einer intakten Paarbeziehung privilegierten Zugang zur Schwangerschaft. Sie begleiten die Frauen etwa zu Ultraschalluntersuchungen und nehmen teil an den Visualisierungen, die ein „Bild vom Kind" ermöglichen. Weil sie das Ungeborene nicht in ihrem Körper fühlen, sondern es lediglich von außen ‚sehen' und ertasten können, spielt diese Technik für sie eine wichtige Rolle. Die interviewten Väter in der Studie von Wulf empfinden die Bilder „als eine faszinierende Möglichkeit, sich Informationen über ihr zukünftiges Kind zu verschaffen, und als Chance, mit ihm Kontakt aufzunehmen und eine Beziehung zu entwickeln, die sie auf ihre Lebenssituation als Vater vorbereitet" (ebd., S. 70). Die Technik vermittelt also für die Väter einen wichtigen Zugang zum ‚Kind', der zur Vergemeinschaftung des Ungeborenen beiträgt (vgl. auch Heimerl, 2013, S. 177–202; Sänger, 2010). Sie setzen sich aber auch mental und emotional mit dem erwarteten Kind auseinander, indem sie auf frühere Erfahrungen mit Kindern, Erinnerungen an die eigene Kindheit, Fernsehfilme oder Fotografien von Neugeborenen etc. Bezug nehmen.

Die Studie „Vater, Mutter, Kind werden" von Cornelia Schadler (2013) geht dem Prozess des Eltern-Werdens während der Schwangerschaft mit ethnografischen Methoden nach, indem zum Beispiel der „Nestbau" mit Umzug in eine größere Wohnung, Einrichtung des Kinderzimmers und Kauf des Kinderwagens als Praktiken des Eltern-Werdens unter die Lupe genommen werden. Hier kommt das (heterosexuelle)

Paar zu Wort, um die Praktiken werdender Elternschaft zu rekonstruieren. Körperpflege, Ernährung und die Entwicklung eines Schwangerschaftsbewusstseins sind unter körpersoziologischen Gesichtspunkten besonders relevant, zeigt sich doch, dass über Ernährungs-, Pflege- und Bewegungsregeln sowohl elterliche Körper als auch der Körper des Fötus figuriert werden (vgl. Schadler, 2013, S. 179). Die Körperpraktiken im Kontext von Ernährung und Pflege sind bei den in der Studie befragten Eltern mit mentalen Konzepten verbunden, die von einigen als „Schwangerschaftsbewusstsein" bezeichnet werden. Diese Körperpraktiken schaffen Evidenz – sie „machen schwanger" und sind Teil einer neuen Wirklichkeitskonstruktion des Paares, das nun Eltern wird. Schwangerschaftsroutinen – wie z. B. die tägliche Einnahme von Folsäure, das Cremen des Bauches, das tägliche Essen von Obst – sorgen aber auch für Orientierung in einer neuen Lebensphase und für Sicherheit angesichts verunsichernder neuer Körpererfahrungen. Die Studie nimmt nicht nur die Schwangere selbst in den Blick, sondern berücksichtigt auch am Eltern-Werden beteiligte Akteure wie den Partner, Familie und Freunde oder GeburtshelferInnen.

Gesundheitswissenschaftlich orientierte Arbeiten, die die Schwangerschaft, ihre körperliche Bedeutung und die Beteiligung des Umfeldes erfassen, stellen ein weiteres Forschungsfeld dar. Sie verfolgen die Frage, wie GeburtshelferInnen mit schwangeren Körpern umgehen. HebammenforscherInnen, Pflege- und GesundheitswissenschaftlerInnen nehmen die Schwangerschaft sowie deren Konflikt- und Problemfelder in den Blick. In jüngerer Forschung kommt immer häufiger die lange vernachlässigte Sicht der schwangeren Frauen selbst zum Tragen, wie der Band von Katja Makowsky und Beate Schücking (2013) zeigt. Die Herausgeberinnen versammeln qualitative wie quantitative Studien, die auch sehr problembelastete Schwangerschaften (wie z. B. mit pränataler Diagnose „Nichtlebensfähigkeit" des Kindes, mit HIV-Infektion) untersuchen. Zwar geht es dem Band auch um die Frage nach den Erwartungen der Schwangeren an die Hebammen und ÄrztInnen im Rahmen der professionellen Begleitung und darum, wie danach darauf vonseiten der Profession reagiert werden kann. Dennoch zeigen die oft interdisziplinär angelegten Arbeiten körpersoziologische Aspekte auf – z. B. im Forschungsfeld Wunschkaiserschnitt oder im Hinblick auf subjektives Schmerzempfinden bei Wehen, die von Frauen mit Frühgeburt als weniger schmerzhaft empfunden werden als von Frauen mit Termingeburt. Für einen Wunschkaiserschnitt entscheiden sich Frauen insbesondere aus Angst vor der Unvorhersehbarkeit einer Geburt, vor dem Ausgeliefertsein und vor dem Verlust der Körperkontrolle, auch wenn sie den Kaiserschnitt keinesfalls als gefahrlos betrachten. Das Unbehagen angesichts der Nichtplanbarkeit einer Spontangeburt ist für die soziologische Perspektive reizvoller Ausgangspunkt einer körpersoziologisch basierten Gesellschaftsdiagnose.

Die Geburt als Endpunkt der Schwangerschaft wird von anthropologischen, ethnologischen und kulturgeschichtlichen Studien mit breiter Aufmerksamkeit bearbeitet. Auch psychologische Studien zu Konfliktlagen während Schwangerschaft und Geburt gibt es, wie etwa die hermeneutisch orientierte empirische Arbeit von Maria Luise Köster-Schlutz (1991), die der Geburtsvorbereitung, dem Geburtserleben und den

Erfahrungen von Selbstbestimmung und Autonomie in Gruppendiskussionen auf den Grund geht. In der Soziologie wird das Thema ‚Geburt' erst in jüngerer Zeit in Forschungsprojekten (vgl. Wulf, 2008) und Publikationen beachtet. Paula-Irene Villa, Stephan Möbius und Barbara Thiessen (2011) zeigen in ihrem Band „Soziologie der Geburt", wie das soziale Phänomen heute von Ritualen begleitet, als Projekt behandelt und zu einem Teil von „doing family"-Praktiken wird. Die Geburt ist die „Entbindung" eines Körpers. Das Kind kommt zur Welt, indem es vom Körper der Mutter getrennt wird. Es wird zu einer Entität mit eigener Begrenzung. Die Geburt wird in der Regel schon während der Schwangerschaft vorbereitet, indem spezielle Kurse aufgesucht und die Wahl des Ortes und der Rahmenbedingungen der Geburt verhandelt werden. Der Geburtsprozess ist von Wehen begleitet, die das Kind aus dem Körper der werdenden Mutter bewegen. Diese Wehen werden als nicht gezielt kontrollierbar beschrieben, können aber pharmakologisch gefördert oder gehemmt werden. Mittels Atemtechniken, die zumeist auch im Geburtsvorbereitungskurs vermittelt werden, können die mit den Wehen verbundenen Schmerzen erträglicher werden. Aber auch durch Medikamente oder die Periduralanästhesie (PDA) werden Schmerzen medizinisch behandelbar. Im Kontext von Geburt gibt es eine große Bandbreite an Ritualen, auf die bereits Marcel Mauss (2010 [1935]) in seinen „Techniken des Körpers" hinwies. Geburtsrituale sind Übergangsrituale, die in einer Phasenstruktur ablaufen, wie sie auch von Robert Hertz, Arnold van Gennep und Victor Turner beschrieben wird. Körperliche Prozesse, die zugleich mit Änderungen im Lebenslauf einhergehen, wie z. B. Geburt, Pubertät oder Tod, werden durch Rituale strukturiert und soziokulturell interpretiert. Diese Übergangsriten sehen aktuell sicherlich anders aus als in ethnologischen Studien traditioneller Gesellschaften beschrieben. Villa, Moebius und Thiessen (2011) heben Praktiken hervor, die Geburt heute zu einem (weiteren) Projekt im Leben eines solchen Selbst machen, das ökonomisierten Logiken folgt. Das betrifft beispielsweise Abwägungen im Hinblick auf den optimalen Zeitpunkt für die Geburt, die produktiv genutzte Zeit der Schwangerschaft, die Effizienz von Atmungs- und Entspannungsübungen oder die Risikominimierung durch technische Überwachung der Geburt. Die Risiken der Geburt sollen „gemanagt" werden, damit sich die Akteure in der Risikogesellschaft handlungsmächtig fühlen. Hintergrund dieses Managements sei die Angst vor der existenziellen Erfahrung der Geburt, für die es in diesem „Risikodiskurs" kaum Übergangsrituale oder soziale (Anerkennung-)Räume gebe. Dies belege etwa auch der Wunsch nach Vermeidung von körperlich-leiblichen Schwangerschafts- und Geburtsspuren.

Wie Schwangerschaft aktuell und bezogen auf die Bundesrepublik Deutschland als sozialer Prozess erfasst werden kann, wird im Folgenden unter Rückgriff auf die Studie von Stefan Hirschauer, Birgit Heimerl, Anika Hoffmann und Peter Hofmann (2014) dargestellt. Diese will eine „Soziologie der Schwangerschaft" begründen und bezieht sich auf ein langjähriges exploratives Forschungsprojekt. Dabei geht es auch (aber nicht nur) um körpersoziologische Themenfelder. Die umfangreiche Studie will auf ein Desiderat soziologischer Forschung reagieren und sozialtheoretische Begriffe und Konzepte von Schwangerschaft liefern.

## 2 Soziologie der Schwangerschaft

Hirschauer et al. suchen in ihrer empirisch fundierten „Soziologie der Schwangerschaft" nach soziologischen Beschreibungsmöglichkeiten für die Schwangerschaft, indem sie fragen, wie Schwangerschaft festgestellt und kommuniziert wird, wie es zur personalen Differenzierung von Schwangerer und Kind kommt, wie familiale Vergemeinschaftungsprozesse stattfinden, wie pränatale Sozialität abläuft und wie während der Schwangerschaft Zweigeschlechtlichkeit kulturell reproduziert wird. In der Studie geht es auch um die Prüfung der Tauglichkeit theoretischer Konstrukte, z. B. der Handlungs- oder Kommunikationstheorien. Wenn die Zeugung eines Kindes zumeist auf *Unterlassen* von Verhütung beruht, inwiefern greift dann *handlungs*theoretisches Vokabular? Und wie ist kommunikationstheoretisch damit umzugehen, wenn Schwangere im Plural („Wie geht es euch?") oder auch nur der Bauch als Kindsstellvertreter adressiert werden? Die empirische Basis bilden 1) Schwangerschaftsinterviews mit schwangeren Frauen und zum Teil mit dem Paar, wobei sowohl geschlechtsungleiche als auch geschlechtsgleiche Paarbeziehungen berücksichtigt wurden, 2) Schwangerschaftstagebücher, die zum Teil aus dem Internet stammen und zum Teil im Auftrag des Projekts angefertigt wurden, sowie 3) Beobachtungen von Schwangerschaftsinteraktionen wie z. B. Ultraschallsituationen. Die Darstellung der Ergebnisse folgt der deskriptiven Identifizierung von Schwangerschaftsstationen: Entdeckung, Mitteilung, visuelle Bilder vom ‚Kind', leibliche Sondierungen und Körperkontakte, Gendering des Ungeborenen und die Namensfindung. Die Projektierung des Kindes (Kinderwunsch) und die Geburt werden hier also nicht als eigene Phasen behandelt. Die Theoretisierung von Schwangerschaft läuft auf das Konzept einer „sozialen Schwangerschaft" hinaus. Diese ist nicht an einen Körperzustand gebunden, sondern vor allem eine kommunikative Tatsache, das heißt sie muss zunächst kommunikativ „zur Welt gebracht" werden (Hirschauer et al., 2014, S. 259). Dieser Prozess beginnt mit der Deutung leiblicher Zeichen als Schwangerschaftszeichen und der schrittweisen Mitteilung der Schwangerschaft. Hier zeigt sich mitunter eine Mitteilungsinszenierung sowohl paarintern als auch im Hinblick auf weitere signifikante Andere. Die „kommunikative Entbindung" (ebd., S. 260) der Schwangerschaft nimmt oft durch eine soziale Selbstläufigkeit Fahrt auf – die Schwangerschaft spricht sich herum. Die Mitteilung hat autosuggestive Wirkungen, die den Prozess der psychischen Realisierung der Schwangerschaft fortsetzen, allerdings kann der kommunikative Prozess auch der psychischen Realisierung enteilen.

Die soziale Schwangerschaft besitzt einen Erwartungsbogen und eine eigene soziale Zeit, die nicht der medizinischen Zeit der Schwangerschaft entspricht. Während die Medizin Zeitregime errichtet, die auf die Entwicklung des Kindes ausgerichtet sind, hat das Paar seine eigene Taktung mit eigenen Phasen, Rhythmen, Schwellen und Verläufen. Diese richten sich auf die Stationen der Projektierung des Kindes, die Entdeckung und Feststellung der Schwangerschaft, die Entscheidung für oder gegen die Schwangerschaft, die Mitteilung und Aneignung der Schwangerschaft, die visuellen und leiblichen Erstkontakte über Ultraschall und Kindsbewegungen, die planerische Vorwegnahme über Erstausstattung und Namensfindung und schließlich die Geburt. Daneben gibt es aber auch markante Schwellen, die Überlebenszeitpunkte betreffen: die körperliche Einnistung des Embryos, die rechtlich gewährte Frist für eine indikationslose Abtreibung und die Lebensfähigkeit des Ungeborenen im Falle einer Frühgeburt. Nach diesen Zeitpunkten werde eine Schwangerschaft jeweils anders erlebt, weil sie an Realität gewinnt (vgl. ebd., S. 261). Die soziale Zeit der Schwangerschaft verläuft nicht linear oder entlang der Eigenzeit der Entwicklung des Fötus, sondern in Sprüngen und verschiedenen Tempi.

Neben den unterschiedlichen Zeitregimen nimmt die Studie auch die innerkörperliche Präsenz eines anderen Wesens in den Blick. Es wird gefragt, ob die Schwangere noch eine Einzelne darstellt oder ob aus dem Individuum ein „Dividuum" (ebd., S. 277) wird. Es existiert während der Schwangerschaft eine eigentümliche Zweiheit. Die Inwändigkeit des Ungeborenen führe zu komplizierten Interaktions- oder sogar Kommunikationsmöglichkeiten. Der Fötus ist in der Frau verschlossen und hat doch eine enorme soziale Präsenz. Er kann die Frau inwändig erleben und zugleich bis zu einem bestimmten Grad wahrnehmen, was „draußen" passiert. Daher stellen sich Schwangere in ihrem Verhalten oft selbst unter Beobachtung, z. B. im Hinblick auf Stress und Stimmungen, die vom Ungeborenen miterlebt werden könnten. In seiner Eigenbeweglichkeit steckt das Ungeborene sein Territorium ab. Seine Position wird zunehmend für die Frau wahrnehmbar: Der ungeborene Körper kann mit dem eigenen Körper wahrgenommen werden, wobei dieses Körpererleben auf einer perzeptiven Teilungsleistung der Frau beruht. Sie trennt zwischen einem inwändigen und einem auswändigen Körper, zwischen dem Anderen und dem Eigenen (vgl. ebd., S. 282). Diese Teilung erst macht die Konstruktion eines körperlichen Interaktionspartners möglich. Mit der Geburt und der endgültigen Trennung der Körper von Mutter und Kind wird dann eine Bindung konstituiert, die schon vor der Geburt vorbereitet wurde. Die physische Ent-Bindung bedeutet ja den Beginn einer sozialen Bindung, in die wiederum körperliche Anforderungen integriert sind, wie z. B. das Stillen, Füttern und Tragen. Die Studie nimmt die Verschränkung körperlicher, kommunikativer und psychosozialer Prozesse in den Blick und erschließt die Lebensphase Schwangerschaft nicht nur empirisch, sondern auch theoretisch. Gleichzeitig skizziert sie Themenfelder, die zahlreiche zukünftige Forschungsperspektiven einer Soziologie der Schwangerschaft aufzeigen.

## 3 Forschungsdesiderata und zukünftige Forschungsperspektiven

Eine Beschäftigung mit dem Thema Schwangerschaft jenseits geschlechtersoziologischer oder biopolitischer Fragestellungen hat in jüngster Zeit – die für das Quellenverzeichnis ausgewählte Literatur zeigt dies – deutlich zugenommen. Die Studien nehmen Schwangerschaft als ein Thema in den Blick, das im sozialen Kontext, in Paarkonstellationen, in Situationen medizinischer Untersuchung, im Hinblick auf den Übergang in eine neue soziale Rolle oder einen neuen Status eine Fülle an soziologischen Fragestellungen anregt. Insbesondere in körpersoziologischer Hinsicht sind hier noch Themenfelder zu vertiefen. Welche Unterschiede in der symbolischen Bedeutung von Schwangerschaft und schwangeren Körpern sind etwa beobachtbar, wenn verschiedene soziale Milieus in den Blick genommen werden? Einen systematischen Milieuvergleich hinsichtlich der symbolischen Bedeutung und Bewertung von schwangeren Körpern gibt es nicht. Ein Anschluss an einen sozialstrukturell differenzierenden Zugang würde sich anbieten, da Vorstellungen von Weiblichkeit und Männlichkeit nach sozialen Milieus variieren, wie Cornelia Koppetsch und Günter Burkart (1999) zeigen, und Geschlechtsrollenbilder innerhalb von Paarkonstellationen mit der Schwangerschaft als symbolischer Übergangsphase mitunter Veränderungen erfahren. Ebenso fehlt Forschung zu Milieuvergleichen hinsichtlich (der Verschränkung von) Körperwissen und Körpererleben während der Schwangerschaft.

Studien zur Schwangerschaft differenzieren zumeist zwischen schwangeren und nicht-schwangeren Körpern. Um Aufschluss darüber zu erlangen, wie sich Körpererleben und leibliche Empfindungen mit der Gravidität verändern, wären Interviews mit Frauen *vor* der Schwangerschaft, *während* der Schwangerschaft und *nach* der Schwangerschaft hilfreich. Wie verändern sich darüber hinaus Selbstkonzept, Körperbild oder Risikobewertung? Wie sind Leib-Körper-Erfahrungen in der Übergangsphase an Neuordnungen von Identität beteiligt? Welche Unterschiede gibt es im Erleben von erster Schwangerschaft und Geburt im Vergleich zur zweiten oder dritten? Kommt es schrittweise zu einer präziser definierten Mutterschaft und zu Routinen im Umgang mit der Übergangsphase? Neben der Differenz zwischen schwangerem und nicht-schwangerem Körper wird auch die Unterscheidung zwischen dem Körper der Mutter und dem des ‚Kindes' getroffen. An dieser Trennung sind v. a. die Möglichkeiten der Bildwerdung des Fötus beteiligt (vgl. Hornuff, 2014). Dabei sollten nicht nur Strategien der Entzweiung der Körper, sondern auch Strategien der Einswerdung und Bindung in den Blick genommen werden.

An der Schnittstelle von Körper- und Techniksoziologie sind Untersuchungen nötig, die besondere soziotechnische Arrangements wie Keimzellenspende oder Leihmutterschaft in den Blick nehmen. Weiterhin fehlen systematische Untersuchungen zu Schwangerschaften bei homosexuellen Paaren oder auch Single-Müttern, die zwar in einigen Studien vorkommen, die aber nicht einer expliziten und durch eine eigene Fragestellung geleiteten Analyse unterzogen werden. Ebenso fehlen weiterführende Untersuchungen von Schwangerschaften, die nicht den „idealtypischen" Verlauf nehmen, also z. B. mit Fehl- oder Totgeburt enden, abgetrieben werden oder etwa eine positive Pränataldiagnose (z. B. Trisomie 21) erhalten.

Diese Themenfelder lohnen eine interdisziplinäre Zugangsweise, die für die Körpersoziologie generell empfehlenswert ist. Medizinische, gesundheitswissenschaftliche, psychologische oder kulturwissenschaftliche Perspektiven würden die soziologische sinnvoll ergänzen. Neben interdisziplinären Kooperationen ist auch die internationale Verankerung des Themas angezeigt. Dazu gehören auch international vergleichende

Studien, die insbesondere im Hinblick auf unterschiedliche geburtshelferische Begleitungen von Schwangerschaft und Geburt lohnenswerte Fragestellungen nahelegen. Schließlich gilt es aber auch, Ergebnisse und Schlussfolgerungen aus körpersoziologischen Untersuchungen von Schwangerschaft für andere Übergangsphasen anschlussfähig zu machen. Schwangerschaft ist eine Statuspassage, während der sich der Körper sehr rasant verändert. Wie lassen sich die Befunde dieses körperlichen „Umbauprojektes" übertragen auf andere körperlich-leiblich vermittelte Statuspassagen wie z. B. die Jugendphase mit ihren irritierenden körperlichen Veränderungen der Pubertät? Und umgekehrt: Wie lassen sich Erkenntnisse aus der Jugendforschung auf körpersoziologische Fragen zur Schwangerschaft beziehen? Auch Jugendlichen stellt sich die Aufgabe, etwas zu werden, was sie noch nicht sind. Die körperliche Reifung kann wichtiger Impulsgeber sein, muss aber gleichzeitig auch verarbeitet werden. In Übergangsphasen scheint der Zusammenhang von Leib, Körper und Selbstkonzept auf besondere Weise hervorzutreten. Eine weiterführende sozialtheoretische Betrachtung der Übergangsphase Schwangerschaft ist daher lohnenswert.

## Literatur


Beck-, E. (1996). Die soziale Konstruktion des Risikos. Das Beispiel Pränataldiagnostik. *Soziale. Welt Zeitschrift Für Sozialwissenschaftliche Forschung Und Praxis, 47*, 284–296.

Duden, B. (1991). *Der Frauenleib als öffentlicher Ort. Vom Mißbrauch des Begriffs Leben.* Luchterhand.

Ettore, E. (2009). Prenatal genetic technologies and the social control of pregnant women: A review of the key issues. *Marriage and Family Review, 45*, 448–468.

Hampe, R. (1997). Geburt. In C. Wulf (Hrsg.), *Vom Menschen. Handbuch Historische Anthropologie* (S. 341–352). Beltz.

Heimerl, B. (2013). *Die Ultraschallsprechstunde. Eine Ethnografie pränataldiagnostischer Situationen*. transcript.

Hirschauer, S., Heimerl, B., Hoffmann, A., & Hofmann, P. (2014). *Soziologie der Schwangerschaft. Explorationen pränataler Sozialität*. Lucius & Lucius.

Hornuff, D. (2014). *Schwangerschaft. Eine Kulturgeschichte*. Wilhelm Fink.

Kolip, P. (2000). Frauenleben in Ärztehand. Die Medikalisierung weiblicher Umbruchphasen. In P. Kolip (Hrsg.), *Weiblichkeit ist keine Krankheit. Die Medikalisierung körperlicher Umbruchphasen im Leben von Frauen* (S. 9–30). Juventa.

Koppetsch, C., & Burkart, G. (1999). *Die Illusion der Emanzipation. Zur Wirksamkeit latenter Geschlechtsnormen im Milieuvergleich*. UVK.

Köster-Schlutz, M. L. (1991). *Schwangerschaft und weibliche Identität. Individuelle und institutionelle Konflikte als Ausdruck kultureller Pathologie. Eine empirisch-hermeneutische Studie*. Peter Lang.

Maier, M. (2000). Milieuspezifische Verkörperungen von Weiblichkeit. Zur Symbolik des schwangeren Körpers. In C. Koppetsch (Hrsg.), *Körper und Status. Zur Soziologie der Attraktivität* (S. 125–145). UVK.

Makowsky, K., & Schücking, B. (Hrsg.). (2013W). *Was sagen die Mütter? Qualitative Forschung rund um Schwangerschaft, Geburt und Wochenbett*. Beltz Juventa.

Mauss, M. (2010). Die Techniken des Körpers. In M. Mauss (Hrsg.), *Soziologie und Anthropologie* (Bd. 2, S. 197–220). VS.
Mercer, R. T. (1995). *Becoming a Mother. Research on Maternal Identity from Rubin to the Present*. Springer.
Mozygemba, K. (2011). *Die Schwangerschaft als Statuspassage. Das Einverleiben einer sozialen Rolle im Kontext einer nutzerinnenorientierten Versorgung*. Bern: Hans Huber.
Sänger, E. (2010). „Einfach so mal schauen, was gerade los ist." Biosoziale Familiarisierung in der Schwangerschaft. In K. Liebsch & U. Manz (Hrsg.), *Leben mit den Lebenswissenschaften. Wie wird biomedizinisches Wissen in Alltagspraxis übersetzt?* (S. 43–61). transcript.
Schadler, C. (2013). *Vater, Mutter, Kind warden. Eine posthumanistische Ethnographie der Schwangerschaft*. transcript.
Schindele, E. (1995). *Schwangerschaft. Zwischen guter Hoffnung und medizinischem Risiko*. Rasch und Röhring.
Villa, P.-I., Moebius, S., & Thiessen, B. (Hrsg.). (2011). *Soziologie der Geburt. Diskurse, Praktiken, Perspektiven*. Campus.
Wulf, C. (2008). Die Geburt der Väter. In C. Wulf, B. Althans, J. Foltys, M. Fuchs, S. Klasen, J. Lamprecht, & D. Tegethoff (Hrsg.), *Geburt in Familie, Klinik und Medien. Eine qualitative Untersuchung* (S. 59–95). Barbara Budrich.

# Sexualität

Stefanie Duttweiler

Kaum ein Thema scheint so sehr mit dem Körper verschränkt wie Sexualität, denn Körper sind immer auch sexualisierte Körper. In der deutschsprachigen Körpersoziologie findet diese basale Einsicht bislang wenig Resonanz, die Körpersoziologie ist weitgehend sexualitätsabstinent wie umgekehrt die Soziologie der Sexualität weitgehend körperblind. Das erstaunt, denn der Körper ist Basis aller Praktiken und Symbolisierungen, Normierungen und Hierarchisierungen von Sexualität.

Aus einer körpersoziologischen Perspektive interessiert vor allem, inwieweit sexuelle Körper als Produkt und Produzent von Gesellschaft zu verstehen sind, in den bisherigen Forschungen wird der sexualisierte Körper jedoch vor allem als Produkt der Gesellschaft ausgewiesen. Im Folgenden werden ausgewählte Forschungsarbeiten vorgestellt, die auf den Zusammenhang von Körper, Sexualität und Gesellschaft fokussieren (1). Ein wichtiges Forschungsfeld ist dabei ‚Körperwissen', das Körper und Praktiken prägt (2). Immer wieder kreisen hier die Auseinandersetzungen direkt oder indirekt um das Verhältnis von Natur und Kultur. Besonders deutlich wird dies im Hinblick auf die Thematisierungen des Zusammenhangs von Körper, Geschlecht und sexueller Orientierung (3) sowie auf die Prozesse der Sexualisierung von Körpern (4). Die soziologische Sexualwissenschaft widmet sich darüber hinaus dem Zusammenhang zwischen gesellschaftlichen Transformationen und den Veränderungen der Sexualität (5). Abschließend werden die wenigen Ansätze vorgestellt, die als Antwort auf die Frage, ob und wie der sexualisierte Körper vergesellschaftend wirkt, zu verstehen sind. Dies bleibt jedoch weitgehend ein Forschungsdesiderat (6).

S. Duttweiler (✉)
Bern, Schweiz
E-Mail: stefanie.duttweiler@bfh.ch



R. Gugutzer et al. (Hrsg.), *Handbuch Körpersoziologie 2*,
https://doi.org/10.1007/978-3-658-33298-3_30

## 1 Körper, Sexualität und Gesellschaft

Die Erkenntnis, Körper und Sexualität sind vergesellschaftet, ist eine Grundannahme der Human- und Sozialwissenschaften. Das gilt selbst für diejenigen Aspekte, die als eigenleibliches Spüren wahrnehmbar werden und so den Anschein erwecken, jenseits des Sozialen zu stehen. Körperteile und -zonen sowie sexuelle Praktiken sind eingebettet in eine moralische Anatomie, die zwischen gut und schlecht, rein und schmutzig, sexualisiert oder neutral unterscheidet. Diese Zuschreibungen und Wertungen, die geschlechtsspezifisch differenziert sind, beeinflussen Handlungen, Interaktionen ebenso wie Fantasien, Wünsche und das sexuelle Begehren – auch wenn sie sie nicht determinieren. Gerade auch die ‚verbotene' Handlung und das ‚verworfene' Begehren können sexuelle Lust hervorrufen. Wie diese sexuelle Lust sich artikuliert, welche Praktiken ausgeübt, wie und ob ein Orgasmus erlebt wird, welche anderen Personen oder Hilfsmittel ins Spiel kommen (dürfen) ist historisch, sozial und kulturell variabel.

Auch wenn im Alltagsverständnis Sexualität nach wie vor als etwas angesehen wird, das der menschlichen ‚Natur' entspringt, ist die Erkenntnis der sozialen Bedingtheit der Sexualität so neu nicht. Schon Sigmund Freud fasst den Sexualtrieb nicht ausschließlich biologisch, sondern als denjenigen Ort, an dem sich biologische und kulturelle Einflüsse verdichteten. Für die Klassiker der Soziologie ist Sexualität dennoch kein zentrales Thema: Max Weber behandelt Sexualität nur beiläufig im Rahmen seiner religionssoziologischen Schriften, Georg Simmel wirft einen mikrosoziologischen Blick auf Liebe und Erotik. In beiden Fällen wurde die Körperlichkeit der Sexualität nicht thematisch. Anders dagegen bei Norbert Elias, für den Körper, Nacktheit und Sexualität Beispiele für die generelle Ausweitung der Disziplinierung von Körper(lichkeit) und der Affektsteuerung im Zivilisationsprozess darstellen.

Erst die systemtheoretisch inspirierten Arbeiten von Sven Lewandowski (2004) setzen den Körper im Hinblick auf Sexualität ins Zentrum der Analyse. Die soziologische Beschäftigung mit Sexualität fasst er nicht als Anwendungsfeld einer soziologischen Subdisziplin wie Geschlechter-, Körper- oder Paarsoziologie, vielmehr argumentiert er in konsequenter Weiterentwicklung systemtheoretischer Prämissen, dass sich in der Moderne körperprozessierende Systeme und damit auch autonome Sexualität als eine eigenständige Emergenzebene des Sozialen ausdifferenziert haben. Ihr Kern ist die Erlangung sexueller Lust, als Leitdifferenz fungiert die Unterscheidung von sexuellem Begehren/sexueller Befriedigung. Dementsprechend zentral wird der Orgasmus: Er etabliert einen Kohärenzpunkt in der Vielfalt von Verhaltensweisen, der es erlaubt, diese Verhaltensweisen als sexuelle zu beobachten. Die Durchsetzung des „Orgasmusparadigmas" ist mithin Bedingung der Möglichkeit der Ausdifferenzierung eines Funktionssystems Sexualität. Es setzt eine *körperliche* Reaktion ins Zentrum, verhält sich aber indifferent gegen jegliche sexuelle Praktik und Objektwahl – entscheidend ist allein, ob sexuelle Befriedigung erlangt werden kann. Da die binäre Codierung von Begehren/Befriedigung – im Unterschied zu anderen gesellschaftlichen Leitdifferenzen in Wirtschaft, Recht oder Wissenschaft – sozialstrukturell irrelevant ist, können, so Lewandowski, moderne Gesellschaften flexibel und unaufgeregt auf sexuelle Pluralisierung und vormals als abweichende sexuelle Praktiken und Identität reagieren.

Diese These der Irrelevanz der Sexualität für die moderne Gesellschaft steht in krassem Widerspruch zu den Arbeiten von Michel Foucault, der die Geschichte der Sexualität eng mit der kapitalistisch-bürgerlichen Gesellschaft verzahnt. Foucault situiert Sexualität im Kern politischer Macht-und Wissenspraktiken und dekonstruiert die Auffassung, Sexualität sei das vermeintlich Innerste und Natürlichste des Menschen. Er weist vielmehr den Sex als denjenigen idealen Punkt aus, „der vom Sexualitätsdispositiv und seinem Funktionieren notwendig gemacht wird" (Foucault, 1977, S. 185). Was mit dem 18. Jahrhundert historisch als Sexualität auftaucht, ist nicht die spezifische kulturelle Umformung einer biologischen Naturgegebenheit, sondern „ein großes Oberflächennetz, auf dem sich die Stimulierung der Körper, die Intensivierung der Lüste, die Anreizung zum Diskurs, die Formierung der Erkenntnisse, die Verstärkung der Kontrollen und der Widerstände in einigen großen Macht- und Wissensstrategien miteinander verketten" (ebd., S. 128). Die Geschichte der Sexualität rahmt Foucault damit als Geschichte der modernen Machtdispositive, d. h. der Veränderungen in den Technologien von Macht und Wissen über den Menschen und dessen Körper im 18. und 19. Jahrhundert: Zum einen entdeckt der moderne Staat im 18. Jahrhundert die Bevölkerung als Ressource, der Sex wird zu einer „Sache, die man zum größtmöglichen Nutzen aller regeln und optimal funktionieren lassen muß" (ebd., S. 36). Zum anderen verschieben sich die Praktiken von der Seelen- zur Menschenführung. Dabei wurden im 19. Jahrhundert die geistlichen Experten zunehmend von medizinischen abgelöst, und es verschieben sich die Wahrheitsprozeduren von der Beichte zu medizinischen, psychiatrischen und psychotherapeutischen Untersuchungs- und Klassifikationstechniken, die en detail zwischen abweichender und normaler (d. h. ehelicher, reproduktionsorientierter, heterosexueller) Sexualität unterscheiden. Diese Verschiebungen des Machtdispositivs setzen den Sex zentral, er fungiert nun als Schnitt- und Verbindungsstelle zwischen dem individuellen (Begehrens-)Körper und dem kollektiven Körper der Bevölkerung – er ist zentrales Moment der Biomacht, die „der Macht Zugang zum Körper verschafft" (ebd., S. 170).

Implizit ist damit auch eine Soziologie des Körpers geschrieben, die die Bedingungen und Praktiken seiner Vergesellschaftung auslotet. Denn Sexualität im Kern als eine politische Technologie des Lebens zu beobachten, negiert gerade nicht den Körper und seine Anatomie. Das Machtdispositiv schaltet sich „direkt an den Körper", seine „Funktionen, physiologischen Prozesse, Empfindungen, Lüste" (ebd., S. 180 f.). Durch den Begriff Sex wird es möglich, „anatomische Elemente, biologische Funktionen, Verhaltensweisen, Empfindungen und Lüste in einer künstlichen Einheit zusammenzufassen und diese als fiktive Einheit als ursächliches Prinzip, allgegenwärtigen Sinn und allerorts zu entschlüsselndes Geheimnis funktionieren zu lassen" (ebd., S. 184). Es konstituiert sich mithin ein *Körper,* der seine Lust als eine sexuelle wahrnimmt, und ein *Subjekt,* das als begehrend begriffen wird und das durch den Sex Zugang zu Selbsterkenntnis und Identität erlangt (ebd., S. 185). Diese radikal neue historisch-theoretische Verortung des Sexuellen hat den Blick geöffnet für den Zusammenhang von Wissens- und Machttechnologien und die Produktion (re-)produktiver Körper, Identitäten und Subjekte, dem in Anlehnung an Foucault in vielen Studien zur Biopolitik nachgegangen wurde.

## 2 Körperwissen

Wie Foucault (1977) aufzeigt hat, sind es vor allem medizinische, sexualwissenschaftliche und therapeutische Expertendiskurse, die in Auseinandersetzung mit Modellen der Trieborientierung und der Unterscheidung zwischen Normalität und Abweichung sexuelles Körperwissen (re-)produzieren. Sie konstituieren sexuelle Körper, geben körperlichem Handeln eine (sexuelle) Form und prägen so nicht zuletzt das Verhalten der Einzelnen zu Körper und Sexualität. Besonders eindrucksvoll zeigt sich diese Wechselwirkung zwischen Körperwissen, Handlungen und Einstellungen im Hinblick auf die so genannten Kinsey-Reporte (1954). In einer detaillierten sozialwissenschaftlichen Befragung einer großen Anzahl amerikanischer Männer und Frauen untersuchte der amerikanische Biologe Alfred Kinsey die Frage, was die männlichen und weiblichen Mitglieder der Spezies homo sapiens sexuell tun. Dabei konzentrierte er sich im Männerband (1948) auf diejenigen sexuellen Aktivitäten, die im Orgasmus kulminieren, im Frauenband (1953) wird diese Verengung aufgegeben. Gerade diese auf die Biologie fokussierte Sichtweise, die das Sexualverhalten des Menschen als natürliche körperliche Funktion ausweist und jenseits moralischer oder rechtlicher Vorbehalte die Möglichkeiten des Orgasmus auslotet, etablierte neues sexuelles Körperwissen, das in kurzer Zeit popularisiert wurde und so zur Normalisierung sexueller Praktiken im Sinne der Orientierung an der statistischen Normalverteilungen beitrug.

Die ehemaligen Mitarbeiter Kinseys John Gagnon und William Simon lösten sich von der Auffassung, Sexualität sei die natürlichste Tätigkeit des Menschen. Sie sehen Sexualität als „vielleicht genau jenes Feld, in dem das Soziokulturelle am umfassendsten über das Biologische herrscht" (Gagnon/Simon 1974, S. 15) und untersuchten die Verschränkung von kulturellem Wissen und konkreten sexuellen Interaktionen. Denn, so ihre These, Handlungen, Gefühle und Körperteile werden erst durch die Anwendung soziokultureller Skripte sexuell. Dementsprechend fragen sie nach der Entstehung, Entwicklung, Aufrechterhaltung und Modifikation sexueller Skripte und identifizieren dabei drei Dimensionen: *Kulturelle Szenarien* umfassen die normativen Instruktionen, Selbstverständlichkeiten und sexuellen Rollenerwartungen einer Gesellschaft, die sich aus kulturellen Narrativen in medialen Darstellungen, öffentlichen Debatten und dem Allgemeinwissen speisen. Sie stellen wählbare Handlungsanleitungen und Interpretationsoptionen zur Verfügung, die von den Einzelnen aufgegriffen, aber auch modifiziert und verworfen werden. *Interpersonelle Skripte* entstehen dagegen in der interaktiven Aushandlung konkreter sexueller Beziehungen und dem Sprechen über Sex mit Dritten. Im Rückgriff auf unterschiedliche Varianten kultureller Szenerien werden diese interaktiv zu Skripten für das Verhalten in spezifischen Kontexten umgeformt. *Intrapsychische Skripte* erwachsen aus der (reflexiven) Verarbeitung kultureller Szenarien und körperlicher

Erfahrungen und organisieren die individuelle Begehrensformen und erotisch-sexuellen Reaktionen. So entsteht ein individuelles Set sexueller Skripte, das den individuellen Erfahrungen Gestalt gibt und das Verhältnis zu interpersonellen und kulturellen Skripten bestimmt. Dieses Modell, das die Verbindung von kulturellem Körperwissen, konkreten Interaktionen und individuellen verkörpernden Verarbeitungen stark macht und somit Basisannahmen aktueller Praxistheorien vorwegnimmt, wurde vor allem in der angloamerikanischen Forschung weitergeführt; in der deutschsprachigen Soziologie wurde es z. B. von Rüdiger Lautmann (2002) aufgegriffen.

In der deutschsprachigen Forschung wurde in jüngster Zeit vor allem ein genauerer Blick auf Expertendiskurse über Sexualität geworfen. So hat Yvonne Bauer den Expertendiskurs zu Sexualität im Hinblick auf seine Körperkonzepte untersucht. Das Körperkonzept der Sexualwissenschaften, so ihr Befund, wandelt sich vom industriellen Lustkörper, der ausgehend von der Vorstellung eines natürlichen Sexualtriebes quasi mechanistisch auf Triebbefriedigung zielt, zu einem kybernetischen Lustkörper, der nun als informationsverarbeitendes Netzwerk verstanden und selbst in die Aushandlungsprozesse über sexuelle Berührungen einbezogen wird. „Der Lustkörper ist nicht mehr die materielle Basis, um sexuelles Begehren auszuleben, vielmehr wird er in den sexuellen Kommunikationen selbst als Zeichen gebender Akteur verstanden" (Bauer, 2003, S. 262). Neben und zwischen wissenschaftlichen Diskursen hat sich das in allen Medien präsente Ratgebergenre als wirkmächtige (Re-)Produktionsinstanz für sexuelles Körperwissen herausgebildet, denn hier wird Wissen *über* den sexuellen Körper und Wissen *des* Körpers auf unterhaltsame Weise auf konkret nachgefragte Problemlagen bezogen und wird so alltagsrelevant (vgl. Duttweiler, 2010).

Studien zur Sozialisation zeigen jedoch auch, wie insbesondere in der Jugendphase Körperwissen interaktiv und explizit in (gemeinsamen) Erzählungen in der Peergruppe ausgetauscht, re-produziert und bewertet wird. Wie Götsch (2014) hervorhebt, ist es ein „kollektiv gewusstes Wissen, das die soziale (heteronormative) Welt, (eigene) Werte, Normen, (Macht)Strukturen sowie Inklusionen und Exklusionen bezüglich Geschlecht und Sexualität herstellt und erklärt" (ebd., S. 248). Es ist, so Götsch, ein komplexitätsreduzierendes und zugleich ein widersprüchliches und brüchiges Wissen über die Bipolarität und Hierarchie von Geschlecht und Sexualität. Auffallend ist dabei, dass neben der Ausgestaltung der eigenen Geschlechtlichkeit auch die Möglichkeit zur Veränderung des Geschlechtskörpers ‚gewusst' und akzeptiert wird. Die Jugendlichen halten lediglich an der Vorstellung der geschlechtlichen Kohärenz zwischen gefühltem und (angepasstem) Körper-Geschlecht fest.

## 3 Körper, Sexualität und Geschlecht

Den Zusammenhang von Geschlechtskörper, Geschlechtsidentität und sexueller Orientierung zu dekonstruieren, war und ist Gegenstand feministischer und queertheoretischer Auseinandersetzungen, die in ihm den Kristallisationspunkt kritischer Gesellschaftsanalysen und emanzipatorischer Sexualpolitiken (Bührmann, 2014) ausmachen. Diskursbestimmend wurden die Auseinandersetzung mit Judith Butlers Buch „Das Unbehagen der Geschlechter" (1991), in der diese die Stabilisierungs- und Destabilisierungsprozesse sexueller und geschlechtlicher Identitätsbildung beschreibt. Dazu führt Butler den Begriff der „heterosexuellen Matrix" ein, die die soziale und kulturelle Anordnung bestimmt, in der anatomischer Geschlechtskörper (sex), soziale Geschlechterrollen (gender) und erotisches heterosexuelles Begehren (desire) normativ aufeinander verwiesen sind und als natürlich figuriert werden. „Heteronormativität" avancierte zu einem der Schlüsselbegriffe, um die wirkmächtigen Bezeichnungs-, Regulierungs- und Normalisierungsverfahren zu verstehen, die jeden Bereich gesellschaftlicher Ordnung durchzieht: Sie normiert das Verhältnis der Körper und ihr (sexuelles) Verhältnis zueinander, Identitäten und Biographien, Familien-, Verwandtschaftsordnungen (Heirat, Erbschaft, Adoption) sowie Nationenbildung und Klassenstrukturen und legitimiert diese als natürlich.

Ziel der Queer Theory ist es daher, die enge Verschränkung der Triade von sex-gender-desire zu lösen. Damit wird nicht zuletzt eine zentrale leiblich-affektive Alltagsevidenz in Frage gestellt, die vom Körper auf das Geschlecht, vom Geschlecht auf den Körper und vom Geschlecht auf das Begehren schließt – und umgekehrt. Wer beispielsweise als Frau eine andere Frau begehrt, gilt als homosexuell, und wer als heterosexueller Mann eine andere Person begehrt, nimmt diese mit großer Wahrscheinlichkeit als ‚weiblich' wahr. Durch die vermeintliche Fundierung des Geschlechts in der leiblich-affektiven Betroffenheit des Begehrens verschränken sich Körper(-wahrnehmung), Geschlechter und Sexualität wechselseitig, denn sexualisierte Situationen, sexuelles Begehren und sexuelles Handeln sind emotional aufgeladene Momente, in denen Geschlechterdifferenz und -gleichheit immer wieder bestätigt und aktiviert wird.

Doch die Queer-Theory analysiert nicht nur die Bedingungen der Ordnungen des Sexuellen, sie lotet auch die Brüche und Zwischenräume, die Vervielfältigung und Veruneindeutigung jenseits der Zweigeschlechtigkeit und der Unterscheidung von hetero- und homosexuell aus. Dazu werden Phänomen wie Transgender, Transsexualität und Intersexualität sowie verschiedene Begehrenspositionen jenseits der Heterosexualität empirisch untersucht respektive bestehende Untersuchungen neu kontextualisiert. Körpersoziologisch interessant sind dabei vor allem jene Arbeiten, die explizite Körperpraktiken des Umarbeitens von Geschlecht und Sexualität untersuchen. So konnte beispielsweise Gesa Lindemann (1995) in ihrer Studie zu Transsexualität zeigen, dass Geschlechtszeichen ihre geschlechtliche Signifikanz verlieren können, wenn sie durch die gesamte Körpergestalt und sexuelle Interaktion anders kontextualisiert werden. Selbst wenn Genitalien also als Sexualorgane fungieren, markieren sie nicht zwingend das zugeschriebene Geschlecht. Lindemann betont dabei die Sonderstellung des Penis. Wird er isoliert von der Person wahrgenommen oder in der sexuellen Erregung eigenleiblich gespürt, fällt es schwer, ihn *nicht* als Zeichen von Männlichkeit zu dechiffrieren – wenngleich es nicht unmöglich ist. Diese Sonderstellung belegen auch Studien, in denen Männer über ihren Körper und ihre Sexualität sprechen. Hier zeigt sich die „extensive Aufladung des Penis mit Bedeutung und Funktionen im Hinblick auf die Konstitution von Männlichkeit" (Hofstadler/Buchinger 2001, S. 252). Für die theoretische Reflexion ergibt sich mithin die Frage nach dem Verhältnis von Penis (als Körperteil) und Phallus (als symbolische Kristallisation der Männlichkeit). Der Penis symbolisiert den Phallus, *ist* aber nicht der Phallus. „Je mehr Symbolisierung statthat, desto geringer ist die ontologische Verbindung zwischen Symbol und Symbolisiertem" (Butler, 1995, S. 118). Es besteht also keine direkte Verbindung zwischen dem Symbolisierten und dem Symbol, es können auch andere Körperteile oder Artefakte ‚phallisch' werden.

Einige Studien im Feld der Queer-Studies zeigen Bedingungen auf, die es erleichtern, Körper, Geschlecht und Sexualität auf neue Weise zu verbinden. So kann beispielsweise Uta Schirmer zeigen, wie die körperlichen Erfahrungen von Drag-Inszenierungen eine Eigendynamik entfalten, die das Planvolle und Intentionale übersteigen: Frühe Körpererfahrungen werden erinnert und neue Körperwünsche können gebildet werden, die auch im Alltag wirksam werden. Wie Schirmer betont, fungiert der Kontext der lesbischen Subkultur als Container „für das, was im Zuge der (Re-)Formulierung binärer, biologisch begründeter Geschlechter als konstitutives Außen von Weiblichkeit und Frausein produziert und genau deswegen männlich codiert wurden" (Schirmer 2010, S. 20). Sven Lewandowski (2015) argumentiert aus einer interaktionistisch und psychoanalytisch informierten Perspektive, dass durch die Polysemie sexueller Praktiken (insbesondere von Oral- und Analverkehr) diese auch zwischen Personen verschiedenen Geschlechts als Medium der Überschreitung der ‚monosexuellen Verbissenheit' (Schmidt) fungieren können. Gerade die Offensichtlichkeit der Heterosexualität und die manifeste Objektwahl fungieren als Schutzschirm und bieten so Raum für eine Vielzahl sexueller wie objektorientierter Abweichungen zwischen Homo- und Heterosexualität. „Mithin wird ein soziales Vergessen der *Hetero*sexualität gerade auch in und durch hetero*sexuelle* Interaktionen denkbar" (ebd., S. 180, H. i. O.) Doch alle diese Positionen zeigen: Unabhängig von der Begehrensposition als eindeutig homo- oder heterosexuell und unabhängig vom Ausüben veruneindeutigender sexueller Praktiken – doing sexuality ist zugleich doing gender, auch wenn es, wie Uta Schirmer treffend herausarbeitet, in einer Weise gelebt wird, ‚Geschlecht anders zu gestalten'.

## 4 Sexualisierung der Körper

Fragt die Queer-Theorie vor allem machttheoretisch nach Verbindungen und Brüchen der sex-gender-sexuality Triade, sind andere Studien vor allem an der lebensgeschichtlichen Herausbildung sexualisierter Körper interessiert. So weisen beispielsweise die Untersuchungen der Gruppe um Frigga Haug (1983) die „Sexualisierung der Körper" als Zusammenspiel gesellschaftlicher Machtverhältnisse mit selbsttätig Angeeignetem als zwei Seiten desselben Vergesellschaftungsprozesses aus. Mit „Erinnerungsarbeit" als spezifischer Methode (körper-)soziologischer Erkenntnisproduktion – der detaillierten Schilderungen biographischer Situationen, die in Rekurs auf Foucault machttheoretisch gerahmt wurden – befragten sie ihre eigenen Erzählungen über Haare, Körper, Beine oder (körpernahe) Kleidung nach ihrer Einschreibung in patriarchale und kapitalistische Machtverhältnisse. Gerade durch das Versprechen auf Glück, Lust, Spaß, Selbstständigkeit, Erwachsenwerden und gesellschaftliche Positionierung, so ihre These, werden sexualisierte Körper zu Orten der Verschränkung von Körperlichkeit, Sexualität, Macht und Unterwerfung.

Nehmen Haug et al. ihre eigenen Erfahrungen zum Ausgangspunkt der Analyse, beziehen sich andere Arbeiten auf psychologische und entwicklungssoziologische Befunde. So weist die Soziologin Marlene Stein-Hilbers in ihrem Buch „Sexuell werden" (2009) sexuelle Erlebnisfähigkeit, sexuelles Verlangen und sexuelles Verhalten als Resultate komplexer Lern- und Entwicklungsprozesse nach. Kindheit, Jugend und frühes Erwachsenenalter sind dabei nur „dichte Durchgangsstadien" eines lebenslangen Prozesses sexueller Sozialisation. Stein-Hilbers betont, dass dieser Prozess schon mit der Geburt beginnt. Die einzige biologische Grundlage der Sexualisierung bildet die neurophysiologische Ausstattung der Säuglinge, Körperkontakt als angenehm zu empfinden, einige Körperzonen sind dabei besonders sensibel für stimulierende Berührungsreize. Kinder erwerben in (körperlichen) Interaktionen mit ihrem sozialen Nahfeld sexuelles Körperwissen und erlernen die Bedeutung und normative Bewertung von Objekten und Handlungen sowie symbolische und tatsächliche Ausdrucksformen von Sexualität und entwickeln emotionale Strukturen. Dementsprechend prägen Klasse, Ethnizität, Alter oder Religiosität der Eltern, regionale und biographische Erfahrungen die Ausbildung des eigenen Erlebens und Verhaltens (ebd., S. 9). Auch Stein-Hilbers zeigt die Verbindung von vergeschlechtlichender und ‚sexualisierender' Sozialisation auf. So entwächst beispielsweise aus dem Tabuisieren und Verdecken der Genitalien und (weiblichen) Brüste nicht nur die Wahrnehmung, ein bestimmtes Geschlecht zu sein, sondern auch die Signifikanz der Genitalien als sexuell. Durch die Peinlichkeit, mit der explizite sexuelle Aufklärung nach wie vor verbunden ist, schreibt sich zugleich eine Ambivalenz in den sexuellen Körper und den Bereich des Sexuellen ein: Sexualität erscheint geheimnisvoll und nicht kommunizierbar und zugleich ist sie omnipräsent und hoch relevant. Darüber hinaus akzentuiert die leiblich-affektiv wahrgenommene Angst und Scham die geschlechtliche Signifikanz des Körpers (ebd., S. 66).

Besondere Beachtung findet in der Forschung die Pubertät (als Zeit der körperlichen Geschlechtsreife) und Adoleszenz (als Zeit der psychischen Integration physischer und sexueller Veränderungen), da in dieser Lebensphase der Körper in besonderer Weise ‚aufdringlich' wird (vgl. King, 2011). Die körperlichen Veränderungen werden als Geschlechts- und Sexualitätszeichen gedeutet, zu denen sich die Jugendlichen positionieren müssen. Dabei tritt der veränderte Körper dem kindlichen Selbst wie etwas ‚Fremdes' gegenüber, dessen Erleben mit ambivalenten Gefühlen und Phantasien, Erwartungen und Befürchtungen einhergeht. Geschlechtsunterschiede werden hier besonders relevant gemacht. Der weibliche Körper wird als etwas figuriert, das inszeniert, bearbeitet, gepflegt und geschützt werden kann und muss. Und auch für Jungen und deren adoleszenten „riskanten Praktiken" (Meuser) ist der Körper eine

„Bühne adoleszenter Konflikte" – es wird mit ihm gespielt, er wird aufs Spiel gesetzt und zugleich zu beherrschen versucht. Der Körper, so betont insbesondere King (2011), wird nicht zuletzt im Hinblick auf Sexualität thematisch, denn die sexuelle (und damit meist auch psychische) Verschmelzung mit einem oder einer anderen und der damit verbundene situative Selbstverlust realisieren sich *leiblich,* als Gegengewicht muss daher die Kontrolle des *Körpers* betont und stilisiert werden. Wie Studien zum Körperhandeln von Jugendlichen zeigen, werden Stilisierungen erprobt, die in (heterosexuelles) Begehren und Verhalten einüben. Dabei entwickeln sich sexuelle Handlungsstile, die eng mit Milieu- und Lebenslagen verknüpft sind (zusammenfassend in Götsch, 2014).

Studien über das leibliche Erleben von Sexualität von Erwachsenen gibt es kaum. Auch die Untersuchungen der Ratgeberkolumne „Liebe Marta", in der Originalbriefe an eine Sexualratgeberin ausgewertet wurden (Duttweiler, 2010), erbrachte – wider Erwarten – kaum Erkenntnisse über konkrete körperliche Erfahrungen mit Sexualität. Spuren leiblich-körperlichen Erlebens finden sich dagegen in der Studie von Hofstadter/Buchinger (2001), in der homo- und heterosexuelle Männer zu ihrem Körpererleben einschließlich ihrer Sexualität befragt wurden. Sexualität, so artikulieren die Männer dies- und jenseits ihres Schweigens über ihre Sexualität, hat das Potential zu verunsichern und Angst zu machen (ebd., S. 191) – sowohl im Hinblick auf die Erfahrungen der Scham und möglicher Grenzerfahrungen als auch im Hinblick auf den Zusammenhang zwischen eigener Körpergestalt, eigenem Körperbild und gesellschaftlichem Körperideal. Die Männer, so ein zentraler Befund dieser Studie, sind sich ihrer Attraktivität für andere und der sexuell-erotischen Besetzung des eigenen Körpers sehr bewusst; nicht attraktiv und potent zu sein, passt nicht in das Konstrukt ihrer Männlichkeit. Die Studie zeigt so nicht zuletzt, dass der Männerkörper vor allem Schauplatz von Rangordnungskämpfen und Machtverteilungen zwischen Männern geworden ist.

Ähnliches zeigt sich in der Studie von Kemler et al. (2012) zu Bisexualität. Alle Befragten berichteten von gleichgeschlechtlicher Sexualität, die sie neben ihren heterosexuellen Partnerschaften leben, als primär *körperlicher* Praxis, die nicht in eine Partnerschaft mündet. Sexualität wird von den Interviewten entweder als ‚unausweichliches Triebschicksal', als ‚starker Sexualitätsdrang' oder als weitgehend emotionsfreier körperbezogener Raum gefasst und so als „dem handelnden Zugriff entzogen konstruiert" (ebd., S. 335). Somit bleibt „Heterosexualität die normative Struktur, vor der Bisexualität zur Chance oder zur Herausforderung wird [...]. Immer jedoch scheint die heterosexuelle Anordnung nicht zu genügen – und ermöglicht doch zugleich die bisexuelle Positionierung" (ebd.). Während Kemler et al. die Naturalisierung des Körpers als Konstruktion der Befragten ausweisen, „da dieser in Form einer doxischen Gewissheit die Heterosexualität, Homosexualität oder auch Bisexualität eines Menschen vorzugeben scheint" (ebd.), spricht Gary W. Dowsett dem Körper selbst ein stärkeres ‚Gewicht' zu. Dowsett argumentiert, dass es der Körper ist, *seine* Lust, *sein* aktives Streben nach ‚homosex', das zu sexuellen Aktivitäten jenseits der heterosexuellen Beziehungsmuster anreizt. In beiden Sichtweisen scheint sich zu bestätigen, dass gerade im ‚Jenseits' der heterosexuellen Matrix die „Widersprüche spätmoderner sexueller

Selbstwerdung" sichtbar werden, die Sexualität zum einen als naturhaft, dem Handeln entzogen konstruiert und zum anderen als modellierbar, im Sinne eines kreativen Umgangs mit den Anforderungen, welche aus der als sozial erfahrenen Sexualität resultieren (vgl. Kemler et al., 2012).

## 5 Transformation des Sexuellen?

Die hier konstatierten Freiräume dies- und jenseits der heterosexuellen Matrix sind Momente der aktuellen Transformationen des Sexuellen in Richtung Entpathologisierung und Entstigmatisierung vormals als abweichend markierter Sexualpraktiken (mit Ausnahme der Pädophilie und Sexualität mit Tieren). In der Soziologie der Sexualität werden sie als Effekte von Individualisierung, Pluralisierung, Liberalisierung, Demokratisierung und Kommerzialisierung ausgewiesen. Als Bedingungen sexueller Interaktionen gelten nun lediglich Freiwilligkeit und wechselseitiges Einvernehmen, normativ bewertet wird nicht mehr die Handlung als solche, sondern ihr Zustandekommen. Diese Neubewertung wird als zentrales Element des partnerschaftlichen Beziehungsideals gefasst, das sexuelle Handlungen in den Rahmen einer Verhandlungsmoral stellt. Einflussreich für diese Perspektive war das Anfang der 1990er Jahre erschienene Buch von Anthony Giddens (1993), das den „Wandel der Intimität" in der Spätmoderne thematisiert. Sexualität, so die These, ist nicht länger in eine generationenübergreifende Verwandtschaftsordnung eingebunden, vielmehr Teil des reflexiven Projekts der Identität, sie wird „zum Eigentum des Individuums" und „ein Mittel, um Beziehungen zu anderen auf der Basis von Intimität herzustellen" (ebd., S. 190). Leitbild ist nun die demokratisch verfasste Intimität und die ‚reine Beziehung', die weder durch Institutionen und Traditionen noch aufgrund materieller Interessen und Verantwortung, sondern ausschließlich um ihrer selbst willen eingegangen wird.

Neben dieser nach wie vor zentralen Einbindung von Sexualität in intime Beziehungen wird auch die Loslösung von der Liebes- und Beziehungssemantik beobachtet wie auch die reflexive und expressive Suche nach Erregung im Kontext von Liberalisierung und Kommerzialisierung. Wie Volkmar Sigusch (2005) unter dem Titel „Neosexualitäten" verhandelt, sind heute Selbstliebe, Thrills und Prothetisierungen des Sexuellen durch Sex-Toys und pharmakologische Produkte (Viagra, Östrogenpräparate) neue Parameter des Sexuellen. Masturbation mit oder ohne technische Hilfsmittel nimmt als Praxis zu und wird als eigene Sexualform gewertet, (orgastische) Befriedigung wird auf vielfältige Weise erlebt. Der heterosexuelle Koitus, so seine Zuspitzung, würde zur Rarität. Sigusch geht daher von der „Entdramatisierung" des Sexuellen aus. Während man in der Sexualität eine „innere Wahrheit" vermutet und ihr in den 1960er und 1970er Jahren revolutionäres Potential beigemessen hat, gilt Sexualität heute als banalisiertes Freizeitvergnügung, das vor allem der Entspannung und der Gesundheit dient. Die Untersuchung des Diskurses um Sex-Toys legt den Befund nahe, dass die Fixierung auf den Orgasmus diesen möglicherweise letztlich aus dem Bereich des Sexuellen herauslösen könnte, in welchem Erregung und erotische Besetzung zusammenfallen (Duttweiler, 2015).

Angesichts der neuen Kommunikations- und Informationstechnologien, die auch virtuelle Begegnungen ermöglichen, stellt sich darüber hinaus die Frage nach der Entsinnlichung und Entkörperung des Sexuellen. Neben dieser Position der Befürchtung tritt diejenige, in der Sexualität im Internet transformatives Potential zugesprochen wird. So inszenieren Jugendliche sich und ihre Sexualität im Internet und setzen sich mit realen und virtuellen (pornographischen) Bildern auseinander (Götsch, 2014). Darüber hinaus hebt beispielsweise Dowsett die Fähigkeit des Cybersex hervor, (sexuelle) Identität als eine Kategorie der Sicherheit und der Differenz zu destabilisieren. Die Anonymität der Begegnung lässt Geschlecht und sexuelle Orientierung des Gegenübers im Unklaren und ermöglicht so einen Spielraum für sexuelle Fantasien und neue Erfahrungen. Das gilt auch dann, wenn der Körper – wie etwa beim webcamsex – sichtbar wird, denn ein erigierter, ejakulierender Penis, der sich im webcamsex präsentiert, kennt keine sexuelle Orientierung und kann von verschiedenen sexuellen Interessen nachgefragt werden (Dowsett, 2000).

In Auseinandersetzung mit dieser These untersucht Arne Dekker explizit die *körperlichen* Subjektivierungsformen in der erotischen Kommunikation in Internet-Chatforen. In Anlehnung an Butlers Verständnis der Morphe als psychischer Dimension des Körpers geht er davon aus, dass sich erotische Erfahrungen beim Online-Sex dann ergeben, wenn im utopischen Raum eine mehr oder weniger kongruente Repräsentation des materiellen Körpers aufscheint, „dessen fiktionale Performanz die Morphe des realweltlichen Körpersubjekts affiziert" (Dekker 2013, S. 231). Entscheidend ist also die Verschränkung des materiellen Körpers vor dem Bildschirm mit dem virtuell konstruierten Körper im Netz. Als notwendige Bedingung erwies sich die glaubwürdige Darstellung der am Körper festgemachten sozialen Ungleichheit (Alter, Geschlecht, Hautfarbe, Attraktivität etc.), die von den Usern explizit und implizit überprüft werden, sowie das Gefühl „gemeint sein". Dekkers Studie zeigt das Veränderungspotential von Cybersex durch die Erweiterungen der Vorstellungen und Erfahrungen und dem Fundus neuer Möglichkeiten des Lusterlebens. Doch hebt er abschließend auch hervor, dass viele der Befragten nach anfänglicher Begeisterung die Lust an dieser Praxis verlieren, wenn den Authentifizierungsstrategien nicht geglaubt und die Interaktion abgebrochen wird oder die User sich einsam und nicht gemeint fühlen (ebd., S. 283). Sexualität scheint weiterhin mit Intimitäts- und Authentizitätswünschen verbunden, auch wenn sie ihre Dramatik (weitgehend?) verloren hat.

In den Queer-Studies werden diese Entwicklungen nicht modernisierungs-, sondern machttheoretisch gerahmt und in den Kontext aktueller Herrschaftstechniken gestellt. Sie sind, so die gesellschaftskritische Analyse, nicht mehr auf eindeutige, stabile und naturalisierte Identitäten, sondern auf flexible und selbstverantwortliche Individuen angewiesen. Es stellt sich daher die Frage nach neuen Formen kritischer Intervention und politischen Handelns, denn es zeigen sich, so kritische Queer-TheoretikerInnen, gefährliche Allianzbildungen mit dem Projekt der neoliberalen Transformation des

Kapitalismus. Gerade durch die vermeintliche Liberalisierung queerer und homosexueller Lebensweisen entfaltet sich die Macht produktiv im Inneren der Subjekte. Die Ideologie der freien Gestaltbarkeit von Körper und Sexualität, die Ästhetisierung und Ökonomisierung prägen auch die sexuelle Subjektivierung (Engel 2009), mehr noch: die Lebensstile von Queers fungieren als (unfreiwillige) Wegbereiter des neoliberalen Kapitalismus. Die ‚Entdramatisierung des Sexuellen' bedeutet somit keine ‚Entdramatisierung des (sexuellen) Körpers', im Gegenteil: Heute verlaufen die Trennlinien nicht mehr entlang eindeutiger, normativer Grenzziehungen zwischen akzeptierten, weniger akzeptierten und verworfenen Identitäten und Praktiken, sondern entlang des ökonomischen Erfolgs, der durch einen fitten, gesunden, sportiven und sexuell attraktiven Körpers beglaubigt werden muss.

## 6 Sexuelle Körper als Produzenten von Gesellschaft?

Spielte der Körper in den bisherigen Forschungen lediglich als ‚ausübender Ort' des Sexuellen eine Rolle und wird er vor allem in seiner sozialen Konstruiertheit untersucht, gibt es soziologische Forschungen, die das körpersoziologische Postulat, der Körper sei Produkt *und* Produzent von Gesellschaft, ernst nehmen oder die Unterscheidung von Leib und Körper für die Sexualität fruchtbar machen, bislang nur in Ansätzen. So postuliert Rüdiger Lautmann in seiner „Soziologie der Sexualität" den „soziosexuellen Körper" als handelnd: „Das Sexuelle ist wohl derjenige Bereich unseres Sozialverhaltens, in dem die Handlungsqualität des Körpers am stärksten ausgeprägt ist" (Lautmann, 2002, S. 28). Doch auch er beschreibt vor allem die unterschiedlichen Rahmungen des Sexuellen (Erotik-Rahmen, Geschlechter-Rahmen, Biographie-Rahmen, Gesundheits- und Störungsrahmen) und zitiert Forschungsergebnisse über erotische Sensationen, die Rolle von Emotionen, die Strukturen sexuellen Handelns als symbolische Interaktion sowie ihre (institutionellen) Einbindungen durch Weltanschauung, Familie, Beziehungsformen und Geschlechterdualismus. Am deutlichsten tritt der Aspekt des ‚handelnden Körpers' vielleicht in den Untersuchungen homosexueller Männern in den 1990er Jahren von Dowsett (2000) hervor, der die Entdeckungen und Sensationen des Körpers als handlungsleitend, biographieprägend und beziehungs- und subkulturgestaltend herausarbeitet. Er schlägt den Begriff „bodies-in-sex" vor, um den Beitrag der verkörperten (physischen und emotionalen) Erfahrungen im sozialen Charakter der Sexualität zu betonen. Damit möchte er sowohl zum Essentialismus als auch zum körpervergessenen Konstruktivismus in Distanz gehen und plädiert für ein Forschungsprogramm, das den Körper ernst nimmt: „We must place bodies and bodies-in-sex at the heart of sociality not as recipients of inspiration but as progenitors of relationality. Such an analysis moves us from a sexuality of individual psychologized need toward a mutually creative/created culture of desire" (ebd., S. 41). Dowsett fasst Sexualität nicht als dekontextualisierte oder hormongesteuerte körperliche Aktivität, vielmehr als „relationally bounded, emotionally grounded, and embodied" (ebd.). Sexualität ist fundiert in Sozialität – und sie prägt Sozialität: „our sociality is built through the sexual, and through the enactment of desire – desire not conceived of as lack, as deeply structured need, but as a creation" (ebd).

Diese Forschung, den Körper – seine Bewegungen, seine Wahrnehmungen, sein Spiel mit dem an- oder abwesenden Gegenüber, das eigenleibliche Spüren des eigenen Körpers und anderer Körper – ins Zentrum der Analyse zu stellen, steht jedoch noch aus. Das gilt auch für eine soziologische Forschungsperspektive, die das eigenleibliche Spüren der Sexualität in den Blick nimmt. So könnten qualitative soziologische Studien, die das sexuelle Erleben in den Mittelpunkt rücken, möglicherweise Erkenntnisse über die soziologisch bislang kaum empirisch ausgeleuchteten Überschreitungen und Verwischungen von sexueller Orientierung, Geschlecht oder Alter in und durch (die möglichen Verschmelzungserfahrung in der) Sexualität befördern. Hierzu scheinen bislang vor allem die methodischen Werkzeuge noch nicht gefunden zu sein.

## Literatur


Antke, E. (2009). *Bilder von Sexualität und Ökonomie. Queere kulturelle Politiken im Neoliberalismus*. transcript.

Bauer, Y. (2003). *Sexualität – Körper – Geschlecht. Befreiungsdiskurse und neue Technologien*. Leske + Budrich.

Bührmann, A. D., et al. (2014). Sexualität und Begehren als Kristallisationspunkte kritischer Gesellschaftsanalysen. In A. D. Bührmann (Hrsg.), *Arbeit – Sozialisation – Sexualität. Zentrale Felder sozialwissenschaftlichen Frauen- und Geschlechterforschung* (S. 325–450). VS-Verlag.

Butler, J. (1991). *Das Unbehagen der Geschlechter*. Suhrkamp.

Butler, Judith (1995): *Der Körper von Gewicht*. Suhrkamp.

Dekker, A. (2012). *Online-Sex. Körperliche Subjektivierungsformen in virtuellen Räumen*. transcript.

Dowsett, G. W. (2000). Bodyplay. Corporeality in a discursive silence. In R. M. Barbosa, P. Aggleton, & R. G. Parker (Hrsg.), *Framing the sexual subject. The politics of gender, sexuality, and power* (S. 29–45). University of California Press.

Duttweiler, S., et al. (2015). Von Kußmaschinen und Teledildonics. Oder: Verändern technische Sexual-Objekte das Sexuelle? In P.-P. Bänziger (Hrsg.), *Sexuelle Revolution? Zur Geschichte der Sexualität im deutschsprachigen Raum seit den 1960er Jahren* (S. 131–150). transcript.

Duttweiler, S. (2010). Expertenwissen, Medien und der Sex. Zum Prozess der Einverleibung sexuellen Körperwissens. In R. Keller & M. Meuser (Hrsg.), *Körperwissen* (S. 163–183). VS-Verlag.

Foucault, M. (1977). *Der Wille zum Wissen, Sexualität und Wahrheit* (Bd. 1). Suhrkamp.

Giddens, A. (1993). *Wandel der Intimität. Sexualität, Liebe und Erotik in modernen Gesellschaften*. Fischer Taschenbuch Verlag.

Götsch, M. (2014). *Sozialisation heteronormativen Wissens. Wie Jugendliche Sexualität und Geschlecht erzählen*. Budrich UniPress.

Haug, F. (Hrsg.). (1983). *Sexualisierung der Körper*. Argument Verlag.

Hofstadler, B., & Buchinger, B. (2001). *KörperNormen – KörperFormen. Männer über Körper, Geschlecht und Sexualität*. Turia + Kant.

Kemler, E., Löw, M., & Ritter, K. (2012). Bisexualität als Überschuss sexueller Ordnung. Eine biografieanalytische Fallstudie zur sexuellen Selbstwerdung. *Zeitschrift Für Sexualforschung, 25*, 314–338.

King, V. (2011). Der Körper als Bühne adoleszenter Konflikte. Dimensionen der Vergeschlechtlichung. In Y. Niekrenz & M. D. Witte (Hrsg.), *Jugend und Körper. Leibliche Erfahrungswelten* (S. 79–92). Juventa.

Kinsey, A. (1954). *Kinsey-Report* (Bd. 2). Fischer.

Lautmann, R. (2002). *Soziologie der Sexualität. Erotischer Körper, intimes Handeln und Sexualkultur*. Juventa-Verlag.

Lewandowski, S. (2004). *Sexualität in den Zeiten funktionaler Differenzierung. Eine systemtheoretische Analyse*. transcript.

Lewandowski, S. (2015). Das Geschlecht der Heterosexualität oder Wie heterosexuell ist die Heterosexualität? In S. Lewandowski & C. Koppetsch (Hrsg.), *Sexuelle Vielfalt und die UnOrdnung der Geschlechter. Beiträge zur Soziologie der Sexualität* (S. 151–180). transcript.

Schirmer, U. (2012). Jenseits von lesbisch und schwul – oder mit und gegen? Von lesbischen Transmännern, schwulen Drag Kings und anderen Geschlechtern. In B. Niendel & V. Weiß (Hrsg.), *Queer zur Norm. Leben jenseits einer schwulen oder lesbischen Identität* (S. 12–29). Männerschwarm Verlag.

Sigusch, V. (2005). *Neosexualitäten. Über den kulturellen Wandel von Liebe und Perversion*. Campus.

Simon, W., & Gagnon, J. (1974). *Sexual conduct. The social source of human sexuality*. Hutchison.

Stein-Hilbers, M. (2000). *Sexuell werden. Sexuelle Sozialisation und Geschlechterverhältnisse*. Leske und Budrich.

# Soziale Bewegungen

Imke Schmincke

## 1 Einleitung: Körper und Protest – Body politics[1]

Demonstrationen mit Tausenden von Menschen, die zum Beispiel für höhere Löhne, gegen Atomkraftwerke oder Datenüberwachung im Internet protestieren, prägen das mediale Bild von sozialen Bewegungen. Platzbesetzungen wie in Kairo der Tahir-Platz, in Istanbul der Gezi-Park und die verschiedenen Besetzungsformen der *Occupy*-Bewegung oder auch die spektakulären Aktionen der Gruppe *Femen,* die vor allem mit nacktem, d. h. oberkörperfreien Protest die mediale Aufmerksamkeit auf sich zogen, sind Beispiele vom Beginn der 2010er Jahre, die verdeutlichen, wie sehr sozialer Protest auch ein Protest der Körper (der Aktivist_innen) ist. „Ohne sichtbaren Protest gibt es keine soziale Bewegung", schreiben Roland Roth und Dieter Rucht in ihrem einschlägigen Handbuch zu sozialen Bewegungen in Deutschland (2008, S. 26). Hinzuzufügen bliebe aber, dass diese Sichtbarkeit ganz wesentlich über die Körper der Protestierenden produziert wird.

Nach Roth/Rucht kann man soziale Bewegungen geradezu als Kennzeichen der Moderne begreifen, als sie deren zentrales Selbstverständnis ‚verkörpern': die Gestaltbarkeit sozialen Wandels (ebd., S. 14). Die Vorstellung, dass die Gesellschaft durch Menschen zu gestalten und zu verändern ist, korrespondiert, so die diesem Beitrag zugrundeliegende These, mit einem veränderten Körperverständnis in der Moderne. Der Körper wird zunehmend als ebenfalls gestaltbar und eben nicht zuletzt auch als politisier-

[1]Für wichtige Literaturhinweise zum Thema danke ich Simon Teune.

I. Schmincke (✉)
München, Deutschland
E-Mail: Imke.Schmincke@soziologie.uni-muenchen.de



R. Gugutzer et al. (Hrsg.), *Handbuch Körpersoziologie 2,*
https://doi.org/10.1007/978-3-658-33298-3_31

bar wahrgenommen und eingesetzt. Während in den traditionalen Gesellschaften Europas der konkrete Körper mit der politischen Macht des Herrschers identifiziert wurde, wurde er mit dem Übergang zur modernen Demokratie zu einem Medium symbolischen Ausdrucks, so Thomas Alkemeyer (2007, S. 7). Die Körper wurden aber nicht nur zu einem Mittel der Politik sondern auch deren Gegenstand, wie im Konzept der Biopolitik vielfach beschrieben (vgl. Foucault, 1983). *Body politics,* die Politisierung der Körper, kann somit sowohl als Top Down-Prozess wie beispielsweise in Programmen der Bevölkerungspolitik als auch als Bottom Up-Prozess wie in den sozialen Bewegungen verstanden werden. Dass und wie die menschlichen Körper die ‚Materialität' sozialer Bewegungen konstituieren, soll auf den folgenden Seiten anhand einiger Studien zum Thema sowie der Analyse dreier exemplarischer sozialer Bewegungen erläutert und diskutiert werden.

## 2 Der Körper in der Bewegungsforschung

Von sozialen Bewegungen kann man nach Roth/Rucht dann sprechen, „wenn ein Netzwerk von Gruppen und Organisationen, gestützt auf eine kollektive Identität, eine gewisse Kontinuität des Protestgeschehens sichert, das mit dem Anspruch auf Gestaltung des gesellschaftlichen Wandels verknüpft ist, also mehr darstellt als bloßes Neinsagen" (Roth & Rucht, 2008, S. 12). Diese Definition wurde aus Beschreibungen und Analysen der sogenannten neuen sozialen Bewegungen gewonnen, die ab den 1960er Jahren entstanden waren und die Entwicklung einer systematischen Bewegungsforschung nach sich zogen. Anders als die alten Bewegungen standen für die neuen sozialen Bewegungen Fragen der Lebensweise und damit auch subjektive Faktoren im Zentrum politischer Forderungen (vgl. Raschke, 1987, S. 74). Dass damit aber auch das körperlich-affektive Moment einen prominenteren Status bekommen hat, sollte in der Forschung erst sehr viel später und bisher auch erst in Ansätzen reflektiert werden.

In der Nachkriegszeit dominierten zunächst zwei unterschiedliche Forschungstraditionen, die stärker die Ursachen für das Entstehen der Bewegungen als diese selbst in den Blick nahmen (vgl. Kern, 2008). In der vor allem europäischen Forschungstradition war dies ein marxistisch orientierter sozialstruktureller Ansatz, der soziale Bewegung auf gesellschaftliche Antagonismen zurückführte und die Auseinandersetzungen als eine notwendige evolutionäre Entwicklung zu einer höheren Gesellschaftsformation deutete. Die andere Tradition nahm mit Gustave Le Bons Massenpsychologie einen eher kulturpessimistischen Blick auf soziale Bewegungen ein, erklärte sie diese vor allem mit den Verlusten traditioneller Werte und Bindungen und dem Versuch der vereinzelten Individuen, diese Verluste im „Aufgehen innerhalb der Masse" zu kompensieren. Insbesondere diese theoretische Perspektive fokussierte als Erklärung zentral auf Ängste und Affekte und brachte damit schon früh ein somatisches Element in die Analyse von Bewegungen mit ein. Die mit diesem Ansatz verbundenen Deprivationstheorien der

1950er/60er Jahre (vgl. ebd., S. 10) wurden schließlich von einer stärker pragmatischen Perspektive abgelöst, welche weniger die Ursachen erforschte, sondern von einem rational handelnden Bewegungsakteur ausging und dessen Ressourcennutzung und Mobilisierungsstrategien untersuchte. Diese sehr empirische Forschungsrichtung aus den USA nahm in den vergangenen Jahrzehnten auch in Europa starken Einfluss auf die soziologische und politikwissenschaftliche Forschung zu den neuen sozialen Bewegungen. Analysiert wurden nun die *Mechanismen der Mobilisierung,* zu denen die Bildung *kollektiver Identitäten,* die *Mobilisierung von Ressourcen,* das *Framing* als Bereitstellen gemeinsamer Deutungsrahmen und die *politischen Gelegenheitsstrukturen* gehörten. Letztere bezeichnen externe Bedingungen wie die Offenheit oder Geschlossenheit politischer Systeme, die das Entstehen einer Bewegung begünstigen oder behindern. Während Emotionen und Affekte also zunächst negativ belegt waren, wurden sie schließlich mit dem Fokus auf den rationalen Akteur aus der Analyse wieder verdrängt. Seit den 2000er Jahren ist jedoch durch den *cultural turn,* der auch die Bewegungsforschung erfasst hat, eine größere Öffnung für die Bedeutung von Emotionen zu verzeichnen. „By the turn of the century," so der Bewegungsforscher James M. Jasper, „the new cultural synthesis had transformed social movement theory, providing ways to talk about meaning and feeling that were not only richer and more systematic but also less pejorative than earlier efforts." (2010, S. 72) Jasper betont die Notwendigkeit einer Kulturanalyse, die es ermöglicht, Bedeutungen, Gefühle und Moral als sowohl Mittel wie Zwecke sozialer Bewegungen zu analysieren. So sei beispielsweise die Wirkung von Führungsfiguren ohne affektive Bindungen an diese kaum erklärbar. Ähnliches gilt für andere zentrale Konzepte wie Ressourcenmobilisierung, Organisationen, Gelegenheiten, Framings, Netzwerke und Strategien: Sie alle sind ohne kulturelle, d. h. symbolische und emotionale Vermittlung oder Aneignung nicht zu verstehen. Und so schlussfolgert Jasper: „Meanings and feelings must be seen as parts of strategic engagements in structured arenas, not loafing mysteriously on their own. People have both passions and purposes. And when we figure out how these interact, we will be much closer to understanding social movements." (Ebd., S. 101).

Dass die Rolle von Emotionen in den Fokus der Bewegungsforschung rückt, lässt sich auch daran ablesen, dass das Handbuch *The Blackwell Companion to Social Movements* dem Thema ein eigenes Unterkapitel einräumt. Jeff Goodwin, James M. Jasper und Francesca Polletta argumentieren dort, dass Emotionen nicht einseitig als irrational abgetan werden sollten. Sie seien vielmehr in sehr unterschiedlicher Weise für das Funktionieren sozialer Bewegungen von Relevanz. Die Autor_innen schlagen folgende Differenzierung vor: „immediate reflex emotions, longer-term affective commitments, moods, and emotions based on complex moral and cognitive understandings." (Goodwin et al., 2007, S. 413) Sozialer Protest sei in vielfältiger Weise durch Gefühle beeinflusst: Auf der Mikroebene bewirken Gefühle, dass sich Menschen angesprochen fühlen und engagieren; Gefühle werden für die Öffentlichkeitswirksamkeit instrumentalisiert; organisationale Strukturen managen Gefühle innerhalb von Netzwerken; auf der Makro-Ebene geht es um die

Akzeptanz bzw. Legitimität von Gefühlen als Motivation für Protest und manchmal ist das Ziel eines Protests, Gefühle und Meinungen in einem größeren Rahmen zu verändern (vgl. ebd., S. 414).

Selbst wenn die Bewegungsforschung mittlerweile systematischer die Funktion von Gefühlen in ihre Analysen mit einbezieht, gibt es doch nur vereinzelte Arbeiten, die sich im weiteren Sinn auf die Bedeutung von Körpern beziehen. Hierzu gehören die Arbeiten von Andrea Pabst, die vor allem die Reflexivität des Körperlichen verschränkt mit der Leibebene betont, um die Eigenmächtigkeit des protestierenden Körpers analytisch erfassbar zu machen. Körper würden nicht nur für und in sozialem Protest eingesetzt, sie würden durch diesen Einsatz auch verändert, d. h. die Protesterfahrung bzw. die Auseinandersetzung mit möglichen körperlichen Verletzungen im Straßenprotest reflektiert sich auch auf einer körperlichen Ebene und materialisiert sich dort (vgl. Pabst, 2010, 2011).

Randolf Hohle präsentiert einen weiteren analytischen Zugang zur Bedeutung der Körper in sozialen Bewegungen. Er diskutiert die Möglichkeiten und Grenzen sowohl biopolitisch argumentierender Top-Down-Ansätze wie phänomenologischer Bottom-Up-Ansätze und plädiert schließlich für eine performativitätstheoretische Perspektive auf den Körper im sozialen Protest. Diese betont die Gleichzeitigkeit von Zwang und Handlungsmacht in der mimetischen Produktion sozialer Normen mittels körperlicher Akte. Die verkörperten Performances in sozialen Kämpfen (in Demonstrationen, Sitzstreiks, Happenings) stellen Möglichkeiten der Veränderung dar, weil sie bestehende Normen in Frage stellen (können) und Kollektivität und Solidarität auf Seiten der Aktivist_innen erzeugen (vgl. Hohle, 2010).

Die Studie von Orna Sasson-Levy und Tamar Rapoport verweist auf den Zusammenhang von Geschlechterstrukturen und der Relevanz des Körpers im sozialen Protest. Im Vergleich zweier israelischer Protestgruppen arbeiten sie heraus, dass und wie sich die geschlechtliche Arbeitsteilung in Bewegungen über die Hierarchisierung von Wissen und Körpern reproduziert und dass ein primär körperlich inszenierter Protest wie im Beispiel der *Women in Black,* in der vornehmlich die physische Präsenz der Körper die Botschaft des Protests artikuliert, kollektiven Ausdruck ermöglicht und dabei tiefgreifend Genderhierarchien destabilisiert. Der (weibliche) Körper sei somit ein wesentlicher Agent für sozialen Wandel. Ihr Fazit lautet daher: „Social movement researchers should consider the potential power of the protesting body as an agent of social change" (Sasson-Levy & Rapoport, 2003, S. 400).

## 3 Die Körper in exemplarischen sozialen Bewegungen

### 3.1 Feministischer Protest

*Slutwalks, One-Billion-Rising* und nicht zuletzt die spektakulären Auftritte von *Femen* erzeugen nicht nur den Eindruck, es gäbe ein Revival feministischer Proteste in der Öffentlichkeit, sondern auch, dass feministischer Protest (fast) immer ein körperlicher ist, sowohl in Bezug auf die Ursachen bzw. Ziele (gegen Vergewaltigung und Sexismus) wie auch in den Mitteln (das Ausstellen queerer, tanzender oder nackter Körper).[2]

Die sich Anfang der 1970er Jahre in Westeuropa und Nordamerika bildende Neue Frauenbewegung stellte, anders noch als die erste Welle des Feminismus im 19. Jahrhundert, in besonderer Weise den Körper ins Zentrum ihres Protests. Speziell für die westdeutsche Frauenbewegung gilt, dass erst die gemeinsamen Proteste gegen den § 218 ab 1971 zu einer Massenmobilisierung führten (vgl. Lenz, 2008 und Gerhard, 2008). Die hierin artikulierten Forderungen nach sexueller und körperlicher Selbstbestimmung fungierten als kleinster gemeinsamer Nenner, über den sich trotz aller Unterschiede an diesem Punkt eine kollektive Identität der Frauen herstellen ließ. Es entstanden Frauengruppen, die sich in Selbsterfahrungsgruppen und mit selbst produzierten Handbüchern ein eigenes Wissen über Fragen zu Sexualität und Gesundheit aneigneten. Mitte der 1970er Jahre entstanden Frauengesundheitszentren, Frauencafés, eigene Zeitschriften und Verlage. Neben den Themen Sexualität und Gesundheit wurde auch das Thema Gewalt gegen Frauen zu einem wichtigen Ziel feministischer Proteste, Frauen gründeten das erste Frauenhaus sowie Notrufe und andere Formen der Beratung für die von Gewalt bedrohten Frauen. Feministische Analysen wie *Der kleine Unterschied* von Alice Schwarzer (1975) oder Kate Milletts *Sexus und Herrschaft* (1971) verorteten patriarchale Herrschaft in der Sexualität und sahen dort sowohl den Grund von Herrschaft wie die Möglichkeit der Befreiung.

Körper und Sexualität waren somit wichtige Themen dieser Frauenbewegung und der Slogan *Das Private ist politisch* einer der zentralen Deutungsrahmen feministischer Mobilisierung. Ilse Lenz stellt in ihrem Überblick fest, dass sich die Frauen mehr oder weniger zwangsläufig erst über die Auseinandersetzung mit diesen Themen und die Aneignung körperlicher Autonomie als politische Subjekte konstituieren konnten: „[Die Neue Frauenbewegung] vollzog eine epistemische Revolution vom ‚anderen Geschlecht' zur Frau als Individuum – zum individuellen Subjekt der eigenen Sexualität und Beziehungen" (Lenz, 2008, S. 100). Sexualität sei deshalb zur „Schlüsselfrage" geworden, weil sie da ansetzte, wo die Ungleichheit der Geschlechter seit der bürgerlichen Moderne verankert wurde: in der ‚Natur' der Geschlechter bzw. der Frau als Geschlecht und Naturwesen.

Während also Körper und Sexualität für die Frauenbewegung Thema und Gegenstand waren, an denen sich Unmut entzündete und auf die bezogen Frauen Forderungen sowie Aktionsformen entwickelten, spielte der Körper in den Aktionsformen selbst ebenfalls eine große Rolle. Frauendemonstrationen, Happenings und Performances schafften jeweils eine Sichtbarkeit nach außen – Frauen als offensive Akteurinnen im öffentlichen Raum – sowie eine Zusammengehörigkeit nach innen. Die starke Solidarität und Ver-

[2]Ausführlichere Informationen zu diesen jüngeren Protestereignissen und -formen finden sich auf den folgenden Internetseiten: http://slutwalkmuenchen.blogsport.de/; http://www.onebillionrising.org/; http://femen.org/about. Letzter Aufruf 5. 9. 2014

bundenheit wurde befördert durch die autonome Organisierung und die Schaffung eigener Räume wie Frauenzentren und Buchläden, durch die Organisation von Frauenfesten, Frauenwohngemeinschaften etc. Dass diese Separierung auch intern Ausschlüsse produzierte und die Frauenbewegung von Beginn an auch durch interne Konflikte und Differenzen geprägt war, ist ebenfalls Teil der Geschichte.

Die Politisierung der Körper fand hierbei auf verschiedenen Ebenen statt: In Gestalt von öffentlichen Thematisierungen, Problematisierungen und Forderungen, in Analysen zu Macht und Herrschaft und nicht zuletzt in den *Praktiken* der Frauenbewegung (die Praxis der Selbsterfahrung, der Selbsthilfe, der Selbstuntersuchung), in denen sich Frauen zu politischen Subjekten der Bewegung transformierten (vgl. Schmincke, 2012).

Wie sehr Weiblichkeit gesellschaftlich nach wie vor durch Körperlichkeit bestimmt und aufgeladen ist, konnte man an den feministischen Protesten der 2010er Jahre sehen, die jeweils unterschiedlich mit ihren Aktionsformen auf Gewalt gegen Frauenkörper aufmerksam machten und dabei in je eigener Weise den Körper als Spektakel inszenierten. Während die *Slutwalks* dank der neuen Medien vor allem transnational entstanden und die mit diesen bezeichneten Demonstrationen das Recht auf körperliche und sexuelle Selbstbestimmung mittels Slogans und verschiedener queerer Inszenierungen ins Bild setzen, versucht die aus der Ukraine stammende Gruppe *Femen* stets mit blankem Oberkörper in jeweils ausgesuchten, mediale Aufmerksamkeit garantierenden Settings Sichtbarkeit für ihre Forderungen herzustellen, die sich die Aktivistinnen manchmal in einfachen Botschaften auf Bauch und Brust schreiben oder während des Spektakels in die Menge schreien. Aber gerade diese Protestform bleibt häufig dem verhaftet, wogegen sich feministischer Protest erhebt: der Verobjektivierung von Weiblichkeit qua Körper. Die Rezeption dieser Bilder ist nur sehr bedingt zu steuern und kann einen gegenteiligen Effekt haben. Wie Barbara Sutton angesichts eines anderen nackten Protests einer Teilnehmerin beim Weltsozialforum 2003 in Porto Alegre schreibt, steht der Einsatz nackter Frauenkörper vor einem Dilemma:

> „On the one hand, women's enacting nakedness on their own terms and for their own political ends may disrupt dominant notions that depict women's bodies as passive, powerless, or as sexual objects for sale. On the other hand, in the context of Western, media saturated societies, women's naked protests may risk re-inscribing dominant discourses onto women's naked bodies by emphasizing that disrobing is the only means of expression available to women. Under these circumstances, many spectators might not pay attention to whatever these naked women have to say, but may impose ‚nudity' on the ‚nakedness'." (Sutton, 2007, S. 145)

## 3.2 Behindertenbewegung

Die Behindertenbewegung oder auch „Krüppelbewegung" entstand nicht nur in einer zeitlichen Nähe zur Frauenbewegung und anderen ‚68er'-Bewegungen, sondern hat überdies mit der Frauenbewegung auch inhaltliche Berührungspunkte, dies nicht zuletzt an der Frage der körperlichen Selbstbestimmung, welche aber gerade hinsichtlich der Forderung nach dem Recht auf Abtreibung in den Bewegungen sehr kontrovers diskutiert wurde. Nicht behinderte Frauen zeigten sich unsensibel bis ignorant gegenüber den Problemen und Bedürfnissen behinderter Frau. Der ‚behinderte Körper' wurde auch in der Frauenbewegung ein weiteres Mal ausgegrenzt.

Ansätze der autonomen Behindertenbewegung entwickelten sich Ende der 1970er, aber erst seit Anfang der 1980er wurden diese stärker als Bewegung öffentlich wahrgenommen (vgl. Köbsell, 2012). Ausgangspunkt war der Wunsch der Selbstorganisierung, sich aus bevormundenden und stigmatisierenden Strukturen zu befreien, als autonome Akteur_innen wahrgenommen zu werden und selbst für die eigenen Belange zu kämpfen. Insofern waren Selbstbestimmung sowie der Kampf gegen Ausgrenzung die zentralen Ziele zur Verbesserung der Situation von Menschen mit Behinderung. Mit spektakulären Aktionen machten die Aktivist_innen der Bewegung in den 1980er Jahren auf die Exklusion aus dem öffentlichen Raum aufmerksam, thematisierten beispielsweise (den nicht-barrierefreien) öffentlichen Personennahverkehr, in dem sich Menschen mit Behinderung nicht alleine bewegen konnten, sowie allgemein fehlende Zugänge und Barrieren. Schon allein die öffentlichkeitswirksamen Demonstrationen und Aktionen rückten den Körper der Aktivist_innen in einer doppelten Weise ins Zentrum: Zum einen war der Körper das Mittel, über das der Protest in die Öffentlichkeit getragen wurde, d. h. Mittel zur Aufmerksamkeitsgenerierung, Mittel zur Blockade von Straßenbahnschienen etc. Zum anderen war aber der behinderte Körper selbst Zweck der Aktion, seine bloße Präsenz in der Öffentlichkeit verschob Sehgewohnheiten und kritisierte damit die Aussonderung und Exklusion von Menschen mit Behinderung aus dem öffentlichen Leben bzw. holte sie faktisch in diese Öffentlichkeit zurück.

Ähnlich wie bei der Frauenbewegung ist der Körper hier ein konstitutives Thema der Bewegung und die Forderung nach Selbstbestimmung zentraler Bezugspunkt. Anders jedoch als bei der Frauenbewegung wird der Körper hier nicht nur ebenfalls als Mittel relevant, er ist gleichzeitig Mittel und Zweck der Bewegung.

### 3.3 Umweltbewegung

Die Umweltbewegung zählt ebenfalls zu den neuen sozialen Bewegungen, auch wenn historische Vorläufer sich bereits im 19. Jahrhundert gebildet haben (vgl. Kern, 2008). Ohne hier auf Differenzierungen, Aktionsformen und Ideologien eingehen zu können, sei darauf hingewiesen, dass die Umweltbewegungen mit Naturschutz und Tierschutz und vermittelt auch der Anti-Atombewegung nur der Oberbegriff für eine Vielzahl von Teilbewegungen ist, die sich alle in irgendeiner Form gegen die Folgen technologischer Entwicklung und die Zerstörung ‚natürlicher' Grundlagen wenden. Gemein ist den Teilbewegungen die Annahme einer Bedrohung der menschlichen bzw. tierischen ‚Natur', deren Lebensweise und Gesundheit. Insofern spielt der Körper als Thema eine gewichtige Rolle, vor allem der durch Umweltgifte, Strahlen oder genmanipulierte Nahrung gefährdete Körper. Ähnlich wie bei der Frauen- und der Behindertenbewegung wird der Körper hier *thematisch,* jedoch anders als dort nicht in seiner Unmittelbarkeit, in seiner konkreten Gestalt, sondern in Hinblick auf eine Zukünftigkeit und seine potenzielle Verletzbarkeit. Die Dramatisierung des Körpers wird auch in den Mitteln angewandt wie beispielsweise in spektakulären Aktionen des Abseilens, Ankettens und anderer dem Repertoire zivilen Ungehorsams zugehörigen Aktionen, in denen der einzelne menschliche Körper sich der Gegenmacht und damit auch einer potenziellen Verletzung aussetzt.

## 3.4 Der Arabische Frühling

Das Aussetzen des eigenen Körpers, vielmehr der absolut existenzielle Einsatz der eigenen Körperlichkeit kommt am drastischsten in Aktionen wie Hungerstreiks (zuletzt im Rahmen der neuen Flüchtlingsbewegung in Deutschland 2013) und in öffentlichen Selbstverbrennungen zum Ausdruck. Der Arabische Frühling wurde durch ein solches Ereignis ausgelöst. In Tunesien zündete sich ein junger Mann aus Verzweiflung selbst an. Sein Tod führte zu einer großen Welle der Mobilisierung. Viele Menschen solidarisierten sich und thematisierten in Demonstrationen und Platzbesetzung ihre eigene Unzufriedenheit mit der ökonomischen und politischen Situation in ihren Ländern. Dank neuer Medien konnten einzelne Proteste sichtbar werden und sich schnell verbreiten, d. h. hier beförderten die kulturell-technischen Gelegenheitsstrukturen die Ausbreitung. Die Rolle der Öffentlichkeit und der für diese konstitutiven Medien ist für soziale Bewegungen ein unverzichtbarer Bestandteil. „Eine Bewegung, über die nicht berichtet wird, findet nicht statt", stellt Raschke dazu lakonisch fest (1987, S. 343). Kathrin Fahlenbrach arbeitet in Hinblick auf die '68er-Bewegung heraus, dass es zwischen der Bewegung und den visuellen Medien ein paradoxes Wechselverhältnis gibt, weil beide die Visualität und Expressivität neuer Kommunikationsmedien für ihre Zwecke nutzen (2002, S. 165). Dies gilt in besonderer Weise für eine transnationale Bewegung, deren Aktionen notwendigerweise vermittelt werden müssen, wenn sie über das konkrete Publikum hinaus Wirkung entfalten sollen. Dank der Niedrigschwelligkeit neuer Medien wie Twitter und Internet konnten sich Nachrichten und Bilder relativ ungefiltert und in großer Schnelligkeit verbreiten. Die zunehmende Bedeutung von Medien geht Hand in Hand mit der zunehmenden Bedeutung von Bildern und für diese sind wiederum die unterschiedlichen Inszenierungen der Körper relevant (vgl. hierzu Thomas, 2013). Der und die Körper spieltten als Mittel aber auch direkt vor Ort eine zentrale Rolle, sei es in der Formierung von Massendemonstrationen und der Besetzung von Plätzen (die physisch durch das Campieren für einen längeren Zeitraum angeeignet wurden), aber auch bezogen auf die Dimension des Geschlechts. So sind die weiblichen Körper in den sozialen Protesten in besondere Weise gefährdet und verletzbar, d. h. Angriffen und Gewalt in der Öffentlichkeit ausgesetzt, wie in vielen Berichten nachzulesen war.

## 4 Körper in sozialen Bewegungen – ein Systematisierungsvorschlag

Körper werden für Bewegungen relevant als *Zweck, Mittel* und *Ressource.* Aber auch umgekehrt können soziale Bewegungen eine transformierende Wirkung auf die partizipierenden Körper ausüben und *Protestkörper* produzieren.

Körper können insofern *Zweck* sozialer Bewegungen sein, als sie das Thema des Protests bilden, wie prominent zu sehen war in den Protesten der Neuen Frauenbewegungen, die das Recht auf körperliche Selbstbestimmung zum Ziel hatten. Soziale Proteste, die sich an Fragen der Sexualität, der körperlichen Unversehrtheit und Gesundheit oder der Kritik an Körpernormen entzünden und hierauf bezogen Forderungen stellen und Rechte geltend machen, machen den Körper zum Gegenstand politischer Aushandlungen. Als Beispiele wären neben der Frauenbewegung zu nennen die Behindertenbewegung oder aktuell die Fat Acceptance Movement. Soziale Bewegungen bedienen sich dabei immer auch der Körper, um auf ihre Anliegen aufmerksam zu machen. Der Körper ist somit auch ein *Mittel* des Protests, um diesen auszudrücken und vor allem um Sichtbarkeit zu erzeugen. Mittels der physischen Präsenz häufig in Verbindung mit verbalen Botschaften wird der Protest buchstäblich auf die Straße getragen. Der Körper fungiert hier als Vehikel und Instrument, sei es zur Artikulation von Forderungen oder eben vor allem auch zur Generierung von Öffentlichkeit mithilfe der genannten Sichtbarkeit. Die durch die Öffentlichkeit von protestierenden Körpern produzierten Bilder können einfacher (als Texte) zirkulieren und sind in vielfacher Weise anschlussfähig. Dabei liegt die Form der Anschlüsse, die Rezeption der Bilder jedoch nicht immer in der Hand der Protestierenden, wie bereits beispielhaft im Zusammenhang mit den Protesten der Gruppe *Femen* erwähnt (vgl. hierzu Thomas, 2013). Aber auch für den performativen Charakter sozialer Bewegungen ist der Körper ein unverzichtbares Medium. Neben diesen im weiteren Sinne kommunikativen und den performativen Aspekten des Körpers als Mittel sind die räumlich-interaktiven zu nennen. Körper werden zur Waffe, wenn sich die Teilnehmenden im Rahmen eines geschlossen auftretenden Demonstrationszugs Zugang zu versperrten Bereichen verschaffen oder wenn sie wiederum als Kollektivkörper organisiert Zugänge blockieren wie beispielsweise bei den Anti-Castor-Protesten der Anti-AKW Bewegung. Auch in der kollektiven Aneignung öffentlicher Plätze wie in den Protesten des Arabischen Frühlings wirkt der Körper als ein wichtiges Instrument. Verschiedene Formen des zivilen Ungehorsams setzen gerade in Ermangelung gewaltförmiger Waffen oder als Protest gegen diese den Körper als Waffe ein. Einige gehen dabei so weit, die Verletzung der Körper zu riskieren. Hier wird der Körper zur *Ressource,* d. h. der Rückgriff auf die eigene Verletzungsoffenheit wird zum existentiellen Einsatz gebracht, um die Dringlichkeit des Protests offensichtlich zu machen und die Gegenseite zum Einlenken zu zwingen. Der Einsatz der körperlichen Versehrtheit als Ressource stellt dabei ein hochgradig risikoreiches Protesthandeln dar, dessen Ausgang nicht vorausberechnet werden kann, wie sich nicht zuletzt an der Zahl von Verletzungen und Tötungen im Rahmen von Demonstrationen und sozialem Protest sehen lässt. Auch in weniger dramatischen Situationen kommt der Körper als Ressource zum Tragen, wenn er die Authentizität der Protestierenden und ihrer Anliegen beglaubigen soll, wie insbesondere in verschiedenen Formen des nackten Protests beabsichtigt (vgl. Lunceford, 2012). Eine weitere wichtige Facette des Körpers als Ressource sind Emotionen und Affekte. Sie sind wesentlich für das Entstehen von Protest, d. h. für die Motivation des Engagements. Wut, Empörung oder Mitleid bilden häufig den Auslöser und motivieren sozialen Protest. Außerdem fungieren Gefühle als Bindemittel für die Bildung einer kollektiven Identität. Die Identifizierung mit dem Kollektiv und Gefühle der Zugehörigkeit sind in sozialen Bewegungen insofern relevant, als in diesen kollektive Identität nicht über formale Mitgliedschaft hergestellt wird. Und nicht zuletzt setzen soziale Bewegungen strategisch auf Emotionen, um Aufmerksamkeit für ihre Themen zu erzielen und nach innen und außen mit ihren Argumenten zu überzeugen. Dies zeigt sich an den entsprechenden Framings, wie sie beispielsweise die Umweltbewegung mit ihrer 5-vor-12-Rhetorik verschiedentlich zum Ausdruck gebracht hat oder auch an den drastischen Bildern und Slogans, mit denen die Tierrechtsbewegung *Peta* auf ihre Belange aufmerksam macht.

Dass die in den Protest involvierten Körper ihrerseits nicht statisch sind, allgemeiner formuliert: dass soziale Bewegungen und Körper in einem Wechselverhältnis stehen, soll in der letzten Dimension zum Ausdruck gebracht werden. Körper bleiben von den Protesterfahrungen nicht unberührt und transformieren sich zu *Protestkörpern.* Andrea Pabst, die diesen Begriff geprägt hat, weist damit auf die leibliche Seite der körperlichen Existenz hin, die von verschiedenen phänomenologisch argumentierenden (Körper-) Theoretiker_innen in Anschluss an Helmuth Plessner, Maurice Merleau-Ponty und Hermann Schmitz für körpersoziologische Fragen anschlussfähig gemacht wurde. Auch der Protestkörper wird in verschiedenen Facetten sichtbar. Pabst weist darauf hin, wie als Folge durch Erfahrungen der Verletzungsoffenheit im Protest der Körper geschult werden kann, um sich besser schützen zu können. Ihr Beispiel sind autonome Gruppen der Antiglobalisierungs-Bewegung, die durch spezielle Trainings und Ausstattung auf die Verletzungsmacht der Gegenseite reagieren, effektiven Selbstschutz körperlich einüben und damit eine Selbstermächtigung (wieder-)herstellen. Aber auch die kollektive Erfahrung Teil einer Protestbewegung zu sein, verstärkt durch negative Erfahrung von Gewalt und Ohnmacht oder positive der Zugehörigkeit durch das Campieren und Besetzen von Plätzen etc., erzeugt Veränderung, die sich körperlich niederschlagen, sei es in der Wahrnehmung, im Gefühl, allgemeiner: im Habitus der protestierenden Personen. Insbesondere die Erfahrung eines Kollektivkörpers verändert mitunter die Wahrnehmung der eigenen singulären Körper-Leiblichkeit.

## 5 Forschungsdesiderata und Perspektiven

Die vorgeschlagenen vier unterschiedlichen Dimensionen, in denen Körper für sozialen Protest relevant werden (und umgekehrt), müssten an verschiedenen sozialen Bewegungen und Protestformen genauer empirisch beleuchtet werden. Eine umfassende

Systematik zur Bedeutung des Körperlichen für soziale Bewegung steht ebenso aus wie eine Ausweitung empirischer Einzelanalysen. Hier läge für die Bewegungsforschung viel Forschungsbedarf vor. In theoretischer Hinsicht lassen sich wiederum verschiedene Zugänge für eine solche thematische Perspektive auf den Körper sinnvoll nutzen: Neben dem erwähnten phänomenologischen Ansatz, der ein besonderes Augenmerk auf die Verschränkung von Körper und Leib legt, sind Konzepte wie Verletzungsoffenheit und Verletzungsmacht, aber auch Biopolitik und Gouvernementalität für die Analyse der Körperlichkeit von Protestbewegungen hilfreich. Vor allem performativitätstheoretisch argumentierende Ansätze lassen sich gewinnbringend nutzen, dies insbesondere auch deshalb, weil sie geeignet sind, den gegenwärtigen Veränderungen in den Formen und Ausdrucksmöglichkeiten sozialen Protests Rechnung zu tragen. Neuere Formen des Protests bedienen sich viel stärker der Ironie und der Mimikry wie beispielsweise das Radical Cheerleading, bei dem Elemente des Cheerleading (Puschel, bunte Kostüme, synchrone Bewegungen) durch Verschiebung in einen anderen Kontext subversives Potential entfalten können. So erklären beispielsweise die Radical Cheerleaders der feministischen migrantischen Gruppe *maiz,* sie „verschieben Grenzen und bekämpfen mit Ironie vorherrschende Repräsentationen mit etwas, das im Kontext von politischen Demonstrationen unerwartet ist. Durch die Kooptation der klassischen Form von Cheerleading wird politische Aktion als kreative Form von Straßenprotest erfasst.“[3]

Performative Elemente aus dem Repertoire sozialer Bewegungen diffundieren wiederum in andere gesellschaftliche Bereiche, wie beispielsweise das Phänomen der Flashmobs gezeigt hat. Durch die zunehmende Relevanz von Social Media für die Mobilisierung und Verbreitung von Protest wird auch die Visualität von Protest wichtiger. Dass und wie diese mit Körperlichkeit verknüpft ist, wäre ebenfalls in zukünftigen Projekten zu erforschen. Gabriele Klein weist auf die Bedeutung der Körper für die Ästhetik des Protests hin, welche sie als genuinen Bestandteil des Politischen begreift (vgl. Klein, 2014).

Abschließend lässt sich festhalten, dass auch das Umgekehrte gilt: das Forschungsfeld soziale Bewegung ist von der Körpersoziologie bisher noch viel zu wenig berücksichtigt worden. Die Erkenntnisgewinne einer körpersoziologischen Perspektive auf sozialen Protest wären sowohl forschungspraktischer wie gegenstandsbezogener und wissenschaftstheoretischer Art. Sie liegen darin, Dichotomien wie die von Struktur und Handlung, Objekt und Subjekt, Gesellschaft und Akteur aufbrechen und auf eine neue und andere Weise den Fokus auf die Praxis des Protests selbst legen zu können. So lässt sich mitunter genauer analysieren, warum soziale Bewegungen entstehen, wie sie wirken, wann sie gelingen und warum sie scheitern. Dass soziale Bewegungen genuin mit einer Perspektive auf Körper verknüpft sind, veranschaulicht überzeugend folgendes

---

[3]http://www.migrazine.at/node/668 Letzter Aufruf 5. 8. 2014

Zitat der Tanzwissenschaftlerin Susan Leigh Foster, die eine sehr präzise und sensible Beschreibung der körperlichen Dimension von Protest vorgelegt hat:[4]

> „[…] the process of creating political interference calls forth a perceptive and responsive physicality that, everywhere along the way, deciphers the social and then choreographs an imagined alternative. As they fathom injustice, organize to protest, craft a tactics, and engage in action, these bodies read what is happening and articulate their imaginative rebuttal. In so doing they demonstrate to themselves and all those watching that something can be done. Could this be why they are called political ‚movements'?" (Foster, 2003, S. 412).

## Literatur


Alkemeyer, T. (2007). Aufrecht und biegsam. Eine politische Geschichte des Körperkults. *Aus Politik Und Zeitgeschichte, 18*, 6–18.

Fahlenbrach, K. (2002). *Protestinszenierungen. Visuelle Kommunikation und kollektive Identitäten in Protestbewegungen*. Springer.

Foster, S. L. (2003). Choreographies of protest. *Theatre Journal, 55*, 395–412.

Foucault, M. (1983). *Der Wille zum Wissen. Sexualität und Wahrheit I*. Suhrkamp.

Gerhard, U. (2008). Frauenbewegung. In R. Roth & D. Rucht (Hrsg.), *Die sozialen Bewegungen in Deutschland seit 1945. Ein Handbuch* (S. 187–217). Frankfurt a. M.: Campus Verlag.

Goodwin, J., Jasper, J. M., & Polletta, F. (2007). Emotional dimensions of social movements. In D. A. Snow, S. A. Soule, & H. Kriesi (Hrsg.), *The Blackwell companion to social movements* (S. 413–431). Malden: Blackwell Pub.

Hohle, R. (2010). Politics, social movements, and the body. *Sociology Compass, 4*, 38–51.

Jasper, J. M. (2010). Cultural approaches in the sociology of social movements. In B. Klandermans & C. Roggeband (Hrsg.), *Handbook of social movements across disciplines* (S. 59–109). Springer.

Kern, T. (2008). *Soziale Bewegungen. Ursachen, Wirkungen, Mechanismen*. VS Verlag.

Klein, G. (2014). Choreografien des Protests Zu den Bewegungsordnungen kollektiver Aufführungen. In: M. Löw (Hrsg.), *Vielfalt und Zusammenhalt: Verhandlungen des 36 Kongresses der Deutschen Gesellschaft für Soziologie in Bochum und Dortmund 2012* Teilbd. 1 u. 2. (S. 805–814). Frankfurt aM: Campus Verlag,

Köbsell, Swantje (2012). *Wegweiser Behindertenbewegung. Neues (Selbst-)Verständnis von Behinderung*. Neu-Ulm: AG-SPAK-Bücher.

Lenz, I. (Hrsg.). (2008). *Die Neue Frauenbewegung in Deutschland. Abschied vom kleinen Unterschied. Eine Quellensammlung*. VS Verlag.

Lunceford, Brett (2012). *Naked politics. Nudity, political action, and the rhetoric of the body*. Lanham: Lexington Books.

Pabst, A. (2010). Protestkörper und Körperprotest – Eine politische Soziologie des Körpers. In H.-G. Soeffner (Hrsg.), *Unsichere Zeiten. Herausforderungen gesellschaftlicher Transformationen: Verhandlungen des 34. Kongresses der Deutschen Gesellschaft für Soziologie in Jena 2008*. Wiesbaden: VS Verlag, CD Rom.


[4]Die von ihr gewählten Beispiele sind Sit-Ins der Civil Rights Movement, Dying Act Up im Rahmen der Aktivitäten zu AIDS und die Antiglobalisierung-Proteste in Seattle.

Pabst, A. (2011). Protesting bodies and bodily protest – A plea for a ‚thinking through the body' in social movement research. In L. Anton & T. S. Brown (Hrsg.), *Between the Avant-Garde and the everyday. Subversive politics in Europe, 1958–2008* (S. 191–200). New York: Berghahn Books.

Raschke, J. (1987). *Soziale Bewegungen. Ein historisch-systematischer Grundriss.* Campus Verlag.

Roth, R., & Rucht, D. (Hrsg.). (2008). *Die sozialen Bewegungen in Deutschland seit 1945. Ein Handbuch.* Campus Verlag.

Sasson-Levy, O., & Rapoport, T. (2003). Body, gender, and knowledge in protest movements: The Israeli case. *Gender & Society* 17, 379–403.

Schmincke, I. (2012). Von der Politisierung des Privatlebens zum neuen Frauenbewusstsein: Körperpolitik und Subjektivierung von Weiblichkeit in der Neuen Frauenbewegung Westdeutschlands. In J. Paulus, E.-M. Silies, & K. Wolff (Hrsg.), *Zeitgeschichte als Geschlechtergeschichte. Neue Perspektiven auf die Bundesrepublik* (S. 297–317). Frankfurt a. M: Campus Verlag.

Sutton, B. (2007). Naked protest: Memories of bodies and resistance at the world social forum. *Journal of International Women's Studies, 8*, 139–148.

Thomas, T. (2013). Blanker Protest – Sichtbarkeit, Sagbarkeit und Handlungsfähigkeit in Medienkulturen. *Medien Journal, 3*(2013), 19–31.

# Soziale Ungleichheit

Christian Steuerwald

Die Frage nach einem Zusammenhang von Körpern und sozialen Ungleichheiten ist eine in der Soziologie bisher nicht hinreichend beantwortete Frage. Zwar gibt es Studien und Publikationen, die sich Fragen nach Ungleichheiten im Sport, der Gesundheit oder Attraktivität annehmen und ihre Auswirkungen auf den Körper untersuchen (Bourdieu, 1999; Dunkake et al., 2012; Mielck, 1994; Steuerwald, 2010). Systematische Arbeiten, die nach sozialen Ungleichheiten und Körpern fragen, fehlen aber immer noch. Dies mag verwundern, da die Soziologie sozialer Ungleichheiten ein Kernthema der Soziologie ist und der Körper relativ früh in der Fachgeschichte und auch in aktuellen Forschungen immer wieder untersucht wird.

Die vorhandenen kultur- und sozialwissenschaftlichen Untersuchungen zu Körpern und sozialen Ungleichheiten gehen grundlegend von der Annahme aus, dass es einen beobachtbaren Zusammenhang zwischen Körpern und dem Strukturgefüge sozialer Ungleichheiten gibt, der empirisch nachweisbar ist. Demzufolge lassen sich bspw. unterschiedliche Körpergrößen oder Mortalitätsrisiken sozialer Statusgruppen aufzeigen (Lampert & Kroll, 2014; Steuerwald, 2010, S. 180 ff.). So sind Personen aus statushohen Gruppierungen im Vergleich zu Personen aus statusniedrigen Gruppierungen im Durchschnitt nicht nur wenige Zentimeter größer. Sie haben in der Regel auch eine um mehrere Jahre höhere Lebenserwartung. Wie diese empirisch beobachtbaren Unterschiede zu erklären sind, wird in den vorhandenen Studien unterschiedlich beantwortet. Trotz zahlreicher Differenzen im Detail lassen sich idealtypisch zwei Herangehensweisen voneinander unterscheiden. In der einen Perspektive wird der Zusammenhang als Einfluss des Körpers auf das Gefüge sozialer Ungleichheit erklärt. Der Körper ist dort die unabhängige (Explanans) und die sozialen Ungleichheiten sind die abhängige

C. Steuerwald (✉)
Bielefeld, Deutschland
E-Mail: christian.steuerwald@uni-bielefeld.de



R. Gugutzer et al. (Hrsg.), *Handbuch Körpersoziologie 2*,
https://doi.org/10.1007/978-3-658-33298-3_32

Variable (Explanandum). In der anderen Perspektive ist der Körper eine Folge sozialer Ungleichheiten, sodass soziale Ungleichheiten den Körper prägen. In dieser Perspektive ist der Körper die abhängige Variable (Explanandum) und die sozialen Ungleichheiten sind die unabhängige Größe (Explanas).

Gegenstand der nachfolgenden Ausführungen ist es, einen Überblick über theoretische und empirische Forschungen zu Körpern und sozialen Ungleichheiten zu geben. Unter sozialen Ungleichheiten soll dabei einerseits die strukturelle und an gesellschaftliche Positionen gekoppelte ungleiche Verteilung knapper, wertvoller und die Lebensbedingungen beeinflussender Ressourcen und Güter (Verteilungsungleichheit) verstanden werden sowie andererseits die Zugangschancen zu diesen gesellschaftlichen Positionen (Chancenungleichheit). Im Anschluss an die vorgestellte idealtypische Unterscheidung der Herangehensweisen werden im ersten Abschnitt theoretische Ansätze, Studien und Forschungsfragen aufgeführt, die den Körper primär als unabhängige Variable verstehen und die Auswirkungen des Körpers auf das Strukturgefüge sozialer Ungleichheiten untersuchen. Das zweite Kapitel behandelt die Forschungsarbeiten, die schwerpunktmäßig von einem Einfluss sozialer Ungleichheiten auf den Körpern ausgehen. Die Abhandlung schließt mit einer Zusammenfassung und einem Ausblick.

## 1 Biologische Körper und soziale Ungleichheiten

Die ersten für diese Abhandlung relevanten Studien, die sich mit dem Zusammenhang von Körpern und sozialen Ungleichheiten auseinandersetzen und die Auswirkungen des Körpers auf das Strukturgefüge sozialer Ungleichheiten analysieren, sind Studien aus dem Bereich geschlechtsspezifischer Ungleichheiten. Auslöser hierfür sind soziokulturelle Modernisierungsprozesse seit dem ausgehenden 18. Jahrhundert, die neben Differenzierungs- und Rationalisierungsprozessen zu einer Freisetzung der Frauen aus ständisch vorgegebenen Lebensweisen führen in Folge einer sich allmählich auflösenden Ständeordnung. Auch wenn diese ersten geschlechtsspezifischen Untersuchungen vornehmlich der Anthropologie, Philosophie oder Medizin entstammen, sind die Abhandlungen körpersoziologisch aufschlussreich, da dort nicht nur Aussagen über den Körper, sondern auch über typische Verhaltensweisen und gesellschaftliche Positionssysteme enthalten sind. Zuerst wird der Körper als eine nicht gesellschaftliche Größe verstanden, der ausschließlich der Natur zugeordnet wird. Unter dem Einfluss biologischer Denksysteme wird aber nicht nur der Körper als eine biologische Kategorie aufgefasst und im Anschluss von einer „natürlichen" Differenz zwischen den Geschlechtern ausgegangen, sondern diese „natürlichen" Differenzen zusätzlich und u. a. aufgrund der Herausbildung medizinischer und anthropologischer Deutungssysteme auf kulturelle, soziale und psychische Strukturen übertragen. So werden Frauen Persönlichkeitseigenschaften aufgrund ihrer weiblichen Anatomie und ihres „natürlichen" Geschlechts zugeschrieben wie „einfühlsam", „schwach" oder „irrational". Männern hingegen werden aufgrund ihres biologischen Körpers Eigenschaften attestiert wie „kräftig",

„rational" oder „willensstark". Da Frauen nach den damaligen Schlussfolgerungen aufgrund ihres Körpers „schwach", „emotional", „einfühlsam" und „irrational" sind, ist es nach der zeitgenössischen Logik folgerichtig, dass Frauen von bestimmten gesellschaftlichen Positionen ausgeschlossen und ihnen gleichzeitig bestimmte Bereiche wie Familie und Kindererziehung zugeordnet werden. In Folge dieser geschlechtsspezifischen Chancenungleichheiten erhalten Frauen von bestimmten ungleichheitsrelevanten Gütern wie Wissen, materieller Wohlstand oder Macht regelmäßig weniger als Männer. Die diagnostizierten natürlichen Ungleichheiten des Körpers werden damit zu faktischen sozialen Ungleichheiten.

Im gleichen Zeitraum lassen sich auch Studien auffinden, die sich unabhängig des Geschlechts körperlichen Unterschieden annehmen, und zwar vor allem ethnischen Ungleichheiten bzw. Ungleichheiten der „Rasse". Insbesondere Schriften der frühen Anthropologie und Phrenologie gehen von der These aus, dass körperliche Merkmale wie die Schädelform oder die Gesichtszüge auf geistige Fähigkeiten oder Persönlichkeitseigenschaften schließen lassen (Gould, 1988). Ähnlich geht die Anthropologie im Anschluss an die rassentheoretischen Formulierungen der Philosophie davon aus, dass „Rassen" sich nicht nur aufgrund biologischer Merkmale unterscheiden würden wie der Hautfarbe, der Behaarung und der Schädelform, sondern auch hinsichtlich der Intelligenz und zentralen Persönlichkeitseigenschaften. In Folge dieser Annahme führt die Klassifizierung des Menschen schließlich zu einer Hierarchisierung unterschiedlich biologisch definierter Menschengruppen (vgl. zur Kritik Gould, 1988), die im Anschluss zu unterschiedlichen Chancen sozialer Positionszuweisungen wie auch zu unterschiedlichen Ausstattungen mit ungleichheitsrelevanten Merkmalen führen.

Nachfolgende Untersuchungen der Ungleichheitssoziologie schließen an diese Forschungen an mit dem Unterschied, dass zwar Auswirkungen eines weiterhin ausschließlich biologisch verstandenen Körpers auf das Strukturgefüge sozialer Ungleichheiten angenommen wird. Biologische Strukturen und die Anatomie des Körpers führen aber in der Regel nicht mehr automatisch und zwangsläufig zu Persönlichkeitseigenschaften und typischen Verhaltensweisen. Vielmehr funktioniert die Zuordnung in der Regel über sozialisatorisch und vor allem in Familien vermittelte Verhaltens- und Denkweisen oder über Zuschreibungsprozesse, sodass in Interaktionen Akteure Personen aufgrund ihres Körpers unterschiedlich bewerten, sozial einordnen und somit ihre Verhaltensweisen ausrichten. Programmatisch sind in dieser Hinsicht die Bemühungen Max Webers, die Begriffe „Ethnie" und „Rasse" als kulturelle und nicht als biologische Kategorien zu verstehen, die „rassensoziologischen" Studien von Du Bois, die funktionalistischen Schichtungs- und Gemeindestudien aus den Vereinigten Staaten der 1930er bis 1960er Jahre sowie Studien zu den Auswirkungen von Attraktivität.

Im Anschluss an die anthropologischen Vorstellungen der Ungleichheiten zwischen einzelnen „Rassen", die nicht nur über anatomische Merkmale Unterschiede in der Intelligenz feststellen wollen, sondern auch die „natürliche" Ordnung einer Sklavenhaltergesellschaft, bemüht sich Du Bois (1906) als einer der Ersten um eine soziologische Aufarbeitung ethnischer Ungleichheiten. Ausgangspunkt ist die Beobachtung, dass sich trotz der Auflösung der Sklaverei die „schwarze" Hautfarbe und die Zugehörigkeit zu der „afroamerikanischen Rasse" unübersehbar in der Klassenstruktur der US-amerikanischen Gesellschaft abbilden. So stellt Du Bois fest, dass Afroamerikaner nicht nur im Durchschnitt eine niedrigere Bildung aufweisen und wirtschaftlich deutlich niedrigere Einkommen erzielen. Auch sind „Schwarze" an der politischen Partizipation benachteiligt etwa aufgrund der Abhängigkeit des politischen Wahlrechts in vielen südlichen Bundesstaaten von Lese- und Schreibkenntnissen sowie dem Einkommen. Hinzu kommt eine soziale Trennung der Lebenswelten, die sich wohl am deutlichsten in Wohngebieten zeigt. Dementsprechend bemerkt Du Bois (1906, S. 55), dass „es fast in jedem südlichen Gemeinwesen möglich [ist], auf der Karte eine Farbengrenze zu ziehen, welche die Wohnungen der Weißen von denen der Schwarzen trennt".

Wenig beeindruckt von anthropologischen Konzepten, die die Schlechterstellung aufgrund körperlicher Eigenschaften erklären, führt Du Bois die Schlechterstellung der „schwarzen" Bevölkerung auf gesellschaftliche Strukturen, und zwar vor allem auf Strukturen des ökonomischen Systems zurück. Die Herauslösung der „schwarzen" Bevölkerung aus dem auf Sklaverei beruhenden agrarökonomischen System beinhaltet zwar durchaus eine „freiere" wirtschaftliche Selbstständigkeit der „Schwarzen". Gleichzeitig führt sie aber auch zu neuen Abhängigkeiten vor allem aufgrund der Einführung eines komplexen Halbpachtsystems, indem „Schwarze" von den „weißen" Grundbesitzern Land pachten und bewirtschaften (1906, S. 35 ff.). Die Folge ist, dass der Großteil der „schwarzen" Pächter trotz hohem Arbeitspensum verarmt, da die Erträge kaum die Ausgaben decken, während die Grundbesitzer zunehmend reicher werden. Darüber hinaus identifiziert Du Bois verschiedene Persönlichkeitseigenschaften und Verhaltensmuster, die es „Schwarzen" erschwert, wirtschaftlich selbstständig zu arbeiten. Diese Persönlichkeitseigenschaften und Verhaltensweisen erklärt Du Bois aber nicht über den Körper, wie es für die Anthropologie des 19. Jahrhunderts üblich ist, sondern sozialisationstheoretisch, indem sich ein jahrhundertelanges System der Unterdrückung und Unselbstständigkeit tief in die Denk- und Verhaltensweisen eingeschrieben hat. Hinzu kommen noch Zuschreibungs- und Bewertungsprozesse, die „Schwarzen" bestimmte Verhaltensweisen attestieren wie kriminelle Neigungen, sodass „Schwarze" aufgrund ihrer Hautfarbe eine Ungleichbehandlung erfahren und ihnen demzufolge bestimmte Positionen zugewiesen werden.

Während Du Bois mehrere Ursachen identifiziert, wie wirtschaftliche Strukturen und ethnische Beziehungen landwirtschaftliche Arbeit, Lebenswelten und soziale Ungleichheiten bestimmen, geht die funktionalistisch geprägte Ungleichheitsforschung Mitte des 20. Jahrhunderts vor allem von Zuschreibungsprozessen aus, die maßgeblich die gesellschaftlichen Positionen und die Klassenstruktur der Vereinigten Staaten prägen. Richtungsweisend in dieser Hinsicht sind die theoretischen Arbeiten von Parsons, in denen er sich um eine Aufklärung sozialer Schichtung bemüht. Ausgangspunkt von Parsons (1968) ist, dass soziale Schichtung vor allem Handlungsorientierungen bereitstellt und damit nicht nur die Entscheidungen für oder gegen bestimmte Verhaltensweisen erleichtert, sondern auch soziale Ordnung ermöglicht. Soziale Schichtung ist demzufolge funktional. Soziale Schichtung kann aber nur dann Orientierungen bereitstellen, wenn Individuen bekannt ist, wo sie und ihre Interaktionsteilnehmer sich in der Rangfolge befinden. Die Frage, wie diese Statuserkennung möglich ist, beantwortet Parsons über ein Wertungssystem, das allen Personen zur Verfügung steht, um Menschen in die Schichtungsskala einzustufen. Parsons (1968, S. 187 f.) führt insgesamt sechs Elemente auf, die als Zuordnungskriterium für eine Statusbestimmung Verwendung finden.

1) Mitgliedschaft in einer Verwandtschaftsgruppe
2) Persönliche Eigenschaften
3) Leistungen
4) Eigentum
5) Autorität
6) Macht

Während Parsons mit der Mitgliedschaft in einer Verwandtschaftsgruppe die Bedeutung der familiären Herkunft für Statuszuweisung anerkennt und diese mit eigenen Leistungen etwa im Beruf, den verfügbaren ökonomischen Ressourcen sowie Machtpotenzialen koppelt, berücksichtigt er über die persönlichen Eigenschaften auch den Körper für die Zuordnung zu einer Schichtungsskala. Parsons geht es dabei vor allem um das, was jemand ist und nicht das, was jemand tut. So schreibt Parsons (1968, S. 188): „Persönliche Eigenschaften sind all jene Merkmale, durch die ein Individuum sich vom anderen unterscheidet und die den Grund dafür bilden können, den einen höher „einzustufen" als den anderen: Geschlecht, Alter, Schönheit, Intelligenz, Stärke usw.".

Dieses Verständnis, körperliche Merkmale als askriptive Merkmale sozialer Ungleichheiten und Macht, Eigentum, Leistungen als erworbene Merkmale zu verstehen, ist für die Ungleichheitsforschung ein folgenreiches Konzept, da der Körper als biologische Kategorie einer umfassenden soziologischen Analyse entzogen wird und eher die Auswirkungen des Körpers auf Ungleichheitsstrukturen untersucht werden können. In der Folge gehen bspw. Davis und Moore (1967) davon aus, dass Talent zwar einen Einfluss auf die Chancenungleichheiten hat, da bestimmte knappe Talente bessere Voraussetzungen mit sich bringen, gute Position zu erlangen. Einen gesellschaftlichen Einfluss auf Talent etwa über persönliche Erfahrungen oder Neigungen während der Sozialisation erkennen sie jedoch nicht an, da Talent als angeboren und damit als eine biologisch und nicht gesellschaftliche Kategorie verstanden wird.

Empirisch umgesetzt wird das funktionalistische Verständnis sozialer Ungleichheit schließlich in verschiedenen Gemeindestudien, die von Warner seit den 1930er Jahren durchgeführt und in einer Reihe von Publikationen veröffentlicht worden sind (vgl. Herzog, 1965). Ähnlich wie Parsons geht Warner davon aus, dass die wirtschaftliche Stellung und die Besitzverhältnisse zwar Merkmale einer Klassenzugehörigkeit sind. Die Bestimmung des sozialen Status erfolgt aber auch über individuelle Einschätzungen und Zuschreibungen. Dementsprechend stellt Warner fest, dass Menschen, die eine ähnliche ökonomische Lage aufweisen, unterschiedlichen Statusgruppen bzw. Sozialschichten zugeordnet werden. Körpersoziologisch bemerkenswert ist dies u. a. deswegen, da es mit einem derartigen Verständnis möglich ist, eine Schlechter- bzw. Besserstellung aufgrund körperlicher Merkmale wie der Hautfarbe ohne umfassende Einbeziehung der biologischen Struktur soziologisch zu erklären. Warner (1936) geht dementsprechend davon aus, dass die Klassenstruktur der Vereinigten Staaten zusätzlich eine Kastenstruktur aufweist, die quer zu der vertikal gegliederten Klassenstruktur liegt und vor allem ethnische Gruppen über Kontaktbarrieren und verhinderte Mobilitätschancen trennt. Verantwortlich hierfür sind nach Warner Zuschreibungs- und Bewertungsprozesse, die körperliche Merkmale wie die Hautfarbe in Verhaltensweisen, Positionszuweisung und Lebenschancen übersetzt.

Dass die Hautfarbe ein Zuweisungskriterium sozialer Ungleichheiten ist und die Lebenschancen und Lebensbedingungen in Gesellschaften prägt, weisen auch neuere Untersuchungen nach. So kommt Souza (2008) zu dem Schluss, dass die Hautfarbe in Brasilien bis heute ein wesentliches Merkmal sozialer Ungleichheiten ist. Ähnlich wie Du Bois und Warner bestätigt Souza die Befunde, dass „helle" Hautfarben mit einer höheren Wahrscheinlichkeit mit hohen sozialen Positionen und „dunkle" Hautfarben mit einer höheren Wahrscheinlichkeit mit niedrigen sozialen Positionen und einer Marginalisierung einhergehen. Nach Souza lässt sich der Zusammenhang von Hautfarbe und sozialer Ungleichheit zum einen über historisch vermittelte personelle Abhängigkeitsverhältnisse erklären, die sich in der Sozialstruktur und den Lebenswelten Brasiliens seit der Kolonialzeit nachweisen lassen und zum anderen über sozialisatorisch angelegte Verhaltensweisen, Wahrnehmungs- und Bewertungsschemata, die im Zuge der Modernisierung Brasiliens dazu führen, dass im Unterschied zu den europäischen Einwanderern die autochthone Bevölkerung schlechter an moderne kapitalistische Strukturen angepasst ist. Demnach korreliert in Brasilien zwar das körperliche Erscheinungsbild mit dem sozialen Schichtungssystem. Diese „Naturalisierung der Ungleichheit", wie Souza treffend seine Studie benennt, ist aber nicht ursächlich auf den Körper zurückzuführen, sondern vielmehr auf die historischen Abhängigkeiten zwischen den Sozialgruppen und die unterschiedlichen, sozialisatorisch vermittelten Verhaltens- und Persönlichkeitsstrukturen, die jeweils besser oder schlechter mit den Anforderungen kapitalistisch organisierter Arbeitsgesellschaften einhergehen.

Im Unterschied zu Du Bois und Souza, die sich für den Zusammenhang von Hautfarbe und soziale Schichtung interessieren, untersucht die Attraktivitätsforschung die Auswirkung des körperlichen Erscheinungsbildes in sozialen Interaktionen. Kern der Untersuchungen ist in der Regel der Halo-Effekt, also die Gleichsetzung von „schön" mit „gut". Untersucht wird, ob attraktive Menschen bessere Lebensbedingungen haben als weniger attraktive Menschen, sodass ungleichheitssoziologisch Attraktivität eine zentrale Ressource ist, die das Strukturgefüge sozialer Ungleichheiten prägt. Trotz Unterschiede im Detail bestätigen die empirischen Befunde weitgehend den Zusammenhang zumindest hinsichtlich der Vorstellungen der Probanden (Ebner et al., 2002). So attestieren die Befragten, attraktiven Menschen erfolgreicher im Beruf und bei der Partnersuche zu sein. Auch werden attraktiven Menschen eher Eigenschaften zugeschrieben wie „interessant", „empfindsam", „intelligent", „freundlich" oder" glücklich". Inwieweit diese Zuschreibungen sich in Interaktionen, den Verhaltensweisen oder gar dem Schichtungssystem nachweisen lassen, ist aufgrund der empirischen Befunde der Attraktivitätsforschung nicht hinreichend gesichert. So kommen einige empirische Studien zu dem Schluss, dass Attraktivität mit einem erhöhten Einkommen einhergeht etwa beim Trinkgeld und Erwerbseinkommen (Bozoyan & Wolbring, 2012; Ebner et al., 2002, S. 193 ff.) oder Attraktivität die Notenvergabe positiv beeinflusst, sodass attraktivere Schülerinnen und Schüler auch bessere Noten bekommen (Dunkake et al., 2012). Andere Studien relativieren den Zusammenhang zwischen körperlicher Attraktivität und sozialen Ungleichheiten aber insofern, als dass die Auswirkungen nur in bestimmten Bereichen nachweisbar sind, nicht immer für Frauen und Männer gleichermaßen gelten und bisweilen Attraktivität auch mit negativen Zuschreibungen und Folgen einhergeht (Bozoyan & Wolbring, 2012; Ebner et al., 2002).

Neben der Attraktivität können neuere ökonomisch ausgerichtete Studien auch den Effekt von weiteren körperlichen Merkmalen auf die Berufschancen und das Erwerbseinkommen nachweisen (Bozoyan & Wolbring, 2012). So zeigen verschiedene Studien, dass die Körpergröße das Erwerbseinkommen positiv beeinflusst. Je größer Menschen sind (zumindest bis zu einer bestimmten Körpergröße), desto höher ist das Einkommen. Dieser Zusammenhang ist vor allem für Männer festzustellen. Bei Frauen ist der Zusammenhang deutlich schwächer ausgeprägt. Bisweilen lässt sich für Frauen auch kein Zusammenhang zwischen Körpergröße und Lohnniveau feststellen. Um die Unterschiede des Lohnniveaus aufzuzeigen, verdeutlichen Bozoyan und Wolbring (2012, S. 248) ihre empirischen Befunde auf Grundlage des SOEP an Beispielpersonen: „Vergleicht man nun das Einkommen eines Mannes von 170 cm mit dem eines Mannes, der 190 cm groß ist, dann ist der Unterschied im Jahresgehalt 2 409 €. […] Für Frauen ist der Effekt der Körpergröße auf den Lohn etwas geringer. Eine Frau mit 180 cm verdient im Vergleich zu einer Frau mit 160 cm 1 616 € mehr". Weiterhin können einige Studien auch nachweisen, dass die Körpergröße mit bestimmten Berufen und Aktivitäten im Jugendalter korreliert. So üben größere Menschen nicht nur mit einer höheren Wahrscheinlichkeit kognitiv ausgerichtete Berufe aus, die zumeist auch höher entlohnt werden und mit Weisungsbefugnissen einhergehen. Größere männliche Jugendliche haben in ihren peer groups auch eher statushohe Positionen. Im Unterschied zu der Körpergröße, die das Lohnniveau positiv beeinflusst, weisen verschiedene ökonomische Studien für das Körpergewicht einen negativen Zusammenhang aus. Trotz Unterschiede im Detail, die etwa die Messungen von Über-, Normal- oder Untergewicht betreffen, kann prinzipiell davon ausgegangen werden, dass Übergewichtige weniger verdienen. Dieser Effekt ist für übergewichtige Frauen stärker ausgeprägt als für Männer. Hinzu kommt, dass Übergewicht auch die Chancen einer Anstellung nach einer Bewerbung reduziert. Analog zu der aus der Lohnhöhe resultierenden Verteilungsungleichheit sind übergewichtige Frauen auch von der Chancenungleichheit stärker betroffen als Männer. In einer Metaanalyse von 333 Studien kann McLaren (2007) darüber hinaus nachweisen, dass der Zusammenhang zwischen Körpergewicht und sozio-ökonomischen Status global zu beobachten ist, auch wenn es Unterschiede in Abhängigkeit des Modernisierungsgrades gibt. Während in Ländern mit einem niedrigen Entwicklungsniveau von einem positiven Zusammenhang zwischen Körpergewicht und sozioökonomischen Status berichtet wird, sodass Übergewicht mit Wohlstand und Bildung einhergeht, verändert sich mit zunehmendem Entwicklungsgrad dieser Zusammenhang in einen negativen. Demzufolge geht in hoch entwickelten Gesellschaften Übergewicht eher mit einem niedrigen sozioökonomischen Status einher.

## 2 Verkörperte Ungleichheiten

Die in Kap. 1 referierten Studien dokumentieren einen Einfluss des Körpers oder verschiedener Körpermerkmale auf die Verteilungs- und Chancenungleichheiten. Aufgrund eines biologischen Verständnisses des Körpers erklären die Studien den Zusammenhang aber entweder über gesellschaftlichen Strukturwandel oder über Zuschreibungsprozesse und sozialisatorisch vermittelte Verhaltensmuster und Persönlichkeitseigenschaften, die zumeist unbewusst wirken. Dementsprechend hat die Hautfarbe, das Geschlecht oder das Körpergewicht an sich keinen Einfluss auf die Ungleichheiten, sondern vielmehr die damit einhergehenden gesellschaftlichen Assoziationen, kulturellen Wertvorstellungen oder unterschiedlichen Sozialisationspraktiken, die sich in den Handlungsstrategien, Verhaltensweisen und Denkmustern nachweisen lassen. Der Körper wirkt also nur über die gesellschaftliche Vermittlung und die gesellschaftlichen Konstruktionsleistungen auf das Strukturgefüge sozialer Ungleichheiten.

Im Unterschied dazu wird in den nachfolgenden Studien der Ursache-Wirkungszusammenhang umgedreht. Es geht nicht mehr darum, wie der Körper oder bestimmte Körpermerkmale den sozialen Status prägen, sondern darum, wie die Zugehörigkeit zu einer sozialen Statusgruppe und die daran angeschlossenen Lebensbedingungen den Körper prägen. Die ersten Studien, die die Auswirkungen der ungleichen Lebensbedingungen auf den Körper untersuchen, sind sozialmedizinische Untersuchungen im 19. Jahrhundert. Anlass für die Studien sind die Folgen des gesellschaftlichen Strukturwandels seit dem 18. Jahrhundert und die anschließenden sozialpolitischen Bemühungen. Die mit der gesellschaftlichen Modernisierung einhergehende anfängliche Verschlechterung der Lebensverhältnisse im 19. Jahrhundert, die sich etwa an einer Verarmung von Bevölkerungsgruppen sowie einer niedrigen Lebenserwartung u. a. aufgrund zahlreicher Erkrankungen in allen Altersgruppen beobachten lässt, führt zu umfassenden und mitunter staatlich angeleiteten medizinischen Anstrengungen zur Verbesserung der medizinischen Versorgung und des Gesundheitszustandes. Dabei wird von zahlreichen Ärzten beobachtet, dass der Gesundheitszustand in verschiedenen sozialen Gruppen unterschiedlich ist. Vor allem in Großstädten und in Familien, die in ökonomisch nicht hinreichend gesicherten Lebensverhältnissen leben, finden sich nicht nur öfter bestimmte Erkrankungen wie Tuberkulose, Infektionskrankheiten, Alkoholismus und

Geschlechtskrankheiten, sondern auch ein allgemein schlechterer Gesundheitszustand, der sich etwa an der Schul- und Militärtauglichkeit ablesen lässt, sowie ein höheres Mortalitätsrisiko vor allem hinsichtlich der Kindersterblichkeit (Mosse & Tugendreich, 1994). Körpersoziologisch aufschlussreich sind diese medizinischen Befunde, da die unterschiedlichen Krankheits- und Mortalitätsrisiken weniger über biologische Ursachen erklärt werden, sondern über die unterschiedlichen Lebensbedingungen, und zwar vor allem die Wohnverhältnisse, die Ernährungssituation und den Beruf. Da die sozial ungleichen Lebensbedingungen sich somit am und im Körper nachweisen lassen, muss der Körper folgerichtig gesellschaftlichen Einflüssen unterliegen. Der Mensch und sein Körper sind somit als Zoon politikon zu verstehen.

Neuere Untersuchungen der Gesundheits- und Medizinsoziologie kommen zu ähnlichen Befunden und zeigen, dass nicht nur in niedrigen Statusgruppen bestimmte Krankheiten häufiger vorkommen, sondern auch in statushohen Gruppen (Lampert & Kroll, 2014; Mielck, 1994). Neben den herausgearbeiteten Einflussfaktoren der ungleichen Ressourcenverteilung wie Einkommen und Vermögen erklären die neueren Studien Gesundheit auch mit statusabhängigen Verhaltensweisen etwa hinsichtlich der Art und Weise der Ernährung, der sportlichen Aktivität, der Rauchgewohnheit, der Arzt-Patienten-Interaktion oder des Umgangs und der Fürsorge mit dem eigenen Körper, der sich z. B. an der Wahrnehmung präventiver Untersuchungen oder der Pflegeintensität des Körpers nachweisen lässt.

Dass der Gesundheitszustand nicht nur über biologische Faktoren, sondern auch über soziale Faktoren zu erklären ist, sodass soziale Verhältnisse inkorporiert und verkörpert werden, bestätigen auch bevölkerungswissenschaftliche Studien, die sich für Unterschiede der Lebenserwartung interessieren. So kann Luy (2002) nachweisen, dass die beobachtbaren unterschiedlichen Lebenserwartungen von Männern und Frauen zu einem Großteil auf geschlechtsspezifische Verhaltensmuster und eben nicht auf biologische Faktoren zurückzuführen sind. In einer originellen Studie, die die geschlechtsspezifische Lebenserwartung der Klosterbevölkerung mit der allgemeinen Bevölkerung vergleicht, kann Luy in Folge der um einige Jahre höheren Lebenserwartung der männlichen Klosterbevölkerung im Vergleich zu der männlichen Allgemeinbevölkerung und den geringen Unterschieden hinsichtlich der weiblichen Sterberaten aufzeigen, dass die weitestgehend gleichen Lebensbedingungen, Lebensumstände und Lebensstile von Nonnen und Mönchen zu einer Verringerung der geschlechtsspezifischen Unterschiede der Mortalität führen. Den Einfluss sozialer Faktoren auf die Lebenserwartung bestätigen auch Untersuchungen, die sich den unterschiedlichen Mortalitätsrisiken verschiedener Status- und Bevölkerungsgruppen annehmen. So schreiben etwa Lampert und Kroll (2014, S. 2): „Die Ergebnisse zeigen, dass Frauen und Männer, deren Einkommen unterhalb der Armutsrisikogrenze liegen, ein im Verhältnis zur höchsten Einkommensgruppe um das 2,4- bzw. 2,7-fache erhöhtes Mortalitätsrisiko haben. Infolgedessen erreicht in der niedrigen Einkommensgruppe ein deutlich geringerer Anteil der Frauen und Männer das 65. Lebensjahr. Von den Frauen, die einem relativen Armutsrisiko unterliegen, trifft dies auf 84 % zu, während es von den relativ wohlhabenden Frauen 93 % sind. Bei

Männern betragen die Vergleichswerte 69 % in der niedrigen und 87 % in der hohen Einkommensgruppe. Unter Einbeziehung der mittleren Einkommensgruppen lässt sich die Aussage treffen, dass die Chance, 65 Jahre oder älter zu werden, mit steigendem Einkommen sukzessive zunimmt".

Auch neuere Untersuchungen der Wirtschafts- und Ernährungsgeschichte können einen Einfluss der gesellschaftlichen Lebens- und Existenzbedingungen auf den Körper nachweisen. Bemerkenswert sind diese Untersuchungen, da sie zeigen, dass die gesellschaftlichen Lebensbedingungen bis tief in den Bewegungsapparat, die Muskulatur und den Knochenbau eingehen. Vor allem die innovativen Untersuchungen von Komlos (1997; vgl. zur Kritik Steuerwald, 2010, S. 180 ff.) hinsichtlich des Problems, warum im 19. Jahrhundert trotz eines allgemeinen Wirtschaftswachstums sich die Lebensbedingungen verschlechtern, können aufzeigen, dass die Körpergröße zwar durchaus von den biologischen Anlagen abhängig ist. Die tatsächlich erreichte und empirisch messbare Körpergröße ist aber zusätzlich von den gesellschaftlichen Bedingungen während der Wachstumsphase abhängig wie die Ernährungssituation oder die gesellschaftlichen Umgangsweisen mit Hygiene. Dies zeigt sich zum einen darin, dass die durchschnittlichen Körpergrößen zu Beginn des 19. Jahrhunderts um mehrere Zentimeter schrumpfen, ein Befund, der biologisch nicht ohne Weiteres zu erklären ist. Zum anderen belegen dies auch die unterschiedlichen Körpergrößen sozioökonomischer Statusgruppen, die in wirtschaftshistorischen und archäologischen Untersuchungen festgestellt wurden (Komlos, 1997; Meyer, 2014). Demnach werden Menschen, die in den ersten 20 Lebensjahren in ökonomisch gesicherten Lebensverhältnissen aufwachsen, größer als Menschen, die während der Wachstumsphase in ökonomisch ungesicherten Lebensverhältnissen und unter Mangelernährung aufwachsen.

Im Unterschied zu den medizin-, gesundheits- und bevölkerungssoziologisch ausgerichteten Studien, die empirisch aufzeigen, dass sich der sozioökonomische Status auf den Gesundheitszustand des Körpers auswirkt, und diesen Zusammenhang mit relativ „einfachen" theoretischen Zusammenhängen erklären, bemüht sich Bourdieu (1999) darum, empirisch und theoretisch aufzuzeigen, wie Gesellschaften und ihre Sozialstrukturen sich tief in die körperlichen Strukturen bis hin zu dem Bewegungsapparat und den organischen Strukturen einschreiben. Kern der theoretischen Ausarbeitung ist eine Inkorporierungsthese, die im Prinzip eine Radikalisierung der klassischen Internalisierungsthese ist (vgl. Steuerwald, 2010). Bourdieu geht also nicht wie die klassische Soziologie davon aus, dass zumeist als körperlos verstandene Akteure soziale Strukturen und Kulturmuster internalisieren und darüber die Verhaltensweisen und Handlungsstrategien gesellschaftlich geprägt werden, sodass Gesellschaft möglich ist. Vielmehr werden Kulturmuster, Wertvorstellungen und Sozialstrukturen inkorporiert, sodass die Körper von Kopf bis Fuß und mit Haut und Haaren gesellschaftlich sind, die Gesellschaft in Fleisch und Blut übergeht und sich eingefleischte Routinen und Handlungsgewohnheiten ausbilden. So bemerkt Bourdieu (1999, S. 730): „Die von den sozialen Akteuren im praktischen Erkennen der sozialen Welt eingesetzten kognitiven Strukturen sind inkorporierte soziale Strukturen." Um die Inkorporierungsthese schließlich handlungssoziologisch bestimmen zu können, arbeitet Bourdieu das Konzept des Habitus heraus, das als Dispositionssystem körperlicher Handlungs-, Wahrnehmungs- und Beurteilungsschemata angelegt ist und zum einen die gesellschaftlichen und sozial ungleichen Existenzbedingungen in den Körper verlegt und zum anderen als Erzeugungsprinzip sozialer Handlungspraktiken funktioniert.

In seiner Analyse der französischen Sozialstruktur der 1960er und 1970er Jahre kann Bourdieu (1999) empirisch aufzeigen, wie der Körper, der Geschmack, die Handlungs- und Sichtweisen, aber auch die Freizeitpraktiken, die Ernährungsweisen und die Wissensbestände von der Zugehörigkeit zu einer sozialen Klasse abhängig sind. So identifiziert Bourdieu im Kern drei soziale Klassen (Bürgertum, Kleinbürgertum, untere Klasse) in Abhängigkeit des verfügbaren ökonomischen und kulturellen Kapitals mit jeweils eigenen Handlungs-, Bewertungs- und Wahrnehmungsmustern, körperlichen Umgangsweisen und Anforderungen an den Körper. Die bürgerliche Klasse, die über das größte Kapitalvolumen verfügt, lässt sich über ein hohes Maß an Körperkontrolle, einem Anschein von Natürlichkeit und einen Sinn für Distinktion kennzeichnen. Empirisch zeigt sich dies an einem ruhig gestellten Körper und einem zurückgenommenen Bewegungs- und Ausdrucksverhalten sowie an den überdurchschnittlich hohen Anforderungen an das körperliche Aussehen, die Kleidung und die körperliche Inszenierung. Dies drückt sich in den zeit- und kapitalintensiven Investitionen in den Körper aus etwa in der Bevorzugung von Sportarten, die eine hohe Geschicklichkeit schulen (Fechten, Segeln), in der Ernährung, die nicht nur durch eine Vorliebe für bestimmte Lebensmittel, sondern auch durch eine langsame und kontrollierte Essweise unter Verwendung von Besteck und Servietten gekennzeichnet ist, sowie der Pflege des Körpers, die sich neben der Körperpflege und Praktiken der Schönheitspflege an der erhöhten Inanspruchnahme von Vorsorgeuntersuchungen festmachen lässt. Das Kleinbürgertum, das sich durch mittlere Kapitalvolumen auszeichnet, orientiert sich weitestgehend an den kulturellen Vorgaben, Geschmacksnormen und Körpervorstellungen des Bürgertums. In Folge der geringeren Kapitalausstattung sowie der daraus resultierenden Handlungsrestriktionen ist es für das Kleinbürgertum ungleich schwerer, die bürgerlichen Kulturmuster zu realisieren. Konsequenz ist ein Lebensstil, der durch Überkorrektheit, Unsicherheit und Angespanntheit bestimmt ist, sodass etwa Frauen aus dem Kleinbürgertum ihr körperliches Aussehen schlechter bewerten als Frauen aus dem Bürgertum. Auch die Anstrengungen, die das Kleinbürgertum unternimmt hinsichtlich der Investitionen in den Körper, werden im Unterschied zum Bürgertum eher als Anstrengungen und Arbeit sichtbar und weniger als gewohnheitsmäßige und damit natürlich erscheinende Praktiken. So zeigen sich z. B. die Unterschiede zwischen einem „natürlichen" Körper des Bürgertums und einem „erarbeitenden" Körper des Kleinbürgertums in der Befürwortung von Frauen des Kleinbürgertums von eher „bewussten" und kurzfristigen Körperstrategien wie Diäten oder Schönheitsoperationen, die den eher unbewussten und zeitintensiven Handlungspraktiken des Bürgertums mit ihrem natürlichen Anschein entgegen stehen. Hinzu kommen die zahlreichen Strategien von aus dem neuen Kleinbürgertum stammenden und in repräsentativen Berufen beschäftigten

Frauen, die ihren Körper als Kapital verstehen, dessen Marktwert sich analog einer ökonomischen Logik über die Investitionen in den Körper wie Pflege und Make-up bestimmt. Für die unteren Klassen, die über das geringste Kapitalvolumen verfügen, lässt sich analog zu dem von Bourdieu beschriebenen „Geschmack des Notwendigen" ein eher instrumentelles und funktionales Verhältnis zum Körper feststellen. Empirisch zeigt sich die Klassenzugehörigkeit an kräftigen und eher übergewichtigen Körpern und einer daran ausgerichteten Ernährungsweise, die kostengünstig und zugleich kalorienreich ist. Hinzu kommen Sportarten, die kräftige und robuste Körper voraussetzen und trainieren (Rugby, Kraft- und Kampfsportarten). Neben der hohen Wertschätzung für kräftige Körper lässt sich das funktionale Körperverständnis auch an den geringeren Investitionen in den Körper etwa hinsichtlich der aufgewendeten Zeit für Körperpflege und Make-up sowie dem eher unkontrollierten Ausdrucks- und Bewegungsverhalten beobachten (lautes Lachen, Essen mit vollem Mund).

Dass sich die Klassenzugehörigkeit am Körper ablesen lässt, bestätigen schließlich auch neuere Untersuchungen der soziologischen Attraktivitätsforschung. So weist Penz (2010) nach, dass sowohl die körperlichen Praktiken und Umgangsweisen als auch die Anforderungen an den Körper, die sich in kulturellen Wert- und Normvorstellungen verfestigen, sowie die Sichtweisen eigener und fremder Attraktivität sich nicht nur nach Geschlecht, sondern auch nach Klassenzugehörigkeit unterscheiden. Dementsprechend identifiziert Penz insgesamt sechs unterschiedliche Schönheitsklassen, die sich je nach Sicht auf den Körper und den körperlichen Verhaltensweisen unterscheiden (Tab. 1).

Auch wenn zahlreiche Unterschiede zwischen den sozialen Klassen und den Geschlechtern bestehen, zeigt ein Vergleich der Schönheitsklassen, dass zwischen den Männern der oberen und der unteren Klasse die größten Differenzen hinsichtlich ästhetischer Vorstellungen und Praktiken bestehen. So sind Männer der unteren Klasse in Folge ihrer beruflichen Tätigkeit, die zumeist mit körperlichen Tätigkeiten verbunden ist, vor allem mit einer Schweiß- und Geruchsbekämpfung beschäftigt, der neben den Haaren die weitaus wichtigste Bedeutung zukommt, während Männer der oberen Klasse auf ein gepflegtes und seriöses äußeres Erscheinungsbild Wertlegen, eine hohe sportliche Aktivität aufweisen, eine umfangreiche Körperpflege betreiben und Schönheit als persönlichen Stil verstehen. In dieser Hinsicht bestehen kaum Differenzen zu Frauen der oberen Klasse, die ähnliche Vorstellungen und Anforderungen an den Körper haben. Auch innerhalb der weiblichen Schönheitspraktiken zeigen sich zahlreiche Unterschiede

**Tab. 1** Schönheit nach sozialer Klasse und Geschlecht

| | Frauen | Männer |
|---|---|---|
| Obere Klasse | Natürlichkeit und Individualität | Attraktivität als verallgemeinerter Normalzustand |
| Mittlere Klasse | Schönheit zum Wohlfühlen | Unauffällige sportliche Schönheit |
| Untere Klasse | Schönheit durch intensive Pflege | Kampf gegen Schweiß und Körpergeruch |

Quelle: nach Penz, 2010; eigene Darstellung

in Abhängigkeit der sozialen Statusgruppe, die jedoch nicht so stark ausgeprägt sind wie die zwischen den männlichen Klassen. So nimmt z. B. nicht nur der Besuch von Sonnenstudios mit sinkender sozialer Lage ab, sondern auch die Bedeutung von Piercings und Tätowierungen. Zwischen den Geschlechtern ist auffällig, dass vor allem Männer Gesundheit und Fitness als Motive der eigenen ästhetischen Handlungen anführen und Frauen zusätzlich die Attraktivität als Motiv benennen. Im Anschluss an Bourdieu versteht Penz letztlich die Schönheitspraktiken als Handlungsvollzüge und körperliche Umgangsweisen, über die kulturelle Vorstellungen von Geschlechtern und soziale Klassen in die Körper übergehen und sich an den Körpern festmachen lassen.

## 3 Schluss

Die vorliegende Übersicht versammelt eine Auswahl verschiedener Untersuchungen, die sich mit dem Zusammenhang von Körper und sozialen Ungleichheiten auseinander setzen. Auffällig ist dabei, dass sich im Kern zwei unterschiedliche Zugangsweisen herausarbeiten lassen. Während in dem einen Zugang der Einfluss des Körpers auf die soziale Zugehörigkeit zu einer Statusgruppe untersucht wird, der Körper dort folglich als biologisch und nicht gesellschaftlich verstanden wird, wird in dem anderen Zugang der Einfluss der Gesellschaft auf den Körper untersucht. Damit einhergeht ein Körperverständnis, das den biologischen Körper als vergesellschafteten Körper versteht, der bis in die Knochenstruktur, die Organe und den Muskelaufbau soziokulturellen Einflüssen unterliegt. Körpersoziologisch bedeutsam ist die erste Perspektive insofern, da die dort subsumierten Studien nachweisen können, dass zwar mit der sozialen Position oder dem sozioökonomischen Status bestimmte Körpermerkmale korrespondieren. Dennoch ist der Körper nicht ursächlich für den sozialen Status verantwortlich, sondern vielmehr die daran angeschlossenen Deutungsstrukturen, Verhaltensmuster und Zuschreibungen. Es ist somit ein Verdienst dieser Studien aufzuzeigen, dass in hochkomplexen Gesellschaften das Geschlecht, die Hautfarbe oder eine bestimmte Körpergröße an sich nicht besser oder schlechter sind für bestimmte gesellschaftliche Lebensbedingungen. Eine Besser- oder Schlechterstellung bekommen die Körpermerkmale erst in Folge der gesellschaftlichen Zuschreibungen und den daran angeschlossenen Handlungsstrategien und Verhaltensmustern. Körpersoziologisch aufschlussreich ist die zweite Perspektive schließlich, da sie zum einen aufzeigen kann, dass sich Gesellschaften, ihre Sozialstrukturen und Kulturmuster in den Körpern nachweisen lassen. Zum anderen bietet sie in Folge der Inkorporierungsthese auch ein theoretisches Konzept, mit dem der Körper einer soziologischen Analyse zugänglich gemacht werden kann.

Obwohl die voranstehenden Studien in vielen Hinsichten dokumentieren, dass es einen Zusammenhang zwischen sozialen Ungleichheiten und Körpern gibt, bleibt zum einen die Aufgabe, die Ergebnisse empirischer Studien aus unterschiedlichen Wissenschaftsdisziplinen zu sammeln, aufzuarbeiten und daraus theoretische Konzepte zu entwickeln. Zum anderen ist es nötig, weitere soziologisch informierte Studien durchzuführen, um zu überprüfen, wie weit der Körper als Maßstab für soziale Ungleichheiten hinreicht, welche Körperbereiche und Merkmale wie geprägt werden und inwieweit sich im historischen Vergleich Veränderungen bemerkbar machen.

## Literatur


Bois, Du., & Burghardt, W. E. (1906). Die Negerfrage in den Vereinigten Staaten. *Archiv Für Sozialwissenschaft Und Sozialpolitik, 22*, 31–79.

Bourdieu, P. (1999). *Die feinen Unterschiede. Kritik der gesellschaftlichen Urteilskraft*. Suhrkamp.

Bozoyan, C., & Wolbring, T. (2012). Körpermerkmale und Lohnbildung. In N. Braun, M. Keuschnigg, & T. Wolbring (Hrsg.), *Wirtschaftssoziologie II. Anwendungen*. Oldenbourg.

Davis, K., & Moore, W. E. (1967). Einige Prinzipien funktionaler Schichtung. In H. Hartmann (Hrsg.), *Moderne amerikanische Soziologie*. Enke.

Dunkake, I., Kiechle, T., Klein, M., & Rosar, U. (2012). Schöne Schüler, schöne Noten? Eine empirische Untersuchung zum Einfluss der physischen Attraktivität von Schülern auf die Notenvergabe durch das Lehrpersonal. *Zeitschrift Für Soziologie, 41*, 142–161.

Gould, S. J. (1988). *Der falsch vermessene Mensch*. Suhrkamp.

Herzog, D. (1965). *Klassengesellschaft ohne Klassenkonflikt. Eine Studie über William Llyod Warner und die Entwicklung der neuen amerikanischen Stratifikationsforschung*. Duncker & Humblot.

Komlos, J. (1997). Warum wurden die Leute kleiner in einer wachsenden Volkswirtschaft? *Historical Social Research, 22*, 150–161.

Lampert, T., & Kroll, L. E. (2014). Soziale Unterschiede in der Mortalität und Lebenserwartung. In R. Koch-Institut (Hrsg.), *Gesundheitsberichtserstattung kompakt 5* (S. 1–13). Robert Koch-Institut.

Luy, M. (2002). *Warum Frauen länger leben – Erkenntnisse aus einem Vergleich von Kloster- und Allgemeinbevölkerung*. Materialien zur Bevölkerungswissenschaft 106. Bundesinstitut für Bevölkerungsforschung.

McLaren, L. (2007). Socioeconomic status and obesity. *Epidemiologic Reviews, 29*, 29–48.

Meyer, C. (2014). Menschliche Skelettfunde als Zeitzeugen der Vergangenheit. Die ersten Bauern aus anthropologischer Perspektive. In: T. Terberger & D. Gronenborn (Hrsg.). *Vom Jäger und Sammler zum Bauern Die Neolithische Revolution*. Sonderheft der Zeitschrift Archäologie in Deutschland. Darmstadt: Theiss. Wissenschaftliche Buchgesellschaft.

Mielck, A. (Hrsg.). (1994). *Krankheit und soziale Ungleichheiten. Ergebnisse der sozialepidemiologischen Forschung in Deutschland*. Leske+Budrich.

Mosse, M., & Tugendreich, G. (1994). *Krankheit und Soziale Lage*. Cromm.

Parsons, T. (1968). Ansatz zu einer analytischen Theorie der sozialen Schichtung. In T. Parsons (Hrsg.), *Beiträge zur soziologischen Theorie. Herausgegeben und eingeleitet von Dietrich Rüschemeyer*. Luchterhand.

Penz, O. (2010). *Schönheit als Praxis. Über klassen- und geschlechtsspezifische Körperlichkeit*. Campus.

Souza, J. (2008). *Die Naturalisierung der Ungleichheit. Ein neues Paradigma zum Verständnis peripherer Gesellschaften*. Verlag für Sozialwissenschaften.

Steuerwald, C. (2010). *Körper und soziale Ungleichheit. Eine handlungssoziologische Studie im Anschluss an Pierre Bourdieu und George Herbert Mead*. UVK.

Warner, W. L. (1936). American class and caste. *American Journal of Sociology, 42*, 234–237.

# Sozialisation

Katharina Liebsch

## Einleitung

Die Sozialisationsforschung ist ein interdisziplinäres Arbeitsfeld der Anthropologie, Soziologie, Psychologie und Erziehungswissenschaft, das insbesondere in den 1970er und 1980er Jahren eine große Fülle empirischer Untersuchungen und Beschreibungen hervorbrachte, in denen der Frage nachgegangen wird, wie objektiv gegebene, historisch entstandene Lebensbedingungen subjektiv verarbeitet und bearbeitet werden. Gegenstand sozialisationstheoretischer Untersuchungen sind Prozesse der subjektiven Anpassung an soziale Umwelten, der Aneignung sozialer Normen sowie umgekehrt die Gestaltung und Veränderung von Sozialem und Kulturellem durch die Individuen. Im Mittelpunkt steht die Erforschung eines wechselseitigen Zusammenhangs von „Individuum und Gesellschaft" und der Verflechtung von „Sozialstruktur und Persönlichkeit" (Hurrelmann, 2002). Der Körper ist in diesen Verflechtungszusammenhang zweifach eingebunden: Zum einen wird die körperliche Materialität sozialstrukturell bestimmt und als ein verkörperlichter Ausdruck sozialer Strukturierung, als ein Produkt gesellschaftlicher Normierung verstanden. Zum zweiten wird der Körper als Voraussetzung menschlichen Seins und Tuns angesehen, der einen jeweils spezifischen, individuell unterschiedlichen Bedingungskontext für Handlungsmodi und Praxisvollzüge darstellt. Dabei wird der sozialisationstheoretisch betrachtete Körper häufig in der Perspektive von Entwicklung und Veränderung betrachtet, beispielsweise als individuelle Anforderung, sich mit den Dynamiken eines kindlichen, adoleszenten, schwangeren oder alternden Körpers auseinanderzusetzen, die einen jeweils biografischen oder lebensphasenbedingten, individuell besonderen wie auch kulturell und sozial verschiedenen Umgang mit dem Körper zum Ausdruck bringen, der seinerseits Praktiken, Normen

K. Liebsch (✉)
Hamburg, Deutschland
E-Mail: k.liebsch@hsu-hh.de



R. Gugutzer et al. (Hrsg.), *Handbuch Körpersoziologie 2*,
https://doi.org/10.1007/978-3-658-33298-3_33

und Betrachtungsweisen von Körperlichkeit im Allgemeinen zu variieren vermag. Eine sozialisationstheoretische Perspektive auf den Körper beinhaltet deshalb sowohl die Frage nach der sozialen Konstruktion der Entwicklung von Körpern als auch die Frage nach der Bedeutung des Körpers für die Konstituierung sozialer Praxis und sozialer Realitäten (Bauer & Bittlingmayer, 2008, S. 119), wobei die erste Perspektive deutlich stärker ausgearbeitet ist.

Die theoretische Begrifflichkeit wie auch die Formen der empirischen Erforschung dieses Themengebiets haben sich in den letzten drei Jahrzehnten stark ausdifferenziert und so ist der Begriff der Körpersozialisation um die theoretische Entfaltung der Begriffe der Biografie, des Habitus, der Identität, des Lebenslaufs und der Subjekt-Konstitution und deren körperliche Dimensionen ergänzt und teilweise gar ersetzt worden. Nicht selten wird heute in der Biografie- und der Habitusforschung das untersucht, was lange als Gegenstand der Sozialisationsforschung galt: die Prozesse des Werdens und Geworden-Seins von individuellen Körpern im Schnittpunkt von Institutionen, sozialen Strukturen, Praktiken, Diskursen und Normierungen. Allerdings unterscheiden sich die Zugänge hinsichtlich ihrer Fragestellungen und theoretischen Bezüge. Während weite Teile der klassischen Sozialisationsforschung und der sozialpsychologischen Identitätsforschung wie auch die Lebenslaufforschung untersuchen, wie sozialstrukturelle Unterschiede und Ungleichheiten sich in den körperbezogenen Handlungen und Praktiken der Individuen zeigen, nehmen biografie- und habitustheoretische Ansätze und dekonstruktive Subjekt-Theorien auch die symbolisch-imaginäre und ideologische Qualität von Körper-Bildern, Zuschreibungen und diskursiven Körper-Effekten in den Blick. Damit verbunden sind Unterschiede der Herangehensweise und des methodischen Instrumentariums. So favorisiert der erst genannte Forschungszusammenhang Beobachtungen, Umfragen und sozial-statistische Erhebungen, während in der zweiten Perspektive diskursanalytische und dekonstruktive Verfahren dominieren.

Die unterschiedlichen Forschungsrichtungen, die im Paradigma der Sozialisationsforschung versammelt sind, nehmen also einen je verschiedenen Blick ein auf die Erforschung körperlicher Vergesellschaftungsprozesse und die Erforschung der Bedeutung des Körpers für die Konstituierung sozialer Praxis. Der vorliegende Beitrag zielt deshalb darauf, die Bandbreite von Facetten, Aspekten und theoretischen Zugängen anhand von drei ausgewählten Körper-Themen – Bewegung, Geschlecht und Gesundheit – an jeweils eine Struktur- und Analyseperspektive der Sozialisationsforschung angebunden zu veranschaulichen. Dazu soll erstens ein Zugang der Sozialisationsforschung vorgestellt werden, der die Analyse institutionalisierter Kontextbedingungen individueller Körperlichkeit in den Blick nimmt und die Rolle und Bedeutung überindividueller Handlungskontexte für die soziale Ausgestaltung und Formierung körperlicher Bewegung am Beispiel des Sports betrachtet. Zweitens wird eine überwiegend (de)konstruktivistisch ausgerichtete sozialisationstheoretische Perspektive betrachtet, die den Geschlechtskörper als Produkt sozialer Prägung und sozialer Normierungen versteht, die im Prozess des Aufwachsens und Alterns lebensgeschichtlich angeeignet und ausgestaltet werden. Drittens schließlich soll ein Verständnis von Körpersozialisation vorgestellt werden, in dem ein als krank bzw. behindert klassifizierter Körper als distinktives Zeichen, als Merkmal von Zugehörigkeit und sozialer Positionierung fungiert, das körperliche Realitäten aktiv gestaltet und sozialen Wandel von Körperlichkeit zu erzeugen vermag. Mit der Auswahl dieser Perspektiven bildet dieser Beitrag die Schwerpunktsetzungen in der Körpersozialisationsforschung ab, in der Fragen nach der sozialen Konstruktion von Körpern im Vordergrund stehen, während Untersuchungen und Reflexionen zur konstitutiven Bedeutung von Körpern für Sozialisation und für soziale Praxis seltener sind. Dementsprechend werden abschließend die Ansätze und Betrachtungsweisen im Hinblick auf ihre Implikationen und Leerstellen für die Theoriebildung zum Thema Körpersozialisation diskutiert.

## 1 Institutionalisierte Kontexte der sozialen Formierung des Körpers: Sport als Instanz der Bewegungssozialisation

Studien zur Körpersozialisation zielen auf die Erarbeitung eines Verständnisses der sozialen Standardisierungsprozesse, normativen Strukturierungsweisen und performativen Spielräume individueller Körperlichkeit. Grundannahme ist, dass der Körper in einer jeweils spezifischen Umwelt geformt, wahrgenommen, interpretiert und bewertet wird. Luc Boltanski verortet den Prozess der verleiblichten gesellschaftlichen Positionierung in einer „somatischen Kultur", einem „Kodex der guten Sitten für den Umgang mit dem Körper, der tief verinnerlicht und allen Mitgliedern der bestimmten sozialen Gruppe gemeinsam" und weitgehend unbewusst ist. Als eine Art Anstandsregel definiert dieser Kodex die „konforme Art (…), die alltäglichsten physischen Handlungen auszuführen, zu gehen, sich anzukleiden, sich zu ernähren, sich zu waschen, sich zu schminken und, für einige, zu arbeiten, die korrekte Art, in der physische Interaktionen mit anderen abzulaufen haben, die Distanz zu einem Partner, die man aufrechtzuerhalten hat, die Art, in der man ihn anzusehen, zu berühren hat, die Gesten, die auszuführen in seiner Gegenwart angemessen ist und zwar abhängig von seinem Geschlecht, seinem Alter, davon, ob er ein Verwandter, ein Freund, ein Fremder ist, ob er derselben Sozialschicht angehört oder nicht, von Ort und Tageszeit" (Boltanski, 1976, S. 154). Hierzu gehören auch Regeln, wie über den Körper gesprochen wird. Diese nach Kultur, Geschlecht, Alter und sozialstrukturellen Merkmalen ausdifferenzierten Kodizes und Diskurse unterliegen einem historischen Wandel und werden heute zunehmend durch medial vermittelte, globale Dominanzdiskurse beeinflusst.

Darüber hinaus ist die soziale Modellierung von Körpern als „Technisierung", als „Normierung" und „Regulierung" sowie als „Zivilisierung" und „Disziplinierung" beschrieben worden, die qua Interaktion des individuellen Körpers mit der materiellen Kultur, z. B. im Umgang mit Techniken, Werkzeugen und Handhabungsweisen von Dingen, eine je besondere „soziale Motorik" ausbilde, die das Denken, Fühlen und Handeln von Personen strukturiere (Alkemeyer, 2008, S. 350 f.). Dementsprechend arbeitet auch Pierre Bourdieu in seinem Konzept des Habitus die Bedeutung von

„stummer“, „gestischer“, körperlicher Sozialisation für implizite Einstellungen, Werte und für die Erzeugung „eine(r) komplette(n) Kosmologie, Ethik, Metaphysik und Politik“ (Bourdieu, 1987, S. 128) heraus. Der hier konstatierte Zusammenhang von körperlichen Praktiken und sozialem Sinn akzentuiert die Bedeutung von materiellen und kulturellen Lebensbedingungen in ihren institutionellen und organisationellen Formen für die Ausgestaltung körperlicher Bewegung und körperlichem Ausdrucksformen. So strukturieren beispielsweise Medizin, Sport und Medien als sog. Sozialisationsinstanzen die Praxis und den Sinn körperlicher Aktivitäten, die in ihrer unterschiedlichen Art und Form der Institutionalisierung auch jeweils andere Bedeutungen transportieren und körperlich einschreiben; z. B. sind sportive Praktiken als Mannschaftssport, Sport im Turnverein oder als Fitness mit jeweils unterschiedlichen „Kosmologien“ und „Ethiken“ verbunden: Sie zielen auf entweder Wettkampf, Fairness, Leistungsorientierung oder wie bei Fitness auf ein Konglomerat von Gesundheit, Wohlbefinden, Selbst-Disziplin und Jugendlichkeit.

Pierre Bourdieu (1986) charakterisiert die in kodifizierten Sportdisziplinen wie Fußball, Tennis oder Leichtathletik organisierte Praxis des modernen Sports als ein historisch in England entstandenes Angebot an praktischen Modellen des Sich-Bewegens mitsamt der dazugehörigen Rituale, Codes und Institutionen, das über körperliche Dispositionen gesteuert werde und eine entsprechende „Nachfrage“ erzeuge. Dabei, so stellt Bourdieu heraus, sei von besonderer Bedeutung, dass der Sport, indem er sich als Interessen freie Praxis präsentiert, zentrale Werte und Normen der bürgerlichen Gesellschaft dramaturgisch darstelle, inszeniere und aufführe und so zur Vermittlung eines legitimen Umgangs mit dem Körper beitrage. So gesehen resultieren sportliche Bewegungspraktiken aus einem Prozess sozialer Disziplinierung und geben gleichermaßen Hinweise auf die Körperkulturen und Gesellschaftsstrukturen, welche sie hervorbringen. In diesem Sinne hat z. B. das Forschungsteam um Thomas Alkemeyer gezeigt, dass die vielfältigen Bewegungspraxen des Sports und der populären Kultur – vom Mountainbiking und Skateboardfahren bis zum Techno und HipHop – sowohl Hinweise auf die gegenwärtigen komplexen Konsumkulturen transportieren als auch Ausdruck einer individualisierten Gruppenmythologie sind und eine männliche Risikobereitschaft abbilden, die sich von bürokratischer Routine und einem formalistischen Gruppenverständnis abgrenze (Alkemeyer et al., 2003).

Die gesellschaftliche Ausdifferenzierung der Instanzen von Körperformierung und Bewegungssozialisation – weg von Arbeit und Organisation als Instanz der Körper und Bewegungssozialisation, z. B. in der Form fordistischer Fabrikarbeit, lokalem Turn-, Karnevalsverein und Spielmannszug, hin zum Bereich von Nicht-Arbeit, z. B. als Sport, Tanz und Freizeit-Aktivität – hat ein breit gefächertes Angebot von Bewegungsformen und Körperbildern etabliert, aus dem Individuen heute auswählen und ihre Körper und ihre Beweglichkeit selbsttätig formen und entwickeln. Diese Art von „Selbst-Sozialisation“ (Zinnecker, 2000) vollzieht sich als eine Art freiwillige Arbeit am Körper, die auf die Herstellung ausgewählter körperlicher Attribute (z. B. sixpack, cellulitefrei), Codes (z. B. der Lockerheit, der coolness) und Vorlieben (z. B. entspannend oder schweißtreibend) ausgerichtet sind und zumeist in einer Gruppe Gleichgesinnter praktiziert werden und/oder auf den Anschluss an eine solche (Wahl-)

Gemeinschaft zielen. Die den angestrebten und erworbenen körperlichen Haltungen und Stilen inhärenten Normen und imaginären Bedeutungen werden im Zusammenspiel von Sozialisationsinstanzen und Sozialisationsagenturen entwickelt, zu denen auch die Institutionen des Sports und das dort tätige Personal einen wichtigen Beitrag leisten. Gut dokumentiert ist die Rolle von Sport-Formaten im Alltag von Jugendlichen und die damit einher gehende Förderung spezifischer Körperlichkeiten, Affekt- und Phantasiewelten. Dabei wird davon ausgegangen, dass die Dispositionen zu körperlichen Ausdrucksformen, Affekten und Phantasiewelten aus Interaktionserfahrungen der primären und sekundären Sozialisation durch die Teilnahme am Sport und durch die Auswahl von bestimmten Formen des Sportengagements eine neue Gestalt erhalten und in den offenen Suchbewegungen der Adoleszenz auf Bedürfnisprofile und ungelöste Konflikte treffen und umgearbeitet werden (z. B. Burrmann et al., 2015).

Die Entstehung neuer Instanzen und Formate von Bewegungssozialisation vollzieht sich im Kontext eines gesellschaftlichen Wandels des Verhältnisses von Körper und Arbeit, der Integration in den Arbeitsmarkt zunehmend an Schulabschlüsse und berufliche Qualifikationen bindet und dabei körperliche Kraft in den Hintergrund drängt. Mit der Zunahme der gesellschaftlichen Bedeutung von Bildungserfolgen verändert sich der Blick auf den Körper, dessen Leistungsorientierung nun vor allem an der Einübung eines kritischen Blicks auf denselben sowie an neuen Ansprüchen an Körperästhetik und Selbstdarstellung orientiert ist, beispielsweise als ein mit Leistung, Kontrollvermögen und Erfolg assoziierter schlanker, athletischer Sportskörper, der auch Erfolgsversprechen im Arbeitsbereich signalisiert. Insgesamt ist festzuhalten, dass die Perspektive einer auf Sozialisations*instanzen* fokussierten Körpersozialisationsforschung einen überwiegend funktionalistischen Blick auf die kulturelle Ausdifferenzierung von körperlicher Bewegung und Bewegungsangeboten gewährt; sie werden vor allem als Spiegel gesellschaftlicher Transformationen verstanden.

## 2 Der Geschlechtskörper als Produkt der Inkorporierung sozialer Normierungen: „Geschlechtsspezifische Sozialisation" als normativer Zwang

Der Aufstieg und Abstieg des Konzepts der geschlechtsspezifischen Sozialisation veranschaulicht eine weitere sozialisationstheoretische Vorstellung sowie deren Veränderung: die der Internalisierung bzw. Inkorporierung gesellschaftlicher Strukturen in die körperliche Struktur handelnder Individuen. Das anfängliche sozialisationstheoretische Interesse an der theoretischen Erfassung des Zusammenhangs zwischen der Transformation westlicher Gesellschaften zu industriekapitalistisch wirtschaftenden, national organisierten Staaten und der Herausbildung eines handlungs- und leistungsfähigen Subjekts, das in diesen Strukturen seine Persönlichkeit, Körperlichkeit und Biografie ausbildet, verallgemeinerte die Erfahrungen des Aufwachsens und differenzierte allenfalls nach Klasse und Milieu, selten aber nach Geschlecht und Ethnie/Kultur.

Erst die Studentenbewegung und die Frauenbewegung der 1960er und 70er Jahre machten geltend, dass aufgrund der geschlechtsspezifischen Arbeitsteilung in einer Gesellschaft Individuen zu einer geschlechtlich positionierten und identifizierten Person, zu ‚Frau' und ‚Mann' werden, und trieben die Analyse dieser Differenz und dieses Differenzierungsprozesses voran. Geleitet von der These, Geschlecht nicht länger als gegebene Körpernatur und individuelle Eigenschaft zu verstehen, sondern als Ergebnis gesellschaftlicher Zuschreibung und interaktiver Konstruktion, nahmen eine Vielzahl empirischer Untersuchungen den unterschiedlichen Umgang mit männlichen und weiblichen Kindern bei der Säuglingspflege, im Kindergarten oder in der Schule in den Blick, um deren sozialisatorische Wirkung zu veranschaulichen. Theoretisch wird der als frühkindlich grundgelegte Geschlechtsunterschied häufig in Anlehnung an die Psychoanalyse als Reproduktion der geschlechtsspezifischen Arbeitsteilung moderner Gesellschaften verstanden: Weil vor allem Frauen für die Versorgung und Pflege kleiner Kinder zuständig und Männer hier kaum aktiv sind, wird ein affektives Muster in Kindern induziert, das Weiblichkeit mit Verfügbarkeit und Männlichkeit mit Autonomie assoziiert (z. B. Chodorow, 1985). Eine weitere theoretische Herleitung konzipiert geschlechtliche Sozialisation und Lebensweisen in Anlehnung an die Kritische Theorie als lebensgeschichtlichen Ausdruck eines konstitutiven Widerspruchs zwischen der gesellschaftlichen Produktion und Reproduktion (z. B. Knapp, 1990).

Solche ‚positiven' Konzepte einer explizit weiblichen oder männlichen Körperlichkeit, Geschlechtlichkeit und Sozialisation geraten in den 1990er Jahren in die Kritik, als konstruktivistische und interaktionistische Ansätze Geschlecht als eine kontinuierliche soziale Praxis analysieren. Im Konzept des „Doing Gender" (West & Zimmerman, 1987) wie auch in der Vorstellung von Geschlecht als „Handlungskonfiguration" (Connell, 1999, S. 93) wird gegen die Vorstellung argumentiert, dass Geschlecht auf Grundlage eines biologischen-körperlichen Substrats entstehe. Darüber hinaus gewinnt eine zweite Richtung der Kritik an der Sozialisation zur Weiblichkeit und zur Männlichkeit an Bedeutung, die im Anschluss an Ansätze der Dekonstruktion fragt, wie es überhaupt dazu kommt, dass Personen ihre Körper als fest, begrenzt, mit einer eindeutigen Geschlechtlichkeit ausgestattet begreifen. Hier rückt der Vorschlag von Judith Butler, die Erfahrung von Körperlichkeit als Produkt von Normierung und Reglementierung zu verstehen, ins Zentrum einer Debatte, die schlussendlich dazu beiträgt, dass die sozialisationstheoretische Perspektive des ‚Geworden-Seins' von (geschlechtlichen) Körpern zunehmend an Bedeutung verliert.

In ihrem Buch „Körper von Gewicht" will Butler nicht länger darüber streiten, welche Bedeutung kulturellen Einschreibungen und welche der körperlichen Materialität zukommt. Vielmehr ist es ihr Anliegen, die Bedeutung von Materie selbst neu zu denken (Butler, 1993, S. 31). Indem sie den Körper nicht als eine gegebene ‚Tatsache', sondern als Prozess begreift, in welchem Normen und Zwänge sich derart materialisieren, dass Körperlichkeit als Natur und biologische Eindeutigkeit erscheinen, macht Butler deutlich, dass es keine Bezugnahme auf den Körper gibt, die nicht zugleich eine weitere Formierung des Körpers bedeutet. In Anlehnung an den Psychoanalytiker Jacques Lacan versteht Butler die Entwicklung eines Körpers als einen immer wieder neu erfolgenden „Beitritt zum symbolischen Gesetz" und als eine symbolische Position, die unter Androhung von Strafe eingenommen werde. Geschlecht ist im Butlerschen Verständnis ein Produkt einer ständigen Zitation und Bezugnahme auf Normen, Regeln und Zwänge der Zweigeschlechtlichkeit. Geschlechtliche Positionierung, die nicht in den Bereich der zweigeschlechtlichen und heterosexuellen Norm passen, werden, so ihre Annahme, entweder unter Androhung von Strafe ausgeblendet oder sie verlieren sich im Prozess der Wiederholungen, da sie nur selten bestätigt werden können.

Mit dem Modell der normativen Erzeugung von Körper und Geschlecht macht Butler den gesellschaftlichen Zwang zu einer kohärenten Geschlechtsidentität nachvollziehbar und zeigt darüber hinaus, wie in der Mehrdeutigkeit des Diskurses und aufgrund des Erfordernisses der Wiederholung auch ein Potenzial zur Erweiterung, Verschiebung und Resignifikation des Körpergeschlechts angelegt ist. Diese Überlegung findet seit zwei Dekaden verstärkt Eingang in empirische Untersuchungen und hat den Prozess des Geschlechtlich-Werdens sozialisationstheoretisch neu akzentuiert, beispielsweise in Form einer „Skizze einer performativen Sozialisationstheorie" (Tervooren, 2006), die das Verstehen der Komplexität uneindeutiger Geschlechtlichkeit auch im Prozess des Aufwachsens reflektiert.

Weiterhin und gleichermaßen existiert aber auch ein Zweig der Sozialisationsforschung, der ungeachtet der genannten Ansätze aus der Geschlechterforschung die Vorstellung einer biologisch bedingten Zweigeschlechtlichkeit propagiert, z. B. indem Jungen und Mädchen, Männer und Frauen miteinander verglichen bzw. Unterschiede zwischen ihnen herausgearbeitet werden oder eine biologisch-körperliche Basis von Geschlecht postuliert wird. So liest man z. B. bei Klaus Hurrelmann:

„Männer und Frauen unterscheiden sich nach ihren Geschlechtschromosomen und Geschlechtshormonen. Das Ergebnis ist ein unterschiedlicher Bau der Geschlechtsorgane, des Körpers, des hormonellen Haushalts und des Gehirns. Auch zeigen sich in vielen Untersuchungen typische Geschlechtsunterschiede in Persönlichkeit und Verhalten" (Hurrelmann, 2002, S. 15).

In diesem Zitat wird das Konzept der Sozialisation mit der Vorstellung grundgelegt, dass biologisch zweigeschlechtlich ausgestattete Körper die Basis dafür bilden, dass soziales Handeln mit stereotypen Bedeutungen von Geschlechterdifferenz verbunden werde. Ein solches, wenig begründetes Entsprechungsverhältnis von sozialer dichotomer Geschlechterstereotypik und zweigeschlechtlicher Körperlichkeit findet sich, ergänzt durch neurowissenschaftliche und evolutionsbiologische Konstruktionen von Weiblichkeit und Männlichkeit, auch in dem Krisen-Diskurs einer als marginalisiert deklarierten Entwicklung und Erziehung von Jungen heute (z. B. Rohrmann, 2008). Demgegenüber versteht die geschlechtertheoretisch fundierte Sozialisationsforschung Körper- und Geschlechtersozialisation als einen vielfach gebrochenen, durch Ungleichzeitigkeit und Konflikte gekennzeichneten Prozess, dessen empirische Dokumentationen und Analysen noch immer einen wichtigen Beitrag zur Kritik biologistischer Unterstellungen leisten.

## 3 Der klassifizierte Körper als distinktives Zeichen. Sozialisationsdynamiken von „Behinderung"

Eine dritte sozialisationstheoretische Perspektive betrachtet die Effekte der Symbolisierung und Klassifikation von Körpern und deren Veränderungen. Beispielsweise werden körperliche Versehrtheit und funktionale Beeinträchtigungen des Körpers seit dem 19. Jahrhundert als „Behinderung" klassifiziert (Davis, 2006) und ca. ein Promille der deutschen Bevölkerung als „gehörlos" angesehen, weil ihnen nur eine sehr begrenzte auditive Wahrnehmung zur Verfügung steht, die entweder erblich bedingt ist oder durch Infektionserkrankung der Schwangeren oder des Kindes oder infolge von Unfällen oder als Altersschwerhörigkeit auftritt. Da in Deutschland Schätzungen zufolge etwa 90 % der gehörlosen Kinder in hörenden Familien leben (Leonhardt, 2012, S. 58 f.), ist die primäre wie auch die sekundäre Sozialisation dieser Kinder stark von dem familiären wie auch gesamtgesellschaftlichen Bemühen einer Behebung, Kompensation und/oder Linderung von Beeinträchtigung im Sinne eines ‚medizinischen Problems' bestimmt. So wurden Gehörlose, die vor oder während des Zweiten Weltkrieges geboren wurden, dazu angehalten, sich gewöhnlich lautsprachlich zu artikulieren, mit der Folge, dass sie aufgrund ihrer teilweise schwer verständlichen Aussprache auffielen und stigmatisiert wurden. Im Verlauf der 1960/70er und 70er Jahre etablierte sich dann die Gebärdensprache, die der Verständigung der Gehörlosen untereinander dient, aber auch von immer mehr hörenden Personen aus dem Sozialisationsumfeld der Betroffenen erlernt wurde. Gegenwärtig ist die Gruppe der Gehörlosen zweigeteilt: Die größere Anzahl junger Gehörloser sind in hörenden Familien aufgewachsen, viele von ihnen haben ein „Cochlea Implantat" eingesetzt bekommen – eine unterhalb der Kopfhaut implantierte Empfängerspule, die Schallwellen an die im Hörnerv (Cochlea) eingesetzten Elektrodenträger übermittelt und dort Abschnitte des noch intakten Hörnervs stimuliert. Nur noch wenige von diesen Kindern und Jugendlichen erlernen die Gebärdensprache, vielmehr schulen sie ihre lautsprachlichen Fähigkeiten durch regelmäßige logopädische Übungen, so dass ihre „Behinderung" kaum mehr wahrnehmbar ist. Die zweite gegenwärtig präsente Gruppe besteht überwiegend aus gehörlosen Jugendliche, die in gehörlosen Familien aufgewachsen sind, sich mit Hilfe von Gebärdensprache verständigen, die (Laut-) Sprache als eine „Fremdsprache" verstehen und eine kritische Haltung dem Cochlea Implantat gegenüber einnehmen (Leonhardt, 2012).

Diese zweitgenannte Gruppe gehört in den Kontext der in den 1990er Jahren erstarkenden Behindertenbewegung, die mit dafür gesorgt hat, dass sowohl in akademischen als auch anwendungsbezogenen Debatten (z. B. in der WHO) eine Fokusverschiebung hinsichtlich des Verständnisses von „Behinderung" stattfand, die gleichermaßen die Sozialisation von Personen mit körperlichen Einschränkungen veränderte. Die Behindertenbewegung wies die bis dato weit verbreitete Annahme zurück, dass physische, sinnesbezogene, kognitive und/oder psycho-soziale Beeinträchtigungen zwangsläufig in einer Behinderung, respektive einer Benachteiligung, resultieren. Vielmehr vertritt sie ein Verständnis von Behinderung als das Ergebnis eines institutionalisierten Prozesses, der Menschen mit bestimmten Merkmalen die gesellschaftliche Teilhabe, Anerkennung und den

Respekt vorenthält. Anstatt einer individuumszentrierten Defizitperspektive, die mangelnde Teilhabe(chancen) auf persönliche Unzulänglichkeiten zurückführt, wird das Behindern von Personen mit Beeinträchtigungen durch strukturelle Barrieren erklärt.

Den Grundstein für dieses neue Verständnis von „Behinderung" legten Irving Kenneth Zola in den USA und Mike Oliver und Jenny Morris in Großbritannien Anfang der 1990er Jahre. Alle drei, selbst Wissenschaftler*nnen mit Behinderungen und in den jeweiligen Behindertenrechtsbewegungen engagiert, äußerten Kritik an der Vorstellung, dass Anlass und Veränderung von Behinderung im Körper betroffener Individuum zu suchen seien. Dem bis dato dominanten medizinisch-individualistischen Modell von Behinderung wurde ein Modell gegenüber gestellt, das den gesellschaftlichen Prozess des Behindert-Werdens in den Mittelpunkt rückte und zwischen Beeinträchtigung (impairment) und Behinderung (disability) unterschied. Behinderung und die damit einhergehenden Exklusionserfahrungen von Menschen mit Beeinträchtigungen ergäben sich, so die Argumentation, aus der gesellschaftlichen Ausrichtung an Fähigkeitserwartungen, normativen Körpervorstellungen (denen beispielsweise Architektur und Raum-Gestaltung folgen) sowie einem wohlfahrtsstaatlichen Institutionengefüge, das auf Abweichungen von diesen oder anderen Normgrößen mit Segregation reagiert. Zudem wurde kritisiert, dass Behinderung überwiegend im Sinne einer (individuellen) Physiologie verstanden als medizinisch-therapeutisches Problem deklariert wurde und damit Prozesse der sozialen und gesellschaftlichen Verkörperung von Beeinträchtigungen sowie die Reflexion entsprechender Ungleichheitserfahrungen aus dem Blickfeld sozialwissenschaftlicher Analyse geraten seien (Gugutzer & Schneider, 2007).

Es gelang der Behindertenbewegung, die Verkörperung von Behinderung und Beeinträchtigung als Produkt historisch sedimentierter, aber eben auch veränderbarer Konstruktion sichtbar zu machen. Sie zeigte, dass die historisch dominante Konstruktion von Behinderung keine Zwischenräume hinsichtlich Nicht-/Behinderung vorsah. Personen gehören entweder der Gruppe der Menschen mit oder ohne Behinderungen an; es gibt zwischen den Zuschreibungen als ‚behindert' oder ‚nicht-behindert' keine Abstufungen. Zudem ist die Beschreibung von Personen als ‚behindert' gängig, das Label ‚nicht-behindert' hingegen eher unüblich, da Personen ohne körperliche Beeinträchtigungen den als Konsens unterstellten Standard physischer, sinnesbezogener, kognitiver und psycho-sozialer Fähigkeiten repräsentieren.

Damit wird Normalität erzeugt oder anders formuliert: vollzieht sich ein Prozess der Sozialisation zur Nicht-Behinderung als Produkt adäquat angepasster Umweltbedingungen, als Zusammenwirken von psycho-physischen Begebenheiten, sozialen Lebenslagen und soziomateriellen Faktoren. Dass und wie diese Sozialisationsprozesse von den Klassifizierten selbst gestaltet und verändert werden können, zeigt auch das Beispiel der Gehörlosen mit einem Cochlea-Implantat. Während die traditionelle Behinderten-Sozialisation die Bedeutung psycho-physischer Begebenheiten herausstellt, die Behindertenbewegung die sozialen Lebenslagen und Denk-Umwelten marginalisierter Körper zu verändern bestrebt ist, nehmen die Eltern gehörloser Kinder und Jugendlicher wie auch gehörlose Erwachsene mit einem Cochlea-Implantat die neu geschaffene medizintechnologische Möglichkeit in Anspruch, körperliche Funktionen technisch zu regulieren bzw. zu ersetzen. Diese drei unterschiedlichen Formen und Verläufe der Sozialisation funktional eingeschränkter Körperlichkeit zeigen den sozialkulturellen Bedeutungswandel von Körper-Erfahrungen zum einen und die produktive Bedeutung des Körpers für die Konstituierung sozialer Praxis und sozialer Realitäten zum zweiten; der Körper ist Bestandteil eines jeden Sozialisationsgeschehens, das durch ihn auf spezifische Art und Weise hervorgebracht und gestaltet wird.

## 4 Leerstellen und offene Fragen der Konzeptualisierung von Körpersozialisation

Forschungen zur Körpersozialisation thematisieren die geschichtlichen und kulturellen Unterschiede in den Lebensbedingungen, deren normative und regulative Wirkung und die subjektive Ausgestaltung von Widersprüchen und Ambivalenzen, die im und durch den Körper zum Ausdruck gebracht werden. Beschäftigt mit Fragen von Aneignung und Reproduktion sozialer Verhältnisse durch die Individuen macht jedoch der überwiegende Teil der Sozialisationsforschung die ontogenetische Entwicklung derjenigen Qualitäten von Körperlichkeit zur Voraussetzung, welche die dekonstruktive und sozialkonstruktivistische Kritik als ideologische bzw. normative Strategie der Konstruktion des Körpers charakterisiert. Körper als Ausgangspunkt und Ziel von Sozialisationsprozessen zu setzen, erscheint gewissermaßen als ein ideologisches Vorgehen, das selbst zu einer Art ideologischem Apparat wird. Wenn beispielsweise die Entwicklung eines handlungsfähigen Körpers als Notwendigkeit, Faktum und evidente Realität angesehen wird, und umgekehrt, die fundamentale Bedeutung des Körpers für die Gestaltung sozialer Realitäten als Facette von Sozialisation nur selten thematisiert wird, dann läuft der Ansatz der Körpersozialisation Gefahr, seinen eigenen Gegenstand zu setzen, ihn implizit zu normalisieren statt ihn zu explizieren und zu erklären.

Damit stellen sich für die theoretische Konzeptualisierung von Körpersozialisation *drei* Fragen: Die *erste* kreist um ein konstitutionslogisches Paradoxon, um den Widerspruch in sozialisationstheoretischen Annahmen, die schon am Beginn der Ontogenese von einer Interaktion zwischen individueller Körperlichkeit und einer gegebenen Außenwelt ausgehen, obwohl sich doch die Körperlichkeit selbst und die durch sie wahrgenommene soziale Außenwelt erst ausbilden müssen. Dies verweist auf den ungeklärten theoretischen Status der gegebenen, sozialen Außenwelt einerseits und den Status der Konstruktivität des Körpers andererseits. Zugleich ist damit die Frage aufgeworfen, wie die konstitutive Dimension des Körpers, seine je individuelle Besonderheit und die sozio-kulturellen Faktoren sowie ihr Verhältnis zueinander theoretisch angemessen begriffen werden können.

In dem historisch dominanten Diskurs wurde und wird dieses Verhältnis als Innen-Außen-Dichotomie begriffen und demzufolge spielt in der Sozialisationsforschung die Idee eines Akteurs eine herausragende Rolle, der durch methodisches und diszipliniertes Handeln, durch die Fähigkeit einer rationalen Kontrolle, seine routinisierten, körperlich eingeschriebenen Gewohnheiten, affektiven Regungen und Neigungen zu bearbeiten sucht und sich auf diese Art und Weise neu erschafft. Dabei variieren die Einschätzungen hinsichtlich des Ausmaßes von Zügelung des Körpers und Neu-Organisation der Persönlichkeit, alle Konzepte unterstellen jedoch ein Vermögen zur expressiven Selbstartikulation, die sich aus einer Vorstellung von Innerlichkeit bzw. Eigenlogik speist. Dies schafft und begründet die Vorstellung einer Spannung zwischen einer kontrollierten, gefühlsgestützten Eigenmaßstäblichkeit einerseits und einer Ausrichtung an äußeren Bedingungen und Ideen andererseits, die in einem Prozess der Sozialisation zusammengebracht werden (sollen).

Damit verbunden ist ein *zweites* Problem, nämlich die theoretische Konzeptualisierung des Verhältnisses von Körper und Psyche bzw. von Fühlen/Wahrnehmen und Denken/Sprechen. Weite Teile der Sozialisationsforschung gehen von der Unterscheidung in einen gegenständlichen, mit Wahrnehmungsfunktionen ausgestatteten Körper einerseits und eine immaterielle, sprachlich und spirituell konstituierte Psyche bzw. Persönlichkeit andererseits aus. Die Erklärungsreichweite dieser Dichotomie findet ihre Grenzen im Bereich der Gefühle und Emotionen. Emotionen werden sowohl körperlich erfahren (z. B. in Form von Schwitzen, Gänsehaut oder Rot-Werden) als auch kognitiv gedeutet und relativiert. Sie werden in Form eines, oftmals als intuitiv verstandenen Körperwissens bewahrt und auch in Form eines Erfahrungswissens kulturell-kognitiv zugänglich gehalten. Wie können Prozesse affektiver Körpersozialisation beschrieben werden, ohne Körper und Psyche als polar entgegen gesetzte Konstrukte zu begreifen?

Robert Schmidt hat hier die Perspektive praxeologischer Forschung stark gemacht, die zeigt, dass Praktisches und Symbolisches, Handlungen und Repräsentation der Handlung in den sozialen Praktiken zusammenfallen. Im Rückgriff auf neurophysiologische Forschungen argumentiert er, dass es keine empirisch haltbare Trennung zwischen ‚inneren', ‚psychischen' Mustern einer Praktik und dem offenkundigen Verhalten gebe, durch das diese Praktik vermittelt und weitergegeben wird. Die Schemata der Praktiken, so seine Überlegung, sollten deshalb nicht als Strukturen eines psychischen Apparats oder als physiologische oder neuronale Mechanismen und Automatismen aufgefasst werden, die eine von den Praktiken getrennte Existenzweise haben (Schmidt, 2008, S. 127/8). Vielmehr müssten sie empirisch analytisch in den Praktiken selbst, d. h. im beobachtbaren, tatsächlichen sozialen Geschehen lokalisiert, in der Öffentlichkeit und Tatsächlichkeit sozialer Praktiken und ihrer Beobachtung identifiziert werden. Schmidt schlägt demzufolge vor, die Erforschung von Körpersozialisation stärker praxeologisch-ethnografisch auf die Beobachtung und Beschreibung konkreter „Teilnehmerschaft" und „kompetenter Mitgliedschaft" auszurichten (ebd., S. 134).

*Drittens* schließlich stellt sich die Frage, wie erklärt werden kann, dass in Prozessen der Körpersozialisation nicht nur Bekanntes weitergegeben und in einem Prozess der Habitualisierung reproduziert wird, sondern auch Variation und Erweiterung von Bestehendem stattfinden kann. Es braucht eine theoretische Herleitung von Prozessen der Körpersozialisation, welche die reproduzierenden wie auch die innovativ-generierenden Anteile plausibel macht und die Funktionsmechanismen dieser Prozesse beleuchtet. In einem allgemeinen Verständnis von Sozialisation als Prozess der kreativen Aneignung von Bestehendem erschafft das Individuum das, was bereits vorhanden war, neu, indem es Personen und Objekte körperlich und psychisch erfährt (Winnicott, 1984). Die theoretische Explikation genau dieses Vorgangs wird umso dringlicher, je stärker die Handlungsfähigkeit und Praktiken der Einzelperson in Untersuchungen zur Körpersozialisation Berücksichtigung finden. Abstrakt gesprochen: Sowohl die Formel des „produktiv realitätsverarbeitenden Subjekts" (Hurrelmann, 2002) als auch der Topos der „Selbst-Sozialisation" (Zinnecker, 2000) als auch die Hinwendung zu einer „Praxeologie sozialisatorischer Vermittlungsprozesse" (Schmidt, 2008) fordert die Körpersozialisationsforschung dazu auf, die Bedingungen und Entfaltung von Handeln, Praktiken und Kreativität auch theoretisch genauer zu bestimmen.

Dazu gehört auch, dass Körpersozialisation sich in Theorie und Forschungspraxis mit der Struktur und dem Funktionieren von Spaltung und Differenz-Konstruktion befassen muss, die darauf abzielen, in den Körperpraktiken und im Denken Komplexität durch Linearität und Eindimensionalität zu ersetzen (z. B. in der Klassifikation als männlicher/behinderter/sportlicher Körper). Zudem macht dieser Überblick zum Themenbereich der Körpersozialisation deutlich, dass die Themen, Inhalte und Bedeutungen gesellschaftlicher Körper im Zusammenhang mit Diskursen und Klassifikationen stehen, dass also die immer wieder aufgeworfene Opposition, Diskursivität vs. Materialität nicht einseitig in die eine oder andere Richtung aufgelöst werden kann, sondern in ihren prozesshaften Verstrickungen analysiert werden muss. Körpersozialisation, so ließe sich abschließend fordern, soll dem Prinzip des Bruchs folgen, welches Getrenntheit *und* Wechselseitigkeit gleichermaßen berücksichtigt. Konkret: In der Erfahrung eines Körpers als weiblich und als weiß manifestiert sich die Getrenntheit und die Verschiedenheit von anderen Körpern, z. B. dunkel häutigen und geschlechtlich diversen. Gleichzeitig zeigt sich auch die Verwiesenheit auf den Anderen/das Andere, da sich die Bedeutungszuweisungen immer durch Abgrenzungen zu etwas Anderem vollziehen. Das Verhältnis zu diesem Anderen, gleich ob es integriert, assimiliert oder ausgegrenzt wird, ist in allen Sozialisationsprozessen als ein Hinweis auf die Ungewissheit der zugeschriebenen Bedeutung und auf die Verstrickung, auf die Beziehung zu dem Anderen enthalten. Die Genese von Körperlichkeit im Prozess der Sozialisation ist deshalb nicht ein Vorgang, in dem etwas bereits Vorhandenes oder Gegebenes geprägt oder mit Bedeutung versehen wird, sondern vielmehr ein Prozess der Verkörperung, in dem sich Körpererfahrungen, Fantasien, Beziehungsmodi und Symbolisierungen miteinander verknüpfen.

## Literatur

Alkemeyer, T. (2008). Bewegung als Kulturtechnik. *Neue Sammlung. Vierteljahreszeitschrift Für Erziehung Und Gesellschaft, 43*(3), 347–357.

Alkemeyer, T., Boschert, B., Schmidt, R., & Gebauer, G. (2003). *Aufs Spiel gesetzte Körper. Aufführung des Sozialen in Sport und populärer Kultur*. UVK.

Bauer, U., & Bittlingmayer, U. H. (2008). Körpersozialisation. Zur Einführung in den Themenschwerpunkt. *Zeitschrift Für Sozialisationsforschung Und Erziehungssoziologie, 28*(2), 115–120.

Boltanski, L. (1976). Die soziale Verwendung des Körpers. In D. Kamper & V. Rittner (Hrsg.), *Zur Geschichte des Körpers* (S. 138–177). Carl Hanser.

Bourdieu, P. (1986). Historische und soziale Voraussetzungen des modernen Sports. In G. Hortleder & G. Gebauer (Hrsg.), *Sport – Eros – Tod* (S. 91–112). Suhrkamp.

Bourdieu, P. (1987). *Sozialer Sinn. Kritik der theoretischen Vernunft.* Suhrkamp.

Burrmann, U., Mutz, M., & Zender, U. (Hrsg.). (2015). *Jugend, Migration und Sport. Kulturelle Unterschiede und die Sozialisation zum Vereinssport.* Springer.

Butler, J. (1993). *Körper von Gewicht. Die diskursiven Grenzen des Geschlechts.* Berlin-Verlag.

Chodorow, N. (1985). *Das Erbe der Mütter. Psychoanalyse und Soziologie der Mütterlichkeit.* Frauenoffensive.

Connell, R. W. (1999). *Der gemachte Mann. Konstruktion und Krise der Männlichkeit.* Leske+Budrich.

Davis, L. J. (2006). Constructing normalcy. The bell curve, the novel, and the invention of the disabled body in the nineteenth century. In L. J. Davis, L. J. (Hrsg.), *The Disability Studies Reader* (S. 3–16). 2nd edition. Routledge.

Gugutzer, R., & Schneider, W. (2007). Der ‚behinderte' Körper in den Disability Studies. Eine körpersoziologische Grundlegung. In A. Waldschmidt & W. Schneider (Hrsg.), *Disability Studies, Kultursoziologie und Soziologie der Behinderung. Erkundungen in einem neuen Forschungsfeld* (S. 31–53). transcript.

Hurrelmann, K. (2002). *Einführung in die Sozialisationstheorie. Über den Zusammenhang von Sozialstruktur und Persönlichkeit.* 8., vollständig überarbeitete Auflage. Beltz.

Knapp, G.-A. (1990). Zur widersprüchlichen Vergesellschaftung von Frauen. In E.-H. Hoff (Hrsg.), *Die doppelte Sozialisation Erwachsener. Zur Verhältnis von beruflichem und privatem Lebensstrang* (S. 17–52). DJI.

Leonhardt, A. (Hrsg.). (2012). *Frühes Hören. Hörschädigungen ab dem 1. Lebenstag erkennen und therapieren.* Ernst Reinhardt.

Rohrmann, T. (2008). *Zwei Welten? – Geschlechtertrennung in der Kindheit. Forschung und Praxis im Dialog.* Barbara Budrich.

Schmidt, R. (2008). Stumme Weitergabe. Zur Praxeologie sozialisatorischer Vermittlungsprozesse. *Zeitschrift Für Soziologie Der Erziehung Und Sozialisation, 28*(2), 121–136.

Tervooren, A. (2006). *Im Spielraum von Begehren und Geschlecht. Ethnographie der ausgehenden Kindheit.* Juventa.

West, C., & Zimmerman, D. (1987). Doing Gender. *Gender and Society, 2*, 125–151.

Winnicott, D. W. (1984). *Reifungsprozesse und fördernde Umwelt.* Fischer.

Zinnecker, J. (2000). Selbstsozialisation – Essay über ein aktuelles Konzept. *Zeitschrift Für Soziologie Der Erziehung Und Sozialisation, 20*(3), 272–290.

# Spiel

Thomas Alkemeyer

Der Artikel präsentiert drei soziologische Sichtweisen auf den Zusammenhang von Körper und Spiel: Er beleuchtet *erstens* differenzierungstheoretisch die Beziehung zwischen Spiel und Nicht-Spiel und in der Folge zwischen der Körperlichkeit eines Spielgeschehens und dem Geschehen in der Umwelt des Spiels. Er stellt ‚Spiel' *zweitens* als ein *heuristisches* Konzept vor, mit dem sich die dynamische Struktur der ko-konstitutiven Bildung sozialer Ordnungen und ihrer verkörperten Trägerschaften verständlich machen lässt. Und er lotet *drittens* in methodologischer Perspektive aus, inwiefern sich das Spiel mit habitualisierten Bewegungen, Gesten und Haltungen als eine Methode der qualitativen Sozialforschung eignet, mit der sich die ‚schweigsamen' Dimensionen (Stefan Hirschauer) der sozialen Praxis zur Sprache bringen lassen.

## 1 Spiel und Nicht-Spiel

Als Gegenstand einer körpersoziologischen Analyse von Spielen bieten sich die Fragen an, wie Körper in Spielen formatiert werden und welche Bedeutung sie als Medien des Darstellens und Handelns in Spielen haben. Zugleich ist eine solche Analyse aufgefordert, den Bezügen *zwischen* der Körperlichkeit des Spielgeschehens und der Körperlichkeit der Praxis in der sozialen Umwelt des Spiels nachzugehen. Damit wird zum einen eine Unterscheidung, zum anderen ein Beziehungsverhältnis zwischen spielerischen und nicht spielerischen Aktivitäten behauptet. In der Bestimmung dieses Verhältnisses lassen sich in der geistes-, kultur- und gesellschaftswissenschaftlichen Spielforschung *idealtypisierend* zwei Pole ausmachen: An dem einen Pol werden Spiele

T. Alkemeyer (✉)
Oldenburg, Deutschland
E-Mail: thomas.alkemeyer@uol.de



R. Gugutzer et al. (Hrsg.), *Handbuch Körpersoziologie 2*,
https://doi.org/10.1007/978-3-658-33298-3_34

als eine (kritische) *Gegenwelt* zu gesellschaftlichen Strukturen (A), an dem anderen Pol als deren *Abbildung* (B) beschrieben. Eine dritte, im Folgenden am ausführlichsten referierte Position (C) *vermittelt* ausdrücklich zwischen diesen Extrempositionen. In empirischen Spielen lassen sich stets Mischformen und Übergänge zwischen diesen Typen beobachten.

(A) *Das Spiel als (kritische) Gegenwelt zu gesellschaftlichen Strukturen:* In einer letztlich auf Schiller und Kant zurückgehenden Perspektive wird das Spiel als ein utopischer, von den Zwängen des täglichen Lebens befreiter kultureller Gegenbezirk zur (modernen) Gesellschaft aufgefasst, in dessen räumlich und zeitlich bestimmten Grenzen sich der Mensch (noch) frei, nämlich unverbildet von sozialen Zwecksetzungen, Nützlichkeitsdenken und materieller Notwendigkeit, entfalten und verwirklichen könne. Ein solches Idealbild des Spiels kann dann auch als eine Norm eingesetzt werden, um daran tatsächliche Spiele kritisch abzutragen, zu beurteilen und zu bewerten. Dies ist bspw. der Fall, wenn der Spielcharakter eines ‚verordneten' Spielens im Musik- oder im Sportunterricht infrage gestellt oder dem Leistungssport das Spielerische abgesprochen wird, weil ihn seine konstitutiven Merkmale des Wettkampfes, des individuellen Leistungsstrebens, des Messens, Vergleichens und Hierarchisierens zu einem bloßen Abbild der Zwänge und Strukturen der modernen Leistungsgesellschaft herabwürdigten.

Ein in dieser Weise idealistisches, von einigen Klassikern der Spieltheorie (Buytendijk, Scheuerl usw.) formuliertes Spielverständnis färbt auch noch die kulturwissenschaftlich einflussreiche Abhandlung Johan Huizingas (1938/2001) über den *Homo ludens* als den Antipoden zum *Homo faber.* Es hallt seit den 1980er Jahren darüber hinaus insofern auch in performativen Ansätzen wider, als der sogenannte *Performative Turn* das Forschungsinteresse weg von vorgegebenen sozialen (Sinn-)Strukturen hin zu den in einem gegenwärtigen Spielgeschehen ereignishaft sich verkörpernden „Formen-in-Bewegung" und damit der „Produktion von Präsenz" (Hans Ulrich Gumbrecht) verschoben hat. Mit dieser Aufwertung der Flüchtigkeit kultureller Aufführungen – ein Kernkonzept der ‚performativen Wende' – korrespondiert eine ausgeprägte Aufmerksamkeit für ihre Kreativität und Offenheit. So wird z. B. sub- oder jugendkulturellen Körper-Spielen in performativer Sicht, ähnlich wie im Horizont der *Cultural Studies,* gern ein praktischer Experimentalismus attestiert, der sich kritisch-subversiv gegen bestehende, u. a. in der Organisation der modernen Stadt oder auch in der institutionalisierten Bildung sich manifestierende Strukturen, Normen und Ordnungsimperative wende. Beliebte Beispiele dafür sind etwa Praktiken der Body Modification oder ein postkonventioneller, sich demonstrativ vom organisierten Wettkampfsport abgrenzender Szene-Sport von Skateboardern, Traceuren, Fixed-Gear-Radfahrern, Drachenfliegern u.Ä.: Betont als riskant in Szene gesetzte Bewegungen des Gleitens, Springens, Fliegens, Drehens, Kreiselns oder Kletterns stellen sich entsprechenden körpersoziologischen Beobachtungen als performative Praktiken dar, in denen erworbene Sicherheiten bewusst aufgegeben, demonstrativ an den Gittern des Gewöhnlichen gerüttelt und der urbanen Umgebung – Parkplätzen, Garagenauffahrten, Mauervorsprüngen, Treppengeländern usw. – alternative Umgangsqualitäten entlockt werden (Gebauer et al., 2004).

Ob das zeitweilige Ausbrechen aus oder das Überschreiten der Normalordnung unbedingt auch zu deren Subversion oder auch nur Transformation führt, ist empirisch offen. Ähnlich wie das Umstülpen der alltäglichen Ordnung im Karneval (Michail M. Bachtin) kann es auch das Vertrauen in die gegebene soziokulturelle Ordnung stärken, kathartisch, anpassend und bestätigend wirken. Das Ungewöhnliche stabilisiert in diesem Fall das Gewöhnliche. In etwa so wird es auch in systemtheoretisch gerahmten Analysen gesehen, die bspw. in den Körper-Spielen des Abenteuer- und Risikosports eine Gegenbewegung zur Verdrängung des Körpers aus dem mechanisierten, automatisierten und digitalisierten Alltagsleben der Moderne erkennen (Bette, 2004). Extreme Sportpraktiken sind in diesen Analysen ein evidenzerzeugendes Kontrastprogramm zu modernetypischen Erfahrungen von Abstraktheit, Mehrdeutigkeit und Kontingenz: Sie kompensieren Leere, Langeweile und Ungewissheit durch das temporäre Erlebbarmachen von Gegenwart, Erregung und Eindeutigkeit.

(B) *Das Spiel als Abbildung sozialer Strukturen:* Diese Auffassung steckt ausdrücklich bspw. in Bezeichnungen wie ‚Funktionsspiel' oder ‚symbolisches Spiel'. In ihrem Sinne wird z. B. der Wettkampfsport als ein symbolisches Spiel charakterisiert, das Leitdideen moderner Gesellschaften, wie den „Triumph der Leistung" (Christian Graf von Krockow), besonders prägnant darstelle und ihnen auf diese Weise Evidenz verleihe. Diese Auffassung grundiert auch noch ein (sozialisatorisches) Verständnis von Spielen als „Strukturübungen", in denen gesellschafts-, klassen- und milieutypische Formen „praktischer Meisterschaft" (Bourdieu, 1987, S. 138), sozialdistinktive Habitus oder kulturelle Muster von Männlichkeit und Weiblichkeit (Gebauer, 1997; Meuser, 2005) im Modus eines So-Tuns-Als-Ob weitergegeben, eingeübt, ausprobiert und subjektiv angeeignet würden. Unter diesem Blickwinkel ist in der Mikrostruktur des Spielens auch die Makrostruktur der Gesellschaft enthalten; letztere spielt sich in ersterer gleichsam ab. Eine Konformität von Spielpraxis und Sozialstruktur wird auch dann behauptet, wenn etwa das Gleiten von Skateboardern als die körperpraktische Exemplifizierung eines de-regulierten, „flüssigen" (Zygmunt Bauman) Kapitalismus entlarvt und in der Sozialfigur des permanent sich neu erfindenden Spielers die Idealgestalt eines neoliberalen „Kreativsubjekts" (Andreas Reckwitz) gesehen wird (z. B. Schweer, 2014): Dasselbe spielerische Risikohandeln, das sich in der unter (A) skizzierten experimentalistischen Perspektive als eine Praxisform kritisch-subversiver Überschreitung zeigt, wird in dieser Lesart als eine Praxisform der Anpassung dechiffriert (vgl. auch Früchtl, 2013, S. 89 f.).

Viele Spiele, so auch Boschert (2001) in seiner kultursoziologischen Theoretisierung des Verhältnisses von Spiel und Gesellschaft, transportieren, aktivieren, verkörpern und gestalten Selbst- und Weltbilder, die eine grundlegend regulative Funktion für die Praxis der Gesellschaftsmitglieder entfalten, als ein inkorporiertes Wissen jedoch überwiegend unbewusst bleiben. Gerade Spiele, die sich – wie prominent die Spiele des Sports – im Medium der Körperlichkeit, in Bewegungen und Gesten, vollziehen, beglaubigen und naturalisieren danach ein historisch bestimmtes gesellschaftliches Imaginäres (Cornelius Castoriadis) als eine leiblich erfahrbare Realität. Eine Gesellschaft, eine soziale Klasse oder ein soziales Milieu erkennen sich unter diesem Blickwinkel in ihren Spielen wieder. Sie bezeugen darüber die Fiktion ihrer Einheit und vergewissern sich ihrer selbst.

(III) *Das Spiel als Zwischenwelt:* Bereits in den Darstellungen der unter (A) und (B) skizzierten Perspektiven klingt an, dass das Verhältnis von Spiel und Gesellschaft kaum einmal in Reinform als ein gegenweltliches oder als ein Abbildungsverhältnis begriffen wird. Ausdrücklich reflektieren *intermediäre* Ansätze (Adamowsky, 2000, S. 26–33) auf die empirische Vielschichtigkeit und Ambivalenz der Bezüge zwischen Spielwelten und Alltagsrealitäten: Indem sie den eigentümlichen Status des Spiels *zwischen* Abhängigkeit und Unabhängigkeit, Realität und Fiktion, Eigentlichkeit und Uneigentlichkeit hervorheben, stellen sie die eindeutige Kontrastierung von Spiel und Ernst, von Freiheit und Notwendigkeit ebenso infrage wie die Auffassung des Spielens als einer Weise des Abbildens der sozialen Wirklichkeit.

Im Spiel widerstreitende Bestimmungen und Kräfte am Werk zu sehen, deutet sich bereits bei Huizinga (1938/2001, S. 22) dort an, wo er bemerkt, zwar empfänden Spieler das Spielen als „außerhalb des gewöhnlichen Lebens stehend", aber es könne sie doch auch „völlig in Beschlag nehmen". Mitspielen impliziert, so die Pointe dieser Beobachtung, eine den Körper, die Affekte und das Denken gleichermaßen berührende und einschließende Bindung an das Spiel, einschließlich des Effekts, sich von einem Spiel ‚mit Haut und Haaren' engagieren, fesseln und absorbieren zu lassen. Pierre Bourdieu bezeichnet eine derartige ‚ganzheitliche' Einbindung in ein Spielgeschehen unter Bezugnahme auf Johan Huizingas *Homo ludens* als *illusio,* als ein Im-Spiel-Sein (von lat. ludere: spielen). Mitspielen heißt dann, sich im Spiel ernstlich zu engagieren und diese Ernsthaftigkeit eben deshalb genießen zu können, weil sie im Spiel nicht existentiell ist. Umgekehrt kann dieserart Genuss nur entstehen, sofern das Spiel ernst genommen, an das Spiel mit allen Sinnen geglaubt und in das Spiel körperlich, affektiv und gedanklich investiert wird. Spielen ist, so gesehen, eigentlich und uneigentlich, real und nicht real zugleich.

Im Alltagsleben werden derlei Paradoxien in der Regel blockiert, also entparadoxiert. Das Spiel hält sie hingegen in der Schwebe und führt so flirrende, mitunter tranceähnliche Körper- und Gemütszustände der Uneindeutigkeit und Irritation herbei, in denen die Einbildungskraft flottieren und eine kreative Suche nach neuen Formen der Strukturierung, Selbstbildung und Vergemeinschaftung initiiert werden kann. Detailliert sind die Vielfalt und der Reichtum ludischer Zwischen- und Schwebezustände in der Sozial-, Kultur- und Theateranthropologie u. a. von William James, Margaret

Mead, Gregory Bateson, Victor Turner oder Richard Schechner, spieltheoretisch vor allem von Caillois (1982, S. 97–111), beschrieben worden. In diesem Zusammenhang wird, gern in Begriffen des Rausches oder der (religiösen) Ekstase, auch auf die vergemeinschaftenden Effekte kollektiver Erregungszustände etwa in Ritualen nichteuropäischer Kulturen hingewiesen. Es schleicht sich dann nicht selten ein exotisierender Unterton ein. Dabei können sich derartige Zustände auch in ‚modernen' Festen, Ritualen und Spielen (u. a. Gugutzer & Staack, 2015), darüber hinaus in allen möglichen anderen Aktivitäten, z. B. beim Musizieren, Arbeiten oder Lernen, ereignen.

Die Differenzierung von Spiel und Nicht-Spiel wird damit allerdings nicht obsolet. Denn fortlaufend muss im praktischen Leben zwischen ‚wirklich' und ‚nicht wirklich' unterschieden werden: Die Genese und Konstitution gesellschaftlicher Handlungsfähigkeit setzt nicht nur ein kulturelles Wissen um die expliziten Rahmungen von Spielen (wie das Auf- und Niedergehen des Vorhangs im bürgerlichen Theater oder den An- und Abpfiff in Sportspielen) voraus, sondern verlangt auch den Erwerb eines differenzierten „sozialen Sinns" (Bourdieu, 1987) für metakommunikative Mitteilungen, die *dieses* Geschehen als Spiel und damit als nicht so gemeint, *jenes* hingegen als Ernst auszeichnen (Bateson, 1981). Indem eine derartige, in die gesellschaftliche Kommunikation eingefaltete Metakommunikation die Grenzen des Spiels thematisiert, definiert sie zugleich auch, was *nicht* Spiel ist.

In seinen (interaktions-)soziologischen Überlegungen zur „Organisation von Alltagserfahrungen" durch situationsdefinierende Rahmen geht Goffman (1974, S. 21–82) auf der Folie solcher kommunikationstheoretischen Überlegungen jenen Prozessen nach, in deren Verlauf Handlungen, die bereits in den „primären Rahmen" des Alltags sinnvoll sind, in die „sekundären Rahmen" von Spielen übersetzt, darin moduliert und zu Als-ob-Handlungen transformiert werden. Ein daran anschlussfähiges Anliegen verfolgt das Konzept der „sozialen Mimesis" (Gebauer & Wulf, 1998). Zwar fordert es mitunter die Kritik heraus, es reduziere die Beziehung zwischen Alltags- und Spielwirklichkeit auf ein Verhältnis bloßer Bestätigung, jedoch bringt es nachdrücklich auch die *schöpferische* Kraft des Spielens in den Blick: Im spielerischen Noch-einmal- und damit *Anders*-Machen einer wirklichen oder ‚nur' vorgestellten Ordnung wird unter dem Blickwinkel der sozialen Mimesis im Medium körperlicher Praktiken, von Bewegungen, Gesten und Haltungen, eine Welt erzeugt, die für sich stehen und aus sich heraus verstanden werden kann. Züge, Prinzipien und Praktiken einer Alltagsrealität in mimetische Spielpraktiken zu übersetzen, bedeutet, ihre gewohnten Bezugsrahmen außer Kraft zu setzen und so einen Möglichkeitsraum für ein vom Gewöhnlichen differierendes Verhalten und folglich für Neukonstruktionen zu eröffnen, wie es z. B. Streeck (2021) in seinen mikrologischen Beobachtungen spielerischer Interaktionen von Kindern und Jugendlichen auf öffentlichen Plätzen zeigt. Ein solches spielerisches Um- und Neuschaffen impliziert stets Momente einer praktischen Reflexion und Distanzierung jener Alltagsrealitäten, welche die Spielenden ansonsten bewohnen.

Indem im Spiel ungewöhnliche körperlich-mentale Zustände und Erfahrungen induziert werden, kann es auch selbst zu einem Organ der Veränderung werden. Damit verspricht der mimetische Ansatz, die Präfiguration des Tuns durch gegebene Strukturen mit der Offenheit des Performativen zu vermitteln und beobachtbar zu machen, wie in einem Spielgeschehen gerade in seinem praktischen, den Körper, die Affekte und das Denken involvierenden Bezug auf eine vorgefundene Ordnung Neues entsteht: Das Spiel wird in dieser Perspektive als ein „Spielraum des Sozialen" (Boschert, 2001, S. 137) erkennbar, der die gegebene Realität in sich aufnimmt und zugleich imaginär über sie hinausweist, also Realität und Imagination miteinander vermittelt.

Unter dem Blickwinkel der Mimesis lässt sich Spielen schließlich auch eine Indikatorfunktion für gesellschaftlichen Wandel zuschreiben (Gebauer et al., 2004) und eine „vom Spiel ausgehende Soziologie" (Caillois, 1982, S. 66–78) konzipieren. Wenn nämlich Spiele selektiv bestimmte – und damit als relevant markierte – Züge, Prinzipien und Praktiken einer Alltagsrealität isolieren, zu ‚schwerelosen' Als-Ob-Tätigkeiten verwandeln und zu einer real-imaginären Gestalt verdichten, die zwar ein über das Gegebene hinausweisendes Eigenleben gewinnt, aber doch auf ihre Herkunft verweist, dann können Spiel-Praktiken Aufschluss über Prinzipien, Formen und Weisen geben, die das Handeln, Fühlen und Denken der Gesellschaftsmitglieder auch außerhalb des Spiels kennzeichnen, anleiten und organisieren. Spiele werden dann kultursoziologisch als ein Medium beobachtbar, das Veränderungen in den ‚Tiefenstrukturen' einer Gesellschaft seismographisch registriert, eigenweltlich ausformt und eventuell auch vorwegnimmt – und eben damit selbst folgenreich in gesellschaftliche Prozesse eingreift. Sie zeigen sich in dieser Sicht als eine eigene kulturelle Form der Aufführung von Gesellschaft, in deren Vollzug das, was aufgeführt wird, als eine *bestimmte* Realität, in der wir uns einrichten und heimisch fühlen, allererst definiert, verständlich gemacht und in diesem Sinne hervorgebracht wird.

In (kritischer) Ergänzung zu und Erweiterung von Konzepten kultureller Repräsentation reflektieren die Konzepte der Mimesis und der kulturellen Aufführung insbesondere auch auf die *Materialität*, die *Medialität* und die *Prozessualität* spielerischer Darstellungspraktiken. Sie weisen damit die Möglichkeit zur Kopplung mit jüngeren Ansätzen der kultursoziologischen Praxistheorie, der Akteur-Netzwerktheorie (ANT), der Science and Technology Studies (STS) oder des New Materialism auf, die zusammen mit menschlichen Körpern auch andere Körper, Räume, Dinge sowie technische und symbolische Artefakte wie Spielgeräte, Regeln, Sprache und digitale Technologien (z. B. der Spielbeobachtung und -analyse; vgl. Brümmer, 2018; Woermann-Kirschner, 2021) als Ko-Akteure bzw. Partizipanden von (Spiel-)Prozessen beobachten. Im Gegensatz zu einem idealistischen Spielverständnis (A), das von der historisch-gesellschaftlichen Bedingtheit wie auch von der lokalen Gestalt wirklicher Spiele absieht, rückt ein solches, in einem weiten Sinne praxeologisches Spielverständnis (vgl. auch Schmidt in Bd. I) die empirisch greifbaren Spielzüge erstens in ihren historisch-gesellschaftlichen Bezügen, zweitens in ihrer körperlich-materialen Bedingtheit (i.S. von Präfigurierung und Ermöglichung) und drittens in ihrer spielimmanenten Abhängigkeit von den Körper-Konstellationen konkreter Spielsituationen ins Scheinwerferlicht. Es überwindet damit einen Anthropozentrismus, der nur unter der Bedingung der Abstraktion von der Materialität eines konkreten Spielgeschehen zu haben ist: Das Interesse für die verkörperte Spielpraxis rückt den Menschen aus dem Zentrum und gibt ihn stattdessen als *einen* Mitspieler in einem komplexen soziomateriellen Spielgeschehen zu erkennen, an dem konstitutiv auch andere, nicht-menschliche Mitspieler mitwirken.

Vermittelt über ihr materielles Design, die „Gegenstandsbedeutungen" (Alexej Leont'ev) der partizipierenden Dinge sowie die gesellschaftlich geformten und somit kulturelle Bedeutungen vollziehenden Körperbewegungen der menschlichen Mitspieler sind Spiele unter diesem Blickwinkel stets auf jene gesellschaftliche Umwelt bezogen, von der sie *als* Spiel zugleich sich unterscheiden: Sie erweisen sich als geschichtlich-gesellschaftlich bedingte Spielräume des Sozialen *in* der Gesellschaft, in denen ein von der – expliziten oder impliziten – Absicht der Veränderung des Realen geleiteter *Entwurf* einer anderen (Lebens-)Praxis ausprobiert, vergegenwärtigt und sinnlich-sinnhaft erfahrbar gemacht werden kann: Anders-Machen und Anders-Sein bleiben keine bloßen Versprechen, sondern werden bereits im Hier und Jetzt des Spiels ‚wirklich' verkörpert. In diesem Sinne dehnen mimetische Spielaktivitäten die Bedeutungsgrenzen einer soziokulturellen Ordnung aus, indem sie die in dieser Ordnung fortlaufend sich eröffnenden Möglichkeiten (anderer gesellschaftlicher Verhältnisse, Praxisformen, Lebensweisen usw.) ergreifen und schöpferisch entfalten. Spielen gerät so entgegen einem einseitig gesellschaftsdeterministischen oder funktionalistischen Spielverständnis als eine schöpferische Praxis der Vorwegnahme eines Neuen oder Anderen in den Blick, in deren Vollzug auch neue Selbstverhältnisse entwickelt und erprobt werden (können).

Dabei spielen zunehmend auch mobile, tragbare und somit ortsungebundene digitale Technologien (wie Smartphones) eine Rolle, die neue visuelle Praktiken der (Selbst-)Mediatisierung und des Ausprobierens neuer Bewegungen, (Mikro-)Gesten und Tricks ermöglichen (Stern, 2010) und auf diese Weise liminoide Erfahrungsräume (Turner, 1982) erschließen. Ebenso erlaube ein mit analogen Alltagspraktiken verflochtenes Eintauchen in die virtuellen Spiel-Welten von Computerspielen oder des E-Sports ein Experimentieren mit dem eigenen Körper, gewohnten Körperbildern, eingeschliffenen Routinen und leiblich-emotionalen Erfahrungen (z. B. Adamowsky, 2000; Ferrin, 2013), wodurch sich neue Möglichkeiten nicht nur der Inszenierung, sondern auch der Reflexion und Kultivierung des Selbst eröffneten. Eine Erweiterung oder Neukonstruktion der sozialen Wirklichkeit findet, folgt man diesen Ansätzen, nicht nur in der ästhetischen Bildung statt, sondern auch in analoge und digitale ludische Formate verschmelzenden Spielpraktiken (Rode & Stern, 2019), die nicht explizit mit einem Bildungsanspruch auftreten.

## 2 ‚Spiel' als heuristisches Konzept

‚Spiel' lässt sich nicht nur als eine „Sonderform von Bewegung und Tätigkeit" analysieren, sondern eignet sich auch als eine analytische „*Perspektive,* in der wir nahezu alles Tun" (Krämer, 2005, S. 18, Herv. im Orig.) betrachten können, um auf diesem

Weg einen ‚anderen' Blick auf unser Welt- und Selbstverhältnis zu gewinnen. Die „playfulness" (Clifford Geertz) aller unserer Tätigkeiten beobachtbar zu machen, setzt eine sorgfältige „begriffliche Spezifizierung von ‚Spiel'" (ebd.) voraus. Zwar hat Ludwig Wittgenstein in seinen einflussreichen Überlegungen zu „Familienähnlichkeit" die Existenz eines essentiellen Fadens, der alle Spiele durchzieht, negiert; gleichwohl scheint das Spielerische ohne die Momente von Anregung und Erregung, Unterhaltung und Lust, die in einem zwar regelfolgenden, aber niemals völlig zweckgebundenen Tun entstehen, nicht zu haben zu sein. Das Spielerische im Alltäglichen aufzusuchen, hieße demzufolge, eben diese Momente zur Geltung zu bringen.

‚Spiel' kann heuristisch überdies als ein *Modell* für die Analyse der Bildung sozialer Ordnungen, ihrer medialen Träger und ihrer Handlungssubjekte eingesetzt werden, das die Materialität und Körperlichkeit, die Dynamik und Performativität dieser Prozesse berücksichtigt. Im Lichte einer praxissoziologischen „Heuristik des Spiels" (Schmidt, 2012, S. 38–44) bilden soziale Ordnungen kein starres System, sondern ein bewegliches Geflecht aufeinander bezogener Spielzüge. Entsprechend hat bereits Norbert Elias (1996, S. 75–109) am Modell des Spiels die Antriebsmomente, den Werdegang und die Strukturlogik jenes sozialen Prozesses herausgearbeitet, in dem sich verkörperte Akteure miteinander verflechten und in dieser Verflechtungsdynamik zugleich individuieren (Boschert, 2001, S. 128 ff.). Elias' Spielmodelle verdeutlichen, dass sich in sozialen Praktiken Zug um Zug ein Verflechtungszusammenhang entfaltet und fortlaufend strukturiert, der umgekehrt wiederum jeden einzelnen Spielzug präfiguriert, informiert und stimuliert, mithin der Erklärungsgrund einer jeden Einzelhandlung ist. Die Struktur, auf die sich jede Einzelhandlung beziehen muss, existiert unter diesem Blickwinkel überhaupt erst in den verkörperten Vollzügen des Spielgeschehens und ist dabei selbst in ständiger Veränderung begriffen. Das Spielmodell dient hier zunächst der Rekonstruktion der spezifischen Ordnungsstruktur gesellschaftlicher Beziehungen. Hinzu kommt bei Elias aber noch eine zweite Verwendung dieses Modells auf der Ebene der Wahrnehmung, Deutung und diskursiven Selbstvergewisserung jener Ordnungsstruktur: Mit steigender Komplexität verselbständige sich der Spielprozess gegenüber den Spielern – mit der Folge des Entstehens mythologisierender Sprech- und Denkweisen, die ‚Gesellschaft' zu einer autonomen, den Individuen scheinbar wie eine „schicksalhafte Macht" (ebd., S. 129) gegenübertretenden Instanz verdinglichen.

Elias modelliert das Verhältnis zwischen dem Spiel und seinen Spielern als einen ko-konstitutiven und ko-evolutionären Zusammenhang: Sein Konzept der Figuration behauptet weder einen methodologischen Primat des Spiels vor den Spielern noch der Spieler vor dem Spiel, sondern gibt Spiele und ihre Spieler als Emergenzphänomene zu verstehen. In diesem Problemhorizont bewegt sich auch die Spielheuristik Bourdieus. Allerdings zeichnet Bourdieu eine noch „genauere Landkarte der verschlungenen Wege" (ebd., S. 130), auf denen das Individuelle und das Gesellschaftliche einander hervorbringen und sich verschränken, und rückt ausdrücklich den Körper als den „medialen

Schnittpunkt“ (ebd., S. 131) dieser Verschränkung ins Licht: Zum einen kann die wechselseitige Produktion von Spiel und Spielern nach Bourdieu nur insoweit gelingen, als es Kandidaten gibt, die aufgrund ihrer bisherigen Erfahrungen disponiert sind, sich körperlich, affektiv und kognitiv in ein Spiel engagieren zu lassen; zum anderen lässt Bourdieu den feld- bzw. spieladäquat sozialisierten Körper als ein *Agens* hervortreten, das eine Spielsituation intuitiv, ohne ‚Umweg‘ über das reflektierende Bewusstsein, erfasst, ihre immanenten Tendenzen antizipiert, stimmige Reaktionen kreiert – und so selbst als eine kreative Kraft in den Spielverlauf eingreift, die befähigt ist, jene emergente soziale Ordnung zu *be*spielen, in der sie als eine intelligible Kraft sich allererst zeigt und somit konstituiert. So gesehen entscheidet sich auch erst in der Teilnahme am Spiel, d. h. im Vollzug jener Tätigkeiten, die *als* Spieltätigkeiten sich verständlich machen, wer in welcher Position als ein Spieler anerkannt wird und wer oder was exkludiert bleibt.

Während Elias das Spiel als ein Gedankenexperiment benutzt, verwendet Bourdieu „das reale Spiel als eine Analogie“ zur Veranschaulichung von sozialen Verhältnissen (ebd.). Allerdings ist er der Genese eines verkörperten „Spielsinns“ selbst nicht systematisch empirisch nachgegangen. Exemplarisch für die Bildung eines Habitus auch in anderen gesellschaftlichen Bereichen hat diese Lücke später im theoretischen Vokabular Bourdieus Loïc Wacquant (2003) in seiner Autoethnografie der eigenen Boxerwerdung zu schließen versucht hat.

Um zu einem detaillierten Verständnis solcher (Bildungs-)Prozesse zu gelangen, böte sich darüber hinaus der Rückgriff auf die differenzierte Beschreibungssprache (neo-)phänomenologischer Ansätze mit ihrer analytischen Unterscheidung von gesellschaftlich geformtem *Körper* und subjektiv erfahrenem *Leib* an (vgl. Lindemann in Bd. I). Nicht das Handeln autonomer Subjekte bildet den Ausgangspunkt phänomenologischer Analysen, sondern die Einbindung körperlich-leiblicher Selbste in Situationen: Wie werden diese Selbste in und von Situationen berührt? Und wie beantworten sie diese Berührungen in Abhängigkeit von ihren Erfahrungen wie auch von den Anforderungen und Erwartungen, denen sie sich in ihrem Engagement in einer (Spiel-)Praktik situativ konfrontiert sehen? Soziale Ordnungsbildung ist unter diesem Blickwinkel mit der Subjektbildung dadurch vermittelt, dass zusammen mit dem dreidimensional ausgedehnten Körper und dem Bewegungsrepertoire auch das leibliche Sensorium – das Empfinden und Spüren, die Affekte und das Begehren – entsprechend der funktionalen und normativen Sensibilitätsanforderungen einer jeweiligen Mitwelt ausgeformt und eingestellt wird. Es ist in diesem analytischen Rahmen die „vermittelte Unmittelbarkeit“ (Helmuth Plessner) eines historisch-gesellschaftlich geformten körperlichen Leibes, der diesseits bewusster Steuerung die Orientierung, Grenzrealisierung und somit Erkennbarkeit der Einheit eines Subjekts in der sozialen Praxis gewährleistet: Ein durch Sozialisation, Lernen, Üben und Trainieren entsprechend disponierter „Vollzugskörper“ (Alkemeyer & Michaeler, 2013) kann sich im Modus leiblichen Spürens und kinästhetischer Selbststeuerung so auf die fortlaufend sich verändernden situativen Bedingungen einer Praktik einstellen, dass er darin als ein Agens wirksam wird, von dem stets auch Neuerungen ausgehen können. In detaillierten empirischen Analysen der Konstitution solcher „Vollzugskörper" in Spiel- und Trainingspraktiken wird erkennbar, wie in den vielfältigen Formen impliziter wie expliziter Pädagogik bestimmte Dispositionen als Aktionspotenziale angelegt werden, die in familienähnlichen Praktiken und Situationen selektiv aufgerufen, ausgeformt und somit operativ verfügbar gemacht werden können.

## 3 Körper-Spiele als (aktivierende) Forschungsmethode

Mit der Materialität und Körperlichkeit der soziologischen Gegenstände muss zwangsläufig auch die Materialität und Körperlichkeit der soziologischen Praxis reflektiert werden: Was heißt es theoretisch und methodologisch, Soziologie als ein körperliches Wesen zu betreiben? Und wie lässt sich soziologisch jenes stumme praktische Wissen zur Sprache bringen und zur Erkenntnis nutzen, das in die Vollzüge von Praktiken eingefaltet ist? Trotz zunehmend laut werdender Forderungen nach einer körper- und praxissensiblen qualitativen Sozialforschung ist die Frage danach, *wie* genau der immer schon vergesellschaftete körperliche Leib als „Forschungssubjekt" (vgl. Gugutzer in Bd. II) und Analysewerkzeug an der Fabrikation sozialwissenschaftlichen Wissens beteiligt ist, empirisch ebenso wenig erforscht, wie das methodologische Problem, wie sich den in einem vorprädikativen taken-for-granted Bereich wurzelnden Schichten des Sozialen methodisch beikommen lässt, wo die Grenzen der Versprachlichung liegen und welche nicht-sprachlichen Alternativen denkbar sind, um sich diesen Schichten zu nähern.

Ansätze dafür finden sich in der Soziologie z. B. in habitus-hermeneutischen Ansätzen (u. a. Anna Brake, Helmuth Bremer, Christel Teiwes-Küglers), in denen u. a. mittels assoziativer Collagetechniken ein Zugang zu inkorporiertem Erfahrungswissen und habitualisierten Affekten gesucht wird. In Kulturanalyse und Theateranthropologie erprobte Methoden der „performative ethnography", des „ethnotheatre", der „participatory action research" oder des „szenischen Forschens", die insgesamt der Überschrift „performative social research" subsummiert werden können, zielen darüber hinaus darauf ab, ein inkorporiertes Erfahrungswissen durch verkörpernde Darstellungen analytisch zugänglich zu machen, häufig verbunden mit dem Anspruch, eine dialogische und somit übliche Hierarchien unterlaufende Beziehung zwischen Forschenden und Beforschten zu etablieren. Ein Beispiel ist das von Nitsch und Scheller (2003) konzipierte szenische Spiel als Methode einer aktivierenden Sozial- und Bildungsforschung, die in Sozialisation und Erziehung körperlich eingeschliffene und dadurch naturalisierte, selbstverständlich gewordene Wahrnehmungsmuster, Denk- und Gefühlsweisen sowie Einstellungen (z. B. zu Autoritäten) im Spiel öffentlich und damit der gemeinsamen Reflexion zugänglich machen möchte. Diese Methode ist (körper-)soziologisch insofern interessant, als ihr u. a. Bertolt Brechts verblüffend an Bourdieus Habituskonzept erinnernde Theorie des Gestus zugrunde liegt, die Körperliches – Bewegungsmuster- und weisen, Gesten und Haltungen – als spezifische Aufbewahrungsformen sozialer (normativer) Strukturen und kultureller Deutungsmuster begreift. In einem explizit soziologischen Untersuchungsprogramm ist das öffentliche performative Spiel mit alltäglichen Bewegungen, Gesten und Haltungen vor diesem Hintergrund eine Vollzugsform *körperpraktischer,* nämlich nicht auf das Sprechen beschränkter Erkenntnis und Kritik, die eine ent-routinisierende und ent-übende Aufmerksamkeit für die stumme Macht habitualisierter Körperpraktiken erzeugen soll: Die Teilnehmenden mobilisieren ihr stummes verkörpertes Erfahrungswissen (bspw. über die Machteffekte sozialer Praktiken) im Körper-Spiel und machen es in szenischen Aufführungen begreif- und somit veränderbar. Ihr Nach-Spielen von Alltagssituationen ist so gesehen ein praktisches soziologisches Nachdenken in und über verkörperte(n) soziale Konstellationen, d. h. eine praktische Weise der Sozioanalyse und der Selbstermächtigung: Es soll spürbar jene Affekte, Gefühle, Einstellungen und Erinnerungen vergegenwärtigen, die dauerhaft mit bestimmten sozialen Konstellationen, darin bezogenen Positionen, eingenommenen Haltungen und vollzogenen Gesten verbunden sind. Im szenischen Spiel formt sich, so der Anspruch, ein Subjekt, das befähigt wird, die Bedingungen seiner alltäglichen Subjektivierung von der ‚Schwelle' des Spiels aus kritisch zu betrachten, um sodann verändernd auch in die Routinen des Alltags eingreifen zu können.

## 4 Fazit: Für eine von verkörperten Spielen ausgehenden Soziologie.

Eine körpersensible Soziologie, die sich nicht auf Wesensbestimmungen (*Was* ist der Körper?) konzentriert, sondern der Frage nachgeht, *wie* Körper in Praktiken passiv berührt und gleichzeitig dazu befähigt werden, reproduzierend und transformierend in den Strukturen dieser Praktiken aktiv zu werden, kann aus Analysen verkörperten Spielens einigen wissenschaftlichen Gewinn erzielen. In Untersuchungen konkreter Spielpraktiken lassen sich Ambivalenzen zwischen Wiederholung und Veränderung, Anpassung und Eigensinn, Routine und Kreativität besonders gut sichtbar machen, sodass menschliche Körper nicht nur als Vollstrecker von Notwendigkeiten und als Reproduzenten sozialer, kultureller und normativer Strukturen, sondern auch als Initiatoren von Veränderungen erkennbar werden. Ungeklärt ist bislang allerdings erstens die Frage nach dem Praktiken übergreifenden, transsituativen Zusammenhang und der biografischen Einheit der jeweils kontextbezogen in verschiedenen Spielen sich ausformenden Vollzugskörperlichkeiten. Zweitens bliebe näher zu untersuchen, was Spielpraktiken unter den Bedingungen physischer Kopräsenz von Spielen unterscheidet, in denen Kopräsenz durch die sozialen Leistungen der Telekommunikationstechnik von physischer Anwesenheit abgelöst wird, und wie sich das Spielen in analogen und digitalen Räumen aufeinander bezieht. Schließlich wäre drittens zu analysieren, wie und unter welchen Bedingungen sich lokal situierte Spielpraktiken auf Raum und Zeit übergreifende soziale Ordnungen auswirken, wie die Entstehung und Veränderung dieser Ordnungen aus jenen Praktiken zu erklären ist, und inwiefern umgekehrt diese

Ordnungen gegenwärtige Spielvollzüge beeinflussen. Denn der theoretische Anspruch, das Verhältnis zwischen den verkörperten Ordnungen des Spiels und der verkörperten Ordnung der Gesellschaft zu entziffern, ist bislang empirisch allenfalls ansatzweise eingelöst.

## Literatur


Adamowsky, N. (2000). *Spielfiguren in virtuellen Welten*. Campus.

Alkemeyer, T., & Michaeler, M. (2013). Die Ausformung mitspielfähiger ‚Vollzugskörper' Praxistheoretisch-empirische Überlegungen am Beispiel des Volleyballspiels. *Sport und Gesellschaft –Sport and Society* 3, 213–239.

Bateson, G. (1981). Eine Theorie des Spiels und der Phantasie. In G. Bateson (Hrsg.), *Ökologie des Geistes. Anthropologische, psychologische, biologische und epistemologische Perspektiven* (S. 241–261). Suhrkamp.

Bette, K.-H. (2004). *X-treme. Zur Soziologie des Abenteuer- und Risikosports*. transcript.

Boschert, B. (2001). Körper – Spiel – Gesellschaft. In F. Bockrath & E. Franke (Hrsg.), *Vom sinnlichen Eindruck zum symbolischen Ausdruck im Sport* (S. 123–138). Czwalina.

Bourdieu, P. (1987). *Sozialer Sinn. Kritik der theoretischen Vernunft*. Suhrkamp.

Brümmer, K. (2018). Subjectivation by video – ethnographic explorations on practices of video analysis in high-performance football. *German Journal of Exercise and Sport Research, 48*(3), 358–365.

Caillois, R. (1982). *Die Spiele und die Menschen. Maske und Rausch*. Ullstein.

Elias, N. (1996). *Was ist Soziologie?* Juventa.

Ferrin, N. (2013). *Selbstkultur und mediale Körper. Zur Pädagogik und Anthropologie neuer Medienpraxen*. transcript.

Früchtl, J., et al. (2013). Spiele der Moderne. Ein philosophischer Überblick. In A. Gelhard (Hrsg.), *Techniken der Subjektivierung* (S. 79–92). Wilhelm Fink.

Gebauer, G. (1997). Kinderspiele als Aufführungen von Geschlechtsunterschieden. In I. Dölling & B. Krais (Hrsg.), *Ein alltägliches Spiel. Geschlechterkonstruktion in der sozialen Praxis* (S. 259–284). Suhrkamp.

Gebauer, G., et al. (2004). *Treue zum Stil. Die aufgeführte Gesellschaft*. transcript.

Gebauer, G., & Wulf, C. (1998). *Spiel – Ritual – Geste. Mimetisches Handeln in der sozialen Welt*. Rowohlt.

Goffman, E. (1974). *Frame analysis. An essay on the organization of experience*. Northeastern University Press.

Gugutzer, R., & Staack, M. (Hrsg.). (2015). *Körper und Ritual. Sozial- und kulturwissenschaftliche Zugänge und Analysen*. Springer VS.

Huizinga, J. (1938/2001). *Homo Ludens. Vom Ursprung der Kultur im Spiel*. Rowohlt.

Krämer, S. (2005). Die Welt – ein Spiel? Über die Spielbewegung als Umkehrbarkeit. In: Deutsches Hygiene-Museum Dresden (Hrsg.), *Spielen. Zwischen Rausch und Regel* (S. 11–19). Cantz.

Meuser, M. (2005). Strukturübungen. Risikohandeln und die Aneignung eines männlichen Geschlechtshabitus. In K. Flaake & V. King (Hrsg.), *Männliche Adoleszenz. Sozialisation und Bildungsprozesse zwischen Kindheit und Erwachsensein* (S. 309–324). Campus.

Nitsch, W., & Scheller, I. (2003). Forschendes Lernen mit Mitteln des szenischen Spiels als aktivierende Sozial- und Bildungsforschung. In B. Friebertshäuser & A. Prengel (Hrsg.), *Hand-*

*buch Qualitative Forschungsmethoden in der Erziehungswissenschaft. Studienausgabe* (S. 704–710). Juventa.

Rode, D., & Stern, M. (Hrsg.). (2019). *Self-Tracking, Selfies, Tinder und Co. Konstellationen von Körper, Medien und Selbst in der Gegenwart*. transcript.

Schmidt, R. (2012). *Soziologie der Praktiken. Konzeptionelle Studien und empirische Analysen*. Suhrkamp.

Schweer, S. (2014). *Skateboarding. Zwischen urbaner Rebellion und neoliberalem Selbstentwurf*. transcript.

Stern, M. (2010). *Stil-Kulturen. Performative Konstellationen von Technik, Spiel und Risiko in neuen Sportpraktiken*. transcript.

Streeck, J. (2021). Interaktion. In K. Brümmer, A. Janetzko, & T. Alkemeyer (Hrsg.), *Ansätze einer Kultursoziologie des Sports* (S. 87–111). Nomos.

Turner, V. (1982). *From ritual to theatre. The human seriousness of play*. Performing Arts Journal Publications.

Wacquant, L. (2003). *Leben für den Ring. Boxen im amerikanischen Ghetto*. Universitätsverlag.

Woermann, N., & Kirschner, H. (2021). Skopische Medien und E-Sport. In K. Brümmer, A. Janetzko, & T. Alkemeyer (Hrsg.), *Ansätze einer Kultursoziologie des Sports* (S. 269–288). Nomos.

# Sport

Robert Gugutzer

Sport ist ein soziales Handlungsfeld, für das der Körper von konstitutiver Bedeutung ist. Sieht man von Grenzfällen wie Schach oder Poker ab, dürfte diese These unstrittig sein: Sportliche Praxis impliziert Körper in Bewegung. In der Soziologie des Sports herrscht darüber auch Konsens. Allerdings bedeutet das nicht, dass die Soziologie des Sports dem Körper einen zentralen Stellenwert in ihren Theorien und empirischen Studien einräumt. Die Soziologie des Sports beschäftigt sich hauptsächlich mit sozialen Prozessen und Strukturen des Sports, mit Sozialfiguren und sozialen Problemen im Sport, mit dem Körper hingegen nur nebensächlich. Verglichen mit zum Beispiel organisations-, ungleichheits-, sozialisations-, devianz-, gewalt- oder migrationssoziologischen Untersuchungen sind körpersoziologische Analysen des Sports randständig. Der vorliegende Beitrag setzt dazu einen Kontrapunkt, indem er ausgehend vom Körper soziologische Aspekte des Sports thematisiert. Ziel dieses Textes ist es, das Erkenntnispotenzial einer *Körpersoziologie des Sports* aufzuzeigen. Dazu wird ein Vorgehen in zwei Schritten gewählt: Im ersten, historisch angelegten Schritt erfolgt ein Abriss über den Stellenwert des Körpers in der (aus Platzgründen lediglich) deutschsprachigen Sportsoziologie (Kap. 1). Der zweite, systematische Schritt präsentiert einen analytisch-integrativen Rahmen für eine Körpersoziologie des Sports (Kap. 2). Der Beitrag endet mit einem kurzen Ausblick auf zukünftige Aufgaben einer Körpersoziologie des Sports (Kap. 3).

R. Gugutzer (✉)
Frankfurt am Main, Deutschland
E-Mail: Gugutzer@sport.uni-frankfurt.de



R. Gugutzer et al. (Hrsg.), *Handbuch Körpersoziologie 2*,
https://doi.org/10.1007/978-3-658-33298-3_35

## 1 Die Sportsoziologie und der Körper

Die Etablierung der Sportsoziologie an den deutschsprachigen Universitäten setzte in der zweiten Hälfte der 1970er Jahre ein. Unter den daran mitwirkenden Soziologen – es waren ausschließlich Männer – gab es einige wenige, die dem Körper eine zentrale Rolle in der Sportsoziologie zuwiesen. So ermahnte Volker Rittner (1974, S. 364) die Sportwissenschaft insgesamt, dass ihr Gegenstand „nicht der ‚Sport' in einem restringierten Sinne sein" solle, sondern „der Körper oder der Leib". Rittner war bis Ende der 1980er Jahre der entschiedenste Vertreter einer körperbasierten Sportsoziologie. Sein größtes Verdienst dürfte dabei in der von ihm betriebenen Grundlagenarbeit zu sehen sein, von der auch die Körpersoziologie profitiert hat. So hat Rittner nicht nur Fundamente einer – über den Sport hinausweisenden – „Soziologie körperbetonter sozialer Systeme" (Rittner, 1983) gelegt und Überblicksarbeiten über die historisch-kulturelle Formung des Körpers präsentiert, sondern mittels Buchbesprechungen Autor/innen in die Sport- und Körpersoziologie eingeführt, die dort bis dahin noch kaum bekannt waren, später jedoch umso bedeutsamer wurden, etwa Norbert Elias, Mary Douglas und Michel Foucault, aber auch Max Horkheimer und Theodor W. Adorno.

Im selben Zeitraum hatte mit Klaus Heinemann (1980) ein weiterer Pionier der deutschsprachigen Sportsoziologie bereits einen ersten Systematisierungsvorschlag zur Integration des Körpers in die Sportsoziologie vorgelegt. Heinemann vertrat die in der gegenwärtigen Sportsoziologie sicher nicht mehr mehrheitsfähige Auffassung, „sport sociology is a part of the sociology of the body" (ebd., S. 42). Heinemanns primäres Interesse galt der Frage, inwiefern der Körper als ein „social fact" Einfluss auf das individuelle Sportengagement habe. Eine soziale Tatsache sei der Körper dabei in vier Hinsichten: Jede Gesellschaft entwickele spezifische Techniken des Körpers (*techniques of the body*), Ausdrucksformen von Körperbewegungen (*expressive body movement*), divergierende Körperethiken (*body ethos*) sowie Kontrollen von Trieben und Bedürfnissen (*controls of drives and needs*). Vor diesem Hintergrund sei der Sport als eine soziale Institution zu verstehen, die einerseits auf gesellschaftlich vorherrschende und im Sozialisationsprozess vermittelte Techniken des Körpers aufbaut, andererseits aber auch bestimmte Körpertechniken erst hervorbringt; im Sport spiegeln sich gesellschaftliche Körperwerte und -normen wider, zugleich bringt der Sport eigene Körperideale hervor; im Sport werden der Körper und seine Affekte kontrolliert, umgekehrt können im Sport Gefühle ausgelebt und der Sport als Bühne körperlicher Selbstdarstellung genutzt werden. Im Hinblick auf das Interesse und die Teilhabe am Sport lassen sich hierbei schicht-, alters- und geschlechtsspezifische Unterschiede feststellen.

Heinemanns theoretische Grundlage, die philosophische Anthropologie Helmuth Plessners und insbesondere dessen Unterscheidung von „Körper-Haben" und „Körper-Sein", ist für die spätere körpersoziologisch inspirierte Sportsoziologie ebenso wichtig geworden wie seine empirischen Beispiele zeitgemäß geblieben sind. Das gilt im Besonderen für die Themen Geschlecht und Gesundheit wie auch für die gesellschaftlich bedingten Entkörperungsprozesse („body alienation"; ebd., S. 50), für die der Sport eine Art Kompensationsprogramm darstellt.

An dieser Idee der Ent- und Verkörperung der Gesellschaft durch den Sport hat Ende der 1980er Jahre Karl-Heinrich Bette angeknüpft. Auf der Grundlage der Luhmannschen Systemtheorie sprach Bette von einer „paradoxen", weil „gleichzeitigen Steigerung von Körperdistanzierung und Körperaufwertung" in modernen Gesellschaften (Bette, 1989, S. 18 ff.). Funktional differenzierte Gesellschaften zeichnen sich demnach einerseits dadurch aus, dass sich ihre Subsysteme über Kommunikation reproduzieren und „Menschen mit ihren Körpern lediglich eine marginale Bedeutung für den Vollzug gesellschaftlicher Kommunikation besitzen" (Bette, 1999, S. 114). Aus systemtheoretischer Sicht gehören Menschen mit ihren Körpern und Bewusstseinen zur Umwelt eines sozialen Systems, mit dem sie „strukturell gekoppelt" sind – in dem Sinne ist der Körper für die Gesellschaft „marginal" bzw. wurde er im Modernisierungsprozess verdrängt. Andererseits aber hätte es den gegenläufigen Prozess der Körperaufwertung – das heißt die „Steigerung des Körpers als Thema gesellschaftlicher Kommunikation und der hieraus resultierende Erlebnisreichtum" (Bette, 1989, S. 43) – ohne die sozialen, psychischen, körperlichen und ökologischen Kosten, die der Modernisierungsprozess verursachte, vermutlich gar nicht gegeben. Bette zufolge lässt sich diese paradoxe Gleichzeitigkeit von Körperabwertung und -aufwertung besonders gut am *Hochleistungssport* studieren. Im Hochleistungssport wird der „Möglichkeitshorizont für den Körpergebrauch [..] durch Spezialisierung erheblich erweitert, dadurch aber auch gleichzeitig verengt. Einerseits wird der Körper in Dimensionen hineingesteigert, die noch vor Jahren nicht für möglich gehalten worden wären. Andererseits tritt hierin eine Rationalität zu Tage, die ihren Sinn in der Übermächtigung und Beherrschung des Körpers in rigider, jahrelanger und energieintensiver Reduktion auf Bestimmtes sieht" (ebd., S. 167; Herv. weggel.).

Dass der Sport eine Reaktion auf die nichtintendierten körperlichen Nebenfolgen funktionaler Differenzierung ist, hat Bette insbesondere am Beispiel des *Extrem-, Risiko- und Abenteuersports* verdeutlicht (Bette, 2004). Will man wissen, weshalb immer mehr Menschen sportliche Aktivitäten wählen, mit denen sie freiwillig körperliche und mitunter lebensbedrohliche Risiken eingehen, dann müsse man die gesellschaftliche Entwicklung der vergangenen Jahrzehnte zur Kenntnis nehmen: Rationalisierung, Bürokratisierung, Individualisierung, zunehmende Nichtigkeits- und Sekundärerfahrungen, permanente Zukunftsorientierung, wachsende soziale Sicherheiten, Langeweile etc. haben zu einer gesellschaftlichen Marginalisierung des Körpers geführt, die subjektiv als defizitär erfahren werde. Der Extrem- und Abenteuersport sei deshalb für viele Menschen attraktiv, weil er ein hierzu radikales Gegenmodell anbietet, das Erfahrungen der Selbstermächtigung und Lebendigkeit, der spürbaren Evidenz und Eindeutigkeit im körperlichen Tun sowie ein intensives Erleben von Natur, Zeit und Raum ermögliche.

Die von Bette diskutierten Extrem-, Risiko- und Abenteuersportarten stellen zusammen mit anderen so genannten *Trendsportarten* ein Feld des Sports dar, das seit Anfang der 2000er Jahre verstärkt in den Fokus der Sportsoziologie gerückt ist. Autoren wie Jürgen Schwier (1998), Thomas Alkemeyer, Robert Schmidt, Gunter Gebauer (vgl. Alkemeyer et al., 2003), Gabriele Klein (2004) oder Robert Gugutzer (2004) betonten dabei, dass im Mittelpunkt von Trendsportarten wie Streetball, Skate- und Sandboarding, Sky Diving, Base-Jumping oder Le Parcour Körper- und Bewegungspraktiken stünden, die sich von jenen des traditionellen, vereins- und wettkampfmäßig organisierten Sports so deutlich unterscheiden, dass man von einem neuen Sportmodell sprechen könne. Virtuose oder ‚coole' Bewegungen, Ästhetik und Erleben, *style, fun, action* spielen hier eine wichtigere Rolle als Sieg und Niederlage, Konkurrenz und Wettkampf, wie der Sport insgesamt nicht mehr ‚nur' Sport ist, sondern einen ganzen Lebensstil verkörpert. All das dürfte erklären, weshalb Trendsportarten gerade von Jugendlichen stark nachgefragt werden. Die sportsoziologische Literatur hat darauf reagiert, indem sie den engen Sportbegriff durch weitergefasste Ausdrücke wie „bewegungsorientierte Jugendkulturen" oder „juvenile Körper- und Bewegungsformen" ersetzt hat (vgl. Gugutzer, 2004).

Im vergangenen Jahrzehnt hat sich der Trend zum *body turn* (Gugutzer, 2006) in der deutschsprachigen Sportsoziologie weiter fortgesetzt bzw. gar beschleunigt. Eine entscheidende Rolle haben hierfür einige theoretische und institutionelle Entwicklungen innerhalb der allgemeinen Soziologie gespielt. In *theoretischer* Hinsicht sind vor allem der *performativ* und *practice turn* zu nennen, die dem *body turn* zeitlich vorausgingen und diesen maßgeblich befördert haben. Sportsoziologische Thematisierungen des Körpers erfolgen gegenwärtig in weiten Teilen aus praxis- und performativitätstheoretischen Perspektiven (vgl. dazu z. B. die beiden Schwerpunkthefte 3/2014 und 2/2015 der Zeitschrift *Sport und Gesellschaft*). Daneben haben sich (leib)phänomenologische Ansätze etabliert, während die Systemtheorie weiterhin ein wichtiger Ansatz geblieben ist. In *institutioneller* Hinsicht wiederum war die Gründung der Sektion „Soziologie des Körpers- und des Sports" in der Deutschen Gesellschaft für Soziologie im Jahr 2005 bedeutsam, da sie eine dauerhafte Plattform für all jene anbietet, die an der Verschränkung von Sport, Körper und Gesellschaft arbeiten.

## 2 Körpersoziologie des Sports – Ein analytisch-integrativer Rahmen

Angesichts der zentralen Bedeutung des Körpers für den Sport und der Erfolgsgeschichte der Körpersoziologie könnte man denken, dass der Sport ein bedeutendes Forschungsfeld für die Körpersoziologie darstellt. Ein Blick in die einschlägigen körpersoziologischen Fachzeitschriften und Verlage zeigt jedoch, dass der Sport keineswegs die erwartbare prominente Rolle in der Körpersoziologie spielt. In der seit 1995 erscheinenden Zeitschrift *Body & Society* etwa sind in den vergangenen 20 Jahren lediglich 25 Originalbeiträge zum Sport im engeren Sinne (ohne Tanz, Artistik, Yoga, Wandern, Jagen, dafür mit starkem Fokus auf Boxen, Bodybuilding, Mixed Martial Arts) publiziert worden. Die Kehrseite der beachtlichen thematischen Bandbreite der Körpersoziologie ist offensichtlich eine relative Randständigkeit des Sports.

Die vorliegenden körpersoziologischen Arbeiten zum Sport geben gleichwohl Aufschluss darüber, was es mit einer Körpersoziologie des Sports auf sich hat. Um das zu verdeutlichen, wird im Folgenden ein *analytisch-integrativer Rahmen* vorgestellt, mit dem zwei Ziele verbunden sind: Erstens soll eine Systematik der körpersoziologischen Zugänge und Studien zum Sport erreicht werden, zweitens wird eine körpersoziologische Theorie des Sports skizziert, die im Sinne einer Synthese zentraler Körperdimensionen und -theorien des Sports zu verstehen ist.

In der gegenwärtigen Körpersoziologie findet sich ein Ansatz mit einem vergleichbaren theoriesynthetischen Anspruch. Er stammt von dem britischen Soziologen Chris Shilling, der auf der Grundlage der Theorien von Marx, Durkheim und Simmel eine körperbasierte Sozialtheorie entwickelt hat (Shilling, 2005). Shilling zufolge habe jeder der drei soziologischen Klassiker den menschlichen Körper gleichermaßen „as a multi-dimensional medium for the constitution of society“ (ebd., S. 9) konzipiert, nämlich als Quelle (*source*), Ort (*location*) und Mittel (*means*) von Sozialität (ebd., S. 28–40). Basierend auf dieser im „corporeal realism“ fußenden „Konvergenzthese“ (ebd., S. 12 ff.) hat Shilling eine körpersoziologische Analyse des Sports unternommen (vgl. ebd., S. 101–126). Dieser zufolge ist der Körper erstens eine konstitutive *Quelle* für den Sport in zweierlei Hinsicht: Zum einen historisch betrachtet, da das Aufkommen mancher Sportarten in enger Verbindung mit den Überlebenspraktiken der Menschen stand (z. B. Jagen); zum anderen bezüglich „our embodied potentiality for play“ (ebd., S. 103), welche die Basis für regelgeleitete Spiele und in deren Folge den Sport darstellt. Das spielerische Potenzial des Körpers biete zudem eine Quelle der individuellen und kollektiven Identitätsbildung. Zweitens ist der Körper ein *Ort,* in den sich die Strukturen des Sports einschreiben. Das gelte im Besonderen für die Rationalisierung des modernen Sports, etwa seiner Regulierung, Bürokratisierung, Technisierung und Verwissenschaftlichung. Aber auch Politik (Nationalismus) und Ökonomie (Werbung) nutzen den Sport für ihre Interessen und instrumentalisieren Athletenkörper. Des Weiteren haben die Strukturen des Sports, allen voran der hier in Reinform vorliegende gesellschaftliche Fortschrittsglauben und Leistungsimperativ, immer wieder auch krankmachende Wirkungen, wofür der „chemically enhanced body“ (ebd., S. 111 ff.) nur ein besonders drastisches Beispiel ist. Drittens ist der Körper im Sport ein *Mittel,* das zur Inklusion oder Exklusion beitrage. So kann der Sport Menschen an sich binden, weil er Raum für Bewegung, Geselligkeit, Spaß und Erlebnisse bietet. Er kann aber ebenso sozial diskriminierend und ausgrenzend wirken, wie das lange Zeit hinsichtlich farbiger Sportler/innen und Frauen der Fall war und gelegentlich noch heute ist.

Shillings Theoriesynthese hat gegenüber dem Großteil körpersoziologischer Theorien des Sports den Vorteil, die Verschränkung von Körper, Sport und Gesellschaft auf mehreren Ebenen gleichzeitig zu behandeln. In den meisten anderen Ansätzen stehen zumeist nur eine Ebene bzw. eine Dimension im Fokus. Kritisch anzumerken ist zu Shillings Entwurf, dass er etwas grobschlächtig ‚den' Sport analysiert und die Bedeutung von Körperdiskursen, körperlichen Interaktionen und leiblich-sinnlichen Wahrnehmungen zu wenig berücksichtigt. Der im Folgenden präsentierte analytische Bezugsrahmen ist verglichen damit umfassender, wenngleich an dieser Stelle aus Platzgründen nur das erste der beiden oben genannten Ziele, die Systematik, realisiert werden kann. Abb. 1 fasst den analytisch-integrativen Rahmen für eine Körpersoziologie des Sports zusammen.

**(a) Verkörperte Strukturen des Sports**

In der Strukturdimension der Körpersoziologie des Sports steht die Frage im Mittelpunkt, *wie die Strukturen des Sports die Körper der Sportakteure formen.* „Strukturen" umfasst sowohl historische, kulturelle und soziale Strukturen als auch die Institutionen, Organisationen und Technologien des Sports. Die zentralen körpersoziologischen Referenzautoren sind hier Norbert Elias, Michel Foucault und Pierre Bourdieu.

Aus einer *historisch-körpersoziologischen* Perspektive ist die *Zivilisierung körperlichen Verhaltens* im Sport ein zentrales Thema, das sich am sichtbarsten vielleicht am historischen Wandel der im Sport zulässigen Gewalt zeigt (vgl. Elias & Dunning, 2003). Elias zufolge waren in den antiken Wettkampfspielen das Ausmaß der erlaubten körperlichen Gewalt deutlich höher und die Scham- und Peinlichkeitsschwellen der Zuschauer solcher Wettkämpfe um ein Vielfaches niedriger als im modernen Sport (vgl. ebd., S. 230–272). Vor dem kulturellen Hintergrund, dass die antiken Spiele als Vorbereitung für den Krieg und umgekehrt Kriege als Übungen für Wettkämpfe galten, waren schwere Verletzungen und Tötungen – etwa im Pankration – sozial legitimierte Körperpraktiken. Im Laufe der Jahrhunderte und besonders im Zuge des europäischen Zivilisationsprozesses wurde die Ausübung direkter körperlicher Gewalt zunehmend zurückgedrängt. Es entwickelte sich nicht nur ein staatliches Gewaltmonopol, sondern damit einhergehend auch eine „Selbstzwangapparatur", die für eine verinnerlichte Gewaltkontrolle sorgte. Im Sport

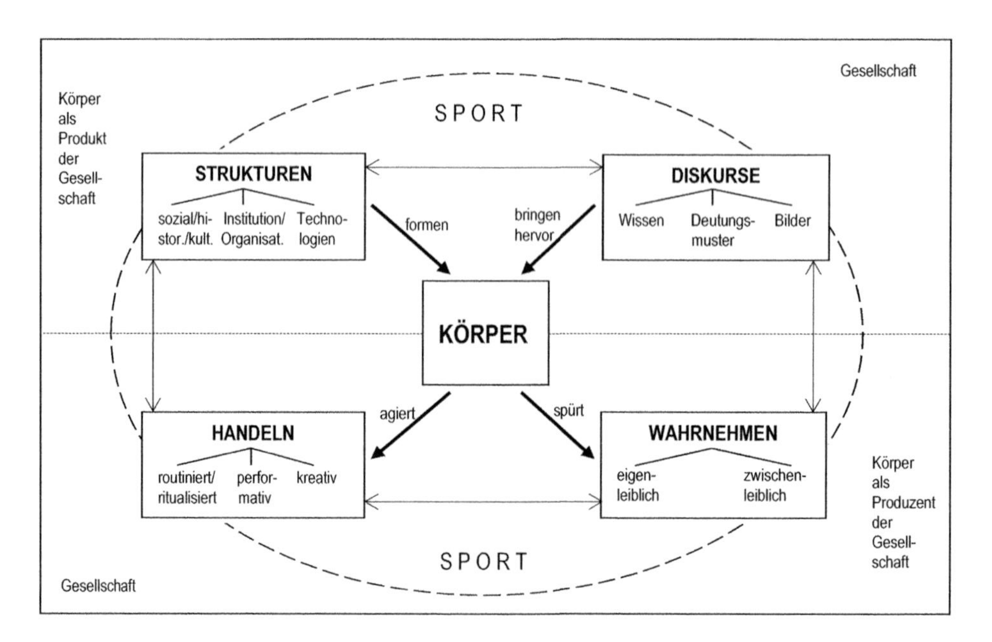


**Abb. 1** Analytisch-integrativer Rahmen für eine Körpersoziologie des Sports

fand dies seinen institutionellen Ausdruck darin, dass das Kriegerethos der antiken Spiele durch das Fairnessethos des englischen Gentlemensports ersetzt, Spielregeln festgelegt sowie Sanktionen und Sanktionsinstanzen (Schiedsrichter) eingeführt wurden. Die sozial akzeptierte körperliche Gewalt im Sport und dessen Umfeld nahm dadurch stetig ab.

Im Anschluss an Foucaults (1976) Überlegungen zur modernen Gesellschaft als einer „Disziplinargesellschaft" wiederum lässt sich von einer historischen *Disziplinierung des Körpers* im Sport sprechen. Im 18. und 19. Jahrhundert haben sich Foucault zufolge in zahlreichen gesellschaftlichen Institutionen Techniken der Körperdisziplinierung durchgesetzt (vgl. ebd., S. 269, 279), wofür der im 19. Jahrhundert aufkommende Sport ein Paradebeispiel ist. Davon zeugt allein das Wort *Sportdisziplin:* Disziplin ist hier in einem ganz wörtlichen, körperlichen Sinne zu verstehen, wird doch der Körper des Athleten in jeder Sportdisziplin durch regelmäßiges Training auf spezifische und letztlich einseitige Weise trainiert. Resultat dieser Disziplin ist in den Worten Foucaults (ebd., S. 177) ein „fügsamer" und „produktiver", nämlich leistungsfähiger Sportkörper, der sich von anders disziplinierten leistungsfähigen Sportkörpern in seinem Erscheinungsbild und seinen Fähigkeiten unterscheidet.

Inwiefern auch die *sozialen Strukturen* der Gegenwartsgesellschaft Auswirkungen auf den Sport und sportive Körperpraktiken haben, hat paradigmatisch Bourdieu (1982) nachgewiesen. Auf der Grundlage seiner Klassen- und Habitustheorie hat Bourdieu gezeigt, dass die Auswahl einer sportlichen Aktivität nicht allein vom ökonomischen und kulturellen Kapital (Geld, Bildung), sondern mindestens so sehr vom *klassenspezifischen körperlichen Kapital* abhängt. Ein Sport wird, so Bourdieu (ebd., S. 347), mit umso größerer Wahrscheinlichkeit von den Angehörigen einer sozialen Klasse gewählt, je weniger dieser den klassenspezifischen Vorstellungen, Einstellungen, Bewertungen und Praktiken bezüglich des Körpers widerspricht, je weniger die sportliche Aktivität also dem *klassenspezifischen Habitus* des Individuums zuwiderläuft. Im Hinblick auf die Klassenstruktur Frankreichs Ende der 1970er Jahre heißt das zum Beispiel (vgl. ebd., S. 335–351): Angehörige der *Arbeiterklasse* haben ein primär instrumentelles Verhältnis zum Körper und wertschätzen insbesondere starke und kräftige Körper. Entsprechend haben sie eine Vorliebe für Sportarten, die kämpferischen Einsatz erfordern (Karate, Ringen) sowie das Vermögen bzw. die Bereitschaft voraussetzen, Schläge einzustecken und Schmerzen auszuhalten (Boxen). Sie präferieren Kraftsportarten wie Gewichtheben und Bodybuilding, Mannschaftssportarten mit hohem Körpereinsatz und gegnerischem Körperkontakt (Fußball, Rugby) sowie Sportarten, die einen Ganzkörpereinsatz erfordern (Motorradrennen, Turnen). Anders die Angehörigen der *mittleren und höheren Klassen,* die den Körper stärker unter ganzheitlichen und gesundheitlichen Gesichtspunkten sowie als Selbstzweck sehen. Daher haben sie eine Vorliebe für so genannte ganzheitliche Sportarten wie asiatische Körper- und Bewegungsformen oder für Gesundheits-, Wellness- und Fitnessaktivitäten (Jogging, Walking, Aerobic etc.). Bevorzugt werden von den Angehörigen dieser Klassen außerdem Sportarten mit Naturbezug (Klettern, Ski-Langlauf), Mannschaftsspiele mit wenig bis keinem gegnerischen Körperkontakt (Volleyball) sowie Sportarten mit hohem symbolischem Gewinn (Golf, Segeln, Polo).

Eine strukturell bedingte Körperformung findet im Sport schließlich auch in Gestalt seiner *technologischen* (inkl. pharmazeutischen) *Manipulation* statt. Das eindrücklichste, weil folgenreichste Beispiel dafür sind Dopingtechniken und -mittel, deren Einsatz zumindest in einigen Sportarten des Spitzensports systemisch angelegt zu sein scheint. Doping steigert zwar die ‚natürliche' Leistungsfähigkeit der Athletinnen und Athleten, allerdings auf Kosten von mitunter gravierenden gesundheitlichen Folgen (vgl. Gugutzer, 2009).

**(b) Körperdiskurse des Sports**

In der Diskursdimension der Körpersoziologie des Sports interessiert die Frage, *wie die Diskurse des Sports die Körper der Sportakteure hervorbringen.* Mit „Diskurs" sind sportspezifische Wissensbestände sowie sportbezogene Deutungsmuster (einschließlich Ideologien) und (Medien-)Bilder gemeint. Den thematischen Schwerpunkt bilden hier körpersoziologische Arbeiten zu Geschlecht (inkl. Transsexualität, Sexismus und Homophobie), Gesundheit und – im englischsprachigen Raum – *race.* Deren theoretische Grundlage bilden vor allem die Diskurstheorien von Foucault und Judith Butler sowie – im Hinblick auf das Thema Rasse – die *postcolonial studies.*

Anknüpfend an Foucault lassen sich zentrale Fragen einer diskurstheoretischen Analyse sportiver Körper wie folgt formulieren: „Welcher sozialen Gruppe oder Institution gelingt es auf welche Weise, eine bestimmte Vorstellung von [..] Körper und Sport durchzusetzen? Wem gelingt es wie und wodurch, ein bestimmtes Wissen oder Interpretationsmuster von Körper und Sport als normal, richtig, wünschenswert, als natürlich, gesund oder sportlich durchzusetzen? Wer besitzt die Deutungshoheit?" (Gugutzer, 2011a, S. 43) Diskursanalysen des sportiven Körpers richten ihren Blick auf die im Feld des Sports herrschenden *Macht-Wissen-Komplexe* und rekonstruieren jene sozialen Mechanismen, die zur Etablierung hegemonialer Körperbilder und -konzepte geführt haben. Dazu zählen vor allem solche Körperbilder, die auf *Naturalisierungsannahmen* basieren, etwa biologisch bedingte Unterschiede zwischen Geschlechtern und Rassen. Ein Beispiel dafür ist die Naturalisierungsstrategie männlicher Sportfunktionäre, Frauen den Zugang zum Sport mit dem ‚Argument' zu verweigern, sie vor gesundheitlichen Schäden schützen zu wollen. „Dieser Paternalismus, der auf einer Naturalisierung der Geschlechterdifferenz beruht, ist keineswegs ein Relikt längst vergangener Tage" (ebd., S. 47), wie man exemplarisch an der Diskussion zum Skispringen der Frauen sieht: Erst vor wenigen Jahren, 2009, hatte sich der Generalsekretär des Internationalen Skiverbands, Gianfranco Kasper, mit der „Sorge um die Gebärmutter" – vergeblich – gegen das Frauen-Skispringen ausgesprochen. Das Beispiel zeigt, dass die *Körperpolitik* mancher männlicher Sportfunktionäre auch noch im 21. Jahrhundert diskriminierend ist, „und zwar im doppelten Sinne: Es wird eine biologische Trennung vorgenommen, mit der eine soziale Trennung legitimiert wird, wobei die diskriminierende Norm der Männerkörper und die Normabweichung der Frauenkörper ist" (ebd.).

Soziologische Untersuchungen zu Körperdiskursen im Sport fokussieren Geschlechterdiskriminierungen im Sport, indem sie sich kritisch mit dem „regulierenden Ideal" der „Heteronormativität" (Butler) auseinandersetzen. Exemplarisch dafür sind Arbeiten zur *Trans- oder Intersexualität,* die seit dem Fall der südafrikanischen 800-m-Läuferin Caster Semenya ein breit diskutiertes Thema sind. Die 18-Jährige Semenya gewann bei den Leichtathletikweltmeisterschaften 2009 den Weltmeistertitel, musste sich nach ihrem Sieg jedoch einem Geschlechtstest unterziehen, weil aufgrund ihres körperlichen Erscheinungsbildes der Verdacht geäußert wurde, Semenya könnte ein Mann sein (vgl. Gugutzer, 2011a, S. 44 ff.). Daraufhin entbrannte ein medialer Diskurs, in dem es sowohl um die Frage der Zwangsheterosexualität als auch um Rassendiskriminierung im Spitzensport ging. Sandra Günter (2015) hat diesen Diskurs auf der Grundlage einer Analyse von acht deutschsprachigen Schweizer Tageszeitungen rekonstruiert und dabei herausgearbeitet, dass in der medialen Berichterstattung die auch im Spitzensport gängigen Geschlechter- und Rassenideologien reproduziert werden. Günter fasst das Ergebnis ihrer intersektionalen Analyse wie folgt zusammen: „The example of Caster Semenya illustrates how the media reconstruct, naturalize and normalize not only dichotomic gender stereotypes but also ethnic and racist body hierarchies. [...] The binary sex and gender constructs and the 'heterosexual matrix' were not productively destabilized or transformed to suit Semenya's body, but rather rearticulated throughout these Swiss German print publications" (ebd., S. 9).

Körperideologien des Sports sind seit geraumer Zeit auch Gegenstand diskursanalytischer Studien im thematischen Feld *Gesundheit/Fitness.* Von Interesse ist hier vor allem der normalgewichtige Körper bzw. dessen massenmedial breit diskutierte Normabweichung, der *übergewichtige, adipöse Körper.* Im Zentrum des moralisch hoch aufgeladenen politischen und medialen Diskurses stehen die so genannten „dicken Kinder" (z. B. Körner, 2008), die als besonders auffälliges Krisensymptom einer zunehmend bewegungsarmen, computersüchtigen und sich falsch ernährenden Gesellschaft gelten. Vor dem Hintergrund des breiten Konsenses in der öffentlichen Diskussion, dass es zu viele zu dicke Kinder gebe, weshalb es unbedingt notwendig sei, etwas dagegen zu unternehmen (schließlich ist der kindliche Körper besonders schutzbedürftig), untersucht Körner in seiner systemtheoretisch fundierten Diskursanalyse die „Erfolgsbedingungen, die dicke und unfitte Kinder gesellschaftsweit zu einer stabilen Realität der Kommunikation haben werden lassen" (ebd., S. 19). Als einen Erfolgsfaktor identifiziert Körner dabei die „Ökonomie der Sichtbarkeit", nämlich die unmittelbare Evidenz der *Bilder* dicker Kinderkörper, die in diesem Diskurs omnipräsent sind. Bilder von massigen, unbeweglichen Kinderkörpern mit Fettfalten transportieren ein Deutungsangebot mit Wahrheitscharakter: Dicksein ist schlecht, falsch, anormal, ungesund, dicke Kinder sind daher behandlungsbedürftig (vgl. ebd., S. 106 ff.). Mediale Körperbilder reproduzieren auf diese Weise gesellschaftlich diskriminierende Normalitätsvorstellungen.

**(c) Leiblich-sinnliches Wahrnehmen im Sport**

In der Wahrnehmungsdimension der Körpersoziologie des Sports steht die Frage im Zentrum, *wie eigen- und zwischenleibliche Wahrnehmungen sportliches Handeln beeinflussen.* Der körpersoziologische Fokus ist hier auf die sinnliche Wahrnehmung und das leiblich-affektive Erleben in sportlichen Kontexten gerichtet, konkret auf die sozialen Konsequenzen sinnlich-leiblicher Regungen im sportlichen Handeln und Interagieren. Die wichtigste theoretische Grundlage hierfür ist die Phänomenologie, insbesondere jene von Maurice Merleau-Ponty, im deutschsprachigen Raum auch die Neue Phänomenologie von Hermann Schmitz.

Phänomenologische Körpersoziologien des Sports im Anschluss an Merleau-Ponty setzen an dessen Konzept des „verkörperten Bewusstseins" bzw. des leiblichen „Zur-Welt-Seins" an: Der Leib als die Verschränkung von Körper und Geist ist der „Nullpunkt der Orientierung" (Husserl), von dem aus die Welt wahrgenommen wird. Leiblich sein heißt, die Welt sinnlich wahrzunehmen, zur Welt hin ausgerichtet zu sein („Intentionalität") und sie sich von diesem ontologischen Ort aus zu erschließen. Die Körper- und Sportsoziologie schließt daran an, indem sie die *sinnliche Wahrnehmung verkörperter Sportsubjekte* thematisiert. Was sieht, hört, riecht, spürt man im sportlichen Tun? Wie nimmt man Raum und Zeit, Rhythmus und Bewegung, Atmung und Berührungen in der sportlichen Aktivität wahr?

Wie John Hockey und Jaqueline Allen Collinson vielfach gezeigt haben (als Überblick: Hockey & Allen Collinson, 2007), ist der Einsatz der Sinne im Sport zum einen sozial – etwa durch sportartspezifisches Training und Wissen – geformt, was man beispielsweise daran erkennen kann, dass sich Sportarten nach ihren Bewegungs- und Atmungsrhythmen (Hockey vs. Schwimmen), der wahrgenommenen Zeitlichkeit (Golf vs. Fußball) oder der Sehfertigkeit (Boxen vs. Skisprung) unterscheiden. Zum anderen sind die Sinne – wenn auch auf zumeist unscheinbare Weise – für das *doing sports* relevant, wofür das eindrücklichste Beispiel natürlich Menschen mit Sinnesbeeinträchtigung sind, die manche Sportarten nicht oder nur unter erschwerten Bedingungen ausüben können. Aber auch für normalsinnige Menschen ist es wichtig, ob sie die Bodenunebenheiten beim Mountainbiking *sehen,* ob sie *hören,* dass der Konkurrent im 1500-m-Lauf immer näherkommt, ob sie *fühlen,* dass der Kunstrasen beim Hockey rutschig oder der Hallenboden beim Handball glatt ist. Sogar der *Geruch* mag eine wichtige sportliche Ressource sein: „It may well be that particular stretches of sporting terrain, used in training, for example, harbor sets of aromatic sequential particulars, which participants use to ‚order their experience and understanding of space' (Classen et al., 1994, S. 98), which in turn may have an impact upon *how* they train […]" (ebd., S. 122 f.; Herv. im Orig.).

Neben den verschiedenen sinnlichen Wahrnehmungen spielt im Sport ebenso die – nicht auf einzelne Sinne verteilbare – eigenleibliche Wahrnehmung eine wichtige Rolle, das *Sich-Spüren.* Das wird besonders deutlich an der leiblichen Regung *Schmerz.* Schmerzen im Sport kennt jeder, zumeist als Behinderung der sportlichen Aktivität, zum Teil aber auch als Bestätigung für das körperlich Geleistete. Wie Schmerzen im Sport erlebt, bewertet und gehandhabt werden, ist keineswegs festgelegt, vielmehr sozial, (sub-)kulturell und historisch variabel. Auf solche sozialen Unterschiede hat beispielsweise Nina Degele (2006) hingewiesen. Anhand von Gruppen- und Einzelinterviews mit Kampfsportler/innen, Triathlet/innen sowie schlagenden bzw. fechtenden Corpsstudenten konnte sie zeigen, dass dies Gruppen sind, die sich bewusst „für Schmerz entschieden“ haben (ebd., S. 146), für die Schmerz wichtig, weil identitätsstiftend ist. Degele hat dafür den Neologismus „schmerznormalisieren“ geprägt. Gemeint ist damit die diskursive Strategie, sportartimmanente Schmerzen in etwas Normales umzudeuten, und zwar primär im Sinne einer „Instrumentalisierung und Funktionalisierung für Leistungssteigerung, Ehre oder HeldInnenkonstruktionen“ (ebd., S. 157). Degeles modernisierungssoziologisches Fazit lautet: „Sportives Schmerznormalisieren bringt damit Identitätsimperative der Moderne auf den Punkt: weiter so, Augen zu und durch, und das alles als autonome Entscheidung“ (ebd., S. 158).

Leibliche Wahrnehmungen im Sport sind schließlich auch in der Hinsicht soziologisch relevant, dass sie die im Sport eminent wichtige nonverbale Verständigung anleiten. Genauer lässt sich hier mit einem Begriff von Schmitz von *„leiblicher Kommunikation“* sprechen. Diese ist bedeutsam in der Interaktion *zwischen Sportakteuren* sowohl in mikrosozialen („blinder Pass“, Windschattenfahren) als auch in mesosozialen Kontexten (Herstellung von Stimmung beim Public Viewing; vgl. Gugutzer, 2015a), weil für verbale Kommunikation hier keine Zeit oder Gelegenheit ist. Leibliche Kommunikation findet außerdem *zwischen Athlet/innen und ihren Sportelementen und -geräten* statt (vgl. Gugutzer, 2015b), beispielsweise zwischen der Surferin und dem Wasser, dem Kletterer und dem Berg oder beim Viererbobstart zwischen den Athleten und ihrem Schlitten (vgl. Elm & Gugutzer, 2021).

**(d) Verkörpertes Handeln im Sport**

In der Handlungsdimension der Körpersoziologie des Sports interessiert die Frage, *wie das körperliche Handeln der Akteure Einfluss nimmt auf soziale Prozesse und Strukturen im bzw. des Sports.* Wie fungiert der Körper als Mittel oder Instrument sozialen Handelns im Sport? Verkörpertes Handeln meint dabei sowohl routiniert-ritualisiertes als auch performatives und kreatives Handeln. Die theoretischen Grundlagen hierfür stellen vor allem Erving Goffmans Interaktionstheorie, Bourdieus Praxistheorie sowie der Pragmatismus dar.

Körpersoziologien des Sports, die das *routiniert-ritualisierte* körperliche Handeln im Sport thematisieren, beschäftigen sich schwerpunktmäßig mit der Frage, auf welche Weise die soziale Ordnung im Sinne einer *„Interaktionsordnung“* (Goffman) in sportiven Kontexten her- und dargestellt wird. Wie trägt der Sachverhalt, dass im Mikrokosmos des Sports die sozialen Akteure körperlich kopräsent sind und sich in ihrem körperlichen Tun aneinander orientieren, dazu bei, dass soziale Ordnung aufrechterhalten wird? Anknüpfend an Goffmans methodologischen Appell, die Soziologie habe „Situationen und ihre Menschen“ (und nicht umgekehrt) zu untersuchen, bilden „situated body practices“ (Sassatelli, 1999, S. 227) den analytischen Fokus entsprechender Körpersoziologien des Sports. Im Sinne Goffmans wird dabei untersucht, wie im Medium körperlicher Handlungen die kontextspezifischen Normen und Regeln, Werte und Moralvorstellungen so erfüllt werden, dass die soziale Ordnung fortbesteht. Mit Blick auf die Interaktionsordnung in Fitnessstudios heißt das zum Beispiel, so Roberta Sassatelli, dass deren räumliche und zeitliche Ordnung eine körperlich hergestellte Ordnung ist: „Through a spatio-temporal organization which works at the work of the body, the gym is thus constructed as a world in itself, a domain of action which has its own rules and meanings“ (ebd., S. 233). In der Umkleidekabine beispielsweise ist ein anderes körperliches Verhalten gestattet als an den Geräten oder in einem Aerobic-Kurs. Das Fitnessstudio repräsentiert im Goffmanschen Sinne einen „Rahmen“, innerhalb dessen das körperliche Ausdrucksverhalten bestimmten, mehrheitlich impliziten, „rules of interaction“ unterliegt – einschließlich des Blickverhaltens: „clients master a complex of practical and implicit rules of glance management” (ebd., S. 237). Etwaige Normverstöße im körperlichen Verhalten und Erscheinungsbild werden von den Trainern und dem Personal des *gyms* zum Zwecke der Aufrechterhaltung der Interaktionsordnung geahndet.

Praxeologische wie auch pragmatistische Körpersoziologien des Sports teilen mit interaktionistischen Ansätzen das methodologische Axiom, ausgehend von *situierten* körperlichen Praktiken soziales Geschehen zu untersuchen. Praxeologie und Interaktionismus betonen außerdem die performative Herstellung der sozialen Wirklichkeit des Sports. Eine Eigenart *praxistheoretischer* Ansätze ist es, im Anschluss an Bourdieu die *Inkorporierung* sportspezifischen Wissens und die daraus resultierende Genese eines sportspezifischen *Habitus* zu thematisieren. Das Besondere an der Entwicklung eines sportspezifischen Habitus ist dabei, dass sich dieser mittels körperlicher „Strukturübungen“ (Bourdieu) bzw. durch mimetisches Bewegungslernen herausbildet. Einen eindrucksvollen Beleg hierfür liefert die ethnografische Studie von Loïc Wacquant (2003) zum Erwerb eines boxerischen Habitus. In einem vier Jahre währenden Forschungsaufenthalt in einem US-amerikanischen *box gym* hat Wacquant eine tiefgehende körperliche Sozialisation zu einem Boxer durchgemacht. Aufgrund der aktiven, körperlichen Teilnahme am Boxtraining und an Boxwettkämpfen, einer Art „stillen Pädagogik“, entwickelte Wacquant einen, mit Bourdieu gesprochen, „boxerischen ‚sens pratique‘“ (ebd., S. 113), eben einen boxerischen Habitus, der ihm die Mitspielkompetenz in diesem sozialen Feld ermöglichte. Über die Körper- und Sportsoziologie hinaus ist Wacquants Studie bedeutsam und zu einer Art Klassiker geworden, weil der Autor die am eigenen Leib erfahrene Logik des ghettospezifischen Boxens zur Grundlage einer allgemeinen Analyse der Logik sozialer Praxis genutzt und hierbei verdeutlicht hat, dass in *jeder* sozialen Praxis der Körper als „agens“ bzw. im Sinne eines verkörperten Habitus sozial relevant ist.

Während die Körpersoziologie des Sports nicht wenige Arbeiten hervorgebracht hat (etwa von Gunter Gebauer, Thomas Alkemeyer, Robert Schmidt, Gabriele Klein oder Larissa Schindler), in denen habitualisierte Körperpraktiken, performative Körperhandlungen und inkorporiertes Körperwissen eine zentrale Rolle spielen, ist die Auseinandersetzung mit dem *kreativen* Handeln im Sport sehr marginal. Versteht man kreatives Handeln gemäß der *pragmatistischen Handlungstheorie* von Hans Joas als problemlösendes Handeln, dann muss die Vernachlässigung der kreativen Dimension sportlichen Handelns überraschen, weist doch die Sportpraxis reihenweise problematische Situationen auf, die ad hoc, spontan, intuitiv, eben kreativ gelöst werden müssen. Ob es sich um einen aus der Not heraus geschlagenen Lob im Tennis handelt, einen Speerwurf bei starkem Rückenwind, eine Fahrt auf eisiger Piste durch Slalomstangen oder einen Sprung mit dem Skateboard auf ein Treppengeländer, der Sport bietet zahlreiche situative Handlungs- und Bewegungsprobleme, die es ohne zeitraubenden Reflexionsprozess im Medium körperlich-leiblichen Handelns zu meistern gilt (vgl. Gugutzer, 2011b). Chris Shillings Entwurf einer pragmatistischen Körpersoziologie (nicht nur) des Sports behandelt solche mikro- wie auch makrosoziale Phänomene, indem er Sport als verkörperte Praxis mit drei (nicht immer nacheinander verlaufenden) Phasen fasst: „habit, crises and creativity" (Shilling, 2008, S. 8–25 und 44–63).

## 3 Fazit und Ausblick

Der Beitrag hat gezeigt, dass der Gewinn einer körpersoziologischen Perspektive auf den Sport darin besteht, das Soziale des Sports auf seine körperlich-leiblichen Fundamente zurückzuführen: Körper und Leib sind sowohl grundlegende Bedingungen sportlichen Handelns und Interagierens als auch zentrale Produkte der Strukturen und Diskurse des Sports. Ein körpersoziologischer Zugang zum Sport verdeutlicht, dass es der Thematisierung der Verkörperung der Akteure des Sports bedarf, um die sozialen Prozesse, die sozialen Ordnungen und den sozialen Wandel des Sports umfassend zu verstehen.

Eine körpersoziologische *Theorie* des Sports integriert dazu die hier vorgestellten vier analytischen Dimensionen anstatt sie nur, wie bisher üblich, einzeln zu behandeln. Im Hinblick auf diese Synthesearbeit herrscht das größte Forschungsdesiderat. *Empirische* Studien könnten hier unterstützend wirken, indem sie sich vor allem jenen soziologischen Körperdimensionen zuwenden, in denen der größte Forschungsbedarf herrscht: Körperdiskurse des Sports sowie eigen- und zwischenleibliche Wahrnehmungen im Sport. Am überzeugendsten dürfte eine körpersoziologische Theorie des Sports dabei sein, wenn sie ihr Erkenntnispotenzial an einem konkreten *Thema* illustriert. Für eine integrative soziologische Körpertheorie des Sports eignet sich dazu genau genommen jedes Thema, weil alles, das sich im Feld des Sports vollzieht, im Schnittfeld von verkörperten Strukturen, Diskursen, Handlungen und Wahrnehmungen steht.

## Literatur

Alkemeyer, T., Boschert, B., Schmidt, R., & Gebauer, G. (Hrsg.). (2003). *Aufs Spiel gesetzte Körper. Aufführungen des Sozialen in Sport und populärer Kultur*. UVK.

Bette, K.-H. (1989). *Körperspuren. Zur Semantik und Paradoxie moderner Körperlichkeit*. de Gruyter.

Bette, K.-H. (1999). *Systemtheorie und Sport*. Suhrkamp.

Bette, K.-H. (2004). *X-treme. Zur Soziologie des Abenteuer- und Risikosports*. transcript.

Bourdieu, P. (1982). *Die feinen Unterschiede. Kritik der gesellschaftlichen Urteilskraft*. Suhrkamp.

Degele, N. (2006). Sportives Schmerznormalisieren. Zur Begegnung von Körper- und Sportsoziologie. In R. Gugutzer (Hrsg.), *Body turn. Perspektiven der Körper- und Sportsoziologie* (S. 141–161). Bielefeld: transcript.

Elias, N., & Dunning, E. (2003). *Sport und Spannung im Prozeß der Zivilisation*. Suhrkamp.

Elm, A., & Gugutzer, R. (2021). Der Viererbobstart. Eine leibphänomenologische Untersuchung. *German Journal of Exercise and Sport Research 51*(2), 202–212.

Günter, S. (2015). The illegal transgression: discourse analysis of the media perception of the transgressive aesthetic of performance and display in top-level sports. *Sport in Society* (14 S.). http://dx.doi.org/10.1080/17430437.2015.1073943

Gugutzer, R. (2004). Trendsport im Schnittfeld von Körper, Selbst und Gesellschaft. Leib- und körpersoziologische Überlegungen. *Sport Und Gesellschaft, 1*(3), 219–243.

Gugutzer, R. (2006). Der body turn in der Soziologie. Eine programmatische Einführung. In R. Gugutzer (Hrsg.), *Body turn. Perspektiven der Soziologie des Körpers und des Sports* (S. 9–53). transcript.

Gugutzer, R. (2009). Doping im Spitzensport der reflexiven Moderne. *Sport Und Gesellschaft, 6*(1), 3–29.

Gugutzer, R. (2011a). Körperpolitiken im Sport. Zur sportiven Verschränkung von Körper, Geschlecht und Macht. In: Daniela Schaaf & Jörg-Uwe Nieland (Hrsg.), *Die Sexualisierung des Sports in den Medien* (S. 34–56). Köln: Halem.

Gugutzer, R. (2011b). *Die Kreativität sportlichen Handelns. Sport im Lichte der pragmatistischen Handlungstheorie*. Vortrag auf dem 20. Sportwissenschaftlichen Hochschultag, 22.09.11, Martin-Luther-Universität Halle-Wittenberg.

Gugutzer, R. (2015). Public Viewing. Ein sportiv gerahmtes kollektivleibliches Situationsritual. In R. Gugutzer & M. Staack (Hrsg.), *Körper und Ritual. Sozial- und kulturwissenschaftliche Zugänge und Analysen* (S. 71–96). Wiesbaden: Springer VS.

Gugutzer, R. (2015). Leibliche Interaktion mit Dingen, Sachen und Halbdingen. Zur Entgrenzung des Sozialen (nicht nur) im Sport. In H. K. Göbel & S. Prinz (Hrsg.), *Die Sinnlichkeit des Sozialen. Wahrnehmung und materielle Kultur* (S. 105–122). Bielefeld: Ttranscript.

Heinemann, K. (1980). Sport and the sociology of the body. *International Review for the Sociology of Sport, 15*, 41–55.

Hockey, J., & Collinson, J. A. (2007). Grasping the phenomenology of sporting bodies. *International Review for the Sociology of Sport, 42*, 115–131.

Klein, G. (Hrsg.). (2004). *Bewegung Sozial- und kulturwissenschaftliche Konzepte*. transcript.

Körner, S. (2008). *Dicke Kinder – revisited. Zur Kommunikation juveniler Körperkrisen*. Bielefeld: transcript.

Rittner, V. (1974). Zur Konstitutionsproblematik der Sportwissenschaft. *Eine Programmatische Skizze. Sportwissenschaft, 4*, 357–371.

Rittner, V. (1983). Zur Soziologie körperbetonter sozialer Systeme. In F. Neidhardt (Hrsg.), *Gruppensoziologie. Perspektiven und Materialien* (S. 233–255). Westdeutscher Verlag.

Sassatelli, R. (1999). Interaction order and beyond: a field analysis of body culture within fitness gyms. *Body & Society, 5*(2–3), 227–248.

Schwier, J. (1998). *Spiele des Körpers. Jugendsport zwischen Cyberspace und Streetstyle*. Hamburg: Czwalina.

Shilling, C. (2005). *The body in culture, technology and society*. Sage.

Shilling, C. (2008). *Changing bodies. Habit, crises and creativity*. Sage.

Wacquant, L. J. D. (2003). *Leben für den Ring. Boxen im amerikanischen Ghetto*. UVK.

# Stadt

Markus Schroer und Jessica Wilde

> *„There were days when he wanted to (...) talk to people's faces, live in meat space. He stopped looking at computer screens and turned to the street."*
> *„No one wanted to be touched. There was a pact of untouchability. Even here, in the huddle of old cultures, (...) people did not touch each other."*
> *„People hurried past, (...) twenty-one lives per second, race-walking (...). They were here to make the point that you did not have to look at them."*
> *Don DeLillo – „Cosmopolis"*

Will man etwas über die urbane Lebenswirklichkeit großer Metropolen in Erfahrung bringen, sind literarische Darstellungen ein unverzichtbarer Fundus soziologischer Einsichten. Don DeLillos *Cosmopolis* – ein genuiner New-York Roman – nimmt sich dabei in besonderer Weise der Thematik des Körpers an. Er schildert einen Tag im Leben des Multimillionärs Eric Packer, der morgens seine Wohnung in einem der höchsten Skyscraper Manhattans verlässt, um sich in seiner Limousine zu einem Friseur am anderen Ende der Stadt fahren zu lassen. Die Limousine – einem Cocoon gleich – ist ausgestattet mit Spycam und einer Vielzahl an Computerbildschirmen und -programmen, denen er via Sprachaktivierung Befehle erteilt, die ihn mit Daten versorgen und ihm weltweite Telepräsenz ermöglichen. Da die Fenster verdunkelt sind, ist die Digitalkamera sein einziger Zugang zur Welt der Straße. Und doch fühlt sich Packer, von der

M. Schroer (✉) · J. Wilde
Marburg, Deutschland
E-Mail: markus.schroer@staff.uni-marburg.de



R. Gugutzer et al. (Hrsg.), *Handbuch Körpersoziologie 2*,
https://doi.org/10.1007/978-3-658-33298-3_36

Straße abgeschirmt, von dieser zugleich auch angezogen: Hunger treibt ihn, trotz eingebauter Mikrowelle, nach draußen in die bunte Welt der Restaurants und Cafés mit ihrer besonderen Atmosphäre. Er öffnet die Fenster, um die anonyme Masse an vorbeirasenden Passanten bei ihrem koordinierten Spiel des wechselseitigen Vermeidens von Blicken und Berührungen zu beobachten. Der dichte Strom der sich bewegenden Körper auf den Gehwegen steht somit in scharfem Kontrast zur Isolation und der passiven Körperhaltung Packers in der Limousine, dessen körperliches Wohlbefinden einzig durch eine in das Fahrzeug verlegte ärztliche Untersuchung gestört wird.

DeLillo versteht es, den Körper in den Mittelpunkt seiner Darstellung urbanen Lebens zu rücken. Eric Packers New York ist ein Raum sozialer Ungleichheit und Machtgefälle, die sich immer auch am Körper und seiner Positionierung im Raum festmachen lassen. Die Stadt präsentiert sich ihm als Bewegungs-, Durchgangs- und Erfahrungsraum, in dem leibliche und virtuelle Komponenten ein spannungsreiches Mischverhältnis eingehen. Der Roman hebt sich somit von einer Stadtsoziologie ab, für die diese Verquickung von Körper und Stadt nicht immer an erster Stelle des analytischen Interesses stand. So scheint auch für die Klassiker der Stadtsoziologie wie Max Weber, Emile Durkheim und Georg Simmel zuzutreffen, was für die Anfänge der Soziologie im Allgemeinen hervorgehoben wird: Der Körper ist allenfalls eine randständige Kategorie, der im rationalistischen Zuschnitt modernisierungstheoretischer Überlegungen kaum Bedeutung beigemessen wird (vgl. Schroer, 2005, S. 11 ff.). Der folgende Überblick stellt dieser Ausgangslage eine Sondierung der Ansätze gegenüber, die den Körper in den Fokus stadtsoziologischer, architekturtheoretischer und stadtplanerischer Diskurs rücken.

## 1 Die Großstädte und ihr Körperleben

Georg Simmels berühmter Essay „Die Großstädte und das Geistesleben" (2006 [1903]) ist ein beispielhafter Beleg für eine Stadtsoziologie, in der die Körper der Großstädter merkwürdig unberücksichtigt bleiben. Wenn Simmel von der „Blasiertheit" (ebd., S. 19) und der „Reserviertheit" (ebd., S. 23) spricht, mit denen der Stadtmensch auf die Reizüberflutung und die „körperliche Nähe und Enge" (ebd., S. 31) in der großstädtischen Masse reagiert, so scheint er diese Reaktionsweisen in erster Linie auf der mentalen Ebene zu verorten: Es ist die *Intellektualisierung* des großstädtischen *Geisteslebens,* die Simmel als zentrales Charakteristikum urbanen Lebens hervorhebt (vgl. ebd., S. 10). Dieser für die Stadtsoziologie so bedeutende Essay bringt somit auf charakteristische Weise eine Weichenstellung der Disziplin zum Ausdruck, die strikt zwischen Körper und Geist trennt und mit einem kognitivistisch verengten Wahrnehmungsbegriffs operiert, der den Körper und mit ihm die physiologische und sensualistische Dimension von Erfahrung vernachlässigt.

In der gegenwärtigen Stadtforschung haben sich aber durchaus auch Ansätze etabliert, die diese körpersoziologische Leerstelle zu füllen vermögen. Im Anschluss an *Pierre Bourdieu* (1991) lässt sich das Verhältnis des Großstädters zu seiner urbanen Umwelt *habituell* bestimmen und im Kontext der Ungleichheitsforschung situieren.

Der Großstädter eignet sich die Stadt demnach nicht nur rein verstandesmäßig an, wie es bei Simmel noch den Anschein hat, sondern auch über körperliche Dispositionen. Dem Begriff des Habitus als dem inkorporierten Sozialen fügt Bourdieu den Begriff des „Habitat[s]" hinzu (1991, S. 30), dem ebenso wie dem individuellen Körper ein Lebensstil und damit auch die Hierarchien des sozialen Raums eingeschrieben sind (ebd., S. 279). Nicht nur der Körper, auch der Wohnort wird so zu einem hervorragenden Indikator der Position, die man im sozialen Raum einnimmt. Je nach Ausstattung mit Kapital hat man mehr oder weniger die Fähigkeit, begehrte Viertel zu belegen und unerwünschte, weil sozial fernstehende Körper auf Distanz zu halten (ebd., S. 31). Segregation und Stratifikation haben ihren Stützpunkt also auch in körperlichen Dispositionen, die auf subtile Weise zu Praktiken des Selbstausschlusses führen, etwa wenn man bestimmten Orten fern bleibt, um das Gefühl der Deplatzierung zu vermeiden, das unweigerlich eintritt, „wenn man einen Raum betritt, ohne alle Bedingungen zu erfüllen, die er stillschweigend von allen, die ihn okkupieren, voraussetzt" (ebd., S. 31). Bourdieu erweist sich somit als zentraler Stichwortgeber für eine Stadtforschung, die sowohl den Körper als auch den Stadtraum unter machttheoretischem Vorzeichen betrachtet, indem sie auf deren milieuspezifische Prägung und die damit einhergehenden Exklusions- und Ausschlussmechanismen aufmerksam macht.

Charakteristisch für *leibphänomenologische* Zugänge zur Stadt ist, dass Wahrnehmung nicht auf ihren kognitiven Aspekt reduziert, sondern im leiblichen „Spüren" (Böhme, 2006, S. 107) verankert und als alle fünf Sinne betreffend konzeptualisiert wird. Die von Simmel diagnostizierte Reizüberflutung äußert sich hier darin, dass der Großstädter alleine schon durch seine Anwesenheit im Stadtraum visuell, taktil, akustisch und olfaktorisch auf vielfache Weise affiziert wird. Eine leibphänomenologische Stadtforschung richtet ihren Blick auf die „Atmosphären" (ebd. 2006, S. 126 ff.) städtischer Viertel und Quartiere, ihre spezifische Ästhetik und charakteristischen Klänge und Gerüche (Böhme, 2006, S. 126 ff.), und fragt danach, wie sich die materielle Beschaffenheit von Städten im leiblichen Befinden niederschlägt. Entsprechend ist die „Stadt der Patheure" (Hasse, 2012, S. 61) längst schon zum Gegenstand architektonischer und stadtplanerischer Gestaltung geworden (vgl. Böhme, 2006, S. 106 ff./131 ff.): Licht wird strategisch eingesetzt, um düstere Ecken des Stadtraums „heiter" und „heimelig" zu machen (ebd., S. 113). Baukörper werden gezielt als bewegungssuggestive „Gesten" gestaltet, um in den Patheuren bestimmte Stimmungen zu evozieren – wie zum Beispiel im Falle der „in den Himmel strebende[n]" Wolkenkratzer innerstädtischer Finanzzentren, die den Großstädter Macht und Autorität auch leiblich verspüren lassen (Hasse, 2012, S. 62 f.). Der Vorzug einer Stadtplanung, die sich des Atmosphären-Begriffs bedient, liegt Böhme zufolge darin, dass sie entgegen der Dominanz des Visuellen in den planenden Disziplinen den „subjektiven Faktor" (2006, S. 132), das „Befinden" von Menschen wieder mit einbezieht, deren Lebensqualität entscheidend davon mitbestimmt wird, ob sie in Städten leben, die freundlich, kalt, trist, einladend oder abweisend wirken.

Aus der *interaktionistischen* Perspektive von Erving Goffmans *Dramatologie* wird nach den körperlichen Komponenten dessen gefragt, was Simmel als spezifisch urbane

Umgangsformen und typische Persönlichkeitsmerkmale des Großstädters begreift. Reserviertheit und Blasiertheit finden ihre Entsprechung in Goffmans Konzept der „höfliche[n] Gleichgültigkeit" (2009, S. 97): Hierbei handelt es sich um einen spezifisch urbanen Interaktionsmodus, durch den sich die Stadtmenschen ihre Fremdheit einander dramaturgisch anzeigen und dadurch aufrechterhalten. Diese Inszenierung involviert aber nicht nur eine spezifische Ordnung der Blicke im Sinne der von Goffman sezierend beschriebenen intrikaten Balance aus Anstarren, das als eine Verletzung der vom Großstädter argwöhnisch verteidigten Privatsphäre gilt, und Wegsehen, das einer unhöflichen „‚Unpersonen'-Behandlung" (ebd.) gleichkommt. Vielmehr ist der Körper mitsamt seinem durch die fünf Sinne gegebenen Wahrnehmungsvermögen auf basaler Ebene in den Gegenstand des Interaktionismus eingelassen, geht es Goffman doch um all jene Situationen, in denen Akteure körperlich kopräsent sind (ebd., S. 24). Goffmans Untersuchung über „Interaktion im öffentlichen Raum" (2009) – mit der Straße als prototypischen urbanem Schauplatz – ist also im Kern eine Studie über das konventionalisierte Repertoire körperlich-expressiven Ausdrucksverhaltens, das bei Begegnungen im Stadtraum zur Anwendung gebracht wird (vgl. ebd., S. 49). Verhaltensregeln reichen entsprechend bis in die körperlichen Aktivitäten hinein: So hat der Einzelne, wenn er sich im öffentlichen Raum aufhält, seinem Körper „eine Art von Disziplin und Spannkraft" (ebd., S. 40) abzuringen sowie Gliedmaßen und Gesichtsmuskeln zu kontrollieren – eine Pflicht, von der der Großstädter einzig in der abendlichen Untergrundbahn entbunden wird, in der die Menschen „ihre Gesichter in einer Art von zeitweiser stumpfer und tiefer Erschöpfung fallen lassen" dürfen (ebd., S. 41). Verbote und Pflichten betreffen auch die „motorische[n] Niveaus" (ebd., S. 44) und die Bewegungsmuster der Großstädter: Zu langsame Körperbewegungen erregen Verdacht (ebd., S. 44) und würden im Strom der schnellschrittigen Masse für Irritation, wenn nicht gar Ärger sorgen. Stillstand – sofern dramaturgisch nicht als Warten in Szene gesetzt – verstößt gegen das Gebot der „Zurschaustellung von ‚zielgerichtetem Unterwegs-Sein'" (ebd., S. 71) und kann als polizeilich geahndetes „Herumlungern" definiert werden (ebd., S. 72). Den Argwohn seiner Mitmenschen zieht man schließlich vor allem auch durch das aufdringliche Überschreiten der Grenzen des persönlichen Raums auf sich – sei es dadurch, dass man das Auge länger als gemeinhin für akzeptabel gehalten auf dem Anderen verweilen lässt oder dadurch, dass man ihn berührt. Der seelischen Unberührbarkeit des blasierten Stadtmenschen entspricht also auf körperlicher Ebene eine physische: das Verbot, bestimmte Distanzen zu unterschreiten und seinen Mitmenschen körperlich zu nahe zu kommen.

Die Grundlagen des großstädtischen Seelenlebens werden Simmel zufolge „mit jedem Gang über die Straße, mit dem Tempo (…) des wirtschaftlichen, beruflichen und gesellschaftlichen Lebens" geschaffen (Simmel, 2006, S. 9). Diesem Hinweis folgend, bliebe eine körpersoziologische Betrachtung der Stadt unvollständig ohne eine Analyse *urbaner Bewegungsformen,* die im Anschluss an Marcel Mauss (1975) auch als *Techniken des Körpers* und somit als kulturell geprägt und wandelbar begriffen werden müssen. Dass es sich beim klassischen Flanieren (vgl. Düllo, 2010) durch die europäischen Hauptstädte des 19. und 20. Jahrhunderts um alles andere als eine natürliche Bewegungsform handelt, macht zum Beispiel Walter Benjamins Hinweis auf die beim Promenieren durch die Passage mitgeführte Schildkröte deutlich, mit der man sich einen „Begriff vom Tempo des Flanierens" (1982, S. 532) zu machen suchte. Diese Art von antrainierter Entschleunigung steht im eigentümlichen Kontrast zum „race-walking" der von DeLillo geschilderten New York Fußgänger, die das Flanieren als Körpertechnik nicht mehr zu beherrschen scheinen. Kennzeichnend für die Großstadt ist also eine stetig steigende Geschwindigkeit, wie sie nicht zuletzt beim Autofahren als einer vom Gehen distinkten, aber ebenso als Körpertechnologie zu behandelnden Bewegungsform erlebt wird (vgl. Thrift, 2004). Thrift zufolge verfehlt eine Perspektive wie die von Michel de Certeau, die sich auf das „Gehen in der Stadt" (1988, S. 179 ff.) konzentriert, die Lebenswirklichkeit einer „postpedestrian city" (Thrift, 2004, S. 78), in der sich Millionen von „automobile ‚bodies'" (ebd.) tummeln. Sie suggeriere irrtümlicher Weise auch, dass es sich beim Gehen um eine körperlich und kinästhetisch irgendwie reichhaltigere Bewegungsform handelt, während Analysen des Autofahrens doch stets auch die vielen körperlich-sinnlichen Komponenten betonen, die der Aufenthalt im Straßenverkehr mit sich bringt – allen voran die vielfältigen emotionalen Zustände, die der Autofahrer durchläuft (vgl. ebd., S. 79). Selbst das Reisen in öffentlichen Verkehrsmitteln, in denen die Individuen trotz ihrer Mobilität zur „Unbeweglichkeit" verdammt sind (de Certeau, 1982, S. 206), erfordert eine körperliche Kunstfertigkeit, die mit Aufkommen von Eisen- und Straßenbahn erst erlernt werden musste, stellt doch das sichtbare Nichtstun und die Aufrechterhaltung von Beziehungslosigkeit zwischen Fremden auf engem Raum eine auch in körperlicher Hinsicht voraussetzungsvolle dramaturgische Leistung dar (Goffman, 2009, S. 67). Diese Liste der im Kontext der Stadtforschung hervorgehobenen Körperpraktiken – Flanieren, Autofahren, Reisen in öffentlichen Verkehrsmitteln – ließe sich durchaus noch erweitern und müsste neben den vielen Sportpraktiken, die den öffentlichen Raum postindustrieller Städte prägen (vgl. Funke-Wieneke & Klein, 2008), auch die Körpertechnologien derjenigen Stadtbewohner berücksichtigen, denen die Stadt auf Grund körperlicher Beeinträchtigungen eher einem Hindernisparcours als einem Bewegungsraum gleicht (vgl. Spörke, 2012).

## 2 Der Körper in Architektur und Stadtplanung

Mit einer Analyse der leiblichen Körper im Stadtraum hat sich eine körpersoziologische Sicht auf die Stadt jedoch bei weitem noch nicht erschöpft. Der menschliche Körper hat vielmehr auf noch ganz andere Art und Weise eine zentrale Rolle für Städte gespielt: Die Gestalt des Körpers und die Proportionen seiner Gliedmaßen haben über die Jahrhunderte hinweg als Grundlage und Leitbild architektonischer und städtebaulicher Entwürfe gedient (vgl. Zöllner, 2004). Über Metaphorik, Analogiebildung und Anthropomorphismus – wie sie etwa in der Rede von Parks als grünen Lungen, Straßen als Arterien oder Regierungsvierteln als Haupt der Stadt zum Ausdruck kommen – hat sich der menschliche Körper in Baukörpern und Stadtgrundrissen niedergeschlagen.

Die Architekturgeschichte ist reich an Versuchen, sowohl Städte als auch Gebäude nach dem Vorbild des menschlichen Körpers zu bauen. Der sogenannte vitruvianische Mann – das durch Leonardo da Vinci berühmt gewordene Bild eines in den geometrischen Figuren Kreis und Quadrat angeordneten männlichen Körpers mit ausgestreckten Armen und Beinen – ist dabei sicherlich eines der bekannteren Beispiele eines solchen Vorbilds. Zurückgehend auf den Architekten und Ingenieur Marcus Vitruvius Pollio (kurz: Vitruv) steht dieses Körperbild für eine Baukunst, die die Formgebung von Gebäuden direkt aus der als ideal angesehenen Proportionierung menschlicher Körperverhältnisse herleitet (vgl. Zöllner, 2004, S. 307 f.). Demnach handelt es sich um eine schlechte, weil asymmetrische Formgebung, wenn die Glieder eines Baukörpers bzw. die einzelnen Gebäude und Viertel einer Stadt nicht in demselben Proportionsverhältnis zueinander stehen „wie die Glieder eines wohlgeformten Menschen." (Vitruv, zitiert nach Zöllner, 2004, S. 310) Doch nicht nur als Proportionsfigur, auch als Maßstab hat der menschliche Körper als Grundstein architektonischer Lehren gedient. Berühmtes Beispiel ist hier Le Corbusiers „Modulor" (1956), ein am menschlichen Körper orientiertes Maßsystem zur seriellen Fertigung von Wohnmodulen, die – so Le Corbusier – besser als das metrische System den Abmessungen des menschlichen Körpers und somit dem Menschen selbst gerecht werden. Die an der menschlichen Gestalt gewonnenen Maßeinheiten wie Elle, Finger und Fuß werden dem „unpersönliche[n], „fühllose[n]" und „gegenüber dem menschlichen Wuchs gleichgültige[n] Meter" (Le Corbusier, 1956, S. 20) gegenübergestellt, der „beschuldigt werden kann, die Architektur verrenkt und verdorben zu haben [...] in bezug [sic!] auf ihre Aufgabe, (...) *Menschen zu bergen.*" (Ebd., S. 20) Le Corbusier formuliert hier eine Kritik an architektonischen und städtebaulichen Entwürfen, die vom Körper des Menschen abstrahieren und hält diesen entgegen, Entwerfen müsse „ebenso sinnlich und körperlich wie geistig und spekulativ sein" (ebd., S. 61). Der Modulor hat über Le Corbusiers eigene Projekte hinaus allerdings kaum praktische Anwendung gefunden. Seine berühmte, *Unité d'Habitation* genannte Wohneinheit in Marseilles wurde vollständig nach Modulor-Maßen gebaut. Bei einem weiteren Projekt in der Berliner Flatowallee scheiterte die Anwendung des Modulors allerdings an gesetzlichen Bestimmungen: Wo die Vorschriften zum sozialen Wohnungsbau eine Raumhöhe von 2,50 m festschrieben, sah der Modulor lediglich 2,26 m vor. Generell ließe sich somit am Modulor nicht nur die willkürliche Festlegung der menschlichen Durchschnittsgröße kritisieren. Vielmehr scheint Le Corbusier den Umstand übergangen zu haben, dass der Mensch gerade auch körperlich in den Raum ausschreitet, also über gewisse Minimalgrenzen hinaus „raumfüllend" (Bourdieu, 1991, S. 25) ist und aus dieser Ausdehnung im Raum immer auch Distinktionsgewinne zu erzielen vermag. So wird auch verständlich, dass Le Corbusiers „Wohnungszelle" (1956, S. 118) nicht nur auf Gegenliebe gestoßen ist, gilt doch die *Unité d'Habitation* auch als frühe Form moderner Plattenbauten.

Eine kultursoziologische Aufschlüsselung des Zusammenhangs von Körper- und Stadtbildern findet sich in Richard Sennetts historischer Abhandlung „Fleisch und Stein" (1997), in der Sennett anhand verschiedener Fallbeispiele aufgezeigt, wie sich Auffassungen vom menschlichen Körper formgebend auf die Stadtgestalt ausgewirkt haben (ebd., S. 31 f.). Der Einfluss der vitruvianischen Körpergeometrie auf die Stadtgestaltung wird am Beispiel des Grundrisses römischer Städte festgemacht (ebd., S. 130 ff.), die aus quadratisch angeordneten Vierteln innerhalb eines ursprünglichen Kreises bestanden, mit dem Forum Romanum als „urbanem Bauchnabel" (ebd., S. 135), von dem geradlinig angeordnete Straßen abgehen wie die Arme und Beine im Bild Vitruvs. Die römische Stadtanlage und ihre historischen Nachfahren, wie etwa die nach dem Gitterschema gebauten Städte Washington D. C. oder New York (ebd., S. 330 f.), waren jedoch nicht nur Ausdruck eines ästhetischen Bedürfnisses nach wohlgeformten, symmetrischen Proportionen, sondern wurden auch zu Macht- und Herrschaftszwecken eingesetzt. Der Anordnung geradlinig verlaufender Straßen lag das Prinzip des „Sieh und Gehorche" (ebd., S. 130) zu Grunde, ein Prinzip, dass im 19. Jahrhundert bei der Umgestaltung von Paris durch Baron Haussmann Anwendung gefunden hat: Unübersichtliche, dicht bebaute Viertel des mittelalterlichen Stadtkerns wurden mit breiten Boulevards durchzogen, um so nicht zuletzt das revolutionäre Potential städtischer Massen entschärfen und durch eine neue Sichtbarkeit die Bewegung der Menschen disziplinieren zu können (vgl. ebd., S. 409). Beim Städtebau und den mit ihm verbundenen Körperdiskursen handelt es sich also um alles andere als neutrale Phänomene. Mit Michel Foucault lässt sich Stadtplanung vielmehr auch als Regierungstechnologie (2006, S. 19 ff.) und die Stadt in Begriffen der Disziplin beschreiben (ebd., S. 26 f.). Der Disziplin geht es darum, architektonisch „einen Raum zu gestalten" (ebd., S. 35) und die Körper in einer bestimmten Anordnung auf den Raum zu verteilen. Sie „gehört zur Ordnung des Bauwerks, des Bauwerks im weiteren Sinne" (ebd., S. 35), und antwortet auf das Problem, einer in ihren Bewegungen unberechenbaren städtischen Masse Herr zu werden. Dem registrierenden und kontrollierenden Zugriff der Macht galten dabei vor allem die ärmeren Bevölkerungsschichten aus den Arbeiter- und Elendsvierteln des 18. und 19. Jahrhunderts als *„gefährliche Körper"* (Schroer, 2005, S. 39), durch die man nicht nur die sozialen Ordnung, sondern auch die allgemeine Gesundheit der Bevölkerung bedroht sah. Die Quartiere der unteren Klassen wurden auf Grund ihrer miserablen Lebens- und Wohnverhältnisse als „Brutstätten von Krankheit und Laster" (Lindner, 2004, S. 19) angesehen und somit zum Gegenstand gouvernementaler Steuerung, die den doppelten Zweck der moralischen Besserung und medizinischen Vorsorge gegen Epidemien verfolgte (vgl. ebd., S. 29 f.). Dabei war es nicht der bürgerliche, sondern der „vulgäre Körper" (ebd., S. 26), dem eine kontaminierende Wirkung zugeschrieben wurde.

Überwachung war also nur eine Funktion, die der Städtebau erfüllen sollte. Das Schlagen von Achsen durch dicht besiedelte Viertel diente gleichzeitig dem „Durchlüften" (Foucault, 2006, S. 36) und damit der Hygiene in diesen Vierteln, durch die nicht nur die Gesundheit des individuellen Körpers, sondern die des gesamten Gesellschaftskörpers gewährleistet werden sollte (ebd., S. 158). Stadtplanung stand somit im Zeichen einer „Biopolitik" (ebd., S. 42), die vor dem Hintergrund einer Revolution des Körperbildes verstanden werden muss, die mit der Entdeckung des Blutkreislaufes durch William Harvey im 17. Jahrhundert zusammenhängt (vgl. Sennett, 1997, S. 315 ff.).

Neue Erkenntnisse über den Blutkreislauf und die Atmung führten demnach im 18. Jahrhundert zu „neuen Vorstellungen von öffentlicher Gesundheit“ (ebd., S. 320), die auch Eingang in die planenden Disziplinen fanden: In Analogie zum gesunden Körper, in dem das Blut frei zirkulieren kann, wird die gesunde Stadt als eine begriffen, in der Menschen und Dinge in freiem Fluss gehalten werden. Die Bildsprache von Arterien und Venen wurde auf die Anlage von Straßen übertragen und Bewegung zum erklärten Ziel städtebaulicher Programme (ebd., S. 319 f.). Die Entwicklung, die Harvey angestoßen hat, findet Sennett zufolge ihren Kulminationspunkt in einer Stadtplanung, die dem automobilen Individualverkehr Priorität einräumt – eine Entwicklung, die Sennett alles andere als begrüßt, führe das Autofahren doch dazu, dass sich die Körper nur noch „passiv“ und „desensibilisiert“ durch den Raum bewegen (ebd., S. 25), ohne die Menschen und Gebäude in der Stadt dabei berücksichtigen zu müssen (ebd.). Der Stadtplaner ist somit vor die Aufgabe gestellt, Räume zu schaffen, „die Menschen dazu bringen, einander wahrzunehmen.“ (Ebd., S. 28) Die Umsetzung dieser Aufgabe läuft dabei nicht nur über die *Steine* der Stadt, sondern auch über das *Fleisch:* Es gilt, mit architektonischen und stadtplanerischen Mitteln „den Körper sensibler (…), moralisch empfindlicher“ zu machen (ebd., S. 23), um das wiederherzustellen, was Sennett als typische urbane Erfahrung hochhält: Pulsierende, bunte Stadtviertel, in denen eine kulturelle Vielfalt gelebt wird, die nicht in eine Angst vor dem Fremden umschlägt.

## 3 Hybride Körper und Cyborg Cities

Im Zuge der technologischen Entwicklungen des 21. Jahrhunderts sind die Grenzen des Körpers zunehmend porös geworden. Wir haben es längst mit „hybriden Körpern“ (Schroer & Bullik, 2015) zu tun, bei denen sich die Trennlinien zwischen Innen und Außen, Körper und Geist, organisch und anorganisch, Materialität und Virtualität nicht mehr eindeutig bestimmen lassen. Die Figur des Cyborg hat dabei in jüngster Zeit verstärkt Eingang in stadtsoziologische Diskurse über die Transformation des Urbanen (Gandy, 2005; Mitchell, 2004; Virilio, 2008) gefunden. Stadt und Körper werden im Rahmen dieser urbanen Hybriditätsforschung in ein neues Verhältnis zueinander gesetzt: Es geht nicht mehr länger um den individuellen Körper, der sich *in* einer Stadt aufhält oder sich *durch* den Raum bewegt, sondern um „networked bodies“ (Mitchell, 2004, S. 79). Stadt und Körper treten nicht als isolierte Einheiten einander gegenüber, sondern bilden über die vielen Schnittstellen zwischen menschlichen Körpern und urbanen Infrastrukturnetzwerken ein hybrides Amalgam. Das Konzept der „cyborg urbanization“ (Gandy, 2005) legt damit einen Wandel hin zu relationalen Körper- und Raumvorstellungen nahe: Das Bild vom Körper als einer abgegrenzten Einheit und die Auffassung von der Stadt als euklidischem Behälterraum weicht einem als flach konzipierten Raum bestehend aus Verbindungen, Netzwerken und Strömen (vgl. Mitchell, 2004, S. 7 ff.; Gandy, 2005, S. 33). Der Hybriditätsgedanke kommt dabei in starker Metaphorik zum Ausdruck, wobei die Pointe gerade darin besteht, die Anthropomorphismen in der

Beschreibung von Stadt und Architektur ihres metaphorischen Gehalts zu entkleiden, die Beschreibungsformeln also gleichsam bei ihrem Wort zu nehmen (vgl. Mitchell, 2004, S. 19): Urbane Infrastrukturen sind buchstäbliche „life-support systems“ (Gandy, 2005, S. 28), das Haus ein buchstäbliches „exoskeleton for the human body“ (ebd.). Abwasserrohre und Toiletten lassen sich nicht auf bloße Haushaltsausstattung reduzieren, sondern stellen vielmehr „intestinal extranets“ (Mitchell, 2004, S. 24) dar, die als technische Erweiterungen des menschlichen Verdauungstrakts die körpereigenen an die städtischen Stoffwechselprozesse anschließen (ebd., S. 22). Längst hat sich die Idee eines urbanen Stoffwechsels auch in aktuell diskutierten Projekten städtischer Entwicklung niedergeschlagen, wie etwa in dem Vorschlag, die von menschlichen Körpern in Bewegung abgegebene Energie zum Aufladen von Mobiltelefonen oder gar für die Beleuchtung von Straßen zu nutzen.

Die Grenzverschiebung im Verhältnis zwischen Körper und Stadt wird jedoch in erster Linie im Kontext der breitgestreuten Durchsetzung von drahtloser Kommunikation und mobiler Elektronik sowie der Digitalisierung und Computerisierung der Gesellschaft thematisiert. Der menschliche Körper wird durch Informations- und Kommunikationstechnologien in zunehmenden Maße *„gecyborgt“* (Virilio, 2008, S. 44), wenn elektronische Geräte oder Computerchips „in ihrer nanotechnologisch miniaturisierten Form“ (ebd.) am Körper getragen oder in den Körper implantiert werden: „Das Handy von morgen befindet sich direkt im Ohr.“ (Ebd.) Virilio zufolge lässt sich die urbane Erfahrung mit der Formel Körper *in* der Stadt nicht mehr treffend beschreiben, da wir es bereits mit der „‚Stadt am Körper‘“ oder – noch treffender – der „‚Stadt im Körper‘“ zu tun haben (Virilio, 2008, S. 44). Ebenso wie unsere Haut immer durchlässiger und zur Schaltstelle für Konnektivität wird, so erfahren auch unsere Sinne durch elektronische Prothesen aller Art eine Erweiterung (vgl. Mitchell, 2004, S. 24 ff.). Die sensoriellen oder auch Wahrnehmungsgrenzen lassen sich nicht mehr von der Position des Körpers im Raum aus ziehen, die Reichweite der Sinne nicht mehr nur leibphänomenologisch bestimmen, wenn „Datenhandschuhe“ es einem erlauben, „entfernte Objekte fühlen, berühren, hören und sehen“ zu können (Virilio, 2008, S. 44) oder wenn in Autos integrierte Digitalkameras das Auge als Wahrnehmungsorgan ersetzen und die telekommunikative Präsenz an weit entfernten Orten ermöglichen. In der Konsequenz bedeutet dies eine Abkehr von phänomenologischen und anthropozentrischen Architekturkonzepten, wie sie für das 20. Jahrhundert noch charakteristisch waren. In den Worten Mitchells:

> „I am not Vitruvian man, enclosed within a single perfect circle, looking out at the world from my personal perspective coordinates and, simultaneously, providing the measure of all things. Nor am I, as architectural phenomenologists would have it, an autonomous, self-sufficient, biologically embodied subject encountering (…) my immediate environment. (…) I am a spatially extended cyborg.“ (2004, S. 39)

Mit dem gecyborgten, telepräsenten und vernetzten Körper verliert die auf die Romane des Science-Fiction Autors William Gibson zurückgehende Unterscheidung zwischen

‚cyberspace' und ‚meatspace' somit zunehmend an Geltung (vgl. Gandy, 2005, S. 42; Mitchell, 2004, S. 3 f.), da die materielle und die virtuelle Welt, Körper und Geist auf ganz neue Weise amalgamiert werden. Bei der Cyborg City handelt es sich also keineswegs um die körperlose virtuelle Welt, die Gegenstand vieler Science-Fiction Romane in der Anfangsphase der digitalen Revolution war. Entgegen der These vom Verschwinden des Körpers in einer sich virtualisierenden Welt ist vielmehr davon auszugehen, dass sich digitale Netzwerke somatisieren. Der Körper ist nach wie vor zentraler Knotenpunkt im Netzwerk, auch wenn er nicht mehr ausschließlich dem ‚meatspace' zugewiesen werden kann. Sein Ort ist an der Schnittstelle zwischen ‚meat'- und ‚cyberspace' und somit Schauplatz der Grenzauflösung zwischen beiden Sphären.

Mit dem Konzept der Cyborg City ist nicht weniger verbunden als der Anspruch, die hervorstechenden Merkmale der urbanen Wirklichkeit in Städten des 21. Jahrhunderts begrifflich auf den Punkt zu bringen – Städte, in denen die durch Konnektivität hergestellt Grenzöffnung über die architekturale Einfriedung zu dominieren beginnt (vgl. Mitchell, 2004, S. 11). Während ehemals Wände, Mauern und Zäune Innen und Außen klar voneinander trennten, sorgen Rohre, Drähte und Glasfaserkabel heute mehr denn je für Verbindungen und Grenzauflösung. Mit implantierten Computerchips fällt sogar die Haut als letzte umhüllende Grenze und mit ihr der „Körper als letztverbleibende Einheit" (Schroer, 2005, S. 25). Dem entgegenzuhalten wäre zum einen, dass die diagnostizierte Dominanz von Netzwerken nicht die Notwendigkeit von und das Bedürfnis nach Grenzziehung vollständig verschwinden lassen. Gerade das Cocooning, wie es Eric Packer in seiner Limousine betreibt, kann als Hinweis darauf dienen, dass Prozesse der Grenzauflösung immer auch von Versuchen des erneuten Grenzaufbaus begleitet werden. Der einseitigen Zeitdiagnose einer vernetzten Welt offener Grenzen wäre dahin gehend zu widersprechen, dass wir es empirisch in der Regel mit einer gleichzeitigen Bewegung des Öffnen und Schließens zu tun haben, was sich nicht zuletzt auch an Phänomenen wie Gated Communities ablesen lässt. Zum anderen ist die ubiquitäre Versorgung mit einwandfrei funktionierenden urbanen Infrastrukturen nicht für alle Stadtbewohner eine Selbstverständlichkeit, sondern vielmehr Kennzeichen von Wohlstandsgesellschaften. Gerade am Thema Infrastrukturen zeichnen sich globale Ungleichheitsstrukturen ab und verweisen auf den Umstand, dass das Leben in vielen Megastädten des globalen Südens ein Leben *‚off the grid'*, also jenseits jeglicher Anschlüsse bedeutet. Wie die Stadtforschung zu Megacities immer wieder feststellt, bedeutet Leben in extremer Armut oft auch, auf den nackten, technologisch unvermittelten Körper zurückgeworfen zu sein (vgl. Davis, 2007; McFarlane & Graham, 2014).

Einen starken Kritiker findet die Cyborg City in Paul Virilio, der mit der digitalen Revolution eine Isolation, Trägheit und Stilllegung des individuellen Körpers einhergehen sieht (vgl. Virilio, 2004, S. 80). Der zukünftige Trend geht Virilio zufolge in Richtung einer radikalen Umkehr von Bewegungsmustern: Kam es im 20. Jahrhundert zu einer massiven Mobilisierung der Bevölkerung durch die Popularisierung von Motorfahrzeugen (Zug, Auto, Flugzeug), führen die telekommunikativen Medien des digitalen Zeitalters zu einer *„growing inertia"* (2004, S. 80), da körperliche Mobilität im Zeitalter von Telepräsenz nicht mehr notwendig ist. Man kann ohne weiteres von seinem häuslichen oder mobilen Cocoon aus an mehreren Orten zugleich sein, ohne sich von der Stelle zu bewegen. Ihr Extrem findet diese mobile Bewegungslosigkeit in intelligenten Autos, in denen der Fahrer noch nicht einmal mehr Hände und Füße betätigen muss, um das Auto zu steuern, ja nicht mal mehr die Hände benutzen muss, um Bildschirme zu berühren, funktionieren diese doch längst über eine Sprachaktivierung, die einen mit dem Bordcomputer reden lässt (vgl. Thrift, 2004, S. 83 f.).

Ein differenzierter Blick auf die Entwicklungstendenzen postindustrieller Städte dürfte Virilio jedoch milde stimmen. Seiner kulturpessimistischen Befürchtung ließe sich entgegenhalten, dass der öffentliche Raum keineswegs ausschließlich von immobilen, digital vernetzten, ‚cocoonierten' Körpern durchquert wird. Vielmehr wurde die Entwicklung von industriellen hin zu postindustriellen Städten als eine beschrieben, die mit der Freisetzung körperlicher Aktivität aus der Erwerbsarbeit und infolgedessen mit einer Aufwertung von körperlicher Bewegung in Sport und Freizeit einhergeht (vgl. Schroer, 2005, S. 13). Der Blick der Stadtforschung richtet sich entsprechend auf die vielfältigen Bewegungskulturen, die sich im öffentlichen Stadtraum etabliert haben (vgl. Funke-Wienke & Klein, 2008) – von sogenannten alternativen Trendsportarten wie Le Parkour bis hin zu Tanzfestivals wie der Love Parade als städtischen Großevents. In beiden Fällen scheint es gerade darum zu gehen, die gewohnten Bewegungsmuster oder vielmehr auch die Bewegungsarmut des Großstädters auf dem Weg zur Arbeit oder zur Shopping-Mall bewusst zu durchbrechen und den Stadtraum auf neue Art und Weise für sich zu entdecken. Mit anderen Worten: So sehr der mobile und vernetzte Cocoon auch den Wunsch nach Abschottung bedienen mag, so scheint er doch gleichzeitig auch wieder das Bedürfnis nach einer im ‚meatspace' erfahrenen Sozialität hervorzurufen. Wie Eric Packer wendet man sich dann von Computerbildschirmen ab und der Straße zu.

## 4 Ausblick: Urban Bodies in Gegenwart und Zukunft

Welche Linien zukünftiger Forschung zeichnen sich vor dem Hintergrund der körpersoziologischen Annahme ab, dass mit dem Sozialen auch die Stadt als grundlegend verkörpert zu betrachten ist? Indem die Körpersoziologie ihre Aufmerksamkeit bisher vor allem auf die in den öffentlichen Raum europäischer Innenstädte drängenden Fitness- und Freizeitkörper gerichtet hat, verlor sie gleichsam die *arbeitenden Körper* aus dem Blickfeld, die auch in der Informations- und Kommunikationsgesellschaft nicht aus dem Stadtbild verschwinden. Die Metropole ist ebenso Knotenpunkt virtueller Finanz- und Kommunikationsströme, wie auch Objekt der Pflege, Wartung und Reparatur: Müllabfuhr, Baustellen, Straßenreinigung und -instandhaltung sind für das Funktionieren der Stadt essentiell, rücken aber genauso wie die damit verbundenen Körper in den Bereich des Unsichtbaren, für selbstverständlich gehaltenen Hintergrund ab. Nicht zu vergessen sind hier auch die physisch hart arbeitenden Körper in den sogenannten Entwicklungs- und Schwellenländern, die in Folge globaler Produktionszusammenhänge mit dazu beitragen, dass der Körper in den westlichen Metropolen zum Gegenstand der Identitätsarbeit in Freizeit und Konsum werden kann.

In Fortführung von Bourdieus Einsicht, dass sich von der Lokalisierung der Körper im physischen Raum auf die Position im sozialen Raum schließen lässt, wäre des Weiteren zu fragen, welche Ungleichheitsmuster sich zukünftig abzeichnen werden. So können etwa die Mobilitätsmuster von Körpern in Bewegung Aufschluss über soziale Hierarchien geben, indem sie aufzeigen, wie Nomadentum und Sesshaftigkeit neue Verbindungen mit Inklusion und Exklusion eingehen. Eine von Notwendigkeit getriebene Mobilität kann ein Zeichnen von Prekarität sein, nicht nur im Falle von erzwungener globaler Arbeitsmigration, sondern auch zum Beispiel im Falle des Pfandsammlers, der als nomadische Sozialfigur durch die europäischen Innenstädte streift und zusammen mit dem Hipster das gegenwärtige Panorama urbaner Sozialfiguren prägt. Ein fruchtbarer Forschungszweig im Schnittfeld von Körper- und Stadtsoziologie ergäbe sich aus dem Vorhaben, diese urbanen Sozialfiguren als Verkörperungen bzw. Körperpraktiken zu behandeln. Nicht als Zeichen oder Symbol für Gentrifizierungsprozesse sind Hipster und Pfandsammler von Interesse, sondern als materielle Körper, die den urbanen Raum praktisch und performativ hervorbringen.

Mobilität kann sozioökonomisch höchst voraussetzungsvoll und damit auch Ausdruck von sozialer Privilegiertheit sein, wie in den letzten Jahren unter anderen von der Desasterforschung hervorgehoben wurde: New Orleans gilt der Stadtsoziologie als paradigmatisches Beispiel dafür, dass diejenigen am meisten unter Naturkatastrophen zu leiden haben, die zu arm sind, um im Katastrophenfall die Stadt zu verlassen. Während die privilegierten Schichten auf horizontaler Ebene in den transnationalen Verkehrsräumen und auf vertikaler Ebene in den Fahrstühlen der Hochhausarchitekturen urbaner Finanzzentren mobil sind, besteht das Los der Bevölkerung in den Slums des globalen Südens darin, an einen Ort gebunden zu sein, an dem sich Exklusionsverkettungen räumlich bündeln: Die fehlende politische Teilhabe und die mangelhafte Einbindung in das Wirtschaftsleben gehen eine Korrelation ein mit schlechter gesundheitlicher Versorgung und in sanitärer Hinsicht miserablen Wohnverhältnissen. Eine körpersoziologisch orientierte Stadtforschung hätte in diesem Kontext eine Konfliktlinie stärker zu berücksichtigen, die im Zeitalter des Anthropozäns die urbane Geopolitik maßgeblich bestimmen wird: Städte werden zum Schauplatz einer sozialen Polarität, die sich entlang der Achse *Slum* versus *Eco City* ausrichtet. Während finanziell starke Städte die Mittel haben werden, um sich durch ökologisch nachhaltige Technologien den veränderten klimatischen Bedingungen anzupassen, werden die Megastädte des globalen Südens die Auswirkungen des Klimawandels am meisten zu spüren bekommen. Das Leben städtischer Massen wird durch Mangel an Lebensraum und Ressourcen geprägt sein, während sich einige wenige Privilegierte in ökologische Enklaven zurückziehen können, die eine Art Gated Community der Zukunft darstellen. Körpersoziologisch stellt sich hier die Frage, wie sich etwa die ungleiche Versorgung mit Luft, Wasser, Energie, Nahrungsmitteln und Wohnraum auch auf die Körper auswirken wird.

Doch neben dieser Prägung von Körpern durch die Gesellschaft gilt es auch im Bereich der Stadtforschung den Anteil des Körpers an der Konstitution und Veränderung des Sozialen in den Blick zu nehmen. Als Forschungsperspektive bietet sich hier eine stärkere Verschränkung von Körpersoziologie und kritischer Stadtforschung an, die sich der widerständigen Aneignung des Stadtraums als Forschungsobjekt annimmt. Ob Urban Gardering, Zombie Walk auf der Wallstreet oder *Occupy*, es handelt sich bei diesen Protestformen jeweils auch um Körperpraktiken bzw. um Körper, die politisch als „Aufmerksamkeitsgenerator" (Schroer, 2005, S. 29) in einem Kampf um Sichtbarkeit und Territorialität in der Stadt zum Einsatz kommen. An Henri Lefebvres berühmte Recht-auf-Stadt-Formel ließe sich körpersoziologisch die Frage anschließen, welche „marginalisierten Körper" (vgl. Junge & Schmincke, 2007) gegenwärtig vom öffentlichen Stadtraum ausgeschlossen werden, weil ihnen entweder die sozioökonomischen Mittel oder die politischen Teilhaberechte fehlen oder weil sie nicht den herrschenden Körper- und Identitätsnormen entsprechen. Als aufschlussreiche Forschungsstätten bieten sich hier etwa Detroit und Athen an, die gegenwärtig wie früher auch Chicago oder Berlin als Prisma urbaner Entwicklungstendenzen angesehen werden können. In beiden Fällen wird im Zuge finanzieller und sozialer Krisen der öffentliche Raum neu ausgehandelt. Welche Rolle die Körper bei diesem Prozess spielen, ließe sich hier also wie unter Laboratoriumsbedingungen beobachten. Eine körpersoziologische Stadtforschung müsste schließlich die Anbindung an die gegenwärtige Theorieentwicklung suchen, um so nicht nur Stadt- und Verkörperungsprozesse in ihrer wechselseitigen Verflochtenheit theoretisch beschreiben zu können, sondern auch um beide Disziplinen von ihrem Status als Bindestrich-Soziologie zu befreien und zu einer Kernfrage der allgemeinen Soziologie zu machen.

## Literatur

Benjamin, W. (1982). *Das Passagen-Werk. Gesammelte Schriften* (Bd. V.1). Suhrkamp.

Böhme, G. (2006). *Architektur und Atmosphäre*. Wilhelm Fink.

Bourdieu, P. (1991). Physischer, sozialer und angeeigneter physischer Raum. In M. Wentz (Hrsg.), *Stadt-Räume. Die Zukunft des Städtischen* (S. 25–31). Campus.

Davis, M. (2007). *Planet der Slums*. Assoziation A.

de Certeau, M. (1988). *Kunst des Handelns*. Merve.

Düllo, T. (2010). Der Flaneur. In S. Moebius & M. Schroer (Hrsg.), *Diven, Hacker, Spekulanten. Sozialfiguren der Gegenwart* (S. 119–131). Suhrkamp.

Foucault, M. (2006). *Sicherheit, Territorium, Bevölkerung. Geschichte der Gouvernementalität 1. Vorlesung am Collège de France 1977–1978*. Suhrkamp.

Funke-Wieneke, J., & Klein, G. (Hrsg.). (2008). *Bewegungsraum und Stadtkultur. Sozial- und kulturwissenschaftliche Perspektiven*. Transcript-Verlag.

Gandy, M. (2005). Cyborg urbanization: Complexity and monstrosity in the contemporary city. *International Journal of Urban and Regional Research, 29*(1), 26–49.

Goffman, Erving (2009). *Interaktion im öffentlichen Raum*. Frankfurt a. M.: Campus.

Graham, S., & McFarlance, C. (Hrsg.). (2014). *Infrastructural lives. Urban infrastructure in context*. Routledge.
Hasse, J. (2012). Der pathische Raum. Die Leiblichkeit bestimmt die Stadtwahrnehmung. *Der Architekt, 2*, 60–63.
Junge, T., & Schmincke, I. (Hrsg.). (2007). *Marginalisierte Körper. Zur Soziologie und Geschichte des anderen Körpers*. Unrast-Verlag.
Le Corbusier. (1956). *Der Modulor. Darstellung eines in Architektur und Technik allgemein anwendbaren harmonischen Maßes im menschlichen Maßstab*. Deutsche Verlagsanstalt.
Lindner, R. (2004). *Walks on the Wild Side. Eine Geschichte der Stadtforschung*. Campus.
Mauss, M. (1975). Die Techniken des Körpers. In M. Mauss (Hrsg.), *Soziologie und Anthropologie (Band 2)* (S. 199–220). Hanser.
Mitchell, W. J. (2004). *Me++. The cyborg self and the networked city*. London: MIT.
Schroer, M. (2005). Zur Soziologie des Körpers. In M. Schroer (Hrsg.), *Soziologie des Körpers* (S. 7–47). Suhrkamp.
Schroer, M., & Bullik, A. (2015). Hybride Körper. (Re-)Assembling the Body? In T. Kron (Hrsg.), *Soziale Hybridität – hybride Sozialität* (S. 201–222). Velbrück Wissenschaft.
Sennett, R. (1997). *Fleisch und Stein. Der Körper und die Stadt in der westlichen Zivilisation*. Suhrkamp.
Simmel, G. (2006). *Die Großstädte und das Geistesleben*. Suhrkamp.
Spörke, M. (2012). Die behindernde/behinderte Stadt. In H. Stadtsoziologie (Hrsg.), *Frank Eckardt* (S. 745–774). Springer VS.
Thrift, N. (2004). Driving in the city. *Theory, Culture & Society, 21*, 41–59.
Virilio, P. (2004). The third interval. In S. Graham (Hrsg.), *The cybercities reader* (S. 79–81). Routledge.
Virilio, P. (2008). Mobile Architektur und Neue Urbane Kulturen. In G. Blechinger & Y. Milev (Hrsg.), *Emergency Design. Designstrategien im Arbeitsfeld der Krise* (S. 41–46). Springer-Verlag.
Zöllner, F. (2004). Anthropomorphismus: Das Maß des Menschen in der Architektur von Vitruv bis Le Corbusier. In O. Neumaier (Hrsg.), *Ist der Mensch das Mass aller Dinge? Beiträge zur Aktualität des Protagoras* (S. 307–344). Bibliopolis.

# Tanz

Gabriele Klein

„[…] man muss diese versteinerten Verhältnisse dadurch zum Tanzen zwingen, dass man ihnen ihre eigene Melodie vorsingt!“ Dieses Zitat Karl Marx’ ist weltberühmt geworden. Marx nutzt das Tanzen als Metapher für das Bewegliche, das Aufrüttelnde, das Radikale, das Umstürzende und das Revolutionäre. Mit dieser Auffassung sollte Marx in der Geschichte der Moderne nicht allein bleiben: Tanz galt immer als Gegenpart zur Moderne, und dies im doppelten Sinn: Die einen sehen in seinen körperlich-sinnlichen, rhythmischen, konkreten und situativen Formen eine Alternative zu Rationalisierung und Abstraktion. Modernitätseuphoriker halten den Tanz deshalb für wenig fortschrittlich. Für die anderen aber ist Tanz genau deshalb eine zukunftsweisende, da unmittelbar körperliche Alternative zu Funktionalisierung, Individualisierung, Anonymität und städtischer Vermassung. Dies zeigt sich bereits, in den bürgerlichen Bewegungen wie Rhythmus- und Ausdruckstanzbewegung zu Beginn des 20. Jahrhunderts. Anderen gilt er schließlich als Zufluchtsort vor Entfremdung, städtischer Gewalt, Kriminalität und sozialer Ausgrenzung wie z. B. in den neuen Tanztrends der 1970er Jahre wie Disco oder HipHop und Techno in den 1990ern.

Tanz ist ein anthropologisches, kulturelles und soziales Phänomen, eine individuelle und kollektive körperlich-ästhetische Praxis und ein künstlerisches Feld. Die unterschiedlichen Tanzgenres wie historischer Tanz, Volkstanz, Gesellschaftstanz, ethnischer Tanz, ritueller Tanz und populärer Tanz oder die verschiedenen künstlerischen Sparten des Tanzes wie Ballett, Ausdruckstanz, Tanztheater, moderner Tanz, postmoderner Tanz oder zeitgenössischer Tanz zeigen, wenn auch z. T. in unterschiedlicher Weise, dass Tanz ein körpersoziologisch relevantes Phänomen ist. Dies lässt sich (1) auf mikro- und auf makrosoziologischer Ebene veranschaulichen. Tanz ist ein Phänomen, das Prozesse

G. Klein (✉)
Hamburg, Deutschland
E-Mail: gabriele.klein@uni-hamburg.de



R. Gugutzer et al. (Hrsg.), *Handbuch Körpersoziologie 2*,
https://doi.org/10.1007/978-3-658-33298-3_37

wie Individualisierung, Kollektivierung oder Vergemeinschaftung körperlich sichtbar und Ordnungen (z. B. der Geschlechter) körperlich erfahrbar macht. Tanzen ist eine Praxis, in der (2) das Soziale in besonderer Weise körperlich-sinnlich erfahrbar wird. (3) werden im Tanz soziale Mechanismen wie Macht und Kontrolle, aber auch Protest und Widerstand körperlich realisiert oder symbolisch aufbereitet. (4) Der Tanzkunst kommt hierbei eine besondere Funktion zu, da sie – anders als populäre Tänze – in ihren ästhetischen Praktiken die gesellschaftlichen Verhältnisse kommentiert und reflektiert. Der Text will diese verschiedenen Perspektiven auf eine soziologisch motivierte Tanzforschung skizzieren und zeigen, dass diese einen besonderen Zugang zu einer körpersoziologischen Forschung eröffnet, gleichzeitig aber auch von den Erkenntnissen der Körpersoziologie profitiert.

## 1 Das Tanzen als situatives Geschehen und der Tanz als Ordnung

Das für die Soziologie so zentrale Problem des Verhältnisses von mikro- und makrosoziologischen Perspektiven stellt sich auch in der Tanzforschung. Selbst wenn es auf den ersten Blick so scheint, dass Tanzen vor allem ein mikrosoziologisches Phänomen ist, weil es hier vor allem um den ausführenden Akt einer körperlichen Bewegungspraxis geht, will dieser Abschnitt den Blick auch auf die makrostrukturellen Dimensionen des Tanzes lenken und das Verhältnis von Mikro- und Makroperspektiven beleuchten.

Eine phänomenologische Sicht auf den Tanz lässt sich durch eine Gegenüberstellung von Sportkörper und Tanzkörper am prägnantesten skizzieren: Wie für Sportler*innen ist der Körper das Medium der Tänzer*innen. Beide trainieren ihre Körper, wollen sie optimieren, nutzen den Körper als Instrument. Aber im Sport erfüllt der instrumentelle Zugang zum Körper eine andere Funktion. Er wird funktional zu seiner Leistung (schneller, höher, weiter) ‚zweckrational' bearbeitet und eingesetzt. Der Sportkörper wird trainiert und geformt, um im Freizeitsport, im Sportspiel oder im Wettkampf seine Leistungen zu bringen. Der Körper als Instrument, als Objekt, als Mittel zum Zweck steht im Sport im Vordergrund, selbst dann, wenn Sport aus Gründen körperlicher Attraktivität oder der Gesunderhaltung getrieben wird.

Im Tanz hingegen lässt sich die Funktionalität des Tanzkörpers nur unter Hinzunahme ästhetischer Dimensionen beschreiben. Während in manchen Sportarten wie Turnen, rhythmische Gymnastik, Turniertanz oder Eiskunstlauf die ästhetische Dimension eine Wettbewerbskategorie ist und zweifellos auch Sportkörper, wie der 100-m-Läufer oder die Bewegung der Tennisspielerin, eine ästhetische Dimension hat, ist das Verhältnis von Funktionalität und Ästhetischem im Tanz anders zu beschreiben. Der Tanzkörper ist nicht nur Instrument, sondern vor allem Ausdrucksmedium Anders als im Sport, wo die sinnliche Erfahrung (wie in den Natur- und Trendsportarten) auch ein Aspekt des sportlichen Handelns sein kann, dient im Tanz der instrumentelle Gebrauch des Körpers, die Funktionalität des Tanztrainings dazu, das ästhetische Vermögen des

Tanzkörpers zu befördern – und dies gelingt nur, wenn der Tänzer das instrumentelle Verhältnis zu seinem Körper überschreitet und den Körper als Agenten von Sinnvermittlung und Sinnstiftung versteht. „Nicht ich mache den Tanz, sondern der Tanz macht mich", sagte einst die Ausdruckstänzerin Mary Wigman und thematisierte damit eine Umkehrung des Subjekt-Objektverhältnisses von Bewusstsein und Körper (Wigman, 1963). Während also im Sport der trainierte Körper Mittel zum Zweck ist, ist er für Tänzer*innen zudem immer auch „reine Mittelbarkeit" (Agamben, 2006). Form und Funktion, Ästhetisches und Zweckrationales stehen somit im Tanz in einem grundsätzlich anderen Verhältnis zueinander als in einem an Wettkampf und Leistungsmessung orientierten Sport.

Dies hat Auswirkungen auf die Frage nach den „Subjektbildungen" (Alkemeyer et al., 2013) im Tanz. Während das Verhältnis von Subjektkonstitution durch Bewegung oder Sport jüngst vielfach untersucht wurde (Gelhard et. al. 2013), stehen Forschungen über das Verhältnis von Subjektbildung und Tanz noch weitgehend aus. Hierzu liegen aus modernitätstheoretischer Sicht Publikationen vor (Klein, 2011). Sie zeigen, dass im Laufe des 20. Jahrhunderts die Herausbildung von „Subjektkulturen" und „Subjekttypen", wie Andreas Reckwitz sie nennt, mit entsprechenden Tanzkulturen, Tanzstilen und -praktiken einhergehen. Diese haben im Kunsttanz mit Balletttänzer*innen, modernen Tänzer*innen und zeitgenössischen Tänzer*innen jeweils verschiedene ‚Tanzhabitus' oder ‚Tanztypen' und Tanzkörper hervorgebracht. In den populären Tänzen haben Subjekttypen, neue Formen individuellen (z. B. Disco) und kollektiven Tanzens (z. B. Techno) und mit ihnen jeweils neue hedonistische Tanz-Praktiken produziert. Diese neuen Tanzformen geben zu der These Anlass, dass der jeweilige Tanzstil nicht nur einen bestimmten ‚vorgängigen' Subjekttypus repräsentiert, sondern dieser in Tanz-Praktiken erlernt und körperlich einstudiert und über die körperlich-tänzerische Erfahrung beglaubigt und verfestigt wird.

Neben subjekttheoretischen Ansätzen liegen tanzsoziologische Forschungsergebnisse vor, die tänzerische Interaktionen untersuchen. Dies erfolgt am Beispiel des Paartanzes (Klein, 2006; Villa, 2006), wobei hier vor allem das Verhältnis von Führen und Folgen und Fragen der Abstimmung in den Vordergrund rücken und mit ihnen zwangsläufig auch die Ordnung der Geschlechter im Tanz. Andere tanzwissenschaftliche Studien untersuchen die tänzerischen Interaktionen in Improvisationen (Kurt & Näumann, 2008; Bormann et al., 2010) und thematisieren hier Momente der Ungewissheit und Unsicherheit, der Flüchtigkeit und Präsenz, der Gegenwärtigkeit und der körperlichen Aufmerksamkeit. Tänzerische Improvisationen lassen sich damit als ‚Formate' begreifen, in denen gesellschaftliche Tendenzen der Spätmoderne wie Flüchtigkeit des Sozialen, Unverbindlichkeit, Abstimmung im Moment und Ereignishaftes körperlich-sinnlich erfahrbar und experimentell erprobt werden.

Andere Untersuchungen beleuchten die Transformationen der Interaktionsmuster in den „Modetänzen" seit Beginn des 20. Jahrhunderts, zu denen lateinamerikanische Tänze wie Tango, Rumba, Lindy Hop, Lambada, Samba oder Salsa sowie – seit den

1950er Jahren – die Tänze der Popkulturen wie Rock'n' Roll, Disco, HipHop oder Techno gehören. Sie konstatieren die für die westliche Gesellschaft charakteristischen Transformationen wie Individualisierung und neue Formen der Vergemeinschaftung auch im Tanz. Demnach löst sich die für die westliche Tanzgeschichte klassische Paarbeziehung des eindeutigen Führens und Folgens, wie sie den Walzer als einstigen bürgerlichen Revolutionstanz und heutigen Standardtanz auszeichnet (Klein, 1994), bereits zu Beginn des 20. Jahrhunderts mit dem improvisatorischen Spiel im Tango auf. Diese Flexibilisierung der Körperordnungen erhält einen weiteren Schub in den 1950er Jahren durch die Überschreitung der Vertikalen zugunsten einer Multiplizierung der Achsen im Rock'n' Roll, mündet dann zunächst in das individualisierte Tanzen des anonymen Subjekts in den Großraumund Spiegel-Discos der 1970er Jahre, um sich zu einem kollektiven Tanzen im Techno (Klein, 2004) oder zu dem an der Battle-Culture ausgerichteten Tanzen zwischen verschiedenen Possies in der HipHop-Szene zu transformieren (Klein & Friedrich, 2011). An diesen Beispielen zeigt sich, dass die jeweiligen Tanzstile die verschiedenen Individualisierungsschübe begleiten und neue Formen der Vergemeinschaftung provozieren, die vielfach als posttraditionale Gemeinschaften thematisiert wurden, und diese im Tanz als eine körperliche ‚Einübung' in neue soziale Interaktionsformen und Kommunikationsmuster erfahrbar werden. Tanz ist insofern ein körpersoziologisches Forschungsfeld par excellence, weil in den tänzerischen Praktiken die sozialen Phänomene und Veränderungen körperlich-sinnlich erprobt werden, man sich also in die neuen Formen des Sozialen quasi ‚hineintanzt'.

Es ist offensichtlich, dass das Tanzen und die jeweiligen tänzerischen Interaktionsformen Bezug auf Normen, Konventionen, Regeln und Ordnungen nehmen: Ein Tanzstil muss – in Tanzschulen, autodidaktisch vor dem heimischen Spiegel, durch ‚Abgucken' in den entsprechenden Locations oder auch über Fernsehsendungen und Internetprogramme – erlernt werden. Damit werden nicht nur die körperlichen Konventionen des jeweiligen Tanzstiles weitergegeben, sondern auch die entsprechende individuelle Inszenierungspraxis (Outfit, Gestik, Haltung), die Regeln und Rituale der jeweiligen Tanzszene (Aufforderungsregeln etc.) sowie das szenespezifische Wissen um angesagte Locations.

In den populären Tänzen ist dieses Wissen, mit Ausnahme der klassischen Tanzschulen, kein fixiertes oder schriftlich niedergelegtes Wissen, sondern Teil einer oralen Wissenskultur, die Präsenz in der jeweiligen Tanz-Szene voraussetzt. Welcher Move ist derzeit im HipHop angesagt? Wann steigt der nächste (illegale) Techno-Rave? Auf welcher Milonga treffen sich die besten Tangotänzer*innen? Wo sind die ‚heißesten' Salsa-Partys? Dies zu wissen, setzt die Anwesenheit in der Szene sowie die Kenntnis der entsprechenden, z. T. subkulturellen medialen Kommunikationskanäle voraus.

In der Tanzforschung wird das Verhältnis zwischen Situation und Struktur, Mikro und Makro, Repräsentation und Performanz als eine Beziehung zwischen Tanz und Choreografie thematisiert, wobei hier Choreografie von den einen als eine fixierte, übergeordnete Ordnung und Tanz als das Situationale, die Ordnung bestätigende oder unterlaufende Praxis verstanden wird (Lepecki, 2008). Eine andere Auffassung des Verhältnisses von Choreografie und Tanz argumentiert aus historischer und theoretischer

Perspektive. So wird mit der Tanzmoderne, die zu Beginn des 20. Jahrhunderts mit dem Tango in den populären Tänzen, den Balletts Russes und dem Ausdruckstanz im Kunsttanz einsetzt, eine Transformation des Choreografie-Begriffs von einem repräsentativen zu einem performativen Konzept konstatiert und damit ein Vorgang beschrieben, der mit der Veränderung von Staatskonzepten von der (absoluten) Monarchie zur Demokratie einhergeht: So war z. B. in der höfischen Gesellschaft des Absolutismus, also jener Zeit, in welcher sich der ‚Tanz der Gesellschaft' etablierte und das Ballett akademisch wurde, die Choreografie eine von Ballettmeistern festgeschriebene, vorgängige Ordnung, die die soziale Ordnung des Staates und den Status der einzelnen Höflinge repräsentierte, in die sich die höfischen Tänzer einzufügen hatten (am Bekanntesten ist hier wohl das „Ballet de la nuit", in dem Louis $_{\text{X}}$IV. die Sonne und damit das kosmische Zentrum der Macht tanzt). In den modernen und zeitgenössischen Tänzen wird hingegen Choreografie eher als eine „emergente Ordnung" verstanden. Es ist eine Körper-Ordnung, die weder schriftlich fixiert sein muss noch als eine repräsentative, vorgängige Ordnung angesehen werden kann, Vielmehr wird sie im Tanzen selbst, in der Ausführung des Tanzes, in und durch Improvisationen und eher in „losen Verbindungen" zwischen den Körpern hervorgebracht (Klein, 2015c). Dieses zeitgenössische Choreografieverständnis ist vor allem für die körpersoziologische Forschung relevant, da hier der Situation wie auch dem körperlichen Akt der Ausführung, in welchem sich die Ordnung ‚materialisiert', mehr Autorität zugesprochen wird, damit sich das Verhältnis von Repräsentation und Performanz verlagert und die Beziehung von Makro- und Mikroperspektive zugunsten der Letzteren verschiebt.

In dem soziologischen Tanzdiskurs hingegen wurde das Verhältnis von Mikro- und Makroperspektiven im Wesentlichen als Verhältnis von Praxis und Diskurs thematisiert (Villa, 2006). Hierbei sind vor allem – sowohl aus praxistheoretischer wie diskurstheoretischer Perspektive in der Nachfolge Foucaults und Butlers – die begriffliche und theoretische Trennung zwischen Praxis und Diskurs problematisch sowie die Konzepte von Praxis und Diskurs selbst. Denn es ist fraglich, ob der Begriff Diskurs die Materialität, Sinnlichkeit und Affektivität der Körper-Ordnung erfassen kann, weil Körper in einem diskurstheoretischen Ansatz vor allem als Effekte von Diskursstrategien begriffen werden, während die Materialität des Körpers in die Praxis verortet wird. Damit ist für die Praxis ein Körperbegriff eingeführt, dessen Materialitätnahezu essentiell gesetzt wird, zudem erscheint Praxis selbst als das situational Gegebene.

Analog zu der körpersoziologischen Forschung, die dem „practice turn" folgt, wurden auch in der jüngeren Tanzforschung praxeologische Zugänge entwickelt, die verschiedene Phänomene im Feld des Tanzes wie z. B. Proben, Aufführungen, Rezeptionen im Kunsttanz (Brinkmann in Brandstetter & Klein, 2015; Matzke et al., 2015) oder Aufführungspraktiken in den populären Tänzen (Klein & Friedrich, 2003) oder im Kunsttanz (Klein 2019) mit praxeologischen Methoden zu fassen versuchen.

## 2 Tanz als körperlich-sinnliche Erfahrung des Sozialen

In allen menschlichen Gemeinschaften und Gesellschaften war und ist Tanz ein soziales und kulturelles Feld, in dem die Ordnung des Sozialen symbolisch übersetzt und in der körperlichen Ausführung des Tanzens körperlich erfahrbar und angeeignet, ‚habitualisiert' wird. Das Tanzen lässt sich also als eine performative Praxis beschreiben, in der sich in und über die (tanz-)ästhetische Erfahrung die Ordnung des Sozialen körperlich-sinnlich materialisiert (Klein, 2015b).

Dies bedeutet auch, dass sich Strukturkategorien des Sozialen wie Geschlecht, Alter oder Ethnie sowie soziale Mechanismen wie Macht oder In- und Exklusion sowohl in den Ordnungen des Tanzes wie in den Praktiken des Tanzens zeigen. So nahm die tanzsoziologische Forschung im deutschsprachigen Raum, ähnlich wie die körpersoziologische Forschung, vor allem ihren Ausgangspunkt in den Gender Studies, die bereits Ende der 1970er/Anfang der 1980er Jahre die enge Beziehung zwischen Körper und Geschlecht thematisierten (Klein, 1994). Wie oben bereits beschrieben, liegt nach wie vor ein wesentlicher Schwerpunkt der Tanzforschung auf genderspezifischen Fragen, wobei auch hier verschiedene körpertheoretische (Merleau-Ponty, Elias, Bourdieu, Foucault) wie gendertheoretische Ansätze (Butler) herangezogen wurden. Die Frage allerdings, inwieweit die Studien über Tanz neue Erkenntnisse und Rückschlüsse auf körper- und gendertheoretische Ansätze selbst provozieren, blieb dabei häufig unbeantwortet. So erlauben ja gerade empirische Forschungen über Tanz, körpertheoretisch relevante Konzepte wie „leibliche Kundgabe" (Mead), „Interkorporalität" oder „Zwischenleiblichkeit" (Merleau-Ponty) oder „dritter Körper" (Bhabha) am empirischen Material zu prüfen. Auch gendertheoretische Konzepte wie z. B. Queerness oder die Konstruktion von Männlichkeit und Weiblichkeit (Burt, 1995; Midgelow, 2006; Angerer & Hardt, 2013) lassen sich als körpertheoretische und ästhetische Phänomene untersuchen (so Queer-Tango, der Machismo des Salsa oder die Geschlechtergeschichte des Kunsttanzes, der, in dem das Tanzen im 17. Jahrhundert nur Männern erlaubt war, während das 19. Jahrhundert die Ballerina zur mythischen Figur erhob und George Balanchine in den 1950ern verkündete „ballet is woman"). Schließlich könnte auch aus sozialhistorischer und -vergleichender Perspektive untersucht werden, welche Rückschlüsse die Gendergeschichte des Tanzes auf die sozialen Geschlechterordnungen zulässt. So ist in westeuropäischen Gesellschaften die Geschichte des Tanzes als eine wechselhafte Geschichte von geschlechtsspezifischen Ausgrenzungen und Diskriminierungen zu beschreiben: Beispielsweise des Ausschlusses der Frauen im höfischen Ballett, die Mythologisierung der Frau im romantischen Ballett, die Rolle von (verarmten) Corps de Ballet-Tänzer*innen als Gespiel*innen der Männer in den Theater-Séparées, die Diskriminierung des tanzenden Mannes als homosexuell, die Führungsrolle des Mannes im Paartanz oder die Abstraktion von geschlechtsspezifischen Symbolisierungen im zeitgenössischen Tanz.

Tanz ist in den verschiedenen Kulturen und Gesellschaften eng mit dem jeweiligen Status und der sozialen Anerkennung des Alters verbunden – und dies ist bislang nur marginal erforscht worden (Nakajima, 2014). Während beispielsweise der wohl bekannteste Butohtänzer Japans, Kazuo Ohno, noch im Alter von 100 Jahren – zwei Jahre vor seinem Tod im Jahr 2010 – auf der Bühne stand und tanzte, ist das Berufsleben von Tänzer*innen in westlichen Gesellschaften in der Regel im Alter von ca. 35 Jahren beendet. Es korrespondiert damit in etwa mit der Berufskarriere von Spitzensportler*innen. Für das Berufsende von Tänzer*innen gibt es aber andere Gründe: Während Spitzensportler*innen mit den physischen Leistungen jüngerer Athlet*innen nicht mehr konkurrieren können, ist es im Tanz vor allem das mit dem romantischen Ballett etablierte und von George Balanchine provozierte Bild makelloser Schönheit des Tanzkörpers, der vor allem, auch neben manchen physischen Aspekten, die Tänzer*innen zur Aufgabe ihres Berufs zwingt.

In den populären Tänzen wurde und wird vor allem das Jugendlich-Sein thematisiert. Demnach hat sich im Laufe des 20. Jahrhunderts und verstärkt mit den Popkulturen seit den 1950er Jahren ein Jugendlichkeitskult durchgesetzt, der sich auch im Tanz niederschlug und vielleicht hier am prägnantesten körperlich erlebt werden konnte. Denn das Tanzen in öffentlichen Räumen avancierte in westlichen Kulturen zu einem Privileg der Jugend, während sich das Tanzen der älteren Generationen zunehmend auf familiäre Feierlichkeiten und private Feste konzentrierte. Die „wilden Tänze" hingegen waren und sind die Tänze der jungen Generation. Da gerade diese Tänze mit den bisherigen tänzerischen Konventionen brachen, sind diese ein körperliches Indiz und symbolischer Ausdruck für eine generationsspezifische, aber auch für eine gesamtgesellschaftliche Revolte, für einen Umbruch mit den tradierten Ordnungen, die hier im Tanz körperlich ausgelebt werden. Insofern kann Tanz als ein wichtiger Indikator für das gesellschaftliche Verhältnis zum Alter angesehen werden.

Die ‚wilden Tänze' stehen im engen Zusammenhang mit Migration und Globalisierung. Ob argentinischer Tango, kubanische Rumba, brasilianische Samba, US-amerikanischer Swing, karibische Salsa oder die ‚schwarzen Tänze' wie Rock'n' Roll oder HipHop – seit Beginn des 20. Jahrhunderts haben ausschließlich Tänze aus anderen Kulturen der westlichen Geschichte des populären Tanzes immer wieder neue Innovationsschübe verpasst. Sie sind zum einen das Mitbringsel vielfältiger Migrationsbewegungen aufgrund von Arbeit, Flucht und Krieg. Zum anderen verbreiten sie sich über Medien, hier zunächst vor allem über die Filmindustrie und seit den 1990er Jahren immer mehr über digitale Medien.

Mit den ‚wilden' Tänzen erreichten auch andere Körpererfahrungen die jungen Generationen. Die Auflösung der klassischen Paarbeziehung (wie im Tango), die Individualisierung des Tanzens (als erstes im Charleston), das Aufbrechen der Vertikalen (im Rock'n' Roll), die Multiplizierung der Achsen und Zentren (im Jazztanz und HipHop), die hüft- und beckenbetonten ‚Pelvis-Tänze' (Rock'n' Roll, Salsa, aber auch Bauchtanz) und die Beschleunigung der tänzerischen Bewegung (Techno, Crumping) sind einige Beispiele, welche die Überschreitung bisheriger Körper- und

Bewegungsgewohnheiten sowie Geschlechterkonventionen demonstrieren und andere körperliche und geschlechtliche Erfahrungen möglich machen und damit körperlich-sinnliche Zugänge zu anderen Kulturen erlauben. Hier z. B. liegt ein wichtiges Potenzial tanzsoziologischer Forschung: Indem Tanz einen spezifischen, über die ästhetische Erfahrung des Körpers ermöglichten Zugang zu anderen Kulturen eröffnet, kann er zu einem wichtigen Vehikel in multi-ethnischen Gesellschaften werden. Allerdings geht in der Geschichte des Tanzes die Adaption der ‚fremden' Tänze, so z. B. der ‚schwarzen Tänze' durch die weiße Klasse, nicht unbedingt mit einer gesellschaftlichen Integration und Akzeptanz der ethnischen Gruppen einher. Ganz im Gegenteil: Vielmehr lässt sich konstatieren, dass die Inklusion des ‚fremden' Tanzes als Indiz einer multikulturellen Gesellschaft oder als das begehrte Andere mit einer politischen und gesellschaftlichen Ausgrenzung der jeweiligen Ethnie als ‚Ausländer', ‚Asylant', ‚Farbiger' oder ‚Mensch mit Migrationshintergrund' korrespondiert.

Die ‚wilden Tänze' etablieren sich vor allem in urbanen Räumen (Helen, 1997; Hardt & Maar, 2007; Bäcker & Schütte, 2015). Die urbanen Metropolen sind nicht nur die Orte von Kunst und Kommerz, von Politik, Wissenschaft und Kultur, sondern auch die Plätze, an denen die neuen Tanzräume entstehen. Ob Tanzsäle, Salsatecas, Milongas, Discos oder Clubs, diese Locations sind, mit Hans-Georg Soeffner gesprochen, „Orte der Außeralltäglichkeit". Sie lassen sich mit Michel Foucault als „heterotopische" Orte beschreiben, die das Ausleben von Körperphantasien versprechen, zugleich aber auch neue Normen und Konventionen hervorbringen (Klein & Haller, 2008) und insgesamt urbane Metropolen zu einem Hybrid unterschiedlicher tanzkultureller Praktiken und Orte werden lassen.

## 3 Tanz zwischen Macht und Kontrolle, Protest und Widerstand

Mit den Körper-Revolten, die die ‚wilden Tänze' auslösen und damit mitunter auch größere gesellschaftliche Umwälzungen ankündigen (Klein, 1994), verstärkt sich nicht nur die Kluft zwischen den Generationen. Es steigt auch das Interesse der Ordnungshüter, die Tänze zu konventionalisieren. Tanzlehrerverbände transformierten z. B. den Tango Argentino zum Standard-Tango, den Boogie-Woogie und Rock'n' Roll zum Jive, den HipHop zum Tanzschultanz und versuchen damit die Kontrolle über die „außer Rand und Band" geratenden Körper zurückzugewinnen. Das ‚wilde Tanzen' wurde immer wieder verboten, in Friedens- wie in Kriegszeiten, an kirchlichen Feiertagen (wie Karfreitag) oder späten Uhrzeiten und noch 1994 erließ die britische Regierung ein Gesetz u. a. gegen (illegale) Techno-Raves (Klein, 1999). Die ‚wilden' Tänze taugten auch immer für einen medial inszenierten Skandal: die einen befürchteten einen Verlust der bürgerlichen Ordnung, die anderen das Ende der kritischen Aufklärung. Die Kontrolle über die Körper war und ist, wie Foucault es bekanntlich beschrieben hat, ein zentraler Bestandteil einer Mikrophysik der Macht.

Genau die Wirksamkeit dieser Bio-Macht ist Ausgangspunkt, Aufhänger und auch mitunter Gegenstand von politischem Protest (Siegmund & Hölscher, 2013). Hierbei wird nicht selten der Körper als Mittel oder ‚Waffe' eingesetzt, ob bei Blockaden oder Sit-Ins, beim Anseilen oder Festketten, bei Hungerstreiks oder körperlich provokanten Inszenierungen (z. B. Femen). Aber auch der Tanz wird mitunter als Medium des Protests genutzt: Griechische Tänze auf dem Taksim-Platz 2013, Volkstänze auf zentralen Straßenkreuzungen, mit denen der Straßenverkehr und damit auch der Kapitalflow blockiert wird, oder „One Billion Rising", eine weltweite Tanz-Initiative gegen sexuelle Gewalt gegen Frauen, die 2012 von der New Yorker Künstlerin und Feministin Eve Ensler initiiert wurde und mittlerweile mit Tausenden von Events in bis zu 190 Ländern eine der größten Kampagnen zur Beendigung von Gewalt gegen Frauen ist. An diesen Beispielen werden mehrere körper- und tanzsoziologisch relevante Fragen diskutiert: Wie lässt sich das Verhältnis von Ästhetischem und Politischem im Tanz beschreiben? Ist es z. B. aus soziologischer Sicht hinreichend, dem Argument der politischen Philosophie von Jacques Rancière zu folgen und das Sensuelle als Grundlage des Politischen anzunehmen? Welche Rolle spielt der Tanz bei der Konstitution der „Sinnlichkeit des Sozialen" (Göbel & Prinz, 2015)? Wie verhalten sich das Reale und das Theatrale, das Echte und das „So-tun-als-ob" im Tanz?

Ist der Körper in diesen Protestformen mehr als ein Mittel zum Zweck? Was bedeutet es, wenn sich politischer Protest in Volkstänzen kundtut? Ist dies ein Ausdruck neuer nationaler Bewegungen und Haltungen oder ist dieses gemeinsame Tanzen ein Ausbruch aus der vorgeschriebenen öffentlichen Ordnung? Ist ein standardisierter Videodance wie „One Billion Rising" geeignet, politischen Protest auszudrücken und gar zu empfinden? Wie widerständig, wie radikal muss die tänzerische Form sein, dass sie selbst als Protest wahrgenommen wird?

## 4 Die reflexive Moderne in der Tanzkunst

Genau mit diesen Fragen beschäftigen sich einige zeitgenössische Choreograf*innen, die mit den Mitteln des Tanz-Ästhetischen – und nicht unbedingt über choreografierte Narrative – an politischen Themen arbeiten. Choreografische Partizipationsprojekte in öffentlichen Raum (Klein, 2017) experimentieren z. B. mit basisdemokratischen Entscheidungsverfahren und kollektiven Interaktionsformen und initiieren dies über Bewegungsordnungen und tänzerische Gesten. In den „choreographic objects" stellen z. B. der Choreograf William Forsythe und die Objektkünstlerin Dana Caspersen Räume und Materialien bereit, die eine gemeinsame Hervorbringung einer choreografischen Ordnung durch die Teilnehmenden provozieren. Andere Choreograf*innen wiederum lassen in ihren Arbeiten im öffentlichen Raum die Grenze zwischen politischer Aktion und öffentlicher Performance fließend werden.

Aber selbst wenn der Fokus nicht auf einer Reflexion politisch und gesellschaftlich relevanter Themen liegt, war die Tanzkunst der Moderne immer auch ein Feld, in dem die ästhetischen ‚Revolten' politische und gesellschaftliche Umbrüche vorweggenommen, begleitet oder kommentiert haben. So hat beispielsweise Nijinsky 1913 in Paris erstmalig das Opfer in „Sacre du Printemps" getanzt und damit nicht nur den männlichen Tänzer als Solisten auf die Tanzbühne (zurück) geholt, sondern auch ein Jahr vor Beginn des 1. Weltkrieges das Opfer zum Thema gemacht sowie im Kontext einer fundamentalen Kulturkrise eine (damals als skandalös empfundene) Tanzsprache entwickelt, die mit den Regeln und Konventionen des bisherigen Bühnentanzes höfischer Tradition brach. Oder Isadora Duncan, die sich von Tutu und Spitzenschuhen lossagte und damit die moderne Leitfigur der „Neuen Frau" antizipierte. Oder Pina Bausch, die den Alltag auf die Bühne holte, die Verbindung von Kunst und Alltag behauptete und Geschlechterdiskriminierung in einer Zeit sichtbar machte, in der sich gerade die Zweite Frauenbewegung zu etablieren begann. Oder Merce Cunningham, der aleatorische Verfahren als Kompositionsprinzip in einer Zeit anwendete, in der diese zu einem wichtigen Prinzip der neuen digitalen Kommunikation aufstiegen. Diese wenigen Beispiele zeigen, dass die Tanzkunst wie der populäre Tanz gesellschaftliche Tendenzen vorwegnehmen, abbilden und körperlich erfahrbar machen. Aber anders als populäre Tänze entwickelt die Tanzkunst ein reflexives Verhältnis zu diesen Tendenzen, indem sie diese mit ästhetischen Mitteln untersucht und Techniken, Praktiken und Formen entwirft, die als ein körperlich-ästhetisches Experimentierfeld des Sozialen angesehen werden können.

Aber die Tanzkunst ist nicht nur ein Feld körperlicher Revolten, sondern war und ist in ihrer Geschichte immer auch ein Instrument der Macht (Braun & Gugerli, 1993). Während z. B. ‚das Volk' sich am Ende der mittelalterlichen Ständegesellschaft mit Veitstänzen, Tarantella und Danse macabre nahezu zu Tode tanzte, übte die höfische Gesellschaft bereits den „gemessenen Schritt" ein, indem sie das Vokabular ihrer Tänze standardisierte und den Umgang der Geschlechter im Tanz stilisierte. Bereits im 16. Jahrhundert sah Elisabeth I. den höfischen Tanz nicht nur als ein Mittel ihrer Selbstdarstellung, sondern auch als ein Bestandteil des ‚polite learning' sowie als Instrument einer symbolischen Repräsentation eines stabilen Staatsgefüges und seiner Machtträger. Etwa hundert Jahre später perfektionierte Louis $_{X}$IV. diese Machtstrategie und übersetzte die Mechanismen der Herrschaftslegitimierung – eine rationale und charismatische Regierungs- und Verwaltungstechnik, die Monopolisierung militärischer und fiskalischer Macht, die politische Entmachtung des Adels und des Klerus und die Zentralisierung des kulturellen Diskurses durch die Einrichtung königlicher Akademien und Kulturinstitute – in den Tanz. Das „ballet de cour" wurde zu einem politisch motivierten Tanzspiel, das der Selbstdarstellung des absoluten Herrschers und der idealtypischen Wiedergabe des zentralisierten Herrschaftskonzepts diente. Entsprechend waren die Choreografien ebenso nach den Prinzipien der Zentralität und Geometrie gestaltet wie die geordnete Natur der Gartenanlagen und die Architektur des Schlosses von Versailles.

Die Prinzipien der absolutistischen Herrschaftssymbolik schlugen sich aber nicht nur im choreografischen Regelsystem nieder, sondern griffen auch in die Mikroökonomie der Körperbewegungen ein. So war beispielsweise einer der wichtigsten Tänze des französischen Absolutismus, das Menuett, durch eine komplizierte Bewegungssprache und ein äußerst genaues choreografisches Reglement gekennzeichnet, das eine jahrelange konstante Übung erforderte. Noch Wilhelm II. versuchte Ende des 19. Jahrhunderts erfolglos, den Berliner Hoffesten eine Renaissance dieses Menuetts zu verordnen und den mittlerweile hoffähigen Tanz der bürgerlichen Revolution, den Walzer, bei offiziellen Angelegenheiten zu verbieten.

Noch heute existieren in manchen diktatorischen Staaten strenge Tanzverbote und Tanzvorschriften oder es wird, wie in Nord-Korea, anlässlich offizieller Feste der Macht des Herrschers mit bizarren militärischen Choreografien und skurrilen Flash-Mobs gehuldigt. In manchen Ländern wird die eigene Tanzgeschichte als Bedrohung für das Regime gedeutet, wie in China, wo Tänzer*innen untersagt wurde, an dem internationalen klassisch chinesischen Tanzwettbewerb teilzunehmen, weil diese traditionelle chinesische Tanzkultur als Gefahr für die Macht der kommunistischen Partei angesehen wird.

Tanzkunst, so zeigen diese Beispiele, ist einer wechselhaften Geschichte von Restauration und Revolution ausgesetzt. Die jeweilige Staatsform, die klassenspezifischen Ungleichheiten, die gesellschaftlichen Konventionen, Regeln, Normen und Alltagsrituale finden hier, anders als in den populären Tänzen, in einer ästhetisch aufbereiteten Form ihren Niederschlag. Wie aber die populären Tänze auch, ist die Tanzkunst gekennzeichnet durch die gesellschaftlichen Bewegungsmechanismen von Macht und Widerstand, Gemeinschaft und Individualität, Exklusion und Inklusion, Zwang und Freiheit, Führen und Folgen, Disziplin und Ekstase, Kontrolle und Kontrollverlust, dem Apollinischen und dem Dionysischen. Tanz ist apollinisch, weil er für Form und Ordnung steht, und er ist dionysisch, weil er Rauschhaftigkeit und einen alle Formen sprengenden Körperausdruck provoziert. Nietzsche, der dieses Begriffspaar wohl am eindrücklichsten popularisiert hat, schrieb: „Verloren sei uns der Tag, wo nicht Ein Mal getanzt wurde! Und falsch heisse uns jede Wahrheit, bei der es nicht Ein Gelächter gab!" (Nietzsche, 1999, S. 264).

## Literatur


Agamben, G. (2006). Noten zur Geste. In G. Agamben (Hrsg.), *Mittel ohne Zweck: Noten zur Politik* (2. Aufl., S. 47–57). Diaphanes.

Alkemeyer, T., Budde, G., & Freist, D. (Hrsg.). (2013). *Selbst-Bildungen. Soziale und kulturelle Praktiken der Subjektivierung*. transcript.

Angerer, M.-L., Hardt, Y., & Weber, A.-C. (Hrsg.). (2013). *Choreographie – Medien – Gender*. Diaphanes.

Bäcker, M., & Schütte, M. (Hrsg.). (2015). *Tanz Raum Urbanität. Jahrbuch der Gesellschaft für Tanzforschung*. (Bd. 25). Henschel.

Bormann, H.-F., Brandstetter, G., & Matzke, A. (Hrsg.). (2010). *Improvisieren. Paradoxien des Unvorhersehbaren. Kunst – Medien – Praxis*. transcript.

Brandstetter, G., & Klein, G. (Hrsg.) (2015). *Methoden der Tanzwissenschaft. Modellanalysen zu Pina Bauschs Le Sacre du Printemps,* 2., überarbeitete und erweiterte Neuauflage. transcript.

Braun, R., & Gugerli, D. (1993). *Macht des Tanzes – Tanz der Mächtigen Hoffeste und Herrschaftszeremoniell 1550–1914*. Beck.

Burt, R. (1995). *The male dancer. Bodies, spectacle, sexualities*. Routledge.

Friedrich, M., & Klein, G. (2011). *Is this real ? Die Kultur des HipHop* (4. Aufl.). Suhrkamp.

Gelhard, A., Alkemeyer, T., & Ricken, N. (Hrsg.) (2013). *Techniken der Subjektivierung*. München: Fink.

Göbel, H. K., & Prinz, S. (Hrsg.) (2015). *Die Sinnlichkeit des Sozialen: Wahrnehmung und materielle Kultur*. Bielefeld: transcript.

Hardt, Y., & Maar, K. (Hrsg.) (2007). *Tanz – Metropole – Provinz*. Jahrbuch der Gesellschaft für Tanzforschung. Bd. 17. Lit.

Klein, G. (1994). *FrauenKörperTanz. Eine Zivilisationsgeschichte des Tanzes*, Heyne (Gebundene Ausgabe: 1992 Quadriga).

Klein, G., & Friedrich, M. (2003). *Is this real? Die Kultur des HipHop*. Berlin: Suhrkamp.

Klein, G. (2004). *Electronic Vibration. Pop, Kultur, Theorie*. VS Verlag für Sozialwissenschaften.

Klein, G. (Hrsg.). (2006). *Tango in Translation. Tanz zwischen Medien, Kulturen, Kunst und Politik*. transcript.

Klein, G., & Haller, M. (2008). Café Buenos Aires oder Galeria del Latino. Zur Translokalität und Hybridität städtischer Tanzkulturen. In G. Klein & J. Funke-Wieneke (Hrsg.), *Bewegungsraum und Stadtkultur. Sozial- und kulturwissenschaftliche Perspektiven* (S. 51–74). transcript.

Klein, G. (2011). Körper-Subjekt-Moderne. Tanzästhetische Übersetzungen. In H.-G. Soeffner & M. Müller (Hrsg.), *Körper Haben. Die symbolische Formung der Person* (S. 70–87). Velbrück Wissenschaft.

Klein, G. (2015b). Sinn als verkörperte Sinnlichkeit. Zur Performativität und Medialität des Sinnlichen, in Alltag und (Tanz-)Kunst. In: H. K. Göbel & S. Prinz (Hrsg.), *Die Sinnlichkeit des Sozialen. Wahrnehmung und materielle Kultur* (S. 305–316). transcript.

Klein, G. (2015c). *Choreografischer Baukasten. Das Buch*. transcript.

Klein, G. (2017). Urban Choreographies. Artistic Interventions and the Politics of Urban Space. In: R. Kowal & R.Martin & G. Siegmund (Hrsg.), *The Oxford Handbook of Dance and Politics* (S. 131–147). Oxford University Press.

Klein, G. (2019). *Pina Bausch und das Tanztheater. Die Kunst des Übersetzens*. transcript.

Kurt, R., & Näumann, K. (Hrsg.). (2008). *Menschliches Handeln als Improvisation. Sozial- und musikwissenschaftliche Perspektiven*. transcript.

Lepecki, A. (2008). *Option Tanz. Performance und die Politik der Bewegung. Recherchen 50*. Theater der Zeit.

Matzke, A., Otto, U., & Roselt, J. (Hrsg.). (2015). *Auftritte. Strategien des In-Erscheinung-Tretens in Künsten und Medien*. transcript.

Midgelow, V. L. (2006). Decentring bodies: postfeminist corporealities in dance. In: B. Haas (Hrsg.), *Der Postfeministische Diskurs, Film, Medium, Diskurs, Bd. 17* (S. 179–204). Königshausen & Neumann.

Nakajima, N. (2014). The aging body. In C. Behrens & C. Rosenberg (Hrsg.), *Dance. The cultural politics of age in Euro-American and Japanese dance*. Henschel.

Nietzsche, F. (1999). *Also sprach Zarathustra I–IV. Von alten und neuen Tafeln 23. Kritische Studienausgabe* (S. 264), Hrsg. von Giorgio Colli und Mazzino Montinari. De Gruyter.

Siegmund, G., & Hölscher, S. (Hrsg.). (2013). *Dance, politics & co-immunity*. Diaphanes.

Thomas, H. (Hrsg.). (1997). *Dance in the city*. St Martins Press.

Villa, P. (2006). *Sexy bodies. Eine soziologische Reise durch den Geschlechtskörper* (3. Aufl.). VS Verlag für Sozialwissenschaften.

Wigman, M. (1963). *Die Sprache des Tanzes*. Battenberg

# Technik

Werner Rammert und Cornelius Schubert

## 1 Die Körper der Gesellschaft: Menschen und Techniken

Wie die menschlichen Körper galten auch technische Artefakte lange Zeit nicht als genuines Forschungsfeld der Soziologie. Beide Themenfelder wurden in ähnlicher Manier von einer auf „reine" Sozialität fixierten Soziologie systematisch ausgespart und kaum beachtet. Seit den 1980er Jahren rücken Körper und Techniken jedoch verstärkt ins soziologische Blickfeld, und um sie herum haben sich eigenständige Bindestrichsoziologien etabliert. Sowohl Körpersoziologie als auch Techniksoziologie betonen dabei die materiale Verkörperung der Gesellschaft in Menschen und Techniken. Trotz dieser Überschneidungen haben sich Körper- und Techniksoziologie kaum gegenseitig rezipiert. Das Stichwort ‚Körper' oder ‚body' taucht bisher in keinem Verzeichnis der sechs wichtigsten einschlägigen Handbücher und Einführungen zur Wissenschafts- und Techniksoziologie auf. Für die Körpersoziologie lässt sich eine ähnliche Abstinenz von der Beschäftigung mit Technik konstatieren – einmal abgesehen vom Spezialfall der von Mauss hervorgehobenen Körpertechniken. Umso dringender ist es, diese Lücken zu schließen und mit Blick auf den Körper über Stand, beispielhafte Studien und Perspektiven sozialwissenschaftlicher Technikforschung zu berichten.

Menschliche Körper und gegenständliche Techniken bilden, so die gemeinsame These von Körper- und Techniksoziologie, die materielle Basis der Gesellschaft: Sie wirken als Träger, als Mittel und als Agenten sozialer Prozesse mit und sind dabei selbst aufs

W. Rammert (✉)
Berlin, Deutschland
E-Mail: werner.rammert@tu-berlin.de

C. Schubert
Twente, Niederlande
E-Mail: c.p.schubert@utwente.nl

 
R. Gugutzer et al. (Hrsg.), *Handbuch Körpersoziologie 2*,
https://doi.org/10.1007/978-3-658-33298-3_38

Engste miteinander verschränkt. Frühe soziologische Schriften waren durchaus sensibel für diese Zusammenhänge, wenn etwa Marx oder Weber am Beispiel des mechanischen Webstuhls den Umbruch von der handwerklichen Kooperation zur industriellen Fabrikorganisation explizit als eine Umkehrung der Technik-Körper-Beziehung im Wechsel vom körperorientierten Werkzeug zur technikorientierten Maschine diagnostizieren. Die These der Verkörperung von Gesellschaft in Menschen und Techniken gewinnt dann besondere Relevanz, wenn man menschliche Körper und technische Artefakte nicht einfach als zwei distinkte Instanzen sozialer Realitäten nebeneinander stellt, sondern systematisch nach den wechselseitigen Beziehungen und Verschränkungen zwischen ihnen sucht. Vor diesem Hintergrund hat insbesondere Lindemann (2009) auf die Verkörperungen des Sozialen in leibhaftigen Akteuren und gegenständlichen Techniken hingewiesen und das wechselseitige Desinteresse von Körper- und Techniksoziologie beklagt.

Wir möchten für die Frage der doppelten Verkörperung des Sozialen noch auf zwei Entwicklungen aufmerksam machen, von denen die erste den Status von Körper und Technik in der Soziologie betrifft, während die zweite das Verhältnis von Mensch und Technik selbst thematisiert.

Nachdem menschliche Körper und gegenständliche Techniken zunehmend ins Blickfeld der Soziologie gerückt sind, lässt sich beobachten, dass ihnen auch eine steigende Bedeutung für die Herstellung sozialer Realitäten eingeräumt wird. In einer schwachen Form lassen sich Körper und Techniken zunächst als *passive Träger* des Sozialen verstehen. So etwa, wenn soziale Normen und Erwartungen als umstandslos in Menschen und Techniken eingeschrieben betrachtet werden. Aus dieser Perspektive leisten weder menschliche Körper noch gegenständliche Techniken einen Eigenbeitrag zur Ausgestaltung des Sozialen. Gesteht man beiden aber einen größeren Einfluss zu, so können sie als *transformative Mittel* des Sozialen gedacht werden. Die Gebundenheit des Sozialen sowohl an Menschen als auch an Techniken muss dann systematisch mitbetrachtet werden. Beide leisten einen spezifischen Beitrag, indem sie Gesellschaft in unterschiedlicher Weise und mit verschiedenen Graden der Festigkeit und Flexibilität material verkörpern. Geht man noch einen Schritt weiter, dann treten menschliche Körper und avancierte Techniken häufig auch als *aktive Agenten* sozialer Prozesse hervor. Gerade durch ihre materielle Partizipation bringen sich Körper *und* Techniken gemeinsam stärker als gemeinhin angenommen in die Hervorbringung gesellschaftlicher Realitäten ein (Hirschauer, 2004). Das bedeutet unter anderem, Körper und Techniken nicht nur als passive Träger des Sozialen zu verstehen, sondern ihre jeweilige Widerständigkeit oder gar eigensinnige Disponiertheit ernst zu nehmen und sie auch als interaktive Mittler in Handlungssituationen zu untersuchen.

So wie sich die soziologischen Konzeptionen von Körper und Technik verändern, so ändern sich auch die Verhältnisse von Menschen und Techniken selbst. Früher schien es gemeinhin einfacher, zwischen Mensch und Technik zu unterscheiden. Technik befand sich meist außerhalb des Körpers, ob als Werkzeug oder Maschine. Entweder verfügte der Mensch über die Technik (wie im Fall der Führung des Werkzeugs) oder die Technik erzwang die habituelle Anpassung des Körpers (wie im Fall der Takt vorgebenden und Aufmerksamkeit fordernden Maschinen). Heute sind die Grenzen unscharf geworden. Medizinische Techniken wie der Herzschrittmacher gehen zunehmend unter die Haut und üben dort körperkontrollierende Funktionen aus. Gerade die moderne Biomedizin und Biotechnologie lassen die kategorischen Grenzen zwischen Körper und Technik zunehmend verschwimmen, wie es in der Cyborg-Debatte seit den 1980er Jahren schon aufgezeigt wurde (Haraway, 1985).

Bei näherem Hinsehen wird die Gegenüberstellung von menschlichem Körper und gegenständlicher Technik auch im Fall von einfachem Werkzeuggebrauch und von komplexeren soziotechnischen Konstellationen, in denen Menschen, Maschinen und Programme interagieren, ebenso fragwürdig. Auch der kunstfertige Gebrauch eines Werkzeugs verlangt vom Körper – von Hand, Auge und Gehirn – eine anpassende Einübung, durch die auch der körperliche Habitus verändert wird; die relevanten Einheiten sind nicht Körper und Techniken voneinander getrennt, sondern handwerkende, Auto fahrende und fernkommunizierende techno-korporale Aktionsinstanzen in ihrer Verschränkung. Ebenso wenig kommen hoch automatisierte Maschinen und komplexe cyber-physikalische Systeme ohne die Berücksichtigung menschlicher Körper und all ihrer Bewegungs- und Sinnesorgane aus. Das reicht von Geruch und Geräusch wahrnehmenden Wartungsgängen über face-to-interface vollzogene zeichenvermittelte Kontrolle bis hin zur nervlichen Verbindung von Sicht und Absicht mit dem Finger-Mouse-Klick oder neuerdings dem Finger-Screen-Wisch. Menschliche Körper und gegenständliche Techniken sind beide besondere stoffliche Medien, mit der eine bestimmte „Form der Technisierung" (Rammert, 2007, S. 47 ff.) ausgedrückt und verfestigt werden kann, etwa bei Projekten des Stimmenzählens oder Kostenberechnens als Habitualisierung von Fingerzählen und Kopfrechnen im Medium der Körper, als Mechanisierung von kombinierten Zahnradbewegungen im Medium physikalischer Körper und als Algorithmisierung von Operationsabläufen und -anweisungen im Medium der Zeichen.

## 2 Die Körper der Techniksoziologie

Die techniksoziologische These einer Verkörperung sozialer Prozesse in technischen Artefakten nimmt ihren Ursprung nicht zuletzt im Verhältnis von Mensch und Technik. Frühe Techniken, insbesondere die oft zitierten Werkzeuge vom Faustkeil bis zum Hammer, setzen zwangsläufig am menschlichen Körper an. Aus archäologisch-anthropologischer Perspektive werden sie als Verlängerungen des Körpers angesehen, die sich aus diesem schrittweise herausgelöst und zu exterioren Dingen objektiviert haben. Als gegenständliche Artefakte treten sie dem Körper anschließend gegenüber und verändern somit das Wirkgefüge, aus dem sie selbst hervorgetreten sind. Die soziologische

Bedeutung dieses Umstands hat Popitz mit eindrucksvoller Schärfe nachgezeichnet (Popitz, 1995). Das Werkzeug in der Hand schiebt sich gewissermaßen zwischen Mensch und Welt, es schafft Distanz, wird so zum Arbeitsmittel und endet als produktiver Umweg, der durch Hebelwirkung und harte Materialien immer effizientere und länger werdende Mittel-Zweck-Ketten ausbildet, die letztendlich in den ausdifferenzierten Gesellschaften der Moderne münden. Die Verbindung von Körper und Technik bleibt dabei für lange Zeit die Hand: „Durch die Hand erfährt der Mensch die Körperhaftigkeit der Dinge und die Körperhaftigkeit des Lebendigen." (ebd., S. 76).

Gegenständliche Techniken verkörpern, erweitern und transformieren menschliche Organfunktionen jedoch nicht nur; in ihren Gestalten und Anordnungen schlagen sich zunehmend auch die besonderen gesellschaftlichen Verhältnisse nieder, je mehr sie sich vom menschlichen Körper emanzipieren. Ohne diese Loslösung von den organischen Schranken des Körpers, wäre eine industriekapitalistische Produktionsweise undenkbar, wie schon Marx hervorhob: „Die Anzahl von Arbeitsinstrumenten, womit er [der Mensch] gleichzeitig wirken kann, ist durch die Anzahl seiner natürlichen Produktionsinstrumente, seiner eignen körperlichen Organe, beschränkt" (Marx, 1867, S. 394). In der Emanzipation vom menschlichen Körper wird die Maschine letztendlich zu einer materiellen Verkörperung kapitalistischer Verwertungs- und Kontrollinteressen. Das bedeutet jedoch nicht, dass sich der menschliche Körper in der Folge einfach aus hoch technisierten oder automatisierten Arbeitszusammenhängen herausrechnen lässt: Sinnliches Erfahren und Erleben, verkörpertes und implizites Wissen, habitualisierte Praktiken und körperliche Schemata bleiben auch für diese Bereiche unerlässlich (Böhle, 2002 und in diesem Band).

In der techniksoziologischen Verkörperungsthese lassen sich zusammenfassend drei gemeinsame Bezüge für das Verhältnis von Menschen und Techniken feststellen. Erstens im *Sachbezug*, da gegenständliche Techniken und menschliche Körper in notwendiger Weise material verschränkt sind und die materiale Verkörperung zugleich eine soziale Verfestigung impliziert. Zweitens im *Medienbezug*, da menschliche Körper und gegenständliche Techniken in doppelter Weise zum einen als Realisierungsformen eines allgemeineren Technisierungsprozesses und zum anderen als Verkörperungen sozialer Verhältnisse (Eigentum, Macht, Status, etc.) verstanden werden können. Drittens im *Praxisbezug*, da die Verschränkungen von Menschen und Techniken „in Aktion" betrachtet werden müssen, um das „Mit-Handeln" von Körpern und Techniken an den sozialen Geweben moderner Gesellschaften sichtbar zu machen. Diese Bezüge gelten selbstverständlich vor allem für einen engeren Technikbegriff, der sich auf materiale Sachtechniken bezieht. Nutzt man einen weiteren Technikbegriff, der auch Körpertechniken (Sporttraining, Meditation) und andere Technisierungen des Handelns (ritualisierte Begegnungen, standardisierte Abläufe) mit einschließt (Rammert, 2007, S. 15 ff.), dann fallen Körper und Technik als Stoff und als Form in weiten Teilen zusammen. Daher konzentrieren wir uns im Folgenden auf Sachtechniken und ihre Bezüge zum menschlichen Körper.

## 2.1 Forschungsfeld: Körper und Technik in der Medizin

In der modernen Medizin treten die Verkörperungen und Verschränkungen von Menschen und Techniken besonders offensichtlich zu Tage. So ist es nicht verwunderlich, dass sich die Wissenschafts- und Technikforschung intensiv mit diesem Feld auseinandergesetzt hat. Seit den 1980er Jahren sind viele Studien entstanden, die sich entweder mit der historischen Entwicklung der modernen Biomedizin beschäftigen oder die aktuelle Behandlungsrealitäten mittels ethnographischer Beobachtungen untersuchen. Die Vertreter beider Richtungen verbindet das Interesse an den Prozessen der Technisierung medizinischen Wissens und medizinischer Körper durch neue diagnostische und therapeutische Instrumente und Technologien.

Die historischen Studien folgen dabei den Spuren einer zunehmenden Objektivierung medizinischen Wissens und seiner Verkörperung in technischen Artefakten. Sie weisen darauf hin, dass die Objektivierung medizinischen Wissens keinesfalls eine geradlinige „Entdeckung" der bio-chemischen bzw. anatomischen Verfasstheit des menschlichen Körpers war. Ganz im Gegenteil standen viele Ärzte den neuen Methoden und Erkenntnissen äußert kritisch gegenüber. Erst durch langwierige Aushandlungsprozesse und die Restrukturierung der medizinischen Ausbildung in Universitäten sowie die Ansammlung von Arzt- und Patientenkörpern in Krankenhäusern konnte der von Foucault in der „Geburt der Klinik" so prominent hervorgehobene „ärztliche Blick" entstehen.

Die Prominenz des Sehsinns in der Medizin ist bis heute ungebrochen. Vielzählige Studien befassen sich mit alten und aktuellen bildgebenden Verfahren. Dabei wird vor allem die zunehmende technische Vermittlung ärztlicher Diagnosepraktiken ins Zentrum der Analyse gerückt. Aus historischer Perspektive markiert die Erfindung und Einführung des Stethoskops einen der prägnanten Wendepunkte im Verhältnis von Körper und Technik in der Medizin, auch wenn es dabei eher um das Hören, als um das Sehen geht. Mit dem Stethoskop entstanden Anfang des 19. Jahrhunderts neue instrumentelle Praktiken, die sowohl die Körper der Ärzte, als auch die der Patienten, transformieren (Lachmund, 1997). Zuvor wurden Diagnosen hauptsächlich von ambulant arbeitenden Privatärzten durch ein aufwendiges Gespräch am Krankenbett und unter Aufsicht der Familie geführt. Mit dem Wandel von der ambulanten Krankenbettmedizin zur stationären Krankenhausmedizin wandelt sich auch das Verhältnis von Arzt und Patient, so Lachmund. Im Krankenhaus ist der Patient einer von vielen. Zugleich verschafft die örtliche Versammlung ähnlicher Leiden den Ärzten die Möglichkeit, nach Gemeinsamkeiten der körperlichen Symptome und Ursachen von Krankheiten zu forschen. Mit dem Stethoskop wird es zudem erstmals möglich, auf differenzierte Weise in den lebenden Patientenkörper hineinzuhören und eine von den subjektiven Schilderungen des Patienten weitgehend unabhängige Diagnose zu stellen. Im Gegensatz zur damals schon bestehenden Praxis der direkten Auskultation, bei der das Ohr direkt auf den Körper gelegt wird, verstärkt die mediale Auskultation mittels Stethoskop die Geräusche aus dem Körper und macht bislang Unhörbares hörbar. Mit dem

Stethoskop geht so auch eine teilweise Verstummung des Patienten einher, was lange Zeit als Beleg für die Dehumanisierung der Medizin durch die Technik galt. In der Tat wird der Körper des Patienten auf neuartige Weise hervorgebracht. Aber am Beispiel des Stethoskops zeigt sich auch, dass Objektivierung und Subjektivierung oft Hand in Hand gehen. Lachmund verweist darauf, dass die stethoskopische Untersuchung eine bis dahin ungekannte Differenzierungsleistung des ärztlichen Gehörs erforderte. Nur durch eine systematische Hörschule an den im Krankenhaus verfüg- und vergleichbaren Körpern und Krankheiten können die Ärzte lernen, unterschiedliche Arten von Rasseln und Röcheln zu differenzieren und zu klassifizieren und somit dem einzelnen Patientenkörper individuelle Krankheitssymptome zuzuordnen.

Detaillierte ethnografische Studien der medizinischen Praxis zeigen gleichermaßen, dass die Technisierung der Medizin nicht umstandslos mit De-Humanisierung oder einer Zurichtung und Reduktion von menschlichen Körpern auf bio-physiologische Parameter gleichgesetzt werden kann. Aus techniksoziologischer Sicht stehen sich instrumentelle Technik und sinnliche Körper in der Medizin nicht unvereinbar gegenüber. Vielmehr richtet sich das Interesse darauf, die komplexen Vermittlungen und Transformationen von Körper, Technik und Wissen in bestimmten Konstellationen empirisch zu beobachten und analytisch zu durchdringen. Auch und gerade die „Fabrikation instrumenteller Körper" (Burri, 2006) in der modernen Medizin gilt es in ihren soziotechnischen Verschränkungen und jeweiligen Verkörperungen zusammen zu untersuchen.

Wichtige Impulse hierzu kommen aus Studien, die Körper in der technisierten Medizin aus der Perspektive der Akteur-Netzwerk-Theorie (ANT) analysieren. So betont Mol (2002), dass die moderne Medizin und ihre avancierten Diagnose- und Therapietechniken keinen einheitlichen, objektivierten Patientenkörper hervorbringen; vielmehr wird in der medizinischen Praxis eine Pluralität von körperlichen Seinsweisen, ein „multiple body", erzeugt. Am Beispiel der Arteriosklerose fragt Mol dabei nicht, was Krankheit und Körper im ontologischen Sinne sind, sondern zeigt auf Basis ethnografischer Studien, wie je spezifische Patientenkörper auf unterschiedliche Weise in der medizinischen Praxis hervorgebracht werden. Krankheit und Körper werden demnach nicht durch Technik fest-gestellt. Doch ebenso wenig lösen sie sich in einem beliebigen Netz aus Instrumenten, Körpern und Befunden auf. Mit den Begriffen der ANT lassen sich die Verschränkungen und Verkörperungen von Mensch und Technik als Prozesse der Verteilung, Übersetzung und Überlagerung zwischen den Elementen (ebd., S. 151 ff.) verstehen, in denen medizinisches Wissen und erkrankte Körper wechselseitig zerlegt, verlagert und wieder zusammengesetzt werden.

Die Radikalität und der Reiz der ANT-Perspektive liegen vor allem darin, die Verschränkungen und Verkörperungen von Menschen und Technik vor dem Hintergrund ihres Sach- und Medienbezugs nicht vorschnell als fix und fertige Produkte („ready-made") abzuschließen, sondern genauer auf die Prozesse ihrer praktischen Verfertigung („in-the-making") zu achten. Dadurch werden Körper und Technik nicht zu feststehenden Größen, sondern zu multiplen und fluiden Erzeugnissen, die in Praktiken körperlich-technischen Enactments erst hervorgebracht werden. So werden gegenständliche Technik und menschlicher Körper einerseits als praktisch bedeutsam für hoch technisierte Settings wie diejenigen in der Medizin erachtet, andererseits werden Technik und Körper aus ihrer jeweiligen Zentralität herausgelöst, also analytisch de-zentriert. Weder Technik noch Körper besitzen ein Primat bei der Erklärung technokorporaler Konstellationen; beide können nur in ihren wechselseitigen Verschränkungen adäquat erfasst werden. Diese Perspektive bleibt nicht auf die moderne Medizin beschränkt. In anderen Kontexten haben die mikrosoziologischen Laborstudien in der Wissenschafts- und Technikforschung (etwa von Latour, Woolgar und Knorr-Cetina) immer wieder auf das in Menschen und Techniken verkörperte wissenschaftliche Wissen verwiesen und dessen kontingente Herstellungsprozesse betont.

## 2.2 Forschungsfeld: Mensch-Technik-Interaktion

Ein zweites prominentes Forschungsfeld hat sich auf dem Gebiet der Mensch-Technik-Interaktion entwickelt, von der Mensch-Maschine-Beziehung früherer arbeits- und alltagsoziologischer Studien hin zu den neueren Feldern der Mensch-Computer- und der Mensch-Roboter-Interaktion. Unter den Namen „Computer Supported Cooperative Work" (CSCW) und „Human–Computer Interaction" (HCI), zählen hierzu Ansätze, die seit den 1980er Jahren explizit gegen kognitivistisch-mentalistische Verkürzungen menschlichen Handelns in den Computerwissenschaften argumentieren und auf die körperliche Verfasstheit menschlichen Handelns und menschlicher Intelligenz auch und gerade im Umgang mit Technik verweisen.

Technisches Handeln, d. h. der zweckhafte Umgang mit Werkzeugen, Maschinen, chemischen Verfahren oder Industrie 4.0-Programmen, lässt sich demnach nicht auf abstrakte mentale Prozeduren oder technische Funktionen reduzieren; das einzelne wie auch das kombinierte technische Handeln ist gleichermaßen als sachtechnisch vermittelt und sinnlich verkörpert zu verstehen. Auch die ForscherInnen aus diesem Feld bauen auf der Grundannahme auf, dass in den Techniken nicht allein mechanische und andere technologischen Prinzipien, sondern ebenso differierende soziale Interessenlagen und konfligierende Orientierungen verkörpert sind. Diese lassen sich zum einen im interkulturellen Vergleich der in die Gestaltung eingeschriebenen Schemata der Nutzung, Kontrolle und des Zugangs abstrakt ermitteln; viel konkreter lassen sie sich jedoch in Einzelfällen entschlüsseln, wenn sie in Situationen des praktischen Umgangs realisiert und somit im Vollzug beobachtbar werden.

Vor diesem Hintergrund wird deutlich, dass der Schwerpunkt dieses Forschungsgebiets auf situierten Handlungen und auf situierten „Mensch-Maschine-Konfigurationen" liegt (Suchman, 2007). Die Auseinandersetzungen mit kognitivistischen und mentalistischen Verkürzungen, insbesondere mit einer körperlosen Konzeption künstlicher Intelligenz, schließt dabei eng an die Kritik einer die Körper abtrennenden oder gar ganz verdrängenden westlichen Philosophietradition aus der feministischen Perspektive an (ebd., S. 230). Im Kern der Debatte stehen menschliche Verkörperungen in der Robotik, bis hin zur Verschmelzung von Mensch und Technik in der Figur des Cyborgs (Haraway, 1985), auf die wir hier aber nur kurz eingehen wollen. Der Cyborg, die unauflösbare Vermischung aus kybernetischer Technik und menschlichem Organismus, stellt gewissermaßen den Endpunkt einer wechselseitigen Durchdringung von Mensch und Technik dar, in dem sich die kategoriale Differenz von Mensch und Technik konsequent auflöst. Solche nicht-dualistischen Auffassungen von Mensch-Technik-Symbiosen, finden in der Figur des Cyborgs zwar ihren utopischen Fluchtpunkt, sie sind jedoch so gekapselt, dass sie für eine soziologische Analyse situierten Handelns empirisch kaum noch zugänglich sind.

Das Konzept des situierten Handelns nach Suchman wird für die von uns verfolgte Argumentation dadurch bedeutsam, dass auf beide Aspekte, einerseits auf die *technische* Vermittlung verkörperter Praktiken und andererseits auf die *körperliche* Vermittlung technischer Prozeduren hingewiesen wird (Suchman, 2007, S. 259 ff.). Am Beispiel des „Computer-Aided Design" (CAD) im Bauingenieurwesen betont Suchman, dass die Übertragung von Designpraktiken in ein Softwareprogramm nicht ohne verkörperte Praktiken vor dem Bildschirm gelingen kann, da die Repräsentationskapazitäten des Systems schnell an ihre Grenzen stoßen. Bauingenieure entwerfen Brücken oder Kanalsysteme daher nicht allein *im* Computer, sondern auch an den vielfältigen Schnittstellen der virtuellen mit der realen Welt und durch die Überlagerung menschlicher Körper mit gegenständlichen Techniken. Beim gemeinsamen Betrachten von CAD-Entwürfen werden beispielsweise die virtuellen Bauelemente durch Handgesten vor dem Bildschirm verkörpert, etwa Straßensteigungen durch die Neigung des Unterarms oder Kurven durch das Anwinkeln der Hand. Solche ethnografischen Beobachtungen der Ingenieurspraxis verweisen auf die komplexen Zusammenhänge, in denen menschliche Organe, Softwaretechnologien, Bildschirme, Eingabegeräte, Stifte, Zeichnungen sowie Stahl und Beton in wechselseitigen Verkörperungsverhältnissen stehen und sich gegenseitig hervorbringen.

Die enorme Bedeutung des menschlichen Körpers für die Interaktion mit Computern findet auch in den Computerwissenschaften zunehmend Beachtung (Dourish, 2001). Dort geht es offensichtlich um einen Paradigmenwechsel weg von abstrakten Vorstellungen des Computers als rein symbolverarbeitender Maschine hin zu Konzepten von Mensch-Technik-Interaktionen, die in phänomenologischer Tradition die Körperlichkeit sowohl von Menschen als auch von Computern beinhalten. Zwei Trends verstärken nach Dourish diesen Wechsel: Zum einen die rasant ansteigende Rechnerleistung, die zwar von Normalanwendern kaum, aber von Entwicklern für neuartige Interfacegestaltungen genutzt wird, und zum anderen die zunehmende Durchdringung des Alltags mit Computern in vielerlei Gestalt, von tragbaren Geräten und Smartphones über Smartwatches und Head-Sets bis hin zu Sensoren und Prozessoren, die direkt in die Kleidung eingewebt und am Körper getragen werden. Mit der Hinwendung der Computerwissenschaften zum phänomenologischen Körperdenken, aber auch zu Forschungsansätzen der Anthropologie, Ethnologie und Soziologie zum Umgang mit Dingen und Körpern, gewinnt die Untersuchung des praktischen Umgangs mit Computern in verschiedenen Situationen an Bedeutung. Der Beitrag, den die Soziologie für die HCI leisten kann, liegt laut Dourish erstens in der detaillierten Beschreibung der sozialen Organisation der Praktiken auf der Mikroebene, zweitens in der Beschäftigung mit realen Erfahrungen anstatt mit abstrakten Modellen und drittens in der Betonung der Feldforschung für die Datensammlung (ebd., S. 57).

Vor allem interaktionistische und ethnomethodologische Analysen kooperativer Arbeit, wie die Workplace Studies (Heath & Luff, 2000; Suchman, 2007), haben immer wieder auf die vielschichtigen Verkörperungen moderner und hoch technisierter Arbeitssettings hingewiesen. Wie wir schon oben am Beispiel der Medizin erwähnten, kann eine zunehmende Technisierung nicht umstandslos mit einer Entkörperlichung menschlicher Handlungsbeiträge gleichgesetzt werden. Darüber hinaus bildet der Körper eine spezifische Interaktionsressource für den Vollzug kooperativer, technisch vermittelter Tätigkeiten. Der ethnomethodologische Zugriff der Workplace Studies bringt den Köper dabei wie folgt in Stellung (Heath & Luff, 2000, S. 23). Der Körper bleibt erstens ein zentrales Mittel, mit dem Menschen Aktivitäten hervorbringen und sich wechselseitig verständlich machen. Diese Aktivitäten beruhen zweitens auf bereits in Menschen und Techniken verkörperten sozialen Ordnungsmustern, durch die sie aber drittens nicht determiniert werden. Menschlich und technisch verkörperte soziale Interaktionen sind durch ihre Verkörperung eben nicht festgelegt, sondern emergieren aus den situativen Verschränkungen von Mensch und Technik. Anders gesagt, menschliche und technische Verkörperungen sind keine simplen Verfestigungen des Sozialen; denn sie bleiben bis zu einem gewissen Grad unbestimmt und werden erst im praktischen Tun in der je spezifischen zeitlichen, örtlichen und sachlichen Situation interaktiv festgelegt bzw. hervorgebracht.

Zwei empirische Beispiele seien hierzu kurz herausgegriffen: die Interaktion von Journalisten vor ihren Computermonitoren in einer Redaktion (Heath & Luff, 2000, S. 61 ff.) und die Interaktion von Angestellten über ein experimentelles Videokonferenzsystem in einer Forschungseinrichtung (ebd., S. 179 ff.). Die Journalisten nutzen ihre Körper systematisch, um die kooperative Fabrikation von Nachrichten über die Einzelarbeitsplätze hinweg zu ermöglichen. Durch die Orientierung der Körper – entweder zueinander oder voneinander weg – markieren sie interaktive Aufmerksamkeitsbereiche oder signalisieren individuelle Konzentration. Das fein abgestimmte gegenseitige Informieren und das In-Ruhe-lassen wird zu großen Teilen über Bewegungen und Haltungen des Körpers organisiert, auch und gerade wenn jede(r) einzelne vor dem eigenen Monitor sitzt. Gegenüber dieser stark verkörperten Interaktion vor den Bildschirmen beschneidet die Interaktion über das Videokonferenzsystem die wechselseitige Körperlichkeit in wesentlichen Teilen. Das geschieht insbesondere, weil das Videokonferenzsystem weitgehend auf reine „face-to-face"- und weniger auf erweiterte „body-to-body"-Kommunikation abzielt. Und was in diesem Zusammenhang noch bedeutender ist: Das audio-visuelle Kommunikationsmedium orientiert sich so sehr auf den menschlichen Körper bzw. das Gesicht und Sprache, dass die unerlässlichen technischen Mittel kooperativer Arbeit unbeachtet bleiben. Der körperlose mediale Kommunikationsraum scheitert letztlich an der fundamentalen Körperlichkeit kooperativer Tätigkeiten zwischen Menschen und Technik.

Wenn man menschliche Interaktionen mit Mead schon nicht ohne menschliche Körper denken kann, dann zeigen diese Bespiele, dass sie ebenfalls kaum ohne gegenständliche Techniken angemessen vorstellbar sind. Gerade die hoch technisierten Arbeitssettings moderner Gesellschaften lassen die Körper nicht verschwinden, sondern erfordern sie für ein Gelingen und fordern sie dabei auf unterschiedliche Art und Weise heraus. Sinnliches Empfinden und körperliche Bewegungen verbleiben somit an Schnittstellen und in virtuellen Räumen konstitutiver Bestandteil hochtechnisierter Arbeit. Diese Studien zeigen erneut, dass menschliche und technische Verkörperungen nicht isoliert voneinander betrachtet werden können, sondern ihre sachliche und mediale Verfasstheit erst in den wechselseitigen Verschränkungen des praktischen Tuns offensichtlich wird.

## 2.3 Theoretische Vermittlungen: Techno-Phänomenologie und Techno-Pragmatismus

Die eben skizzierten Forschungsfelder zeigen exemplarisch, wie techniksoziologische Untersuchungen den menschlichen Körper empirisch und analytisch mit aufnehmen. Gerade der Idee der Verkörperung des Sozialen in Menschen und Technik mit Blick auf den Sach- und Medienbezug kommt hierbei eine Schlüsselstellung zu. Für die empirische Forschung ist zudem der Praxisbezug von zentraler Bedeutung, da er den tatsächlichen Umgang von Menschen mit Techniken ins Zentrum rückt. In der techniksoziologischen Diskussion über die Verhältnisse von menschlichen Körpern und gegenständlichen Techniken und ihre Wechselwirkungen wird häufig auch auf grundlegende theoretische Überlegungen zurückgegriffen, die hier skizziert werden müssen, um die Ortsbestimmung des Körpers in der techniksoziologischen Forschung zu vervollständigen.

Ein erster wichtiger Ausgangspunkt befindet sich in der Phänomenologie, insbesondere in phänomenologischen Betrachtungen des körperlichen Umgangs mit technischen Artefakten. Die bekannten Beispiele des Hämmerns bei Heidegger und des Tastens mit dem Blindenstock bei Merleau-Ponty verweisen auf eine untrennbare Verschmelzung von Körper und Technik im Gebrauch. Genauer betrachtet besteht die „Verschmelzung" in einer wechselseitigen Aufeinanderausrichtung von Körper und Technik, bei der die Handhabung des technischen Artefakts soweit eingefleischt wird, dass es nicht mehr als extrasomatisches Ding, sondern als Teil des Körpers wahrgenommen wird. Die techniksoziologische Diskussion schließt in zweifacher Hinsicht an diese Grundfigur an: Einerseits erhält so die Körperlichkeit – passender die Leiblichkeit – des Umgangs mit gegenständlicher Technik eine prominente Stellung im Rahmen der breiteren Diskussion um das Verhältnis von implizitem und explizitem Wissen in Wissenschaft und Technik. Wissenschaftliches und technisches Wissen lassen sich demnach nicht auf objektivierbare und explizite Wissensbestände verkürzen, sondern bleiben immer auch leiblich gebunden (Collins, 2010, insbesondere S. 99 ff.). Das

„Zurückziehen" und die „Zuhandenheit" des Zeugs im geübten Umgang trifft damit nicht nur auf den einfachen Werkzeuggebrauch im Sinne von Heideggers Hämmern zu, sondern ebenso auf Forschungspraktiken in hoch-technisierten Laboren der Experimentalphysik oder der Molekularbiologie. Andererseits wird die Analyse von Techniken im routinierten Gebrauch gerade durch das Zurückziehen des Zeugs im Zustand der „Zuhandenheit" erschwert, weil die technischen Artefakte gewissermaßen unsichtbar oder durchsichtig werden. Dieser phänomenologischen Unsichtbarkeit funktionierender Technik begegnet die Techniksoziologie in der Folge mit einem gesteigerten Interesse an technischen Störungen, da in diesen kritischen Situationen die sich sonst so gut verborgenen Verweisungszusammenhänge zwischen Körper und Technik erneut offen zeigen.

Mit der postphänomenologischen Technikphilosophie von Ihde werden diese Überlegungen zu einer systematischen Perspektive auf ein technisch und medial vermitteltes Verhältnis von Mensch und Welt weiterentwickelt (Ihde, 1990). Sowohl Handeln als auch Wahrnehmen und Erkennen sind demnach unauflösbar mit technischen Mittlern durchsetzt, die das Verhältnis des Menschen zur Welt nicht neutral „durchreichen", sondern einen eigenständigen (wenn auch nicht unabhängigen) Beitrag leisten. Wenn Ihde seine postphänomenologische Argumentation vornehmlich gegen eine körper- und technikvergessene Philosophie in Stellung bringt, profitiert er nicht zuletzt von soziologischen Analysen moderner Wissenschaft und Technik und lässt sich daher auch umgekehrt für diese nutzbar machen. Sein Kernargument besteht, wie schon gesagt, darin, dass Techniken nicht im Nachhinein zum menschlichen Dasein hinzugefügt werden, sondern schon von vornherein integraler Teil seiner Lebenswelt sind. Folglich entfernen sich moderne Wissenschaft und Technik nicht weg vom Menschen, sondern sind maßgeblich in die Erzeugung neuer Welt- und Selbstbilder einbezogen. Versteht man Ihdes Ansatz in dieser Weise als Techno-Phänomenologie, dann lassen sich die „Verschmelzungen" von Mensch und Technik als spezifische Verschränkungen entschlüsseln, die überwiegend an den menschlichen Sinnen des Tastens, Hörens und Sehens ansetzen. Dabei geht er jedoch nicht davon aus, dass neue Techniken und Medien diese einfach nur erweitern, sondern auf je besondere Weise selbst mit hervorbringen. Die postphänomenologische These der vorgängigen technisch-korporalen Vermittlung jeglicher Wahrnehmung findet ihre Entsprechung in der techniksoziologischen These der unumgehbaren sachtechnischen Vermittlung aller Formen sozialer Ordnungsbildung. Ihde lenkt den Blick darauf, beide Vermittlungen systematisch zusammen zu denken und in ihren Verschränkungen zu untersuchen.

Ein zweiter Ausgangspunkt, auf den sich auch Ihde für seine Konzeption der Postphänomenologie bezieht, ist der amerikanische Pragmatismus. Sowohl Phänomenologie als auch Pragmatismus setzen nicht an abstrakten Ideen, sondern an der praktischen Erfahrung an. Es ist dieser Praxisbezug, der beide Theorierichtungen für die techniksoziologische Forschung anschlussfähig und interessant macht. Schon der klassische Pragmatismus schafft durch seine anti-dualistische und anti-reduktionistische Haltung gegenüber Geist, Körper, Technik und Umwelt hierfür wichtige Grundlagen (Dewey,

1929, S. 248 ff.). So konzipiert Dewey Werkzeuge als mehrseitige Verweisungszusammenhänge zwischen menschlichem Körper, materialer Umwelt und sozialen Prozessen und kritisiert einseitige Relationierungen, die nur die Beziehung von Körper und Technik in den Blick nehmen. Der Pflug, so Dewey, vermittelt zwischen Bauer, Zugtier und Boden, wie auch der Speer zwischen Jäger, Beute und Festmahl vermittelt (Dewey, 1929, S. 121 ff.). Anders ausgedrückt: Technik verkörpert diese multiplen Wechselbeziehungen. Erfahrung ist für Dewey somit immer eine körperliche, keine rein geistige Tätigkeit. Sie ist zugleich kein passiv erfahrenes Erlebnis, sondern eine offene und aktive Auseinandersetzung mit der Umwelt. Als solche ist sie dann nicht nur sinnlich verkörpert, sondern auch technisch vermittelt und situativ verankert. Dieser pragmatistische Grundgedanke findet sich auf breiter Front in den techniksoziologischen Konzepten „verteilten" und „situierten" Handelns (Rammert, 2007, S. 110 ff.; Suchman, 2007, S. 71 ff.). Ein Techno-Pragmatismus, der auf sachtechnisch und körperlich vermitteltes Handeln gerichtet ist (Rammert, 2007, S. 29 ff.), nimmt genau diejenigen sozialen, körperlichen und technischen Verschränkungen in den Blick, in denen menschliche Körper und gegenständliche Technik praktisch zum Zusammen-wirken gebracht werden. Damit werden nicht nur die grundsätzlichen Verschränkungen von Mensch und Technik angesprochen. Mit dieser Perspektive können auch spezifische Veränderungen in den Körper-Technik-Konstellationen nachvollzogen oder begleitend auf verschiedenen Feldern analysiert werden, wenn etwa durch Hinzufügen aktorischer, sensorischer und informationeller Teile die Eigenaktivitäten aktueller Techniken erhöht und die zusätzlich übernommenen Körperfunktionen in ihrer Beziehung zu den menschlichen Körpern neu zugeschnitten werden. Das gilt für die Kooperation mit mobilen Robotern, das assistierte oder autonome Autofahren, den Umgang mit dem Internet der Dinge wie für Systeme der räumlichen Orientierung und der gesundheitlichen Körperkontrolle.

Neben diesen handlungs- und interaktionstheoretischen Vorlagen Deweys bietet der Pragmatismus noch einen weiteren wichtigen Beitrag. Insbesondere Mead (1969, S. 103 ff., 130 ff.) hat auf die körperliche Auseinandersetzung mit physischen Objekten als konstitutives Element der menschlichen Wahrnehmung verwiesen. Wie Dewey denkt Mead Wahrnehmung nicht als passives Geschehen, sondern als aktive Leistung. Der wahrnehmende Körper wiederum ist eingebettet in eine Welt physischer Dinge. Mead argumentiert, dass sich erst durch die Kontakt-Erfahrung der Widerständigkeit physischer Dinge, ihrer materialen Verfasstheit, eine eigenständige Erfahrung des Körpers herausbilden kann. Dieser Widerstand liegt jedoch nicht in den Dingen selbst, sondern entsteht erst aus dem aktiven Umgang mit ihnen. Daraus entwickeln sich zwei miteinander verbundene Eigenschaften der Objekte in Bezug auf den Körper: Einerseits das Objekt in der Distanz-Wahrnehmung, insbesondere durch Sehen und Hören, andererseits das Objekt der Kontakt-Erfahrung durch Tasten und Greifen. Mead betont, dass sich der Körper nicht einfach auf die Objekte projiziert, sondern dass das Ineinandergreifen von Kontakt- und Distanz-Erfahrung überhaupt erst die Wahrnehmung von Körpern und Dingen hervorbringt. Die Tragweite dieser Konzeption geht weit über die Techniksoziologie hinaus, da sie grundlegende Mechanismen Meadscher Vergesellschaftungstheorie, wie die Möglichkeit zur Rollenübernahme und die Ausbildung generalisierter Verhaltenserwartungen, nicht für die Prozesse zwischenmenschlicher Interaktion reserviert, sondern auf Konstellationen materialer Verschränkungen von Körper und Technik erweitert. Das körperliche Ergreifen der Dinge in der frühkindlichen Sozialisationserfahrung bildet demnach die Grundlage für das generalisierende und differenzierende Begreifen der Dinge der Gesellschaft. Damit eröffnet Mead Anschlüsse auch über eine engere techniksoziologische Beschäftigung mit Körpern und Technik in Interaktion hinaus. Er bietet einen noch zu wenig beachteten Gegenentwurf zu einer körper- und technikvergessenen Soziologie, indem er beide Träger der Vergesellschaftung grundlegend miteinander verknüpft und ihre Wechselwirkungen ins Zentrum allgemeinsoziologischer Überlegungen stellt.

## 3 Desiderata und Perspektiven

Unser kurzer Bericht über die Bedeutung des Körpers in der sozialwissenschaftlichen Technikforschung bringt ein zweiseitiges Ergebnis zu Tage. Obwohl der Körper bislang in den techniksoziologischen Lehr- und Handbüchern nicht systematisch auftaucht, zeigen die von uns aufgeführten Studien und Ansätze doch auch, dass die sozialwissenschaftliche Technikforschung sich keineswegs einer näheren Betrachtung des Körpers entzieht. Wir konnten aufzeigen, dass sich menschliche Körper und gegenständliche Techniken durch ihre gemeinsamen Sach-, Medien- und Praxisbezüge in ähnlicher Weise als Verkörperungen sozialer Prozesse verstehen und für eine soziologische Analyse fruchtbar machen lassen.

Die wechselseitigen Herausforderungen für Körper- und Techniksoziologie liegen unserer Ansicht nach darin, menschliche Körper und gegenständliche Techniken nicht als voneinander völlig getrennte oder einigermaßen eigenständige Verkörperungen des Sozialen zu begreifen, sondern systematisch nach ihren Verschränkungen und wechselseitigen Bestimmungen zu suchen. Das bedeutet auch, einige der alten Fragen neu zu stellen. So lassen sich beispielsweise Werkzeuge nicht mehr einfach als neutrale Organerweiterungen oder -verstärkungen verstehen. Sie treten vielmehr als eigensinnige Vermittler in der Beziehung des Menschen zu seiner Umwelt auf. Avancierte Technologien ziehen sich darüber hinaus nicht unbedingt in die Unsichtbarkeiten selbstverständlichen Zuhandenseins zurück, sondern versagen nicht selten in kritischen Situationen, wodurch Anteil und Erfordernis begleitender menschlicher Wartung und Reparatur am Funktionieren auch komplexer Systeme immer wieder sichtbar wird. Wir können zusammenfassen: Die Verhältnisse von Körper und Technik erscheinen beim Stand aktueller Informatisierung und Vernetzung weniger festgestellt und unverrückbar als noch vor wenigen Jahrzenten. Dieser Trend legt es der Körper- wie auch der Techniksoziologie nahe, die Verkörperungen des Sozialen in menschlichen Körpern und technischen Artefakten nicht nur als simple Garanten stabiler sozialer Ordnungen zu verstehen, sondern auch nach den Brüchen, Differenzen der Flexibilität und Dynamiken in ihren wechselseitigen Verschränkungen zu suchen.

Die heute schon sichtbar werdenden Tendenzen gesellschaftlicher Entwicklung, vom assistierten Autofahren und Operieren, vom vernetzten Produzieren und Liefern von materiellen und immateriellen Gütern bis hin zum bio-technischen Enhancement menschlicher Körper und zur Selbst- und Fremdüberwachung körper- und bewegungsbezogener Daten für Fitness und Schutz oder gegen Krankheit und Kriminalität, legen ein deutliches Zeugnis von in Bewegung geratenen Körper-Technik-Verhältnissen ab. Sie zeigen zudem, dass die soziologische Analyse kaum bei der Betrachtung dyadischer Körper-Technik-Koppelungen stehen bleiben kann. Hinter modernen technischen Artefakten, von Medikamenten bis Tracking-Geräten, stehen komplexe sozio-technische Infrastrukturen, die an der Hervorbringung von Körpern mitwirken. Technik, Wissenschaft, Ökonomie und Kultur sind in vielseitigen engmaschigen Netzen von Körpern und Geräten verstrickt. Der menschliche Körper wird auch gegenwärtig wieder zu einem Fluchtpunkt für techno-wissenschaftliche Forschung, wenn etwa in der Neuroinformatik Computersimulation und menschliches Gehirn in ein neues Verhältnis zueinander gebracht werden.

Für die Zukunftsperspektive soziologischer Forschung legen unsere Ausführungen nahe, sich nicht nur auf die Körper oder auf die Technik als Gegenstände zu konzentrieren, sondern beide zusammen als konstitutive Vermittler sozialer Prozesse und relevante Einheiten soziologischer Theoriebildung anzuerkennen. Die zwangsläufige De-Zentrierung des Körpers, die mit einer techniksoziologischen Perspektive einher geht, sollte dabei vor allem als Aufforderung verstanden werden, dem scheinbaren Verschmelzen von Körper und Technik immer wieder ein analytisches Potential entgegen zu setzen, das die wechselseitigen Hervorbringungen sowohl von menschlichen Körpern als auch von gegenständlichen Techniken betont und es erlaubt, sowohl Ähnlichkeiten als auch Unterschiede zwischen ihnen in wechselnden Konstellationen empirisch zu untersuchen.

## Literatur

Böhle, F. (2002). Vom Objekt zum gespaltenen Subjekt – zur Systematik unterschiedlicher Formen der Rationalisierung von Arbeit. In M. Moldaschl & G. G. Voß (Hrsg.), *Subjektivierung der Arbeit* (S. 101–133). Rainer Hampp.

Burri, R. V. (2006). Die Fabrikation instrumenteller Körper. Technografische Untersuchungen der medizinischen Bildgebung. In W. Rammert & C. Schubert (Hrsg.), *Technografie. Zur Mikrosoziologie der Technik* (S. 424–441). Campus.

Collins, H. M. (2010). *Tacit and explicit knowledge*. University of Chicago Press.

Dewey, J. (1929). *Experience and nature*. Allen & Unwin.

Dourish, P. (2001). *Where the action is. The foundations of embodied interaction*. MIT Press.

Haraway, D. (1985). A manifesto for cyborgs. Science, technology, and socialist feminism in the 1980's. *Socialist Review, 80*, 65–107.

Heath, C., & Luff, P. (Hrsg.). (2000). *Technology in action*. Cambridge University Press.

Hirschauer, S. (2004). Praktiken und ihre Körper. Über materielle Partizipanden des Tuns. In K. H. Hörning & J. Reuter (Hrsg.), *Doing Culture. Neue Positionen zum Verhältnis von Kultur und sozialer Praxis* (S. 73–91). Transcript.

Ihde, D. (1990). *Technology and the lifeworld. From garden to earth.* Indiana University Press.

Lachmund, J. (1997). *Der abgehorchte Körper. Zur historischen Soziologie der medizinischen Untersuchung*. Westdeutscher.

Lindemann, G. (2009). Die Verkörperung des Sozialen. In *Das Soziale von seinen Grenzen her denken* (S. 162–181). Velbrück Wissenschaft.

Marx, K. (1867). *Das Kapital. Kritik der politischen Ökonomie. Erster Band. Buch 1: Der Produktionsprozess des Kapitals.* Otto Meissner.

Mead, G. H. (1969). *Philosophie der Sozialität. Aufsätze zur Erkenntnisanthropologie*. Suhrkamp.

Mol, A. (2002). *The multiple body. Ontology in medical practice*. Duke University Press.

Popitz, H. (1995). *Der Aufbruch zur artifiziellen Gesellschaft. Zur Anthropologie der Technik.* Mohr Siebeck.

Rammert, W. (2007). *Technik – Handeln – Wissen. Zu einer pragmatistischen Technik- und Sozialtheorie* (2. Aufl. 2016). VS Verlag.

Suchman, L. A. (2007). *Human-machine reconfigurations. Plans and situated actions*. Cambridge University Press.

# Tod

Hubert Knoblauch und Antje Kahl

## 1 Einleitung

Während der Körper zwar bereits ein Thema für einige Klassiker der Soziologie war, blieb der Tod und insbesondere der tote Körper in der Soziologie und in den Sozialwissenschaften lange ausgeblendet. Das mag damit zu tun haben, dass die Soziologie ein echtes Kind der Moderne ist: Diese nämlich verdränge den Tod – so jedenfalls lautet ein klassischer Topos auch in der Soziologie, der sich ab den 1960er Jahren verdichtet. Seit dieser Zeit beobachten wir jedoch auch ein zunehmendes gesellschaftliches Interesse am Tod, und um die Jahrtausendwende nimmt auch die Soziologie allmählich die Frage des Todes wieder verstärkt auf. Im Zuge der gesellschaftlichen Veränderungen im Umgang mit dem Tod, auf die zu Beginn dieses Artikels kurz eingegangen wird, beginnt sie sich allmählich auch dem toten Körper zuzuwenden, sodass sich mittlerweile einzelne Ansätze zur Beschreibung und Erklärung dieser Entwicklungen abzeichnen.

Der vorliegende Beitrag wird sich auf die soziologische Thematisierung des Todes unter dem Fokus auf den toten Körper beschränken. Zwar wird der Tod gegenwärtig vor allem mit Blick auf das Sterben thematisiert, doch bildet gerade deswegen der tote Körper ein relativ abgegrenztes eigenes Themenfeld. Da es eine ausgebildete Thanatosoziologie bislang nicht gibt, soll im ersten Teil dieses Beitrages die jüngere gesellschaftliche Entwicklung hinsichtlich des Todes und ihre soziologische Deutung skizziert werden. Nach einem Abriss der theoretischen Positionen werden dann diejenigen

H. Knoblauch (✉) · A. Kahl
Berlin, Deutschland
E-Mail: hubert.knoblauch@tu-berlin.de

A. Kahl
E-Mail: Antje.Kahl@fu-berlin.de

 
R. Gugutzer et al. (Hrsg.), *Handbuch Körpersoziologie 2*,
https://doi.org/10.1007/978-3-658-33298-3_39

gegenwärtig bedeutenden Formen des Umgangs mit dem toten Körper betrachtet, zu denen soziologische Forschung vorliegt (Bestattung, Sektion, Organtransplantation, aber auch Plastination und Kryonisation), bevor abschließend die Deutung der gegenwärtigen Situation thematisiert wird, die sich mit dem Begriff der Transmortalität charakterisieren lässt.

## 2 Tod, Gesellschaft und Körper

Der Tod kann als ein grundlegendes Thema der Gesellschaft angesehen werden, denn alle Gesellschaften sind immer mit der Frage konfrontiert, wie sie mit dem Ende der körperlichen Existenz einzelner Menschen umgehen. In der Anthropologie wird deswegen der Tod auch als eine Form des „Passagerituals" angesehen, in dem die Überführung vom Zustand des Lebens in den des Todes vorgenommen wird. Was als *tot* in den jeweiligen Gesellschaften gilt, ist dabei von sehr unterschiedlichen Todesvorstellungen abhängig, die von der Annahme einer fortwährenden Existenz über eine jenseitige Existenz bis zur völligen Vernichtung der Existenz reichen. Verschiedene Autoren vertreten darüber hinaus die Sicht, dass es eine anthropologisch bedingte Verdrängung des Todes gäbe, da er mit den lebensweltlich fundierten Kontinuitätserwartungen menschlichen Erfahrens und Handelns bricht.

Neben der anthropologischen These wurde jedoch auch die spezifischere These einer modernen Verdrängung des Todes besonders in der Soziologie diskutiert (vgl. hierzu ausführlicher und mit Verweisen auf die in diesem Abschnitt genannten Autoren: Knoblauch, 2011). So geht Gorer schon Mitte der 1960er Jahre davon aus, der Tod werde zunehmend tabuisiert. In seiner damals durchgeführten großen Erhebung zeigt sich die Verdrängung des Todes etwa daran, dass nur noch 25 % seiner befragten Trauernden beim Tod der nächsten Angehörigen anwesend waren und 70 % der Befragten seit 5 Jahren an keiner Beerdigung mehr teilgenommen hatten. Diese These findet sich auch bei Norbert Elias, der die wachsende „Einsamkeit der Sterbenden" beklagte, und selbst noch Ende der 1980er Jahre vertreten Nassehi und Weber die Auffassung, dass die Gesellschaft den Tod „verdränge".

Die Annahme einer Verdrängung des Todes in den modernen westlichen Gesellschaften wurde durch die mittlerweile klassische Geschichte des Todes von Ariès gestützt. Wie er zeigt, wird das vormoderne Modell des Todes als eines öffentlichen Ereignisses, das die gesamte Gesellschaft im doppelten Sinne, wörtlich und übertragen, ‚bewegte', durch den „heimlichen Tod" ersetzt, der den Tod aus dem Zuhause vertreibt. Mit Walter (1994) und Feldmann (1997) kann man verschiedene Aspekte dieser modernen Verdrängung des Todes unterscheiden: a) Aufgrund der demographischen Situation sterben immer mehr Ältere, die eher am Rande der Gesellschaft stehen. Der Tod werde dadurch marginaler. Zudem kommt es b) zu einer Auslagerung des Sterbens und des Todes aus dem öffentlichen Raum und der Wahrnehmbarkeit durch die Einzelnen. Diese Tendenz ist an zahlreichen Indizien erkennbar: Immer mehr Menschen sterben außerhalb der eigenen Familien und der eigenen vier Wände und immer weniger Menschen kommen in Kontakt mit den Sterbenden. Eine Folge davon ist das, was Walter (1994) als „Tabuisierung“ des Todes bezeichnet: Der Tod, vor allem der tote Körper, „betritt“ nur noch in beschönigter oder fiktiver Weise den Alltag, jenseits dessen erscheint das Thema „Tod“ als ein Tabu. „Rather than being an open, communal event, death is now a relatively hidden, private experience which is marked by an increased uneasiness over the boundaries between the corporeal bodies of the living and the dead“ (Bradbury, 1999, S. 165). Das ist verbunden mit c) der Medikalisierung, denn der Tod wird vor allem ins Krankenhaus verlagert und auf eine zunehmend technologische Weise gerahmt. Dabei handelt es sich jedoch nicht nur um eine sozialräumliche Auslagerung, denn die Medizin behandelt nicht den Tod, sondern das Sterben als ein Problem des Lebens. Der sozialstrukturellen Auslagerung des Todes in spezialisierte gesellschaftliche Teilbereiche entspricht d) eine Privatisierung des Todes, der immer mehr zur Angelegenheit der Einzelnen wird, die ihn individualistisch zu bewältigen haben. Und schließlich kann e) eine Tendenz zur Säkularisierung der Todesdeutungen beobachtet werden. War der Tod in modernen Gesellschaften noch lange mit der Vorstellung eines christlichen Jenseits verbunden, so wandeln sich die (religiösen) Todesvorstellungen in jüngerer Zeit.

Beziehen sich diese Merkmale auf die moderne Industriegesellschaft (Feldmann, 1997), so zeichnen sich seit etwa den 1960er Jahren auch neuere Entwicklungen ab. Um das Ende der 1960er-Jahre entsteht eine Reihe von Bewegungen, die den Umgang mit dem Tod und dem toten Körper in die öffentliche Diskussion wiedereinführen. Schneider (2005, S. 56) spricht in diesem Zusammenhang von einer zunehmenden öffentlichen „Diskursivierung des Lebensendes“. Gesellschaftliche Debatten um den Tod (z. B. Sterbehilfe/Euthanasie, Hirntod, Transplantation) häufen sich (vgl. hierzu ausführlicher und mit den entsprechenden Literaturverweisen: Knoblauch & Zingerle, 2005). Eine „Bewegung des Todesbewusstheit“ habe sich dem Tod zugewandt, dem sie sich als eines positiven Teils des Lebens stellen wolle. Erwähnenswert sind die Thanatologie von Kübler-Ross, die Natural-Death-Bewegung und die Hospizbewegung (auch die Aids- und Buddies-Bewegung), die sich seit dem Ende der 1960er Jahre dem „guten Sterben“ zuwandten. Daneben etablierte sich innerhalb der Schulmedizin in den vergangenen Jahren das Fach Palliativmedizin, das sich gezielt der Behandlung und Begleitung von Patienten mit einer nicht heilbaren, weit fortgeschrittenen Erkrankung mit begrenzter Lebenserwartung widmet. Zusammen mit einer Ausweitung des Gedenkkultes, der Memoralisierung der Toten, gibt es deutliche Hinweise auf die wachsende Rolle des Todes in der Weltanschauung der Menschen, so dass sogar von einer „Death-awareness“-Bewegung gesprochen wird. Walter (1994) fasst diese Entwicklungen allesamt zur These einer „Enttabuisierung des Todes“ und einem „revival of death“ zusammen, die in seinen Augen einen Paradigmenwechsel vom vormodernen zum modernen bzw. zum postmodernen Tod bewirken.

Die Bezeichnung „postmodern“ ist sicherlich etwas problematisch, zum einen, da wesentliche moderne Merkmale des Umgangs mit dem Tod weiterbestehen, zum anderen, da einige zentrale Theoretiker der Postmoderne betonen, dass der Tod auch nach der Moderne erst recht „abgeschafft" oder beseitigt wird. Im Unterschied dazu gibt es gerade in der deutschsprachigen Soziologie Stimmen, die auf einen grundlegenden Bedeutungswandel des Todes hinweisen. So schließen Knoblauch und Soeffner auf der Grundlage einer in den 1990er Jahren durchgeführten Untersuchung zu Nahtoderfahrungen auf eine Enttabuisierung des Todes (Knoblauch et al., 1999), und Nassehi wechselt von der Verdrängungsthese und konstatiert eine neue „Geschwätzigkeit des Todes" (Nassehi & Saake, 2005).

| | Traditioneller Tod | Moderner Tod | Postmoderner Tod |
|---|---|---|---|
| Autorität | Tradition | Professionelle Expertise | Persönliche Wahl |
| Autoritätsfigur | Priester | Arzt | Das Selbst |
| Dominanter Diskurs | Theologie | Medizin | Psychologie |
| Bewältigungsform | Gebet | Stille | Gefühlsausdruck |
| Das Reisende | Seele | Körper | Persönlichkeit |
| Körperlicher Kontext | Leben mit Toten | kontrollierter Tod | Leben mit Sterbenden |
| Sozialer Kontext | Gemeinschaft | Hospital | Familie |

## 3 Tote Körper: Grundlagentheoretische Zugänge

Während der Tod allgemein durchaus häufig Gegenstand der soziologischen Forschung ist, gibt es dagegen nur unsystematische Ansätze zu einer soziologischen Analyse toter Körper. Ein erster Zugang besteht in einer Bestimmung des toten Körpers durch die Negation von Eigenschaften des lebenden Körpers. Analog zur rechtlichen Betrachtung wird der tote Körpers dann als nicht mehr handlungsfähiges Subjekt definiert oder es wird ihm abgesprochen, sich reflexiv sich selbst zuwenden und sich expressiv einsetzen zu können; der tote Körper gilt dann auch nicht mehr als Ausdruck des Selbstverhältnisses einer Person.

Aus anthropologischer Sicht ist der tote Körper das Ergebnis eines sozialen Prozesses, in dem der Status der Person vom Lebenden zum Toten markiert wird. Schon der Durkheim-Schüler Hertz hatte 1928 bemerkt, dass der tote Körper sozusagen rituell verdoppelt wird: Auf die „feuchte" Beerdigung des verwesenden Körpers, der ausgegliedert wurde, folgt die trockene Phase, die den Körper in das Leben nach dem Tod einbettet. Für die Sozialanthropologie handelt es sich dabei um Reinigungsrituale, die deswegen nötig sind, weil der tote Körper in vielen Kulturen zu vielen Zeiten als bedrohlich, schmutzig und gefährlich angesehen wird, wie es etwa in der Idee des Leichengiftes zum Ausdruck kommt.

Ein weiterer Ansatz betrachtet den toten Körper als epistemisches Objekt der Handelnden. So ist für Foucault die Verwandlung in ein epistemisches Objekt die wesentliche Leistung der Moderne, die in der medizinischen Obduktion erstmals systematisch den toten Körper in den „medizinischen Blick“ nimmt: „Weil der Tod in die medizinische Erfahrung epistemologisch integriert worden ist, konnte sich die Krankheit von ihrem Status als Gegen-Natur befreien und sich im lebenden Körper der Individuen verkörpern“ (Foucault, 1988, S. 207).

Die semiotische Zeichenhaftigkeit des toten Körpers wird beispielsweise von Macho (1987) hervorgehoben, der vom Leichenparadox spricht, welches in der Gleichzeitigkeit von Vertrautheit und Fremdheit besteht. Aus einer stärker wissenssoziologischen Sicht kann der tote Körper dagegen als eine Leistung der gesellschaftlichen Konstruktion angesehen werden. So sieht etwa Lindemann die Todesdefinition, die Todesfeststellung und den praktischen Umgang mit toten Körpern als Teil eines gesellschaftlichen Grenzregimes, also „das Insgesamt der Praktiken, durch die die Grenze zwischen sozialen Personen und anderem gezogen wird“ (2009, S. 78). Gesellschaften unterscheiden sich demzufolge danach, wie und wo sie die Grenzen zum Tod (und bei der Geburt auch zum Leben) definieren. Exemplarisch zeigt Lindemann dies in ihren Arbeiten am Umgang mit hirntoten Patienten, die nicht als Handelnde betrachtet werden, sondern Gegenstand von Aushandlungsprozessen sind. Diese Aushandlungsprozesse sind keineswegs nur interaktiv. Vielmehr betont der wissenssoziologische Zugang zum einen die Rolle der gesellschaftlichen Diskurse in der Konstruktion des Todes; so sind bspw. die Kriterien der Todesbestimmung – etwa des Hirntodes – wesentlicher Gegenstand diskursiver Prozesse (Schneider, 2005). Zum anderen blickt er auch auf die institutionellen „Dispositive“, wie etwa die Technologien der Todesfeststellung.

In einer noch radikaleren Weise vertreten Nassehi und Saake (2005) die These, der Tod sei zunehmend Gegenstand einer gesamtgesellschaftlichen Geschwätzigkeit. Diese Kommunikation geschehe jedoch nicht einheitlich, sondern in unterschiedlichen Kontexten, die sie Kontexturen nennen. Solche Kontexturen sind etwa die Medizin, die seelsorgerliche Betreuung, der Bestattungsdienst usw., also sozusagen die institutionellen Kontexte (oder „Rahmungen“), in denen nicht nur über den Tod kommuniziert wird, sondern der Tod auch erst zu etwas sozial Wirklichem gemacht wird. Der Umgang mit dem Tod ist mit unterschiedlichen Deutungsrahmen verknüpft, die nicht ineinander auflösbar und nicht miteinander kompatibel sind (Kahl et al., 2015). Dies gilt nicht nur für das Sterben, sondern auch für den toten Körper, der sich je nachdem unterscheidet, in welchen Kommunikationszusammenhängen er wie behandelt wird. Dass es *den* Leichnam bzw. *die eine* Bedeutung des Leichnams heutzutage nicht gibt, hängt vor allem mit der zunehmenden Komplexität der gesellschaftlichen Rahmungen zusammen: Zum einen haben wir es heutzutage mit einer Gesellschaft zu tun, in der die sozialen Akteure über sehr viel mehr Wahlmöglichkeiten verfügen, als dies in früheren Gesellschaften der Fall war. Da der tote Körper immer gedeuteter toter Körper ist, macht es dieser Umstand zumindest wahrscheinlicher, dass auch die Deutung des toten Körpers nicht unhinterfragbar vorgegeben ist, sondern durch die Akteure selektiv erfolgt. Es kommt sozusagen zu einer (relativen) Freisetzung der toten Körper durch die (relative) Freisetzung ihrer Bedeutung. Zum anderen gibt es zunehmend mehr Kommunikationszusammenhänge, in denen der tote Körper auftaucht. Musste man in früheren Gesellschaften den toten Körper bestatten und dabei darauf achten, dass dies ordnungsgemäß vollzogen wird, um sicherzustellen, dass der Verstorbene sicher, gut, richtig und v. a. unwiderruflich im Jenseits ankommt, gibt es heute eine Vielzahl von Institutionen, in denen allein der tote Körper eine Rolle spielt: Menschen können heute in die Situation kommen, dass sie nach Eintritt des Todes eines Angehörigen gefragt werden, ob sie einer klinischen Sektion oder einer Gewebe- und Organentnahme zustimmen. Sie müssen darüber entscheiden, wie und wo, mit welchen Personen und in welchem Rahmen die Bestattung stattfinden soll. Menschen können zu Lebzeiten auch selbst über diese Themen nachdenken und diesbezügliche Entscheidungen treffen – und sie sollen dies auch zunehmend. Sie können aber auch darüber nachdenken, ob sie ihren dereinst toten Körper einer Anatomie zur Verfügung stellen wollen oder ob sie ihn lieber für eine Plastination oder eine Kryonisation anmelden.

## 4 Gesellschaftliche Formen des Umgangs mit dem toten Körper

Um die Spannung zwischen der Verdrängung des Todes als konstitutivem Element der Moderne und der zunehmenden Popularisierung des Todes in der jüngeren Gegenwart anzugehen, liegt es entsprechend nahe, den Tod nicht nur als abstraktes Thema zu behandeln. Denn der tote Körper hat eine durchaus massive Präsenz, bedenkt man, dass in Deutschland Im Jahre 2010 knapp 860 000 Menschen gestorben sind. Die Beschreibung der Sterblichkeitsverhältnisse in Mortalitätsstudien zeigt dabei, dass die Lebenserwartung nicht nur kontinuierlich zunimmt und sich die Todesursachen im Laufe der Zeit verändern, sondern dass es auch bei Toten soziale Unterschiede gibt, etwa zwischen den Geschlechtern oder hinsichtlich ihrer geographischen Herkunft, ihres Familienstandes oder ihres sozioökonomischen Status zu Lebzeiten (Feldmann, 1997). Doch während die Mortalität zwar (wenn auch unsystematisch) erfasst wird, hat sich die Forschung über den Umgang mit toten Körper lediglich auf einige Aspekte beschränkt, die hier nur kurz überblickt werden können.

**(a) Bestattung**

Eine der ältesten und verbreitetsten Formen des Umgangs mit dem toten Körper ist zweifellos die Bestattung. Vergleicht man die anthropologische Literatur zu Bestattungsriten in (zumeist) nicht-europäischen Gesellschaften, wird offensichtlich, dass es die eine Definition für den Status des Leichnams nicht gibt. Ob dieser zum Beispiel eher als Ding oder eher als Person angesehen wird, ist kulturspezifisch. Allgemein scheint die Vorstellung geteilt zu werden, dass das Ausgangsproblem aller Handlungen am und Umgangsweisen mit dem toten Körper in dessen prekärer Materialität liegt: sein körperlicher Zustand ist eben nicht stabil, sondern durch Verwesung dem mehr oder weniger langsamen Verfall ausgeliefert (vgl. z. B. Macho, 1987 oder Bradbury, 1999). In diesem Übergangszustand der körperlichen Verwesung wird das eigentliche Tabu des Todes gesehen.

Heutzutage sind die Bestatter die zentralen Akteure für den Umgang mit toten Körpern; Experten übernehmen die Bestattung der Toten und die Kontrolle über die toten Körper. Wie Bradbury (1999) zeigt, spielt dabei die Konnotation der Unreinheit noch immer eine wichtige Rolle. Auch in der deutschen Literatur zum Bestattungswesen wird nahezu immer von der Unreinheit des toten Körpers ausgegangen. Die Konnotation der Unreinheit wird darüber hinaus im Großteil der Literatur zum modernen Bestattungswesen (mehr oder weniger explizit) als einer der Gründe für die Unsichtbarkeit der Leichen, für die Verschleierung des Todes und die möglichst schnelle Ausgliederung der Toten aus dem Bereich der Lebenden angeführt.

Im Unterschied dazu hat Kahl (2013) zeigen können, dass die Zuschreibung „Unreinheit" für tote Körper keineswegs mehr allgemein gilt. Es gibt Bestatter, die einen bewussten Umgang mit dem toten Körper forcieren und die der Begegnung mit dem toten Körper die Fähigkeit der Vermittlung von Zuversicht, Trost und Hoffnung zuschreiben, wodurch die Begegnung mit dem Toten heilend zur Überwindung der durch den Tod ausgelösten Krise beitrage. Dies geht mit einer neuen Sichtbarkeit des Leichnams und einem anderen Umgang mit toten Körpern einher. Damit einher geht eine Statusänderung des toten Körpers. Der tote Körper ist nicht mehr nur unreiner Abfall, und er ist auch nicht völlig bedeutungslos. Der Leichnam hat durchaus einen Wert – in den Augen der Angehörigen, die Abschied von ihm nehmen, aber auch für die Bestatter. Diese können über einen in diesem Sinne aufgewerteten Leichnam ihren gesamten Tätigkeitsbereich aufwerten. Diese Umwertung des toten Körpers geht einher mit einem dramatischen Wandel der Bestattungsformen (Einäscherung, Urnen, Musealisierung der Friedhöfe), der nicht nur auf einen individualisierten, sondern auch auf einen spezifischeren, den Körper einbeziehenden Umgang schließen lässt.

**(b) Sektion/Obduktion**

Neben den Bestattungsritualen, in denen es häufig zu Ästhetisierungen des Leichnams kommt, sind auch andere Praktiken am Leichnam möglich, die dem toten Körper sozusagen noch näher rücken. Dazu zählen die Sektion bzw. die Obduktion, also das Öffnen der Leiche und die Inspektion ihrer inneren Teile, wobei wir zwischen einer klinischen Sektion im Krankenhaus zur Klärung der Todesursache, der forensischen Sektion zu Klärung der rechtlich relevanten Umstände des Todes und der anatomischen Sektion zur Klärung allgemeiner medizinischer Fragen und zur medizinischen Ausbildung unterscheiden. Die Sektion ist nicht nur deswegen von Interesse, weil es sich um eine Praktik handelt, deren Ausbreitung direkt mit der Durchsetzung des modernen medizinischen Systems verbunden ist (Foucault, 1988). In der Tat beobachten wir ab Anfang des 19. Jahrhunderts eine sich beschleunigende Institutionalisierung der klinischen Sektion, die parallel zur Ausdifferenzierung des medizinischen Blicks erfolgt. Mit ihrer zunehmenden rechtlichen Legitimation setzt sie sich tatsächlich so sehr durch, dass sie bis zur Mitte des 20. Jahrhunderts zum selbstverständlichen Umgang mit dem Tod in westlichen Gesellschaften wird (Knoblauch, 2011). An einem großen Teil der Verstorbenen wird nun die Sektion durchgeführt: In Ländern mit einer

Zustimmungslösung betrug die Sektionsquote bis zu 55 % (Schweiz, 1950), in Ländern mit einer Widerspruchslösung bis zu 99,5 % (Österreich, 1970). War somit die klinische Sektion als ein zentraler Aspekt des modernen Umgangs mit dem Tode etabliert, fällt die jüngere Entwicklung besonders ins Auge: In den USA fiel die Sektionsquote von 41 % im Jahre 1964 auf unter 5 % (1999), in der Schweiz von 55 % im Jahr 1950 auf 25 % im Jahr 1991 und auf 20 % in 2002. In Österreich lag sie im Jahr 1970 bei erstaunlichen 99,5 %, fiel dann aber auf immer noch beträchtliche 33 % (1993). In der einstigen DDR fiel sie von 30 % im Jahr 1979 auf 18 % im Jahr 1987. In Deutschland liegt sie im Jahr 1999 bei 3,1 %, wobei man vermuten darf, dass sie seitdem weiterhin gefallen ist. Wie eine jüngere Untersuchung zeigt (Kahl, 2010), geht der Rückgang der klinischen Sektion in den letzten Jahrzehnten jedoch keineswegs auf die Verdrängung des Todes oder der Tabuisierung des toten Körpers durch die Angehörigen bzw. Laien zurück, wie es von Medizinern als Begründung häufig angegeben wird. Vielmehr zeigen sich bei ihnen hohe Zustimmungsraten zur Sektion, die auf eine große Akzeptanz dieser Praxis hinweisen. Stattdessen konnte festgestellt werden, dass vielmehr institutionelle Gründe (z. B. das Fehlen standardisierter Strukturen und die unzureichende Verankerung der Sektion in den Abläufen, die nach Eintreten eines Todesfalles stattfinden oder die fehlende Festschreibung der Sektion als Qualitätssicherungsmechanismus) und Veränderungen innerhalb des medizinischen Feldes (v. a. die fortschreitende Entwicklung bildgebender Verfahren) als erklärende Faktoren für den Rückgang relevant sind. Und auch die forensische Sektion erlebt seit etwa den 1980er Jahren einen institutionellen Rückgang – bei einer gleichzeitig zunehmenden Popularität, die sich in einer massiven Ausweitung ihrer medialen Präsenz und in einer neuen Ästhetik der Darstellung des toten Körpers dokumentiert (Weber, 2011). Dieses wachsende Interesse gilt auch für die anatomische Sektion, übersteigt doch das Angebot an ‚Körperspendern‘ seit Jahren den Bedarf der anatomischen Institute bei weitem. Etwa 80 000 Bundesbürger haben derzeit eine Körperspendevereinbarung mit anatomischen Prosekturen abgeschlossen (Groß & Ziefle, 2010, S, 559). Der Rückgang der klinischen Sektion ist also nicht mit einer mangelnden Akzeptanz verbunden; vielmehr scheint der tote Körper eine zunehmende „Popularität“ zu genießen Knoblauch (2011). Die Sektion hat ein Legitimitäts- und Statusproblem – allerdings nicht in der breiten Öffentlichkeit, sondern medizinintern und dies sowohl hinsichtlich ihrer Funktion als auch ihres Stellenwertes (Kahl, 2010).

**(c) Hirntod und Organtransplantation**

Als weitere medizinische Praxis im Umgang mit dem toten Körper, die soziologisch erforscht wurde, können Hirntod und Organtransplantation genannt werden, die ja durchaus zusammen hängen. In der Transplantationsmedizin wird zu Heilungszwecken organisches Material verpflanzt, zumeist von einem menschlichen Körper in einen anderen und zumeist von einem hirntoten in einen lebenden Körper. Die Organtransplantation ist dabei die sicherlich prominenteste Praxis; übertragen werden aber auch Zellen, Gewebe oder Körperteile wie z. B. Hände, Arme oder mittlerweile auch Gesichter.

Die Organtransplantation stößt zwar seit langem auf eine generelle wachsende Zustimmung (vgl. hierzu Kahl et. al., 2015): So stimmten 1973 bei einer Umfrage zur Bereitschaft zur Organentnahme zwecks Transplantation 49 % der Befragten mit „ja" und 1976 waren es schon 72 %. Im Jahr 2012 gaben laut Bundeszentrale für gesundheitliche Aufklärung 70 % der Befragten an, grundsätzlich damit einverstanden zu sein, sich Organe und Gewebe entnehmen zu lassen. Die Zahl erhöht sich noch einmal, wenn gefragt wird, ob man selbst ein gespendetes Organ annehmen würde, und zwar auf 85 %. So deutlich also die Organentnahme bzw. Organannahme akzeptiert ist, so stark bleibt doch die faktische Bereitschaft zur Organspende hinter der bloßen Einstellung zurück. Dies lässt sich relativ klar an der Frage beobachten, wie viele Menschen einen Organspendeausweis ausgefüllt haben. Im Jahr 2012 sind das lediglich 22 % der Befragten; und auch von denjenigen, die die Organentnahme akzeptieren, sind es lediglich 27 %. Während die allgemeine Akzeptanz also hoch ist, stagniert die Zahl der Organspendeausweise auf einem im Vergleich dazu niedrigen Niveau oder nimmt sogar ab. Während 2010 noch 25 % der Befragten angaben, einen Organspendeausweis zu besitzen, waren es 2012, wie gesagt, nur noch 22 % der Befragten. Auch die vermehrten Werbekampagnen und verschiedene strukturelle Änderungen im Transplantationssystem scheinen an diesem Verhältnis wenig zu ändern. Trotz erhöhter Spendermeldungen nahm beispielsweise die Zahl der Organübertragungen nach Inkrafttreten des ersten Transplantationsgesetzes im ersten Jahr nur um 2,1 % (von 3839 in 1997 auf 3918 in 1998) zu; die Zahl der Organspender hat tendenziell sogar nachgelassen. Inwiefern die Spendebereitschaft und die Zahl der Organspendeausweisbesitzer im Zuge der 2012 eingeführten Informationslösung und den damit einhergehenden kontinuierlichen Aufforderungen zum Ausfüllen eines Organspendeausweises durch die Krankenkassen zu einer Erhöhung des Sendeaufkommens führen wird, bleibt abzuwarten. Momentan haben wir es noch immer mit einer massiven Diskrepanz zwischen der Akzeptanz und der faktischen Bereitschaft zu tun. Allerdings gibt es hinsichtlich der Bereitschaft zur Organspende durchaus bedeutende Unterschiede. So unterscheidet sich diese je nachdem, ob die Betroffenen zustimmen müssen oder ob sie gegen eine obligatorische Spende Widerspruch einlegen müssen. Darüber hinaus gibt es auch deutliche kulturelle Unterschiede zwischen westlichen und nichtwestlichen Gesellschaften. Dabei spielen kulturelle Deutungsmuster des toten Körpers eine Rolle, der in einigen Gesellschaften (z. B. Japan) durchaus auch als sozial relevant behandelt werden kann.

Für den Umgang mit dem toten Körper im Kontext der Organtransplantation sind in westlichen Gesellschaften Vorstellungen prägend, die mit den Handlungsformen des Tausches und der Gabe verbunden sind. So hat Motakef (2011) in ihrer Untersuchung der Organtransplantation gezeigt, dass und wie die Organtransplantation als eine Art Gabe (im Sinne von Marcel Mauss) diskursiv hergestellt und verstanden wird, wobei dieses Geben im öffentlichen Diskurs als eine nahezu ausschließlich moralisch als gut bewertete und wünschenswerte Handlung angesehen wird. Die „Spende" wird mit einem Sinngehalt angefüllt, der ein Reziprozitätsprinzip enthält: Man (d. h. die Betroffenen und/oder die Angehörigen) gibt nicht nur ein Organ, sondern erhält dafür eine wenigstens symbolische Erstattung. Dies kommt auch in Umfragen zum Ausdruck (vgl. Kahl et. al., 2015 mit Bezug auf Befragungen der Bundeszentrale für gesundheitliche Aufklärung): Diejenigen die der Organspende positiv gegenüberstehen, sehen ihren Sinn vor allem in der Hilfe für den Nächsten (93 %) und 89 % wären selbst auch froh, ein Organ zu erhalten, wenn sie eines brauchen würden. Noch 51 % sind der Meinung, dass ihr Tod durch die Organspende einen Sinn erhält. Typisch für die relativ stark entchristlichte bundesdeutsche Gesellschaft ist, dass nur 23 % diese Spende mit der Nächstenliebe in Verbindung bringen. Dieses Gabenprinzip ist durchaus auf Wechselseitigkeit angelegt: 85 % aller Befragten könnten sich vorstellen, ein Organ anzunehmen – bei den Spendebereiten sind es gar 88 %. Schneider (2005) spricht diesbezüglich von der „Neu-Ordnung des Todes“: wurden tote Körper in der „modernen Ordnung des Todes“ noch ausgegrenzt, werden sie nun durch die Transplantationsmedizin in die Gesellschaft reintegriert. Gleichzeitig werde der Tod im Organspendediskurs mit neuen Sinngewissheiten ausgestattet, denn impliziert wird, dass ein Tod, der mit einer Organspende einhergeht, eben kein sinnloser sondern ein sinnvoller, weil der Leidensminderung Anderer dienender Tod ist. Eine solche Ordnung des Todes laufe im Kern auf eine ‚Wieder-Vergemeinschaftung‘ des Sterbenden (bzw. des Toten) infolge solcher ‚Re-Moralisierung‘ des Todes hinaus.

Die Entwicklung der Transplantationsmedizin verweist insgesamt auf einen Funktionswandel des Leichnams im Kontext des Medizinsystems. Wurde der medizintechnische Fortschritt (vor allem im Bereich der bildgebenden Verfahren) als eine der Ursachen für den Rückgang der klinischen Sektion identifiziert (Knoblauch, 2011), so ist dies für den Bereich der Transplantationsmedizin genau umgekehrt: hier ist der medizintechnische Fortschritt (die Transplantationspraxis selbst, aber z. B. auch ganz wesentlich die Fortschritte in der Immunsuppression) die Voraussetzung für die Etablierung dieser medizinischen Praxis, von der Gehring als „‚Verrohstofflichung‘ des Menschenkörpers“ spricht. Darunter versteht sie, „dass die Medizin auch zwischen den Körpern Verbindungen stiftet. Dass sie also nicht nur eindringt, sondern Körpergrenzen bewußt überbrückt mit dem Effekt, dass lebende Menschen-Körper bzw. Menschen-Stoffe gleichsam zirkulieren und füreinander zur Ressource werden“ (Gehring, 2003, S. 30).

Eine wesentliche Voraussetzung dieser Entwicklung ist die Einführung des Hirntodkriteriums. Mit diesem Kriterium wurde der Tod und damit der tote Körper gesellschaftlich neu definiert, eine Definition, die sich seit 1960er Jahren von den USA ausgehend durchgesetzt hat und seit 1997 in der Bundesrepublik gesetzlich geregelt ist. Lindemann (2001) zeigt in ihrer Rekonstruktion des Prozesses der Hirntoddiagnostik, mit Hilfe derer der Hirntod in der medizinischen Praxis festgestellt wird, dass die Feststellung des (Hirn-)Todeszeitpunkts äußerst variabel ausfallen kann. Bei Lindemann wird der Tod entsprechend als „soziale Institution“ (2001, S. 326) bzw. als „soziophysischer Sachverhalt“ bezeichnet, denn „die Deutung der physischen Erscheinungsform eines Körpers“ als tot oder lebendig hänge von organisationalen, technischen oder personalen Ressourcen ab. Auch andere ForscherInnen, die sich mit dem Thema

Organtransplantation beschäftigen, betonen deshalb mit Rückgriff auf die Leib/Körper-Unterscheidung die Ambivalenz des hirntoten Körpers. Manzei (2003) sieht die Ambivalenz zwischen dem Hirntodkonzept und der lebendigen Erscheinung eines hirntoten Patienten als konstitutiv für die Transplantationsmedizin an, denn die Transplantationsmedizin sei „auf Formen des Lebendigen als Bedingung ihrer Möglichkeit" angewiesen (2003, S. 220). Im Hirntodkonzept werde „die Grenze zwischen Leben und Tod zu einem Zeitpunkt angesetzt, an dem der ‚Organtod' noch nicht eingetreten ist. Denn kalte, ‚tote' Organe einer Leiche können nicht mehr verpflanzt werden. (…) Der Tod besitzt damit ein Moment, das der medizinisch-sozialen Verfügung über lebendige Organe selbst wiederum ihre Grenze setzt" (ebd.).

**(d) Plastination und Kryonisation**

Während die Mumifizierung eine alte Kulturtechnik der Körperkonservierung ist, die soziologisch jedoch bislang wenig erforscht ist, haben sich in der jüngeren Zeit neue Formen des konservierenden Umgangs mit dem menschlichen Leichnam herausgebildet. Dazu gehört zum einen die Plastination, die durch Gunther von Hagens und seine „Körperwelten"-Ausstellungen prominent geworden ist. Soziologisch hervorzuheben ist hierbei weniger die technische Bearbeitung des Leichnams; beachtenswert ist vor allem die damit einhergehende Ästhetisierung des Leichnams, die so weit geht, das plastinierte Körper zu Objekten hochgradig populärer Ausstellungen geworden sind, die weltweit gezeigt werden. Diese Ausstellungen sind vereinzelt soziologisch untersucht worden, doch bleibt die Frage offen, wie die große Bereitschaft von Menschen zu deuten ist, die ihre Körper für die Plastination zur Verfügung stellen. Groß (2011) vermutet, dass es sich bei der Plastination um eine „neue Form postmortaler Existenz" oder um die „‚Auferstehung' des befleischten Leibes" handelt. Während von Hagens die Plastination als eine „Demokratisierung der Anatomie" deutet, kann sie nach Groß als eine „technische Theologie" oder als „Wiederauferstehung für jeden" interpretiert werden.

Während bei der Platination die populäre Ästhetisierung des toten Körpers zu dominieren scheint, ist die Kryonik stärker mit technizistisch-utopischen Vorstellungen verbunden, die auf die tatsächliche Wiederbelebung des toten Körpers abzielen, der nach Eintritt des Todes nicht nur weiterwirken, sondern potentiell wieder leben soll. Die Körper werden nach der medizinischen Feststellung des Todes kältekonserviert mit dem Ziel, sie zu einem späteren Zeitpunkt wieder ins Leben zurückzuführen, wenn die entsprechenden technischen Möglichkeiten dafür gegeben sein werden. Die Kryonik verbindet damit eine besondere Vorstellung des toten Körpers, der nicht als Leiche angesehen wird, sondern als „suspendierter Kryopatient", der vorübergehend „deanimiert" wurde. Da die dafür erforderlichen medizinischen und technischen Voraussetzungen noch nicht gegeben sind und weil die Kryokonservierung mit sehr hohen Kosten und rechtlichen Unsicherheiten verbunden ist, handelt es sich empirisch hierbei lediglich um sehr wenige Fälle. Obwohl die erste kryonische Suspension 1967 durchgeführt wurde, sind zur Zeit nur knapp 200 Kryopatienten „suspendiert" (Groß, 2011).

## 5 Schluss: der transmortale Körper

Während sich die Erforschung des Körpers in der Soziologie und den Kulturwissenschaften eines wachsenden Interesses erfreut, bleibt das Interesse am toten Körper begrenzt. Sieht man vom durchgängigen Interesse an religiösen und weltanschaulichen Aspekten der „Postmortalität" und dem wachsenden Interesse am Sterben (das meist den Tod oder gar den toten Körper ausspart) ab, so hat es zwar in den letzten Jahren einige Forschungsinitiativen, Workshops und Tagungen gegeben (besonders hervorzuheben ist hier der Schweizer NFP-Forschungsverbund „Lebensende"), doch haben sich bislang nur kleinere Netzwerke gebildet, so dass die Forschung weitgehend vereinzelt und damit unsystematisch betrieben wird und von der Ausbildung einer Thanatosoziologie bestenfalls in Ansätzen gesprochen werden kann (Knoblauch & Zingerle, 2005). Deswegen kann man dem Forschungsstand mit den wenigen Verweisen, die in einem Handbuch möglich sind, kaum gerecht werden.

Dieser unbefriedigende Stand der Forschung zum Tod und zum toten Körper ist nicht nur deswegen überraschend, weil sich die Öffentlichkeit, die Medien und die Kunst in einem zunehmenden Maße dieses Phänomens annehmen, wie schon mit dem Hinweis auf den „populären Tod" angeschnitten wurde. Dies ist auch deswegen bemerkenswert, weil, wie ebenso angedeutet, eine Reihe von Entwicklungen auf eine grundlegende Veränderung des Todes und der Vorstellung des toten Körpers hinweisen. Dieser grundlegende Wandel kann mit dem Begriff der Transmortalität gefasst werden. Der Begriff weist auf eine Reihe neuerer Formen des Umgangs mit dem toten Körper hin, wie etwa die Spende und Transplantation von Organen Hirntoter, den Umgang mit Gewebeteilen Verstorbener, die Plastination und die Kryonisation. Im Unterschied zu dem, was „Postmortalität" genannt wird, also die Kommunikation mit Toten und die damit verbundenen Jenseitsvorstellungen, ist dieser Begriff mit der Etablierung des Hirntodkriteriums verbunden, der eine entscheidende Zäsur darstellt und den Tod sowohl juristisch wie auch medizinisch neu bestimmt. Durch den Hirntod wird ein „Zwischenbereich" eröffnet, den Kahl, Knoblauch und Weber (2015) Transmortalität nennen. Transmortalität bezeichnet die durch medizinisch-technische Praktiken erzeugten Möglichkeiten, mit dem als nicht mehr lebendig beurteilten (aber auch nicht als so „tot" wie der Leichnam der Sektion behandelten) menschlichen Körper und seinen Teilen umzugehen, die ihrerseits nicht mehr problemlos unter die einfache Opposition tot/lebendig gefasst werden können und daher weitere begriffliche Differenzierungen erzwingen. Die Beschäftigung mit dem Phänomen Transmortalität hat jedoch weniger die Grenze selbst und ihre Legitimität zum Thema, sondern befasst sich vielmehr mit deren Überschreitung und den verschiedenen Möglichkeiten, die sich jenseits der Grenze des offiziell und nach jeweils anerkannten Kriterien bestimmten Todes für den Umgang mit dem Körper in der gesellschaftlichen Praxis ergeben. Dabei sind insbesondere jene Formen, mit dem toten Körper umzugehen, von Bedeutung, in denen er als ganzer oder in Teilen weiter „lebt" (z. B. ein transplantiertes funktionstüchtiges Organ oder Gesicht), materiell fortbesteht (z. B. eine plastinierte Leiche) oder zumindest weiter wirkt (z. B. verwendetes Leichengewebe).

Phänomene der Transmortalität lassen sich keineswegs nur im institutionellen Zusammenhang nachweisen. Vielmehr dringt das Wissen um transmortale Praktiken auch in das Bewusstsein der Gesellschaftsmitglieder außerhalb der institutionellen Systeme. Die Fortexistenz des eigenen Körpers über den eigentlichen Tod hinaus wird damit auch zu einem Handlungsprojekt, das unter dem Titel des „Weiterwirkens" gefasst werden kann, wie es etwa in der „Gabe" von Geweben, der Organspende oder der artifiziellen Erhaltung des eigenen toten Körpers als Plastinat zum Ausdruck kommen kann.

## Literatur


Bradbury, M. (1999). *Representations of death. A social psychological perspective.* Routledge.

Feldmann, K. (1997). *Sterben und Tod. Sozialwissenschaftliche Theorien und Forschungsergebnisse.* Leske und Budrich.

Foucault, M. (1988). *Die Geburt der Klinik. Eine Archäologie des ärztlichen Blicks.* Fischer.

Gehring, P. (2003). Verrohstofflichung des Menschenkörpers – Divergierende Auffassungen von der Aufgabe der praktischen Philosophie. *Berliner Debatte Initial, 14*(4/5), 30–37.

Groß, D., & Ziefle, M. (2010). Im Dienst der Unsterblichkeit? Der eigene Leichnam als technische Ressource. In D. Groß & J. Grande (Hrsg.), *Objekt Leiche: Technisierung, Ökonomisierung und Inszenierung toter Körper (= Todesbilder, 1)* (S. 545–582). Campus.

Groß, D. (Hrsg.). (2011). *Who wants to live forever? Postmoderne Formen des Weiterwirkens nach dem Tod.* Campus.

Kahl, A. (2010). Der Niedergang der klinischen Sektion: Dysfunktionalität der Praxis statt Tabuisierung des toten Körpers. *Sociologia Internationalis, 48*, 247–272.

Kahl, A. (2013). „Our dead are the ultimate teachers of life". The corpse as an intermediator of transcendence: Spirituality in the German funeral market. In *Fieldwork in Religion: Dead in the Field: Utilizing Fieldwork to Explore the Historical Interpreting of Death-Related Activity, and the Emotional Coping with Death,* 8.2, S. 223–240.

Kahl, A., Knoblauch, H., & Weber, T. (2015). Einführung: Transmortalität, In A. Kahl, H. Knoblauch, & T. Weber (Hrsg.), *Transmortalität.* Weinheim und Basel: Juventa (in Vorbereitung).

Knoblauch, H., Schnettler, B., & Soeffner, H.-G. (1999). Die Sinnprovinz des Jenseits und die Kultivierung des Todes. In H. Knoblauch & H. G. Soeffner (Hrsg.), *Todesnähe. Interdisziplinäre Beiträge zu einem außergewöhnlichen Phänomen* (S. 271–292). Universitätsverlag.

Knoblauch, H. (2011). Der populäre Tod? Obduktion, Postmoderne und die Verdrängung des Todes. In D. Groß, B. Tag, & C. Schweikardt (Hrsg.), *Who wants to live forever. Postmoderne Formen des Weiterwirkens nach dem Tod* (S. 27–54). Campus.

Knoblauch, H., & Zingerle, A. (Hrsg.). (2005). *Thanatosoziologie.* Duncker & Humblot.

Lindemann, G. (2001). Die Interpretation „hirntot". In T. Schlich & C. Wiesemann (Hrsg.), *Hirntod. Zur Kulturgeschichte der Todesfeststellung.* Frankfurt.

Lindemann, G. (2009). *Das Soziale von seinen Grenzen her denken.* Velbrück Wissenschaft.

Macho, T. (1987). *Todesmetaphern. Zur Logik der Grenzerfahrung.* Suhrkamp.

Manzei, A. (2003). *Körper – Technik – Grenzen. Kritische Anthropologie am Beispiel der Transplantationsmedizin.* LIT.

Motakef, M. (2011). *Körper Gabe. Ambivalente Ökonomien der Organspende.* Transcript.

Nassehi, A., & Saake, I. (2005). Kontexturen des Todes. In H. Knoblauch & A. Zingerle (Hrsg.), *Thanatosoziologie* (S. 31–54). Duncker & Humblot.

Schneider, W. (2005). Zur diskursiven Ordnung des Lebensendes. In H. Knoblauch & A. Zingerle (Hrsg.), *Thanatosoziologie. Tod, Hospiz und die Institutionalisierung des Sterbens* (S. 55–79). Duncker & Humblot.

Walter, T. (1994). *The revival of death*. Routledge.

Weber, T. (2011). *Drop dead gorgeous. Representations of corpses in American tv shows*. Campus.

# Umwelt und Klima

Anna Henkel

„Die Thematisierung der Weite durch das Nachdenken besitzt heute besondere Bedeutung. Die technische und ökonomische Ausfüllung des Raumes durch Plätze nutzbringender Einrichtungen und Verbindungsbahnen des Verkehrs zwischen ihnen schreitet absehbar fort und verschlingt mehr und mehr Weite." (Schmitz, 1982 /1965, S. 2).

## 1 Einleitung

In der bisherigen soziologischen Forschung zu Umwelt und Klima spielt der Körper keine Rolle. Jedenfalls nicht explizit. Seitdem die Umweltsoziologie sich etwa seit den 1980er Jahren auf die Untersuchung sozial produzierter ökologischer Probleme und gesellschaftlicher Reaktionen auf ökologische Probleme fokussiert, stehen klassisch soziologische Fragen wie soziale Bewegungen, globaler Wandel oder umweltpolitische Fragen im Zentrum des Interesses. Materialität und eben Körper erscheinen als nichtsinnhafte Elemente bestenfalls am Rande als Anlass oder Folge des Sozialen. Mit der weiteren thematischen Fokussierung auf Klima und Klimawandel wird dies tendenziell verstärkt. Der hier vorliegende Beitrag verhandelt somit etwas, das es vordergründig gar nicht gibt – das aber, so die These, bei näherer Betrachtung durchaus vorhanden ist und im Kontext der aktuellen Weiterentwicklung von Umwelt- und Klimadebatte hin zum Diskurs des Anthropozäns eine möglicherweise entscheidende Perspektive für die soziologische Umweltforschung bietet.

Im Folgenden wird zunächst im Sinne eines Forschungsstandes das Vorkommen des Körpers in der soziologischen Forschung zu Umwelt und Klima diskutiert. Dabei

A. Henkel (✉)
Passau, Deutschland
E-Mail: Anna.Henkel@uni-passau.de

 
R. Gugutzer et al. (Hrsg.), *Handbuch Körpersoziologie 2*,
https://doi.org/10.1007/978-3-658-33298-3_40

wird deutlich, dass die Umweltsoziologie der soziologischen Ausgangsprämisse einer Abgrenzung des Sozialen von der Materialität in ihrer Fokussierung auf ökologische Probleme folgt. Obwohl ökologische Probleme jedenfalls als gesellschaftlicher Kontext den *material turn* mit bedingen, indem, wenn nicht der Körper, so doch jedenfalls die Materialität mit dem Sozialen neu zusammengedacht wird, bleibt ein *environmental turn* aus. Dennoch kommt der Körper implizit in dreierlei Weise vor, nämlich als *Maßstab zur Bewertung* von ökologischer Gefährdung, als *Medium einer Dezentrierung* des Menschen sowie in der Anthropozän-Debatte *als Umwelt*. Es deutet sich darin bereits die Forschungsperspektive an, die im abschließenden Abschnitt entfaltet wird, das Potenzial nämlich, nicht nur den Körper als gegebene biologische Materialität, sondern auch den erlebten Leib sowie die Verkörperung als gesellschaftlich kontextiertes Wechselspiel zwischen beidem in den Blick zu nehmen.

## 2 Körper im Kontext von Umwelt und Klima

Die Soziologie entsteht zu Beginn des 20. Jahrhunderts mit dem disziplinären Kern, Soziales durch Soziales zu erklären. Soziales Handeln und soziale Tatsachen sowie die Beziehung zwischen beiden sind empirisch, theoretisch und methodisch Gegenstand der Soziologie. Eine ganze Reihe von Gegenständen ist damit bewusst und explizit außen vorgelassen: Materialität, Raum, generell Dinge und natürlich Umwelt ebenso wie Körper. Max Weber begründet dies in seinen *Soziologischen Grundbegriffen* ausführlich. Sinnfremde Vorgänge und Gegenstände kommen für alle Wissenschaften vom Handeln, also auch für die Soziologie, nur in Betracht als Anlass, Ergebnis, Förderung oder Hemmung menschlichen Handelns. Selbst wenn künftige Forschung unverstehbare Regelmäßigkeiten für sinnhaftes Handeln auffände – wie heute in der aktuellen Hirnforschung ernsthaft diskutiert –, bliebe dies von der Soziologie schlicht hinzunehmen (Weber, 1984, S. 19 ff.).

Seit etwa den 1960er Jahren drängen sich jedoch mit Tschernobyl, Contergan, Ozonloch, Waldsterben oder vogelgesanglosen Feldern all jene konzeptionell ausgeschlossenen Gegenstände der Soziologie in einer Weise auf, dass nicht nur neue Forschungsgegenstandsfelder in der Soziologie bearbeitet werden, sondern auch die soziologische Theorie herausgefordert ist. *Body turn, material turn* oder *spatial turn* bringen mit sich, dass Gegenstände nicht nur als gesellschaftlich prägend (Anlass von Handeln im Sinne von Weber), sondern als ihrerseits gesellschaftlich geprägt und Gesellschaft hervorbringend soziologisch relevant werden.

Die Umwelt nimmt in diesem Zusammenhang in gewisser Weise eine Sonderstellung ein. Einerseits hat der Gedanke einer Wechselwirkung zwischen Sozialem und Umwelt unter dem Stichwort Ökologie bzw. Humanökologie eine viel weiter zurückliegende Tradition als die diversen *turns* (vgl. etwa Park, 1936). Andererseits gewinnt die Umweltsoziologie ihre Kontur erst etwa in den 1980er Jahren, indem sie sozial produzierte ökologische Probleme und gesellschaftliche Reaktionen auf ökologische

Probleme zu ihrem Kerngegenstand macht (Diekmann & Jaeger, 1996, S. 13). Mit dieser Neufokussierung aber geht sie letztlich auf die mit Weber bezeichnete Ausgangsposition zurück und damit hinter die Neuorientierungen der diversen *turns*. Insofern ist es nur folgerichtig, dass es nicht zu einem „Umwelt-*turn*" kommt.

Eine Implikation dieser letztlich klassischen soziologischen Inblicknahme von Umwelt als sozialem Gegenstand ist die Reproduktion der in den verschiedenen *turns* aufgehobenen oder doch dialektisch dynamisierten Dichotomie von Materialität und Sozialität, Natur und Kultur, Körper und Geist im Herangehen an den Forschungsgegenstand. Umwelt, ökologische Gefährdung – beides bleibt das Andere des Sozialen. Angesichts dessen überrascht es kaum, dass der Körper in der soziologischen Auseinandersetzung mit Umwelt und Klima unsichtbar bleibt, jedenfalls explizit. Da der Fokus auf sozialen Ursachen für und gesellschaftlichen Umgangsweisen mit im Außersozialen verorteten Umweltproblemen liegt, interessieren rationale Wahlhandlungen, fabrizierte Unsicherheiten, Umweltbewusstsein, Kooperationen im Allmende-Zusammenhang, soziale Bewegungen, Umweltpolitik oder Umweltberichterstattung (Diekmann & Jaeger, 1996; Groß, 2011) – nicht aber der Körper, der, dichotomisch betrachtet, selbst auf der Seite der Materialität und also außerhalb des Sozialen verortet ist.

Damit ist der Körper, so könnte man mit Michel Serres sagen, das eingeschlossene ausgeschlossene Dritte der soziologischen Befassung mit Umwelt und Klima. Denn ökologische Gefährdung – der Kerngegenstand der Umweltsoziologie – ist eben nicht eine Auseinandersetzung mit der Gefährdung der Umwelt, Natur, Ökologie als solcher, sondern eine Auseinandersetzung mit *die Gesellschaft in ihrer Existenz gefährdenden* ökologischen Problemen.

Gewissermaßen durch die Hintertür kommt der Körper in der soziologischen Auseinandersetzung mit Umwelt eben doch vor. Und dies in mindestens dreierlei Hinsicht: Erstens kommt der Körper vor, indem er implizit als *Anlass und Maßstab* bei der Benennung und Bewertung ökologischer Gefährdungen fungiert; zweitens, indem vermittelt über den Körper der Mensch *dezentriert* wird; und schließlich drittens, indem der Körper in der Anthropozän-Debatte im Zuge einer Neuverortung des Menschen als Natur-Kulturwesen *selbst zur Umwelt* wird. Diese drei impliziten Bezüge auf Körper einer auf Umwelt und ökologische Gefährdung fokussierten Soziologie seien ausgeführt.

*Körper als Anlass und Maßstab*

Obwohl für ökologische Gefährdung, deren soziale Verursachung und gesellschaftliche Bearbeitung die Umwelt konzeptionell als das Andere des Sozialen gefasst ist, sind der Körper und seine Verletzlichkeit Anlass und Maßstab einer derart auf Gefährdung fokussierenden soziologischen Perspektive. Deutlich wird dies in ganz grundsätzlicher Weise in der wirkmächtigen Schrift zur Risikogesellschaft von Ulrich Beck. Wie bereits im Titel angezeigt, liegt der Fokus auf gesellschaftlichen Veränderungen – dem Reflexivwerden des Modernisierungsprozesses, den sozialen Gefährdungslagen, der Verbreitung und Vermarktung von Risiken sowie der Reorganisation von Macht und Zuständigkeit (Beck, 1986, S. 26 ff.). Kern und Anlass einer Untersuchung der Risikogesellschaft jedoch ist das unausweichliche Betroffensein von irreversiblen Schädigungen potenziell aller Menschen, und zwar vermittelt über ihren Körper. Menschen sind betroffen von Risiken (ebd., S. 10), es gibt dabei keine „anderen“: „Ihre Gewalt“, so Beck, „ist die Gewalt der Gefahr, die alle Schutzzonen und Differenzierungen der Moderne aufhebt“ (ebd., S. 7).

Der Körper und seine Gefährdung sind mithin Anlass einer gesellschaftlichen Auseinandersetzung mit ökologischer Gefährdung und all jener neuen Schattierungen von Politik, Wissenschaft, Zivilgesellschaft und anderen gesellschaftlichen Bereichen, die dann Gegenstand der Umweltsoziologie sowie thematisch überlappender soziologischer Teilgebiete werden. So sind es, wie Sheila Jasanoff meint, der Schmerz, die Verzweiflung und die Wut, die im Kontext von Produktgestaltung, medizinischer Praxis oder Umweltschutz das Recht auf den Plan rufen (Jasanoff, 1995, S. 21). Politische Entscheidungen mit desaströsen, den Körper betreffenden Folgen für die Bevölkerung und damit verbundenen Skandalen etwa im Kontext von Nitraten, Herbiziden, Chemieabfällen oder berufsbedingten Krebserkrankungen (Jasanoff, 1990) bringen eine Neubestimmung des Verhältnisses von Recht, Wissenschaft und Politik mit sich. So tritt an die Stelle einer Steuerungspolitik, die auf der Basis wissenschaftlichen Wissens Entscheidungen trifft und durchsetzt, nun eine Form der Governance, die potentiell Betroffene bereits im Regulierungsprozess partizipativ einbindet (Mayntz, 2006). All dies bringt paradoxerweise zugleich eine Bedeutungssteigerung und eine Delegitimation von Wissenschaft mit sich, entstehen existenzielle Gefährdungen doch gerade in der Anwendung wissenschaftlichen Wissens, auf welche man zum Umgang mit ihnen wiederum angewiesen ist. Das Konstatieren eines zweiten Modus gesellschaftlicher Wissensproduktion (Gibbons et al., 1994) bringt diese diversen Implikationen zum Ausdruck.

Der wissenschaftliche Diskurs zu derartigen Fragen ist geprägt von letztlich kühlen Begriffen wie Risiko, Partizipation, Governance oder Wissensproduktion. Dies verdeckt die jedenfalls in Vorworten und Fallbeschreibungen angedeutete Körperlichkeit all dessen: Tödliche Krankheiten, körperliche Deformationen von Neugeborenen oder der Verlust der Lebensgrundlage drängen sich als Probleme auf, weil sie Menschen körperlich betreffen. Zu Skandalen, sozialen Bewegungen, Aufständen kommt es, wenn angesichts einer Diskrepanz von körperlichen Tatsachen und offiziellen Interpretationen der Situation eben Angst, Hilflosigkeit und Wut entstehen und sich Bahn brechen. Entsprechend ist wenig überraschend, dass öffentliche Aufmerksamkeit und Regulierung sich gerade auf jene Aspekte richten, die den Körper betreffen oder körperlich wahrgenommen werden. Zugleich ist dies insoweit ein Problem, als damit zeitlich und räumlich eher entfernte oder abstrakte Aspekte außen vor bleiben, obwohl vielleicht gerade diese ein Eingreifen erforderlich machen würden. Frank Uekötter kritisiert dies beispielsweise für den Landwirtschaftsbereich (Uekötter, 2010, S. 393 f.), Klaus Michael Meyer-Abich spricht genau dies an, wenn er den Kern der Umweltkrise in einem reduzierten Wahrnehmungsvermögen verortet (Meyer-Abich 1990, S. 16 ff.). Der Körper ist insofern die Grenze, auf die wirtschaftliche Interessen, politische Kompromisse und wissenschaftliche Differenzierungen letztlich stoßen – doch ist angesichts von fünfzig Jahren Umweltsoziologie, -geschichte und -philosophie anzunehmen: Wenn diese Grenze erreicht ist, wird es in vielen Fällen bereits zu spät sein.

*Dezentrierung des Menschen über den Körper*
Obwohl es mit Meyer-Abich und wenigen anderen Autoren gibt, die dem Körper über das körperlich vermittelte bewusste Wahrnehmen in einem Aufstand für die Natur eine zentrale Rolle zuschreiben, so überwiegt in der Wissenschaftsforschung eine Dezentrierung des Menschen vermittelt über den Körper, womit sie letztlich einer naturwissenschaftlichen Entwicklung folgt. Die Wissenschaftsforschung ist für die Debatte um Umwelt und Klima relevant, da die Wissenschaft, insbesondere die Naturwissenschaft, das gesellschaftliche Verständnis von Natur und auch die Natur selbst massiv prägen. Nico Stehr bringt dies mit der Beobachtung auf den Punkt, dass Wissenschaft und Technik einen wachsenden Ausschnitt unserer Realität produzieren, „während unser intellektuelles Vermögen, diese Veränderungen zu begreifen, zunehmend von wissenschaftlichen Ideen gesteuert wird" (Stehr, 1994, S. 17).

Bis etwa Mitte des 20. Jahrhunderts wurde Wissenschaft vor allem als Institution untersucht, die verlässliches, nämlich methodisch und theoretisch validiertes Wissen hervorbringt. Im Unterschied zum Alltagswissen, aber auch dem ideographischen Wissen der Geistes- und Sozialwissenschaften galt naturwissenschaftliches Wissen als objektiv wahr. Im Kontext ökologischer Gefährdung und anderen, direkt körperbezogenen negativen Effekten der Anwendung wissenschaftlichen Wissens entsteht mit den *laboratory studies* ein Paradigmenwechsel in der Wissenschaft- und Technikforschung. Kern dieser neu entstehenden *science and technology studies* ist eine ethnografische Untersuchung der Herstellung (natur-)wissenschaftlichen Wissens (wegweisend Knorr Cetina, 1981; Latour & Woolgar, 1986). Entsprechend dem ethnografischen Ansatz liegt der Fokus nun nicht mehr auf der Untersuchung wissenschaftlicher Institutionen, sondern auf der Mikroebene wissenschaftlicher Interaktion. Deutlich wird dabei die Wirkmächtigkeit sozialer Kontexte etwa durch den Gebrauch von Metaphern in der Interpretation von Daten oder in der Relevanz von Hierarchie- und Geschlechterverhältnissen. Vor allem aber erscheinen nicht länger nur die menschlichen Wissenschaftler als Akteure, sondern wird das Mitwirken der Instrumente, Chemikalien, Untersuchungsobjekte oder Räumlichkeiten einbezogen. Wer etwas als wissenschaftliche Tatsache überzeugend etablieren will, ist nicht nur auf das Mitwirken menschlicher Alliierter angewiesen, sondern auch auf das Mitwirken der Materialität des Gegenstands. An die Stelle eines Diffusionsmodells tritt so ein Übersetzungsmodell, in dem Beschreibungen und Dinge sich in einem permanenten Verhältnis der Aushandlung und Übersetzung befinden (vgl. z. B. Latour, 1987, S. 132 ff.).

Was hier im Bereich der Wissenschafts- und Technikforschung entwickelt wurde, gewinnt in der Akteur-Netzwerk-Theorie den Status einer themenübergreifenden theoretischen Perspektive. Menschen und Dinge wirken in einem Netzwerk zusammen und bringen soziale Tatsachen nur in diesem Zusammenwirken hervor. Schließlich anerkannte wissenschaftliche Tatsachen sind das Ergebnis eines solchen Zusammenwirkens – ebenso wie im Netzwerk erfolgreich platzierte Materialitäten soziale Normen nicht nur repräsentieren, sondern auch durchsetzen. Der Mensch wird in diesem Ansatz insofern dezentriert, als er nun nicht mehr der Natur gegenübergestellt wird als derjenige, der sie beherrscht und kontrolliert. Diese moderne Vorstellung eines Herrschens des Menschen über die Natur erweist sich aus dieser Perspektive als Illusion, ist der Mensch doch immer mit den Dingen zusammen in ein Netzwerk eingebettet.

Konzeptionell sind es Begriffe wie Akteur, Aktant, Netzwerk, Übersetzung, *obligatory passage points,* Repräsentation, Materialität oder Ding, auch Praxis, die den Ansatz der Akteur-Netzwerk-Theorie charakterisieren. Jedoch spielt genauso hier der Körper indirekt eine zentrale Rolle. Es sind zwar nicht die Körper als in ihrer Existenz bedroht, verzweifelt und wütend oder als Medien bewussten Wahrnehmens, sondern Körper als ethnographisch beobachtbare Dinge. Kern der Ethnographie ist es, ohne Vorannahmen etwa über Vernunftbegabung oder Relevanz rein aus Beobachtungen zu schließen. Wenn Petrischalen, Mikroben oder Karten ebenso wie menschliche Akteure als Teil eines Netzwerks beobachtet werden, so entspricht dies dem, was sich einem ethnographischen Beobachter als Interaktion darbietet. Die Dezentrierung des Menschen, seine Positionierung in einem mit den Dingen gemeinsam gebildeten Netzwerk anstelle einer „modernen" Dominanzposition ist mithin Implikation einer Forschungsperspektive, die sich auf das Beschreiben dessen fokussiert, was sie sieht – nämlich menschliche Körper und nicht-menschliche Körper. In gewisser Weise reproduziert die Akteur-Netzwerk-Theorie damit die naturwissenschaftliche Fokussierung auf beobachtbare Fakten. Der Körper ist somit nicht nur Anlass einer gesellschaftlichen Wahrnehmung ökologischer Gefährdung, sondern auch Medium einer Dezentrierung des Menschen im Zuge des *material turn.*

*Körper als Umwelt im Anthropozän*

Die gesellschaftliche und wissenschaftliche Auseinandersetzung mit ökologischer Gefährdung nimmt mit der Erdsystemforschung und der in diesem Kontext entstehenden Perspektive des Anthropozäns eine neue Wendung, in der der Mensch als verkörpertes Kulturwesen neu verortet wird. Ansätze, wie sie im *material turn* entwickelt wurden (siehe Folkerts, 2013 sowie den Beitrag von Göbel in Bd. 1 „New Materialism" dieses Handbuchs), werden durch die naturwissenschaftliche Erdsystemforschung bestätigt; darüber hinaus bietet die Perspektive des Anthropozäns die Möglichkeit, den Menschen nicht nur als Körper zu dezentrieren, sondern als Natur-Kulturwesen selbst als Teil der Umwelt zu fassen, auf die er einwirkt.

Der ursprünglich geologische Terminus bezeichnet naturwissenschaftlich beobachtbare Effekte menschlicher Einflüsse auf das Erdsystem und schließt von diesen auf das Ende des Holozäns – des „Nacheiszeitalters" – und auf den Beginn des Anthropozäns. Anstelle des menschlichen Wirkens steht nun das Erdsystem im Mittelpunkt, als dessen Teil und Effekt der Mensch zu sehen ist, weil er, so die These, mit seinen Spuren ein geologisch feststellbares neues Erdzeitalter bedingt.

Wie Eva Horn und Hannes Bergthaller in ihrer Analyse des Anthropozän-Diskurses herausstellen, beinhaltet die Perspektive des Anthropozäns nicht nur die primär naturwissenschaftliche Erdsystemforschung, sondern hat außerdem grundlegende Auswirkungen auf das Denken der Position des Menschen im Verhältnis zur Umwelt. Diese ist nunmehr eine doppelte: Einerseits ist der Mensch Ursache und Subjekt des

Anthropozäns (als anthropos, als biologisches Wesen unter anderen), andererseits ist der Mensch nun zu fassen als die Spezies Homo Sapiens (als homo, als der Natur gegenüber Anderes). Im Hinblick auf seine ökologische Transformationskraft ist der Mensch also zugleich als Teil und als Anderes der Natur zu fassen. Horn und Bergthaller weisen darauf hin, dass mit der Zusammenführung beider Aspekte womöglich ein blinder Fleck der Geistes- und Sozialwissenschaften korrigiert wird: Wurde in der ökomodernistischen Perspektive tendenziell der homo, in der ökologisch-posthumanen Perspektive tendenziell der anthropos verabsolutiert, so gilt es, eben die Doppelseitigkeit des Menschen als homo und anthropos anzuerkennen, was bei Autoren wie Uexküll, Plessner oder Gehlen bereits angelegt ist (Horn & Bergthaller, 2019, insb. S. 79 ff.; Block, 2016; Henkel, 2019).

Anders als in der bisherigen Debatte um ökologische Gefährdung und ihre gesellschaftlichen, wissenschaftlichen und epistemologischen Konsequenzen kommt der Körper in der Perspektive des Anthropozäns explizit vor. Was bislang eher beiläufig mit Referenz auf die körperlichen Schäden und die Angst einerseits, mit Referenz auf das Mit- und Zusammenwirken in einem Netzwerk andererseits behandelt wurde, ist nun explizit zentrales Kernelement: das als biologisches Wesen Bedroht-Sein des Menschen durch die Effekte seines Wirkens als Kulturwesen auf das Welterdsystem, dessen Teil er als biologisches Wesen ist. Natur und Kultur fließen hier über ihre wechselseitige Einflussnahme und ihr wechselseitiges Bedingt-Sein ineinander, und zwar sowohl bezüglich des Menschen als biologisch verkörpertem und kulturellem Wesen als auch bezüglich eines Erdsystems, in dem sich natürliche und kulturell ausgelöste Dynamiken verbinden. So betrachtet könnte man – bei allen Vorbehalten gegenüber „turns" – die Perspektive des Anthropozäns als jenen *environmental-turn* sehen, der in der kulturwissenschaftlichen Umweltforschung bislang fehlte.

## 3 Eine exemplarische Fallstudie: Chakrabarty: The Climate of History: Four Theses

Es ist nicht einfach, paradigmatische Texte oder „klassische Studien" für einen Gegenstand auszuwählen, der vordergründig betrachtet in einem Forschungsfeld gar nicht vorkommt – so wie im Fall des Körpers in der soziologischen Forschung zu Umwelt und Klima. Nur an einem Fall soll daher ein Versuch der Exemplifizierung der oben entwickelten impliziten Relevanz des Körpers in der Thematisierung ökologischer Gefährdung gemacht werden, der im eben bereits skizzierten Anthropozän-Diskurs zentral ist.

Der Klimadiskurs ist mit dem Diskurs über ökologische Gefährdung eng verbunden. Im Bericht an den Club of Rome, mit dem in den 1970er Jahren eine Debatte um ökologische Gefährdung öffentlich und politisch intensiviert wurde, war es insbesondere der mit Wachstum einhergehende Ressourcenverbrauch, der als Kern ökologischer Gefährdung prominent gemacht wurde. Im weiteren Verlauf trat vor allem die Armutsbekämpfung als zentrale Problematik hinzu, sodass im Brundtland-Bericht der

1980er Jahre Ökologie, Soziales und Ökonomie als drei miteinander zu verbindende Komponenten nachhaltiger Entwicklung formuliert wurden – „grüne“ Ökonomie deshalb, weil nur durch Wachstum das Problem der Armut gelöst werden könne. In der internationalen politischen Operationalisierung konkreter Zielsetzungen nachhaltiger Entwicklung gewinnt in der weiteren Entwicklung Klimawandel einen besonders prominenten Status, weil $CO_2$-Emissionen als messbare Größe für Regulierung und internationale Abkommen ein besonders geeigneter Indikator sind. Im Kyoto-Protokoll der1990er Jahre sowie in der weiteren Entwicklung stehen sie im Mittelpunkt.

Diese Engführung ökologischer Gefährdung auf anthropogen verursachten Klimawandel infolge einer intensivierten Emission von $CO_2$ seit Beginn der Industrialisierung wird mit der Anthropozän-Debatte und der dieser zugrunde liegenden Erdsystemforschung aufgehoben. Nicht nur $CO_2$ emissionsbedingte Klimaveränderungen, sondern auch Mikroplastik, Biodiversitätsrückgang oder Rückstände von Chemikalien lassen sich geologisch in der Erdkruste so nachweisen, dass ein neues Erdzeitalter, das Anthropozän, definiert werden kann. Damit ist ein fundamentaler Blickwechsel verbunden: von der kausalen Verursachung und Kontrolle hin zu einem systemischen Zusammenwirken unterschiedlicher Faktoren, die lange nahezu unbemerkt bleiben können, um dann sehr plötzlich in eine grundsätzliche und irreversible Veränderung umzukippen.

Der Mensch als geologische Kraft, als Element eines Erdsystems, diese Vorstellung ist nicht nur eine naturwissenschaftliche Herausforderung, sondern auch eine geisteswissenschaftliche. Mensch und Menschheitsgeschichte sind vor diesem Hintergrund neu zu denken. Ein prominenter Vertreter dieser den Menschen als historisches Natur-Kulturwesen neu denkenden Debatte ist Dipesh Chakrabarty. In seinem Aufsatz *The Climate of History: Four Theses* (Chakrabarty, 2009) formuliert er die Problematik folgendermaßen: „If, indeed, globalization and global warming are born of overlapping processes, the question is, How do we bring them together in our understanding of the world?“ (ebd., S. 200).

Ausgangspunkt der Überlegungen von Chakrabarty ist, dass die uralte Unterscheidung zwischen Naturgeschichte und menschlicher Geschichte kollabiert, wenn man anthropogene Erklärungen für Klimawandel akzeptiert. Für diese klassische Trennung von Natur und Menschheitsgeschichte wurden historisch verschiedene Erklärungen angeführt. So seien zivilgesellschaftliche und politische Institutionen nur deshalb von Menschen verstehbar, weil sie von Menschen gemacht sind, während die Natur als Gotteswerk für Menschen unerkennbar bleibt (ebd., S. 201 ff.). Eine andere Begründung ist, dass sich die menschliche Umwelt so langsam verändere, dass sie im Verhältnis zur Menschheitsgeschichte geradezu zeitlos erscheint (ebd., S. 204). Was Wissenschaftler jedoch zur aktuellen Klimawandel-Krise schreiben, steht im krassen Gegensatz zu solchen umweltgeschichtlichen Erzählungen: Klimaforscher gehen davon aus, dass der Mensch erheblich mehr geworden ist als der einfache biologische Agent, der er bisher war. Er ist nun eine geologische Kraft (ebd., S. 206).

Aus dem Umstand, dass der Mensch in der neuen geologischen Epoche des Anthropozäns als nicht mehr nur biologischer, sondern geologischer Akteur existiert, folgt das Erfordernis, die humanistischen Geschichten von Modernität und Globalisierung neu zu qualifizieren. Wie die Diversität von Kultur und Geschichte mit menschlicher Freiheit zu verbinden ist, bleibt seit 1750 und bis heute eine der grundlegenden Fragen der Menschheitsgeschichte, wobei der Begriff der Freiheit als Folie unterschiedlicher Vorstellungen menschlicher Autonomie und Souveränität dient. In all den Diskussionen seit der Aufklärung wurde jedoch nie reflektiert, dass eben jene Prozesse, mit denen Menschen Freiheit erlangen wollen, eng verbunden sind mit einer zugleich wirksamen geologischen Kraft des Menschen (Chakrabarty, 2009, S. 207 f.). Dabei sind allerdings die Beziehungen zwischen den Aufklärungsthemen der Freiheit und dem Kollaps menschlicher und geologischer Chronologie in sich zu kompliziert und widersprüchlich, um die Epoche seit 1750 entweder als eine der Freiheit oder eine des Anthropozän zu qualifizieren (ebd., S. 210). Obwohl angesichts von mit den Unsicherheiten des Klimawandels einhergehenden Ängsten von der Politik als gebräuchlichstem Mittel der Formung menschlicher Freiheit nicht zu viel erwartet werden sollte, ist es im Zeitalter des Anthropozän mehr denn je Aufklärung, also Vernunft, derer die Menschheit bedarf (ebd., S. 211).

Vernunft, Aufklärung sind jedoch neu zu denken. Es ist nicht länger der Mensch allein als vernünftiges Wesen, der im Kontext des Anthropozän relevant ist. Bei der Veränderung biologischer und geologischer Bedingungen im Zuge des Klimawandels geht es vielmehr um das Überleben des Menschen als Gattung *(species)* (ebd., S. 213). Klimaforscher argumentieren, dass der Mensch nur deshalb den Status einer geologischen Kraft erlangen konnte, weil er als Gattung im evolutionären Prozess andere Gattungen dominierte. Einerseits sind Menschen also eine Naturbedingung geworden. Andererseits verweist die Modernisierungsforschung darauf, dass angesichts verschiedener Zivilisationen und einer extremen Polarisierung von Arm und Reich nicht von einer homogenen Zivilisation gesprochen werden kann (ebd., S. 213 f.). Der Hinweis auf die menschliche Gattung dürfe nicht die Realität kapitalistischer Produktion und der imperialen Logik verdecken (ebd., S. 216): Die Klimakrise wurde ausgelöst durch den hohen Energieverbrauch kapitalistischer Industrialisierung; aber die aktuelle Krise bringt zugleich andere Bedingungen der Existenz menschlichen Lebens wieder zum Vorschein, die keine intrinsische Verbindung zu kapitalistischen, nationalistischen oder sozialistischen Identitäten haben, sondern vielmehr mit der Lebensgeschichte des Planeten selbst verbunden sind (ebd., S. 217). Gerade weil wir selbst die geologische Kraft geworden sind, die unsere Lebensbedingungen untergräbt, bedarf es eines Dialogs der Disziplinen und eines Dialogs zwischen der aufgeschriebenen und der tiefen Geschichte *(deep history)* menschlichen Lebens (ebd., S. 219).

Der Körper kommt zwar in diesem Ansatz nicht als Begriff vor, mit den Verweisen auf biologische und geologische Lebensbedingungen, die tiefe Geschichte menschlichen Lebens und den Menschen als geologische Kraft ist er gleichwohl zentral. Die Unterscheidung zwischen Naturgeschichte und Menschheitsgeschichte sparte den Körper aus. Die Naturgeschichte befasste sich mit der Umwelt des Menschen, die Menschheitsgeschichte mit von Menschen gemachten sozialen und kulturellen Institutionen. Der Körper als Bindeglied zwischen beidem spielte dabei keine Rolle. Mit dem Verweis auf den Menschen als Gattungswesen wird diese Lehrstelle systematisch gefüllt. Zentral ist dabei, dass der Mensch als Gattungswesen eben nicht in die Natur zurückverwiesen wird. Vielmehr ist es seine Doppelrolle als zugleich Gattungswesen und Kulturwesen, das den Menschen als geologische Kraft auszeichnet.

## 4 Körper und Leib im Anthropozän – Ausblick

So betrachtet ist der Körper im Kontext von Umwelt und Klima in mehrfacher Hinsicht bedeutsam: Im Kontext ökologischer Gefährdung ist es der Körper mit seinen Verletzungen und seinen Ängsten, der Anlass zu einem gesellschaftlichen Diskurs gibt und in Aushandlungsprozessen als traditionell zu schützende Kategorie ein wesentlicher Maßstab von Regulierung ist. Weiter ist der Körper Medium einer Dezentrierung des Menschen in einem Netzwerk von Repräsentationen, in dem körperlich vermittelte sinnliche Wahrnehmung kaum mehr relevant ist. Schließlich gewinnt der Körper über den Verweis auf den Menschen als Gattungswesen im Anthropozändiskurs eine zentrale Position, werden die biologischen und geologischen Existenzbedingungen menschlichen Lebens und menschlicher Kultur doch gerade in ihrer Gefährdung offensichtlich. Diese drei Elemente hängen insofern zusammen, als sie aus verschiedenen Perspektiven eine Dichotomie von Natur und Kultur infrage stellen: In Verletzung und Angst drängt sich die Natur der Kultur auf, das Netzwerk verweist auf die miteinander verflochtenen Übersetzungsverhältnisse zwischen Natur und Kultur, das Konzept des Gattungswesen drückt die dialektische Ambivalenz beider Dimensionen aus.

Die körpersoziologische Forschungsperspektive kann geeignet sein, derart bestehende Bezüge zwischen Umwelt und Körper stärker auszuarbeiten und dabei Ansätze der Körpersoziologie fruchtbar zu machen. Dafür scheint mir insbesondere die Differenzierung zwischen Körper, Leib und körperlichem Leib eine vielversprechende Ergänzung. Insbesondere Hermann Schmitz unterscheidet Körper und Leib als zwei grundsätzlich verschiedene Zugriffe. Der Körper ist das, was von außen beobachtet und verglichen werden kann, womit er selbst eine bereits abstrakte, von außen herangetragene Beobachtungskategorie darstellt. Der Leib hingegen ist das, was sich als Regung aufdrängt, was gespürt wird. Angst, Hunger oder Müdigkeit sind dann körperlich beobachtbare, abstrakt-naturwissenschaftliche Phänomene, zugleich aber leibliche Regungen, die sich im Zusammenspiel von Engung und Weitung aufdrängen. Da jedem Menschen ein leibliches Spüren gegeben ist und er in kulturellen Kontexten Körpervorstellungen erlernt hat, ist es in der Regel ein körperlicher Leib, der empirisch-phänomenologisch vorliegt. (Schmitz, 1982).

In der bisherigen Befassung mit Umwelt verlief eine Trennung von Natur und Kultur mit einer Trennung von Körper und Geist parallel. Hermann Schmitz kritisiert diese Trennung heftig und sieht in jenem Dualismus von Körper und Geist die zentrale Wurzel kulturgeschichtlicher Verwerfung. Die Marginalisierung des Leibes durch Verlust einer Sprache, die leibliche Regungen ausdrücken kann, sieht er als Voraussetzung einer technologischen Umgestaltung der Welt mit ihrem Verlust der Weite, wie im Eingangszitat ausgedrückt, und damit an vielen Stellen eine Engung des Leibes.

Gernot Böhme bezieht im Anschluss an Herrmann Schmitz die Leibphänomenologie auf die Thematik Umwelt, Natur und Klima (Böhme, 2019). Dabei sieht Böhme eine doppelte Relevanz des Leibes: einmal als Natursein des Menschen, dann als Zentralbegriff im Diskurs über Natur, wobei er wie Schmitz die Selbstgegebenheit des Menschen aus dem Leib hergeleitet. Im leiblichen Spüren erfährt der Mensch sich als *betroffene* Selbstgegebenheit und erfährt sich damit zugleich als Natur – etwa als Luft im Atmen, in der Feuchtigkeit als Wasser (ebd., S. 12 ff.). Im Diskurs über die Natur ist der Leib relevant, weil gerade mit spürbar werdenden Wirkungen von Technologie und Fortschritt auf die Natur, diese als zu schützender menschlicher Lebensraum in den Blick gerät. Natur und Technik sind demnach gerade nicht entgegengesetzt, sondern betreffen beide leiblich vermittelt den Menschen direkt (ebd., S. 15 f.). Eine Aufmerksamkeit für den Leib als „Natur, die wir sind" und damit die Einführung des Leibes in den Umweltdiskurs und die Einführung der Natur in den leibphänomenologischen Diskurs, hat, so Böhme, Auswirkungen auf das menschliche Selbstverständnis als nicht nur rationales, sondern auch wahrnehmendes, spürendes Wesen, dem die äußere Natur als Mitwelt gegeben ist. Diese nicht nur als Lebensraum zu erhalten, sondern auch als Umgebung wahrzunehmen, in der wir uns befinden, versteht Böhme als eine Humanisierung der Natur als Umwelt. Eine hier ansetzende Phänomenologie des Wetters kann etwa mit ihrem Konzept der Atmosphäre dem Klimadiskurs wertvolle humanistische Perspektiven bieten.

Allein eine explizite terminologische Differenzierung zwischen Körper und Leib bietet mindestens drei Perspektiven für eine soziologische Befassung mit Umwelt und Klima:

Erstens könnte eine Einbeziehung von Körper und Leib geeignet sein, die bislang vor allem in Vorworten, Fallbeschreibung und Nebensätzen mitgeführte Präsenz von Verletzung, Existenz, Angst und Wut in ihrem vermittelnden Charakter zwischen Materialität und Gesellschaft ernst zu nehmen. Körper und Leib als Faktoren in der Ko-Produktion von wissenschaftlichem Wissen und Gesellschaft wären ein analytisch ergänzender und weiterführender Ansatz.

Zweitens könnte näher ausgearbeitet werden, wie im Prozess der Verwissenschaftlichung, der, mit Weber gesprochen, Entzauberung der Welt, Weltwahrnehmung zunehmend von leiblich vermittelten zu instrumentell vermittelten Kategorien übergeht. Was bei Latour über das Konzept der Repräsentation mit Fokus auf Materialität bereits angelegt ist, könnte so hinsichtlich der Konsequenzen für den Menschen als Leib und der Bedeutung des Leibes für die Wissenschaft ausgearbeitet werden. Es könnte dann deutlich werden, dass und wie im Zuge der Verwissenschaftlichung im Modernisierungsprozess der Mensch zunehmend auf seinen Körper und damit potentiell ersetzbare Funktionen reduziert wird. Dies aber bringt mit sich, dass die etwa von Meyer-Abich kritisierte mangelnde Wahrnehmung von Umweltveränderungen durch den Menschen weiter voranschreitet und die Natur eben nicht nur als Umwelt manipuliert, nicht als Mitwelt gespürt wird (Meyer-Abich, 1990).

Drittens schließlich bietet die Unterscheidung von Körper und Leib die Möglichkeit, das aus den Naturwissenschaften stammende Konzept des Gattungswesens Mensch stärker geistes- und sozialwissenschaftlich auszuarbeiten. Im Gattungswesen ist angelegt, den Menschen sowohl als Körper als auch als Kulturwesen zu fassen. Wenn dies nicht die alte Dichotomie von Körper und Geist reproduzieren soll, ist es erforderlich, den Körper als selbst abstrakte Konstruktion zu reflektieren und dem leiblichen Spüren als menschlichem Vermögen neu Ausdruck zu verleihen. Im Anthropozän-Diskurs liegt die seltene Gelegenheit einer interdisziplinären Anschlussfähigkeit solcher Ansätze. Mit einem hier vielleicht gelingenden Neudenken von Mensch, Natur und Umwelt kann zugleich eine veränderte Praxis des Menschen im Umgang mit sich selbst und der Natur einhergehen.

## Literatur

Beck, U. (1986). *Risikogesellschaft. Auf dem Weg in eine andere Moderne*. Suhrkamp.

Block, K. (2016). *Von der Umwelt zur Welt. Der Weltbegriff in der Umweltsoziologie*. transcript.

Böhme, G. (2019). *Leib: Die Natur, die wir selbst sind*. Suhrkamp.

Chakrabarty, D. (2009). The climate of history: Four theses. *Critical Inquiry, 35*(2), 197–222.

Diekmann, A., & Jaeger, C. (Hrsg.). (1996). *Umweltsoziologie. Sonderheft 36 der Kölner Zeitschrift für Soziologie und Sozialpsychologie*. Westdeutscher.

Folkerts, A. (2013). Was ist neu am neuen Materialismus? – Von der Praxis zum Ereignis. In T. Goll, D. Keil, & T. Telioas (Hrsg.), *Critical Matter: Diskussionen eines neuen Materialismus* (S. 17–35). Assemblage.

Gibbons, M., Limoges, C., Nowotny, H., Schwartzman, S., Scott, P., & Trow, M. (1994). *The new production of knowledge. The dynamics of science and research in contemporary societies*. Sage.

Groß, M. (Hrsg.). (2011). *Handbuch Umweltsoziologie*. VS Verlag.

Henkel, A. (2019). Nach dem Holozän. Rezension zu "Anthropozän zur Einführung" von Eva Horn und Hannes Bergthaller. soziopolis. https://soziopolis.de/lesen/buecher/artikel/nach-dem-holozaen/.

Horn, E., & Bergthaller, H. (2019). *Anthropozän zur Einführung*. Junius.

Jasanoff, S. (1990). *The fifth branch. Science advisers as policymakers*. Harvard University Press.

Jasanoff, S. (1995). *Science at the bar. Law, science, and technology in America*. Harvard University Press.

Knorr Cetina, K. (1981). *The manufacture of knowledge. An essay on the constructivist and contextual nature of science*. Pergamon Press.

Latour, B. (1987). *Science in action*. Open University Press.

Latour, B., & Woolgar, S. (1986). *Laboratory life. The construction of scientific facts*. Princeton University Press.

Mayntz, R. (2006). Governance Theorie als fortentwickelte Steuerungstheorie? In Gunnar Folke Schuppert (Hrsg.), *Governance-Forschung. Vergewisserung über Stand und Entwicklungslinien* (S. 43–60). Nomos.

Meyer-Abich, K. M. (1990). *Aufstand für die Natur. Von der Umwelt zur Mitwelt*. Hanser.

Park, R. (1936). Human ecology. *American Journal of Sociology, 42*, 1–15.

Schmitz, H. (1982). *System der Philosophie. 2. Bd., 1. Teil: Der Leib.* Bouvier.
Stehr, N. (1994). *Arbeit, Eigentum und Wissen. Zur Theorie von Wissensgesellschaften.* Suhrkamp.
Uekötter, F. (2010). *Die Wahrheit ist auf dem Feld. Eine Wissensgeschichte der deutschen Landwirtschaft.* Vandenhoeck & Ruprecht.
Weber, M. (1984). *Soziologische Grundbegriffe.* UTB (Mohr Siebeck).

# Methodische Zugänge

# Beobachten

Larissa Schindler

## 1 Einleitung

> „An jenem Wochenende, als der neue [Computer, Anm. L. S.] kam, drifteten meine Jungs mal wieder aus der Welt. Sie wurden in das digitale Universum hineingesogen, und es blieben von ihnen nur ihre körperlichen Hüllen. Mit denen versuchte ich zu kommunizieren",

schreibt die Journalistin Nataly Bleuel (2016, S. 40) im Zeit-Magazin über die Kommunikation mit ihren Kindern. Diese Beobachtung spricht Körpern – ganz im Sinne der Körpersoziologie – eine eigenständige Relevanz in sozialen Prozessen zu. Während wir im Alltag erwarten, mit Personen sprechen zu können, scheinen diese sich in Bleuels Wahrnehmung einer Familienszene mit neuem Computer in das „digitale Universum" verzogen zu haben, sodass nur mehr ihre materiellen Hüllen, die Körper, in der Face-to-Face-Interaktion verbleiben. Mit ihnen aber, das deutet sich bereits in diesem Ausschnitt an, ist das Sprechen schwierig. Aber nicht nur in dieser als defizitär gerahmten Darstellung, sondern in vielen, sehr unterschiedlichen Formen nehmen Körper an sozialen Prozessen teil. Sie können sprechen, sind aber nicht darauf reduziert. Vielmehr werden Körper sehr häufig auch Gegenstand von Selbst- und Fremd*beobachtung*. Wir kontrollieren etwa unser Äußeres im Spiegel, sehen Körper-Ideal-Bilder in der Werbung und in Filmen, Mitmenschen weisen uns (manchmal) auf Mängel der körperlichen Selbstrepräsentation hin, wir trainieren unsere Körper und unterziehen sie ärztlichen Kontrollen und Behandlungen. Körper sind also im Alltag keineswegs nur in einer verbalen, sondern auch in einer visuellen und einer sinnlich-sensorischen Dimension relevant.

L. Schindler (✉)
Bayreuth, Deutschland
E-Mail: larissa.schindler@uni-bayreuth.de



R. Gugutzer et al. (Hrsg.), *Handbuch Körpersoziologie 2*,
https://doi.org/10.1007/978-3-658-33298-3_41

Diese Dimension der Sozialität von Körpern wird im folgenden Beitrag aufgegriffen. Dabei ist zunächst festzuhalten, dass gerade das körpersoziologische Beobachten den Körper nicht nur als Gegenstand, sondern auch als Forschungsinstrument nutzt. Ich konzentriere mich im Folgenden jedoch auf die empirische Beobachtbarkeit von Körpern im visuellen Sinn, zum Körper als Forschungsinstrument siehe den entsprechenden Beitrag von Gugutzer. Wie können Körper also soziologisch beobachtet werden? Wie unterscheidet sich eine solche soziologische Beobachtung von den Beobachtungen im Alltag, und wie unterscheidet sie sich vom Beobachten anderer soziologisch relevanter Phänomene? Welche Strategien und welche Grenzen lassen sich festmachen?

## 2 Körper (teilnehmend) beobachten

Bis in die 1990er-Jahre hinein galten Interviews als zentrales Instrument qualitativer Forschung, obwohl auch davor verschiedene einflussreiche Soziolog/innen mit Beobachtungsverfahren gearbeitet hatten, unter ihnen: Pierre Bourdieu, Erving Goffman, Harold Garfinkel, Bruno Latour oder Karin Knorr Cetina. In den letzten zwanzig Jahren haben Beobachtungsverfahren jedoch stark an Bedeutung gewonnen, gerade auch im Bereich der Körpersoziologie. Dabei zeigt sich, dass neben dem Sprechen auch nonverbale, teils gänzlich schweigsame Beiträge der Körper sozial hochrelevant sein können. Anders als etwa die medizinische Beobachtung von Körpern, in der das Vermessen von Körpern und ihrer Leistungsfähigkeit im Zentrum steht, geht es der soziologischen Beobachtung darum, die Interaktions- und Kommunikationsbeiträge von Körpern systematisch nachvollziehbar zu machen. Beobachtungsverfahren beschäftigen sich dabei, das klingt bereits an, sehr häufig mit Situationen, nicht mit einzelnen Menschen, nicht mit Diskursen und nicht mit ganzen Gesellschaften. Vielmehr rücken zum einen Subkulturen (häufig als „Forschungsfelder" bezeichnet) wie Finanzmärkte (z. B. Laube, 2014) oder Boxer in einem US-amerikanischen Ghetto (z. B. Wacquant, 2003), zum anderen Praktiken wie das Erlernen von Ballett (z. B. Müller, 2015) oder Sportakrobatik (z. B. Brümmer, 2014) in den Blick.

Auf die nonverbale Kommunikationsfähigkeit von Körpern hat Erving Goffman (z. B. 1963) bereits sehr früh verwiesen: In detailreichen Studien zeigte er auf, wie man unter anderem über Mimik, Gestik, Kleidung und Gebaren auf einem nichtsprachlichen Kommunikationskanal eine Einschätzung seines Gegenübers, der Situation und der geltenden Hierarchien zum Ausdruck bringt. Diensteifrigkeit lässt sich etwa gegenüber einer Chefin durch zuvorkommendes Verhalten darstellen, ohne dass man sie ständig verbal betonen müsste. Mehr noch, wenn auf der Ebene des Körpers und der Haltung ausreichend Respekt gezeigt wird, kann auf dem verbalen Kanal partiell auf Hierarchiesignale verzichtet werden, man kann sich etwa mit dem Chef duzen. Solche Zeichen können an ein Gegenüber gerichtet werden (z. B. Gesten) oder ungerichtet ‚einfach' im Raum stehen (z. B. getragene Kleidung). Wie andere Formen der Kommunikation können sie wahrgenommen, (fehl-)interpretiert oder ignoriert werden, oder auch völlig untergehen. Sie leisten also in verschiedener Form Beiträge zu laufenden Interaktionen, wie Goffman (1963, S. 35) pointiert formuliert, „although an individual can stop talking, he cannot stop communicating through body idiom; he must either say the right thing or the wrong thing".

Teile dieser nonverbalen Kommunikationsfähigkeit der Körper sind reflexiv zugänglich und deshalb gut über Interviews zu erfragen. Ein großer Teil davon beruht jedoch auf sogenanntem „Tacit Knowledge" (Polanyi, 1985). Mit diesem Begriff verwies Michael Polanyi darauf, dass uns ein großer Teil unseres Wissens nicht bewusst ist; berühmt wurde seine Formulierung, dass wir mehr wissen als wir zu sagen wissen (ebd., S. 14). Menschen und ihre Körper verfügen über Fähigkeiten und Fertigkeiten, die sie nicht beschreiben können oder unter Umständen nicht verraten wollen. Sozialität, und gerade auch die Sozialität der Körper, ist in vielerlei Hinsicht „schweigsam" (Hirschauer, 2001) und deshalb mit verbalen Erhebungsinstrumenten wie Interviews oder Diskursanalysen *nicht vollständig* erfassbar. Es liegt damit gerade für die Körpersoziologie nahe, (auch) auf Beobachtungsverfahren zurückzugreifen. Wie lassen sich Körper aber nun beobachten? Welche Verfahren und welche Strategien hat die Soziologie hier entwickelt?

Beginnen wir mit zwei zentralen Unterscheidungen im Bereich der Beobachtungsverfahren: Die erste trennt zwischen strukturiertem und offenem Beobachten. Ersteres erfordert, ähnlich wie bei einem Interviewleitfaden a priori Beobachtungsdimensionen festzulegen. Diese Festlegung kann in Form von klaren, sogar geschlossenen oder in flexibleren Beobachtungsvorgaben erfolgen. Dagegen besteht offenes Beobachten darin, sich auf das beobachtete Phänomen bzw. das Forschungsfeld einzulassen und sich von den Gegebenheiten des Feldes leiten zu lassen. Körpersoziologisch bedeutet das, zunächst mit einer sehr allgemeinen Leitfrage ans Werk zu gehen: Wie werden Körper in diesem Feld relevant? Etwas weiter gefasst kann man auch fragen, wie kommen sie zum Tragen, wie werden sie eingesetzt, wie inszeniert und wie kommunizieren sie? Welche Gewohnheiten und welche Regeln gelten im Bezug auf sie?

Zudem wird häufig zwischen teilnehmender und nichtteilnehmender Beobachtung unterschieden. Während letztere im Grunde darin besteht, (verdeckt oder offen) zuzuschauen, versteht man unter ersterer eine empirische Haltung, die Ko-Präsenz in den Untersuchungsfeldern hochhält. Es geht im Grunde darum, über einen längeren Zeitraum an der alltäglichen Praxis des Forschungsfeldes teilzunehmen und dabei die gesamte Körpersensorik inklusive des „sozialen Sinns" der Forscherin einzusetzen, um verschiedene Formen empirischen Materials zu generieren bzw. zu sammeln: Protokolle, Audio- und Videoaufnahmen, Dokumente und Artefakte. Ziel ist es, in verschiedener Form in die gelebte Praxis eines Untersuchungsfeldes involviert zu werden und diese Involvierung für eine systematische und detailreiche Beschreibung des Feldes zu nutzen. Auch dabei ist Zuschauen und damit der Fokus auf schweigsame Dimensionen des Sozialen ein wichtiges Moment. Was lässt sich nun, gerade im Hinblick auf Körper, beobachten und wo liegen die Grenzen dieses Verfahrens?

Viele angehende Forscher/innen empfinden eine gewisse Frustration, wenn sie sich mit der Methode des (teilnehmenden) Beobachtens erstmals beschäftigen: Methodenbücher geben keine expliziten Anleitungen, sondern bieten eher Strategien oder Erfahrungen an. Sie bestehen in der Regel darauf, dass es keine allgemeinen Regeln des Beobachtens gebe, nicht einmal für den Grad der Involvierung (z. B. Breidenstein et al., 2013, S. 73). Beides hänge vom Untersuchungsgegenstand und von dem jeweiligen Ethnografen ab. Dabei ist körpersoziologisch zu betonen, dass bereits der Zugang zum Feld eine körperliche Dimension hat. So beschreiben einige Autor/innen, dass sie aus körperlichen Gründen an den Praktiken des Untersuchungsfeldes nur bedingt teilnehmen konnten, etwa Kristina Brümmer (2014, S. 89 f.) an der Sportakrobatik. Andere Studien betonen gerade umgekehrt, wie wichtig die anfangs schwierige Teilnahme an den Feldpraktiken war, etwa Loïc Wacquant (2003, S. 271 ff.) in seiner berühmten Ethnografie über das Boxen in einem US-amerikanischen Ghetto. Statt konkreter Hinweise findet man in der Regel den eher allgemein gehaltenen Hinweis, sich auf die untersuchte Praktik einzulassen. So schrieb etwa Erving Goffman (1989, S. 125 f.) über teilnehmende Beobachtung:

> „It's one of getting data, it seems to me, by subjecting yourself, your own body and your own personality, and your own social situation, to the set of contingencies that play upon a set of individuals […] That ‚tunes your body up' and with your ‚tuned-up' body and with the ecological right to be close to them (which you've obtained by one sneaky means or another), you are in a position to note their gestural, visual, bodily response to what's going on around them and you're empathetic enough – because you've been taking the same crap they've been taking – to sense what it is that they're responding to. To me, that's the core of observation."

Goffman betont an dieser Stelle also, dass der eigene Körper auf die untersuchte Praxis „eingestimmt" werden müsse, man das Geschehen soweit wie möglich nicht nur beobachten, sondern auch am eigenen Leib erfahren, um wahrzunehmen, was jene Menschen leitet, deren Leben und Gewohnheiten man beschreiben will. Goffmans allgemein gehaltenes Plädoyer für eine teilnehmende Beobachtung gilt umso mehr im Bereich der Körpersoziologie. Gerade ein offenes, an den Relevanzen des Feldes orientiertes Beobachten erlaubt es am ehesten herauszufinden, in welche Dynamiken Körper hier verwickelt sind und wie sie dazu beitragen, das Geschehen am Laufen zu halten.

Dennoch wird man in vielen Feldern relativ schnell auf verschiedene Grenzen des Verfahrens stoßen. Eine zentrale Beschränkung entsteht durch die Blickordnung moderner Industriegesellschaften. Anders als beim Beobachten von Dingen oder Tieren erlaubt sie das Betrachten von menschlichen Körpern nämlich nur in sehr beschränktem Rahmen. Gegenüber Fremden gelten die Regeln der „höflichen Unaufmerksamkeit" (Goffman, 1963, S. 83 ff.), d. h. wir geben zu erkennen, dass wir andere Anwesende als Unbekannte *wahrgenommen* haben, etwa indem wir nicht in sie hineinlaufen, einen kulturell variablen höflichen Abstand halten, etc. Über diese Wahrnehmung hinaus behelligen wir sie jedoch nicht mit weiteren Formen der Aufmerksamkeit. Und nicht nur unter Fremden, sondern auch unter Bekannten gilt das Mustern oder Taxieren des Gegenübers als unpassend. Im Grunde konzentriert man den Blick weitgehend auf das

Gesicht des Gegenübers, genauer: Man hält Blickkontakt. Jeder auffällig abstreifende Blick, etwa auf Kleidung, aber auch bereits auf die Wange, kann als Hinweis auf eine dort lokalisierbare Irritation gewertet werden, etwa auf einen Fleck auf der Kleidung. Blicke auf den Körper werden normalerweise gerahmt, zum Beispiel durch Komplimente, durch die Vergabe von Blicklizenzen wie „Schau mal, mein neuer Pullover, was sagst Du denn dazu?" oder auch als Ausdruck von Sorge, z. B. über anhaltenden Gewichtsverlust. Körper werden also während der Interaktion in verschiedener Form wahrgenommen, was wie oben (unter Bezug auf Goffman) erwähnt wurde, Teil der Kommunikation durch Körper ist. Das Beobachten von Körpern ist jedoch durch Blickkonventionen eingeschränkt.

Damit verbunden ist, dass Körper kaum je als bloße Körper beobachtbar sind. Wurde zunächst gesagt, dass menschliche Körper anders als Dinge und Tiere einer strengen Blickordnung unterstehen, so springt an dieser Stelle ins Auge, dass Körper in aller Regel nur in dinglichen Arrangements anzutreffen sind. Auf einer ganz basalen Ebene ist bereits die Kleidung ein solches Arrangement, das die Körper kulturspezifisch prägt und hervorbringt (dazu ausführlich Haller, 2015). Es ermöglicht und beschränkt ihr Tun in spezifischer Weise und prägt damit auch soziale Praktiken. Das wird überall dort besonders deutlich, wo spezifische Kleidung getragen wird, etwa beim Sport oder in einigen Berufen. Über diese besonders körpernahen Artefakte hinaus sind menschliche Körper auch sonst von vielen verschiedenen Dingen umgeben. Das Beobachten von Körpern ist deshalb immer im weiten Sinne Beobachtung von Materialität, d. h. von Körpern, Dingen und ihren Verbindungen.

Eine weitere wichtige Schwierigkeit beim Beobachten besteht darin, dass Menschen in der Praxis des Alltags ihr Tun nicht ständig explizieren. Sie vollziehen ihre Tätigkeiten oft so, als wäre die Forscherin nicht anwesend. Das ist zum einen ein methodologisch erwünschter Zustand, weil wir ja das soziale Geschehen vor Ort erforschen wollen. Zum anderen entstehen dadurch aber für Forscher/innen auch Schwierigkeiten, den genauen Sinn und die Details der Abläufe zu verstehen. Dieses allgemeine Problem des Beobachtens ist in manchen Feldern besonders stark ausgeprägt, nämlich überall dort, wo schweigsame Dimensionen des Sozialen stark ins Gewicht fallen. Bei manchen Praktiken, z. B. beim Kämpfen, ist zudem das Unterbinden von Bewegungsankündigungen Teil der erforderten bzw. zu erlernenden Kompetenz (Schindler, 2011, S. 63 f.), ein Charakteristikum, das das Beobachten zusätzlich erschwert. Solche Schwierigkeiten beim Beobachten beschreibt Kristina Brümmer (2014, S. 89 f.) in ihrer Studie über das Sportakrobatik-Training sehr anschaulich. Sie konstatiert:

> „Im Großen und Ganzen trat mir das Feld in den frühen Forschungsphasen als ein recht diffuses Gewirr aus Personen, Aus- und Ansagen und Körperbewegungen entgegen, welches Niederschlag in mitunter recht zusammenhangslosen und einzelepisodenhaften Feldnotizen und Einträgen ins Forschungstagebuch fand."

Diese Schwierigkeiten, dem Tun der Körper in der untersuchten Praxis sinnerfassend zu folgen, nahm Horace Miner (1956) in seinem berühmten, satirisch formulierten Beitrag

„Body Rituals among the Nacirema" aufs Korn. Er schildert über mehrere Seiten vorgeblich, die exotischen Körperriten des Stammes der *Nacirema* (= americaN), beschreibt dabei aber tatsächlich zum einen die Körperriten der damaligen US-Amerikaner und persifliert zum anderen die exotisierenden Beschreibungen der Ethnologie, indem er ihre Optik und Rhetorik auf die eigene Gesellschaft anwendet.

So sehr Beobachtungsverfahren in der Körpersoziologie also naheliegen, so schwierig können sie sich im Detail gestalten. Das körpersoziologische Beobachten kann deshalb nicht vorgegebenen Regeln folgen, sondern es erfordert, sich auf das Untersuchungsfeld und seine Gewohnheiten einzulassen und gegenstandsorientierte Beobachtungsstrategien zu entwickeln. Insofern scheint bereits durch, dass Beobachtbarkeit nur in geringem Ausmaß einfach so vorhanden ist. Vielmehr muss sie mittels unterschiedlicher Strategien systematisch hergestellt werden.

## 3 Beobachtbarkeit herstellen

Wie lässt sich Beobachtbarkeit (von Körpern) nun herstellen? Man setzt dazu zunächst bei der bereits erwähnten Blickordnung an, d. h. man arbeitet systematisch daran, die visuellen Gewohnheiten und Kompetenzen im Feld zu erlernen. Diese sind nämlich gerade auch im Bezug auf Körper in verschiedenen Feldern (und Praktiken) durchaus unterschiedlich. Es gibt Felder, in denen das Beobachten von Körpern in spezifischer Form, oft auch technisch unterstützt, üblich ist, wie etwa in Sport- und Tanztrainings oder in vielen medizinischen Settings. Aber auch hier ist es nicht zu jedem Zeitpunkt allen Situationsteilnehmern in gleicher Form gestattet. So erfordert etwa eine teilnehmende Beobachtung der Ultraschall-Sprechstunde (Heimerl, 2013) nicht nur einiges Geschick beim Herstellen eines Feldzuganges, sondern in situ einen sehr ausgeprägten Sinn für die Beobachtungsmöglichkeiten und -grenzen „hier und jetzt". An anderen Orten sind dezente Beobachtungspraktiken durchaus gängig, etwa im Fitnesscenter oder in Cafés. An manchen, etwa in der Sauna, ist das Beobachten fremder Körper tendenziell verpönt und erfordert deshalb eine besonders unauffällige Technik. Umgekehrt gibt es wiederum soziale Beziehungen, in denen das Beobachten des Körpers durchaus erwünscht ist, etwa bei Liebespaaren, die dieses Beobachten aber in der Regel eher exklusiv gestalten, externe Beobachter also tendenziell ausschließen.

Während also in den verschiedenen Feldern und Subkulturen unterschiedliche Sehgewohnheiten und -kompetenzen zu finden sind, die darüber hinaus mit den sozialen Beziehungen der Beteiligten untereinander variieren, besteht die Aufgabe des soziologischen Beobachtens darin, diese Kompetenzen erstens zu erwerben. Breidenstein et al., (2013, S. 73) formulieren dieses Erfordernis relativ drastisch: Man müsse „akzeptieren, dass soziale Realität selbst aus Verhältnissen wechselseitiger Beobachtung und ihrer Regulierung durch Blickkonventionen besteht, in die man sich einzuklinken hat". Dieses Einklinken ist nicht – wie man diese Passage vielleicht verstehen könnte – in erster Linie eine forschungsethische Frage, sondern eine methodische. Sich in die

Verhältnisse wechselseitiger Beobachtung einzuklinken, erfordert, diese zu kennen, d. h. während des Forschens zu erlernen. Zweitens charakterisiert (körper-)soziologische Beobachtungsverfahren, dass dieser Lernprozess ausführlich dokumentiert wird, um ihn systematisch nachvollziehbar zu machen. Man entwickelt deshalb im Laufe des Forschungsprozesses eine „praxisgeschulte Sehfertigkeit" (Schindler & Liegl, 2013), die bereits Teil der empirischen Analyse ist. Sie beinhaltet zum einen, so sehen zu können wie die Feldteilnehmer/innen, zum anderen diese feldspezifischen Sehgewohnheiten zu reflektieren und in soziologisches Wissen zu transferieren. Das erfordert auch, methodisch ‚gegen' die Sehgewohnheiten des untersuchten Feldes zu schauen, um eine soziologische Beobachtung zu gewährleisten. Man muss sich also so gut in die Sehgewohnheiten des Feldes einfinden, dass man flexibel mit ihnen umgehen kann. Man macht sie, neben anderen Praktiken und Gewohnheiten des Feldes, zum Gegenstand der (körper)soziologischen Untersuchung und muss deshalb u. a. erkennen können, wie Blickgewohnheiten, aber auch Blickbeschränkungen das soziale Geschehen prägen und wie sie sich umgehen lassen. Wie kann man nun an Blickgewohnheiten und durch sie hindurch die Beobachtbarkeit des sozialen Geschehens herstellen? Welche Strategien gibt es, um mit und gegen die Blickkonventionen die Sozialität von Körpern zu beobachten?

Eine erste wichtige Strategie des Beobachtbar-Machens ist, die Distanz zum Geschehen flexibel zu halten, d. h. *zooming in and zooming out* (Nicolini, 2013, S. 213 ff.) ständig abzuwechseln und so ein differenziertes Bild der untersuchten Praxis zu gewinnen. Die für das Beobachten mögliche Nähe ist jedoch (auch) abhängig von der eigenen Integration in das Untersuchungsfeld und verändert sich daher im Verlauf des Beobachtungsprozesses immer wieder. Unter Umständen finden sich erst nach einiger Zeit und mit viel Geduld Momente des Geschehens, die nicht jedem Neuling sofort offen stehen. Auch wird immer wieder betont, dass gerade solche Szenen hilfreich sind, in denen etwas nicht funktioniert (z. B. Brümmer, 2014, S. 101). Zur Intensivierung der Beobachtung empfehlen Breidenstein et al., (2013, S. 75 ff.) folgende vier Strategien: Erstens, das Wiederholen der Beobachtung von Regelmäßigkeiten und Unregelmäßigkeiten im Feld, wodurch ein komplexes Bild von den Gewohnheiten des Feldes entsteht und ein gezieltes Beobachten von Ausnahmen und Nischen möglich wird. Gerade im Bezug auf Körper ist das wiederholte Beobachten aber nicht nur wichtig, um sich zu orientieren, sondern vor allem auch, um eine geeignete Beobachtungsstrategie zu entwickeln, die dem oben erwähnten forschungsstrategischen Problem der Blickordnung begegnen kann. Zweitens empfehlen die Autoren die mobile Suche nach situationstranszendierenden Zeiteinheiten, das heißt zu sehen, was vor- und nach dem untersuchten Geschehen passiert, weil dieses (normalerweise) nicht vollständig auf das Hier und Jetzt reduzierbar ist. Viele soziale Prozesse erfordern Vorarbeiten oder „importieren" Artefakte, die an anderen Orten hergestellt wurden. Gerade Körper werden oft schon lange vor dem eigentlichen Event dafür in Form gebracht, etwa durch Kleidung oder andere Vorbereitungen. In vielen Fällen müssen vor Ort spezifische räumliche Arrangements geschaffen werden, damit Körper in der praxisrelevanten Form agieren können. Auch können sie Spuren eines Geschehens darüber hinaus behalten, die danach verwischt oder weitergetragen werden wie die Schminke des Vortages. Drittens empfehlen Breidenstein et al., immer wieder die Perspektive zu wechseln, das Geschehen also gewissermaßen aus anderen Augen zu betrachten. So würde etwa die eingangs zitierte Szene aus der Sicht der Kinder gewiss anderes beschrieben. Viertens geht es darum, Beobachtungen zu fokussieren, etwa thematisch, zeitlich, räumlich oder personal. Auch hier liegen körpersoziologische Adaptionen nahe: die thematische Fokussierung auf Themen aus dem Gebiet der Körpersoziologie ist bereits eine erste, die aber in situ ständig modifiziert und präzisiert wird; zeitlich lassen sich diverse Veränderungen von Körpern und Körperkonstellationen betrachten, mit einem Fokus auf Räumlichkeit geraten Proxemik und Arrangements von Körpern in den Blick, aber auch das dingliche Setting. Die Fokussierung auf Personen mit einem körpersoziologischen Ansatz mag dagegen zunächst vielleicht eher irritieren. Schließlich lassen sich Personen und Körper normalerweise schlecht trennen. Und dennoch, oder vielleichter gerade deshalb, liegt hier ein wichtiges Moment der Beobachtung von Körpern:

Wir neigen im Alltag dazu, das Tun der Körper den Personen zuzurechnen und konstatieren einen Mangel an Aufmerksamkeit, wenn diese Kongruenz, wie im eingangs angeführten Zitat aus dem Zeit-Magazin, nicht vollständig hergestellt wird. Die Körpersoziologie beschränkt sich jedoch nicht auf diesen Blickwinkel. Vielmehr besteht die analytische Leistung vor allem auch darin, Körper als eigenständige Teilnehmer am Sozialen zu beobachten, die nicht immer auf einzelne Personen beschränkt sein müssen. Ein recht naheliegender Ansatz ist hier, Körper als Hinweis auf eine Gruppenzugehörigkeit zu beobachten. So beschreibt etwa Astrid Jakobsen (1997) wie die Mitglieder eines Sicherheitsdienstes in einem Schwimmbad einzelne Personen anhand der äußeren Erscheinung als „Unruhestifter" kategorisieren, bevor sie als solche tätig werden. Körper werden dabei als Hinweis auf eine (störende) Gruppenzugehörigkeit gewertet, sie werden zum Mittel für eine visuelle Kategorisierungspraktik. Eine ganz andere Form von Gruppenkörper findet Stefan Hirschauer (2004, S. 87) im Operationssaal eines Krankenhauses, den „Chirurgenkörper":

> „Im Operationsgebiet halten sich bisweilen bis zu acht Hände auf, die sich dort auf engstem Raum über-, unter- und nebeneinander abwechseln und ergänzen, indem sie etwas dehnen, halten, schneiden und absaugen. Für das Funktionieren einer operativen Einheit gibt es vier Sorten von Händen: leitende, assistierende, instrumentierende und laufende, die als einzige unsteril sind. Die instrumentierenden Hände sorgen mit Haken und ständiger Blutstillung vor allem für eine gute Sicht, während die instrumentierenden den leitenden laufend Gerätschaften in den Griff zu reichen haben, die sie zum Teil von den laufenden Händen geliefert bekommen. Der Kreislauf des Chirurgenkörpers besteht aus Befehlssignalen und Handreichungen, bei denen etwa Nahtmaterial von der unsterilen in die sterile Zone des Operationssaals transportiert wird, indem operierende und laufende Hände als Scharniere zwischen beiden fungieren."

Umgekehrt wird der „Patientenkörper" hergestellt, indem durch die Narkose die Person gewissermaßen stillgestellt wird. Dass die Person in dieser Phase quasi ausquartiert ist, lässt sich in situ schon daran erkennen, dass nun ohne Probleme über sie gesprochen werden kann, obwohl der Körper noch anwesend ist. Der Körper wird dabei zum einen so präpariert, dass er als anatomisch vor-beschriebenes Operationsgebiet behandelt werden kann, zum anderen findet eine gewisse Ausdehnung statt, indem er mit verschiedenen Maschinen verbunden wird:

> „Die Muskeln und Gelenke, die den Patientenkörper bewegen und halten, befinden sich jetzt in den Rädern des Fahrgestells, den Kippvorrichtungen am Kopfteil und Beinteil des Tisches, den Scharnieren der Armablage und dem Hebemechanismus des Bocks. Die im Körper zirkulierenden Flüssigkeiten werden außen aufgefangen oder von außen zugeführt: der Harn entleert sich durch den Katheder in eine zweite Blase unter dem linken Arm, der Magen durch eine Sonde in der Nase in einen Behälter am Boden, das Blut in ein Sammelgefäß zu Füßen des Kopfes und wird, wenn sich das Gefäß zu sehr auffüllt, aus Konserven durch eine Kanüle am Hals in den Körper zurückgeleitet" (ebd., S. 86).

Sowohl der „Chirurgenkörper" als auch der „Patientenkörper" entsprechen nur bedingt dem Körperbild unseres Alltagswissens, das den Körper gewissermaßen zur Hülle der Person macht. Vielmehr entstehen soziale Körper hier aus mehreren persönlichen Körpern oder aus einer Verlängerung der Körper durch Dinge, die jene Funktionen erfüllen, die der anthropologisch-biologisch gedachte Körper allein nicht (mehr) erfüllen könnte.

Eine weitere, analytisch differente Beobachtung von Körpern findet sich in Sophie Merit Müllers (2015) Studie eines Balletttrainings, in der sie Körper als „Bearbeitungsobjekte" fokussiert. Dabei findet sie zum einen Verflechtungen der Körper mit Dingen, etwa mit der Stange oder dem Spiegel, zum anderen zeigt sie, wie Körper sozial entlang feldspezifischer Unterscheidungspraktiken in einzelne Entitäten (z. B. Muskel oder ästhetische Linien) zerfallen:

> „Zu Beginn der Szene richtet sich zunächst nur der Blick der Lehrerin auf das Knie, das zu einer Lara gehört, die auf ihre gewohnte Weise die Ballett-Bewegungen erledigt. Mit der Aufforderung, das Knie zu strecken, unterbricht die Lehrerin Lara dabei. Sie führt damit ‚das Knie' in die Situation ein, denn erst indem es aufgerufen wird, ist es situativ überhaupt erst ‚da': Gab es vorher einfach nur die Ballett machende Lara, so gibt es jetzt ein individuiertes Ding, ein Körper-Teil im doppelten Sinne im Fokus von Helens [die Lehrerin, Anm. LS] und Laras Aufmerksamkeit. […] Hier bricht für die Elevin eine Alltagsfiktion zusammen, die Akteure allgemein über ihren Körper hegen: Dass nämlich alle Körperteile *mitmachen*, wenn man etwas machen will. […] Entsprechend bleibt Lara zwar weiterhin Eigentümer und Bewohner dieses Körpers (es ist *ihr* Knie), aber sie wird (von sich selbst wie auch von der Lehrerin) nicht mehr mit ihm als Ganzem gleichgesetzt: sie *ist* situativ nicht mehr ihr Knie. Die Person Lara und das Knie werden in der interaktiven Praxis der Szene als zwei verschiedene Teilnehmer relevant gemacht und auf unterschiedliche Weise ins Geschehen involviert" (Müller, 2015, S. 277f).

Die Beschreibung macht deutlich, wie Teile eines Körpers interaktiv gewissermaßen zu Dingen werden können, an denen die Person arbeitet, um eine bestimmte Fertigkeit, hier Ballett, zu erlernen. Der *eine* organische Körper als (tänzerisches Ausdrucksmittel) der Person zeigt sich als situative Hervorbringung, die erst geleistet werden muss. Körper können jedoch nicht nur situativ in Teile zerfallen oder kollektive Körper bilden. Vielmehr können Praktiken, wie Loïc Wacquant in seiner Studie über Boxer zeigt, mehrere Körper einer Person hervorbringen. Für Berufsboxer sei ihr Körper, so Wacquant (1998, S. 330 ff.), eine Maschine, eine Waffe und ein Instrument. Alle drei brauchen in unterschiedlicher Form Zuwendung, weil sie den Boxer schützen und gleichzeitig als Boxer ausmachen. Ein der Ästhetik des Boxens entsprechender Körper gelte darüber hinaus als Basis für erfolgreiche Kämpfe (ebd., S. 335), der Torso des Boxers wird so gewissermaßen zur Visitenkarte.

Soziale Prozesse mit einem körpersoziologischen Blick zu beobachten ist also, das zeigen diese vier Beispiele, nicht einfach eine Art passive Wahrnehmung des Geschehens, ein bloßes Registrieren. Es ist vielmehr *professional vision* (Goodwin, 1994), eine über Jahre zu schulende Form des Beobachtens, die immer auch eine analytische Leistung beinhaltet. Auch deshalb empfehlen Einführungsbücher zum soziologischen Beobachten (z. B. Emerson et al., 2011), von Beginn an das Beobachten mit dem Beschreiben zu verbinden. Das detaillierte Protokollieren gibt nämlich bereits Gelegenheit, die Beobachtung zu reflektieren und daraus spezielle Themen für anschließende Beobachtungen zu entwickeln. Schreiben bildet, wie der Wissenschaftstheoretiker Hans-Jörg Rheinberger (2013, S. 148) festhält, den zentralen „Überraschungsgenerator“ der Geistes- und Sozialwissenschaften. Es bringt analytische Entdeckungen hervor, die für den weiteren Beobachtungsprozess fruchtbar gemacht und gleichzeitig einer ständigen Prozesskontrolle ausgesetzt werden. Dieses Wechseln zwischen empirischem Erforschen und analytischem Schreiben wird oft mit dem Begriff *Grounded Theory* verbunden, es wird zudem in den letzten Jahren als „theoretische Empirie“ (Kalthoff et al., 2008) diskutiert.

Bereits das primär schauende Beobachten greift also nicht nur auf die Augen der Forscherin zurück, sondern auch auf die Beziehung zum Feld und die (körper-)soziologische analytische Haltung. Das Etablieren einer tragfähigen Beziehung im Feld, „rapport“ mit dem klassischen Vokabular der Ethnografie, sowie das Entwickeln der erwähnten „praxisgeschulten Sehfertigkeit“ erfordert nicht nur eine visuelle, sondern, wie im vorigen Abschnitt dargestellt, eine ganzheitliche Enkulturation des Forschers in das Feld. In diesem Sinne gelten nicht nur Papier und Stift (bzw. Computer) als Forschungsinstrumente, sondern auch der Körper der Forscherin und seine verschiedenen Sinne (z. B. Kalthoff, 2003, S. 86; Wacquant, 2003, S. 269 ff.). In der Regel werden in teilnehmenden Beobachtungen außerdem verschiedene andere Verfahren eingesetzt: Videoaufnahmen, um durch die Konservierung einzelner Interaktionen einen besonders guten Zugriff auf Details des Geschehens zu erhalten; Interviews und Gespräche, um die Relevanzen der Feldteilnehmer, ihr explizites Wissen sowie Hintergrundwissen zu erheben, oder Felddokumente (z. B. Zeugnisse) und verschiedene diskursive Medien, um das organisationale sowie das diskursive Wissen im Feld festzuhalten. Eine besonders detaillierte Beschreibung solcher Modifikationen und Adaptionen im Prozess der Herstellung von Beobachtbarkeit findet sich in Kristina Brümmers (2014, S. 89 ff.) Ethnografie über Sportakrobatik.

## 4 Schluss

Gerade im Bereich der Körpersoziologie spielen visuelle Forschungsverfahren eine wichtige Rolle, weil Körper nicht allein verbal, sondern auch auf nonverbale Weise sozial relevant werden. In den letzten Jahren zählt deshalb teilnehmende Beobachtung zu den zentralen Verfahren in diesem Bereich. Doch Körper sind nicht einfach so beobachtbar, sondern nur mit gewissen Einschränkungen. Dazu zählt zunächst die Blickordnung, die das Beobachten anderer Leute Körper an enge Konventionen bindet. Zudem sind Körper zumeist in materielle Arrangements eingebunden, können also kaum allein beobachtet werden. Schließlich erfordern viele Praktiken eine gewisse Kenntnis über ihre innere Logik, die auch eine praxisspezifische Sehfertigkeit umfasst.

Beobachtbarkeit ist deshalb nicht einfach gegeben, sondern erfordert eine *professional vision,* einen (körper-)soziologischen Blick, der über die Dauer des Forschungsprozesses um eine praxisgeschulte Sehfertigkeit erweitert wird. Diese erlaubt es, sich in die Blickordnung des untersuchten Feldes einzufinden, aber auch wissentlich anders zu schauen als die Gewohnheiten des Feldes nahelegen. So kann auch die Blickordnung eines Feldes als Teil der feldspezifischen Praktiken zum Gegenstand der Untersuchung werden. Strategien, um Beobachtbarkeit herzustellen, beinhalten ein ständig wechselndes *zooming in and out,* wobei sich gerade solche Szenen oft als besonders hilfreich erweisen, in den etwas misslingt. Weitere Strategien sind das wiederholte Beobachten von Unregelmäßigkeiten, das Aufspüren von Prozessen, die über die konkrete Situation hinausreichen, das Fokussieren und das Wechseln von Perspektiven. Nicht zu unterschätzen ist jedoch die analytische Leistung, die hinter einer körpersoziologischen Beobachtung steht, weshalb gerade auch Schreiben und Theoretisieren wichtige Elemente körpersoziologischer Beobachtung sind. Schließlich zählt Methodenpluralismus zu den zentralen Charakteristika teilnehmender Beobachtung.

## Literatur


Bleuel, N. (2016, Dezember 17). Hat dir das keiner beigebracht? Vom Schnürsenkelbinden bis zum Uhrzeitlesen: Sind unsere Kinder eigentlich alltagstauglich? *Zeit-Magazin, Nr. 51,* S. 39–41. Hamburg.

Breidenstein, G., Hirschauer, S., Kalthoff, H., & Nieswand, B. (2013). *Ethnografie: Die Praxis der Feldforschung*. UTB.

Brümmer, K. (2014). *Mitspielfähigkeit: Sportliches Training als formative Praxis*. Transcript.

Emerson, R. M., Fretz, R. I., & Shaw, L. L. (2011). *Writing ethnographic fieldnotes* (2. Aufl.). University of Chicago Press.

Goffman, E. (1963). *Behavior in public places: Notes on the social organization of gatherings*. The Free Press.

Goffman, E. (1989). On fieldwork. *Journal of Contemporary Ethnography, 18*(2), 123–132.

Goodwin, C. (1994). Professional vision. *American Anthropologist, 96*(3), 606–633.

Haller, M. (2015). Mode Macht Körper – wie sich Mode-Körper-Hybride materialisieren. *Body Politics. Zeitschrift für Körpergeschichte, 3*(6), 187–211.

Heimerl, B. (2013). *Die Ultraschallsprechstunde*. Transcript.

Hirschauer, S. (2001). Ethnografisches Schreiben und die Schweigsamkeit des Sozialen. Zu einer Methodologie der Beschreibung. *Zeitschrift für Soziologie, 30*(6), 429–451.

Hirschauer, S. (2004). Praktiken und ihre Körper. Über materielle Partizipanden des Tuns. In K. H. Hörning & J. Reuter (Hrsg.), *Doing Culture: Neue Positionen zum Verhältnis von Kultur und sozialer Praxis* (S. 73–91). Transcript.

Jacobsen, A. (1997). Ordnungs- und Unruhestifter. Ein privater Sicherheitsdienst observiert. In S. Hirschauer & K. Amann (Hrsg.), *Die Befremdung der eigenen Kultur* (S. 114–137). Suhrkamp.

Kalthoff, H. (2003). Beobachtende Differenz. Instrumente der ethnografisch-soziologischen Forschung. *Zeitschrift für Soziologie, 32*(1), 70–90.

Kalthoff, H., Hirschauer, S., & Lindemann, G. (Hrsg.). (2008). *Theoretische Empirie: Zur Relevanz qualitativer Forschung*. Suhrkamp.

Laube, S. (2014). Im Takt des Marktes. Körperliche Praktiken in technologisierten Finanzmärkten. In H. Kalthoff & U. Vormbusch (Hrsg.), *Soziologie der Finanzmärkte*. transcript.

Miner, H. (1956). Body ritual among the Nacirema. *American Anthropologist, 58*(3), 503–507.

Müller, S. M. (2015). Ballettkörper werden. Materielle Involvierungen, Verflechtungen und Differenzierungen im Üben klassischer Tanztechnik. *Body Politics. Zeitschrift für Körpergeschichte, 6*(3), 261–284.

Nicolini, D. (2013). *Practice theory, work, and organization: An introduction*. Oxford University Press.

Polanyi, M. (1985). *Implizites Wissen*. Suhrkamp.

Rheinberger, H.-J. (2013). Über die Kunst, das Unbekannte zu erforschen. In K. J. Pazzini, A. Sabisch, & D. Tyradellis (Hrsg.), *Das Unverfügbare Wunder, Wissen, Bildung* (S. 143–149). Diaphanes.

Schindler, L. (2011). *Kampffertigkeit: Eine Soziologie praktischen Wissens*. Lucius & Lucius.

Schindler, L., & Liegl, M. (2013). Praxisgeschulte Sehfertigkeit. Zur Fundierung audiovisueller Verfahren in der visuellen Soziologie. *Soziale Welt, 64*(1–2), 51–67.

Wacquant, L. (1998). The prizefighter's three bodies. *Ethnos, 63*(3–4), 325–352.

Wacquant, L. (2003). *Leben für den Ring: Boxen im amerikanischen Ghetto*. UVK.

# Diskursanalytische Verfahren

Mona Motakef

Wie veränderte sich Ende des 18. Jahrhunderts der Zugriff auf Körper, als Gefängnisse die Strafpraktik der Marter ablösten? Wie kommt es, dass zwischen Frauen und Männern unterschieden wird und welche Bedeutung hat dabei unser Wissen über Geschlechtshormone? Wieso gelten bestimmte Körper als ‚orientalisch' und ‚anders' und welchen Einfluss hatten bei diesen Zuschreibungen die europäischen Dichter und Denker der Spätaufklärung? Diese verschiedenen Fragen haben gemein, dass sie *diskursanalytische Problematisierung* vornehmen und sich für das Verhältnis von Macht, Wissen und Körper interessieren. Sie fragen, wie es dazu gekommen ist, dass bestimmte Phänomene – etwa Strafpraktiken, die Geschlechterdifferenz oder der Orient – als spezifische Gegenstände des Wissens über Körper aufgetaucht sind und dabei als so selbstverständlich erscheinen, als hätten sie immer existiert.

Mit dem *linguistic turn,* der seit den 1980er Jahren auch die Sozialwissenschaften erfasst, setzt sich die Annahme einer Eigenlogik kommunikativer Prozesse durch. Sprache bildet Wirklichkeit nicht einfach ab, sondern ist vielmehr an ihrer Hervorbringung beteiligt, so die These. Die Diskursanalyse, die in das interdisziplinäre Feld der Diskursforschung eingebettet ist, bildet eine spezifische Spielart dieser Perspektive.

Bis in die 1990er Jahre spielte die Diskursanalyse in der Soziologie nur eine marginale Rolle. Wer damals nach Antworten auf diskursanalytische Fragen in einem beliebigen soziologisch-methodischen Handbuch suchte, wurde enttäuscht. Die Auseinandersetzung mit Diskursanalyse und Diskursforschung bestand – pointiert formuliert – eher in theoretischen Abhandlungen, die das Werk des französischen Sozialphilosophen *Michel Foucault* auslegten. Spätestens seit der Jahrtausendwende hat sich das Blatt gewendet: Befeuert durch den *linguistic turn* entstanden seit den 1990er Jahren

M. Motakef (✉)
Dortmund, Deutschland
E-Mail: Mona.motakef@tu-dortmund.de



R. Gugutzer et al. (Hrsg.), *Handbuch Körpersoziologie 2,*
https://doi.org/10.1007/978-3-658-33298-3_42

im deutschsprachigen Raum zahlreiche theoretisch-methodische Wörterbücher, Handbücher, Sammelbänder und Einführungen, die spezifische diskursanalytische Vorgehensweisen vorstellen, an Gegenständen exemplifizieren und Kontroversen innerhalb der Diskursforschung dokumentieren (Angermuller et al., 2014; Bublitz et al., 1999; Keller & Truschkat, 2013).

Doch was ist eigentlich ein Diskurs? (Vgl. dazu auch Bublitz in Bd. I, Teil B) Anders als in der Alltagssprache bezeichnen Diskurse in der Diskursforschung nicht das Sprechen *über* ein Thema, sondern sind im Anschluss an den französischen Sozialphilosophen Michel Foucault (1981, S. 74) als „Praktiken zu behandeln, die systematisch die Gegenstände bilden, von denen sie sprechen". In der *Archäologie des Wissens* (1981) betonte Foucault, dass Aussagen als Grundeinheit eines Diskurses immer einen materialempirischen Gehalt haben und sich nicht auf sprachliche Zeichen begrenzen lassen. Warum tauchen in einem Diskurs bestimmte Aussagen auf und andere nicht? In seiner Arbeit *Ordnung des Diskurses* (1993) stellte Foucault das Verhältnis von Macht und Wissen ins Zentrum. Wie werden Wahrheiten erzeugt und als solche wirkmächtig? Eine Diskursanalyse lässt sich vor diesem Hintergrund als methodisch reflektierte und (diskurs-)theoretisch geleitete Unternehmung verstehen, durch die bestimmte Analysegegenstände nicht einfach dargestellt, sondern vielmehr Zugänge und Deutungen gefunden werden, die zum Thema machen, was an einem bestimmten Ort und zu einer bestimmten Zeit gesagt und was aus welchen Gründen nicht gesagt werden kann. Weil sich die Diskursanalyse vor allem für das Gewordensein von Gegenständen interessiert, wird ihr deontologisierender Charakter betont, weswegen sie unser alltäglich-gewöhntes Verstehen häufig irritiert. Vor diesem Hintergrund geht eine Diskursanalyse immer über eine Text- und Inhaltsanalyse hinaus.

Dass Foucaults Arbeiten einen zentralen Bezug bilden, stellt für die soziologische, jedoch nicht für die interdisziplinäre Diskursforschung einen Konsens dar (Angermuller et al., 2014). Allerdings legt Foucault weder eine konsistente Methode der Diskursanalyse vor, noch bezeichnet er seine Untersuchungen einheitlich als solche. Foucault schlug ausgehend von seinen Akzentverschiebungen vielfältige Begriffe vor, die aufgegriffen wurden, wie etwa Aussagenanalyse, Archäologie, Genealogie, Macht-und Dispositivanalyse (Bührmann & Schneider, 2008).

Körper gelten in der Diskursforschung als materielle Gegenstände, die durch machtvolle Diskurse hervorgebracht werden. Anders formuliert, stellen Körper Materialisierungen von Wissen- und Machtanordnungen dar. Diskursanalytisch ist es nicht vorstellbar, dass Körper jenseits von Diskursen existieren. Dies ist nicht im Sinne einer Diskursontologie gemeint, demzufolge alles Diskurs sei. Vielmehr wird behauptet, dass unser Zugang zu Körpern nicht jenseits von Diskursen erfolgen kann (van Dyk et al., 2014). Innerhalb der Diskursforschung werden allerdings auch die Grenzen des Diskursiven debattiert: Ist es sinnvoll, zwischen diskursiven und nichtdiskursiven Praktiken zu unterscheiden und falls ja, was könnten Letztere umfassen? Sind auch diskursunabhängige oder gar außer-diskursive Praktiken denkbar?

## 1 Überblick über diskursanalytische Ansätze

Die Diskursforschung ist, wie erwähnt, als interdisziplinäres Feld zu sehen. An dieser Stelle soll die soziologische Diskursforschung fokussiert werden, womit sich die Frage nach ihrer weiteren Differenzierung stellt. Denkbar wäre etwa eine Unterscheidung nach ihrer teildisziplinären Verortung (etwa Geschlechter-, Körper-, Medizinsoziologie), ihrem methodischen Zugriff (etwa Ethnographie, Biografieforschung, Grounded Theory), der Auswahl ihres Materials (etwa Zeitungsartikel, Videos, Interviews, Gesetzestexte) oder ihrem Gegenstand (etwa Strafe, Organspende, Müll). In diesem Beitrag wird im Anschluss an Angermuller und Wedl (2014) vorgeschlagen, drei theoretisch-methodologische Richtungen der soziologischen Diskursforschung zu unterscheiden. Die Differenzierung in drei Ansätze ist jedoch lediglich analytischer Natur, forschungspraktisch lassen sich die Ansätze nicht immer derart trennen.

*Erstens* sind *(post)strukturalistische Ansätze* der Diskursforschung zu nennen. Zentrale Bezugspunkte bilden französische Diskurs- und Sprachtheorien, wie sie etwa von Michel Foucault, Jacques Derrida, Gilles Deleuze, Felix Guattari und der US-Amerikanerin Judith Butler vorgeschlagen wurden. Statische und homogene Kategorisierungen von Begriffen wie Struktur, Geschlecht, Gesellschaft und Subjekt werden abgelehnt, dagegen wird die Kontingenz, Überschüssigkeit und Unabschließbarkeit der Bedeutung von Zeichen betont. Das Subjekt wird nicht als intentional handelnde Einheit betrachtet, sondern als diskursives Produkt. Die an das Spätwerk Foucaults anschließende Gouvernementalitätsforschung (Bröckling et al. 2000) entfaltet die These, dass sich Macht zunehmend als eine Praktik der Selbstführung zeigt. Individuen werden dazu aufgerufen, ihr Leben als Unternehmen und Projekt zu führen und sich und ihre Körper zu optimieren.

*Zweitens* lassen sich *wissenssoziologisch-hermeneutische Ansätze* der Diskursforschung anführen. Zentrale Bezugspunkte bilden die wissenssoziologischen Überlegungen von Peter Berger, Thomas Luckmann und Karl Mannheim. Diese Ansätze lassen sich als Unternehmung beschreiben, die poststrukturalistische Diskursforschung im interpretativen und sozialkonstruktivistischen Paradigma der qualitativen Sozialforschung (wissenssoziologische und objektive Hermeneutik, Dokumentarische Methode, Grounded Theory) zu verorten (Keller, 2005; Keller & Truschkat, 2013). Sie charakterisiert, dass sie sich für Wissensordnungen interessieren, die theoretisch-methodologische Reflexion der Interpretationsarbeit im Forschungsprozess ins Zentrum stellen und die Rolle von Akteur_innen in der Produktion von Diskursen betonen. Grundlage bildet ein Diskursbegriff, der in Abgrenzung zu poststrukturalistischen Ansätzen nicht sprach- und zeichentheoretisch fundiert ist, sondern als soziale Praxis begriffen wird.

Drittens sind *interaktional-praxeologische Ansätze* der Diskursforschung zu nennen. Zentrale Bezugspunkte bilden angloamerikanische Ansätze wie etwa von George H. Mead, Ervin Goffman und Harald Garfinkel. Ob im Sinne der Ethnomethodologie oder der Ethnographie, soziale Ordnung wird als ein Produkt sozialer Praktiken verstanden. Akteur_innen wird kein intentionales Handeln unterstellt, vielmehr wird davon ausgegangen, dass sie in der Praxis hervorgebracht werden. Im Zentrum stehen Forschungen, die rekonstruieren, mit welchen konkreten Praktiken Akteur_innen an sozialer Ordnung beteiligt sind. Ein wichtiges Anwendungsfeld bilden die Wissenschaftssoziologie und die *Science and Technology Studies,* die im Anschluss an Bruno Latour Diskurse als Netze verstehen, die sich zwischen menschlichen und nicht menschlichen Akteur_innen aufspannen lassen. Interaktional-praxeologische Ansätze werden anders als die eben genannten Ansätze allerdings noch am wenigsten mit Diskursforschung assoziiert und verorten sich auch nur selten selbst in dieser Perspektive.

Ein Diskurs ist kein Gegenstand, der einfach vorgefunden wird, vielmehr entsteht er diskurstheoretisch geleitet erst im Laufe der Untersuchung. Wie hier deutlich wird, lassen sich Diskursanalyse und Diskurstheorie nicht voneinander trennen, auch wenn differenziert werden kann, dass Erstere gegenstandsbezogene Fragen ins Zentrum stellt, während Letztere Gegenstände theoretisch erfahrbar macht. In jeder Diskursanalyse muss die Art und Weise, wie Theorie, Methode und Gegenstand kombiniert wird, erst erarbeitet werden. Dies impliziert, dass es nicht *das* diskursanalytische Verfahren gibt und es auch nicht möglich ist, das Verfahren einer spezifischen Diskursanalyse auf einen beliebigen Gegenstand zu übertragen. Zudem muss jeder theoretisch-methodische Zugriff, wie etwa die ethnographische Beobachtung oder die hermeneutische Interpretation übersetzt, d. h. diskurstheoretisch reflektiert und anschlussfähig gemacht werden. Die Qualität einer jeden Diskursanalyse hängt maßgeblich davon ab, wie überzeugend Theorie, Methode und Gegenstand relationiert wurden.

Wie lässt sich aber vor diesem Hintergrund der Status der Diskursanalyse bezeichnen? Diese Frage wird in der Diskursforschung kontrovers diskutiert (Feustel et al., 2014). Mit der Etablierung der Diskursanalyse in ihrer empirischen Orientierung rücken Fragen ihrer Wissenschaftlichkeit, d. h. der Validität und Reliabilität ihrer Aussagen, ins Zentrum. Gleichzeitig steht die Diskursanalyse stets vor der Herausforderung, ihre Erkenntniskritik an Wissenschaft auch auf sich selbst zu beziehen. Eine zentrale Annahme lautet, dass sie keine Methode im engen Sinne darstellt, sondern eher ein Bündel an Methoden umfasst, die unterschiedliche Akzente an Gegenständen deutlich werden lassen. Eine andere Annahme besteht darin, dass die Diskursanalyse nicht nur keine Methode und auch kein Bündel an Methoden darstellt, sondern vielmehr als kritische Haltung gegenüber Macht- und Herrschaftsverhältnissen zu verstehen ist, da sie grundsätzliche Kritik an Wissens-Kategorisierungen übt. Autor_innen, die diese Annahme teilen, beäugen skeptisch, dass die Diskursanalyse in den letzten Jahren durch die stärkere Hinwendung zu Fragen der Materialzusammenstellung und Auswertung immer stärker methodisiert wurde. Im Zuge dieser Methodisierung wurde der kritische Impetus der Diskursanalyse sukzessive aufgegeben, so die Kritik (ebd.). In diesem Einwand unterscheidet sich die Diskursanalyse deutlich vom Feld der qualitativen Sozialforschung. Forscher_innen, die mit ethnographischen oder hermeneutischen Methoden arbeiten, verfolgen zwar durchaus auch kritische Interventionen, sie verknüpfen diese jedoch nicht zwingend mit ihrem theoretisch-methodischen Zugriff.

Wer mit Diskursforschung konkret befasst ist, wird feststellen, dass die im vergangenen Jahrzehnt zunehmend erscheinenden Handbücher, Wörterbücher und Sammelbände zu diskursanalytischen Fragen Gold wert sind, weil sie aufzeigen, mit welchen theoretischen und methodischen Prämissen Zugänge gewählt, Forschungsfragen formuliert und Material zur Analyse zusammengestellt werden können. Allerdings sollten sie in ihrer Übertragbarkeit nicht überschätzt werden: sie geben Orientierung, nicht mehr und nicht weniger.

## 2 Klassische diskursanalytische Studien zu Körpern

Nachfolgend werden drei diskursanalytische Studien vorgestellt, wobei deutlich werden soll, worin die Leistung der Diskursanalyse bestehen kann. Eine umfassende Diskussion ihrer Stärken und Schwächen kann an dieser Stelle allerdings nicht erfolgen. Die Auswahl dreier Studien und ihre Benennung als Klassiker ist bereits eine machtvolle Praktik, weswegen die Kriterien der Auswahl offengelegt werden sollen: Es werden Diskursanalysen präsentiert, die durch ihre starke Rezeption als Meilensteine bestimmter Forschungsperspektiven (der Körpergeschichte, der Geschlechterforschung und der Postkolonialen Theorie) bezeichnet werden können und die Bezüge zu Körpern herstellen. Die Präsentation dreier Klassiker läuft jedoch Gefahr, dass das einzelne Werk überschätzt und nicht in ihrer Einbettung in einen größeren Forschungszusammenhang reflektiert wird.

*Überwachen und Strafen* bildet die erste Studie, die präsentiert werden soll. Foucault (1994) zeigt am Beispiel des Wandels von Strafpraktiken in Westeuropa, wie sich im Übergang zur Moderne ein bestimmter Zugriff auf Körper veränderte, weil sich eine spezifische Machttechnologie, die *Disziplin,* entfalten konnte (vgl. dazu auch Sobiech in Bd. I, Teil A). Seine Materialbasis bildet eine breite Vielfalt an historischen Quellen, wie etwa Polizeiberichte, Beobachtungen von Augenzeugen, Briefe (zum Beispiel von einem Gerichtspräsidenten an den König), juristische und kriminalistische Kommentare sowie die kulturwissenschaftliche und juristische Fachliteratur zu historischen und neuzeitlichen Strafpraktiken.

Foucault kontrastiert verschiedene Formen des (körperlichen) Strafens: Im französischen Absolutismus war die *Marter* vorherrschend. Seine Studie beginnt mit eindrücklichen Berichten darüber, wie Verbrecher in der Öffentlichkeit zu Tode gefoltert wurden. Foucault beschreibt die Marter aber nicht als irrationalen Gewaltexzess, sondern als regelgeleitetes Ritual, dass das Ziel hatte, die Macht des Souveräns zu demonstrieren. Ein Regelverstoß gegen das souveräne Gesetz galt als direkter Angriff auf den Souverän. Die Härte der Strafe hatte die Funktion, dass die Demütigung des Souveräns gerächt werden konnte. Seit dem 18. Jahrhundert entstand eine Bewegung, die eine *humanistische Reform* des Strafens forderte. Grundlage dieser Ideen war der Wandel von Staatlichkeit, mit dem nicht mehr von der Herrschaft eines Souveräns ausgegangen wurde, sondern vielmehr von einem Gesellschaftsvertrag, der auf Gesetzen und Regeln basierte. An die Stelle einer Strafe, die Demütigungen des Souveräns rächen sollte, geriet die Vorstellung, dass Verbrechen einen Vertragsbruch mit den Regeln und Gesetzen einer Gesellschaftsformation bedeuteten. Ziel der Strafe war es, den Schaden an der Gesellschaft zu kompensieren und aus dem Straffälligen ein funktionales Rechtssubjekt zu machen. Die ‚gerechte Strafe' sollte nicht wie bei der Marter den Körper zerstören, sondern war auf die ‚Seele' des Verbrechers gerichtet. Im 19. Jahrhundert setzte sich ein neuer Straftypus durch, der bis heute Anwendung findet: Verbrecher werden in Gefängnissen eingesperrt. Im Gefängnis sollen Verhaltensweisen verändert werden, sodass nicht nur ungefährliche, sondern auch ‚nützliche' Subjekte entstehen.

Foucaults Argument lautet, dass das Gefängnis nur ein Beispiel für die *Disziplinarmacht* bildet, auch Schulen, Kasernen, Fabriken und Krankenhäusern waren und sind Orte, an denen Körper kontrolliert und normiert werden, um produktive Körper hervorzubringen. Foucaults Pointe besteht darin, dass die disziplinierende Macht, wie er sie bezeichnete, nicht nur *zersetzend* wirkt, indem sie Körper abrichtet, sondern immer auch *produktiv* ist, weil sie nützliche Körper – starke und einsatzfähige Soldatenkörper, flinke und kontrollierte Fabrikkörper, gelehrsame und still sitzende Körper von Lernenden – hervorbringt. Vor diesem Hintergrund lautet Foucaults provozierende These, dass die Erforschung von Gefängnissen deswegen gewinnbringend sei, weil sie Spiegelbilder moderner Zivilgesellschaften darstellen. Seine materialreiche Diskursanalyse zeigt somit nicht nur den Wandel von Strafpraktiken auf, sondern stellt auch eine gesellschaftliche Kritik an Disziplinaranstalten dar. *Überwachen und Strafen* gilt heute als zentrale Referenz der Körperhistorie, jener Forschungsperspektive, die darlegt, dass Körper keine ahistorischen Entitäten sind, sondern ebenfalls eine Geschichte haben.

Als zweite klassische Studie soll *Beyond the Natural Body: An Archeology of Sex Hormones* der niederländischen Biologin und Wissenschafts- und Technikhistorikerin *Nelly* Oudshoorn (1994) präsentiert werden. Die Autorin zeigt am Beispiel der Geschichte der Sexualhormone, wie es in den Naturwissenschaften zu einem Wandel in der medizinischen Bestimmung des biologischen Geschlechts gekommen ist. Dabei eröffnet sie einen zeitlichen Horizont, der von der wissenschaftlichen Erfindung von Geschlechtshormonen seit Ende des 19. Jahrhunderts bis zur massenhaften Verbreitung der Pille für die Frau reicht. Heute erscheint uns die hormonelle Begründung der Geschlechterdifferenz als selbstverständlich. Vor der Erfindung der Hormone war jedoch die Anatomie jene Wissenschaft, der Autorität in der Bestimmung des Geschlechts zugewiesen wurde. Damit wurde die Vorstellung, dass Weiblichkeit und Männlichkeit an bestimmten körperlichen Orten (Hoden, Penis, Gebärmutter, Eierstöcke) verankert sei, von der Deutung abgelöst, dass Geschlechtshormone im ganzen Körper umherwandern. Geschlecht wurde also nicht mehr durch anatomisches Wissen *erkannt,* sondern fortan mit Labortechniken bestimmt. Die Materialbasis von Oudshoorn bilden historische Quellen, die sich aus der relevanten medizinischen und naturwissenschaftlichen Fachliteratur seit 1905 sowie aus Daten von pharmazeutischen Unternehmensarchiven zusammensetzen.

Oudshoorn zeigt dabei, dass Hormone nicht einfach in der Natur *entdeckt* wurden, vielmehr legt sie dar, wie Wissen durch Wissenschaft aktiv hergestellt wurde. Dass wir Hormone heute für eine natürliche Selbstverständlichkeit halten, wie es sich in unserem Umgang mit Schwangerschaftstest, dem prämenstruellen Syndrom, der Menopause oder der Pille zeigt, basiert darauf, dass die Naturwissenschaften erfolgreich waren, ihre wissenschaftliche Befunde von ihrem Entstehungskontext zu lösen. Im Labor wurden Hormone in standardisierte Substanzen verwandelt, sodass sie auch unabhängig von den Laborbedingungen existieren konnten. Durch neu entstehende Messverfahren und Diagnoseinstrumente wurde es möglich, Wissen über Hormone auch außerhalb des Labors zu entwickeln. Das Wissen über weibliche Sexualhormone erwies sich für weitere Felder als tragfähig: So kooperierten die Laborwissenschaften mit gynäkologischen Abteilungen von Krankenhäusern und pharmazeutischen Unternehmen. Krankenhäuser stellten Patientinnen bereit, die mit Hormonen behandelt wurden. Sexualhormone ließen sich in Medikamente verwandeln, die wiederum auf Sexualhormonen basierende Krankheiten heilen konnten. Oudshoorn thematisiert, wie es dazu kam, dass sich die Forschung auf weibliche Sexualhormone konzentrierte mit der Folge, dass es bis heute zwar eine Pille für die Frau, aber keine für den Mann gibt. Die Vorstellung, dass sich Männerkörper durch stabile Hormonausschüttungen und Frauenkörper durch zyklische hormonelle Regulation charakterisieren lassen, war deshalb so erfolgreich, weil sie mit Wissen über Frauenkörper, etwa aus der Hysterieforschung, korreliert werden konnte.

In ihrer Perspektive auf die Entstehungsbedingungen wissenschaftlichen Wissens am Beispiel der Sexualhormone ist Oudshoorns Diskursanalyse insbesondere für die Geschlechterforschung und die *Science and Technology Studies* einflussreich gewesen, weil sie die Vorstellung einer Natürlichkeit der Geschlechterdifferenz hinterfragte und zeigte, dass wissenschaftliche Tatsachen nicht in der Natur gefunden werden, sondern Herstellungsleistungen von Wissenschaftlern in ihrer sozialen Verortung bilden, bei denen komplexe Konstellationen – Laborbedingungen, Zugänge zu Krankenhäusern und zur Pharmaindustrie sowie Geschlechterleitbilder – zentrale Faktoren darstellen. Für die mit Körpern befasste Diskursanalyse ist Oudshoorns Studie wegweisend, weil sie die Materialität wissenschaftlichen Wissens ins Zentrum stellt. Die Autorin betonte, dass Forschung mitnichten nur Sprache und Wissen produziert, sondern materielle Produkte wie Diagnose-Werkzeuge, Screening-Tests oder Medikamente.

Die dritte klassische Diskursanalyse ist die Arbeit *Orientalisms* des palästinensisch US-amerikanischen Literaturwissenschaftlers *Edward* Said (1978). Saids Studie kann als eine der bekanntesten Diskursanalysen überhaupt bezeichnet werden, die bis heute weit über die Wissenschaften hinaus diskutiert wird. Allerdings war sie bislang in der Soziologie der Körper noch wenig einflussreich, was daran liegt, dass Said wenig explizite Bezüge zu Körpern herstellt. Mit seinem Fokus auf die kolonialen Konstruktionen des ‚Anderen' thematisiert er jedoch immer auch körperliche Figuren des Orients (etwa die zügellose, aber stumme Kurtisane, der gewaltvolle Orientale etc.), zudem schlägt er vor, Orientalismus als spezifische okzidentale *Erfahrung* zu verstehen, was durchaus körperlich-sinnlich zu verstehen ist.

Saids These lautet, dass der Orientalismus nicht nur eine akademische Disziplin darstellte, sondern vielmehr als Diskurs verstanden werden muss, mit dem es der ‚europäischen Kultur' gelang, ‚den Orient' gesellschaftlich, künstlerisch, wissenschaftlich, politisch und militärisch zu vereinnahmen, zu erfinden und zu beherrschen. Er rekonstruiert am Beispiel von Beschreibungen über ‚den Orient' von französischen und englischen Literat_innen, Wissenschaftler_innen und Politiker_innen nach der europäischen Aufklärung, wie dieser als defizitäres Gegenbild zum Okzident konstruiert wurde. Der Autor zeigt, dass der Orient in deren Schriften als irrational, weiblich und primitiv entworfen wurde, was wiederum die Funktion hatte, die okzidentale Selbstwahrnehmung als rational, männlich und zivilisiert abzusichern. Diese machtvollen Binaritäten dienten schließlich der Legitimierung der europäischen Kolonialexpansion.

Saids Studie gilt heute als kulturwissenschaftliches Standardwerk und als eines von mehreren Gründungsdokumenten der Postkolonialen Theorie. Seine Diskursanalyse war deswegen so einflussreich, weil Said zeigte, dass Beschreibungen des ‚Anderen' von europäischen Dichtern und Denkern nicht unschuldig waren, sondern macht- und gewaltvolle Repräsentationen darstellten, die die koloniale Beherrschung des Orients vorbereiteten und gestalteten. Auch bei Said sind Diskurse nicht einfach Ideen oder Phantasien, sondern materialisieren sich, wie etwa in der Form von kolonialrassistischen Bürokratien und Gewaltverhältnissen. Mit dem Orientalismus hat sich eine bis heute gültige Epistemologie etabliert, die im Orient immer das defizitäre Gegenbild Europas sieht.

## 3 Verfügbare Körper und veräußerte Subjekte im Diskurs des Organmangels – ein exemplarischer Forschungsprozess

Nach der Einführung einiger klassischer Diskursanalysen wird nun am Beispiel einer eigenen Untersuchung (Motakef, 2011) demonstriert, wie der Ablauf einer Diskursanalyse konkret aussehen *kann*. Thema der Studie ist das biomedizinische Feld der Organspende der Gegenwart. Der Zugang zu dem Feld erfolgte durch eine Beschäftigung in einem soziomedizinischen Projekt. Die folgende Skizze zeigt, wie der Diskurs des Organmangels im Laufe der Untersuchung mit hervorgebracht und wie er im Anschluss an poststrukturalistisch-gouvernementalitätstheoretische und wissenssoziologisch-hermeneutische Ansätze (Deutungsmusteranalyse) rekonstruiert wurde.

Die Untersuchung resultierte aus der Verwunderung heraus, wie Organspende von der Transplantationsmedizin vermittelt wurde: Wieso wurde sie als eine Technologie präsentiert, für die sich möglichst alle Menschen einsetzen sollen? Gab es nicht vor wenigen Jahren eine Kontroverse zum Hirntod, die zumindest zeigte, dass große

Irritationen über die Organspende bestehen? Und kann man Organe einfach so weggeben? Aus körpersoziologischer und gabentheoretischer Perspektive war die Selbstverständlichkeit verwunderlich, mit der Organe als Teile körperlicher Leiblichkeit einfach verschenkt werden können. Umgekehrt war es erstaunlich zu sehen, dass in der Soziologie der Körper diese immer nur als Ganzheiten in den Blick genommen werden. Kurzum: Die Vermutung war, dass sich im Feld der Organspende etwas Grundsätzliches veränderte hatte und dass dabei etwas auf dem Spiel steht, dass unsere Vorstellungen von Körperlichkeiten und Subjektverhältnissen berührt.

Es folgte eine Recherchephase in Zeitungen und wissenschaftlichen Datenbanken sowie eine Reihe von Gesprächen mit Selbsthilfegruppen von Patient_innen und mit dem medizinischen Personal von Transplantationsambulanzen und Dialysezentren. Schnell zeigte sich, dass vor allem in den Wissenschaften zahlreiche Publikationen vorlagen, die einen Organmangel thematisieren. Es wurden dort Überlegungen angestellt, wie dieser überwunden werden könnte, etwa durch mehr Werbung oder eine andere Gesetzgebung. Es fanden sich Vorschläge, mit welcher alternativen Regelung mehr Organe gewonnen werden könnten, es gab aber auch Plädoyers, Organtransplantationen nicht auszubauen. Über den Hirntod lagen zu Beginn der Untersuchung kaum Publikationen vor. Selbsthilfegruppen bestätigten den Eindruck, dass der Organmangel seit Verabschiedung des Transplantationsgesetzes zum Schlüsselthema der Organspende avanciert war. Die Selbsthilfegruppen, mit denen Gespräche geführt wurden, legten Wert darauf, dass sie sich nicht daran beteiligten, diesen Organmangel öffentlich zu beklagen, da sie den Eindruck vermeiden wollten, sie würden sich für ihre Therapie den Tod von Menschen wünschen.

Was verbarg sich hinter dem Organmangel? Gab es nicht schon immer einen Mangel an Organen? Schließlich können Organe nicht gezüchtet werden, sondern werden Menschen entnommen. Wieso taucht dieser Begriff neu auf? Was verhüllt er? Worauf ist er gerichtet? Um diese Fragen beantworten zu können, wurde eine genealogische Diskursanalyse zum Organmangel vorgenommen: Wie wurde der Organmangel als Wissensordnung wirkmächtig und wie hat er schließlich den Hirntod als zentrales Thema der Auseinandersetzung abgelöst? Die gabentheoretisch informierte These lautete, dass sich im Diskurs des Organmangels tatsächlich etwas grundsätzlich verändert hatte: die Ökonomie der Gabe von Körperteilen. Während eine Organspende nach dem Transplantationsgesetz als eine Gabe eingeführt wurde, ein persönliches Geschenk, auf das kein Anrecht besteht, veränderte sich das in diesem Diskurs. Es gab Vorschläge, Organe als staatlichen Besitz, als Privatgüter oder gar als Waren zu verstehen, die gekauft werden können.

Die Materialbasis bildeten wissenschaftliche Aussagen, da zu dem Zeitpunkt der Untersuchung (2005 bis 2009) an keinem anderen Ort eine vergleichbare hohe diskursive Produktivität von Aussagen zur Organspende und dem Organmangel vorlag. Zu dem Diskurs wurde die Gesamtheit wissenschaftlicher Aussagen gefasst, die auf die Verfügbarkeit von Körperteilen in der Organtransplantation Bezug nehmen. Es lag keine Beschränkung auf Beiträge zum Organmangel vor. Auch wurde versucht, Positionen zu berücksichtigen, die die Transplantationsmedizin ablehnen. Berücksichtigt wurden Aussagen aus einem Jahrzehnt: von 1997, dem Jahr, in dem in Deutschland das erste Transplantationsgesetz in Kraft trat, bis 2007. Es wurde keine disziplinäre Verortung der wissenschaftlichen Beiträge vorgegeben. Die Datenbankanalysen zeigten jedoch schnell, dass nur in bestimmten Disziplinen der Mangel an Organspenden thematisiert wird. Dies sind die Sozial- und Bioethik, die Sozial-, Wirtschafts- und Rechtswissenschaften, die Theologie und die Nephrologie. Die Suchbegriffe bei der Datenbankrecherche lauteten ‚Organspende', ‚Organmangel', ‚Transplantationsgesetz' und ‚Organtransplantation'.

Nach einer ersten Sichtung des Materials verdichtete sich der Eindruck, dass der Organmangel häufig als *lösungsbedürftiges Problem* eingeführt wird, mit dem konkrete Handlungsanweisungen an Subjekte einhergehen. In einem Vorschlag, dem zufolge in Deutschland private Organclubs legalisiert werden sollten, wurde etwa die Vorstellung rekonstruiert, dass Körperteile Privateigentum bilden, die in einen Club eingesetzt werden können. Hier wurde die Vorstellung entworfen, dass Subjekte präventiv kalkulieren können und *sollen,* zukünftig auf ein Ersatzorgan angewiesen zu sein. Da die genealogisch informierte Diskursanalyse zwar die Frage beantworten kann, *wie* der Organmangel als Wissensordnung wirkmächtig wurde, aber nicht, wie er als lösungsbedürftiges Problem als Handlungsweise vermittelt wird, wurde die Diskursanalyse um gouvernementalitätstheoretische Überlegungen (Bröckling et al., 2000) (siehe Abschn. 2) ergänzt. Mit dieser wurde an poststrukturalistische Überlegungen zum Subjektbegriff angeschlossen, in denen davon ausgegangen wird, dass Subjekte diskursiv hergestellt werden. Diskurse stellen Adressierungen bereit, mit denen Individuen als spezifische Subjekte regiert werden, d. h. ihnen werden spezifische Handlungsweisen nahegelegt. Die präzisierten diskursanalytischen Fragestellungen lauteten: Auf welche Programme von Regierungen verweisen die Aussagen des Diskurses des Organmangels? Welchen ‚Rationalitäten' folgen diese Programme? Welche Bedeutungen von Organen bzw. von Körpern und welche Subjektformen werden konstruiert? Wie werden Individuen in diesen Programmen adressiert?

Um diese Regierungsprogramme empirisch rekonstruieren zu können, wurde eine Deutungsmusteranalyse durchgeführt, womit Bezüge zu wissenssoziologisch-hermeneutischen Ansätzen hergestellt wurden. Das wissenssoziologische Konzept des Deutungsmusters kombiniert die Frage nach der Funktion von Wissen (Berger und Luckmann) mit der Frage ihrer Seinsverbundenheit (Mannheim). Mit dem Deutungsmuster wurde ein methodisches Äquivalent zum theoretischen Konzept des Regierungsprogramms gefunden. Die Rekonfiguration zu einer diskursanalytischen Deutungsmusteranalyse bestand darin, dass nicht die Sinnstruktur eines Falles, sondern Deutungsmuster in Diskursfragmenten rekonstruiert wurden. Der Organmangel wurde als ein Deutungsmuster gelesen, das spezifische Vorstellungen von Körpern und Subjektformen generiert. Deutungsmuster des Organmangels, so unterschiedlich sie auch ausfallen, entwerfen Programme, wie Organe verteilt und die Organspende organisiert werden sollte.

Die Auswertung erfolgte sequenzanalytisch. Zunächst wurde nach Verbindungen von Deutungsmustern in Diskursfragmenten gesucht, die zu einem Modell der Organverteilung zusammengefasst wurden. In diesem ersten Schritt der Sequenzanalyse, in dem die Grobstruktur der Texte erfasst wurde, wurde herausgearbeitet, auf welche Fragen in den jeweiligen Modellen eine Antwort gegeben und welchen Aspekten Priorität eingeräumt wird (zum Beispiel der Wahrung der Integrität des Körpers, der Aufhebung des Organmangels, Gerechtigkeit etc.). Der weitere Analyseschritt bestand darin, dass ausgewählte Schlüsseltexte in ihrer Abfolge interpretiert wurden. Es wurden Deutungen von Körpern und Subjektformen entworfen, die an den folgenden Aussagen im Laufe der Sequenzanalyse verworfen oder weiter verdichtet wurden.

Die Diskursanalyse konnte aufzeigen, wie sich im Diskurs des Organmangels Vorstellungen von Körpern und Subjekten veränderten. Wenn man zum Beispiel die in diesem Diskurs vorgeschlagene alternative Widerspruchsregelung als ein Form der ‚Regierung' fasst, lassen sich in diesem ‚Regierungsprogramm' prinzipiell veräußerbare Subjekte rekonstruieren, deren Körperteile dem staatlichen Zugriff offenstehen. Organe bilden hier staatlichen Besitz. Im Regierungsprogramm des Organclubs werden, wie oben bereits erwähnt, Individuen dagegen als Clubmitglieder adressiert, deren Organe ihr Privateigentum bilden. Organspende stellt nicht mehr, wie es vorher der Fall war, eine moralisch gebotene Handlung dar, weil sie etwa als Akt christlicher Nächstenliebe gelesen wird, sondern weil im Organclub Vorsorge betrieben wird: Vorsorge, für den Fall eines Organausfalls vorbereitet zu sein. Hier ist der Moralität der Fürsorge eine Moral der Vorsorge gewichen.

Kurzum: Am Diskurs des Organmangels lässt sich nicht nur etwas über Veränderungen innerhalb der Organspende lernen, vielmehr kann der Diskurs stellvertretend für die Art und Weise gelesen werden, wie gegenwärtig die Verfügbarkeit von Körpern und damit die Veräußerbarkeit von Subjekten verhandelt wird.

## 4 Vorzüge und Grenzen der Diskursanalyse

Der Diskursanalyse wird häufig mit dem Vorurteil begegnet, sie fokussiere lediglich Sprachliches. Dies ist, wie eben gezeigt, eine Verkürzung, schließlich bringen Diskurse, körpersoziologisch formuliert, nicht nur Körper*wissen* hervor. Wie die hier präsentierten Studien zeigen, besteht die diskursanalytische Pointe gerade darin, dass Diskurse auch Materialitäten hervorbringen – ob Gefängnismauern, Hormonpräparate oder ‚sexualisierte orientalische Frauenkörper'.

Die Diskursanalyse hatte bisher einen zentralen Einfluss auf die Soziologie der Körper, insbesondere wenn es um sozialhistorische und sozialkonstruktivistische Ordnungen von Körpern ging. Die Diskursanalyse als Teil der interdisziplinären Diskursforschung war deswegen für die Soziologie der Körper bedeutsam, weil sie thematisierte, wie Körper und Dinge durch Diskurse materialisiert wurden, weil sie, anders gesprochen, Körpern und Dingen eine Geschichte gab. Die zentralen diskursanalytischen Impulse stammen, wie auch die drei hier präsentierten klassischen Studien, allerdings eher aus den Kulturwissenschaften als aus der Soziologie.

Dabei ist es die große Stärke der Diskursanalyse, dass sie, mit Foucault gesprochen, Werkzeuge bereit stellt, mit der Essentialisierungen, Binaritäten und vermeintliche Eindeutigkeiten hinterfragt werden können. Vor diesem Hintergrund lässt sich die Reichweite der Diskursanalyse nicht nur auf die Wissenschaft begrenzen. Diskursanalytische Kritiken an Strafpraktiken, der Naturalisierung der Geschlechterdifferenz sowie der kolonialen Konstruktion des ‚Anderen' waren und sind immer auch zentrale Bezugspunkte gesellschaftspolitischer Debatten und sozialer Protestbewegungen.

Ein zentraler Einwand, der aus körpersoziologischer Perspektive erhoben wird, lautet, dass Diskursanalysen die Ebene des körperlich-leiblichen Spürens nicht berücksichtigen können. In Foucaults Studie ‚Überwachen und Strafen' wird dies deutlich, er kann Körper nur in ihrer disziplinären Zurichtung denken. Doch, so ist kritisch zu fragen, was ist mit leiblichem Spüren und Erfahren: Besitzt der leibliche Körper nicht auch ein Handlungspotenzial, das wiederum auf Diskurse und Praxen zurückwirken kann? Wie kann dies diskursanalytisch erfasst werden? Wie könnten Erhebungsmethoden kombiniert werden, sodass diskursive und leibliche Perspektiven konvergiert werden?

Ein weiterer Einwand lautet, dass Diskursanalysen einen diffusen Körperbegriff fortschreiben, da sie sich streng genommen nicht dafür interessieren, was Körper sind, sondern dafür, wie sie zugerichtet und hervorgebracht werden. Was ist das also genau, was durch Diskurse entsteht?

Eng verbunden mit diesen Fragen stellt sich die theoretische Frage, ob es am und im Körper überhaupt Dimensionen gibt, die jenseits des Diskurses verortet werden können. Können sich Körper der disziplinierenden Macht der Diskurse entziehen? Haben Körper einen nicht-diskursiven Rest? Falls ja, wie ist dieser zu fassen? Geht von ihm Handlungspotenzial aus und wenn ja, wie? Ist vor diesem Hintergrund eine Unterscheidung von diskursiven und nicht-diskursiven Praktiken sinnvoll? Diese Fragen werden innerhalb der Diskursforschung intensiv diskutiert (etwa van Dyk et al., 2014).

Schließlich besteht eine Grenze der Diskursanalyse darin, dass sie zwar diskursiv vermittelte (körperliche) Subjektpositionen rekonstruieren kann, wie wirkmächtig sich Diskurse auf Ebene der empirischen Individuen (körperlich-leiblich) abzeichnen, ist damit allerdings noch nicht beantwortet. Dies hat zum Beispiel die Studie zur Organspende gezeigt, denn wenn auch noch so argumentationsstark für die Überwindung des Organmangels geworben wird, kann dies nicht darüber hinwegtäuschen, dass nur wenige die Adressierung der Organspende annehmen (Motakef, 2011). Diese Grenze wird in Diskursanalysen häufig nicht ausgewiesen, womit ein Diskursdeterminismus bedient wird.

Innerhalb der Diskursforschung wird zudem die Kritik an einem starken Subjektbegriff intensiv debattiert. Zentrale Fragen sind dabei: Wie lässt sich diskursanalytisch rekonstruieren, wer über die Macht verfügt, als ein bestimmtes körperliches Subjekt zu sprechen? Welche sozialen Positionierungen sind dazu nötig? Welchen Einfluss haben Akteur_innen auf die diskursiven Herstellungsprozesse von Wirklichkeit? Und wie lassen sich überhaupt (körperliche) Ungleichheitsverhältnisse nach der Subjektkritik formulieren?

Diskursanalysen scheinen *last but not least* und pointiert formuliert etwas jenen geschlechtertheoretischen Angeboten hinterherzuhinken, in denen das Materielle im Zentrum steht. Während Diskursanalysen noch damit beschäftigt sind, Binaritäten zu hinterfragen, gehen geschlechtertheoretische Angebote, wie sie etwa unter dem Begriff des *New Materialism* (Karen Barad) gefasst werden, einen Schritt weiter, indem sie weniger von Entitäten und Kategorien ausgehen, sondern vielmehr nach wechselseitigen Herstellungsprozessen fragen und sogenannte *Interferenzen* ins Zentrum stellen. Hier schließen sich für die Diskursanalyse wichtige zukünftige empirische Fragen an: Wie kann Wirklichkeit beschrieben werden, ohne die Binaritäten, Essentialisierungen und Ontologien zu reproduzieren, die ja gerade hinterfragt werden sollen? Wie kann dabei am herrschafts- und machtkritischen Anspruch der Diskursanalyse festgehalten werden?

## Literatur

Angermuller, J., Nonhoff, M., Herschinger, E., Macgilchrist, F., Reisigl, M., Wedl, J., & Ziem, A. (Hrsg.) (2014). *Diskursforschung. Ein interdisziplinäres Handbuch, Band 1. Theorie, Methodologien und Kontroversen.* Transcript.

Angermuller, J. & Wedl, J. (2014). Diskursforschung in der Soziologie. In J. Angermuller, M. Nonhoff, E. Herschinger, F. Macgilchrist, M. Reisigl, J. Wedl, D. Wrana, & A. Ziem (Hrsg.), *Diskursforschung. Ein interdisziplinäres Handbuch, Band 1. Theorie, Methodologien und Kontroversen* (S. 162–191). transcript.

Bröckling, U., Krasmann, S., & Lemke, T. (Hrsg.). (2000). *Gouvernementalität der Gegenwart. Studien zur Ökonomisierung des Sozialen.* Suhrkamp.

Bublitz, H., Bührmann, A. D., Hanke, C., & Seier, A. (Hrsg.). (1999). *Das Wuchern der Diskurse. Perspektiven der Diskursanalyse Foucaults.* Campus.

Bührmann, A. D., & Schneider, W. (2008). *Vom Diskurs zum Dispositiv: Eine Einführung in die Dispositivanalyse.* Transcript.

Feustel, R., Keller, R., Schrage, D., Wedl, J., Wrana, D., & van Dyk, S. (2014). Zur method(olog) ischen Systematisierung der sozialwissenschaftlichen Diskursforschung. In J. Angermuller, M. Nonhoff, E. Herschinger, F. Macgilchrist, M. Reisigl, J. Wedl, D. Wrana, & A. Ziem (Hrsg.), *Diskursforschung Ein interdisziplinäres Handbuch Theorien, Methodologien und Kontroversen* (Bd. 1, S. 482–506). Transcript.

Foucault, M. (1981). *Archäologie des Wissens.* Suhrkamp.

Foucault, M. (1993). *Die Ordnung des Diskurses.* Fischer.

Foucault, M. (1994). *Überwachen und Strafen. Die Geburt des Gefängnisses.* Suhrkamp.

Keller, R. (2005). *Wissenssoziologische Diskursanalyse. Grundlegung eines Forschungsprogramms.* VS.

Keller, R., & Truschkat, I. (Hrsg.) (2013). *Methodologie und Praxis der Wissenssoziologischen Diskursanalyse. Band 1: Interdisziplinäre Perspektiven.* VS.

Motakef, M. (2011). *Körper Gabe. Ambivalente Ökonomien der Organspende.* transcript.

Oudshoorn, N. (1994). *Beyond the natural body: An archaeology of sex hormones.* Routledge.

Said, E. (1978). *Orientalism.* Pantheon.

van D., Silke, L., Antje, M., Felicitas, W., Daniel, & Ziem, A. (2014). Discourse and beyond? Zum Verhältnis von Sprache, Materialität und Praxis. In J. Angermuller, M. Nonhoff, E. Herschinger, F. Macgilchrist, M. Reisigl, J. Wedl, D. Wrana & A. Ziem (Hrsg.), *Diskursforschung Ein interdisziplinäres Handbuch. Band 1 Theorien, Methodologien und Kontroversen* (S. 347–363). Transcript.

# Fotointerpretation

Ralf Bohnsack

Die sozialwissenschaftliche (Wieder-)Entdeckung des Körpers, die als „somatic turn" oder „body turn" oder in ähnlicher Weise diagnostiziert oder programmatisch gefordert worden ist, zeigt eine gewisse zeitliche Koinzidenz mit dem Beginn des „pictorial turn" oder „iconic turn" bzw. mit dessen Behauptung oder Beschwörung. Dies erscheint nicht zufällig, weil es in erster Linie die visuelle Darstellung ist, die unsere (wissenschaftliche) Aufmerksamkeit auf den Körper richtet, und – so soll im Folgenden dargelegt werden – die Bildinterpretation den validesten sozialwissenschaftlich-empirischen Zugang zur Körperlichkeit vor allem im Sinne der körperlichen Praxis, der körperlichen Performanz, eröffnet. Umgekehrt ist aber auch eine Methode der Fotointerpretation ohne einen fundierten begrifflich-theoretischen Zugang zur Körperlichkeit nicht denkbar.

Beide Entwicklungen haben auch gemeinsam, dass sie sich zunächst im Bereich der Geisteswissenschaften und erst später (Ende des 20./Anfang des 21. Jh.) im Bereich der Sozialwissenschaften bemerkbar gemacht. haben. Ob in letzterem Bereich nun wirklich von einem pictorial oder iconic turn im Sinne einer paradigmatischen Wende gesprochen werden kann, erscheint insbesondere deshalb fragwürdig, weil eine methodische Fundierung der Bild- und Fotoanalyse, die den Ansprüchen sozialwissenschaftlicher Empirie gerecht zu werden vermag, noch in den Anfängen steckt.

Dies hängt wesentlich damit zusammen, dass die entscheidenden Fortschritte qualitativer Methoden seit Ende der 1970er Jahre zunächst eng mit der Entwicklung der Verfahren der Textinterpretation verbunden waren, welche wiederum im Zusammenhang mit dem sogenannten *linguistic turn* (Richard Rorty, Paul Ricœur und Jürgen Habermas), also der sprachwissenschaftlichen Wende in den Geistes- und Sozialwissenschaften,

R. Bohnsack (✉)
Berlin, Deutschland
E-Mail: bohnsack@zedat.fu-berlin.de



R. Gugutzer et al. (Hrsg.), *Handbuch Körpersoziologie 2*,
https://doi.org/10.1007/978-3-658-33298-3_43

zu sehen ist. Dies hat in den qualitativen Methoden zwar zu enormen Fortschritten der Interpretationsverfahren geführt. Damit verbunden war (und ist) allerdings eine Marginalisierung des Bildes. Die hochentwickelten qualitativen Verfahren der Textinterpretation vermögen sich nur schwer von der Bindung an die Logik von Sprache und Text und vom sprachlich-textlichen Vor-Wissen zu lösen. Dies wäre Voraussetzung, um zur Eigenlogik des Bildes vorzudringen, wie es mit den Begriffen des *pictorial turn* (William Mitchell) bzw. *iconic turn* (Gottfried Boehm) gefordert wird. Im Vergleich mit dem enormen Potential des linguistic turn in philosophisch-erkenntnistheoretischer (Ricœur), sozialphilosophisch-handlungstheoretischer (Habermas) und auch empirisch-rekonstruktiver Hinsicht (hier zunächst durch die Konversationsanalyse: Harvey Sacks) kann von der bildwissenschaftlichen Wende bisher nicht wirklich die Rede sein.

Die sozialwissenschaftlichen Methoden der Bild- und Fotointerpretation sind kaum durch die (angewandte) Fotowissenschaft, aber wesentlich durch die Kunstgeschichte, beeinflusst worden. Dies gilt insbesondere für die Dokumentarische Methode (dazu u. a: Bohnsack, 2009, Kap. 2 und 3), die im Folgenden im Zentrum stehen wird und die sich, was die methodologisch-erkenntnistheoretischen Prinzipien des Zugangs zur Eigenlogik des Bildes anbetrifft, auch auf Traditionen der Semiotik (Roland Barthes u. Umberto Eco) und der Philosophie (Michel Foucault) stützt.

## 1 Der Zugang zu Bildern und korporierten Praktiken als selbstreferentiellen Systemen

Im Bereich des sprachlichen Ausdrucks, der verbalen Praktiken, war es die Audiografie und deren Vertextung (Transkription), welche im Zusammenhang mit dem linguistic turn zu der entscheidenden Wende in der Validierung empirisch-sozialwissenschaftlicher Interpretationen im Bereich der qualitativen Methodik geführt hat. In der Dimension nonverbaler, genauer: korporierter, Praktiken ist die Foto- und Videografie in analoger Weise im Begriff, die ersten Schritte in diese Richtung zu tun. Wesentlich für derartige Veränderungen im methodischen Zugang zu beiden Dimension der Interpretation sozialwissenschaftlichen Handelns, zum Text wie zum Bild, ist *zum einen* die Möglichkeit zur ständigen Reproduzierbarkeit der Originaldaten und damit auch des Erkenntnisprozesses, um auf diese Weise die intersubjektive Überprüfbarkeit gewährleisten zu können. Zum anderen ist der Zugang zu den verbalen wie korporierten Praktiken als *selbstreferentiellen Systemen* eine wesentliche Komponente methodischer Validität. Letzteres meint vor allem die systematische Erfassung der von den AkteurInnen im Forschungsfeld *selbst hergestellten Kontextuierungen* ihrer Handlungs- und Gestaltungsleistungen. Letzteres ebenso wie die ständige Reproduzierbarkeit der Originaldaten ist auch wesentliche Voraussetzung dafür, das Kontext-Wissen und insgesamt das theoretische wie auch das intuitive Vor-Wissen der Forschenden zu reflektieren und zu kontrollieren.

Die Foto- und Videografie korporierter Praktiken bieten den validesten, weil unmittelbarsten, empirischen Zugang zur Körperlichkeit der Erforschten. Zugleich stellen sie uns aber auch vor erheblich größere methodologisch-methodische Probleme als die audiografische Registrierung und Konservierung. Zum einen betrifft dies die Unterschiede zwischen der *Sequenzanalyse* im Bereich der Textinterpretation im Unterschied zur *Simultananalyse* im Bereich der Bildinterpretation und zur Simultan wie zugleich der Sequenzanalyse im Bereich der Videografie (dazu u. a. Bohnsack, 2009: Kap. 5 sowie Bohnsack et al., 2014).

## 2 Die Differenzierung von abgebildeten und abbildenden BildproduzentInnen

Mindestens ebenso bedeutsam ist Folgendes: Während im Bereich der Audiografie der Wechsel des Standortes des Mikrofons allenfalls Veränderungen im Bereich der Tonqualität zur Folge hat, hat der Wechsel des Standortes und der Perspektive der Kamera im Bereich der Foto- und der Videografie unausweichlich und unhintergehbar die Konstruktion neuer Realitäten zur Folge. Die Kunstgeschichte, aber auch die Fotowissenschaft, hat sich mit diesem Problem in einer für die sozialwissenschaftliche Empirie relevanten Weise nicht auseinandergesetzt.

Auch im Bereich der Methodiken sozialwissenschaftlicher Foto- und Videografie bleibt dies weitgehend (noch) unbeachtet. Die Dokumentarische Methode trägt dem Problem mit der Differenzierung zwischen *abgebildeten BildproduzentInnen* (den vor der Kamera Agierenden) und den *abbildenden BildproduzentInnen* (den Fotografierenden und noch danach an der Bearbeitung des Bildes Beteiligten) Rechnung. Den Foto- und Videografien kommt damit eine doppelte empirische Bedeutung zu: Sie erschließen uns einerseits einen unmittelbaren Zugang zur Körperlichkeit, d. h. zu den *korporierten Praktiken,* der *Abgebildeten.* Zugleich eröffnen sie einen – wenn auch weniger unmittelbaren – Zugang zu den *mentalen* Bildern vom Körper, den körperlichen *Imaginationen* der *Abbildenden,* also der FotografInnen. Dabei macht es einen wesentlichen Unterschied, ob die FotografInnen zu den ForscherInnen oder zu den Erforschten (bzw. zu deren Milieu) gehören (bzw. ob das Foto von letzteren zumindest autorisiert resp. genauer: authentisiert ist) (dazu u. a.: Bohnsack, 2009, Kap. 3). In jedem Fall repräsentiert das Bild die *impliziten* Wissensbestände der Erforschten (und ggf. der Forschenden). Das implizite Wissen gilt es noch einmal zu differenzieren in *atheoretische* und *inkorporierte* Wissensbestände.

## 3 Implizites, atheoretisches und korporiertes Wissen

Karl Mannheim (1980, S. 73) erläutert den Charakter des impliziten Wissens am Beispiel (der Herstellung) eines Knotens. Das handlungsleitende Wissen, welches mir ermöglicht, einen Knoten zu knüpfen, ist ein implizites Wissen. Diese Handlungspraxis vollzieht sich intuitiv und vorreflexiv. Das, was ein Knoten ist, *verstehe* ich, indem ich mir jenen Bewegungsablauf (von Fingerfertigkeiten) einschließlich der motorischen Empfindungen vergegenwärtige, „als dessen ‚Resultat' der Knoten vor uns liegt" (Mannheim, 1980, S. 73). Es erscheint ausgesprochen kompliziert, wenn nicht sogar unmöglich, diesen Herstellungsprozess in adäquater Weise *begrifflich-theoretisch zu explizieren*. Wesentlich unkomplizierter ist es, den Knoten auf dem Wege der *Abbildung*, also der bildlichen Demonstration des Herstellungsprozesses zu vermitteln. Das Bild erscheint somit in besonderer Weise geeignet für eine Verständigung im Medium des impliziten Wissens. Die im Medium des Textes zu leistende begrifflich-theoretische *Explikation* dieses intuitiven Herstellungsprozesses, dieses impliziten Wissens, nennt Mannheim „Interpretieren" (1980, S. 272).

Zugleich bietet uns das Beispiel des Knotens aber auch – über Mannheim hinausgehend – die Möglichkeit der Differenzierung zwischen dem *atheoretischen* und dem *inkorporierten* Wissen: Solange und soweit ich mir im Prozess des Knüpfens eines Knotens dessen Herstellungsprozess, also die Bewegungsabläufe des Knüpfens, bildhaft – d. h. in Form von materialen (äußeren) oder mentalen (inneren) Bildern – vergegenwärtigen muss, um in der Habitualisierung der Praxis erfolgreich zu sein, habe ich den Prozess des Knüpfens eines Knotens noch nicht vollständig *inkorporiert* und habitualisiert. Der modus operandi ist im Falle dieser bildhaften, der imaginativen Vergegenwärtigung das Produkt *mentaler* Bilder und *atheoretischer* Wissensbestände. In diesem Falle kann die empirische Rekonstruktion derartiger Imaginationen nicht nur über materiale Expressionen mentaler Bilder (bspw. Zeichnungen, Collagen etc.) führen, sondern auch über die Rekonstruktion *metaphorischer* Darstellungen, d. h. von Erzählungen und Beschreibungen der Handlungspraktiken durch die Akteure, also über die Rekonstruktion der von ihnen *verbal* vermittelten inneren (mentalen) Bilder. Das implizite Wissen und der darin implizierte *Orientierungsrahmen* oder *Habitus* (zu den Begriffen: u. a. Bohnsack, 2014) ist uns in diesem Falle also als atheoretisches Wissen, d. h. im Medium *mentaler Bilder*, gegeben. Der empirische Zugang zu den mentalen Bildern gehört zu den komplexesten methodischen Aufgaben.

Der modus operandi kann aber auch das Produkt *korporierter* habitualisierter Praktiken sein. In diesem Falle ist der Orientierungsrahmen oder Habitus auf dem Wege der direkten Beobachtung der korporierten Praktiken im Medium *materialer* Bilder, wie u. a. Foto- und Videografien, in methodisch kontrollierter Weise zugänglich. Das *implizite* Wissen und der darin fundierte Orientierungsrahmen umfassen also sowohl das *korporierte* Wissen (der *abgebildeten* BildproduzentInnen), welches in Form *materialer (Ab-)Bilder* empirisch-methodisch in valider Weise zugänglich ist, wie auch das *atheoretische* Wissen, für welches einerseits die materialen Expressionen der *mentalen* Bilder der *abbildenden* BildproduzentInnen (FotografInnen) von zentraler Bedeutung sind, andererseits aber auch die in Erzählungen und Beschreibungen implizierten mentalen Bilder. Diese Bindung des Habitus oder Orientierungsrahmens an das Bild lässt es plausibel erscheinen, dass der Begriff des Habitus ursprünglich am Fall der Bildinterpretation resp. der Bildenden Kunst entwickelt worden ist.

Wissenssoziologisch lassen sich – je nach dem Modus der Körperlichkeit – folgende empirisch-methodische Zugänge unterscheiden:

a) die *korporierten Praktiken und Haltungen,* die uns auf der Grundlage von Foto- und Videografien einen unmittelbaren empirischen Zugang zur Körper*praxis,* also Körper*performanz,* der Erforschten (als *abgebildete* BildproduzentInnen) eröffnen
b) die *mentalen oder imaginierten* Körper-Bilder auf der Grundlage der durch die Erforschten (als *abbildende* BildproduzentInnen) selbst produzierten oder ausgewählten und authentisierten Foto- und Videografien, Zeichnungen, Collagen etc., die uns einen validen Zugang zu Körper*imaginationen* eröffnen
c) die Körper-Bilder auf der Grundlage *metaphorischer Darstellungen* (Erzählungen und Beschreibungen), welche in Form der Texte der Erforschten gegeben sind und die uns einen indirekten, d. h. weniger validen, Zugang zur *Körperpraxis* wie aber auch zu den Körper*imaginationen* erschließen
d) die – uns ebenfalls in Form von Texten seitens der Erforschten gegebenen – Reflexionen resp. Theorien *über* Körperbilder und Körperlichkeit. Sie vermitteln uns einen Zugang zu den Körper*theorien* (des Common Sense) und den *theoretisierenden* Körper*imaginationen.*

## 4 Praxeologische Wissenssoziologie und Bourdieus Kultursoziologie im Unterschied zur Sozialphänomenologie

Die Habitustheorie im Sinne von Bourdieu (u. a. 1976), kann als die am weitesten fortgeschrittene sozialwissenschaftliche Theorie korporierter Praktiken im Sinne einer „Wissenssoziologie des Körpers" (Meuser, 2001, S. 222) verstanden werden. Denn sie hat gegenüber anderen Ansätzen, welche ebenfalls die „kognivistische Verkürzung der traditionellen soziologischen Handlungstheorie" überwunden haben (wie unter anderem die Diskursanalyse von Foucault), den Vorzug, uns den „Körper als Agens" zugänglich zu machen (Meuser, 2006, S. 97). Bourdieu schließt mit seiner Habitustheorie bekanntlich an Erwin Panofsky (1975) an, den für die Entwicklung der Bildtheorie wohl bedeutendsten Kunsthistoriker, welcher sich seinerseits auf Karl Mannheim und dessen Dokumentarische Methode bezieht. Mannheim hatte in seinem in dieser Hinsicht wichtigsten Aufsatz (1964) exemplarisch den „gesamtgeistigen ‚Habitus'" (a. a. O., S. 108) seines Freundes (in dessen Interaktion mit einem Bettler) auf der Grundlage insbesondere der *korporierten Praktiken* des Freundes interpretiert, indem er dessen „Miene, sein Gebärdenspiel, sein Lebenstempo und seinen Sprachrhythmus" beobachtete. Auch Panofsky erläutert hieran anschließend ebenfalls mit Bezug auf ein Beispiel aus dem Bereich korporierter Praktiken (dem „Hutziehen") seine eigene Methodologie und die Differenzierung seiner Bildinterpretation in die *vor-ikonografische,* die *ikonografische* und die *ikonologische* Ebene. Diese bildtheoretische Differenzierung ermöglicht zugleich eine Differenzierung unterschiedlicher Dimensionen korporierter Praktiken, auf die weiter unten eingegangen wird.

Da auch die Sozialphänomenologie von Alfred Schütz durch Berger/Luckmann und deren Schule als Wissenssoziologie bezeichnet worden ist, erscheint es notwendig, hier klar zu differenzieren. Im Unterschied zur Kultur- bzw. Wissenssoziologie von Bourdieu und zu derjenigen Mannheims, die zu einer Praxeologische Wissenssoziologie fortentwickelt worden ist, eröffnet die Sozialphänomenologie keinen direkten Zugang zur Körperlichkeit im Sinne der Körper*praxis.* Eine Differenzierung des atheoretischen (durch mentale Bilder angeleiteten) Wissens vom korporierten Wissen findet sich in der für die qualitativen Methoden bedeutsamen sozialphänomenologischen Tradition von Alfred Schütz nicht. Es zeigt sich eine Tendenz zur Reduktion auf das in mentalen Bildern, in Imaginationen, fundierte Wissen – so exemplarisch bei Jürgen Raab und Hans-Georg Soeffner (2005, S. 171 f.): „Jedem Handeln, also jedem Zusammenwirken von Wahrnehmung und Empfindung, Bewegung und Erkenntnisleistung in der Konfrontation mit Objekten gehen ‚eingebildete Bewegungen' voraus". Demgegenüber heißt es in der phänomenologischen Analyse bei Merleau-Ponty (1966, S. 218): „Um etwa eine zornige oder drohende Gebärde zu verstehen, muß ich mir nicht erst die Gefühle in die Erinnerung rufen, die ich selbst einmal hatte, als ich dieselben Gebärden hatte".

Auch Raab und Soeffner (2005, S. 175 f.) beziehen sich auf Karl Mannheims (oben erwähntes) Beispiel der Interaktion zwischen einem Freund und einem Bettler (Mannheim, 1964, S. 105 ff.), mit dem Mannheim in bahnbrechender Weise seinen interpretativen Zugang zur Eigenlogik korporierter Praktiken auf der Grundlage der Dokumentarischen Methode erläutert hat. Allerdings missverstehen sie diesen Zugang als ein auf mentale Bilder, Imaginationen und „Phantasien" reduziertes Wissenskonzept: „Abermals, nur in anderer Hinsicht, erweist sich mit der grundsätzlichen Produktivität der Interpretation die Phantasie als das ‚ganz eigentliche elementare Sozialorgan'" (Raab & Soeffner, 2005, S. 177).

Es wird hier das evident, was Reiner Keller und Michael Meuser (2011, S. 15) mit Bezug auf die Sozialphänomenologie konstatiert haben: „Steht ein Verständnis von Körperwissen, das die ‚Herstellung von sozialem Sinn in körperlichen Aktionen' (Klein, 2004, S. 139) fokussiert, in deutlichem Gegensatz zum Schützschen Sinnbegriff? Diese Frage ist wohl sehr klar mit ‚ja' zu beantworten". Der unmittelbare Zugang zu einem Körperwissen im Sinne *korporierter Praktiken* sollte nicht, wie bei Raab und Soeffner zu beobachten, mit jener anderen Kategorie von Körperwissen im Sinne von *Imaginationen* und *mentalen Bildern über* Körperlichkeit verwechselt werden, wie sie dem paradigmatischen Rahmen der Schützschen Sozialphänomenologie entspricht. Es fehlt hier an einer Unterscheidung zwischen einem „Wissen vom Körper" und einem „Wissen des Körpers" (Keller & Meuser, 2011, S. 10).

Der Zugang zu letzterem, d. h. zu den korporierten Praktiken kann auch nicht unter eine im Sinne von Erving Goffman verstandene Identitätstheorie als eine Theorie der „Selbstbildpräsentationen" und „ständigen Überprüfungen unseres Images" (Raab & Soeffner, 2005, S. 174 f.) subsumiert werden. Dabei geht es nicht darum, die Bedeutung der Sozialphänomenologie und auch der Identitätstheorie von Goffman schmälern zu wollen, sondern vielmehr darum, unterschiedliche Dimensionen des sozialen Handelns und der Körperlichkeit zu differenzieren. An dem weiter unten exemplarisch dargelegten Forschungsbeispiel werde soll versucht werden, die Bedeutung und Tragweite dieser Differenzierung in empirisch evidenter Weise darzulegen. Zunächst wird jedoch ein anderes für die dokumentarische Bild- und Fotointerpretation wesentliches Kategorienschema eingeführt.

## 5 Zur kategorialen Systematik korporierter Praktiken und zur grundlegenden Doppelstruktur ihrer Interpretation

Im Unterschied zur Sozialphänomenologie verweist Erving Goffman (1979, S. 24) zwar in seiner Fotoanalyse auf die Dimension der korporierten Praktiken, auf Gesten oder Gebärden unterhalb von *Handlungen,* die er als *„small behaviors"* bezeichnet, allerdings ohne einen systematischen theoretischen und methodischen Zugang zu eröffnen. Im Sinne von Erwin Panofsky (1975, S. 38 f.), der nicht nur als Klassiker der Kunstgeschichte und der Bildinterpretation, sondern auch der Filmwissenschaft gilt, ist die Ebene der small behaviors diejenige der „primären oder natürlichen Bedeutungen", welche er auch als *vor-ikonografische* im Unterschied zur *ikonografischen* Ebene bezeichnet. Es ist diese vor-ikonografische oder – in der Sprache der Semiotik von Eco und Barthes – die *denotative* Ebene, deren genaue Beobachtung und Beschreibung die wesentliche Grundlage der *ikonologischen* Interpretation im Sinne von Panofsky und der dokumentarischen Bild- und Videointerpretation darstellt (genauer dazu: u. a. Bohnsack, 2009, Kap. 3). Auf der ikonografischen Ebene fragen wir mit Bezug auf die korporierten Praktiken der abgebildeten BildproduzentInnen danach, *was* das für eine Handlung ist (bspw. ein „Gruß"). Wir müssen somit Motive, genauer Um-zu-Motive, unterstellen (bspw.: „ich hebe die Hand, um zu grüßen" oder: „ich beuge den Rumpf, um mich zu setzen"). In dokumentarischer oder ikonologischer Interpretation stellt sich die Frage nach dem *Wie* der Herstellung dieser Handlung (bspw. ist das Heben der Hand „prätentiös", „unsicher", „starr"). Eine Grundlage für den Zugang zum *Wie* der Handlung vermittelt mir die genaue Beschreibung auf der vor-ikonografischen Ebene (siehe dazu Abb. 1).

Ray L. Birdwhistell (1970, S. 79 f.), ein Klassiker der Bewegungsanalyse, erläutert das *Wie* am Beispiel des militärischen Grußes. Diese Handlung – obschon hoch

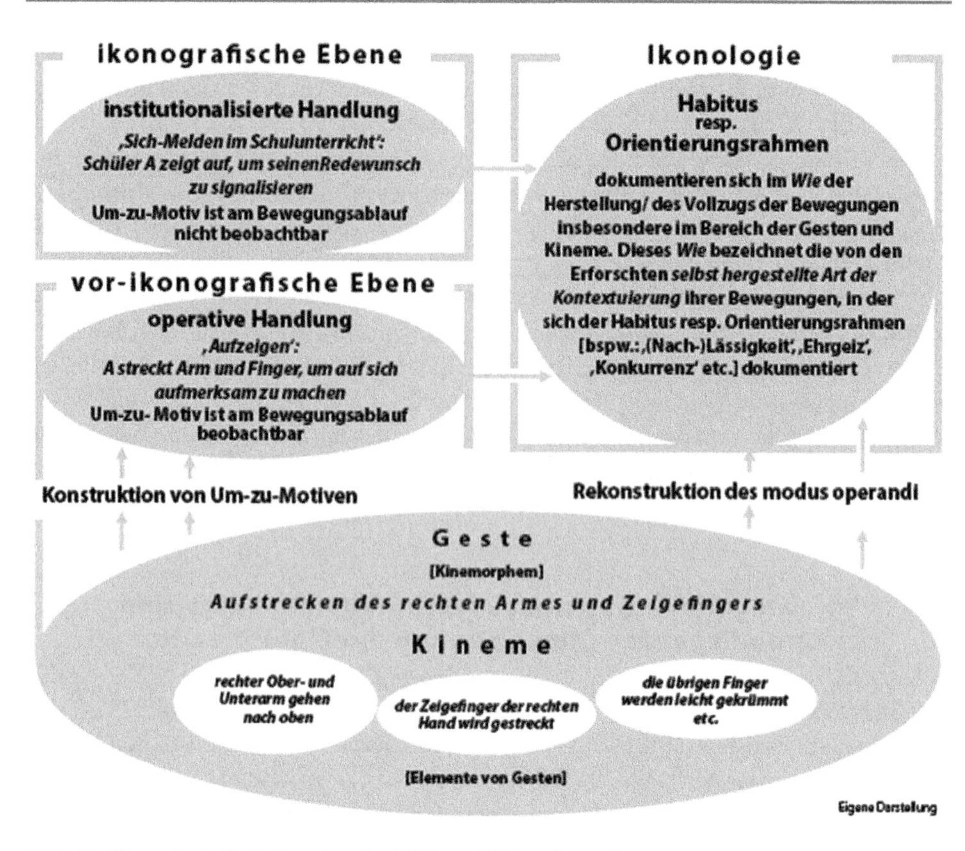


**Abb. 1** Korporierte Praktiken der abgebildeten BildproduzentInnen

standardisiert – erhält eine enorme Variabilität weitergehender Bedeutungen durch das *Wie* ihrer Herstellung: „Durch den Wechsel in Haltung, Gesichtsausdruck, der Geschwindigkeit oder Dauer der Bewegung des Grüßens und sogar in der Wahl ungeeigneter Kontexte für die Handlung kann der Soldat den Empfänger des Grußes ehren, herabwürdigen, zu gewinnen versuchen, beleidigen oder befördern".

Die Bewegungsabläufe oder korporierten Praktiken auf der vor-ikonografischen Ebene werden in der Dokumentarischen Methode noch einmal in *Gebärden* oder *Gesten* einerseits und *operative Handlungen* andererseits (siehe dazu Abb. 1) differenziert. Träger der *Gesten* können die Extremitäten sein (bspw. ‚Ausstrecken des Armes'), der Rumpf (bspw. ‚Drehen oder Beugen des Rumpfes'), der Kopf (bspw. ‚Senken des Kopfes'), aber auch die Mimik (bspw. ‚Lächeln'). Die Gesten lassen sich ihrerseits noch einmal in ihre *Elemente* differenzieren, die mit Birdwhistell (1952 und 1970) als „Kineme" bezeichnet werden können.

*Operative Handlungen* (bspw. ‚Sich-Hinsetzen', ‚Aufzeigen', ‚Hose hochziehen') umfassen in der Regel mehrere Gesten in ihrer Sequenzialität, die sich wiederum aus simultan oder sequenziell verbundenen Kinemen zusammensetzt. Wesentliches Merkmal der Unterscheidung der operativen Handlungen von den Gesten im elementaren Sinne ist aber, dass sie – und aus diesem Grund werden sie in der Dokumentarischen Methode bereits als Handlungen bezeichnet – mit zweckrationalen Motivkonstruktionen, d. h. mit Konstruktionen von Um-zu-Motiven, versehen werden können, wenn auch möglicherweise nur in rudimentärer Weise. Dies geschieht bspw. derart, dass die einzelne Geste (bspw.: ‚gebeugter Rumpf ‘; ‚gestreckter Arme‘) „selbst nur Mittel im Sinnzusammenhang eines Entwurfes" ist, wie Alfred Schütz (1974, S. 119) formuliert hat, bspw. des Entwurfes ‚Sich-Hinsetzen‘ oder ‚Aufzeigen‘.

Durch diesen Entwurf, durch diese zweckrationale Konstruktion eines Um-zu-Motivs (‚B beugt den Rumpf, um sich hin zu setzen‘; ‚A streckt den Arm, um aufzuzeigen‘), wird das Sich-Hinsetzen und das Strecken des Armes zu einer *Handlung*. Hier lassen sich dann jeweils weitere Hierarchien von Um-zu-Motiven konstruieren, also bspw.: ‚A zeigt auf, um seinen Redewunsch zu signalisieren‘, d. h. ‚um sich zu melden‘. Allerdings ist der Handlungsentwurf beim letzteren Beispiel nicht direkt am Bewegungsverlauf *beobachtbar*, also durch die Foto- oder Videografie selbst nicht valide zu erschließen. Vielmehr muss er als Entwurf, als Um-zu-Motiv, auf der Grundlage normativer Erwartungen und Rollenbeziehungen, d. h. durch die Einbindung in einen institutionellen Kontext (beispielsweise den von Schule und Unterricht), unterstellt oder attribuiert werden. In diesem Fall bewegen wir uns bereits auf der *ikonografischen Ebene*.

Nunmehr kann eine Eigenart der ikonologischen oder dokumentarischen Interpretation deutlich werden, die von elementarer Bedeutung ist (s. dazu Abb. 1): *Dieselbe* korporierte Praktik (bspw. das ‚Heben der Hand bei mehr oder weniger gestrecktem Arm‘) kann immer auf zwei Sinnebenen zugleich interpretiert werden: zum einen zweckrational im Rahmen der Konstruktion eines Um-zu-Motivs (‚Sich-Melden‘), mit der wir uns auf die Suche nach dem *subjektiv gemeinten Sinn* begeben. Zum anderen und zugleich kann die korporierte Praktik auch (wenn wir nach dem *Wie* ihrer Herstellung fragen) als *Dokument* für das *Wesen* oder den *Habitus* des Akteurs (‚Fleiß‘, Ehrgeiz‘ ‚Aufmerksamkeit‘, ‚Konkurrenz‘) interpretiert werden. Entscheidend ist dann, *wie* sich jemand meldet, oder *dass* er oder sie sich (gerade jetzt) meldet: „Nicht das ‚Was‘ eines objektiven Sinns, sondern das ‚Daß‘ und das ‚Wie‘ wird von dominierender Wichtigkeit" (Mannheim, 1964, S. 134).

Das *Wie,* also der ikonologische oder dokumentarische Sinngehalt, erschließt sich vor allem auf der Grundlage einer Rekonstruktion der durch die Erforschten *selbst hergestellten Kontexte,* der *eigenen Kontextuierungen* der Akteure im Forschungsfeld. Die einzelnen Bewegungen und Äußerungen sind grundsätzlich in ihren ‚natürlichen‘ Kontexten zu erfassen. Dies gilt im Übrigen auch für die Textinterpretation und ist wesentliches Merkmal des Zugangs zu Text und Bild als selbstreferentiellen Systemen.

## 6 Exemplarische empirische Analyse: Habitus, Pose und Lifestyle in der Fotografie

Am folgenden empirischen Beispiel soll zum einen die Notwendigkeit veranschaulicht werden, das Bild, genauer: das Foto, selbst ebenso wie die darauf abgebildeten korporierten Praktiken als *selbstreferentielle Systeme* zu betrachten. Zum anderen soll verdeutlicht werden, dass das Bild sowohl als Grundlage des methodischen Zugangs zu den *mentalen Bildern* der AkteurInnen im Forschungsfeld, d. h. zu den von ihnen *imaginierten* Bild-Körpern, genommen werden kann (und in diesem Sinne als Ausdruck ihrer Identität), als auch als valider Zugang zu den korporierten *Praktiken,* zur Körperlichkeit selbst (und in diesem Sinne als Ausdruck ihres Habitus). Zum dritten können – im Zuge der *Präzisierung des Habitusbegriffs* – die *Grenzen* dieses Begriffs auf der Grundlage einer empirisch fundierten Generierung des Begriffs der *Pose* aufgewiesen werden. Schließlich können eine empirisch fundierte Differenzierung zwischen den theoretischen Kategorien des *Habitus* einerseits und denen der *Identität* bzw. *Norm* andererseits wie auch die methodischen Zugänge auf der Grundlage des Fotos sichtbar werden. Wesentlich für die Analyse sind auch die Einblicke in das *Spannungsverhältnis* von korporierter Praxis, also dem *Habitus,* auf der einen, und den (normativen) Erwartungen und Imaginationen, also der (virtualen) *sozialen Identität,* der AkteurInnen auf der anderen Seite (dazu auch: Bohnsack, 2014).

Auf die Arbeitsschritte der Bildinterpretation und deren methodisch-methodologische Begründung (wie etwa die Bedeutung der komparativen Analyse) kann an dieser Stelle nicht eingegangen werden (siehe dazu u. a.: Bohnsack, 2009, Kap. 3 und 4).

Dieses Werbefoto der Firma *H&M* (Abb. 2) wurde im Rahmen eines von Aglaja Przyborski geleiteten Forschungsprojekts von einer Gruppe von Mädchen als eines ausgewählt, mit dem sie sich in hohem Maße identifizieren können (siehe auch: Bohnsack & Przyborski, 2015; Przyborski & Wohlrab-Sahr, 2014: Kap. 5.6.9). Zugleich sollten die Mädchen den Forscherinnen weitere Fotos mitbringen, auf denen sie selbst abgebildet sind und durch die sie sich adäquat repräsentiert fanden (Abb. 3). Mit den eigenen Fotos reagieren sie auf das von ihnen ausgewählte Werbefoto, indem sie es gleichsam kommentieren und es im Medium bildhafter Verständigung interpretieren. Die komparative Analyse der beiden interpretierten Fotos folgt somit den von den Mädchen selbst präsentierten Vergleichshorizonten und bringt diese zur Explikation.

Das Werbefoto vermittelt uns auf den ersten Blick den Eindruck junger erwachsener Frauen, die sich in ihrer Körperlichkeit als Gruppe in offensiver und recht kontrollierter Weise präsentieren. Wobei letzterer Aspekt insbesondere darin zum Ausdruck kommt, dass die jungen Frauen die BildbetrachterInnen ihrerseits sehr genau zu beobachten scheinen. Durch das Meerwasser und die Gischt erhält die Szenerie eine Komponente der Reinheit. Und durch die Inszenierung einer Peer Group-Situation, also dadurch, dass sich die jungen Frauen als Gruppe in spielerischer Weise den Strand entlang bewegen, wird der Eindruck von Jugendlichkeit vermittelt.

Quelle: Werbefoto der Firma H&M (Bademodenkampagne)

**Abb. 2** Werbefoto der Firma *H&M*

Quelle: privat

**Abb. 3** Privatfoto Gruppe *Pool*

Was die formale Struktur, hier: die „planimetrische Komposition", anbetrifft (dazu genauer: Bohnsack, 2009, Kap. 3.6 und Imdahl, 1996, S. 26), so ist im Zentrum, genauer: zwischen Bildmittelsenkrechter (der gestrichelten Linie) und dem Goldenen Schnitt (der gepunkteten Linie), eine junge Frau positioniert. Sie ist darüber hinaus auch dadurch fokussiert, dass sie ein wenig vor den anderen, also eher im Vordergrund, agiert sowie durch eine von den anderen abweichende Haltung ihres rechten Armes und der rechten Hand. Sie greift mit ihrer rechten Hand, welche genau auf der Bildmittelsenkrechten positioniert und dadurch fokussiert ist, an die Haare über ihrem Ohr auf der linken Kopfseite bzw. streift sie an diesen entlang.

Diese Geste, die in zweckrationaler Hinsicht (also als Um-zu-Motiv) Komponenten des Ordnens (der Haare) aufweist, deutet auf eine gewisse Verlegenheit hin. Indem diese Geste jedoch nicht mit der linken, sondern der rechten Hand ausgeführt wird, erhält sie zusätzliche Komponenten. Auf diese Weise gewinnt sie den Charakter einer Art Schutzgeste gegenüber den Betrachtenden, da mit ihr zugleich der Busen partiell bedeckt wird. Indem diese also nicht nur ordnende, sondern sich bedeckende Komponente zu derjenigen der Verlegenheit hinzutritt, gewinnt die Geste den Charakter einer gewissen *Verschämtheit.*

Es zeigt sich hier, dass die besondere Bedeutung einer Geste in ihrem *Was,* d. h. in den zweckrationalen Motivzuschreibungen nach Art von Um-zu-Motiven im Sinne von Alfred Schütz (‚um zu ordnen', ‚um sich vor Blicken zu schützen'), nicht aufgeht. Insgesamt dokumentiert sich in ihrem *Wie* eine Haltung bzw. ein Habitus der Verlegenheit und weitergehend der Verschämtheit.

Im Zusammenspiel mit dem durch die Inszenierung der Peer Group-Situation und der Klarheit und Reinheit sich dokumentierenden Eindruck von Jugendlichkeit verweist diese Geste dann schließlich auf etwas, was mit der ansonsten offensiven und kontrollierten Präsentation nicht so ohne Weiteres zu in Übereinstimmung zu bringen ist und welches sich – wie dann in der komparativen Analyse mit dem Privatportrait der Mädchen evident wird – als etwas ‚Mädchenhaftes' fassen lässt.

Denn eben genau diese im Zentrum des Werbefotos stehende Geste der Verschämtheit wird durch die Mädchen auf ihrem privaten Foto übernommen oder *angeeignet.* In diesem Sinne weist uns auch das Foto der Mädchen noch einmal den Weg zu jener Geste, die auch in der Analyse des Werbefotos sich als die zentrale erwiesen hat.

Weitergehend noch ist es aber gerade der Vergleichshorizont des privaten Fotos, welcher tiefer liegende Strukturen des Werbefotos erkennbar und – wie zu zeigen sein wird – auch die Unterschiede zwischen habitueller Geste und Pose in empirisch evidenter Weise sichtbar werden lässt. Dies betrifft zum einen die unterschiedliche Art und Weise, wie diese Geste der Mädchenhaftigkeit kontextuiert, d. h. in die Gesamtgestalt des Fotos und der hier abgelichteten Praxis, eingebettet ist – oder eben nicht. Die komparative Analyse des auf das Werbefoto bezogenen Amateurfotos mit dem Werbefoto fördert etwas zu Tage, was für die Gattung Werbefoto bzw. für die hier zentrale Pose konstitutiv ist: Dies wird in der dokumentarischen Bildinterpretation als *De-Kontextuierung* bezeichnet. Neben der De-Kontextuierung und aus ihr resultierend sind vor allem die *Erstarrung und Leere* als weitere Elemente der Pose zu nennen (dazu genauer: Bohnsack & Przyborski, 2015). Diese erweisen sich im Umkehrschluss – also ex negativo – als Konstituentien des Habitus.

## 7 De-Kontextuierung als Konstituens der Pose im Unterschied zum Habitus

Zunächst jedoch zur Komponente der De-Kontextuierung. Der *habituelle Charakter* einer Geste oder korporierten Praktik und ihre in diesem Sinne verstandene Authentizität sind abhängig davon, in welchem Maße Homologien zu jenem Kontext aufweisbar sind, der durch die anderen (simultanen) Gesten gebildet wird, inwieweit sie sich in den Gesamtzusammenhang der Praxis einfügt. Dies gilt im Übrigen nicht allein für eine körperliche Geste oder *korporierte* Praxis, wie sie uns im *Bild* interpretativ zugänglich ist. Dies gilt auch für den Bereich der sprachlichen oder *verbalen* Praktiken, also für die *Text*interpretation (dazu u. a. Bohnsack, 2010, Kap. 1.3). Eine Bewegung oder Äußerung verweist auf einen Habitus, wenn der gesamte Fall, ob er nun durch einen Text oder ein Bild repräsentiert ist, sich durch eine derartige homologe Kontextuierung auszeichnet. Im Falle des Fotos der Gruppe *Pool* betrifft die homologe Kontextuierung die Relationen unterschiedlicher Dimensionen des Bildes:

- zum einen betrifft dies die Relation der Gesten zu den anderen Bereichen des Körpers der jeweiligen Person, also die Einbettung der Geste in deren gesamte Körperlichkeit, in die „whole body conception", wie Ray Birdwhistell (1952, S. 8) dies genannt hat, einschließlich der Bekleidung des Körpers
- zum anderen bildet die Positionierung der Körper aller Personen zueinander, also die szenische Choreografie, wie es in der Dokumentarischen Methode in Anlehnung an Max Imdahl (1996, S. 19) bezeichnet wird, den interaktiven Kontext
- und schließlich gilt es die Verortung der Körper innerhalb des Ambiente, hier also vor allem mit Bezug auf den Pool, auf Homologien hinsichtlich der räumlich-dinglichen Kontextuierung zu befragen

Die verschämt- oder verlegen-ordnende Armhaltung im Foto der Mädchen weist Homologien zur *gesamten Körperhaltung* bzw. zu anderen Bereichen des Körpers zunächst in der Weise auf, dass wir im privaten Foto im Unterschied zum Werbefoto nicht eine frontale und damit offensive Positionierung des Rumpfes der Protagonistin haben. Vielmehr ist ihr Rumpf und ansatzweise auch derjenige der anderen beiden Mädchen schräg zur Bildebene bzw. zum Betrachter positioniert. Diese Abwendung weist Homologien auf zur verschämt-ordnenden Geste und authentisiert diese in diesem Sinne. Zugleich wird damit ihre Schutzfunktion verstärkt, indem der Busen durch den angewinkelten Arm wesentlich umfassender verdeckt wird als im Werbefoto.

Zusätzlich zur schrägen, d. h. halb abgewandten, Positionierung des Rumpfes ist auch die Kopfhaltung in doppelter Weise leicht abgewandt, d. h. leicht geneigt: nach rechts bzw. nach links und vor allem nach vorne bzw. unten – und dies, obschon die Kamera von oben schaut. Dies steht im Kontrast zu den Frauen des Werbefotos, die nicht nur den Rumpf, sondern auch ihr Gesicht den Betrachtenden überwiegend frontal und somit offensiver präsentieren und auch ein wenig auf die Kamera herabschauen.

Diese Tendenz zur Abwendung von Rumpf und Kopf im privaten Foto weist ihrerseits Homologien auf zum Versuch der Mädchen, ihren gesamten Körper zu verhüllen. Obwohl sie sich im Pool befinden, sind sie mit Trägershirts, kurzen Hosen und Bikinis bekleidet. In der zusätzlichen Bekleidung, welche die Körperlichkeit zurück zu nehmen sucht, kommt zum einen *Verschämtheit* zum Ausdruck. Indem die zusätzliche Bekleidung nass anliegt, betont diese allerdings den Körper eher als dass sie ihn verhüllt. In dieser Unbeholfenheit des Verhüllungsversuchs dokumentiert sich wiederum eine *Ungewissheit hinsichtlich der eigenen Körperlichkeit* und deren Wirkung, also etwas Mädchenhaft-Unbeholfenes und schließlich Mädchenhaft-Unschuldiges im weiteren Sinne. Dies kontrastiert mit der eher souveränen Kontrolliertheit der Frauen des *H&M*-Fotos.

Schließlich kommt das Verschämt-Mädchenhafte auch darin zum Ausdruck, dass sich die Mädchen sozusagen hinter den Pool-Mauern verstecken und darin durch die Kameraeinstellung unterstützt werden. Letztere ist das (von den Mädchen authentisierte) Produkt des Fotografen, des abbildenden Bildproduzenten – hier des Vaters eines der Mädchen.

Die verschämt-mädchenhafte Geste erscheint somit im privaten Foto *umfassend kontextuiert* – wesentlich umfassender als im Werbefoto und damit authentischer. Sie wird dadurch zum Bestandteil des Habitus und des *konjunktiven Erfahrungsraums* der Mädchen (zum Begriff: u. a. Bohnsack, 2014). In diesem Sinne können wir davon sprechen, dass sie von den Mädchen nicht nur angeeignet, sondern auch *wieder angeeignet* wird.

Vor diesem Vergleichshorizont tritt die De-Kontextuierung dieser Geste auf dem Werbefoto konturiert hervor. Denn dort weist – als eine erste Bestandsaufnahme – die Selbstpräsentation der jungen Frauen jenseits der Haltung des rechten Armes und der rechten Hand keinerlei Elemente der Verschämtheit oder Verlegenheit oder einer entsprechenden Unsicherheit auf, sondern erscheint als eher offensive – in jedem Fall: selbstsichere und kontrollierte – Selbstpräsentation. Sie präsentieren ihre körperlich-sexuelle (wenn auch nicht sexualisierte) Attraktivität in selbstbewusster Weise.

Es deutet sich somit in der Gesamtkomposition des Werbefotos eine Diskontinuität oder auch Übergegensätzlichkeit an, indem dort eine selbstbewusste Selbstpräsentation mit einer verschämt-mädchenhaften Komponente integriert werden soll. Sexuelle Attraktivität und selbstbewusste Präsentation erscheinen mit mädchenhafter Unschuld vereinbar.

## 8 Pose, Lifestyle und Identität(snorm)

Damit wird der hier durch die Firma *H&M* angebotene Lifestyle bzw. dessen Funktion und Verheißung in Ansätzen sichtbar. Dieser verheißt die Bewältigung eines Identitätsproblems, welches nicht nur für heranwachsende junge Frauen von Bedeutung ist: nämlich des Problems der Vermittlung bzw. Integration von mädchenhafter ‚Unschuld' mit der körperlich-sexuellen Attraktivität der selbstbewussten Frau. Der Lifestyle konstituiert sich somit als eine Übergegensätzlichkeit, als eine hybride Konstruktion. Für die Funktion des Lifestyle ist dieser Verheißungs-, Aufforderungs- oder (in der Sprache der Diskursanalyse) „Anrufungs"-Charakter, der notwendigerweise übergegensätzlich konstruiert ist, von konstitutiver Bedeutung.

Dies zeigt sich eben gerade auch in der bildhaften Reaktion der Mädchen auf das Foto von *H&M,* also in ihrer bildhaften Rezeption des Werbefotos. Die mädchenhafte Geste oder Pose innerhalb des Werbefoto eröffnet ihnen die Möglichkeit, sich im Werbefoto unmittelbar wieder zu erkennen und sich auf diesem Wege dann auch dessen anderer Komponente, dessen anderen Verheißungen, also denjenigen der selbstbewussten und offensiven Frau, imaginativ anzunähern. Es ist dies die Imagination, dass ihre Mädchenhaftigkeit mit dieser anderen Komponente vereinbar ist.

Unter methodischen und bildtheoretischen Gesichtspunkten zeigt sich hier – indem die Mädchen in der Interaktion untereinander und gegenüber den Forscherinnen ein Bild mit Hilfe eines anderen kommentieren – das, was in der dokumentarischen Bildinterpretation als die Verständigung *durch* das Bild bezeichnet wird (u. a. Bohnsack, 2009, Abschn. 3.1). Von dieser Verständigung im *Medium des Bildes selbst* wird in der Dokumentarischen Methode die Verständigung *über* das Bild unterschieden. Letztere vollzieht sich im Medium von Sprache und Text.

Vor allem aber eröffnet uns das (durch einen der Väter) geschossene und von den Mädchen selbst *authentisierte* und den Forscherinnen präsentierte Portrait einen Zugang zu ihren *korporierten Praktiken,* zu ihrem *Habitus.* Demgegenüber steht das von ihnen ausgewählte Werbefoto für ihre *mentalen* Bilder, ihre *(Körper-)Imaginationen* und die darin implizierten normativen Erwartungen, die sich auf den im Werbefoto repräsentierten *Lifestyle,* auf *Identitätsnormen* beziehen. Wir sprechen hier mit Bezug auf den propagierten Lifestyle von *Identität* und nicht von *Habitus,* weil wir es mit Entwürfen virtualer sozialer Identität im Sinne von Erving Goffman (1963) zu tun haben, d. h. mit einem gesellschaftlichen Identifiziert-Werden, also mit Fremdidentifizierungen, in denen „Identitätsnormen" („identity norms") impliziert sind, wie es bei Erving Goffman (1963, S. 130) auch genannt wird. Sie konstituieren das „Phantom Normalität" („phantom normalcy"; Goffman, 1963, S. 122), haben also einen imaginativen oder Phantom-Charakter (zu dem auch die *Körperimaginationen* gehören), da ihnen in der habitualisierten Handlungspraxis letztlich niemand gerecht zu werden vermag (Abb. 4).

In soziologischer Perspektive sind die normativen Erwartungen, wie Luhmann (1997, S. 638) formuliert, grundsätzlich, d. h. per definitionem, „kontrafaktische

**Abb. 4** Körperimagination (Identitätsnorm) und Körperpraxis (Habitus)

Erwartungen". Sie unterscheiden sich somit kategorial vom Habitus, welcher die *Faktizität* der Handlungs- und *Körperpraxis,* ihrer handlungspraktischen Realisierung bzw. Habitualisierung, repräsentiert.

Auf den Werbefotos zeigt sich zum einen dieses Spannungsverhältnis, diese Übergegensätzlichkeit, zwischen diesen Identitätsentwürfen oder *Identitätsnormen* einerseits und dem *Habitus* andererseits und zum anderen dasjenige zwischen *unterschiedlichen* oder *hybriden* Identitätserwartungen oder Identitätsnormen. Insbesondere die komparative Analyse von Selbstportrait und Werbefoto eröffnet einen validen Einblick in diese Relation von *Habitus und Norm* (zu den Begriffen auch: Bohnsack, 2014) und damit auch in diejenige von *Körperpraxis* und *Körperimagination.*

Die normative Dimension, hier also die Identitätsnormen bzw. das Verhältnis dieser zum Habitus sowie der dieses Verhältnis repräsentierende Lifestyle, weisen einen übergegensätzlichen Appellcharakter auf und bleiben ebenso implizit wie der Habitus selbst. Der hier propagierte Lifestyle transportiert die Verheißung, diesen übergegensätzlichen Anforderungen gerecht werden zu können. In Fall der *H&M*-Werbung ist dies der Appell bzw. die Verheißung, eine sich ihrer körperlich-sexuellen Attraktivität bewusste Frau zu sein und sich zugleich in mädchenhafter Zurückhaltung bzw. Unschuld präsentieren zu können.

Wie auch in anderen Analysen, am Fall eines Werbefotos der Zigarettenfirma *West* (Bohnsack, 2001) und am Fall von Werbefotos der Bekleidungsfirma *Burberry* (u. a. Bohnsack, 2009, Abschn. 4.2), gezeigt werden konnte, sind es – paradoxerweise – gerade die aus dem Charakter der De-Kontextuierung der Pose resultierenden

Eigenschaften der *Erstarrung* und der *Leere,* welche das kreative Potential der Pose ausmachen, da durch diese Leerstellen mannigfaltige Projektions- und Imaginationsmöglichkeiten eröffnet werden (siehe dazu: Bohnsack & Przyborski, 2015).

## 9 Pose und Intention

Die Interpretation einer Geste als Pose erschließt sich also auf der Grundlage einer Rekonstruktion des Handlungs- und Interaktionssystems, dessen Element diese Geste darstellt oder eben gerade nicht darstellt, indem sie aus dessen Kontext herausfällt. Die Dokumentarische Methode bzw. Praxeologische Wissenssoziologie geht also von der *Rekonstruktion der Handlungspraxis* aus, wie sie durch das Bild repräsentiert ist, und nicht von den Intentionen der AkteurInnen oder BildproduzentInnen, die der Beobachtung in empirisch evidenter Weise nicht zugänglich sind. Es geht um einen Wechsel der „Perspektive von der Intentionalität der Handlung als einen gedanklichen Vorgang zu der Materialität der Handlung als einen Bewegungsakt" (Klein, 2004, S. 138).

Dass die (im Common Sense) derart attribuierten Intentionen (als ein Weg der Introspektion) der empirischen Beobachtung nicht valide zugänglich sind, gilt für die Bildinterpretation gleichermaßen wie für die Textinterpretation. Der empirischen Beobachtung zugänglich ist lediglich das Produkt, das Werk, das „opus operatum" – sei dieses nun ein Bild oder ein Text: „Im *opus operatum* und in ihm allein enthüllt sich der *modus operandi*" (Bourdieu, 1976, S. 209). In der Dokumentarischen Methode resp. Praxeologischen Wissenssoziologie wird dieses Produkt, in Anlehnung an die Systemtheorie und in Übereinstimmung mit dem Kunsthistoriker Max Imdahl, als selbstreferentielles System verstanden. Ebenso wie es in der qualitativen oder rekonstruktiven Sozialforschung inzwischen selbstverständlich ist, dass wir uns den Zugang zur Eigenstrukturiertheit verbaler Praktiken dadurch eröffnen, dass wir den Text als ein selbstreferentielles System erschließen, führt auch der empirisch fundierte Zugang zur Eigenstrukturiertheit korporierter Praktiken über die Rekonstruktion des Bildes als eines solchen.

## Literatur

Birdwhistell, R. L. (1952). *Introduction to Kinesics* (An annotation system for the analysis of body motion and gesture). Louisville.

Birdwhistell, R. L. (1970). *Kinesics and context. Essays on body motion communication.* University of Pennsylvania Press.

Bohnsack, R. (2001). „Heidi": Eine exemplarische Bildinterpretation auf der Basis der dokumentarischen Methode. In R. Bohnsack, I. Nentwig-Gesemann, & A.-M. Nohl (Hrsg.), *Die dokumentarische Methode und ihre Forschungspraxis. Grundlagen qualitativer Sozialforschung* (3. Aufl.: 2013, S. 323–337). Leske & Budrich.

Bohnsack, R. (2009). *Qualitative Bild- und Videointerpretation. Die dokumentarische Methode.*UTB/Barbara Budrich
Bohnsack, R. (2010). Die Mehrdimensionalität der Typenbildung und ihre Aspekthaftigkeit. In J. Ecarius & B. Schäffer (Hrsg.), *Typenbildung und Theoriegenerierung. Perspektiven qualitativer Biographie- und Bildungsforschung* (S. 47–72). Barbara Budrich.
Bohnsack, R. (2014). Habitus, Norm und Identität. In W. Helsper, R.-T. Kramer, & S. Thiersch (Hrsg.), *Schülerhabitus* (S. 35–55). VS-Verlag.
Bohnsack, R., Fritzsche, B., & Wagner-Willi, M. (2014). Dokumentarische Video-und Filminterpretation. In R. Bohnsack, B. Fritzsche, & M. Wagner-Willi (Hrsg.), *Dokumentarische Video- und Filminterpretation. Methodologie und Forschungspraxis* (S. 11–41). Barbara Budrich.
Bohnsack, R., & Przyborski, A. (2015). Pose, Lifestyle und Habitus in der Ikonik. In R. Bohnsack, B. Michel, & A. Przyborski (Hrsg.), *Dokumentarische Bildinterpretation Methodologie und Forschungspraxis.* Opladen.
Brandstetter, G. (2012). Pose-Posa-Posing. Zwischen Bild und Bewegung. In B. Brandl-Risl, G. Brandstetter, & S. Diekmann (Hrsg.), *Hold it! Zur Pose zwischen Bild und Performance* (S. 41–51). Theater der Zeit.
Bourdieu, P. (1976). *Entwurf einer Theorie der Praxis.* Suhrkamp.
Goffman, E. (1963). *Stigma. Notes on the management of spoiled identity.* Prentice Hall.
Goffman, E. (1975). *Frame analysis. An Essay on the organization of experience.* Penguin Books.
Goffman, E. (1979). *Gender advertisements.* Harper & Row.
Imdahl, M. (1996). *Giotto – Arenafresken. Ikonographie – Ikonologie – Ikonik.* Fink.
Keller, R., & Meuser, M. (2011). Wissen des Körpers – Wissen vom Körper. Körper-und wissenssoziologische Erkundungen. In R. Keller & M. Meuser (Hrsg.), *Körperwissen* (S. 9–30). VS-Verlag.
Klein, G. (2004). Bewegung denken Ein. soziologischer Entwurf. In G. Klein (Hrsg.), *Bewegung. Sozial- und kulturwissenschaftliche Konzepte* (S. 131–154). Transcript.
Luhmann, N. (1997). *Die Gesellschaft der Gesellschaft.* Suhrkamp.
Mannheim, K. (1964). Beiträge zur Theorie der Weltanschauungsinterpretation. In K. Mannheim (Hrsg.), *Wissenssoziologie* (S. 91–154). Luchterhand.
Mannheim, K. (1980). *Strukturen des Denkens.* Suhrkamp.
Merleau-Ponty, M. (1966). *Phänomenologie der Wahrnehmung.* Walter de Gruyter.
Meuser, M. (2001). Repräsentationen sozialer Strukturen im Wissen. Dokumentarische Methode und Habitusrekonstruktion. In R. Bohnsack, I. Nentwig-Gesemann, & A.-M. Nohl (Hrsg.), *Die dokumentarische Methode und ihre Forschungspraxis. Grundlagen qualitativer Sozialforschung* (S. 207–221). Leske & Budrich (3. Auflage 2013).
Meuser, M. (2006). Körper-Handeln. Überlegungen zu einer praxeologischen Soziologie des Körpers. In R. Gugutzer (Hrsg.), *body turn. Perspektiven der Soziologie des Körpers und des Sports* (S. 95–116). Transcript.
Panofsky, E. (1975). Ikonographie und Ikonologie. Eine Einführung in die Kunst der Renaissance. In E. Panofsky (Hrsg.), *Sinn und Deutung in der bildenden Kunst* (S. 36–67). Dumont.
Przyborski, A., & Wohlrab-Sahr, M. (2014). *Qualitative Sozialforschung Ein Arbeitsbuch.* Oldenbourg.
Raab, J., & Soeffner, H.-G. (2005). Körperlichkeit in Interaktionsbeziehungen. In M. Schroer (Hrsg.), *Zur Soziologie des Körpers* (S. 166–188). Suhrkamp.
Schütz, A. (1974). *Der sinnhafte Aufbau der sozialen Welt. Eine Einleitung in die verstehende Soziologie.* Frankfurt a. M.
Söntgen, B. (2012). Bei sich sein. Szenen des Privaten in den Fotografien von Richard Billingham und Nan Goldin. In B. Brandl-Risl, G. Brandstetter, & S. Diekmann (Hrsg.), *Hold it! Zur Pose zwischen Bild und Performance* (S. 96–11). Theater der Zeit.

# Leib und Körper als Erkenntnissubjekte

Robert Gugutzer

Die soziologische Beschäftigung mit dem Körper hat bei allen thematischen, theoretischen und methodischen Unterschieden eine grundlegende Gemeinsamkeit: Sie behandelt den oder die Körper als *Gegenstand* soziologischer Untersuchung, um etwas *über* Körper zu erfahren. Verglichen mit dieser Fokussierung auf den Körper als Forschungsobjekt ist die Auseinandersetzung mit dem Körper als *Subjekt* soziologischen Forschens ausgesprochen randständig. Angesichts des programmatischen Anspruchs der Körpersoziologie, den Körper als konstitutive Bedingung sozialen Handelns und sozialer Ordnung in der Soziologie zu etablieren (vgl. das Vorwort in Bd. 1), kann das durchaus überraschen. Entsprechend dieses Anspruchs wäre zu erwarten, dass die Körpersoziologie ihre Programmatik selbstreflexiv auf das eigene Tun anwendet und zeigt, welche Rolle die Körperlichkeit der Soziologin und des Soziologen für deren wissenschaftliches Handeln und die Produktion soziologischer Forschungsergebnisse spielt. Naheliegend wäre es mit anderen Worten, dass die Körpersoziologie gezielt der Frage nachgeht, wie *mittels* des forschenden Körpers soziologische Erkenntnisse hervorgebracht werden.

Dass die Körpersoziologie diese Frage im Großen und Ganzen kaum behandelt, dürfte damit zu tun haben, dass auch in der Soziologie das traditionelle Wissenschaftsbild vorherrscht, wissenschaftliche Erkenntnis sei das Ergebnis einer bloßen Verstandesleistung und habe mit leiblichen Regungen, Gefühlen, Stimmungen, körperlichen Performanzen etc. nichts zu tun. Damit verbunden ist die ebenso traditionelle Auffassung, in der wissenschaftlichen Arbeit sei zwischen Erkenntnissubjekt und Erkenntnisobjekt zu trennen, womit einhergeht, die Subjektivität der Forscherin und des Forschers aus dem Erkenntnisprozess auszuklammern und alle Aufmerksamkeit auf das zu erkennende Objekt zu richten. De facto folgt die Körpersoziologie mehrheit-

R. Gugutzer (✉)
Frankfurt am Main, Deutschland
E-Mail: Gugutzer@sport.uni-frankfurt.de



R. Gugutzer et al. (Hrsg.), *Handbuch Körpersoziologie 2*,
https://doi.org/10.1007/978-3-658-33298-3_44

lich dieser Idee und richtet den Fokus daher typischerweise auf das Erkenntnisobjekt, deutlich seltener auf die Interaktion zwischen Erkenntnissubjekt und Erkenntnisobjekt und am wenigsten auf das erkennende Subjekt. Und selbst dort, wo „Subjektivität und Selbstreflexivität" im Forschungsprozess thematisiert werden (vgl. dazu z. B. die beiden Schwerpunktausgaben der Online-Zeitschrift Forum Qualitative Sozialforschung 3/2002 und 2/2003), findet sich selten eine explizite Auseinandersetzung mit der körperlich-leiblichen Dimension von Subjektivität.

In Anbetracht dieser Forschungslage ist es das Ziel des vorliegenden Beitrags, den programmatischen Anspruch der Körpersoziologie zumindest so weit in die Tat umzusetzen, dass deutlich wird, in welcher Hinsicht *in der Subjektivität des Leiblichen und Körperlichen ein bedeutendes Erkenntnispotenzial* liegt. In den Worten von Loïc Wacquant geht es darum, den „Wert einer leiblichen Soziologie" kenntlich zu machen, einer Soziologie, „die sich nicht allein *auf* den Körper im Sinne eines Objekts *bezieht,* sondern vom Körper aus als Untersuchungsinstrument und Vektor der Erkenntnis *ausgeht*" (Wacquant, 2003, S. 270; Herv. im Orig.).

In der Soziologie finden sich vor allem ethnografische und phänomenologische Begründungen eines solchermaßen „epistemologischen Korporalismus" (Gugutzer, 2006, S. 35 ff.). Exemplarisch für die Ethnografie wird im Folgenden Wacquants „carnal sociology" kurz vorgestellt, da diese gegenwärtig einen der einflussreichsten soziologischen Ansätze einer verkörperten Epistemologie darstellt (1). Im Weiteren stehen dann phänomenologische Ansätze im Mittelpunkt, weil es deren begriffliche Unterscheidungen von Leib und Körper sowie Quelle und Instrument der Erkenntnis ermöglichen, konkret herauszuarbeiten, wie die Verkörperung – im Sinne einer Dualität von Leib und Körper (vgl. Gugutzer, 2012, S. 42 ff.) – des forschenden Subjekts an der Generierung soziologischen Wissens beteiligt ist. Hierfür werden zunächst die allgemeinen erkenntnisrelevanten leibnahen Strukturmerkmale der wissenschaftlichen Forschungssituation beschrieben (2). Anschließend wird erläutert, in welcher Hinsicht der Leib als Erkenntnisquelle (3) und der Körper bzw. die körperlich-leibliche Kommunikation als Erkenntnisinstrument fungieren (4). Der Beitrag endet mit einigen Überlegungen zu den Problemen und Herausforderungen der methodischen Umsetzung eines epistemologischen Korporalismus (5)

## 1 *Doing sociology* mit „Fleisch und Blut"

Die Frage nach dem Erkenntnispotenzial des Körpers wird in der Soziologie allen voran in ethnografischen und praxeografischen (vgl. Schmidt, 2011, S. 49) Ansätzen gestellt. Einen wichtigen Ausgangspunkt für diese stellt die praxeologische Erkenntnistheorie Pierre Bourdieus dar (vgl. dazu Gugutzer, 2006, S. 36 ff.). Nach Bourdieu existiert neben der „theoretischen" Erkenntnis der Wissenschaft eine „praktische" Form der Erkenntnis, die vor allem außerhalb der „scholastischen Welten" (Bourdieu, 2001, S. 184) bedeutsam sei, etwa im Sport, Tanz oder der Musik. In solchen sozialen Feldern erfolgt Handeln typischerweise unter Zeitdruck, was zur Folge hat, dass die Logik alltäglicher Praxis keinen zeitaufwändigen Reflexionsprozess erlaubt, stattdessen spontanes, intuitives, improvisiertes oder kreatives Handeln verlangt. Aus diesem Grund ist die *praktische Erkenntnis* primär eine *körperliche* Form der Erkenntnis. Oder wie Bourdieu sagt: Die „körperliche Erkenntnis" ermöglicht ein „praktisches Erfassen der Welt" (Bourdieu, 2001, S. 174). Körperliche Erkenntnis bezeichnet Bourdieu auch als ein „Verstehen mittels des Körpers" (Bourdieu, 1992, S. 205), das durch die Einverleibung sozialer Strukturen und den Erwerb eines feldspezifischen Habitus möglich werde.

Während Bourdieu die Relevanz körperlicher Erkenntnis für soziale Handlungsfelder außerhalb der Wissenschaft reserviert, betont sein Schüler Wacquant, dass diese Erkenntnisform ebenso innerhalb des akademischen Universums bedeutsam ist. Wacquant macht deutlich, dass auch die professionelle Praxis des *doing sociology* (Gugutzer, 2006, S. 38 ff.) eine dezidiert körperlich-leibliche Praxis ist: Die sozialen Akteure der Wissenschaft produzieren im *Medium* ihrer Verkörperung soziologische Erkenntnisse. In diesem Sinne plädiert Wacquant (2015) „for a sociology of flesh and blood", mit der er zugleich einige Grundprobleme der Soziologie zu lösen versucht. Dazu gehören wesentlich die „problematischen Vorstellungen vom (dualistischen) handelnden Subjekt, von (äußerlicher) Struktur und (mentalistischem) Wissen" (ebd., S. 70). Wacquants „carnal sociology" umgeht diese Probleme, indem sie den sozialen Akteur als eine „sinnliche, leidende, kunstfertige, sedimentierte und situierte körperliche Kreatur" auffasst, die sowohl das ‚Ergebnis' sozialer Handlungen als auch der Gestalter sozialer Ordnung ist. Daher erhält hier das verkörperte praktische Wissen – der Habitus – eine Vorrangstellung hinsichtlich der Konstruktion sozialer Wirklichkeit.

Für die soziologische Rekonstruktion des „inkarnierten Handlungswissens" (ebd., S. 72) sozialer Akteure ist Wacquant zufolge die „enaktive Ethnografie" (ebd., S. 74) der methodische Königsweg. Hierbei handelt es sich um eine „umfassende Feldforschung, in deren Zuge die [sic] Forscher das zu untersuchende Phänomen (bzw. einige Elemente davon) selbst durchlebt, Schicht für Schicht dessen unsichtbare Eigenschaften freilegt und die hier wirkenden Mechanismen untersucht" (ebd.; Herv. weggelassen). Die enaktive Ethnografie ist mit anderen Worten eine Forschungsmethode, die zu soziologischen Erkenntnissen gelangt, indem die Forscherin mit Haut und Haar in das Forschungsfeld involviert ist, mit Fleisch und Blut das sie interessierende wissenschaftliche Phänomen erlebt, spürt, in sich aufsaugt und bearbeitet; dafür bedarf es allerdings eines gewissen Maßes an „Mut und Ausdauer" (ebd., S. 75). Wacquants Arbeit zum Erwerb eines boxerischen Habitus kann als hierfür paradigmatische Studie gesehen werden (Wachquant, 2003; s. u.), da sie sehr genau nachzeichnet, wie der Forscherkörper methodisch als „intelligentes Instrument der praktischen Wissensproduktion" (ebd., S. 76) genutzt werden kann.

Wacquants karnale Soziologie macht ernst mit einer körperbasierten Epistemologie, wirft jedoch die Frage auf, inwiefern ihre methodologischen Prinzipien auch für andere Methoden – einschließlich standardisierter Forschungsmethoden – als der (enaktiven) Ethnografie gelten wie auch für eine nicht-empirische, rein theoretische (‚Schreibtisch'-)

Soziologie. In terminologischer Hinsicht ist außerdem zu fragen, wie hilfreich eigentlich die Metapher einer „Soziologie von Fleisch und Blut" ist. Dass Fleisch („die sichtbare Oberfläche des lebendigen Körpers") und Blut (der „innere[] Kreislauf des Lebens [..], das in den Tiefen des Körpers pulsiert"; ebd., S. 74) einen analytisch höheren Wert besitzen sollen als die phänomenologische Differenzierung zwischen Körper und Leib (vgl. dazu Lindemann in Bd. 1), darf bezweifelt werden.

## 2 Phänomenologie der Forschungssituation

Die genannten Kritikpunkte lassen sich mit einem phänomenologisch begründeten epistemologischen Korporalismus vermeiden, da dieser *jede* Art wissenschaftlichen Forschens als grundsätzlich verkörperte Tätigkeit in den Blick nimmt. Ausgangspunkt dafür ist ein spezifisch phänomenologisches Verständnis der *Situation „Forschen":* Im Sinne der Neuen Phänomenologie (Schmitz, 1990) lässt sich wissenschaftliches Forschen als eine Situation beschreiben, die Strukturmerkmale aufweist, welche unweigerlich die Leiblichkeit und Körperlichkeit wissenschaftlichen Handelns und Erkennens betreffen.

Jedes wissenschaftliche Arbeiten findet in einer Situation statt. Ob zu Hause am Schreibtisch, im Büro unter Kolleginnen, bei einem Interview, im empirischen Feld oder auf einer Fachtagung, immer ist das Forschungshandeln eingebettet in eine Situation. Gemeinsam ist den verschiedenen Forschungssituationen eine allgemeine Struktur, die sich mit Hermann Schmitz (1990, S. 65) wie folgt beschreiben lässt: Forschen als *Situation* ist eine „chaotisch-mannigfaltige Ganzheit", zu der „Sachverhalte", „Programme" und zumeist auch „Probleme" gehören (ebd., S. 66). Wer etwa an einem Artikel für ein Handbuch schreibt und sich dafür in sein Zimmer zurückzieht, hat mit dem *Sachverhalt* Artikelschreiben zu tun, folgt dabei *Programmen* wie den inhaltlichen Erwartungen und formalen Vorgaben der Herausgeber/innen, wissenschaftlichen Gütekriterien, dem persönlichen Wunsch nach Anerkennung etc., und ist gegebenenfalls mit *Problemen* wie der Schwierigkeit, eine schlüssige Argumentation zu entwickeln, oder dem Lärm aus der Nachbarwohnung konfrontiert. Die Forschungssituation ist dabei *chaotisch-mannigfaltig* in dem Sinne, dass ihre einzelnen Elemente (Personen, Computer, Bücher, Raumklima, Zeitdruck, Gefühlslage, Wissenslücken etc.) in keiner festen Form miteinander verwoben sind, diese gleichwohl eine nach außen abgegrenzte Ganzheit darstellt, aufgrund derer das Arbeiten in der Wohnung sich beispielsweise von jenem im Büro und erst recht von Gartenarbeit unterscheidet. All das gilt prinzipiell auch für „aktuelle gemeinsame Situationen" (ebd., S. 76 ff.), in denen mehrere Personen gleichzeitig anwesend sind und miteinander kommunizieren und interagieren.

Wissenschaftliches Forschen als eine Situation in dem genannten Sinne ist außerdem ein Geschehen *voller leiblich-affektiver Momente* – und zwar nicht erst dann, wenn Probleme auftreten, aufgrund derer man sich ärgert oder deren Lösung enorm anstrengend ist. Zwei leiblich-affektive Merkmale charakterisieren die Forschungssituation grundsätzlich.

Zum einen zeichnet sich eine Forschungssituation durch eine Vielzahl und Vielfalt an *Eindrücken* aus, und Eindrücke werden vom Forschungssubjekt leiblich wahrgenommen. Wissenschaftliches Arbeiten ist geprägt durch „impressive Situationen" (ebd., S. 53), die umso erkenntnisrelevanter sind, je ein*drück*licher, je eindrucks*voll*er sie sind. Der unklare, verwirrende oder überraschende Eindruck einer Interviewsituation etwa drängt sich dem Forscher auf, geht ihm nahe, berührt oder erschreckt ihn und ist daher nicht nur persönlich bedeutsam, sondern gleichermaßen für den Forschungsprozess wichtig. Dasselbe gilt für den chaotischen Eindruck, den die Ethnografin in dem ihr fremden Feld hat, vor allem, wenn sie sich dort das erste Mal aufhält: Diese Situation ist für sie im wörtlichen, das heißt leiblichen Sinne eindrucksvoll, eben weil sie unvertraut, unüberschaubar, diffus ist. Eine der Hauptaufgaben der Ethnografin besteht deshalb darin, das sie ergreifende situative Chaos zu ordnen.

Zum Zweiten sind Forschungssituationen wie alle Situationen *„gefühlshafte Atmosphären,* die leiblich mehr oder weniger ergreifen (können) und soziales Handeln beeinflussen (können)" (Gugutzer, 2012, S. 74 f.; Herv. im Orig.; siehe auch Gugutzer, 2020). Die konzentrierte Arbeitsatmosphäre zu Hause, die lockere und lebendige Atmosphäre in einer Arbeitsgruppe, die angespannte Stimmung in der Abteilung, die hitzige oder aggressive Atmosphäre in einer Diskussion – solche und andere Atmosphären werden das wissenschaftliche Arbeiten jedenfalls dann beeinflussen, wenn sie leiblich-affektiv nahegehen und nicht nur nüchtern-registrierend zur Kenntnis genommen werden. Man denke an die Vorliebe nicht weniger Wissenschaftler/innen, in der dichten Stille einer nächtlichen Umgebung zu arbeiten, die damit zu tun hat, dass sie diese Atmosphäre der Ruhe und Dunkelheit als konzentrations- und kreativitätsförderlich empfinden.

Hält man sich nur diese beiden allgemeinen leiblich-affektiven Merkmale der Forschungssituation vor Augen, ist offenkundig, dass Leib und Körper unmittelbar an der Produktion wissenschaftlicher Erkenntnisse beteiligt sind. Berücksichtigt man außerdem noch all die vermeintlich banalen leiblich-körperlichen Begleiterscheinungen des *doing sociology* wie Reden, Zuhören und Schreiben, Antipathie und Sympathie, Unsicherheit, Angst, Freude oder Lust, Müdigkeit, Hunger, Rückenschmerzen, Augenbrennen etc. (vgl. Gugutzer, 2015, S. 140 ff.), wird erst recht ersichtlich, dass die wissenschaftliche Erkenntnisproduktion eine verkörperte Tätigkeit ist. Weil das leiblich-affektive Sich-Befinden des Forschungssubjekts in der Forschungssituation in jedem Fall auf irgendeine Weise Einfluss nimmt auf den Erkenntnisprozess, impliziert eine verkörperte Epistemologie notwendig einen „methodologischen Situationismus" (Gugutzer, 2017, S. 160 ff.).

## 3 Der Forscherleib als Erkenntnisquelle

Der Blick auf das verkörperte Forschungssubjekt korrigiert den auch in der Körpersoziologie faktisch vorherrschenden cartesianischen Dualismus, indem er darauf hinweist, dass die Generierung soziologischen Wissens kein reiner Denkprozess ist, vielmehr ein durch und durch leibliches Phänomen. Dass Denken kein ausschließlich kognitives, neurophysiologisches Geschehen ist, sondern unweigerlich mit dem Organismus und der Umwelt verknüpft ist, ist eine These, die aktuell besonders von der „embodied cognition"-Forschung vertreten wird (vgl. als Überblick Gallagher, 2012). Sinngleich bezeichnet der Psychiater und Phänomenologe Thomas Fuchs (2007) das Gehirn als ein „Beziehungsorgan", das seine Funktionen nur in Relation zum ‚restlichen' Körper sowie zu seiner materiellen und sozialen Umwelt ausüben kann. Insofern das Gehirn zwischen lebendigem Organismus und Umwelt vermittelt, ist Denken weder ein reines Bewusstseins- noch ein rein physiologisches, sondern ein leibliches Phänomen. „Denken ist leiblich", so der Phänomenologe Guido Rappe (2012, S. 324–389), der Leib in diesem Sinne die Bedingung der Möglichkeit von Erkenntnis, weshalb Karl-Otto Apel (1985) auch vom „Leibapriori der Erkenntnis" spricht.

Die Rede vom Leib als Bedingung der Möglichkeit von Erkenntnis impliziert allerdings, dass zur *Verwirklichung* von Erkenntnis noch etwas Anderes notwendig ist. Die leibliche Selbsterfahrung in der Forschungssituation ist nicht schon per se eine Form von Erkenntnis, sondern wird zu dieser erst infolge der im Medium der Sprache vorgenommenen Reflexion auf das eigenleiblich Gespürte (vgl. Schürmann, 2008, S. 53). (Das damit verbundene methodische Problem wird in Kap. 5 besprochen.) Der *Forscherleib* ist daher, wie man mit Anke Abraham sagen kann, im engeren Sinne erst mal ‚nur' eine *„Erkenntnisquelle"* (Abraham, 2002, S. 182 und öfter) – und zwar eine Quelle, aus der zumeist unreflektiert geschöpft wird, wenn und weil den leiblich-affektiven Empfindungen im Forschungsalltag keine bewusste Aufmerksamkeit geschenkt wird. Eine Quelle der Erkenntnis sind leiblich-affektive Regungen wie Staunen, Stutzen, Unbehagen oder Ärger insofern, als sie das Forschungssubjekt aufmerken lassen und dadurch dessen kontinuierlichen Denkprozess ins Stocken bringen oder ganz unterbrechen. Allgemein gesagt besteht das Erkenntnispotenzial solcher Leibregungen somit darin, dass sie einer Differenzerfahrung entsprechen, und Differenzerfahrungen die Grundlage von Erkenntnis sind – frei nach Gregory Bateson: Erkenntnis basiert auf der Wahrnehmung eines Unterschieds, der einen Unterschied macht. Eine Erkenntnisquelle sind *leiblich-affektive Differenzerfahrungen* dabei vor allem dann, wenn sie sich dem Forschungssubjekt als *leibliche Irritation* bzw. als *spürbare Widerständigkeit* aufdrängen (vgl. Gugutzer, 2015, S. 142).

Eine leibliche Irritation liegt beispielsweise vor, wenn man beim Lesen eines Textes an eine Stelle gelangt, an der man denkt: „Das stimmt doch nicht!" Oder: „So ein Unsinn!" Ein solcher Gedanke äußert sich als spürbares Aufmerken und markiert daher eine Zäsur im kontinuierlichen Bewusstseinsstrom. Man denkt dann nicht nur „Unsinn", sondern man empfindet diesen „Unsinn" auch als inneren Widerstand, der sich zeitgleich mit dem Gedanken zeigt. Denken ist leiblich. Wer sich wirklich über eine Formulierung, Ansicht, These, eine Theorie oder einen Autor aufregt, tut dies nicht nur intellektuell, sondern gleichermaßen spürbar. Der Forscherleib drängt sich auf diese Weise als Erkenntnisquelle auf: Wenn sich beim Lesen das Gefühl einstellt, dass hier etwas nicht stimmt, dass es hakt, widersprüchlich oder eben unsinnig ist, liegt eine leiblich-affektive Stellungnahme zum Gelesenen vor, die erkenntnisrelevant insofern ist, als die leiblich wahrgenommene Irritation typischerweise einen Reflexionsprozess in Gang setzt. Im spürbaren Widerstand zeigt sich Sinn: Die These, die Widerstand hervorruft, spricht etwas in der Forscherin an, und deshalb bedeutet sie etwas. *Was* die leiblich-affektive Stellungnahme bedeutet, ist damit natürlich noch nicht geklärt. Aber *dass* sie etwas bedeutet, ist offenkundig, sodass es darum geht, dem Widerstand nachzuspüren, ihn in Worte fassen und argumentativ zu nutzen. Wollte man daraus einen methodologischen Imperativ formulieren, so könnte er lauten: ‚Achte besonders auf das, was dich in deiner Forschungsarbeit irritiert! Nimm ernst, was Widerstand in dir hervorruft, anstatt darüber hinwegzugehen!'

Der Forscherleib entspricht damit einer Erkenntnisquelle in dem Sinne, in dem beispielsweise Bourdieu und Wacquant von körperlich-praktischer Erkenntnis oder vom körperlichen Verstehen sprechen (s. o.). Vor dem Hintergrund der phänomenologischen Unterscheidung von Körper und Leib muss es genauer „leibliches Verstehen" (Abraham, 2002, S. 185; Gugutzer, 2012, S. 64 ff.) bzw. leibliche Erkenntnis heißen. Gemeint ist damit ein präreflexiver, nichtbegrifflicher Erkenntnismodus, ein spürendes Verstehen, vergleichbar dem ästhetischen Verstehen eines Kunstwerks (vgl. Stenger, 2013, S. 109 ff.) oder dem „erotischen Verstehen" (Merleau-Ponty, 1966, S. 188) einer zwischenmenschlichen Atmosphäre. Leibliche Erkenntnis und leibliches Verstehen sind die subjektiv erlebten Korrelate der chaotisch-mannigfaltigen Forschungssituation. Der Text, das Video oder Interview sind Situationen voller Eindrücke, die nicht-analytisch, sondern synthetisch, als Ganzheit wahrgenommen werden. Sofern sie eine Resonanz im Forscherleib erzeugen, der Forscher zum Beispiel peinlich berührt ist oder ein Aha-Erlebnis hat, hat er etwas verstanden, selbst wenn er (noch) nicht imstande sein sollte zu sagen, was er verstanden hat, das begriffliche Verstehen also noch fehlt. Der Forscherleib fungiert hier als eine Quelle der Erkenntnis, die sich aus dem Leibgedächtnis und den leiblichen Erfahrungen speist und den „Charakter einer ‚Spur'" (Abraham, 2002, S. 203) trägt, der es lohnt zu folgen.

Wie Christine Demmer am Beispiel ihres empfundenen Ekels und ihrer Unsicherheit in narrativen Interviews mit körperlich behinderten Frauen gezeigt hat, besteht dieser Lohn zwar nicht unbedingt darin, vollkommen neue Ergebnisse hervorzubringen, aber doch in einer „erweiternde[n] Perspektive", zum Beispiel in einer vom Datenmaterial ausgehenden „Verschiebung des Analysefokus". So resümiert sie hinsichtlich ihrer eigenen Studie: „Die Interpretation des eigenleiblichen Spürens haben [sic] zum erneuten Lesen bestimmter Passagen angeregt, sie ließen Textstellen bedeutsam erscheinen, die zuvor nicht im Zentrum der Analyse standen“ (Demmer, 2016, Abs. 33).

## 4 Körperliche und leibliche Kommunikation als Erkenntnisinstrumente

Der Blick auf den Forscherleib als Erkenntnisquelle hat gezeigt (was in den meisten, einschließlich Wacquants Überlegungen zu einer verkörperten Epistemologie unberücksichtigt bleibt), dass die Leiblichkeit der Forscherperson in jeder Sekunde wissenschaftlichen Arbeitens, also auch beim einsamen Denken, Lesen und Schreiben, ein Erkenntnispotenzial birgt. *Doing sociology* ist aber natürlich nicht nur eine einsame Schreibtischangelegenheit, sondern findet sehr häufig in gemeinsamen aktuellen Situationen statt, vor allem, wenn man empirisch forscht. In Lehrbüchern zur qualitativen Sozialforschung findet sich daher regelmäßig der methodologische Appell, den kommunikativ-interaktiven Charakter des Datenerhebungskontextes zu reflektieren. Dies aus dem einfachen Grund, dass zum Beispiel bei der Durchführung eines Interviews, der Leitung einer Gruppendiskussion oder der Ausübung einer nicht-/teilnehmenden Beobachtung die Forscherin physisch anwesend ist und daher unweigerlich Einfluss auf die Forschungssituation nimmt. Inwiefern aber fungiert die *körperliche und leibliche Kommunikation* zwischen Forschungssubjekt und Forschungsobjekt(en) als *Erkenntnisinstrument*?

Die körperliche Anwesenheit der Forscherperson scheint auf den ersten Blick von umso größerer Relevanz für den Forschungsprozess zu sein, je stärker der Grad ihres Involviertseins ist. Wer autoethnografisch eine Lebenswelt zu erschließen versucht, muss sich – in den Worten Wacquants – mit „Fleisch und Blut“ in sie hinein begeben, und das am besten über lange Zeit. Der Forscherkörper ist hier das Erkenntnisinstrument schlechthin, wie beispielsweise Wacquants bereits erwähnte Studie über das „Leben für den Ring“ (Wacquant, 2003) eindrucksvoll gezeigt hat. In einem vier Jahre währenden Forschungsaufenthalt in einem US-amerikanischen Ghetto hatte Wacquant die Lebensverhältnisse der *black community* dadurch erforscht, dass er sich überwiegend in einem *box gym* aufhielt und durch intensives Training einen Boxer-Habitus entwickelte. Sein Körper fungierte hier als Erkenntnisinstrument in dem Sinne, dass der Forscher gewisse körperliche Kompetenzen mitbrachte und neue erwarb. Am eigenen Leib hat Wacquant so die Logik des ghettospezifischen Boxens erfahren und diese zur Grundlage einer allgemeinen Analyse der Logik sozialer Praxis genutzt. Dass er mit seiner enaktiven Ethnografie fast der Gefahr des *going native* erlag, weist darauf hin, dass der professionelle Forscherkörper sich bei besonders hohem Engagement gegebenenfalls in einen quasi-indigenen Körper transformiert, was aus erkenntnistheoretischer Sicht natürlich zu vermeiden ist.

Der Forscherkörper ist nun aber keineswegs nur in der Auto- oder enaktiven Ethnografie ein explizit erkenntnisrelevantes Forschungsinstrument. Er ist dies ebenso zum

Beispiel in einem narrativen Interview (vgl. Demmer, 2016) oder einem Experteninterview. Auch hier bringt die Forscherin ihren Körper mit und setzt ihn womöglich gezielt ein, indem sie sich etwa dem Habitus der Expertin durch Benehmen und Kleidung anpasst. Da man bekanntlich „nicht nicht kommunizieren kann" (Paul Watzlawick), beeinflusst die leibhaftige Forscherin jedoch allein mit ihrem Geschlecht und Alter, ihrer Körpergröße und Hautfarbe, ihrer Gestik, Mimik und Stimme den Gesprächsverlauf auf irgendeine Weise, die forschungsrelevant sein kann.

In der sozialwissenschaftlichen Methodenliteratur, einschließlich jener zu standardisierten Forschungsmethoden, ist einiges darüber nachzulesen, wie am Forscherkörper ablesbare Zeichen das Antwortverhalten der Interviewten beeinträchtigen können. An einer dezidiert körper- und leibsoziologischen Analyse dieses methodisch relevanten Aspekts der *Interaktion von körperlichem Ausdruck und leiblichem Eindruck* fehlt es dabei allerdings. Inwiefern und mit welchen Konsequenzen der Forscherkörper zusammen mit dem Körper der Interviewten eine gemeinsame impressive Situation bildet, die mindestens stillschweigend, mitunter aber auch bewusst wahrnehmbar die Forschungssituation mitgestaltet, gilt es aus körper- und leibsoziologischer Sicht präzise herauszuarbeiten. Konsens herrscht in der qualitativen Methodenliteratur hingegen darüber, dass das Forschungssubjekt das methodologische Gebot zu befolgen habe, selbstkritisch vor und nach der Teilhabe an der Forschungssituation zu reflektieren, in welcher Hinsicht die eigene körperliche Performance Einfluss auf das Gegenüber nehmen könnte bzw. genommen hat. In diesem Sinne plädiert zum Beispiel Franz Breuer (2000, S. 45) dafür, dass das Forschersubjekt „ein Bewusstsein und eine Sensibilität hinsichtlich des eigenen ‚Reiz-Werts' als sozialer Akteur und Person und eine gewisse darauf bezogene Eigenverfügungs-Möglichkeit sowie eine geschärfte Aufmerksamkeit" für den eigenkörperlichen Anteil an der Forschungsinteraktion entwickeln sollte.

Dass der kommunikative Forscherkörper ein – mal mehr, mal weniger bewusst eingesetztes, mehr oder weniger explizites – Erkenntnisinstrument ist, liegt hauptsächlich daran, dass der körperliche „Reiz" eine Reaktion provoziert. Wie gesagt, dem Körperausdruck des Forschungssubjekts korrespondiert ein leiblicher Eindruck beim Forschungsobjekt. Das gilt selbstredend auch in umgekehrter Richtung: Der körperliche Ausdruck des Forschungsobjekts ‚macht etwas' mit dem Forschungssubjekt – es nimmt sich wahr, weil es sein Gegenüber wahrnimmt. Dabei ist es prinzipiell unerheblich, ob das Gegenüber ein menschlicher oder ein nicht-menschlicher Körper ist, etwa Gegenstände, die Atmosphäre des Raums oder das Haustier. Entscheidend ist die Wahrnehmung am eigenen Leib, die von etwas ausgelöst wird, das nicht dem eigenen Leib zugehört. In den Worten von Schmitz (1990, S. 135 ff.) handelt es sich dabei um *„leibliche Kommunikation"*. Sie ist für den Forschungs- und Erkenntnisprozess von besonderer Bedeutung.

In der sozialwissenschaftlichen Methodendiskussion wurde auf die Bedeutung leiblicher Kommunikation für den Forschungsprozess verschiedentlich, wenn auch mit unterschiedlichen Begriffen, hingewiesen. So spricht Breuer im Anschluss an Werner Kutschmann von „empathischen Potenzen der Erkenntnis" (Breuer, 2000, S. 39 f.)

und meint damit die Erkenntnisrelevanz von Erfahrungskategorien wie Einfühlungsvermögen, Imagination oder Mimesis, die sich aus der „prinzipiellen Strukturidentität von Erkenntnissubjekt und Erkenntnisobjekt“ (ebd.) ergebe. Unter Rekurs auf Georges Devereux verweist Breuer außerdem darauf, dass auch das psychoanalytische Konzept der „Gegenübertragung“ als leiblich-affektives Erkenntnismittel verstanden werden könne, wie Devereux exemplarisch anhand seiner Ausführungen zur „Wissenschaftler-Angst“ gezeigt hat (ebd., S. 40 ff.). Abraham (2002, S. 192) wiederum hat darauf hingewiesen, dass Maurice Merleau-Pontys Konzept der „Zwischenleiblichkeit“ und Schmitz‘ Begriff der „wechselseitigen Einleibung“ wichtige Bausteine einer nichtrationalen Erkenntnistheorie seien, der es um das leibliche Verstehen in bzw. von interaktiven Forschungssituationen gehe. Voraussetzung für das leibliche Verstehen sei dabei das Zulassen von Nähe und die Bereitschaft, sich von der Forschungssituation berühren zu lassen.

Eine paradigmatische Studie zum Leib als erkenntnisrelevantes Kommunikationsinstrument ist die Untersuchung von Sabine Dörpinghaus (2013) zur Hebammenkunde. Dörpinghaus reflektiert darin ausführlich die Rolle der Forscherin in der Situation des Interviews (ebd., insb. S. 217–234). Dabei macht sie deutlich, dass gerade – aber keineswegs ausschließlich – in leibphänomenologischen Interviews, in denen das Spüren (hier: der „Unruhe“) den thematischen Fokus bildet, ein nicht-kognitiver Zugang von Seiten der Forscherin wichtig ist, um den Sinn des von der Interviewten (häufig diffus oder metaphorisch) Gesagten zu verstehen. Wo Sprache an ihre Mitteilungs- und Verstehensgrenzen stößt, ist es der subjektive Eindruck des körperlichen Ausdrucks der Interviewpartnerin, über den es möglich ist, „aus der Mannigfaltigkeit der Situation Bedeutsamkeit zu erschließen“ (ebd., S. 227). Konkret kann das zum Beispiel heißen, dass man aufgrund der leiblichen Kommunikation in der Erhebungssituation „Nachfragen“ stellt (ebd., S. 219 f.), auf die man nicht käme, wenn die Interviewführung sich ausschließlich auf das gesprochene Wort konzentrierte. Anlehnend an den Buchtitel von Dörpinghaus lohnt es somit, „dem Gespür auf der Spur“ zu bleiben, das in der Forschungssituation am eigenen Leib Wahrgenommene ernst zu nehmen und ihm beispielsweise mittels Fragen nachzugehen.

## 5 Fazit: Methodische Chancen und Herausforderungen

Die Auseinandersetzung mit Leib und Körper als Erkenntnisquelle und Erkenntnisinstrument hat gezeigt, dass Leib und Körper nicht nur soziologische Forschungsobjekte sind, worauf sich die Körpersoziologie hauptsächlich konzentriert, sondern gleichermaßen Forschungssubjekte. Ist der Forscher*körper* dabei vorrangig ein Erkenntnis*instrument*, das bewusst oder unbewusst zur Wissensgenerierung eingesetzt wird, so der Forscher*leib* primär eine Erkenntnis*quelle*, aus der geschöpft werden kann, sofern den spürbaren Empfindungen im Forschungsalltag, insbesondere den leiblich-affektiven Differenzerfahrungen, Aufmerksamkeit geschenkt und Bedeutung beigemessen wird.

Mehr noch als der Forscherkörper als Erkenntnisinstrument ist es der Forscherleib als Erkenntnisquelle, der eine wichtige Ergänzung zum dominanten rationalen Verständnis wissenschaftlicher Erkenntnisproduktion darstellt. Voraussetzung dafür ist allerdings die Bewältigung einiger typischer Probleme, die sich mit dem Forscherleib ergeben. Es sind vor allem vier methodische Herausforderungen, die es zu meistern gilt.

1. *Das Aufmerksamkeitsproblem:* Wie eingangs erwähnt, ist das typische wissenschaftliche Arbeiten dadurch gekennzeichnet, dass der Aufmerksamkeitsfokus auf dem Erkenntnisobjekt liegt, nicht jedoch auf dem erkennenden Subjekt. Ob in einem Interview oder bei einer Beobachtung, ob beim Lesen eines Textes oder Zuhören eines Vortrags, fast immer gilt die Wahrnehmung dem Gegenüber und nicht sich selbst. Man ist im wissenschaftlichen Arbeiten viel weniger bei sich als bei anderen oder anderem. Und selbst wenn man sich seiner selbst gewahr wird, etwa weil man die eigene Unsicherheit im Feld oder die Langeweile im Interview spürt, heißt das nicht, dass daraus der Schluss gezogen wird, diese leiblichen Empfindungen als wichtig für die eigene Forschungsarbeit zu erachten. Es bedarf daher zu allererst einer Forscherhaltung, die der leiblich-affektiven Selbstwahrnehmung Wert beimisst und zum Beispiel leibliche Widerstände als relevante Informationen ernst nimmt. Gleichermaßen wichtig ist dabei die Selbstreflexion der eigenen Leib- und Körperbiographie sowie der damit zusammenhängenden Frage, ob das am eigenen Leib Gespürte eher mit einem selbst als Forschungssubjekt oder aber mit dem Forschungsobjekt zu tun hat (vgl. Abraham, 2002, S. 204).
2. *Das Versprachlichungsproblem:* Mit dem Aufmerksamkeitsproblem hängt ein doppeltes sprachliches Problem zusammen. Zum einen müssen die Forscherin und der Forscher selbst eine Sprache für ihre leiblich-affektiven Selbstwahrnehmungen finden, um sie dingfest machen und in ihren Interpretationsprozess einbeziehen zu können. Zum anderen müssen sie ihre Erkenntnisse in den wissenschaftlichen Diskurs einspeisen und zur Diskussion stellen, wofür sie ebenfalls (fach-)spezifische Wörter finden müssen. Gerade weil die leiblichen Erkenntnisse subjektiv sind, ist es wichtig, ihre intersubjektive Nachvollziehbarkeit sicherzustellen. Schließlich spielen Leib und Sprache auch in der Hinsicht ineinander, dass das in der Forschungssituation leiblich-affektiv Erlebte einer sprachlichen Überprüfung am Text bedarf, wie umgekehrt der Text durch eine leiblich aufmerksame Leseweise einer zusätzlichen Interpretation unterzogen werden kann, um so gegebenenfalls auf eine neue Erkenntnisspur zu gelangen.
3. *Das hermeneutische Spiralen-Problem:* Das Verhältnis von leiblicher Selbstwahrnehmung und Versprachlichung impliziert das problematische Verhältnis von (theoretischem) Vorverständnis und Gegenstandsverständnis, hier dem Verständnis der eigenleiblichen Regungen. Wie kann ich es verhindern, dass die sprachliche Bezeichnung dessen, was ich in der Forschungssituation an mir wahrnehme, nicht meinem theoretischen Vorwissen entspringt, das ich aufgrund meiner akademischen Sozialisation automatisch besitze? Wie man an den Arbeiten Wacquants erkennen

kann, ist dieser hermeneutischen Spirale letztlich nicht zu entkommen – bei Wacquant (2003) ersichtlich daran, dass die Beschreibungen seines leiblichen Spürens von Kategorien aus Bourdieus Theorien durchsetzt sind. Das relativiert nun allerdings keineswegs den Stellenwert leiblicher Erkenntnis, denn *eigen*leiblich sind die Wahrnehmungen in der Forschungssituation ja gleichwohl – *ich* spüre mich in dieser Situation so oder so. Daraus lässt sich eine methodische Aufgabenstellung formulieren, die das Problem der hermeneutischen Spirale zumindest zu relativieren verspricht: Aufgabe der Forscherin und des Forschers ist es, im Sinne der „phänomenologischen Epoché" (Husserl) ihr Vorwissen so weit einzuklammern, dass sie sich ihrem Sich-Spüren in der Forschungssituation möglichst vorurteilsfrei zuwenden können. Die vertrauten theoretischen Konzepte und Begriffe gilt es zu suspendieren, um die eigenleibliche Wahrnehmung auf die Art zu beschrieben, in der sie sich wirklich zeigen (z. B. warm/kalt, eng/weit, drückend/ziehend, kribbelnd/brennend etc.). Das erfordert zweifelsohne methodische Disziplin.

4. *Das Methodisierungsproblem:* Methodische Selbstdisziplin im Sinne einer möglichst vorurteilsfreien Beschreibung leiblicher Zeichen im Forschungsprozess ist das eine, ein methodisch kontrollierbares Vorgehen beim Erheben und Auswerten der Daten des Forscherleibes das andere. Für ersteres böten sich – etwa unter der Leitung von Körper- und Leibsoziolog/innen – in der akademischen Ausbildung spezielle Methoden- und Supervisions-Workshops an, in denen die Selbstwahrnehmung und deren Verbalisierung geschult werden. Im Hinblick auf eine Methodisierung leiblicher Selbstwahrnehmung und Verstehensprozesse sind der Umsetzung hingegen enge Grenzen gesetzt. Weder ist es möglich, konkrete Schritte festzulegen, welche Leibdaten in welcher Reihenfolge oder Ausführlichkeit erhoben werden sollen, noch wie die identifizierten Leibdaten zu interpretieren sind. Eine auch nur annähernde Standardisierbarkeit der Datenerhebung und -auswertung ist nicht möglich, weil es sich hier um „subjektive Tatsachen" (Schmitz, 1990, S. 5) handelt, deren hermeneutische Auslegung einer Art „Kunstlehre" (Oevermann) entspricht. Leibliches Verstehen ist eine beziehungsweise bedarf daher primär einer Haltung, nämlich der Einstellung, dass Subjektivität im Sinne des leiblich Wahrgenommenen im Forschungsprozess nicht nur legitim, sondern erkenntnisrelevant ist. Anstelle einer Methodisierung leiblicher Verstehensprozesse bleibt somit nur die Formulierung des methodologischen Gebots, das eigene Forschungsvorgehen transparent zu machen, um intersubjektive Nachvollziehbarkeit zu ermöglichen.

Ungeachtet der genannten Probleme und Grenzen leiblicher Erkenntnisgenerierung ist festzuhalten, dass dem Forscherleib und Forscherkörper ein Erkenntnispotenzial innewohnt, dem gerade von Seiten der Körpersoziologie besondere Aufmerksamkeit zu schenken wäre. Wenn das programmatische Ziel der Körpersoziologie darin besteht, nicht bloß eine weitere Bindestrichsoziologie zu sein, sondern allgemeinsoziologische Bedeutung zu haben – im Sinne einer „embodied sociology" (Gugutzer, 2012; Shilling,

2007) –, dann ist die Ausarbeitung eines epistemologischen Korporalismus‘ ein dafür wichtiger Baustein.

## Literatur


Abraham, A. (2002). *Der Körper im biographischen Kontext. Ein wissenssoziologischer Beitrag*. Westdeutscher Verlag.

Apel, K.-O. (1985). Das Leibapriori der Erkenntnis. Eine erkenntnisanthropologische Betrachtung im Anschluss an Leibnizens Monadenlehre. In H. Petzold (Hrsg.), *Leiblichkeit. Philosophische, gesellschaftliche und therapeutische Perspektiven* (S. 47–70). Junfermann.

Bourdieu, P. (1992). Programm für eine Soziologie des Sports. In P. Bourdieu (Hrsg.), *Rede und Antwort* (S. 193–207). Suhrkamp.

Bourdieu, P. (2001). *Meditationen. Zur Kritik der scholastischen Vernunft*. Frankfurt a. M.: Suhrkamp (v.a. Kap. 4).

Breuer, F. (2000). Wissenschaftliche Erfahrung und der Körper/Leib des Wissenschaftlers. Sozialwissenschaftliche Überlegungen. In C. Wischermann & S. Haas (Hrsg.), *Körper mit Geschichte. Der menschliche Körper als Ort der Selbst- und Weltdeutung* (S. 33–50). Steiner.

Demmer, C. (2016). Interviewen als involviertes Spüren. Der Leib als Erkenntnisorgan im biografieanalytischen Forschungsprozess [35 Absätze]. Forum Qualitative Sozialforschung/Forum: *Qualitative Research 17*(1), Art. 13. http://nbn-resolving.de/urn:nbn:de:0114-fqs1601139. Zugegriffen: 21. Dez. 2016.

Dörpinghaus, S. (2013). *Dem Gespür auf der Spur. Leibphänomenologische Studie zur Hebammenkunde am Beispiel der Unruhe*. Alber.

Forum Qualitative Sozialforschung. (3/2002). *Subjektivität und Selbstreflexivität im qualitativen Forschungsprozess I* (Schwerpunktausgabe, hrsg. von Katja Mruck, Wolff-Michael Roth & Franz Breuer). http://www.qualitative-research.net/index.php/fqs/issue/view/21. Zugegriffen: 21. Dez. 2016.

Forum Qualitative Sozialforschung. (2/2003). *Subjektivität und Selbstreflexivität im qualitativen Forschungsprozess II* (Schwerpunktausgabe, hrsg. von Wolff-Michael Roth, Franz Breuer & Katja Mruck). http://www.qualitative-research.net/index.php/fqs/issue/view/18. Zugegriffen: 21. Dez. 2016.

Fuchs, T. (2007). *Das Gehirn – Ein Beziehungsorgan. Eine phänomenologisch-ökologische Konzeption*. Kohlhammer.

Gallagher, S. (2012). Kognitionswissenschaften – Leiblichkeit und Embodiment. In E. Alloa, T. Bedorf, C. Grüny, & T. Nikolaus Klass (Hrsg.), *Leiblichkeit. Geschichte und Aktualität eines Konzepts* (S. 320–333). Mohr Siebeck (UTB).

Gugutzer. (2006). Der *body turn* in der Soziologie. Eine programmatische Einführung. In Gugutzer (Hrsg.), *body turn. Perspektiven der Soziologie des Körpers und des Sports* (S. 9–53). Bielefeld: transcript.

Gugutzer. (2012). *Verkörperungen des Sozialen. Neophänomenologische Grundlagen und soziologische Analysen*. Bielefeld: transcript.

Gugutzer, R. (2015). *Soziologie des Körpers* (5., vollst. überarb. Aufl.). Bielefeld: transcript.

Gugutzer, R. (2017). Leib und Situation. Zum Theorie- und Forschungsprogramm der Neophänomenologischen Soziologie. *Zeitschrift Für Soziologie, 46*(3), 147–166.

Gugutzer, R. (2020). Atmosphären, Situationen und der Sport. Ein neophänomenologischer Beitrag zur soziologischen Atmosphärenforschung. *Zeitschrift Für Soziologie, 49*(5–6), 371–390.

Merleau-Ponty, M. (1966). *Phänomenologie der Wahrnehmung*. de Gruyter.

Rappe, G. (2012). *Leib und Subjekt. Phänomenologische Beiträge zu einem erweiterten Menschenbild*. projektverlag.

Schmidt, R. (2011). *Soziologie der Praktiken. Konzeptionelle Studien und empirische Analysen*. Suhrkamp.

Schmitz, H. (1990). *Der unerschöpfliche Gegenstand. Grundzüge der Philosophie*. Bouvier.

Schmitz, H. (2005). *Situationen und Konstellationen. Wider die Ideologie totaler Vernetzung*. Alber.

Schürmann, V. (2008). Reflexion und Wiederholung. Mit einem Ausblick auf ‚Rhythmus'. In F. Bockrath, B. Boschert, & E. Franke (Hrsg.), *Körperliche Erkenntnis. Formen reflexiver Erfahrung* (S. 53–72). transcript.

Shilling, C. (Hrsg.). (2007). *Embodying sociology: Retrorespect, progess and prospects*. Blackwell Publishing.

Stenger, U. (2013). Der Leib als Erkenntnisorgan. In J. Bilstein & M. Brumlik (Hrsg.), *Die Bildung des Körpers* (S. 104–115). Beltz Juventa.

Wacquant, L. J. D. (2003). *Leben für den Ring. Boxen im amerikanischen Ghetto*. UVK.

Wacquant, L. J. D. (2015). Für eine Soziologie von Fleisch und Blut. *Berliner Debatte Initial, 26*(3), 70–80.

# Materialanalyse praxeologischer Körpersoziologie

Thomas Scheffer

## 1 Einleitung

Körper haben sich über Klassiker wie Simmel, Goffman und Bourdieu heute als Basiskategorie der Soziologie etabliert. Die Rolle der Körper in Prozessen der Vergesellschaftung ist dabei nicht auf rein körpersoziologische Forschungen beschränkt, sondern findet Berücksichtigung in Soziologien der Organisation, der Migration, des Rechts, der Politik oder der Ökonomie. Diese allgemeine, ethnographisch fundierte Anerkenntnis der Körperlichkeit von Sozialität geht mit analytischen Anforderungen einher.

So stellt sich die Aufgabe, vielfältig vorgefundene und erhobene Materialien (u. a. Feldnotizen, Aufnahmen, Akten, Erfahrungen) zu integrieren, um so die Rolle der Körper empirisch zu fassen. Hier vermag die Analyse den lokalen Einbezug körperlicher Vermögen mit Momenten der Entkörperlichung in Beziehung zu setzen. Im Fokus auf die praktischen Schöpfungen zeigt sich: jenseits bestimmter Qualifizierungsschwellen sondern sich mehr oder weniger mühsam geformte Objekte, etwa Güter oder Texte, von dem sie formenden Personal und Apparaten ab. Die Produkte finden Eingang in ausgreifende Märkte oder Diskurse zur weiteren Verfügung einer Konsumtion oder Rezeption.

Der folgende Beitrag bietet, nach einer überblickenden Darstellung körpersoziologischer Hauptströmungen, einen praxeologischen Ansatz, der eine lokale Betriebsamkeit und ihre Wirkungsweisen vermittels der trans-sequentiellen Analyse (TSA) erschließt. Die TSA kandidiert dabei, im Anschluss an die ethnomethodologischen Laborstudien (Knorr, 1984), als ein methodisches Verfahren, um die verwobenen Verhältnisse von Praxis und Diskurs zu fassen. Die jeweilige Bedeutung von Körpern und ihren Einsätzen erschließt die TSA lokal und translokal in sich entfaltenden Wirkungs-

T. Scheffer (✉)
Frankfurt am Main, Deutschland
E-Mail: scheffer@soz.uni-frankfurt.de



R. Gugutzer et al. (Hrsg.), *Handbuch Körpersoziologie 2*,
https://doi.org/10.1007/978-3-658-33298-3_45

und Verweisungszusammenhängen. Die TSA entdeckt hierzu im Geschehen objektbezogene Episoden, die die Teilnehmenden sukzessive zu Prozessen einer spezifischen Fertigung und Verwertung ausbauen.

Die transsequentielle Analyse wurde als Spielart der Praxis- und Diskursforschung in verschiedenen Fallstudien zur Anwendung gebracht: zum deutschen Asylverfahren (Scheffer, 2001), zur Strafverteidigung vor Englischen Gerichten (Scheffer, 2010), zum dichten Vergleich von Strafverfahren (Scheffer et. al., 2010) oder zu Abgeordnetenbüros (Scheffer, 2015). Weitere Analysen befassen sich mit Untersuchungsausschüssen (Scheffer et al., 2008), Bauämtern (Schmidt, 2014), Sportteams (Alkemeyer & Michaeler, 2013), militärischen Operationen (Kolanoski, 2017) oder der digitalen Bildbearbeitung (Trischler, 2017).

## 2 Körpersoziologische Hauptströmungen

Die Körpersoziologie teilt einen praxeologisch-performativen Bias, der situierte Körper als Einstieg in eine Analyse von Vergesellschaftungsprozessen betrachtet. Ohne Verkörperungen, so der Duktus, kann eine Soziologie basale und zentrale Vergesellschaftungen weder beobachten noch beschreiben noch analysieren. Diese Position für die Anerkennung der Körper als soziales Basiselement gleicht den Plädoyers einer Raumsoziologie (Plätze/Räume), Mikrosoziologie (Situation/Kopräsenz) oder Techniksoziologie (Dinge/Apparate).

Jenseits dieses präferierten Einstiegs – Körper und Körperensemble im Einsatz – verschwimmen allerdings die Konturen der Körpersoziologie. Die Körper fungieren dann in sehr unterschiedlicher Weise als Ausgangs- und Bezugspunkte soziologischer Analysen. Es lassen sich entsprechend körpersoziologische Interaktionsanalysen (1), Wissens- und Lerntheorien (2), semiotische Analysen (3) sowie Arbeitsstudien (4) unterscheiden. Außerdem finden sich Studien zum Körpererleben, die auf der Grundlage von Interviews und Selbstberichten erstellt werden. Im Einzelnen:

### 2.1 Körper und Interaktion

Körper fungieren als Mittel des sozialen Austausches. Hier sind Goffmans Arbeiten zum „face-work", wie auch allgemein, die Forschungen zur Performanz in Situationen grundlegend. Der Körper dient als Kommunikations- und Koordinationsmittel und zwar in einer Weise, die unvermeidbar ist. Unter Bedingungen der Kopräsenz kann nicht *nicht* kommuniziert werden. Die Interaktionsforschung fokussiert auf das Zusammenspiel von verbaler und gestischer und mimischer Kommunikation. Sie zeigt, wie hier Ausdrücke sequentiell ausgetauscht werden. Dies schließt Rituale ein, sowie verschiedene Konventionen des körperlichen Ausdrucks vis-á-vis relevanter Anderer. Audiovisuelle Aufzeichnungstechniken haben zur Verfeinerung der Analysen beigetragen, die mittlerweile verschiedenste praktische und professionelle Kontexte erschließen und hier erklären, wie Autorität, Kompetenz, aber auch Misstrauen oder Zweifel interaktiv ausgetragen und etabliert werden. Von besonderer Bedeutung sind dabei Gestik und Mimik als das Sprechen begleitende Ausdrucksformen. Dem Gesichtsfeld, dem Augenkontakt sowie der Zu- und Abwendung (Streeck, 2009) kommt dabei eine besondere Bedeutung zu, um etwa Respekt zu bezeugen oder zu entziehen, Konflikte auszutragen oder beizulegen, Missfallen kundzutun oder Vertrauen aufzubauen. Bei allem Daten- und Variantenreichtum hatte allerdings bereits Goffman (1983) darauf hingewiesen, dass die Situationsanalysen aufeinander bezogener Körpereinsätze einen beschränkten Phänomenbereich abstecken. Gesellschaft geht nicht in ihnen auf. Ja, sie mögen womöglich nicht einmal, wie wiederholt behauptet (Goffman, 1983, S. 3), ein gesellschaftsanalytisches Primat begründen. Raumzeitlich expansive, entkörperlichte Bedeutungsgewebe und Diskursformationen stehen diesen Detail- und Mikrostudien oftmals unverbunden gegenüber, was für eine soziologische Praxisforschung mindestens unbefriedigend bleiben muss.

## 2.2 Verkörpertes Wissen

Körper sind nicht nur hier/jetzt im Einsatz, sie sind auch von den Einsätzen geprägt bzw. auf diese eingestellt. In regelmäßigen Beanspruchungen vermitteln sich eigene Erfahrungen und Wissensformen. Körpersoziologische Lerntheorien fokussieren das verkörperte Wissen. Die Wissensaneignung funktioniert somatisch vermittels des Zusammenspiels der Sinne und angetrieben vom Ausgesetzt-Sein der prinzipiell verletzlichen Individuen. Das verkörperte Wissen ist bis heute paradigmatischer Bezugspunkt der Praxeologie. Es prägt deren Methodologien wie Forschungsgegenstände. Präferiert werden teilnehmende Beobachtungen gegenüber Interviews und eine Vollzugsorientierung gegenüber Repräsentationen. Das verkörperte Wissen ist dabei nicht auf Subjekte beschränkt. Wichtige Bezugspunkte bieten Kollektive wie die „communities of practice", in denen ein Know-how – Verfahren, Techniken, Methoden – geteilt und zur Norm wird. Ein weiterer Bezugspunkt ist das „learning by doing". Die jeweiligen Körper werden mitlaufend im und auf den gesellschaftlichen Verkehr eingestellt. Das gebildete, bedingte Know-how entzieht sich der Selbst-Kontrolle und subjektiven Reflexion (vgl. Bourdieu, 2004) wie auch der Versprachlichung, etwa in Interviews (vgl. Hirschauer, 2001). Es bedarf methodischer Kreativität, um das implizite Wissen zu explizieren. So etwa in autoethnographischen Studien zum Klavierspiel (Sudnow, 1993) oder zum Preisboxen (Wacquant, 2010) oder in extensiven Einzelfallstudien zum „doing gender" (Garfinkel, 1967). Insgesamt erscheinen die Lernmechanismen als komplex, weil multimodal, situiert und prozesshaft. Es ist unstrittig, dass, nicht aber wie genau Körper lernen. Die körpersoziologische Sozialisationstheorie vermischt sich dort mit Fragen der Interaktion, wo bestimmte performative Repertoires wiederum Rückschlüsse auf einen Erfahrungshintergrund zulassen. Ein Können oder Vermögen ist angeeignet. Das verkörperte Wissen vermittelt Distinktion und damit potentiell auch Ab- und Ausschließung, wo praktische Beteiligungen nachgefragt sind. Wiederum stellt sich die Frage der Relevanz des körpersoziologischen Zugriffs mit Blick auf eine Gesellschafts- und Kulturanalyse. Die Annahme, dass tradierte Körperdispositionen in einer Praxis bzw. einem Feld zum Zuge kommen, besagt selbst noch nichts über deren Gewicht im gesellschaftlichen Gesamtzusammenhang. Bourdieu hatte seine Analyse deshalb stets in eine Herrschaftsanalyse eingebettet und, wie bezogen auf die Landarbeiter (Bourdieu, 2004), bestimmte Dispositionen als prekär oder defizitär markiert.

## 2.3 Körper als Zeichenträger

Die Zeichentheorie des Körpers verweist auf einen dritten Strang körpersoziologischer Analytik. Hier wird untersucht, in welcher Weise Gesellschaftsmitglieder, anhand von Körpermerkmalen auf Herkunft, Rang und Charakteristik ihrer Gegenüber schließen. Eine Rolle spielt hier Goffmans Theorie der Identität und hier insbesondere seine Vorstellung einer allgemeinen Stigmatisierbarkeit von Gesellschaftsmitgliedern füreinander. Demnach können bestimmte Körpereigenschaften – Behinderungen ebenso wie Ticks, Bewegungsabläufe oder Aktivitäten – die Informationskontrolle des Individuums unterlaufen und es als bestimmten Typus oder als Mitglied einer bestimmten (abstrakten) Gruppe beschreibbar machen. Praktiken des Verstellens oder Verbergens sind Ausdruck der Möglichkeit des Bloßstellens im gesellschaftlichen Verkehr.

Analog funktionieren Theorien, die Körper allgemein als Zeichenträger untersuchen: sie sind Mittel zur Herstellung eines „doing gender" (West & Zimmerman, 1987), einer Zugehörigkeit, einer Professionalität, einer Regelkonformität, etc. Hier beziehen sich Ansätze der Performanz auf die Signifikation, den Einsatz des Körpers, um sowohl eine Typisierung zu forcieren, als auch eine Typen-Bestimmung vorzunehmen. Körper sind dann Zeichenträger über einzelne Situationen hinaus, wo Darstellung wie Rezeption allgemeine Merkmale mobilisieren bzw. auf diese rekurrieren. Eine kulturelle Kompetenz besteht dann auch darin, diese Zeichensprache zu beherrschen und anwenden zu können. Diese Bezeichnung von Körpern ist eng verbunden mit Theorien sozialer Ungleichheit. Auf Status und Herkunft darf anhand von Körpermerkmalen geschlossen werden. Sie sind sozial verfügbar.

Die „membership categorization analysis" nach Harvey Sacks (Sacks, 1972) betrachtet unter anderem die Merkmale und Schlussregeln, mit denen Gesellschaftsmitglieder in Situationen ihre Gegenüber als „so jemanden" oder „Mitglied von" erkennen (sollen). Es sind bestimmte Beobachter- und Zuhörermaximen, die im sozialen Verkehr gesellschaftliche Normen der Kontrolle, der Beurteilung, des Zurechnens anbringen. Beobachtbare Körpermerkmale, Aktivitäten und Konstellationen (Mutter/Baby, Mann/Frau, etc.) sind in diesem Sinne „inference rich": sie erlauben praktisch wie moralisch weitreichende, aber kulturell normalisierte Schlussfolgerungen, die im Kategorengebrauch (etwa von „category pairs") ihren Ausdruck finden.

## 2.4 Körper in Arbeit

Eine weitere körpersoziologische Tradition kommt mit den Studies of Work ins Spiel. Hier sind die Gesellschaftsmitglieder in Arbeitsstätten aktiv und gefordert: in Büros, Cockpits, Werkstätten, Labore, Callcenter, etc. (vgl. Garfinkel, 1986). Diese Arbeitsökologien zeigen, wie Handlungsträgerschaft (immer nur) situiert mit Anderen, per Equipment, an Objekten und durch geteilte Normen erwächst. Die Arbeitsstudien begnügen sich zumeist damit, den lokalen Betrieb selbst in seiner Geordnetheit nachzuvollziehen: wie funktioniert ein Telefonat, eine Beratungssitzung, eine Operation, etc. Diese Hinwendung zum Vollzug geht einher mit seiner Inventarisierung: einer Hinwendung zum Habitat von Institutionen, die nunmehr nicht allein als Regelsysteme und Normgefüge betrachtet werden, sondern in ihrer spezifischen Ausstattung und ihren Anforderungen an die ‚Besatzung'. Stärker räumliche Ansätze versuchen, diese Vollzüge in soziomateriellen Netzwerken zu lokalisieren (vgl. Latour, 2014). Sie fragen, wie sich hier eine Agency translokal realisiert. Medien der Koordination, spielen für diese Untersuchungen eine besondere Rolle, denn die Vernetzung gilt als fortwährende körperlich-materielle Hervorbringung. Andere Ansätze betonen den apparativen Charakter von Arbeit, insofern die Körper der Arbeitenden immer schon in kapazitäre, sozio-materielle Gefüge eingespannt sind, die bestimmte Wirkungen als Gesamtbewegung überhaupt erst ermöglichen und vollziehen.

## 2.5 Körpererleben und Körperkonzepte

Ein weiterer wichtiger körpersoziologischer Forschungsstrang befasst sich mit dem Körpererleben. Diese Forschungen gehen auf phänomenologische und anthropologische Studien zurück, die sich mit der Leiblichkeit, dem Erleiden und Durchleben körperlicher Beanspruchungen unter bestimmten gesellschaftlichen, kulturellen und/oder historischen Bedingungen befassen. Anspruch ist es, die Körperkonzepte und die subjektiven Bezüge zum Körper nachzuvollziehen. Es sind Studien zu Soldaten, Sportlerinnen, Tanzenden, Gebärenden, etc., die etwa mittels Lebensweltethnographie, Autoethnographie, narrativen und biographischen Interviews, historischer Dokumente oder auch Benimm- und Regelbücher erschlossen werden. Die Analysen zehren insbesondere von der Resonanz, den Spuren, den Verletzungen, die bestimmte Teilnehmerschaften am Körper zurücklassen und subjektiv gepflegt, aufgearbeitet oder gar (s. Traumatisierungen) verdrängt werden wollen.

Das subjektive Erleben soll Einblicke geben, was hier Teilnehmende antreibt oder hindert, welche Bedingungen gesucht oder gemieden, wie Erfahrungen verarbeitet oder überschrieben werden. Interessanterweise treffen sich diese Forschungen in bestimmten Punkten mit poststrukturalistischen Analysen zur Subjektivierung, wie sie in der Selbst-Medikalisierung, -Optimierung und -Disziplinierung – als Techniken des Selbst – in Dispositiven nahegelegt werden. An dieser Stelle verwischen Analysen zum Körpererleben einerseits und der Wirkungsweise von Herrschaftsformationen andererseits.

**Zwischenfazit**

Die fünf körpersoziologischen Fokussierungen gehen mit je eigenen Sensitivitäten, Methodiken und Erklärungsansprüchen einher. Zugleich sind sie nicht rigide voneinander getrennt: Sie verweisen aufeinander, wo die „face-to-face" Interaktion, das implizite

Wissen, die Verausgabung, die Identität/Identifizierung sowie Haltung/Reflexion als fortlaufende Praxis konzipiert werden. Es sind dann wiederholte, regelmäßige Körpereinsätze, die Wissen, Sinne, Identitäten und Haltungen formieren- und Anderes defomieren. Körper lernen und verlernen im Zuge ihrer regelmäßigen Einsätze. Verfeinert und diversifiziert werden die Stränge der Körpersoziologie entsprechend durch kulturanalytische Bezüge. Kulturvergleiche haben hier Innovationen in verschiedenen körpersoziologischen Hinsichten angestoßen. Schließlich führten gegenwartsdiagnostische Motive zu wechselnden Fokussierungen, z. B. auf die Rolle neuer Medien, auf eine wachsende individuelle Beanspruchung, bis hin zu drängenden, kollektiv-existentiellen Problemen einer Mitleidenschaft.

All dies kann, auf der Grundlage eines Wissens um die praktischen Anforderungen, auch anhand der lebensweltlichen Aneignung durch die Teilnehmenden beforscht werden. Es finden sich insbesondere hermeneutische Verfahren, die das subjektive Erleben der so geforderten, beanspruchten, auch leidenden Akteure erschließen. Auf diese soll im Folgenden nicht eingegangen werden. Stattdessen konzentriert sich der zweite Teil des Beitrags auf eine praxeologische Methodik, die das Wechselspiel von Verkörperung und Entkörperung in praktisch-diskursiven Zusammenhängen in den Blick nimmt. Mit anderen Worten: es geht körpersoziologisch um den Status von Körperlichkeit in arbeitsteiligen, diskursiven Prozessen.

Die Praxis mit ihren Körpern wird vielfach scharf von körperlosen Diskursen unterschieden. Um allerdings die Körper in ihrer Relevanz zu erfassen, bedarf es einer Analytik, die beide Register aufeinander bezieht. Wir betrachten die Körpereinsätze im weiteren gesellschaftlichen Verkehr? Ausgangspunkt einer solchen Expansion wären nicht die Körper selbst; Ausgangspunkt wäre auch nicht ein bestimmtes Tun oder Handeln; Ausgangspunkt wäre ebenso wenig ein Dispositiv oder eine Apparatur. Ausgangspunkt für die Hinwendung zurgesellschaftlichen Relevanz wäre das Geschehen, in dem weitere Wirkungen erarbeitet werden.

Wie wendet sich eine für Körper sensibilisierte Soziologie den raumzeitlich ausladenden Vollzügen zu, die doch die heutigen arbeitsteiligen und vernetzten Gesellschaften auszeichnen? Die Ausweitung gelingt, so das Argument, nicht vermittels der Körper selbst, sondern vermittels der Objekte, denen sich Arbeitsepisoden widmen. Analysiert werden dann die verteilten, verkörperten Investitionen in die Fertigung und Verwertung wissenschaftlicher Forschung (Knorr, 1984), juristischer Fälle (Scheffer, 2010), von Computerprogrammen (Schmidt, 2008) oder wettkampftauglicher „Vollzugskörper" (Alkemeyer & Michaeler, 2013). Das Kalkül ist dieses: erst am zu fertigenden und zu verwertenden Objekt erweist sich der praktische Status eines auch körperlichen Einsatzes. Hierzu exemplarisch die folgende Miniatur aus einer Parlamentsethnographie (Scheffer, 2015):

a) Das Positionspapier lag erst bruchstückhaft vor. In der Sitzung auf Arbeitsebene, zu dem Mitarbeiter aus 5 Büros erschienen waren, appellierte M. an alle, ihre vorläufigen Beiträge bis kommende Woche zu liefern, damit „unser Papier" noch bis zur Sommerpause steht. In der darauf folgenden Woche wird M. bilaterale Gespräche anhand der Beiträge führen. Er trifft vor allem die Büros, die seinen Änderungswünschen kritisch gegenüber stehen: „Meine Chefin läßt sich da ungern reinreden" meint eine Mitarbeiterin. M beruhigt: „Wir machen nur die redaktionellen Anpassungen."

Wie lassen sich eine derartige Diskursarbeit beforschen? Welchen Stellenwert haben körpersoziologische Prämissen der Verkörperung, der Kopräsenz, der Situiertheit?

Im Folgenden stelle ich methodische Herausforderungen einer Körpersoziologie hervor, die die Frage nach der gesellschaftlichen Relevanz mitführt. Die Körpersoziologie kann sich offenbar nicht mit dem Auffinden körperlicher Einsätze begnügen, sondern muss deren relatives Gewicht im Wechselspiel von Verkörperung und Entkörperung, von sozialer Situation und diskursiver Formation, von Medien der Kopräsenz und Distanzmedien erschließen. Eine Hinwendung zu analytischen Rahmen mittlerer Reichweite erscheint notwendig, will die Körpersoziologie nicht in einem generalisierten Situationismus (‚alles geschieht hier/jetzt') oder kulturanalytischen Allgemeinplätzen (‚der selbst-/disziplinierte Körper') verharren.

## 3 Zur Analytik trans-sequentieller Praxisforschung

Die TSA fußt auf Erfahrungen aus der Feldforschung und der ethnomethodologischen Konversationsanalyse: der verkörperten Arbeit in und an Atmosphären, den Stimmen und Stimmungen, den Spannungen und der Reparatur, den Tempowechseln im Vollzug, den Unübersichtlichkeitenden- und wie all das in praktischen Repräsentationen, Dokumenten, Resultaten getilgt und novelliert wird. Die soziologische Analyse ist mit Verkörperungen und Entkörperungen konfrontiert; sie sich Mittel und Aspekte institutioneller Relevanzherstellung. Die ethnographisch-gesättigte Erfahrung wird so zum Mittel eines mehrstufigen Codierens, dass seine Bezüge im Geschehensverlauf, in der Serie von Arbeiten und in der sukzessiven Schöpfung von Objekten (u. a. brauchbare Werkstücke, zirkulierbare Texte, nachrichtenwerte Zitate, standhafte Positionen, gerichtsfeste Fälle) findet. Diese Bezüge – was wird hier eigentlich unter welchen Bedingungen, womit und wie genau gemacht – beinhalten und relativieren die praktische Relevanz der Körpereinsätze. Körper gewinnen eine spezifisch bedingte Rolle im Rahmen praktischer Herstellungen, die sich – so der trans-sequentielle Fokus – methodisch wie technisch über Arbeitsepisoden hinweg entfalten lassen.

Im Folgenden wird die Schrittfolge einer solchen trans-sequentiellen Rekonstruktion skizziert: codiert bzw. eingeordnet werden typische soziale Situationen, die Reihung von Episoden, deren Beiträge an Objekten und deren Zwischenstände. Jede Einordnung wird dabei im praktischen Vollzug der Teilnehmenden wie im analytischen Nachvollzug durch Vorgriffe auf eine angepeilte wie etablierte Vollwertigkeit des Objekts-im-Werden orientiert. Etwas wird hier/jetzt erarbeitet und ermöglicht. Der Nachvollzug dürfte nur in Grenzfällen den gesamten Durchgang abdecken. Realistischer sind Teilanalysen, die sich auf Ausschnitte mit situierten Arbeitsepisoden (E1-E2) im Lichte eines formativen Objekts (O'-O'') fokussieren. Das im Folgenden skizzierte trans-sequentielle Szenario markiert die unumgängliche Ausschnitthaftigkeit dieser objekt-zentrierten Praxisforschung.

## 3.1 In den Geschehenszusammenhang einfinden

Den Ausgangspunkt für die Analyse praktischer Schöpfungen bieten Felderfahrungen, wie sie ein Forschungskörper mit seinen (sozialen) Sinnen sammelt. Voraussetzung ist, dass sich die Beobachtung auf den Geschehenszusammenhang einstellt, dass sie empfänglich wird für das, was sich vor Ort tut, was hier eigentlich los ist. Die Forscherin erfährt am eigenen Leib, was es heisst, hier mitzutun, sich irgendwie ordentlich und normal aufzuführen und, womöglich, ein hilfreicher Teil der situierten Praxis zu werden. Um einen weiterreichenden Beobachtungsstatus zu erlangen, muss die Feldforschende zunächst ein „doing being ordinary" (Sacks, 1985) erlernen: nicht stören, negativ auffallen, mitmachen. Etwa bezogen auf diese Arbeitsepisode, bei der die Forscherin besser nicht den Beteiligten in die Quere kommt:

b) Abgeordnetenbüro: „Endlich!" Der Büroarbeiter wendet sich dem Manuskript zu. Er legt die Seiten schräg neben die Tastatur und startet auf Seite 3. So weit ist er offenbar mit seinen Einarbeitungen bislang gekommen. Notiz um Notiz nimmt er sich vor. Das muss jetzt mal weg, raunt er mir beim Tippen zu, der ich schräg hinter ihm Platz genommen habe. Die Fraktionsmitarbeiterin hatte zur Eile gedrängt: „Übermorgen schon!" soll die neue Version des Programmpapiers raus. Also „noch rechtzeitig" zur nächsten AG-Sitzung. Gerade wendet er sich der nächsten Notiz zu, da klingelt das Telefon. Mit einem Seufzer greift er zum Hörer.

In den Geschehenszusammenhang einleben schließt die Aneignung von Differenzierungsvermögen ein: wann ist etwas hier ernst, sensibel, kritisch, oder gar problematisch. Um derlei für spätere Analysen einzuschätzen, macht es Sinn, den Sinn der Beforschten für Atmosphären, wie Hektik, Aufregung oder Spannung, zu registrieren: Wie sind die Leute hier gefordert? Was wird ihnen abverlangt? Die Sinne sind geschärft, wo die Arbeitseinsätze im Büro (b) nicht mehr nur als Computerarbeit vermerkt werden. Das, *woran* hier *wie* gearbeitet wird, gilt es zu registrieren. Die Vertrautheit mit dem Feld zielt darauf, solche Handgriffe als relevantes Tun einordnen zu können, das außerdem voraussetzungsvoll und kontingent ist. So wird die Textarbeit durch Telefonate unterbrochen, durch die nahende „Deadline" angetrieben oder durch Neckereien von Kolleginnen gestört. Jetzt bloß nicht auch noch eine Frage vom ‚Praktikanten'.

### 3.2 Dichte Episodenbeschreibungen sammeln

Im Geschehensfluss sind relevante Episoden eingelassen, die den Beteiligten „etwas bedeuten“, die sie „berichten“, „ankündigen“, „vorbereiten“. Die TSA sammelt solche Episoden bzw. erstellt „Accounts“ derselben. Zum Beispiel Episode (a): Zu den Feldnotizen (Was geht hier vor?) und dem aktuell bearbeiteten Gegenstand (Woran arbeitet er da?), treten die eigenen Erinnerungen (Wie war das?). Die Feldforscherin hält fest, woran sie erkennt, was gerade Sache ist, wie sich hier etwas als etwas zeigt- und wo für sie die Dinge noch undeutlich und verworren sind. So sammelt sie Episodenbeschreibungen, tituliert und verdichtet sie: das Vorgespräch, die Bürositzung, die Recherche, der Pausenkaffee, etc. Diese situierten Episodenbeschreibungen erhebt sie zur kleinsten Analyse-Einheit für alles Weitere: zur wesentlichen empirischen Bezugsgröße.

Die Sammlungen erfassen nun nicht nur das, was sich zutrug; sie erfassen auch die Varianten der Körpereinsätze, ihr Zusammenwirken, die Utensilien, aber auch Behinderungen. Derart passt ein Tun zu dem in ähnlich gelagerten Episoden, zeigt bestimmte Regelmäßigkeiten, Stoßrichtungen und ‚no goes‘. Ausgesuchte Episoden lassen sich weiter verdichten, indem bearbeitete Textausschnitte angeführt, Raumskizzen erstellt, ethnographische Interviews im Nachgang geführt oder auf audiovisuelle Aufnahmen zurückgegriffen werden. Verdichtungen fassen die behandelte Episode in ihrer Einzigartigkeit und Systematik. Je typische Verläufe können so praktische Möglichkeiten – und Stile, Methoden und Tradierungen anzeigen. Auf je aktuelle Erfordernisse geben die Beitragenden dann verschiedene praktische Antworten: Wie weiter? Und sie geben diese Antworten am Gegenstand: Wie weiter *in der Sache?*

Die gesammelten Episoden liefern Anschauungen für Körpereinsätze – der individuellen und gemeinsamen Zuwendungen zum Gegenstand. Die dichte Situationsbeschreibung fasst Körper dabei nicht ausschließlich und vordringlich etwa entlang einer Semiotik der Mimik und Gestik, sondern betrachtet sie als bedingte Einsatz-Kräfte in einer soziomateriellen Konfiguration: etwa der Schreibsession am Programmpapier (b) mit PC am Schreibtisch mit dem Textausdruck als Schreibvorlage etc. Etwas zu bewerkstelligen erfordert offenbar das Eingespannt-Sein in solche vielgestaltigen Apparate. Der Körper ist dabei nicht durchgängig, komplett, und in gleicher Weise gefragt: es finden sich Intensitäten, Rhythmen, Spannungsbögen. Manches läßt sich nebenbei machen, anderes erfordert die gesamte Aufmerksamkeit.

### 3.3 Episoden und ihre Importe und Exporte

Die TSA betrachtet Geschehnisse als (mögliche) Episoden einer Fertigung. Episoden werden Teil einer Fertigung, indem sie Ein- und Ausfuhren vornehmen (Scheffer 2008). Anhand der dichten Episodenbeschreibungen registriert die Analyse Rückgriffe auf Vorgefertigtes (etwa eine vorliegende Textversion) und Vorgriffe auf Auszulieferndes (etwa die angepeilte Folgeversion). Hierzu Episoden aus einer Anwaltskanzlei und dem Mannschaftstraining im Leistungssport:

c) Kanzlei: Ein letzter Schluck vom Kaffee, dann nimmt der Anwalt die von seiner Sekretärin bereits ausgedruckten und hingelegten „diary notes" zur Hand. Zusammen mit der Fallakte beginnt er diese ‚Aufträge an sich selbst' abzuarbeiten: „Did the CPS (Crown Prosecution Service, TS) answer the request for secondary disclosure?" Oder: „Call the client whether she contacted XY regarding the testimony." Seine Recherchen und Versuche fabrizieren neue „diary notes" zur Wiedervorlage: In 2 Wochen geht es weiter in der Sache bzw. im Fall Regina vs. Boyle.
d) Training: Während die Spielerinnen weiter „Aufschlag" üben, legt der Trainer Matten vor die Grundlinien. Er ruft die Spielerinnen zusammen und erklärt die nächste Übung: Sie sollen mit ihren Aufschlägen die Matten treffen. Nach 5 Treffern können sie aufhören. Die Spielerinnen stellen sich nebeneinander auf und schlagen dosiert auf. In der Zwischenzeit erklärt mir der Trainer, dass der nächste Gegner einen guten ersten Angriff hat [direkt aus der Annahme]. Die ‚langen Aufschläge' sollen dafür sorgen, dass die ihre Angriffe nicht ausspielen können. Sie müssen sitzen.

Die Rück- und Vorgriffe entlasten das aktuelle Geschehen (Vorarbeiten lassen sich nutzen) und befrachten es (es geht um *mehr* als eine gelungene Interaktion). Die Beitragenden führen Objekte und damit „Vorselektionen" (Luhmann, 1998) ein und führen diese fort bzw. knüpfen an diese an. Dank der Im- und Exporte wachsen Zeugenaussage (c), Positionspapier (b) oder Spielzug (d) über das hinaus, was sich in einer einzigen Situation erarbeiten ließe.

## 3.4 Den praktischen Status von Episoden bestimmen

Die Sammlung von Episoden und die Identifizierung von Ein- und Ausfuhren ermöglichen einen weiteren Schritt der Einordnung in einen Praxis- und Diskurszusammenhang. Die Forscherin kann sich nun dem Status der jeweiligen Episode zuwenden. Dieser verweist auf die Stellung der Arbeiten im Praxiszusammenhang: hier vor allem zu vorherigen und nachfolgenden Episoden. Um Arbeitsepisoden derart einzuordnen, kann sich die Analyse zunächst an Teilnehmerbegriffen orientieren. Die Bezeichnung von dem, was ansteht, was zu tun ist, impliziert solche Relevanz zuschreibungen:

I) Episoden als *Trainings* im Hinblick auf Prüfungen, etwa um Körper in Form zu bringen (Wacquant, 2010) bzw. ein individuelles oder kollektives Vermögen oftmals über längere co-biographische Phasen hinweg aufzubauen.
II) Episoden als *letzte Vorbereitungen,* um ein Arbeitsfähigkeit zu schaffen. Die Vorbereitungen sind abzuschließen, bevor bestimmte Arbeitsschritte tatsächlich

vollzogen werden können. Hierbei kann es sich um Pre-Tests, Generalproben, Abnahmen etc. handeln.

III) Episoden als *laufende Arbeitssessions* für spezifische Verfahrens- oder Fertigungsschritte (Brainstorming, Arbeitsverteilung, etc.), die an bestimmte Vorkehrungen oder Ausstattungen gebunden sind. „So kann man nicht arbeiten!", bezieht sich auf entsprechende legitime Erwartungen der Beitragenden.

IV) Episoden als *Gremiensitzungen,* die über Debatten und/oder Abstimmungen eine besondere Legitimation bzw. Geltung bewerkstelligen. Die erzielte Bindekraft ist an besondere Formalia oder Rituale (etwa zu Einladung, Schriftform, Fristen, etc.) gebunden.

V) Episoden als *Prüfungen,* mittels derer die auserkorene Prüfinstanz bestimmte Titel oder Rechte vergibt. Die Anforderungen verlangen von den Prüflingen oder/und ihren Repräsentant*innen besondere Vorbereitungen. Das Prüfsubjekt oder -objekt gewinnt oder verliert hier schlußendlich s/einen Status.

VI) Episoden als *Nachbereitung* bestimmter Fertigungen, um z. B. Enttäuschungen zu reflektieren, Defizite festzustellen oder gar Schuldige zu bestimmen.

Die von den Beteiligten verwendeten Statusangaben für Episoden verweisen auf ausgreifende Fertigungsverfahren. Den Beitragenden vermitteln sie Orientierungen, was hier voneinander gefordert ist. Die TSA nutzt sie als orientierende Einstiege in die weiterführende Prozessanalyse.

## 3.5 Trans-sequentielle Konstellationen arrangieren

Was geschieht von Episode zu Episode? Wie schafft eine Episode neue Voraussetzungen für alles Weitere? Was tut sich hier und jetzt in der Sache? Zur Beantwortung lassen sich Episoden mit ihren Objekt-bezogenen Beiträgen zu transsequentiellen Konstellationen arrangieren. Eine minimale Konstellation umfasst drei Episoden inklusive des Objekts-im-jeweiligen-Stand, auf dass sich die Arbeiten kaprizieren:

1. Episoden gewinnen in Bezugnahme auf ein ObjektProzesscharakter. Sie zeigen sich in der auch körperlichen Hinwendung zu einem Arbeitsgegenstand. Die Episoden hinterlassen womöglich Spuren am Objekt. Sie entwickeln es von Episode zu Episo: Letzteres suchen Spuren am Objekt zu hinterlass. Womöglich nimmt es Form an: $O^1 > O^2 > O^3$. Am Objekt wird der Fortgang der Ereignisse nachvollzogen. Zwischenbewertungen („Da müssen wir noch was tun!"; „Geschafft!") taxieren den Stand der Dinge.
2. Im Lichte des Objekts-im-Werden identifizieren wir drei Episoden, in deren Verlauf sich etwas in der Sache tut. Dabei ist die mittlere Episode doppelt belegt: sie übernimmt Erarbeitetes aus der vorherigen Episode ($E_1 < E_2 > E_3$) und peilt eine Vorlage

für die anschließende Episode ($E_1 < E_2 > E_3$) an. Sie operationalisiert ihre Rück- und Vorgriffe anhand des derart prozessierten Objekts.

3. Ein verkörperter, situierter Beitrag ist derart orientiert auf das situierteGeschehen als Arbeitepisode am Objekt-im-Werden. Gelingende Beiträge sind situationsadäquat und sachdienlich. Die Anforderungen kombinieren Darstellungskonventionen und Gegenstandsbezug. Die doppelte Anforderung erklärt praktische Abstriche in der einen oder anderen Hinsicht.
4. Die im Objekt ($O^3$) geronnenen Beiträge vermitteln Vorselektionen für alles Weitere. $O^3$ offeriert Anknüpfungen und verschließt andere. Es ist hier/jetzt ($O^3$) enger gezurrt als im frühen Stand ($O^1$). Die Qualität des vorläufigen Endproduktes ($O^3$) beruht auf den objektivierten Beiträgen, die im Zuge der Episoden ($E_1$ - $E_3$) am Arbeitsgegenstand getätigt wurden.

Der TSA geht es um das Zusammenwirken von Episoden ($E_1$; $E_2$; $E_3$), zum Fertigungsprozess ($E_1$–$E_3$), am formativen Objekt ($O^1$; $O^2$; $O^3$). Episode und Prozess geraten dank des Objekts in Resonanzreichweite: Episoden gewinnen am Objekt Prozesscharakter (Gerichtetheit); der Prozess gewinnt am Objekt Ereignischarakter (Kontingenz). Auf diese Weise operiert die TSA gegenüber einfachen Sequenzanalysen mit mehreren Verkettungen (Beiträge und Episoden) und Medialitäten (etwa Mündlichkeit und Schriftlichkeit). Die Übersetzungen zwischen Situation als Hort der Körperlichkeiten und der Episode als Einstieg in eine Prozessierung erfordern zuweilen Verzahnungen durch beiläufige Materialien: gekritzelte Gesprächsnotizen des Prozessanwalts, Markierungen des Hallenbodens für Trainingseinheiten, Anstreichungen am Positionspapier, „diary notes“ des Aktenarbeiters (Scheffer, 2010), etc. Derlei Versatzstücke bieten praktische Orientierung, werden mitlaufend getilgt und als Abfall zurückgelassen. Sie fungieren als Zwischenglieder, die sowohl den Beitragenden als auch der TSA Richtung und Aufwand einer aktuellen Bearbeitung anzeigen.

### 3.6 Formative Objekte über Episoden hinweg fokussieren

Der Begriff des formativen Objekts schließt diese Eigenschaften ein: a) das Objekt ist *formiert* bzw. zum je aktuellen Stand entwickelt; b) es wirkt *formierend* bezogen auf die Beitragenden bzw. deren Kooperationen; c) es *formatiert* die objektivierenden Beiträge zur Fertigstellung bzw. belegt diese mit Formerfordernissen. Das formative Objekt trägt je nach Stand seine Vorselektionen in die jeweilige Episode hinein- und konfrontiert die Beitragenden mit seinen Anforderungen. Die TSA konstatiert und realisiert im Lichte des formativen Objekts einen sich verändernden Möglichkeitsraum.

Formative Objekte stellen konkrete Anforderungen an die Beitragenden, von simplen Handgriffen bis zu Haltungen, Aufmerksamkeiten, Hinwendungen. Die Arbeit am Objekt entspannt sein eigenes Handlungsrepertoire. So offeriert ein ausgedruckter Text eine eigene Bedieneroberfläche, die ein Autor*innenteam mittels Markierungen hin zur Folgeversion führt. Im Sport bzw. am Teamkörper werden Sachstände anders operationalisiert: ein Leistungsvermögen etwa durch Messungen (der Blutwerte), Simulationen (in Testspielen) oder Prüfungen (zählbare Wettkämpfe).

e) Teamsport: Ganze Trainingsblöcke sind nötig, um Fertigkeiten in die Spielerinnen-Körper einzuschreiben. Der Trainer notiert mitlaufend Trainingsbedarfe. Die Körper-Formung wird verfügbar gemacht für Korrekturen und Feinjustierungen. Langsam verfestigen sich Bewegungen zu kollektiven Dispositionen und diese zum situativ abrufbaren Repertoire im Spielgeschehen. Gerade die Dauer der Formung stellt Zusatzanforderungen an die Trainingssessions: es geht auch darum, Monotonie zu vermeiden und Belastungen zu dosieren. (M. M.)

Die Trainingsblöcke im Teamsport (e) erinnern an die Stofflichkeit der Objekte und deren spezifische Form- und Widerständigkkeit. Fertigungen sind mit diesen schon durch die pure Dauer der Arbeitsprozesse konfrontiert: es gehen angelegte Vermögen auch wieder verloren; es verpuffen Mühe und Aufwand; bisherige Prägungen widerstreben der Umformung. Beiträge wie Episoden haben zuweilen einen geringen Wirkungsgrad, lassen sich nicht objektivieren, bleiben oberflächlich und flüchtig. Objekte, so wissen die Praktiker*innen, unterliegen dem Verfall, verlieren an Nutzbarkeit, Aktualität, Zugkraft. Einige Arbeiten stemmen sich allein dem Verfall entgegen.

### 3.7 Qualifizierungsstufen einer Objekt-Karriere

f) Anwaltskanzlei: Die Verfahrensparteien qualifizieren ihre Fälle entlang vielversprechender und obligatorischer Komponenten. Aus beiläufigen Äußerungen werden Ideen über Potentiale; Potentiale werden zu strategischen Szenarien und diese zur brauchbaren Version ausgebaut; letztere wird mit Zeugenaussagen gestützt, die zusammen mit Normbezüge zum kompletten (Gegen-)Fall integriert werden. Erst auf dieser gefestigten Grundlage erfolgt eine Repräsentation vor Gericht. Sie steht und fällt mit der Bereitschaft von Zeug*innen, tatsächlich auch vor Gericht aufzutreten.

g) Abgeordnetenbüro: Im Parlamentsbetrieb lässt sich die Fertigung von politischen Sachpositionen als schrittweise Abstimmung und Festlegung nachvollziehen. Ihre Karriere gestaltet sich – sehr gerafft – in etwa so: Aus der beiläufigen Sichtung der Positionen-Lage ergehen Arbeitsaufträge; abgesichert wird dies durch Investitionsentscheidungen der MdB und des Fraktionsvorstands; erste interne Entwürfe werden schrittweise zur kollektiven Version überschrieben; Unterstützung weitet sich vom „Büro" zum Arbeitskreis bis hin zur Fraktion; sukzessive formen die Textversionen eine kollektive Sachposition, die schließlich in politischen Arenen gegen andere um Unterstützung konkurriert.

Die TSA nutzt die Metapher der *(Relevanz-)Karriere,* um zu fassen, wie formative Objekte im Zuge ihrer Verfertigung sozial auf- oder absteigen, Unterstützung erlangen oder verlieren, Bindungen erzeugen oder einbüßen. Das Objekt durchläuft eine Karriere entlang von Qualifizierungsstufen. Das Objekt beschließt rückblickend eine Kette von Episoden, während es vorausblickend immer etwas ‚noch nicht' ist oder vermag. Die TSA versucht sich am konkreten Nachvollzug der Objekt-Karriere, die die Aufmerksamkeit, das Handeln und das Interesse ganzer Kreise von Gesellschaftsmitgliedern bindet. Episoden sind Momentaufnahmen von Objekt-Karrieren; sie zeigen zugleich deren praktische Realisierung und Zwischenevaluation:

h) Anwaltskanzlei: Das Anwalt-Klienten-Gespräch wird mitlaufend vom Anwalt notiert: als eine Liste von Punkten, die in der weiteren Fallarbeit noch helfen könnten. Die Notizen machen das Besprochene verfügbar: für später, für Kolleg*innen, für die Gerichtsanwält*innen („Barrister"). Beim Folgetermin kommen die ins Reine geschriebenen Notizen zum Einsatz. Sie strukturieren die weitere Fallarbeit. Also: Wurde der Freund schon als möglicher Zeuge gewonnen? Gibt es einen Termin für die Aufnahme der „testimony"? Hat die Klientin von ihm schon das Beweisstück erbeten?

Die Qualifizierung zum vollwertigen Objekt geht hier einher mit einer ausgreifenden medialen Übersetzung: vom Gespräch zur Notiz zum Akteneintrag zur Beauftragung etc. Die Prozesse der Fallarbeit sind aber noch verwickelter. Objekte werden arbeitsteilig in verschiedenen Stätten gefertigt und in der Zentrale zusammengeführt. Die Vor- und Halbprodukte gehen jeweils als Substrate in die höherstufige Fertigung ein. Dies alles betrifft die Objekt-Karriere als stufenweise Qualifizierung wie die weiteren Körpereinsätze bis hin zur Verausgabung des vollwertigen Objekts.

Die Karriere des formativen Objekts geht mit Anerkennungsprüfungen einher. Mit jeder Zustimmung oder Annahme wächst der repräsentative, bindende Charakter des Objektes. Es vertritt dann ein wachsendes Kollektiv, eine zugerechnete Gruppierung. Mit den symbolischen Beförderungen steigen die Anforderungen an das Rezipientendesign: Öffentlichkeiten werden feindseliger, unvoreingenommener, skeptischer.

i) Anwaltskanzlei: Eine angepeilte gerichtliche Anerkennung ist teuer erkauft: mit Offenlegungs- und Begründungspflichten, mit kritischer Infragestellung. Je mehr Gewicht die Aussage fordert, desto mehr muss sie sich den Kritiken der Konkurrenz stellen. Der Verfahrensanwalt simuliert diese Kritiken in seinen Klienten-Besprechungen und rät von der Nutzung einer Aussage ab, weil der dazugehörige Zeuge nicht sattelfest ist.

Mit jedem Karriereschritt wachsen die Risiken des Scheiterns. Kundige Co-Produzent*innen antizipieren diese Risiken, indem sie Vor-Produkte als „voraussichtlich untauglich" aussortieren oder modifizieren. Die TSA soll die praxisleitenden Karriere-

und Qualifizierungsstufen erschließen und nachvollziehen, was sie jeweils von den Beteiligten erfordern. Resultate können auch die Karrieremuster und ihre Varianz darstellen.

## 3.8 Was bleibt? Die Leitwährung des Gesamtzusammenhangs

Fertige Objekte gehen schließlich in bestimmter Form in die maßgebliche Diskursformation ein: als Positionen, Fälle, Spielausgänge, etc. Indem Anwälte den Sachverhalt der Verteidigung zusammenstellen, zielen sie auf den aussichtsreichen (Gegen-) Fall zur Anklage; indem Abgeordnetenbüros gemeinsam das Positionspapier formulieren, zielen sie auf eine kollektive Sachposition, die sich in der Konkurrenz mit anderen durchsetzt; indem die Spielerinnen eine Auswahl formen, zielen sie auf Konkurrenzfähigkeit im Wettbewerb ‚von Spiel zu Spiel'. Arbeiten kulminieren in solchen vorläufig letzten Objekten bzw. erscheinen in der Leitwährung des diskursiven Zusammenhangs: dem Präzedenzfall, der Regierungsposition, der Tabellenplatzierung.

Was bleibt von all den Verausgabungen? Zur Beantwortung können wir uns dem jeweiligen Diskursarchiv zuwenden: also den bleibenden Werten bzw. dem, was nach dem Fall, der Debatte, dem Spiel verfügbar bleibt. Der abgeurteilte Fall, eine Debatten-Position, das Wettkampfresultat integrieren dabei als relativ bleibende, weit zirkulierende Werte den jeweiligen Diskurszusammenhang. Anhand dieser ‚bleibenden Werte' organisiert sich eine diskursive Erinnerung, Verfügbarkeit und Fortschreibung. Die Werte verschmelzen aufeinander abgestimmte Komponenten zur festen Einheit. Eines ergibt sich aus den je Anderen. Etwa im Fall des angloamerikanischen „Case Systems":

j) Ein Fall integriert die Komponenten „matter, rule and decision". Sachverhalt, Regel und Urteil bilden eine Einheit: Beim Zuschnitt des Sachverhaltes kommen Regeln zur Evidenz und zum Delikt zur Anwendung. Die relevanten Regeln sind wiederum aus einer Menge möglicher Regeln im Lichte der Spezifika des Sachverhalts selektiert. Beide wiederum begründen das Urteil, wobei dieses anhand von Sachverhalt und seiner Regeln ‚hergeleitet' wird. Es ergibt sich eine in sich schlüssige Einheit, die nun für nachfolgende Fälle in den drei genannten Hinsichten interessant wird. Anknüpfungen wählen eine der Komponenten und kommunizieren die anderen beiden Komponenten in verknappter Form mit.

Sind zu Beginn der Diskursarbeiten Komponenten noch eher locker aufeinander verwiesen, sind diese nunmehr, am Ausgang, fest zusammengefügt. Das eine ist vom anderen nicht zu trennen, weil sie derart als Trias zur Passung gebracht wurden. Diese ‚Dreifaltigkeit' vermag, aufgrund seiner festen Verweisung, Distanzen, Zeiträume, Kontexte, etc. zu überbrücken und derart eine diskursive Formation zu speisen.

Einen anderen Wert als Zusammenführung einst locker aufeinander verwiesener Komponenten stellt die politische Position dar. Sie integriert Angelegenheit, Maßnahmen und Haltung:

k) Die Formulierung der (mehr oder weniger dringenden) Angelegenheit soll Problembewusstsein und mithin eine Haltung verraten. Die Angelegenheit muss außerdem so formuliert sein, dass sie die angepeilten Maßnahmen überhaupt zulässt und diese wiederum adäquat erscheinen. Die Maßnahmen verraten die unverwechselbare Haltung der Gruppierung. Die Haltung ist sogefasst, dass sie Lösungen bei solchen Sachverhalten nahelegt. Es erwächst der Eindruck, dass hier eins aus dem anderen folgt.

Die obligatorischen, zu integrierenden Komponenten sind identisch mit den Hinsichten, entlang derer die politische Konkurrenz die Position kritisieren kann. Dissens läßt sich in Bezug auf jede der Komponenten herstellen: die Problematisierung sei sachlich falsch; vorgeschlagene Maßnahmen seien unzureichend; Haltungen seien ideologisch diskreditiert. Verfängt eine Kritik, kann sie leicht auf alle Komponenten ausgreifen. So kann eine Sache ideologisch ausgehebelt oder auf eine fragwürdige Haltung im Lichte der Maßnahmen geschlossen werden.

Die Frage nach den bleibenden Werten eines Praxiszusammenhangs ist instruktiv, weil sie den mikrosoziologischen Einstieg der situierten Diskursarbeit gesellschaftsanalytisch einholt. Die mehr oder weniger subjektiven bzw. apparativ eingespannten Körpereinsätze erhalten in diesem Diskursbezug ihre anspruchsvollen Zugkräfte. Die Körpereinsätze erweisen sich als mehr oder weniger relevant und vermachtet, als Teil eines mehr oder weniger ambitionierten Betriebs.

## 4 Verschiebungen: Arbeit – Objekt – Formation

In der Gesamtschau wird deutlich, wie die formativen Objekte Arbeitsepisoden, Prozesse und Diskurszusammenhänge vermitteln. Unsere trans-sequentielle Analytik, so wird abschließend argumentiert, verschiebt dabei basale praxeologische Präferenzen. Die Revisionen sind bedeutsam für die Körpersoziologie, insofern sie Setzungen und Neigungen offen legt:

### 4.1 Praxis als Arbeit, nicht als Routine

Praxis erscheint nicht mehr vor allem als Routine. Hier sind Praxismuster weder bloße Wiederholungen noch tradiert und implizit. Damit manövriert die TSA das Tun, ausgedrückt in Weberianischen Grundbegriffen, vom Verhalten hin zum (kollektiven) Handeln. Mit ins Bild geraten Kalküle, Taktiken, Pläne. Die Beitragenden erwachsen potentiell zu moralisch beanspruchten, kompetenten und reflexiv vorgehenden Akteuren, deren Kapazitäten allerdings bedingt sind. Es ist das formative Objekt, das mit seiner nötigen Ausformung praktische Anforderungen stellt. Was es noch beizutragen gibt und in welcher Form, verändert sich im Zuge der Objektformierung. Es macht praxeologisch wenig Sinn, eine durchgehende Agency unter Absehung des relevanten formativen Objektes und seiner je aktuellen Zustände zu definieren.

l) Die Differenz zwischen Feldforscherin und Diskursarbeiter*in beruht auf der Einsicht, dass hier Wissens- und Kontrollgefälle bestehen und – in einem Lernprozess – nur in Ansätzen überbrückt werden können. So vermochte ich als Feldforscher zu Beginn meine Beobachtungen unter englischen Strafverteidigern kaum nachzuvollziehen, wo genau ‚wir' uns gerade im Verfahren befinden oder was hier gerade unternommen oder versucht wird. Diese Desorientierung wich einer vorläufigen Orientierung bis hin zur Fähigkeit, aktuelle Arbeiten aus einer (gewordenen) Sachlage heraus nachzuvollziehen.

Der Begriff der Arbeit ist offen für ein solches Spektrum des gewachsenen, praktischen Vermögens zur Schöpfung von Dingen. Arbeit ist hier allerdings primär weder als Lohn- oder Industriearbeit, noch als Subjektivierung definiert. Primär für den Arbeitsbegriff sind vielmehr der Gegenstand des Schaffens, die apparativen Mittel zum Arbeitsvermögen, die Tendenzen der praktischen Lösungen sowie die regelmäßige Verausgabung, ja Auszehrung des körperlichen, wie materiellen Vermögens.

## 4.2 Arbeit an Gegenständen-im-Werden, nicht an fixen Dingen

Eine weitere Verschiebung betrifft die gängige Art und Weise, wahlweise Artefakte, Materialitäten oder Objekte – neben den Körpern – in die Praxisforschung einzubeziehen. Diese werden als beitragende „Partizipanten" (Hirschauer, 2004) verdinglicht. Auch in der „Soziologie der Assoziationen" (Latour, 2014) gelten sie in der Regel als feste Größen mit lediglich unterschiedlichen Einbezügen. Diese Sicht wird im Rahmen der TSA in der Weise verschoben, als nunmehr Arbeitsobjekte in ihrer jeweiligen Vorläufigkeit bzw. als unfertig fokussiert werden. Etwas ist zugleich Entität und im Werden, Partizipant und zu formender Gegenstand. Damit sei anerkannt, dass sich der Arbeitsgegenstand im Zuge der Episoden wie des Prozesses verändert.

Die Arbeiten der lokalen Expert*innen und Praktiker*innen beziehen sich auf Objekte gerade auch in dieser Hinsicht: dass hier etwas nun qualifiziert, zusammengestellt, weiterbearbeitet oder komplettiert werden soll. Damit verschiebt sich die Analyse vom Fokus auf die Hervorbringung der Situation auf den Status der Situation im Verhältnis zum Gegenstand: als situierte Episode eines Arbeitsprozesses. Der Nachvollzug der Situation ist nicht länger vom Gegenstand des Tuns zu trennen. Der Gegenstand führt die Situation in den größeren Praxiszusammenhang zurück, in dessen Licht sie überhaupt als notwendig und relevant sowie als eher gelungen oder gescheitert erscheint. Der Gegenstandsbezug begnügt sich nicht mit einer bloß performativen Sicht, die alles verkörperte Geschehen nur als Darstellungen deutet. Was bewirkt wird, erweist sich vor allem am Gegenstand.

### 4.3 Dynamischer Zusammenhang, nicht gesetzter Kontext

Die TSA unterläuft die praxeologische Neigung, Kontexte zu setzen und für diese die Rolle der verorteten Körper und Materialitäten zu bestimmen. Der trans-sequentielle Einstieg in den Geschehenszusammenhang und die Aufgabe, objektbezogene Episoden-Serien aufzufinden, erlaubt es nicht, derart Kontexte zu setzen. Die Datenanalyse stellt sich der praktischen Anforderung, aktuelle Episoden im Lichte einer Sachlage einzuordnen. Der relevante Kontext wird für Beitragende wie Analyse dynamisiert.

Den relevanten (diskursiven) Zusammenhang identifiziert die Analyse schließlich dort, wo formative Objekte in die jeweilige Leitwährung überführt und zirkuliert werden:

m) Anwaltskanzlei: In dieser Weise erwachsen aus dem Aktenstudium des Barristers Anstreichungen, die in schriftliche Notizen überführt werden. Sie bieten einen Fundus für Befragungsstrategien im Gericht, die wiederum weitere notierte Aussagen akkumulieren bis später aus diesen ein Fall der Verteidigung gegen den der Staatsanwaltschaft erwächst, der nach dem Urteil der Jury dem entschiedenen Fall weicht. Nur dieser eine Fall wird offiziell reportiert und bei entsprechender Relevanz in das „Case-System" eingespeist.

Fertigungen gehen ein in solche Überführungen, die das aktuelle Geschehen zum Teil einer unabschließbaren Diskursformation werden lassen, ohne dass diese Wirkungen noch auf Intentionen und Kalküle von Akteuren zurückzuführen wären. Die unüberschaubaren Formationen erneuern sich vielmehr durch die vielen lokalisierten Teilnahmen an relativ überschaubaren Verfahren, Debatten, Projekten, etc. Was bleibt, sind dann Effekte, die niemand ‚als solche' produziert hat, deren Produktion gar vom Resultat absorbiert wird.

## 5 Ausblick

Die TSA offeriert den Aufschluss gesellschaftlicher Zusammenhänge ‚von unten'. Sie bezieht Forschungsprogramme aufeinander, die weithin separat betrieben werden: Ethnographie und Diskursforschung, Situations- und Machtanalyse, Praxeologie und Systemtheorie. Um die körpersoziologischen Gehalte auch zumindest in Ansätzen gesellschaftsanalytisch zu mobilisieren, vermittelt die TSA die erhobenen Arbeitsepisoden am Objekt mit dem körperlichen Vermögen der Beitragenden (a) und der apparativen Ausstattung (b). Beide Aspekte mögen dann im Lichte der praktischen Anforderungen als *bedingte* Kapazitäten erscheinen. Als Kapazitäten zur Fertigung formativer Objekte also, die einerseits nicht außerhalb ihrer Relation mit allerlei Hilfsmitteln gedacht werden sollten und die andererseits notwendigerweise in ihrem Leistungsvermögen festgelegt und beschränkt sind.

a) Die Vermögen der Akteure und Kollektive sind ihrerseits Bedingungen der Möglichkeit für bestimmte Arbeits- und Produktionsweisen. Das Praxisfeld verlangt nach bestimmten Haltungen: körperlich, wie mental. Dabei sind hier methodisch nicht primär Selbstbeschreibungen gefragt, sondern all die praktischen Anrufungen, die die Subjekte hier/jetzt ‚in Beschlag' nehmen, fordern, auf die Probe stellen. Die Prüfung ist dabei ein wiederkehrender Effekt, der das immer schon versprochene und zu versprechende Know-how sozial bezweifelt. Die bloße Teilnahme drängt dazu, ‚zu viel' zu versprechen.
b) Die TSA wirft die Frage nach der Historizität der produktiven Apparate auf. Der Apparat integriert Programme, Techniken und soziomaterielle Ausstattung. Apparate verkörpern tradierte Produktionsweisen im organisierten Betrieb. Sie stabilisieren Bearbeitung und Bearbeitbarkeit der formativen Objekte in ihrem je aktuellen Stand. Apparate lassen sich als gewordene und aktuell herausgeforderte Konfigurationen fassen. Sie spannen Körper ein und statten sie aus. Sie ermächtigen und beschneiden. Sie erhöhen die Chance zur Qualifizierung präferierter Objekte, inklusive der Entwertung dispräferierter Anderer.

Die trans-sequentielle Analyse offeriert Konzepte zur analytischen Aneignung des sozialen Geschehens als Hort der Diskursarbeit und materiellen Produktion. Sie betont die Formierung von diskursiven Werten in gestaffelten raumzeitlichen Kontexten, die einer bloßen Betrachtung *der* sozialen Situation, des Arbeitsplatzes, *des* sozialen Prozesses oder *des* sozialen Systems verschlossen bleiben muss. Damit löst sie dieses Versprechen der Praxisforschung ein: entlang soziomaterieller Wirkungsweisen zugleich Mikro- und Gesellschaftsanalyse zu sein.

## Literatur

Alkemeyer, T., & Michaeler, M. (2013). Die Formierung mitspielfähiger ‚Vollzugskörper'. Praxistheoretisch-empirische Überlegungen am Beispiel des Volleyballspiels. *Sport Und Gesellschaft, 10*(3), 213–239.
Bourdieu, P. (2004). The peasant and his body. *Ethnography, 5*(4), 579–599.
Garfinkel, H. (1967). *Studies in Ethnomethodology*. PrenticeHall.
Garfinkel, H. (1986). *Ethnomethodological studies of work*. Routledge.
Goffman, E. (1983). The interaction order: American Sociological Association, 1982 Presidential address. *American Sociological Review, 48*(1), 1–17.

Hirschauer, S. (2001). Ethnografisches Schreiben und die Schweigsamkeit des Sozialen. Zu einer Methodologie der Beschreibung. *Zeitschrift Für Soziologie, 30*(6), 429–541.

Hirschauer, S. (2004). Praktiken und ihre Körper. Über materielle Partizipanden des Tuns. In K. H. Hörning & J. Reuter (Hrsg.), *Doing Culture. Zum Begriff der Praxis in der gegenwärtigen soziologischen Theorie* (S. 73–91). Transkript.

Knorr, K. (1984). *Die Fabrikation von Erkenntnis Zur Anthropologie der Naturwissenschaft*. Suhrkamp.

Kolanoski (2017). *Undoing the Legal Capacities of a Military Object: a Case-Study on the (in) Visibility of Civilians*. Law & Social Inquiry.

Latour, B. (2014). *Eine neue Soziologie für eine neue Gesellschaft: Einführung in die Akteur-Netzwerk-Theorie*. Suhrkamp.

Luhmann, N. (1998). Medium und Form. In: N. Luhmann (Hrsg.), *Die Gesellschaft der Gesellschaft,* (S. 190 – 202). Suhrkamp.

Sacks, H. (1972). An initial investigation of the usability of conversational data for doing sociology. In D. Sudnow (Hrsg.), *Studies in social interaction* (S. 331–374). Free Press.

Sacks, H. (1985). On doing „being ordinary". In J. M. Atkinson (Hrsg.), *Structures of social action. Studies in conversational analysis* (S. 413–429). University Press.

Scheffer, T. (2001). *Asylgewährung. Eine Ethnographie des deutschen Asylverfahrens*. von Lucius.

Scheffer, T. (2008). Zug um Zug und Schritt. für Schritt Annäherungen an eine transsequentielle Analytik. In H. Kalthoff, S. Hirschauer, & G. Lindemann (Hrsg.), *Theoretische Empirie. Zur Relevanz qualitativer Forschung* (S. 368–398). Suhrkamp.

Scheffer, T. (2010). *Adversarial case-making. An ethnography of english crown court procedure*. Brill.

Scheffer, T. (2015). Die Arbeit an den Positionen – Zur Mikrofundierung von Politik in Abgeordnetenbüros des Deutschen Bundestages. In B. Heintz & H. Tyrell (Hrsg.), *Interaktion – Organisation – Gesellschaft revisited. Sonderband der Zeitschrift für Soziologie* (S. 369–389). Lucius & Lucius.

Scheffer, T., Michaeler, M., Albrecht, S., Schank, J., & Wundrak, R. (2010). Die Realität medialer Berichterstattung. *Soziale Welt, 61*(2), 139–159.

Scheffer, T., Michaeler, M., & Schank, J. (2008). Starke und Schwache Verfahren. Ein explorativer Vergleich von englischer „Hutton Inquiry" und „CIA-Ausschuss" der EU. *Zeitschrift Für Soziologie, 37*(5), 423–444.

Schmidt, M. (2014). *Im Inneren der Bauverwaltung. Eigenlogik und Wirkmacht administrativer Praktiken auf Bauprojekte*. Dissertation. ETH Zürich.

Schmidt, R. (2008). Praktiken des Programmierens. Zur Morphologie von Wissensarbeit in der Software-Entwicklung. *Zeitschrift Für Soziologie, 37*(4), 282–300.

Streeck, J. (2009). *Gesturecraft: The manu-facture of meaning*. Benjamins.

Sudnow, D. (1993). *Ways of the Hand – The Organization of Improvised Conduct*. MIT Press.

Trischler, R. (2017). Trial and Error. Im Irrgarten digitaler Bildbearbeitung. In ilinx. *Berliner Beiträge zur Kulturwissenschaft* (4), S. 95–118.

Wacquant, L. J. D. (2010). *Leben für den Ring: Boxen im amerikanischen Ghetto*. UVK Verl.-Ges.

West, C., & Zimmerman, D. H. (1987). Doing gender. *Gender & Society, 1*, 125–151.

# Schreiben

Hilmar Schäfer und Larissa Schindler

**Einleitung**
Schreiben ist integraler Bestandteil jedes wissenschaftlichen Forschungsprozesses. In unterschiedlicher Form werden in allen Disziplinen schriftliche Verfahren der Materialgewinnung und der Darstellung von Ergebnissen angewendet, etwa das Notieren von Ideen und Beobachtungen, das Führen von Listen, das Anfertigen von Tabellen und das Verfassen von Protokollen und Berichten. Umso erstaunlicher ist es, dass die Schriftlichkeit der akademischen Wissensproduktion verhältnismäßig selten untersucht worden ist. Zwar wird das Schreiben häufig in Ratgebern zum wissenschaftlichen Arbeiten thematisiert, eine umfassende methodologische und theoretische Reflexion dieser epistemischen Praxis steht bislang allerdings noch aus. Sie ist aber gerade auch für die Körpersoziologie von hoher Wichtigkeit.

In diesem Beitrag werden wir zwei zentrale Themenkomplexe behandeln. Zum einen werden wir die Körperlichkeit der Schreibpraxis selbst betrachten und auf einige allgemeine Aspekte eingehen, die jegliche Form des Schreibens betreffen (Abschn. 2). Zum anderen werden wir methodologische Charakteristika und Probleme von Verfahren der Aufzeichnung in der körpersoziologischen Forschung diskutieren. Dabei begreifen wir das Schreiben als „eine komplexe soziologische Kulturtechnik" (Hirschauer, 2001, S. 430), die im Fall der körpersoziologischen Forschung aus einem idealtypisch zweigliedrigen Prozess besteht, den wir als „Übersetzungsverhältnis" verstehen: erstens von der Beobachtung zum Protokoll (Abschn. 3.1), zweitens vom Protokoll zum wissen-

H. Schäfer (✉)
Berlin, Deutschland
E-Mail: hilmar.schaefer@hu-berlin.de

L. Schindler
Bayreuth, Deutschland
E-Mail: larissa.schindler@uni-bayreuth.de



R. Gugutzer et al. (Hrsg.), *Handbuch Körpersoziologie 2*,
https://doi.org/10.1007/978-3-658-33298-3_46

schaftlichen Text (Abschn. 3.2). „Übersetzung“ soll dabei, entgegen eines häufigen Verständnisses, nicht heißen, einen Inhalt verlustlos von einer Sprache in eine andere zu übertragen. Die Übersetzungsleistung liegt vielmehr zum einen darin, sprachliche wie nicht-sprachliche Geschehnisse allererst zu verschriftlichen. Zum anderen lässt sich Übersetzen als die komplexe Herstellung eines Zusammenhangs verstehen, die zugleich Kontinuitäten und Diskontinuitäten umfasst. In diesem Sinne werden vielfältige Zwischenschritte und vermittelnde Instanzen bedeutsam, die zwischen einem sozialen Geschehen und dem soziologischen Text, der darüber berichtet, einen epistemischen Zusammenhang herstellen.

Einleitend geben wir einen Überblick über die Verbindung zwischen Körpersoziologie und der Kulturtechnik des Schreibens. Wir fokussieren dabei eine spezifische Forschungsrichtung: die Ethnografie (vgl. dazu auch Schindler & Schäfer, 2021). Sie legt, wie wir noch ausführen werden, ihr Augenmerk in besonderer Weise auf das Ausformulieren nicht-sprachlicher Dimensionen des Sozialen, weshalb sie in der Körpersoziologie eine zentrale Rolle einnimmt. Da sie damit ein besonders umfangreiches Schreibprojekt verfolgt, lässt sich an ihr die Kulturtechnik des (körper-)soziologischen Schreibens besonders gut darstellen.

## 1 Schreiben als Verfahren der körpersoziologischen Forschung

Körpersoziologische Forschung beginnt mit der Beobachtung von Körpern, ihren sprachlichen Äußerungen ebenso wie ihren stummen Bewegungen, ihren Mimiken und Gesten. Dabei stößt sie in besonders ausgeprägter Form auf ein Problem, das soziologische Forschung allgemein betrifft: die Schweigsamkeit des Sozialen (Hirschauer, 2001). Zwar sind auch „stumme“ Bewegungen, Gesten und Mimik essentielle Beiträge zur Kommunikation, sie sind aber mit sprachbasierten Forschungsmethoden (z. B. Interviews, Diskursanalyse) nur sehr eingeschränkt erforschbar. Körpersoziologie stützt sich deshalb sehr häufig auf ethnografische Methoden, die ein differenziertes Instrumentarium auch für den Umgang mit schweigsamen Dimensionen des Sozialen bieten. Wie aber entsteht aus einer Beobachtung ein wissenschaftlicher Vortrag oder ein Buch? Mit seinem inzwischen klassischen Zitat „‚Was macht der Ethnograph?‘ Antwort: er schreibt“ hat Clifford Geertz (1987, S. 28) das Schreiben als Zentrum der ethnografischen Tätigkeit begriffen und eine wegweisende methodologische Debatte um den epistemologischen Charakter ethnografischer Daten angestoßen.

Schreiben ist ein kontinuierlicher Prozess, aber kein einheitlicher. Jede Phase ethnografischer Forschung ist durch spezifische Formen des Schreibens gekennzeichnet, in denen Körper in verschiedener Hinsicht fokussiert werden. Zunächst nimmt die Ethnografin im „Feld“ an der beobachteten Praxis teil, macht Notizen und sammelt empirisches Material wie Audio- und Videomitschnitte, Dokumente und Dinge. Sie produziert damit nicht nur kognitives Beobachtungswissen, sondern auch körperliche

Erfahrung. Anschließend schreibt sie außerhalb des Forschungsfeldes ausführliche Protokolle, in denen sowohl das kognitive Beobachtungswissen festgehalten als auch die eigene körperliche Erfahrung in (erste) sprachliche Beschreibungen transferiert wird. Mithilfe der Protokolle sortiert und kategorisiert sie das Material und bereitet so zum einen weitere „Feldaufenthalte" und zum anderen die Kommunikation mit ihrer Herkunftsdisziplin (in Data Sessions, auf Konferenzen oder schließlich in Form von Publikationen) vor. Anders als es die Etymologie des Begriffs „Daten" nahelegt (von lat. *datum*), sind diese jedoch nicht „gegeben", nicht einfach im Feld vorhanden und brauchen nur gesammelt zu werden. Was in der beobachteten Praxis bloß (kontingentes) Geschehen ist, wird erst durch das wissenschaftliche Beschreiben festgehalten und nachvollziehbar gemacht. „Daten" werden deshalb als solche erst im Zuge des wissenschaftlichen Beobachtens hervorgebracht. Die sozialwissenschaftliche Praxis zielt dabei nicht nur darauf ab, nachzuvollziehen, was geschehen ist, sondern – darüber hinaus – etwas über die beobachtete Praxis zu lernen, was ihren Teilnehmer/innen so nicht bewusst, zum Teil auch nicht bekannt ist. Im Laufe der Forschung entstehen aus den Notizen und Protokollen weitere schriftliche Artefakte wie Aufsätze, Präsentationen oder Bücher. Für die Publikation werden verschiedene Materialien modifiziert, etwa aus längeren Videoaufnahmen einzelne Szenen herausgeschnitten, Gespräche transkribiert oder Bilder anonymisiert.

Beim Schreiben werden also verschiedene Spuren des Geschehens gesammelt, sortiert, kategorisiert, ergänzt, mit anderen (theoretischen und empirischen) sozialwissenschaftlichen Erkenntnissen in Zusammenhang gebracht und schließlich in den wissenschaftlichen Diskurs eingeordnet. Die Tatsache, dass das Schreiben von Vorträgen, Aufsätzen oder Büchern auf Veröffentlichung zielt, bestimmt nicht nur die Form des produzierten Textes, sondern prägt den gesamten Erkenntnisprozess, wie etwa bereits die Auswahl des zu untersuchenden Feldes.

In der Tätigkeit des Schreibens sind Wissensproduktion und Darstellung für potenzielle Leserinnen fundamental verbunden. Das Schreiben ist eine Grundvoraussetzung für Wissenschaft, insofern es das eigene Denken überhaupt erst intersubjektiv werden lässt. „Ohne zu schreiben, kann man nicht denken; jedenfalls nicht in anspruchsvoller, anschlußfähiger Weise" (Luhmann, 1992, S. 53). Es ist also nicht zuerst ein Gedanke da, für den dann eine schriftliche Form gefunden werden muss, sondern Schreiben und Denken vollziehen sich gleichzeitig als Denkhandeln. Im Verlauf dieses gleichzeitigen Denk- und Schreibprozesses wird wissenschaftliches Wissen (nach den „Spielregeln" der jeweiligen Disziplin) produziert. In Bezug auf die Ethnografie kann das wissenschaftliche Schreiben als Vermittlungsarbeit zwischen den Erfahrungen aus dem Feld und den Anforderungen sozialwissenschaftlichen Arbeitens begriffen werden. Erst die dadurch entstehende intersituative Zugänglichkeit des Beobachteten lässt am Ende ein wissenschaftliches Produkt entstehen. Der Körper wird dabei nicht nur als Gegenstand der Betrachtung, sondern auch bei der Tätigkeit des Schreibens selbst relevant. Im Folgenden soll deshalb zunächst allgemein die körperliche Dimension des Schreibens beleuchtet werden.

## 2 Die Körperlichkeit des Schreibens

Im Alltag stellen wir uns Schreiben häufig als eine rein geistige, reflexive und hochgradig individualisierte Handlung vor (dazu Sebald, 2014, S. 2–5). Diese Vorstellung ist jedoch, wie der folgende Abschnitt unterstreichen soll, inadäquat und deshalb zurückzuweisen. Schreiben muss vielmehr als Praxis begriffen und selbst aus einer körpersoziologischen Perspektive heraus betrachtet werden. Es erscheint dann als eine fundamental soziale Tätigkeit, die mit anderen Gesellschaftsmitgliedern geteilt wird, körperlich aus- und aufgeführt wird und auf implizitem Wissen beruht, das in aufwendigen Lernprozessen angeeignet werden muss. Das betrifft grundsätzlich jede Art des Schreibens in unterschiedlichen gesellschaftlichen Feldern: von der allgemeinen Kulturtechnik des Schreibens über das professionelle Verfassen von Gebrauchstexten, dem das wissenschaftliche Schreiben zuzurechnen ist, bis hin zur literarischen Prosa und Poesie.

Wir gehen nun zunächst auf die körperlichen Sozialisations- und Lernprozesse ein, die der Aneignung des Schreibens zugrunde liegen, und widmen uns dem körperlichen Vollzug des Schreibens. Anschließend arbeiten wir dessen Bezug zur Materialität heraus.

### 2.1 Schreiben als körperlicher Vollzug

Das Schreibenlernen vollzieht sich als Inkorporation motorischer Bewegungen, die mit dem Denkhandeln verbunden werden. Die Aneignung der Kulturtechnik des Schreibens konzentriert sich zunächst auf die Fähigkeit, einzelne Buchstaben lesbar zeichnen zu können, und verschiebt sich im Verlauf der schulischen Sozialisation hin zur Kompetenz, verständliche Texte zu produzieren. Dabei ist festzuhalten, dass es sich um eine graduelle Transformation handelt, bei der spätere Lernprozesse auf früheren Aneignungen aufbauen und die körperliche Dimension niemals vollständig eliminiert wird. So betonen die professionellen Schreibratgeber, wie etwa Howard Beckers *Writing for Social Scientists,* dass auch fortgeschrittene Schreibtechniken körperlich angeeignet werden müssen: „None of this will work unless you make it your habitual practice" (Becker, 2007, S. 174). Das wird besonders deutlich nachvollziehbar, wenn wir uns vor Augen halten, dass die meisten Menschen nur mit einer Hand schreiben können, obwohl die geistige Fähigkeit sich auf beide Hände erstrecken würde. Schreibenlernen ist also stets ein untrennbar sowohl motorischer als auch intellektueller Vorgang, und beide Dimensionen sind von körperlich angeeignetem implizitem Wissen abhängig.

Schreiben ist eine hochkomplexe Praktik, in der körperliche und kognitive Tätigkeit eng verbunden sind. Ihre körperliche Dimension wurde jedoch, abgesehen von einzelnen Hinweisen, etwa in Howard Beckers erwähntem Schreibratgeber, erst in den letzten Jahren soziologisch beleuchtet. Robert Schmidt arbeitet etwa in einer instruktiven Studie zur Tätigkeit des Programmierens heraus, dass diese auf den ersten Blick geistige Arbeit körperlich vollzogen wird. Kopf, Hände, Stimme, Beine, der ganze Körper des Programmierers ist in die Arbeit einbezogen, er ist ständig in Bewegung, wenn er etwa den Blick wendet, Maus oder Tastatur bedient, mit sich oder anderen spricht, usf. (Schmidt, 2008, S. 287 f.). Tasos Zembylas und Claudia Dürr (2009, S. 89 f., S. 142) verweisen in ihrer kultursoziologischen Untersuchung der Schreibpraktiken von Schriftstellern auf die „Präsenz des Leibes" beim literarischen Schreiben. Auch beim wissenschaftlichen Schreiben verschränken sich, wie Kornelia Engert und Björn Krey (2013, S. 372 ff.) hervorgehoben haben, „körperliche und diskursive Haltung".

Die Körperlichkeit des Schreibens beschränkt sich aber nicht nur auf diesen – von außen relativ gut beobachtbaren – körperlichen Vollzug der Tätigkeit. Schreiben ist auch ein Auswahlprozess, der sich nicht aufgrund rationaler Entscheidungen vollzieht, sondern auf der Grundlage impliziter Kriterien, die im Vollzug wirksam werden. Dazu zählen etwa Wortwahl, Stil, der Umgang mit mehr oder weniger starken Konventionalisierungen (z. B. Grammatikhandbücher, Duden, Stilratgeber, Redaktionshinweise etc.) und Textgattungen (z. B. Antrag, Artikel, Buch, Rezension etc.). Dass diese praktischen Bewertungen auf implizitem Wissen beruhen, zeigt sich auch darin, dass zu viel Reflexion für den Schreibprozess oft hinderlich ist.

## 2.2 Körperlichkeit und Materialität

Schreiben ist aber nicht nur ein körperlich-kognitiver Prozess; er ist darüber hinaus an den Gebrauch von Artefakten gebunden. Um die relativ dauerhaften Spuren zu produzieren, aus denen Texte bestehen, ist stets die physische Manipulation von Materialität notwendig, sei es das Behauen von Stein mit einem Meißel, das Aufbringen von Tinte auf einem Pergament oder das Drücken von (ggf. virtuellen) Tasten, um die Darstellung von Buchstaben auf einem Bildschirm zu erzeugen. Die qualitativen Unterschiede der verwendeten Materialien beeinflussen dabei ebenso die weitere Verfügbarkeit und Bearbeitbarkeit der produzierten Texte wie auch die körperlich-sinnliche Erfahrung des Schreibens selbst.

Veränderungen in der Konstellation von Körperlichkeit und Materialität des Schreibens haben sich insbesondere durch medientechnische Entwicklungen ergeben. Einen bedeutenden Schritt stellt hierbei die Schreibmaschine dar, mit der Buchstaben durch körperliche Bewegungen der Hand (bzw. der Finger) technisch erzeugt werden. Dieser Effekt wird durch den Computer radikalisiert. Mit der elektronischen Textverarbeitung kommt es zur Entkopplung des Schreibens von der Produktion relativ dauerhafter physischer Zeichen auf einem Träger (mit einem Drucker).

Bereits 1986 schildert Howard Becker in *Writing for Social Scientists* (vermutlich als einer der ersten Sozialwissenschaftler), wie die Arbeit mit dem Computer seine Schreibpraxis verändert hat. Dabei hebt er zunächst die körperlichen Aspekte des Schreibens hervor und sieht es als einen der zentralen Vorteile des Computers an, dass Überarbeitungen bereits am Bildschirm erfolgen und unliebsame Textstellen gelöscht werden können, bevor sie sich jemals physisch materialisieren, was Becker zufolge Hemmungen bezüglich des Überarbeitens entgegenwirkt. Außerdem weist er darauf hin, dass der

Computer die Art des Schreibens – und damit gleichzeitig des Denkens – fundamental verändert hat und dass dafür ein Umlernen von Gewohnheiten notwendig wird (Becker, 2007, S. 151–163).

Mit der Verbreitung tragbarer Computer kommt es zu einer umfassenden räumlichen und zeitlichen Entgrenzung der Schreibtätigkeit. Bedeutsam ist dabei weniger die Tatsache, dass das Schreiben überall stattfinden kann, was ja durchaus auch auf Papier und Stift zutrifft, sondern vielmehr die Möglichkeit, das Geschriebene jederzeit an andere zu versenden bzw. mit einem Publikum zu teilen (SMS, Smartphone, Facebook, Twitter) oder ortsunabhängig auf Archive zuzugreifen und druckfertige Manuskripte zu erstellen (Laptop, Internet, Textverarbeitungsprogramm). Festzuhalten bleibt, dass die Entwicklung von der Handschrift zur Maschinenschrift und hier von der Schreibmaschine zum Computer durch die technisch-mediale Vermittlung die körperlich-affektive Involviertheit der Schreibenden transformiert, sie jedoch nicht eliminiert.

Mit den materiellen Aspekten des Schreibens sind bereits dessen räumliche Bezüge angesprochen worden. Werden die schreibenden Körper als situierte Körper verstanden, die in sozio-materiellen Settings agieren, so lässt sich auch die Räumlichkeit des Schreibens genauer betrachten. Zum einen wirken sich schwer verbalisierbare, atmosphärische Stimmungen von Räumen mehr oder weniger spürbar auf den Schreibprozess aus. Zum anderen lässt sich untersuchen, wie Schreibende zur Ausführung ihrer Tätigkeit auf ihre Nahräume einwirken, etwa in Bezug auf die Gestaltung der Beleuchtungsverhältnisse (Schmidt, 2008, S. 290 f.) oder durch die Anordnung der benötigten Materialien, z. B. in einem Halbkreis um den schreibenden Körper (Engert & Krey, 2013, S. 370).

Während die bisher angestellten Überlegungen zur Körperlichkeit und Materialität des Schreibens allgemein die vielfältige Praxis in unterschiedlichen alltäglichen und professionellen Situationen betreffen, wenden wir uns nun dem Schreiben als methodischem Verfahren der körpersoziologischen Forschung zu. Hier betrachten wir insbesondere die Herausforderungen für die Verschriftlichung des Sozialen.

## 3 Schreiben als zweigliedriges Verfahren der körpersoziologischen Forschung

### 3.1 Von der Beobachtung zum Protokoll

Die Soziologie kennt verschiedene Genres, die Übersetzungsschritte auf dem Weg von einer Beobachtung bzw. von einer Idee zu einem publizierten Text bilden. In der Theoriearbeit etwa bilden „Exzerpte" eine Art „Bericht" über den gelesenen Text, der zumeist auch eine Einschätzung seiner Relevanz und Querverweise zu anderen Texten enthält. In der Ethnografie stehen an dieser Stelle Protokolle. Sie fassen das Beobachtete zusammen, schätzen die Relevanz für die beobachtete Praxis ein und enthalten zudem analytische Notizen und Hinweise zu anderen Protokollen, anderen Daten und zur soziologischen Literatur. Protokolle haben deshalb zwei zentrale Funktionen: Zum einen produzieren sie „Daten“ aus dem Gesehenen (Breidenstein et al., 2013, S. 85 f.), zum anderen bilden sie in gewisser Weise ein Übergangsgenre zum fertigen Text. Sie sind mehr als reine Beobachtungen – und trotzdem noch weit von einem fertigen ethnografischen Text entfernt. Wie schreibt man nun Protokolle? Was tun Körper dafür, und welchen Ort und welche Bedeutung haben sie in den Protokollen?

### 3.1.1 Protokollieren

Im ethnografischen Forschungsprozess erfüllt das Schreiben mehrere, wichtige Funktionen (dazu z. B. Breidenstein et al., 2013; Emerson et al., 2011; Schindler & Schäfer, 2021): Es hat erstens konservierenden Charakter, d. h. es rekonstruiert das beobachtete Geschehen und macht es auf diese Weise für die Ethnografin erinnerbar. Wegen ihrer rekonstruktiven Form haben Protokolle zweitens das Potenzial, Forschung zu organisieren. Sie enthalten nicht nur Details des Ablaufs eines Ereignisses, sondern auch Evaluierungen des bisherigen Forschungsprozesses und Perspektiven für spätere Beobachtungen. Drittens ermöglicht das Niederschreiben von Geschehnissen Kommunikation mit *peers*. Ihnen wird das Geschehen auf diesem Weg mitteilbar. Über diese drei, fast naheliegenden Funktionen des Schreibens hinaus, wird außerdem darauf hingewiesen, dass die Gewohnheit Protokolle zu schreiben in der Ethnografin eine „Bewusstseinshaltung des Registrierens“ schafft (Breidenstein et al., 2013, S. 87). Sie verpflichtet die Ethnografin gewissermaßen auf eine spezifische Form der Beobachtung, die sich vom Beobachten anderer Situationsmitglieder, aber auch vom Beobachten verschiedener anderer Gruppen, z. B. „Neulingen“ im Feld, unterscheidet. Die idealtypisch differenzierten Glieder des Schreib- und Übersetzungsprozesses sind daher eng miteinander verbunden.

Protokolle stellen, wie bereits angesprochen, ein Verfahren dar, Erinnerungen methodisch zu organisieren und zu stimulieren. Beim Schreiben von Protokollen werden in der Regel zunächst die kognitiven Erinnerungen der Ethnografin festgehalten. Das Anschreiben gegen das Vergessen ist ein kognitiver Akt, der sich jedoch an eine spezifische Kulturtechnik bindet, die eine eigene körperliche Praxis umfasst. Wie das stumme Lesen als sozialhistorisch spezifische Praxis verstanden werden muss, die eine besondere Konzentrationsleistung bei sehr geringer körperlicher Mobilität umfasst, ist auch das stumme, einsame Schreiben eine kulturelle Praxis. Im Fall der ethnografischen Protokolle beinhaltet sie die Fähigkeit, (oft über Stunden) still zu sitzen, sich auf die eigenen Erinnerungen und den zu schreibenden Text zu konzentrieren sowie Feldrelevanzen und Diskurse in der wissenschaftlichen Disziplin in Zusammenhang zu bringen und auszuformulieren. Das Schreiben von Protokollen erfordert deshalb die Verknüpfung einer rückwärts und einer vorwärts gerichteten Denkbewegung: rückwärts im Erinnern und Rekonstruieren, vorwärts im Formulieren von weiteren Forschungsfragen und im Organisieren der noch zu erledigenden Forschungsarbeit. Beim Schreiben von Feldnotizen und Beobachtungsprotokollen sehen sich Ethnograf/innen mit dem Problem der Selektivität konfrontiert. Aus dem scheinbar unendlichen Geschehen im Feld muss das Erinnerungs- und Verschriftlichungswürdige ausgewählt werden. Diese Auswahl erfolgt nicht vollständig bewusst und reflektiert, sondern stützt sich stets auf das bereits gesammelte Erfahrungswissen über das untersuchte Feld.

In den Protokollen kann die Ethnografin die Körper im Feld zum Thema machen und sich dafür etwa auf das feldspezifische diskursive Wissen über Körper konzentrieren. Sie kann aber auch das praktische Wissen im Feld fokussieren, etwa welches Körperwissen von Nöten ist bzw. im Laufe der Zeit im Feld erworben wird oder, wie Körper sich räumlich und hierarchisch ordnen bzw. durch vorhandene Strukturen geordnet werden. Zusätzlich zu einer solchen kognitiv stimulierten Thematisierung von Körpern in Protokollen, kann der eigene Körper als Träger von Wissen genutzt werden. Seine Wahrnehmungen in der Situation produzieren Erinnerungen an das Geschehen, die nicht rein kognitiv sind, sondern – gerade bei intensiver Teilnahme – auch eine spezifische Veränderung des Körpers produzieren können. Diese ist gewissermaßen „am eigenen Leib" beobachtbar. Sie umfasst ein zunächst praktisches Wissen darüber, wie der eigene Körper im Feld zu platzieren und einzusetzen ist. Außerdem können durch die Teilnahme im Feld neue körperliche Kompetenzen entstehen, die ihrerseits als Lernprozess am eigenen Körper beobachtet und beschrieben werden können. Der eigene Körper ist damit zum einen in die Kulturtechnik des Schreibens eingebunden und kann zum anderen auch Gegenstand der Protokollierung werden. Die oft ungerichtete Kommunikation von Körpern wird dabei in die sequenzielle Ordnung der Sprache gebracht – ein Prozess, der nicht immer problemlos vonstattengeht, sondern häufig spezifische Beschreibungsleistungen der Ethnografin erfordert. Gerade bei körpersoziologischen Beschreibungen, vor allem wenn es um Körperbewegungen geht, stößt man jedoch oft an die Grenzen sprachlicher Vermittlung, sodass teilweise auf ergänzende Visualisierungen wie Fotografien, Videoaufzeichnungen, Standbilder oder Skizzen zurückgegriffen wird (dazu Schindler, 2012). Daneben stehen außerdem verschiedene grafische Formen der Notation für Protokolle zur Verfügung, z. B. die Stenografie. Häufig lohnt sich zudem der Blick in Nachbardisziplinen: In der Tanzwissenschaft etwa ist das Beschreiben von Körperbewegungen ein wichtiges und umstrittenes Thema (dazu z. B. Brandstetter, 2007; Klein, 2015).

Je nach Forschungsinteresse können auch die in den beobachteten Feldern gegebenenfalls vorfindbaren, feldinternen Notations- und Dokumentationssysteme zum Gegenstand werden. Harold Garfinkel (1967) wies in der einflussreichen Studie „Good Reasons for Bad Clinical Records" auf die praxisinhärente Funktionalität und die jeweils eigenen, von außen nicht immer leicht nachvollziehbaren Gelingenskriterien solcher Dokumentationen hin. Sie entsprechen oft nicht den soziologischen Vorstellungen „guter" Dokumentation, die aber ihrerseits die Gelingenskriterien der beobachteten Praxis oft ebenso wenig erfüllt.

Schließlich besteht, insbesondere zur Erforschung sozialer Praktiken, die sowohl stumm als auch schwer beobachtbar sind, die Möglichkeit, die Feldteilnehmer/innen selbst in die Forschung einzubeziehen und schriftliche Daten produzieren zu lassen. So haben etwa Tasos Zembylas und Claudia Dürr (2009, S. 20 ff.) in ihrer Untersuchung literarischer Schreibpraktiken auf das Forschungsinstrument des Tagebuchs zurückgegriffen, indem sie vier Schriftsteller/innen gebeten haben, ihre Schreibtätigkeiten und -fortschritte selbst zu protokollieren und zu reflektieren.

### 3.1.2 Protokollieren als Übersetzungsprozess *in* die Sprache

Wieso aber protokollieren, warum nicht etwa mit den Mitteln audiovisueller Medien aufzeichnen? In „Die Schweigsamkeit des Sozialen" reagiert Stefan Hirschauer (2001) auf den Vorwurf, ethnografische Protokolle seien gewissermaßen Daten „zweiter Klasse", die weit hinter die Aufzeichnungsqualitäten technischer Medien zurückfallen. Ihm zufolge übergehen Audioaufnahmen nämlich alle schweigsamen Momente des Sozialen. Nicht nur, wer zu weit vom Mikrofon entfernt steht, scheint in der Aufnahme und später im Transkript nicht auf, sondern auch alle Interaktionsbeiträge, die nicht über Ton vollzogen werden: Gestik, Mimik, Deuten und vieles mehr. Diese Beiträge lassen sich zwar mit Videoaufnahmen gut festhalten, eine solche Aufnahme bleibt aber aus technischen Gründen ebenso eingeschränkt, weil man immer nur einen Ausschnitt des Geschehens aus einem bestimmten Winkel filmen kann. Das Zusammenfügen etwa eines Fußballspiels in der Übertragung geschieht durch technischen Schnitt mehrerer Aufnahmen. Dermaßen komplexe Technik steht Soziolog/innen zumeist nicht zur Verfügung, sie beinhaltet aber, was noch wichtiger ist, bereits sehr starke interpretative Leistungen der Regisseurin. Solche „Übertragungen" sind visuelle Darstellungen, die ebenso viel interpretative Leistung beinhalten wie ein Protokoll. Wissenschaftliches Arbeiten zielt auf Darstellungen ab, die in schriftlicher Form ein Bild des Geschehens vermitteln. Ethnografisches Schreiben lässt sich deshalb, so schreiben Breidenstein et al., (2013, S. 95) in Anlehnung an Hirschauer (2001), als Übersetzen „*in* die Sprache" auffassen: „Ethnografie meint in diesem Sinne auch die professionalisierte Kompetenz, Nichtsprachliches zu versprachlichen. Man kann sich diesen Vorgang als einen multiplen Übersetzungsprozess vorstellen: Ethnograf/innen schreiben Ereignisse nieder, die sie gerade noch erlebt und beobachtet haben, sie wechseln von der körperlichen Teilnahme und der Mündlichkeit zur Schriftlichkeit, von der Interaktion vieler zur einsamen Interaktion mit den Notizen. Es ist ein Wechsel der Kommunikationskanäle: von den geräuschvollen Geschehnissen der beobachteten Situation zum schweigsamen Dialog mit sich selbst." Dabei geht es, wie Kalthoff (2006, S. 164 ff.) in einer mediensoziologischen Argumentation ausführt, um eine Übersetzung nicht nur in Sprache, sondern auch in Schrift.

Das Schreiben von Protokollen leistet also, zusammenfassend, den Schritt von der Beobachtung zu einer ersten Verschriftlichung. Dabei ist nicht nur das Konservieren verschiedener Erfahrungen zentral, sondern auch das Übersetzen schweigsamer Dimensionen des Sozialen in Sprache und Schrift. Gerade dieser Prozess des Übersetzens ist körpersoziologisch besonders wichtig, weil sich zwar das diskursive Wissen über Körper sprachlich leicht festhalten lässt, Körper im Allgemeinen aber oft gerade in schweigsamen Dimensionen des Sozialen relevant werden.

## 3.2 Vom Protokoll zum Text

Protokolle und Notizen stehen in einem Spannungsfeld zwischen Nähe und Distanz zu dem in ihnen festgehaltenen sozialen Geschehen. Zum einen stellen sie Nähe zum Forschungsgegenstand her, frischen Erinnerungen auf und können vergangene Erfahrungen wieder präsent werden lassen. Sie schließen am Körpergedächtnis der Ethnografin an. Ein Stichwort genügt oft, um ganze Szenen „vor dem geistigen Auge" abzurufen. Dies geschieht auch beim Überarbeiten und Abschreiben der Notizen für den wissenschaftlichen Bericht, wenn Leerstellen mit Erinnerungen aufgefüllt werden, die durch das Wiederlesen hervorgerufen werden. In ausführlicheren Protokollen sind Dialoge und andere Beobachtungen aus dem Feld schriftlich fixiert und können somit zur Grundlage für die spätere eingehende Beschreibung einer Szene oder eines Feldes werden.

Im Verlauf des zweigliedrigen Übersetzungsprozesses von der Beobachtung zum Protokoll und zum veröffentlichten Text stellt die Arbeit mit den selbst erstellten Protokollen (sowie anderen einbezogenen Materialien) aber auch einen weiteren Schritt der praktischen Distanzierung vom Forschungsgegenstand dar. Wenn sich Schreiben allgemein als Voraussetzung für die „Veränderung der Normaldistanz zu den Dingen" (Hirschauer, 2010, S. 221) verstehen lässt, so wird diese Distanzierung durch die Auseinandersetzung mit schriftlichen Materialien wie Protokollen und anderen Notizen noch einmal vergrößert und befördert. Wissenschaftliche Texte entstehen im Regelfall außerhalb des beforschten Feldes. Allein die Tatsache, dass zwischen dem Miterleben und Protokollieren eines Phänomens und dem Abfassen eines wissenschaftlichen Berichts eine zeitliche und räumliche Distanz liegt, fördert die methodische Befremdung des Forschungsgegenstands. Beim Verfassen des Berichts ist die Ethnografin von der körperlich-räumlichen Kopräsenz mit den von ihr untersuchten Teilnehmer/innen einer Praxis entlastet. Dies eröffnet Formen praktischer, freilich niemals vollständig bewusster Reflexivität, die im multisensorischen und multidimensionalen Geschehen des Feldes so nicht gegeben sind. Die Linearität des Geschriebenen ermöglicht zudem beim Wiederlesen der Protokolle die Konzentration auf ausgewählte Ausschnitte des Sozialen; aus einem multidimensionalen Geschehen wird ein distinkter, sich entfaltender Prozess. So kann das ethnografische Schreiben als ein kontinuierliches Changieren zwischen Nähe und Distanz zum Forschungsgegenstand begriffen werden.

### 3.2.1 Ordnen und Rekombinieren

Die Möglichkeit, sich vom Erlebten praktisch-reflexiv zu distanzieren, ist nicht einfach nur von der räumlichen und zeitlichen Distanz abhängig, sondern wird auch durch spezifische schriftliche Erkenntnistechniken eröffnet. Der wissenschaftliche Bericht ist durch den weiteren Übersetzungsschritt nicht mehr an die Chronologie der Protokolle (oder der beobachteten Phänomene) gebunden, sondern kann von ihrer zeitlichen Sequenz abweichen. In diesem Zusammenhang ermöglicht es die Schriftlichkeit der vorliegenden Materialien, sie zu kommentieren, zu klassifizieren und neu zu ordnen. Im Folgenden soll die wissenschaftliche Wissensproduktion als eine epistemische Praxis charakterisiert werden, die auf Schriftlichkeit angewiesen ist. Dabei geht es weder um das Problem der Versprachlichung (wie in Abschn. 3.1) noch um die semantische Dimension des schriftlich Fixierten, sondern um die Materialität des Geschriebenen.

Vor allem die geistes- und kulturwissenschaftliche Forschung hat auf die gleichberechtigte Stellung von Interpretierbarkeit und Bildlichkeit bzw. Materialität der Schrift hingewiesen (Krämer et al., 2012; Zanetti, 2013). Sie nimmt neben der Textualität der Schrift auch deren „Textur" in den Blick, also den Aspekt der „Materialität, Wahrnehmbarkeit und Handhabbarkeit von Notationen" (Krämer & Totzke, 2012, S. 24), der auch bei der Produktion wissenschaftlichen Wissens eine Rolle spielt.

Die schriftlich vorliegenden „Daten" (im oben unter Abschn. 1 ausgeführten Sinne) aus dem Feld sind erstens kommentierbar. Einen elaborierten methodologischen Vorschlag zur Kommentierung und Systematisierung von Daten hat etwa die Grounded Theory formuliert, die auf die gegenstandsnahe Theoriebildung ausgehend von empirischem Material zielt (Glaser & Strauss 1967; Strauss, 1994). Sie entwickelt ein Verfahren, das im Anfertigen mehrstufiger Kodiernotizen sowie im Verfassen von Memos, die den Kodierprozess reflektieren, besteht. Zweitens also lassen sich die Daten im Medium der Schrift klassifizieren und hierarchisieren. Eine zentrale Kulturtechnik, die dies ermöglicht, ist das Verfassen von Listen (Goody, 2012). In Listen werden Hierarchien sowie Nähe- und Distanzverhältnisse räumlich auf einer zweidimensionalen Fläche hergestellt. Dabei korrespondiert die Verteilung der Schrift auf dem Trägermedium mit der epistemischen Wertigkeit der abgebildeten Sachverhalte. Drittens schließlich lassen sich Notizen auch neu ordnen und zusammensetzen, zum Beispiel digital durch Copy & Paste oder haptisch mit Hilfe von Notizzetteln, Schere, Kleber, Karteikarten und Aktenordnern. Dabei ist stets auch der Körper involviert, der materielle Träger von Schrift (Papier, Akten) bewegt oder Ordnung tentativ-sinnlich herstellt und erfährt, und sei es nur in der Bewegung des Mauszeigers. Ein qualitativer Unterschied im Hinblick auf Handhabung und Übersichtlichkeit besteht jedoch beispielsweise zwischen dem physischen Ausbreiten und Vergleichen verschiedener Quellen auf dem Schreibtisch und dem virtuellen Öffnen mehrerer Dateien auf dem Computer (Sellen & Harper 2002, S. 189).

Die epistemische Praxis der Wissensarbeit ist daher, wie bereits in Abschn. 2 dargestellt, als ein körperlich-materieller Denkprozess zu verstehen, der um das Schreiben und die Schriftlichkeit kreist. Neben den Tätigkeiten des Körpers müssen dabei auch die Notizen selbst als aktive Beteiligte des Schreibprozesses gefasst werden. Hier bieten sich verschiedene theoretische Anschlüsse an. Erstens können Notizen mit Rheinberger als „epistemische Dinge" verstanden werden (Sebald, 2014, S. 13), insofern sie Gegenstände permanenter Manipulation sind und auf diese Weise die epistemische Aktivität organisieren. Zweitens lassen sie sich mit der Akteur-Netzwerk-Theorie als Aktanten beschreiben, deren spezifische Qualität den Prozess der Wissensproduktion prägt. Mit dem Begriff der Aktanten wird in der Akteur-Netzwerk-Theorie eine klare Trennung zwischen Subjekten und Objekten zurückgewiesen und nach dem Handlungspotenzial heterogener Entitäten gefragt (Latour, 2007, S. 111–127). Jean Jackson (2001) spricht drittens von der Liminalität von Feldnotizen, um hervorzuheben, dass sie Entitäten darstellen, die jenseits ihrer Autoren existieren und zirkulieren. Alle drei Perspektiven haben gemeinsam, dass sich mit ihnen betonen lässt, dass Wissen in tätiger Auseinandersetzung mit Notizen gewonnen wird, die Qualitäten materieller Objekte aufweisen und einen spezifischen Beitrag zum Erkenntnisprozess leisten. Wissenschaftliche Texte entstehen iterativ in verschiedenen Überarbeitungsschritten und in Auseinandersetzung mit dem bestehenden Textmaterial der vorherigen Fassung. Hier wird noch einmal besonders deutlich, dass Schreiben kein linearer Prozess ist, sondern Praktiken des Umformulierens, Streichens, Liegenlassens und Wiederaufnehmens sowie parallelen Bearbeitens umfasst (Sebald, 2014, S. 5). Die ethnografische Wissenschaftssoziologie hat dies etwa in Bezug auf die sozialwissenschaftliche Textproduktion untersucht und vor allem die enge Verbindung zwischen Praktiken des Schreibens und Lesens herausgearbeitet (Engert & Krey, 2013). Dabei gerät zunehmend die grundlegende epistemologische Relevanz des wissenschaftlichen Schreibens in den Blick (vgl. auch Schmidt, 2016).

### 3.2.2 Referenz und „Objektivität"

Die im Verlauf der wissenschaftlichen Arbeit produzierten schriftlichen Formate dienen neben der Vorbereitung der abschließenden Publikation auch als Material, das in dieser erscheint. In Publikationen fließen die im Laufe der Forschung generierten Textsorten in unterschiedlicher Form ein. In ethnografischen Berichten etwa ist es üblich, dass Interviewausschnitte oder Zitate aus den eigenen Beobachtungsprotokollen neben die narrative Stimme der Autorin treten, um die Argumentation des wissenschaftlichen Textes zu stützen und die Aussagen über den erforschten Gegenstand zu belegen.

Eine intensive Reflexion der rhetorischen Strategien der Produktion von Argumenten und wissenschaftlicher Objektivität in der Ethnologie bzw. Anthropologie wurde durch die sogenannte Writing-Culture-Debatte ausgelöst (Clifford & Marcus, 1986). Im Verlauf dieser einflussreichen Auseinandersetzung über die Methoden der Ethnografie wird der klassische, ethnografische Realismus kritisiert, die Rolle des Ethnologen problematisiert und werden neue Formen des Schreibens und der Repräsentation der Anderen wie etwa die dialogische Anthropologie erprobt. In der Folge dieser „Krise der ethnografischen Repräsentation" (Berg & Fuchs, 1993) geraten auch die rhetorischen Techniken der Konstruktion von Objektivität und Glaubwürdigkeit in ethnografischen Berichten genauer in den Blick. Als Ergebnis der Debatte bleibt vor allem festzuhalten, dass empirische Zitate und Verweise nicht „direkt" aus dem Feld stammen, sondern auf der Basis empirischer Spuren am Schreibtisch erstellt werden. Sie sind damit der sozialwissenschaftlichen Tätigkeit zuzurechnen, der Transformation bzw. Übersetzung von Geschehnissen in Daten, auch wenn sie im Forschungsprozess unterschiedlich stark transformiert werden.

# 4 Fazit

Schreiben ist zunächst allgemein als eine Kulturtechnik beschreibbar, die stets eine körperlich-materielle und eine dinglich-materielle Dimension aufweist und in verschiedenen sozialen Feldern unterschiedlich ausgeprägt ist. In der hier betrachteten, ethnografisch verfahrenden körpersoziologischen Forschung hat das Schreiben in mehrfacher Hinsicht körperliche Aspekte: Es geht zum einen darum, Körper und ihr Tun zu beschreiben. Zum anderen wird dabei der Körper der Ethnografin zum Instrument der Erhebung, aber auch zum Instrument des Verfassens von Texten. Er muss dafür verschiedene Fertigkeiten mitbringen und zum Teil während des Schreibens entwickeln. Die Ethnografie erfordert ein kognitives und leibliches Erinnern, auf dessen Basis beim Protokollieren eine Rekonstruktion des Geschehens erstellt wird.

Wir haben argumentiert, dass das ethnografische Schreiben in der körpersoziologischen Forschung ein zweigliedriges Verfahren darstellt und spezifischer Übersetzungsschritte bedarf, um einen Zusammenhang zwischen einem sozialen Geschehen und einem soziologischen Text herzustellen. Dabei geht es zunächst darum, sprachliche wie nicht-sprachliche Aspekte des Sozialen zu beobachten und zu verschriftlichen. Die Komplexität sozialer Interaktionen, körperlicher Gestik und Mimik wird durch Selektions- und Konstruktionsprozesse in die Linearität eines Protokolls übersetzt. Das Notieren und Protokollieren im Feld, die schriftliche Praxis der Ethnografin schafft dabei eine registrierende Haltung gegenüber dem Feld und fokussiert die Beobachtung.

Das Protokoll ermöglicht einerseits eine schriftliche Rekonstruktion von beobachteten Situationen und die Stimulation von Erinnerungen, die über das Protokollierte hinausgehen. Andererseits eröffnet es eine reflexive Distanz zum Feld, insofern Protokolle später unter handlungsentlasteten Bedingungen weiterbearbeitet werden können. Dabei organisieren körperlich-materielle Praktiken des Archivierens, Sortierens, Kommentierens und Neuordnens die Wissensproduktion. Zudem gehen Ausschnitte aus den Protokollen in den schließlich publizierten wissenschaftlichen Text ein, um Aussagen zu unterstützen und einen Bezug zur beobachteten Praxis herzustellen. Die zwei Glieder dieses Übersetzungsprozesses sind eng miteinander verschränkt. So entstehen bereits die „empirischen Felder" und Kontrastfälle der Ethnografie erst vor dem Hintergrund einer sich schriftlich und kollektiv vollziehenden sozialwissenschaftlichen Wissensproduktion, da bereits die Auswahl des zu erforschenden Gegenstandes von dem später zu publizierenden Beitrag zur Herkunftsdisziplin mitgeprägt wird. Zudem haben wir darauf hingewiesen, dass Schreiben eine zentrale Praxis dieser wissenschaftlichen Erkenntnisproduktion ist. Wissenschaftliches Wissen wird nicht kognitiv produziert und dann schriftlich festgehalten, sondern entsteht in vielfältigen, körperlichen Schreibpraktiken, die integraler Bestandteil jeglicher Erkenntnisproduktion sind. Sie sind, aus den genannten Gründen, in der körpersoziologischen Forschung von besonderer methodologischer Relevanz.

## Literatur

Becker, H. S. (2007). *Writing for social scientists. How to start and finish your thesis, book, or article*. University of Chicago Press.

Berg, E., & Fuchs, M. (Hrsg.). (1993). *Kultur, soziale Praxis, Text. Die Krise der ethnographischen Repräsentation*. Suhrkamp.

Brandstetter, G. (2007). Tanz als Wissenskultur. Körpergedächtnis und wissens theoretische Herausforderung. In S. Gehm, P. Husemann, & K. von Wilcke (Hrsg.), *Wissen in Bewegung: Perspektiven der künstlerischen und wissenschaftlichen Forschung im Tanz* (S. 37–48). transcript.

Breidenstein, G., Hirschauer, S., Kalthoff, H., & Nieswand, B. (2013). *Ethnografie. Die Praxis der Feldforschung*. UTB.

Clifford, J., & Marcus, G. E. (Hrsg.). (1986). *Writing culture. The poetics and politics of ethnography*. University of California Press.

Emerson, R. M., Fretz, R. I., & Shaw, L. L. (2011). *Writing ethnographic fieldnotes*. University of Chicago Press.

Engert, K., & Krey, B. (2013). Das lesende Schreiben und das schreibende Lesen. Zur epistemischen Arbeit an und mit wissenschaftlichen Texten. *Zeitschrift Für Soziologie, 42*, 366–384.

Garfinkel, H. (1967). *Studies in ethnomethodology*. Prentice-Hall.

Geertz, C. (1987). Dichte Beschreibung. Bemerkungen zu einer deutenden Theorie von Kultur. In C. Geertz (Hrsg.), *Dichte Beschreibung. Beiträge zum Verstehen kultureller Systeme* (S. 7–43). Suhrkamp.

Glaser, B. G., & Strauss, A. L. (1967). *The discovery of grounded theory. Strategies for qualitative research*. Aldine de Gruyter.

Goody, J. (2012). Woraus besteht eine Liste? In S. Zanetti (Hrsg.), *Schreiben als Kulturtechnik. Grundlagentexte* (S. 338–396). Suhrkamp.

Hirschauer, S. (2001). Ethnografisches Schreiben und die Schweigsamkeit des Sozialen. Zu einer Methodologie der Beschreibung. *Zeitschrift für Soziologie, 30*, 429–451.

Hirschauer, S. (2010). Die Exotisierung des Eigenen. Kultursoziologie in ethnografischer Einstellung. In M. Wohlrab-Sahr (Hrsg.), *Kultursoziologie. Paradigmen – Methoden – Fragestellungen* (S. 207–225). VS.

Jackson, J. E. (2001). „Déjà Entendu": The Liminal Qualities of Anthropological Fieldnotes. Ethnographic fieldwork practiceIn A. Bryman (Hrsg.), *Ethnography* (Bd. 2, S. 302–330). SAGE.

Kalthoff, H. (2006). Beobachtung und Ethnographie. In R. Ayaß & J. Bergmann (Hrsg.), *Qualitative Methoden der Medienforschung* (S. 146–183). Rowohlt.

Klein, G. (2015). Zeitgenössische Choreografie. In G. Klein (Hrsg.), *Choreografischer Baukasten. Das Buch* (S. 17–50). transcript.

Krämer, S., et al. (Hrsg.). (2012). *Schriftbildlichkeit. Wahrnehmbarkeit, Materialität und Operativität von Notationen*. Akademie.

Krämer, S., & Totzke, R., et al. (2012). Einleitung. Was bedeutet „Schriftbildlichkeit"? In S. Krämer & R. Totzke (Hrsg.), *Schriftbildlichkeit. Wahrnehmbarkeit, Materialität und Operativität von Notationen* (S. 13–35). Akademie.

Latour, B. (2007). *Eine neue Soziologie für eine neue Gesellschaft. Einführung in die Akteur-Netzwerk-Theorie*. Suhrkamp.

Luhmann, N. (1992). Kommunikation mit Zettelkästen: Ein Erfahrungsbericht. In N. Luhmann (Hrsg.), *Universität als Milieu* (S. 53–61). Haux.

Schindler, L. (2012). Visuelle Kommunikation und die Ethnomethoden der Ethnografie. *Österreichische Zeitschrift für Soziologie, 2*, 165–183.

Schindler, L., & Schäfer, H. (2021). Practices of Writing in Ethnographic Work. *Journal of Contemporary Ethnography, 50*(1), 11–32

Schmidt, R. (2008). Praktiken des Programmierens. Zur Morphologie von Wissensarbeit in der Software-Entwicklung. *Zeitschrift für Soziologie, 37*, 282–300.

Schmidt, R. (2016). Theoretisieren. Fragen und Überlegungen zu einem konzeptionellen und empirischen Desiderat der Soziologie der Praktiken. In H. Schäfer (Hrsg.), *Praxistheorie. Ein soziologisches Forschungsprogramm* (S. 245–263). transcript.

Sebald, G. (2014). Vom Handwerk des Schreibens. Working Paper. http://www.soziologie.phil.uni-erlangen.de/system/files/vortrag-institut.pdf. Zugegriffen: 2. März 2015.

Sellen, A. J., & Harper, R. (2002). *The Myth of the Paperless Office*. MIT Press.

Strauss, A. L. (1994). *Grundlagen qualitativer Sozialforschung. Datenanalyse und Theoriebildung in der empirischen soziologischen Forschung*. Fink.

Zanetti, S. (2013). Einleitung (How to Do *Things* with Words…). *figurationen 14*, 7–27.

Zembylas, T., & Dürr, C. (2009). *Wissen, Können und literarisches Schreiben. Eine Epistemologie der künstlerischen Praxis*. Passagen.

# Sprechen

Anke Abraham

*„Körper reden nicht. Sie müssen zum Sprechen gebracht werden.“*
*(Utz Jeggle, 1983, vgl. Abraham, 2002, bes. S. 35 ff.)*

## 1 Über den Körper sprechen?

Über den Körper zu sprechen ist kein leichtes Unterfangen – weder im Alltag noch in der Wissenschaft. Warum dies so ist und welche methodischen Herausforderungen und Möglichkeiten sich daraus ergeben, ist Thema dieses Beitrags.

Wenn wir davon ausgehen, dass der Körper ein ‚schweigendes‘ oder ‚sprachloses‘ Etwas ist und wir ihn zum Gegenstand wissenschaftlichen Interesses machen, so setzen wir den Körper als ein *Objekt* und wir bedienen uns, unweigerlich und notwendiger Weise, des Instruments *Sprache.* Sprache und Bewusstsein schieben sich zwischen die eigentliche Unergründlichkeit des Körpers (oder des Leibes, der wir als um Erkenntnis Bemühte immer auch *sind*) und den Körper als einen in spezifischer Weise definierten Erkenntnisgegenstand. Wenn sinnvolle Aussagen zur Nutzung der Medien *Sprache* und *Sprechen* im Kontext der Erforschung des Körpers und seiner sozialen Verweisungen gemacht werden sollen, ist es daher nötig, a) die Eigentümlichkeit des (vermeintlich) ‚sprachlosen‘ Körpers zu diskutieren, und b) die Eigenschaften von Sprache und Sprechakten zu reflektieren – nur so kann angemessen mit den auftauchenden methodischen Schwierigkeiten und den sich ergebenden (alternativen) Möglichkeiten umgegangen werden.

A. Abraham (✉)
Marburg, Deutschland
E-Mail: Gugutzer@sport.uni-frankfurt.de



R. Gugutzer et al. (Hrsg.), *Handbuch Körpersoziologie 2,*
https://doi.org/10.1007/978-3-658-33298-3_47

## 2 Zur Eigentümlichkeit des ‚sprachlosen' Körpers

Der Körper kann in mehrfacher Hinsicht als ein ‚schweigender' Forschungsgegenstand angesehen werden: Aus *phänomenologischer Sicht* entzieht sich der Körper oder unsere Leiblichkeit systematisch dem Bewusstsein, weil der Körper bzw. der Leib in Dimensionen des Lebens und Erlebens hineinreicht, die *vor* der Sprache liegen; aus *alltagstheoretischer* Sicht ist der Körper schwer zugänglich, weil er ein allzu vertrautes Alltagsphänomen darstellt, das von Routinen und Handlungsselbstverständlichkeiten durchzogen ist, und vornehmlich oder zumeist dann erst in den Horizont unserer Aufmerksamkeit gerät, wenn die Selbstverständlichkeit und Routine gestört wird; aus *kulturtheoretischer* und *psychoanalytischer* Sicht handelt es sich beim Körper um ein Phänomen, das massiven Prozessen der kulturellen Abspaltung, Verdrängung und Tabuisierung ausgesetzt war und ist (ausführlich dazu Abraham, 2002, Kap. 1).

Das phänomenologisch Ungreifbare, alltagstheoretisch allzu Selbstverständliche und kulturell wie psychisch zugleich Verdrängte des Körpers zeigt sich auch in der Sprache – etwa in Sprachtabus, nicht ausgebildeten Sprachfolien oder verunglimpfender Rede (vgl. auch Rosenthal, 1995, S. 100 f.). So fehlen uns zum einen die nötigen Worte und Sprachtraditionen, Körperereignisse, Körpererleben und Körperbezüge differenziert, sensitiv und eloquent sprachlich zu repräsentieren, zum anderen verfügen wir über ein breites Vokabular despektierlicher und obszöner körperbezogener Ausdrücke, die mit der Abwertung (zumeist analer und sexuell konnotierter) Körperregionen und -aktivitäten korrespondieren (siehe dazu auch Lorenzer, 2002, bes.S. 189 ff.). Auf der anderen Seite ist unsere Sprache geprägt und durchzogen von einer Fülle *körperbezogener Verweisungen,* die zum einen auf die Bedeutung des Körpers als Ausgangspunkt oder „Nullpunkt" (Schütz) des Koordinatensystems unseres Weltzugangs Bezug nehmen (bezogen auf diesen „Nullpunkt" Körper sprechen wir zum Beispiel räumlich-richtungsbezogen von *hinter*fragen, *vor*stellen, *auf* bauen, *unter*streichen etc.), und die sich zum anderen in der engen Korrespondenz zeigen, die zwischen emotionalen, leiblich-sinnlichen und körperlich-physiologischen Prozessen besteht (‚aus der Haut fahren', ‚einen dicken Hals kriegen', ‚schwach werden' etc.).

Wenn oben bemerkt wurde, dass Körper nicht sprechen, so bedarf diese Einschätzung spätestens an dieser Stelle einer Korrektur: Der Körper ‚spricht' sehr wohl – wenn auch auf eine andere und ihm eigene Art. Im Hinblick auf Spannung, Temperatur, Herzschlag, Atmung, Hautbeschaffenheit, Schmerz usw. erhalten wir vielfältige Signale vom Körper, der Körper reagiert auf Störungen seines physiologischen Gleichgewichts und er zeigt uns selbst und anderen an, in welcher seelischen Verfassung wir uns gerade befinden. Selbstverständlich werden uns diese Signale und Anzeichen nur zugänglich und handhabbar, indem wir sie gewahren und gedanklich aus dem Strom des unbewussten Seins herausheben – das bedeutet aber nicht, dass sie nur dann auch ‚da' und ‚wirkmächtig' sind.

*Methodisch* ergeben sich aus diesen Befunden spezifische Schwierigkeiten, aber auch Chancen. Die größte Schwierigkeit und wissenschaftliche Herausforderung liegt darin, Erkenntnisse über diese existenzielle Grundlage menschlichen Seins gewinnen zu wollen, die aus den oben genannten Gründen ausgesprochen schwer zugänglich ist und sich einem reflexiven Zugriff weitgehend entzieht. Methodische Chancen ergeben sich mit dem Hinweis auf einen ‚agierenden' und ‚sprechenden' Körper, der in mehrfacher Hinsicht als *Erkenntnisquelle* angesehen und genutzt werden kann – ich komme darauf zurück.

## 3 Sprache und Sprechen

Das Sprechen ist – wie alle Akte des Bewusstseins und bewusstseinsabhängiger wissenschaftlicher Methodik (Beobachten, Lesen, Interpretieren, Schreiben etc.) – an das objektivierende Symbolsystem *Sprache* bzw. an das *Wort* gebunden. Sprache hebt Dinge oder Sachverhalte hervor, benennt, macht eindeutig und hält fest. Sie dient damit der Generierung von Bedeutung und Sinn, erlaubt den Aufbau logischen Denkens und ermöglicht eine situationsübergreifende und vom Konkreten abstrahierende Verständigung.

Sprache verengt aber auch und kann unterdrückend wirken: Die Benennung favorisiert aus dem Horizont noch anwesender Erlebens- und Deutungsmöglichkeiten *eine einzige* Möglichkeit und blendet damit Alternativen aus. Denn: In Prozesse der bewussten Wahrnehmung, des Denkens und Sprechens sind stets Elemente involviert, die in tieferen Bewusstseinsschichten angesiedelt sind und die (ontogenetisch, symboltheoretisch oder psychoanalytisch betrachtet) *vor* dem Wort liegen und den tragenden Grund von Bewusstsein und Erkenntnis bilden. Zu dieser *vorsprachlichen* Ebene, die sich einem objektivierenden Zugriff weitgehend entzieht und geprägt ist durch individuelle Anmutungen und Atmosphären, gehören leiblich-sinnliche Empfindungen, Affekte und Gefühle, existenzielle Bedürfnisse, Wünsche und Sehnsüchte, auftauchende Bilder und Assoziationen, Gedankenblitze oder auch Versprecher, die anzeigen, dass das rationale Denken gespeist und irritiert wird aus einem vorbewussten oder unbewussten Bereich, der größer, wirkmächtiger und reichhaltiger ist, als es Sprache und Denken vermitteln können.

Der Erwerb von Sprache ist (ontogenetisch) an ein *unmittelbar leibliches Gegenüber* geknüpft, das vor dem Hintergrund der je eigenen Sozialisation und Kultur dazu anregt, Empfindungen, Bedürfnissen und sinnlich Wahrnehmbarem im Außen einen *Namen* zu geben. Dies geschieht in der wiederholten gemeinsamen Teilnahme an Interaktionssequenzen und Situationen, in denen auf Dinge, Vorgänge oder Stimmungen mit einem Wort *gezeigt* wird. Auf diese Weise werden sprachliche Repräsentationen gebildet, die unabhängig von der Situation zur Verständigung über Dinge und Sachverhalte eingesetzt werden können. Auch wenn sich Sprechakte rasch unabhängig von der *unmittelbaren* Anwesenheit eines Gegenübers machen, so sind sie in der Regel auf ein (imaginiertes) soziales Gegenüber gerichtet und adressieren Jemanden oder Etwas im Horizont sozial erworbener bzw. gestalteter Wissensbestände, Motive und Bedürfnisse.

An diese Erkenntnisse anknüpfend wird in den Sozial- und Sprachwissenschaften davon ausgegangen, dass *Sprechakte* ein interaktives und kommunikatives Geschehen sind, die – anders als Akte des Schreibens oder Dokumentierens, die auch an Sprache gebunden sind – in *unmittelbarer Begegnung* stattfinden und ein sinnlich wahrnehmbares

Ereignis darstellen: Sprecher und Hörer sind leiblich anwesend und damit füreinander hörbar, sichtbar und fühlbar (vgl. exemplarisch Busch, 2010; Heilmann, 2004).

Aus *methodischer* Sicht verweisen diese Befunde auf Folgendes: Die Sprechsituation mit zwei konkret leiblich anwesenden Akteuren kann als *Urtyp* zwischenmenschlicher Interaktion und Kommunikation angesehen und methodisch genutzt werden. In der konkreten Begegnung sind neben sprachlichen Äußerungen immer auch Empfindungen und Artikulationen des Körpers beider Akteure zugegen, die wechselseitig aufeinander reagieren und einen Zugang zur vorsprachlichen Ebene gewähren können: zu (noch) nicht in Sprache gefassten leiblichen und emotionalen Erinnerungsspuren, die das menschliche Fühlen, Denken und Handeln in massiver und zumeist unterschätzter Weise beeinflussen. Die wissenschaftliche Suche nach Sprachformen und sprachlichen Zugängen zum Körper sollte sich dieser impliziten, unbewussten und vor der Sprache liegenden Ebene verstärkt zuwenden und nach Brücken suchen, die von der Fülle des leiblich und emotional verankerten Unbewussten zur Sphäre der analytisch klaren Sprache führen – und auch wieder zurück. Um diesem Gedanken Nachdruck zu verleihen, sei ein kleiner Ausflug in solche psychoanalytischen Überlegungen erlaubt, die eine hohe Anschlussfähigkeit an die Sozialwissenschaften und an die leiblichen und emotionalen Dimensionen des Menschseins besitzen:

**Exkurs: Sprache, Sinn und Unbewusstes (Alfred Lorenzer)**

Alfred Lorenzer (1971, 2002) hat gezeigt, dass die Psychoanalyse eine *hermeneutisch* arbeitende Wissenschaft ist, die nach einer Verbindung zwischen dem „homo natura" und dem „homo cultura" sucht. Der Psychoanalyse gelingt es, biologisch bedingte Momente des Menschenseins mit sozialen Verhältnissen theoretisch zu vermitteln, indem sie sich als eine *„biologisch begründete, symbolische Interaktionstheorie"* begreift (Lorenzer, 1971, S. 47 f.). Lorenzer verknüpft in überzeugender Weise die Ebenen Interaktion – Leiblichkeit – Symbolbildung und bietet damit, in Kombination mit seinen Aussagen zum Phänomen des Unbewussten und dem Prozess der Unbewusstmachung von Erlebnisinhalten, für die Erhebung und Rekonstruktion von leiblichen, emotionalen und unbewussten Repräsentationen in Sprechakten wertvolle Anknüpfungspunkte. Im Rahmen sozialwissenschaftlicher Hermeneutiken ist die auf Lorenzer zurückgehende *Tiefenhermeneutik* ein anerkanntes Verfahren (vgl. König, 1997).

In Übereinstimmung mit allgemeinen entwicklungspsychologischen Befunden geht Lorenzer davon aus, dass in der menschlichen Entwicklung (unbewusste) „Praxisfiguren" *vor* (bewussten) „Sprachfiguren" entwickelt werden und dass bei der Spracheinführung beide Systeme ineinander verschränkt werden und *gemeinsam* Bedeutungen konstituieren (Lorenzer, 2002, S. 168). Die vorsprachlichen „Praxisfiguren" werden in unmittelbar leiblichen und emotional aufgeladenen Interaktionen (resp. Situationen oder „Szenen") aufgebaut (z. B. in der Interaktion zwischen Mutter und Kind) und stellen ein reiches, vielfältig abgestuftes Repertoire an szenischen Erlebnissen und leiblich-affektiv verankerten Erinnerungsspuren dar; dieses Repertoire wirkt nachhaltig im Lebensgang im Sinne eines eigenständigen (unbewussten) Sinn- und Wirkungssystems.

Mit der Einführung der Sprache als einem *objektivierten Symbolsystem* kann sich die Handlungsfähigkeit des Subjekts vergrößern: Dinge, Sachverhalte, Wünsche können allgemein verständlich, klar, eindeutig und präzise artikuliert werden. Zugleich aber kann die Sprache auch in Konkurrenz zu den subjektiv, in einzigartig individueller Weise und auf unbewusstem Wege gebildeten Praxisfiguren geraten – dann entsteht ein *Konflikt:* Die „unbewusst einsozialisierten Interaktionsformen" sind stark, sie sind „buchstäblich in Kopf und Körper der Individuen eingegraben" und sie mühen sich „ihr Eigenrecht festzuhalten", während die sprachlichen Handlungsanweisungen in Opposition hierzu geraten und „das Individuum unter Zwang setzen" können (a. a. O., S. 179). Dies zeigt auch: Der leiblich-emotionale Nachhall interaktiver „Szenen" birgt ein Potenzial, das *Widerstand* gegen kulturelle Verordnungen ermöglichen kann und das nicht locker lässt, wenn leiblich und emotional verankerte Erinnerungsspuren durch sprachlich vermittelte Zwänge irritierend angesprochen, verbogen oder unkenntlich gemacht werden.

Lorenzer weist darauf hin, dass die Sprache in sinnvoller Weise mit Praxisfiguren verknüpft ist: „Die Sprache würde ohne den Zusammenschluss mit den Praxisfiguren weder den Körper erreichen noch in sinnliche Praxis eingreifen können." (a. a. O., S. 187) So bezeichnen Worte ursprünglich auch nicht isolierend einen Gegenstand, sondern sind „die Signierung eines Verhältnisses, eines lebenspraktischen Umgangs": „Auch Tisch ist ursprünglich der Name eines lebenspraktischen Verhaltenszusammenhangs, einer Praxisfigur." (a. a. O., S. 186).

Verknüpfungen zwischen Praxis und Sprache liegen jedoch nicht durchgängig vor: Es gibt „Löcher" (Lorenzer, 2002, S. 187), die in den Zusammenhang von Sprache und Praxisfiguren gerissen werden können – etwa durch Prozesse der a) Verdrängung und b) Rationalisierung, bei denen a) verpönte Bedürfnisse, Interaktionsformen und Lebensentwürfe unterdrückt oder getilgt werden, und b) das Unterdrückte dann überdeckt wird durch konforme Sprachfiguren, die einen unzerstörten Handlungs- und Denkzusammenhang suggerieren. Analog geht Lorenzer – in Anlehnung an Sigmund Freud – davon aus, dass das *Unbewusste* das aus Sprache Ausgeschlossene ist und einen eigenständigen Sinn-Bereich darstellt, der der Bewusstseinsbildung *voran* geht: das Unbewusste entsteht vorsprachlich, funktioniert nach eigenen Regeln und kann als ein Gegensystem zum herrschenden Bewusstsein der Sprachgemeinschaft angesehen werden (a. a. O., S. 217 ff.). Kerngedanke ist in diesem Zusammenhang, dass – bereits pränatal – auf leiblicher Ebene neurophysiologische Regulationsprozesse stattfinden, die sozial gerahmt und gestaltet werden, und dass sich in den interaktiven Praktiken von Anfang an leibliche und emotionale Erinnerungsspuren ausbilden, die *nicht* in Sprache aufgehen; diese Erinnerungsspuren werden aus den real stattgehabten und subjektiv wahrgenommenen Interaktionssequenzen gespeist und aus der *Qualität,* wie mit auftauchenden leiblichen und emotionalen Bedürfnissen jeweils umgegangen wurde.

Lorenzer begreift die Psychoanalyse daher als Angebot, den Menschen als ein von zwei Sinnstrukturen – Bewusstes und Unbewusstes bzw. Sprache und Praxis – bestimmtes Wesen zu begreifen. Darüber hinaus bestimmt er die Psychoanalyse als eine „Hermeneutik des Leibes": „Die Lebensentwürfe des Unbewussten aber, das sind jene

Einheiten von Körperfunktion, Körpergestalt und leiblich-basalen Sehnsüchten, die wir Triebwünsche nennen. Im Blick auf diese lebensursprünglichen Wünsche erweist sich Psychoanalyse als ‚Naturwissenschaft' oder, methodisch genauer ausgewiesen, als Hermeneutik des Leibes." (a. a. O., S. 225) Lorenzer wendet sich entschieden gegen eine biologistische Auffassung, die den Menschen als Opfer seiner Anlagen begreift, aber er will den Körper und seine biologische Verfasstheit auch nicht übergangen sehen – daher der *dialektische* Zusammenschluss von ‚Natur' und ‚Kultur' und das Pochen auf die Wechselwirkungen von Bewusstem und Unbewusstem wie von Sprache und Praxis.

## 4 Über den Körper sprechen – Forschungszugänge und Forschungsfragen

Im Folgenden werden grundsätzliche Möglichkeiten des Forschungszugangs skizziert; dann wird – unter Rückgriff auf die bereits erfolgte Diskussion – mit dem „biographisch-narrativen Interview" ein methodisches Verfahren ausführlicher vorgestellt und diskutiert.

Für einen *Forschungszugang,* bei dem – unter Nutzung des Mediums ‚Sprechen' – sozialwissenschaftliche Daten und Erkenntnisse zur sozialen Deutung des Körpers, zum Erleben des Körpers und der Leiblichkeit oder zum Umgang mit dem Körper erzeugt werden sollen, ergeben sich grundsätzlich folgende Möglichkeiten:

1. Aufzeichnung von Sprechakten im *gelebten Alltag,* die den Körper direkt oder indirekt zum Gegenstand der Rede machen (bei einer solchen Forschung ‚in actu' sind Probleme der ethischen Vertretbarkeit zu bedenken, wenn in nicht-öffentliche Gemeinschaften hineingehört wird);
2. Aufzeichnung von Sprechakten bzw. sprachlichen Dokumenten in *medialen* und *öffentlichen* Berichterstattungen, Dokumentationen oder Fachdiskussionen (dies ist eine gut zugängliche und ergiebige Quelle zur Analyse medialer, öffentlicher und wissenschaftlicher Diskurse, die explizit zur Körperthematik geführt werden oder die den Körper implizit zum Thema machen) sowie.
3. Verfahren, die ‚künstlich' – etwa durch die Initiierung einer Gruppendiskussion oder eines Einzelinterviews – ein Gespräch zum Körper, zu körperbezogenen Themen oder zu anderen interessierenden Feldern erzeugen, wobei das Thema ‚Körper' hier direkt angezielt und angesprochen werden kann, aber auch körperbezogene Themen und Verweisungen nachträglich aus dem Text rekonstruiert werden können. *Subjekte* einer solchen akustischen Beobachtung oder Befragung können im Prinzip alle Mitglieder bestimmter alltagsweltlicher Lebenszusammenhänge sein, aber auch Angehörige spezifischer professioneller Gruppen oder ausgewählter sozialer Milieus.

Bezüglich der inhaltlichen Ausrichtung und methodologischen Begründung möglicher *Forschungsfragen* ergibt sich ein breites Spektrum an Möglichkeiten, das von den wissenschaftlichen Interessen, Neigungen und Erfahrungen der Forschenden abhängig ist, aber auch von der Erreichbarkeit und Aufgeschlossenheit der Forschungssubjekte gegenüber körperbezogenen Fragestellungen und der ethischen Vertretbarkeit des Anliegens. Die Breite möglicher sozialwissenschaftlicher Forschungsfragen kann hier nicht abgebildet werden, es sollen aber zumindest einige Forschungsrichtungen angedeutet werden:

a) Es kann nach *alltagsweltlichen* und/oder *professionsbezogenen Wissensbeständen, Diskursen und Deutungsmustern* zum Körper gefragt werden. Aus dieser *wissenssoziologischen* Sicht greifen die Akteure auf sozial geronnene Denk- und Sprachkonventionen zurück, die sich zum Körper in ihrer Kultur und im Horizont ihrer Alltags- oder Subsinnwelt gebildet haben, und deuten den Körper so, wie er ihnen vorausgelegt und vorausgedeutet erscheint. Dabei werden sich, je nach Kultur, sozialem Milieu oder fachspezifischer Sonderwelt (etwa in professionellen Diskursen zum Körper in der Medizin, der Psychologie, der Philosophie, der Kunst oder in spezifischen Körper- und Bewegungspraxen) bestimmte Deutungsweisen durchgesetzt haben und bestimmte andere Deutungsweisen nur rudimentär oder gar nicht entwickelt sein. Die Wissenssoziologie und wissenssoziologisch orientierte Hermeneutiken sind in der Lage, die im Horizont der Alltagswelt und in spezifischen Subsinnwelten angelagerten Wissensbestände, Diskurse und Deutungsmuster über den Körper bzw. über körperbezogene Thematiken und Zusammenhänge einzufangen (ausführlich Abraham, 2002, Teil 2, Kap. 4; Keller & Meuser, 2011).
b) Es kann nach Dimensionen des *Körpererlebens* gefragt werden. Hier bieten sich ergänzende Zugänge aus dem Bereich der subjektorientierten psychologischen, sozialpsychologischen und medizinpsychologischen Forschung an (vgl. exemplarisch Brähler, 1995; Psychotherapie & Sozialwissenschaft, 2001/2002).
c) Es kann nach *lebenslaufbezogenen* und *biographischen* Zusammenhängen im Kontext der Körperlichkeit gefragt werden. Hier können wissenssoziologisch orientierte biographische sowie tiefenhermeneutische Verfahren der Erhebung und Rekonstruktion eingesetzt werden (siehe Abraham, 2002; Rosenthal, 1995 und in diesem Band).
d) Es können *Handlungserfahrungen* in Feldern sozialer Praxis reflektiert und besprochen werden. Hier bietet sich eine Kooperation mit ethnographischen Zugängen und Methoden an, die neben dem beobachtenden Sehen auch das Hören des gesprochenen Wortes und das reflektierende Besprechen von Handlungssequenzen nutzen (vgl. exemplarisch Schindler, 2011).

## 5 Die Befragung und das „biographisch-narrative Interview" als Forschungszugang

Beim methodischen Instrument der *Befragung*, das neben der Beobachtung und dem sozialen Experiment zu den am meisten verbreiteten Instrumenten sozialwissenschaftlicher Forschung gehört, wird in der Regel vorausgesetzt, dass es sich um ein *dialogisches Geschehen wechselseitiger Beeinflussung* handelt, in dem sich zwei Akteure leiblich begegnen und in spezifischen Rollen, die je individuell ausgelegt werden, als „Forschende“ und „Befragte“ interagieren. Methodisch bedeutsam ist, dass in diesem dialogischen Geschehen stets Fragen von sozialer Herkunft, Status, Interessen und Macht Einfluss nehmen und darüber entscheiden, welche Auslegungen der Situation die Akteure jeweils generieren und wie sich diese Auslegungen auf das Gespräch auswirken: Welche Themen können wie angesprochen werden, welche Deutungsmuster setzen sich durch?

Ein klassisches Verfahren der Befragung ist das *Interview*, das inzwischen in vielgestaltigen quantitativ und qualitativ operierenden Varianten konzipiert wurde und eingesetzt wird (im Überblick vgl. Kruse, 2014).

Im Fokus dieses Beitrags steht das qualitativ ausgerichtete *„biographisch-narrative Interview“* (Fischer-Rosenthal & Rosenthal, 1997; Rosenthal, 2005), das als ein besonders geeigneter Weg der Erkenntnisgewinnung im Horizont der Körperlichkeit angesehen werden kann. Im Folgenden werden zentrale Kennzeichen des biographisch-narrativen Interviews dargestellt und seine besondere Eignung für körperbezogene Fragestellungen begründet.

Narrative Interviews haben das Ziel, „Erzählungen“ im Sinne autonom gestalteter Präsentationen zu einem Thema anzuregen und den Erzählenden dabei Raum zu lassen, ihre eigenen Relevanzen bezüglich des interessierenden Themas so ungestört wie möglich entfalten zu können. „Erzählung“ wird dabei als Oberbegriff für unterschiedliche Textsorten (wie Bericht, Schilderung, Beschreibung, Argumentation) verstanden, aber es wird auch von einem „Erzählen“ im engeren Sinne ausgegangen. In der Regel nutzen Befragte, wenn sie zum Erzählen aufgefordert werden, alle Textsorten in unterschiedlichen Gewichtungen und es ist ein bedeutsamer Erkenntnisschritt, die Wahl der jeweiligen Textsorten, ihre Dominanz oder Unterrepräsentanz, ihr Auftauchen in Verbindung mit bestimmten Inhalten sowie ihre beabsichtigten und beim Gegenüber erzeugten Wirkungen zu analysieren. Während bei Bericht, Beschreibung oder Argumentation eine deutliche Distanz zum Inhalt der Darstellung hergestellt wird, zeichnen sich echte Erzählungen durch eine hohe persönliche, emotionale und leibliche Beteiligung aus: Erzählende versetzen sich in die Vergangenheit zurück, sehen sich als Agierende in den berichteten Szenen und beleben die damals durchlebte Situation emotional und sprachlich neu. Die Darstellungen werden immer detailreicher, lebendiger und sinnlicher und der oder die Erzählende ist immer mehr „bei sich“ und dem damaligen Erleben.

In Anlehnung an Gabriele Rosenthal (2005, S. 137 ff.) können die besonderen Qualitäten von Erzählungen im engeren Sinne wie folgt beschrieben werden: Erzählungen stehen dem Erleben besonders nahe, sind nah am konkreten Geschehen und zeichnen sich durch eine hohe Ich-Beteiligung und ein hohes emotionales Involvement aus; subjektive Relevanzen und Bedeutsamkeiten des Erzählenden kommen voll zum Tragen; sie erlauben die Rekonstruktion von Handlungsabläufen und der Genese von Erfahrungsaufschichtungen und geben Einblicke in damalige Lebensverhältnisse und soziale Kontexte; außerdem geben sie den Blick auf Gefühle und Kognitionen in unterschiedlichen zeitlichen Horizonten frei: „Damals“ (erzählte Situation), „Heute“ (aktuelle Lebenssituation), „Jetzt“ (Erzählsituation) und „Morgen“ (auf Zukünftiges gerichtet), die narrationsanalytisch in ihren jeweiligen Verweisungen erschlossen werden können und müssen (siehe dazu auch den „Entwurf einer Metatheorie qualitativer Interviewkommunikation“, Kruse, 2014, S. 333 ff.).

Die *biographische Perspektive* fragt nach der Aufschichtung von Erfahrungen im Lebensgang, wie sie sich aus der Perspektive des Erzählenden darstellt. Sie will erschließen, wie sich das Subjekt selbst aktuell sieht, wie es auf seine Vergangenheit blickt, welchen Lebensbedingungen und Widerfahrnissen es im Lebensgang ausgesetzt war und aktuell ausgesetzt ist und wie sich das Subjekt den eigenen Entwicklungsweg selbst zurechtlegt und ihn deutet. Im Zentrum stehen mithin die Fragen nach subjektiven Selbstkonstitutionen in ihrer Verschränkung mit sozialen Verhältnissen und die Rekonstruktion von biographischen Entwicklungsprozessen.

Methodisch muss bedacht werden, dass eine Sicht auf das *tatsächliche* Selbstverständnis der Subjekte (geschweige denn auf die Subjekte in ihrem *tatsächlichen Sein*) nicht zu haben ist, denn die Darstellungen und ihre Interpretation unterliegen mehrfachen Brechungen: Die Sichten, die das Subjekt anbietet, sind gebrochen durch seine aktuelle Verfassung und seine (bewusste wie unbewusste) Auslegung der Kommunikationssituation, die im Verbund darüber entscheiden, was dem Gegenüber in welcher Weise und warum erzählt oder verschwiegen wird; die angebotenen Selbstsichten werden abermals gebrochen durch den Interpreten und seine Auslegungen des Gesagten, die abhängig sind von seinem Forschungsinteresse, seinem Wissen und seinen wissenschaftlichen Erfahrungen sowie von seinen persönlichen biographischen Erfahrungen und daraus entstandenen Dispositionen des Denkens, Fühlens und Handelns. Methodisch muss dabei stets reflektiert werden, durch welche Hierarchien, Machtverhältnisse und Interessen das Gespräch zwischen Interviewer/in und Befragtem/r geprägt ist (wie dies bereits zu Beginn des Abschn. 5 angedeutet wurde).

Hinzu kommt, dass sowohl die Darstellungen der Forschungssubjekte als auch die Interpretationen der Forschenden ebenso ermöglicht wie ‚gebrochen‘ werden durch Bewusstsein und Sprache; dies führt dazu, dass das Gesagte stets eine spezifische Auswahl aus einem breiten Erlebens- und Deutungshorizont darstellt und dass ein großer ‚Rest‘ leiblicher, emotionaler und mentaler Erlebens- und Deutungsmöglichkeiten in der Latenz verbleibt. Diese Brechungen und Latenzen lassen sich nicht umgehen, sie müssen aber bei der Analyse und Interpretation von Interviewtexten systematisch reflektiert und transparent gemacht werden.

Das *biographisch-narrative Interview* eignet sich nun aus folgenden Gründen besonders gut für die Erhebung von ‚Material‘ zum Körper:

1. Wie in der Aufzählung der Qualitäten von Erzählungen (im engeren Sinn) deutlich wurde, stehen Erzählungen dem Erleben besonders nahe und erlauben mithin einen Zugang zur leiblichen und emotionalen Ebene von Lebensvollzügen, in die die Forschungssubjekte selbst ‚mit Haut und Haar‘ involviert waren oder sind.
2. Die *biographische Perspektive* nimmt den Menschen in seiner Verfasstheit als leiblich, emotional und sozial verankertes Wesen ernst und fragt nach dem Erleben und den

Sinnsetzungen der Subjekte im Horizont sozialer Verhältnisse. Damit kommen sowohl das aktuelle Selbstverständnis der Subjekte als auch die Aufschichtung von Erfahrungen in bereits stattgefundenen interaktiven leiblichen und emotionalen „Szenen" in ihrer Prozesshaftigkeit und Genese so in den Blick, wie sie in der Interviewsituation zur Sprache gebracht werden. Körperbezogene Themen und leiblich-emotionale Erfahrungen sind in *allen* biographischen Narrationen als *Subtext* enthalten und können narrationsanalytisch (Fischer-Rosenthal & Rosenthal, 1997) oder tiefenhermeneutisch (König, 1997) erschlossen werden – und zwar auch dann, wenn der Körper *nicht explizit* zum Thema gemacht wurde – wie etwa in biographischen Erzählungen zu beruflichen Praxen, politischen Karrieren, Jugendbiographien, Kriegserfahrungen, Krankheit, Migration oder Geschlecht. Instruktiv sind hierzu die Ausführungen von Bettina Dausien (1999), die Geschlechterkonstruktionen und ihre körperlichen Verweisungen mithilfe biographischer Interviews rekonstruiert hat und damit u. a. zeigt, wie aus Gesprächen, die den Körper *nicht* explizit zum Thema machen, sehr wohl gewichtige Aussagen zur Präsenz, zur Gestaltung, zum Erleben und zur biographischen Bedeutung des Körpers – hier im Rahmen der Konstruktion von Geschlecht – gemacht werden können.

3. Wie eingangs gezeigt wurde, unterliegt der Körper spezifischen Verschattungen und Tabuisierungen. Entsprechend ist mit Irritation, Scham, Sprachlosigkeit oder Verweigerung zu rechnen, wenn dazu aufgefordert wird, über sich und den eigenen Körper in einer selbstreflexiven Weise nachzudenken und zu sprechen. Hier konfligiert zum einen das *Sein* (der Körper, der ich als leiblich verfasstes Wesen immer auch schon bin) mit dem ‚Denken von' bzw. ‚Sprechen über' den Körper und es stellt sich die Frage, *was* mir und *wie* mir etwas von meinem Leibe oder meinem leiblichen Sein – sei es bezogen auf das aktuelle Erleben oder im Sinne eines Rückgriffs auf meine Geschichte – überhaupt in den Blick geraten kann. Und es greifen zum anderen Gefühle Raum, die das Ansinnen als allzu intim und als peinliche Zumutung zurückweisen. Im Gegensatz zum Thema ‚Körper' oder ‚mein Körper' ist der eigene Lebenslauf weitaus weniger mit Scham besetzt und es haben sich sozial anerkannte und verbreitete Erzählfolien gebildet, mit deren Hilfe das eigene Ich im Format ‚Biographie' präsentiert und ausgelegt werden kann. Menschen erzählen in der Regel gern und mit Gewinn ihre Lebensgeschichte oder Teile davon, weil dieses Erzählen sowohl der Selbstvergewisserung als auch der Selbst- und Fremdorientierung dienen kann. Insofern bietet es sich an, Fragen nach dem *Alltagswissen über den Körper,* nach dem *Körpererleben,* nach dem *Umgang mit dem eigenen Körper* oder dem *Verhältnis zum (eigenen) Körper* in die Frage nach der Lebensgeschichte einzubetten, denn hier können ausführliche Narrationen erwartet werden, die – wie eben gezeigt – methodisch wertvoll sind (zu diesem Vorgehen ausführlich Abraham, 2002).
4. Im Rahmen eines biographisch-narrativen Interviews ist der oder die Forschende den Kräften des kommunikativen Feldes *leiblich ausgesetzt:* Er oder sie begegnet einem anderen Menschen und lässt sich auf die Person, die Erzählung, das Erzählte und die entstehende Atmosphäre zwischen den Akteuren ein. Es entsteht die methodisch wertvolle Chance, neben dem Inhalt des gesprochenen Wortes (dem *Was*) auch

das *Wie* des Sprechens zu gewahren: die Art des Sitzens, Atmens, Blickens, Sich-Haltens, Artikulierens, Stockens, Lachens oder Schweigens. Die Wahrnehmung und Dokumentation dieser vorsprachlichen Qualitäten des Da-Seins und Sprechens ist von besonderer Bedeutung für die Rekonstruktion der Interaktion zwischen Forschendem und Forschungssubjekt sowie für die Aufschließung der *latenten Sinnschichten* des Gesagten (und Nicht-Gesagten). Die Forschenden erhalten so zum einen die Chance, das gesprochene Wort mit den vorsprachlichen Artikulationen ins Verhältnis zu setzen und auf Konsistenz oder Unstimmigkeit zu befragen (was zur Erschließung latenter Sinngehalte beiträgt); und es eröffnet sich zum anderen die Chance, die eigenen leiblichen und emotionalen Regungen, die das Gegenüber auslöst, zu gewahren und interpretativ zu nutzen (Beispiel: Was sagt es über den Fall oder über mich aus, dass sich im Laufe einer Erzählsequenz oder im Laufe der Begegnung mein Nacken anspannt oder ich mich plötzlich unbeweglich fühle?). Außerdem kann eingeschätzt werden, wie ich – als Forschende oder Forschender – auf das Gegenüber gewirkt haben mag und ermessen, welchen Einfluss dies auf das Gesagte und Nicht-Gesagte gehabt haben könnte. Die eigenen Körperresonanzen können sowohl ‚in actu' genutzt und innerlich dokumentiert werden, sie können aber auch beim Transkribieren des Gesprächs oder beim Lesen des Interviewtextes eingesetzt werden und wertvolle Daten für die Interpretation des Geschehens und des vorliegenden Falls liefern (siehe dazu Abraham, 2002, bes. Kap. 6 sowie S. 262).

## 6 ‚Sprache' und ‚Praxis' – methodische Hinweise zur Überbrückung des Hiatus

Durch psychoanalytische Überlegungen (Exkurs oben) kann ein narratives und biographisches Vorgehen, das den Körper bzw. die leibliche und emotionale Ebene menschlicher Existenz in seinen sozialen Verweisungen erschließen möchte, fundiert und ausgebaut werden – hierzu abschließend einige Hinweise:

1. Wesentlich ist zunächst die psychoanalytische Annahme, dass ‚Sprache' und ‚Praxis' nicht isoliert nebeneinander stehen, sondern dass Übergänge und Durchstiege von einer Sinnstruktur zur anderen möglich und nötig sind. Die psychotherapeutische Praxis, aber auch die Kunst verfügen über *Symbolisierungsformen,* die in besonderer Weise geeignet sind, *Brücken* zwischen den Sinnstrukturen herzustellen. Dazu gehören a) sprachnahe Symbolisierungsformen, die auslegungsfähig sind und einen breiten Horizont von Bedeutungsmöglichkeiten erzeugen und zulassen (wie Metaphern, Sprachbilder, poetisches Sprechen, Assoziationen, spontane Einfälle, Lautäußerungen); b) auf das Sehen, Hören und Riechen angewiesene Symbolisierungsformen (wie Bilder, Klänge und Gerüche); c) Symbolisierungsformen, die mit dem Traum und Imaginationen arbeiten (Träume erinnern, Erinnerungen an bestimmte Orte, Räume, Düfte, Situationen oder Personen in ihren sinnlichen und emotionalen Qualitäten anstoßen) und schließlich d) taktile und den

gesamten Körper in besonderer Weise einbeziehende Symbolisierungsformen (wie das Schließen der Augen, das Gewahren des eigenen Körpers, das körperliche Sich-hinein-Begeben in ein Gefühl oder eine Stimmung, das Finden eines Bewegungsausdrucks oder einer Haltung für einen Gedanken oder eine Empfindung).
Diese Symbolisierungsformen sind für das methodische Vorgehen in zweifacher Hinsicht von Relevanz: 1) Forschungssubjekte nutzen häufig Sprachformen und emotionale wie körperliche Artikulationsweisen, die dem Bereich *zwischen* Bewusstem und Unbewusstem bzw. zwischen Rationalität und Affektivität/Leiblichkeit angehören und liefern damit bedeutsame Anknüpfungspunkte zur Erschließung latenter Sinnschichten; 2) im Forschungsprozess können gezielt Angebote gemacht werden, über präverbale Wahrnehmungen und präverbale Ausdrucksformen Erinnerungen und Erzählungen anzuregen bzw. zu vergegenwärtigen (etwa durch Fotographien, Ortsbegehungen, Symbolisierungen von Gefühlen oder sozialen Beziehungen durch Gegenstände etc.).
Ganz in diesem Sinne hat Lutz Niethammer (2007) Vorschläge unterbreitet, wie die Erinnerungsarbeit im Rahmen der ‚oral history' methodisch verstanden und unterstützt werden kann. Er macht darauf aufmerksam, dass das Gedächtnis seine Leistungen eher sinnlich und bildlich (als textlich), eher emotional (als systematisch) und eher räumlich (als zeitlich) optimiert und dass im Rahmen der ‚oral history' daher im strengen Sinne keine narrativen Interviews geführt werden (können), sondern dass es darum gehen muss, einen „Gedächtnisraum" durch unterschiedliche anschauliche und herausfordernde Stimuli und Impulse zu öffnen.

2. Bedeutsam sind psychoanalytische Erkenntnisse und Erfahrungen in besonderer Weise natürlich auch im Hinblick auf das *Übertragungsgeschehen,* das in jeder alltäglichen und professionellen Kommunikation stattfindet, zumeist jedoch nicht reflektiert wird. Wie bereits mehrfach erwähnt, spielen sich in der Begegnung auf der leiblich-affektiven Ebene (zumeist unbewusst bleibende) wechselseitige Wahrnehmungen ab, die (auf der Grundlage früherer Erfahrungen und Erinnerungsspuren) zu bestimmten Zuschreibungen, Haltungen und Reaktionsweisen in der Interaktion führen. Diese Wahrnehmungen und die durch sie ausgelösten Prozesse müssen im Forschungsprozess *bewusst* gemacht werden, weil nur so eingeschätzt werden kann, in welcher Weise sie die Verhaltensweisen, sprachlichen Äußerungen und Interpretationen der Akteure beeinflussen. In Bezug auf die Wahrnehmung und Interpretation leiblich-affektiver Resonanzen kann die sozialwissenschaftliche Forschung von körpersensiblen therapeutischen Settings lernen.
3. In biographischen Erzählungen werden leiblich konnotierte und emotional aufgeladene *„Szenen"* wiederbelebt, die eine Spur zu präverbalen und unbewussten Vorgängen in der biographischen Genese weisen können. Die Markierung und Rekonstruktion dieser Szenen stellt einerseits einen wichtigen Schlüssel zum Fallverstehen dar und die Szenen erlauben zugleich Aussagen über die Beschaffenheit, die Bedeutung und die Wirkmächtigkeit von körperlichen bzw. leiblich-affektiven Erfahrungen im Horizont der biographischen Entwicklung. In „Szenen" verdichten sich biographische

Schlüsselereignisse und wir können erkennen, welchen Widerfahrnissen der Körper im sozialen Raum ausgesetzt war, welche leiblich-affektiven Erinnerungen daran wach werden, wie der Körper gedeutet, gestaltet, genutzt und erlebt wurde und wie andere auf den Körper reagiert und ihn behandelt und gedeutet haben. Mit der Analyse einer Studentenbiographie, bei der das Erschrecken über eigene aggressive Impulse und der Genuss eines ‚starken' und ‚männlichen' Körpergefühls als Aufhänger dient, führt Hans-Dieter König (1999) vor, wie gewinnbringend ein (tiefen)hermeneutischer Blick auf solche frühen oder auch aktuellen „Szenen" sein kann (siehe dazu ausführlicher Abraham in diesem Band).

Insgesamt sei angemerkt, dass die hier hervor gehobenen Aspekte – die Arbeit mit präverbalen Symbolisierungsformen, die Bewusstmachung des Übertragungsgeschehens und die Analyse von „Szenen" – sozialwissenschaftlich eingesetzt werden können, ohne dabei das psychoanalytische Vokabular oder bestimmte Deutungstraditionen übernehmen zu müssen: Sozialwissenschaft muss nicht zur Psychoanalyse werden und sich der Erforschung des Unbewussten (im Sinne Freuds) widmen. Die hier vorgestellten methodischen Vorgehensweisen können und sollen vielmehr dazu dienen, den Körper und das Phänomen des Leib-Seins in seinen durch soziale Konstruktionsprozesse hervorgerufenen „Verkörperungen", Gestaltungen, Effekten und Verweisungen auf Soziales zu erschließen – wobei diese sozialen und kulturellen Verweisungen immer auch in Daseinsbereiche hineinreichen und sie strukturieren, die *vor* der Sprache und *vor* dem Bewusstsein liegen.

## Literatur

Abraham, A. (2002). *Der Körper im biographischen Kontext. Ein wissenssoziologischer Beitrag.* WDV.

Brähler, E. (1995). *Körpererleben.* Psychosozial Verlag.

Busch, B. (2010). Die Macht präbabylonischer Phantasien. Ressourcenorientiertes sprachbiographisches Arbeiten. *Zeitschrift Für Literaturwissenschaft Und Linguistik, 40*(160), 58–82.

Dausien, B., et al. (1999). Geschlechterkonstruktionen und Körpergeschichten. Überlegungen zur Rekonstruktion leiblicher Aspekte des „doing gender" in biographischen Erzählungen. In P. Alheit (Hrsg.), *Biographie und Leib* (S. 177–200). Psychosozial Verlag.

Fischer-Rosenthal, W., & Rosenthal, G. (1997). Narrationsanalyse biographischer Selbstpräsentationen. In R. Hitzler & A. Honer (Hrsg.), *Sozialwissenschaftliche Hermeneutik* (S. 133–164). Leske + Budrich.

Heilmann, C. (2004). Das Konzept ‚Körper' in der Gesprächsforschung. In E. Rohr (Hrsg.), *Körper und Identität* (S. 236–248). Ulrike Helmer Verlag.

Keller, R., & Meuser, M. (2011). *Körperwissen.* VS Verlag.

König, H.-D. (1997). Tiefenhermeneutik. In R. Hitzler & A. Honer (Hrsg.), *Sozialwissenschaftliche Hermeneutik* (S. 213–241). Leske + Budrich.

König, H.-D., et al. (1999). Fasziniert vom Körper eines Neo-Nazis. Soziologische und psychoanalytische Rekonstruktion einer Studentenbiographie. In P. Alheit (Hrsg.), *Biographie und Leib* (S. 264–286). Gießen: Psychosozial Verlag.

Kruse, J. (2014). *Qualitative Interviewforschun. Ein integrativer Ansatz. Weinheim.* Beltz Juventa.

Lorenzer, A., et al. (1971). Symbol, Interaktion und Praxis. In A. Lorenzer (Hrsg.), *Psychoanalyse als Sozialwissenschaft* (S. 9–59). Suhrkamp.

Lorenzer, A. (2002). *Die Sprache, der Sinn, das Unbewusste. Psychoanalytisches Grundverständnis und Neurowissenschaften.* Klett-Cotta.

Niethammer, L. (2007). Was unterscheidet Oral History von anderen interview-gestützten sozialwissenschaftlichen Erhebungs- und Interpretationsverfahren? Bios. Zeitschrift für Biographieforschung, Oral History und Lebensverlaufsanalysen, 20. *Sonderheft, 2007*, 60–74.

Psychotherapie und Sozialwissenschaft. (2001/2002). *Zeitschrift für Qualitative Forschung, Heft 3(4)/Heft 4(1) Sprechen vom Körper – Sprechen mit dem Körper (Teil 1/ Teil 2).* Vandenhoeck & Ruprecht.

Rosenthal, G. (1995). *Erlebte und erzählte Lebensgeschichte. Gestalt und Struktur biographischer Selbstbeschreibungen.* Campus.

Rosenthal, G. (2005). *Interpretative Sozialforschung.* Juventa.

Schindler, L. (2011). *Kampffertigkei. Eine Soziologie praktischen Wissens.* Lucius & Lucius.

# Transkribieren

Stefanie Husel und Larissa Schindler

**Einleitung**

Mit dem Begriff „Transkribieren" verbindet die Soziologie in der Regel die wortwörtliche Verschriftlichung technisch aufgezeichneter Interaktionen mit dem Ziel, deren genauen Verlauf zu rekonstruieren und zu interpretieren (siehe z. B. Ayaß, 2017; Bergmann, 1985). Die in der empirischen Sozialforschung nach wie vor sehr prominenten qualitativen Interviews etwa werden sehr häufig mit genauen Transkriptionen verbunden (z. B. Froschauer & Lueger, 2020). Einen methodisch und analytisch besonders hohen Standard hat in diesem Zusammenhang die (aus der Ethnomethodologie hervorgegangene) Konversationsanalyse gesetzt (dazu Bergmann, 1985). Auf den Arbeiten Harvey Sacks und Emanuel Schegloffs aufbauend, werden technische Aufnahmen ‚natürlicher', d. h. ohne Zutun der Forscher*innen entstandener Gespräche analysiert. Neben anderen hat Gail Jefferson (z. B. 1985) die Wichtigkeit genauer Transkriptionen betont. Die Erforschung der verbalen Dimensionen von Sozialität hat dadurch ein sehr valides Forschungsinstrument gewonnen, aber auch non-verbale Elemente von Interaktionen, wie Lachen oder Räuspern gerieten hierbei in den Fokus einer detaillierten Analyse. Seit einigen Jahrzehnten wird versucht, diesen Standard auf audio-visuelle Aufzeichnungen auszuweiten, wofür u. a. eigene Software-Angebote entwickelt wurden (dazu: Ayaß, 2017, S. 428 ff.).

Transkribieren (von Lat. trans-scribere, wörtlich ‚hinüber schreiben') leistet allerdings sehr viel mehr als nur das Verschriftlichen gesprochener Sprache, denn der ‚Transfer'

S. Husel (✉)
Mainz, Deutschland
E-Mail: husel@uni-mainz.de

L. Schindler
Bayreuth, Deutschland
E-Mail: larissa.schindler@uni-bayreuth.de



R. Gugutzer et al. (Hrsg.), *Handbuch Körpersoziologie 2*,
https://doi.org/10.1007/978-3-658-33298-3_48

eines sozialen (und damit auch körperlichen) Geschehens in Schrift (i. e. in Zeichen) geht mit vielschichtigen Transformation einher. Paul ten Have schlägt vor, Transkription entsprechend als Übersetzungspraxis zu begreifen (ten Have, 2007, S. 94). Bezemer und Mavers betonen darüber hinaus, dass Transkriptionen gerade durch ihren interpretierenden und „traduktorischen" Charakter als eigenständige analytische Tools betrachtet werden sollten (Bezemer & Mavers, 2011, S. 196) – ein Charakteristikum, das sich durchaus mit dem Begriff der Übersetzung wiedergeben lässt, geht man davon aus, dass die „Übersetzungsleistung [...] zum einen darin [liegt], sprachliche wie nichtsprachliche Geschehnisse allererst zu verschriftlichen" und zum anderen, dass sich „Übersetzen als die komplexe Herstellung eines Zusammenhangs verstehen [lässt], die zugleich Kontinuitäten und Diskontinuitäten umfasst" (Schäfer/Schindler in diesem Handbuch).

Für körpersoziologische Studien ist gerade die große Bandbreite von Transkriptionsverfahren interessant, weil so eine sehr detaillierte Analyse sowohl verbal-akustischer als auch visueller Daten ermöglicht wird. Damit entsteht ein Instrumentarium für körpersoziologische Themen, wie Gespräche und Diskurse über Körper (s. Abraham und Bublitz in diesem Handbuch), die Kommunikation zwischen Körpern (s. Goffman, 2009, S. 49 ff.), Bewegung (s. Klein in diesem Handbuch) sowie die Beziehung von Körpern zu ihrer materiellen Umgebung (z. B. Schroer und Wilde in diesem Handbuch). Das gesamte Spektrum körpersoziologischer Forschung kann aber bislang nicht von Transkriptionsverfahren profitieren, denn gerade leibliche Dimensionen des Sozialen (z. B. Haller, Lindemann oder Riedel in diesem Handbuch) können nur sehr bedingt in Transkriptionen erfasst werden.

Vor diesem Hintergrund erscheint es notwendig, den analytischen und methodologischen Hintergrund von Transkriptionsverfahren zu überdenken und darauf aufbauend Möglichkeiten einer methodischen Ausweitung zu formulieren. In diesem Sinne thematisiert der Text im Folgenden zunächst verschiedene Transkriptionsverfahren, ihre je spezifische Eignung für körpersoziologische Studien und ihre jeweiligen Grenzen. Hierauf wird zunächst die Transkription multimodaler Kommunikation beispielhaft diskutiert und darauf eine konversationsanalytisch inspirierte Transkription von Publikumsreaktionen in einer Theateraufführung vorgestellt. Abschließend werden Überlegungen zur Analytik von Transkriptionsverfahren vor dem Hintergrund körpersoziologischer Fragestellungen skizziert.

**Transkribieren im Rahmen körpersoziologischer Forschung**

Die sozialwissenschaftliche Forschung hat zahlreiche Notationssysteme für Transkriptionen hervorgebracht. Deren Unterschiede bestehen darin, dass sich die Verfahren auf heterogene Datentypen wie Gespräche, Interviews, Videoaufnahmen oder Medienberichte anwenden lassen und dass die technischen Voraussetzungen der jeweiligen Aufnahmen differieren. Zudem bringt die inhaltliche Ausrichtung eines Forschungsprojektes methodische Anforderungen mit sich, die auch die Wahl eines geeigneten Transkriptionsverfahrens betreffen. Dabei geht es immer um die Frage, wie sich soziales Geschehen in das Medium der Schrift transferieren lässt.

Interessiert man sich für Gespräche und Diskurse über Körper, so bildet das bereits erwähnte konversationsanalytische Transkript einen sehr guten Ausgangspunkt. Transkripte werden aber auch sehr prominent im Bereich qualitativer Interviews eingesetzt (z. B. Froschauer & Lueger, 2020, S. 83). Um den Verlauf von Gesprächen für die anschließende Interpretation schriftlich festzuhalten, wurden verschiedene Notationssysteme entwickelt, die unterschiedliche Aspekte des aufgezeichneten Gesprächs rekonstruierbar machen (Ayaß, 2015, S. 509; Jefferson, 1985). Auf diese Weise werden neben den verbalen Äußerungen auch Details des Gesprochenen wie Prosodie oder dialektale Färbungen sowie nonverbale Äußerungen wie Lachen, Unterbrechungen oder Sprechpausen nachvollziehbar (Ayaß, 2017). Dieser detaillierte Blick auf das Gesprochene geht jedoch mit einer Engführung auf verbale bzw. auditive Dimensionen des Verbalen einher (Ayaß, 2015, S. 513–515; Wundrak 2015, S. 357). „Schweigsame" Dimensionen des Sozialen (Hirschauer 2001) können in vielen Fällen nur unzureichend abgebildet werden.

Beschränkten sich Transkriptionen von Gesprächen (auch technisch bedingt) bis in die 1990er Jahre auf Audio-Aufnahmen, so wurde seitdem intensiv an der Ausweitung des Verfahrens auf audio-visuelle Aufzeichnungen gearbeitet (s. z. B. Ayaß, 2015; Goodwin 2009; Mondada 2006). Diese sollen eine multi-modale Analyse ermöglichen und richten, wenn auch oft ohne expliziten Bezug zur Körpersoziologie, ihren Blick auf den sichtbaren Beitrag von Körpern (und Dingen) zum sozialen Geschehen. Aus dieser veränderten Perspektive wurden unterschiedliche Vorschläge zur Transkription der resultierenden Daten gemacht. Unter anderem werden Gesprächstranskripte häufig um ausführliche verbale Hinweise über das sichtbar gewordene nonverbale Geschehen oder um Standbilder ergänzt, um Leserinnen und Lesern die visuellen Elemente der Aufnahme zugänglich zu machen. Dabei findet, wie Ruth Ayaß (2015, S. 515–518) überzeugend darstellt, ein additives Prinzip Anwendung, das allerdings nicht unproblematisch ist:

> „The problem arising from the transcription and analysis of multi-modal communication or media data is the principle of an additive transcription practiced in most CA transcription systems, which reflects the paradigm of the primacy of the spoken word" (Ayaß, 2015, S. 515).

Vor diesem Hintergrund haben verschiedene Autor*innen wie z. B. Christian Heath, Lorenza Mondada und Charles Goodwin Transkriptionssysteme entwickelt, durch die visuellen Dimensionen des Sozialen deutlich stärker in den Vordergrund rücken. Gerade für körpersoziologische Studien entstanden damit sehr gut geeignete Verfahren.

Zu den Pionier*innen der Transkription audiovisueller Daten zählt Charles Goodwin, dessen Arbeiten auch ein explizites körpersoziologisches Interesse widerspiegeln. Anhand äußerst diverser Videoaufnahmen (von spielenden Kindern, über Archäolog*innen, bis hin zum Prozess um Rodney King) beschäftigt er sich mit den materiellen Dimensionen von Kommunikation (u. a. Goodwin, 1994, 2009). Goodwin betont dabei das Ineinandergreifen verschiedener Modi des Sozialen:

> „To describe how action is built in these data it is necessary to investigate a range of different kinds of semiotic phenomena in diverse media that mutually elaborate each other to create a whole that is not only different from, but goes beyond, any of its constituent parts“ (Goodwin, 2009, S. 21).

Methodisch hat Goodwin über die Jahre ein eher unkonventionelles Verfahren der Transkription entwickelt. Er ergänzt nicht einfach Gesprächstranskripte um Standbilder oder Standbilder um Audiotranskripte, sondern entwickelt aus dem empirischen Material visuelle Darstellungen, die neben schriftlichen Elementen auch Zeichnungen, Pfeile oder punktuelle Vergrößerungen beinhalten. Goodwins Verfahren zielt insofern eher auf Verständlichkeit als auf eine ‚unveränderte' Abbildung des empirischen Materials, er akzentuiert hiermit den Charakter der Übersetzung in der Transkription. Sein Werk steht beispielhaft für Ayaß' (2015, S. 506) These, dass der Einsatz audiovisueller Daten die konversationsanalytischen Prozesse der Transkription, der Analyse und der Publikation fundamental verändern.

Eine weitere, wichtige Ausarbeitung der Transkriptionsverfahren findet sich in der Medienforschung, die ebenfalls eine wichtige Rolle für die Körpersoziologie spielt. Sowohl analoge als auch digitale Medien sind im privaten wie beruflichen Alltag dauerhaft präsent und prägen damit aktuelle Kommunikationsformen, ein Phänomen, das mit dem Begriff der „Mediatisierung“ (Krotz, 2007) gefasst wird. In mediatisierten Gesellschaften entstehen nicht nur mächtige, den Diskurs über Körper dominierende Bilder, sondern auch medienspezifische Möglichkeiten, den Körper zu modifizieren und/oder in Szene zu setzen. Wie in der Interaktionsforschung finden sich aber auch in der Medienforschung vorrangig Bestrebungen zur Analyse von Visualisierungen und deren Verhältnis zum Text.

Vor diesem Hintergrund eines *iconic turn* (z. B. Bachmann-Medick, 2009, S. 329 ff.) gerät allerdings die Forschung mit Audio-Transkriptionen zunehmend aus dem Blick, bzw. wird auf die Forschung über verbale Dimensionen des Sozialen reduziert. 35 Jahre nach Jeffersons Studien zum Lachen als Kommunikationsphänomen weckt die Forschung über auditive, non-verbale Phänomene offenbar nur mehr wenig Interesse. Diese Entwicklung ist aber gerade auch aus körpersoziologischer Sicht zu bedauern. Weder allein mit auditiven noch allein mit visuellen Daten lässt sich der Eigenlogik sozialer Praktiken und den unterschiedlichen sozialwissenschaftlichen Fragestellungen gerecht werden. Vielmehr werden analytische Offenheit und gegenstandsorientierte Untersuchungsverfahren notwendig, um die Vielfältigkeit sozialer Phänomene und Dynamiken in den Blick zu rücken, die verbale und visuelle, doch ebenso akustische, physische oder auch olfaktorische Dimensionen beinhalten können. Vor diesem Hintergrund werden in den folgenden beiden Abschnitten am Beispiel von zwei eigenen empirischen Untersuchungen das Transkribieren von Daten zu multimodaler sowie zu akustischer Kommunikation vorgestellt.

**Eine Kampfkunst lernen – zur Transkription multimodaler Kommunikation**

Seit einigen Jahrzehnten werden sportliche Praktiken zunehmend aus einer körpersoziologischen Perspektive analysiert (Gugutzer, 2006). Dabei erweisen sie sich in vielerlei Hinsicht als komplex. Larissa Schindlers (2011) ethnografische Studie über einen Kampfkunstverein zeigt in diesem Zusammenhang, wie das Vermitteln und Lernen einer Kampfkunst zum einen einer Transformation in eine didaktische Praxis bedarf und wie diese zum anderen eine Kombination von verbaler, visueller und körperlicher Kommunikation hervorbringt. Methodisch beruht die Studie auf einer videogestützten Ethnografie, in der Transkriptionen eine wichtige Ergänzung der Protokolle (und Interviews) bildeten.

Anders als Unterhaltungsmedien suggerieren, ist das Erlernen und Trainieren einer Kampfkunst – wie viele andere Lernpraktiken – wenig spektakulär. In der Regel werden Bewegungsabläufe geübt, um im Laufe vieler Jahre die jeweilige Bewegungsordnung zu verinnerlichen. Ein häufiger Weg, der auch im untersuchten Kampfkunsttraining praktiziert wurde, ist das Vorzeigen eines Bewegungsablaufs im Rahmen einer Demonstration des Trainers für die Schüler*innen, an das ein Wiederholen des Gesehenen in Partnerübungen anschließt. Was zunächst relativ einfach klingt, ist bei genauer Betrachtung ein hochkomplexes Geschehen. Am Beispiel einer Demonstration lässt sich diese Komplexität gut darstellen. Das folgende kurze Beispiel stammt aus einem Audio-Transkript einer Videoaufnahme, in dem die verbalen Äußerungen des Trainers während einer solchen Demonstration wiedergegeben werden:

> Okay. Nächstes. Nochwas dazu. Aalso. (2) Ah, jetzt weiß ich nicht, was wir gemacht haben. (1) Genau. Wir sind auf seinem Rücken. Er machts nochmal falsch. (2) (unverständlich) (3) Okay. Folgendes. Es geht uns jetzt primär immer noch um die Bewegung. (2) Das heißt. Von hier jetzt hoch (1) Von hier sichern (1). (Schindler, 2011, S. 101)

Auch ohne aufwendige Analyse zeigt sich deutlich, dass die Kommunikation des Übungsstoffes nicht primär auf verbalem Weg erfolgt. Vielmehr handelt es sich hier um einen Kommentar zum visuell vorgeführten Bewegungsablauf. „Nächstes" kündigt an, dass nun ein neues Element behandelt wird, „nochwas dazu", dass an die vorhergehende Demonstration angeschlossen wird und „wir sind auf seinem Rücken", an welcher Stelle der vorhergehenden Übung die Demonstration nun ansetzt. Der Wechsel vom „ich" zum „wir" (bzw. „uns") verschränkt verbal die Perspektive des Trainers mit jener des Publikums, wodurch die Funktion dieses Kommentars als Blickführung besonders deutlich erkennbar wird. Das Gesprochene ergänzt also die primär visuelle Kommunikation. Folgt man jedoch nicht allein der Logik des Gesagten, sondern auch der Sequentialität des Gezeigten, so ergibt sich ein deutlich komplexeres Bild. „Wir sind auf seinem Rücken" klingt wie eine Beschreibung und fungiert in der Kommunikation mit dem Publikum als solche. Eine eingehende visuelle Analyse der Aufnahme zeigt jedoch, dass sich zum Zeitpunkt dieser Äußerung überhaupt niemand auf dem Rücken eines Anderen befindet. Vielmehr reagiert der Demonstrationspartner des Trainers an dieser Stelle, indem er sich auf den Bauch legt, woraufhin sich der Trainer auf seinen Rücken setzt. Der Trainer beschreibt also nicht nur sein Tun für das Publikum, sondern instruiert gleichzeitig seinen Partner – an manchen Stellen verbal, an anderen körperlich, indem er Körperteile des Partners bewegt. Die Demonstration bildet also eine doppelte Interaktion, im Rahmen derer der Trainer gleichzeitig verbal und visuell mit dem Publikum sowie verbal und körperlich mit dem Partner kommuniziert.

Wie lässt sich dieses multimodale Geschehen nun durch Transkription rekonstruieren? Im Falle der zitierten Studie erwies es sich als hilfreich, nicht nur ein schriftliches Transkript des Gesagten zu erstellen, sondern es wurden zusätzlich Untertitel des Gesprochenen am Video ergänzt, um trotz mittlerer Tonqualität eine Analyse mit Kolleg*innen (im Rahmen einer *data session*) zu ermöglichen. Diese Konzentration auf den verbalen Kanal der Kommunikation machte erstens deutlich, wie indexikalisch und sprachlich unvollständig die Äußerungen waren. Auf dieser Fährte lag es dann nahe zu untersuchen, wie die Kommunikation im Training dennoch funktionieren konnte, d. h. welche weiteren Kommunikationskanäle zum Tragen kamen. Diese Analyse löste zweitens die Frage nach der Sequentialität verschiedener Kommunikationskanäle aus. Zusammenfassend zeigt sich also, dass Transkribieren nicht einfaches „Abschreiben“ oder „Vorbereiten“ von Daten ist, dem eine Analyse folgt. Vielmehr ist das Transkribieren und die Suche nach Lösungen der diversen anfallenden Schwierigkeiten ein zentraler Teil des Analysierens, i. e. des Verknüpfens und Relationierens von empirisch Beobachtbarem mit der Theorie.

Das Beispiel weist nicht nur darauf hin, dass eine multimodale Transkription sinnvoll ist. Es zeigt auch, dass das Bestreben, adäquate Wege der Transkription aufzuspüren, dazu führt, implizite Vorannahmen der Forschenden herauszufordern und einen ungewohnten analytischen Blick auf erhobene Daten zu werfen – z. B. indem erst beim Transkribieren deutlich wird, dass Interaktionen kollektiv verwirklicht werden und dass hierbei ständig und selbstverständlich die Grenzen individueller Körper überschritten werden. Hierfür, sowie als Plädoyer für eine (Rück-)Besinnung auf die Analyse auch auditiver Daten, soll ein weiteres Beispiel herangezogen werden.

**„Audiencing“ – zur Transkription von Publikumsgelächter**

In „An exercise in the transcription and analysis of laughter“ vertritt Gail Jefferson (1985) die These, dass sich Gelächter – das hier stellvertretend auch für andere nicht verbale kommunikative Äußerungen stehen kann – als hochgradig strukturiert und damit als sozial äußerst aufschlussreich und informativ erweist. Anhand möglichst exakter Transkription, die das tatsächliche Lautgeschehen in einer Äußerungssituation wiedergeben, kann sie zeigen, dass Gelächter tatsächlich alles andere als ein rein physischer Ausbruch ist (wie etwa ein Niesen als eine mechanische Reaktion auf das Einatmen von Staub gelten kann); vielmehr zeigt sich das Lachen hier als ein Instrument zur Steuerung einer hochkomplexen sozialen Interaktion, die in Windeseile und virtuos zwischen verschiedenen Modi bzw. Tonlagen des Gesprächs hin und her navigiert. Aufbauend auf Jeffersons These untersucht Stefanie Husel (2014) die Publikumsäußerungen während einer Aufführung von Bloody Mess (2005), einem Stück des britischen Theaterkollektivs *Forced Entertainment.* Auch hier zeigt sich, dass das Gelächter in der Aufführungssituation keineswegs wie eine nicht weiter koordinierte, körperliche Reaktion auf belustigende Bühnen-Darstellungen beschreibbar ist. Vielmehr erweist sich auch das kollektiv hervorgebrachte Publikumsgelächter als „orderly" (Jefferson, 1985, S. 27), d. h. als strukturierte und informative kommunikative Leistung: Zuschauer*innen zeigen sich mit ihrem Lachen untereinander, wie sie die Bühnensituation wahrnehmen; beispielsweise wird in ihrem zunächst zögernden, doch dann lautstarken Lachen nachvollziehbar, dass eine Bühnensituation zwar als sarkastisch wahrgenommen, aber doch noch von der Publikumsgemeinschaft als Witz tragbar ist, während eine kurz darauffolgende Szene zu einem betroffenen Schweigen der Zuschauer*innen führte (vgl. ausführlich: Husel, 2014, S. 52–265). Insofern kommunizieren Publikumsmitglieder nicht nur lachend ihr Verständnis der dargestellten Situation, sondern sie etablieren und festigen diese Situation aktiv, indem sie kollektiv ihr Verständnis zum Ausdruck bringen.

Hier zeigt sich also, dass nicht nur sprachlich artikulierte Äußerungen und ihre visuellen paralinguistischen „Beigaben" (wie Augenbrauenheben, Schulterzucken, Seufzen, etc.) in Schrift übersetzt werden können, sondern dass es sich auch lohnt, nichtsprachliche Lautäußerungen einem Verschriftlichungsversuch zuzuführen. Erst der Versuch, Gelächter zu transkribieren, es entgegen aller medialen Widerstände in Schrift zu übersetzen, führte im Falle dieser Studie zu der analytischen Erkenntnis, dass im zuvor erhobenen Audio- und Video-Material tatsächlich akademischer Mehrwert steckt. Das – durch das Ziel der Transkription besonders sorgfältig praktizierte – „Hineinlauschen" in die Aufführungs-Situation verdeutlicht hier die große kommunikative Aktivität und die beständige Interaktion auch der Zuschauer*innen, nicht nur der Theatermacher*innen. Entsprechend erweist sich die untersuchte Aufführungssituation als die kollektive (Körper-)Praxis der gemeinsamen Produktion dieser Situation – und damit im theaterästhetischen Horizont: als kollektive Produktion von Sinn.

**Transkribieren im Modus einer körpersoziologischen Analytik**

Transkriptionen haben einen wichtigen Stellenwert im Kanon der verschiedenen Forschungsinstrumente. Wie oben ausgeführt, bringt gerade die Erweiterung von akustischen auf audio-visuelle Daten vermehrt körpersoziologische Fragestellungen in den Blick. Für eine körpersoziologische Analytik ist das Transkribieren jedoch nicht nur in dieser Form (i. e. als Videoanalyse) interessant, sondern allgemeiner als eine Forschungspraktik, die sich in vielfältiger Form einsetzen und adaptieren lässt, und die ihrerseits zum Gegenstand einer körpersoziologischen Analytik werden kann.

Anhand verschiedener Beispiele wurde veranschaulicht, dass der Einsatz von Transkriptionsverfahren in (körpersoziologischen) Studien analytischer Offenheit und gegenstandsorientierter Methodenwahl bedarf. Mit einer solchen Perspektive zeigt sich, dass auch die Erweiterung von akustischen auf audio-visuelle Daten als Grundlage von Transkripten nicht für alle körpersoziologischen Studien trägt. Das Analysierbare wird durch diese nämlich auf akustische und visuelle Dimensionen des Sozialen reduziert, während weitere leibliche Formen der Kommunikation nicht (oder nur sehr unzureichend) erfasst werden können. Und selbst für die berücksichtigten hör- und sehbaren Dimensionen des Sozialen gilt, dass nur Eingang in die Analyse findet, was sich technisch konservieren lässt. Was der Kamera oder dem Aufnahmegerät entgeht, ist auch für das Transkript und damit für die Analyse unerreichbar. Zudem bilden technische Aufnahmen (Mikro-)Details sozialer Prozesse ab, die dem Bewusstsein der Teilnehmer*innen normalerweise entgehen (Hirschauer, 2001, S. 434). Die Aufnahmen müssen, wie Stefan Hirschauer (2001, S. 433) treffend formuliert: „anstelle der Selektivität des Beobachters der Selektivität ihres Mediums freie Bahn geben".

Obwohl das Transkribieren also vergleichsweise stark auf Technik als Forschungsinstrument setzt, handelt es sich um eine Untersuchungspraxis, die – wie alle Praktiken – auch körperlich geprägt ist. Wie Ruth Ayaß (2015, S. 510) betont, muss Transkribieren als Fertigkeit betrachtet werden, die gelernt werden muss und die manche besser beherrschen als andere. Gerade an dieser Stelle kommt auch der Körper der Transkribierenden mit seinen Fähigkeiten und Einschränkungen ins Spiel, zum Beispiel, wenn dieselbe Stelle im Audiomaterial wieder und wieder konsultiert werden muss, das Ohr zum Lautsprecher wandert, während die Augen den Bildschirm fixieren, die Fußtaste in Dauerbetrieb gerät, etc. Betrachtet man das Transkribieren entsprechend seinerseits als körperliche Praxis, so fällt ihre hohe, multisensorische Komplexität besonders auf, die auch in der von Ayaß (2017, S. 423) konstatierten Anfälligkeit für technische Probleme erkennbar wird.

Schließlich ist die Erkenntnis zentral, dass transkribierbare Äußerungen kollektive Urheberschaften verzeichnen können – und dass Analyst*innen im Transkribieren eine aktive Zuschreibung betreiben müssen (s. auch Ayaß, 2017, S. 426) – beispielsweise macht es in der Analyse des oben angeführten Theaterbeispiels einen großen Unterschied, ob es in der Transkription heißt: „einzelne Lacher aus dem Publikum" oder: „es lachen vereinzelte Publikumsmitglieder", oder „verschämte Lacher (vermutlich männlicher Stimmen) werden hörbar" etc.

**Fazit**

Das Transkribieren bildet ein wichtiges und fruchtbares Instrument für körpersoziologische Forschung. Gerade die Erweiterung des Verfahrens von akustischen auf audiovisuelle Daten birgt ein großes Potenzial in diesem Bereich, obgleich zu beachten ist, dass sich visuelle Daten nicht gleichermaßen in Schrift transferieren lassen wie verbale. Zudem handelt es sich beim Transkribieren nicht um ein einfaches, interpretationsfreies Abschreiben, sondern um eine komplexe Übersetzungspraxis im Zuge derer soziales Geschehen zunächst technisch festgehalten und dann in Schrift (i. e. in Zeichen) übertragen wird.

Vor diesem Hintergrund ist es besonders wichtig, Transkribieren als ein gegenstandsorientiertes Forschungsinstrument zu verstehen, das mit Offenheit und Freude an Irritationen der vorhandenen Theoretisierungen durch die empirischen Daten betrieben werden sollte. Gerade wenn man auf die Grenzen des gewählten Verfahrens trifft, beginnt häufig der theoretisch, analytisch und methodisch interessanteste Teil der Forschung. Die Bemühung um gut funktionierende Transkriptionen wird so ihrerseits zu einem „skopischen" Instrument (vgl. Husel, 2014, S. 31–34), das zuvor nicht erwartete und ggf. ungewohnte Sichtweisen erzeugt. Das Arbeiten mit und an Transkripten (und ihren verschiedenen Lücken) zeigt das Soziale als ein wesentlich multimodales Geschehen, in dem unterschiedliche Kommunikationskanäle zu finden sind. Diese verzahnen sich in verschiedener Form, isolieren sich aber auch immer wieder, wie etwa in der Dunkelheit des Theaterpublikums. Sie bringen eine facettenreiche materielle und diskursive Welt hervor, in der (individuelle und kollektive) Körper in unterschiedlichster Form eine wichtige Rolle spielen.

## Literatur

Ayaß, R. (2015). Doing data: The status of transcripts in Conversation Analysis. *Discourse Studies, 17*(5), 505–528.

Ayaß, R. (2017). Transkribieren. In L. Mikos & C. Wegener (Hrsg.), *Qualitative Medienforschung. Ein Handbuch* (S. 421–431). UVK.

Bachmann-Medick, D. (2009). *Cultural Turns. Neuorientierungen in den Kulturwissenschaften* (3. Aufl.). Rowohlt.

Bergmann, J. R. (1985). Flüchtigkeit und methodische Fixierung sozialer Wirklichkeit: Aufzeichnungen als Daten der interpretativen Soziologie. In W. Bonß & H. Hartmann (Hrsg.), *Entzauberte Wissenschaft: Zur Relativierung und Geltung soziologischer Forschung (Sonderband 3 der Zeitschrift Soziale Welt)* (S. 299–320). Schwarz.

Bezemer, J., & Mavers, D. (2011). Multimodal transcription as academic practice: A social semiotic perspective. *International Journal of Social Research Methodology, 14*(3), 191–206.

Froschauer, U., & Lueger, M. (2020). *Das qualitative Interview. Zur Praxis interpretativer Analyse sozialer Systeme*. Facultas.

Goffman, E. ([1963] 2009). *Interaktion im öffentlichen Raum*. Campus.

Goodwin, C. (1994). Professional vision. *American Anthropologist, 96*(3), 606–633.

Goodwin, C. (2009). Video and the analysis of embodied human interaction. In U. T. Kissmann (Hrsg.), *Video interaction analysis: Methods and methodology* (S. 21–40). Peter Lang.

Gugutzer, R. (Hrsg.). (2006). *„Body Turn“ Perspektiven der Soziologie des Körpers und des Sports*. transcript.

Hirschauer, S. (2001). Ethnografisches Schreiben und die Schweigsamkeit des Sozialen. Zu einer Methodologie der Beschreibung. *Zeitschrift Für Soziologie, 30*(6), 429–451.

Husel, S. (2014). *Grenzwerte im Spiel: Die Aufführungspraxis der britischen Kompanie „Forced Entertainment“*. transcript.

Jefferson, G. (1985). An exercise in the transcription and analysis of laughter. Discourse and dialogueIn T. Van Dijk (Hrsg.), *Handbook of discourse analysis* (Bd. 3, S. 25–34). Academic Press.

Krotz, F. (2007). *Mediatisierung. Fallstudien zum Wandel von Kommunikation*. Springer VS.

Mondada, L. (2006). Video recording as the reflexive preservation-configuration of phenomenal features for analysis. In V. Analysis (Hrsg.), *Hubert Knoblauch, Bernt Schnettler, Jürgen Raab & Hans-Georg Soeffner* (S. 51–68). Peter Lang.

Schindler, L. (2011). *Kampffertigkeit Eine Soziologie praktischen Wissens*. Lucius&Lucius.

ten Have, P. (2007). *Doing conversation analysis A Practical guide* (2. Aufl.). Sage.

Wundrak, R. (2015). Die Materialität des Erzählens. Die Bedeutung von Dingen und Körpern in einem biographischen Interview: Ein Beispiel aus Jaffa (Israel). *Österreichische Zeitschrift Für Soziologie, 40*(4), 355–371.

# Videoanalyse

Hubert Knoblauch und René Tuma

## 1 Einleitung

Die Videotechnologie entstand als ein elektromagnetisches Aufzeichnungsverfahren, das mittlerweile weitgehend digitalisiert wurde. Wie der schon zuvor bestehende Film bietet sie audiovisuelle Repräsentation, erlaubt aber auch die materiale Reproduktion als Kopie, eine erleichterte manuelle Bedienung bei der Aufzeichnung und Wiedergabe sowie dank der Computerisierung die einfache Bearbeitung der audiovisuellen Repräsentationen selbst. War der Film schon früh zur Analyse körperlicher Abläufe verwendet worden, so wird die Videotechnologie seit etwa der Mitte des 20. Jahrhunderts auch zur Untersuchung menschlicher Interaktionen eingesetzt. Nach langen Jahren einer eher randständigen Entwicklung hat sich die Methode der Analyse menschlicher Interaktionen mithilfe von Video in den letzten Jahren zu einem rasch wachsenden Forschungsfeld entwickelt. Ein Grund dafür ist sicherlich die rasante Entwicklung der Technologie, die ja auch im Alltag eine immer breitere Anwendung gefunden hat und heute omnipräsent ist. Videoaufzeichnungen sind mittlerweile ein hochgradig populäres Genre, das sogar die Grenzen zum professionellen Film sprengt. Auch in der Wissenschaft hat sich die Videoanalyse immer weiter ausgebreitet, sodass sich in der Zwischenzeit auch eine ganze Reiche eigener Methodologien der Videoanalyse ausgebildet haben.

Da es sich bei Video um eine Verbindung von Aufzeichungs- und Abspieltechnologie handelt, sollte grundlegend unterschieden werden zwischen den Videos, die von den untersuchten Akteuren hergestellt, und jenen, die von den forschenden Personen erstellt

H. Knoblauch (✉) · R. Tuma
Berlin, Deutschland
E-Mail: hubert.knoblauch@tu-berlin.de

R. Tuma
E-Mail: rene.tuma@tu-berlin.de

 
R. Gugutzer et al. (Hrsg.), *Handbuch Körpersoziologie 2*,
https://doi.org/10.1007/978-3-658-33298-3_49

wurden. Im ersten Fall handelt es sich es um Medienprodukte, die von mehr oder weniger professionellem Personal vorwiegend nach ästhetischen oder rhetorischen Kriterien erstellt werden. Diese Videos sind Gegenstand einer hermeneutisch-medienwissenschaftlichen Videoanalyse, auf die hier nur knapp eingegangen wird (vgl. hierzu Reichertz & Englert, 2010). Im Mittelpunkt dieses Textes hier stehen Videoanalysen sozialer Interaktionen, die von den Forschenden selbst aufgezeichnet wurden. Auch mit Blick auf diese Datensorte haben sich zwei verschiedene Methodologien etabliert. Auf der einen Seite werden hierbei die *standardisierenden Videoanalysen* angewandt, wie sie etwa in der psychologischen Experimentalforschung verbreitet sind. Hier werden die Aufzeichnungen einer Auswertung unterzogen, die sich an vorab festgelegten Kodierplänen orientiert und das Material nach dem Auftreten bestimmter Ereignisse durchsucht (wie etwa „prosoziales Verhalten" oder „Sprecherwechsel"). Bei den in der Soziologie verbreiteten *qualitativen Videoanalysen* wird demgegenüber interpretativ gearbeitet und darauf gezielt, entweder die Videos als sinnhafte Produkte oder das aufgezeichnete Miteinander-Handeln von Akteuren zu *verstehen*. Gegenüber den herkömmlichen Beobachtungsverfahren, die rekonstruktive Daten wie Feldnotizen oder Interviewdaten verwenden, erlauben Videodaten eine „Konservierung" von Geschehensaspekten in ihrem zeitlichen Ablauf. Im Gegensatz zu den rekonstruktiven Daten ermöglichen Videoaufzeichnungen Forschenden einen wiederholten Zugriff auf vergangene Geschehensabläufe in der Gestalt, wie sie sich original entfaltet haben, und lassen sich strikt sequenziell in der komplexen Ordnung ihres Ablaufs analysieren. Damit eröffnen sich vor allem für die Kommunikations- und Interaktionsforschung, aber auch für die Exploration von Gruppen, Milieus oder Organisationen neue Forschungsperspektiven.

In Abgrenzung zu den standardisierten Videoanalysen beschäftigt sich dieser Beitrag ausschließlich mit der Methodologie qualitativer Videoanalysen. Schon die Entstehung dieser Forschungsmethode weist einen engen Bezug zum Körper auf. Zwar schließt insbesondere die angelsächsische Entwicklung der Videoanalyse zunächst an Vorläufer in der Forschung an, die sprachliche Interaktionen mittels Tonband bzw. Kassettenrekorder in natürlichen sozialen Situationen aufgezeichnet und sequentiell analysiert hatten. Mit dem Einbezug der Videodaten ging sie aber über die Beschränkungen des „linguistic turn" hinaus, die Sprache in den Vordergrund stellte. Sie passte ihre Methodologie zunächst zögerlich an das Audiovisuelle an, wodurch zunehmend auch der Körper in den Blick geriet.

Im Folgenden wird kurz die Entstehung dieser Analysemethode skizziert, bevor auf die gegenwärtig dominierenden Ansätze in der deutschsprachigen Diskussion eingegangen wird. Einige exemplarische Beispiele veranschaulichen anschließend, auf welche Weisen der Körper in den Videoanalysen betrachtet wird.

## 2 Die Entwicklung der Videoanalyse

Schon zu der Zeit, als Darwin in seinem Buch über ‚Die Gemütsbewegungen bei Menschen und Tieren' Fotos zeigt, um den Ausdruck von Gefühlen miteinander zu vergleichen, entwickelte Muybridge bereits eine spezielle Aufnahmetechnik, mit der er

Einzelbilder zu filmähnlichen Sequenzen zusammenfügen konnte. Damit konnte er Bewegungsabläufe von Tieren und Menschen analysieren und z. B. belegen, dass Pferde beim Galoppieren tatsächlich einen Moment lang ‚fliegen'. Im 20. Jahrhundert wurde dann Filmmaterial menschlicher Interaktionen erstellt, etwa um die Organisation der betrieblichen Arbeit zu studieren (Reichert, 2007). In Deutschland untersuchte Lewin um 1923 die ersten Filmsequenzen menschlichen Konfliktverhaltens. Sein Schüler Gesell veröffentlichte 1935 das Buch ‚Filmanalyse' als „Methode der Erforschung des Verhaltens". Die weitere Entwicklung audiovisueller Analysen wurde dann durch die sogenannte Palo Alto-Gruppe vorangetrieben, die sich aus Psychiaterinnen (Frieda Fromm-Reichmann), Anthropologen (Gregory Bateson), Kybernetikern und Linguisten zusammensetzte. Sie zeichneten Interaktionen in Familien mit schizophrenen Kindern auf und untersuchten sie hinsichtlich der Frage: Was unterscheidet Interaktionen hier von denen in anderen Familien. Am berühmten Beispiel des ‚Doris-Film' wurden detaillierte Muster aus verschiedenen disziplinären Blickwinkeln herausgearbeitet, die sogenannten ‚micropatterns'. Dagegen fokussierte Hall (1962) wenig später unter dem Titel der „Proxemik" anhand von sorgfältig analysierten Filmsequenzen die Bedeutung der räumlichen Verhältnisse menschlicher Körper bei der Interaktion. Eine der sozialwissenschaftlich bedeutsamsten Richtungen ist die ‚Kontextanalyse', die von Birdwhistell und Scheflen (der den Begriff 1963 prägte) begründet wurde. Auf der Grundlage von Filmaufzeichnungen natürlicher Interaktionen betrachtet sie Kommunikation als einen fortwährenden Multikanal-Prozess und versucht, auf eine an der strukturalistischen Linguistik angelehnten Weise, die strukturellen Merkmale des ablaufenden Kommunikationssystems zu beschreiben. So geht Birdwhistell in seiner „Kinesik" etwa von der Annahme aus, dass das körperliche Verhalten eine Sprache sei. Sie habe also die gleichen Bestandteile und Organisationsebenen wie die gesprochene Sprache und bilde ein strukturelles System signifikanter Symbole aller Sinnesmodalitäten. Diese ließen die sich auf verschiedene „Kanäle", wie Gesten, Mimik, Prosodie und Körperhaltung unterscheiden (Birdwhistell, 1970, S. 95).

Die Annahme einer universalen „Körpersprache" wurde von Ekman (1982) weitergetrieben, der seine Aufmerksamkeit auf die filmisch aufgezeichneten Bewegungen beim menschlichen und tierischen Ausdruck richtete. Auf der Grundlage kulturvergleichend erhobener Videoaufzeichnungen entwickelte er ein System zur Erfassung mimischer Bewegungen des Gesichts und der Gesichtsmuskeln („FACS"), dessen experimentelle Methodologie prägend für die späteren standardisierten Verfahren wurde, die sich in der Psychologie, aber auch in anderen Disziplinen durchgesetzt haben.

Stützten sich die meisten Arbeiten bis in die 1970er-Jahre auf den Film, so verbesserte die Entwicklung der Videotechnologie, insbesondere des Geschwindigkeits- und Richtungswechsels, die Möglichkeiten der Analyse. Der methodische Vorzug besteht darin, dass die erhobenen Videodaten den Ablaufcharakter der aufgezeichneten Interaktionen bewahren und eine anschließende, sehr minutiöse Detailauswertung von Geschehensabläufen in ihrem Zusammenhang erlauben. Durch die Herstellung erschwinglicher digitaler Kameratechnik in den 1980er Jahren ist der Weg zu einer breiteren Verwendung in der sozialwissenschaftlichen Forschung geebnet worden.

Wie auch innerhalb der Soziologie und Soziolinguistik verschob sich nun aber auch der Fokus von der „Sprache" des Körpers auf das „Sprechen". Es ging also nun weniger um die „Struktur" des körperlichen Verhaltens als um den Vollzug von verkörperten Interaktionen. Einen entscheidenden Einfluss auf die zunächst angelsächsischen Entwicklungen hatte die von Goffman initiierte Interaktionsforschung auf der einen und die ethnomethodologische Konversationsanalyse auf der anderen Seite, die sich zunächst mit sprachlichen Interaktionen in „natürlichen", nicht experimentellen sozialen Situationen beschäftigt hatte. Aus beiden Quellen wurde nun eine Methodologie entwickelt, die Video systematisch einsetzt, um etwa die spielerische Interaktion von Kindern, schulische Bewerbungsinterviews oder Arzt-Patienten-Interaktionen zu untersuchen. Zur selben Zeit wurden von einer Gruppe um Luckmann auch in Deutschland ähnliche Untersuchungen durchgeführt, doch eine breitere Anerkennung fand die Videotechnologie erst durch ihren Einsatz in den (konversationsanalytisch ausgerichteten) Workplace Studies, die das Zusammenspiel menschlicher Interaktion und technischer Artefakte zum Gegenstand videographischer Untersuchungen erhob (Knoblauch, 2000).

## 3 Methodologien der interpretativen Videoanalyse

Im Zusammenhang mit den Workplace-Studies wurden in den 90ern auch die ersten Vorschläge zur Methodologie gemacht, die ab der Jahrtausendwende auch im deutschsprachigen Raum weiterentwickelt wird (vgl. Tuma et al., 2013, S. 19 ff.). Gerade hier hat sich die (vermutlich größte) Vielfalt an Methoden der qualitativen Videoanalyse entwickelt. Auch wenn deren Entwicklung derzeit sehr dynamisch verläuft, lassen sich grob vier Stränge der qualitativen Videoanalyse unterscheiden.

a) Hermeneutische Verfahren
Die *wissenssoziologische Hermeneutik* hat ein Auslegungsverfahren entwickelt, bei der die hermeneutische Sequenzanalyse als methodische Kunstlehre der Deutung eine tragende Rolle spielt. Die methodologischen Grundlagen der wissenssoziologischen Hermeneutik beziehen sich ausdrücklich auf die Tradition einer verstehenden Soziologie in der Nachfolge Max Webers und verbinden diese mit philologischen Mitteln der Auslegung von Texten, wie sie in den Geisteswissenschaften entfaltet worden sind (Raab, 2008; Reichertz & Englert, 2010). Gemeinsam ist allen hermeneutischen Ansätzen, die in der Tradition auch auf andere ‚Datensorten' wie Bilder und Texte erweitert wurden, die eingehende Ausdeutung einzelner Materialabschnitte mit dem Ziel einer erschöpfenden Entfaltung aller möglichen soziologisch denkbaren Lesarten. Dabei werden in einer Interpretationsgruppe zunächst alle erdenklichen Bedeutungen der in den Fokus genommenen einzelnen Bildausschnitte oder kurzen Videosequenzen entfaltet. In einem darauf folgenden zweiten systematischen Schritt werden diese Sinnpotenziale anhand nachfolgender Bild- bzw. Videosequenzen nach und nach reduziert und schließlich in eine Strukturhypothese kondensiert. So werden schrittweise alle

möglichen Lesarten des audiovisuellen Dokuments entfaltet, um auch an die nicht offenkundigen und im Material verborgenen Sinngehalte zu gelangen. Die Erstellung dieser Interpretationen erfolgt in Interpretationsgruppen und folgt dem methodischen Prinzip hermeneutischer Sequenzanalyse, nach dem strikt in der Reihe der aufeinanderfolgenden Sinneinheiten (wie etwa Sequenzen einer bestimmten Dauer oder Einzelbilder) gedeutet wird. Die Videohermeneutik erweist sich als besonders leistungsfähig bei der Analyse produzierter und edierter Videomaterialien, lässt sich also materialunspezifisch auch für medial vermittelte audiovisuelle Ausdrucksformen verwenden. Dabei berücksichtigt sie die im Material eingearbeiteten Dimensionen ästhetisierter Sinnformationen. Dem liegt die feste Auffassung zugrunde, dass alle kulturellen Ausdrücke, gleich welcher Art, immer vieldeutig sind und einer Deutung bedürfen. Das Interpretationsverfahren greift also letztlich auf basale, allgemeine menschliche Fähigkeiten zurück und nutzt sie, methodisch kontrolliert und elaboriert, als Grundlage sozialwissenschaftlicher Analyse. In jüngerer Zeit sind außerdem verschiedene Ansätze entwickelt worden, um die Hermeneutik für weitere Bereiche videographischer Forschung fruchtbar zu machen (Herbrik, 2013; Kissmann, 2014).

b) Videoanalysen nach der Dokumentarischen Methode

Ebenso wie die sozialwissenschaftliche Hermeneutik betont auch die Dokumentarische Methode die grundsätzliche Interpretativität der Sozialwelt und hat ein dementsprechendes konzeptuelles Programm mit breit rezipierten Methoden etabliert. Das von Bohnsack (2009) entwickelte, an Karl Mannheim und Erwin Panowski anknüpfende Verfahren der *dokumentarischen Bild- und Videointerpretation* wird vor allem im deutschsprachigen Raum intensiv praktiziert. Ziel des kunsthistorisch informierten Verfahrens ist die Rekonstruktion des in Kulturprodukten verborgenen Sinnes, der als *Dokumentsinn* bezeichnet wird. Die Grundannahme lautet, dass jeder Handlung oder Aussage und jedem Handlungsprodukt ein Dokumentsinn zugrunde liegt. Dieser im Material enthaltene Dokumentsinn geht über den immanenten Sinngehalt hinaus. Er wird von den (vor der Kamera) abgebildeten Handelnden und den (hinter der Kamera) abbildenden Bildproduzenten reproduziert, ohne dass er beiden überhaupt „bewusst" werden muss. Er ist in diesem Sinne „atheoretisch".

Die Rekonstruktion des dokumentarischen Sinns läuft in mehreren Schritten ab: Zunächst beginnt sie mit einer „formulierenden Interpretation", auf die dann eine „reflektierende Interpretation" (der formalen Bildkomposition) folgt; diese mündet schließlich in eine „Typisierung und Generalisierung". Dabei werden einzelne Standbilder analysiert, in denen formale Merkmale wie perspektivische Zentren, Fluchtpunkte oder Bildachsen eingetragen werden, um die abgebildeten „Bildproduzierenden" und ihre Relationen zueinander zu identifizieren. Mittels der Vergleiche mit weiteren Ausschnitten werden die impliziten (atheoretischen) Wissensbestände der Produzenten des Videos (vor und hinter der Kamera) rekonstruiert.

Die dokumentarische Methode wurde bislang ebenfalls vornehmlich auf produzierte Videos (z. B. von Schülern produzierte Filme, TV Sendungen) angewendet. Vor allem in der Schul- und Unterrichtsforschung wird sie jedoch ebenfalls zur Analyse der von Forschenden selbst erhobenen Videodaten.

Sowohl die Hermeneutik als auch die Dokumentarische Methode stellen also vor allem die Frage, wie die Körper der beteiligten Akteure und ihre Handlungen in den Aufnahmen dargestellt sind. Sie fragen welche Strukturen bzw. (atheoretische) Wissensbestände sich noch in der Spezifik der jeweiligen Videoaufzeichnungen ‚verbergen'.

c) Ethnomethodologische Videointeraktionsanalyse

Forschende, die in natürlichen Situationen ihre Videodaten erheben, sind dagegen meist daran interessiert, wie Handelnden „vor der Kamera" ihre Handlungen aufeinander abstimmen und koordinieren. Dies zeichnet den dritten Strang der Entwicklung interpretativer Videoanalyseverfahren aus (Heath et al., 2010), der weitgehend Theorieannahmen der Ethnomethodologie teilt und an die Konversationsanalyse anschließt. Die Ethnomethodologie geht davon aus, dass die Vertrautheit, Geordnetheit und Faktizität unserer Alltagswelt Resultate einer Leistung der miteinander Interagierenden bzw. der dabei von ihnen verwendeten „Methoden" sind. In der ethnomethodologisch fundierten Videoanalyse geht es methodologisch um zwei Kernpunkte: a) Um die Bestimmung der *Ressourcen, des Wissens und der praktischen Überlegungen,* die von den Interagierenden selbst bei der Hervorbringung ihrer in situ stattfindenden sozialen Handlungen und Aktivitäten verfolgt werden. b) Um die Erforschung der *sequenziellen Ordnung der Interaktionen,* deren minutiöse Rekonstruktion dazu dient, herauszufinden, wie sich die Handelnden aneinander orientieren und ihre Interaktionen miteinander koordinieren.

Diese Vorgehensweise ist von einem ethnomethodologischen Verständnis der Sequenzanalyse von Konversationen geprägt. Vor allem in der Linguistik wird die Sequenzanalyse in jüngerer Zeit mit multimodalen Verfahren kombiniert. Das ursprünglich aus der Semiotik stammende Konzept der Multimodalität (Kress, 2009) weist darauf hin, dass die körperliche Kommunikation in verschiedene „Modalitäten" aufgeteilt werden kann, wie etwa Blickrichtung, Gesten und Körperhaltung, die im Zusammenhang mit interaktiven Abläufen wie auch einzeln untersucht werden. Mittlerweile haben sich ganze Forschungsfelder um einzelne Modalitäten ausgebildet, wie etwa die ‚Prosodieforschung' oder die ‚Gesture Studies', deren Vorgehensweise wir unten kurz skizzieren werden.

d) Videographie

Die *Videographie* ist ein interpretativer methodischer Ansatz, der sich – wie der Name bereits andeutet – durch eine enge Einbettung in ethnographische Feldforschung auszeichnet. Sie zielt auf die Untersuchung sozialer Situationen, von denen Videoaufnahmen angefertigt werden. Videographische Forschung fokussiert dabei auf die Aufzeichnung und Analyse sozialer Interaktionen in den „natürlichen" Kontexten ihres Auftretens. Video*graphien* basieren somit in der Regel auf Videos, die von den Forschenden selbst zum Zwecke wissenschaftlicher Analyse angefertigt werden. Sowohl in der Erhebung wie auch in der Art der Sequenzanalyse schließt die Videographie an die ethnomethodologische Videoanalyse an und folgt auch ihren methodologischen Prinzipien. Allerdings soll die Rolle des forschenden Subjekts hermeneutisch berücksichtigt werden, dessen Wissen auch Hintergrund der Analyse ist. Darüber hinaus betont die Videographie systematisch den ethnographischen Charakter der Erhebung, die „fokussierte Ethnographie" (Knoblauch, 2001). Damit richtet sich der Fokus der Videographie auf den Kontext dessen, was im Fokus der Kamera(s) steht. Es handelt sich bei der Videographie daher auch nicht um eine „visuelle Analyse" im engeren Sinn, sondern um eine sozialwissenschaftliche Analyse, die auf größere Handlungsformen, Interaktionsmuster oder kommunikative Gattungen und ihre Verortung im sozialen Kontext zielt.

Man sieht schon an diesen analytischen Begriffen, dass jeweils besondere theoretische Orientierungen in die Videoanalysemethoden eingehen. Im Folgenden werden die zentralen theoretischen Orientierungen skizziert, die für die Videoanalyse körperlicher Abläufe von besonderer Bedeutung sind.

## 4 Theoretische Konzepte und empirische Beispiele

a) Nonverbales Verhalten und Multimodalität

Vor allem in der Biologie, der Psychologie, aber auch in anderen Sozialwissenschaften war der Begriff des nonverbalen Verhaltens lange Zeit leitend, wenn es um die Analyse von Film- und Videodaten ging (Argyle, 2013, S. 22 ff.). Allerdings war der Begriff des Verhaltens lange von der deterministischen Vorstellung des Behaviorismus geprägt; zum anderen verstellte die Kontrastierung zum Verbalen den komplexen Zusammenhang von Sprache und Körper und die Körperlichkeit des Sprechens selbst. In der jüngeren Zeit hat sich deswegen der analytische Begriff der *Multimodalität* durchgesetzt (Kress, 2009). Mit diesem Begriff werden zunächst verschiedene zeichenhafte und mediale Ressourcen des kommunikativen Handelns hervorgehoben, die auch unterschiedliche körperliche Modi der Kommunikation einschließen. Der Begriff der Mulitmodalität wurde insbesondere in der ethnomethodologisch ausgerichteten Forschung aufgenommen, die sich in der Linguistik fest etabliert und weiter entwickelt hat. In dieser neueren Multimodalitätsforschung verschiebt sich der Fokus aufgrund der Verfügbarkeit der audiovisuellen Aufzeichnungen aber von der gesprochenen Sprache hin zu anderen Modi der Kommunikation. Diese überschreiten die Begrenzungen der Tonbandgeräte und großen Filmkameras, mit denen in der Frühphase der Konversationsanalyse vor allem gut verfügbare Telefongespräche oder relativ statische ‚heimische' Situationen unter Beobachtung standen. Diese Begrenzungen überwindend untersucht beispielhaft Mondada (2009) anhand von Videodaten Aufzeichnungen von körperlichen Interaktionen im öffentlichen Raum. Sie zeigt etwa, wie Interaktionssituationen, in denen Fremde nach dem Weg gefragt werden, interaktiv eröffnet werden. Hierbei besteht die Aufgabe für die Beteiligten darin, die Situation körperlich und räumlich in eine ‚fokussierte Interaktion' umzuwandeln. Wie gelingt es der fragenden Person, die Aufmerksamkeit der vorbeieilenden Passanten zu erlangen – ohne eine für die Beteiligten peinliche Situation zu produzieren? Die Handlungen von Passanten, so wird deutlich, sind immer auch schon zuvor sequentiell aufeinander abgestimmt. Wir alle sind ja in der Lage, auf der Straße aneinander vorbeizukommen, ohne stur auf Wegmarkierungen zu laufen, wir verfügen auch über die Fähigkeit die Wege anderer zu antizipieren und diese aufeinander abzustimmen, sodass wir körperlich einander ausweichen. Um in ein Gespräch zu kommen, muss die fragende Person also bereits vor der Ansprache räumliche Vorbereitungs-„Schritte" vornehmen, um andere anhalten zu können. Diese setzt eine Reihe von fein aufeinander abgestimmten Bewegungen der Körper im Raum voraus. Mondada beschreibt solche multimodale Interaktionseröffnungen als Abfolge verschiedener Phasen: Sie beginnen mit der Anpassung der Laufwege, die die dynamische in eine „statische Situation" transformieren sollen, die in einer spezifischen Positionierung der Körper zueinander besteht und mit der Einnahme bestimmter Haltungen zueinander einhergeht. All dies wird vor allem über zunächst einseitige Blickzuwendungen und ihre anschließende Erwiderung hergestellt. Erst wenn das erfolgreich war, folgen die ersten verbalen Äußerungen, das Fragen nach dem Weg, das meist mit einer Entschuldigung eingeleitet wird und der gemeinsamen Bezugnahme auf räumliche Orientierungspunkte durch Zeigegesten und lenkende Blicke. All diese Ressourcen, so zeigt Mondada, sind sequentiell fein geordnet und aufeinander bezogen. Die Multimodalitätsforschung nimmt, so zeigt sich hier, jüngst vermehrt auch mobile und dynamische Situationen in den Blick und zeigt damit, dass Kommunikation in den verschiedensten Kontexten das Ergebnis feiner sequentieller Abstimmung der beteiligten Handelnden ist, die dabei eine Reihe „multimodaler Ressourcen" mobilisieren um sich zu verständigen.

b) Ethnomethodologie

Auch wenn Mondada das Konzept der Multimodalität mit *ethnomethodologischen* Konzepten verbindet, stellt diese den Begriff der „Interaktion" in den Vordergrund. Interaktion wird als ein Ablauf verstanden, der situativ geregelt wird. Dabei spielt der Körper eine zentrale Rolle, dessen Verhalten als Mittel der Koordination angesehen wird. Bezeichnenderweise wird das Verhalten gelegentlich im Englischen auch „visual conduct" genannt. Im Unterschied zur linguistischen Expertise wird auch zumeist das alltägliche Verstehen der Interaktion durch die Beteiligten selbst als methodologische Ressource genutzt. Beispielhaft dafür ist die Arbeit von Heath (1986), der schon in den 1980er Jahren mehrere hundert Stunden von Arzt-Patientengesprächen mit Videoband aufgezeichnet und sequenzanalytisch interpretiert hat. Wie er zeigt, spielt gerade im medizinischen Kontext der Körper eine besondere Rolle, die jedoch selbst interaktiv gestaltet wird. So zeigt Heath anschaulich auf, wie die Patienten auch die Darstellung ihres Körpers feinfühlig mit dem abstimmen, was die Ärzte jeweils machen. Dies gilt nicht nur für besondere Performanzen, wenn etwa eine Patientin ihre Beschwerden beim Gehen körperlich regelrecht vorstellt bzw. nachspielt. Es gilt auch für die körperlichen Untersuchungen, denn hier wendet sich nicht nur der Arzt den Patienten körperlich zu. Auch die Patienten tragen dazu bei, indem sie vermeintlich unbeteiligt durch ihre

Blickrichtung, Körperhaltung und die Einnahme einer mittleren Distanz, ihren eigenen Körper so präsentieren, dass er zum Objekt für den Arzt werden kann. Heath beschränkt seine Analyse keineswegs auf die bloße „Face-to-face"-Situation, sondern er bezieht auch den Umgang der Ärzte mit dem Computer ein, der damals die handschriftlichen Notizen zu ersetzen begann. Der Blick auf das Zusammenspiel zwischen den interagierenden Körpern und den damals neuen elektronischen Kommunikationstechnologien zeichnet auch die entstehenden Workplace Studies aus, die sich auf die Untersuchung in postfordistischen Arbeitskontexten konzentrierten und wesentlich zur Etablierung der interpretativen Videoanalyse beitrugen. In der klassischen Ethnomethodologie gelten die Weisen, wie sich die Körper in der Interaktion koordinieren, als *„Ethnomethoden"*. Darunter wird verstanden, wie die Akteure es anstellen, besondere soziale Situationen zu erzeugen, wie hier die ärztliche Konsultation.

c) Praxis und Habitus

In der jüngeren Zeit verwenden auch ethnomethodologische Autoren in videoanalytischen Arbeiten dafür zuweilen den Begriff der „Praxis", der indessen eine eigene theoretische Position bezeichnet. Diese wird international stark von Bourdieu geprägt, der auch eine enge Verbindung von Praxis und Körper herstellt. Nach Bourdieu realisiert sich in der Praxis die „strukturierende Struktur" von unbewusstem Körperwissen und „Körpertechniken" (Marcel Mauss), die von der Gesellschaftsstruktur geprägt ist. Während Bourdieu zunächst auf die strukturelle Dimension der Praxis achtete, kam etwa bei Wacquant auch ihre interaktive Dimension in den Blick, die von der Ethnomethodologie aufgenommen wurde. Sie entfaltet aber ihre analytische Wirkung in einem sich verselbständigenden Ansatz, der auch als „Praxistheorie" bezeichnet wird. Im Rahmen dieses Ansatzes werden vor allem in jüngerer Zeit verstärkt Videoanalysen durchgeführt, die sich auf verschiedene körperliche Praktiken, insbesondere im Sport, konzentrieren. Dies lässt sich gut an zwei Studien verdeutlichen, die sich beide vor einem ethnomethodologischen Hintergrund auf Praxistheorien beziehen und Kampfsportarten in den Blick nehmen.

Schindler (2011) untersucht hierbei im Rahmen ihrer Ethnographie, wie ‚implizites Wissen' im Nunjutsu Kampfkunsttraining vermittelt wird. Das Erlernen der Sportart besteht für Schindler in der Reproduktion von Praktiken im Medium ‚verkörperten' Wissens. Um kämpfen zu können, müssen die Neulinge erst einmal das jeweils in den Übungen Relevante „sehen" und anschließend die demonstrierten Bewegungsabläufe nachahmen. Allerdings lassen sich viele Details des Kampfsportes eben nicht einfach sehen (oder verbalisieren). Deswegen stehen Trainer und Trainerinnen vor der Aufgabe, die Besonderheiten erst sichtbar zu machen. Schindler beschreibt in diesem Zusammenhang die zwischen den beteiligten Akteuren verteilten und auch situativen körperlichen Praktiken des Wahrnehmbar-Machens. Sie untersucht diese auf Basis von Videoaufzeichnungen in ihrer Studie sehr ausführlich, kann jedoch auch zeigen, dass gerade wenn die spezifische Körperlichkeit in den Mittelpunkt tritt, ihre aktive Teilnahme als Ethnographin, die die Praxis selber ausführt, unerlässlich ist, um zu verstehen, wie diese „somatische Wissensvermittlung" in den Zweier-Kampfübungen umgesetzt wird. Wie sie schreibt, bekommt man „in erster Linie vom Körper des Partners Feedback zum Gelingen oder Misslingen eines Bewegungsablaufs". In diesem Fall wurde sehr deutlich, wo reine Videoaufzeichnungen an ihre Grenzen stoßen. Es wird hier deutlich und dass eine Interpretation der Videos nur vor dem Hintergrund der Erfahrungen der Forschenden möglich ist, die sich in der Ethnographie das für die Interpretation notwendige Wissen angeeignet hat.

Das Problem der Sichtbarmachung körperlicher Praktiken ist kein reines Problem der Forschenden, sondern ein praktisches Problem auch der Beteiligten, wie Meyer und von Wedelstaedt (2013) in ihrer ethnomethodologisch-konversationsanalytisch Studie zum Boxkampf darlegen. Sie zeigen, dass körperliche Praktiken stets mit visuellen Praktiken aufs Engste verknüpft sind. Beim Boxen sind die Praktiken eingebettet in eine Reihe visueller ‚skopischer Regime': „Während die Boxer also einerseits ständig damit beschäftigt sind, die Legitimität und den Erfolg ihrer Aktionen nach außen sichtbar und verbuchbar zu machen, versuchen sie andererseits, ebenso viele andere Aspekte ihrer eigenen Aktionen (Absichten, Manöver, Taktiken) oder der Aktionen des Gegners (Treffer) zu verbergen und gegenüber dem Gegner, dem Ringrichter oder den Punktrichtern durch Finten, Verschleierung und Täuschung unsichtbar zu machen." (S. 86). Die Praktiken des Boxens sind jedoch auch nicht als rein individuelle Leistung zu verstehen, sondern als verteilte Praxis, bei der die Beteiligten die Kampfsituation gemeinsam bewältigen, indem der Trainer oder Assistent die Bewegungen des Gegners beobachten und antizipieren und ihren Boxer oder Boxerin warnen. Sie nehmen körperlich-multimodal an dem sequentiell geordneten Interaktionsablauf des Kampfes teil und stellen, so zeigen Meyer und von Wedelstaedt mit ihren Feinanalyen, einen zentralen Bestandteil der ‚verteilten Agency' dar.

d) Kommunikatives Handeln und Wissen

Die unbewussten, sozial strukturierten Aspekte der Praxis finden sich auch im Begriff des kommunikativen Handelns, der allerdings neben dem „traditionellen" (Weber) oder Gewohnheitswissen und den „leiblichen Fertigkeiten" (Schütz & Luckmann) auch bewusste, absichtliche und gezielte Handlungen bezeichnet. Insbesondere in der sozialkonstruktivistischen Deutung des Handlungsbegriffs kamen schon seit Ende der siebziger Jahre systematisch Videoanalysen zum Einsatz, um etwa die Konstruktion sozialwissenschaftlicher Daten im Interview aufzuzeigen (Tuma et al., 2013, S. 28 im Interview mit Luckmann). Um der besonderen Rolle des Körpers und der mit ihm verbundenen Ausdrucksformen und Objektivierungen Rechnung zu tragen, wurde der Grundbegriff des Sozialen zum kommunikativen Handeln erweitert (Knoblauch, 2012). Kommunikative Handlungen sind körperlich-performative Abläufe, die grundlegend auf Verstehbarkeit angelegt sind. Videoaufzeichnungen von Handlungs- und Interaktionsabläufen bieten mustergültige Daten für solche kommunikativen Handlungen, deren subjektive Perspektive, wie erwähnt, ethnographisch eingeholt wird. Damit kommen auch andere als audiovisuelle Modalitäten ins Spiel, die jedoch nicht grundsätzlich voneinander isoliert behandelt werden, sondern nur dann wenn diese Trennung den Relevanzen der Handelnden entspricht (wenn sie etwa vorwiegend sprechen, schreiben oder ihre Körper bewegen).

Beispielhaft zeigt Knoblauch (2013) in seiner Untersuchung von Powerpoint-Präsentationen, wie die körperliche Geste des Zeigens eine kommunikative Bedeutung annimmt. Dabei steht keineswegs die Modalität der Geste im Vordergrund, wie die ‚Gesture Studies' nahelegen, sondern die Körperformation, also die Stellung der Körper zueinander. Dies besondere Formation bei der Powerpoint-Präsentation besteht jedoch nicht nur aus dem Präsentierenden als Dreh- und Angelpunkt zum Publikum, sondern auch aus der Kombination aus Technik und Medium, also Computer, Beamer und Folienschaubild, die selbst einen zeigenden Charakter hat. Die verschiedenen Varianten und Subgenres der Präsentation – vom Powerpoint-Vortrag bis zur „Performance" – lassen sich mittels dieser triadischen Körperformation bestimmen.

Das Beispiel deutet an, dass die Videographie nicht nur situative Interaktionen beobachtet, sondern kommunikative Formen, kommunikative Muster oder, wie in diesem Falle, kommunikative Gattungen. Die besonders ethnographische Komponente dieser Vorgehensweis folgt den Körpern und Objekten, die die Formen ausmachen, über die aufgezeichnete Situation hinaus und nimmt damit soziale Kontexte in den Blick. In dieser Untersuchung wurde deswegen der Zusammenhang von Powerpoint-Präsentationen für die Arbeit in verschiedenen Organisationen aufgewiesen und ihre Rolle für die Veränderungen institutioneller Bereiche (als Medium der „Wissensgesellschaft") untersucht.

## 5 Video, die Reflexivität und der Körper

Der Begriff des kommunikativen Handelns macht auf eine Besonderheit aufmerksam, die gerade beim Video beachtet wird. Video (das lateinisch „ich sehe" bedeutet) zeichnet sich nicht nur in der Aufzeichnung durch einen subjektiven Standpunkt aus; auch die Interpretation weist eine gewisse, aber unüberwindbare Subjektivität auf. Diese vor allem in hermeneutischen und ethnographischen Ansätzen hervorgehobene Subjektivität der Analytiker und Analytikerinnen verhindert, dass die technischen Repräsentationen schlicht als „objektiv" betrachtet werden. Methodisch findet diese Subjektivität vor allem unter dem Begriff der Reflexivität Beachtung. Reflexivität bedeutet, dass die Forschenden selbst mit betrachtet werden, wenn sie Daten erheben, behandeln und analysieren. Gerade bei der Videoanalyse ist der Körper – neben der Technik – ein wesentlicher Aspekt der Reflexivität. Denn der Körper tritt nicht nur als kognitive „Sehmaschine" auf, die Visuelles identifiziert oder codiert; der Körper der Forschenden selbst bildet zumindest in der Videographie die zentrale Bezugsgröße für die Interpretation von Videoaufzeichnungen. Für das Verständnis der Videoaufzeichnungen von verkörperten Handlungen und Interaktionen werden ‚körperliche' Wissensbestände (oder wie Polanyi sie nennt: ‚implizite' Wissensstände) ebenso vorausgesetzt wie die körperliche Kompetenz zur sozialen Interaktion. Das konservierende Medium der Videotechnologie bietet hierbei aber in Kombination mit den inkorporierten Wissensbeständen der Forschenden, die im Feld anwesend waren (oder für hinzugezogene Sonderwissensträger) eine Grundlage zur kommunikativen Rekonstruktion auch der verkörperten Wissensbestände. Das wird insbesondere an der jüngeren Forschung deutlich, die mittlerweile die Praxis der wissenschaftlichen Interpretation und Analyse selbst zum Gegenstand macht (Knoblauch & Schnettler, 2012; Meyer & Meier zu Verl, 2013; Tuma, 2013). Hierbei werden reflexiv die Datensitzungen und Forschungswerkstätten von Videoanalytikern und -analytikerinnen untersucht. Dabei zeigt sich, dass bei der Analyse selbst auch die situative Anordnung der Körper und eine Reihe von Körpertechniken im Umgang mit den Videotechnologien zum Einsatz kommen, wobei die performativen Formen der Sichtbarmachung, wie das Zeigen, das Hervorheben, das Nachspielen und das Hineinversetzen eine zentrale Rolle spielen. Diese reflexive Forschung steht zwar noch am Anfang, doch ist zu hoffen, dass auf diese Weise eine Methodologie entwickelt wird, die zeigt, wie die Forschung tatsächlich verfährt und die deswegen auch den Körper der Forschenden in den Blick nimmt. Die Videoanalyse kann also nicht nur zur empirischen Forschung der Körpersoziologie beitragen; ihre dynamische Entwicklung (die zweifellos auch von technischen Fortschritten abhängt) kann auch wichtige Anstöße von der soziologischen Analyse des Körpers erhalten.

## Literatur

Argyle, M. (2013). *Bodily communication*. Routledge.

Birdwhistell, R. L. (1970). *Kinesics and context: Essay in body-motion research*. University of Pennsylvania Press.

Bohnsack, R. (2009). *Qualitative Bild- und Videointerpretation. Die dokumentarische Methode*. Verlag Barbara Budrich (UTB).

Ekman, P. (1982). *Emotion and the human face*. Cambridge University Press.

Hall, E. T. (1962). *The Hidden Dimension*. Anchor Books (Dt.: Die Sprache des Raumes, Düsseldorf: Schwann, 1976).

Heath, C. (1986). *Body movement and speech in medical interaction*. University Press.

Heath, C., Hindmarsh, J., & Luff, P. (2010). *Video in qualitative research*. Sage.

Herbrik, R. (2013). Das Imaginäre in der (Wissens-)Soziologie und seine kommunikative Konstruktion in der empirischen Praxis 1. In R. Keller, J. Reichertz, & H. Knoblauch (Hrsg.), *Kommunikativer Konstruktivismus* (S. 295–315). VS Verlag (Abgerufen von http://link.springer.com/chapter/10.1007/978-3-531-19797-5_13).

Hubert, K. (2001). Fokussierte Ethnographie: . *Soziologie Ethnologie Und Die Neue Welle Der Ethnographie Sozialer Sinn, 1*, 123–141.

Kissmann, U. T. (2014). *Die Sozialität des Visuellen Fundierung der hermeneutischen Videoanalyse und materiale Untersuchungen*. Velbrück.

Knoblauch, H. (2000). Workplace Studies und Video. Zur Entwicklung der Ethnographie von Technologie und Arbeit. In I. Götz & A. Wittel (Hrsg.), *Arbeitskulturen im Umbruch. Zur Ethnographie von Arbeit und Organisation* (S. 159–173). Waxmann.

Knoblauch, H. (2012). Grundbegriffe und Aufgaben des kommunikativen Konstruktivismus. In R. Keller, H. Knoblauch, & J. Reichertz (Hrsg.), *Kommunikativer Konstruktivismus*. VS Verlag.

Knoblauch, H. (2013). *Powerpoint, communication, and the knowledge society*. Cambridge University Press.

Knoblauch, H., & Schnettler, B. (2012). Videography: analysing video data as a 'focused' ethnographic and hermeneutical exercise. *Qualitative Research, 12*(3), 334–356.

Kress, G. (2009). *Multimodality: A social semiotic approach to contemporary communication*. Routledge.

Meyer, C., & Meier zu , C. (2013). Hermeneutische Praxis. Eine ethnomethodologische Rekonstruktion sozialwissenschaftlichen Sinnrekonstruierens. *Sozialer Sinn, 14*(2), 207–234.

Meyer, C., & von Wedelstaedt, U. (2013). Skopische Sozialität – Sichtbarkeitsregime und visuelle Praktiken im Boxen. *Soziale Welt, Themenheft Visuelle Soziologie, 64*(1–2), 69–96.

Mondada, L. (2009). Emergent focused interactions in public places: A systematic analysis of the multimodal achievement of a common interactional space. *Journal of Pragmatics, 41*(10), 1977–1997. https://doi.org/10.1016/j.pragma.2008.09.019

Raab, J. (2008). *Visuelle Wissenssoziologie. Konzepte und Methoden*. UVK.

Reichert, R. (2007). *Im Kino der Humanwissenschaften. Studien zur Medialisierung wissenschaftlichen Wissens*. transcript.

Reichertz, J., & Englert, C. (2010). *Einführung in die qualitative Videoanalyse: Eine hermeneutisch-wissenssoziologische Fallanalyse*. VS Verlag.

Schindler, L. (2011). *Kampffertigkeit: Eine Soziologie praktischen Wissens*. Lucius & Lucius.

Tuma, R. (2013). *Visuelles Wissen: Die Videoanalyse im Blick. In Visuelles Wissen und Bilder des Sozialen* (S. 49–69). Springer VS (Abgerufen von http://link.springer.com/chapter/10.1007/978-3-531-19204-8_3).

Tuma, R., Knoblauch, H., & Schnettler, B. (2013). *Videographie. Einführung in die interpretative Videoanalyse sozialer Situationen*. Springer VS.

Printed by Printforce, the Netherlands